법무사 |
법원승진 |
등기사무직 |

김기찬 부동산등기법

1차 | 문제집

김기찬 편저

박문각 법무사

박문각

시험의 대비에서 가장 중요한 것은 단연코 지식의 습득과 문제풀이 연습입니다. 아무리 머릿속에 많은 내용을 숙지하고 있다 하더라도 객관식 문제를 풀어보는 연습을 하지 않으면 실제 시험에서 본인의 실력을 제대로 발휘할 수 없습니다. 따라서 해당 문제집에서는 법무사, 등기서기보 등 법원관련직 시험의 기출문제를 수록하여 실전 연습과 마무리 정리를 함께 할 수 있도록 하였습니다.

본 교재의 특성

1. 각 파트별 주요 조문 및 예규 정리 BOX

부동산등기법 과목은 조문과 예규의 비중이 매우 높습니다. 따라서 반복하여 기출되는 주요 조문과 예규는 필수적으로 숙지하여야 하기에 각 파트의 앞부분에 별도로 정리하였습니다.

문제를 풀기 전 정리를 위한 용도로 활용하거나 문제를 푼 후 복습용으로 활용하시면 문제 풀이와 더불어 기본적인 지식을 습득하시는 데에도 많은 효과를 보실 수 있으리라 장담합니다.

또한 주요 예규는 원문 그대로를 옮겨놓았기에 기본서가 아닌 문제집으로 마지막 정리를 하시는 수험생 혹은 핵심 부분을 짚어가며 공부하고 싶은 수험생분들도 해당 내용을 참조하시면 도움이 되시리라 생각됩니다.

2. 해설의 키워드와 주요 내용에 밑줄

빠르게 문제를 풀고 정확하게 확인하도록 하기 위해 지문화된 예규·선례와 실무제요의 본문을 옮기고, 보다 빠르게 정답 부분을 찾을 수 있도록 핵심 키워드가 되는 부분을 굵은 글씨 또는 밑줄 처리하였습니다. 또한 해석에 혼란이 있을 수 있는 부분은 괄호를 활용하여 최대한 이해하기 쉽게 설명하도록 노력하였습니다.

3. 기출된 지문의 비교선례 정리

문제 풀이의 핵심은 본인이 숙지하고 있는 지문과 그렇지 못한 지문을 잘 구별하여 후자를 새롭게 익히는 것입니다. 그러기 위해서는 기출된 지문을 제대로 숙지하는 것은 물론이고 이와 관련된 선례나 반대되는 선례를 함께 정리하여야 합니다. 이러한 연습이 충분히 되었다면 실전 시험에서 보다 확실하게 정답을 파악하실 수 있으실 것입니다.

감사인사

본서가 나오기까지 많은 분들의 도움이 있었습니다. 책을 만드는 과정에서 여러 조언을 아끼지 않으신 서울법학원의 이혁준 교수님, 김승호 실장님, 박남수 실장님께 감사드리며, 출간을 위해 애써주신 박문각 출판팀과 노일구 부장님께 감사드립니다.

마지막으로 항상 격려와 관심을 가지고 힘이 되어주는 가족과 누구보다 사랑하는 아내에게 감사의 인사를 드립니다.

편저자 김기찬 드림

CONTENTS
이 책의 차례

PREFACE GUIDE

PART 01 총론

CONTENTS
이 책의 차례

PART 02 각론

CONTENTS
이 책의 차례

PART

01

총론

제1절 │ 기본개념

01 부동산등기제도

01 우리나라의 부동산등기제도에 관한 다음 설명 중 가장 옳은 것은? ▸ 2023년 등기서기보

① 상속이 개시되면 6개월 안에 피상속인으로부터 상속받은 부동산에 관한 상속등기를 마쳐야 한다.

② 우리 민법은 물권변동에 관하여 원칙적으로 대항요건주의를 취하고 있으므로 당사자 사이에 물권변동에 관한 계약이 유효하게 성립되었더라도 등기를 하지 아니하면 물권변동은 생기지 아니한다.

③ 등기는 물권변동의 효력발생요건이자 존속요건이므로 불법하게 말소된 등기의 권리자는 권리를 잃지 않으며 말소된 등기의 회복등기를 신청할 수 있다.

④ 등기부에 공신력이 인정되지 않는 우리 법제 아래에서는 등기부의 기재가 실체법상의 권리관계를 그대로 공시하지 못하고 양자가 괴리되는 현상을 완전히 배제할 수는 없다.

해설 ④ 1. 부동산등기법에 명문의 규정은 없으나 **법 제29조에서 각하사유를 한정적으로 열거**하고 있을 뿐 심사권한에 관한 일반적인 규정이 없는 점 등을 고려할 때 우리 제도는 **형식적 심사주의를 채택**하고 있다고 할 수 있다. 판례도 마찬가지의 입장이다(대판 2005.2.25, 2003다13048).

2. 형식적 심사주의하에서는 등기관은 신청서 및 첨부서면과 등기부만을 심사하고, 그 외의 사실(실체법상 권리관계)을 고려하여서는 안 된다. 장점은 **등기사무의 신속한 처리**가 가능하다는 것이고, **단점은 부실등기의 발생 가능성이 상대적으로 크므로** 등기의 **공신력을 인정하기 어렵다**는 것이다.

3. 따라서 **등기부의 기재가 실체법상의 권리관계를 그대로 공시하지 못하고 양자가 괴리되는 현상을 완전히 배제할 수는 없다.**

① 1. **민법 제187조**에서는 "**상속**, 공용징수, 판결, 경매 기타 법률의 규정에 의한 부동산에 관한 **물권의 취득은 등기를 요하지 아니한다**. 그러나 등기를 하지 아니하면 이를 처분하지 못한다."라고 규정하고 있다.

2. 즉, 상속이 개시되면 **상속등기를 마치지 아니한 경우라도** 상속인은 상속대상인 **부동산을 취득**하며 **6개월 안에 상속등기를 할 의무는 없다**. 다만, 처분하기 위해서는 상속등기를 먼저 경료하여야 할 것이다.

② **민법 제186조**에서 "부동산에 관한 **법률행위**로 인한 물권의 득실변경은 **등기하여야 그 효력**이 생긴다."고 규정함으로써 부동산 물권변동에 관하여 **성립요건주의를 채택**하였다. 즉 성립

요건주의하에서 법률행위에 의한 물권변동에는 물권변동을 목적으로 한 의사표시(물권행위)와 등기의 두 요건을 필요로 한다.

③ 등기는 물권의 **효력발생요건**이고, 그 **존속요건은 아니**므로 물권에 관한 등기가 원인 없이 말소된 경우에도 그 물권의 효력에는 아무런 변동이 없다(대판 1988.12.27, 87다카2431). 따라서 어떠한 권리의 등기가 불법하게 말소된 경우 그 말소등기는 실체관계에 부합하지 않는 것이어서 무효이며, **불법 말소된 등기의 등기명의인은 회복등기가 마쳐지기 전이라도 적법한 권리자로 추정**된다(대판 1997.9.30, 95다39526). 즉 원인 없이 부적법하게 말소된 등기에는 권리의 소멸 또는 부존재의 추정력이 인정되지 아니하므로, 불법말소된 등기의 권리자는 본인의 권리를 잃지 않고 **회복등기를 함으로써 부적법한 등기를 시정**할 수 있다.

02 **우리 부동산등기 제도에 관한 다음 설명 중 가장 옳지 않은 것은?** ▶ 2022년 등기서기보

① 법원은 등기에 관한 사무를 관장하거나 감독한다.

② 부동산에 관한 법률행위로 인한 물권의 득실변경은 등기하여야 그 효력이 생긴다.

③ 우리 법제하에서는 부동산등기에 관하여 공신력이 인정된다.

④ 등기부를 편성할 때에는 1필의 토지 또는 1개의 건물에 대하여 1개의 등기기록을 둔다. 다만, 1동의 건물을 구분한 건물에 있어서는 1동의 건물에 속하는 전부에 대하여 1개의 등기기록을 사용한다.

해설 ③ 등기의 **공신력이 인정되지 않는** 현행 등기제도하에서는 등기기재에 부합하는 실체상의 권리관계가 존재함을 전제로 그 등기의 유효성이 인정된다(대판 1969.6.10, 68다199).

① 법원은 **등기**, 가족관계등록, 공탁, 집행관, 법무사에 관한 사무를 관장하거나 감독한다(법원조직법 제2조).

② 1. 부동산에 관한 **법률행위**로 인한 물권의 득실변경은 **등기하여야** 그 효력이 생긴다(민법 제186조).

　2. 상속, 공용징수, (➕ 형성)판결, 경매 기타 **법률의 규정**에 의한 부동산에 관한 물권의 취득은 **등기를 요하지 아니한다**. 그러나 등기를 하지 아니하면 이를 처분하지 못한다(민법 제187조)(➕ 예를 들어 피상속인이 사망한 경우 상속등기를 하지 않더라도 상속이 개시된 때 상속인은 부동산의 소유권을 취득한다).

④ 등기부를 편성할 때에는 **1필의 토지** 또는 **1개의 건물**에 대하여 **1개의 등기기록**을 둔다. 다만, **1동의 건물을 구분한 건물**에 있어서는 1동의 건물에 속하는 전부에 대하여 **1개의 등기기록을 사용**한다(법 제15조 제1항).

정답 ↦ 01 ④ 02 ③

03 **부동산등기제도에 관한 다음 설명 중 가장 옳지 않은 것은?** ▸ 2018년 등기주사보

① 공동신청주의란 등기는 법률에 다른 규정이 없는 한 당사자의 신청 또는 관공서의 촉탁에 따라 하고, 등기권리자와 등기의무자가 공동으로 신청하는 것을 말한다.

② 형식적 심사주의는 등기관은 등기신청에 대하여 그 등기신청이 실체법상의 권리관계와 일치하는지 여부를 심사할 실질적인 심사 권한은 없다는 것이다.

③ 성립요건주의는 부동산에 관한 물권변동은 그 원인이 법률행위이든지 법률의 규정이든지 등기를 하여야 효력이 발생한다는 것이다.

④ 우리 부동산등기제도는 공신의 원칙을 채택하지 않고 있다는 것이 통설·판례이다.

> **해설** ③ 부동산에 관한 법률행위로 인한 물권의 득실변경은 등기하여야 그 효력이 생긴다(민법 제186조). 상속, 공용징수, (⊞ 형성)판결, 경매 기타 법률의 규정에 의한 부동산에 관한 물권의 취득은 등기를 요하지 아니한다. 그러나 등기를 하지 아니하면 이를 처분하지 못한다(민법 제187조)(⊞ 예를 들어 피상속인이 사망한 경우 상속등기를 하지 않더라도 상속이 개시된 때 상속인은 부동산의 소유권을 취득한다).
>
> ① 등기는 당사자의 <u>신청</u> 또는 관공서의 <u>촉탁</u>에 따라 한다. 다만, 법률에 다른 규정(⊞ 직권·명령)이 있는 경우에는 그러하지 아니하다(법 제22조 제1항). 등기는 법률에 다른 규정(⊞ 법 제23조 제2항 이하 등)이 없는 경우에는 등기권리자와 등기<u>의무자</u>가 공동으로 신청한다(법 제23조 제1항).
>
> ② 등기관은 당사자가 제출한 <u>신청서 및 첨부서면이 부동산등기법 등 제반 법령에 부합되는지의 여부를 조사</u>(⊞ 형식적 심사)한 후 접수번호의 순서대로 교합처리하여야 하며, 늦어도 오전에 제출된 사건에 대하여는 다음날 18시까지, 오후에 제출된 사건에 대하여는 다음 다음날 12시까지 등기필정보를 작성하여 교부하여야 한다(예규 제1515호).
>
> ④ 등기의 공신력이 인정되지 않는 현행 등기제도하에서는 등기기재에 부합하는 실체상의 권리관계가 존재함을 전제로 그 등기의 유효성이 인정된다(대판 1969.6.10. 68다199).

04 **등기에 관한 다음 설명 중 가장 옳지 않은 것은?** ▸ 2017년 등기주사보

① 1개의 부동산에 대하여는 1개의 등기기록만을 사용한다.

② 동일한 부동산에 관하여 동시에 여러 개의 신청이 있는 경우에는 같은 접수번호를 부여하여야 한다.

③ 누구든지 수수료를 내고 제한 없이 등기사항의 전부 또는 일부, 등기기록의 부속서류에 대하여 열람을 청구할 수 있다.

④ 부동산등기신청서 기타 부속서류 편철장은 5년간 보존하여야 한다.

해설 ③ **누구든지** 수수료를 내고 대법원규칙으로 정하는 바에 따라 **등기기록**에 기록되어 있는 사항의 전부 또는 일부의 **열람**과 이를 증명하는 **등기사항증명서**의 **발급**을 청구할 수 있다. 다만, **등기기록의 부속서류**에 대하여는 이해관계 있는 부분만 **열람**(🚫 발급×)을 청구할 수 있다(법 제19조 제1항).

① 등기부를 편성할 때에는 **1필의 토지** 또는 **1개의 건물**에 대하여 **1개의 등기기록**을 둔다. 다만, **1동의 건물을 구분한 건물**에 있어서는 **1동의 건물에 속하는 전부**에 대하여 **1개의 등기기록**을 사용한다(법 제15조 제1항).

② 같은 부동산에 관하여 동시에 여러 개의 등기신청이 있는 경우에는 **같은 접수번호**를 부여하여야 한다(규칙 제65조 제2항).

④ **신청서 기타 부속서류 편철장**의 보존기간은 **5년**이다(규칙 제25조 제1항 제6호).

05 **우리 부동산등기 제도에 관한 다음 설명 중 가장 옳지 않은 것은?** ▸2017년 법원사무관

① 신청정보 또는 등기기록의 부동산의 표시가 토지대장·임야대장 또는 건축물대장과 일치하지 아니한 경우는 등기신청의 각하사유로 규정되어 있지 않다.

② 등기부는 토지등기부와 건물등기부로 구분한다.

③ 등기는 법률에 다른 규정이 없는 경우에는 등기권리자와 등기의무자가 공동으로 신청한다.

④ 등기관은 등기신청에 대하여 부동산등기법상 그 등기신청에 필요한 서면이 제출되었는지 여부 및 제출된 서면이 형식적으로 진정한 것인지 여부를 심사할 권한을 갖고 있다.

해설 ① **등기관**은 신청정보 또는 등기기록의 **부동산의 표시**가 토지대장·임야대장 또는 건축물대장과 일치하지 아니한 경우에 이유를 적은 결정으로 신청을 **각하**하여야 한다(법 제29조 제11호).

② **등기부**는 **토지등기부**와 **건물등기부**로 구분한다(법 제14조 제1항).

③ **등기**는 법률에 다른 규정(🚫 법 제23조 제2항 이하 등)이 없는 경우에는 등기권리자와 등기**의무자**가 **공동**으로 신청한다(법 제23조 제1항).

④ 등기관은 당사자가 제출한 신청서 및 첨부서면이 부동산등기법 등 제반 법령에 부합되는지의 여부를 조사(🚫 **형식적 심사**)한 후 접수번호의 순서대로 교합처리하여야 하며, 늦어도 오전에 제출된 사건에 대하여는 다음날 18시까지, 오후에 제출된 사건에 대하여는 다음 다음날 12시까지 등기필정보를 작성하여 교부하여야 한다(예규 제1515호).

정답 🔑 03 ③ 04 ③ 05 ①

02 등기의 종류(부기등기)

관련 조문

법 제52조(부기로 하는 등기)
등기관이 다음 각 호의 등기를 할 때에는 **부기**로 하여야 한다. 다만, 제5호의 등기는 등기상 이해관계 있는 제3자의 승낙이 없는 경우에는 그러하지 아니하다(🔁 주등기).

1. 등기명의인표시의 변경이나 경정의 등기 (🔁 부동산표시변경·경정등기 ×)
2. 소유권 외의 권리의 이전등기 (🔁 전세권이전, 근저당권이전, 가등기상의 권리의 이전)
3. 소유권 외의 권리를 목적으로 하는 권리에 관한 등기 (🔁 전세권부 근저당권)
4. 소유권 외의 권리에 대한 처분제한 등기 (🔁 전세권부 가압류)
5. 권리의 변경이나 경정의 등기 (🔁 전세권변경, 근저당권변경)
6. 제53조의 환매특약등기
7. 제54조의 권리소멸약정등기
8. 제67조 제1항 후단의 공유물 분할금지의 약정등기
9. 그 밖에 대법원규칙으로 정하는 등기

---

01 부기등기에 관한 다음 설명 중 가장 옳지 않은 것은? ▸2023년 법무사

① 근저당권 이전의 부기등기가 마쳐진 경우 그 이전 원인이 무효이거나 취소 또는 해제된 때에는 부기등기인 이전등기만을 말소하여야 한다.

② 저당권으로 담보한 채권을 질권의 목적으로 한 때에는 그 저당권등기에 질권의 부기등기를 하여야 그 효력이 저당권에 미친다.

③ 가등기상 권리를 제3자에게 양도하는 경우 양도인과 양수인은 공동신청으로 가등기상 권리의 이전등기를 신청할 수 있고, 그 이전등기는 가등기에 대한 부기등기의 형식으로 한다.

④ 매각으로 인한 소유권이전등기 촉탁을 할 때에 매수인이 인수하지 아니하는 전세권등기에 이전등기가 부기되어 있는 경우 집행법원은 주등기인 전세권설정등기와 함께 그 이전의 부기등기도 말소 촉탁하여야 한다.

⑤ 부기등기의 순위번호에 가지번호를 붙이는 형식의 부기등기도 가능하다.

해설 ④ 매각으로 인한 소유권이전등기촉탁을 할 때에, 매수인이 인수하지 아니하는 부담의 기입이 부기등기로 되어 있는 경우, ㉠ 저당권, 전세권 등 소유권 이외의 권리의 전부 또는 일부이전으로 인한 부기등기가 마쳐진 경우 또는 ㉡ 저당권부채권가압류등기, 전세권저당권설정등기 등과 같이 매수인이 인수하지 아니하는 등기의 말소에 관하여 이해관계 있는 제3자 명의의 부기등기가 마쳐진 경우에, 집행법원은 **주등기의 말소만 촉탁**하면 되고 **부기등기에 관하여는 별도로 말소촉탁을 할 필요가 없으며** 등록면허세는 주등기의 말소에 대한 것만 납부하면 된다(선례 제7-436호).

① 1. **근저당권이전의 부기등기**가 기존의 주등기인 근저당권설정등기에 종속되어 주등기와 일체를 이룬 경우에는 (⊞ 주등기와 별개의 새로운 등기는 아니라 할 것이므로) 부기등기만의 말소를 따로 인정할 아무런 실익이 없지만, **근저당권의 이전원인만이 무효로 되거나 취소 또는 해제**된 경우, 즉 근저당권의 주등기 자체는 유효한 것을 전제로 이와는 별도로 근저당권이전의 부기등기에 한하여 무효사유가 있다는 이유로 부기등기만의 효력을 다투는 경우에는 그 **부기등기의 말소를 소구할 필요가 있으므로** 예외적으로 **소의 이익이 있다** (대판 2005.6.10, 2002다15412·15429)

   2. 따라서 부기등기만의 말소신청을 양도인과 양수인이 **공동신청**하거나 양수인이 **판결**을 받아 **단독**으로 신청할 수 있다.

   3. 근저당권양도계약의 무효, 취소, 해제를 원인으로 **근저당권이전등기를 말소**하는 경우에는 근저당권의 **양수인이 등기의무자**, 근저당권 **양도인이 등기권리자**가 되어 **공동**으로 신청한다.

   4. 이때 등기관은 이전에 따른 부기등기만을 말소하고 동시에 **종전 권리자**를 **직권**으로 회복하여야 한다.

② **저당권**으로 담보한 채권을 **질권**의 목적으로 한 때에는 그 저당권등기에 **질권의 부기등기**를 하여야 그 **효력이 저당권에 미친다**(민법 제348조).

③ **가등기상 권리**를 제3자에게 양도한 경우에 **양도인과 양수인**은 **공동신청**으로 그 **가등기상 권리의 이전등기**를 신청할 수 있고, 그 이전등기는 가등기에 대한 **부기등기**의 형식으로 한다(예규 제1632호, 3).

⑤ **환매권의 이전등기**, **전세권부저당권의 이전등기**, **저당권부권리질권의 이전등기** 등과 같이 **부기등기에 대한 부기등기도 가능**하다(「부동산등기실무Ⅱ」 p.4 참조). 부기등기 "1–1"에 대한 부기등기는 "1–1–1"로 표시된다.

---

02 **부기로 하는 등기에 관한 다음 설명 중 가장 옳지 않은 것은?**   ▸2022년 등기서기보

① 등기관이 부기등기를 할 때에는 그 부기등기가 어느 등기에 기초한 것인지 알 수 있도록 주등기 또는 부기등기의 순위번호에 가지번호를 붙여서 하여야 한다.

② 등기전체가 아닌 등기사항 일부만 말소된 등기를 회복할 때에는 부기에 의하여 말소된 등기사항만 다시 등기한다.

③ 소유권 외의 권리의 이전등기, 소유권 외의 권리를 목적으로 하는 권리에 관한 등기는 부기로 하여야 한다.

④ 신탁을 원인으로 한 소유권이전등기와 함께 신탁등기를 할 때에는 소유권이전등기에 부기로 하여야 한다.

해설 ④ 1. **신탁등기의 신청**은 해당 신탁으로 인한 **권리의 이전 또는 보존이나 설정등기의 신청**과 함께 1건의 신청정보로 **일괄**하여 하여야 한다. 등기관이 권리의 이전 또는 보존이나 설정등기와 함께 신탁등기를 할 때에는 **하나의 순위번호**를 사용하여야 한다(규칙 제139조 제1항, 제7항).

정답 ↦   01 ④   02 ④

2. 즉 신탁으로 인한 권리이전등기를 한 다음 **등기목적란에 신탁등기의 등기목적**을 기재하고 **권리자 및 기타사항란에** 신탁원부번호를 기록한다.

3. 따라서 신탁을 원인으로 한 소유권이전등기와 함께 신탁등기를 할 때에는 **주등기**로 하여야 한다.

① 등기관이 **부기등기를 할 때**에는 그 부기등기가 어느 등기에 기초한 것인지 알 수 있도록 주등기 또는 부기등기의 순위번호에 **가지번호**를 붙여서 하여야 한다(규칙 제2조).

② 법 제59조의 말소된 등기에 대한 회복 신청을 받아 등기관이 등기를 회복할 때에는 회복의 등기를 한 후 다시 말소된 등기와 같은 등기를 하여야 한다(⊞ 순위번호도 종전 등기와 같은 번호를 기록한다). 다만, 등기전체가 아닌 **일부** 등기사항만 말소된 것일 때에는 **부기**에 의하여 **말소된 등기사항만 다시 등기**한다(규칙 제118조).

③ 등기관이 **소유권 외의 권리의 이전등기**(⊞ 전세권이전, 근저당권이전, 가등기상의 권리의 이전), **소유권 외의 권리를 목적으로 하는 권리에 관한 등기**(⊞ 전세권부 근저당권), **소유권 외의 권리에 대한 처분제한 등기**(⊞ 전세권부 가압류)를 할 때에는 **부기**로 하여야 한다(법 제52조, 제2호, 제3호, 제4호).

03 등기의 종류에 관한 다음 설명 중 가장 옳지 않은 것은? ▸ 2019년 등기주사보

① 경정등기는 이미 행하여진 등기의 일부에 착오 또는 누락이 있어서 원시적으로 등기와 실체관계 사이에 불일치가 생긴 경우에 한다.

② 말소회복등기는 기존등기의 전부가 부적법하게 말소된 경우에 그 말소된 기존등기의 효력을 회복시키기 위하여 행하여지는 등기로 기존등기의 일부가 말소된 경우에는 회복등기를 할 것이 아니다.

③ 부기등기는 독립한 순위번호를 갖지 않는 등기로서 그 부기등기가 어느 등기에 기초한 것인지 알 수 있도록 주등기 또는 부기등기의 순위번호에 가지번호를 붙여서 한다.

④ 멸실등기는 부동산이 전부 멸실된 경우에 행하여지는 등기이므로 토지나 건물의 일부가 멸실된 때에는 변경등기를 하여야 하고 멸실등기를 할 것이 아니다.

해설 ② 법 제59조의 말소회복등기는 어떤 등기의 **전부** 또는 **일부**가 부적법하게 말소된 경우에 그 말소된 등기를 회복함으로써 말소 당시에 소급하여 말소가 되지 않았던 것과 같은 효과를 생기게 하는 등기를 말한다(대판 2013.3.14, 2012다112350). 따라서 회복된 등기는 말소된 종전 등기와 동일 순위를 가지게 된다(「부동산등기실무Ⅱ」 p.94).

① 경정등기는 원시적 착오 또는 유루(당초의 등기절차에 신청의 착오나 등기관의 과오가 있어 등기와 실체가 불일치하는 경우)가 있는 경우에 할 수 있고, 등기완료 후에 발생한 사유에 의해서는 할 수 없다(예규 제1564호).

③ 등기관이 **부기등기를 할 때**에는 그 부기등기가 어느 등기에 기초한 것인지 알 수 있도록 주등기 또는 부기등기의 순위번호에 **가지번호**를 붙여서 하여야 한다(규칙 제2조).

④ 부동산의 멸실이라 함은 해안지대의 토지의 함몰·포락이나 건물의 소실·붕괴 등의 사유로 1개의 부동산이 전체로서 소멸하는 것을 말한다. 1필의 토지 또는 1동의 건물의 일부의 멸실이 있는 때에는 토지의 면적이나 건물의 면적 또는 구조 등의 변경이 있는 데 지나지 않으므로 멸실등기가 아닌 부동산표시의 변경등기를 하여야 한다(「부동산등기실무Ⅱ」 p.178).

04 **주등기와 부기등기에 관한 다음 설명 중 가장 옳지 않은 것은?** ▶ 2019년 법무사

① 부기등기는 주등기에 종속되어 주등기와 일체성을 이루는 등기로서 주등기와 별개의 등기는 아니다.
② 신탁재산이 수탁자의 고유재산으로 된 경우에 그 뜻의 등기는 주등기로 하여야 한다.
③ 부동산등기법에 따라 환매특약등기나 권리소멸약정등기는 부기등기로 하여야 한다.
④ 주택건설사업이 완성되어 건설된 주택에 대하여 사업주체가 주택법상 입주예정자 앞으로 소유권이전등기를 신청한 경우, 등기관은 그 소유권이전등기를 실행할 때에 당사자 신청으로 주택에 대한 금지사항 부기등기를 말소한다.
⑤ 전세권변경등기는 부기등기에 의하나, 등기상 이해관계 있는 제3자의 승낙서 또는 이에 대항할 수 있는 재판의 등본을 첨부하지 못한 때에는 주등기 방법에 의한다.

해설 ④ 주택건설사업이 완성되어 건설된 주택에 대하여 사업주체가 주택법상 입주예정자 앞으로 소유권이전등기를 신청한 경우, 등기관은 그 소유권이전등기를 실행한 후 **직권**으로 주택에 대한 금지사항 부기등기를 말소한다(예규 제1734호).

① 채무자의 추가를 내용으로 하는 근저당권변경의 부기등기는 기존의 주등기인 근저당권설정등기에 종속되어 주등기와 일체를 이루는 것이고 주등기와 별개의 새로운 등기는 아니라 할 것이므로 그 피담보채무가 변제로 인하여 소멸된 경우 위 주등기의 말소만을 구하면 족하다 할 것이고 **주등기가 말소**된 경우에는 그에 기한 **부기등기**는 판결로 그 말소를 명하지 않더라도 **직권**으로 **말소**되어야 할 성질의 것이다(대판 1988.3.8, 87다카2585).
② 신탁재산이 **수탁자의 고유재산**이 되었을 때에는 그 뜻의 등기를 **주등기**로 하여야 한다(규칙 제143조).
③ 등기관이 제53조의 **환매특약**등기, 제54조의 **권리소멸약정**등기를 할 때에는 **부기**로 하여야 한다(법 제52조 제6호, 제7호).
⑤ 전세권설정등기에 대한 변경등기를 신청하는 경우, 그 변경등기에 대하여 등기상 이해관계 있는 제3자가 있는 경우에는 신청서에 그 승낙서 또는 그에 대항할 수 있는 재판등본을 첨부한 때에 한하여 부기에 의하여 그 등기를 하고, 승낙서 등을 **첨부하지 않은** 때에는 주등기에 의하여 그 등기를 하게 되는바, 전세권설정등기 후에 제3자 명의의 근저당권설정등기가 경료된 후 전세권설정등기의 변경등기를 신청하는 경우, 그 내용이 전세금의 감액인 경우에는 근저당권자의 승낙서 등을 첨부하지 않아도 부기에 의하여 그 등기를 할 것이나, 전세권의 존속기간 연장과 전세금의 감액을 함께 신청하는 경우에는 근저당권자의 승낙서 등을 첨부한 때에 한하여 부기에 의하여 그 등기를 할 수 있다(선례 제5-421호).

정답 ⊶ 03 ② 04 ④

05 **부기등기에 관한 다음 설명 중 가장 옳지 않은 것은?** ▸2017년 등기주사보

① 부기등기의 순위는 주등기의 순위에 따른다.

② 같은 주등기에 관한 부기등기 상호 간의 순위는 그 등기순서에 따른다.

③ 부기등기의 순위번호에 가지번호를 붙여서 부기등기에 대한 부기등기를 할 수는 없다.

④ 소유권 외의 권리의 이전등기를 할 때에는 부기등기로 하여야 한다.

해설 ③ 환매권의 이전등기, 전세권부저당권의 이전등기, 저당권부권리질권의 이전등기 등과 같이 부기등기에 대한 부기등기도 가능하다.

①② **부기등기의 순위**는 주등기의 순위에 따른다. 다만, 같은 주등기에 관한 **부기등기 상호 간의 순위**는 그 등기 순서에 따른다(법 제5조).

④ 등기관이 **소유권 외의 권리의 이전등기**(🏢 전세권이전, 근저당권이전, 가등기상의 권리의 이전)를 할 때에는 **부기**로 하여야 한다(법 제52조 제2호).

06 **주등기와 부기등기에 관한 다음 설명 중 가장 옳지 않은 것은?** ▸2017년 등기서기보

① 등기관이 부기등기를 할 때에는 그 부기등기가 어느 등기에 기초한 것인지 알 수 있도록 주등기 또는 부기등기의 순위번호에 가지번호를 붙여서 하여야 한다.

② '부기등기의 순위는 주등기의 순위에 따른다.'라는 규정은 부기등기가 그 순위번호뿐만 아니라 접수번호에 있어서도 그 기초가 되는 주등기에 따른다는 뜻으로 새겨야 한다.

③ 소유권 외의 권리의 이전등기, 소유권 외의 권리를 목적으로 하는 권리에 관한 등기, 소유권 외의 권리에 대한 처분제한 등기는 부기로 하여야 한다.

④ 신탁재산이 수탁자의 고유재산으로 되었을 때에는 그 뜻의 등기를 부기로 하여야 한다.

해설 ④ 신탁재산이 **수탁자의 고유재산**이 되었을 때에는 그 뜻의 등기를 **주등기**로 하여야 한다(규칙 제143조).

① 등기관이 **부기등기를 할 때**에는 그 부기등기가 어느 등기에 기초한 것인지 알 수 있도록 주등기 또는 부기등기의 순위번호에 **가지번호**를 붙여서 하여야 한다(규칙 제2조).

② 같은 부동산에 관하여 등기된 권리의 순위는 법률에 다른 규정이 없으면 등기한 순서에 따르고, 등기의 순서는 등기기록 중 같은 구에서는 순위번호, 다른 구에서는 접수번호의 전후에 따르는 것이므로, 부동산등기법 제5조 본문의 "**부기등기의 순위는 주등기의 순위에 따른다.**"라는 규정은 부기등기가 그 **순위번호**뿐만 아니라 **접수번호**에 있어서도 그 기초가 되는 주등기에 따른다는 뜻으로 새겨야 한다(선례 제201408-2호).

③ 등기관이 **소유권 외의 권리의 이전등기**(🏢 전세권이전, 근저당권이전, 가등기상의 권리의 이전), **소유권 외의 권리를 목적으로 하는 권리에 관한 등기**(🏢 전세권부 근저당권), **소유권 외의 권리에 대한 처분제한 등기**(🏢 전세권부 가압류)를 할 때에는 **부기**로 하여야 한다(법 제52조, 제2호, 제3호, 제4호).

07 부기등기에 관한 다음 설명 중 가장 옳지 않은 것은?

▶ 2016년 법무사

① 부동산등기법에 따른 환매특약등기나 권리소멸약정등기를 할 때에는 부기로 하여야 한다.

② 부기등기는 순위번호에 있어서는 그 기초가 되는 주등기에 따르나, 접수번호에 있어서는 그 주등기에 따르지 않으므로 별도로 순위를 정해야 한다.

③ 등기관이 부기등기를 할 때에는 그 부기등기가 어느 등기에 기초한 것인지 알 수 있도록 주등기 또는 부기등기의 순위번호에 가지번호를 붙여서 하여야 한다.

④ 을구에 근저당권설정등기, 갑구에 체납처분에 의한 압류등기가 순차로 마쳐진 후에 근저당권의 채권최고액을 증액하는 경우 체납처분에 의한 압류등기의 권리자(처분청)의 승낙서가 제공된 경우에는 을구의 근저당권변경등기를 부기등기로 실행할 수 있다.

⑤ 채권최고액을 증액하는 근저당권변경등기를 신청하는 경우 동일인 명의의 후순위 근저당권자는 등기상 이해관계 있는 제3자가 아니므로, 다른 이해관계인이 없다면 위 후순위 근저당권자의 승낙이 있음을 증명하는 정보 또는 이에 대항할 수 있는 재판이 있음을 증명하는 정보를 제공하지 않더라도 근저당권변경등기를 부기등기로 할 수 있다.

해설 ② 같은 부동산에 관하여 등기된 권리의 순위는 법률에 다른 규정이 없으면 등기한 순서에 따르고, 등기의 순서는 등기기록 중 같은 구에서는 순위번호, 다른 구에서는 접수번호의 전후에 따르는 것이므로, 부동산등기법 제5조 본문의 "부기등기의 순위는 주등기의 순위에 따른다."라는 규정은 부기등기가 그 **순위번호**뿐만 아니라 **접수번호**에 있어서도 그 기초가 되는 주등기에 따른다는 뜻으로 새겨야 한다(선례 제201408-2호).

① 등기관이 제53조의 **환매특약**등기, 제54조의 **권리소멸약정**등기를 할 때에는 **부기**로 하여야 한다(법 제52조 제6호, 제7호).

③ 등기관이 **부기등기를 할 때**에는 그 부기등기가 어느 등기에 기초한 것인지 알 수 있도록 주등기 또는 부기등기의 순위번호에 **가지번호**를 붙여서 하여야 한다(규칙 제2조).

④ 1) 등기관이 **권리의 변경이나 경정의 등기**(🔵 전세권변경, 근저당권변경)를 할 때에는 **부기**로 하여야 한다. 다만, **등기상 이해관계 있는 제3자의 승낙**이 없는 경우에는 그러하지 아니하다(🔵 주등기)(법 제52조 제5호).

2) 을구에 **근저당권설정등기**, 갑구에 체납처분에 의한 **압류등기**(🔵 가압류·가처분·경매개시결정등기도 마찬가지)가 순차로 경료된 후에 근저당권의 **채권최고액을 증액**하는 경우, 그 변경등기를 부기등기로 실행하게 되면 을구의 근저당권변경등기가 갑구의 체납처분에 의한 압류등기보다 권리의 순위에 있어 우선하게 되므로, 갑구의 **체납처분에 의한 압류등기의 권리자(처분청)**는 을구의 근저당권변경등기에 대하여 **등기상 이해관계 있는 제3자**에 해당한다. 이 경우 갑구의 체납처분에 의한 압류등기의 권리자(처분청)의 **승낙**서나 그에게 대항할 수 있는 재판의 등본이 첨부정보로서 **제공된 경우**에는 을구의 근저당권변경등기를 **부기등기**로 실행할 수 있으나, 그와 같은 첨부정보가 제공되지 않은 경우에는 주등기로 실행하여야 한다. 이는 갑구의 주등기가 민사집행법에 따른 가압류·가처분등기나 경매개시결정등기인 경우에도 동일하다(선례 제201408-2호).

정답 ●━ 05 ③ 06 ④ 07 ②

⑤ 채권최고액을 증액하는 근저당권변경등기를 신청하는 경우 **동일인 명의의 후순위 근저당권자는 등기상 이해관계 있는 제3자가 아니므로**, 다른 이해관계인이 없다면 위 후순위 근저당권자의 **승낙**이 있음을 증명하는 정보 또는 이에 대항할 수 있는 재판이 있음을 증명하는 정보를 **제공하지 않더라도** 근저당권변경등기를 **부기**등기로 할 수 있다(선례 제201508-4).

08 다음 중 부기로 하는 등기만을 옳게 열거한 것은?

▸ 2015년 등기서기보

① 부동산표시의 변경등기, 권리소멸약정등기
② 등기명의인표시의 변경등기, 지상권설정등기
③ 환매특약등기, 전세권이전등기
④ 저당권부채권에 대한 질권의 등기, 소유권이전청구권가등기

해설 ③ 환매특약등기 및 전세권이전등기는 부기등기로 한다(법 제52조 제2호, 제6호).

① 부동산표시의 변경등기는 표제부에 주등기로 한다.
② 지상권설정등기는 을구에 주등기로 한다.
④ 소유권이전청구권가등기는 갑구에 주등기로 한다.

03　등기의 효력

01 다음 중 물권변동의 시기와 관련하여 성질이 다른 하나는?　　　　▸ 2023년 법무사

① 공유물분할의 소에서 공유부동산의 특정한 일부씩을 각각의 공유자에게 귀속시키는 것으로 현물분할하는 내용의 조정이 성립한 경우의 물권변동

② 공익사업에 필요한 토지를 수용한 경우 사업시행자의 부동산 소유권 취득

③ 경매절차에서 매각대금을 완납한 매수인의 소유권 취득

④ 피상속인의 사망으로 인한 상속인의 상속부동산에 대한 소유권 취득

⑤ 구 농지개혁법에 따라 농지를 분배받은 농가가 농지대가의 상환을 완료하고 분배농지에 대한 소유권을 취득하는 경우

> **해설**　① **공유물분할**의 소송절차 또는 조정절차에서 공유자 사이에 공유토지에 관한 **현물분할의 협의**가 성립하여 그 합의사항을 조서에 기재함으로써 **조정이 성립**하였다고 하더라도, 그와 같은 사정만으로 재판에 의한 공유물분할의 경우와 마찬가지로 그 즉시 공유관계가 소멸하고 각 공유자에게 그 협의에 따른 새로운 법률관계가 창설되는 것은 아니고, 공유자들이 협의한 바에 따라 토지의 분필절차를 마친 후 각 단독소유로 하기로 한 부분에 관하여 다른 공유자의 공유지분을 이전받아 **등기를 마침**으로써 **비로소** 그 부분에 대한 대세적 권리로서의 **소유권을 취득**하게 된다고 보아야 한다(대판(전) 2013.11.21. 2011두1917).
>
> ②③④ 상속, **공용징수**, 판결, **경매** 기타 법률의 규정에 의한 부동산에 관한 물권의 취득은 등기를 요하지 아니한다. 그러나 등기를 하지 아니하면 이를 처분하지 못한다(민법 제187조).
>
> ⑤ 1. 상속, 공용징수, 판결, 경매 **기타 법률의 규정**에 의한 부동산에 관한 물권의 취득은 등기를 요하지 아니한다. 그러나 등기를 하지 아니하면 이를 처분하지 못한다(민법 제187조).
>
> 　2. 농지대가의 상환을 완료한 수분배자는 구 농지개혁법(1994.12.22. 법률 제4817호 농지법 부칙 제2조 제1호로 폐지)에 의하여 **등기 없이도** 완전히 그 분배농지에 관한 **소유권을 취득**하게 되는 것이다(대판 2007.10.11. 2007다43856).

02 등기의 추정력에 관한 다음 설명 중 가장 옳지 않은 것은?

▶ 2023년 법원사무관

① 구 부동산소유권 이전등기 등에 관한 특별조치법 등 부동산등기에 관한 각종 특별조치법에 의한 보존등기 명의자라 하더라도 보존등기하기 이전의 소유자로부터 소유권의 양도를 받은 것이라는 주장이 있고, 전소유자가 보존등기명의자에 대한 양도사실을 부인하는 경우에는 보존등기명의자의 소유로 추정할 수 있는 추정력은 깨어진다.

② 등기명의자가 전 소유자로부터 부동산을 취득함에 있어 등기부상 기재된 등기원인에 의하지 아니하고 다른 원인으로 적법하게 취득하였다고 하면서 등기원인행위의 태양이나 과정을 다소 다르게 주장한다고 하여 이러한 주장만 가지고 그 등기의 추정력이 깨어진다고 할 수는 없다.

③ 사망자 명의로 신청하여 이루어진 이전등기는 일단 원인무효의 등기라고 볼 것이어서 등기의 추정력을 인정할 여지가 없으므로, 등기의 유효를 주장하는 자가 현재의 실체관계와 부합함을 증명할 책임이 있다.

④ 소유권이전청구권 보전을 위한 가등기가 있다 하여 소유권이전등기를 청구할 어떤 법률관계가 있다고 추정되지 아니한다.

해설 ① 1. 건물보존등기는 그 등기명의자가 신축한 것이 아니라면 그 등기의 권리추정력은 깨어진 것이고 그 명의자가 스스로 적법하게 그 소유권을 양도받게 된 사실을 입증할 책임이 있는 것이다(대판 1966.3.22, 66다64.65).

2. 보존등기가 있으면 보존등기 명의자에게 소유권 있음이 추정된다 할 것이나 그 보존등기 명의자가 보존등기하기 이전의 소유자로부터 소유권을 양도받은 것이라 주장하고, 전 소유자는 보존등기 명의자에 대한 양도사실을 부인하는 경우에는 그 추정력은 깨어진다고 보아야 하므로 보존등기 명의는 그 양수사실을 입증할 책임이 있다(대판 1974.2.26, 73다1658).

3. 구 임야소유권이전등기 등에 관한 특별조치법(실효, 이하 '특별조치법'이라 한다)에 따라 등기를 마친 자가 보증서나 확인서에 기재된 취득원인이 사실과 다름을 인정하더라도 그가 다른 취득원인에 따라 권리를 취득하였음을 주장하는 때에는, 특별조치법의 적용을 받을 수 없는 시점의 취득원인 일자를 내세우는 경우와 같이 그 주장 자체에서 특별조치법에 따른 등기를 마칠 수 없음이 명백하거나 그 주장하는 내용이 구체성이 전혀 없다든지 그 자체로서 허구임이 명백한 경우 등의 특별한 사정이 없는 한 위의 사유만으로 특별조치법에 따라 마쳐진 등기의 추정력이 깨어진다고 볼 수는 없으며, 그 밖의 자료에 의하여 새로이 주장된 취득원인 사실에 관하여도 진실이 아님을 의심할 만큼 증명되어야 그 등기의 추정력이 깨어진다고 할 것이다(대판(전) 2001.11.22, 2000다71388·71395).

② 부동산에 관하여 소유권이전등기가 마쳐져 있는 경우 그 등기명의자는 제3자에 대하여서 뿐만 아니라, 그 전 소유자에 대하여서도 적법한 등기원인에 의하여 소유권을 취득한 것으로 추정되고, 한편 부동산 등기는 현재의 진실한 권리상태를 공시하면 그에 이른 과정이나 태양을 그대로 반영하지 아니하였어도 유효한 것으로서, 등기명의자가 전 소유자로부터 부동산을 취득함에 있어 등기부상 기재된 등기원인에 의하지 아니하고 다른 원인으로 적법하게 취득하였다고 하면서 등기원인 행위의 태양이나 과정을 다소 다르게 주장한다고 하여 이러한 주장만 가지고 그 등기의 추정력이 깨어진다고 할 수는 없을 것이므로, 이러한 경우에도 이를

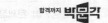

다투는 측에서 등기명의자의 소유권이전등기가 전 등기명의인의 의사에 반하여 이루어진 것으로서 무효라는 주장·입증을 하여야 한다(대판 2000.3.10, 99다65462).

③ 전소유자가 **사망한 이후에** **그 명의의 신청에** 의하여 이루어진 이전등기는 일단 원인무효의 등기라고 볼 것이어서 등기의 **추정력을 인정할 여지가 없으므로** 그 등기의 **유효를** 주장하는 자가 현재의 실체관계와 부합함을 입증할 책임이 있다(대판 1983.8.23, 83다카597).

④ 소유권이전청구권 보전을 위한 **가등기가** 있다 하여, 소유권이전등기를 청구할 **어떤 법률관계가 있다고 추정되지 아니한다**(대판 1979.5.22, 79다239).

03 부동산등기의 효력에 관한 다음 설명 중 가장 옳은 것은? ▶ 2020년 등기서기보

① 협의분할에 의한 상속을 등기원인으로 하여 소유권이전등기를 한 경우 그 소유권의 등기명의인이 소유권을 취득한 시기는 등기를 한 때이다.

② 등기관이 등기를 마치면 그 등기는 그 등기가 완료된 시점에 효력이 발생한다.

③ 어떠한 등기가 있으면 그에 대응하는 실체적 권리관계가 존재하는 것으로 추정되는 효력을 법이 명문으로 규정하고 있으므로 등기된 권리에 대하여 권리의 부존재나 무효를 주장하는 자는 스스로 그것을 입증하여야 한다.

④ 존속기간의 만료로 전세권이 실체법상 소멸되었다 하더라도 그 전세권설정등기를 말소하지 않는 한 제3자를 위한 전세권설정등기신청은 수리될 수 없는데 이는 후등기 저지력 때문이다.

해설 ④ 어떤 등기가 존재하고 있는 이상 비록 실체법상의 효력이 없는 등기라 하더라도 일정한 형식상의 효력을 가진다. 즉 법정의 요건과 절차에 따라 그 등기를 말소하지 않고서는 그것과 양립할 수 없는 등기는 할 수 없는데, 이를 후등기 저지력이라고 한다. 예컨대 먼저 설정된 지상권(전세권)의 존속기간이 만료된 경우에도 그 등기를 말소하지 않는 한 다시 제3자를 위한 지상권(전세권)설정등기를 중복하여 할 수 없다(「부동산등기실무 Ⅰ」 p.30).

① 부동산에 관한 법률행위로 인한 물권의 득실변경은 등기하여야 그 효력이 생긴다(민법 제186조). 상속, 공용징수, (점 형성)판결, 경매 기타 법률의 규정에 의한 부동산에 관한 물권의 취득은 등기를 요하지 아니한다. 그러나 등기를 하지 아니하면 이를 처분하지 못한다(민법 제187조)(점 예를 들어 피상속인이 사망한 경우 상속등기를 하지 않더라도 상속이 개시된 때 상속인은 부동산의 소유권을 취득한다).

② 등기신청은 대법원규칙으로 정하는 등기신청정보가 전산정보처리조직에 저장된 때 접수된 것으로 본다. 등기관이 등기를 마친 경우 그 등기는 접수한 때부터 효력을 발생한다(법 제6조).

③ 어떠한 등기가 있으면 그에 대응하는 실체적 권리관계가 존재하는 것으로 추정되는 효력을 등기의 추정력이라 한다. 현행법상 명문의 규정은 없으나 학설·판례는 일치하여 등기의 추정력을 인정하고 있다. 어떤 권리가 등기된 때에는 등기된 내용의 권리가 존재하는 것으로 추정되므로 그러한 실체관계가 존재하지 않는다고 주장하거나 또는 실제와 다르다고 주장하는 자가 그에 관한 증명책임을 지게 된다(「부동산등기실무 Ⅰ」 p.30).

정답 ○━ 02 ① 03 ④

04 부동산 등기의 순위와 효력에 관한 다음 설명 중 가장 옳지 않은 것은? ▸ 2019년 등기서기보

① 같은 부동산에 관하여 등기한 권리의 순위는 법률에 다른 규정이 없으면 등기한 순서에 따른다.

② 가등기에 의한 본등기를 한 경우 그 본등기의 순위는 가등기의 순위에 따른다.

③ 부기등기의 순위는 주등기의 순위에 따르고, 같은 주등기에 관한 부기등기 상호 간의 순위는 그 등기 순서에 따른다.

④ 등기관이 부기등기를 할 때에는 그 부기등기가 어느 등기에 기초한 것인지 알 수 있도록 주등기 또는 부기등기의 순위번호에 그 다음번호를 붙여서 하여야 한다.

> 해설 ④ 등기관이 **부기등기를 할 때**에는 그 부기등기가 어느 등기에 기초한 것인지 알 수 있도록 주등기 또는 부기등기의 순위번호에 **가지번호**를 붙여서 하여야 한다(규칙 제2조).
>
> ① 같은 부동산에 관하여 등기한 **권리의 순위**는 법률에 다른 규정이 없으면 등기한 순서에 따른다(법 제4조).
> ② 가등기에 의한 본등기를 한 경우 **본등기의 순위**는 가등기의 순위에 따른다(법 제91조).
> ③ **부기등기의 순위**는 주등기의 순위에 따른다. 다만, 같은 주등기에 관한 **부기등기 상호 간의 순위**는 그 등기 순서에 따른다(법 제5조).

05 등기의 효력에 관한 다음 설명 중 가장 옳지 않은 것은? ▸ 2018년 등기주사보

① 법률행위로 인한 부동산의 물권변동은 물권행위가 있고 그에 부합하는 등기가 마쳐져야 효력이 있다.

② 부동산에 관한 신탁은 등기함으로써 제3자에 대하여 대항력이 생긴다.

③ 건물 전세권의 존속기간이 만료된 경우에도 그 전세권설정등기를 말소하지 않고는 중복하여 전세권설정등기를 신청할 수 없다.

④ 증여로 부동산을 취득하였음에도 등기원인이 매매로 기록된 경우에 판례는 권리변동의 과정이 불일치하므로 그 등기가 실체적 권리관계에 부합하더라도 무효라고 한다.

> 해설 ④ 부동산 등기는 현실의(⊞ 실체적) 권리 관계에 부합하는 한 그 권리취득의 경위나 방법 등이 사실과 다르다고 하더라도 그 등기의 효력에는 아무런 영향이 없는 것이므로 증여에 의하여 부동산을 취득하였지만 등기원인을 매매로 기재하였다고 하더라도 그 등기의 효력에는 아무런 하자가 없다. 즉 유효하다(대판 1980.7.22, 80다791).
>
> ② 등기 또는 등록할 수 있는 재산권에 관하여는 **신탁의 등기** 또는 등록을 함으로써 그 재산이 신탁재산에 속한 것임을 제3자에게 대항할 수 있다(⊞ 대항력, 신탁법 제4조).

06 **등기의 효력에 관한 다음 설명 중 가장 옳지 않은 것은?**

▶ 2017년 등기주사보, 2016년 등기서기보

① 등기관이 등기를 마치면 그 등기는 접수한 때부터 효력을 발생한다.

② 등기의 순서는 등기기록 중 같은 구에서 한 등기 상호 간에는 순위번호에 따르고 다른 구에서 한 등기 상호 간에는 접수번호에 따른다.

③ 사망자 명의의 등기신청에 의하여 마쳐진 등기라도 그에 대응하는 실체적 권리관계가 존재하는 것으로 추정된다.

④ 등기가 존재하는 이상 그것이 비록 실체법상 무효라고 하더라도 형식상의 효력은 있는 것이므로 그것을 말소하지 않고서는 그것과 양립할 수 없는 등기는 할 수 없다.

해설 ③ 전소유자가 사망한 이후에 그 명의의 신청에 의하여 이루어진 이전등기는 일단 원인무효의 등기라고 볼 것이어서 등기의 추정력을 인정할 여지가 없으므로 그 등기의 유효를 주장하는 자가 현재의 실체관계와 부합함을 입증할 책임이 있다(대판 1983.8.23, 83다카597).

② 등기의 순서는 등기기록 중 **같은 구**에서 한 등기 상호 간에는 순위번호에 따르고, **다른 구**에서 한 등기 상호 간에는 접수번호에 따른다(법 제4조 제2항).

04 등기의 유효요건

01 일반

01 등기의 유효요건에 관한 다음 설명 중 가장 옳지 않은 것은? ▸ 2018년 등기서기보

① 건물의 경우에는 건물의 소재와 대지 지번의 표시가 다소 다르더라도 건물의 종류·구조·면적 및 인근에 유사한 건물이 있는지 여부 등을 종합적으로 고려하여 등기가 해당 건물을 표시하고 있다고 인정되면 유효한 등기로 보고 있다.

② 등기기록이 실제의 권리변동 과정과 일치하지 않더라도 등기된 결과가 현재의 진실한 권리상태를 공시하면 그 등기는 유효한 것으로 보고 있다.

③ 증여로 부동산을 취득하였음에도 등기원인이 매매로 등기기록에 기록된 경우 그 등기가 당사자 사이의 실체적 권리관계에 부합하는 한 유효하다고 한다.

④ 멸실건물의 보존등기를 멸실 후에 신축한 건물의 보존등기로 유용할 수 있다.

해설 ④ 기존건물이 멸실된 후 그곳에 새로이 건축한 건물의 물권변동에 관한 등기를 멸실된 건물의 등기부에 하여도 이는 진실에 부합하지 아니하는 것이고 비록 당사자가 멸실건물의 등기로서 신축된 건물의 등기에 갈음할 의사를 가졌다 하여도 그 등기는 무효이니 이미 멸실된 건물에 대한 근저당권설정등기에 신축된 건물에 대한 근저당권이 설정되었다고는 할 수 없으며 그 등기에 기하여 진행된 경매에서 신축된 건물을 경락받았다 하더라도 그로써 소유권취득을 내세울 수는 없다(대판 1976.10.26, 75다2211). 즉 멸실건물의 보존등기를 멸실 후에 신축한 건물의 보존등기로 유용하지 못한다는 것이 판례의 입장이다.

① 건물에 관한 보존등기상의 표시와 실제건물과의 사이에 건물의 건축시기, 건물 각 부분의 구조, 평수, 소재 지번 등에 관하여 다소의 차이가 있다 할지라도 사회통념상 동일성 혹은 유사성이 인식될 수 있으면 그 등기는 당해 건물에 관한 등기로서 유효하다(대판 1981.12.8, 80다163).

② 부동산에 관하여 소유권이전등기가 마쳐져 있는 경우 그 등기명의자는 제3자에 대하여서 뿐만 아니라, 그 전 소유자에 대하여서도 적법한 등기원인에 의하여 소유권을 취득한 것으로 추정되고, 한편 부동산 등기는 현재의 진실한 권리상태를 공시하면 그에 이른 과정이나 태양을 그대로 반영하지 아니하였어도 유효한 것으로서, 등기명의자가 전 소유자로부터 부동산을 취득함에 있어 등기부상 기재된 등기원인에 의하지 아니하고 다른 원인으로 적법하게 취득하였다고 하면서 등기원인 행위의 태양이나 과정을 다소 다르게 주장한다고 하여 이러한 주장만 가지고 그 등기의 추정력이 깨어진다고 할 수는 없을 것이므로, 이러한 경우에도 이를 다투는 측에서 등기명의자의 소유권이전등기가 전 등기명의인의 의사에 반하여 이루어진 것으로서 무효라는 주장·입증을 하여야 한다(대판 2000.3.10, 99다65462).

③ 부동산 등기는 현실의(● 실체적) 권리 관계에 부합하는 한 그 권리취득의 경위나 방법 등이 사실과 다르다고 하더라도 그 등기의 효력에는 아무런 영향이 없는 것이므로 증여에 의하여 부동산을 취득하였지만 등기원인을 매매로 기재하였다고 하더라도 그 등기의 효력에는 아무런 하자가 없다(대판 1980.7.22, 80다791). 즉 유효하다.

정답 ⟲ 01 ④

02 중복등기

관련 조문

법 제21조[중복등기기록의 정리]

① 등기관이 같은 토지에 관하여 중복하여 마쳐진 등기기록을 발견한 경우에는 대법원규칙으로 정하는 바에 따라 중복등기기록 중 어느 하나의 등기기록을 폐쇄하여야 한다.

② 제1항에 따라 폐쇄된 등기기록의 소유권의 등기명의인 또는 등기상 이해관계인은 대법원규칙으로 정하는 바에 따라 그 토지가 폐쇄된 등기기록의 소유권의 등기명의인의 소유임을 증명하여 폐쇄된 등기기록의 부활을 신청할 수 있다.

규칙 제33조[중복등기기록의 정리]

① 법 제21조에 따른 중복등기기록의 정리는 (❶ 규칙) 제34조부터 제41조까지의 규정에서 정한 절차에 따른다.

② 제1항에 따른 중복등기기록의 정리는 실체의 권리관계에 영향을 미치지 아니한다.

규칙 제34조[소유권의 등기명의인이 같은 경우의 정리]

중복등기기록의 최종 소유권의 등기명의인이 같은 경우에는 나중에 개설된 등기기록(이하 "후등기기록"이라 한다)을 폐쇄한다. 다만, 후등기기록에 소유권 외의 권리 등에 관한 등기가 있고 먼저 개설된 등기기록(이하 "선등기기록"이라 한다)에는 그와 같은 등기가 없는 경우에는 선등기기록을 폐쇄한다.

규칙 제35조[소유권의 등기명의인이 다른 경우의 정리]

중복등기기록 중 어느 한 등기기록의 최종 소유권의 등기명의인이 다른 등기기록의 최종 소유권의 등기명의인으로부터 직접 또는 전전하여 소유권을 이전받은 경우로서, 다른 등기기록이 후등기기록이거나 소유권 외의 권리 등에 관한 등기가 없는 선등기기록일 때에는 그 다른 등기기록을 폐쇄한다.

규칙 제36조[소유권의 등기명의인이 다른 경우의 정리]

① 중복등기기록의 최종 소유권의 등기명의인이 다른 경우로서 어느 한 등기기록에만 원시취득사유 또는 분배농지의 상환완료를 등기원인으로 한 소유권이전등기가 있을 때에는 그 등기기록을 제외한 나머지 등기기록을 폐쇄한다.

② 이하 생략

규칙 제39조[당사자의 신청에 의한 정리]

① 중복등기기록 중 어느 한 등기기록의 최종 소유권의 등기명의인은 자기 명의의 등기기록을 폐쇄하여 중복등기기록을 정리하도록 신청할 수 있다. 다만, 등기상 이해관계인이 있을 때에는 그 승낙이 있음을 증명하는 정보를 첨부정보로서 등기소에 제공하여야 한다.

② 등기관은 제1항에 따른 중복등기기록의 정리신청이 있는 경우에는 제34조부터 제37조까지의 규정에도 불구하고 그 신청에 따라 등기기록을 폐쇄하여야 한다.

규칙 제41조(폐쇄된 등기기록의 부활)

① 이 절에서 정하는 절차에 따라 폐쇄된 등기기록의 소유권의 등기명의인 또는 등기상 이해관계인은 폐쇄되지 아니한 등기기록의 최종 소유권의 등기명의인과 등기상 이해관계인을 상대로 하여 그 토지가 폐쇄된 등기기록의 소유권의 등기명의인의 소유임을 확정하는 판결(판결과 동일한 효력이 있는 조서를 포함한다)이 있음을 증명하는 정보를 등기소에 제공하여 폐쇄된 등기기록의 부활을 신청할 수 있다.

② 제1항에 따른 신청이 있을 때에는 폐쇄된 등기기록을 부활하고 다른 등기기록을 폐쇄하여야 한다.

🛡 관련 예규

건물 중복등기 정리절차에 관한 업무처리지침(예규 제1374호)

1. 목적

이 예규는 동일 건물에 대하여 2중으로 소유권보존등기가 경료된 경우 그 중복등기에 대하여 등기관이 직권으로 정리할 수 있는 범위와 그 정리절차를 규정함을 목적으로 한다.

2. 중복등기 여부의 판단

가. 건물의 동일성은 지번 및 도로명주소, 종류, 구조, 면적과 도면에 나타난 건물의 길이, 위치 등을 종합하여 판단하여야 한다. 따라서 지번이 일치되더라도 도로명주소와 종류 구조, 면적 또는 도면에 나타난 건물의 길이, 위치 등이 다른 경우에는 동일한 건물로 볼 수 없다.

나. 건물의 종류와 구조, 면적 등 일부가 일치하지 않더라도 건축물대장의 변동사항 등에 의하여 동일건물로 봄이 상당하다고 인정되는 경우에는 동일건물로 보아야 한다.

다. 각각 일반건물과 구분건물로 보존등기가 경료되어 있는 경우라도 그 지번 및 도로명주소, 종류, 구조, 면적이 동일하고 도면에 나타난 건물의 길이, 위치 등이 동일하다면 동일건물로 볼 수 있다.

3. 건물의 보존등기명의인이 동일한 경우

가. 후행 보존등기를 기초로 한 새로운 등기가 없는 경우

등기관은 「부동산등기법」 제58조의 절차에 의하여 후행 보존등기를 직권으로 말소한다.

나. 선행 보존등기를 기초로 한 새로운 등기는 없으나 후행 보존등기를 기초로 한 새로운 등기가 있는 경우

(1) 등기관은 「부동산등기법」 제58조의 절차에 따라 후행 등기기록에 등기된 일체의 등기를 직권말소하여 등기기록을 폐쇄함과 동시에 그 등기기록에 기재된 소유권보존등기외의 다른 등기를 선행 등기기록에 이기(미처리된 등기의 실행방법의 의미로서)하여야 한다.

(2) 일반건물과 구분건물로 그 종류를 달리하는 경우에는 등기관은 이를 위 (1)과 같이 직권으로 정리할 수 없다.

다. 선행 보존등기 및 후행 보존등기를 기초로 한 새로운 등기가 모두 있는 경우

등기관은 이를 직권으로 정리할 수 없다.

4. 건물의 보존등기명의인이 서로 다른 경우

가. 실질적 심사권이 없는 등기관으로서는 이를 직권으로 정리할 수 없다.

나. 등기명의인의 신청에 의한 중복등기의 해소

(1) 어느 한 쪽의 등기명의인이 스스로 그 소유권보존등기의 말소등기를 신청할 수 있다.

(2) 또한 어느 일방 보존등기의 등기명의인이 자신의 보존등기가 유효함을 이유로 다른 일방 보존등기 명의인을 상대로 그 소유권보존등기의 말소등기절차이행을 구하는 소를 제기하여 그 승소의 확정

판결에 의해 다른 일방 보존등기에 대한 말소등기를 신청할 수 있다.

(3) 위 각 경우 말소되는 등기에 대해 이해관계 있는 제3자가 있는 경우에는 신청서에 그 승낙서 또는 이에 대항할 수 있는 재판의 등본을 첨부하여야 한다.

5. 중복등기가 존속하고 있는 동안에 새로운 등기신청이 있는 경우

가. 보존등기명의인이 동일한 경우 중복등기의 존속 중에 새로운 등기신청이 있는 경우에는 **선행** 등기기록상의 등기를 기초로 한 새로운 등기신청은 이를 **수리**하고, **후행** 등기기록상의 등기를 기초로 한 새로운 등기신청은 이를 **각하**한다.

나. 보존등기명의인이 서로 다른 경우 중복등기의 존속 중에 **어느 일방**의 등기기록상의 등기를 기초로 하는 새로운 등기신청은 이를 **수리**한다.

---

01 **중복등기기록의 정리에 관한 다음 설명 중 가장 옳지 않은 것은?** ▸ 2023년 법무사

① 토지에 대해서는 부동산등기법 및 동 규칙에 규정을 두고 있으나 건물의 경우에는 위 법과 규칙에 따로 규정을 두고 있지 않고 있다.

② 존재하지 않는 토지에 대하여 등기가 됨으로 인하여 외관상 지번이 동일한 중복등기기록이 있는 경우 진정한 등기기록상의 소유권의 등기명의인은 존재하지 않는 토지를 표상하는 등기기록상의 최종 소유권의 등기명의인을 대위하여 토지의 멸실등기에 준하는 등기의 신청을 할 수 있다.

③ 건물의 보존등기명의인이 서로 다른 경우 선행해서 개설된 등기기록상의 등기를 기초로 한 새로운 등기신청은 이를 수리하고, 나중에 개설된 등기기록상의 등기를 기초로 한 새로운 등기신청은 이를 각하한다.

④ 토지의 최종 소유권의 등기명의인이 다른 경우로 어느 한 등기기록에만 분배농지의 상환완료를 등기원인으로 한 등기가 되어 있는 때에는 그 등기기록을 제외한 나머지 등기기록을 폐쇄한다.

⑤ 토지에 있어 최종 소유권의 등기명의인이 동일한 경우의 중복등기기록을 정리할 때에는 사전에 폐쇄될 등기기록의 최종 소유권의 명의인과 등기상의 이해관계인에게 통지할 필요가 없다.

해설 ③ 1. 건물의 **보존등기명의인**이 **동일한** 경우로서 중복등기의 존속 중에 **새로운 등기신청**이 있는 경우에는 **선행 등기기록상의 등기를 기초로** 한 새로운 등기신청은 이를 **수리**하고, **후행 등기기록상의 등기를 기초로** 한 새로운 등기신청은 이를 **각하**한다(예규 제1374호, 5-가).

2. 건물의 **보존등기명의인**이 서로 **다른** 경우 중복등기기록의 존속 중에 **어느 일방**의 등기기록상의 등기를 기초로 하는 **새로운 등기신청**은 이를 **수리**한다(예규 제1374호, 5-나).

정답 ⊶ 01 ③

① 법과 규칙은 토지 중복등기의 정리에 관해서만 근거를 두고 있고, 건물 중복등기의 정리에 관해서는 따로 규정을 두고 있지 않다(법 제21조, 규칙 제33조 이하). 즉 중복등기의 정리에 관한 부동산등기규칙은 토지등기부에만 적용되고 건물등기부에는 적용되지 않는다. 따라서 건물의 경우 예규에 의하여 정리한다.

② 1. 중복등기는 아니지만 외관상으로는 중복등기처럼 보이는 경우가 있다. 예를 들어 같은 지번으로 2개 이상의 등기가 존재하기는 하나 그 등기기록이 동일한 토지를 표상하는 것이 아니라 각각 다른 토지를 표상한다거나, 어느 한 등기기록을 제외하고 다른 등기기록은 모두 존재하지 않는 토지에 관한 등기기록인 경우가 이에 해당한다.

2. 외관상 지번이 동일한 중복등기용지가 존재하게 되었더라도 양 등기의 지목과 지적이 전혀 달라서 동일한 토지에 대한 등기라고 볼 수 없는 경우에는 등기공무원이 부동산등기법 시행규칙 제4장의 규정에 따라 직권으로 정리할 중복등기에는 해당하지 아니하며, 이 경우에 후등기상의 지목 및 면적은 토지대장의 그것과 일치하나 선등기상의 지목 및 면적(대 194평)은 토지대장상의 지목 및 면적(답 1,921㎡)과 현저히 달라 그 토지의 동일성이 인정될 수 없고 또한 폐쇄된 등기용지 등을 보더라도 결국 선등기는 부존재하는 토지에 관한 등기로 볼 수밖에 없다면, 선등기상의 소유권의 등기명의인 또는 그 자를 대위하여 진정한 등기상(후등기)의 소유권의 등기명의인이 토지의 멸실등기에 준하는 등기의 신청을 하여 선등기용지를 폐쇄시킬 수 있다(선례 제4-561호).

④ 토지의 중복등기록의 최종 소유권의 등기명의인이 다른 경우로서 어느 한 등기기록에만 원시취득사유 또는 분배농지의 상환완료를 등기원인으로 한 소유권이전등기가 있을 때에는 그 등기기록을 제외한 나머지 등기기록을 폐쇄한다(규칙 제36조 제1항).

⑤ 규칙 제34조에 의한 중복등기의 정리에 있어서, 등기관은 사전에 폐쇄될 등기기록의 최종 소유권의 등기명의인과 등기상 이해관계인에게 통지를 할 필요가 없으며, 또한 관할 지방법원장의 허가를 받을 필요도 없다(규칙 제37조 제1항, 제38조) 등기관이 바로 직권으로 정리절차를 밟으면 된다.

02 토지의 중복등기에 관한 다음 설명 중 가장 옳지 않은 것은? ▸ 2019년 등기주사보

① 중복등기기록의 최종 소유권의 등기명의인이 같은 경우에는 나중에 개설된 등기기록을 폐쇄하는 것이 원칙이나, 뒤에 개설된 등기기록에 소유권 외의 권리 등에 관한 등기가 있고, 먼저 개설된 등기기록에 그와 같은 등기가 없는 때에는 먼저 개설된 등기기록을 폐쇄한다.

② 중복등기기록 중 어느 한 등기기록의 최종 소유권의 등기명의인이 다른 등기기록의 최종 소유권의 등기명의인으로부터 직접 또는 전전하여 소유권을 이전받은 경우로서, 다른 등기기록이 후에 개설된 등기기록이거나 소유권 외의 권리 등에 관한 등기가 없는 먼저 개설된 등기기록일 때에는 그 다른 등기기록을 폐쇄한다.

③ 중복등기기록의 최종 소유권의 등기명의인이 다른 경우로서 어느 한 등기기록에만 원시취득사유 또는 분배농지의 상환완료를 등기원인으로 한 소유권이전등기가 있을 때에는 그 등기기록을 제외한 나머지 등기기록을 폐쇄한다.

④ 중복등기기록 중 어느 한 등기기록의 최종 소유권의 등기명의인은 비록 등기상 이해관계인이 있더라도 그의 승낙을 제공하지 않고도 자기 명의의 등기기록을 폐쇄하여 중복등기기록을 정리하도록 신청할 수 있다.

해설 ④ 중복등기기록 중 어느 한 등기기록의 최종 소유권의 등기명의인은 **자기 명의의 등기기록을 폐쇄**하여 중복등기기록을 정리하도록 **신청**할 수 있다. 다만, **등기상 이해관계인이 있을 때**에는 그 **승낙이 있음을 증명하는 정보**를 첨부정보로서 등기소에 제공하여야 한다(규칙 제39조 제1항).

① 규칙 제34조
② 규칙 제35조
③ 규칙 제36조 제1항

03 중복등기기록의 정리에 관한 다음 설명 중 가장 옳지 않은 것은? ▶ 2018년 법무사

① 중복등기기록의 최종 소유권의 등기명의인이 같은 경우에는 나중에 개설된 등기기록을 폐쇄하는 것이 원칙이나, 뒤에 개설된 등기기록에 소유권 외의 권리 등에 관한 등기가 있고, 먼저 개설된 등기기록에 그와 같은 등기가 없는 때에는 먼저 개설된 등기기록을 폐쇄한다.
② 중복등기기록 중 어느 한 등기기록의 최종 소유권의 등기명의인이 다른 등기기록의 최종 소유권의 등기명의인으로부터 직접 또는 전전하여 소유권을 이전받은 경우로서, 다른 등기기록이 먼저 개설된 등기기록이거나 소유권 외의 권리 등에 관한 등기가 없는 나중에 개설된 등기기록일 때에는 그 다른 등기기록을 폐쇄한다.
③ 중복등기기록의 최종 소유권의 등기명의인이 다른 경우로서 어느 한 등기기록에만 원시취득사유 또는 분배농지의 상환완료를 등기원인으로 한 소유권이전등기가 있을 때에는 그 등기기록을 제외한 나머지 등기기록을 폐쇄한다.
④ 중복등기기록 중 어느 한 등기기록의 최종 소유권의 등기명의인은 등기상 이해관계인이 있으면 그의 승낙을 얻어 자기 명의의 등기기록을 폐쇄하여 중복등기기록을 정리하도록 신청할 수 있다.
⑤ 중복등기기록 중 존치할 등기기록의 등기명의인 중 1인은 폐쇄될 등기기록의 최종 소유권의 등기명의인과 등기상의 이해관계인의 승낙서를 첨부하여 그 등기기록을 폐쇄하여 중복등기기록을 정리하도록 신청할 수 있다.

정답 ○┤ 02 ④ 03 ②

해설 ② 중복등기기록 중 어느 한 등기기록의 <u>최종 소유권의 **등기명의인**</u>이 **다른** 등기기록의 최종 소
유권의 등기명의인으로부터 직접 또는 전전하여 소유권을 이전받은 경우로서, 다른 등기기록
이 후등기기록이거나 <u>소유권 **외**의 권리 등에 관한 등기가 **없**는 선등기기록</u>일 때에는 그 다른
<u>**등기기록**을 **폐쇄**</u>한다(규칙 제35조).

① 규칙 제34조
③ 규칙 제36조 제1항
④ 규칙 제39조 제1항
⑤ <u>규칙 제39조에 의한 중복등기 정리신청은 ① 폐쇄될 등기기록의 최종 소유권의 등기명의인</u>
과 등기상의 이해관계인이 공동으로 신청하거나, ② 그중 1인이 다른 사람의 승낙서를 첨부
하여 신청하거나, ③ 존치할 등기기록의 등기명의인 중 1인이 폐쇄될 등기기록의 최종 소유
권의 등기명의인과 등기상의 이해관계인의 승낙서를 첨부하여 신청할 수 있다. 위 신청을 함
에 있어서는 폐쇄될 등기기록의 최종 소유권의 등기명의인과 등기상의 이해관계인의 인감증
명서를 첨부하여야 한다(예규 제1431호).

04 건물 중복등기기록의 정리 절차에 관한 다음 설명 중 가장 옳지 않은 것은?

▶ 2021년 등기서기보

① 건물의 동일성은 지번 및 도로명주소, 종류, 구조, 면적과 도면에 나타난 건물의 길이,
위치 등을 종합하여 판단하여야 한다.
② 각각 일반건물과 구분건물로 보존등기가 마쳐져 있는 경우라도 그 지번 및 도로명주
소, 종류, 구조, 면적이 동일하고 도면에 나타난 건물의 길이, 위치 등이 동일하다면
동일 건물로 볼 수 있다.
③ 동일 건물에 대하여 2중으로 소유권보존등기가 경료되었는데 그 보존등기명의인이 서
로 다른 경우 등기관은 후행 보존등기를 직권으로 말소한다.
④ 건물의 보존등기명의인이 서로 다른 경우 중복등기기록의 존속 중에 어느 일방의 등기
기록상의 등기를 기초로 하는 새로운 등기신청은 이를 수리한다.

해설 ③ 건물의 보존등기명의인이 서로 다른 경우 실질적 심사권이 없는 등기관으로서는 이를 직권
으로 정리할 수 없다(예규 제1374호).

① 예규 제1374호, 2-가
② 예규 제1374호, 2-다
④ 예규 제1374호, 5-나

05 건물 중복등기기록의 정리에 관한 다음 설명 중 가장 옳지 않은 것은?

▶ 2018년 등기주사보

① 각각 일반건물과 구분건물로 보존등기가 마쳐져 있는 경우라도 그 지번 및 도로명주소, 종류, 구조, 면적이 동일하고 도면에 나타난 건물의 길이, 위치 등이 동일하다면 동일 건물로 볼 수 있다.

② 건물의 보존등기명의인이 동일한 경우로서 선행 보존등기 및 후행 보존등기를 기초로 한 새로운 등기가 모두 있는 경우에는 등기관은 후행 보존등기를 직권으로 말소한다.

③ 건물의 보존등기명의인이 서로 다른 경우에 어느 한 쪽의 등기명의인이 스스로 그 소유권보존등기의 말소등기를 신청할 수 있다.

④ 보존등기명의인이 동일한 경우로서 중복등기의 존속 중에 새로운 등기신청이 있는 경우에는 선행 등기기록상의 등기를 기초로 한 새로운 등기신청은 이를 수리하고, 후행 등기기록상의 등기를 기초로 한 새로운 등기신청은 이를 각하한다.

해설 ② 건물의 보존등기명의인이 동일한 경우에 선행 보존등기 및 후행 보존등기를 기초로 한 새로운 등기가 모두 있는 경우 등기관은 이를 직권으로 정리할 수 없다(예규 제1374호).

① 예규 제1374호, 2-다
③ 예규 제1374호, 5-나
④ 예규 제1374호, 5-가

06 건물 중복등기기록의 정리절차에 관한 다음 설명 중 가장 옳지 않은 것은?

▶ 2015년 등기서기보

① 각각 일반건물과 구분건물로 보존등기가 경료되어 있는 경우라도 그 지번 및 도로명주소, 종류, 구조, 면적이 동일하고 도면에 나타난 건물의 길이, 위치 등이 동일하다면 동일건물로 볼 수 있다.

② 건물의 소유권보존등기 명의인이 서로 다른 경우에 후행 보존등기를 기초로 한 새로운 등기가 없다면 등기관은 후행 보존등기를 직권으로 말소하여야 한다.

③ 건물의 보존등기명의인이 동일한 경우라도 선행 보존등기 및 후행 보존등기를 기초로 한 새로운 등기가 모두 있는 경우에는 등기관은 이를 직권으로 정리할 수 없다.

④ 보존등기명의인이 동일한 중복등기기록의 존속 중에 새로운 등기신청이 있는 경우에는 선행 등기기록상의 등기를 기초로 한 새로운 등기신청은 이를 수리하고, 후행 등기기록상의 등기를 기초로 한 새로운 등기신청은 이를 각하한다.

정답 ▶ 04 ③ 05 ② 06 ②

해설 ② 건물의 보존등기명의인이 서로 다른 경우 실질적 심사권이 없는 등기관으로서는 이를 직권으로 정리할 수 없다(예규 제1374호).

① 예규 제1374호, 2–다
③ 예규 제1374호, 3–다
④ 예규 제1374호, 5–가

07 건물 중복등기 정리절차에 관한 다음 설명 중 옳지 않은 것은? ▸2012년 법무사

① 두 개의 등기기록상 건물이 그 종류와 구조, 면적 등 일부가 일치하지 않더라도 건축물대장의 변동사항 등에 의하여 동일 건물로 인정되는 경우에는 그 두 개의 등기기록은 중복등기에 해당한다고 할 수 있다.

② 일반건물과 구분건물로 각각 보존등기가 마쳐져 있는 경우에도 중복등기로 인정될 수 있는 경우가 있다.

③ 건물의 보존등기명의인이 같은 중복등기의 경우 후행 보존등기를 기초로 한 새로운 등기가 없는 때에는 후행 보존등기를 직권으로 말소한다.

④ 건물의 보존등기명의인이 같은 중복등기에 해당하기는 하나 선행 보존등기를 기초로 한 새로운 등기는 없고 후행 보존등기를 기초로 한 새로운 등기가 있는 경우에는 선행 보존등기를 직권으로 말소한다.

⑤ 건물의 보존등기명의인이 서로 다른 경우에는 등기관이 직권으로 건물의 중복등기를 정리할 수 없다.

해설 ④ 건물의 보존등기명의인이 동일한 경우에 선행 보존등기를 기초로 한 새로운 등기는 없으나 후행 보존등기를 기초로 한 새로운 등기가 있는 경우 등기관은 「부동산등기법」 제58조의 절차에 따라 후행 등기기록에 등기된 일체의 등기를 직권말소하여 등기기록을 폐쇄함과 동시에 그 등기기록에 기재된 소유권보존등기 외의 다른 등기를 선행 등기기록에 이기(미처리된 등기의 실행방법의 의미로서)하여야 한다.

① 예규 제1374호, 2–나
② 예규 제1374호, 2–다
③ 예규 제1374호, 3–가
⑤ 예규 제1374호, 4–가

정답 ○┥ 07 ④

05 등기사항

01 물건

01 부동산의 등기능력에 관한 다음 설명 중 가장 옳지 않은 것은? ▶ 2023년 법무사

① 1동의 건물이 여러 개의 건물부분으로 이용상 구분된 구분점포가 구분소유의 목적이 되기 위해서는 그 용도가 건축법상 판매시설 또는 운수시설이고 경계표지와 건물번호 표지가 견고하게 설치되어 있어야 하며, 바닥면적의 합계가 1천제곱미터 이상일 것을 요한다.

② 개방형 축사가 건물로 인정되기 위하여는 토지에 견고하게 정착되어 있고, 소를 사육할 용도로 계속 사용할 수 있어야 하며, 또한 지붕과 견고한 구조를 갖추고, 건축물대장에 축사로 등록되어 있어야 하며, 연면적이 100제곱미터를 초과하는 요건을 갖추어야 한다.

③ 구분소유권의 객체로서 적합한 물리적 요건을 갖추지 못한 건물의 일부는 그에 관한 구분소유권이 성립할 수 없는 것이어서, 건축물관리대장상 독립한 별개의 구분건물로 등재되고 등기기록에도 구분소유권의 목적으로 등기되어 있어 이러한 등기에 기초하여 경매절차가 진행되어 매각허가를 받고 매수대금을 납부하였다 하더라도, 그 등기는 그 자체로 무효이므로 매수인은 소유권을 취득할 수 없다.

④ 부동산이 아닌 공유수면을 구획지어 이에 대한 소유권이전등기를 구하는 것은 부동산등기법상 허용될 수 없다.

⑤ 건물의 구조상 구분소유자의 공용으로 된 건물부분에 대하여는 현행 부동산등기법상 등기능력을 인정할 수 없다.

해설 ① 1. **종래** 상가건물의 **구분점포**는 벽으로 구획되지 않아 **별도로 등기할 수 없었고** 전체 건물에 대한 **지분등기만이 허용**되었다. 그러나 이는 구분점포가 독립하여 거래되는 사회적 현실과 맞지 않고 구분점포 소유자의 권리행사에 제약 요인이 되었다. 이에 **집합건물법**은 특별한 규정을 두어 **구분점포가 일정한 요건**을 갖춘 경우 **구분소유권의 대상**이 되게 하고 이를 통하여 부동산등기법에 의한 **단독소유 형태의 소유권등기가 가능하도록** 하였다.

2. 모든 구분점포가 독립한 건물로서 등기능력이 인정되는 것은 아니고 **일정한 요건을 갖추어야** 한다(집합건물법 제1조의2 등). 다만 이러한 요건은 구분점포에 대한 건축물대장 작성의 요건이기도 하고, 등기관은 이에 대하여 심사할 수 없으므로 구분점포의 건축물대장에 따라 등기하면 충분하다. 구분점포의 등기방법은 일반 집합건물의 등기방법과 다르지 않다.

정답 ☞ 01 ①

    3. 1동의 건물이 여러 개의 건물부분으로 이용상 구분된 구분점포가 구분소유의 목적이 되기 위해서는 ① **용도가 건축법상 판매시설 또는 운수시설**이고, ② **경계표지**와 **건물번호표지**가 견고하게 설치되어 있어야 한다.

    4. 종래 구분점포의 성립에 요구되는 합계 1,000㎡ 이상의 바닥면적 요건은 **소규모 집합건물의 이용 편의를 증진**하기 위하여 **삭제**하였다(집합건물법 제1조의2 제1항).

② 1. "개방형 축사"란 **소(牛)의 질병을 예방**하고 **통기성을 확보**할 수 있도록 **둘레에 벽을 갖추지 아니하고 소를 사육**하는 용도로 사용할 수 있는 건축물을 말한다(축사의 부동산등기에 관한 특례법 제2조).

    2. 다음 각 호의 요건을 모두 갖춘 개방형 축사는 건물로 본다(동법 제3조).

> 1. **토지에 견고하게 정착**되어 있을 것
> 2. **지붕과 견고한 구조**를 갖출 것   (❗ 벽×)
> 3. **연면적이 100제곱미터를 초과**할 것   (❗ 부속건물 포함)
> 4. **소를 사육**할 용도로 계속 사용할 수 있을 것   (❗ 돈사× / 버섯재배사×)
> 5. **건축물대장에 축사로 등록**되어 있을 것

③ **1동의 건물의 일부분**이 **구분소유권의 객체**가 될 수 있으려면 그 부분이 **이용상**은 물론 **구조상**으로도 다른 부분과 구분되는 **독립성**이 있어야 하고, 그 이용 상황 내지 이용 형태에 따라 구조상의 독립성 판단의 엄격성에 차이가 있을 수 있으나, 구조상의 독립성은 주로 소유권의 목적이 되는 객체에 대한 물적 지배의 범위를 명확히 할 필요성 때문에 요구된다고 할 것이므로, 구조상의 구분에 의하여 구분소유권의 객체 범위를 확정할 수 없는 경우에는 구조상의 독립성이 있다고 할 수 없다. 그리고 구분소유권의 객체로서 **적합한 물리적 요건을 갖추지 못한 건물의 일부**는 그에 관한 **구분소유권이 성립할 수 없는 것**이어서, 건축물관리대장상 **독립한 별개의 구분건물로 등재**되고 **등기부상에도 구분소유권의 목적으로 등기**되어 있어 이러한 등기에 기초하여 **경매절차가 진행되어 매각허가**를 받고 **매수대금을 납부**하였다 하더라도, 그 등기는 그 **자체로 무효**이므로 매수인은 **소유권을 취득할 수 없다**(대결 2010.1.14, 2009마1449).

④ **공유수면**을 구획지어 소유권보존등기신청을 하거나 **굴착한 토굴**에 관하여 소유권보존등기신청을 할 경우 등기관은 그 등기신청을 **각하**하여야 한다(예규 제1086호, 법 제29조 제2호, 규칙 제52조 제1호).

⑤ 집합건물의 공용부분 중 구조적·물리적으로 공용부분(❗ **구조상 공용부분**)인 것(복도, 계단, ✿ 집합건물 옥상 등)은 전유부분으로 **등기할 수 없다**. 그러나 집합건물의 공용부분이라 하더라도 아파트 관리사무소, 노인정 등과 같이 (❗ **규약상 공용부분**) 독립된 건물로서의 요건을 갖춘 경우에는 **독립하여 건물로서 등기할 수 있고**, 이 경우 등기관은 공용부분인 취지의 등기를 한다(예규 제1086호).

02 건물의 등기능력에 관한 다음 설명 중 가장 옳지 않은 것은? ▶ 2023년 등기서기보

① 가설건축물대장에 등록되어 있는 농업용 고정식 유리온실이 토지에 견고하게 정착되어 있고, 철골조의 조립식 구조와 내구성 있는 유리에 의한 벽면과 지붕 또는 이와 유사한 설비를 갖추고 있으며, 일정한 용도로 계속 사용할 수 있는 경우에는 대장상의 존속기간과 관계없이 소유권보존등기를 신청할 수 있다.

② 건물 이외의 토지의 정착물은 「입목에 관한 법률」 등과 같이 특별법에 의하여 인정된 경우를 제외하고는 독립하여 등기의 대상이 되지 않는다.

③ 1개의 건축물대장에 주된 건물인 축사와 그 축사의 사용에 제공하기 위해 부속하게 한 퇴비사, 착유사 등이 등록되어 있는 경우에도 축사와 부속건물의 연면적이 「축사의 부동산등기에 관한 특례법」상 요건인 100㎡를 초과한다면 축사의 소유권보존등기를 신청할 수 있다.

④ 아파트 관리사무소, 노인정 등과 같이 독립된 건물로서의 요건을 갖춘 경우라도 규약상 공용부분으로 지정되었다면 독립하여 등기할 수 없다.

해설 ④ 1. 집합건물의 공용부분 중 **구조적·물리적으로 공용부분**(🏢 구조상 공용부분)인 것(복도, 계단, 先 집합건물 옥상 등)은 전유부분으로 등기할 수 없다.

2. 그러나 집합건물의 공용부분이라 하더라도 **아파트 관리사무소, 노인정** 등과 같이 (🏢 **규약상 공용부분**) 독립된 건물로서의 요건을 갖춘 경우에는 **독립하여 건물로서 등기할 수 있고**, 이 경우 등기관은 공용부분인 취지의 등기를 한다(예규 제1086호).

① 가설건축물대장에 등록되어 있는 **농업용 고정식 유리온실**이 토지에 견고하게 정착되어 있고, 철골조의 조립식 구조와 내구성 있는 유리에 의한 벽면과 지붕 또는 이와 유사한 설비를 갖추고 있으며, 일정한 용도로 계속 사용할 수 있는 경우에는 대장상의 존속기간과 관계없이 **소유권보존등기를 신청할 수 있다**(선례 제201602-1호).

② 1. 등기할 수 있는 물건은 부동산을 말하고, 민법상 부동산은 **토지 및 그 정착물**을 말한다 (「민법」 제99조).

2. 그러나 부동산등기법상 등기할 수 있는 물건에 토지는 포함되지만, 건물 외의 토지의 정착물은 특별법에서 등기할 수 있다고 규정한 것을 제외하고는 등기의 대상이 되지 않는다.

3. 따라서 건물 이외의 토지의 정착물은 「입목에 관한 법률」 등과 같이 특별법에 의하여 인정된 경우를 제외하고는 독립하여 등기의 대상이 되지 않는다.

③ 1. 1개의 건축물대장에 주된 건물인 축사와 그 축사의 사용에 제공하기 위해 **부속하게 한 퇴비사, 착유사** 등이 등록되어 있는 경우에도 **축사와 부속건물의 연면적이 100제곱미터를 초과**한다면 축사의 소유권보존등기를 신청할 수 있다.

2. 다만, 하나의 대지 위에 2개 이상의 축사가 건축되어 총괄표제부가 작성되고 건축물대장도 각각 **별개로 작성**된 경우에는 **각각의 건축물대장별로** 축사의 소유권보존등기를 신청하여야 하며, 위 특례법상 **연면적 기준**도 각각의 건축물대장별로 개별적으로 **판단**하여야 하므로, 개별 건축물대장에 등록된 축사의 연면적이 100제곱미터를 초과하지 못한다면 위 특례법에 의한 축사의 소유권보존등기를 신청할 수 없다(선례 제201011-1호).

정답 ○━ 02 ④

03 등기할 수 있는 물건에 관한 다음 설명 중 가장 옳지 않은 것은? ▸2020년 등기서기보

① 대한민국의 행정력이 미치지 않는 군사분계선 이북지역의 토지에 대하여는 소유권보존 등기를 신청할 수 없다.

② 「하천법」상의 하천에 대하여는 저당권설정등기를 신청할 수 있으나, 지상권·전세권· 임차권설정등기는 신청할 수 없다.

③ 둘레에 벽을 갖추지 아니하고 소를 사육하는 용도로 사용할 수 있는 건축물인 개방형 축사에 대하여 소유권보존등기를 신청하기 위해서는 그 건축물이 건축물대장에 축사로 등록되어 있어야 한다.

④ 해수면 위에서 호텔 또는 상가로 사용할 목적으로 선박을 개조하고 해저 지면에 설치 한 다수의 'H 빔' 형식의 기둥에 고정시켰다면 이는 부동산인 토지에 견고하게 정착된 건물로 인정할 수 있으므로 소유권보존등기를 신청할 수 있다.

해설 ④ 건물로서 소유권보존등기의 대상이 되기 위해서는 그 건축물이 등기능력이 있는 토지에 견 고하게 정착되어 있어야 하고(🕮 **정착성**), 지붕 및 주벽 또는 그에 유사한 설비를 갖추고 있 고(🕮 **외기분단성**), 일정한 용도로 계속 사용(🕮 **용도성**)할 수 있어야 한다. 따라서 해수면 위에서 호텔 또는 상가로 사용할 목적으로 선박을 개조하고 해저 지면에 설치한 다수의 'H 빔' 형식의 기둥에 고정시켰더라도 이는 부동산인 토지에 견고하게 정착한 건물로 인정될 수 없으므로 소유권보존등기를 할 수 없다(선례 제200901-1호).

① 대한민국의 행정력이 미치지 않아 등기할 대상지역이 아닌 군사분계선 이북지역의 토지(🕮 등기능력이 없으므로, 법 제29조 제2호, 규칙 제52조 제1호)에 대한 소유권보존등기 및 이에 터 잡은 소유권이전등기 또는 근저당권설정등기 등 각종 등기는 부동산등기법 제175조 내지 제177조의 절차(🕮 법 제58조의 절차)에 의하여 모두 직권말소하고 등기부를 폐쇄하여야 한 다(선례 제200506-1호).

② 하천법상의 하천에 대한 등기는 **소유권, 저당권, 권리질권**의 설정, 보존, 이전, 변경, 처분의 제한 또는 소멸에 대하여 이를 할 수 있으며, **가등기**는 위 권리의 설정, 이전, 변경 또는 소멸 의 청구권을 보전하려 할 때에 이를 할 수 있다. 또한 **신탁등기, 부동산 표시변경등기, 등기명 의인의 표시변경등기**, 부동산등기법, 민법 또는 특별법에 따른 특약 또는 제한 사항의 등기는 할 수 있다. 그러나 **지상권·지역권·전세권** 또는 **임차권**에 대한 권리의 설정, 이전 또는 변 경의 등기는 하천법상의 하천에 대하여는 이를 할 수 없다(예규 제1387호).

③ 축사의 부동산등기에 관한 특례법(법률 제16446호)

제2조(정의)

이 법에서 "개방형 축사"란 소(우)의 질병을 예방하고 통기성을 확보할 수 있도록 둘레에 벽 을 갖추지 아니하고 소를 사육하는 용도로 사용할 수 있는 건축물을 말한다.

제3조(등기 요건)

다음 각 호의 요건을 모두 갖춘 개방형 축사는 건물로 본다.

1. 토지에 견고하게 **정착**되어 있을 것

2. **소**를 사육할 용도로 계속 사용할 수 있을 것 (🕮 돈사× / 버섯재배사×)

3. **지붕**과 견고한 구조를 갖출 것   (🕮 벽×)

4. 건축물대장에 축사로 등록되어 있을 것

5. 연면적이 100제곱미터를 초과할 것   (🕮 부속건물 포함)

04 등기할 수 있는 물건에 관한 다음 설명 중 가장 옳지 않은 것은? ▸ 2019년 법무사

① 하천법상 하천에 대하여는 소유권보존등기나 소유권이전등기를 신청할 수 있으나, 저 당권설정등기나 신탁등기는 신청할 수 없다.

② 대한민국의 영해가 아닌 공해상에 위치한 수중암초나 구조물은 등기의 대상이 될 수 없다.

③ 유류저장탱크가 지붕과 벽면을 갖추고 토지에 견고하게 부착되어 쉽게 해체·이동할 수 없는 독립된 건물로 볼 수 있다면 그 건물에 대한 소유권보존등기를 신청할 수 있다.

④ 가설건축물대장에 등록된 "농업용 고정식 비닐온실"이 철근콘크리트 기초 위에 설치됨 으로써 토지에 견고하게 정착되어 있고, 경량철골구조 및 내구성 10년 이상의 내재해 형 장기성 필름(비닐)에 의하여 벽면과 지붕을 구성하고 있다면 이 건축물에 대하여 소유권보존등기를 신청할 수 있다.

⑤ 대한민국의 행정력이 미치지 않는 군사분계선 이북지역의 토지에 대하여는 소유권보존 등기를 신청할 수 없다.

해설 ① 하천법상의 하천에 대한 등기는 **소유권, 저당권, 권리질권**의 설정, 보존, 이전, 변경, 처분의 제한 또는 소멸에 대하여 이를 할 수 있으며, **가등기**는 위 권리의 설정, 이전, 변경 또는 소멸 의 청구권을 보전하려 할 때에 이를 할 수 있다. 또한 **신탁**등기, **부동산 표시변경등기, 등기명 의인의 표시변경등기**, 부동산등기법, 민법 또는 특별법에 따른 특약 또는 제한 사항의 등기는 할 수 있다. 그러나 **지상권·지역권·전세권** 또는 **임차권**에 대한 권리의 설정, 이전 또는 변 경의 등기는 하천법상의 하천에 대하여는 이를 할 수 없다(예규 제1387호).

② 부동산등기법상 등기할 수 있는 물건은 토지와 건물이 있으며 특별법상으로 등기할 수 있는 물건으로서는 입목, 선박, 공장재단·광업재단 등이 있으나, 영해 및 접속수역법에 따른 대한 민국의 영해가 아닌 공해상에 위치한 수중암초나 구조물(🔖 법 제29조 제2호, 규칙 제52조 제1호)는 등기의 대상이 될 수 없다(선례 제7-4호).

③ 유류저장탱크가 손쉽게 이동시킬 수 있는 구조물이 아니고, 그 토지에 견고하게 부착시켜 그 상태로 계속 사용할 목적으로 축조된 것이며 거기에 저장하려고 하는 유류를 자연력으로부 터 보호하기 위하여 벽면과 지붕을 갖추어 독립된 건물로 볼 수 있는 경우라면 그 탱크의 높이와는 관계없이 그 건물에 대한 소유권보존등기를 할 수 있을 것이다(선례 제3-4호).

④ 가설건축물대장에 등록된 **"농업용 고정식 비닐온실"**이 철근콘크리트 기초 위에 설치됨으로 써 토지에 견고하게 정착되어 있고, 경량철골구조 및 내구성 10년 이상의 내재해형 장기성 필름(비닐)에 의하여 벽면과 지붕을 구성하고 있다면 독립된 건물로 볼 수 있으므로 이 건축 물에 대하여 소유권보존등기를 신청할 수 있을 것이나, 구체적인 사건에서 등기할 수 있는 건물인지 여부는 담당 등기관이 판단할 사항이다(선례 제201903-8호).

05 **등기할 수 있는 건물에 관한 다음 설명 중 가장 옳지 않은 것은?** ▶ 2019년 등기주사보

① 집합건물의 공용부분이라 하더라도 아파트 관리사무소와 같이 독립된 건물로서의 요건을 갖춘 경우에는 독립하여 등기할 수 있다.

② 가설건축물대장에 등록된 '농업용 고정식 비닐온실'이 철근콘크리트 기초 위에 설치됨으로써 토지에 견고하게 정착되어 있고, 경량철골구조 및 내구성 10년 이상의 내재해형 장기성 필름(비닐)에 의하여 벽면과 지붕을 구성하고 있다면 이 건축물에 대하여 소유권보존등기를 신청할 수 있다.

③ 건축물대장에 '경량철골구조 기타지붕 1층 숙박시설 38.7㎡'로 기재되어 있는 건축물(캐빈하우스)이 공장에서 완제품 또는 부분제품을 제작하여 건축현장으로 운송한 후 조립하는 방법으로 건축된 것으로서 콘크리트 기초 위에 상·하수도 및 전선관 설비와 함께 토지에 견고하게 정착되어 쉽게 해체·이동할 수 없으며, 내구성 있는 재료를 사용한 벽면과 지붕을 갖추고 있는 건축물이라면 이 건축물에 대하여 소유권보존등기를 신청할 수 있다.

④ 해수면 위에서 호텔 또는 상가로 사용할 목적으로 선박을 개조하고 해저 지면에 설치한 다수의 'H 빔' 형식의 기둥에 고정시켰다면 이는 부동산인 토지에 견고하게 정착한 건물로 인정될 수 있으므로 소유권보존등기를 할 수 있다.

해설 ④ 건물로서 소유권보존등기의 대상이 되기 위해서는 그 건축물이 등기능력이 있는 토지에 견고하게 정착되어 있어야 하고(🎲 정착성), 지붕 및 주벽 또는 그에 유사한 설비를 갖추고 있고(🎲 외기분단성), 일정한 용도로 계속 사용(🎲 용도성)할 수 있어야 한다. 따라서 해수면 위에서 호텔 또는 상가로 사용할 목적으로 선박을 개조하고 해저 지면에 설치한 다수의 'H 빔' 형식의 기둥에 고정시켰더라도 이는 부동산인 토지에 견고하게 정착한 건물로 인정될 수 없으므로 소유권보존등기를 할 수 없다(선례 제200901-1호).

① 집합건물의 공용부분 중 구조적, 물리적으로 공용부분(🎲 구조상 공용부분)인 것(복도, 계단, 先 집합건물 옥상 등)은 전유부분으로 등기할 수 없다. 그러나 집합건물의 공용부분이라 하더라도 아파트 관리사무소, 노인정 등과 같이 (🎲 규약상 공용부분) 독립된 건물로서의 요건을 갖춘 경우에는 독립하여 건물로서 등기할 수 있고, 이 경우 등기관은 공용부분인 취지의 등기를 한다(예규 제1086호).

③ 건축물대장에 "경량철골구조 기타지붕 1층 숙박시설 38.7㎡"로 기재되어 있는 건축물(캐빈하우스)이 공장에서 완제품 또는 부분제품을 제작하여 건축현장으로 운송한 후 조립하는 방법으로 건축된 것으로서 콘크리트 기초 위에 상·하수도 및 전선관 설비와 함께 토지에 견고하게 정착되어 쉽게 해체·이동할 수 없으며, 내구성 있는 재료를 사용한 벽면과 지붕을 갖추고 있는 건축물이라면 독립된 건물로 볼 수 있으므로 이 건축물에 대하여 소유권보존등기를 신청할 수 있을 것이나, 구체적인 사건에서 등기할 수 있는 건물인지 여부는 담당 등기관이 판단할 사항이다(선례 제201903-5호).

06 등기할 수 있는 토지에 관한 다음 설명 중 가장 옳지 않은 것은? ▶ 2018년 등기주사보

① 대한민국의 행정력이 미치지 않는 군사분계선 이북지역의 토지에 대하여는 소유권보존 등기를 신청할 수 없다.

② 하천법상의 하천에 대하여도 저당권설정등기뿐만 아니라 지상권·전세권·임차권설정 등기를 신청할 수 있다.

③ 방조제는 토지대장에 등록한 후에 토지로서 소유권보존등기를 신청할 수 있다.

④ 공유수면에 대하여는 소유권보존등기를 신청할 수 없다.

해설 ② 하천법상의 하천에 대한 등기는 **소유권, 저당권, 권리질권**의 설정, 보존, 이전, 변경, 처분의 제한 또는 소멸에 대하여 이를 할 수 있으며, **가등기**는 위 권리의 설정, 이전, 변경 또는 소멸 의 청구권을 보전하려 할 때에 이를 할 수 있다. 또한 **신탁등기, 부동산 표시변경등기, 등기명 의인의 표시변경등기**, 부동산등기법, 민법 또는 특별법에 따른 **특약** 또는 제한 사항의 등기는 할 수 있다. 그러나 **지상권·지역권·전세권** 또는 **임차권**에 대한 권리의 설정, 이전 또는 변 경의 등기는 하천법상의 하천에 대하여는 이를 할 수 없다(예규 제1387호).

③ **방조제**(제방)는 **토지대장에 등록**한 후(지적법 제5조의 규정에 의하여 제방으로 등록) 그 대장 등본을 첨부하여 토지로서 소유권보존등기를 신청할 수 있다(예규 제1086호).

④ 공유수면을 구획지어 소유권보존등기신청을 하거나 굴착한 토굴에 관하여 소유권보존등기신 청을 할 경우 등기관은 그 등기신청을 각하(**각** 법 제29조 제2호, 규칙 제52조 제1호)하여야 한다(예규 제1086호).

07 건물의 등기에 관한 다음 설명 중 가장 옳지 않은 것은? ▶ 2017년 법무사

① 주된 건물의 사용에 제공되는 부속건물은 주된 건물의 건축물대장에 부속건물로 등재 하여 1개의 건물로 소유권보존등기를 함이 원칙이나, 건축물대장을 각각 별도로 작성 하여 주된 건물과 분리하여 별도의 독립건물로 소유권보존등기를 신청할 수도 있다.

② 건축물대장등본 등에 의하여 건물로서의 요건을 갖추었는지 여부를 알 수 없는 경우, 등기관은 신청인으로 하여금 소명자료로서 당해 건축물에 대한 사진이나 도면을 제출 하게 하여 종합적으로 판단하여야 한다.

③ 개방형 축사는 둘레에 벽을 갖추지 않았더라도 일정한 요건을 갖춘 경우에는 건물로 보고 소유권보존등기를 신청할 수 있다.

④ 집합건물의 공용부분이라 하더라도 아파트 관리사무소, 노인정 등과 같이 독립된 건물 로서의 요건을 갖춘 경우에는 독립하여 건물로서 등기할 수 있고, 이 경우 공용부분인 취지의 등기를 한다.

⑤ 기존건물과 별개로 신축된 건물이 기존 건축물대장에 증축으로 함께 등재되어 있더라 도 그 신축건물이 기존건물과 물리적으로 별개의 독립한 건물임이 명백한 경우에는 그 대장을 첨부하여 독립한 건물로 소유권보존등기를 신청할 수 있다.

정답 ○━ 05 ④ 06 ② 07 ⑤

해설 ⑤ 기존건물과 별개로 신축된 건물이 기존 건축물대장에 증축으로 함께 등재되어 있는 경우에 그 신축건물을 별개의 독립건물로 소유권보존등기를 신청할 수 있으나, 이를 위해서는 먼저 기존 건축물대장에서 신축건물을 분리하여 별도로 신축건물에 대한 건축물대장을 작성한 다음 그 대장등본을 첨부하여야 한다(예규 제902호). 즉 대장을 분리하지 않는 한 독립한 건물 로 소유권보존등기를 신청할 수는 없다.

① 주된 건물의 사용에 제공되는 **부속건물은 주된 건물의 건축물대장에** 부속건물로 등재하여 **1개의 건물로 소유권보존등기를** 함이 원칙이나, 소유자가 주된 건물과 분리하여 **별도의 독립 건물로 소유권보존등기를** 신청할 수도 있다. 다만 부속건물을 독립건물로 소유권보존등기를 신청하기 위해서는 주된 건물과 부속건물의 건축물**대장이 각각 별도로** 작성되어 있어야 한 다(예규 제902호).

② 건축물대장등본 등에 의하여 건물로서의 요건을 갖추었는지 여부를 알 수 없는 경우, 등기관 은 신청인으로 하여금 소명자료로서 당해 건축물에 대한 **사진이나 도면을** 제출하게 하여 등 기능력 없는 건축물이 건물로서 등기되지 않도록 주의를 기울여야 한다(예규 제1086호).

08 등기할 수 있는 물건에 관한 다음 설명 중 가장 옳지 않은 것은? ▸2015년 법무사

① 건축물대장에 조적조 및 컨테이너구조 슬레이트지붕 주택으로 등재된 건축물이 토지에 견고하게 부착되어 있고 내구성 있는 재료를 사용한 벽면과 지붕을 갖추고 있다면 독 립된 건물로서 소유권보존등기를 할 수 있다.

② 농업용 고정식유리온실이 철근콘크리트 기초 위에 설치됨으로써 토지에 견고하게 부착 되어 있고 철골조의 조립식 구조와 내구성 있는 유리에 의한 벽면과 지붕을 갖추고 존 치기간이 20년인 반영구적 시설로서 독립된 건물로 볼 수 있는 경우에는 소유권보존등 기를 할 수 있다.

③ 해수면 위에서 호텔 또는 상가로 사용할 목적으로 선박을 개조하고 해저 지면에 설치 한 다수의 'H 빔' 형식의 기둥에 고정시켰다면 이는 건물로 인정될 수 있으므로 소유권 보존등기를 할 수 있다.

④ 굴착한 토굴에 관하여 소유권보존등기신청을 할 경우 등기관은 그 등기신청을 각하하 여야 한다.

⑤ 대한민국의 행정력이 미치지 않는 군사분계선 이북지역의 토지에 대하여는 소유권보존 등기를 할 수 없다.

해설 ③ 건물로서 소유권보존등기의 대상이 되기 위해서는 그 건축물이 등기능력이 있는 토지에 견 고하게 정착되어 있어야 하고(䲜 정착성), 지붕 및 주벽 또는 그에 유사한 설비를 갖추고 있 고(䲜 외기분단성), 일정한 용도로 계속 사용(䲜 용도성)할 수 있어야 한다. 따라서 해수면 위에서 호텔 또는 상가로 사용할 목적으로 선박을 개조하고 해저 지면에 설치한 다수의 'H 빔' 형식의 기둥에 고정시켰더라도 이는 부동산인 토지에 견고하게 정착한 건물로 인정될 수 없으므로 소유권보존등기를 할 수 없다(선례 제200901-1호).

① 소유권보존등기가 가능한 건물은 지붕과 벽면을 갖추고 토지에 견고하게 부착되어 쉽게 해체 이동할 수 없는 독립된 건물 등을 말하며 그 구체적인 판단은 사회의 일반 거래관념 내지 사회통념에 따라서 이루어지는바, 건축물대장에 조적조 및 컨테이너구조 스레이트지붕 주택으로 등재된 건축물이 토지에 견고하게 부착되어 있고 내구성 있는 재료를 사용한 벽면과 지붕을 갖추고 있다면 독립된 건물로 볼 수 있으므로 소유권보존등기를 할 수 있다(선례 제6-1호).

② 가설건축물대장에 등록되어 있는 **농업용 고정식 유리온실**이 토지에 견고하게 정착되어 있고, 철골조의 조립식 구조와 내구성 있는 유리에 의한 벽면과 지붕 또는 이와 유사한 설비를 갖추고 있으며, 일정한 용도로 계속 사용할 수 있는 경우에는 대장상의 존속기간과 관계없이 소유권보존등기를 신청할 수 있다(선례 제201602-1호).

09 등기능력과 관련된 다음 설명 중 가장 옳지 않은 것은?

▶ 2015년 등기서기보

① 하천법상의 하천에 대한 등기는 소유권, 저당권, 권리질권의 설정, 보존, 이전, 처분의 제한 또는 소멸에 대하여 이를 할 수 있다.

② 축사의 부동산등기에 관한 특례법에 따른 개방형 축사는 연면적이 300㎡를 초과해야 등기할 수 있다. 그 연면적산정에 있어서는 부속건물의 연면적도 포함된다.

③ 해수면 위에서 호텔 또는 상가로 사용할 목적으로 선박을 개조하고 해저지면에 설치한 다수의 'H 빔' 형식의 기둥에 고정시켰더라도 이는 토지에 견고하게 정착한 건물로 인정될 수 없으므로 소유권보존등기를 할 수 없다.

④ 환매권, 임차권과 같이 물권은 아니지만 실체법에서 등기능력을 인정하고 있는 경우도 있고, 그 밖에 거래가액과 같이 물권변동과 전혀 무관한 사항이 공익적 필요에 의하여 등기사항이 되는 경우도 있다.

해설 ② 축사의 부동산등기에 관한 특례법(법률 제16446호)

제3조(등기 요건)

다음 각 호의 요건을 모두 갖춘 개방형 축사는 건물로 본다.

1. 토지에 견고하게 정착되어 있을 것
2. 소를 사육할 용도로 계속 사용할 수 있을 것 (🈺 돈사× / 버섯재배사×)
3. 지붕과 견고한 구조를 갖출 것   (🈺 벽×)
4. 건축물대장에 축사로 등록되어 있을 것
5. 연면적이 100제곱미터를 초과할 것   (🈺 부속건물 포함)

④ 법 제3조(등기할 수 있는 권리 등)

등기는 **부동산의 표시**와 다음 각 호의 어느 하나에 해당하는 **권리의 보존**, 이전, 설정, 변경, 처분의 제한 또는 소멸에 대하여 한다.

1. 소유권 　(🏛 점유권× / 민법상 환매권○ / 특별법상 환매권×)
2. 지상권 　(🏛 구분지상권○ / 법정지상권○ / 분묘기지권×)
3. 지역권 　(🏛 주위토지통행권×)
4. 전세권 　(🏛 공동전세권○)
5. 저당권 　(🏛 공동저당권○ / 근저당권○)
6. 권리질권 (🏛 (근)저당권부질권○ / 동산질권× / 유치권×)
7. 채권담보권
8. 임차권 　(🏛 구분임차권× / 사용대차×)

법 제68조(거래가액의 등기)

등기관이 「부동산 거래신고 등에 관한 법률」 제3조 제1항에서 정하는 계약을 등기원인으로 한 소유권이전등기를 하는 경우에는 대법원규칙으로 정하는 바에 따라 거래가액을 기록한다.

10 건물의 등기능력에 관한 다음 설명 중 가장 옳은 것은?　　　　　▸2013년 법무사

① 건축물대장에 등록된 건축물은 모두 등기능력이 있다.
② 현행 「부동산등기법」은 건물의 등기능력에 관하여 정착성, 외기분단성, 용도성을 그 요건으로 규정하고 있다.
③ 집합건물의 구조상 공용부분(복도, 계단 등)은 등기능력이 있으므로 독립하여 등기할 수 있다.
④ 폐유조선 및 플로팅 도크(물 위에 떠 있는 건조용 도크)를 호텔 및 상업시설로 수선하고 해안가의 해저지면에 있는 암반에 앵커로 고정하였다면 건물소유권보존등기의 대상이 된다는 것이 실무이다.
⑤ 1동의 건물에 속하는 구분건물 중 일부만에 관하여 소유권보존등기를 하기 위해서는 그 일부 구분건물뿐만 아니라 나머지 구분건물도 등기능력이 있어야 한다.

해설 ⑤ 1동의 건물에 속하는 **구분건물 중 일부만에 관하여 소유권보존등기를 신청하는 경우에는 나머지 구분건물의 표시에 관한 등기를 동시에 신청하여야** 한다. 이 경우에 구분건물의 소유자는 **1동에 속하는 다른 구분건물의 소유자를 대위**하여 그 건물의 표시에 관한 등기를 신청할 수 있다(법 제46조 제1항, 제2항). 집합건물은 1동의 건물을 기준으로 하나의 등기기록을 사용하므로 구분건물 중 일부만에 관하여 소유권보존등기를 하기 위해서는 **나머지 구분건물부분도 등기능력이 있어야** 한다.

① 건축법상의 '건축물'은 등기능력이 있는 '건물'보다 넓은 개념으로서 건축물대장에 등재되었다고 해서 모두 등기능력이 있는 것은 아니다(「부동산등기실무Ⅰ」 p.37).

② 우리 법제상 건물은 그 대지인 토지와는 별개의 독립한 부동산으로 취급하고 있으나(민법 제99조 제1항, 법 제14조 제1항), 구체적으로 무엇을 등기할 수 있는 건물로 볼 것인가에 대하여는 명문의 규정이 없다. 판례는 등기능력 있는 건물에 대하여 "독립된 건물로 보기 위해서는 그 설치된 장소에서 손쉽게 이동시킬 수 있는 구조물이 아니고 그 토지에 견고하게 부착시켜 그 상태로 계속 사용할 목적으로 축조된 것으로 비바람 등 자연력으로부터 보호하기 위하여 벽면과 지붕을 갖추고 있어야 한다."는 기준을 제시하였다(대판 1990.7.27, 90다카6160). 이후 등기예규에서는 보다 구체적으로 "건축법상 건축물에 관하여 건물로서 소유권보존등기를 신청한 경우, 등기관은 그 건축물이 토지에 견고하게 정착되어 있는지(정착성), 지붕 및 주벽 또는 그에 유사한 설비를 갖추고 있는지(외기분단성), 일정한 용도로 계속 사용할 수 있는 것인지(용도성) 여부를 당사자가 신청서에 첨부한 건축물대장등본 등에 의하여 종합적으로 심사하여야 한다."는 기준을 제시하였다(등기능력 있는 물건 여부의 판단에 관한 업무처리지침 제정 2004.10.1. 등기예규 제1086호).

④ 폐유조선 및 플로팅 도크(물 위에 떠 있는 건조용 도크)는 호텔 및 상업시설로 수선하고 해안가의 해저지면에 있는 암반에 앵커로 고정하여도 건물소유권보존등기의 대상이 될 수 없을 것이다(선례 제200607-8호).

정답 ┗ 10 ⑤

◢02 권리

01 다음 중 부동산등기법상 등기할 수 있는 권리만을 옳게 열거한 것은?   ▸ 2022년 법무사

① 채권담보권, 부동산환매권   ② 부동산질권, 채권담보권
③ 분묘기지권, 부동산유치권   ④ 부동산유치권, 부동산환매권
⑤ 부동산질권, 분묘기지권

해설 ① 채권담보권, 부동산환매권은 모두 등기할 수 있는 권리이다.

② 부동산질권은 등기할 권리가 아니다.
③ 분묘기지권, 부동산유치권은 등기할 권리가 아니다.
④ 부동산유치권은 등기할 권리가 아니다.
⑤ 부동산질권, 분묘기지권은 등기할 권리가 아니다.

법 제3조(등기할 수 있는 권리 등)
등기는 **부동산의 표시**와 다음 각 호의 어느 하나에 해당하는 **권리**의 **보존, 이전, 설정, 변경, 처분의 제한** 또는 **소멸**에 대하여 한다.
1. **소유권**   (🏛 점유권✕ / **민법상 환매권○** / 특별법상 환매권✕)
2. **지상권**   (🏛 **구분지상권○** / 법정지상권○ / 분묘기지권✕)
3. **지역권**   (🏛 주위토지통행권✕)
4. **전세권**   (🏛 공동전세권○)
5. **저당권**   (🏛 공동저당권○ / 근저당권○)
6. **권리질권** (🏛 (근)저당권부질권○ / 동산질권✕ / 유치권✕)
7. **채권담보권**
8. **임차권**   (🏛 **구분임차권✕** / 사용대차✕)

02 다음 중 등기할 수 있는 권리만 열거한 것은?   ▸ 2019년 등기주사보

① 저당권부질권, 공동전세권, 주위토지통행권
② 채권담보권, 부동산임차권, 부동산환매권
③ 근저당권부질권, 부동산점유권, 분묘기지권
④ 법정지상권, 구분지상권, 부동산유치권

해설 ② 채권담보권, 부동산임차권, 부동산환매권은 모두 등기할 수 있는 권리이다.

① 주위토지통행권은 등기할 권리가 아니다.
③ 부동산점유권, 분묘기지권은 등기할 권리가 아니다.
④ 부동산유치권은 등기할 권리가 아니다.

법 제3조(등기할 수 있는 권리 등)
등기는 **부동산의 표시**와 다음 각 호의 어느 하나에 해당하는 **권리**의 보존, 이전, 설정, 변경, 처분의 제한 또는 소멸에 대하여 한다.
1. 소유권(❀ 점유권× / 민법상 환매권○ / 특별법상 환매권×)
2. 지상권(❀ 구분지상권○ / 법정지상권○ / 분묘기지권×)
3. 지역권(❀ 주위토지통행권×)
4. 전세권(❀ 공동전세권○)
5. 저당권(❀ 공동저당권○ / 근저당권○)
6. 권리질권(❀ (근)저당권부질권○ / 동산질권× / 유치권×)
7. 채권담보권
8. 임차권(❀ 구분임차권× / 사용대차×)

03 다음 중 하천법상 하천에 대하여 등기할 수 있는 권리인 것은? ▶ 2019년 등기주사보

① 지상권   ② 지역권
③ 전세권   ④ 저당권

해설 ④ 하천법상의 하천에 대한 등기는 **소유권, 저당권, 권리질권**의 설정, 보존, 이전, 변경, 처분의 제한 또는 소멸에 대하여 이를 할 수 있으며, **가등기**는 위 권리의 설정, 이전, 변경 또는 소멸의 청구권을 보전하려 할 때에 이를 할 수 있다. 또한 **신탁등기, 부동산 표시변경등기, 등기명 의인의 표시변경**등기, 부동산등기법, 민법 또는 특별법에 따른 **특약** 또는 제한 사항의 등기는 할 수 있다. 그러나 **지상권·지역권·전세권** 또는 **임차권**에 대한 권리의 설정, 이전 또는 변경의 등기는 하천법상의 하천에 대하여는 이를 할 수 없다(예규 제1387호).

04 등기할 수 있는 권리에 관한 다음 설명 중 가장 옳지 않은 것은? ▶ 2018년 등기서기보

① 부동산물권은 모두 등기할 수 있는 권리이므로 부동산유치권도 등기할 수 있다.
② 저당권에 의하여 담보된 채권을 질권의 목적으로 하는 경우 질권의 효력을 저당권에도 미치게 하기 위한 때에는 부동산물권은 아니지만 권리질권에도 등기능력이 인정된다.
③ 부동산임차권도 물권은 아니지만 법률 규정에 의하여 등기능력이 인정되고 있다.
④ 물권변동을 목적으로 하는 청구권에 관하여서는 가등기능력이 인정된다.

정답 ➤ 01 ①   02 ②   03 ④   04 ①

해설 ① 부동산유치권은 등기할 권리가 아니다.

④ **법 제88조(가등기의 대상)**
가등기는 **제3조 각 호**(소유권, 지상권, 지역권, 전세권, 저당권, 권리질권, 채권담보권, 임차권)의 어느 하나에 해당하는 권리의 (**주** 보존×)**설정, 이전, 변경 또는 소멸**의 청구권을 보전하려는 때에 한다. 그 청구권이 <u>시기부 또는 정지조건부</u>일 경우나 <u>그 밖에 장래에 확정될 것인</u> 경우에도 같다.

05 다음 중 부동산등기법상 등기할 수 있는 권리만을 열거한 것은? ▸ 2016년 법무사

① 부동산유치권, 부동산환매권, 부동산임차권
② 부동산점유권, 채권담보권, 부동산환매권
③ 분묘기지권, 지역권, 근저당권
④ 채권담보권, 부동산환매권, 부동산사용대차권
⑤ 전세권, 구분지상권, 저당권부채권에 대한 근질권

해설 ⑤ 전세권, 구분지상권, 저당권부채권에 대한 근질권은 모두 등기할 수 있는 권리이다.

① 부동산유치권은 등기할 권리가 아니다.
② 부동산점유권은 등기할 권리가 아니다.
③ 분묘기지권은 등기할 권리가 아니다.
④ 부동산사용대차권은 등기할 권리가 아니다.

법 제3조(등기할 수 있는 권리 등)
등기는 **부동산의 표시**와 다음 각 호의 어느 하나에 해당하는 **권리**의 <u>보존, 이전, 설정, 변경, 처분의 제한 또는 소멸</u>에 대하여 한다.
1. <u>소유권</u>(**주** 점유권× / 민법상 환매권○ / 특별법상 환매권×)
2. <u>지상권</u>(**주** 구분지상권○ / 법정지상권○ / 분묘기지권×)
3. <u>지역권</u>(**주** 주위토지통행권×)
4. <u>전세권</u>(**주** 공동전세권○)
5. <u>저당권</u>(**주** 공동저당권○ / 근저당권○)
6. <u>권리질권</u>(**주** (근)저당권부질권○ / 동산질권× / 유치권×)
7. <u>채권담보권</u>
8. <u>임차권</u>(**주** 구분임차권× / 사용대차×)

제2절 | 등기소

01 부동산등기소 관할구역에 대한 설명 중 가장 옳지 않은 것은? ▸ 2019년 등기주사보

① 부동산이 여러 등기소의 관할구역에 걸쳐 있는 경우 그 부동산에 대한 최초의 등기신청을 하고자 하는 자는 각 등기소를 관할하는 상급법원의 장에게 관할등기소의 지정을 신청하여야 한다.

② 관할등기소 지정신청서는 해당 부동산의 소재지를 관할하는 등기소 중 어느 한 곳에 제출하며, 그 등기소에서는 신청서 및 첨부서면의 적정 여부를 심사한 후 즉시 상급법원의 장에게 송부하여야 한다.

③ 등기사무는 부동산의 소재지를 관할하는 등기소에서 처리함이 원칙이며, 관할위반의 등기는 관할의 변경 등의 방법으로 처리한다.

④ 이미 등기된 건물이 행정구역 등의 변경으로 인하여 나중에 여러 등기소의 관할구역에 걸치게 된 때에는 관할의 지정을 받을 필요 없이 종전의 관할등기소가 관할한다.

정답 ☞ 05 ⑤ / 01 ③

해설 ③ 등기사무는 부동산의 소재지를 관할하는 지방법원, 그 지원 또는 등기소(이하 "등기소"라 한다)에서 담당한다(법 제7조 제1항). 관할위반의 등기신청이 있는 경우 등기관은 각하를 하여야 한다(법 제29조 제1호).

① 규칙 제5조 제1항
② 규칙 제5조 제3항
④ 이미 등기된 건물이 행정구역 등의 변경으로 인하여 나중에 여러 등기소의 관할구역에 걸치게 된 때에는 관할의 지정을 받을 필요 없이 종전의 관할등기소가 관할한다(「부동산등기실무Ⅰ」).

02 등기소와 등기관에 대한 다음 설명 중 가장 옳지 않은 것은? ▶2019년 등기서기보

① 등기사무는 부동산의 소재지를 관할하는 지방법원, 그 지원 또는 등기소에서 담당한다.
② 부동산이 여러 등기소의 관할구역에 걸쳐 있는 경우 그 부동산에 대한 최초의 등기신청을 하고자 하는 자는 각 등기소를 관할하는 각 지방법원의 장에게 관할등기소의 지정을 신청하여야 한다.
③ 관할등기소의 지정 신청은 해당 부동산의 소재지를 관할하는 등기소 중 어느 한 등기소에 신청서를 제출하는 방법으로 한다.
④ 관할등기소의 지정을 신청한 자가 관할등기소에 등기 신청을 할 때에는 관할등기소의 지정이 있었음을 증명하는 정보를 첨부정보로서 등기소에 제공하여야 한다.

해설 ② 부동산이 여러 등기소의 관할구역에 걸쳐 있는 경우 그 부동산에 대한 최초의 등기신청을 하고자 하는 자는 각 등기소를 관할하는 상급법원의 장에게 관할등기소의 지정을 신청하여야 한다(규칙 제5조 제1항).

① 등기사무는 부동산의 소재지를 관할하는 지방법원, 그 지원 또는 등기소(이하 "등기소"라 한다)에서 담당한다(법 제7조 제1항). 관할위반의 등기신청이 있는 경우 등기관은 각하를 하여야 한다(법 제29조 제1호).
③ 규칙 제5조 제2항
④ 규칙 제5조 제4항

03 부동산이 여러 등기소의 관할구역에 걸쳐 있을 경우의 관할 등기소에 관한 설명이다. 틀린 것은?

▶ 2012년 법무사

① 부동산이 여러 등기소의 관할구역에 걸쳐 있는 경우 그 부동산에 대한 최초의 등기신청을 하고자 하는 자는 각 등기소를 관할하는 상급법원의 장에게 관할등기소의 지정을 신청하여야 한다.

② 관할등기소의 지정신청은 해당 부동산의 소재지를 관할하는 각 등기소의 상급법원에 신청서를 제출하는 방법으로 한다.

③ 상급법원의 장은 관할등기소를 지정한 즉시 관할등기소 지정서를 신청인에게 우편으로 송부하여야 한다.

④ 관할등기소의 지정을 신청한 자가 지정된 관할등기소에 등기신청을 할 때에는 관할등기소의 지정이 있었음을 증명하는 정보를 첨부정보로서 등기소에 제공하여야 한다.

⑤ 단지를 구성하는 여러 동의 건물 중 일부 건물의 대지가 다른 등기소의 관할에 속하는 경우에 그 건물에 대한 최초의 등기를 신청하고자 하는 자는 상급법원의 장에게 관할등기소의 지정을 신청하여야 한다.

해설 ② 지정신청은 해당 부동산의 소재지를 관할하는 등기소 중 **어느 한 등기소**에 신청서를 제출하는 방법으로 한다(규칙 제5조 제2항).

① 규칙 제5조 제1항
③ 관할등기소의 지정신청서를 송부받은 상급법원의 장은 지체 없이 건축물대장 소관청 등 제반사정을 고려하여 그 부동산의 등기사무를 처리하기에 적정하다고 인정되는 등기소를 관할등기소로 지정하여야 한다. 상급법원의 장은 관할등기소를 지정한 즉시 별지 제2호 양식의 관할등기소 지정서를 신청인에게 우편으로 송부하여야 한다(예규 제1521호).
④ 규칙 제5조 제4항
⑤ 규칙 제5조 제7항

정답 ○┯ 02 ② 03 ②

제3절 │ 등기관

01 **등기관의 권한과 책임에 관한 다음 설명 중 가장 옳지 않은 것은?** ▸ 2022년 등기서기보

① 등기관은 등기신청에 대하여 실체법상의 권리관계와 일치하는지 여부를 심사할 실질적 심사권한은 없다.

② 등기관으로서는 오직 제출된 서면 자체를 검토하거나 이를 등기부와 대조하는 등의 방법으로 등기신청의 적법 여부를 심사하여야 한다.

③ 등기관은 각기 자기 책임하에 사건을 처리하며 위법부당한 사건 처리에 대하여는 처리자가 책임을 진다.

④ 등기관은 독립하여 등기사건을 처리하므로 등기과장 또는 등기소장의 행정적 지시를 받지 아니한다.

해설 ④ 1. 등기관은 직무권한에서 **자기의 책임으로 업무를 처리**하는 **독립성**을 가진다. 따라서 각자 자기 책임하에 사건을 처리하고 위법부당한 사건 처리에 대하여는 처리자인 등기관 개인이 스스로 책임을 진다(예규 제1364호).

2. 그렇다 하더라도, 등기소장의 **행정적 지시**에는 **따라야** 하는 것이며, 등기소장은 등기관의 **보정명령의 적정여부**에 관하여 **감독**을 할 수 있다(예규 제1515호, 3–라–(1)).

① 1. 우리나라 **등기관**은 형식적 심사주의를 선택하고 있는 바, 이는 등기관은 등기신청에 대하여 그 등기신청이 실체법상의 권리관계와 일치하는지 여부를 심사할 **실질적인 심사 권한**은 **없으나**.

2. 오직 제출된 서면 자체(**신청서 및 그 첨부서류**)를 검토하거나 이를 **등기부**와 **대조**하는 등의 방법으로 등기신청의 적법 여부(신청서 및 첨부서면이 부동산등기법 등 제반 법령에 부합되는지의 여부 및 제출된 서면이 형식적으로 진정한 것인지 여부 등)를 심사할 **형식적 심사권한**을 갖는다(대판 2005.2.25. 2003다13048).

3. 이러한 방법에 의한 심사 결과 형식적으로 부진정한 즉 위조된 서면에 의한 등기신청이라고 인정될 경우 이를 각하하여야 할 직무상의 의무가 있다고 할 것이다(대판 2005.2.25. 2003다13048).

② 위 ① 해설 참조

③ 위 ④ 해설 참조

02 등기신청사건의 배당에 관한 다음 설명 중 가장 옳지 않은 것은? ▶ 2019년 등기주사보

① 등기관이 2명 이상인 등기소에서는 등기신청사건의 배당을 무작위 균등 배당방식으로 하여야 한다.

② 등기신청사건이 등기관에게 배당된 이후에 담당등기관이 배당된 등기신청사건을 처리함에 있어 공정성에 대한 오해의 우려가 있다고 판단하여 재배당을 요구한 경우에는 이를 재배당할 수 있다.

③ 관할 지방법원의 명령에 따른 등기는 원칙적으로 관련된 처분을 하였던 등기관을 제외한 다른 등기관이 처리하여야 한다.

④ 다른 등기신청사건이 먼저 접수되어 처리가 완료되지 아니한 부동산에 대하여 등기신청사건이 접수된 경우에는 같은 등기관에게 배당할 수 있다.

해설 ③ 관할 지방법원의 명령에 따른 등기는 관련된 처분을 하였던 등기관이 처리한다(예규 제1563호).

① 접수된 등기사건은 등기관별 업무부담에 차이가 없도록 균등하게 배당하여야 한다. 배당은 전산시스템에 의하여 무작위로 하여야 한다(예규 제1563호).

② 착오로 이 예규의 규정과 다르게 배당된 경우, 담당 등기관이 배당된 등기사건을 처리함에 현저히 곤란한 사유가 있거나 공정성에 대한 오해의 우려가 있다고 판단하여 재배당을 요구한 경우에는 등기사건을 재배당할 수 있다(예규 제1563호).

④ 다른 등기사건이 먼저 접수되어 처리가 완료되지 아니한 부동산에 대하여 등기사건이 접수된 경우, 등기신청인 또는 그 대리인이 연건으로 표시한 여러 건의 등기사건이 접수된 경우 등에는 해당 등기사건을 같은 등기관에게 배당할 수 있다(예규 제1563호).

03 등기관에 관한 다음 설명 중 가장 옳지 않은 것은? ▶ 2018년 등기주사보

① 등기과·소장은 별도로 등기관으로 지정한다는 명령이 없더라도 등기과·소장의 임명에 그 뜻이 당연히 포함된 것으로 보는 것이 실무의 태도이다.

② 등기관으로 지정되었던 자가 전임·퇴임 등의 사유로 해당 관직을 이탈한 때, 휴직 또는 정직의 경우에는 등기관 지정을 별도로 취소하여야 한다.

③ 등기관은 그 직무권한에 있어 독립성을 가지지만, 법원직원으로서 상사의 지휘감독에 복종하고 일반 행정지시에 따라야 한다.

④ 등기관은 자기, 배우자 또는 4촌 이내의 친족이 등기신청인인 때에는 그 등기소에서 소유권등기를 한 성년자로서 위와 같은 관계에 있지 아니한 자 2인 이상의 참여가 있어야 그 등기사무를 처리할 수 있다.

해설 ② 등기관으로 지정되었던 자가 전임·퇴직 등의 사유로 당해 관직을 이탈한 때 또는 휴직, 정직의 경우에는 등기관 지정이 취소된 것으로 본다(예규 제1364호).

정답 ► 01 ④ 02 ③ 03 ②

① 등기관은 지방법원장의 지정을 받아야 하므로 법원서기관 등이 등기소 발령을 받았다고 하여 당연히 등기관이 되는 것은 아니다. 그러나 실무상 등기소장은 별도로 등기관으로 지정을 받지 않더라도 등기소장임명과 동시에 등기관으로 지정된 것으로 본다(「부동산등기실무Ⅰ」 p.66).

③ 등기소장 아닌 등기관은 등기소장의 행정적 지시를 받아야 한다. 등기관은 각기 자기 책임하에 사건을 처리하며 위법부당한 사건 처리에 대하여는 처리자가 책임을 진다(예규 제1364호).

④ 등기관은 자기, 배우자 또는 4촌 이내의 친족(이하 "배우자 등"이라 한다)이 등기신청인인 때에는 그 등기소에서 소유권등기를 한 성년자로서 등기관의 배우자 등이 아닌 자 2명 이상의 참여가 없으면 등기를 할 수 없다. 배우자 등의 관계가 끝난 후에도 같다. 이 경우 등기관은 (🗊 참여)조서를 작성하여 참여인과 같이 기명날인 또는 서명을 하여야 한다(법 제12조 제1항, 제2항).

04 등기소와 등기관에 관한 다음 설명 중 가장 옳은 것은? ▶ 2023년 등기서기보

① 등기관은 자기, 배우자 또는 4촌 이내의 친족(이하 "배우자 등"이라 한다)이 등기신청인인 때에는 그 등기소에서 소유권등기를 한 성년자로서 등기관의 배우자등이 아닌 자 2명 이상의 참여가 없으면 등기를 할 수 없다.

② 등기관이 고의·과실로 부당한 처분을 함으로써 사인에게 손해를 입힌 경우에는 「국가배상법」에 따라 국가가 배상책임을 지며, 등기관에게 고의 또는 경과실이 있으면 국가는 그 등기관에게 구상할 수 있다.

③ 등기소는 그 명칭에 관계없이 등기사무를 담당하는 국가기관을 말하는 것이므로, 등기사무를 담당하는 지방법원의 등기국, 등기과와 그 지원의 등기과 또는 등기계 그리고 법원행정처 부동산등기과도 등기소에 해당한다.

④ 등기사무의 공정성을 기하기 위하여 등기관이 등기사무를 처리한 때에는 등기사무를 처리한 등기관이 누구인지 알 수 없도록 조치하여야 한다.

> **해설** ① 등기관은 자기, 배우자 또는 4촌 이내의 친족(이하 "배우자 등"이라 한다)이 등기신청인인 때에는 그 등기소에서 소유권등기를 한 성년자로서 등기관의 배우자 등이 아닌 자 2명 이상의 참여가 없으면 등기를 할 수 없다. 배우자 등의 관계가 끝난 후에도 같다. 이 경우 등기관은 참여조서를 작성하여 참여인과 같이 기명날인 또는 서명을 하여야 한다(법 제12조 제1항, 제2항).
>
> ② 등기관은 국가공무원이므로 등기관의 위법한 처분으로 인해 타인에게 손해를 가한 경우에는 국가가 배상책임을 지며, 등기관에게 고의 또는 중과실이 있는 경우에는 국가가 그 공무원에 대하여 구상할 수 있다(「국가배상법」 제2조). 배상책임은 고의·중과실·과실 모두 있으나 **구상권행사**는 고의·중과실인 경우에만 행사할 수 있다.
>
> ③ 1. 등기소는 등기사무에 관한 권한을 가지고 등기사무를 담당하는 국가기관을 말한다. 따라서 등기소라는 명칭을 가진 관서뿐만 아니라 등기사무를 담당하는 지방법원의 등기국·등기과와 지원의 등기과·등기계도 하나의 등기소가 된다(법 제7조 참조).
>   2. 그러나, 법원행정처 부동산등기과는 등기소에 해당하지 않는다.
>
> ④ 등기관이 등기사무를 처리한 때에는 등기사무를 처리한 등기관이 누구인지 알 수 있는 조치를 하여야 한다(법 제11조 제4항).

제4절 │ 등기에 관한 장부

01 일반등기부

01 등기부와 등기기록에 관한 다음 설명 중 가장 옳지 않은 것은? ▸ 2023년 법무사

① 등기부란 1필의 토지 또는 1개의 건물에 관한 등기정보자료를 의미한다.

② 1동의 건물을 구분한 건물에 있어서는 1동의 건물에 속하는 전부에 대하여 1개의 등기기록을 사용한다.

③ 등기기록상 토지의 표시가 지적공부와 일치하지 아니한 경우 지적소관청은 그 사실을 관할 등기관서에 통지하여야 하고, 통지를 받은 등기관은 등기명의인으로부터 일정한 기간 내에 등기신청이 없을 때에는 통지서의 기재내용에 따른 변경등기를 직권으로 하여야 한다.

④ 건물의 등기기록 표제부에는 건물의 종류, 구조와 면적 등을 기록하되, 부속건물이 있는 경우에는 부속건물의 종류, 구조와 면적도 함께 기록한다.

⑤ 등기부가 아닌 신청서나 그 밖의 부속서류는 법원의 명령 또는 촉탁이 있거나 법관이 발부한 영장에 의하여 압수하는 경우에 등기소 밖으로 옮길 수 있다.

해설 ① 1. "등기기록"이란 1필의 토지 또는 1개의 건물에 관한 **등기정보자료**를 말한다(법 제2조 제3호).
   2. "**등기부**"란 전산정보처리조직에 의하여 입력 · 처리된 **등기정보자료를 대법원규칙으로 정하는 바에 따라 편성한 것**을 말한다(법 제2조 제1호).

② 등기부를 편성할 때에는 **1필의 토지** 또는 **1개의 건물**에 대하여 **1개의 등기기록**을 둔다. 다만, **1동의 건물을 구분한 건물**에 있어서는 **1동의 건물에 속하는 전부**에 대하여 **1개의 등기기록을 사용**한다(법 제15조 제1항).

③ 등기관이 지적소관청으로부터 「공간정보의 구축 및 관리 등에 관한 법률」 제88조 제3항의 통지(등기부의 토지의 표시와 지적공부가 일치하지 아니한다는 통지)를 받은 경우에 제35조의 기간(⊕ 1개월) 이내에 등기명의인으로부터 등기신청이 없을 때에는 그 통지서의 기재내용에 따른 변경의 등기를 **직권**으로 하여야 한다(법 제36조).

④ 등기관은 **건물 등기기록**의 표제부에 **다음 각 호의 사항**을 기록하여야 한다(법 제40조 제1항).

> 1. 표시번호
> 2. 접수연월일
> 3. 소재, 지번 및 건물번호. 다만, 같은 지번 위에 1개의 건물만 있는 경우에는 건물번호는 기록하지 아니한다.

정답 ┣━ 04 ① / 01 ①

   4. **건물의 종류, 구조와 면적**. 부속건물이 있는 경우에는 **부속건물의 종류, 구조와 면적**도 함께 기록한다.
   5. 등기원인
   6. 도면의 번호
      [같은 지번 위에 여러 개의 건물이 있는 경우와 「집합건물의 소유 및 관리에 관한 법률」 제2조 제1호의 구분소유권(구분소유권)의 목적이 되는 건물(이하 "구분건물"이라 한다)인 경우로 한정한다]

⑤ 1. **등기부의 부속서류**는 전쟁·천재지변이나 그 밖에 이에 준하는 사태를 피하기 위한 경우 외에는 등기소 밖으로 옮기지 못한다(법 제14조 제4항 본문).
   2. 다만, **신청서나 그 밖의 부속서류**에 대하여는 **법원의 명령 또는 촉탁**이 있거나 **법관이 발부한 영장**에 의하여 압수하는 경우에는 그러하지 아니하다(🔵 **등기소 밖으로 옮길 수 있다**)(법 제14조 제4항 단서).

02 등기기록에 관한 다음 설명 중 가장 옳지 않은 것은?   ▶ 2023년 등기서기보

① 등기기록이란 1필의 토지 또는 1개의 건물에 관한 등기정보자료를 말한다.
② 등기기록을 편성할 때 1동의 건물을 구분한 건물에 있어서는 1동의 건물에 속하는 전부에 대하여 1개의 등기기록을 사용한다.
③ 등기기록을 개설할 때 구분건물에 대하여는 1동의 건물마다 부동산고유번호를 부여한다.
④ 구분건물에 대한 등기사항증명서의 발급에 관하여는 1동의 건물의 표제부와 해당 전유부분에 관한 등기기록을 1개의 등기기록으로 본다.

해설 ③ 등기기록을 개설할 때에는 **1필의 토지** 또는 **1개의 건물**마다 **부동산고유번호**를 부여하고 이를 등기기록에 기록하여야 한다. **구분건물**에 대하여는 **전유부분**마다 **부동산고유번호**를 부여한다(규칙 제12조).

① **등기기록**이란 1필의 토지 또는 1개의 건물에 관한 **등기정보자료**를 말한다(법 제2조 제3호).
② 등기부를 편성할 때에는 **1필의 토지** 또는 1개의 건물에 대하여 1개의 등기기록을 둔다. 다만, 1동의 건물을 **구분한 건물**에 있어서는 **1동의 건물에 속하는 전부**에 대하여 **1개의 등기기록**을 사용한다(법 제15조 제1항).
④ **구분건물**에 대한 등기사항증명서의 **발급**에 관하여는 **1동의 건물의 표제부**와 해당 **전유부분**에 **관한 등기기록을 1개의 등기기록으로 본다**(규칙 제30조 제3항).

03 등기기록의 양식에 관한 다음 설명 중 가장 옳지 않은 것은? ▸ 2016년 법무사

① 등기기록에는 부동산의 표시에 관한 사항을 기록하는 표제부와 소유권에 관한 사항을 기록하는 갑구 및 소유권 외의 권리에 관한 사항을 기록하는 을구를 둔다.

② 토지등기기록의 표제부에는 표시번호란, 접수란, 소재지번란, 지목란, 면적란, 등기원인 및 기타사항란을 둔다.

③ 갑구와 을구에는 순위번호란, 등기목적란, 접수란, 등기원인란, 권리자 및 기타사항란을 둔다.

④ 구분건물등기기록에는 1동의 건물에 대한 표제부를 두고 전유부분마다 표제부, 갑구, 을구를 둔다.

⑤ 구분한 각 건물 중 대지권이 있는 건물이 있는 경우 그 구분건물등기기록의 1동의 건물의 표제부에는 대지권종류란, 대지권비율란, 등기원인 및 기타사항란을 둔다.

해설 ⑤ 구분건물등기기록 중 **1동의 건물의 표제부**에는 표시번호란, 접수란, 소재지번·건물명칭 및 번호란, 건물내역란, 등기원인 및 기타사항란을 두고, **전유부분의 표제부**에는 표시번호란, 접수란, 건물번호란, 건물내역란, 등기원인 및 기타사항란을 둔다. 다만, 구분한 각 건물 중 **대지권이 있는 건물**이 있는 경우에는 **1동의 건물의 표제부**에는 대지권의 목적인 토지의 표시를 위한 표시번호란, 소재지번란, 지목란, 면적란, 등기원인 및 기타사항란을 두고, **전유부분의 표제부**에는 대지권의 표시를 위한 표시번호란, 대지권종류란, 대지권비율란, 등기원인 및 기타사항란을 둔다(규칙 제14조 제2항).

① 등기기록에는 부동산의 표시에 관한 사항을 기록하는 **표제부**와 소유권에 관한 사항을 기록하는 **갑구** 및 소유권 외의 권리에 관한 사항을 기록하는 **을구**를 둔다(법 제15조 제2항).

② **토지등기기록의 표제부**에는 표시번호란(🔢 표시번호○/순위번호✕), 접수란(🔢 접수연월일○/접수번호✕), 소재지번란, 지목란, 면적란, 등기원인 및 기타사항란을 두고, **건물등기기록의 표제부**에는 표시번호란(🔢 표시번호○/순위번호✕), 접수란(🔢 접수연월일○/접수번호✕), 소재지번 및 건물번호란, 건물내역란, 등기원인 및 기타사항란을 둔다(규칙 제13조 제1항).

③ **갑구와 을구**에는 순위번호란(🔢 표시번호✕/순위번호○), 등기목적란, 접수란(🔢 접수연월일○/접수번호○), 등기원인란, 권리자 및 기타사항란을 둔다(규칙 제13조 제2항).

④ **구분건물등기기록**에는 1동의 건물에 대한 표제부를 두고 전유부분마다 표제부, 갑구, 을구를 둔다(규칙 제14조 제1항).

04 등기기록의 양식에 관련된 설명이다. 옳은 것 전부를 맞게 묶은 것은? ▸2016년 등기서기보

> 가. 토지등기기록의 표제부에는 표시번호란, 접수란, 소재지번란, 지목란, 면적란, 등기원인 및 기타사항란을 둔다.
> 나. 갑구와 을구에는 순위번호란, 등기목적란, 접수란, 등기원인란, 권리자 및 기타사항란을 둔다.
> 다. 구분건물등기기록에는 1동의 건물에 대한 표제부를 두고 전유부분마다 표제부, 갑구, 을구를 둔다.
> 라. 구분한 각 건물 중 대지권이 있는 건물이 있는 경우 1동의 건물의 표제부에는 표시번호란, 대지권종류란, 대지권비율란, 등기원인 및 기타사항란을 둔다.

① 가
② 가, 나
③ 가, 나, 다
④ 가, 나, 다, 라

해설 가. **토지등기기록의 표제부**에는 표시번호란(⊞ 표시번호○/순위번호✕), 접수란(⊞ 접수연월일○/접수번호✕), 소재지번란, 지목란, 면적란, 등기원인 및 기타사항란을 두고, **건물등기기록의 표제부**에는 표시번호란(⊞ 표시번호○/순위번호✕), 접수란(⊞ 접수연월일○/접수번호✕), 소재지번 및 건물번호란, 건물내역란, 등기원인 및 기타사항란을 둔다(규칙 제13조 제1항).

나. **갑구**와 **을구**에는 순위번호란(⊞ 표시번호✕/순위번호○), 등기목적란, 접수란(⊞ 접수연월일○/접수번호○), 등기원인란, 권리자 및 기타사항란을 둔다(규칙 제13조 제2항).

다. **구분건물등기기록**에는 1동의 건물에 대한 표제부를 두고 전유부분마다 표제부, 갑구, 을구를 둔다(규칙 제14조 제1항).

라. 구분건물등기기록 중 **1동의 건물의 표제부**에는 표시번호란, 접수란, 소재지번·건물명칭 및 번호란, 건물내역란, 등기원인 및 기타사항란을 두고, **전유부분의 표제부**에는 표시번호란, 접수란, 건물번호란, 건물내역란, 등기원인 및 기타사항란을 둔다. 다만, 구분한 각 건물 중 **대지권이 있는 건물**이 있는 경우에는 **1동의 건물의 표제부**에는 대지권의 목적인 토지의 표시를 위한 표시번호란, 소재지번란, 지목란, 면적란, 등기원인 및 기타사항란을 두고, **전유부분의 표제부**에는 대지권의 표시를 위한 표시번호란, 대지권종류란, 대지권비율란, 등기원인 및 기타사항란을 둔다(규칙 제14조 제2항).

02 폐쇄등기부

01 등기기록의 폐쇄에 관한 다음 설명 중 옳은 것은 모두 몇 개인가? ▶ 2023년 법무사

> A. 소유권보존등기를 말소한 경우에는 그 등기기록을 폐쇄한다.
> B. 폐쇄한 등기기록은 영구 보존한다.
> C. 등기기록을 폐쇄할 때에는 표제부의 등기를 말소하는 표시를 하고, 등기원인 및 기타 사항란에 폐쇄의 뜻과 그 연월일을 기록하여야 한다.
> D. 중복등기기록 중 어느 한 등기기록의 최종 소유권의 등기명의인이 다른 등기기록의 최종 소유권의 등기명의인으로부터 직접 또는 전전하여 소유권을 이전받은 경우로서, 다른 등기기록이 후등기기록이거나 소유권 외의 권리 등에 관한 등기가 없는 선등기기록일 때에는 그 다른 등기기록을 폐쇄한다.
> E. 등기기록에 기록된 사항이 많아 취급하기에 불편하게 되는 등 합리적 사유로 등기기록을 옮겨 기록할 필요가 있는 경우에 등기관은 현재 효력이 있는 등기만을 새로운 등기기록에 옮겨 기록할 수 있다.

① 5개   ② 4개
③ 3개   ④ 2개
⑤ 1개

해설 ① A. (○) 우리나라의 부동산등기 제도는 원칙적으로 표제부만을 두는 등기는 허용하지 아니하므로(예외 : 구분건물의 표시등기) **소유권보존등기를 말소**한 경우에는 그 등기기록을 **폐쇄**한다(「부동산등기실무 Ⅰ」 p.96 참조).

B. (○) **폐쇄한 등기기록은** 영구히 보존하여야 한다(법 제20조 제2항).

C. (○) 등기기록을 폐쇄할 때에는 **표제부의 등기를 말소**하는 표시를 하고, 등기원인 및 기타 사항란에 폐쇄의 뜻과 그 연월일을 기록하여야 한다(규칙 제55조 제2항).

D. (○) 중복등기기록 중 어느 한 등기기록의 최종 소유권의 **등기명의인이** 다른 등기기록의 최종 소유권의 등기명의인으로부터 직접 또는 전전하여 소유권을 이전받은 경우로서, 다른 등기기록이 후등기기록이거나 **소유권 외의 권리** 등에 관한 등기가 **없는 선등기기록**일 때에는 그 다른 **등기기록을 폐쇄**한다(규칙 제35조).

E. (○) 등기기록에 기록된 사항이 많아 취급하기에 불편하게 되는 등 합리적 사유로 **등기기록을 옮겨 기록할 필요가 있는 경우**에 등기관은 현재 효력이 있는 등기만을 새로운 등기기록에 **옮겨 기록할 수 있다**(법 제33조). 등기관이 법 제33조에 따라 등기를 새로운 등기기록에 옮겨 기록한 경우에는 옮겨 기록한 등기의 끝부분에 같은 규정에 따라 등기를 옮겨 기록한 뜻과 그 연월일을 기록하고, **종전 등기기록을 폐쇄**하여야 한다. 등기기록을 폐쇄할 때에는 표제부의 등기를 말소하는 표시를 하고, 등기원인 및 기타사항란에 폐쇄의 뜻과 그 연월일을 기록하여야 한다(규칙 제55조 제1항).

정답 ❯ 04 ③ / 01 ①

02 등기기록의 폐쇄에 관한 다음 설명 중 가장 옳지 않은 것은? ▶ 2021년 등기서기보

① 등기기록에 기록된 사항이 많아 취급하기에 불편하게 되는 등 합리적 사유로 등기기록을 옮겨 기록할 필요가 있는 경우에 등기관은 현재 효력이 있는 등기만을 새로운 등기기록에 옮겨 기록할 수 있다.

② 소유권보존등기를 말소한 경우에는 그 등기기록을 폐쇄한다.

③ 폐쇄한 등기기록은 30년 간 보존하여야 한다.

④ 등기기록을 폐쇄할 때에는 표제부의 등기를 말소하는 표시를 하고, 등기원인 및 기타사항란에 폐쇄의 뜻과 그 연월일을 기록하여야 한다.

> **해설** ③ **폐쇄한 등기기록**은 영구히 보존하여야 한다(법 제20조 제2항).
>
> ① 등기기록에 기록된 사항이 많아 취급하기에 불편하게 되는 등 합리적 사유로 등기기록을 옮겨 기록할 필요가 있는 경우에 등기관은 현재 효력이 있는 등기만을 새로운 등기기록에 옮겨 기록할 수 있다(법 제33조). 등기관이 법 제33조에 따라 등기를 새로운 등기기록에 옮겨 기록한 경우에는 옮겨 기록한 등기의 끝부분에 같은 규정에 따라 등기를 옮겨 기록한 뜻과 그 연월일을 기록하고, 종전 등기기록을 폐쇄하여야 한다. 등기기록을 폐쇄할 때에는 표제부의 등기를 말소하는 표시를 하고, 등기원인 및 기타사항란에 폐쇄의 뜻과 그 연월일을 기록하여야 한다(규칙 제55조 제1항).
>
> ② 우리나라의 부동산등기 제도는 원칙적으로 표제부만을 두는 등기는 허용하지 아니하므로(예외 : 구분건물의 표시등기) 소유권보존등기를 말소한 경우에는 그 등기기록을 폐쇄한다(「부동산등기실무Ⅰ」 p.96).
>
> ④ 등기기록을 폐쇄할 때에는 **표제부의 등기를 말소**하는 표시를 하고, 등기원인 및 기타사항란에 폐쇄의 뜻과 그 연월일을 기록하여야 한다(규칙 제55조 제2항).

03 등기기록의 폐쇄에 관한 다음 설명 중 가장 옳지 않은 것은? ▶ 2017년 법무사

① 등기관이 등기기록에 등기된 사항을 새로운 등기기록에 옮겨 기록한 때에는 종전 등기기록을 폐쇄하여야 한다.

② 등기관이 집합건물 중 일부 구분건물의 멸실등기를 할 때에는 표제부의 등기를 말소하는 표시를 한 후 그 등기기록을 폐쇄하여야 한다.

③ 토지 중복등기기록의 최종 소유권의 등기명의인이 같은 경우 나중에 개설된 등기기록에 소유권 외의 권리 등에 관한 등기가 있고 먼저 개설된 등기기록에는 그와 같은 등기가 없는 경우에는 먼저 개설된 등기기록을 폐쇄한다.

④ 등기기록을 폐쇄할 때에는 표제부의 등기를 말소하는 표시를 하고, 등기원인 및 기타사항란에 폐쇄의 뜻과 그 연월일을 기록하여야 한다.

⑤ 甲 토지를 乙 토지에 합병한 경우에 등기관이 합필등기를 할 때에는 甲 토지의 등기기록 중 표제부의 등기를 말소하는 표시를 한 후 그 등기기록을 폐쇄하여야 한다.

해설 ② 등기관이 건물의 멸실등기를 할 때에는 등기기록 중 표제부에 멸실의 뜻과 그 원인 또는 부존재의 뜻을 기록하고 표제부의 등기를 말소하는 표시를 한 후 그 등기기록을 폐쇄하여야 한다. 다만, 멸실한 건물이 (❸ 집합건물 중 일부의) 구분건물인 경우에는 그 등기기록을 폐쇄하지 아니한다(규칙 제103조 제1항).

① 등기관이 등기기록에 등기된 사항을 새로운 등기기록에 옮겨 기록한 때에는 종전 등기기록을 폐쇄하여야 한다(법 제20조 제1항).

③ 토지 중복등기기록의 최종 소유권의 등기명의인이 같은 경우에는 나중에 개설된 등기기록(이하 "후등기기록"이라 한다)을 폐쇄한다. 다만, 후등기기록에 소유권 외의 권리 등에 관한 등기가 있고 먼저 개설된 등기기록(이하 "선등기기록"이라 한다)에는 그와 같은 등기가 없는 경우에는 선등기기록을 폐쇄한다(규칙 제34조).

④ 등기기록을 폐쇄할 때에는 표제부의 등기를 말소하는 표시를 하고, 등기원인 및 기타사항란에 폐쇄의 뜻과 그 연월일을 기록하여야 한다(규칙 제55조 제2항).

⑤ 갑 토지를 을 토지에 (❸ 대장상)합병한 경우에 등기관이 합필등기를 할 때에는 을 토지의 등기기록 중 표제부에 합병 후의 토지의 표시와 합병으로 인하여 갑 토지의 등기기록에서 옮겨 기록한 뜻을 기록하고 종전의 표시에 관한 등기를 말소하는 표시를 하여야 한다. 위의 절차를 마치면 갑 토지의 등기기록 중 표제부에 합병으로 인하여 을 토지의 등기기록에 옮겨 기록한 뜻을 기록하고, 갑 토지의 등기기록 중 표제부의 등기를 말소하는 표시를 한 후 그 등기기록을 폐쇄하여야 한다(규칙 제79조).

04 등기기록의 폐쇄에 관한 다음 설명 중 가장 옳지 않은 것은? ▸2017년 등기서기보

① 등기기록에 기록된 사항이 많아 취급하기에 불편하게 되는 등 합리적 사유로 등기기록을 옮겨 기록한 경우 등기관은 종전 등기기록을 폐쇄하여야 한다.

② 등기기록을 폐쇄할 때에는 등기원인 및 기타사항란에 폐쇄의 뜻과 그 연월일을 기록하여야 한다.

③ 갑 토지를 을 토지에 합병한 경우 등기관이 합필등기를 할 때에는 갑 토지의 등기기록을 폐쇄하여야 한다.

④ 구분건물이 아닌 갑 건물을 구분하여 갑 건물과 을 건물로 한 경우 등기관이 구분등기를 할 때에는 갑 건물의 등기기록을 폐쇄하지 않는다.

해설 ④ 구분건물이 아닌 갑 건물을 구분하여 갑 건물과 을 건물로 한 경우에 등기관이 구분등기를 할 때에는 구분 후의 갑 건물과 을 건물에 대하여 등기기록을 개설하고, 각 등기기록 중 표제부에 건물의 표시와 구분으로 인하여 종전의 갑 건물의 등기기록에서 옮겨 기록한 뜻을 기록하여야 한다. 위의 절차를 마치면 종전의 갑 건물의 등기기록 중 표제부에 구분으로 인하여 개설한 갑 건물과 을 건물의 등기기록에 옮겨 기록한 뜻을 기록하고, 표제부의 등기를 말소하는 표시를 한 후 그 등기기록을 폐쇄하여야 한다.

정답 ☞ 02 ③ 03 ② 04 ④

03 기타의 장부

01 장부에 관한 다음 설명 중 가장 옳지 않은 것은?

▸ 2020년 법무사

① 부동산등기규칙 제111조 제1항에 따라 등기관이 작성한 확인조서는 신청서 기타 부속 서류 편철장에 편철한다.

② 각종 통지부에는 통지사항, 통지를 받을 자 및 통지서를 발송하는 연월일을 적어야 한다.

③ 이의신청서류 편철장은 5년간 보존하여야 한다.

④ 보존기간이 만료된 장부는 지방법원장의 인가를 받아 보존기간이 만료되는 해의 다음 해 3월 말까지 폐기한다.

⑤ 부동산등기신청서 접수장에는 등기의 목적을 기록하여야 하나, 등기원인과 그 연월일 은 기록하지 않는다.

> **해설** ③ 등기소에 갖추어 두어야 할 장부의 보존기간은 다음 각 호와 같다(규칙 제25조 제1항).
>
> 1. 부동산등기신청서 접수장 : 5년
> 2. **기타 문서 접수장** : 10년
> 3. **결정원본 편철장** : 10년
> 4. **이의신청서류 편철장** : 10년
> 5. **사용자등록신청서류 등 편철장** : 10년
> 6. **신청서 기타 부속서류 편철장** : 5년
> 7. **신청서 기타 부속서류 송부부** : 신청서 그 밖의 부속서류가 반환된 날부터 5년
> 8. 각종 통지부 : 1년
> 9. 열람신청서류 편철장 : 1년
> 10. 제증명신청서류 편철장 : 1년
>
> ① 신청서, 촉탁서, 통지서, 허가서, 참여조서, **확인조서**, 취하서 그 밖의 부속서류는 접수번호의 순서에 따라 **신청서 기타 부속서류 편철장**에 편철하여야 한다(규칙 제23조).
>
> ② 각종 통지부에는 부동산등기법 및 부동산등기규칙에서 정하고 있는 통지사항, 통지를 받을 자 및 통지서를 발송하는 연월일을 적어야 한다(규칙 제24조).
>
> ④ 보존기간이 만료된 장부 또는 서류는 <u>지방법원장의 인가</u>를 받아 <u>보존기간이 만료되는 해의 다음해 3월 말까지 폐기한다(규칙 제25조 제3항).</u>
>
> ⑤ 부동산등기신청서 접수장에는 다음 각 호의 사항을 적어야 한다(규칙 제22조 제1항).
>
> 1. 접수연월일과 접수번호
> 2. **등기의 목적**(📌 등기원인×/등기연월일× - 소유권이전○/매매×/2020.1.1×)
> 3. 신청인의 성명 또는 명칭
> 4. 부동산의 개수
> 5. 등기신청수수료
> 6. 취득세 또는 등록면허세와 국민주택채권매입금액

02 등기신청서 부본 및 기타 장부에 관한 다음 설명 중 가장 옳지 않은 것은?

▶ 2019년 등기주사보

① 등기관이 등기를 마쳤을 때에는 등기부부본자료를 전산정보처리조직으로 작성하여야 하며, 법원행정처장이 지정하는 장소에 보관하고 등기부와 동일하게 관리하여야 한다.
② 등기관이 신청정보를 접수할 때에는 접수장에 등기의 목적·신청인의 성명·접수연월일과 접수번호 등을 기록하여야 한다.
③ 등기신청서나 그 부속서류는 등기신청의 진부에 대한 다툼이 있을 경우 중요한 증거자료가 되고, 법원의 송부명령 또는 촉탁이 있으면 송부할 수 있으며, 압수·수색영장의 집행대상이 된다.
④ 누구든지 수수료를 내고 등기사항의 전부·일부 또는 등기기록의 부속서류에 대하여 열람을 청구할 수 있다.

해설 ④ 누구든지 수수료를 내고 대법원규칙으로 정하는 바에 따라 **등기기록**에 기록되어 있는 사항의 전부 또는 일부의 열람과 이를 증명하는 등기사항증명서의 발급을 청구할 수 있다. 다만, **등기기록의 부속서류**에 대하여는 이해관계 있는 부분만 열람(🔘 발급×)을 청구할 수 있다 (법 제19조 제1항).

① 등기관이 등기를 마쳤을 때에는 등기부부본자료를 작성하여야 한다(법 제16조). **등기부부본자료**는 전산정보처리조직으로 작성하여야 한다. 등기부부본자료는 법원행정처장이 지정하는 장소에 보관하여야 한다. 등기부부본자료는 등기부와 동일하게 관리하여야 한다(규칙 제15조).

② 부동산등기신청서 접수장에는 다음 각 호의 사항을 적어야 한다(규칙 제22조 제1항).
  1. 접수연월일과 접수번호
  2. 등기의 목적(🔘 등기원인×/등기연월일× - 소유권이전○/매매×/2020.1.1×)
  3. 신청인의 성명 또는 명칭
  4. 부동산의 개수
  5. 등기신청수수료
  6. 취득세 또는 등록면허세와 국민주택채권매입금액

③ **등기부의 부속서류**는 전쟁·천재지변이나 그 밖에 이에 준하는 사태를 피하기 위한 경우 외에는 등기소 밖으로 옮기지 못한다. 다만, 신청서나 그 밖의 부속서류에 대하여는 법원의 명령 또는 촉탁이 있거나 법관이 발부한 영장에 의하여 압수하는 경우에는 그러하지 아니하다 (법 제14조 제4항). 즉 장소 밖으로 옮길 수 있다.

03 등기소에 갖추어 두어야 하는 장부에 관한 다음 설명 중 가장 옳지 않은 것은?

▶ 2018년 등기주사보

① 등기소에 갖추어 두어야 하는 장부는 원칙적으로 매년 별책으로 하여야 한다.

② 등기신청 취하서는 신청서 기타 부속서류 편철장에 편철하여야 한다.

③ 이의신청서류 편철장은 5년간 보존하여야 한다.

④ 보존기간이 만료된 장부는 지방법원장(등기소의 사무를 지원장이 관장하는 경우에는 지원장)의 인가를 받아 보존기간이 만료되는 해의 다음해 3월 말까지 폐기한다.

해설 ③ 등기소에 갖추어 두어야 할 장부의 보존기간은 다음 각 호와 같다(규칙 제25조 제1항).

1. 부동산등기신청서 접수장	: 5년
2. 기타 문서 접수장	: 10년
3. 결정원본 편철장	: 10년
4. 이의신청서류 편철장	: 10년
5. 사용자등록신청서류 등 편철장	: 10년
6. 신청서 기타 부속서류 편철장	: 5년
7. 신청서 기타 부속서류 송부부	: 신청서 그 밖의 부속서류가 반환된 날부터 5년
8. 각종 통지부	: 1년
9. 열람신청서류 편철장	: 1년
10. 제증명신청서류 편철장	: 1년

① 등기소에 갖추어야 하는 장부는 매년 별책으로 하여야 한다. 다만, 필요에 따라 분책할 수 있다(규칙 제21조 제2항).

② 신청서, 촉탁서, 통지서, 허가서, 참여조서, 확인조서, **취하서** 그 밖의 부속서류는 접수번호의 순서에 따라 **신청서 기타 부속서류 편철장**에 편철하여야 한다(규칙 제23조).

④ 보존기간이 만료된 장부 또는 서류는 지방법원장의 인가를 받아 보존기간이 만료되는 해의 다음해 3월말까지 폐기한다(규칙 제25조 제3항).

04 "신청서 기타 부속서류 편철장"에 관한 다음 설명 중 가장 옳지 않은 것은?

▶ 2018년 등기서기보

① 등기소에는 신청서 기타 부속서류 편철장을 갖추어 두어야 한다.

② 신청서, 촉탁서, 통지서, 허가서, 참여조서, 확인조서, 취하서, 그 밖의 부속서류는 접수번호의 순서에 따라 신청서 기타 부속서류 편철장에 편철하여야 한다.

③ 신청서 기타 부속서류 편철장은 매년 별책으로 하여야 한다. 다만, 필요에 따라 분책할 수 있다.

④ 신청서 기타 부속서류 편철장의 보존기간은 10년이다.

해설 ④ 신청서 기타 부속서류 편철장의 보존기간은 5년이다(규칙 제25조 제1항).

05 다음 중 신청서 기타 부속서류 편철장에 편철할 서류가 아닌 것은? ▸ 2016년 법무사

① 부동산등기규칙 제111조 제1항의 확인조서
② 부동산등기법 제12조 제2항의 참여조서
③ 등기신청취하서
④ 등기촉탁서
⑤ 각하결정원본

해설 ⑤ 신청서, **촉탁서**, 통지서, 허가서, **참여조서**, **확인조서**, **취하서**, 그 밖의 부속서류는 접수번호의 순서에 따라 **신청서 기타 부속서류 편철장**에 편철하여야 한다(규칙 제23조). 각하결정원본은 결정원본 편철장에 편철하여야 한다.

06 등기에 관한 장부의 설명 중 가장 옳지 않은 것은? ▸ 2015년 등기서기보

① 1개의 부동산에 대하여는 1개의 등기기록만을 사용한다.
② 동일한 부동산에 관하여 동시에 여러 개의 신청이 있는 경우에는 같은 접수번호를 부여하여야 한다.
③ 누구든지 수수료를 내고 제한 없이 등기사항의 전부 또는 일부, 등기기록의 부속서류에 대하여 열람을 청구할 수 있다.
④ 부동산등기신청서 접수장은 5년간 보존하여야 한다.

해설 ③ **누구든지** 수수료를 내고 대법원규칙으로 정하는 바에 따라 **등기기록**에 기록되어 있는 사항의 전부 또는 일부의 **열람**과 이를 증명하는 **등기사항증명서**의 **발급**을 청구할 수 있다. 다만, **등기기록의 부속서류**에 대하여는 이해관계 있는 부분만 **열람**(⊞ 발급×)을 청구할 수 있다 (법 제19조 제1항).

① 등기부를 편성할 때에는 1필의 토지 또는 1개의 건물에 대하여 1개의 등기기록을 둔다. 다만, 1동의 건물을 구분한 건물에 있어서는 1동의 건물에 속하는 전부에 대하여 1개의 등기기록을 사용한다(법 제15조 제1항).
② 같은 부동산에 관하여 동시에 여러 개의 등기신청이 있는 경우에는 같은 접수번호를 부여하여야 한다(규칙 제65조 제2항).
④ 부동산등기신청서 접수장의 보존기간은 5년이다(규칙 제25조 제1항 제1호).

정답 ○━ 03 ③ 04 ④ 05 ⑤ 06 ③

04 보존 및 관리

01 다음 중 등기소에 갖추어 두어야 할 장부의 보존기간이 다른 경우는? ▸ 2023년 법무사

① 이의신청서류 편철장　　　　　② 결정원본 편철장
③ 신청서 기타 부속서류 송부부　④ 사용자등록신청서류 등 편철장
⑤ 기타 문서 접수장

> **해설** ③ 5년 (규칙 제25조 제1항 제7호)
>
> ① 10년 (규칙 제25조 제1항 제4호)
> ② 10년 (규칙 제25조 제1항 제3호)
> ④ 10년 (규칙 제25조 제1항 제5호)
> ⑤ 10년 (규칙 제25조 제1항 제2호)

02 다음 중 영구히 보존하여야 할 자료가 아닌 것은? ▸ 2023년 등기서기보

① 신탁원부　　　　　② 폐쇄한 등기기록
③ 매매목록　　　　　④ 등기신청서

> **해설** ④ 1. 등기소에는 **신청서 기타 부속서류 편철장**을 갖추어 두어야 한다(규칙 제21조).
> 2. 신청서 기타 부속서류 편철장은 등기를 완료한 후 **신청서 촉탁서 통지서 허가서 참여조서 확인조서 취하서** 그 밖의 **부속서류**를 접수번호의 순서에 따라 편철한 장부를 말한다 (규칙 제23조).
> 3. 신청서 기타 부속서류 편철장의 보존기간은 **5년**이다(규칙 제25조 제1항 제6호).
>
> ① 영구
> ② 영구
> ③ 영구

03 다음 중 보존기간이 동일한 것끼리 묶이지 않은 것은? ▶ 2016년 법무사

① 신탁원부, 매매목록
② 기타 문서 접수장, 신청서 기타 부속서류 편철장
③ 결정원본 편철장, 이의신청서류 편철장
④ 열람신청서류 편철장, 제증명신청서류 편철장
⑤ 도면, 공동담보목록

해설 ② 10년, 5년

① 영구, 영구
③ 10년, 10년
④ 1년, 1년
⑤ 영구, 영구

04 다음 중 보존기한이 가장 짧은 장부는? ▶ 2012년 법무사

① 신탁원부
② 확정일자부
③ 결정원본 편철장
④ 신청서 기타 부속서류 편철장
⑤ 이의신청서류 편철장

해설 ④ 5년

① 영구
② 20년
③ 10년
⑤ 10년

05 공시(열람 및 발급)

01 의의(수수료 등)

01 등기사항증명서의 교부 및 등기기록이나 신청서 그 밖의 부속서류의 열람(이하 "등기사항증명서의 교부 등"이라 한다)을 신청하는 경우, 그 수수료 면제 여부에 관한 다음 설명 중 가장 옳지 않은 것은?
▸ 2018년 법무사

① 지적소관청 소속 공무원이 지적공부와 등기기록의 부합 여부를 확인하기 위하여 등기기록이나 신청서, 그 밖의 부속서류의 열람을 신청하는 때에는 열람수수료를 면제한다.

② 국가 등이 소송수행상 등기사항증명서를 필요로 하더라도 수수료를 면제한다는 법률의 규정이 없는 한 수수료를 면제할 수 없다.

③ 국유재산관리사무를 위임받은 공무원이나 위탁받은 자가 국유재산관리사무의 필요에 의하여 이를 청구한다는 사실을 소명하여 등기사항증명서의 교부 등을 신청하는 경우에는 이에 대한 수수료를 면제한다.

④ 다른 법률에서 등기사항증명서의 교부수수료나 열람수수료를 면제하는 규정이 있는 경우에도 인터넷을 통한 등기사항증명서 교부와 등기기록 열람에 대한 수수료는 면제하지 않는다.

⑤ 국가 등이 중요 정책사업을 시행하기 위하여 공문 등으로 등기사항증명서의 교부 등을 신청한 경우에는 법률에 수수료를 면제하는 규정이 없더라도 이를 면제한다.

해설 ⑤ 국가 등이 중요 정책사업을 시행하기 위한 경우라도 법률에 수수료를 면제하는 규정이 있어야만 면제할 수 있다.

①②③④
국가 등이 등기사항증명서의 교부 등을 신청하는 경우 수수료 면제 여부에 관한 예규(예규 제1409호)

1. 목적

이 예규는 국가나 지방자치단체 또는 공공단체(이하 "국가 등"이라 한다)가 등기사항증명서의 교부 및 등기기록이나 신청서 그 밖의 부속서류의 열람(이하 "등기사항증명서의 교부 등"이라 한다)을 신청하는 경우 수수료 면제 여부에 대하여 규정함을 목적으로 한다.

2. 수수료 면제 여부

가. 세무공무원이 과세자료를 조사하기 위하여 또는 지적소관청 소속 공무원이 지적공부와 등기기록의 부합 여부를 확인하기 위하여 등기기록이나 신청서 그 밖의 부속서류의 열람을 신청하는 때에는 열람수수료를 면제한다.

나. 국유재산관리사무를 위임받은 공무원이나 위탁받은 자가 국유재산관리 사무의 필요에 의하여 이를 청구한다는 사실을 소명하여 등기사항증명서의 교부 등을 신청하는 경우에는 이에 대한 수수료를 면제한다.

다. 등기사항증명서의 교부 등 수수료는 등기특별회계수입금으로서 그 납부의무는 법률의 규정에 의한 것이기 때문에 국가 등이 중요 정책사업을 시행하기 위하여 공문 등으로 등기사항증명서의 교부 등을 신청한 경우라도 **법률에 수수료를 면제하는 규정이 없는 한** 이를 **면제할 수 없다.**

라. 국가 등이 소송수행상 등기사항증명서를 필요로 하더라도 **수수료를 면제한다는 법률의 규정이 없는 한** 수수료를 **면제할 수 없다.**

마. 다른 법률에서 등기사항증명서의 교부수수료나 열람수수료를 면제하는 규정이 있는 경우에도 무인발급기에 의한 등기사항증명서의 교부 또는 인터넷을 통한 등기사항증명서 교부와 등기기록 열람에 대한 각 수수료는 면제하지 않는다.

02 등기기록의 열람 및 발급

01 등기사항의 열람과 증명에 관한 다음 설명 중 가장 옳지 않은 것은? ▸ 2022년 등기서기보

① 등기신청이 접수된 부동산에 관하여는 그 부동산에 등기신청사건이 접수되어 처리 중에 있다는 뜻을 등기사항증명서에 표시하여 발급할 수 있다.

② 신탁원부, 공동담보목록, 도면 또는 매매목록은 그 사항의 증명도 함께 신청하는 뜻의 표시가 있는 경우에만 등기사항증명서에 이를 포함하여 발급한다.

③ 전산폐쇄등기부에 대해서는 "등기사항전부증명서(말소사항 포함)"와 "등기사항일부증명서(일부사항)"의 발급을 신청할 수 있다.

④ 중복등기가 된 토지의 등기기록에는 중복등기라고 취지를 부전하고 그 토지에 관한 등기사항증명서의 교부신청이 있는 때에는 중복등기기록 전부를 출력하여 보존등기 순서대로 합철한 후 그 말미에 인증문을 부기하여 이를 교부한다.

해설 ③ 전산폐쇄등기부에 대해서는 "등기사항전부증명서(말소사항 포함)"만 발급이 가능하다.

등기부의 종류		발급가능한 등기사항증명서의 종류	비고
수작업폐쇄등기부		말소사항포함 등기부**등본** 일부사항증명 등기부**초본**	폐쇄된 종이등기부를 말함 (종전의 수작업폐쇄등기부)
이미지 폐쇄 등기부	전산 이기 전	등기사항**전부**증명서(말소사항 포함) 등기사항**일부**증명서(일부사항)	전산이기전에 폐쇄된 수작업등기부를 촬영한 이미지형태의 등기부를 말함
	전산 이기 시	등기사항**전부**증명서(말소사항 포함)	등기부를 전산화함에 따라 폐쇄된 수작업등기부를 촬영한 이미지형태의 등기부를 말함

정답 ⟳ 01 ⑤ / 01 ③

전산등기부	등기사항**전부**증명서(말소사항 포함) 등기사항**전부**증명서(현재 유효사항) 등기사항**일부**증명서(특정인 지분) 등기사항**일부**증명서(현재 소유현황) 등기사항**일부**증명서(지분취득 이력)	전산등기부 중 AROS TEXT · 전산과부하 · 원시오류코드가 부여된 등기부 · 전산화 이후 오류코드가 부여된 등기부의 경우는 등기사항전부증명서(말소사항 포함)만 발급 가능
전산폐쇄등기부	**등기사항전부증명서(말소사항 포함)**	전산폐쇄등기부는 전산등기부가 폐쇄된 것을 말함

① **등기신청이 접수된 부동산**에 관하여는 등기관이 그 등기를 마칠 때까지 등기사항증명서를 발급하지 못한다. 다만, 그 부동산에 등기신청사건이 접수되어 **처리 중**에 있다는 뜻을 등기사항증명서에 **표시**하여 발급할 수 있다(규칙 제30조 제4항).

② **신탁원부, 공동담보(전세)목록, 도면 또는 매매목록**은 그 사항의 증명도 함께 **신청하는 뜻의 표시가 있는 경우에만** 등기사항증명서에 이를 포함하여 발급한다(규칙 제30조 제2항).

④ 중복등기가 된 토지의 등기기록에는 중복등기라고 취지를 부전하고 그 토지에 관한 등기사항증명서의 **교부신청**이 있는 때에는 중복등기기록 **전부**를 출력하여 보존등기 **순서대로 합철**한 후 그 말미에 인증문을 부기하여 이를 **교부**한다(예규 제1431호).

02 등기사항증명서의 종류 및 발급에 관한 다음 설명 중 가장 옳지 않은 것은? ▶ 2021년 법무사

① "등기사항전부증명서(현재 유효사항)"는 현재 효력이 있는 등기사항 및 그와 관련된 사항을 증명하는 증명서를 말한다.

② "등기사항일부증명서(현재 소유현황)"는 해당 부동산의 현재 소유자(또는 공유자)만을 밝히고, 공유의 경우에는 공유지분을 증명하는 증명서를 말한다.

③ "말소사항포함 등기부등본"은 말소된 등기사항을 포함하여 전산폐쇄등기부에 기재된 사항의 전부를 증명하는 등본을 말한다.

④ 인터넷에 의하여 발급하는 등기사항증명서의 종류는 등기사항전부증명서(말소사항 포함) · 등기사항전부증명서(현재 유효사항) · 등기사항일부증명서(특정인 지분) · 등기사항일부증명서(현재 소유현황) · 등기사항일부증명서(지분취득 이력)로 한다.

⑤ 신탁원부, 공동담보(전세)목록, 도면, 매매목록 또는 공장저당목록은 등기사항증명서의 발급신청 시 그에 관하여 신청이 있는 경우에 한하여 발급한다.

해설 ③ "**등기사항전부증명서(말소사항 포함)**"는 말소된 등기사항을 포함하여 등기기록에 기록된 사항의 전부를 증명하는 증명서를 말한다.

① "**등기사항전부증명서(현재 유효사항)**"는 현재 효력이 있는 등기사항 및 그와 관련된 사항을 증명하는 증명서를 말한다.

② "**등기사항일부증명서(현재 소유현황)**"는 해당 부동산의 현재 소유자(또는 공유자)만을 밝히고, 공유의 경우에는 공유지분을 증명하는 증명서를 말한다.

④ 인터넷에 의하여 발급하는 등기사항증명서의 종류는 등기사항전부증명서(말소사항 포함)·등기사항전부증명서(현재 유효사항)·등기사항일부증명서(특정인 지분)·등기사항일부증명서(현재 소유현황)·등기사항일부증명서(지분취득 이력)로 한다. 다만, 등기기록상 갑구 및 을구의 명의인이 500인 이상인 경우 등과 같이 등기기록의 분량과 내용에 비추어 인터넷에 의한 열람 또는 발급이 적합하지 않다고 인정되는 때에는 이를 제한할 수 있다(예규 제1680호).

⑤ 신탁원부, 공동담보(전세)목록, 도면 또는 매매목록은 그 사항의 증명도 함께 신청하는 뜻의 표시가 있는 경우에만 등기사항증명서에 이를 포함하여 발급한다(규칙 제30조 제2항).

03 등기기록의 열람 및 발급에 관한 다음 설명 중 가장 옳지 않은 것은? ▶ 2018년 등기주사보

① 등기기록은 누구나 열람할 수 있지만 등기기록의 부속서류에 대한 열람은 이해관계 있는 부분으로 한정된다.

② 종중이 당사자인 등기사건에서 그 종중의 종원은 종원명부, 결의서, 회의록, 판결문, 족보 등을 이해관계를 소명하는 자료로 제출할 수 있는데, 이 자료에는 종원의 성명과 주소 등이 기재되어 있어서 열람신청인이 해당 종중의 종원임을 특정할 수 있어야 한다.

③ 중복등기가 된 토지의 등기기록에는 중복등기라는 뜻을 부전하고, 등기사항증명서의 발급신청이 있는 때에는 중복등기기록 전부를 출력하여 보존등기 순서대로 합철한 후 그 말미에 인증문을 부기해 발급한다.

④ 등기신청이 접수된 부동산에 관하여는 등기관이 그 등기를 마칠 때까지는 절대 등기사항증명서를 발급하여서는 안 된다.

해설 ④ 등기신청이 접수된 부동산에 관하여는 등기관이 그 등기를 마칠 때까지 등기사항증명서를 발급하지 못한다. 다만, 그 부동산에 등기신청사건이 접수되어 처리 중에 있다는 뜻을 등기사항증명서에 표시하여 발급할 수 있다(규칙 제30조 제4항).

① 누구든지 수수료를 내고 대법원규칙으로 정하는 바에 따라 등기기록에 기록되어 있는 사항의 전부 또는 일부의 열람과 이를 증명하는 등기사항증명서의 발급을 청구할 수 있다. 다만, 등기기록의 부속서류에 대하여는 이해관계 있는 부분만 열람(발급×)을 청구할 수 있다(법 제19조 제1항).

② 종원명부, 결의서, 회의록, 판결 및 족보 등에 의하여 종중원임을 확인할 수 있는 자는 종중이 당사자인 등기신청사건의 신청정보 및 첨부정보를 열람할 수 있다. 이 자료에는 종원의 성명과 주소 등이 기재되어 있어서 열람신청인이 해당 종중의 종원임을 특정할 수 있어야 한다. (예규 제1653호).

③ 중복등기가 된 토지의 등기기록에는 중복등기라고 취지를 부전하고 그 토지에 관한 등기사항증명서의 교부신청이 있는 때에는 중복등기기록 전부를 출력하여 보존등기 순서대로 합철한 후 그 말미에 인증문을 부기하여 이를 교부한다(예규 제1431호).

정답 ○- 02 ③ 03 ④

04 등기사항증명서의 발급이나 등기기록의 열람에 관한 다음 설명 중 가장 옳지 않은 것은?

▶ 2017년 등기주사보

① 신탁원부, 공동담보(전세)목록, 도면 또는 매매목록은 등기사항증명서의 발급신청 시 그에 관하여 신청이 있는 경우에 한하여 발급한다.

② 등기사항증명서 교부신청을 할 때 해당 등기기록의 등기명의인의 주민등록번호 등을 입력하고 등기기록에 그와 일치하는 주민등록번호 등이 존재하는 경우 그 대상 명의인의 주민등록번호 등만 공시된다.

③ 등기명의인이 개인인 경우 그 주민등록번호 등의 일부는 개인정보보호를 위하여 공시제한의 대상이지만, 법인 아닌 사단이나 재단의 대표자의 주민등록번호 등은 공시제한의 대상이 아니다.

④ 폐쇄등기기록에 대한 등기사항증명서를 발급하는 경우에도 원칙적으로 주민등록번호 등의 뒷부분 7자리 숫자를 가리고 발급하여야 한다.

해설 ③ 등기명의인의 주민등록번호 등이 기록되는 모든 등기(소유권보존·이전등기, 저당권설정등기, 가등기 등) 중 그 등기명의인이 **개인**(내국인, 재외국민, 외국인)인 경우 및 등기명의인이 법인 아닌 사단·재단인 경우에 한해서 그 개인 및 **대표자**의 주민등록번호 등의 일부는 **공시를 제한**한다. 그러나 법인, 법인 아닌 사단이나 재단, 국가, 지방자치단체 등 **단체**의 등록번호는 **공시를 제한**하지 **아니한다**(예규 제1672호).

② 대상 등기명의인(말소사항 포함)의 주민등록번호 등을 입력하고, 등기기록에 그와 일치하는 주민등록번호 등이 존재하는 경우에는 대상 등기명의인의 주민등록번호 등은 공시를 제한하지 아니한다(예규 제1672호).

④ 수작업폐쇄등기부 및 이미지폐쇄등기부의 경우 위 (1) 및 (2)의 규정에 따라 처리하되(⊕ 원칙 : 공시제한○), 신청사건 수·발급면수·등기명의인 수 등이 과다하거나 등기부의 상태상 등기명의인의 주민등록번호 등의 식별이 용이하지 않아 주민등록번호 등의 공시를 제한하기 어려운 사정이 있는 경우에는 주민등록번호 등의 전부 또는 일부의 (⊕ 예외 : 공시제한×) 공시를 제한하지 아니할 수 있다(예규 제1672호).

05 등기사항증명서의 발급이나 등기기록의 열람에 관한 다음 설명 중 가장 옳지 않은 것은?

▶ 2015년 법무사 변형

① 신탁원부, 공동담보(전세)목록, 도면 또는 매매목록은 증명서의 발급신청 시 그에 관하여 신청이 있는 경우에 한하여 발급한다.

② 등기사항증명서 교부신청을 할 때 해당 등기기록의 등기명의인의 주민등록번호 등을 입력하고, 등기기록에 그와 일치하는 주민등록번호 등이 존재하는 경우 그 대상 명의인의 주민등록번호 등만 공시된다.

③ 대리인이 등기기록의 열람을 신청할 때에는 그 권한을 증명하는 서면을 제출할 필요가 없다.

④ 현재 무인발급기를 이용하여 발급할 수 있는 등기사항증명서는 등기사항전부증명서(말소사항 포함, 현재 유효사항)이다.

⑤ 등기명의인이 개인인 경우 그 주민등록번호 등의 일부는 개인정보보호를 위하여 공시제한의 대상이지만, 법인 아닌 사단이나 재단의 대표자의 주민등록번호 등은 공시제한의 대상이 아니다.

해설 ⑤ 등기명의인의 주민등록번호 등이 기록되는 모든 등기(소유권보존·이전등기, 저당권설정등기, 가등기 등) 중 그 등기명의인이 **개인**(내국인, 재외국민, 외국인)인 경우 및 등기명의인이 법인 아닌 사단·재단인 경우에 한해서 그 개인 및 **대표자**의 주민등록번호 등의 일부는 **공시를 제한**한다. 그러나 법인, 법인 아닌 사단이나 재단, 국가, 지방자치단체 등 **단체**의 등록번호는 **공시를 제한**하지 **아니한다**(예규 제1672호).

① **신탁원부, 공동담보(전세)목록, 도면** 또는 **매매목록**은 그 사항의 증명도 함께 신청하는 뜻의 표시가 있는 경우에만 등기사항증명서에 이를 포함하여 발급한다(규칙 제30조 제2항).

② 대상 등기명의인(말소사항 포함)의 주민등록번호 등을 입력하고, 등기기록에 그와 일치하는 주민등록번호 등이 존재하는 경우에는 대상 등기명의인의 주민등록번호 등은 공시를 제한하지 아니한다(예규 제1672호).

③ **누구든지** 수수료를 내고 대법원규칙으로 정하는 바에 따라 **등기기록**에 기록되어 있는 사항의 전부 또는 일부의 **열람**과 이를 증명하는 **등기사항증명서**의 **발급**을 청구할 수 있다(법 제19조 제1항). 따라서 대리인이 등기기록의 열람을 신청할 때에는 본인의 지위에서 열람을 신청하면 되며 그 권한을 증명하는 서면을 제출할 필요가 없다.

④ 무인발급기를 이용하여 발급할 수 있는 등기사항증명서는 **등기사항전부증명서(⊕ 말소사항 포함 / 현재 유효사항)**에 한하며 신청인은 직접 지번 등을 입력하여 발급받는다. 다만, 등기사항전부증명서의 매수가 16장 이상인 경우 등과 같이 등기기록의 분량과 내용에 비추어 무인발급기로 발급하기에 적합하지 않다고 인정되는 때에는 이를 제한할 수 있다(예규 제1680호).

◀ 03 ▶ 부속서류의 열람

📖 관련 예규

부동산등기 신청정보 및 첨부정보의 열람에 관한 업무처리지침(예규 제1653호)

1. 목적

이 예규는 「부동산등기법」 제19조 제1항과 「부동산등기규칙」 제26조 및 제31조 제2항에 따라 신청정보 및 첨부정보를 열람하는 데 있어 필요한 사항을 규정함을 목적으로 한다.

2. 열람업무담당자

각 등기과·소의 접수창구에는 등기과·소장이 지정하는 열람업무담당자를 배치하여야 하며, 열람업무담당자는 등기관의 지시에 따라 열람에 관한 업무를 처리한다.

3. 열람신청인

가. 신청정보 및 첨부정보에 대하여 열람을 신청할 수 있는 자는 다음과 같다.

1) 해당 등기신청의 **당사자** 및 그 **포괄승계인**

2) 해당 등기신청에 따른 등기가 실행됨으로써 **직접 법률상 이해관계**를 가지게 되었거나 그 등기를 기초로 하여 법률상의 이해관계에 영향을 받게 되었음을 소명한 자

3) 다른 법률에서 허용하는 자

나. 몇 가지의 예

1) **매도인의 상속인**은 매매를 원인으로 하는 소유권이전등기의 신청정보 및 첨부정보를 열람할 수 있다.

2) **유증자의 상속인**은 그 유증을 원인으로 유언집행자와 수증자가 공동으로 신청한 소유권이전등기의 신청정보 및 첨부정보를 열람할 수 있다.

3) 장래 가등기에 의한 **본등기**를 할 때 **직권말소의 대상이 되는 등기의 명의인**은 해당 가등기의 신청정보 및 첨부정보를 열람할 수 있다.

4) **(근)저당권자**는 그보다 **앞선 순위**에 있는 (근)저당권설정등기의 신청정보 및 첨부정보를 열람할 수 있으나, 그보다 **나중의 순위**에 있는 (근)저당권설정등기의 신청정보 및 첨부정보는 열람할 수 없다.

5) **(근)저당권설정자**는 그 (근)저당권을 이전하는 등기의 신청정보 및 첨부정보를 열람할 수 있다.

6) **위탁자**나 **수익자**는 수탁자로부터 제3자에게 신탁부동산의 소유권을 이전하는 등기의 신청정보 및 첨부정보를 열람할 수 있다.

7) 가등기에 대한 **사해행위취소**를 원인으로 하는 말소등기청구권을 피보전권리로 하는 **가처분권자**는 그 가등기의 신청정보 및 첨부정보를 열람할 수 있다.

8) 종원명부, 결의서, 회의록, 판결 및 족보 등에 의하여 **종중원임**을 확인할 수 있는 자는 종중이 당사자인 등기신청사건의 신청정보 및 첨부정보를 열람할 수 있다.

9) **자격자대리인**이 등기신청사건을 위임받아 등기를 마친 후에 그 등기의 신청정보 및 첨부정보에 대하여 열람을 신청한 경우, **열람에 대한 별도의 위임이 없다면 신청정보와 위임장 및 확인정보를 제외한 다른 첨부정보**는 열람할 수 없다(🌐 본인이 작성한 서류는 별도의 열람에 대한 위임이 없더라도 가능).

10) **단순히 부동산을 매수하고자 하는 자**나 소유권이전(보존)등기의 명의인에 대하여 **금전채권을 가지고 있음에 불과한 자**는 그 소유권이전(보존)등기의 신청정보 및 첨부정보를 열람할 수 **없다**.

11) **세무공무원**은 과세자료를 조사하기 위하여 「과세자료의 제출 및 관리에 의한 법률」 제8조, 「지방세기본법」 제130조 제2항, 제3항 및 제141조에 따라 신청정보 및 첨부정보를 열람할 수 있다.

12) **수사기관**이 수사의 목적을 달성하기 위하여 필요한 경우라도 법관이 발부한 **영장을 제시**하지 않는 한 신청정보 및 첨부정보를 열람할 수 없다.

4. 열람신청 등기과·소

신청정보 및 첨부정보가 서면으로 작성된 경우에는 이를 보존하고 있는 등기과·소에서 열람을 신청할 수 있고, 신청정보 및 첨부정보가 전자문서로 작성된 경우에는 관할 등기과·소가 아닌 다른 등기과·소에서도 열람을 신청할 수 있다.

5. 열람신청의 대상

가. 등기신청이 접수된 후 **등기가 완료되기 전**의 신청정보 및 첨부정보에 대하여는 열람을 신청할 수 없다 (⬛ 등기가 완료되어야지 직법 법률상 이해관계 성립).

나. 「부동산등기규칙」 제20조 제1항 또는 제25조 제1항의 보존기간이 만료된 신청정보 및 첨부정보에 대하여도 같은 규칙 제20조 제3항의 **삭제인가** 또는 제25조 제3항의 **폐기인가**를 받기 전까지는 열람을 신청할 수 있다.

6. 열람신청의 방법

가. 열람신청인은 등기과·소에 출석하여 열람업무담당자에게 본인의 주민등록증이나 운전면허증 그밖에 이에 준하는 신분증(이하 "신분증"이라 한다)을 제시하고,「부동산등기사무의 양식에 관한 예규」 별지 제24호 양식에 따른 신청서를 제출하여야 한다.

나. 열람신청인은 「등기사항증명서 등 수수료규칙」 제3조 제1항에 따라 수수료를 납부하고, 열람하고자 하는 신청정보 및 첨부정보와의 이해관계를 소명하여야 한다.

다. 대리인이 열람을 신청할 때에는 대리권한을 증명하는 서면(예컨대, 법정대리의 경우에는 가족관계등록사항별증명서. 임의대리의 경우에는 위임장)을 함께 제출하여야 한다. 위임장을 제출할 때에는 위임인의 인감증명서(위임장에 서명을 하고 본인서명사실확인서를 첨부하거나 전자본인서명확인서의 발급증을 첨부하는 것으로 갈음할 수 있다) 또는 신분증 사본(⬛ 반드시 인감첨부하는 것은 아님에 주의)을 같이 첨부하여야 한다.

7. 열람신청의 조사

8. 열람의 방법

가. 열람업무담당자는 신청정보 및 첨부정보가 **서면으로 작성**된 경우에는 등기관의 인증이 없는 단순한 사본을 교부하는 방법(⬛ 발급이 아닌 열람이므로) 또는 열람업무담당자가 보는 앞에서 그 내용을 보게 하거나 사진촬영을 하게 하는 방법으로 열람신청인이 열람하게 하고, 신청정보 및 첨부정보가 **전자문서로 작성**된 경우에는 이를 출력한 서면을 교부하는 방법 또는 모니터를 이용하여 그 내용을 보게 하거나 사진촬영을 하게 하는 방법으로 열람신청인이 열람하게 한다.

나. 열람업무담당자는 열람에 제공하는 신청정보 및 첨부정보에 다음의 정보가 포함된 때에는 이를 가리고 열람하게 하여야 한다. 다만, 1)의 정보는 열람신청인이 이를 알고 있다는 사실을 소명하거나 재판상 목적 등으로 모두 공개될 필요가 있다고 소명한 경우에는 가리지 않고 열람하게 할 수 있다.

1) 주민등록번호 또는 개인의 부동산등기용등록번호 뒷부분 7자리(⬛ 등기사항증명서 공시제한과 동일)

2) 개인의 전화번호

3) 금융정보(계좌번호, 신용카드번호, 수표번호 등)

9. 열람거부에 대한 이의신청

01 **등기신청정보 및 첨부정보의 열람에 관한 다음 설명 중 가장 옳지 않은 것은?**

▶ 2020년 법무사

① 소유권이전(보존)등기의 명의인에 대하여 금전채권을 가지고 있음에 불과한 자는 그 소유권이전(보존)등기의 신청정보 및 첨부정보를 열람할 수 없다.

② 보존기간이 만료된 등기신청정보 및 첨부정보에 대하여는 아직 법원행정처장의 삭제인가 또는 지방법원장의 폐기인가를 받지 않았다고 하더라도 그 열람을 신청할 수 없다.

③ 수사기관이 수사의 목적을 달성하기 위하여 필요한 경우라도 법관이 발부한 영장을 제시하지 않는 한 등기신청정보 및 첨부정보를 열람할 수 없다.

④ 유증자의 상속인은 그 유증을 원인으로 유언집행자와 수증자가 공동으로 신청한 소유권이전등기의 신청정보 및 첨부정보를 열람할 수 있다.

⑤ 자격자대리인이 등기신청사건을 위임받아 등기를 마친 후에 그 등기의 신청정보 및 첨부정보에 대하여 열람을 신청한 경우, 열람에 대한 별도의 위임이 없다면 신청정보와 위임장 및 확인정보를 제외한 다른 첨부정보는 열람할 수 없다.

해설 ② 「부동산등기규칙」 제20조 제1항 또는 제25조 제1항의 보존기간이 만료된 신청정보 및 첨부정보에 대하여도 같은 규칙 제20조 제3항의 **삭제인가** 또는 제25조 제3항의 **폐기인가**를 받기 **전**까지는 열람을 신청할 수 있다(예규 제1653호, 5-나).

① 예규 제1653호, 3-나-10)
③ 예규 제1653호, 3-나-12)
④ 예규 제1653호, 3-나-2)
⑤ 예규 제1653호, 3-나-9)

02 **부동산등기 신청정보 및 첨부정보의 열람에 관한 다음 설명 중 가장 옳지 않은 것은?**

▶ 2019년 등기주사보

① 수사기관이 수사의 목적을 달성하기 위하여 필요한 경우라도 법관이 발부한 영장을 제시하지 않는 한 신청정보 및 첨부정보를 열람할 수 없다.

② 자격자대리인이 등기신청사건을 위임받아 등기를 마친 후에 그 등기의 신청정보 및 첨부정보 전부에 대하여는 열람에 대한 별도의 위임이 없더라도 그 열람을 신청할 수 있다.

③ 교도소 등 교정시설 수용자의 대리인이 등기신청서의 열람을 신청할 때에 대리권한을 증명하는 서면으로서 본인의 의사에 따라 작성되었음을 수용기관이 확인한 위임장 및 수용증명서를 제출할 수 있다.

④ 보존기간이 만료된 신청정보 및 첨부정보에 대하여도 부동산등기규칙 제20조 제3항의 삭제인가 또는 제25조 제3항의 폐기인가를 받기 전까지는 열람을 신청할 수 있다.

해설 ② 자격자대리인이 등기신청사건을 위임받아 등기를 마친 후에 그 등기의 신청정보 및 첨부정보에 대하여 열람을 신청한 경우, 열람에 대한 별도의 위임이 없다면 신청정보와 위임장 및 확인정보를 제외한 다른 첨부정보는 열람할 수 없다. 즉 본인이 작성한 서류는 별도의 열람에 대한 위임이 없더라도 가능하다(예규 제1653호).

① 예규 제1653호, 3-나-12)
③ 교도소 등 교정시설 수용자의 대리인이 등기신청서의 열람을 신청할 때에 대리권한을 증명하는 서면으로서 본인의 의사에 따라 작성되었음을 수용기관이 확인한 위임장 및 수용증명서를 제출할 수 있다(선례 제201903-1호).
④ 예규 제1653호, 5-나

03 부동산등기 신청정보 및 첨부정보의 열람에 관한 다음 설명 중 가장 옳지 않은 것은?
▶ 2019년 등기서기보

① 매도인의 상속인은 매매를 원인으로 하는 소유권이전등기의 신청정보 및 첨부정보를 열람할 수 있다.
② 자격자대리인은 자신이 당사자로부터 위임을 받아 대리하여 마친 등기신청사건의 신청정보 및 첨부정보에 대하여는 열람에 대한 당사자의 별도 위임이 없더라도 이를 전부 열람할 수 있다.
③ 등기신청이 접수된 후 등기가 완료되기 전의 신청정보 및 첨부정보에 대하여는 열람을 신청할 수 없다.
④ 열람업무담당자는 신청정보 및 첨부정보가 서면으로 작성된 경우에는 등기관의 인증이 없는 단순한 사본을 교부하는 방법 또는 열람업무담당자가 보는 앞에서 그 내용을 보게 하거나 사진촬영을 하게 하는 방법으로 열람신청인이 열람하게 한다.

해설 ② 자격자대리인이 등기신청사건을 위임받아 등기를 마친 후에 그 등기의 신청정보 및 첨부정보에 대하여 열람을 신청한 경우, 열람에 대한 별도의 위임이 없다면 신청정보와 위임장 및 확인정보를 제외한 다른 첨부정보는 열람할 수 없다. 즉 본인이 작성한 서류는 별도의 열람에 대한 위임이 없더라도 가능하다(예규 제1653호).

① 예규 제1653호, 3-나-1)
③ 예규 제1653호, 5-가
④ 열람업무담당자는 신청정보 및 첨부정보가 **서면으로 작성된 경우**에는 등기관의 인증이 없는 단순한 사본을 교부하는 방법 또는 열람업무담당자가 보는 앞에서 그 내용을 보게 하거나 사진촬영을 하게 하는 방법으로 열람신청인이 열람하게 하고, 신청정보 및 첨부정보가 **전자문서로 작성된 경우**에는 이를 출력한 서면을 교부하는 방법 또는 모니터를 이용하여 그 내용을 보게 하거나 사진촬영을 하게 하는 방법으로 열람신청인이 열람하게 한다(예규 제1653호).

정답 ○━ 01 ② 02 ② 03 ②

04 공시제한

관련 조문

규칙 제32조(등기사항 등의 공시제한)

① 등기사항증명서를 발급하거나 등기기록을 열람하게 할 때에는 등기명의인의 표시에 관한 사항 중 주민등록번호 또는 부동산등기용등록번호의 일부를 공시하지 아니할 수 있으며, 그 범위와 방법 및 절차는 대법원예규로 정한다.

② 법원행정처장은 등기기록의 분량과 내용에 비추어 무인발급기나 인터넷에 의한 열람 또는 발급이 적합하지 않다고 인정되는 때에는 이를 제한할 수 있다.

관련 예규

부동산등기기록의 주민등록번호 등 공시제한에 따른 업무처리지침(예규 제1672호)

1. 목적

이 예규는 「부동산등기규칙」 제32조의 규정에 의하여 등기기록 중 등기명의인의 주민등록번호 또는 부동산등기용등록번호(이하 "주민등록번호 등"이라 한다) 일부를 공시하지 아니할 수 있도록 함에 따른 등기사항증명서 발급 및 열람방법 등 세부절차를 정함을 목적으로 한다.

2. 공시 제한 대상 및 범위 등

가. 공시 제한 대상

(1) 등기명의인의 주민등록번호 등이 기록되는 모든 등기(소유권보존·이전등기, 저당권설정등기, 가등기 등) 중 그 등기명의인이 **개인**(내국인, 재외국민, 외국인)인 경우 및 등기명의인이 법인 아닌 사단·재단인 경우에 한해서 그 개인 및 **대표자**의 주민등록번호 등의 일부

(2) 위의 경우에 해당되지 않는 법인, 법인 아닌 사단이나 재단, 국가, 지방자치단체 등 **단체**의 등록번호는 **공시를 제한**하지 **아니**한다.

나. 공시 제한 범위

등기명의인의 표시에 관한 사항 중 주민등록번호 등의 **뒷부분 7자리 숫자**

다. 등기사항증명서 발급 및 등기기록 열람 방법

(1) 원칙

(가) 등기사항증명서는 등기명의인의 표시에 관한 사항 중 주민등록번호 등의 **뒷부분 7자리 숫자**를 가리고(예 000000 - * * * * * * *) 발급하여 이를 교부한다.

(나) 등기기록의 열람(인터넷열람 포함)은 등기명의인의 표시에 관한 사항 중 주민등록번호 등의 뒷부분 7자리 숫자를 가린 등기기록을 열람에 제공한다.

(2) 예외

다음 각 호에 해당하는 경우에는 대상 등기명의인의 주민등록번호 등은 **공시를 제한**하지 **아니**한다.

(가) 대상 등기명의인(말소사항 포함)의 주민등록번호 **등을 입력**하고, 등기기록에 **그와 일치**하는 주민등록번호 등이 존재하는 경우

(나) **공용목적**(수용, 토지대장정리 등)으로 국가, 지방자치단체, 공익사업을 위한 토지등 취득 및 보상에 관한 법률 제8조에 의한 사업시행자 등이 그 신청과 이해관계가 있음을 소명한 경우

(다) **재판상 목적**으로 신청인이 그 신청목적과 이해관계가 있음을 소명한 경우

(라) **수사기관**이 범죄의 수사에 필요함을 소명한 경우

(3) **수작업폐쇄등기부 및 이미지폐쇄등기부의 특례**
수작업폐쇄등기부 및 이미지폐쇄등기부의 경우 위 (1) 및 (2)의 규정에 따라 처리하되(⬥ 원칙 : 공시제한〇), 신청사건 수・발급면수・등기명의인 수 등이 과다하거나 등기부의 상태상 등기명의인의 주민등록번호 등의 식별이 용이하지 않아 주민등록번호 등의 공시를 제한하기 어려운 사정이 있는 경우에는 주민등록번호 등의 전부 또는 일부의 (⬥ 예외 : 공시제한✕)공시를 제한하지 아니할 수 있다.

라. 주민등록번호 등 입력 절차 등

(1) **등기소의 담당직원이 신청을 받은 경우**

(가) 신청인이 주민등록번호 등이 기재된 등기사항증명서를 발급받고자 하거나, 주민등록번호 등이 가려지지 않은 등기기록을 열람하고자 할 경우, 담당직원은 신청인으로 하여금 해당 등기기록상 등기명의인의 주민등록번호 등을 등기사항증명서 **교부신청서에 기재하게 하거나 또는 구두나 메모형식** 등으로 이를 확인하여 입력하여야 한다. 이때 담당직원은 주민등록번호 등이 기재된 교부신청서 등을 즉시 폐기하는 등 주민등록번호 등이 유출되지 않도록 세심한 주의를 기울여야 한다.

(나) 제2항 다호 (2)목 (나)부터 (라)까지(⬥ 공용목적・재판상 목적・범죄수사에 필요)의 경우에는 신청인의 성명, 주민등록번호 및 주민등록번호 등의 공시를 제한하지 아니하는 사유(부동산관련 소송절차에서 필요한 주소보정용 발급의 경우 관할지방법원, 사건번호, 원・피고 등)를 구체적으로 입력하여야 한다. 이때 담당직원은 주민등록번호 등의 공시를 제한하지 아니하는 사유를 소명하는 서면(신청기관의 공문 및 신청인의 신분증, 소송 수행상 필요한 경우에는 이를 입증할 수 있는 자료)을 확인하여야 하며, 그 소명서면은 전산 입력 후 신청인에게 즉시 반환한다. 아울러 담당직원은 주민등록번호 등의 공시를 제한하지 아니하는 사유가 없음에도 주민등록번호 등의 공시를 제한하지 아니하는 등기사항증명서를 교부하거나, 이를 열람에 제공하지 않도록 주의하여야 한다.

(2) **무인발급기 또는 인터넷을 이용하는 경우**
등기명의인의 주민등록번호 등이 기록된 등기사항증명서를 발급받고자 하거나, 주민등록번호 등이 가려지지 않은 등기기록을 열람하고자 할 경우, 신청인이 해당 등기명의인의 주민등록번호 등을 입력하여야 한다.

01 등기사항증명서를 발급할 때에 등기명의인의 표시에 관한 사항 중 주민등록번호 또는 부동산등기용등록번호(이하 "주민등록번호 등"이라 한다)의 공시 제한에 관한 다음 설명 중 가장 옳지 않은 것은? ▶ 2020년 등기서기보

① 등기사항증명서를 발급할 때에 주민등록번호 등의 공시 제한은 주민등록번호 등의 뒷부분 7자리 숫자를 가리는 방식으로 한다.

② 법인, 법인 아닌 사단이나 재단, 국가, 지방자치단체 등 단체의 등록번호는 공시를 제한하지 아니한다.

③ 수사기관이 범죄의 수사에 필요함을 소명한 경우에는 주민등록번호 등의 공시를 제한하지 않는다.

④ 수작업폐쇄등기부 및 이미지폐쇄등기부의 경우에는 주민등록번호 등의 공시 제한이 적용되지 않는다.

> **해설** ④ 수작업폐쇄등기부 및 이미지폐쇄등기부의 경우 위 (1) 및 (2)의 규정에 따라 처리하되(⊞ 원칙 : 공시제한O), 신청사건 수·발급면수·등기명의인 수 등이 과다하거나 등기부의 상태상 등기명의인의 주민등록번호 등의 식별이 용이하지 않아 주민등록번호 등의 공시를 제한하기 어려운 사정이 있는 경우에는 주민등록번호 등의 전부 또는 일부의 (⊞ 예외 : 공시제한×) 공시를 제한하지 아니할 수 있다(예규 제1672호, 2−다−(3)).
>
> ① 예규 제1672호, 2−다−(1)
> ② 예규 제1672호, 2−가
> ③ 예규 제1672호, 2−다−(2)−(라)

02 등기사항증명서를 발급할 때의 주민등록번호 또는 부동산등기용등록번호(이하 '주민등록번호 등'이라 한다)의 공시 제한에 관한 다음 설명 중 가장 옳지 않은 것은? ▶ 2019년 법무사

① 공용목적을 위해 주민등록번호 등의 공시를 제한하지 아니하고 등기사항증명서를 발급하는 경우에 그 사유를 소명하는 서면은 전산입력 후 신청인에게 즉시 반환한다.

② 법인, 국가, 지방자치단체 등 단체의 부동산등기용등록번호는 공시를 제한하지 아니한다.

③ 등기소에서 신청인이 주민등록번호 등이 기재된 등기사항증명서를 발급받고자 하는 경우, 담당직원은 신청인으로 하여금 해당 등기기록상 등기명의인의 주민등록번호 등을 등기사항증명서 교부신청서에 기재하게 하여야 하며, 구두로 이를 확인하여서는 아니 된다.

④ 등기명의인이 법인 아닌 사단이나 재단인 경우에는 그 대표자의 주민등록번호 등이 공시 제한의 대상이 된다.

⑤ 주민등록번호 등의 공시 제한은 주민등록번호 등의 뒷부분 7자리 숫자를 가리는 방법으로 한다.

해설 ③ 신청인이 주민등록번호 등이 기재된 등기사항증명서를 발급받고자 하거나, 주민등록번호 등이 가려지지 않은 등기기록을 열람하고자 할 경우, 담당직원은 신청인으로 하여금 해당 등기기록상 등기명의인의 주민등록번호 등을 등기사항증명서 **교부신청서**에 기재하게 하거나 또는 **구두**나 **메모형식** 등으로 이를 확인하여 입력하여야 한다. 이때 담당직원은 주민등록번호 등이 기재된 교부신청서 등을 즉시 폐기하는 등 주민등록번호 등이 유출되지 않도록 세심한 주의를 기울여야 한다(예규 제1672호).

① 예규 제1672호, 2-다-(2)-(나)
②④ 예규 제1672호, 2-가
⑤ 예규 제1672호, 2-다-(1)

03 부동산등기사항증명서 등의 공시제한에 관한 다음 설명 중 가장 옳지 않은 것은?

▸ 2019년 등기주사보

① 재판상 목적으로 신청인이 그 신청목적과 이해관계가 있음을 소명한 경우 그 대상등기명의인의 주민등록번호는 공시제한하지 않는다.
② 대상등기명의인(말소사항 포함)의 주민등록번호 등을 입력하고 등기기록에 그와 일치하는 주민등록번호 등이 존재하는 경우 공시제한하지 않는다.
③ 문자입력방식(애로스-텍스트형태)으로 기록하고 있는 등기부는 공시제한하지 않는다.
④ 공용목적으로 국가, 지방자치단체, 공익사업을 위한 토지 등의 취득 및 보상에 관한 법률 제8조에 의한 사업시행자 등이 그 신청과 이해관계가 있음을 소명한 경우 공시제한하지 않는다.

해설 ③ 일반적으로 전산등기부라 함은 AROS 등기부를 말하고, AROS 등기부는 등기 상호 간 연결정보를 통해 등기 연속성을 갖고 있는 데이터베이스 형태의 등기부이므로 위에서 설명한 것과 같이 다양한 형태의 등기사항증명서 발급이 가능하다. 그러나 (ⅰ) 신규유형의 등기 (ⅱ) 대상 지분이 불명확하거나 하나의 등기부에 소유권보존등기가 2개인 경우 등 AROS로 처리할 수 없는 경우가 있다. 이와 같은 경우, 등기사무 처리를 위하여 AROS와는 별개로 AROS Text 시스템을 두고 있다. AROS Text 시스템은 워드프로세스 프로그램을 이용하여 등기사항을 기재하는 것과 유사한 것으로, 이러한 AROS Text 등기부는 접수된 등기신청사건 처리와 등기사항증명서의 발급 또는 등기기록 열람 등이 전산적으로 처리된다는 것 외에는 기본적으로 종이등기부와 차이가 없다. 따라서 AROS Text 등기부도 위 예규에 따라 당연히 원칙적으로 공시제한의 대상이 된다(「부동산등기실무Ⅰ」 p.88).

① 예규 제1672호, 2-다-(2)-(다)
② 예규 제1672호, 2-다-(2)-(가)
④ 예규 제1672호, 2-다-(2)-(나)

정답 ◦━ 01 ④ 02 ③ 03 ③

04 등기사항증명서를 발급할 때에 등기명의인의 주민등록번호 또는 부동산등기용등록번호(이하 '등록번호'라 한다)의 공시제한에 관한 다음 설명 중 가장 옳지 않은 것은?

▶ 2018년 등기주사보

① 재판상 목적으로 신청인이 그 신청목적과 이해관계가 있음을 소명한 경우에는 등록번호의 공시를 제한하지 않는다.

② 수작업폐쇄등기부 및 이미지폐쇄등기부의 경우에도 등록번호의 공시를 제한함에 있어 전산등기부와 전혀 다름이 없다.

③ 법인, 법인 아닌 사단이나 재단, 국가, 지방자치단체 등 단체의 등록번호는 공시제한의 대상이 되지 않는다.

④ 대상 등기명의인의 등록번호를 입력하고 등기기록에 그와 일치하는 등록번호가 존재하는 경우에 그 등기명의인의 등록번호는 공시를 제한하지 않는다.

> **해설** ② 수작업폐쇄등기부 및 이미지폐쇄등기부의 경우 위 (1) 및 (2)의 규정에 따라 처리하되(⚫ 원칙 : 공시제한O). 신청사건 수·발급면수·등기명의인 수 등이 과다하거나 등기부의 상태상 등기명의인의 주민등록번호 등의 식별이 용이하지 않아 주민등록번호 등의 공시를 제한하기 어려운 사정이 있는 경우에는 주민등록번호 등의 전부 또는 일부의 (⚫ 예외 : 공시제한X) 공시를 제한하지 아니할 수 있다(예규 제1672호).
>
> ① 예규 제1672호, 2-다-(2)-(다)   ③ 예규 제1672호, 2-가
> ④ 예규 제1672호, 2-다-(2)-(가)

05 등기기록 중 등기명의인의 주민등록번호 또는 부동산등기용등록번호의 공시제한에 관한 다음 설명 중 가장 옳지 않은 것은?

▶ 2016년 등기서기보

① 법인 아닌 사단이나 재단의 부동산등기용등록번호는 공시를 제한하지 아니한다.

② 등기명의인의 주민등록번호 등의 공시제한은 뒷부분 7자리 숫자만을 대상으로 한다.

③ 등기사항증명서를 발급할 때에 대상 등기명의인의 주민등록번호 등을 입력하고, 등기기록에 그와 일치하는 주민등록번호 등이 존재하는 경우에는 해당 등기명의인에 한하여 그 공시를 제한하지 않는다.

④ 수작업폐쇄등기부 및 이미지폐쇄등기부는 원칙적으로 공시제한 대상이 아니지만, 최종 소유권의 등기명의인의 주민등록번호 등은 공시를 제한할 수 있다.

> **해설** ④ 수작업폐쇄등기부 및 이미지폐쇄등기부의 경우 위 (1) 및 (2)의 규정에 따라 처리하되(⚫ 원칙 : 공시제한O). 신청사건 수·발급면수·등기명의인 수 등이 과다하거나 등기부의 상태상 등기명의인의 주민등록번호 등의 식별이 용이하지 않아 주민등록번호 등의 공시를 제한하기 어려운 사정이 있는 경우에는 주민등록번호 등의 전부 또는 일부의 (⚫ 예외 : 공시제한X) 공시를 제한하지 아니할 수 있다(예규 제1672호).
>
> ① 예규 제1672호, 2-가   ② 예규 제1672호, 2-다-(1)   ③ 예규 제1672호, 2-다-(2)-(가)

정답 ○━ 04 ②   05 ④

06 등기정보자료의 제공

🔖 관련 예규

등기정보자료의 제공에 관한 업무처리지침(예규 제1750호)

1. 목적

이 예규는 「등기정보자료의 제공에 관한 규칙」(이하 "규칙"이라 한다)의 위임에 따라 등기정보자료의 제공 절차 및 수수료에 관하여 필요한 사항을 규정함을 목적으로 한다.

2. 비식별 등기정보자료의 이용

가. 신청 절차

'등기정보광장(https://data.iros.go.kr/)'에 공개되지 아니한 등기정보자료를 이용하고자 하는 사람은 먼저 '인터넷등기소(http://www.iros.go.kr/)'에 회원으로 등록한 다음, 등기정보광장에 접속하여 '데이터 활용' 메뉴를 선택한 후 다음 각 호의 구분에 따른 방법으로 그 제공을 신청하여야 한다.

1) 등기현황 기반 자료 신청

등기현황에서 제공하는 통계정보와 관련하여 해당 정보들을 결합한 형태의 새로운 통계정보를 제공받고자 하는 경우에는 '등기현황 기반 자료 신청' 메뉴를 선택한 후 신청항목·자료 요청기간을 입력하고, 신청인의 휴대전화번호·이메일주소 등을 신청내용으로 제공하여야 한다. 다만 등기유형이 상이하여 등기현황에서 제공하는 통계정보를 결합하는 것이 불가능한 경우에는 위 신청을 할 수 없다.

2) 이용자 선택형 자료 신청

검색조건과 제공정보를 신청인이 직접 선택하여 상세 정보를 제공 받고자 하는 경우에는 '이용자 선택형 자료 신청' 메뉴를 선택한 후 신청항목·검색조건·제공정보 및 자료 요청기간을 입력하고, 신청인의 휴대전화번호·이메일주소 등을 신청내용으로 제공하여야 한다. 다만 등기정보광장에서 정하고 있는 신청항목 외에는 위 신청을 할 수 없다.

나. 제공 절차

1) 자료의 생성

위 가.의 신청에 대하여 규칙 제8조 제1항, 제2항에 따른 제공 결정이 있는 경우, 신청인이 요청한 내용대로 등기정보자료를 생성하여 신청인이 수신할 수 있는 형태로 등기정보광장에 게시하여야 한다.

2) 자료의 수령

신청인은 등기정보광장에 접속하여 위 1)의 자료를 규칙 제18조 제2항에 따라 무료로 제공받을 수 있다.

3. 명의인별 등기정보자료의 이용

가. 명의인별 등기정보자료의 제공 범위

등기명의인 또는 그 **포괄승계인**이 제공받을 수 있는 **명의인별 등기정보자료**는 등기명의인의 부동산 **소유현황**(소유형태가 공유·합유인 경우를 포함한다)에 관한 사항으로 **한정**한다.

나. 신청 절차

1) 등기소 방문에 의한 신청

등기소(지방법원 등기국·등기과, 그 지원 등기과·사무과를 포함한다. 이하 같다)에 **방문**하여 명의인별 등기정보자료의 제공을 신청하고자 하는 사람은 본인의 주민등록증이나 운전면허증 그밖에 이에 준하는 신분증(이하 "신분증" 이라 한다)을 제시함과 동시에 별지 제1호 양식에 따른 신청서를 제출하여야 한다. 법인의 대표자, 법인 아닌 사단이나 재단의 대표자·관리인, 법정대리인, 임의대리인 또는 등기명의인의 포괄승계인이 신청하는 경우에는 등기명의인과의 관계를 증명할 수 있는 서류(인감증명서, 본인서명사실확인서, 부동산등기사항증명서, 법인등기사항증명서, 가족관계등록사항별증명서는 발행일부터 3개월 이내의 것이어야 한다)도 함께 제출하여야 한다.

2) 인터넷등기소를 이용한 신청

가) 신청인이 등기명의인인 경우

인터넷등기소를 이용하여 **자신의 명의인별 등기정보자료를 제공**받고자 하는 사람은 **인터넷등기소**에 접속하여 '부동산 소유현황' 메뉴를 선택한 후 신청정보를 입력하고 규칙 제10조 제3항 제1호에 따른 **인증서**(법인의 경우 「상업등기법」의 전자증명서)로 본인인증을 하여야 한다.

나) 신청인이 사망한 등기명의인의 배우자 또는 자녀인 경우

인터넷등기소를 이용하여 **사망한 등기명의인의 명의인별 등기정보자료를 제공**받고자 하는 그 배우자 또는 자녀는 위 가)의 절차를 거친 후에 **사망한 등기명의인에 관한 정보 입력** 및 가족관계등록정보 이용에 관한 동의를 하여야 한다. 다만 가족관계등록에 관한 전산정보를 통하여 등기명의인의 사망 여부나 신청인이 사망한 등기명의인의 배우자 또는 자녀임을 확인할 수 없는 경우에는 인터넷등기소를 이용하여 신청할 수 없다.

다. 제공 절차

1) 등기소 방문에 의한 신청의 경우

가) 등기소장의 교부업무담당자 지정

각 등기소의 증명서 발급창구에는 등기소장이 지정하는 교부업무담당자를 배치한다.

나) 교부업무담당자의 신청서 접수

명의인별 등기정보자료의 신청을 받은 교부업무담당자는 신청인이 제시한 신분증에 의하여 신청인의 본인 여부를 확인하고 신분증을 복사한 후에 신청서 및 첨부서면과 신분증의 사본을 등기소장 또는 등기소장이 지정한 등기관(이하 "등기관"이라 한다)에게 인계하고, 신청인의 요청이 있으면 별지 제2호 양식의 접수증을 교부하여야 한다. 다만 신분증이 이동통신단말장치에 암호화된 형태로 설치되는 등 사본화가 적합하지 않은 경우에는 「부동산등기사무의 양식에 관한 예규」 별지 제39호 양식의 신분확인서를 작성한 후에 신청서 및 첨부서면과 신분확인서를 등기관에게 인계한다.

다) 등기관의 승인 및 통지

(1) 신청 결과에 대한 문자 제공에 관하여 신청인이 동의한 경우

등기관은 인계받은 신청서 및 첨부서면을 심사하여 신청인이 조회 대상 명의인의 등기정보자료를 제공받을 수 있는 사람에 해당하는 것으로 확인된 경우 그 신청을 승인하고, 승인사실과 승인번호를 휴대전화 문자로 발송하여야 한다. 다만 제출된 서류만으로는 이에 대한 확인이 어려운 경우 해당 신청을 반려하고 이러한 사실을 휴대전화 문자로 알려주어야 한다.

(2) 신청 결과에 대한 문자 제공에 관하여 신청인의 동의가 없는 경우

신청인이 휴대전화 미보유 등의 이유로 문자 제공에 관하여 동의하기 어려운 경우나 그에 관하여 동의하지 아니하는 경우, 등기관은 위 (1)에 따라 승인 여부를 심사하고, 등기관 또는 교부업무담당자는 신청인 앞에서 말로 또는 신청서에 기재된 연락처를 통하여 신청에 대한 승인사실 또는 반려사실을 알려주어야 한다.

라) 명의인별 등기정보자료의 제공
   (1) 신청인이 등기소에서 직접 수령하는 경우
      명의인별 등기정보자료의 제공이 승인된 경우, 신청인이 승인 후 1개월 내에 **등기소에 방문**하여 **신분증을 제시**하고, **수수료를 납부**하면 교부업무담당자는 명의인별 등기정보자료를 서면으로 출력하여 교부한다.
   (2) 신청인이 인터넷등기소에서 제공받는 경우
      명의인별 등기정보자료의 제공이 승인된 경우, 신청인이 승인 후 1개월 내에 **인터넷등기소에 접속**하여 휴대전화 번호와 전송받은 **승인번호**를 입력하고, **수수료를 납부**하면 명의인별 등기정보자료를 열람·출력할 수 있다. 이 경우 최초 열람·출력 후 24시간 내에는 재열람·출력할 수 있다.
마) 신청서 등의 보관
   교부업무담당자는 신청서 및 첨부서면과 신청인의 신분증 사본(신분증이 이동통신단말장치에 암호화된 형태로 설치되는 등 사본화가 적합하지 않은 경우에는 「부동산등기사무의 양식에 관한 예규」 별지 제39호 양식의 신분확인서)을 '명의인별 등기정보자료 신청서류 편철장'(별지 제3호 양식)에 편철하여 1년간 보관하여야 한다. 다만 신청이 반려된 경우에는 해당 신청서 및 첨부서면을 신청인에게 돌려주어야 한다.
2) 인터넷등기소를 이용한 신청의 경우
   명의인별 등기정보자료의 제공이 승인된 경우, 신청인은 수수료를 납부하고 1개월 내에 인터넷등기소에 접속하여 명의인별 등기정보자료를 열람·출력할 수 있다. 이 경우 위 1)라)(2)의 후단을 준용한다.

라. 제공 내용

명의인별 등기정보자료는 등기명의인이 현재 소유하고 있는 각 부동산의 종류, 소재 지번, 부동산 고유번호, 관할 등기소에 관한 사항을 별지 제4호 양식의 목록형태로 제공한다. 다만 소유권의 등기명의인이 공유자 또는 합유자인 경우에도 부동산의 소유형태 및 구체적인 지분에 관한 사항은 별도로 제공하지 아니한다.

마. 제공 대상에서 제외되는 경우

다음 각 호의 경우에는 명의인별 등기정보자료의 제공 대상에서 제외된다.
1) 신청서상 등기명의인의 성명(명칭) 및 주민등록번호(부동산등기용등록번호)와 부동산 등기기록상 등기명의인의 성명(명칭) 및 주민등록번호(부동산등기용등록번호)가 일치하지 아니하는 경우
2) 부동산 등기기록에 주민등록번호(부동산등기용등록번호)가 기록되어 있지 아니한 경우
3) 명의인별 등기정보자료의 제공 기준일시 이후에 등기사건 처리가 완료된 경우
4) 부동산 등기기록이 아로스 텍스트(AROS TEXT)로 작성되어 있는 등의 사유로 전산정보처리조직에 의하여 등기명의인에 관한 사항이 조회되지 아니하는 경우

바. 수수료의 납부

1) 수수료의 납부 방법
   가) 등기소 방문에 의한 신청의 경우
      신청인은 교부업무담당자에게 현금 또는 법원행정처장이 지정하는 카드사의 신용카드 결제방식으로 수수료를 납부하여야 한다. 다만 신청인이 인터넷등기소에서 제공받는 방법을 선택한 경우에는 아래 나)의 방법에 따라 수수료를 납부한다.

나) 인터넷등기소를 이용한 신청의 경우

신청인이 인터넷등기소를 이용하여 신청하는 경우에는 법원행정처장이 지정하는 카드사의 신용카드 결제, 지정금융기관 계좌이체 또는 지정 전자화폐 발행업체의 전자화폐 등에 의한 결제 방식으로 수수료를 납부하여야 한다.

2) 영수필의 뜻 표시

명의인별 등기정보자료에 관한 발행 문서 여백에 '수수료 ○○○○원을 영수함'의 뜻을 표시하여야 한다.

3) 수수료의 결제 취소

위 1) 가)의 단서 및 나)에 따라 납부한 수수료에 대하여는 열람 전이면 수수료를 결제한 당일에 한하여 그 결제를 취소할 수 있다.

사. 수수료의 정산 및 국고 수납

명의인별 등기정보자료 수수료의 정산과 국고 수납 방법은 등기소에 납부한 수수료에 대하여는 「등기사항증명서 교부수수료 등의 납부 및 환급에 관한 사무처리지침」의 규정에 의하고, 인터넷등기소에 납부한 수수료에 대하여는 「인터넷에 의한 등기기록의 열람 등에 관한 업무처리지침」의 규정에 의한다.

01 등기사항의 공시 및 등기정보자료의 제공에 관한 다음 설명 중 가장 옳지 않은 것은?

▸ 2021년 법무사

① 등기기록은 누구나 열람할 수 있지만 등기기록의 부속서류에 대한 열람은 이해관계 있는 부분으로 한정된다.
② 등기신청이 접수된 부동산에 관하여는 그 부동산에 등기신청사건이 접수되어 처리 중에 있다는 뜻을 등기사항증명서에 표시하여 발급할 수 있다.
③ 등기사항증명서를 발급할 때 그 등기기록 중 갑구 또는 을구의 기록이 없을 때에는 증명문에 그 뜻을 기록하여야 한다.
④ 명의인별 등기정보자료의 제공은 등기명의인의 부동산 소유현황에 관한 사항으로 한정한다.
⑤ 명의인별 등기정보자료를 제공받기 위해서는 등기소에 방문 후 신청하여 서면으로만 정보제공을 받을 수 있고, 인터넷등기소를 이용하여 이를 신청하거나 송신받는 방법으로 정보제공을 받을 수는 없다.

해설 ⑤ 명의인별 등기정보자료의 제공(예규 제1719호)
　(1) 신청인이 **등기소**에서 **직접 수령**하는 경우
　　명의인별 등기정보자료의 제공이 승인된 경우, 신청인이 승인 후 1개월 내에 등기소에 방문하여 신분증을 제시하고, 수수료를 납부하면 교부업무담당자는 명의인별 등기정보자료를 서면으로 출력하여 교부한다.
　(2) 신청인이 **인터넷등기소**에서 **제공**받는 경우
　　명의인별 등기정보자료의 제공이 승인된 경우, 신청인이 승인 후 1개월 내에 인터넷등기소에 접속하여 휴대전화 번호와 전송받은 승인번호를 입력하고, 수수료를 납부하면 명의인별 등기정보자료를 열람·출력할 수 있다. 이 경우 최초 열람·출력 후 24시간 내에는 재열람·출력할 수 있다.

① 누구든지 수수료를 내고 대법원규칙으로 정하는 바에 따라 **등기기록**에 기록되어 있는 사항의 전부 또는 일부의 열람과 이를 증명하는 등기사항증명서의 발급을 청구할 수 있다. 다만, **등기기록의 부속서류**에 대하여는 이해관계 있는 부분만 열람(⬛ 발급×)을 청구할 수 있다(법 제19조 제1항).
② 등기신청이 접수된 부동산에 관하여는 등기관이 그 등기를 마칠 때까지 등기사항증명서를 발급하지 못한다. 다만, 그 부동산에 등기신청사건이 접수되어 처리 중에 있다는 뜻을 등기사항증명서에 표시하여 발급할 수 있다(규칙 제30조 제4항).
③ **등기사항증명서를 발급**할 때에는 등기사항증명서의 종류를 명시하고, 등기기록의 내용과 다름이 없음을 증명하는 내용의 증명문을 기록하며, 발급연월일과 중앙관리소 전산운영책임관의 직명을 적은 후 전자이미지관인을 기록하여야 한다. 이 경우 등기사항증명서가 여러 장으로 이루어진 경우에는 연속성을 확인할 수 있는 조치를 하여 발급하고, 그 등기기록 중 **갑구 또는 을구의 기록이 없을 때**에는 증명문에 그 뜻을 기록하여야 한다(규칙 제30조 제1항).
④ 등기명의인 또는 그 포괄승계인이 제공받을 수 있는 **명의인별 등기정보자료**는 등기명의인의 부동산 소유현황(소유형태가 공유·합유인 경우를 포함한다)에 관한 사항으로 한정한다(예규 제1719호).

⟨ 정답 ⊶ 01 ⑤ ⟩

개시

제1절 | 개시모습(태양)

✦ **종합문제**

01 등기신청의 방법에 관한 다음 설명 중 가장 옳지 않은 것은? ▸2023년 등기서기보

① 전자신청을 하기 위해서는 그 등기신청을 하는 당사자 또는 등기신청을 대리할 수 있는 자격자대리인이 최초의 등기신청 전에 사용자등록을 하여야 한다.

② 방문신청을 하고자 하는 신청인은 신청서를 등기소에 제출하기 전에 전산정보처리조직에 신청정보를 입력하고, 그 입력한 신청정보를 서면으로 출력하여 등기소에 제출하는 방법으로 할 수 있다.

③ 전자신청은 당사자가 직접 하거나 자격자대리인이 당사자를 대리하여 할 수 있으나 외국인과 법인 아닌 사단이나 재단은 전자신청을 할 수 없다.

④ 방문신청을 하는 경우라도 등기소에 제공하여야 하는 도면은 전자문서로 작성하여야 하며, 그 제공은 전산정보처리조직을 이용하여 등기소에 송신하는 방법으로 하여야 한다.

> **해설** ③ 전자신청은 **당사자가** 직접 하거나 **자격자대리인**(🖐 일반인 대리×)이 당사자를 대리하여 한다. 다만, **법인 아닌 사단이나 재단**은 전자신청을 할 수 없으며,
> **외국인**의 경우에는 다음 각 호의 **어느 하나**에 해당하는 **요건**을 갖추어야 한다.
> 1. 「출입국관리법」 제31조에 따른 **외국인등록**
> 2. 「재외동포의 출입국과 법적 지위에 관한 법률」 제6조, 제7조에 따른 **국내거소신고**
>
> ① 「부동산등기법」 제24조 제1항 제2호에 의한 전자신청을 하고자 하는 **당사자** 또는 변호사나 법무사[법무법인·법무법인(유한)·법무사법인·법무사법인(유한)을 제외한다. 이하 "**자격자 대리인**"이라 한다]는 「부동산등기규칙」 제67조 제4항 제1호에 따른 개인인증서(이하 "인증서"라 한다)를 발급받아 **최초의 전자신청 전에** 등기소(주소지나 사무소 소재지 **관할 이외의 등기소에서도 할 수 있다**)에 **직접 출석**(🖐 출입사무원×)하여 미리 **사용자등록**을 하여야 한다(규칙 제68조 제1항, 예규 제1715호, 1).
>
> ② 방문신청을 하고자 하는 신청인은 신청서를 등기소에 제출하기 전에 **전산정보처리조직에 신청정보를 입력**하고, 그 입력한 신청정보를 **서면으로 출력**하여 **등기소에 제출**하는 방법으로 할 수 있다(규칙 제64조).
>
> ④ **방문신청을 하는 경우라도** 등기소에 제공하여야 하는 **도면**은 **전자문서로 작성**하여야 하며, 그 제공은 **전산정보처리조직을 이용하여 등기소에 송신하는 방법**으로 하여야 한다.
> 다만, 다음 각 호의 어느 하나에 해당하는 경우에는 그 도면을 서면으로 작성하여 등기소에 제출할 수 있다(규칙 제63조).
> 1. 자 또는 법인 아닌 사단이나 재단이 직접 등기신청을 하는 경우
> 2. 자연인 또는 법인 아닌 사단이나 재단이 자격자대리인이 아닌 사람에게 위임하여 등기신청을 하는 연인경우

02 신청정보 및 첨부정보에 관한 다음 설명 중 가장 옳지 않은 것은? ▸ 2022년 등기서기보

① 같은 등기소에 동시에 여러 건의 등기신청을 하는 경우에 첨부정보의 내용이 같은 것이 있을 때에는 먼저 접수되는 신청에만 그 첨부정보를 제공하고, 다른 신청에는 먼저 접수된 신청에 그 첨부정보를 제공하였다는 뜻을 신청정보의 내용으로 등기소에 제공하는 것으로 그 첨부정보의 제공을 갈음할 수 있다.

② 학교교육에 직접 사용되는 교지, 교사, 체육장, 실습 또는 연구시설 등은 관할청의 허가를 받아 담보로 제공할 수 있다.

③ 이사 또는 주요주주나 그 배우자 등이 자기 또는 제3자의 계산으로 회사와 거래를 하기 위해서는 이사회의 승인을 받아야 하지만, 등기신청 시 "이사회 승인을 증명하는 정보"는 첨부정보로 제공할 필요는 없다.

④ 등기절차의 이행을 명하는 판결주문에 등기원인과 그 연월일이 명시되어 있지 아니한 경우 등기신청서에는 등기원인은 "확정판결"로, 그 연월일은 "판결선고일"을 기재한다.

해설 ② 학교교육에 <u>직접 사용</u>되는 재산 중 <u>교지, 교사, 체육장</u> 등은 관할청의 허가여부와 관계없이 <u>매도나 담보</u>의 대상이 되지 <u>않는다</u>(사립학교법 시행령 제12조 제1항).

① 같은 등기소에 동시에 여러 건의 등기신청을 하는 경우에 첨부정보의 내용이 같은 것이 있을 때에는 <u>먼저 접수되는 신청</u>에만 그 첨부정보를 제공하고, <u>다른 신청</u>에는 먼저 접수된 신청에 그 첨부정보를 제공하였다는 뜻을 신청정보의 내용으로 등기소에 제공하는 것으로 그 첨부정보의 제공을 갈음할 수 있다(규칙 제47조 제2항).

③ 부동산등기를 신청함에 있어 「상법」 제398조가 적용되는 <u>이사 등과 회사 간의 거래</u>라고 하더라도 "<u>이사회의 승인을 증명하는 정보</u>"를 첨부정보로서 등기소에 제공할 필요가 없다(선례 제201204–3호).

④ 예규 제1692호, 4–가–2)

03 등기신청(촉탁)에 관한 다음 설명 중 가장 옳지 않은 것은? ▸ 2019년 법무사

① 수인의 공유자가 수인에게 지분의 일부 또는 전부를 이전하는 등기를 신청하는 경우에는 등기권리자별로 또는 등기의무자별로 별도의 등기신청서를 작성하여 신청하여야 한다.

② 경매에 따른 매각을 원인으로 한 소유권이전등기 및 매수인이 인수하지 않은 부동산의 부담에 관한 등기의 말소등기는 목적이 서로 다르더라도 동일한 촉탁서에 의하여 일괄하여 촉탁할 수 있다.

③ 채무자 회생 및 파산에 관한 법률에 따라 등기된 부인등기에 대한 말소는 관리인 또는 파산관재인의 신청에 의하여야 한다.

④ 재건축·재개발사업에서의 이전고시에 따른 등기는 정비사업시행자 또는 그 시행자의 위임을 받은 대리인만이 등기를 신청할 수 있다.

정답 ↦ 01 ③ 02 ② 03 ③

⑤ 처분금지가처분채권자가 승소 확정판결을 제공하여 소유권이전등기를 신청하는 경우에 그 가처분 후에 마쳐진 제3자 명의의 소유권이전등기가 있는 때에는 처분금지가처분채권자 명의의 소유권이전등기와 제3자 명의의 소유권이전등기의 말소등기를 반드시 동시에 신청하여야 한다.

해설 ③ 부인등기가 마쳐진 이후에는 당해 부동산 또는 당해 부동산 위의 권리는 채무자의 재산 또는 파산재단에 속한다는 사실이 공시되었으므로, 관리인 또는 파산관재인이 부인의 등기가 된 재산을 임의매각하거나 민사집행법에 의하여 매각하고 제3자에게 이전등기를 한 때에는, **법원**은 법 제26조 제4항에 의하여 **부인의 등기**, 부인된 행위를 원인으로 하는 등기, 부인된 등기 및 위 각 등기의 뒤에 되어 있는 등기로서 회생채권자 또는 파산채권자에게 대항할 수 없는 것의 **말소를 촉탁(⊞ 신청×)**하여야 하고, 등기관은 이를 수리하여야 한다(예규 제1516호).

① **수인**의 공유자가 **수인**에게 지분의 전부 또는 일부를 이전하려고 하는 경우 등기신청인은 등기신청서에 등기의무자들의 각 지분 중 각 ○분의 ○ 지분이 등기권리자 중 1인에게 이전되었는지를 기재하고 신청서는 **등기권리자별로 신청서를 작성**하여 제출하거나 또는 등기의무자 1인의 지분이 등기권리자들에게 각 ○분의 ○ 지분씩 이전되었는지를 기재하고 **등기의무자별로 신청서를 작성**하여 제출하여야 한다. **한 장의 신청서(⊞ 일괄신청)**에 함께 기재한 경우 등기관은 이를 수리해서는 **아니** 된다(예규 제1363호).

② 법 제25조 단서에 따라 다음 각 호의 경우에는 1건의 신청정보로 **일괄**하여 신청하거나 촉탁할 수 있다(규칙 제47조).

　1. 같은 채권의 담보를 위하여 **소유자가 다른 여러 개의 부동산**에 대한 (⊞ 공동)저당권설정등기를 신청하는 경우

　2. 법 제97조(⊞ 공매) 각 호의 등기를 촉탁하는 경우

　　㉠ 공매처분으로 인한 권리이전의 등기

　　㉡ 공매처분으로 인하여 소멸한 권리등기의 말소

　　㉢ 체납처분에 관한 압류등기 및 공매공고등기의 말소

　3. 「민사집행법」 제144조 제1항 각 호(⊞ 경매)의 등기를 촉탁하는 경우

　　㉠ 매수인 앞으로 소유권을 이전하는 등기

　　㉡ 매수인이 인수하지 아니한 부동산의 부담에 관한 기입을 말소하는 등기

　　㉢ 제94조 및 제139조 제1항의 규정에 따른 경매개시결정등기를 말소하는 등기

④ 도시재개발사업은 재개발구역 내의 토지 건물에 대하여 합리적이고 효율적인 고도이용과 도시기능의 회복을 위하여 행하는 공권적 처분인 공용환권(분양처분)에 의하여 이루어지는 것으로서, 이에 따른 도시재개발사업의 분양처분에 따른 등기는 공권력의 주체로서의 **시행자** 또는 **시행자의 위임을 받은 대리인**에 한하여 이를 신청할 수 있으며, 조합원 개인이나 기타 시행자가 아닌 다른 자로부터 위임을 받은 대리인 등은 그 등기를 신청할 수 없다(선례 제6-532호).

⑤ 부동산의 처분금지가처분채권자(이하 '가처분채권자'라 한다)가 본안사건에서 승소하여(재판상 화해 또는 인낙을 포함한다. 이하 같다) 그 확정판결의 정본을 첨부하여 소유권이전등기를 신청하는 경우, 그 가처분등기 이후에 제3자 명의의 소유권이전등기가 경료되어 있을 때에는 반드시 위 (⊞ 가처분에 기한)소유권이전등기신청과 함께 단독으로 그 가처분등기 이후에 경료된 **제3자 명의의 소유권이전등기의 말소신청도 동시에**(⊞ 신청)하여야 하며, (⊞ 등기관은) 그 가처분등기 이후의 소유권이전등기를 **말소**하고 가처분채권자의 소유권이전등기를 하여야 한다(예규 제1690호). 즉 제3자의 등기는 가처분권자에게 대항할 수 없으므로 말소의 대상이 된다.

04 등기소에 출석하여 서면으로 등기신청을 하는 경우에 관한 다음 설명 중 가장 옳지 않은 것은?

▸2018년 등기서기보·

① 신청서가 여러 장일 때에는 신청인 또는 그 대리인이 간인하거나 연결되는 서명을 하여야 하는바, 등기권리자 또는 등기의무자가 여러 명일 때에는 전원이 간인하거나 연결되는 서명을 하여야 한다.

② 신청서에 첨부한 서류 중 주민등록표등본·초본과 같이 별도의 방법으로 다시 취득할 수 있는 서류에 대하여는 환부를 청구할 수 없다.

③ 자격자대리인이 등기소에 출석하여 서면으로 등기신청을 하는 경우라도 등기소에 제공하여야 하는 도면은 전자문서로 작성하여야 하며, 그 제공은 전산정보처리조직을 이용하여 등기소에 송신하는 방법으로 하여야 한다.

④ 신청서에 첨부된 서면이 매매계약서일 때에는 등기관이 등기를 마친 후에 이를 신청인에게 돌려주어야 한다.

해설 ① **방문신청**을 하는 경우에는 등기신청서에 제43조 및 그 밖의 법령에 따라 신청정보의 내용으로 등기소에 제공하여야 하는 정보를 적고 신청인 또는 그 대리인이 기명날인하거나 서명하여야 한다. **신청서가 여러 장**일 때에는 신청인 또는 그 대리인이 **간인**을 하여야 하고, 등기권리자 또는 등기의무자가 **여러 명**일 때에는 **그중 1명**(🔢 의무자 및 권리자 각 1인으로 해석)이 간인하는 방법으로 한다. 다만, 신청서에 서명을 하였을 때에는 각 장마다 연결되는 서명을 함으로써 간인을 대신한다(규칙 제56조).

② 신청서에 첨부한 서류의 원본의 환부를 청구하는 경우에 **신청인**은 그 원본과 같다는 뜻을 적은 사본을 첨부하여야 하고, **등기관**이 서류의 원본을 환부할 때에는 그 사본에 원본 환부의 뜻을 적고 기명날인하여야 한다. 다만, 다음 각 호의 서류에 대하여는 환부를 청구할 수 없다(규칙 제59조).〈개정 2022.2.25.〉

1. 등기신청위임장, 제46조 제1항 제8호, 제111조 제2항의 확인정보를 담고 있는 서면 등 **해당 등기신청만을 위하여 작성한 서류**

2. 인감증명, 법인등기사항증명서, 주민등록표등본·초본, 가족관계등록사항별증명서 및 건축물대장·토지대장·임야대장 등본 등 **별도의 방법으로 다시 취득할 수 있는 서류**

③ **방문신청을 하는 경우라도** 등기소에 제공하여야 하는 **도면**은 전자문서로 작성하여야 하며, 그 제공은 전산정보처리조직을 이용하여 등기소에 송신하는 방법으로 하여야 한다. 다만, 다음 각 호의 어느 하나에 해당하는 경우에는 그 도면을 서면으로 작성하여 등기소에 제출할 수 있다(규칙 제63조).

1. 자연인 또는 법인 아닌 사단이나 재단이 직접 등기신청을 하는 경우

2. 자연인 또는 법인 아닌 사단이나 재단이 자격자대리인이 아닌 사람에게 위임하여 등기신청을 하는 경우

④ 신청서에 첨부된 제46조 제1항 제1호의 정보를 담고 있는 서면이 **법률행위의 성립을 증명하는 서면**이거나 그 밖에 **대법원예규로 정하는 서면**일 때에는 등기관이 등기를 마친 후에 이를 신청인에게 **돌려주어야** 한다(규칙 제66조 제1항).

정답 ❯ 04 ①

법률행위의 성립을 증명하는 서면은 다음 각 호와 같다(예규 제1514호).
1. 소유권이전등기의 경우에는 매매계약서, 증여계약서, 공유물분할계약서, 대물반환계약서, 명의신탁해지증서 등
2. 가등기의 경우에는 매매예약서, 매매계약서
3. 각종 권리의 설정등기의 경우에는 근저당권설정계약서, 전세권설정계약서 등
4. 각종 변경등기의 경우에는 권리변경계약서
5. 말소등기의 경우에는 해지(해제)증서 등

05 등기신청에 필요한 정보에 관한 다음 설명 중 가장 옳지 않은 것은? ▸2015년 등기서기보

① 등기의 신청은 원칙적으로 1건당 1개의 부동산에 관한 신청정보를 제공하는 방법으로 하여야 한다.
② 등기의 목적과 원인이 동일하다면 수인의 공유자가 수인에게 지분의 전부 또는 일부를 이전하는 경우에는 일괄하여 신청할 수 있다.
③ 등기신청의 접수순위는 신청정보가 전산정보처리조직에 저장되었을 때를 기준으로 한다.
④ 표시에 관한 등기를 신청하거나 상속으로 인한 등기, 판결에 의한 등기 등 당사자 일방에 의한 등기신청을 하는 경우에는 등기필정보를 제공할 필요가 없다.

해설 ② 수인의 공유자가 **수인**에게 지분의 전부 또는 일부를 이전하려고 하는 경우 등기신청인은 등기신청서에 등기의무자들의 각 지분 중 각 ○분의 ○ 지분이 등기권리자 중 1인에게 이전되었는지를 기재하고 신청서를 **등기권리자별로 신청서를** 작성하여 제출하거나 또는 등기의무자 1인의 지분이 등기권리자들에게 각 ○분의 ○ 지분씩 이전되었는지를 기재하고 **등기의무자별로 신청서를** 작성하여 제출하여야 한다. **한 장의 신청서(⊕ 일괄신청)**에 함께 기재한 경우 등기관은 이를 수리해서는 **아니** 된다(예규 제1363호).

① 등기의 신청은 1건당 1개의 부동산에 관한 신청정보를 제공하는 방법으로 하여야 한다. 다만, **등기목적**과 **등기원인**이 동일하거나 그 밖에 **대법원규칙**으로 정하는 경우에는 **같은 등기소**의 관할 내에 있는 여러 개의 부동산에 관한 신청정보를 **일괄**하여 제공하는 방법으로 할 수 있다(법 제25조).
③ 등기신청은 대법원규칙으로 정하는 등기신청정보가 전산정보처리조직에 저장된 때 접수된 것으로 본다. **등기관이 등기를 마친 경우** 그 등기는 접수한 때부터 효력을 발생한다(법 제6조).
④ 등기권리자와 등기의무자가 공동으로 권리에 관한 등기를 신청하는 경우에 **신청인**은 그 신청정보와 함께 제1항에 따라 통지받은 등기의무자의 등기필정보를 등기소에 **제공**하여야 한다. 승소한 등기의무자가 단독으로 권리에 관한 등기를 신청하는 경우에도 또한 같다(법 제50조 제2항). 따라서 표시에 관한 등기를 신청하거나 상속으로 인한 등기, 판결에 의한 등기(승소한 등기권리자에 의한 등기신청) 등 당사자 일방에 의한 등기신청을 하는 경우는 단독신청이므로 등기필정보를 제공하지 아니한다(다만, 가등기권자의 가등기말소등기신청과 승소한 등기의무자에 의한 등기신청은 예외).

01 신청(당사자)

01 공동(신청인)

01 등기절차에서 등기권리자 및 등기의무자에 관한 다음 설명 중 가장 옳지 않은 것은?

▶ 2022년 법원사무관

① 가등기 이후에 소유권을 이전받은 제3취득자가 있는 경우 제3취득자는 가등기말소에 대한 등기권리자가 될 수 없다.

② 甲 소유의 부동산이 乙 명의로 소유권보존등기가 되어 있는 경우 甲은 乙에 대해 실체법상 말소등기청구권을 갖고 있는 자이지만 등기절차상 등기권리자는 아니다.

③ 근저당권설정등기 후 소유권이 제3자에게 이전된 경우 근저당권설정등기의 말소등기 등기권리자는 근저당권설정자 또는 소유권을 이전받은 제3취득자이다.

④ 甲→乙→丙의 순서로 소유권이전등기가 이루어졌으나 甲→乙의 소유권이전등기가 원인무효인 경우 먼저 丙 명의의 소유권이전등기의 말소등기를 신청함에 있어 등기의무자는 丙이지만 등기권리자는 乙이 된다.

해설 ① 가등기의무자나 가등기 후 소유권을 취득한 제3취득자는 가등기의 말소를 신청할 수 있다(예규 제1632호, 6-가).

② 1. 소유권보존등기 또는 소유권보존등기의 말소등기는 등기명의인으로 될 자 또는 등기명의인이 단독으로 신청한다(법 제23조 제2항). 따라서 사안의 경우 현재 등기명의인인 乙이 단독으로 소유권보존등기의 말소를 신청할 수 있다.

   2. 또한 당해 부동산이 보존등기 신청인의 소유임을 이유로 소유권보존등기의 말소를 명한 판결을 얻은 경우 그 판결에 신청인의 소유임을 확인하는 내용이 들어 있다면 그 판결에 의해 대위로 보존등기를 말소한 후 자기 명의로 새로이 보존등기를 신청할 수 있으므로(예규 제1483호, 3-다-(1)), 甲이 乙을 상대로 甲의 소유임을 이유로 乙명의의 소유권보존등기의 말소를 명한 판결을 받은 경우에 甲은 乙을 대위하여 乙명의의 소유권보존등기를 말소할 수 있다.

   3. 이 경우 甲은 민법 제214조에 따른 실체법상 말소등기청구권을 가지고 있지만 등기절차상 등기권리자(등기신청인)은 乙이다. 이렇게 실체법상 청구권자와 등기절차상 등기권리자가 다른 경우에는 대위등기의 방식으로 등기를 신청하게 된다.

③ 근저당권설정등기의 말소등기를 함에 있어 근저당권 설정 후 소유권이 제3자에게 이전된 경우에는 근저당권설정자(▦ 종전 소유자) 또는 제3취득자(▦ 현재 소유자)가 근저당권자와 공동으로 그 말소등기를 신청할 수 있다(예규 제1656호, 6-①).

④ 1. 말소대상인 등기를 그대로 승계한 자는 이해관계인에 포함되지 않는다. 예컨대 소유권이전등기가 갑-을-병 순으로 이루어진 경우 갑이 을을 상대로 원인무효로 인한 소유권이전등기 말소등기절차이행의 소를 제기하여 승소판결을 받아 을 명의의 소유권이전등기를

말소하고자 하는 때에 현재의 소유명의인 **병은** 을 명의의 말소등기를 함에 있어 **등기상 이해관계 있는 제3자가 아니다.** 왜냐하면 말소의 대상이 되는 등기는 현재 효력이 있는 등기라야 하므로(등기연속의 원칙), 뒤의 등기인 병 명의의 소유권이전등기를 먼저 말소하지 않고는 을 명의의 소유권이전등기를 말소할 수 없고, 따라서 병의 승낙 또는 이에 대항할 수 있는 재판이 있음을 증명하는 정보를 제공하더라도 갑과 을이 공동으로(또는 갑이 을에 대하여만 말소판결을 얻어) 을 명의의 등기의 말소신청을 할 수 없기 때문이다. 이는 소유권뿐만 아니라 가등기나 제한물권이 이전된 경우에도 마찬가지이다(「부동산등기실무 Ⅱ」 p.66). 따라서 丙 명의의 등기를 먼저 말소한 후에 乙 명의를 말소할 수 있다.

2. 등기의무자와 등기권리자를 판단하는 기준은 등기기록의 형식상 손해유무를 기초로 판단하여야 하므로, 丙 명의의 소유권이전등기의 말소등기를 신청함에 있어 등기기록상 소유권을 상실하는 丙이 등기의무자가 되고 그로 인해 등기기록상 소유권이 회복되는 乙이 등기권리자가 된다. 이 경우 실체법상 청구권자인 甲이 乙을 대위하여 丙명의의 소유권이전등기의 말소등기를 신청을 할 수 있다.

◢ 02 단독(신청인)

가. 일반

01 **공동신청주의의 예외에 관한 다음 설명 중 가장 옳지 않은 것은?** ▶ 2021년 법무사

① 소유권보존등기 또는 소유권보존등기의 말소등기는 등기명의인으로 될 자 또는 등기명의인이 단독으로 신청한다.

② 가등기권리자는 가등기의무자의 승낙이 있을 때에는 단독으로 가등기를 신청할 수 있고, 가등기명의인은 단독으로 가등기의 말소를 신청할 수 있다.

③ 등기명의인 표시의 변경이나 경정의 등기는 해당 권리의 등기명의인이 단독으로 신청한다.

④ 공유물을 분할하는 판결에 의한 등기는 등기의무자가 단독으로 신청할 수 없다.

⑤ 수용으로 인한 소유권이전등기는 등기권리자가 단독으로 신청할 수 있다.

해설 ④ **등기절차의 이행 또는 인수를 명하는 판결**에 의한 등기는 승소한(🈲 패소×) 등기권리자 또는 등기의무자가 단독으로 신청하고, **공유물을 분할하는 판결**에 의한 등기는 (🈲 승소·패소·원고·피고 불문)등기권리자 또는 등기의무자가 단독으로 신청한다(법 제23조 제4항). 여기서의 판결은 조정조서 등 판결에 준하는 집행권원을 포함한다.

① 소유권보존등기 또는 소유권보존등기의 말소등기는 등기명의인으로 될 자 또는 등기명의인이 단독으로 신청한다(법 제23조 제2항).

② 가등기권리자는 제23조 제1항(🈲 원칙적 공동신청)에도 불구하고 가등기의무자의 승낙이 있거나 가등기를 명하는 법원의 가처분명령이 있을 때에는 단독으로 가등기를 신청할 수 있다(법 제89조).

가등기명의인은 제23조 제1항(➡ 원칙적 공동신청)에도 불구하고 단독으로 가등기의 말소를 신청할 수 있으며, **가등기의무자** 또는 가등기에 관하여 **등기상 이해관계 있는 자**도 가등기명의인의 승낙을 받아 **단독**으로 **가등기의 말소를** 신청할 수 있다(법 제93조).

③ **등기명의인표시**의 변경이나 경정의 등기는 해당 권리의 등기명의인이 **단독**으로 신청한다(법 제23조 제6항).

⑤ **수용으로 인한 소유권이전등기**는 제23조 제1항에도 불구하고 등기권리자가 **단독**으로 신청할 수 있다(법 제99조 제1항).

02 등기신청에 관한 다음 설명 중 가장 옳지 <u>않은</u> 것은? ▸2019년 등기서기보

① 소유권보존등기 또는 소유권보존등기의 말소등기는 등기명의인으로 될 자 또는 등기명의인이 단독으로 신청한다.

② 판결에 의한 등기는 승소한 등기권리자 또는 등기의무자가 단독으로 신청한다.

③ 부동산표시의 변경이나 경정의 등기는 소유권의 등기명의인이 단독으로 신청한다.

④ 신탁재산에 속하는 부동산의 신탁등기는 해당 부동산의 등기명의인이 단독으로 신청한다.

해설 ④ 신탁재산에 속하는 부동산의 **신탁등기**는 수탁자가 **단독**으로 신청한다(법 제23조 제7항).

① 법 제23조 제2항

② 법 제23조 제4항

③ **부동산표시**의 변경이나 경정의 등기는 소유권의 등기명의인이 **단독**으로 신청한다(법 제23조 제5항).

03 다음 중 단독으로 등기를 신청할 수 있는 경우가 <u>아닌</u> 것은? ▸2017년 법무사

① 법인분할로 포괄승계에 따른 등기를 하는데 분할 전 법인이 존속하는 경우

② 수용으로 인한 소유권이전등기

③ 신탁등기의 말소등기

④ 소유권보존등기의 말소등기

⑤ 가등기에 관하여 등기상 이해관계 있는 자가 가등기명의인의 승낙을 받은 경우

정답 ↦ 01 ④ 02 ④ 03 ①

해설 ① (註 개인)**상속**, 법인의 **합병**, 그 밖에 대법원규칙으로 정하는 **포괄승계**에 따른 등기는 등기권리자가 **단독**으로 신청한다(법 제23조 제3항).

법 제23조 제3항에서 "그 밖에 대법원규칙으로 정하는 포괄승계"란 다음 각 호의 경우를 말한다(규칙 제42조).

1. 법인의 **분할**로 인하여 분할 전 **법인**이 **소멸**하는 경우(註 존속분할×/소멸분할○)
2. **법령**에 따라 법인이나 단체의 권리・의무를 포괄승계하는 경우

③ 신탁재산에 속한 권리가 이전 변경 또는 소멸됨에 따라 신탁재산에 속하지 아니하게 된 경우, 신탁종료로 인하여 신탁재산에 속한 권리가 이전 또는 소멸된 경우 **신탁등기의 말소신청**은 신탁된 권리의 이전등기 변경등기 또는 말소등기의 신청과 **동시에** 하여야 한다(법 제87조 제1항, 제2항). **신탁등기의 말소등기신청**은 권리의 이전 또는 말소등기나 수탁자의 고유재산으로 된 뜻의 등기신청과 함께 1건의 신청정보로 **일괄**하여 하여야 한다(규칙 제144조 제1항). **신탁등기의 말소등기**는 **수탁자**가 **단독**으로 신청할 수 있다(법 제87조 제3항). **수익자**나 **위탁자**는 수탁자를 **대위**하여 신탁등기의 말소등기를 신청할 수 있다(법 제87조 제4항).

④ 법 제23조 제2항

⑤ **가등기권리자**는 제23조 제1항(註 원칙적 공동신청)에도 불구하고 가등기의무자의 승낙이 있거나 가등기를 명하는 법원의 가처분명령이 있을 때에는 **단독**으로 가등기를 신청할 수 있다(법 제89조).

가등기명의인은 제23조 제1항(註 원칙적 공동신청)에도 불구하고 단독으로 가등기의 말소를 신청할 수 있으며, **가등기의무자** 또는 가등기에 관하여 **등기상 이해관계 있는 자**도 가등기명의인의 승낙을 받아 **단독**으로 **가등기의 말소를 신청**할 수 있다(법 제93조).

04 등기의 공동신청 또는 단독신청에 관한 다음 설명 중 가장 옳지 않은 것은?

▸ 2015년 등기서기보

① 우리 부동산등기법은 "등기는 법률에 다른 규정이 없는 경우에는 등기권리자와 등기의무자가 공동으로 신청한다."고 하여 공동신청의 원칙을 규정하고 있다.

② 신탁을 원인으로 위탁자가 자기 명의의 재산을 수탁자에게 처분하는 경우 그에 따른 신탁등기의 신청은 위탁자를 등기의무자로 하고 수탁자를 등기권리자로 하여 위탁자와 수탁자가 공동으로 신청한다.

③ 등기명의인인 사람의 사망 또는 법인의 해산으로 권리가 소멸한다는 약정이 등기되어 있는 경우에 사람의 사망 또는 법인의 해산으로 그 권리가 소멸하였을 때에는, 등기권리자는 그 사실을 증명하여 단독으로 해당 등기의 말소를 신청할 수 있다.

④ 소유권보존등기 또는 소유권보존등기의 말소등기는 등기명의인으로 될 자 또는 등기명의인이 단독으로 신청한다.

해설 ② 신탁재산에 속하는 부동산의 **신탁등기**는 수탁자가 **단독**으로 신청한다(법 제23조 제7항).

① 등기는 당사자의 **신청** 또는 관공서의 **촉탁**에 따라 한다. 다만, 법률에 다른 규정(◉ **직권·명령**)이 있는 경우에는 그러하지 아니하다(법 제22조 제1항). **등기는** 법률에 다른 규정(◉ 법 제23조 제2항 이하 등)이 없는 경우에는 등기권리자와 등기**의무자**가 공동으로 신청한다(법 제23조 제1항).

③ 등기명의인인 **사람의 사망** 또는 **법인의 해산으로 권리가 소멸한다는 약정이 등기**되어 있는 경우에 사람의 사망 또는 법인의 해산으로 그 권리가 소멸하였을 때에는, **등기권리자**는 그 사실을 증명하여 **단독**으로 해당 등기의 **말소**를 **신청**할 수 있다(법 제55조).

④ 법 제23조 제2항

---

05 다음 중 공동신청주의 원칙의 예외로서 단독으로 신청할 수 있는 등기만을 열거한 것은?

▸ 2014년 법무사

① 소유권보존등기, 수용으로 인한 소유권이전등기, 포괄유증으로 인한 소유권이전등기
② 소유권보존등기의 말소등기, 신탁등기, 공공용지의 협의취득을 원인으로 한 소유권이전등기
③ 등기명의인표시변경등기, 신탁등기의 말소등기, 소유권보존등기의 말소등기
④ 부동산표시변경등기, 법인의 합병으로 인한 소유권이전등기, 사인증여를 원인으로 한 소유권이전등기
⑤ 상속으로 인한 소유권이전등기, 신탁등기의 말소등기, 포괄유증으로 인한 소유권이전등기

해설 ③ ○ (법 제23조 제6항) / ○ (법 제87조 제3항) / ○ (법 제23조 제2항)

① ○ (법 제23조 제2항) / ○ (법 제99조 제1항) / × – 유증을 원인으로 한 소유권이전등기는 **포괄유증**이나 **특정유증**을 **불문**하고 수증자를 등기권리자, 유언집행자 또는 상속인을 등기의무자로 하여 **공동**으로 신청하여야 한다. 수증자가 유언집행자로 지정되거나 상속인인 경우에도 같다(예규 제1512호).

② ○ (법 제23조 제2항) / ○ (법 제23조 제7항) / × – 사업인정의 고시가 있은 후 사업시행자는 그 토지에 관하여 권리를 취득하거나 소멸시키기 위하여 토지소유자 및 관계인과 협의하여야 한다(토지보상법 제26조). 이 협의는 반드시 하여야 하며, 협의절차를 거치지 않고 재결을 신청함은 위법이다. 사업시행자는 협의가 성립된 경우 사업인정의 고시가 있는 날로부터 1년 이내에 당해 토지소유자 및 관계인의 동의를 얻어 관할 **토지수용위원회**에 협의성립의 확인을 신청할 수 있고(같은 법 제29조 제1항), 사업시행자가 대통령령이 정하는 사항에 대하여 공증인법에 의한 공증을 받아 관할 **토지수용위원회**에 협의성립의 확인을 신청한 때에는 관할 **토지수용위원회**가 이를 수리함으로써 협의성립이 확인된 것으로 본다(같은 법 제29조 제3항). 협의의 확인은 재결로 간주되며, 사업시행자·토지소유자 및 관계인은 협의의 성립

정답 ┓ 04 ② 05 ③

이나 내용을 다툴 수 없고(같은 법 제29조 제4항) 이로써 수용의 효과가 발생한다. 그러나 토지수용위원회로부터 협의성립의 확인을 받지 않은 협의매수에 의한 토지취득은 원시취득이 될 수 없고, 승계취득한 것이므로 공동신청을 하여야 한다(「부동산등기실무 I」 p.306,307).

④ ○ (법 제23조 제5항) / ○ (법 제23조 제3항) / × − 증여자의 사망으로 인하여 효력이 생길 (🔁 **사인)증여**에는 유증에 관한 규정을 준용한다(민법 제562). 증여자의 사망으로 인하여 효력이 생길 증여(사인 증여)를 원인으로 한 소유권이전등기신청은 등기의무자인 유언집행자(지정되지 않은 경우에는 상속인이 유언집행자)와 등기권리자인 수증자가 공동으로 신청하게 되는바, 유언집행자가 수인인 경우에는 그 과반수 이상으로 등기신청을 할 수 있다. 위와 같이 유언집행자의 과반수 이상의 등기신청 예컨대 상속인 7인 중 4명에 의한 등기신청을 하는 경우 비록 등기의무자가 7인이라 하더라도 신청서에 첨부할 인감증명은 위 등기신청인 4명의 것으로 충분하다. 이는 위 4인이 모두 등기권리자인 수증자인 경우에도 다를 바 없다. 다만, 유언집행자임을 증명하기 위하여 위 7인이 상속인 전원임을 증명하는 서면을 제출하여야 한다(선례 제200907−1호).

⑤ ○ (법 제23조 제3항) / ○ (법 제87조 제3항) / × − 위 예규

나. 판결

🚩 관련 예규

판결 등 집행권원에 의한 등기의 신청에 관한 업무처리지침(예규 제1692호)

1. 목적

이 예규는 「부동산등기법」(이하 "법"이라 한다) 제23조 제4항에 의한 판결 등 집행권원에 의한 등기 및 그에 따른 등기업무의 **구체적인 절차**를 규정함을 목적으로 한다.

2. 법 제23조 제4항 판결의 요건

　가. 이행판결

　　1) 법 제23조 제4항의 판결은 **등기신청절차의 이행을 명하는 이행판결**이어야 하며, 주문의 형태는 "○○ **○○등기절차를 이행하라**"와 같이 등기신청 의사를 진술하는 것이어야 한다. 다만 **공유물분할판결**의 경우에는 예외로 한다(➕ 판결주문례 - 별지 목록 기재 토지를, 별지 도면 표시 ㄱ, ㄴ, ㄷ, ㄹ, ㄱ의 각 점을 차례로 연결한 선내 ㉮ 부분 70㎡는 원고의 소유로, 같은 도면 표시 ㄴ, ㅁ, ㅂ, ㄷ, ㄴ의 각 점을 차례로 연결한 선내 ㉯ 부분 30㎡는 피고의 소유로 분할한다).

　　2) 위 판결에는 **등기권리자와 등기의무자**가 나타나야 하며, 신청의 대상인 등기의 내용, 즉 등기의 종류, 등기원인과 그 연월일 등 신청서에 기재하여야 할 사항이 명시되어 있어야 한다.

　　3) 등기신청할 수 없는 판결의 예시

　　　가) 등기신청절차의 이행을 명하는 판결이 아닌 경우

　　　　(1) "○○재건축조합의 **조합원 지위를 양도하라**"와 같은 판결

　　　　(2) "소유권지분 10분의 3을 **양도한다**"라고 한 화해조서

　　　　(3) "소유권이전등기절차에 필요한 서류를 **교부한다**"라고 한 화해조서

　　　나) 이행판결이 아닌 경우

　　　　(1) 매매계약이 무효라는 **확인**판결에 의한 소유권이전등기의 말소등기신청

　　　　(2) 소유권**확인**판결에 의한 소유권이전등기의 신청

　　　　(3) 통행권 **확인**판결에 의한 지역권설정등기의 신청(➕ 통행권이 있다는 취지의 등기도 불가)

　　　　(4) 재심의 소에 의하여 **재심대상 판결이 취소**된 경우 그 재심판결로 취소된 판결에 의하여 경료된 소유권이전등기의 말소등기 신청(➕ 형성판결이기 때문에 불가)

　　　　(5) 피고의 주소를 허위로 기재하여 소송서류 및 판결정본을 그 곳으로 송달하게 한 사위판결에 의하여 소유권이전등기가 경료된 후 상소심절차에서 그 **사위판결이 취소·기각**된 경우 그 취소·기각판결에 의한 소유권이전등기의 말소등기 신청

　　　다) 신청서에 기재하여야 할 필수적 기재사항이 판결주문에 명시되지 아니한 경우

　　　　(1) **근저당권설정등기**를 명하는 판결주문에 필수적 기재사항인 **채권최고액**이나 **채무자**가 명시되지 아니한 경우

　　　　(2) **전세권설정등기**를 명하는 판결주문에 필수적 기재사항인 **전세금**이나 전세권의 목적인 **범위**가 명시되지 아니한 경우(➕ 단, 존속기간은 임의적 기재사항이므로 기재가 없더라도 판결에 따른 등기신청가능)

나. 확정판결

법 제23조 제4항의 판결은 확정판결이어야 한다. 따라서 확정되지 아니한 **가집행선고가 붙은** 판결에 의하여 등기를 신청한 경우 등기관은 그 신청을 **각하**하여야 한다.

다. 법 제23조 제4항의 판결에 준하는 집행권원

1) 화해조서·인낙조서, 화해권고결정, 민사조정조서·조정에 갈음하는 결정, 가사조정조서·조정에 갈음하는 결정 등도 그 내용에 등기의무자의 등기신청에 관한 의사표시의 기재가 있는 경우에는 등기권리자가 단독으로 등기를 신청할 수 있다.
2) 중재판정에 의한 등기신청은 집행결정을, 외국판결에 의한 등기신청은 집행판결을 각 첨부하여야만 단독으로 등기를 신청할 수 있다.
3) 공증인 작성의 **공정증서**는 설령 부동산에 관한 등기신청의무를 이행하기로 하는 조항이 기재되어 있더라도 등기권리자는 이 공정증서에 의하여 단독으로 등기를 신청할 수 없다.
4) **가처분결정(판결)**에 등기절차의 이행을 명하는 조항이 기재되어 있어도 등기권리자는 이 가처분결정 등에 의하여 단독으로 등기를 신청할 수 없다. 다만, 가등기권자는 법 제89조의 **가등기가처분명령**을 등기원인증서로 하여 단독으로 가등기를 신청할 수 있다.

라. 판결의 확정시기

등기절차의 이행을 명하는 확정판결을 받았다면 그 확정시기에 관계없이, 즉 **확정 후 10년이 경과**하였다 하더라도 그 판결에 의한 등기신청을 할 수 있다.

3. 신청인

가. 승소한 등기권리자 또는 승소한 등기의무자

1) **승소한 등기권리자** 또는 승소한 **등기의무자**는 단독으로 판결에 의한 등기신청을 할 수 있다.
2) 패소한 등기의무자는 그 판결에 기하여 **직접** 등기권리자 명의의 등기신청을 하거나 승소한 등기권리자를 **대위**하여 등기신청을 할 수 없다.
3) 승소한 등기권리자에는 적극적 당사자인 원고뿐만 아니라 피고나 당사자참가인도 포함된다.

나. 승소한 등기권리자의 상속인

승소한 등기권리자가 승소판결의 변론종결 후 사망(🔘 법 제27조)하였다면, 상속인이 상속을 증명하는 서면을 첨부하여 **직접 자기 명의**로 등기를 신청할 수 있다(🔘 상속등기 후×).

다. 공유물분할판결에 의한 경우

공유물분할판결이 확정되면 그 소송 당사자는 원·피고인지 여부에 관계없이 그 확정판결을 첨부하여 (🔘 **승소·패소·원고·피고 불문**)등기권리자 또는 **등기의무자** 단독으로 공유물분할을 원인으로 한 지분이전등기를 신청할 수 있다.

라. 채권자대위소송에 의한 경우

1) **채권자**가 제3채무자를 상대로 채무자를 **대위**하여 등기절차의 이행을 명하는 판결을 얻은 경우 채권자는 법 제28조에 의하여 채무자의 대위 신청인으로서 그 판결에 의하여 단독으로 등기를 신청할 수 있다.
2) 채권자 대위소송에서 **채무자**가 채권자대위소송이 제기된 사실을 **알았을** 경우에는 **채무자** 또는 **제3채권자**도 채권자가 얻은 승소판결에 의하여 단독으로 등기를 신청할 수 있다.

마. 채권자취소소송의 경우

수익자(갑)를 상대로 **사해행위취소판결**을 받은 **채권자(을)**는 채무자(병)를 **대위**하여 단독으로 등기를 신청할 수 있다. 이 경우 등기신청서의 등기권리자란에는 "병 대위신청인 을"과 같이 기재하고, 등기의무자란에는 "갑"을 기재한다(🅑 **채무자는 패소**하였으므로 채권자가 얻은 승소판결에 의해서 단독으로 등기를 신청할 수 **없**다).

4. 등기원인과 그 연월일

가. 이행판결

1) 원칙

등기절차의 이행을 명하는 판결에 의하여 등기를 신청하는 경우에는 그 판결주문에 명시된 <u>등기원 인과 그 연월일을 등기신청서에 기재</u>한다.

2) 예외

등기절차의 이행을 명하는 판결주문에 <u>등기원인과 그 연월일이 명시되어 있지 아니한</u> 경우 등기신 청서에는 등기원인은 "**확정판결**"로, 그 연월일은 "**판결선고일**"을 기재한다.

가) 예시

(1) <u>기존등기의 등기원인이 부존재 내지 무효이거나 취소·해제에 의하여 소멸하였음을 이유로 말소등기 또는 회복등기를 명하는 판결</u>

(2) 가등기상 권리가 매매예약에 의한 소유권이전등기청구권으로서 그 가등기에 기한 본등기를 명한 판결의 주문에 등기원인과 그 연월일의 기재가 없는 경우

나. 형성판결

1) 권리변경의 원인이 판결 자체, 즉 형성판결인 경우 등기신청서에는 등기원인은 "**판결에서 행한 형성 처분**"을 기재하고, 그 연월일은 "**판결확정일**"을 기재한다.

2) 예시

가) 공유물분할판결의 경우 등기원인은 "**공유물분할**"로, 그 연월일은 "**판결확정일**"을 기재한다.

나) 사해행위취소판결의 경우 등기원인은 "**사해행위취소**"로, 그 연월일은 "**판결확정일**"을 기재한다.

다) 재산분할심판의 경우 등기원인은 "**재산분할**"로, 그 연월일은 "**심판확정일**"을 기재한다.

다. 화해조서 등

1) 화해조서·인낙조서, 화해권고결정, 민사조정조서·조정에 갈음하는 결정, 가사조정조서·조정에 갈 음하는 결정 등(이하 "화해조서 등"이라 한다)에 등기신청에 관한 의사표시의 기재가 있고 그 내용에 <u>등기원인과 그 연월일의 기재가 있는</u> 경우 등기신청서에는 <u>그 등기원인과 그 연월일을 기재</u>한다.

2) 화해조서 등에 등기신청에 관한 의사표시의 기재가 있으나 그 내용에 <u>등기원인과 그 연월일의 기재 가 없는</u> 경우 등기신청서에는 등기원인은 "**화해**", "**인낙**", "**화해권고결정**", "**조정**" 또는 "**조정에 갈음 하는 결정**" 등으로, 그 연월일은 "**조서기재일**" 또는 "**결정확정일**"을 기재한다.

5. 첨부서면

가. 판결정본 및 확정증명서와 송달증명서

1) 판결에 의한 등기를 신청함에 있어 등기원인증서로서 판결정본과 그 판결이 확정되었음을 증명하는 확정증명서를 첨부하여야 한다.

2) <u>조정조서, 화해조서 또는 인낙조서를 등기원인증서로서 첨부하는 경우에는 확정증명서를 첨부할 필 요가 없다.</u>

3) <u>조정에 갈음하는 결정정본 또는 화해권고결정정본을 등기원인증서로서 첨부하는 경우에는 확정증 명서를 첨부하여야 한다.</u>

4) 위 1)부터 3)까지의 경우에 **송달증명서**의 첨부는 요하지 **않**는다.

나. 집행문

1) 판결에 의한 등기를 신청하는 경우 원칙적으로 집행문의 첨부를 요하지 않는다.

2) 등기절차의 이행을 명하는 판결이 **선이행판결, 상환이행판결, 조건부이행판결**인 경우에는 **집행문**을 첨부하여야 한다. 다만 등기절차의 이행과 반대급부의 이행이 **각각 독립적으로 기재**되어 있다면 **그 러하지 아니하다(❸ 집행문 不要)**.

다. 승계집행문 (❸ 민사소송법 제218조 제1항 – 확정판결은 당사자, 변론을 종결한 뒤의 승계인(변론 없 이 한 판결의 경우에는 판결을 선고한 뒤의 승계인) 또는 그를 위하여 청구의 목적물을 소지한 사람에 대하여 효력이 미친다.)

1) 이행판결

가) 등기절차의 이행을 명하는 확정판결(**예** **원인무효로 인한 소유권말소등기절차를 이행하라는 확 정판결**)의 변론종결 후 그 판결에 따른 등기신청 전에 등기의무자인 피고 명의의 등기를 기초로 한 제3자 명의의 새로운 등기가 경료된 경우(단, 아래 나)의 경우를 제외한다)로서 제3자가 「민 사소송법」 제218조 제1항의 변론을 종결한 뒤의 승계인에 해당하여 위 판결의 기판력이 그에 게 미친다는 이유로 원고가 위 제3자에 대한 승계집행문을 부여받은 경우에는, 원고는 그 ① **제3자 명의의 등기의 말소등기**와 ② **판결에서 명한 등기(예** **말소등기**)를 **단독**으로 신청할 수 있으며, 위 각 등기는 **동시에** 신청하여야 한다.

나) 권리이전등기(**예** **진정명의회복을 원인으로 하는 소유권이전등기**)절차를 이행하라는 확정판결의 변론종결 후 그 판결에 따른 등기신청 전에 그 권리에 대한 제3자 명의의 이전등기가 경료된 경우로서 제3자가 「민사소송법」 제218조 제1항의 변론을 종결한 뒤의 승계인에 해당하여 위 판결의 기판력이 그에게 미친다는 이유로 원고가 위 제3자에 대한 승계집행문을 부여받은 경우 에는, 원고는 **그 제3자를 등기의무자로** 하여 곧바로(**예** 별도로 제3자 등기 말소 不要) 판결에 따른 **권리이전등기를 단독**으로 신청할 수 있다.

2) 공유물분할판결

가) 일부 공유자의 지분을 기초로 한 제3자 명의의 새로운 등기(단, 공유지분이전등기를 제외한다) 가 경료된 경우

공유물분할판결의 변론종결 후 그 판결에 따른 등기신청 전에 일부 공유자의 지분을 기초로 한 제3자 명의의 새로운 등기가 경료된 경우(단, 아래 나)(1)의 경우를 제외한다)로서 제3자가 「민사소송법」 제218조 제1항의 변론을 종결한 뒤의 승계인에 해당하여 위 판결의 기판력이 그에게 미친다는 이유로 다른 공유자가 자신이 취득한 분할부분에 관하여 위 제3자에 대한 승 계집행문을 부여받은 경우에는, 그 공유자는 ① **제3자 명의의 등기의 말소등기**와 ② **판결에 따른 지분이전등기를 단독**으로 신청할 수 있으며, 위 각 등기는 **동시에** 신청하여야 한다.

나) 일부 공유자의 지분이 제3자에게 이전된 경우

(1) 등기의무자의 승계

공유물분할판결의 변론종결 후 그 판결에 따른 등기신청 전에 일부 공유자의 지분이 제3자 에게 이전된 경우로서 제3자가 「민사소송법」 제218조 제1항의 변론을 종결한 뒤의 승계인 에 해당하여 위 판결의 기판력이 그에게 미친다는 이유로 다른 공유자가 자신이 취득한 분 할부분에 관하여 위 **제3자에 대한 승계집행문**을 부여받은 경우에는, 그 공유자는 제3자 명 의의 지분에 대하여 **그 제3자를 등기의무자**로 하여 곧바로(**예** 별도로 제3자 등기 말소 不 要) 판결에 따른 **이전등기를 단독**으로 신청할 수 있다.

(2) 등기권리자의 승계

공유물분할판결의 변론종결 후 그 판결의 확정 전에 일부 공유자의 지분이 제3자에게 이전된 경우로서 위 제3자가 「민사소송법」 제218조 제1항의 변론을 종결한 뒤의 승계인에 해당하여 위 판결의 기판력이 그에게 미친다는 이유로 종전 공유자가 취득한 분할부분에 관하여 **자신을 위한 승계집행문을 부여받은 경우**에는, 그 제3자는 다른 공유자 명의의 지분에 대하여 **곧바로** 자신 앞으로 판결에 따른 **이전등기**를 **단독**으로 신청할 수 있다.

라. 주소를 증명하는 서면

1) 판결에 의하여 소유권이전등기신청을 하는 경우

가) 판결에 의하여 등기권리자가 단독으로 소유권이전등기를 신청할 때는 등기**권리자**의 **주소**를 증명하는 서면만을 제출하면 된다.

나) 판결문상의 피고의 주소가 등기부상의 등기의무자의 주소와 다른 경우(등기부상 주소가 판결에 병기된 경우 포함)에는 동일인임을 증명할 수 있는 자료로서 주소에 관한 서면을 제출하여야 한다. 다만 판결문상에 기재된 피고의 주민등록번호와 등기부상에 기재된 등기의무자의 주민등록번호가 동일하여 동일인임을 인정할 수 있는 경우에는 그러하지 아니하다.

2) 판결에 의한 대위보존등기를 신청하는 경우 보존등기명의인의 주소를 증명하는 서면

원고가 미등기 부동산에 관하여 그 소유자를 피고로 하여 소유권이전등기절차의 이행을 명하는 판결을 받은 후 **피고를 대위하여 소유권보존등기**를 신청하는 경우에는 그 **보존등기명의인인 피고의 주소를 증명**(🔘 등기기록에 새롭게 기입되는 등기권리자의 주소증명서면을 제출함. 규칙 제46조 제1항 제6호)하는 서면을 제출하여야 한다. 피고에 대한 소송서류의 송달이 공시송달에 의하여 이루어진 경우에도 같다.

이 경우 피고의 주민등록이 「주민등록법」 제20조 제5항에 의하여 말소된 때에는 말소된 주민등록표등본을 첨부하고 그 최후 주소를 주소지(🔘 등기기록에 주소는 반드시 기재되어야 하므로 주소증명정보는 완화해서 가능)로 하여 피고명의의 소유권보존등기를 신청할 수 있다.

3) 판결에 의하여 소유권이전등기를 순차로 대위신청하는 경우

갑은 을에게, 을은 병에게 각 소유권이전등기절차를 순차로 이행하라는 판결에 의하여 병이 을을 대위하여 갑으로부터 **을로의 소유권이전등기**를 신청할 때에는 **을의 주소를 증명**하는 서면을 첨부(🔘 등기기록에 새롭게 기입되는 등기권리자의 주소증명서면을 제출함. 규칙 제46조 제1항 제6호)하여야 하고, 이 경우 을에 대한 소송서류의 송달이 공시송달에 의하여 이루어진 때에는 그 판결에 기재된 을의 최후 주소를 증명하는 서면을 첨부하여야 한다.

마. 제3자의 허가서

1) 신청대상인 등기에 제3자의 허가서 등이 필요한 경우에도 그러한 서면의 제출은 요하지 않는다(「부동산등기규칙」 제46조 제3항 참조).

2) 다만, 등기원인에 대하여 행정관청의 허가, 동의 또는 승낙 등을 받을 것이 요구되는 때에는 해당 허가서 등의 현존사실이 그 판결서에 기재되어 있는 경우에 한하여 허가서 등의 제출의무가 면제된다. 그러나 **소유권이전등기**를 신청할 때에는 해당 허가서 등(🔘 농지취득자격증명·토지거래계약허가서·재단법인 주무관청허가서·공익법인 소유권이전 주무관청허가서)의 현존사실이 판결서 등에 기재되어 있다 하더라도 행정관청의 허가 등을 증명하는 서면을 **반드시 제출**하여야 한다(「부동산등기특별조치법」 제5조 제1항 참조).

바. 등기필정보

승소한 등기권리자가 단독으로 판결에 의하여 등기를 신청하는 경우에는 등기의무자의 권리에 관한 등기필정보를 제공(🔘 제공×/작성○)할 필요가 없다.

다만 **승소한 등기의무자**가 단독으로 등기를 신청할 때에는 그의 권리에 관한 등기필정보를 제공(❸ 제공O/작성×)하여야 한다(법 제50조 제2항).

6. 등기관의 심사범위

가. 원칙

판결에 의한 등기를 하는 경우 등기관은 원칙적으로 판결 **주문**에 나타난 등기권리자와 등기의무자 및 이행의 대상인 등기의 내용이 등기신청서와 부합하는지를 심사하는 것으로 족하다.

나. 예외

다만 다음 각 호의 경우 등에는 예외적으로 등기관이 판결 **이유**를 고려하여 신청에 대한 심사를 하여야 한다.

1) 소유권이전등기가 **가등기에 기한 본등기**인지를 가리기 위하여 판결이유를 보는 경우(❸ 최대한 본 등기 인정취지)

2) **명의신탁해지를 원인으로 소유권이전등기절차를 명한 판결**의 경우 그 명의신탁이 「부동산 실권리 자명의 등기에 관한 법률」에서 예외적으로 유효하다고 보는 **상호명의신탁, 배우자 또는 종중에 의한 명의신탁**인지 여부를 가리기 위한 경우

> **가등기에 관한 업무처리지침**(예규 제1632호)
> 바. 판결에 의한 본등기의 신청
> (3) 판결주문에 가등기에 의한 본등기라는 취지의 기재가 없는 경우
> 판결의 **주문**에 피고에게 소유권이전청구권가등기에 의한 본등기 절차의 이행을 명하지 않고 **매매로 인한 소유권이전등기** 절차의 이행을 명한 경우라도, 판결**이유**에 의하여 피고의 소유권이전등기 절차의 이행이 가등기에 의한 **본등기** 절차의 이행임이 **명백**한 때에는, 그 판결을 원인증서로 하여 가등기에 의한 본등기를 신청할 수 있다.

01 판결에 의한 등기신청에 관한 다음 설명 중 가장 옳지 않은 것은? ▸ 2023년 법무사

① 승소한 등기의무자가 판결에 의하여 단독으로 등기를 신청할 때에는 그의 권리에 관한 등기필정보를 제공하여야 한다.

② 근저당권설정등기를 명하는 판결주문에 채권최고액이 명시되지 않은 경우에는 이 판결에 의하여 등기권리자는 단독으로 근저당권설정등기를 신청할 수 없다.

③ 판결문상에 기재된 피고의 주민등록번호와 등기부상 기재된 등기의무자의 주민등록번호는 동일하나 주소가 서로 다른 경우에는 피고의 주소에 관한 서면을 제출하여야 한다.

④ 패소한 등기의무자는 승소한 등기권리자를 대위하여 등기신청을 할 수 없다.

⑤ 甲이 승소판결을 받아 확정된 후 10년이 지났고, 그 판결에 의해 등기를 신청하여도 등기관은 이를 수리하여야 한다.

해설 ③ 1. 판결문상의 피고의 주소가 **등기부상의 등기의무자의 주소**와 **다른 경우**(등기부상 주소가 판결에 병기된 경우 포함)에는 **동일인임을 증명**할 수 있는 자료로서 **주소에 관한** 서면을 **제출**하여야 한다.

2. 다만 판결문상에 기재된 피고의 주민등록번호와 등기부상에 기재된 등기의무자의 **주민등록번호가 동일**하여 **동일인임을 인정할 수 있는** 경우에는 **그러하지 아니하다**(ⓑ **주소증명정보 제공×**)(예규 제1692호, 5-라1)-나)).

① 1. **승소한 등기권리자**가 단독으로 판결에 의하여 등기를 신청하는 경우에는 등기의무자의 권리에 관한 등기필정보를 제공할 필요가 없다. (ⓑ 제공×/작성○)

2. **승소한 등기의무자**가 단독으로 등기를 신청할 때에는 그의 권리에 관한 등기필정보를 제공하여야 한다(예규 제1692호, 5-바). (ⓑ **제공○/작성×**)

② 근저당권설정등기를 명하는 **판결주문**에 필수적 기재사항인 **채권최고액**이나 **채무자가 명시되지 아니한** 경우에는 이에 따른 등기신청을 **할 수 없다**(예규 제1692호, 2-가3)-다)).

④ **패소**한 등기의무자는 그 판결에 기하여 **직접** 등기권리자 명의의 등기신청을 하거나 승소한 등기권리자를 **대위**하여 등기신청을 할 수 **없다**(예규 제1692호, 3-가2)).

⑤ 등기절차의 이행을 명하는 확정판결을 받았다면 그 확정시기에 관계없이, 즉 **확정 후 10년이 경과**하였다 하더라도 그 판결에 의한 등기신청을 할 수 **있다**(예규 제1692호, 2-라).

02 판결 등 집행권원에 의한 등기신청에 관한 다음 설명 중 가장 옳은 것은?
▶ 2023년 등기서기보

① 승소한 등기권리자가 승소판결의 변론종결 후 사망하였다면 그 상속인이 상속을 증명하는 서면을 첨부하여 직접 자기 명의로 등기를 신청할 수 있다.
② 甲 소유의 X부동산에 관하여 甲이 乙에게 소유권이전등기를 넘겨주기로 하는 내용이 담긴 공정증서를 첨부하여 乙이 단독으로 소유권이전등기를 신청할 수 있다.
③ 재심의 소에 의하여 재심대상판결이 취소된 경우 재심판결을 첨부하여 재심판결로 취소된 원판결에 의하여 마쳐진 소유권이전등기의 말소등기를 신청할 수 있다.
④ 판결 주문 제1항에 "X부동산에 관하여 甲은 乙에게 소유권이전등기절차를 이행하라.", 제2항에 "乙은 甲에게 1억원을 지급하라."고 각 기재된 경우 乙은 집행문을 첨부하여야 단독으로 X부동산에 관한 소유권이전등기를 신청할 수 있다.

해설 ① 승소한 등기권리자가 승소판결의 변론종결 **후** 사망하였다면(ⓑ 법 제27조), 상속인이 **상속을 증명하는 서면**을 첨부하여 **직접 자기 명의**로 등기를 신청할 수 있다(예규 제1692호, 3-나).

② 공증인 작성의 **공정증서**는 설령 부동산에 관한 등기신청의무를 이행하기로 하는 조항이 기재되어 있더라도 등기권리자는 이 공정증서에 의하여 **단독으로 등기를 신청할 수 없다**(예규 제1692호, 2-다-3)).

③ **재심의 소**에 의하여 **재심대상 판결이 취소**된 경우 그 재심판결로 취소된 판결에 의하여 경료된 소유권이전등기의 말소등기 신청은 수리할 수 **없다**(예규 제1692호, 2-가-3)-나))

④ 1. 등기절차의 이행을 명하는 판결이 **선이행판결, 상환이행판결, 조건부이행**판결인 경우에는 **집행문을 첨부**하여야 한다.

2. 다만 **등기절차의 이행**과 **반대급부의 이행**이 **각각 독립적으로 기재**되어 있다면 그러하지 아니하다(🔁 **집행문 不要**)(예규 제1692호, 5-나).

3. 원, 피고들 간에, 1. 원고는 피고들에게 ○○까지 **금○○원을 지급한다**. 2. 피고들은 원고에게 이 사건 부동산에 대한 각 **소유권이전등기절차를 이행한다**. 3. 소송비용은 각자 부담한다라는 조정이 성립되었을 경우, 원고의 금원 지급의무와 피고들의 소유권이전등기절차 이행의무는 동시이행관계에 있는 것이 아니므로, 조정조서에 의하여 원고 명의로의 소유권이전등기를 신청함에 있어 **집행문을 부여받지 않아도 된다**(선례 제5-169호).

03 판결에 의한 등기에 관한 다음 설명 중 가장 옳은 것은? ▶ 2023년 법원사무관

① 가등기를 명하는 법원의 가처분명령이 있을 때에는 법원사무관등은 즉시 등기소에 그 등기를 촉탁하여야 한다.

② 매매로 인한 소유권이전등기절차의 이행을 명하는 판결이 확정된 후 10년이 경과하였다면 그 판결에 의한 등기신청을 할 수 없다.

③ 법원의 신탁종료명령이 있는 경우 수익자는 이를 첨부하여 단독으로 신탁된 부동산에 대한 소유권이전등기 및 신탁등기의 말소등기를 신청할 수 있다.

④ 공유물분할판결이 확정되면 소송 당사자는 원·피고인지 여부에 관계없이 그 확정판결을 첨부하여 등기권리자 또는 등기의무자가 단독으로 공유물분할을 원인으로 한 지분이전등기를 신청할 수 있다.

해설 ④ **등기절차의 이행 또는 인수를 명하는 판결**에 의한 등기는 승소한(🔁 패소×) 등기권리자 또는 등기의무자가 단독으로 신청하고, **공유물을 분할하는 판결**에 의한 등기는 (🔁 **승소·패소 ·원고·피고 불문**) **등기권리자 또는 등기의무자**가 단독으로 신청한다(법 제23조 제4항, 예규 제1692호, 3-다). 여기서의 판결은 조정조서 등 판결에 준하는 집행권원을 포함한다.

① 1. **가등기를 명하는 가처분명령**은 부동산의 소재지를 관할하는 지방법원이 가등기권리자의 신청으로 가등기 원인사실의 소명이 있는 경우에 할 수 있다(법 제90조 제1항).

2. 이러한 가등기가처분은 당사자의 이해관계 대립을 요건으로 하지 아니하는 특수보전처분으로 본등기의 순위보전 효력밖에 없으므로 민사집행법상의 가처분과 성질이 달라 **민사집행법상 가처분**에 관한 규정이 **준용**되지 **않는다**. 따라서 **가등기권리자가** 가등기가처분명령의 정본을 첨부하여 직접 등기소에 **신청하여야** 하고, 따라서 가등기가처분명령을 등기원인으로 하여 **법원이 가등기촉탁**을 하는 때에는 이를 **각하**한다(예규 제1632호, 2-나).

3. 가등기가처분명령에 의하여 가등기권리자가 **단독**으로 가등기**신청**을 할 경우에는 등기의무자의 권리에 관한 **등기필정보**를 신청정보의 내용으로 등기소에 제공할 필요가 **없다**(예규 제1632호, 2-나).

② 등기절차의 이행을 명하는 확정판결을 받았다면 그 확정시기에 관계없이, 즉 **확정 후 10년이 경과**하였다 하더라도 그 판결에 의한 등기신청을 할 수 **있다**(예규 제1692호, 2-라).

③ 1. 「신탁법」 제57조에 따른 법원의 **신탁해지명령**은 「부동산등기법」 제29조(🈁 법 제23조 제4항)의 판결에 해당하지 아니하므로 수익자나 수익자의 채권자(수익자를 대위하여)가 단독으로 신탁해지명령 정본을 첨부하여 <u>소유권이전등기 및 신탁등기의 말소등기</u>를 신청할 수 **없다**(선례 제201104-1호).

2. 법원의 **신탁종료명령**은 판결에 해당하지 않는다. 그러므로 신탁종료명령에 의하여 신탁된 부동산에 대한 <u>소유권이전등기 및 신탁등기의 말소</u>를 수익자나 수익자의 채권자(수익자를 대위하여)가 단독으로 신청한 경우 등기관은 **각하**하여야 한다(「2022년 법원공무원교육원 부동산등기실무」 p.98).

04 판결에 의한 등기에 관한 다음 설명 중 가장 옳지 않은 것은? ▸ 2022년 법무사

① 피고의 주소를 허위로 기재하여 소송서류 및 판결정본을 그곳으로 송달하게 한 사위판결에 의하여 소유권이전등기가 경료된 후 상소심절차에서 그 사위판결이 취소·기각된 경우 그 취소·기각판결에 의하여 소유권이전등기의 말소등기를 신청할 수 있다.

② 공증인 작성의 공정증서는 설령 부동산에 관한 등기신청의무를 이행하기로 하는 조항이 기재되어 있더라도 등기권리자는 이 공정증서에 의하여 단독으로 등기를 신청할 수 없다.

③ 판결에는 등기권리자와 등기의무자가 나타나야 하며 신청의 대상인 등기의 내용, 즉 등기의 종류, 등기원인과 그 연월일 등 신청서에 기재하여야 할 사항이 명시되어 있어야 한다. 전세권설정등기를 명하는 판결주문에는 신청서에 기재하여야 할 필수적 기재사항인 전세금이나 전세권의 목적인 범위가 명시되어야 한다.

④ 판결에 의한 등기신청이 가능한 승소한 등기권리자에는 적극적인 당사자인 원고뿐만 아니라 피고나 당사자참가인도 포함된다.

⑤ 수익자(甲)를 상대로 사해행위취소판결을 받은 채권자(乙)는 채무자(丙)를 대위하여 단독으로 등기를 신청할 수 있으며, 이 경우 등기신청서의 등기권리자란에는 "丙 대위신청인 乙"과 같이 기재하고 등기의무자란에는 "甲"을 기재한다.

해설 ① 1. 판결에 의하여 등기권리자가 단독으로 등기신청을 하기 위하여는 그 판결주문에 어떠한 등기절차의 이행을 명하는지가 나타나 있어야 하는 바, 원고가 **피고의 주소를 허위로 기재**하여 소송서류 및 판결정본을 그곳으로 송달하게 한 소위 **사위판결**에 의하여 소유권이전등기가 경료된 후 **상소심절차에서 그 사위판결이 취소·기각된 경우**, 그 취소·기각판결에는 등기절차의 이행을 명하는 취지가 나타나지 아니하므로 **그 취소·기각판결에** 의하여는 위 소유권이전등기의 말소등기를 단독으로 신청할 수 없다.

2. 따라서 당사자가 공동으로 신청하거나 등기의무자가 협조하지 아니하는 때에는 다시 소유권이전등기말소등기절차의 이행을 명하는 판결을 받아 단독으로 그 말소등기를 신청할 수 있다(선례 제4-486호, 예규 제1692호).

② **공증인 작성의 공정증서**는 설령 부동산에 관한 등기신청의무를 이행하기로 하는 조항이 기재되어 있더라도 등기권리자는 이 공정증서에 의하여 단독으로 등기를 신청할 수 **없다**(예규 제1692호, 2-다-3)).

③ 1. 판결에는 등기권리자와 등기의무자가 나타나야 하며 신청의 대상인 등기의 내용, 즉 등기의 종류, 등기원인과 그 연월일 등 신청서에 기재하여야 할 사항이 명시되어 있어야 하므로, 전세권설정등기를 명하는 판결주문에는 신청서에 기재하여야 할 필수적 **기재사항**인 **전세금**이나 전세권의 목적인 **범위가 명시되어야** 한다.

2. 따라서 전세권설정등기를 명하는 판결주문에 필수적 기재사항인 전세금이나 전세권의 목적인 범위가 **명시되지 아니한** 경우에는 **판결에 따른 등기를 신청할 수 없다**(예규 제1692호).

④ **승소한 등기권리자** 또는 **승소한 등기의무자**는 단독으로 판결에 의한 등기신청을 할 수 있다. 승소한 등기권리자에는 **적극적 당사자인 원고**뿐만 아니라 **피고**나 **당사자참가인도 포함**된다(예규 제1692호, 3-가).

⑤ 수익자(갑)를 상대로 **사해행위취소판결**을 받은 **채권자(을)는** **채무자(병)를** 대위하여 단독으로 등기를 신청할 수 있다. 이 경우 등기신청서의 등기권리자란에는 "**병 대위신청인 을**"과 같이 기재하고, 등기의무자란에는 "**갑**"을 기재한다(예규 제1692호, 3-마).

(📋 **채무자는 패소하였으므로** 채권자가 얻은 승소판결에 의해서 단독으로 등기를 신청할 수 없다.)

05 **판결에 의한 등기신청에 관한 다음 설명 중 가장 옳지 않은 것은?** ▸ 2022년 등기서기보

① 등기절차의 이행을 명하는 확정판결을 받았다면 그 확정시기에 관계없이, 즉 확정 후 10년이 경과하였다 하더라도 그 판결에 의한 등기신청을 할 수 있다.

② 형성판결인 경우 등기신청서에는 등기원인은 "판결에서 행한 형성처분"을 기재하고, 그 연월일은 "판결선고일"을 기재한다.

③ 채권자대위소송에서 채무자가 채권자대위소송이 제기된 사실을 알았을 경우에는 채무자 또는 제3채권자도 채권자가 얻은 승소판결에 의하여 단독으로 등기를 신청할 수 있다.

④ 등기절차의 이행을 명하는 판결이 상환이행판결인 경우에는 집행문을 첨부하여야 한다.

해설 ② 1. 권리변경의 원인이 판결 자체, 즉 형성판결인 경우 등기신청서에는 등기원인은 "**판결에서 행한 형성처분**"을 기재하고, 그 연월일은 "**판결확정일**"을 기재한다(예규 제1692호, 4-나).

2. 공유물분할판결의 경우 등기원인은 "**공유물분할**"로, 그 연월일은 "**판결확정일**"을 기재한다.

3. 사해행위취소판결의 경우 등기원인은 "**사해행위취소**"로, 그 연월일은 "**판결확정일**"을 기재한다.

4. 재산분할심판의 경우 등기원인은 "**재산분할**"로, 그 연월일은 "**심판확정일**"을 기재한다.

① 예규 제1692호, 2-라

③ 1. 다른 사람을 위하여 원고나 피고가 된 사람(📋 **대위채권자 · 선정당사자**)에 대한 **확정판결**은 그 다른 사람(📋 **채무자 · 선정자**)에 대하여도 효력(📋 **기판력**)이 미친다(민사소송법 제218조 제3항).

2. **채권자**가 제3채무자를 상대로 채무자를 **대위**하여 등기절차의 이행을 명하는 판결을 얻은 경우 채권자는 법 제28조에 의하여 채무자의 대위 신청인으로서 그 판결에 의하여 단독으로 등기를 신청할 수 있다. 채권자 대위소송에서 **채무자가 채권자대위소송이 제기된 사실을 알았을 경우**에는 **채무자** 또는 **제3채권자**도 채권자가 얻은 승소판결에 의하여 단독으로 등기를 신청할 수 있다(예규 제1692호, 3-라).

④ 등기절차의 이행을 명하는 판결이 **선이행판결**, **상환이행판결**, **조건부이행판결**인 경우에는 **집행문**을 첨부하여야 한다. 다만 등기절차의 이행과 반대급부의 이행이 **각각 독립적으로 기재**되어 있다면 **그러하지 아니하다**(🔘 집행문 **不要**)(예규 제1692호, 5-나).

06 집행문 및 공유물분할판결에 따른 등기신청에 관한 다음 설명 중 가장 옳지 않은 것은?
▸ 2021년 법무사

① 공유물을 분할하는 판결에 의한 등기는 등기권리자 또는 등기의무자가 단독으로 신청한다.

② 진정명의회복을 원인으로 하는 소유권이전등기절차를 이행하라는 확정판결의 변론종결 후 그 판결에 따른 등기신청 전에 그 권리에 대한 제3자 명의의 이전등기가 경료된 경우, 제3자가 변론 종결 뒤의 승계인에 해당하여 위 판결의 기판력이 그에게 미친다는 이유로 원고가 위 제3자에 대한 승계집행문을 부여받은 경우에는, 원고는 그 제3자를 등기의무자로 하여 곧바로 판결에 따른 권리이전등기를 단독으로 신청할 수 있다.

③ 등기신청서에 기재하는 등기원인과 그 연월일은 공유물분할판결의 경우 등기원인은 "공유물분할"로, 그 연월일은 "판결확정일"을 기재한다.

④ 공유물분할판결의 변론종결 후 그 판결의 확정 전에 일부 공유자의 지분이 제3자에게 이전된 경우, 위 제3자가 변론을 종결한 뒤의 승계인에 해당하여 위 판결의 기판력이 그에게 미친다는 이유로 종전 공유자가 취득한 분할부분에 관하여 자신을 위한 승계집행문을 부여받은 경우에는, 그 제3자는 다른 공유자 명의의 지분에 대하여 곧바로 자신 앞으로 판결에 따른 이전등기를 단독으로 신청할 수 있다.

⑤ 공유물분할판결의 경우와 마찬가지로, 현물분할을 내용으로 하는 공유물분할에 관하여 조정이나 화해권고결정이 확정된 후 그 조정이나 화해권고결정에 따른 등기신청 전에 일부 공유자의 지분이 제3자에게 이전된 경우에 다른 공유자는 자신이 취득하는 것으로 정해진 분할부분에 관하여 위 제3자에 대한 승계집행문을 부여받아 제3자 명의의 지분에 대하여 자신 앞으로의 이전등기를 단독으로 신청할 수 있다.

해설 ⑤ 현물분할을 내용으로 하는 **공유물분할에 관한 판결**이 확정된 후 그 판결에 따른 등기신청 전에 일부 공유자의 지분이 제3자에게 이전된 경우, 다른 공유자는 자신이 취득한 분할부분에 관하여 위 제3자에 대한 **승계집행문**을 부여받아 제3자 명의의 지분에 대하여 **자신 앞으로의 이전등기**를 단독으로 신청할 수 있으나, 현물분할을 내용으로 하는 **공유물분할에 관하**

정답 05 ② 06 ⑤

여 <u>화해권고결정</u>이 확정된 후 그 결정에 따른 등기신청 전에 일부 공유자의 지분이 제3자에게 이전된 경우에는 <u>위와 달리</u> 다른 공유자는 자신이 취득하는 것으로 정해진 분할부분에 관하여 위 제3자에 대한 <u>승계집행문</u>을 부여받아 제3자 명의의 지분에 대하여 자신 앞으로의 이전등기를 단독으로 신청할 수는 <u>없다</u>(선례 제201906–4호).

① 법 제23조 제4항
② 예규 제1692호, 5–다–1)–나)
③ 예규 제1692호, 4–나–2)
④ 예규 제1692호, 5–다–2)–나)–(2)

07 판결에 의한 등기신청에 관한 다음 설명 중 가장 옳지 않은 것은? ▸2021년 법원사무관

① 공유물을 분할하는 판결에 의한 등기는 등기권리자 또는 등기의무자가 단독으로 신청한다.
② 등기절차의 이행을 명하는 판결주문에 등기원인과 그 연월일이 명시되어 있지 않은 경우에는 등기원인은 "확정판결"로, 그 연월일은 "판결선고일"을 신청정보의 내용으로 제공한다.
③ "피고는 원고로부터 △△부동산에 관한 소유권이전등기 절차를 이행 받음과 동시에 원고에게 ○○○원을 지급하라"는 취지의 판결이 확정된 경우, 피고가 단독으로 △△부동산에 관한 소유권이전등기를 신청하기 위해서는 위 판결문에 집행문을 부여받아야 한다.
④ 판결의 주문에서 피고에게 매매로 인한 소유권이전등기절차의 이행을 명한 경우라도 그 판결의 이유에서 피고의 소유권이전등기절차의 이행이 가등기에 기한 본등기절차의 이행임이 명백한 경우에는 그 판결을 원인증서로 하여 가등기에 기한 본등기를 신청할 수 있다.

해설 ③ 집행권원에 반대급부와 상환으로 일정한 급부를 할 것을 표시한 경우 반대급부는 급부의무의 태양에 불과하여 <u>집행력이 생기지 아니하므로,</u> "피고는 원고로부터 △△부동산에 관한 <u>소유권이전등기 절차를 이행받음과 동시에</u>(⚖ 집행력✕) 원고에게 ○○○원을 지급하라(⚖ 집행력○)"는 취지의 판결이 확정된 경우, <u>피고는 위 판결문에 집행문을 부여받아 단독으로 △△부동산에 관한 소유권이전등기를 신청할 수 없다</u>(선례 제200607–4호).

① 법 제23조 제4항
② 예규 제1692호, 4–가–2)
④ 판결의 <u>주문</u>에 피고에게 소유권이전청구권가등기에 의한 본등기 절차의 이행을 명하지 않고 <u>매매로 인한 소유권이전등기</u> 절차의 이행을 명한 경우라도, 판결<u>이유</u>에 의하여 피고의 소유권이전등기 절차의 이행이 가등기에 의한 <u>본등기</u> 절차의 이행임이 <u>명백한</u> 때에는, 그 판결을 원인증서로 하여 가등기에 의한 본등기를 신청할 수 <u>있다</u>(예규 제1632호).

08 판결에 의한 등기신청에 관한 다음 설명 중 가장 옳지 않은 것은? ▸ 2021년 등기서기보

① 등기절차의 이행 또는 인수를 명하는 판결에 의한 등기는 승소한 등기권리자 또는 등기의무자가 단독으로 신청하고, 공유물을 분할하는 판결에 의한 등기는 등기권리자 또는 등기의무자가 단독으로 신청한다.

② 공증인 작성의 공정증서는 부동산에 관한 등기신청의무를 이행하기로 하는 조항이 기재되어 있더라도 등기권리자는 이 공정증서에 의하여 단독으로 등기를 신청할 수 없다.

③ 판결에 의한 등기신청 시 등기원인에 대하여 행정관청의 허가 등을 받을 것이 요구되는 때에는 해당 허가서 등의 현존사실이 그 판결서에 기재되어 있는 경우에 한하여 허가서 등의 제출의무가 면제된다. 따라서 소유권이전등기를 신청하는 경우에 해당 허가서 등의 현존사실이 판결서 등에 기재되어 있다면 별도의 행정관청의 허가 등을 증명하는 서면을 제출할 필요가 없다.

④ 판결에 의한 등기를 신청함에 있어 등기원인증서로서 판결정본과 그 판결이 확정되었음을 증명하는 확정증명서를 첨부하여야 한다. 따라서 확정되지 아니한 가집행선고가 붙은 판결에 의하여 등기를 신청한 경우 등기관은 그 신청을 각하하여야 한다.

해설 ③ 등기원인에 대하여 행정관청의 허가, 동의 또는 승낙 등을 받을 것이 요구되는 때에는 해당 허가서 등의 현존사실이 그 판결서에 기재되어 있는 경우에 한하여 허가서 등의 제출의무가 면제된다. 그러나 **소유권이전등기를 신청할 때에는 해당 허가서 등(🌐 농지취득자격증명 · 토지거래계약허가서 · 재단법인 주무관청허가서 · 공익법인 소유권이전 주무관청허가서)의 현존사실이 판결서 등에 기재되어 있다 하더라도 행정관청의 허가 등을 증명하는 서면을 반드시 제출**하여야 한다(예규 제1692호, 5-마).

① 법 제23조 제4항
② 예규 제1692호, 2-다-3)
④ 예규 제1692호, 2-나

09 판결 등 집행권원에 의한 등기신청에 관한 다음 설명 중 가장 옳지 않은 것은?

▸ 2020년 법무사

① 공유물분할의 판결이 확정되면 공유자는 각자 분할된 부분에 대한 단독소유권을 취득하게 되는 것이므로, 그 소송의 당사자는 그 확정판결을 첨부하여 등기권리자 단독으로 공유물 분할을 원인으로 한 지분이전등기를 신청할 수 있다.

② 근저당권설정등기를 명하는 판결주문에 필수적 기재사항인 채권최고액이나 채무자가 명시되지 아니한 경우에는 이에 따른 등기신청을 할 수 없다.

정답 ┅ 07 ③   08 ③   09 ③

③ 등기원인에 대하여 행정관청의 허가 등이 필요한 경우 해당 허가서 등의 현존사실이 그 판결서에 기재되어 있는 경우에 한하여 허가서 등의 제출의무가 면제된다. 따라서 소유권이전등기신청의 경우에 해당 허가서 등의 현존사실이 판결서 등에 기재되어 있 다면 행정관청의 허가 등을 증명하는 서면을 제출할 필요가 없다.

④ 화해조서 등에 등기신청에 관한 의사표시의 기재가 있으나 그 내용에 등기원인과 그 연월일의 기재가 없는 경우 등기신청서에는 등기원인은 "화해", "인낙", "화해권고결정", "조정" 또는 "조정에 갈음하는 결정" 등으로, 그 연월일은 "조서기재일" 또는 "결정확정 일"을 기재한다.

⑤ 甲 소유의 부동산이 乙에게 매매를 원인으로 이전된 후, 乙이 사망하여 협의분할에 의 한 상속을 원인으로 丙 명의의 소유권이전등기가 마쳐진 상태에서, 甲이 丙을 상대로 매매가 무효임을 원인으로 한 소유권이전등기말소소송을 제기하여 "丙은 甲에게 소유권 이전등기(협의분할에 의한 상속등기)의 말소등기절차를 이행한다."는 강제조정이 확정 된 경우, 甲은 위 강제조정에 따라 丙 명의의 소유권이전등기를 말소할 수 있을 뿐이고, 이 말소등기에 따라 회복되는 피상속인인 乙 명의의 소유권이전등기는 말소할 수 없다.

[해설] ③ 등기원인에 대하여 행정관청의 허가, 동의 또는 승낙 등을 받을 것이 요구되는 때에는 해당 허가서 등의 현존사실이 그 판결서에 기재되어 있는 경우에 한하여 허가서 등의 제출의무가 면제된다. 그러나 **소유권이전등기**를 신청할 때에는 해당 허가서 등(🌐 **농지취득자격증명· 토지거래계약허가서·재단법인 주무관청허가서·공익법인 소유권이전 주무관청허가서**)의 현존사실이 판결서 등에 기재되어 있다 하더라도 **행정관청의 허가 등**을 증명하는 서면을 **반 드시 제출**하여야 한다(예규 제1692호, 5-마).

① 공유물분할 판결이 확정되면 공유자는 각자의 취득 부분에 대하여 소유권을 취득하게 되는 것이므로 그 소송의 당사자는 원·피고에 관계없이 각각 공유물분할절차에 따른 등기신청을 할 수 있다(선례 제3-556호).

② 예규 제1692호, 2-가-3)-다)

④ 예규 제1692호, 4-다

⑤ 갑 소유의 부동산이 을에게 매매를 원인으로 이전된 후에 을이 사망하여 협의분할에 의한 상속을 원인으로 병 명의의 소유권이전등기가 마쳐진 상태에서, 갑이 병을 상대로 매매가 무 효임을 원인으로 한 소유권이전등기말소소송을 제기하여 "병은 갑에게 ㅁㅁ지방법원 △△ 등기소 ㅇㅇㅇㅇ년 ㅇ월 ㅇ일 접수 제ㅇㅇ호로 마친 소유권이전등기(**협의분할에 의한 상속 등기**)의 말소등기절차를 이행한다."는 강제조정이 확정된 경우에 갑은 위 강제조정의 결정사 항에 따라 **병 명의의 (🌐 협의분할에 의한 상속에 따른)**소유권이전등기를 말소할 수 있을 뿐 이고, 이 말소등기에 따라 회복되는 **피상속인인 을 명의의 (🌐 매매로 인한)**소유권이전등기 는 말소할 수 없다(선례 제201312-3호).

10 판결에 의한 등기신청에 관한 다음 설명 중 가장 옳지 않은 것은? ▸2020년 법원사무관

① "1. 피고는 원고에게 별지 기재 부동산에 관하여 소유권이전등기절차를 이행한다. 2. 원고는 피고에게 금 100,000,000원을 지급한다."고 기재된 조정조서에 따른 소유권이전등기 신청의 경우 집행문을 부여받을 필요가 없다.

② 판결에 의한 소유권이전등기를 신청할 때에는 해당 허가서 등의 현존사실이 판결서 등에 기재되어 있는 경우 행정관청의 허가 등을 증명하는 서면을 제출할 필요가 없다.

③ 명의신탁해지를 원인으로 소유권이전등기절차를 명한 판결의 경우 그 명의신탁이 부동산 실권리자명의 등기에 관한 법률에 따른 유효한 명의신탁인지 여부를 가리기 위해 등기관은 판결 이유를 고려하여 등기신청에 대한 심사를 하여야 한다.

④ 소유권이전등기청구권을 보전하기 위한 가처분등기가 마쳐진 후 그 가처분채권자가 본안소송에서 승소하여 가처분채무자를 등기의무자로 하여 소유권이전등기를 신청하는 경우에는 그 가처분등기 이후에 된 등기로서 가처분채권자의 권리를 침해하는 등기의 말소를 단독으로 신청할 수 있다.

해설 ② 등기원인에 대하여 행정관청의 허가, 동의 또는 승낙 등을 받을 것이 요구되는 때에는 해당 허가서 등의 현존사실이 그 판결서에 기재되어 있는 경우에 한하여 허가서 등의 제출의무가 면제된다. 그러나 **소유권이전등기**를 신청할 때에는 해당 **허가서 등**(🔟 농지취득자격증명 · 토지거래계약허가서 · 재단법인 주무관청허가서 · 공익법인 소유권이전 주무관청허가서)의 현존사실이 판결서 등에 기재되어 있다 하더라도 **행정관청의 허가 등**을 증명하는 서면을 **반드시 제출**하여야 한다(예규 제1692호, 5-마).

① 등기절차의 이행을 명하는 판결이 **선이행판결**, **상환이행판결**, **조건부이행판결**인 경우에는 **집행문**을 첨부하여야 한다. 다만 등기절차의 이행과 반대급부의 이행이 **각각 독립적으로 기재**되어 있다면 **그러하지 아니하다**(🔟 집행문 不要)(예규 제1692호, 5-나). 원, 피고들 간에. 1. 원고는 피고들에게 ○○까지 금○○원을 지급한다. 2. 피고들은 원고에게 이 사건 부동산에 대한 각 **소유권이전등기절차를 이행**한다. 3. 소송비용은 각자 부담한다라는 조정이 성립되었을 경우, 원고의 금원 지급의무와 피고들의 소유권이전등기절차 이행의무는 동시이행관계에 있는 것이 아니므로, 조정조서에 의하여 원고 명의로의 소유권이전등기를 신청함에 있어 집행문을 부여받지 않아도 된다. 한편, 원고가 위 금원의 지급의무를 이행하지 아니할 뿐만 아니라 조정조서에 의하여 소유권이전등기를 신청하지도 않는 경우에 위 금전채권의 집행보전을 위해 이 조정조서에 의하여 원고를 대위하여 원고 명의로 소유권이전등기를 신청할 수 없을 것이다(선례 제5-169호).

③ 예규 제1692호, 6-나

④ **소유권이전등기청구권** 또는 **소유권이전등기말소등기**(소유권보존등기말소등기를 포함한다. 이하 이 조에서 같다)청구권을 보전하기 위한 **가처분등기**가 마쳐진 **후** 그 **가처분채권자**가 가처분채무자를 등기의무자로 하여 소유권이전등기 또는 소유권말소**등기를 신청**하는 경우에는, 법 제94조 제1항에 따라 **가처분등기 이후에 마쳐진 제3자 명의의 등기의 말소**를 단독으로 **신청**할 수 있다(규칙 제152조 제1항).

정답 ✚ 10 ②

11 판결에 의한 등기신청에 관한 다음 설명 중 가장 옳지 않은 것은? ▸ 2020년 등기서기보

① "소유권지분 10분의 3을 양도한다"라고 한 화해조서에 의하여 등기권리자는 단독으로 소유권이전등기를 신청할 수 있다.

② "소유권이전등기절차에 필요한 서류를 교부한다"라고 한 화해조서에 의하여 등기권리자는 단독으로 소유권이전등기를 신청할 수 없다.

③ 전세권설정등기를 명하는 판결 주문에 존속기간은 명시되어 있지 않지만 전세금과 전세권의 목적인 범위가 명시되어 있다면 이 판결에 의하여 등기권리자는 단독으로 전세권설정등기를 신청할 수 있다.

④ 매매계약이 무효라는 확인판결에 의하여 등기권리자는 단독으로 소유권이전등기의 말소등기를 신청할 수 없다.

해설 ① "소유권지분 10분의 3을 **양도한다**"라고 한 화해조서는 등기신청절차의 이행을 명하는 판결이 아니므로 해당판결로 등기를 신청할 수 없다(예규 제1692호).

② 예규 제1692호, 2-가-3)-가)
③ 예규 제1692호, 2-가-3)-다)
④ 예규 제1692호, 2-가-3)-나)

12 판결에 의한 등기신청에 관한 다음 설명 중 가장 옳지 않은 것은? ▸ 2019년 법무사

① 채권자대위소송에서 채무자가 채권자대위소송이 제기된 사실을 알았을 경우에는 채무자 또는 제3채권자도 채권자가 얻은 승소판결에 의하여 단독으로 등기를 신청할 수 있다.

② 원, 피고들 간에, "1. 원고는 피고들에게 ○○까지 금○○원을 지급한다. 2. 피고들은 원고에게 이 사건 부동산에 대한 각 소유권이전등기절차를 이행한다."라는 조정이 성립되었을 경우, 조정조서에 의하여 원고 명의로의 소유권이전등기를 신청함에 있어 집행문을 부여받지 않아도 된다.

③ 甲은 乙에게, 乙은 丙에게 각 소유권이전등기절차를 순차로 이행하라는 판결에 의하여 丙이 乙을 대위하여 甲으로부터 乙로의 소유권이전등기를 신청할 때에는 乙의 주소를 증명하는 서면을 첨부하여야 하고, 이 경우 乙에 대한 소송서류의 송달이 공시송달에 의하여 이루어진 때에는 그 판결에 기재된 乙의 최후 주소를 증명하는 서면을 첨부하여야 한다.

④ "피고는 원고로부터 △△부동산에 관한 소유권이전등기 절차를 이행받음과 동시에 원고에게 ○○○원을 지급하라"는 취지의 판결이 확정된 경우, 피고는 위 판결문에 집행문을 부여받아 단독으로 △△부동산에 관한 소유권이전등기를 신청할 수 있다.

⑤ 피고가 원고 甲, 소외인 乙, 丙에게 각 3분의 1지분에 관하여 소유권이전등기를 이행한다는 내용이 포함된 재판상의 화해가 성립되었다고 하더라도 화해조서상에 당사자로 되어 있지 아니한 乙, 丙이 화해조서에 의하여 단독으로 지분이전등기를 신청할 수는 없다.

해설 ④ 집행권원에 반대급부와 상환으로 일정한 급부를 할 것을 표시한 경우 반대급부는 급부의무
의 태양에 불과하여 집행력이 생기지 아니하므로, "피고는 원고로부터 △△부동산에 관한 **소
유권이전등기 절차를 이행받음과 동시에**(🔵 **집행력×**) 원고에게 ○○○원을 지급하라(🔵 **집
행력○**)"는 취지의 판결이 확정된 경우, 피고는 위 판결문에 집행문을 부여받아 단독으로 △
△부동산에 관한 **소유권이전등기를 신청할 수 없다**(선례 제200607-4호).

① 다른 사람을 위하여 원고나 피고가 된 사람(🔵 **대위채권자 · 선정당사자**)에 대한 확정판결은
그 다른 사람(🔵 **채무자 · 선정자**)에 대하여도 효력(🔵 **기판력**)이 미친다(민사소송법 제218조
제3항). **채권자**가 제3채무자를 상대로 채무자를 **대위**하여 등기절차의 이행을 명하는 판결을
얻은 경우 채권자는 법 제28조에 의하여 채무자의 대위 신청인으로서 그 판결에 의하여 단
독으로 등기를 신청할 수 있다. 채권자 대위소송에서 **채무자가 채권자대위소송이 제기된 사
실을 알았을 경우**에는 **채무자** 또는 **제3채권자**도 채권자가 얻은 승소판결에 의하여 단독으로
등기를 신청할 수 있다(예규 제1692호, 3-라).

③ 예규 제1692호, 5-라-3)

⑤ 피고가 원고 갑, 소외인 을, 병에게 각 3분의 1지분에 관하여 소유권이전등기를 이행한다는
내용이 포함된 재판상의 화해가 성립되었다고 하더라도, 화해조서상에 당사자로 되어 있지
아니한 이상 **화해의 효력이 소외인 을, 병에게는 미치지 아니**하므로 **을, 병은** 화해에 의하여
단독으로 지분이전등기를 신청할 수는 **없다**(선례 제7-110호).

13 판결에 의한 등기를 신청할 때의 등기원인과 그 연월일에 관한 다음 설명 중 가장 옳지
않은 것은?   ▸ 2019년 등기주사보

① 화해권고결정에 의하여 등기를 신청하는 경우 그 내용에 등기원인과 그 연월일의 기재
가 없다면 신청정보의 내용 중 등기원인은 '화해권고결정'으로, 그 연월일은 '결정확정
일'로 한다.

② 화해조서에 의하여 등기를 신청하는 경우 그 내용에 등기원인과 그 연월일의 기재가
없다면 신청정보의 내용 중 등기원인은 '화해'로, 그 연월일은 '조서기재일'로 한다.

③ 공유물분할판결에 의하여 등기를 신청하는 경우에는 신청정보의 내용 중 등기원인은
'공유물분할'로, 그 연월일은 '판결선고일'로 한다.

④ 기존등기의 등기원인이 취소에 의하여 소멸하였음을 이유로 말소등기를 명하는 판결의
주문에 등기원인과 그 연월일의 기재가 없으면 신청정보의 내용 중 등기원인은 '확정판
결'로, 그 연월일은 '판결선고일'로 한다.

해설 ③ 공유물분할판결의 경우 등기원인은 **"공유물분할"**로, 그 연월일은 **"판결확정일"**을 기재한다(예
규 제1692호, 4-나-2)).

①② 예규 제1692호, 4-다

④ 말소등기를 명하는 판결도 이행판결에 해당하므로 등기원인은 **"확정판결"**로, 그 연월일은
"판결선고일"을 기재한다(예규 제1692호, 4-가).

정답 〇ㅡ   11 ①   12 ④   13 ③

14 다음의 판결 중 단독으로 등기를 신청할 수 없는 것은? ▸ 2019년 등기주사보

① 피고는 원고로부터 별지 기재 부동산에 관하여 소유권이전등기절차를 인수하라.

② 피고는 원고로부터 별지 기재 부동산에 관한 소유권이전등기절차를 이행받음과 동시에 원고에게 1천만원을 지급하라.

③ 피고는 원고로부터 1천만원을 지급받은 후에 원고에게 별지 기재 부동산에 관하여 소유권이전등기절차를 이행하라.

④ 별지 기재 부동산 중 ㉮부분은 원고의 소유로, ㉯부분은 피고의 소유로 각 분할한다.

> **해설** ② 집행권원에 반대급부와 상환으로 일정한 급부를 할 것을 표시한 경우 반대급부는 급부의무의 태양에 불과하여 집행력이 생기지 아니하므로, "피고는 원고로부터 △△부동산에 관한 **소유권이전등기 절차를 이행받음과 동시에**(❊ 집행력×) 원고에게 ○○○원을 지급하라(❊ 집행력○)"는 취지의 판결이 확정된 경우, 피고는 위 판결문에 집행문을 부여받아 단독으로 △△부동산에 관한 **소유권이전등기를 신청할 수 없다**(선례 제200607-4호).
>
> ① 등기의 인수를 명하는 판결은 법 제23조 4항에 따라 등기의무자 단독으로 등기신청할 수 있다.
>
> ③ 반대의무가 이행된 뒤에 등기신청의 의사표시를 할 것을 명한 선이행판결(**예** 피고는 원고로부터 **금 10,000,000원을 지급받은 후** 원고에게 별지 기재 부동산에 관하여 **소유권이전등기 절차를 이행하라**)의 경우에는 집행문을 부여한 때에 등기의무자의 등기신청의 의사표시가 있는 것으로 의제된다(민집 제263조 제2항). 따라서 등기권리자(원고)는 먼저 반대의무의 이행 또는 이행의 제공을 한 사실을 증명하여 **집행문을 부여**받아야 단독으로 등기신청을 할 수 있다(「부동산등기실무Ⅰ」 p.380).
>
> ④ **공유물을 분할하는 판결**에 의한 등기는 (❊ 승소·패소·원고·피고 불문)등기권리자 또는 등기의무자가 단독으로 신청한다(법 제23조 제4항)(❊ 판결주문례 - 별지 목록 기재 토지를, 별지 도면 표시 ㄱ, ㄴ, ㄷ, ㄹ, ㄱ의 각 점을 차례로 연결한 선내 ㉮ 부분 70㎡는 원고의 소유로, 같은 도면 표시 ㄴ, ㅁ, ㅂ, ㄷ, ㄴ의 각 점을 차례로 연결한 선내 ㉯ 부분 30㎡는 피고의 소유로 **분할한다**).

15 판결에 의한 등기를 신청할 때의 (승계)집행문의 제공에 관한 다음 설명 중 가장 옳지 않은 것은? ▸ 2018년 등기주사보

① 선정당사자가 받은 판결주문에 '피고는 선정자 ○○○에게 소유권이전등기절차를 이행하라.'는 내용의 기재가 있는 경우, 선정자 ○○○은 이 판결문을 첨부정보로서 제공하여 자신을 등기권리자로 하는 소유권이전등기를 단독으로 신청할 수 있으며, 이때에 승계집행문을 첨부정보로서 제공하여야 한다.

② 조건부 이행판결에 의하여 등기권리자가 단독으로 등기를 신청할 때에는 집행문을 첨부정보로서 제공하여야 한다.

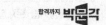

③ 공유물분할판결의 변론종결 후 그 판결의 확정 전에 일부 공유자의 지분이 제3자에게 이전된 경우로서 위 제3자가 종전 공유자가 취득한 분할부분에 관하여 자신을 위한 승계집행문을 부여받은 경우에는, 그 제3자는 다른 공유자 명의의 지분에 대하여 곧바로 자신 앞으로 판결에 따른 이전등기를 단독으로 신청할 수 있다.

④ 진정명의회복을 원인으로 한 소유권이전등기절차를 명하는 판결의 변론종결 후에 피고로부터 제3자 앞으로 소유권이전등기가 마쳐진 경우, 등기권리자는 승계집행문을 부여받아 판결에 따른 소유권이전등기를 신청할 수 있는바, 이때에 제3자 명의의 소유권이전등기는 말소할 필요가 없다.

해설 ① 다른 사람을 위하여 원고나 피고가 된 사람(⊞ 대위채권자·선정당사자)에 대한 확정판결은 그 다른 사람(⊞ 채무자·선정자)에 대하여도 효력(⊞ 기판력)이 미친다(민사소송법 제218조 제3항). 선정당사사가 받은 판결주문에 "피고는 <u>선정자 ○○○에게 소유권이전등기절차를 이행하라.</u>"는 내용의 기재가 있는 경우, <u>선정자 ○○○</u>은 이 판결문을 첨부정보로서 제공하여 자신을 등기권리자로 하는 소유권이전등기를 단독으로 신청할 수 있으며, 이때에 <u>승계집행문</u>은 첨부정보로서 제공할 필요가 <u>없다</u>(선례 제201709—2호).

② 예규 제1692호, 5—나
③ 예규 제1692호, 5—다—2)—나)—(2)
④ 예규 제1692호, 5—다—1)—나)

16 **판결에 의한 등기신청에 관한 다음 설명 중 가장 옳지 않은 것은?** ▶ 2018년 등기주사보

① 공유물분할판결이 확정되면 원고 또는 피고는 그 판결을 첨부하여 등기권리자 단독으로 공유물분할을 원인으로 한 이전등기를 신청할 수 있다.

② 사해행위취소판결에 의한 등기신청의 등기원인은 '사해행위취소'이고 그 연월일은 '판결확정일'이다.

③ 채권자대위소송에서 채무자가 채권자대위소송이 제기된 사실을 알았을 경우에는 채무자 또는 제3채무자도 채권자가 얻은 승소판결에 의하여 단독으로 등기를 신청할 수 있다.

④ 판결에 의한 소유권이전등기를 신청할 때에는 등기원인에 대한 해당 허가서 등의 현존사실이 판결서 등에 기재되어 있다면 행정관청의 허가서 등을 제출하지 않아도 된다.

해설 ④ 등기원인에 대하여 행정관청의 허가, 동의 또는 승낙 등을 받을 것이 요구되는 때에는 해당 허가서 등의 현존사실이 그 판결서에 기재되어 있는 경우에 한하여 허가서 등의 제출의무가 면제된다. 그러나 <u>소유권이전등기</u>를 신청할 때에는 해당 허가서 등(⊞ 농지취득자격증명·토지거래계약허가서·재단법인 주무관청허가서·공익법인 소유권이전 주무관청허가서)의 현존사실이 판결서 등에 기재되어 있다 하더라도 <u>행정관청의 허가 등을 증명하는 서면을 반드시 제출</u>하여야 한다(예규 제1692호, 5—마).

① 법 제23조 제4항

정답 ○━ 14 ② 15 ① 16 ④

② 예규 제1692호, 4-나
③ 예규 제1692호, 3-라

17 판결에 따른 등기신청절차와 관련한 다음 설명 중 가장 옳지 않은 것은? ▸2018년 법원사무관

① 등기신청을 위한 판결은 원칙적으로 등기신청절차의 이행을 명하는 이행판결이어야 하나, 형성판결인 공유물분할판결은 예외적으로 등기신청이 가능한 경우이다.
② 등기절차의 이행을 명하는 확정판결을 받았다면 확정 후 10년이 경과하였더라도 그 판결에 의한 등기신청을 할 수 있다.
③ 판결에 의한 등기신청에는 원칙적으로 집행문을 제공할 필요가 없으나, 상환이행판결인 경우에는 집행문을 제공하여야 한다.
④ 판결에 의한 등기신청은 승소한 등기권리자 또는 승소한 등기의무자가 단독으로 신청을 할 수 있으므로 등기필정보를 제공할 필요가 없다.

해설 ④ **승소한 등기권리자**가 단독으로 판결에 의하여 등기를 신청하는 경우에는 등기의무자의 권리에 관한 등기필정보를 제공(**제공×/작성○**)할 필요가 없다. 다만 **승소한 등기의무자**가 단독으로 등기를 신청할 때에는 그의 권리에 관한 등기필정보를 제공(**제공○/작성×**)하여야 한다(법 제50조 제2항, 예규 제1692호, 5-바).

① **등기절차의 이행 또는 인수를 명하는 판결**에 의한 등기는 승소한(**패소×**) 등기권리자 또는 등기의무자가 단독으로 신청하고, **공유물을 분할하는 판결**에 의한 등기는 (**승소·패소·원고·피고 불문**)등기권리자 또는 등기의무자가 단독으로 신청한다(법 제23조 제4항). 여기서의 판결은 조정조서 등 판결에 준하는 집행권원을 포함한다.
② 예규 제1692호, 2-라
③ 예규 제1692호, 5-나

18 판결에 의한 등기는 승소한 등기권리자 또는 등기의무자가 단독으로 신청한다(부동산등기법 제23조 제4항). 이러한 경우의 등기원인과 그 연월일에 관한 다음 설명 중 가장 옳지 않은 것은? ▸2018년 등기서기보

① 등기절차의 이행을 명하는 판결주문에 등기원인과 그 연월일이 명시되어 있는 경우 그 판결주문에 명시된 등기원인과 그 연월일을 신청정보의 내용으로 제공한다.
② 등기절차의 이행을 명하는 판결주문에 등기원인과 그 연월일이 명시되어 있지 아니한 경우 등기원인은 "확정판결"로, 그 연월일은 "판결선고일"을 신청정보의 내용으로 제공한다.
③ 공유물분할판결의 경우 등기원인은 "공유물분할"로, 그 연월일은 "판결확정일"을 신청정보의 내용으로 제공한다.
④ 사해행위취소판결의 경우 등기원인은 "확정판결"로, 그 연월일은 "판결선고일"을 신청정보의 내용으로 제공한다.

해설 ④ 사해행위취소판결의 경우 등기원인은 **"사해행위취소"**로, 그 연월일은 **"판결확정일"**을 기재한다(예규 제1692호, 4-나).

①② 예규 제1692호, 4-가
③ 예규 제1692호, 4-나

19 판결에 의한 등기신청과 집행문에 대한 다음 설명 중 가장 옳지 않은 것은?

▶ 2018년 등기서기보

① 판결에 의한 등기를 신청하는 경우 원칙적으로 집행문의 첨부를 요하지 않는다.
② 반대급부의무와 상환으로 등기절차의 이행을 명하는 판결(상환이행판결)에 의하여 등기를 신청하는 경우에는 집행문을 첨부하여야 한다.
③ 반대급부의 이행과 등기절차의 이행이 각각 독립적으로 기재된 판결에 의하여 등기를 신청하는 경우에도 집행문을 첨부하여야 한다.
④ 원인무효인 소유권이전등기의 말소판결의 변론종결 후에 마쳐진 제3자 명의의 소유권이전등기가 있는 경우에 그 말소판결에 의한 등기를 신청하기 위해서는 그 제3자에 대한 승계집행문을 첨부하여야 한다.

해설 ③ 등기절차의 이행을 명하는 판결이 **선이행판결, 상환이행판결, 조건부이행판결**인 경우에는 **집행문을 첨부하여야 한다**. 다만 **등기절차의 이행과 반대급부의 이행**이 **각각 독립적으로 기재**되어 있다면 **그러하지 아니하다**(🈲 집행문 不要)(예규 제1692호, 5-나). 원, 피고들 간에, 1. 원고는 피고들에게 ○○까지 금○○원을 지급한다. 2. 피고들은 원고에게 이 사건 부동산에 대한 각 소유권이전등기절차를 이행한다. 3. 소송비용은 각자 부담한다라는 조정이 성립되었을 경우, 원고의 금원 지급의무와 피고들의 소유권이전등기절차 이행의무는 동시이행관계에 있는 것이 아니므로, 조정조서에 의하여 원고 명의로의 소유권이전등기를 신청함에 있어 집행문을 부여받지 않아도 된다. 한편, 원고가 위 금원의 지급의무를 이행하지 아니할 뿐만 아니라 조정조서에 의하여 소유권이전등기를 신청하지도 않는 경우에 위 금전채권의 집행보전을 위해 이 조정조서에 의하여 원고를 대위하여 원고 명의로 소유권이전등기를 신청할 수 없을 것이다(선례 제5-169호).

①② 예규 제1692호, 5-나
④ 등기절차의 이행을 명하는 확정판결(🈲 원인무효로 인한 소유권말소등기절차를 이행하라는 확정판결)의 변론종결 후 그 판결에 따른 등기신청 전에 등기의무자인 피고 명의의 등기를 기초로 한 제3자 명의의 새로운 등기가 경료된 경우(단, 아래 나의 경우를 제외한다)로서 제3자가 「민사소송법」 제218조 제1항의 변론을 종결한 뒤의 승계인에 해당하여 위 판결의 기판력이 그에게 미친다는 이유로 원고가 위 제3자에 대한 승계집행문을 부여받은 경우에는, 원고는 그 ① 제3자 명의의 등기의 말소등기와 ② 판결에서 명한 등기(🈲 말소등기)를 단독으로 신청할 수 있으며, 위 각 등기는 **동시**에 신청하여야 한다(예규 제1692호, 5-다-1)).

정답 🔑 17 ④ 18 ④ 19 ③

20 판결 등 집행권원에 의한 등기와 관련한 다음 설명 중 가장 옳은 것은? ▸ 2017년 법무사

① 재심의 소에 의하여 재심대상 판결이 취소된 경우 그 재심판결로 취소된 판결에 의하여 마쳐진 소유권이전등기의 말소등기를 신청할 수 있다.

② 판결에 의한 등기신청은 승소한 등기권리자 또는 승소한 등기의무자가 단독으로 신청할 수 있으므로 등기필정보를 제공할 필요가 없다.

③ 조정조서, 화해조서를 등기원인증서로서 첨부하는 경우에는 확정증명서를 제공할 필요가 없으나, 조정에 갈음하는 결정정본 또는 화해권고결정정본을 등기원인증서로서 첨부하는 경우에는 확정증명서를 제공하여야 한다.

④ 사해행위취소판결에 의한 등기에 있어서 등기원인은 '사해행위취소'이고, 그 연월일은 '판결선고일'이다.

⑤ 판결의 주문에 등기절차의 이행과 반대급부의 이행이 각각 독립적으로 기재되어 있더라도 반대급부의 이행을 증명하기 위하여 등기신청서에 집행문을 제공하여야 한다.

해설 ③ 조정조서, 화해조서 또는 인낙조서를 등기원인증서로서 첨부하는 경우에는 확정증명서를 첨부할 필요가 없다. 그러나 조정에 갈음하는 결정정본 또는 화해권고결정정본을 등기원인증서로서 첨부하는 경우에는 확정증명서를 첨부하여야 한다(예규 제1692호, 5-가).

① 재심의 소에 의하여 **재심대상 판결이 취소**된 경우 그 재심판결로 취소된 판결에 의하여 경료된 소유권이전등기의 말소등기 신청은 수리할 수 없다(예규 제1692호, 2-가-3)-나))(⊞ 형성판결이기 때문에 불가).

② **승소한 등기권리자**가 단독으로 판결에 의하여 등기를 신청하는 경우에는 등기의무자의 권리에 관한 등기필정보를 제공(⊞ 제공×/작성○)할 필요가 없다. 다만 **승소한 등기의무자**가 단독으로 등기를 신청할 때에는 그의 권리에 관한 등기필정보를 제공(⊞ 제공○/작성×)하여야 한다(법 제50조 제2항, 예규 제1692호, 5-바).

④ 사해행위취소판결의 경우 등기원인은 "**사해행위취소**"로, 그 연월일은 "**판결확정일**"을 기재한다(예규 제1692호, 4-나).

⑤ 등기절차의 이행을 명하는 판결이 **선이행판결, 상환이행판결, 조건부이행**판결인 경우에는 **집행문**을 첨부하여야 한다. 다만 등기절차의 이행과 반대급부의 이행이 **각각 독립적으로 기재**되어 있다면 **그러하지 아니하**다(⊞ 집행문 不要)(예규 제1692호, 5-나).

21 판결 등 집행권원에 의한 등기신청에 관한 다음 설명 중 가장 옳지 않은 것은?

▶ 2016년 법무사 변경

① 중재판정에 의한 등기신청은 집행결정을, 외국판결에 의한 등기신청은 집행판결을 각 첨부하여야만 단독으로 등기를 신청할 수 있다.

② 공증인 작성의 공정증서에 부동산에 관한 등기신청의무를 이행하기로 하는 조항이 기재되어 있다면 등기권리자는 이 공정증서에 의하여 단독으로 등기를 신청할 수 있다.

③ 가처분결정에 등기절차의 이행을 명하는 조항이 기재되어 있어도 등기권리자는 이 가처분결정에 의하여 단독으로 등기를 신청할 수 없다.

④ 등기절차의 이행을 명하는 확정판결을 받았다면 그 확정시기에 관계없이, 즉 확정 후 10년이 경과하였다 하더라도 그 판결에 의한 등기신청을 할 수 있다.

⑤ 확정되지 아니한 가집행선고가 붙은 판결에 의하여 등기를 신청한 경우 등기관은 그 신청을 각하하여야 한다.

> **해설** ② 공증인 작성의 **공정증서**는 설령 부동산에 관한 등기신청의무를 이행하기로 하는 조항이 기재되어 있더라도 등기권리자는 이 공정증서에 의하여 단독으로 등기를 신청할 수 없다(예규 제1692호, 2-다-3)).
>
> ① 예규 제1692호, 2-다-2)
> ③ 예규 제1692호, 2-다-4)
> ④ 예규 제1692호, 2-라
> ⑤ 예규 제1692호, 2-나

22 다음 중 등기권리자가 단독으로 등기를 신청할 수 있는 판결 등 집행권원에 해당하는 것은?

▶ 2015년 법무사

① "○○부동산 중 …… 선내 ㉮ 부분은 원고의 소유로, …… 선내 ㉯ 부분은 피고의 소유로 각 분할한다."라고 한 판결

② "소유권지분 10분의 3을 양도한다."라고 한 화해조서

③ "피고는 원고로부터 △△부동산에 관한 소유권이전등기 절차를 이행받음과 동시에 원고에게 ○○○원을 지급하라."라고 한 판결

④ 판결주문에 전세권의 존속기간은 명시되어 있으나 전세금이 명시되지 아니한 전세권설정등기를 명하는 판결

⑤ "소유권이전등기절차에 필요한 서류를 교부한다."라고 한 화해조서

정답 ↦ 20 ③ 21 ② 22 ①

해설 ① **공유물을 분할하는 판결**에 의한 등기는 (🏛 승소·패소·원고·피고 불문)등기권리자 또는 등기의무자가 단독으로 신청한다(법 제23조 제4항)(🏛 판결주문례 – 별지 목록 기재 토지를, 별지 도면 표시 ㄱ, ㄴ, ㄷ, ㄹ, ㄱ의 각 점을 차례로 연결한 선내 ㉮ 부분 70㎡는 원고의 소유로, 같은 도면 표시 ㄴ, ㅁ, ㅂ, ㄷ, ㄴ의 각 점을 차례로 연결한 선내 ㉯ 부분 30㎡는 피고의 소유로 **분할한다**).

② 예규 제1692호, 2–가–3)–가)
④ 예규 제1692호, 2–가–3)–다)
⑤ 예규 제1692호, 2–가–3)–가)

23 판결 등 집행권원에 의한 등기신청에 관한 다음 설명 중 가장 옳지 않은 것은?

▶ 2015년 등기서기보

① "피고는 원고로부터 △△부동산에 관한 소유권이전등기 절차를 이행받음과 동시에 원고에게 ○○○원을 지급하라"는 취지의 판결이 확정된 경우, 피고는 위 판결문에 집행문을 부여받아 단독으로 소유권이전등기를 신청할 수 있다.

② 등기절차의 이행을 명하는 확정판결을 받았다면 확정 후 10년이 경과한 경우라도 그 판결에 의한 등기신청을 할 수 있다.

③ 승소한 권리자가 판결의 변론종결 후 사망하였다면, 상속인이 상속을 증명하는 서면을 첨부하여 직접 자기 명의로 등기를 신청할 수 있다.

④ 채권자가 제3채무자를 상대로 채무자를 대위하여 등기절차의 이행을 명하는 판결을 얻은 경우 채권자는 채무자의 대위신청인으로서 그 판결에 의하여 단독으로 등기를 신청할 수 있다.

해설 ① 집행권원에 반대급부와 상환으로 일정한 급부를 할 것을 표시한 경우 반대급부는 급부의무의 태양에 불과하여 집행력이 생기지 아니하므로, "피고는 원고로부터 △△부동산에 관한 **소유권이전등기 절차를 이행받음과 동시에**(🏛 집행력×) 원고에게 ○○○원을 지급하라(🏛 집행력○)"는 취지의 판결이 확정된 경우, 피고는 위 판결문에 집행문을 부여받아 단독으로 △△부동산에 관한 **소유권이전등기를 신청할 수 없다**(선례 제200607–4호).

② 예규 제1692호, 2–라
③ 승소한 등기권리자가 **승소판결의 변론종결 후 사망**하였다면(🏛 법 제27조), 상속인이 상속을 증명하는 서면을 첨부하여 **직접 자기 명의로** 등기를 신청할 수 있다(예규 제1692호, 3–나).

24 판결에 의한 등기신청에 관한 다음 설명 중 가장 옳지 않은 것은? ▶ 2014년 법무사

① 승소한 등기권리자가 승소판결의 변론종결 후 사망하였다면, 그 상속인이 상속을 증명하는 서면을 첨부하여 직접 자기 명의로 등기를 신청할 수 있다.

② 채권자가 수익자를 상대로 채무자와 수익자 사이의 소유권이전등기의 원인행위가 사해행위임을 이유로 취소하고 그 말소등기절차의 이행을 명하는 확정판결을 얻은 경우, 채무자는 등기권리자로서 채권자가 얻은 승소판결에 의하여 단독으로 등기를 신청할 수 있다.

③ 채권자가 제3채무자를 상대로 채무자를 대위하여 등기절차의 이행을 명하는 판결을 얻은 경우 채권자는 채무자의 대위 신청인으로서 그 판결에 의하여 단독으로 등기를 신청할 수 있다.

④ 공유물분할판결이 확정되면 원·피고인지 여부에 관계없이 그 확정판결을 첨부하여 등기권리자 단독으로 공유물분할을 원인으로 한 지분이전등기를 신청할 수 있다.

⑤ 「부동산 실권리자명의 등기에 관한 법률」 소정의 실명등기 유예기간 경과 후에 명의신탁자가 명의수탁자를 상대로 진정명의회복을 원인으로 한 소유권이전등기절차를 이행하라는 확정판결을 받았다면, 그 판결에 의하여 명의수탁자로부터 명의신탁자 앞으로 소유권이전등기를 신청할 수 있다.

해설 ② 수익자(갑)를 상대로 사해행위취소판결을 받은 **채권자(을)**는 채무자(병)를 대위하여 단독으로 등기를 신청할 수 있다. 이 경우 등기신청서의 등기권리자란에는 "병 대위신청인 을"과 같이 기재하고, 등기의무자란에는 "갑"을 기재한다(● **채무자는 패소**하였으므로 채권자가 얻은 승소판결에 의해서 단독으로 등기를 신청할 수 **없다**)(예규 제1692호, 3-마).

① 예규 제1692호, 3-나

③ 예규 제1692호, 3-라

④ 법 제23조 제4항

⑤ 부동산 실권리자명의 등기에 관한 법률 소정의 유예기간 내에 실명등기를 하지 않아 명의신탁약정이 무효가 되자 명의신탁자가 명의수탁자를 상대로 부당이득반환 또는 진정명의회복을 원인으로 한 소유권이전등기절차를 이행하라는 확정판결을 받았다면, 그 판결에 의하여 명의수탁자로부터 명의신탁자 앞으로 소유권이전등기를 신청할 수 있다(선례 제7-419호).

정답 ➡ 23 ① 24 ②

25 판결에 의한 등기신청 시 첨부정보에 관한 다음 설명 중 가장 옳지 않은 것은?

▶ 2013년 법무사

① 판결에 의한 등기를 신청할 때에는 등기원인증서로서 판결정본과 그 판결이 확정되었음을 증명하는 확정증명서를 첨부정보로 제공하여야 하나 송달증명서의 제공은 요하지 않는다.

② 등기절차의 이행을 명하는 판결이 선이행판결, 상환이행판결, 조건부이행판결인 경우에는 집행문을 첨부정보로 제공하여야 한다. 다만 등기절차의 이행과 반대급부의 이행이 각각 독립적으로 기재되어 있다면 그러하지 아니하다.

③ 판결에 의하여 등기권리자가 단독으로 소유권이전등기를 신청할 경우, 주소를 증명하는 정보는 등기권리자의 것만을 제공하면 된다.

④ 판결에 의한 소유권이전등기를 신청할 때에는 등기원인에 대하여 행정관청의 허가, 동의 또는 승낙이 필요한 경우에도, 판결이유에 그 허가서 등의 현존사실이 기재되어 있다면 그 허가서 등을 첨부정보로 제공할 필요가 없다.

⑤ 승소한 등기의무자가 단독으로 등기를 신청할 때에는 그의 권리에 관한 등기필증을 첨부정보(등기필정보의 경우에는 신청정보)로 제공하여야 한다.

해설 ④ 등기원인에 대하여 행정관청의 허가, 동의 또는 승낙 등을 받을 것이 요구되는 때에는 해당 허가서 등의 현존사실이 그 판결서에 기재되어 있는 경우에 한하여 허가서 등의 제출의무가 면제된다. 그러나 **소유권이전등기**를 신청할 때에는 해당 허가서 등(註 **농지취득자격증명·토지거래계약허가서·재단법인 주무관청허가서·공익법인 소유권이전 주무관청허가서**)의 현존사실이 판결서 등에 기재되어 있다 하더라도 **행정관청의 허가 등**을 증명하는 서면을 **반드시 제출**하여야 한다(예규 제1692호, 5-마).

① 판결에 의한 등기를 신청함에 있어 등기원인증서로서 판결정본과 그 판결이 확정되었음을 증명하는 **확정증명서**를 첨부하여야 한다. 그러나 **송달증명서**의 첨부는 요하지 **않는다**(예규 제1692호, 5-가).

② 예규 제1692호, 5-나

③ 예규 제1692호, 5-라-1)

26 판결에 의한 등기신청에 관한 다음 설명 중 옳은 것은?

▶ 2012년 법무사

① 판결주문에 채권최고액이 명시되어 있지 않은 판결에 의하여 근저당권설정등기를 신청한 경우 등기관은 채권최고액이 없는 근저당권설정등기를 실행하여야 한다.
② 판결 확정 후 승소한 등기권리자가 사망한 경우에는 그 권리자의 상속인이 사망한 피상속인 명의로 판결에 의한 등기를 신청할 수 있다.
③ 부동산에 관한 등기신청의무를 이행하기로 하는 조항이 공정증서에 기재되어 있는 경우 등기권리자는 그 공정증서에 의하여 단독으로 등기를 신청할 수 있다.
④ 조정조서에 등기절차의 이행과 반대급부의 이행이 각각 독립적으로 기재되어 있다면 그 조서에 의한 등기신청을 하기 위하여 집행문을 부여받을 필요는 없다.
⑤ 법원의 신탁해지명령이 있는 경우에는 그 해지명령에 의하여 신탁된 부동산에 대한 소유권이전등기 및 신탁등기의 말소등기를 할 수 있다.

해설 ④ 등기절차의 이행을 명하는 판결이 **선이행**판결, **상환이행**판결, **조건부이행**판결인 경우에는 **집행문**을 첨부하여야 한다. 다만 등기절차의 이행과 반대급부의 이행이 **각각 독립적으로 기재**되어 있다면 **그러하지 아니하다**(**塞** 집행문 **不要**)(예규 제1692호, 5–나). 원, 피고들 간에, 1. 원고는 피고들에게 ○○까지 금○○원을 지급한다. 2. 피고들은 원고에게 이 사건 부동산에 대한 각 소유권이전등기절차를 이행한다. 3. 소송비용은 각자 부담한다라는 조정이 성립되었을 경우, 원고의 금원 지급의무와 피고들의 소유권이전등기절차 이행의무는 동시이행관계에 있는 것이 아니므로, 조정조서에 의하여 원고 명의로의 소유권이전등기를 신청함에 있어 집행문을 부여받지 않아도 된다. 한편, 원고가 위 금원의 지급의무를 이행하지 아니할 뿐만 아니라 조정조서에 의하여 소유권이전등기를 신청하지도 않는 경우에 위 금전채권의 집행보전을 위해 이 조정조서에 의하여 원고를 대위하여 원고 명의로 소유권이전등기를 신청할 수 없을 것이다(선례 제5–169호).

① 근저당권설정등기를 명하는 판결주문에 필수적 기재사항인 채권최고액이나 채무자가 명시되지 아니한 경우에는 이에 따른 등기신청을 할 수 없다(예규 제1692호, 2–가–3)–다)).
② 승소한 등기권리자가 승소판결의 변론종결 **후 사망**하였다면(**塞** 법 제27조), 상속인이 상속을 증명하는 서면을 첨부하여 **직접 자기 명의로** 등기를 신청할 수 있다(예규 제1692호, 3–나).
③ 공증인 작성의 **공정증서**는 설령 부동산에 관한 등기신청의무를 이행하기로 하는 조항이 기재되어 있더라도 등기권리자는 이 공정증서에 의하여 단독으로 등기를 신청할 수 없다(예규 제1692호, 2–다–3)).
⑤ 「신탁법」 제57조에 따른 법원의 **신탁해지명령**은 「부동산등기법」 제29조(**塞** 법 제23조 제4항)의 판결에 해당하지 아니하므로 수익자나 수익자의 채권자(수익자를 대위하여)가 단독으로 신탁해지명령 정본을 첨부하여 소유권이전등기 및 신탁등기의 말소등기를 신청할 수 **없다**(선례 제201104–1호).

정답 ➡ 25 ④ 26 ④

03 일괄(신청정보 제공방법)

01 다음의 등기신청 중 한 개의 신청서(촉탁서)로 신청(촉탁)할 수 있는 경우는?

▸ 2023년 법무사

① 甲이 하나의 계약에 의해 관할이 다른 X부동산과 Y부동산을 乙에게 매도하여 X·Y부동산에 대해 乙 앞으로 소유권이전등기를 신청하는 경우
② 甲 소유의 X부동산에 대하여 乙 앞으로 소유권이전등기를 신청하면서 동시에 甲을 근저당권자로 하는 근저당권설정등기를 신청하는 경우
③ 甲과 乙의 공유인 X부동산에 대하여 甲과 乙이 그 지분의 전부를 丙과 丁에게 이전하는 경우
④ 경매절차에서 매각대금이 지급된 후 법원사무관등이 매수인 앞으로 소유권을 이전하는 등기, 매수인이 인수하지 아니한 부동산의 부담에 관한 등기의 말소등기, 경매개시결정등기의 말소등기를 촉탁하는 경우
⑤ 甲과 乙 두 사람이 각각 별도로 피담보채권의 일정 금액씩을 대위변제하고 저당권일부이전등기를 신청하는 경우

해설 ④ 법 제25조 단서에 따라 다음 각 호의 경우에는 1건의 신청정보로 **일괄**하여 **신청**하거나 **촉탁**할 수 있다(규칙 제47조).

> 1. 같은 채권의 담보를 위하여 **소유자가 다른 여러 개의 부동산**에 대한 (🎯 **공동**)저당권설정등기를 신청하는 경우
> 2. 법 제97조(🎯 **공매**) 각 호의 등기를 촉탁하는 경우
>   ㉠ 공매처분으로 인한 권리이전의 등기
>   ㉡ 공매처분으로 인하여 소멸한 권리등기의 말소
>   ㉢ 체납처분에 관한 압류등기 및 공매공고등기의 말소
> 3. 「민사집행법」 제144조 제1항 각 호(🎯 **경매**)의 등기를 촉탁하는 경우
>   ㉠ **매수인 앞으로 소유권을 이전**하는 등기
>   ㉡ **매수인이 인수하지 아니한 부동산의 부담에 관한 기입을 말소**하는 등기
>   ㉢ 제94조 및 제139조 제1항의 규정에 따른 **경매개시결정등기를 말소**하는 등기

① 1. 등기의 신청은 1건당 1개의 부동산에 관한 신청정보를 제공하는 방법으로 하여야 한다(법 제25조 본문).
2. 다만, **등기목적**과 **등기원인**이 동일하거나 그 밖에 대법원규칙으로 정하는 경우에는 **같은 등기소의 관할 내**에 있는 여러 개의 부동산에 관한 신청정보를 **일괄**하여 제공하는 방법으로 할 수 있다(법 제25조 단서).
3. 따라서 甲이 하나의 계약에 의해 **관할이 다른 X부동산과 Y부동산**을 乙에게 매도하여 X·Y부동산에 대해 乙 앞으로 소유권이전등기를 신청하는 경우처럼 **관할이 다른 경우**에는 **일괄신청할 수 없다**.

② 1. **등기목적의 동일성**(법 제48조 제1항 제2호)은 **등기할 사항이 동일한 것**(법 제3조)을 말한다. 즉 신청하려는 등기의 내용 또는 종류(소유권보존, 소유권이전, 근저당권설정 등)가 동일하다는 것을 말한다(법 제25조 단서).

2. 따라서 동일한 부동산에 관하여 **소유권이전등기**와 **저당권설정등기**의 신청은 1개의 등기신청서로 **일괄신청할 수 없고 별개의 신청서로** 하여야 한다.

③ **수인**의 공유자가 **수인**에게 지분의 전부 또는 일부를 이전하려고 하는 경우 등기신청인은 등기신청서에 등기의무자들의 각 지분 중 각 ○분의 ○ 지분이 등기권리자 중 1인에게 이전되었는지를 기재하고 신청서는 **등기권리자별로 신청서를** 작성하여 제출하거나 또는 등기의무자 1인의 지분이 등기권리자들에게 각 ○분의 ○ 지분씩 이전되었는지를 기재하고 **등기의무자별로 신청서를** 작성하여 제출하여야 한다. 한 장의 신청서(⊕ 일괄신청)에 함께 기재한 경우 등기관은 이를 수리해서는 **아니** 된다(예규 제1363호).

⑤ 1. **등기원인의 동일성**은 물권변동을 일으키는 **법률행위 또는 법률사실의 내용**과 **그 성립 또는 발생일자가 같다는 것**을 말한다(법 제25조 단서).

2. 따라서 甲과 乙 두 사람이 **각각 별도로 피담보채권의 일정 금액씩을 대위변제**하고 저당권 일부이전등기를 신청하는 경우에는 **일괄신청할 수 없다**.

02 **등기신청방법에 관한 다음 설명 중 가장 옳지 않은 것은?** ▸ 2022년 법무사

① 같은 채권의 담보를 위하여 소유자가 다른 여러 개의 부동산(같은 등기소의 관할 내)에 대한 저당권설정등기를 신청하는 경우 1건의 신청정보로 일괄하여 신청할 수 있다.

② 같은 채권의 담보를 위하여 소유자가 동일한 여러 개의 부동산(같은 등기소의 관할 내)에 대한 저당권설정등기를 신청하는 경우 1건의 신청정보로 일괄하여 신청할 수 있는 이유는 등기목적과 등기원인이 동일하기 때문이다.

③ 동일한 부동산에 대하여 순위번호가 다른 수개의 근저당권이 설정되어 있으나 채무자 변경계약의 당사자가 동일하다면 하나의 신청서에 변경할 근저당권의 표시를 모두 기재하여 동시에 그 변경등기를 신청할 수 있다.

④ 신탁계약을 원인으로 한 소유권이전등기의 신청과 신탁등기의 신청은 1건의 신청정보로 일괄하여 신청할 수 있다.

⑤ 동일 부동산에 관하여 동일인 명의로 수개의 근저당권설정등기가 되어 있는 경우 근저당권자의 주소변경을 원인으로 한 위 수개의 등기명의인 표시의 변경등기는 1개의 신청서에 일괄하여 신청할 수 있다.

<u>해설</u> ④ 1. **신탁등기의 신청**은 해당 신탁으로 인한 **권리의 이전 또는 보존이나 설정등기의 신청**과 함께 1건의 신청정보로 **일괄하여 하여야** 한다. 다만 수익자나 위탁자가 수탁자를 대위하여 신탁등기를 신청하는 경우에는 그러하지 아니하다(예규 제1726호, 1-나-(1)).

정답 ○┥ 01 ④ 02 ④

    2. **신탁행위(⊞ 신탁계약)에 의하여 소유권을 이전하는 경우**에는 신탁등기의 신청은 신탁을 원인으로 하는 소유권이전등기의 신청과 함께 1건의 신청정보로 **일괄**하여 **하여야 한다** (예규 제1726호, 1–나–(2)).

    3. **등기원인이 신탁임에도 신탁등기만**을 신청하거나 **소유권이전등기만**을 신청하는 경우에는 「부동산등기법」 제29조 **제5호**에 의하여 신청을 **각하**하여야 한다(법 제29조 제5호).

① **법 제25조 단서**에 따라 다음 각 호의 경우에는 1건의 신청정보로 **일괄**하여 **신청**하거나 **촉탁** 할 수 있다(규칙 제47조).

    1. **같은 채권의 담보**를 위하여 **소유자가 다른 여러 개의 부동산**에 대한 **(⊞ 공동)저당권설정 등기**를 신청하는 경우

    2. **법 제97조 각 호의 등기**를 촉탁하는 경우(⊞ 공매)

    3. **「민사집행법」 제144조 제1항 각 호의 등기**를 촉탁하는 경우(⊞ 경매)

② 1. 등기의 신청은 1건당 1개의 부동산에 관한 신청정보를 제공하는 방법으로 하여야 한다. 다만, **등기목적과 등기원인이 동일**하거나 그 밖에 대법원규칙으로 정하는 경우에는 **같은 등기소**의 관할 내에 있는 여러 개의 부동산에 관한 신청정보를 **일괄**하여 제공하는 방법으로 할 수 있다(법 제25조).

    2. **등기원인의 동일성**은 물권변동을 일으키는 **법률행위** 또는 법률사실의 내용과 그 성립 또는 발생일자가 같다는 것을 말하며, **당사자가 동일**할 것도 포함한다. 따라서 **같은 채권의 담보**를 위하여 **소유자가 동일**한 **여러 개의 부동산**(같은 등기소의 관할 내)에 대한 저당권 설정등기를 신청하는 경우에는 **등기원인이 동일**하다고 볼 수 있다.

    3. **등기목적의 동일성**은 **등기할 사항**(법 제3조)이 **동일**한 것을 말한다. 즉 신청하려는 등기의 내용 또는 종류(소유권보존, 소유권이전, 근저당권설정 등)가 동일하다는 것을 말한다. 따라서 같은 채권의 담보를 위하여 소유자가 동일한 **여러 개의 부동산**(같은 등기소의 관할 내)에 대한 **저당권설정등기**를 신청하는 경우에는 **등기목적이 동일**하다고 볼 수 있다.

③ 근저당권의 기본계약상의 채무자 지위를 채권자 및 신·구채무자 사이의 3면계약에 의하여 교환적으로 승계하거나 추가적으로 가입하는 경우에는 "채무자 변경계약"을 등기원인으로 하여 근저당권의 채무자변경등기를 신청할 수 있으며, 그 경우 **동일한 부동산**에 대하여 순위 번호가 다른 수개의 근저당권이 설정되어 있으나 **채무자 변경계약의 당사자가 동일**하다면 **하나의 신청서**에 변경할 근저당권의 표시를 모두 기재하여 동시에 그 변경등기를 신청할 수 있다(선례 제3–591호).

⑤ **동일 부동산**에 관하여 **동일인 명의**로 수개의 근저당권설정등기가 되어 있는 경우 근저당권 자의 주소변경을 원인으로 한 위 수개의 등기명의인의 표시 변경등기는 **1개의 신청서**에 일 괄하여 신청할 수 있으며, 위 등기신청을 하지 않더라도 다음 순위의 새로운 근저당권설정등 기를 신청할 수 있다(선례 제2–40호).

03 **등기신청 또는 촉탁정보의 제공방법에 관한 다음 설명 중 가장 옳지 않은 것은?**

▸ 2020년 등기서기보

① 등기의 신청은 1건당 1개의 부동산에 관한 신청정보를 제공하는 방법으로 하는 것이 원칙이다.

② 처분금지가처분의 목적물인 부동산이 여러 개이고 그 부동산별로 피보전권리의 채권자가 다른 경우라도 1개의 부동산처분금지가처분 결정이 있은 경우에는 1개의 촉탁서로 일괄하여 촉탁할 수 있다.

③ 같은 채권의 담보를 위하여 소유자가 다른 여러 개의 부동산에 대한 저당권설정등기를 1건의 신청정보로 일괄하여 제공하는 방법으로 할 수 있다.

④ 등기목적과 등기원인이 동일한 경우에는 여러 개의 부동산에 관한 신청정보 또는 촉탁정보를 일괄하여 제공할 수 있다.

해설 ② 등기의 신청은 1건당 1개의 부동산에 관한 신청정보를 제공하는 방법으로 하여야 하고(🏛 법 제25조 본문), 다만 등기목적과 등기원인이 동일한 경우 등 예외적인 경우에만 일괄신청이 허용되는바(🏛 법 제25조 단서), 촉탁에 따른 등기절차는 원칙적으로 신청에 따른 등기절차에 관한 규정을 준용(🏛 법 제22조 제2항)하므로 일괄촉탁도 법령이 정한 예외적인 경우에만 허용된다. 1개의 부동산처분금지가처분 결정(🏛 등기목적)이 있더라도 그 목적물인 부동산이 여러 개이고 부동산별로 피보전권리의 채권자(🏛 등기원인)가 다르다면 가처분등기의 등기목적은 같으나 등기원인이 동일한 경우에 해당하지 아니하므로 일괄촉탁을 할 수 없고 부동산마다 각각 별건으로 촉탁을 하여야 한다(선례 제201906-14호).

①④ 등기의 신청은 1건당 1개의 부동산에 관한 신청정보를 제공하는 방법으로 하여야 한다. 다만, 등기목적과 등기원인이 동일하거나 그 밖에 대법원규칙으로 정하는 경우에는 같은 등기소의 관할 내에 있는 여러 개의 부동산에 관한 신청정보를 일괄하여 제공하는 방법으로 할 수 있다(법 제25조). 촉탁에 따른 등기절차는 법률에 다른 규정이 없는 경우에는 신청에 따른 등기에 관한 규정을 준용한다(법 제22조 제2항).

③ 법 제25조 단서에 따라 다음 각 호의 경우에는 1건의 신청정보로 일괄하여 신청하거나 촉탁할 수 있다(규칙 제47조).

1. 같은 채권의 담보를 위하여 소유자가 다른 여러 개의 부동산에 대한 (🏛 공동)저당권설정등기를 신청하는 경우
2. 법 제97조(🏛 공매) 각 호의 등기를 촉탁하는 경우
3. 「민사집행법」 제144조 제1항 각 호(🏛 경매)의 등기를 촉탁하는 경우

정답 🔑 03 ②

04 다음의 등기신청 중 일괄하여 신청할 수 없는 것은?　　　　　　▶ 2019년 등기주사보

① 같은 채권의 담보를 위하여 소유자가 다른 여러 부동산에 대한 저당권설정등기를 신청하는 경우

② 공매처분으로 인한 권리이전등기 및 해당 압류등기의 말소등기를 촉탁하는 경우

③ 매각으로 인한 소유권이전등기 및 해당 경매개시결정등기의 말소등기를 촉탁하는 경우

④ 같은 목적과 원인으로 수인의 공유자가 수인에게 지분의전부를 이전하는 등기를 신청하는 경우

> **해설** ④ 수인의 공유자가 수인에게 지분의 전부 또는 일부를 이전하려고 하는 경우 등기신청인은 등기신청서에 등기의무자들의 각 지분 중 각 ○분의 ○ 지분이 등기권리자 중 1인에게 이전되었는지를 기재하고 **등기권리자별로 신청서를** 작성하여 제출하거나 또는 등기의무자 1인의 지분이 등기권리자들에게 각 ○분의 ○ 지분씩 이전되었는지를 기재하고 **등기의무자별로 신청서를** 작성하여 제출하여야 한다. **한 장의 신청서(⊞ 일괄신청)**에 함께 기재한 경우 등기관은 이를 수리해서는 **아니** 된다(예규 제1363호).
>
> ①②③ 법 제25조 단서에 따라 다음 각 호의 경우에는 1건의 신청정보로 **일괄**하여 신청하거나 촉탁할 수 있다(규칙 제47조).
> 1. 같은 채권의 담보를 위하여 **소유자가 다른 여러 개의 부동산**에 대한 (⊞ **공동**)저당권설정등기를 신청하는 경우
> 2. 법 제97조(⊞ **공매**) 각 호의 등기를 촉탁하는 경우
>   ㉠ 공매처분으로 인한 권리이전의 등기
>   ㉡ 공매처분으로 인하여 소멸한 권리등기의 말소
>   ㉢ 체납처분에 관한 압류등기 및 공매공고등기의 말소
> 3. 「민사집행법」 제144조 제1항 각 호(⊞ **경매**)의 등기를 촉탁하는 경우
>   ㉠ 매수인 앞으로 소유권을 이전하는 등기
>   ㉡ 매수인이 인수하지 아니한 부동산의 부담에 관한 기입을 말소하는 등기
>   ㉢ 제94조 및 제139조 제1항의 규정에 따른 경매개시결정등기를 말소하는 등기

05 부동산등기의 일괄신청 또는 동시신청에 관한 다음 설명 중 가장 옳지 않은 것은?

▸ 2017년 등기주사보

① 등기목적과 등기원인이 동일한 경우에는 같은 등기소의 관할 내에 있는 여러 개의 부동산에 관한 신청정보를 일괄하여 제공하는 방법으로 등기신청을 할 수 있다.

② 같은 채권의 담보를 위하여 소유자가 다른 여러 개의 부동산에 대한 저당권설정등기를 하는 것은 1건의 신청정보로 일괄하여 신청할 수 없다.

③ 같은 등기소에 동시에 여러 건의 등기신청을 하는 경우에 첨부정보의 내용이 같은 것이 있을 때에는 먼저 접수되는 신청에만 그 첨부정보를 제공하고, 다른 신청에는 먼저 접수된 신청에 그 첨부정보를 제공하였다는 뜻을 신청정보의 내용으로 등기소에 제공하는 것으로 그 첨부정보의 제공을 갈음할 수 있다.

④ 같은 토지 위에 있는 여러 개의 구분건물에 대한 등기를 동시에 신청하는 경우에는 그 건물의 소재 및 지번에 관한 정보가 전산정보처리조직에 저장된 때 등기신청이 접수된 것으로 본다.

해설 ② 법 제25조 단서에 따라 다음 각 호의 경우에는 1건의 신청정보로 **일괄**하여 신청하거나 촉탁할 수 있다(규칙 제47조).

　　1. **같은 채권의 담보**를 위하여 **소유자가 다른 여러 개의 부동산**에 대한 (⊕ **공동**)**저당권설정**등기를 신청하는 경우

① 등기의 신청은 1건당 1개의 부동산에 관한 신청정보를 제공하는 방법으로 하여야 한다. 다만, **등기목적**과 **등기원인**이 동일하거나 그 밖에 **대법원규칙**으로 정하는 경우에는 **같은 등기소**의 관할 내에 있는 여러 개의 부동산에 관한 신청정보를 **일괄**하여 제공하는 방법으로 할 수 있다(법 제25조).

③ 같은 등기소에 동시에 여러 건의 등기신청을 하는 경우에 첨부정보의 내용이 같은 것이 있을 때에는 **먼저 접수되는 신청**에만 그 첨부정보를 제공하고, **다른 신청**에는 먼저 접수된 신청에 그 첨부정보를 제공하였다는 뜻을 신청정보의 내용으로 등기소에 제공하는 것으로 그 첨부정보의 제공을 갈음할 수 있다(규칙 제47조 제2항).

④ 같은 토지 위에 있는 여러 개의 구분건물에 대한 등기를 동시에 신청하는 경우에는 그 건물의 소재 및 지번에 관한 정보가 전산정보처리조직에 저장된 때 등기신청이 접수된 것으로 본다(규칙 제3조 제2항).

◀ 04 동시(신청정보 제공방법)

02 촉탁(관공서)

01 거래관계의 당사자로서 하는 촉탁

🔖 관련 조문

법 제96조(관공서가 등기명의인 등을 갈음하여 촉탁할 수 있는 등기)

관공서가 체납처분으로 인한 **압류등기**를 촉탁하는 경우에는 등기명의인 또는 상속인, 그 밖의 포괄승계인을 갈음(🔵 대위)하여 부동산의 표시, 등기명의인의 표시의 변경, 경정 또는 상속, 그 밖의 포괄승계로 인한 권리이전의 등기를 함께 **촉탁**할 수 있다.

법 제97조(공매처분으로 인한 등기의 촉탁)

관공서가 **공매처분**을 한 경우에 등기권리자의 청구를 받으면 지체 없이 다음 각 호의 등기를 등기소에 (🔵 일괄/규칙 제47조)촉탁하여야 한다.

1. 공매처분으로 인한 권리이전의 등기
2. 공매처분으로 인하여 소멸한 권리등기의 말소
3. 체납처분에 관한 압류등기 및 공매공고등기의 말소

법 제98조(관공서의 촉탁에 따른 등기)

① 국가 또는 지방자치단체가 등기권리자인 경우에는 국가 또는 지방자치단체는 등기의무자의 승낙을 받아 해당 등기를 지체 없이 등기소에 **촉탁하여야** 한다.

② 국가 또는 지방자치단체가 등기의무자인 경우에는 국가 또는 지방자치단체는 등기권리자의 청구에 따라 지체 없이 해당 등기를 등기소에 **촉탁하여야** 한다.

규칙 제155조(등기촉탁서 제출방법)

① 관공서가 촉탁정보 및 첨부정보를 적은 서면을 제출하는 방법으로 등기촉탁을 하는 경우에는 **우편**으로 그 촉탁서를 제출할 수 있다.

② 관공서가 등기촉탁을 하는 경우로서 소속 공무원이 직접 등기소에 출석하여 촉탁서를 제출할 때에는 그 소속 공무원임을 확인할 수 있는 신분증명서를 제시하여야 한다.

📗 관련 예규

관공서의 촉탁등기에 관한 예규(예규 제1625호)

1. 등기촉탁을 할 수 있는 관공서의 범위

　가. 「부동산등기법」 제97조 및 제98조의 규정에 의하여 등기촉탁을 할 수 있는 관공서는 원칙적으로 **국가** 및 **지방자치단체**를 말한다.

　나. 국가 또는 지방자치단체가 아닌 **공사 등**은 등기촉탁에 관한 **특별규정**이 있는 경우에 한하여 등기촉탁을 할 수 있다.

　　(1) 등기촉탁을 할 수 있는 경우의 예시

　　　(가) **한국토지주택공사**는 「한국토지주택공사법」 제19조 제1항 각 호의 어느 하나에 해당하는 사업을 행하는 경우에 그에 따른 부동산등기는 이를 촉탁할 수 있다.

(나) **한국자산관리공사**는 「국세징수법」 제79조의 규정에 의하여 세무서장을 대행한 경우에는 등기를 촉탁할 수 있다.

(2) 등기촉탁을 할 수 없는 경우의 예시

(가) 한국농어촌공사는, 위 (1)의 (다)의 경우를 제외하고는 사업시행에 따른 등기를 촉탁할 수 없다(같은 법 제41조 참조).

(나) 「지방공기업법」 제49조의 규정에 따른 지방자치단체의 조례에 의해 설립된 **지방공사**는 지방자치단체와는 별개의 법인이므로, 지방공사는 그 사업과 관련된 등기를 촉탁할 수 **없다**.

2. 우편에 의한 등기촉탁 가능 여부

관공서가 등기를 촉탁하는 경우에는 본인이나 대리인의 출석을 요하지 아니하므로 **우편**에 의한 등기촉탁도 할 수 있다.

2-1. 전산정보처리조직에 의한 등기촉탁

가. 전자촉탁할 수 있는 등기유형

나. 전자촉탁의 방법

3) 다량의 부동산에 관한 등기촉탁으로서 전산정보처리조직에 의한 송부가 불가능한 경우이거나 전산정보처리조직에 장애가 발생하여 전자촉탁을 할 수 없는 경우에는 우편 등의 방법으로 촉탁하여야 한다.

다. 보정사유가 있는 경우

1) 관공서의 전자촉탁에 대하여 보정사유가 있는 경우 **등기관**은 보정사유를 등록한 후 **전자우편, 구두, 전화** 그 밖의 방법으로 그 사유를 촉탁관서에 통지하여야 한다. 다만, 위 가. 1)의 가)부터 마)까지의 등기유형에 대하여는 보정사유가 있더라도 등기관은 보정명령 없이 그 촉탁을 각하한다.

2) 전자촉탁의 보정은 전산정보처리조직을 이용하여 보정정보를 등기소에 송부하는 방법으로 하여야 한다.

라. 취하

전자촉탁한 등기사건에 대하여 취하를 하고자 하는 경우에는 **전산정보처리조직을** 이용하여 **취하정보**를 등기소에 송부하여야 한다.

마. 각하결정의 고지

전자촉탁에 대한 각하결정의 고지는 전산정보처리조직을 이용하여 각하결정 정보를 촉탁관서에 송부하는 방법으로 한다. 다만, 위 나. 1) 단서의 경우에는 서면촉탁과 동일한 방법으로 한다.

3. 관공서가 촉탁에 의하지 아니하고 공동신청에 의하여 등기를 할 수 있는지 여부

관공서가 부동산에 관한 거래의 주체로서 등기를 촉탁할 수 있는 경우라 하더라도 촉탁은 신청과 실질적으로 아무런 차이가 없으므로(법 제22조 제2항), 촉탁에 의하지 아니하고 등기권리자와 등기의무자의 **공동**으로 등기를 신청할 수도 있다.

> 부동산등기법에서 관공서가 등기를 촉탁할 수 있는 경우를 2개의 범주로 나눌 수 있는데 그 1은 관공서가 부동산에 관한 거래관계의 주체로서 등기를 요구하는 때이고(법 제98조), 그 2는 관공서가 당사자의 권리관계에 끼어들어가거나 참견하는 공권력의 주체로서 등기를 요구하는 때라고 하겠는데(법 제97조), 전자의 경우인 촉탁은 신청과 실질적으로 아무런 차이가 없으므로 이 경우에 촉탁등기를 하라는 명문에도 불구하고 권리자와 의무자가 공동으로 등기를 신청함을 거부할 이유가 없다고 할 것이다(대판 1977.5.24. 77다206).

4. 관공서의 등기촉탁 시 등기의무자의 권리에 관한 등기필정보를 제공하여야 하는지 여부

관공서가 **등기의무자**로서 등기권리자의 청구에 의하여 등기를 촉탁하거나 부동산에 관한 권리를 취득하여 **등기권리자**로서 그 등기를 촉탁하는 경우에는 등기의무자의 권리에 관한 **등기필정보**를 제공할 필요가 **없다**. 이 경우 관공서가 촉탁에 의하지 아니하고 **법무사 또는 변호사**에게 위임하여 등기를 신청하는 경우에도 **같다**.

4-2. 등기의무자의 주소를 증명하는 정보의 제공 여부

매각 또는 **공매처분** 등을 원인으로 관공서가 소유권이전등기를 촉탁하는 경우에는 등기의무자의 주소를 증명하는 정보를 제공할 필요가 **없다**.

5. 관공서의 등기촉탁 시 등기기록과 대장의 표시가 불일치하는 경우의 등기촉탁 수리 여부

「부동산등기법」 제29조 제11호는 그 등기명의인이 등기신청을 하는 경우에 적용되는 규정이므로, **관공서가 등기촉탁을 하는 경우에는 등기기록과 대장상의 부동산의 표시가 부합하지 아니하더라도 그 등기촉탁을 수리하여야 한다.**

법 제29조(신청의 각하)

등기관은 신청정보 또는 등기기록의 부동산의 표시가 토지대장·임야대장 또는 건축물대장과 일치하지 아니한 경우에 이유를 적은 결정으로 신청을 각하하여야 한다.

---

6. 관공서의 등기촉탁에 의한 등기완료 시의 등기필정보통지서의 우송

관공서가 등기권리자를 위하여 등기를 촉탁하는 경우에는 우표를 첨부한 등기필정보통지서 송부용 우편봉투를 제출하여야 하며(「부동산등기규칙」 제107조 제1항), 등기관은 촉탁에 의한 등기를 완료한 때에는 위 제출된 우편봉투에 의하여 등기필정보통지서를 촉탁관서에 우송하여야 한다.

7. 매각으로 인한 소유권이전등기 등 촉탁(이하에서 '이전촉탁'이라 칭함)의 특칙

가. 등기필정보통지서 우편송부 신청의 경우

(1) 집행법원으로부터 '등기필정보통지서 우편송부 신청'이 기재된 이전촉탁 사건이 접수되어 교합이 완료된 때에는 등기필정보통지서 교부담당자는 즉시 등기필정보통지서 송부용 우편봉투를 이용하여(우편송달통지서가 적절히 처리될 수 있도록 주의할 것) 매수인에게 등기필정보통지서를 송부하여야 한다.

(2) 이 경우 부동산등기접수장의 수령인 난에 "매수인 우송"이라고 기재하고, 특수우편물수령증은 '우편물수령증철'에 첨부하여 보관하여야 한다.

(3) 매수인에게 등기필정보통지서를 송부하기 이전에 매수인이 등기국·과·소(이하에서 등기소라 칭함)에 출석하여 등기필정보통지서의 교부를 신청한 경우 부동산등기접수장의 수령인 난 및 별지 양식의 영수증에 서명 또는 날인하게 한 후 이를 교부하고, 그 영수증은 이를 즉시 집행법원에 송부하여야 한다.

(4) 대리인이 등기소에 출석하여 등기필정보통지서의 교부를 신청하는 경우 본인의 위임장(변호사나 법무사를 제외한 대리인인 경우에는 본인의 인감증명이 첨부된 위임장 필요)을 제출하여야 하며, 등기필정보통지서 교부담당자는 이를 즉시 집행법원에 송부하여야 한다.

나. 등기필정보통지서 우편송부 신청 이외의 경우

다. 매수인이 여러 사람인 경우

매수인이 여러 사람인 경우 등기필정보통지서의 우편송부 또는 교부는 등기필정보통지서를 송부 또는 교부받을 자로 촉탁서에 지정되어 있는 자(이하에서 '지정매수인'이라 칭함)에게 하여야 한다. 다만, 다른 매수인이 등기소에 출석하여 지정매수인의 인감이 첨부된 위임장을 제출하며 교부를 청구한 경우에는 그 매수인에게 교부한다. 등기소는 위 영수증과 위임장을 집행법원에 송부하여야 한다.

01 관공서의 촉탁등기에 관한 다음 설명 중 가장 옳지 않은 것은? ▶ 2020년 법무사

① 국가 또는 지방자치단체가 아닌 공사 등은 등기촉탁에 관한 특별규정이 있는 경우에 한하여 등기촉탁을 할 수 있는데, 이 경우 우편에 의해서도 등기촉탁을 할 수 있다.

② 관공서가 부동산에 관한 거래의 주체로서 등기를 촉탁할 수 있는 경우라 하더라도 촉탁에 의하지 아니하고 등기권리자와 등기의무자가 공동으로 등기를 신청할 수도 있다.

③ 매각 또는 공매처분 등을 원인으로 관공서가 소유권이전등기를 촉탁하는 경우에는 등기의무자의 주소를 증명하는 정보를 제공할 필요가 없다.

④ 가처분 대상 부동산이 여러 개이고 부동산별로 피보전권리의 채권자가 다르다고 하더라도 1개의 부동산처분금지가처분 결정이 있는 경우에는 1개의 촉탁서로 일괄하여 가처분등기를 촉탁할 수 있다.

⑤ 관공서가 등기촉탁을 하는 경우에는 등기기록과 대장상의 부동산의 표시가 부합하지 아니하더라도 그 등기촉탁을 수리하여야 한다.

> **해설** ④ 등기의 신청은 1건당 1개의 부동산에 관한 신청정보를 제공하는 방법으로 하여야 하고(🏛 법 제25조 본문), 다만 등기목적과 등기원인이 동일한 경우 등 예외적인 경우에만 일괄신청이 허용되는바(🏛 법 제25조 단서), 촉탁에 따른 등기절차는 원칙적으로 신청에 따른 등기절차에 관한 규정을 준용(🏛 법 제22조 제2항)하므로 일괄촉탁도 법령이 정한 예외적인 경우에만 허용된다. <u>1개의 부동산처분금지가처분 결정(🏛 등기목적)</u>이 있더라도 그 목적물인 부동산이 여러 개이고 부동산별로 <u>피보전권리의 채권자(🏛 등기원인)가 다르다면</u> 가처분등기의 <u>등기목적은 같으나</u> 등기원인이 동일한 경우에 해당하지 아니하므로 일괄촉탁을 할 수 없고 부동산마다 <u>각각 별건으로 촉탁</u>을 하여야 한다(선례 제201906-14호).

① 예규 제1625호, 1-나, 2
② 예규 제1625호, 3
③ 예규 제1625호, 4-2
⑤ 예규 제1625호, 5

02 관공서의 촉탁에 의한 등기에 관한 다음 설명 중 가장 옳지 않은 것은? ▶ 2020년 등기서기보

① 관공서가 등기촉탁을 하는 경우로서 소속 공무원이 직접 등기소에 출석하여 촉탁서를 제출할 때에는 그 소속 공무원임을 확인할 수 있는 신분증명서를 제시하여야 한다.

② 관공서가 촉탁정보 및 첨부정보를 적은 서면을 제출하는 방법으로 등기촉탁을 하는 경우에는 우편으로 그 촉탁서를 제출할 수 있다.

③ 법원의 촉탁에 의하여 가압류등기가 마쳐진 후 등기명의인의 주소, 성명 및 주민등록번호가 변경된 경우 등기명의인은 등기명의인표시변경등기를 등기소에 직접 신청할 수 없다.

정답 ➔ 01 ④ 02 ③

④ 매각 또는 공매처분 등을 원인으로 관공서가 소유권이전등기를 촉탁하는 경우에는 등기의무자의 주소를 증명하는 정보를 제공할 필요가 없다.

해설 ③ 법원의 촉탁에 의하여 **가압류등기, 가처분등기, 주택임차권등기 및 상가건물임차권등기**가 경료된 후 등기명의인의 주소, 성명 및 주민등록번호의 변경으로 인한 **등기명의인표시변경등기**는 등기명의인이 **신청**할 수 있다(예규 제1064호).

① 규칙 제155조 제2항
② 예규 제1625호, 2
④ 예규 제1625호, 4-2

03 **관공서의 등기촉탁에 관한 다음 설명 중 가장 옳지 않은 것은?** ▶ 2019년 등기주사보

① 관공서가 등기촉탁을 하는 경우에도 대장상의 부동산의 표시가 등기기록과 일치하지 않는다면 등기관은 그 등기촉탁을 각하하여야 한다.
② 관공서가 서면으로 등기촉탁을 할 때에 촉탁서의 제출을 법무사에게 위임할 수도 있는바, 이 경우에는 촉탁서 제출을 위임받았음을 증명하는 서면을 첨부하여야 한다.
③ 매각 또는 공매처분을 원인으로 관공서가 소유권이전등기를 촉탁하는 경우에는 등기의무자의 주소를 증명하는 정보를 제공할 필요가 없다.
④ 관공서가 전자촉탁을 할 수 있는 등기유형이라 하더라도 다량의 부동산에 관한 등기촉탁으로서 전산정보처리조직에 의한 송부가 불가능하거나 전산정보처리조직에 장애가 발생한 경우에는 우편 등의 방법으로 촉탁한다.

해설 ① 등기관은 신청정보 또는 등기기록의 부동산의 표시가 토지대장·임야대장 또는 건축물대장과 일치하지 아니한 경우에 이유를 적은 결정으로 신청을 **각하**하여야 한다(법 제29조 제11호). 「부동산등기법」 **제29조 제11호**는 그 등기명의인이 등기신청을 하는 경우에 **적용**되는 규정이므로, 관공서가 등기촉탁을 하는 경우에는 등기기록과 대장상의 **부동산의 표시가 부합하지 아니하더라도** 그 등기촉탁을 **수리**하여야 한다(예규 제1625호, 5).

② 관공서가 **권리관계의 당사자로서** 등기를 촉탁하는 경우에는 **사인이 등기를 신청하는 경우**와 실질적으로 아무런 차이가 없으므로, 관공서가 등기권리자로서 촉탁하는 수용을 원인으로 한 소유권이전등기에 대하여는 변호사나 **법무사가 이를 대리하여 신청할 수 있다**(선례 제201908-5호)(🔧 이러한 경우에도 대리인에 의한 등기신청과 마찬가지로 **위임받았음을 증명하는 서면을 첨부하여야 한다**).
③ 예규 제1625호, 4-2
④ 예규 제1625호, 2-1-나

04 관공서의 촉탁등기에 관한 다음 설명 중 가장 옳지 않은 것은? ▸ 2019년 법원사무관

① 국가 또는 지방자치단체가 아닌 공사 등은 등기촉탁에 관한 특별규정이 있는 경우에 한하여 등기촉탁을 할 수 있는데, 지방공기업법의 규정에 따른 지방자치단체의 조례에 의해 설립된 지방공사는 그 사업과 관련된 등기를 촉탁할 수 없다.

② 관공서의 소속 공무원이 등기소에 출석하여 촉탁서를 제출할 때에는 소속 공무원임을 확인할 수 있는 신분증명서를 제시하면 되지만, 관공서가 촉탁서의 제출을 법무사에게 위임한 때에는 그 위임을 증명하는 정보를 제공하여야 한다.

③ 관공서가 등기를 촉탁하는 경우에도 등기기록과 대장상의 부동산의 표시가 일치하지 아니하면 그 등기촉탁을 각하하여야 한다.

④ 관공서가 등기의무자로서 등기권리자의 청구에 의하여 등기를 촉탁하거나 부동산에 관한 권리를 취득하여 등기권리자로서 그 등기를 촉탁하는 경우에는 등기의무자의 등기필정보를 제공할 필요가 없는데, 이는 관공서가 자격자대리인에게 위임하여 등기를 신청하는 경우에도 마찬가지다.

해설 ③ **등기관**은 신청정보 또는 등기기록의 부동산의 표시가 토지대장·임야대장 또는 건축물대장과 일치하지 아니한 경우에 이유를 적은 결정으로 신청을 **각하**하여야 한다(법 제29조 제11호). 「부동산등기법」 제29조 제11호는 그 **등기명의인이 등기신청을 하는 경우**에 **적용되는** 규정이므로, **관공서가 등기촉탁을 하는 경우**에는 등기기록과 대장상의 **부동산의 표시가 부합하지 아니하더라도** 그 등기촉탁을 **수리하여야** 한다(예규 제1625호, 5).

① 예규 제1625호, 1-나-(2)-(나)
④ 예규 제1625호, 4

05 관공서의 촉탁에 의한 등기에 관련된 다음 설명 중 가장 옳지 않은 것은? ▸ 2017년 법무사

① 관공서가 서면으로 등기촉탁을 할 때에 그 촉탁서의 제출을 법무사에게 위임할 수도 있다. 이 경우에는 촉탁서에 촉탁서 제출을 위임받았음을 증명하는 서면을 첨부하여야 한다.

② 국가 또는 지방자치단체가 등기권리자가 된 때에는 등기의무자의 승낙을 얻어 해당 등기를 등기소에 촉탁하여야 한다.

③ 국가 또는 지방자치단체가 등기권리자 또는 등기의무자로서 등기를 촉탁하는 경우에는 등기의무자의 등기필정보를 제공할 필요가 없다.

④ 지방자치단체의 관할구역이 변경되어 승계되는 재산에 대하여는 승계받는 지방자치단체의 명의로 관리청변경등기를 촉탁하여야 한다.

⑤ 교육비특별회계소관의 공유재산에 관하여 조례에 의하여 그 재산의 취득·처분의 권한이 소관청인 교육감으로부터 해당 교육장에 위임되었다면 해당 교육장은 그 권한위임의 근거규정을 명시하여 부동산의 소유권변동에 관한 등기촉탁을 할 수 있다.

정답 ❍━ **03** ① **04** ③ **05** ④

해설 ④ **국유 토지**에 관하여 **관리청의 변경**이 있는 경우에는 **관리청 변경등기를** (🏛 새로운 관리청이) 신청(🏛 촉탁)하여야 한다(선례 제5-693호). 그러나 **지방자치법** 제5조에 의하여 **관할구역이 변경**되어 승계되는 재산에 대하여는 '승계'를 등기원인으로 하여 승계되는 지방자치단체 명의로 **소유권이전등기를** 경료하여야 하는바, 만약 관리청변경등기촉탁이 있는 경우 등기관은 부동산등기법 제29조 제2호에 의하여 각하하여야 할 것이나 이를 간과하여 관리청변경등기가 경료되었을 경우는 그 등기를 부동산등기법 제58조에 의하여 직권으로 말소하여야 할 것이다(선례 제7-445호).

① 규칙 제155조 제2항, 선례 제201908-5호
② 법 제98조 제1항
③ 예규 제1625호, 4
⑤ 국공유부동산의 등기촉탁에 관한 법률 제3조는 지방자치단체의 소유에 속하는 부동산에 관한 등기의 촉탁은 당해 지방자치단체의 장이 행하도록 규정하고 있지만, 한편 지방재정법 제76조 제2항 및 지방교육자치에 관한 법률 부칙 제12조의 규정에 의하면 교육비특별회계소관의 공유재산에 관하여는 교육감이 소관청이 되므로 위 촉탁관서 지정의 규정에 불구하고 그 등기촉탁은 소관청인 교육감이 할 것이다. 나아가 조례의 규정에 의하여 위 재산의 취득 · 처분의 권한이 소관청으로부터 해당 교육장에게 위임되었다면 그 위임된 권한에는 등기촉탁의 권한도 포함되었다고 보아야 할 것이므로, 위와같은 권한위임 사실을 소명하는 서면을 제출하고 그 권한위임의 근거규정을 명시하여 해당 교육장이 부동산의 소유권변동에 관한 등기촉탁을 할 수 있다(선례 제4-18호).

06 관공서의 촉탁에 의한 등기와 관련한 다음 설명 중 가장 옳지 않은 것은?

▶ 2017년 등기주사보

① 관공서가 등기를 촉탁하는 경우에는 우편에 의한 등기촉탁도 가능하다.
② 국가 또는 지방자치단체가 등기권리자가 된 때에는 등기의무자의 승낙을 얻어 해당 등기를 등기소에 촉탁하여야 한다.
③ 국가 또는 지방자치단체가 등기권리자 또는 등기의무자로서 등기를 촉탁하는 경우에는 등기의무자의 등기필정보를 제공할 필요가 없다.
④ 지방자치단체의 관할구역이 변경되어 승계되는 재산에 대해서는 승계하는 지방자치단체가 관리청변경등기를 촉탁하여야 한다.

해설 ④ **국유 토지**에 관하여 **관리청의 변경**이 있는 경우에는 **관리청 변경등기를** (🏛 새로운 관리청이) 신청(🏛 촉탁)하여야 한다(선례 제5-693호). 그러나 **지방자치법** 제5조에 의하여 **관할구역이 변경**되어 승계되는 재산에 대하여는 '승계'를 등기원인으로 하여 승계되는 지방자치단체 명의로 **소유권이전등기를** 경료하여야 하는바, 만약 관리청변경등기촉탁이 있는 경우 등기관은 부동산등기법 제29조 제2호에 의하여 각하하여야 할 것이나 이를 간과하여 관리청변경등기가 경료되었을 경우는 그 등기를 부동산등기법 제58조에 의하여 직권으로 말소하여야 할 것이다(선례 제7-445호).

① 예규 제1625호, 2
② 법 제98조 제1항
③ 예규 제1625호, 4

07 관공서의 촉탁에 의한 등기에 대한 다음 설명 중 가장 옳지 않은 것은?

▶ 2017년 등기서기보

① 지방자치단체의 조례에 의해 설립된 지방공사도 그 사업과 관련된 등기를 촉탁으로 할 수 있다.

② 교육비특별회계소관의 공유재산에 관하여 조례에 의하여 그 재산의 취득·처분의 권한이 소관청인 교육감으로부터 해당 교육장에게 위임되었다면 해당 교육장은 그 권한위임의 근거규정을 명시하여 부동산의 소유권변동에 관한 등기촉탁을 할 수 있다.

③ 관공서가 서면으로 등기촉탁을 할 때에 그 촉탁서의 제출을 법무사에게 위임할 수도 있다. 이 경우에는 촉탁서에 촉탁서 제출을 위임받았음을 증명하는 서면을 첨부하여야 한다.

④ 관공서가 등기촉탁을 할 때에는 등기기록과 대장상 부동산의 표시가 부합하지 않더라도 등기관은 이를 이유로 촉탁을 각하할 수 없다.

해설 ① 「지방공기업법」제49조의 규정에 따른 지방자치단체의 조례에 의해 설립된 **지방공사**는 지방자치단체와는 별개의 법인이므로, 지방공사는 그 사업과 관련된 등기를 촉탁할 수 **없다**(예규 제1625호, 1-나-(2)).

② 국공유부동산의 등기촉탁에 관한 법률 제3조는 지방자치단체의 소유에 속하는 부동산에 관한 등기의 촉탁은 당해 지방자치단체의 장이 행하도록 규정하고 있지만, 한편 지방재정법 제76조 제2항 및 지방교육자치에 관한 법률 부칙 제12조의 규정에 의하면 교육비특별회계소관의 공유재산에 관하여는 교육감이 소관청이 되므로 위 촉탁관서 지정의 규정에 불구하고 그 등기촉탁은 소관청인 교육감이 할 것이다. 나아가 조례의 규정에 의하여 위 재산의 취득·처분의 권한이 소관청으로부터 해당 교육장에게 위임되었다면 그 위임된 권한에는 등기촉탁의 권한도 포함되었다고 보아야 할 것이므로, 위와 같은 권한위임 사실을 소명하는 서면을 제출하고 그 권한위임의 근거규정을 명시하여 해당 교육장이 부동산의 소유권변동에 관한 등기촉탁을 할 수 있다(선례 제4-18호).

④ **등기관**은 신청정보 또는 등기기록의 부동산의 표시가 토지대장·임야대장 또는 건축물대장과 일치하지 아니한 경우에 이유를 적은 결정으로 신청을 **각하**하여야 한다(법 제29조 제11호). 「부동산등기법」제29조 제11호는 그 등기명의인이 등기신청을 하는 경우에 적용되는 규정이므로, 관공서가 등기촉탁을 하는 경우에는 등기기록과 대장상의 **부동산의 표시가 부합하지 아니하더라도** 그 등기촉탁을 **수리**하여야 한다(예규 제1625호, 5).

08 관공서의 촉탁등기에 관한 다음 설명 중 가장 옳지 않은 것은? ▸2014년 법무사

① 관공서가 등기를 촉탁하는 경우에는 본인이나 대리인의 출석을 요하지 아니하므로 우편에 의한 등기촉탁도 가능하다.

② 관공서가 등기의무자로서 등기권리자의 청구에 의하여 등기를 촉탁하거나 부동산에 관한 권리를 취득하여 등기권리자로서 그 등기를 촉탁하는 경우에는 등기의무자의 권리에 관한 등기필정보를 제공할 필요가 없다.

③ 관공서가 매각 또는 공매를 원인으로 소유권이전등기를 촉탁하는 경우에는 등기의무자의 주소를 증명하는 정보를 제공할 필요가 없다.

④ 관공서가 등기촉탁을 하는 경우에는 등기기록과 대장상의 부동산표시가 부합하지 아니하더라도 그 등기촉탁을 수리하여야 한다.

⑤ 관공서가 부동산에 관한 거래의 주체인 경우에 그 등기는 촉탁으로 실행되어야 할 것이므로 등기권리자와 등기의무자가 공동으로 신청할 수 없다.

> **해설** ⑤ 관공서가 부동산에 관한 거래의 주체로서 등기를 촉탁할 수 있는 경우라 하더라도 촉탁은 신청과 실질적으로 아무런 차이가 없으므로(법 제22조 제2항), 촉탁에 의하지 아니하고 등기권리자와 등기의무자의 **공동**으로 등기를 신청할 수도 있다(예규 제1625호, 3).

① 예규 제1625호, 2
② 예규 제1625호, 4
③ 예규 제1625호, 4-2
④ 법 제29조 제11호, 예규 제1625호, 5

09 국가 및 지방자치단체의 등기명의인표시에 관한 다음 설명 중 가장 옳지 않은 것은? ▸2019년 등기서기보

① 국가가 소유권자인 경우에 그 명의는 '국'으로 하고 관리청으로 소관 중앙관서의 명칭을 덧붙여 기록하며, 부동산등기용등록번호는 국토교통부장관이 지정·고시한 소관 중앙관서의 번호를 기록하되, 사무소 소재지는 기록하지 않는다.

② 광역지방자치단체가 소유권자인 경우에 교육비특별회계 소관의 부동산에 대하여는 그 명의를 해당 지방자치단체의 명칭으로 하고 소관청으로 '교육감'을 덧붙여 기록하며, 국토교통부장관이 지정·고시한 부동산등기용등록번호를 함께 기록하되, 사무소 소재지는 기록하지 않는다.

③ 특별시와 광역시의 관할구역 안의 자치구가 소유권자인 경우에 그 명의를 해당 지방자치단체의 명칭으로 하되, 그 명의를 기록할 때에 괄호 안에 해당 지방자치단체의 상급 지방자치단체의 명칭을 덧붙여 기록한다.

④ 지방자치단체조합이 등기권리자인 경우에는 그 명의를 해당 지방자치단체조합의 명칭으로 하고 부동산등기용등록번호를 함께 기록하되, 사무소 소재지는 기록하지 않는다.

해설 ① 등기권리자의 명의는 '국'으로 하고 관리청으로 소관 중앙관서의 명칭을 덧붙여 기록하되(국유재산법 제14조 제2항 참조), 부동산등기용등록번호 및 사무소 소재지는 기록하지 **않는다**(예규 제1655호).

② 「지방자치법」 제2조 제1항 제1호의 특별시·광역시·특별자치시·도·특별자치도가 등기권리자인 경우에는 그 명의를 해당 지방자치단체의 명칭으로 하고 부동산등기용등록번호를 함께 기록하되, 사무소 소재지는 기록하지 않는다. 다만, 교육비특별회계 소관의 부동산에 대하여는 소관청으로 '교육감'을 덧붙여 기록한다(예규 제1655호).

③ 「지방자치법」 제2조 제1항 제2호의 시·군·구(구는 특별시와 광역시의 관할 구역 안의 구만을 말한다. 이하 '자치구'라 한다)가 등기권리자인 경우에는 그 명의를 해당 지방자치단체의 명칭으로 하고 부동산등기용등록번호를 함께 기록하되, 사무소 소재지는 기록하지 않는다. 다만, 동일한 명칭이 2개 이상 존재하는 시·군(예 고성군)이 등기권리자인 경우와 자치구가 등기권리자인 경우에는 등기권리자의 명의를 기록할 때에 괄호 안에 해당 지방자치단체의 상급 지방자치단체의 명칭을 덧붙여 기록한다(예규 제1655호).

④ 「지방자치법」 제159조의 지방자치단체조합이 등기권리자인 경우에는 그 명의를 해당 지방자치단체조합의 명칭으로 하고 부동산등기용등록번호를 함께 기록하되, 사무소 소재지는 기록하지 않는다(예규 제1655호).

10 국유재산의 관리청 명칭 첨기등기에 관한 다음 설명 중 가장 옳지 않은 것은?
▶ 2022년 법무사

① "이왕직", "창덕궁", "이왕직장관" 소유명의로 등기된 부동산에 대해서는 관리청지정서를 첨부정보로서 제공하여 "1963.2.9. 승계"를 원인으로 "국, 관리청 ○○부"로의 등기명의인표시변경등기를 촉탁하면 "국" 명의로의 등기명의인표시변경등기와 동시에 관리청 명칭도 첨기등기한다.

② 국유재산법 제22조 제3항에 따라 총괄청이 직권으로 용도폐지하여 총괄청에게 인계되는 재산에 대해서는 총괄청 또는 같은 법 제42조 제1항에 따라 소관 재산의 관리·처분에 관한 사무를 위탁·위임받은 기관이 총괄청의 용도폐지 공문사본을 첨부정보로서 제공하여 관리청 명칭의 변경등기를 촉탁한다.

③ 국유재산법 제40조에 따라 중앙관서의 장이 행정재산을 용도폐지하여 총괄청에게 인계하는 재산에 대해서는 총괄청 또는 같은 법 제42조 제1항에 따라 소관 재산의 관리·처분에 관한 사무를 위탁·위임받은 기관이 등기기록상 관리청의 용도폐지 공문사본과 국유재산대장사본을 첨부정보로서 제공하여 관리청 명칭의 변경등기를 촉탁한다.

정답 ┣ 08 ⑤ 09 ① 10 ①

④ 등기기록상 소유자가 "조선총독부"로 되어 있는 부동산에 대해서는 관리청 지정서를 첨부정보로서 제공하여 "1948.8.15. 대한민국정부수립"을 원인으로 "국, 관리청 ○○부"로의 등기명의인표시변경등기를 촉탁하면 "국" 명의로의 등기명의인표시변경등기와 동시에 관리청 명칭도 첨기등기한다.

⑤ 등기기록상 관리청과 다른 관리청이 서로 소관을 주장하는 경우에는 총괄청이 이를 결정하는 것으로서, 총괄청이 발급한 관리청 결정서를 첨부정보로서 제공하여 관리청 명칭의 변경등기를 촉탁한다.

해설 ① "이왕직", "창덕궁", "이왕직장관" 소유명의로 등기된 부동산의 경우 관리청지정서를 첨부하여 "1963.2.9. 승계"를 원인으로 "국, 관리청 부"로의 소유권이전등기를 촉탁하면, "국" 명의로의 소유권이전등기와 동시에 관리청 명칭도 첨기등기한다(예규 제1657호).

② 「국유재산법」 제22조 제3항에 따라 용도폐지되어 총괄청에게 인계되는 재산에 대해서는 총괄청 또는 같은 법 제42조 제1항에 따라 소관 재산의 관리·처분에 관한 사무를 위탁·위임받은 기관이 총괄청의 용도폐지 공문사본을 첨부정보로서 제공하여 관리청 명칭의 변경등기를 촉탁한다(예규 제1657호).

③ 「국유재산법」 제40조에 따라 관리청이 행정재산을 용도폐지하여 총괄청에게 인계하는 재산에 대해서는 총괄청 또는 같은 법 제42조 제1항에 따라 소관 재산의 관리·처분에 관한 사무를 위탁·위임받은 기관이 등기기록상 관리청의 용도폐지 공문사본과 같은 법 제66조 제1항에 따른 국유재산대장사본을 첨부정보로서 제공하여 관리청 명칭의 변경등기를 촉탁한다(예규 제1657호).

④ 1. 등기부상 소유자가 "조선총독부"로 되어 있는 부동산은 대한민국정부 수립(1948.8.15.)과 동시에 당연히 대한민국의 국유로 되는 것인바,

   2. 위 부동산에 대하여는 등기부상 소유자 명의를 "조선총독부"로 그대로 둔 채 관리청 첨기등기만을 할 수는 없고

   3. 관리청 지정서를 첨부하여 "1948.8.15. 대한민국정부수립"을 원인으로 "국, 관리청 부"로의 등기명의인표시변경등기를 촉탁하면 "국" 명의로의 등기명의인표시변경등기와 동시에 관리청 명칭도 첨기등기한다.

   4. 다만, "1948.8.15. 명칭변경"을 원인으로 등기명의인표시변경등기가 마쳐진 경우에는 등기관은 직권으로 "명칭변경" 부분을 "대한민국정부수립"으로 경정하여야 한다(예규 제1657호).

⑤ 등기부상 관리청과 타 관리청이 서로 소관을 주장하는 경우는 총괄청이 이를 결정하는 것으로서, 총괄청이 발급한 관리청 결정서를 첨부하여 관리청 명칭의 변경등기를 한다(예규 제1657호).

11 국유재산의 등기절차에 관한 다음 설명 중 가장 옳지 않은 것은? ▸2016년 법원사무관

① 등기기록상 소유자가 '조선총독부'로 되어 있는 부동산에 대하여는 관리청지정서를 첨부정보로서 제공하여 '1948.8.15. 대한민국정부수립'을 원인으로 '국, 관리청 ○○부'로의 소유권이전등기를 촉탁한다.

② '이왕직', '창덕궁', '이왕직장관' 소유명의로 등기된 부동산의 경우에 대하여는 관리청지정서를 첨부정보로서 제공하여 '1963.2.9. 승계'를 원인으로 '국, 관리청 ○○부'로의 소유권이전등기를 촉탁한다.

③ 국유재산법 제16조 제1항에 따른 관리전환 협의 또는 같은 조 제2항에 따른 총괄청의 관리전환 결정으로 국유재산이 다른 관리청으로 이관되는 경우에는 종전의 관리청이 발급한 관리전환협의서 또는 총괄청이 발급한 관리전환결정서를 첨부정보로서 제공하여 관리청 명칭의 변경등기를 촉탁한다.

④ 국유재산법 제22조 제3항에 따라 용도폐지되어 총괄청에게 인계되는 재산은 총괄청의 용도폐지 공문사본을 첨부정보로서 제공하여 관리청 명칭의 변경등기를 촉탁한다.

해설 ① 등기부상 소유자가 "조선총독부"로 되어 있는 부동산은 대한민국정부 수립(1948.8.15.)과 동시에 당연히 대한민국의 국유로 되는 것인바, 위 부동산에 대하여는 등기부상 소유자 명의를 "조선총독부"로 그대로 둔 채 관리청 첨기등기만을 할 수는 없고, 관리청 지정서를 첨부하여 "1948.8.15. 대한민국정부수립"을 원인으로 "국, 관리청 부"로의 **등기명의인표시변경등기를 촉탁**하면 "**국**" 명의로의 등기명의인표시변경등기와 동시에 관리청 명칭도 첨기등기한다. 다만, "1948.8.15. 명칭변경"을 원인으로 등기명의인표시변경등기가 마쳐진 경우에는 등기관은 직권으로 "명칭변경" 부분을 "대한민국정부수립"으로 경정하여야 한다(예규 제1657호).

② "이왕직", "창덕궁", "이왕직장관" 소유명의로 등기된 부동산의 경우 관리청지정서를 첨부하여 "1963.2.9. 승계"를 원인으로 "국, 관리청 부"로의 **소유권이전등기를 촉탁**하면, "**국**" 명의로의 소유권이전등기와 동시에 관리청 명칭도 첨기등기한다(예규 제1657호).

③ 국유재산법 제16조 제1항의 규정에 의한 관리전환 협의 또는 같은 조 제2항의 규정에 의한 총괄청의 관리전환 결정으로 국유재산이 다른 관리청으로 이관되는 경우에는 **종전의 관리청이 발급한 관리전환 협의서** 또는 **총괄청이 발급한 관리전환 결정서**를 첨부하여 관리청 명칭의 변경등기를 한다(예규 제1657호).

④ 「국유재산법」 제22조 제3항에 따라 용도폐지되어 총괄청에게 인계되는 재산에 대해서는 총괄청 또는 같은 법 제42조 제1항에 따라 소관 재산의 관리·처분에 관한 사무를 위탁·위임받은 기관이 **총괄청의 용도폐지 공문사본**을 첨부정보로서 제공하여 관리청 명칭의 변경등기를 촉탁한다(예규 제1657호).

정답 ⊶ 11 ①

12 국유재산의 관리청 명칭의 변경등기에 관한 다음 설명 중 가장 옳지 않은 것은?

▸ 2015년 법무사

① 국유재산법 제40조의 규정에 의하여 관리청이 행정재산을 용도폐지하여 총괄청에게 인계하는 재산은 등기부상 관리청의 용도폐지 공문사본과 재산의 인수인계서 사본을 첨부하여 관리청 명칭의 변경등기를 한다.

② 국유재산법 제22조 제3항에 따라 총괄청이 직권으로 용도폐지하여 총괄청에게 인계되는 재산은 총괄청의 용도폐지 공문사본을 첨부하여 관리청 명칭의 변경등기를 한다.

③ 국유재산법 제16조 제1항의 규정에 의한 관리전환 협의로 국유재산이 다른 관리청으로 이관되는 경우에는 새로운 관리청이 발급한 관리전환 협의서를 첨부하여 관리청 명칭의 변경등기를 한다.

④ 국유재산법 제16조 제2항의 규정에 의한 총괄청의 관리전환 결정으로 국유재산이 다른 관리청으로 이관되는 경우에는 총괄청이 발급한 관리전환 결정서를 첨부하여 관리청 명칭의 변경등기를 한다.

⑤ 등기부상 관리청과 타 관리청이 서로 소관을 주장하는 경우는 총괄청이 이를 결정하는 것으로서, 총괄청이 발급한 관리청 결정서를 첨부하여 관리청 명칭의 변경등기를 한다.

해설 ③ 「국유재산법」 제16조 제1항의 규정에 의한 관리전환 협의 또는 같은 조 제2항의 규정에 의한 총괄청의 관리전환 결정으로 국유재산이 다른 관리청으로 이관되는 경우에는 **종전의 관리청이 발급한 관리전환 협의서** 또는 총괄청이 발급한 관리전환 결정서를 첨부하여 관리청 명칭의 변경등기를 한다(예규 제1657호).

① 「국유재산법」 제40조에 따라 관리청이 행정재산을 용도폐지하여 총괄청에게 인계하는 재산에 대해서는 총괄청 또는 같은 법 제42조 제1항에 따라 소관 재산의 관리·처분에 관한 사무를 위탁·위임받은 기관이 **등기기록상 관리청의 용도폐지 공문사본**과 같은 법 제66조 제1항에 따른 **국유재산대장사본**을 첨부정보로서 제공하여 관리청 명칭의 변경등기를 촉탁한다(예규 제1657호).

② 「국유재산법」 제22조 제3항에 따라 용도폐지되어 총괄청에게 인계되는 재산에 대해서는 총괄청 또는 같은 법 제42조 제1항에 따라 소관 재산의 관리·처분에 관한 사무를 위탁·위임받은 기관이 **총괄청의 용도폐지 공문사본**을 첨부정보로서 제공하여 관리청 명칭의 변경등기를 촉탁한다(예규 제1657호).

④ 「국유재산법」 제16조 제1항의 규정에 의한 관리전환 협의 또는 **같은 조 제2항의 규정에 의한 총괄청의 관리전환 결정**으로 국유재산이 다른 관리청으로 이관되는 경우에는 종전의 관리청이 발급한 관리전환 협의서 또는 **총괄청이 발급한 관리전환 결정서**를 첨부하여 관리청 명칭의 변경등기를 한다(예규 제1657호).

⑤ 등기부상 관리청과 타 관리청이 서로 소관을 주장하는 경우는 총괄청이 이를 결정하는 것으로서, **총괄청이 발급한 관리청 결정서**를 첨부하여 관리청 명칭의 변경등기를 한다(예규 제1657호).

정답 ↦ 12 ③

02 공권력 행사의 주체로서 하는 촉탁

📌 관련 예규

국세징수법에 따른 공매공고 등기 사무처리지침(예규 제1500호)

제1조 (목적)

이 예규는 「국세징수법」(이하 "법"이라 한다) 제67조의2 및 제71조의2에 따른 공매공고 등기 등에 관한 절차를 규정함을 목적으로 한다.

제2조 (등기촉탁관서)

① 공매공고 등기 또는 공매공고 등기의 말소등기는 **세무서장이 촉탁**한다. 다만, **한국자산관리공사**는 「국세징수법」 제61조의 규정에 의하여 세무서장을 **대행**한 경우에 등기를 촉탁할 수 있다.

② **개별법률**에서 이 법의 공매공고 등기 절차 등의 규정을 **준용**하는 경우에는 **해당 기관**이 촉탁할 수 있다.

제3조 (촉탁정보)

① 공매공고 등기를 촉탁하는 때에는 공매를 집행하는 압류등기 또는 납세담보제공계약을 원인으로 한 저당권등기의 접수일자 및 접수번호와 공매공고일을 촉탁정보의 내용으로 등기소에 제공하여야 하며, **등기원인**은 압류부동산인 경우에는 "공매공고"로, 납세담보로 제공된 부동산인 경우에는 "**납세담보물의 공매공고**"로 그 **연월일은** "공매공고일"로 표시한다.

② 공매공고 등기의 말소등기를 촉탁하는 때에는 다음 각 호의 어느 하나에 해당하는 등기원인과 일자를 촉탁정보의 내용으로 등기소에 제공하여야 한다.

  1. 법 제69조에 따라 공매취소의 공고를 한 경우에는 "공매취소 공고"
  2. 법 제71조에 따라 공매를 중지한 경우에는 "공매중지"
  3. 법 제78조 제1항 제1호에 따라 매각결정을 취소한 경우에는 "매각결정 취소"

제4조 (첨부정보)

① 공매공고 등기를 촉탁하는 때에는 **공매공고를 증명하는 정보**를 첨부정보의 내용으로 등기소에 제공하여야 한다.

② 공매공고 등기의 말소등기를 촉탁하는 때에는 제3조 제2항의 어느 하나에 해당함을 증명하는 정보를 첨부정보의 내용으로 등기소에 제공하여야 한다.

제5조 (등기실행)

① **공매공고 등기**는 공매를 집행하는 **압류등기의 부기등기**로 한다.

② 납세담보로 제공된 부동산에 대한 **공매공고 등기**는 갑구에 주등기로 실행한다.

제6조 (등록면허세 등)

① 공매공고 등기 및 공매공고 등기의 말소등기를 촉탁하는 때에는 **등록면허세**를 납부하지 **아니**한다.

② 제2조 제1항에 따라 등기를 촉탁하는 때에는 **등기신청수수료**를 납부하지 **아니**한다.

01 공매공고등기에 관한 다음 설명 중 가장 옳지 않은 것은? ▸ 2018년 법무사

① 한국자산관리공사는 「국세징수법」 제61조에 따라 세무서장을 대행한 경우에 공매공고
등기를 촉탁할 수 있다.

② 개별 법률에서 「국세징수법」의 공매공고등기 절차 등의 규정을 준용하는 경우에는 해
당 기관이 공매공고등기를 촉탁할 수 있다.

③ 공매공고등기를 촉탁할 때에 등기원인은 압류부동산인 경우에는 "공매공고"로, 납세담
보로 제공된 부동산인 경우에는 "납세담보물의 공매공고"로, 그 연월일은 "공매공고일"
로 표시한다.

④ 공매공고등기는 공매를 집행하는 압류등기의 부기등기로 하고, 납세담보로 제공된 부
동산에 대한 공매공고등기는 갑구에 주등기로 실행한다.

⑤ 세무서장과 이를 대행하는 한국자산관리공사를 제외한 그 밖의 기관이 공매공고등기를
촉탁하는 때에는 등기신청수수료 및 등록면허세를 모두 납부하여야 한다.

> **해설** ⑤ 공매공고 등기 및 공매공고 등기의 말소등기를 촉탁하는 때에는 **등록면허세**를 납부하지 아
> 니한다. 또한 **등기신청수수료**를 납부하지 **아니한다**(예규 제1500호, 제6조).

    ①② 예규 제1500호, 제2조
    ③ 예규 제1500호, 제3조
    ④ 예규 제1500호, 제5조

02 공매공고등기에 관한 다음 설명 중 가장 옳지 않은 것은? ▸ 2016년 등기서기보

① 공매공고등기를 촉탁할 때에는 공매공고를 증명하는 정보를 첨부정보로서 등기소에 제
공하여야 한다.

② 등기관이 등기기록에 공매공고등기를 할 때에 압류부동산인 경우에는 공매를 집행하는
압류등기에 부기등기로 하고, 납세담보로 제공된 부동산인 경우에는 그 저당권등기에
부기등기로 한다.

③ 공매공고등기를 촉탁할 때에 등기원인은 압류부동산인 경우에는 '공매공고'로, 납세담
보로 제공된 부동산인 경우에는 '납세담보물의 공매공고'로, 그 연월일은 '공매공고일'
로 표시한다.

④ 공매공고등기를 촉탁할 때에는 등록면허세를 납부하지 아니한다.

> **해설** ② 공매공고 등기는 공매를 집행하는 압류등기의 부기등기로 한다. 납세담보로 제공된 부동산에
> 대한 공매공고 등기는 갑구에 주등기로 실행한다(예규 제1500호, 제5조).

    ① 예규 제1500호, 제4조
    ③ 예규 제1500호, 제3조
    ④ 예규 제1500호, 제6조

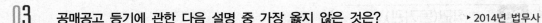

03 공매공고 등기에 관한 다음 설명 중 가장 옳지 않은 것은? ▸ 2014년 법무사

① 공매공고 등기는 공매를 집행하는 압류등기의 부기등기로 한다.

② 납세담보로 제공된 부동산에 대한 공매공고 등기는 납세담보제공계약을 원인으로 한 저당권등기의 부기등기로 한다.

③ 공매공고 등기를 촉탁하는 때에는 공매를 집행하는 압류등기 또는 납세담보제공계약을 원인으로 한 저당권등기의 접수일자 및 접수번호와 공매공고일을 촉탁정보의 내용으로 등기소에 제공하여야 한다.

④ 등기원인은 압류부동산인 경우에는 "공매공고"로, 납세담보로 제공된 부동산인 경우에는 "납세담보물의 공매공고"로, 그 연월일은 "공매공고일"로 표시한다.

⑤ 공매공고 등기를 촉탁하는 경우 등록면허세와 등기신청수수료는 납부하지 아니한다.

> **해설** ② **공매공고 등기**는 공매를 집행하는 **압류등기**의 부기등기로 한다. 납세담보로 제공된 부동산에 대한 **공매공고 등기**는 갑구에 주등기로 실행한다(예규 제1500호, 제5조).
>
> ① 예규 제1500호, 제5조
> ③④ 예규 제1500호, 제3조
> ⑤ 예규 제1500호, 제6조

03 직권(등기관)

01 등기관이 직권으로 실행하는 등기에 관한 다음 설명 중 가장 옳지 않은 것은?

▸ 2023년 등기서기보

① 등기관이 승역지에 지역권설정의 등기를 하였을 때에는 요역지의 지역권등기를 직권으로 기록한다.

② 어떤 등기의 말소를 신청함에 있어 그 등기의 말소에 대하여 등기상 이해관계 있는 제3자의 승낙을 받은 경우 그 등기상 이해관계 있는 제3자 명의의 등기는 등기관이 직권으로 말소한다.

③ 등기관이 부동산등기법 제94조 제1항의 신청에 따라 가처분등기 이후에 마쳐진 등기로서 가처분채권자의 권리를 침해하는 등기를 말소하였을 때에는 직권으로 그 해당 가처분등기도 말소하여야 한다.

④ 신탁이 종료되어 신탁재산귀속을 원인으로 소유권이전등기를 신청한 경우 등기관은 소유권이전등기를 실행한 후 직권으로 신탁등기를 말소한다.

해설 ④ 1. 수탁자가 신탁재산을 제3자에게 처분하거나 **신탁이 종료**되어 **신탁재산이 위탁자 또는 수익자에게 귀속**되는 경우에는 그에 따른 **권리이전등기**와 **신탁등기의 말소등기**는 **1건**의 신청정보로 **일괄**하여 **신청하여야** 한다.

　　　2. 등기원인이 신탁재산의 처분 또는 신탁재산의 귀속임에도 **신탁등기의 말소등기** 또는 **권리이전등기** 중 **어느 하나**만을 신청하는 경우에는 등기관은 이를 **수리하여서는 아니 된다.**

① 1. 승역지와 요역지가 **같은 등기소의 관할에 속하는 경우** 등기관이 승역지에 지역권설정의 등기를 하였을 때에는 **직권**으로 요역지의 등기기록에 승역지, 지역권설정의 목적, 범위 등을 기록하여야 한다(법 제71조 제1항).

　2. 승역지에 지역권설정의 등기를 하였을 경우 등기관은 요역지가 **다른 등기소의 관할에 속하는 때**에는 지체 없이 그 등기소에 승역지, 요역지, 지역권설정의 목적과 범위, 신청서의 접수연월일을 **통지**하여야 한다(법 제71조 제2항).

② 등기의 **말소**를 신청하는 경우에 그 말소에 대하여 **등기상 이해관계 있는 제3자**가 있을 때에는 제3자의 **승낙**이 있어야 한다. 등기를 말소할 때에는 등기상 이해관계 있는 **제3자 명의의 등기**는 등기관이 **직권**으로 **말소**한다(법 제57조).

③ 등기관이 제1항의 신청에 따라 **가처분등기 이후의 등기를 말소할 때**에는 **직권**으로 그 **가처분등기도 말소**하여야 한다. **가처분등기 이후의 등기가 없는 경우**로서 가처분채무자를 등기의무자로 하는 권리의 이전, 말소 또는 설정의 등기만을 할 때에도 **또한 같다**(법 제94조 제2항).

02 등기관의 직권에 의한 등기에 관한 다음 설명 중 가장 옳지 않은 것은? ▸2021년 법무사

① 등기관이 등기의 착오나 빠진 부분이 등기관의 잘못으로 인한 것임을 발견한 경우에는 지체 없이 그 등기를 직권으로 경정하여야 한다. 다만, 등기상 이해관계 있는 제3자가 있는 경우에는 제3자의 승낙이 있어야 한다.

② 이미 건물은 멸실되었으나 아직 건물멸실등기가 이루어지기 전에 가압류등기가 경료된 경우 등기관은 직권으로 그 가압류등기를 말소할 수 있다.

③ 말소에 대하여 등기상 이해관계 있는 제3자의 승낙이 있음을 증명하는 정보를 제공하여 등기의 말소를 신청한 경우 해당 등기를 말소할 때에는 등기상 이해관계 있는 제3자 명의의 등기는 등기관이 직권으로 말소한다.

④ 신탁재산에 속하는 부동산에 관한 권리에 대하여 수탁자의 변경으로 인한 이전등기를 할 경우 등기관은 직권으로 그 부동산에 관한 신탁원부 기록의 변경등기를 하여야 한다.

⑤ 등기관이 수용으로 인한 소유권이전등기를 하는 경우 그 부동산의 등기기록 중 소유권, 소유권 외의 권리, 그 밖의 처분제한에 관한 등기가 있으면 그 등기를 직권으로 말소하여야 한다. 다만, 그 부동산을 위하여 존재하는 지역권의 등기 또는 토지수용위원회의 재결로써 존속이 인정된 권리의 등기는 그러하지 아니하다.

> **해설** ② 이미 건물은 멸실되었으나 아직 건물멸실등기가 이루어지기 전에 가압류등기가 경료된 경우, 부동산등기법 제58조의 규정에 의하여 등기관이 직권으로 그 가압류등기를 말소할 수는 없다(선례 제6-495호). 건물의 소유자가 멸실등기를 신청하면 표제부에 멸실의 뜻을 기재하고 등기부를 폐쇄하는 것이지 가압류등기를 직권으로 말소할 것이 아니다.
>
> ① 등기관이 등기의 착오나 빠진 부분이 등기관의 잘못으로 인한 것임을 발견한 경우에는 지체 없이 그 등기를 직권으로 경정하여야 한다. 다만, 등기상 이해관계 있는 제3자가 있는 경우에는 제3자의 승낙이 있어야 한다(법 제32조 제2항).
>
> ③ 등기의 말소를 신청하는 경우에 그 말소에 대하여 등기상 이해관계 있는 제3자가 있을 때에는 제3자의 승낙이 있어야 한다. 등기를 말소할 때에는 등기상 이해관계 있는 제3자 명의의 등기는 등기관이 직권으로 말소한다(법 제57조).
>
> ④ 등기관이 신탁재산에 속하는 부동산에 관한 권리에 대하여 다음 각 호의 어느 하나에 해당하는 등기를 할 경우 직권으로 그 부동산에 관한 신탁원부 기록의 변경등기를 하여야 한다(법 제85조의2).
> 1. 수탁자의 변경으로 인한 (🔒 권리)이전등기
> 2. 여러 명의 수탁자 중 1인의 임무 종료로 인한 (🔒 합유명의인)변경등기
> 3. 수탁자인 등기명의인의 성명 및 주소(법인인 경우에는 그 명칭 및 사무소 소재지를 말한다)에 관한 변경등기 또는 경정등기
>
> ⑤ 등기관이 제1항과 제3항에 따라 수용으로 인한 소유권이전등기를 하는 경우 그 부동산의 등기기록 중 소유권, 소유권 외의 권리, 그 밖의 처분제한에 관한 등기가 있으면 그 등기를 직권으로 말소하여야 한다. 다만, 그 부동산을 위하여 존재하는 지역권의 등기(🔒 요역지 지역권) 또는 토지수용위원회의 재결로써 존속이 인정된 권리의 등기는 그러하지 아니하다(법 제99조 제4항).

정답 ↱ 01 ④ 02 ②

03 다음 설명 중 등기관이 직권으로 말소할 수 있는 등기는? ▸ 2020년 등기서기보

① 가처분채권자의 신청에 따라 가처분채권자의 권리를 침해하는 가처분등기 이후의 등기를 말소하는 경우 당해 가처분등기

② 지상권설정청구권보전의 가등기에 의하여 지상권설정의 본등기를 한 경우 체납처분으로 인한 압류등기

③ 수용으로 인한 소유권이전등기를 하는 경우 그 부동산의 등기기록 중 그 부동산을 위하여 존재하는 지역권의 등기

④ 첨부서류를 위조하여 근저당권설정등기를 신청하였으나 등기관이 이를 간과하여 마쳐진 근저당권설정등기

해설 ① 등기관이 **가처분등기 이후의 등기**를 말소할 때에는 **직권**으로 그 **가처분등기**도 **말소**하여야 한다. **가처분등기 이후의 등기가 없는** 경우로서 가처분채무자를 등기의무자로 하는 권리의 이전, 말소 또는 설정의 등기만을 할 때에도 **또한 같다**(법 제94조 제2항).

② **지상권, 전세권** 또는 **임차권**의 설정등기청구권보전 가등기에 의하여 지상권, 전세권 또는 임차권의 설정의 본등기를 한 경우 가등기 후 본등기 전에 마쳐진 다음 각 호의 등기는 직권말소의 대상이 되지 아니한다(규칙 제148조 제2항).

1. 소유권이전등기 및 소유권이전등기청구권보전 가등기
2. 가압류 및 가처분 등 처분제한의 등기
3. **체납처분으로 인한 압류**등기
4. 저당권설정등기
5. 가등기가 되어 있지 않은 부분에 대한 지상권, 지역권, 전세권 또는 임차권의 설정등기와 주택임차권등기 등

③ 등기관이 제1항과 제3항에 따라 수용으로 인한 소유권이전등기를 하는 경우 그 부동산의 등기기록 중 **소유권, 소유권 외의 권리, 그 밖의 처분제한에 관한 등기**가 있으면 그 등기를 **직권**으로 **말소**하여야 한다. 다만, 그 부동산을 위하여 존재하는 지역권의 등기(⊕ **요역지 지역권**) 또는 토지수용위원회의 **재결로써 존속이 인정된 권리**의 등기는 그러하지 **아니하다**(법 제99조 제4항).

④ 등기관은 **등기가 위조**인 것이 명백한 때에는 등기상 이해관계인이 없으면 위조등기 명의인에게 통지할 필요 없이 직권말소하고, 등기상 이해관계인이 있는 경우에는 그 제3자에게만 통지하고, 이의가 있는 때에는 이를 각하하고 **직권 말소**한다(「부동산등기법」 제29조 제2호, 제58조, 예규 제1377호). 그러나 등기된 사항이 **위조된 첨부문서**(공문서에 한함)에 의하여 이루어진 사실이 발급기관에의 조회 등을 통하여 확인된 경우 등기관은 등기기록 **표제부**의 좌측 상단에 위조된 문서에 의하여 등기된 사항이 있다는 취지를 **부전**할 수 있다(⊕ 법 제29조 제9호 위반이므로 **직권말소할 수 없다**). 부전된 내용은 판결에 의한 위조된 등기의 말소신청이 있거나 이해관계인이 소명하는 자료를 제출하여 삭제를 요청한 경우 등기관은 이를 삭제할 수 있다(예규 제1377호).

04 **다음 중 등기관이 직권으로 하여야 하는 등기가 아닌 것은?** ▶ 2019년 등기서기보

① 대지권등기를 마쳤을 경우에 대지권의 목적인 토지의 등기기록에 하는 대지권이라는 뜻의 기록

② 등기상 이해관계 있는 제3자의 승낙서를 첨부하여 어떤 등기의 말소등기를 신청하는 경우에 그 등기상 이해관계 있는 제3자 명의의 등기

③ 소유권이전청구권가등기에 의한 본등기를 하는 경우에 그 가등기 후에 마쳐진 제3자 명의의 소유권이전등기

④ 소유권이전등기청구권의 보전을 위한 가처분등기의 가처분채권자가 가처분채무자를 등기의무자로 하여 소유권이전등기를 신청하는 경우에 그 가처분 후에 마쳐진 제3자 명의의 소유권이전등기

> **해설** ④ 소유권이전등기청구권 또는 소유권이전등기말소등기(소유권보존등기말소등기를 포함한다. 이하 이 조에서 같다)청구권을 보전하기 위한 가처분등기가 마쳐진 후 그 가처분채권자가 가처분채무자를 등기의무자로 하여 소유권이전등기 또는 소유권말소등기를 신청하는 경우에는, 법 제94조 제1항에 따라 가처분등기 이후에 마쳐진 제3자 명의의 등기의 말소를 단독으로 신청할 수 있다(규칙 제152조 제1항). 즉 말소신청하여야 하는 것이며 직권으로 말소할 수 없다.
>
> ① 대지권등기를 하였을 때에는 직권으로 대지권의 목적인 토지의 등기기록에 소유권, 지상권, 전세권 또는 임차권이 대지권이라는 뜻을 기록하여야 한다(법 제40조 제4항).
>
> ③ 등기관이 소유권이전등기청구권보전 가등기에 의하여 소유권이전의 본등기를 한 경우에는 법 제92조 제1항에 따라 가등기 후 본등기 전에 마쳐진 등기 중 다음 각 호의 등기를 제외하고는 모두 직권으로 말소한다(규칙 제147조 제1항).
> 1. 해당 가등기상 권리를 목적으로 하는 가압류등기나 가처분등기
> 2. 가등기 전에 마쳐진 가압류에 의한 강제경매개시결정등기
> 3. 가등기 전 마쳐진 담보가등기, 전세권 및 저당권에 의한 임의경매개시결정등기
> 4. 가등기권자에게 대항할 수 있는 주택임차권등기, 주택임차권설정등기, 상가건물임차권등기, 상가건물임차권설정등기(이하 "주택임차권등기 등"이라 한다)

04 **명령(법원)**

제2절 │ 전자신청(촉탁)

관련 조문

법 제24조[등기신청의 방법]

① 등기는 다음 각 호의 어느 하나에 해당하는 방법으로 신청한다.

  1. 신청인 또는 그 대리인이 등기소에 출석하여 신청정보 및 첨부정보를 적은 서면을 제출하는 방법. 다만, 대리인이 변호사[법무법인, 법무법인(유한) 및 법무조합을 포함한다. 이하 같다]나 법무사[법무사법인 및 법무사법인(유한)을 포함한다. 이하 같다](❗ 자격자대리인)인 경우에는 대법원규칙으로 정하는 사무원(❗ 출입사무원/규칙 제58조)을 등기소에 출석하게 하여 그 서면을 제출할 수 있다.

  2. 대법원규칙으로 정하는 바에 따라 전산정보처리조직(❗ 전자신청/규칙 제67조)을 이용하여 신청정보 및 첨부정보를 보내는 방법(법원행정처장이 지정하는 등기유형으로 한정한다)

② 신청인이 제공하여야 하는 신청정보 및 첨부정보는 대법원규칙으로 정한다.

규칙 제67조[전자신청의 방법]

① 전자신청은 당사자가 직접 하거나 자격자대리인(❗ 일반인 대리×)이 당사자를 대리하여 한다. 다만, 법인 아닌 사단이나 재단은 전자신청을 할 수 없으며, 외국인의 경우에는 다음 각 호의 어느 하나에 해당하는 요건을 갖추어야 한다.

  1. 「출입국관리법」 제31조에 따른 외국인등록

  2. 「재외동포의 출입국과 법적 지위에 관한 법률」 제6조, 제7조에 따른 국내거소신고

② 제1항에 따라 전자신청을 하는 경우에는 제43조 및 그 밖의 법령에 따라 신청정보의 내용으로 등기소에 제공하여야 하는 정보를 전자문서로 등기소에 송신하여야 한다. 이 경우 사용자등록번호도 함께 송신하여야 한다.

③ 제2항의 경우에는 제46조 및 그 밖의 법령에 따라 첨부정보로서 등기소에 제공하여야 하는 정보를 전자문서로 등기소에 송신하거나 대법원예규로 정하는 바에 따라 등기소에 제공하여야 한다.

④ 제2항과 제3항에 따라 전자문서를 송신할 때에는 다음 각 호의 구분에 따른 신청인 또는 문서작성자의 전자서명정보(이하 "인증서 등"이라 한다)를 함께 송신하여야 한다.

  1. 개인 : 「전자서명법」 제2조 제6호에 따른 인증서(서명자의 실지명의를 확인할 수 있는 것으로서 법원행정처장이 지정·공고하는 인증서를 말한다)

  2. 법인 : 「상업등기법」의 전자증명서

  3. 관공서 : 대법원예규로 정하는 전자인증서

⑤ 제4항 제1호의 공고는 인터넷등기소에 하여야 한다.

규칙 제68조[사용자등록]

① 전자신청을 하기 위해서는 그 등기신청을 하는 당사자 또는 등기신청을 대리할 수 있는 자격자대리인(❗ 출입사무원×)이 최초의 등기신청 전에 사용자등록을 하여야 한다.

② 사용자등록을 신청하는 당사자 또는 자격자대리인은 등기소에 출석하여 대법원예규로 정하는 사항을 적은 신청서를 제출하여야 한다.

③ 제2항의 사용자등록 신청서에는 「인감증명법」에 따라 신고한 인감을 날인하고, 그 인감증명과 함께 주소를 증명하는 서면을 첨부하여야 한다.

④ 신청인이 **자격자대리인**인 경우에는 제3항의 서면 외에 그 **자격을 증명하는 서면의 사본**도 첨부하여야 한다.

⑤ **법인**이 「상업등기규칙」 제46조에 따라 **전자증명서의 이용등록을** 한 경우에는 사용자등록을 한 것으로 본다(❗ 별도의 사용자등록×).

규칙 제69조(사용자등록의 유효기간)

① 사용자등록의 **유효기간은** 3년으로 한다.

② 제1항의 **유효기간이 지난 경우**에는 사용자등록을 다시 하여야 한다. 유효기간을 경과하여 사용자등록을 다시 하는 경우에는 <u>최초로 사용자등록을 하는 절차와 같은 절차</u>에 의하여야 한(예규 제1715호, 6-가)

③ 사용자등록의 유효기간 만료일 3개월 전부터 만료일까지는 그 유효기간의 **연장을 신청**할 수 있으며, 그 연장기간은 3년으로 한다.

④ 제3항의 **유효기간 연장은** 전자문서로 신청할 수 있다.

규칙 제70조(사용자등록의 효력정지 등)

① 사용자등록을 한 사람은 <u>사용자등록의 **효력정지, 효력회복** 또는 해지</u>를 신청할 수 있다.

② 제1항에 따른 사용자등록의 효력정지 및 해지의 신청은 전자문서로 할 수 있다.

③ 등기소를 방문하여 제1항에 따른 사용자등록의 효력정지, 효력회복 또는 해지를 신청하는 경우에는 신청서에 **기명날인 또는 서명**(❗ 인감×)을 하여야 한다.

규칙 제71조(사용자등록정보 변경 등)

① 사용자등록 후 사용자등록정보가 변경된 경우에는 대법원예규로 정하는 바에 따라 그 변경된 사항을 등록하여야 한다.

② **사용자등록번호를 분실**하였을 때에는 제68조에 따라 <u>사용자등록을 다시 하여야</u> 한다.

📋 관련 예규

사용자등록절차에 관한 업무처리지침(예규 제1715호)

1. 사용자등록이 필요한 사람

「부동산등기법」 제24조 제1항 제2호에 의한 전자신청을 하고자 하는 **당사자** 또는 변호사나 법무사[법무법인·법무법인(유한)·법무사법인·법무사법인(유한)을 제외한다. 이하 **"자격자대리인"**이라 한다]는 「부동산등기규칙」 제67조 제4항 제1호에 따른 개인인증서(이하 "인증서"라 한다)를 발급받아 **최초의 전자신청 전에** 등기소(주소지나 사무소 소재지 관할 이외의 등기소에서도 할 수 있다)에 **직접 출석**(❗ 출입사무원×)하여 미리 사용자등록을 하여야 한다.

2. 사용자등록관리 시스템의 운용

3. 사용자등록신청서의 기재사항 및 첨부서면 등

　가. 신청서 기재사항

　나. 첨부서면

　　(1) 신청인은 <u>사용자등록신청서</u>에 「인감증명법」에 따라 발급된 신청인의 인감증명과 주소를 증명하는 서면(발행일부터 3개월 이내의 것이어야 한다)을 첨부하여야 한다.

　　(2) 신청인이 외국인인 경우에는 위 (1)의 주소를 증명하는 서면으로 외국인등록사실증명이나 국내거소신고사실증명(발행일부터 3개월 이내의 것이어야 한다)을 첨부하고, 그 증명서면에 기재된 신청

인의 성명이 외국문자로 되어 있으면 그 성명을 한글로 표기한 번역문을 함께 첨부하여야 한다.
  (3) 신청인이 자격자대리인인 경우에는 그 자격을 증명하는 서면(법무사등록증 등)의 사본을 함께 첨부하여야 한다.

4. 신청서 접수 등

5. 사용자등록의 방법 등

6. 사용자등록의 유효기간 및 유효기간의 연장 등

가. 유효기간

사용자등록의 유효기간은 3년으로 한다. 유효기간을 경과하여 사용자등록을 다시 하는 경우에는 최초로 사용자등록을 하는 절차와 같은 절차에 의하여야 한다.

나. 유효기간의 연장신청

  (1) 사용자등록을 한 사람은 유효기간 만료일 3월 전부터 만료일까지 사이에 유효기간의 연장을 신청할 수 있다.

  (2) 유효기간의 연장 신청은 사용자등록관리 시스템을 통해서도 할 수 있으며, 이 경우에는 인증서와 사용자등록번호를 이용하여 사용자 인증을 받아야 한다.

7. 사용자등록의 해지 등

8. 사용자등록신청서의 편철 등

📗 관련 예규

전산정보처리조직에 의한 부동산등기신청에 관한 업무처리지침(예규 제1725호)

1. 목적

이 예규는 전산정보처리조직에 의한 등기신청(이하 '전자신청'이라 한다)에 관한 사항을 규정함을 목적으로 한다.

2. 지정등기소의 지정

가. 법원행정처장의 지정

법원행정처장이 전자신청을 할 수 있는 등기소로 지정한 등기소(이하 "전자신청 등기소"라 한다) 관할의 부동산 및 등기유형에 관해서는 전자신청을 할 수 있다.

3. 전자신청을 할 수 있는 자

가. 당사자 본인에 의한 신청의 경우

  (1) 「부동산등기규칙」 제68조 제1항에 따른 사용자등록을 한 **자연인**(외국인 포함)과 「상업등기법」 제17조에 따른 전자증명서(이하 "전자증명서"라 한다)를 발급받은 **법인**은 전자신청을 할 수 있다. 다만 **외국인**의 경우에는 다음 각 호의 어느 하나에 해당하는 요건을 갖추어야 한다.

    (가) 「출입국관리법」 제31조에 따른 **외국인등록**

    (나) 「재외동포의 출입국과 법적 지위에 관한 법률」 제6조, 제7조에 따른 **국내거소신고**

  (2) **법인 아닌 사단이나 재단**(🌐 종중·교회)은 전자신청을 할 수 **없**다(🌐 단, 법무사 위임 가능).

나. 대리에 의한 신청의 경우

  (1) 변호사나 법무사[법무법인·법무법인(유한)·법무사법인·법무사법인(유한)을 포함한다. 이하 "**자격자대리인**"이라 한다]는 다른 사람을 **대리**하여 전자신청을 할 수 있다. 다만 **자격자대리인이 외국**

인인 경우에는 다음 각 호의 어느 하나에 해당하는 요건을 갖추어야 한다.

    (가)「출입국관리법」제31조에 따른 **외국인등록**

    (나)「재외동포의 출입국과 법적 지위에 관한 법률」제6조, 제7조에 따른 **국내거소신고**

  (2) **자격자대리인이 아닌 사람은** 다른 사람을 대리하여 전자신청을 할 수 **없다**.

    🔘 자격자 : 전자신청대리〇 / 쌍방대리〇 / 상대방대리〇)

    🔘 일반인 : 전자신청대리✕ / 쌍방대리△ / 상대방대리〇)

4. 전자신청의 방법

가. 대법원 인터넷등기소(이하 '인터넷등기소'라 한다) 접속

전자신청을 하고자 하는 당사자 또는 자격자대리인은 인터넷등기소(http://www.iros.go.kr/)에 접속한 후 "인터넷등기전자신청"을 선택하여 모든 문서를 전자문서로 작성하여야 한다. 다만 신청인이 **자격자대리인**인 경우 다음 각 호의 서면에 대하여는 이를 전자적 이미지 정보로 변환(스캐닝)하여 원본과 상위 없다는 취지의 부가정보와 자격자대리인의「부동산등기규칙」제67조 제4항 제1호에 따른 개인인증서(이하 "인증서"라 한다) 정보를 덧붙여 등기소에 송신하는 것으로 이를 갈음할 수 있다.

  (1) 대리권한을 증명하는 서면(등기원인증서가 존재하지 아니하는 등기유형에 한한다) 및 행정정보
    예 부동산거래계약신고필정·토지거래계약허가서 등 또는 취득세 또는 등록면허세 납부확인정보를 담고 있는 서면)

  (2) 다음 (가)부터 (다)까지의 경우에 그 첨부정보를 담고 있는 모든 서면. 다만 **인감증명서와 그 인감을 날인한 서면, 본인서명사실확인서와 서명을 한 서면** 및 **전자본인서명확인서 발급증**과 관련서면에 **서명을 한 서면**(예 등기의무자의 위임장, 제3자의 승낙서 등)은 **제외한다**(예 인감증명서상의 인감 날인부분이 홀로그램으로 처리가 되기 때문에 복사를 하거나 스캐닝을 할 경우 인감의 동일성여부 확인에 어려움이 있으므로 이를 스캐닝 송신할 수 없다는 취지임).

    (가) 국가, 지방자치단체 또는 특별법에 의하여 설립된 공법인(「지방공기업법」에 의하여 설립된 지방공사를 포함한다)이 등기권리자로서「공익사업을 위한 토지 등의 취득 및 보상에 관한 법률」에 의하여 토지 등을 **협의취득** 또는 **수용**하여 이를 원인으로 **소유권이전등기**를 신청하는 경우
      예 재결서등본〇 / 매매계약서✕)

    (나) 법원행정처장이 지정하는 금융기관이 (근)저당권자로서 **(근)저당권 설정**등기, **(근)저당권 이전**등기, **(근)저당권 변경(경정)**등기 또는 **(근)저당권 말소**등기를 신청하는 경우(한국주택금융공사법 제43조의7에 따른 담보주택에 대한 (근)저당권 설정등기 또는 (근)저당권 말소등기와 동시에 하는 부기등기 또는 부기등기의 말소등기를 포함한다)

    (다) 국가, 지방자치단체, 특별법에 의하여 설립된 공법인(「지방공기업법」에 의하여 설립된 지방공사를 포함한다) 또는 위 (나)에 의하여 지정된 금융기관이 지상권자로서 **지상권설정**등기 또는 **지상권말소**등기를 신청하는 경우

나. 사용자 인증

인터넷등기소에 접속한 당사자 또는 자격자대리인이 전자신청을 하기 위해서는 다음 각 호의 구분에 따른 정보를 입력하여 사용자 인증을 받아야 한다.

  (1) 당사자가 개인인 경우 : 인증서정보 및 사용자등록번호

  (2) 당사자가 법인인 경우 : 전자증명서정보

  (3) 자격자대리인의 경우 : 인증서정보 및 사용자등록번호

다. 신청정보의 입력

라. 필수정보의 첨부 등

(1) 별지 제3호의 등기유형에 해당하는 사건을 등기권리자와 등기의무자가 공동으로 전자신청을 하기 위해서는 해당 필수정보를 반드시 전자적으로 첨부하여야 하며, 그 정보가 첨부되지 아니한 때에는 신청정보를 송신할 수 없다.

(2) 첨부하여야 할 정보 중 **법인등기부정보** 및 **부동산등기부정보**와 같이 등기소에서 직접 확인할 수 있는 정보는 그 표시만 하고 첨부를 **생략**하며, 행정정보 공동이용의 대상이 되는 다음 각 호의 정보는 **행정정보 공동이용센터에 연계요청**을 하여 수신한 정보를 첨부한다.

    (가) 주민등록정보

    (나) 토지대장정보

    (다) 건축물대장정보

    (라) 거래계약신고필정보

    (마) 취득세 또는 등록면허세 납부확인정보

    (바) 토지거래계약허가정보

    (사) 임대사업자등록정보

마. 승인

바. 등기신청수수료의 납부 등

사. 송신

아. 인감증명서정보의 송신 불요

자. 인증서의 가입자가 외국인인 경우

5. 전자신청의 접수

가. 접수번호의 자동 부여

전자신청의 경우(⊞ 접수절차가 전산정보처리조직에 의해서 자동적으로 처리되므로 접수담당자가 **별도의 접수절차를 진행하지 않고**) 접수번호는 전산정보처리조직에 의하여 **자동적으로 생성**된 **접수번호**를 **부여**한다.

나. 접수장에 기록

6. 기입사무의 처리

7. 조사, 교합업무 등

가. 조사, 교합업무

나. 지연처리

다. 보정사무

(1) 보정 통지의 방법

보정사항이 있는 경우 등기관은 보정사유를 등록한 후 **전자우편, 구두, 전화 기타 모사전송**의 방법에 의하여 그 사유를 신청인에게 통지하여야 한다.

(2) 보정의 방법

전자신청의 보정은 **전산정보처리조직**에 의하여 하여야 한다(⊞ 서면신청은 등기소 출석요함). 다만 행정정보 공동이용의 대상이 되는 첨부정보에 관하여 해당 행정기관의 시스템 장애, 행정정보공동이용망의 장애 등으로 이를 첨부할 수 없는 경우 또는 등기소의 전산정보처리조직의 장애 등으로 인하여 등기관이 이를 확인할 수 없어 보정을 명한 경우에는 그 정보를 담고 있는 서면(주민등록등본, 건축물대장등본 등)을 등기소에 직접 제출하거나, 신청인이 자격자대리인인 경우에는 그 서면을 전자적 이미지 정보로 변환하여 원본과 상위 없다는 취지의 부가정보와 자격자대리인의 인증서정보를 덧붙여 등기소에 송신할 수 있다.

        (3) 신청정보의 출력
  라. 보정대장 작성 및 보고

8. **교합완료 후의 조치**
   등기관이 등기를 완료한 때에는 **전산정보처리조직**에 의하여 **등기필정보의 송신** 및 **등기완료사실의 통지**를 하여야 한다.

9. **전자신청의 취하**
   전자신청의 취하는 **전산정보처리조직**(☷ 서면신청과 동일한 방법×)을 이용해서 하여야 한다. 이 경우 전 자신청과 동일한 방법으로 **사용자인증**을 받아야 한다.

10. **각하결정의 방법**
    전자신청에 대한 각하 결정의 방식 및 고지방법은 **서면신청과 동일**한 방법으로 처리한다.

11. **이의신청**
    전자신청 사건에 관하여 이의신청이 있어 그 사건을 관할지방법원에 송부하여야 할 경우 등기관은 전자 문서로 보존되어 있는 신청정보와 첨부정보를 출력하여 인증을 한 후 그 출력물을 송부하여야 한다.

01 **전자신청에 관한 다음 설명 중 가장 옳지 않은 것은?** ▶ 2022년 법무사

① 상업등기법 제17조에 따른 전자증명서를 발급받은 법인은 전자 신청을 할 수 있으나, 법인 아닌 사단이나 재단은 전자신청을 할 수 없다.
② 전자신청에 대한 보정 통지는 전자우편의 방법으로만 하여야 하는 것은 아니며, 구두·전화 등의 방법으로도 할 수 있다.
③ 전자신청을 하기 위해서는 최초의 등기신청 전에 사용자등록을 하여야 하는바, 사용자등록의 유효기간은 3년이며, 유효기간 만료일 3개월 전부터 만료일까지는 그 유효기간의 연장을 신청할 수 있다.
④ 자격자대리인이 아닌 사람은 다른 사람을 대리하여 전자신청을 할 수 없다.
⑤ 전자신청에 대한 각하 결정의 고지는 전산정보처리조직을 이용하여 전자우편의 방법으로 하여야 한다.

해설 ⑤ 1. 등기관은 법 제29조 각 호에 해당하는 경우에 **이유를 적은 결정**으로 신청을 **각하**하여야 한다(법 제29조).
2. **전자신청**에 대한 각하 결정의 방식 및 고지방법은 **서면신청과 동일한 방법**으로 처리한다 (예규 제1725호).

① **법인 아닌 사단이나 재단**(☷ 종중·교회)은 전자신청을 할 수 **없다**(예규 제1725호, 규칙 제 67조 제1항). 「상업등기법」 제17조에 따른 **전자증명서를 발급받은 법인**은 전자신청을 할 수 **있다**(예규 제1725호, 규칙 제68조 제5항).

정답 **01** ⑤

② **전자신청**에 대하여 **보정사항**이 있는 경우 등기관은 보정사유를 등록한 후 **전자우편, 구두, 전화 기타 모사전송**의 방법에 의하여 그 사유를 신청인에게 **통지**하여야 한다(예규 제1725호).

③ 사용자등록의 **유효기간**은 **3년**으로 한다. 사용자등록의 **유효기간 만료일 3개월 전부터 만료일까지**는 그 유효기간의 **연장을 신청**할 수 있으며, 그 연장기간은 **3년**으로 한다(규칙 제69조 제1항, 제3항, 예규 1715호).

④ **자격자대리인이 아닌 사람**은 다른 사람을 대리하여 **전자신청**을 할 수 **없**다(예규 제1725호, 3-나-(2)).

- (⚖) 자격자 : 전자신청대리○ / 상대방대리○
- (⚖) 일반인 : 전자신청대리× / 상대방대리○

02 전자신청을 하고자 하는 당사자 또는 자격자대리인의 사용자등록에 관한 다음 설명 중 가장 옳은 것은?

▸ 2020년 등기서기보

① 사용자등록의 유효기간이 경과하여 사용자등록을 다시 하는 경우에는 최초로 사용자등록을 하는 절차와 동일한 절차에 의하여야 한다.

② 법인이 「상업등기규칙」 제46조에 따라 전자증명서의 이용등록을 한 경우에 법인등기와 달리 부동산등기의 전자신청을 하기 위해서는 별도의 사용자등록을 하여야 한다.

③ 사용자등록의 유효기간 만료일 1개월 전부터 만료일까지는 그 유효기간의 연장을 신청할 수 있으며, 그 연장기간은 3년으로 한다.

④ 외국인은 외국인등록을 한 경우에 한하여 사용자등록을 신청을 할 수 있다.

해설 ① 사용자등록의 **유효기간**은 **3년**으로 한다. **유효기간이 지난 경우**에는 사용자등록을 다시 하여야 한다(규칙 제69조 제1항, 제2항). 유효기간을 경과하여 사용자등록을 다시 하는 경우에는 **최초로 사용자등록을 하는 절차와 같은 절차**에 의하여야 한다(예규 제1715호, 6-가).

② **법인**이 「상업등기규칙」 제46조에 따라 **전자증명서의 이용등록**을 한 경우에는 사용자등록을 한 것으로 본다(규칙 제68조 제5항)(⚖ 별도의 사용자등록×).

③ 사용자등록의 유효기간 만료일 3개월 전부터 만료일까지는 그 유효기간의 **연장을 신청**할 수 있으며, 그 연장기간은 3년으로 한다(규칙 제69조 제3항, 예규 제1715호, 6-나).

④ **외국인**의 경우에는 다음 각 호의 어느 하나에 해당하는 요건을 갖추어야 한다(규칙 제67조 제1항, 예규 제1725호, 3-가).
1. 「출입국관리법」 제31조에 따른 **외국인등록**
2. 「재외동포의 출입국과 법적 지위에 관한 법률」 제6조, 제7조에 따른 **국내거소신고**

03 전산정보처리조직에 의한 등기신청(이하 '전자신청'이라 함)에 관한 다음 설명 중 가장 옳은 것은? ▸ 2019년 법무사

① 사용자등록을 하고자 하는 변호사나 법무사는 제출사무원으로 하여금 사용자등록신청서를 제출하도록 할 수 있다.

② 전자신청의 대리는 변호사나 법무사, 즉 자격자 대리인만이 할 수 있고, 자격자 대리인이 외국인인 경우에는 당사자를 대리하여 전자신청을 할 수 없다.

③ 사용자가 정지된 사용자등록의 효력회복을 신청하고자 하는 경우 신청서에는 기명날인하고, 인감증명을 첨부하여야 한다.

④ 전자신청의 취하는 전산정보처리조직을 이용해서 할 수도 있고, 서면신청과 동일한 방법으로 할 수도 있다.

⑤ 전자신청서에 첨부하여야 할 정보 중 법인등기부정보 및 부동산등기부정보와 같이 등기소에서 직접 확인할 수 있는 정보는 그 표시만 하고 첨부를 생략한다.

해설 ⑤ 첨부하여야 할 정보 중 **법인등기부정보** 및 **부동산등기부정보**와 같이 등기소에서 직접 확인할 수 있는 정보는 그 표시만 하고 **첨부**를 **생략**하며, 행정정보 공동이용의 대상이 되는 다음 각 호의 정보는 **행정정보 공동이용센터에 연계요청**을 하여 수신한 정보를 첨부한다(예규 제1715호, 4-라).

① 「부동산등기법」 제24조 제1항 제2호에 의한 전자신청을 하고자 하는 **당사자** 또는 변호사나 법무사[법무법인 · 법무법인(유한) · 법무사법인 · 법무사법인(유한)을 제외한다. 이하 "**자격자 대리인**"이라 한다]는 「부동산등기규칙」 제67조 제4항 제1호에 따른 개인인증서(이하 "**인증서**"라 한다)를 발급받아 **최초의 전자신청 전에** 등기소(주소지나 사무소 소재지 **관할 이외의 등기소에서도 할 수 있다**)에 **직접 출석(⊞ 출입사무원×)**하여 미리 **사용자등록**을 하여야 한다(규칙 제68조 제1항, 예규 제1715호, 1).

② 변호사나 법무사[법무법인 · 법무법인(유한) · 법무사법인 · 법무사법인(유한)을 포함한다. 이하 "**자격자대리인**"이라 한다]는 다른 사람을 **대리**하여 전자신청을 할 수 있다. 다만 **자격자대리인이 외국인**인 경우에는 다음 각 호의 어느 하나에 해당하는 요건을 갖추어야 한다(규칙 제67조 제1항, 예규 제1715호, 3-나).

   (가) 「출입국관리법」 제31조에 따른 **외국인등록**

   (나) 「재외동포의 출입국과 법적 지위에 관한 법률」 제6조, 제7조에 따른 **국내거소신고**

③ 사용자등록을 한 사람은 **사용자등록의 효력정지, 효력회복** 또는 **해지**를 신청할 수 있다. 사용자등록의 효력정지 및 해지의 신청은 전자문서로 할 수 있다. 등기소를 방문하여 제1항에 따른 사용자등록의 효력정지, 효력회복 또는 해지를 신청하는 경우에는 신청서에 **기명날인 또는 서명(⊞ 인감×)**을 하여야 한다(규칙 제70조).

④ 전자신청의 취하는 **전산정보처리조직(⊞ 서면신청과 동일한 방법×)**을 이용해서 하여야 한다. 이 경우 전자신청과 동일한 방법으로 **사용자인증**을 받아야 한다(규칙 제51조 제2항 제2호, 예규 제1715호, 9).

정답 ↦   **02** ①   **03** ⑤

04 전산정보처리조직을 이용하여 등기신청을 하는 경우에 관한 다음 설명 중 가장 옳지 않은 것은?
▶ 2018년 등기주사보

① 법인뿐만 아니라 법인 아닌 사단이나 재단도 직접 전자신청을 할 수 있다.

② 외국인도 외국인등록을 하거나 국내거소신고를 한 경우에는 전자신청을 할 수 있다.

③ 전자신청의 대리는 자격자대리인만이 할 수 있으므로, 자격자대리인이 아닌 경우에는 자기 사건이라 하더라도 상대방을 대리하여 전자신청을 할 수 없다.

④ 전자신청을 하기 위해서는 그 등기신청을 하는 당사자 또는 등기신청을 대리할 수 있는 자격자대리인이 최초의 등기신청 전에 등기소에 출석하여 사용자등록을 하여야 하는바, 출석하여야 하는 등기소에는 제한이 없으므로 인근 어느 등기소에나 출석하면 된다.

해설 ① 법인 아닌 사단이나 재단(ⓔ 종중·교회)은 전자신청을 할 수 없다(예규 제1725호, 규칙 제67조 제1항). 「상업등기법」 제17조에 따른 전자증명서(이하 "전자증명서"라 한다)를 발급받은 법인은 전자신청을 할 수 있다(예규 제1725호, 규칙 제68조 제5항).

② 예규 제1725호, 3–가. 규칙 제67조 제1항
③ 예규 제1725호, 3–나–(2)
④ 예규 제1715호, 규칙 제68조 제1항

05 등기의 전자신청에 관한 다음 설명 중 가장 옳지 않은 것은?
▶ 2017년 법무사

① 전자신청은 당사자가 직접 하거나 자격자대리인이 당사자를 대리하여 한다.

② 법인 아닌 사단이나 재단의 대표자나 관리인은 대리인에게 위임하지 않고 그 사단이나 재단의 명의로 직접 전자신청을 할 수 있다.

③ 법인이 인터넷등기소에서 전자증명서의 이용등록을 한 경우에는 사용자등록을 한 것으로 본다.

④ 외국인이 대리인에게 위임하지 않고 직접 전자신청을 하기 위하여는 출입국관리법에 따른 외국인등록 또는 재외동포의 출입국과 법적 지위에 관한 법률에 따른 국내거소신고의 요건을 갖추어야 한다.

⑤ 자격자대리인이 전자신청을 대리하는 경우 일정한 서면은 전자적 이미지 정보로 변환(스캐닝)하여 원본과 상위 없다는 취지의 부가정보와 자격자대리인의 개인공인인증서 정보를 덧붙여 등기소에 송신할 수 있다.

해설 ② 법인 아닌 사단이나 재단(ⓔ 종중·교회)은 전자신청을 할 수 없다(예규 제1725호, 규칙 제67조 제1항). 「상업등기법」 제17조에 따른 전자증명서(이하 "전자증명서"라 한다)를 발급받은 법인은 전자신청을 할 수 있다(예규 제1725호, 규칙 제68조 제5항).

① 규칙 제67조 제1항, 예규 제1725호, 3–나
③ 규칙 제68조 제5항

④ 규칙 제67조 제1항, 예규 제1725호, 3-가

⑤ 예규 제1725호, 4-가

06 전산정보처리조직을 이용하여 신청정보 및 첨부정보를 보내는 방법에 의한 등기신청(전자 신청)에 관한 다음 설명 중 가장 옳지 않은 것은? ▸ 2017년 등기서기보

① 법인이 전자신청을 하기 위해서는 등기소로부터 발급받은 전자증명서의 이용등록과 함께 사용자등록을 하여야 한다.

② 전자신청을 하는 경우에는 신청정보의 내용으로 등기소에 제공하여야 하는 정보를 전자문서로 등기소에 송신하여야 한다.

③ 인터넷등기소에 접속한 당사자 또는 자격자대리인[변호사나 법무사(법무법인·법무법인(유한)·법무사법인·법무사법인(유한)을 포함)를 말한다]이 전자신청을 하기 위해서는 사용자 인증을 받아야 한다.

④ 전자신청의 경우 접수번호는 전산정보처리조직에 의하여 자동으로 생성된 것을 부여한다.

해설 ① 법인이 「상업등기규칙」 제46조에 따라 **전자증명서의 이용등록을** 한 경우에는 사용자등록을 한 것으로 **본다**(규칙 제68조 제5항)(꜒ 별도의 사용자등록×).

② 전자신청을 하는 경우 첨부정보로서 등기소에 제공하여야 하는 정보를 전자문서로 등기소에 송신하거나 대법원예규로 정하는 바에 따라 등기소에 제공하여야 한다(규칙 제67조 제3항).

③ 예규 제1725호, 4-나

④ 전자신청의 경우(꜒ 접수절차가 전산정보처리조직에 의해서 자동적으로 처리되므로 접수담당자가 **별도의 접수절차를 진행하지 않고**) 접수번호는 전산정보처리조직에 의하여 **자동적으로 생성된 접수번호를 부여**한다(예규 제1725호, 5-가).

07 자격자대리인이 전자신청을 할 때에 일정한 첨부서면을 전자적이미지정보로 변환하여 송신할 수 있는바, 이러한 첨부서면에 해당하지 않는 것은? ▸ 2019년 등기주사보

① 법원행정처장이 지정하는 금융기관이 근저당권자인 경우의 근저당권설정계약서

② 부동산표시변경등기를 신청할 때의 등기신청위임장

③ 특별법에 의하여 설립된 공법인을 등기권리자로 하여 매매를 원인으로 소유권이전등기를 신청할 때의 매매계약서

④ 토지에 대한 매매를 원인으로 소유권이전등기를 신청할 때의 토지거래계약허가서

해설 ③ 매매계약서는 스캐닝 송신의 특례가 인정되지 아니한다.

정답 ⌒ 04 ① 05 ② 06 ① 07 ③

①②③④ 전자신청을 하고자 하는 당사자 또는 자격자대리인은 인터넷등기소(http://www.iros. go.kr/)에 접속한 후 "인터넷등기전자신청"을 선택하여 모든 문서를 전자문서로 작성하여야 한다. 다만 신청인이 **자격자대리인**인 경우 다음 각 호의 서면에 대하여는 이를 전자적 이미지 정보로 변환(**스캐닝**)하여 원본과 상위 없다는 취지의 부가정보와 자격자대리인의 「부동산등기규칙」 제67조 제4항 제1호에 따른 개인인증서(이하 "인증서"라 한다) 정보를 덧붙여 등기소에 송신하는 것으로 이를 갈음할 수 있다.

(1) 대리권한을 증명하는 서면(등기원인증서가 존재하지 아니하는 등기유형에 한한다) 및 행정정보(예 부동산거래계약신고필정·토지거래계약허가서 등 또는 취득세 또는 등록면허세 납부확인정보를 담고 있는 서면

(2) 다음 (가)부터 (다)까지의 경우에 그 첨부정보를 담고 있는 모든 서면. 다만 **인감증명서**와 그 **인감을 날인한 서면, 본인서명사실확인서와 서명을 한 서면** 및 **전자본인서명확인서 발급증**과 관련서면에 **서명을 한 서면**(예 등기의무자의 위임장, 제3자의 승낙서 등)은 **제외**한다(⊞ 인감증명서상의 인감날인부분이 홀로그램으로 처리가 되기 때문에 복사를 하거나 스캐닝을 할 경우 인감의 동일성여부 확인에 어려움이 있으므로 이를 스캐닝 송신할 수 없다는 취지임).

(가) 국가, 지방자치단체 또는 특별법에 의하여 설립된 공법인(「지방공기업법」에 의하여 설립된 지방공사를 포함한다)이 등기권리자로서 「공익사업을 위한 토지 등의 취득 및 보상에 관한 법률」에 의하여 토지 등을 **협의취득** 또는 **수용**하여 이를 원인으로 소유권이전등기를 신청하는 경우(⊞ 재결서등본○ / 매매계약서×)

(나) 법원행정처장이 지정하는 금융기관이 (근)저당권자로서 **(근)저당권 설정**등기, **(근)저당권 이전**등기, **(근)저당권 변경(경정)**등기 또는 **(근)저당권 말소**등기를 신청하는 경우(한국주택금융공사법 제43조의7에 따른 담보주택에 대한 (근)저당권 설정등기 또는 (근)저당권 말소등기와 동시에 하는 부기등기 또는 부기등기의 말소등기를 포함한다)

(다) 국가, 지방자치단체, 특별법에 의하여 설립된 공법인(「지방공기업법」에 의하여 설립된 지방공사를 포함한다) 또는 위 (나)에 의하여 지정된 금융기관이 지상권자로서 **지상권설정**등기 또는 **지상권말소**등기를 신청하는 경우

08

자격자대리인이 전자신청을 하는 경우에 다음 서면 중 전자적 이미지 정보로 변환(스캐닝)하여 원본과 상위 없다는 취지의 부가정보와 자격자대리인의 개인공인인증서정보를 덧붙여 등기소에 송신할 수 없는 것은?   ▶ 2016년 법원사무관

① 법원행정처장이 지정하는 금융기관이 지상권자로서 지상권설정등기를 신청하는 경우에 있어 등기의무자가 작성한 등기신청위임장

② 등기명의인표시변경등기를 신청하는 경우의 등기신청위임장

③ 매매를 원인으로 한 소유권이전등기를 신청하는 경우의 토지거래계약허가증

④ 법원행정처장이 지정하는 금융기관이 근저당권자인 근저당권설정등기를 신청하는 경우의 근저당권설정계약서

해설 ① 지상권설정등기를 하는 경우의 등기신청위임장에는 등기의무자의 인감도장을 날인하고 인감 증명서를 제공하여야 하므로(규칙 제60조 제1항 제1호), 인감을 날인한 서류 및 인감증명은 스캐닝 송신할 수 없다는 예규에 따라서 지상권설정등기를 하기 위한 등기신청위임장은 자격자대리인이 스캐닝 송신할 수 없다.

09 전자신청에 관한 다음 설명 중 가장 옳은 것은?

▶ 2015년 법무사

① 전자신청의 취하는 반드시 전산정보처리조직을 이용하여 취하정보를 전자문서로 등기소에 송신하는 방법으로 하여야 한다.

② 자연인은 모두 전자신청을 할 수 있으므로, 외국인도 아무런 제한 없이 전자신청을 할 수 있다.

③ 전자신청의 대리는 자격자대리인뿐만 아니라 일반인도 할 수 있다.

④ 전자신청은 방문신청과 동일하게 모든 등기유형에 대하여 할 수 있다.

⑤ 법인뿐만 아니라 법인 아닌 사단이나 재단도 직접 전자신청을 할 수 있다.

해설 ① 전자신청의 취하는 **전산정보처리조직**(☝ 서면신청과 동일한 방법×)을 이용해서 하여야 한다. 이 경우 전자신청과 동일한 방법으로 **사용자인증**을 받아야 한다(규칙 제51조 제2항 제2호, 예규 제1715호, 9).

② **외국인**의 경우에는 다음 각 호의 어느 하나에 해당하는 요건을 갖추어야 한다(규칙 제67조 제1항, 예규 제1725호, 3-가).
1. 「출입국관리법」 제31조에 따른 **외국인등록**
2. 「재외동포의 출입국과 법적 지위에 관한 법률」 제6조, 제7조에 따른 **국내거소신고**

③ **자격자대리인이 아닌 사람**은 다른 사람을 대리하여 전자신청을 할 수 **없다**(예규 제1725호, 3-나-(2)).
(☝ 자격자 : 전자신청대리○ / 쌍방대리○ / 상대방대리○)
(☝ 일반인 : 전자신청대리× / 쌍방대리△ / 상대방대리○)

④ 등기는 서면으로 신청하거나 대법원규칙으로 정하는 바에 따라 전산정보처리조직(☝ **전자신청**/규칙 제67조)를 이용하여 신청정보 및 첨부정보를 보내는 방법(법원행정처장이 지정하는 등기유형으로 한정한다)으로 신청할 수 있다(법 제24조 제1항). 법원행정처장이 전자신청을 할 수 있는 등기소로 지정한 등기소(이하 "전자신청 등기소"라 한다) 관할의 부동산 및 등기유형에 관해서는 전자신청을 할 수 있다(예규 제1725호, 2-가).

⑤ **법인 아닌 사단이나 재단**(☝ 종중·교회)은 전자신청을 할 수 **없다**(예규 제1725호, 규칙 제67조 제1항). 「상업등기법」 제17조에 따른 전자증명서(이하 "전자증명서"라 한다)를 발급받은 **법인**은 전자신청을 할 수 있다(예규 제1725호, 규칙 제68조 제5항).

정답 ◦━ 08 ① 09 ①

10 전산정보처리조직에 의한 등기신청(이하 '전자신청'이라 함)과 관련한 설명이다. 가장 옳은 것은?

▶ 2012년 법무사

① 자연인이 전자신청을 하려면 당사자 또는 등기신청을 대리할 수 있는 자격자대리인이 최초의 등기신청 전에 반드시 등기소에 출석하여 사용자등록을 하여야 한다.

② 법인의 경우 「상업등기규칙」에 따라 전자증명서의 이용등록을 하였더라도 대표자가 등기소에 출석하여 다시 사용자등록을 하여야 한다.

③ 법인 아닌 사단이나 재단인 종중이나 교회도 전자신청을 할 수 있다.

④ 사용자등록의 유효기간은 3년이지만 그 기간은 언제든지 연장신청을 할 수 있다.

⑤ 변호사, 법무사와 같은 일정한 자격자대리인이 아니더라도 자기 사건이라면 상대방을 대리하여 전자신청을 할 수 있다.

해설 ① 「부동산등기법」 제24조 제1항 제2호에 의한 전자신청을 하고자 하는 **당사자** 또는 변호사나 법무사[법무법인·법무법인(유한)·법무사법인·법무사법인(유한)을 제외한다. 이하 "**자격자 대리인**"이라 한다]는 「부동산등기규칙」 제67조 제4항 제1호에 따른 개인인증서(이하 "**인증 서**"라 한다)를 발급받아 **최초의 전자신청 전에** 등기소(주소지나 사무소 소재지 **관할 이외의 등기소에서도 할 수 있다**)에 **직접 출석**(🔁 출입사무원×)하여 미리 **사용자등록**을 하여야 한 다(규칙 제68조 제1항, 예규 제1715호, 1).

② **법인**이 「상업등기규칙」 제46조에 따라 **전자증명서의 이용등록**을 한 경우에는 사용자등록을 한 것으로 본다(규칙 제68조 제5항)(🔁 별도의 사용자등록×).

③ **법인 아닌 사단이나 재단**(🔁 종중·교회)은 전자신청을 할 수 **없**다(예규 제1725호, 규칙 제67조 제1항). 「상업등기법」 제17조에 따른 전자증명서(이하 "전자증명서"라 한다)를 발급받은 **법인**은 전자신청을 할 수 있다(예규 제1725호, 규칙 제68조 제5항).

④ 사용자등록의 유효기간은 3년으로 한다. 사용자등록의 유효기간 만료일 3개월 전부터 만료일까지는 그 유효기간의 **연장을 신청**할 수 있으며, 그 연장기간은 3년으로 한다.(규칙 제69조 제1항, 제3항, 예규 1715호).

⑤ **자격자대리인이 아닌 사람**은 다른 사람을 대리하여 전자신청을 할 수 **없**다(예규 제1725호, 3-나-(2)).

(🔁 자격자 : 전자신청대리○ / 쌍방대리○ / 상대방대리○)

(🔁 일반인 : 전자신청대리× / 쌍방대리△ / 상대방대리○)

제3절 | 신청의무(해태)

01 **다음 설명 중 가장 옳지 않은 것은?** ▶ 2023년 등기서기보

① 부동산의 매매계약을 체결한 자는 잔금을 지급한 날로부터 60일 이내에 소유권이전등기를 신청하여야 한다.

② 부동산등기법 제65조에 따라 소유권보존등기를 신청할 수 있음에도 이를 하지 아니한 채 그 미등기부동산에 대하여 증여계약을 체결한 자는 그 계약을 체결한 날부터 60일 이내에 소유권보존등기를 신청하여야 한다.

③ 부동산에 관하여 신탁법상의 신탁계약을 맺은 경우 신탁의 등기를 함으로써 그 재산이 신탁재산으로서의 효력을 가진다.

④ 건물이 멸실된 경우에는 그 건물 소유권의 등기명의인은 그 사실이 있는 때부터 1개월 이내에 그 등기를 신청하여야 한다.

해설 ③ 등기 또는 등록할 수 있는 재산권에 관하여는 **신탁의 등기** 또는 등록을 함으로써 그 재산이 신탁재산에 속한 것임을 **제3자에게 대항**할 수 있다(**🔅 대항력**, 신탁법 제4조).

① 부동산의 **소유권이전을 내용으로 하는 계약**을 체결한 자는 다음 각 호의 1에 정하여진 날부터 **60일 이내**에 **소유권이전등기를 신청**하여야 한다(부동산등기 특별조치법 제2조).

    가. 계약의 당사자가 서로 대가적인 채무를 부담하는 경우에는 반대급부의 이행이 완료된 날 (**🔅 매매의 경우 잔금지급일**)

    나. 계약당사자의 일방만이 채무를 부담하는 경우에는 그 계약의 효력이 발생한 날 (**🔅 증여의 경우 계약성립일**)

② **소유권보존등기가 되어 있지 아니한 부동산**에 대하여 **소유권이전을 내용으로 하는 계약**을 체결한 자는 다음 각 호의 1에 정하여진 날부터 **60일 이내**에 **소유권보존등기**를 신청하여야 한다.

    가. 「부동산등기법」 제65조에 따라 소유권보존등기를 신청할 수 있음에도 이를 하지 아니한 채 계약을 체결한 경우에는 그 계약을 체결한 날

    나. 계약을 체결한 후에 「부동산등기법」 제65조에 따라 소유권보존등기를 신청할 수 있게 된 경우에는 소유권보존등기를 신청할 수 있게 된 날

④ 건물이 **멸실**된 경우에는 **그 건물 소유권의 등기명의인**은 그 사실이 있는 때부터 **1개월 이내**에 그 등기를 신청하여야 한다. 이 경우 제41조 제2항을 준용한다. 그 소유권의 등기명의인이 1개월 이내에 **멸실등기를 신청하지 아니하면** 그 건물대지의 소유자가 건물 소유권의 등기명의인을 **대위**하여 그 등기를 신청할 수 있다(법 제43조 제1항, 제2항).

정답 🔑 10 ① / 01 ③

02 건물표시변경등기에 관한 다음 설명 중 가장 옳지 않은 것은?　　▶ 2019년 등기주사보

① 건물 소유권의 등기명의인은 건물의 표시가 변경된 경우에 그 사실이 있는 때부터 1개월 내에 건물표시변경등기를 신청하여야 하며, 이를 게을리하였을 때에는 50만원 이하의 과태료를 부과한다.

② 건물표시변경등기를 신청할 때에는 등기신청수수료를 납부할 필요가 없다.

③ 등기관이 건물표시변경등기를 할 때에는 항상 주등기로 실행하고, 종전의 표시에 관한 등기를 말소하는 표시를 하여야 한다.

④ 특별자치시장·특별자치도지사 또는 시장·군수·구청장은 사용승인을 받은 건축물로서 사용승인 내용 중 건축물의 면적·구조·용도 및 층수가 변경된 경우에 관할등기소에 그 변경등기를 촉탁하여야 한다.

해설 ① 「부동산등기법」에서는 **부동산의 표시에 변경**이 있는 경우 그 소유권의 등기명의인은 그 사실이 있는 때부터 1개월 내에 표시변경등기를 신청하여야 한다고 규정하고 있지만 등기촉탁의무를 규정하고 있는 「공간정보법」, 「건축법」과 비교하여 볼 때 「부동산등기법」의 내용은 선언적 의미에 불과하다. 따라서 부동산등기법상 등기신청의무를 게을리하더라도 그에 따른 **과태료를 부과하지 않으며 과태료부과 통지도 하지 않는다**(법 제112조 과태료 규정 삭제, 규칙 제164조 과태료의 통지 규정 삭제).

② 이러한 **부동산표시변경등기**는 지적소관청 및 대장소관청에서 의무적으로 촉탁하여야 하는 것이므로, 당사자가 이러한 등기의 신청을 하는 경우에는 **등기신청수수료를** 납부할 필요가 없다.

③ 법 제52조 및 기타법령에서 부기등기로 한다는 규정이 없는 경우는 원칙적으로 주등기로 하여야 한다(법 제52조). 법 제40조의 건물표시(🌐 소재·지번·건물의 종류·구조·면적 등)에 관한 사항을 변경하는 등기를 할 때에는 **종전의 표시에 관한 등기를 말소하는 표시를** 하여야 한다(규칙 제87조).

④ **특별자치시장·특별자치도지사 또는 시장·군수·구청장**은 다음 각 호의 어느 하나에 해당하는 사유로 건축물대장의 기재 내용이 변경되는 경우(제2호의 경우 신규 등록은 제외한다) 관할 등기소에 그 등기를 **촉탁하여야** 한다. 이 경우 제1호와 제4호의 등기촉탁은 지방자치단체가 자기를 위하여 하는 등기로 본다(건축법 제39조).

1. 지번이나 행정구역의 명칭이 변경된 경우
2. 제22조에 따른 사용승인을 받은 건축물로서 사용승인 내용 중 건축물의 **면적·구조·용도 및 층수가 변경**된 경우
3. 제36조 제1항에 따른 **건축물의 철거신고에 따라 철거한** 경우
4. 제36조 제2항에 따른 **건축물의 멸실 후 멸실신고를** 한 경우

03 **건물의 표시변경등기에 관한 다음 설명 중 가장 옳지 않은 것은?** ▸ 2018년 등기주사보

① 건물의 행정구역·지번·면적단위의 변경이 아니라 분할, 구분, 합병이 있어 표시변경 등기를 신청하는 경우에는 등록면허세와 등기신청수수료를 납부하여야 한다.

② 건물의 분할, 구분, 합병 등 표시사항이 변경된 경우에 그 건물의 소유권의 등기명의인 은 그 사실이 있는 때부터 1개월 내에 표시변경등기를 신청하여야 한다.

③ 건물이 멸실된 경우에 그 건물 소유권의 등기명의인이 1개월 이내에 멸실등기를 신청 하지 않으면 그 건물대지의 소유자가 건물 소유권의 등기명의인을 대위하여 그 등기를 신청할 수 있다.

④ 건물이 분할, 구분, 합병 및 멸실된 경우에 등기신청인이 1개월 이내에 그 등기신청을 하지 않았더라도 과태료 부과 통지를 하지 않는다.

해설 ① 다음 각 호의 1에 해당하는 등기는 그 신청수수료를 받지 아니한다(등기사항증명서 등 수수 료규칙 제5조의2 제2항).
1. **예고등기의 말소등기**
2. **멸실회복등기**
3. 회생, 파산, 개인회생, 국제도산에 관하여 법원의 촉탁으로 인한 등기
4. **부동산표시의 변경 및 경정 등기**
5. 부동산에 관한 **분할·구분·합병 및 멸실등기**(대지권에 관한 등기 제외)
6. **행정구역·지번의 변경**, 주민등록번호(또는 부동산등기용등록번호)의 정정을 원인으로 한 등기명의인표시변경 및 경정등기
7. **등기관의 과오**로 인한 등기의 착오 또는 유루를 원인으로 하는 경정등기
8. 「공유토지분할에 관한 특례법」에 의한 등기
9. 신탁등기 및 신탁등기의 말소등기

② **토지의 분할, 합병**이 있는 경우와 **제34조의 등기사항에 변경**이 있는 경우에는 **그 토지 소유 권의 등기명의인**은 그 사실이 있는 때부터 1개월 이내에 그 등기를 **신청하여야** 한다(법 제34 조). 건물의 **분할, 구분, 합병**이 있는 경우와 **제40조의 등기사항에 변경**이 있는 경우에는 **그 건물 소유권의 등기명의인**은 그 사실이 있는 때부터 1개월 이내에 그 등기를 **신청하여야** 한 다(법 제41조).

③ 건물이 **멸실**된 경우에는 **그 건물 소유권의 등기명의인**은 그 사실이 있는 때부터 1개월 이내 에 그 등기를 **신청하여야** 한다. 이 경우 제41조 제2항을 준용한다. 그 소유권의 등기명의인 이 1개월 이내에 **멸실등기를 신청하지 아니**하면 그 건물대지의 소유자가 건물 소유권의 등 기명의인을 **대위**하여 그 등기를 신청할 수 있다(법 제43조 제1항, 제2항).

정답 🔑 02 ① 03 ①

04 건물의 표시변경등기에 관한 다음 설명 중 가장 옳지 않은 것은? ▶ 2018년 등기서기보

① 건물의 분할, 구분, 합병이 있는 경우에는 그 건물 소유권의 등기명의인은 그 사실이 있는 때부터 1개월 이내에 그 등기를 신청하여야 한다.

② 구분건물로서 그 대지권의 변경이나 소멸이 있는 경우에는 구분건물의 소유권의 등기명의인은 1동의 건물에 속하는 다른 구분건물의 소유권의 등기명의인을 대위하여 그 등기를 신청할 수 있다.

③ 건물이 멸실된 경우에 그 소유권의 등기명의인이 1개월 이내에 멸실등기를 신청하지 아니하면 그 건물대지의 소유자가 건물 소유권의 등기명의인을 대위하여 그 등기를 신청할 수 있다.

④ 건물의 변경 또는 멸실에 따른 등기신청의 의무가 있는 자가 그 등기신청을 게을리하였을 때에는 과태료를 부과한다.

> **해설** ④ 「부동산등기법」에서는 부동산의 표시에 변경이 있는 경우 그 소유권의 등기명의인은 그 사실이 있는 때부터 1개월 내에 표시변경등기를 신청하여야 한다고 규정하고 있지만 등기촉탁 의무를 규정하고 있는 「공간정보법」, 「건축법」과 비교하여 볼 때 「부동산등기법」의 내용은 선언적 의미에 불과하다. 따라서 부동산등기법상 등기신청의무를 게을리하더라도 그에 따른 과태료를 부과하지 않으며 과태료부과 통지도 하지 않는다(법 제112조 과태료 규정 삭제, 규칙 제164조 과태료의 통지 규정 삭제).
>
> ② 구분건물로서 그 대지권의 변경이나 소멸이 있는 경우에는 구분건물의 소유권의 등기명의인은 1동의 건물에 속하는 다른 구분건물의 소유권의 등기명의인을 대위하여 그 등기를 신청할 수 있다. 건물이 구분건물인 경우에 그 건물의 등기기록 중 1동 표제부에 기록하는 등기사항에 관한 변경등기는 그 구분건물과 같은 1동의 건물에 속하는 다른 구분건물에 대하여도 변경등기로서의 효력이 있다(법 제41조 제3항, 제4항).

05 부동산등기와 관련된 의무사항이나 벌칙에 관한 다음 설명 중 옳지 않은 2개의 지문을 고르시오. ▶ 2017년 등기주사보 변경

① 누구든지 부실등기를 하도록 등기의 신청이나 촉탁에 제공할 목적으로 등기필정보를 취득하거나 그 사정을 알면서 제공하여서는 아니 된다.

② 토지 등기기록 표제부의 등기사항에 변경이 있는 경우 토지 소유권의 등기명의인이 그 등기신청을 게을리하였을 때에는 과태료를 부과한다.

③ 등기관은 '부동산등기법'상의 과태료에 처할 사유가 있다고 인정하면 지체 없이 과태료에 처할 자의 주소지를 관할하는 지방법원 또는 지원에 통지하여야 한다.

④ 등기관이 '부동산등기 특별조치법'상의 과태료에 처할 사유가 있음을 발견한 때에는 일정한 양식의 통지서를 목적 부동산의 소재지를 관할하는 시장 등에게 즉시 송부하여야 한다.

해설 ②③ 「부동산등기법」에서는 **부동산의 표시에 변경**이 있는 경우 그 소유권의 등기명의인은 그 사실이 있는 때부터 1개월 내에 표시변경등기를 신청**하여야** 한다고 규정하고 있지만 등기촉탁의무를 규정하고 있는 「**공간정보법**」, 「**건축법**」과 비교하여 볼 때 「부동산등기법」의 내용은 선언적 의미에 불과하다. 따라서 부동산등기법상 등기신청의무를 게을리하더라도 그에 따른 **과태료**를 부과하지 않으며 **과태료부과 통지**도 하지 **않는다**(법 제112조 과태료 규정 삭제, 규칙 제164조 과태료의 통지 규정 삭제). 토지이든 건물이든 등기기록 표제부의 등기사항에 변동이 있는 경우 부동산등기법에서 소유권의 등기명의인에게 등기신청의무를 부과하고 있지만 게을리하였다고 과태료를 부과하는 규정은 더 이상 없다. 따라서 과태료 통지도 할 필요가 없다.

① **등기관**과 그 밖에 등기소에서 **부동산등기사무에 종사하는 사람이나 그 직에 있었던 사람**은 그 직무로 인하여 알게 된 등기필정보의 작성이나 관리에 관한 비밀을 누설하여서는 아니 된다. **누구든지** 부실등기를 하도록 등기의 신청이나 촉탁에 제공할 목적으로 등기필정보를 취득하거나 그 사정을 알면서 등기필정보를 제공하여서는 아니 된다(법 제110조).

④ 1) 부동산의 소유권이전을 내용으로 하는 계약을 체결한 자는 다음 각 호의 1에 정하여진 날부터 60일 이내에 소유권이전등기를 신청하여야 한다(부동산등기 특별조치법 제2조).

　1. 계약의 당사자가 서로 대가적인 채무를 부담(🔁 매매 등)하는 경우에는 반대급부의 이행이 완료된 날(🔁 잔금지급일)

　2. 계약당사자의 일방만이 채무를 부담(🔁 증여 등)하는 경우에는 그 계약의 효력이 발생한 날(🔁 계약성립일)

2) 등기권리자가 상당한 사유 없이 제2조 각 항의 규정에 의한 등기신청을 해태한 때에는 그 해태한 날 당시의 부동산에 대하여 「지방세법」 제10조의 과세표준에 같은 법 제11조 제1항의 표준세율(같은 법 제14조에 따라 조례로 세율을 달리 정하는 경우에는 그 세율을 말한다)에서 1천분의 20을 뺀 세율(같은 법 제11조 제1항 제8호의 경우에는 1천분의 20의 세율)을 적용하여 산출한 금액(같은 법 제13조 제2항·제3항·제6항 또는 제7항에 해당하는 경우에는 그 금액의 100분의 300)의 5배 이하에 상당하는 금액의 과태료에 처한다(동법 제11조).

3) 등기관이 부동산등기특별조치법 제11조의 규정에 의한 과태료에 처할 사유가 있음을 발견한 때에는 별지 양식에 의한 (🔁 과태료사유)통지서를 목적부동산의 소재지를 관할하는 시장 등에게 즉시 송부하여야 한다(예규 제1419호).

제1절 | 신청인

✦ 종합문제

01 **등기신청인에 관한 다음 설명 중 가장 옳지 않은 것은?** ▶ 2022년 등기서기보

① 친권자가 미성년자인 자 소유의 부동산을 제3자에게 증여하는 경우는 친권자와 미성년자의 이해가 상반되는 행위에 해당하므로 미성년자의 대리는 법원에서 선임한 특별대리인이 하여야 한다.

② 소유권이전등기의 등기의무자인 회사의 대표이사 甲이 그 소유권이전등기신청을 법무사에게 위임한 후 그 등기신청 전에 대표이사가 乙로 변경된 경우에도 법무사의 등기신청에 관한 대리권한은 소멸하지 않는다고 보아야 할 것이므로, 그 등기신청서에 등기신청을 위임한 대표이사 甲이 위임 당시에 당해 회사의 대표이사임을 증명하는 회사등기부등본과 그의 인감증명을 첨부하였다면, 위임장을 당해 회사의 새로운 대표이사 乙 명의로 다시 작성하거나 그 乙 명의로 된 회사등기부등본과 인감증명을 새로 발급받아 등기신청서에 첨부할 필요는 없다.

③ 가등기명의인은 단독으로 가등기의 말소를 신청할 수 있으며 가등기의무자 또는 가등기에 관하여 등기상 이해관계 있는 자는 가등기명의인의 승낙을 받아 단독으로 가등기의 말소를 신청할 수 있다.

④ 수익자를 상대로 사해행위취소판결을 받은 채권자는 채무자를 대위하여 단독으로 판결에 의한 등기를 신청할 수 있다.

해설 ① 친권자가 미성년자인 자 소유의 부동산을 <u>제3자에게 증여</u>하는 경우에는 <u>친권자의 이익이 없으므로</u> 친권자와 미성년자의 <u>이해관계가 상반되지 않으므로</u> 특별대리인을 선임할 필요가 없다(예규 제1088호, 2-다).

② <u>소유권이전등기의 등기의무자인 회사의 **대표이사 갑**이 그 소유권이전등기신청을 **법무사**에게 위임</u>한 후 그 등기신청 전에 **대표이사가 을**로 변경된 경우에도 **법무사의 등기신청에 관한 대리권한은 소멸**하지 않는다고 보아야 할 것(🔵 종전 대표이사 갑이 법무사에게 위임한 경우 그 효과는 법인에게 귀속되는 것이고 그 이후 본인이나 대리인이 사망한 것도 아니고, 원인관계가 종료하거나 수권행위를 철회한 것도 아니므로)이므로, 그 등기신청서에 등기신청을 위임한 대표이사 **갑이 위임 당시에 당해 회사의 대표이사임을 증명하는 회사등기부등본**(발행일로부터 3월 이내의 것)과 **그(갑)의 인감증명**(발행일로부터 3월 이내의 것)을 첨부하였다면, 위임장을 당해 회사의 새로운 대표이사 을 명의로 다시 작성하거나 그 을 명의로 된 회사등기부등본과 인감증명을 새로 발급받아 등기신청서에 첨부할 필요는 없다(선례 제5-125호).

③ 1. **가등기권리자**는 제23조 제1항(⊞ 원칙적 공동신청)에도 불구하고 가등기의무자의 승낙이 있거나 가등기를 명하는 법원의 가처분명령이 있을 때에는 **단독으로 가등기를 신청**할 수 있다(법 제89조).

　 2. **가등기명의인**은 제23조 제1항(⊞ 원칙적 공동신청)에도 불구하고 단독으로 가등기의 말소를 신청할 수 있으며, **가등기의무자** 또는 가등기에 관하여 **등기상 이해관계 있는 자**도 가등기명의인의 승낙을 받아 **단독으로 가등기의 말소를 신청**할 수 있다(법 제93조).

④ 수익자(갑)를 상대로 **사해행위취소판결**을 받은 **채권자(을)**는 채무자(병)를 대위하여 단독으로 등기를 신청할 수 있다. 이 경우 등기신청서의 등기권리자란에는 "병 대위신청인 을"과 같이 기재하고, 등기의무자란에는 "갑"을 기재한다(⊞ **채무자는 패소**하였으므로 채권자가 얻은 승소판결에 의해서 단독으로 등기를 신청할 수 **없다**)(예규 제1692호, 3─마).

02 방문신청에 관한 다음 설명 중 가장 옳지 않은 것은?　　　　▶ 2021년 법무사

① 자연인 또는 법인 아닌 사단이나 재단이 직접 등기신청을 하거나 자격자대리인이 아닌 사람에게 위임하여 등기신청을 하는 경우 외에는 방문신청을 하는 경우에도 도면이나 신탁원부는 이를 전자문서로 작성하여 전산정보처리조직을 이용하여 등기소에 송신하는 방법으로 하여야 한다.

② 신청서에 날인을 할 경우 신청서가 여러 장일 때에는 신청인 또는 그 대리인이 간인을 하여야 하고, 등기권리자 또는 등기의무자가 여러 명일 때에는 그중 1명이 간인하는 방법으로 한다.

③ 주소 변경에 따라 등기명의인표시변경등기를 서면에 의한 방문신청으로 하는 경우에는 등기관이 행정정보 공동이용을 통하여 주소정보를 확인할 방법이 없어 신청인에게 그 제공을 면제할 수 없으므로 주소를 증명하는 정보를 첨부정보로 제공하여야 한다.

④ 방문신청을 하고자 하는 신청인은 신청서를 등기소에 제출하기 전에 전산정보처리조직에 신청정보를 입력하고, 그 입력한 신청정보를 서면으로 출력하여 등기소에 제출하는 방법으로 할 수 있다.

⑤ 신청서에 첨부된 등기원인증서가 매매계약서인 경우에도 소유권이전등기를 마친 때부터 신청인이 3개월 이내에 수령하지 아니할 경우에는 이를 폐기할 수 있다.

해설 ③ 등기소에 제공하여야 하는 첨부정보 중 법원행정처장이 지정하는 첨부정보는 「전자정부법」 제36조 제1항에 따른 행정정보 공동이용을 통하여 등기관이 확인하고 신청인에게는 그 제공을 면제한다. 다만, 그 첨부정보가 **개인정보를 포함**(⊞ 주민등록등본·초본 등)하고 있는 경우에는 그 정보주체의 동의가 있음을 증명하는 정보를 등기소에 제공한 경우에만 그 제공을 면제한다(규칙 제46조 제6항).

정답 ↦　01 ①　02 ③

① **방문신청을 하는 경우라도** 등기소에 제공하여야 하는 **도면은 전자문서로 작성하여야 하며,** 그 제공은 전산정보처리조직을 이용하여 등기소에 송신하는 방법으로 하여야 한다. 다만, 다음 각 호의 어느 하나에 해당하는 경우에는 그 도면을 서면으로 작성하여 등기소에 제출할 수 있다(규칙 제63조).

  1. 자 또는 법인 아닌 사단이나 재단이 직접 등기신청을 하는 경우

  2. 자연인 또는 법인 아닌 사단이나 재단이 자격자대리인이 아닌 사람에게 위임하여 등기신청을 하는 연인경우

② **방문신청을** 하는 경우에는 등기신청서에 제43조 및 그 밖의 법령에 따라 신청정보의 내용으로 등기소에 제공하여야 하는 정보를 적고 신청인 또는 그 대리인이 기명날인하거나 서명하여야 한다. 신청서가 **여러 장일 때에는** 신청인 또는 그 대리인이 **간인**을 하여야 하고, 등기권리자 또는 등기의무자가 **여러 명일 때에는 그중 1명**(🌐 의무자 및 권리자 각 1인으로 해석)이 간인하는 방법으로 한다. 다만, 신청서에 서명을 하였을 때에는 각 장마다 연결되는 서명을 함으로써 간인을 대신한다(규칙 제56조).

④ 방문신청을 하고자 하는 신청인은 신청서를 등기소에 제출하기 전에 전산정보처리조직에 신청정보를 입력하고, 그 입력한 신청정보를 서면으로 출력하여 등기소에 제출하는 방법으로 할 수 있다(규칙 제64조).

⑤ 신청인이 등기를 마친 때부터 3개월 이내에 제3조의 등기원인증서(매매계약서 등)를 수령하지 아니한 경우에는 이를 폐기할 수 있다(예규 제1514호).

03 등기신청인 및 그 대리인에 관한 다음 설명 중 가장 옳지 않은 것은? ▶ 2021년 등기서기보

① 미성년자인 자 소유의 부동산을 채무자인 그 미성년자를 위하여 담보로 제공하거나 제3자에게 처분하는 경우에 친권자는 미성년자인 자를 대리할 수 없으므로 특별대리인이 미성년자를 대리하여 등기를 신청하여야 한다.

② 회사의 지배인은 영업주를 갈음하여 그 영업에 관한 재판상 또는 재판 외의 모든 행위를 할 수 있으므로 회사의 영업에 관한 등기신청을 대리할 수 있다.

③ 법인의 대표이사가 등기신청을 자격자대리인에게 위임한 후 그 등기신청 전에 대표이사가 변경된 경우에도 자격자대리인의 등기신청에 관한 대리권한은 소멸되지 않는다.

④ 합병으로 인하여 소멸한 乙회사가 합병 전에 매수한 부동산에 관하여는 합병 후 존속하는 甲회사가 등기권리자로서 매도인과 공동신청으로 직접 甲회사 명의로의 소유권이전등기를 신청할 수 있다.

해설 ① 친권자가 미성년자인 자 소유의 부동산을 채무자인 그 **미성년자를 위하여** 담보로 제공하거나 제3자에게 처분하는 경우에는 친권자와 미성년자의 이해가 상반되지 않으므로 특별대리인은 선임할 필요가 없다(예규 제1088호, 2-다-(3)).

② (🌐 등기된) **지배인**은 영업주에 갈음하여 그 영업에 관한 재판상 또는 재판 외(🌐 등기신청)의 모든 행위를 할 수 있다(상법 제11조 제1항).

③ 소유권이전등기의 등기의무자인 회사의 **대표이사 갑**이 그 소유권이전등기신청을 **법무사에게 위임**한 후 그 등기신청 전에 **대표이사가 을로 변경**된 경우에도 **법무사의 등기신청에 관한**

대리권한은 **소멸**하지 **않는**다고 보아야 할 것(❸ 종전 대표이사 갑이 법무사에게 위임한 경우 그 효과는 법인에게 귀속되는 것이고 그 이후 본인이나 대리인이 사망한 것도 아니고, 원인관계가 종료하거나 수권행위를 철회한 것도 아니므로)이므로, 그 등기신청서에 등기신청을 위임한 대표이사 **갑이 위임 당시**에 당해 회사의 대표이사임을 증명하는 **회사등기부등본**(발행일로부터 3월 이내의 것)과 **그(갑)의 인감증명**(발행일로부터 3월 이내의 것)을 첨부하였다면, **위임장을 당해 회사의 새로운 대표이사 을 명의로 다시 작성하거나 그 을 명의로 된 회사등기부등본과 인감증명을 새로 발급받아 등기신청서에 첨부할 필요는 없다**(선례 제5-125호).

④ **합병으로 존속한 회사**는 합병으로 인하여 **소멸**된 회사의 권리의무를 **포괄승계**하는 점에 있어서 상속인이 피상속인의 권리의무를 포괄승계하는 것과 다를 바 없다 할 것이므로, 합병으로 인하여 소멸한 을회사가 **합병 전**에 매수한 부동산(❸ **법 제27조 적용**○)에 관하여는 합병 후 존속하는 갑회사와 매도인의 공동신청으로 **직접 갑회사 명의로의 소유권이전등기**를 신청할 수 있다(선례 제4-374호).

04 등기신청인에 관한 다음 설명 중 가장 옳지 않은 것은? ▶ 2020년 법무사

① 등기신청은 신청인 또는 그 대리인이 등기소에 출석하여 신청정보 및 첨부정보를 적은 서면을 제출하는 방법이 있는데, 이때 대리인이 변호사나 법무사인 경우에는 대법원규칙으로 정하는 사무원을 등기소에 출석하게 하여 그 서면을 제출할 수 있다.

② 등기의무자인 회사의 대표이사 甲이 그 소유권이전등기신청을 법무사에게 위임한 후 그 등기신청 전에 대표이사가 乙로 변경된 경우에도 법무사의 등기신청에 관한 대리권한은 소멸하지 않는다고 보아야 할 것이므로, 일반적으로 위임장을 새로운 대표이사 乙 명의로 다시 작성할 필요는 없다.

③ 미성년자의 공동친권자 중 한 사람만이 미성년자인 자와 이해가 상반되는 경우 이해가 상반되는 그 친권자는 미성년자인 자를 대리할 수 없으므로, 이 경우 이해가 상반되지 않는 다른 일방의 친권자는 이를 소명하여 단독으로 그 미성년자를 대리할 수 있다.

④ 등기권리자와 등기의무자 쌍방으로부터 등기신청절차의 위임을 받은 법무사는 그 절차가 끝나기 전에 등기의무자 일방으로부터 등기신청을 중지해 달라는 요청을 받았다고 할지라도 그 요청을 거부해야 할 위임계약상의 의무가 있다.

⑤ 학교는 하나의 시설물에 불과하여 권리의 주체가 될 수 없으므로 진정한 권리주체 명의로 등기가 되지 아니하는 한 부동산소유권이전등기를 신청할 수 없으며, 이미 학교 명의로 소유권등기가 경료된 경우에도 학교가 등기의무자가 되어 소유권이전등기를 신청할 수 없다.

해설 ③ **공동친권자 중 한 사람만**이 미성년자인 자와 **이해가 상반**되는 경우 이해가 상반되는 그 친권자는 미성년자인 자를 대리할 수 없고, 이 경우 **특별대리인**이 이해가 상반되지 않는 **다른 일방의 친권자**와 **공동**하여 그 미성년자를 대리하여야 한다(예규 제1088호, 2-가-(2)).

정답 ↬ 03 ① 04 ③

① 등기는 다음 각 호의 어느 하나에 해당하는 방법으로 신청한다(법 제24조 제1항).

1. 신청인 또는 그 대리인이 등기소에 출석하여 신청정보 및 첨부정보를 적은 서면을 제출하는 방법. 다만, 대리인이 변호사[법무법인, 법무법인(유한) 및 법무조합을 포함한다. 이하 같다]나 법무사[법무사법인 및 법무사법인(유한)을 포함한다. 이하 같다](🔘 **자격자대리인**)인 경우에는 대법원규칙으로 정하는 사무원(🔘 **출입사무원**/규칙 제58조)을 등기소에 출석하게 하여 그 **서면을 제출**할 수 있다.

2. 대법원규칙으로 정하는 바에 따라 전산정보처리조직(🔘 **전자신청**/규칙 제67조)을 이용하여 신청정보 및 첨부정보를 보내는 방법(법원행정처장이 지정하는 등기유형으로 한정한다)

④ **위임계약**은 각 당사자가 언제든지 해지할 수 있지만(민법 제689조 제1항), 등기권리자, 등기의무자 **쌍방으로부터 위임을 받는 등기신청절차에 관한 위임계약**은 그 성질상 등기권리자의 동의 등 특별한 사정이 없는 한 민법 제689조 제1항의 규정에 관계없이 등기의무자 일방에 의한 해제는 할 수 없다고 보아야 할 것이므로(대판 1987.6.23, 85다카2239) 등기권리자와 등기의무자 쌍방으로부터 등기신청절차의 위임을 받은 **법무사**는 그 절차가 끝나기 전에 **등기의무자 일방으로부터 등기신청을 중지해 달라는 요청을 받았다고 할지라도** 그 요청을 거부해야 할 위임계약상의 의무가 있다고 할 것이다(선례 제4-30호). 마찬가지로 등기가 접수된 후 등기관에게 **신청인 중 일방이 등기신청 철회의 의사표시**를 한 경우에도 **등기관**은 이를 고려할 필요가 없다.

⑤ **학교는** 하나의 시설물에 불과하여 권리의 주체가 될 수 없으므로 진정한 권리주체 명의로 등기가 되지 아니하는 한 부동산소유권이전등기를 신청할 수 없으며, 이미 학교 명의로 소유권등기가 경료된 경우에도 학교가 등기의무자가 되어 소유권이전등기를 신청할 수 없다(선례 제7-10호).

05 **등기신청인에 관한 다음 설명 중 가장 옳지 않은 것은?**　　▶ 2018년 등기주사보

① 법인의 합병을 원인으로 한 권리이전등기는 등기권리자가 단독으로 신청한다.
② 소유권보존등기의 말소등기는 소유권의 등기명의인과 진정한 소유자가 공동으로 신청한다.
③ 건물증축을 원인으로 한 건물표시변경등기는 소유권의 등기명의인이 단독으로 신청한다.
④ 북한주민이 남한 내의 부동산에 관한 권리를 상속이나 유증 등으로 취득한 경우 그에 따른 등기는 법원이 선임한 재산관리인이 북한주민을 대리하여 신청한다.

해설 ② **소유권보존등기** 또는 **소유권보존등기의 말소**등기는 등기명의인으로 될 자 또는 등기명의인이 **단독으로** 신청한다(법 제23조 제2항).

① (🔘 **개인**)**상속**, 법인의 **합병**, 그 밖에 대법원규칙으로 정하는 **포괄승계**에 따른 등기는 **등기권리자**가 단독으로 신청한다(법 제23조 제3항).

③ **부동산표시**의 변경이나 경정의 등기는 **소유권의 등기명의인**이 **단독**으로 신청한다(법 제23조 제5항).

④ **북한주민**이 남한 내의 부동산에 관한 권리를 상속이나 유증 등으로 취득한 경우 등기능력이 인정된다. 이 경우 **법원이 선임한 재산관리인**이 북한주민을 **대리**하여 신청하며, 법무부장관이 발급한 "북한주민 등록번호 및 주소 확인서"에 기재된 사항을 신청정보의 내용으로 제공하고, **법원의 재산관리인 선임(변경)을 증명**하는 정보, **법무부장관(🌐 통일부장관×)이 발급**한 북한주민의 부동산등기용등록번호 및 주소를 확인하는 정보, 북한주민의 재산처분 등을 허가(변경)한 정보 등을 첨부정보로 제공한다(예규 제1457호).

06 다음은 등기신청인과 관련한 설명이다. 가장 잘못된 것은?　　▶ 2012년 법무사

① 혼인 중인 부모가 미성년자를 대리하여 등기신청을 할 때에는 부모가 공동으로 신청하는 것이 원칙이다.

② 등기의무자의 소재불명으로 등기의 말소를 공동신청 할 수 없을 때에는 등기권리자가 제권판결을 받아 단독으로 말소등기를 신청할 수 있다.

③ 행위능력이 없는 자는 자신명의의 등기신청을 할 수 없을 뿐 아니라 타인으로부터 위임을 받아 대리인으로 등기신청을 하는 것도 허용되지 않는다.

④ '갑'이 '을'에게 부동산을 매도하였으나 소유권이전등기를 하기 전에 '을'이 사망하였다면 '을'의 상속인 'A'가 등기권리자로서 등기신청을 할 수 있다.

⑤ 등기기록이 폐쇄된 청산법인이 등기의무자인 경우 청산인 등기가 되어 있다면 그 청산인은 등기기록을 부활할 필요없이 폐쇄된 등기사항증명서를 청산인을 증명하는 정보로 제공하고 등기신청을 할 수 있다.

해설 ③ 대리인이 그 권한 내에서 본인을 위한 것임을 표시한 의사표시는 직접 <u>본인에게 대하여 효력</u>이 생긴다(민법 제114조). **대리인은** 행위능력자임을 요하지 아니한다(민법 제117조). 즉 등기신청의 대리인이 될 수 있는 자격에는 제한이 없으므로, **행위능력이 없는 자**는 자신명의의 등기신청을 할 수 없지만 <u>타인으로부터 위임을 받아 **대리인으로 등기신청**하는 것은 **허용**</u>되고, 나아가 대리인은 변호사나 법무사가 아니어도 무방하다. 다만, **변호사나 법무사가 아닌 자**는 등기신청의 대리행위를 '업'으로 할 수 없다.

01 등기당사자능력(등기신청적격)

01 다음 내용 중 자기명의로 등기할 수 있는 자를 모두 고르시오. ▸ 2019년 등기서기보

> ㉠ 북한지역에 거주하는 주민
> ㉡ 민법상 조합
> ㉢ 시설물로서의 학교
> ㉣ 상속인 지위에 있다가 상속등기를 하기 전에 사망한 자
> ㉤ 아직 출생하지 아니한 태아
> ㉥ 「도시 및 주거환경정비법」에 의한 인가가 취소된 주택조합

① ㉠, ㉡, ㉢ ② ㉠, ㉥
③ ㉣, ㉤, ㉥ ④ ㉤, ㉥

해설 ㉠ **북한주민**이 남한 내의 부동산에 관한 권리를 상속이나 유증 등으로 취득한 경우 등기능력이 인정된다. 이 경우 법원이 **선임**한 **재산관리인**이 북한주민을 **대리**하여 신청하며, 법무부장관이 발급한 "북한주민 등록번호 및 주소 확인서"에 기재된 사항을 신청정보의 내용으로 제공하고, **법원의 재산관리인 선임(변경)을 증명하는 정보, 법무부장관**(⊕ 통일부장관×)이 발급한 북한주민의 부동산등기용등록**번호** 및 **주소**를 확인하는 정보, 북한주민의 재산처분 등을 허가(변경)한 정보 등을 첨부정보로 제공한다(예규 제1457호).

㉡ 민법상 조합은 등기능력이 없는 것이므로 이러한 조합 자체를 채무자로 표시하여 근저당권설정등기를 할 수는 없다(선례 제1–59호).

㉢ 학교는 하나의 시설물에 불과하여 권리의 주체가 될 수 없으므로 진정한 권리주체 명의로 등기가 되지 아니하는 한 부동산소유권이전등기를 신청할 수 없으며, 이미 학교 명의로 소유권등기가 경료된 경우에도 학교가 등기의무자가 되어 소유권이전등기를 신청할 수 없다(선례 제7–10호).

㉣ 사망한 자는 등기당사자능력이 없으므로 새로이 등기명의인이 될 수 없다. 따라서 사망한 자의 상속인이 포괄승계인의 지위에서 등기를 신청할 수 있다.

㉤ 태아가 부동산의 상속인 또는 수증자인 경우 해당 부동산에 관하여 태아 명의의 등기를 할 수 있느냐가 문제된다. 판례(대판 1976.9.14, 76다1365)는 태아의 권리능력에 관하여 정지조건설을 취하고 있다. 따라서 상속등기를 하는 경우 태아는 상속인이 될 수 없고, 태아가 살아서 출생한 때에 법정대리인이 이미 이루어진 상속등기를 출생자의 상속분에 맞게 경정하는 등기를 신청할 수 있을 뿐이다. 또한 등기실무상 등기권리자의 성명과 주민등록번호는 필수정 등기사항인데(법 제48조 제1항 제5호, 제48조 제2항) 태아의 경우에는 그러한 것이 없으므로 등기를 할 수 있는 방법이 없다(「부동산등기실무Ⅰ」 p.150).

㉥ 주택조합 명의로 명의신탁에 의한 소유권이전등기를 경료한 후 **주무관청으로부터 조합인가가 취소되었다 하더라도**, 그 주택조합이 단체로서의 대표자나 관리인이 있는 조직을 갖추고 대표의 방법, 총회의 운영 및 재산의 관리 등에 있어서 **법인 아닌 사단으로서의 실체**를 갖추고 있다면, 그 **주택조합을 등기의무자**로 하고 각 조합원을 등기권리자로 하여 그 대표자 등과 조합원은 공동으로 부동산등기법시행규칙 제56조 각 호의 서면 및 명의신탁해지 증서 또는 그 약정서를 첨부하여 **소유권 이전등기신청**을 할 수 있다(선례 제3–39호).

02 등기신청적격에 관한 다음 설명 중 가장 옳지 않은 것은? ▸ 2017년 등기주사보

① 태아는 등기신청적격이 없으나 살아서 출생하면 상속등기경정의 방법으로 자기의 권리를 찾을 수 있다.

② 청산법인의 청산인은 청산사무로서 부동산에 관한 등기신청을 할 수 있다.

③ 사립학교는 등기신청적격이 없다.

④ 북한주민의 재산을 재산관리인이 처분하고 등기를 신청하는 경우에는 통일부장관이 발급한 재산처분 허가서를 첨부하여야 한다.

> 해설 ④ 북한주민이 남한 내의 부동산에 관한 권리를 상속이나 유증 등으로 취득한 경우 등기능력이 인정된다. 이 경우 법원이 선임한 재산관리인이 북한주민을 대리하여 신청하며, 법무부장관이 발급한 "북한주민 등록번호 및 주소 확인서"에 기재된 사항을 신청정보의 내용으로 제공하고, 법원의 재산관리인 선임(변경)을 증명하는 정보, 법무부장관(🈲 통일부장관×)이 발급한 북한주민의 부동산등기용등록번호 및 주소를 확인하는 정보, 북한주민의 재산처분 등을 허가(변경)한 정보 등을 첨부정보로 제공한다(예규 제1457호).

> ② 청산법인이란 존립기간의 만료나 기타 사유로 법인이 해산된 후 청산절차가 진행 중인 법인을 말하며, 청산종결등기가 된 경우라 하더라도 청산사무가 아직 종결되지 아니한 경우에는 청산법인에 해당한다(예규 제1087호). 이러한 청산법인은 등기당사자능력이 인정된다(대판 1997.4.22, 97다3408). 따라서 청산법인도 등기권리자 또는 등기의무자의 지위에서 등기를 신청할 수 있다.

03 다음 중 자기 명의로 등기를 할 수 있는 자는? ▸ 2013년 법무사

① 아직 출생하지 아니한 태아

② 북한지역에 거주하는 주민

③ 민법상 조합

④ 시설물로서의 학교

⑤ 상속인의 지위에 있다가 상속등기를 하기 전에 사망한 자

> 해설 ② 북한주민이 남한 내의 부동산에 관한 권리를 상속이나 유증 등으로 취득한 경우 등기능력이 인정된다. 이 경우 법원이 선임한 재산관리인이 북한주민을 대리하여 신청하며, 법무부장관이 발급한 "북한주민 등록번호 및 주소 확인서"에 기재된 사항을 신청정보의 내용으로 제공하고, 법원의 재산관리인 선임(변경)을 증명하는 정보, 법무부장관(🈲 통일부장관×)이 발급한 북한주민의 부동산등기용등록번호 및 주소를 확인하는 정보, 북한주민의 재산처분 등을 허가(변경)한 정보 등을 첨부정보로 제공한다(예규 제1457호).

> ③ 민법상 조합은 등기능력이 없는 것이므로 이러한 조합 자체를 채무자로 표시하여 근저당권설정등기를 할 수는 없다(선례 제1-59호).

정답 ┝━ 01 ②   02 ④   03 ②

02 당사자 본인

01 개인

가. 내국인, 나. 재외국민 · 외국인

📖 **관련 예규**

재외국민 및 외국인의 부동산등기신청절차에 관한 예규(예규 제1686호)

제1조 (목적)

이 예규는 재외국민이나 외국인이 「부동산등기법」(이하 "법"이라 한다)과 「부동산등기규칙」(이하 "규칙"이라 한다) 등에 따라 부동산등기를 신청할 때에 등기소에 제공하여야 하는 첨부정보와 그 밖에 등기신청절차에 관하여 필요한 사항을 정하는 것을 목적으로 한다.

제2조 (정의)

이 예규에서 사용하는 용어의 정의는 다음과 같다.

1. "**재외국민**"이란 대한민국의 국민으로서 외국의 영주권을 취득한 자 또는 영주할 목적으로 외국에 거주하고 있는 자를 말한다.
2. "**외국인**"이란 대한민국의 국적을 보유하고 있지 아니한 개인(무국적자를 포함한다)을 말한다.
3. "**외국인등**"이란 외국인, 외국정부, 외국의 법령에 의하여 설립된 법인 · 단체 등 「부동산 거래신고 등에 관한 법률」 제2조 제4호 각 목 어느 하나에 해당하는 개인 · 법인 또는 단체를 말한다.
4. "**공증**"이란 공증인이 공정증서를 작성하는 것 또는 사서증서에 대해 인증하는 것을 말한다.
5. "**대한민국 공증**"이란 대한민국 영토 내에서 「공증인법」에 따라 이루어지는 공증과 대한민국 영토 밖에서 「재외공관 공증법」에 따라 공증담당영사가 담당하는 공증을 말한다.
6. "**본국 공증**"이란 본국 영토 내의 공증과 본국의 영토 밖에서 본국의 외교 · 영사기관이 담당하는 공증을 말한다.

제3조 (외국 공문서에 대한 확인)

① 첨부정보가 **외국에서 발행된 공문서**(외국 공증인이 공증한 문서를 포함한다. 이하 같다)인 경우에는 규칙 제46조 제9항에 따라 다음 각 호의 구분에 따른 확인을 받아 등기소에 제공하여야 한다.
  1. 「외국공문서에 대한 인증의 요구를 폐지하는 협약」(이하 '협약'이라 한다)을 체결한 국가(한 국가 내의 특수한 지역을 포함한다. 이하 같다. 체약국의 예 : 미국, 일본, 호주, 러시아, 홍콩)에서 발행한 공문서의 경우에는 해당 국가의 아포스티유(Apostille) 발행 권한기관(예 외교부, 국무부, 법원, 교육청 등 국가마다 상이함)에서 발행한 **아포스티유 확인**
  2. 협약을 체결하지 않은 국가(예 : 캐나다, 중국, 싱가포르, 대만, 베트남)에서 발행한 공문서의 경우에는 「재외공관 공증법」 제30조 제1항 본문에 따라 **해당 국가에 주재하는 대한민국 공증담당영사의 확인**
② 등기관은 협약가입국 현황(www.0404.go.kr)을 참조하여 제1항에 따른 확인이 없는 경우에는 보정을 명하여야 한다. 다만, 다음 각 호의 어느 하나에 해당하는 경우에는 그러하지 아니하다.
  1. 첨부정보가 외국의 외교 · 영사기관이 작성 또는 공증한 문서인 경우(예 주한 미국대사관에서 공증받은 문서)

2. 대한민국과 수교를 맺지 않고 또한 위 협약에도 가입하지 않은 국가(예 쿠바, 시리아)에서 발행된 공문서인 경우

3. 신분증 원본

제4조 (번역문의 첨부)

① 등기소에 제공하는 첨부정보가 **외국어로** 작성된 경우에는 규칙 제46조 제8항에 따라 **번역문을** 붙여야 한다.

② 번역문에는 번역인이 원문과 다름이 없다는 뜻과 번역인의 성명 및 주소를 기재하고 날인 또는 서명하여야 하며 번역인의 **신분증 사본을** 제공하여야 한다. 다만, **번역문을 인증**받아 제출하는 경우에는 **그러하지 아니하다**(신분증사본×).

제5조 (처분권한의 위임과 대리인의 등기신청)

① 등기명의인인 재외국민이나 외국인이 국내 또는 국외에서 **부동산의 처분권한을 대리인에게 수여한** 경우에는 **처분대상 부동산**과 **처분의** 목적이 되는 권리 및 대리인의 인적사항을 구체적으로 특정하여 작성한 **처분위임장을** 등기소에 첨부정보로서 제공하여야 한다.

② **권리의 처분권한을 수여받은 대리인**은 본인의 대리인임을 현명하고 대리인의 자격으로 작성한 **원인증서**를 제공하여야 한다.

③ 규칙 제60조 제1항 **제1호부터 제3호**까지에 해당하는 등기신청을 하는 경우에는 제1항의 **처분위임장**에 **등기명의인의 인감을 날인**하고 그 **인감증명을** 제출하여야 한다. 이 경우 인감증명을 제출하여야 하는 자가 재외국민인 경우에는 제9조를, 외국인인 경우에는 제12조를 준용한다.

④ 제3항의 경우 권리의 처분권한을 수여받은 대리인이 본인을 대리하여 등기를 신청할 때에는 **등기신청서**에, 자격자대리인 등에게 등기신청을 위임할 때에는 **등기신청위임장**에 **대리인의 인감을 날인**하고 그 **인감증명을** 제출하여야 한다. 다만, 매매를 원인으로 하는 소유권이전등기를 신청하는 경우에 **대리인의 인감증명**은 매도용으로 발급받아 제출할 필요가 **없다.**

제6조 (상속재산분할협의 권한을 위임하는 경우)

① 상속인인 재외국민이나 외국인이 **상속재산분할협의에 관한 권한을 대리인에게 수여**하는 경우에는 분할의 대상이 되는 부동산과 대리인의 인적사항을 구체적으로 특정하여 작성한 **상속재산분할협의 위임장을** 등기소에 첨부정보로서 제공하여야 한다.

② **상속재산분할협의 권한을 수여받은 대리인**은 본인의 대리인임을 현명하고 대리인의 자격으로 작성한 **상속재산분할협의서**를 등기소에 원인증서로서 제공하여야 한다.

③ 제1항의 상속재산분할협의 위임장에는 **상속인 본인의 인감을 날인**하고 그 **인감증명을** 제출하여야 한다. 이 경우 인감증명을 제출하여야 하는 자가 재외국민인 경우에는 제9조를, 외국인인 경우에는 제12조를 준용한다.

④ 제2항의 **상속재산분할협의서**에는 **대리인의 인감을 날인**하고 그 **인감증명을** 제출하여야 한다(규칙 제60조 제1항 제6호). 다만, 상속재산분할협의서를 **대리인이 작성하였다는** 뜻의 **공증을** 받은 경우에는 **인감증명**을 제출할 필요가 **없다**(규칙 제60조 제4항).

규칙 제60조(인감증명의 제출)

① **방문신청을** 하는 경우에는 다음 각 호의 **인감증명을** 제출하여야 한다. 이 경우 해당 신청서(위임에 의한 대리인이 신청하는 경우에는 위임장을 말한다)나 첨부서면에는 그 **인감을 날인**하여야 한다.

6. **협의분할에 의한 상속등기를** 신청하는 경우 상속인 전원의 인감증명

② 제1항 제1호부터 제3호까지 및 제6호에 따라 인감증명을 제출하여야 하는 자가 **다른 사람에게 권리의 처분권한을 수여한** 경우에는 **그 대리인의 인감증명을** 함께 제출하여야 한다.

제7조 (등기필정보가 없는 경우)

① 재외국민 또는 외국인이 등기의무자로서 권리에 관한 등기를 신청할 때에 등기필정보가 없다면 법 제51 조 및 「등기필정보가 없는 경우 확인조서 등에 관한 예규」에서 정하는 바에 따른다.

② 법 제51조 단서의 '공증'은 외국인의 경우에는 **본국** 관공서의 증명이나 **본국** 또는 **대한민국** 공증을 말하고, **재외국민**의 경우에는 **대한민국 공증만**을 말한다.

제8조 (국적이 변경된 경우 등기명의인표시변경등기 등)

① 등기명의인의 국적이 변경되어 국적을 변경하는 내용의 등기명의인표시변경등기를 신청하는 경우에는 국적변경을 증명하는 정보(예 시민권증서, 귀화증서, 국적취득사실증명서, 폐쇄된 기본증명서 등)를 첨부정보로서 제공하고, 신청정보의 내용 중 등기원인은 "국적변경"으로, 그 연월일은 "새로운 국적을 취득한 날"로 제공하여야 한다.

② 국적변경과 동시에 성명이 변경되어 국적변경을 증명하는 정보에 변경된 성명이 기재되어 있는 경우에는 제1항의 등기신청과 함께 성명을 변경하는 내용의 등기명의인표시변경등기를 1건의 신청정보로 일괄하여 신청할 수 있다. 이와 달리 국적을 변경한 이후에 별도의 개명절차를 통하여 성명이 변경된 경우에는 개명을 원인으로 하는 등기명의인표시변경등기를 제1항의 등기신청과 별개의 신청정보로 신청하여야 하며, 개명을 증명하는 정보(예 기본증명서, 법원의 개명허가기록)를 첨부정보로서 제공하여야 한다.

③ 내국인으로서 등기명의인이 되었던 자가 외국국적을 취득한 후 등기의무자로서 등기를 신청하는 경우에 국내거소신고나 외국인등록을 하지 않아 국내거소신고번호나 외국인등록번호를 부여받은 바가 없다면 등록번호를 변경하는 등기명의인표시변경등기를 선행하여 신청할 필요가 없다.

④ 국적이 변경된 경우 등기명의인표시변경에 관한 기록례는 별지 제1호와 같다.

제8조의2 (부동산양도신고확인서의 제공)

재외국민 또는 **외국인**이 등기의무자로서 부동산에 관한 유상계약(부담부증여 포함)을 원인으로 소유권이전등기를 신청할 때에는 「소득세법」 제108조에 따라 세무서장으로부터 발급받은 '**부동산양도신고확인서**'를 첨부정보로서 제공하여야 한다. 다만, **재외국민**이 「인감증명법 시행령」 제13조 제3항 단서에 따라 발급받은 부동산매도용 인감증명서를 첨부정보로서 제공한 경우에는 그러하지 아니하다(🌐 위 인감증명법 시행령에 따르면 재외국민이 부동산을 처분하여 소유권이전등기신청을 위해 부동산매도용인감증명서를 발급받을 때에 세무서장의 확인을 받아야 하므로 별도로 **부동산양도신고확인서**를 첨부할 필요가 **없다**).

> #### 인감증명법 시행령 제13조(인감증명서의 발급)
>
> ③ 부동산 또는 자동차(「자동차관리법」 제5조에 따라 등록된 자동차를 말한다. 이하 이 항에서 같다) 매도용으로 인감증명서를 발급받으려는 자는 별지 제14호 서식의 인감증명서 중 부동산 매수자 또는 자동차 매수자란에 기재하려는 부동산 또는 자동차 매수자의 성명·주소 및 주민등록번호(법인인 경우에는 법인명, 주된 사무소의 소재지 및 법인등록번호를 말한다)를 관계공무원에게 구술이나 서면으로 제공하고, 그 기재사항을 확인한 후 발급신청자 서명란에 서명한다. 다만, **재외국민이 부동산 매도용으로 인감증명서를 발급받는 경우**에는 별지 제13호 서식의 세무서장 확인란에 이전할 부동산의 종류와 소재지를 기재하고, 소관증명청의 소재지 또는 부동산소재지를 관할하는 **세무서장의 확인을 받아야** 한다.

제2장 재외국민

제9조 (재외국민의 인감증명 제출)

① 재외국민이 규칙 제60조 제1항 **제1호부터 제3호**까지에 해당하는 등기신청을 하거나 같은 항 **제4호부터**

제7호까지의 서류를 작성하는 경우에 체류국을 관할하는 **대한민국 재외공관**(「대한민국 재외공관 설치법」 제2조에 따른 대사관, 공사관, 대표부, 총영사관과 영사관을 의미하며, 공관이 설치되지 아니한 지역에서 영사사무를 수행하는 사무소를 포함한다. 이하 같다)에서 인감을 날인해야 하는 서면에 **공증**을 받았다면 **인감증명**을 제출할 필요가 **없다.**

② 제1항의 경우 중 규칙 제60조 제1항 **제1호부터 제3호**(ℹ 제4호 ~ 제7호×, 예 상속재산분할협의서×, 제3자의 동의서 또는 승낙서×)까지에 해당하는 등기신청을 하는 경우에는 등기의무자가 재외국민임을 증명하는 정보로서 **재외국민등록부등본**을 등기소에 제공하여야 한다(ℹ 일반적인 경우에는 규칙 제60조 제1항 제4호부터 제7호까지 해당하는 경우에 한하여 공정증서 등으로 인감증명 제출에 갈음할 수 있으나 (규칙 제60조 제4항), 재외국민의 경우 제60조 제1항 전부에 대해서 재외공관 공증법의 인증을 받아 인감 증명 제출에 갈음할 수 있으므로(규칙 제61조), 재외국민인 경우에는 규칙 제60조 제1항 제1호~제3호에 해당하는 경우에도 재외공관공증법의 인증을 받음으로 인감증명의 제출을 갈음할 수 있는 특례규정이라 고 볼 수 있으므로 재외국민을 증명하는 재외국민등록부등본을 첨부하여야 한다는 취지임).

③ 제1항에 따른 공증은 인감을 날인해야 하는 서면 그 자체에 받아야 하는 것이며, 그 서면과 별도의 문서에 서명이나 날인을 하고 그에 대한 공증을 받은 것이어서는 안 된다.

제10조 (재외국민의 주소증명정보)
재외국민은 주소를 증명하는 정보로서 다음 각 호의 어느 하나에 해당하는 정보를 제공할 수 있다.

1. **재외국민등록부등본**
2. 「주민등록법」에 따라 주민등록 신고를 한 경우에는 **주민등록표등본·초본**
3. 주소증명제도가 있는 외국에 체류하는 재외국민으로서 체류국 법령에 따라 외국인등록 또는 주민등록 등을 마친 경우에는 **체류국 관공서에서 발행한 주소증명정보**(예 일본국의 주민표, 스페인왕국의 주민등록증 명서)
4. 제1호부터 제3호까지의 규정에 따라 주소를 증명하는 것이 불가능한 경우에는 **체류국 공증인이 주소를 공증한 서면**

제11조 (재외국민의 부동산등기용등록번호)
재외국민의 부동산등기용등록번호는 다음 각 호의 어느 하나로 한다.

1. 주민등록번호를 부여받은 적이 **있는** 재외국민의 경우에는 **주민등록번호**(주민등록사항이 **말소된 경우에도** 같다)
2. 주민등록번호를 부여받은 적이 **없는** 재외국민의 경우에는 법 제49조 제1항 제2호에 따라 **서울중앙지방법 원 등기국 등기관이 부여한 부동산등기용등록번호**

제3장 외국인
제12조 (외국인의 인감증명 제출)
① 인감증명을 제출하여야 하는 자가 **외국인**인 경우에는 「출입국관리법」에 따라 외국인등록을 하거나 「재외 동포의 출입국과 법적 지위에 관한 법률」에 따라 국내거소신고를 하여 「인감증명법」에 따라 **신고한 인감 증명**을 제출하거나 **본국의 관공서가 발행한 인감증명**(예 일본, 대만)을 제출하여야 한다.
② 외국인등록이나 국내거소신고를 하지 않아 「인감증명법」에 따른 인감증명을 발급받을 수 없고 또한 본국 에 인감증명제도가 없는 외국인은 인감을 날인해야 하는 서면이 본인의 의사에 따라 작성되었음을 확인하 는 뜻의 **본국 관공서의 증명**이나 **본국 또는 대한민국 공증인의 인증**(대한민국 재외공관의 인증을 포함한 다, 이하 같다)을 받음으로써 인감증명의 제출을 갈음할 수 있다. 이 경우 제9조 제3항을 준용한다.

제13조 (외국인의 주소증명정보)

① 외국인은 주소를 증명하는 정보로서 다음 각 호의 어느 하나에 해당하는 정보를 제공할 수 있다.

1. 「출입국관리법」에 따라 외국인등록을 한 경우에는 **외국인등록 사실증명**
2. 「재외동포의 출입국과 법적 지위에 관한 법률」에 따라 국내거소신고를 한 외국국적동포의 경우에는 **국내거소신고 사실증명**
3. 본국에 주소증명제도가 있는 외국인(예 일본, 독일, 프랑스, 대만, 스페인)은 **본국 관공서에서 발행한 주소증명정보**
4. 본국에 주소증명제도가 없는 외국인(예 미국, 영국)은 **본국 공증인이 주소를 공증한 서면**. 다만, 다음 각 목의 어느 하나에 해당하는 방법으로써 이를 갈음할 수 있다.
   가. 주소가 기재되어 있는 신분증의 원본과 원본과 동일하다는 뜻을 기재한 사본을 함께 등기소에 제출하여 사본이 원본과 동일함을 확인받고 원본을 환부받는 방법. 이 경우 등기관은 사본에 원본 환부의 뜻을 적고 기명날인하여야 한다.
   나. 주소가 기재되어 있는 신분증의 사본에 원본과 동일함을 확인하였다는 **본국 또는 대한민국** 공증이나 **본국** 관공서의 증명을 받고 이를 제출하는 방법
   다. 본국의 공공기관 등에서 발행한 증명서 기타 신뢰할 만한 자료를 제출하는 방법(예 주한미군에서 발행한 거주사실증명서, 러시아의 주택협동조합에서 발행한 주소증명서)

② 외국인이 본국을 떠나 대한민국이 아닌 제3국에 체류하는 경우에 체류국에 주소증명제도가 있다면 체류국 관공서에서 발행한 주소증명정보를 제공할 수 있고(예 스페인에 체류하는 독일인이 스페인 법령에 따라 주민등록을 하였다면 스페인 정부가 발행하는 주민등록정보를 제공), 체류국에 주소증명제도가 없다면 체류국의 공증인이 주소를 공증한 서면을 제공할 수 있다. 다만, 주소를 공증한 서면을 제공하는 경우에는 해당 국가에서의 체류자격을 증명하는 정보(예 영주권확인증명, 장기체류 비자증명)를 함께 제공하여야 한다.

제14조 (외국인의 부동산등기용등록번호)

외국인의 부동산등기용등록번호는 다음 각 호의 어느 하나로 한다.

1. 「출입국 관리법」에 따라 체류지를 관할하는 지방출입국·외국인관서의 장이 부여한 **외국인등록번호**
2. 국내에 체류지가 없는 경우에는 대법원 소재지를 관할하는 서울출입국·외국인관서의 장이 부여한 **부동산등기용등록번호**
3. 「재외동포의 출입국과 법적 지위에 관한 법률」에 따라 거소를 관할하는 지방출입국·외국인관서의 장이 외국국적동포에게 부여한 **국내거소신고번호**

제15조 (외국인 등의 토지취득허가증)

① 외국인 등이 다음 각 호의 어느 하나에 해당하는 구역·지역에 있는 토지(대지권 포함)를 취득하는 계약을 체결하고 그에 따른 소유권이전등기를 신청하는 경우에는 「부동산 거래신고 등에 관한 법률」 제9조 제1항에 따른 외국인 **토지취득허가증**을 첨부정보로서 제공하여야 한다. 다만, 국내거소신고를 한 외국국적동포의 경우에는 「재외동포의 출입국과 법적 지위에 관한 법률」 제11조 제1항에 따라 제1호의 지역에 있는 토지를 취득하는 경우로 한정한다.

1. 「군사기지 및 군사시설 보호법」 제2조 제6호에 따른 군사기지 및 군사시설 보호구역, 그 밖에 국방목적을 위하여 외국인등의 토지취득을 특별히 제한할 필요가 있는 지역으로서 대통령령으로 정하는 지역
2. 「문화재보호법」 제2조 제2항에 따른 지정문화재와 이를 위한 보호물 또는 보호구역
3. 「자연환경보전법」 제2조 제12호에 따른 생태·경관보전지역
4. 「야생생물 보호 및 관리에 관한 법률」 제27조에 따른 야생생물 특별보호구역

② 「부동산 거래신고 등에 관한 법률」제11조에 따라 <u>토지거래계약 허가증을 첨부정보로서 제공한 경우에는</u> 제1항에 따른 토지취득허가증을 제공할 필요가 없다.

③ <u>취득하려는 토지가 토지취득허가의 대상이 아닌 경우에는</u> 이를 소명하기 위하여 <u>토지이용계획확인서를</u> 첨부정보로서 제공하여야 한다.

제16조 (허가 없이 소유권이전등기가 마쳐진 경우)

「부동산 거래신고 등에 관한 법률」제9조 제1항에 따른 토지취득허가대상토지에 대하여 허가를 받지 아니한 채 <u>소유권이전등기가 마쳐졌다 하더라도</u> 「부동산등기법」제29조 제2호에 해당하는 것은 아니므로 등기관은 이를 직권으로 말소할 수 없다(⊕ 법 제29조 제2호).

제17조 (외국법인 · 단체가 아니라는 소명)

국내법에 의하여 설립된 법인 또는 단체라 하더라도 제15조 제1항 각 호의 어느 하나에 해당하는 구역 · 지역에 있는 토지(대지권 포함)에 대한 소유권취득등기를 신청하는 경우 그 법인이나 단체가 다음 각 호의 어느 하나에 해당하는 것인지 여부가 의심스러울 때에는 등기관은 별지 제2호의 진술서를 제출케 한 후 등기를 하여야 한다.

1. 사원 또는 구성원의 2분의 1 이상이 외국인인 법인 또는 단체
2. 업무를 집행하는 사원이나 이사 등 임원의 2분의 1 이상이 외국인인 법인 또는 단체
3. 외국인이나 외국의 법령에 따라 설립된 법인 또는 단체가 자본금의 2분의 1 이상이나 의결권의 2분의 1 이상을 가지고 있는 법인 또는 단체

---

01 재외국민 및 외국인의 등기신청에 관한 다음 설명 중 가장 옳지 않은 것은?

▸ 2022년 법원사무관

① 재외국민이 등기권리자로서 신청하는 때에 종전에 주민등록번호를 부여받은 경우에는 새로이 부동산등기용등록번호를 부여받지 않고 종전 주민등록번호를 사용하여 등기한다.

② 본국에 주소증명제도가 없는 외국인은 주소가 기재되어 있는 신분증 사본에 원본과 동일함을 확인하였다는 본국 또는 대한민국 공증인의 공증이나 본국 관공서의 증명을 받고 이를 주소증명정보에 갈음하여 제출할 수 있다.

③ 외국인등록이나 국내거소신고를 하지 않아 인감증명법에 따른 인감증명을 발급받을 수 없고 또한 본국에 인감증명제도가 없는 외국인은 인감을 날인해야 하는 서면이 본인의 의사에 따라 작성되었음을 확인하는 뜻의 본국 관공서의 증명이나 본국 공증인의 인증을 받음으로써 인감증명의 제출을 갈음할 수 있으나 대한민국 공증인의 인증으로 갈음할 수는 없다.

④ 내국인으로서 등기명의인이 되었던 자가 외국국적을 취득한 후 등기의무자로서 등기를 신청하는 경우에 국내거소신고나 외국인등록을 하지 않아 국내거소신고번호나 외국인등록번호를 부여받은 바가 없다면 등록번호를 변경하는 등기명의인표시변경등기를 선행하여 신청할 필요가 없다.

정답 ⊶ **01** ③

해설 ③ 외국인등록이나 국내거소신고를 하지 않아 「인감증명법」에 따른 인감증명을 발급받을 수 없고 또한 본국에 인감증명제도가 없는 외국인은 인감을 날인해야 하는 서면이 본인의 의사에 따라 작성되었음을 확인하는 뜻의 **본국 관공서의 증명**이나 **본국** 또는 **대한민국 공증인의 인증(대한민국 재외공관의 인증을 포함한다. 이하 같다)**을 받음으로써 인감증명의 제출을 갈음할 수 있다(예규 제1686호, 12−②).

① 예규 제1686호, 11
② 본국에 주소증명제도가 없는 외국인(**예** 미국, 영국)은 **본국 공증인이 주소를 공증한 서면**을 제공하는데, 대한민국 공증인은 외국인의 주소를 공증할 수 없다(예규 제1686호, 13−①−4). 그러나 **주소가 기재되어 있는 신분증의 사본에 원본과 동일함을 확인하였다는 본국** 또는 **대한민국 공증이나 본국 관공서의 증명**을 받고 이를 제출하는 방법으로 주소증명정보를 제공할 수 있다(예규 제1686호, 13−①−4−나).
④ 예규 제1686호, 8−③

02 재외국민의 등기신청에 관한 다음 설명 중 가장 옳지 않은 것은? ▶ 2019년 등기서기보

① 재외국민이 등기의무자로서 방문신청의 방법으로 소유권이전등기를 신청하는 경우, 위임장에 본인이 서명 또는 날인하였다는 뜻의 「재외공관 공증법」에 따른 인증을 받음으로써 인감증명의 제출을 갈음할 수 있다.
② 재외국민이 주민등록번호를 부여받은 적이 있는 경우에는 비록 주민등록사항이 말소된 경우라도 그 주민등록번호를 사용할 수 있다.
③ 재외국민이 「주민등록법」에 따라 주민등록 신고를 한 경우에는 주민등록표등본·초본을 주소를 증명하는 정보로 제공할 수 있다.
④ 재외국민이 상속재산분할협의서에 인감을 날인하고 인감증명을 제공하는 대신 대한민국 재외공관의 공증을 받았다면 재외국민임을 증명하는 정보로서 재외국민등록부등본을 등기소에 제공하여야 한다.

해설 ④ **재외국민**이 체류국을 관할하는 **대한민국 재외공관**에서 인감을 날인해야 하는 서면에 **공증**을 받았다면 **인감증명**을 제출할 필요가 없다. 제1항의 경우 중 규칙 제60조 제1항 **제1호부터 제3호(📌 제4호 ~ 제7호×. 예 상속재산분할협의서×, 제3자의 동의서 또는 승낙서×)**까지에 해당하는 등기신청을 하는 경우에는 등기의무자가 재외국민임을 증명하는 정보로서 **재외국민등록부등본**을 등기소에 제공하여야 한다(📌 일반적인 경우에는 규칙 제60조 제1항 제4호부터 제7호까지 해당하는 경우에 한하여 공정증서 등으로 인감증명 제출에 갈음할 수 있으나(규칙 제60조 제4항), 재외국민의 경우 제60조 제1항 전부에 대해서 재외공관 공증법의 인증을 받아 인감증명 제출에 갈음할 수 있으므로(규칙 제61조), 재외국민인 경우에는 규칙 제60조 제1항 제1호~제3호에 해당하는 경우에도 재외공관공증법의 인증을 받음으로 인감증명의 제출을 갈음할 수 있는 특례규정이라고 볼수있으므로 재외국민을 증명하는 재외국민등록부등본을 첨부하여야 한다는 취지임). 따라서 재외국민이 상속재산분할협의서에 인감을 날인하고 인감증명을 제공하는 대신 대한민국 재외공관의 공증을 받았더라도 재외국민등록 부등본을 등기소에 제공할 필요는 없다.

① 예규 제1686호, 9—①
② 예규 제1686호, 11
③ 예규 제1686호, 10

03 재외국민의 등기신청에 관한 다음 설명 중 가장 옳지 않은 것은? ▶ 2018년 등기주사보 변경

① 처분위임장에 찍힌 인영이 위임인의 것임을 증명하기 위한 인감증명은 반드시 인감증명법에 의한 우리나라 인감증명을 제출하여야 한다.
② 주소증명으로 외국 주재 대한민국 대사관이나 영사관에서 발행하는 재외국민등록부등본을 제출한다.
③ 재외국민이 상속인으로서 상속재산 협의분할에 참여할 경우에는 인감증명 대신 상속재산 분할협의서상의 서명 또는 날인이 본인의 것임을 증명하는 재외공관의 확인서 또는 이에 관한 공정증서를 제출할 수도 있다.
④ 재외국민이 등기권리자로 신청하는 때에 해외이주 등으로 주민등록이 말소된 경우에는 대법원 소재지 관할 등기소의 등기관으로부터 부동산등기용등록번호를 부여받아야 한다.

해설 ④ 주민등록번호를 부여받은 적이 **있는** 재외국민의 경우에는 **주민등록번호(주민등록사항이 말소된 경우에도 같다)**를 사용하여야 한다(예규 제1686호, 11-1). 따라서 해외이주 등으로 주민등록이 말소된 경우에도 주민등록번호를 부여받은 적이 있는 경우에는 그 주민등록번호를 사용하여야 하는 것이고 부동산등기용등록번호를 부여받는 것이 아니다.

① **재외국민**이 부동산등기신청 시 **인감증명을 제출할 경우**에는 인감증명법에 의한 우리나라의 인감증명을 제출하여야 하며, 재일동포인 재외국민이 부동산등기를 신청할 경우라도 일본국 관공서가 발행한 인감증명을 제출할 수 없다. 다만, 재외국민의 상속재산의 협의분할 시 인감증명은 상속재산 협의분할서상의 서명 또는 날인의 본인의 것임을 증명하는 재외공관의 확인서 또는 이에 관한 공정증서로 대신할 수 있다. 협의분할에 의하여 상속재산을 취득한 상속인이 상속재산 협의분할에 의한 소유권이전등기신청을 법무사에게 위임한 경우 그 등기신청서에 첨부하는 위임장에는 인감증명법에 의한 인감을 날인할 필요가 없다(선례 제7-87호).
② 예규 제1686호, 10-1
③ 예규 제1686호, 9

정답 ↔ 02 ④ 03 ④

04 **재외국민의 등기신청에 관한 다음 설명 중 가장 옳지 않은 것은?** ▸2017년 법원사무관 변경

① 처분위임장에 찍힌 위임인의 인영을 증명하기 위한 인감증명은 반드시 인감증명법에 의한 우리나라 인감증명을 제출하여야 한다.

② 재외국민이 「주민등록법」에 따라 주민등록 신고를 한 경우에는 주민등록표 등·초본을 주소를 증명하는 서면으로 제출할 수 있다.

③ 재외국민이 종전에 주민등록번호를 부여받은 경우에는 종전 주민등록번호를 사용할 수 있으나, 해외이주 등으로 주민등록이 말소된 경우에는 새로이 부동산등기용등록번호를 부여받아야 한다.

④ 재외국민이 상속인으로서 상속재산 협의분할에 참여할 경우에는 인감증명 대신 상속재산 분할협의서 상의 서명 또는 날인이 본인의 것임을 증명하는 재외공관의 확인서 또는 이에 관한 공정증서를 제출할 수도 있다.

해설 ③ 주민등록번호를 부여받은 적이 있는 재외국민의 경우에는 **주민등록번호(주민등록사항이 말소된 경우에도 같다)**를 사용하여야 한다(예규 제1686호, 11-1). 따라서 해외이주 등으로 주민등록이 말소된 경우에도 주민등록번호를 부여받은 적이 있는 경우에는 그 주민등록번호를 사용하여야 하는 것이고 부동산등기용등록번호를 부여받는 것이 아니다.

② 예규 제1686호, 10-2
④ 예규 제1686호, 9-①

05 **외국인이 등기신청을 할 때에 등기소에 제공하여야 하는 주소를 증명하는 정보로서 적절하지 아니한 것은?** ▸2022년 법무사

① 본국에 거주하는 외국인이 부동산을 처분하기 위하여 국내에 입국한 경우에는 국내 공증인이 주소를 공증한 서면

② 재외동포의 출입국과 법적 지위에 관한 법률에 따라 국내거소신고를 한 외국국적동포의 경우에는 국내거소신고 사실증명

③ 본국에 주소증명제도가 있는 외국인의 경우에는 본국 관공서에서 발행한 주소증명정보

④ 본국에 주소증명제도가 없는 외국인의 경우에는 본국 공증인이 주소를 공증한 서면

⑤ 출입국관리법에 따라 외국인등록을 한 경우에는 외국인등록 사실증명

해설 ① 외국인의 주소를 증명하는 정보로 제공하는 주소를 공증하는 서면은 원칙적으로 국내 공증인이 주소를 공증할 수 없다.

📑 **관련 예규**

재외국민 및 외국인의 부동산등기신청절차에 관한 예규(예규 제1686호)

제13조 (외국인의 주소증명정보)
① 외국인은 주소를 증명하는 정보로서 다음 각 호의 어느 하나에 해당하는 정보를 제공할

수 있다.
1. 「출입국관리법」에 따라 **외국인등록**을 한 경우에는
   외국인등록 사실증명
2. 「재외동포의 출입국과 법적 지위에 관한 법률」에 따라 **국내거소신고를 한 외국국적동포**의 경우에는
   국내거소신고 사실증명
3. 본국에 주소증명제도가 있는 외국인(에 일본, 독일, 프랑스, 대만, 스페인)은
   본국 관공서에서 발행한 주소증명정보
4. 본국에 주소증명제도가 없는 외국인(에 미국, 영국)은
   본국 공증인이 주소를 공증한 서면(대한민국 공증인은 외국인의 주소를 공증할 수 없다)
   다만, 다음 각 목의 어느 하나에 해당하는 방법으로써 이를 갈음할 수 있다.
   가. 주소가 기재되어 있는 신분증의 원본과 원본과 동일하다는 뜻을 기재한 사본을 함께 등기소에 제출하여 사본이 원본과 동일함을 확인받고 원본을 환부받는 방법. 이 경우 등기관은 사본에 원본 환부의 뜻을 적고 기명날인하여야 한다.
   나. **주소가 기재되어 있는 신분증의 사본에 원본과 동일함을 확인하였다는 본국** 또는 **대한민국 공증**이나 **본국** 관공서의 증명을 받고 이를 제출하는 방법
   다. 본국의 공공기관 등에서 발행한 증명서 기타 신뢰할 만한 자료를 제출하는 방법
   (에 주한미군에서 발행한 거주사실증명서, 러시아의 주택협동조합에서 발행한 주소증명서)

06 **외국인의 등기신청에 관한 다음 설명 중 가장 옳지 않은 것은?** ▸ 2021년 등기서기보

① 부동산의 소유자인 외국인으로부터 처분권한을 수여받은 대리인이 매매를 원인으로 하는 소유권이전등기신청을 자격자대리인에게 위임할 때에는 등기신청위임장에 대리인의 인감을 날인하고 대리인의 매도용 인감증명을 제출하여야 한다.

② 인감증명을 제출하여야 하는 일본 국적의 甲이 「출입국관리법」에 따라 외국인등록을 한 경우에는 「인감증명법」에 따라 신고한 인감증명을 제출하거나 일본국의 관공서가 발행한 인감증명을 제출하여야 한다.

③ 「출입국관리법」에 따른 외국인등록 또는 「재외동포의 출입국과 법적 지위에 관한 법률」에 따른 국내거소신고를 한 외국인은 직접 전자신청을 할 수 있다.

④ 외국인이 등기의무자로서 매매를 원인으로 소유권이전등기를 신청할 때에는 세무서장으로부터 발급받은 '부동산양도신고확인서'를 첨부정보로서 제공하여야 한다.

해설 ① 권리의 처분권한을 수여받은 대리인이 본인을 대리하여 등기를 신청할 때에는 **등기신청서**에, 자격자대리인 등에게 등기신청을 위임할 때에는 **등기신청위임장**에 대리인의 **인감을 날인**하고 그 **인감증명**을 제출하여야 한다. 다만, 매매를 원인으로 하는 소유권이전등기를 신청하는 경우에 **대리인의 인감증명은 매도용**으로 발급받아 제출할 필요가 **없다**(예규 제1686호, 5─④).

정답 ↦ **04 ③ 05 ① 06 ①**

② 예규 제1686호, 12-①
③ 전자신청을 하기 위하여 **외국인**의 경우에는 다음 각 호의 어느 하나에 해당하는 요건을 갖추
어야 한다(규칙 제67조 제1항, 예규 제1725호, 3-가).
  1. 「출입국관리법」 제31조에 따른 **외국인등록**
  2. 「재외동포의 출입국과 법적 지위에 관한 법률」 제6조, 제7조에 따른 **국내거소신고**
④ 예규 제1686호, 8-2

07 외국인의 등기신청과 관련된 다음 설명 중 가장 옳지 않은 것은?　　▶ 2018년 등기서기보

① 외국인이 입국하지 않고 국내 부동산을 처분하는 경우의 처분위임장의 양식은 특별히 규
정된 바 없으나 처분 대상의 부동산과 수임인이 구체적으로 특정되도록 기재하여야 한다.
② 인감증명을 제출하여야 하는 자가 외국인인 경우 그 본국에 인감증명 제도가 없고 또
한 「인감증명법」에 따른 인감증명을 받을 수 없는 자는 신청서나 위임장 또는 첨부서
면에 한 서명에 관하여 본인이 직접 작성하였다는 뜻의 본국 관공서의 증명이나 이에
관한 공정증서를 제출하여야 한다.
③ 외국인의 부동산등기용등록번호는 체류지(국내에 체류지가 없는 경우에는 대법원 소재
지에 체류지가 있는 것으로 본다)를 관할하는 지방자치단체의 장이 부여한다.
④ 신청서에 첨부된 서류가 외국어로 되어 있으면 모두 번역문을 첨부하여야 한다.

해설 ③ 외국인의 등록번호는 체류지(국내에 체류지가 없는 경우에는 대법원 소재지에 체류지가 있는
것으로 본다)를 관할하는 <u>지방출입국·외국인관서의 장</u>이 부여한다(법 제49조).

① 예규 제1686호, 5-①
② 예규 제1686호, 12-②
④ 예규 제1686호, 4

08 외국인의 등기신청에 관한 다음 설명 중 옳은 것은?　　▶ 2016년 법원사무관

① 외국인은 주소를 증명하는 서면으로 운전면허증의 사본에 원본과 동일하다는 뜻을 기
재하고 그에 대하여 본국 관공서의 증명이나 공증인의 공증을 받아 제출할 수 있는바,
이 경우 외국주재 한국대사관이나 영사관의 확인을 받아 제출할 수는 없다.
② 국내에 입국한 외국인이 주소를 증명하는 서면으로서 제출하는 주소를 공증한 서면에
는 국내 공증인의 공증을 받을 수 있다.
③ 처분위임장은 외국인의 본국 공증인의 공증뿐만 아니라 국내 공증인의 공증도 받을 수
있다.
④ 외국인이 부동산을 취득하고 등기권리자로서 소유권이전등기를 신청할 때에는 부동산
등기용등록번호를 부여받아야 하는바, 국내거소신고를 한 외국국적동포라도 국내거소
신고번호로 이를 갈음할 수 없다.

해설 ③ 규칙 제60조 제1항 제1호부터 제3호까지에 해당하는 등기신청을 하는 경우에는 제1항의 처분위임장에 등기명의인의 인감을 날인하고 그 인감증명을 제출하여야 한다(예규 제1686호, 5-③). 외국인등록이나 국내거소신고를 하지 않아 「인감증명법」에 따른 인감증명을 발급받을 수 없고 또한 본국에 인감증명제도가 없는 외국인은 인감을 날인해야 하는 서면이 본인의 의사에 따라 작성되었음을 확인하는 뜻의 본국 관공서의 증명이나 본국 또는 대한민국 공증인의 인증(대한민국 재외공관의 인증을 포함한다, 이하 같다)을 받음으로써 인감증명의 제출을 갈음할 수 있다(예규 제1686호, 12-②).

①② 본국에 주소증명제도가 없는 외국인(예 미국, 영국)은 본국 공증인이 주소를 공증한 서면을 제공하는데, 대한민국 공증인은 외국인의 주소를 공증할 수 없다(예규 제1686호, 13-①-4). 그러나 주소가 기재되어 있는 신분증의 사본에 원본과 동일함을 확인하였다는 본국 또는 대한민국 공증이나 본국 관공서의 증명을 받고 이를 제출하는 방법으로 주소증명정보를 제공할 수 있다(예규 제1686호, 13-①-4-나).

④ 외국인(외국국적 동포 포함)은 외국인등록번호, 부동산등기용등록번호, 국내거소신고번호 중 어느 하나에 해당하는 번호를 사용할 수 있다(예규 제1686호, 14).

09 외국인이 등기신청을 할 때에 등기소에 제공하여야 하는 주소를 증명하는 서면으로 가장 옳지 않은 것은?
▶ 2015년 법무사

① 주소를 공증한 서면으로서 본국 공증인의 공증을 받은 경우
② 본국 관공서에서 발급한 주소증명서를 대신할 수 있는 증명서(운전면허증 또는 신분증 등)의 사본으로서 그 증명서의 사본에 원본과 동일하다는 취지를 기재하고 그에 대하여 국내 공증인의 공증을 받은 경우
③ 외국인등록사실증명
④ 본국 관공서에서 발급한 주소증명서를 대신할 수 있는 증명서(운전면허증 또는 신분증 등)의 사본으로서 그 증명서의 사본에 원본과 동일하다는 취지를 기재하고 그에 대하여 외국주재 한국대사관이나 영사관의 확인을 받은 경우
⑤ 주소를 공증한 서면으로서 국내 공증인의 공증을 받은 경우

해설 ⑤ 본국에 주소증명제도가 없는 외국인(예 미국, 영국)은 본국 공증인이 주소를 공증한 서면을 제공하는데, 대한민국 공증인은 외국인의 주소를 공증할 수 없다(예규 제1686호, 13-①-4). 그러나 주소가 기재되어 있는 신분증의 사본에 원본과 동일함을 확인하였다는 본국 또는 대한민국 공증이나 본국 관공서의 증명을 받고 이를 제출하는 방법으로 주소증명정보를 제공할 수 있다(예규 제1686호, 13-①-4-나).

정답 ☞ 07 ③   08 ③   09 ⑤

10 재외국민 또는 외국인의 등기신청에 관한 다음 설명 중 가장 옳지 않은 것은?

▸ 2021년 법무사

① 등기명의인인 재외국민이나 외국인이 국내 또는 국외에서 부동산의 처분권한을 대리인에게 수여한 경우에는 처분대상 부동산과 처분의 목적이 되는 권리 및 대리인의 인적사항을 구체적으로 특정하여 작성한 처분위임장을 등기소에 첨부정보로서 제공하여야 한다.

② 본국에 인감증명제도가 없고 또한 인감증명법에 따른 인감증명을 받을 수 없는 외국인의 경우에는 인감을 날인해야 하는 서면이 본인의 의사에 따라 작성되었음을 확인하는 뜻의 대한민국 공증인의 인증을 받는 방법으로도 인감증명의 제출에 갈음할 수 있다.

③ 재외국민으로부터 소유권의 처분권한을 수여받은 대리인이 본인을 대리하여 매매를 원인으로 하는 소유권이전등기를 신청하는 경우로서 등기신청서에 대리인의 인감을 날인한 경우에 대리인의 인감증명은 매도용으로 발급받아 제출하여야 한다.

④ 첨부정보가 외국 공문서이거나 외국 공증인이 공증한 문서인 경우에는 재외공관 공증법 제30조 제1항에 따라 공증담당영사로부터 문서의 확인을 받거나 외국공문서에 대한 인증의 요구를 폐지하는 협약에서 정하는 바에 따른 아포스티유(Apostille)를 붙이는 것이 원칙이다.

⑤ 재외국민이 등기권리자가 되는 경우로서 주민등록번호를 부여받은 적이 없는 경우에는 서울중앙지방법원 등기국 등기관이 부여한 부동산등기용등록번호를 증명하는 정보를 첨부정보로 제공하여야 한다.

해설 ③ 권리의 처분권한을 수여받은 대리인이 본인을 대리하여 등기를 신청할 때에는 **등기신청서에**, 자격자대리인 등에게 등기신청을 위임할 때에는 **등기신청위임장**에 **대리인의 인감**을 **날인**하고 그 **인감증명**을 제출하여야 한다. 다만, 매매를 원인으로 하는 소유권이전등기를 신청하는 경우에 **대리인의 인감증명**은 **매도용**으로 발급받아 제출할 필요가 **없다**(예규 제1686호, 5-④).

① 예규 제1686호, 5-①
② 예규 제1686호, 12-②
④ 예규 제1686호, 3
⑤ 예규 제1686호, 11-2

11 **재외국민 또는 외국인의 등기신청에 관한 다음 설명 중 가장 옳지 않은 것은?**

▶ 2020년 법원사무관

① 첨부정보가 외국 공문서이거나 외국 공증인이 공증한 문서인 경우에는 공증담당영사로부터 문서의 확인을 받거나 외국공문서에 대한 인증의 요구를 폐지하는 협약에서 정하는 바에 따른 아포스티유(Apostille)를 붙여야 한다.

② 재외국민이 부동산의 처분권한을 대리인에게 위임하는 처분위임장에 인감을 날인하는 경우 인감증명법에 의한 인감증명을 제출하거나, 그 위임장에 본인이 서명 또는 날인하였다는 뜻의 재외공관 공증법에 따른 인증을 받음으로써 인감증명의 제출을 갈음할 수 있다.

③ 재외국민의 주소증명정보로 재외국민등록부등본, 주민등록표등·초본 및 체류국 관공서의 주소증명정보 등에 의한 주소 증명이 불가능한 경우에는 체류국 공증인의 주소 공증 서면을 제공할 수 있다.

④ 처분권한을 수여받은 대리인이 재외국민을 대리하여 등기를 신청할 때에는 등기신청서 또는 등기신청위임장에 대리인의 인감을 날인하고 그 인감증명을 제출하여야 하며, 이때 등기원인이 매매일 경우 대리인의 인감증명은 매도용으로 발급받아 제출하여야 한다.

해설 ④ 권리의 처분권한을 수여받은 대리인이 본인을 대리하여 등기를 신청할 때에는 **등기신청서**에, 자격자대리인 등에게 등기신청을 위임할 때에는 **등기신청위임장**에 **대리인의 인감을 날인**하고 그 인감증명을 제출하여야 한다. 다만, 매매를 원인으로 하는 소유권이전등기를 신청하는 경우에 **대리인의 인감증명은 매도용**으로 발급받아 제출할 필요가 **없다**(예규 제1686호, 5-④).

① 예규 제1686호, 3
② 예규 제1686호, 5-③, 9-①
③ 예규 제1686호, 10

12 **외국인 및 재외국민의 등기신청에 관한 다음 설명 중 가장 옳지 않은 것은?**

▶ 2016년 등기서기보 변경

① 외국인이 제출하는 주소를 공증한 서면은 본국 공증인의 공증을 받아야 하며, 국내 공증인의 공증으로 이를 대신할 수 없다.

② 외국인이 부동산을 취득하고 이를 원인으로 소유권이전등기를 신청할 때에는 부동산등기용등록번호를 부여받아야 하는바, 국내거소신고를 한 외국국적동포의 경우에는 국내거소신고번호로 이를 갈음할 수 있다.

③ 재외국민이 종전에 주민등록번호를 부여받은 적이 있더라도 해외이주 등으로 주민등록이 말소된 경우에는 그 주민등록번호를 사용할 수 없으므로, 등기권리자로서 등기를 신청할 때에는 새로 부동산등기용등록번호를 부여받아야 한다.

정답 ➡ 10 ③ 11 ④ 12 ③

④ 재외국민이 국내에 입국하여 주민등록법에 따라 주민등록 신고를 한 경우에는 주소를 증명하는 서면으로 주민등록표등·초본을 제출할 수 있다.

해설 ③ 주민등록번호를 부여받은 적이 **있는** 재외국민의 경우에는 **주민등록번호(주민등록사항이 말소된 경우에도 같다)**를 사용하여야 한다(예규 제1686호, 11-1). 따라서 해외이주 등으로 주민등록이 말소된 경우에도 주민등록번호를 부여받은 적이 있는 경우에는 그 주민등록번호를 사용하여야 하는 것이고 부동산등기용등록번호를 부여받는 것이 아니다.

① 예규 제1686호, 13-①-4   ② 예규 제1686호, 14   ④ 예규 제1686호, 10

13 미국 뉴욕주에 영주할 목적으로 거주하고 있는 대한민국 국적의 甲이 자신 소유의 서울특별시 서초구 소재 부동산을 처분하기 위하여 국내에 거주하고 있는 A에게 처분권한을 수여하고 대한민국의 재외공관인 뉴욕영사관을 방문하여 처분위임장에 영사관의 인증을 받았다. A가 甲을 대리하여 소유권이전등기 신청 시 첨부정보에 관한 다음 설명 중 가장 옳지 않은 것은?
▸ 2023년 등기서기보

① A는 甲의 대리인임을 현명하고 대리인의 자격으로 작성한 매매계약서를 제공하여야 한다.

② 뉴욕영사관의 인증을 받은 처분위임장을 첨부정보로 제공한 경우 甲의 인감증명을 제출할 필요가 없다.

③ A가 등기신청위임장에 A의 인감을 날인하고 A의 매도용 인감증명을 첨부정보로 제공한 경우에는 세무서장으로부터 발급받은 '부동산양도신고확인서'를 첨부정보로서 제공할 필요가 없다.

④ 甲이 재외국민임을 증명하는 정보로서 재외국민등록부등본을 등기소에 제공하여야 한다.

해설 ③ 1. **재외국민** 또는 **외국인**이 등기의무자로서 부동산에 관한 **유상계약**(부담부증여 포함)을 원인으로 **소유권이전등기**를 신청할 때에는 「소득세법」 제108조에 따라 세무서장으로부터 발급받은 '**부동산양도신고확인서**'를 첨부정보로서 제공하여야 한다.
다만, **재외국민**이 「인감증명법 시행령」 제13조 제3항 단서에 따라 발급받은 부동산**매도용 인감증명서**를 첨부정보로서 **제공한** 경우에는 그러하지 아니하다.
2. 권리의 처분권한을 수여받은 대리인이 본인을 대리하여 등기를 신청할 때에는 등기신청서에, 자격자대리인 등에게 등기신청을 위임할 때에는 등기신청위임장에 대리인의 인감을 날인하고 그 인감증명을 제출하여야 한다. 다만, 매매를 원인으로 하는 소유권이전등기를 신청하는 경우에 대리인의 인감증명은 **매도용**으로 발급받아 제출할 필요가 **없다**.
3. 사안의 경우, **대리인의 매도용인감증명서가 제공되었을 뿐 재외국민의 매도용인감증명서가 제공된 것이 아니기 때문에 부동산양도신고확인서를 제공하여야** 하며, 이와 더불어 **대리인의 인감증명**은 **매도용**으로 발급받아 제출할 필요가 **없다**.

① 1. **권리의 처분권한을 수여받은 대리인**은 본인의 대리인임을 현명하고 **대리인의 자격으로 작성한 원인증서**를 제공하여야 한다(예규 제1686호).

2. 따라서 대리인 A는 甲의 대리인임을 현명하고 **대리인의 자격으로 작성한 매매계약서**를 제공하여야 한다.

② 1. 규칙 제60조 제1항 **제1호부터 제3호**까지에 해당하는 등기신청을 하는 경우에는 제1항의 **처분위임장**에 **등기명의인의 인감**을 날인하고 그 **인감증명**을 제출하여야 한다.

이 경우 인감증명을 제출하여야 하는 자가 재외국민인 경우에는 **체류국을 관할**하는 **대한민국 재외공관**「대한민국 재외공관 설치법」제2조에 따른 대사관, 공사관, 대표부, 총영사관과 영사관을 의미하며, 공관이 설치되지 아니한 지역에서 영사사무를 수행하는 사무소를 포함한다. 이하 같다)에서 인감을 날인해야 하는 서면에 **공증(인증)**을 받았다면 **인감증명**을 제출할 필요가 **없다**(예규 제1686호).

2. 따라서 甲이 **뉴욕영사관의 인증을 받은 처분위임장**을 첨부정보로 제공한 경우 **甲의 인감증명을 제출할 필요가 없다.**

④ 1. 재외국민이 재외공관의 공증(인증)을 받아 규칙 제60조 제1항 **제1호부터 제3호**까지에 해당하는 등기신청을 하는 경우에는 등기의무자가 재외국민임을 증명하는 정보로서 **재외국민등록부등본**을 등기소에 **제공**하여야 한다.

2. 따라서 甲이 재외국민임을 증명하는 정보로서 **재외국민등록부등본**을 등기소에 **제공**하여야 한다.

정답 ○─ 13 ③

02 단체

가. 법인

📕 **관련 예규**

청산법인의 부동산등기신청절차에 관한 업무처리지침(예규 제1087호)

1. 청산법인의 의의

청산법인이란 존립기간의 만료나 기타 사유로 법인이 해산된 후 청산절차가 진행 중인 법인을 말하며, 청산종결등기가 된 경우라 하더라도 청산사무가 아직 종결되지 아니한 경우에는 청산법인에 해당한다(예규 제1087호). 이러한 청산법인은 <u>등기당사자능력이 인정</u>된다(대판 1997.4.22. 97다3408). 따라서 청산법인도 등기권리자 또는 등기의무자의 지위에서 등기를 신청할 수 있다.

2. 청산법인의 등기부가 폐쇄되지 아니한 경우

청산인이 부동산등기신청을 하기 위해서는 청산인임을 증명하는 서면으로서 **청산인 등기가 되어 있는 법인 등기부등본**을 등기신청서에 첨부하여야 하고, 인감증명의 제출이 필요한 경우에는 **법인인감**인 청산인의 인감을 첨부하여야 한다.

3. 청산법인의 등기부가 폐쇄된 경우

가. 청산법인이 등기권리자인 경우 **(부활)**

미등기 부동산에 관하여 청산법인이 소유권보존등기를 하는 등 청산법인이 등기권리자로서 부동산등기신청을 하는 경우에는 폐쇄된 청산법인의 등기부를 **부활**하여야 하고, 청산인임을 증명하는 서면으로는 **청산인 등기가 마쳐진 청산법인의 등기부등본**을 제출하여야 한다.

나. 청산법인이 등기의무자인 경우

(1) 폐쇄된 등기부에 청산인 등기가 되어 있는 경우 **(부활)**

폐쇄된 법인등기부에 청산인 등기가 되어 있는 경우 청산인은 그 **폐쇄된 법인등기부등본**을 청산인임을 증명하는 서면으로 첨부하여 부동산등기신청을 할 수 있고, 인감증명의 제출이 필요한 경우에는 인감증명법에 의한 **청산인의 개인인감**을 첨부할 수 있다.

(2) 폐쇄된 등기부에 청산인 등기가 되어 있지 아니한 경우 **(부활)**

청산인 등기가 되어 있지 않은 상태에서 법인 등기부가 폐쇄된 경우(상법 제520조의2의 규정에 의한 휴면회사 등), 청산인이 부동산등기신청을 하기 위해서는 폐쇄된 법인등기부를 **부활**하여 청산인 등기를 마친 다음 **청산인 등기가 마쳐진 청산법인의 등기부등본**을 청산인임을 증명하는 서면으로 등기신청서에 첨부하여야 하고, 인감증명의 제출이 필요한 경우에는 **법인인감**인 청산인의 인감을 첨부하여야 한다.

---

01 **법인의 등기신청절차에 관한 다음 설명 중 가장 옳지 않은 것은?** ▸ 2021년 법무사

① 법인의 대표이사가 등기신청을 자격자대리인에게 위임한 후 그 등기신청 전에 대표이사가 변경된 경우에는 자격자대리인의 등기신청에 관한 대리권한은 소멸한다.

② 해당 법인의 등기를 관할하는 등기소와 부동산 소재지를 관할하는 등기소가 동일한 경우에는 그 법인의 대표자의 자격을 증명하는 정보의 제공을 생략할 수 있다.

③ 해산간주등기는 되어 있지만 등기기록이 폐쇄되지 않은 회사가 근저당권이전등기의 등기의무자인 경우에는 청산인 선임등기를 반드시 먼저 하여야 하고, 인감증명이 필요한 경우에는 법인인감인 청산인의 인감을 제출하여야 한다.

④ 청산인 등기가 된 상태에서 청산법인의 등기기록이 폐쇄된 경우에, 청산법인이 등기의무자로서 등기를 신청하기 위해서는 그 폐쇄된 법인 등기기록을 제공할 수 있고, 인감증명의 제출이 필요한 경우에는 인감증명법에 의한 청산인의 개인인감을 제공하면 된다.

⑤ 국내에 영업소나 사무소의 설치 등기를 하지 아니한 외국법인도 등기당사자능력이 있으므로 일반적인 첨부정보 외에 시장·군수 또는 구청장이 부여한 등록번호정보와 외국법인의 존재를 인정할 수 있는 정보를 제공하여 근저당권자로서 등기신청을 할 수 있다.

해설 ① 소유권이전등기의 등기의무자인 회사의 **대표이사 갑**이 그 소유권이전등기신청을 **법무사에게 위임**한 후 그 등기신청 전에 **대표이사가 을**로 변경된 경우에도 **법무사의 등기신청에 관한 대리권한은 소멸하지 않는다**고 보아야 할 것(☜ 종전 대표이사 갑이 법무사에게 위임한 경우 그 효과는 법인에게 귀속되는 것이고 그 이후 본인이나 대리인이 사망한것도 아니고, 원인관계가 종료하거나 수권행위를 철회한것도 아니므로)이므로, 그 등기신청서에 등기신청을 위임한 대표이사 **갑이 위임 당시**에 당해 회사의 대표이사임을 증명하는 **회사등기부등본**(발행일로부터 3월 이내의 것)과 그(갑)의 인감증명(발행일로부터 3월 이내의 것)을 첨부하였다면, 위임장을 당해 회사의 새로운 대표이사 을 명의로 다시 작성하거나 그 을 명의로 된 회사등기부등본과 인감증명을 새로 발급받아 등기신청서에 첨부할 필요는 없다(선례 제5-125호).

② 첨부정보가 「상업등기법」 제15조에 따른 등기사항증명정보로서 그 등기를 관할하는 등기소와 부동산 소재지를 관할하는 등기소가 동일한 경우에는 그 제공을 생략할 수 있다(규칙 제46조 제5항).

③ 1) 회사가 해산한 때에는 합병·분할·분할합병 또는 파산의 경우외에는 **이사가 청산인**이 된다. 다만, **정관에 다른 정함**이 있거나 **주주총회에서 타인을 선임**한 때에는 그러하지 아니하다. 이에 따른 청산인이 없는 때에는 **법원**은 이해관계인의 청구에 의하여 청산인을 선임한다(상법 제531조).
   2) 「상법」 규정에 의하여 해산간주등기는 경료되었지만, 아직 등기기록이 폐쇄되지 아니한 회사가 근저당권이전등기의 등기의무자가 되어 등기를 신청하는 경우, 그 회사의 **해산 당시의 이사가 당연히 청산인이 되어 대표권을 행사할 수는 없**으므로 청산인 선임등기를 반드시 먼저 하여야 한다. 위 근저당권이전등기신청 시에는 등기예규에 따라 청산인임을 증명하는 서면으로서 청산인 등기가 되어 있는 법인등기사항증명서를 등기신청서에 첨부하여야 하고, 인감증명이 필요한 경우에는 법인인감인 청산인의 인감을 첨부하여야 한다(선례 제201208-5호).

④ 폐쇄된 법인등기부에 청산인 등기가 되어 있는 경우 청산인은 그 **폐쇄된 법인등기부등본**을 청산인임을 증명하는 서면으로 첨부하여 부동산등기신청을 할 수 있고, 인감증명의 제출이 필요한 경우에는 인감증명법에 의한 **청산인의 개인인감**을 첨부할 수 있다.

⑤ 1) 국내에 영업소나 사무소의 설치 등기를 하지 아니한 외국법인이 근저당권자로서 근저당권설정등기를 신청하는 경우에 「법인 아닌 사단의 등기신청에 관한 업무처리지침」(등기예규

정답 ☞ **01** ①

제1435호)은 적용되지 않는다. 따라서 일반적인 첨부정보 외에 부동산등기용 등록번호 증명서(🏢 시장·군수·구청장이 부여함)와 외국법인의 존재를 인정할 수 있는 서면을 첨부정보로 제공하면 될 것이다(선례 제201310-5호).

2) 외국법인의 존재를 인정할 수 있는 서면으로는 법인등기부가 있는 국가인 경우(일본 등)에는 법인격의 존재, 명칭, 본점이나 주사무소 소재지가 표시된 등기사항증명서이고, 법인등기부가 없는 국가인 경우에는 법인의 명칭과 본점이나 주사무소의 존재를 인정할 수 있는 서면, 법인의 정관 또는 법인의 성질을 식별할 수 있는 서면, 대표자의 자격을 증명하는 서면(위 각 서면은 본국 관할 관청이나 대한민국에 있는 그 외국의 영사의 인증 또는 본국 공증인의 공증을 얻은 것이어야 함) 등이 될 것이나 위와 같은 서면으로서의 요건을 갖추었는지 여부는 구체적인 사건에서 등기관이 판단할 사항이다.

3) 또한 등기기록에는 국내법인과 동일하게 법인의 명칭과 주사무소 소재지를 기록하여야 하지만 대표자에 관한 사항은 등기사항이 아니므로 기록하지 않는다(등기선례 제201310-5호)(🏢 설치등기를 하지 않았다고 하여 법인 아닌 사단 또는 재단처럼 대표자 또는 관리인을 등기하는 것이 아님에 주의).

02 법인의 등기신청에 관한 다음 설명 중 가장 옳지 않은 것은? ▶ 2019년 법원사무관

① 법인의 대표에 관하여는 대리에 관한 규정이 준용되므로 법인 대표자의 행위의 효과는 법인에게 귀속되며, 법인이 등기를 신청하는 경우에는 대표자 권한의 증명 등을 위해 그 주민등록번호가 공시된 법인등기사항증명서를 첨부하여야 한다.

② 법인등기사항증명서에 공동대표이사가 아닌 각자 대표이사로 등기되어 있는 경우에는 대표이사 甲이 금융기관과 작성한 근저당권설정계약서로 대표이사 乙이 법인명의의 근저당권설정등기를 신청할 수 있다.

③ 상법 제520조의2 규정에 의하여 해산간주등기가 경료되었지만 아직 등기기록이 폐쇄되지 아니한 회사가 근저당권이전등기의 등기의무자가 되어 등기를 신청하는 경우, 그 회사의 해산 당시의 이사가 당연히 청산인이 되어 대표권을 행사할 수 있다.

④ 상인은 지배인을 선임하여 본점 또는 지점에서 영업을 하게 할 수 있는데, 지배인은 포괄적인 대리권이 있는 상인의 대리인으로서 그 영업에 관한 등기신청을 대리할 수 있다.

해설 ③ 1) 회사가 해산한 때에는 합병·분할·분할합병 또는 파산의 경우 외에는 **이사가** 청산인이 된다. 다만, **정관에 다른 정합**이 있거나 **주주총회에서 타인을 선임**한 때에는 그러하지 아니하다. 이에 따른 청산인이 없는 때에는 **법원**은 이해관계인의 청구에 의하여 청산인을 선임한다(상법 제531조).

2) 「상법」 규정에 의하여 **해산간주등기**는 경료되었지만, 아직 등기기록이 폐쇄되지 아니한 회사가 근저당권이전등기의 **등기의무자**가 되어 등기를 신청하는 경우, 그 회사의 **해산 당시의 이사가 당연히 청산인이 되어 대표권을 행사할 수는 없으므로** 청산인 선임등기를 반드시 먼저 하여야 한다. 위 근저당권이전등기신청 시에는 등기예규에 따라 청산인임을 증명하는 서면으로서 청산인 등기가 되어 있는 법인등기사항증명서를 등기신청서에 첨부하여야 하고, 인감증명이 필요한 경우에는 법인인감인 청산인의 인감을 첨부하여야 한다(선례 제201208-5호).

① 법인이 등기권리자나 등기의무자로서 부동산에 관한 등기를 신청하는 경우에는, 그 법인의 대표자 등의 권한의 증명, 등기필증 멸실의 경우 및 각종 인감증명의 제출 시 그 대표자 등의 확인, 주식회사의 이사와 회사간의 자기거래 여부의 확인 등을 위하여 필요하므로 법인의 임원 및 지배인의 주민등록번호가 공시된 **법인등기부 등·초본**을 첨부하여야 한다(선례 제7-18호).

② 법인 등기사항증명서에 공동대표이사가 아닌 각자 대표이사로 등기되어 있는 경우에는 각자가 단독으로 업무집행권을 행사하고 각자가 회사를 대표하므로, **대표이사 A는 대표이사 B가** 금융기관과 **작성한 근저당권설정계약서**를 첨부하여 법인명의의 **근저당권설정등기신청**을 할 수 있다(선례 제201112-3호).

④ (🕮 등기된) 지배인은 영업주에 갈음하여 그 영업에 관한 재판상 또는 재판 외(🕮 등기신청)의 모든 행위를 할 수 있다(상법 제11조 제1항).

03 법인의 등기신청에 관한 다음 설명 중 가장 옳지 않은 것은? ▶ 2018년 등기주사보

① 회사의 대표이사가 공동으로 대표권을 행사하도록 하는 공동대표에 관한 규정이 있는 경우에는 등기신청도 공동으로 하여야 한다.

② 법인이 등기를 신청하는 경우에는 대표자 등의 권한 증명을 위하여 그 주민등록번호가 공시된 법인등기사항증명서를 첨부하여야 한다.

③ 청산법인이 등기권리자인 경우로서 그 등기기록이 폐쇄된 경우에는 반드시 폐쇄된 청산법인의 등기기록을 부활하여 청산인임을 증명하는 정보로서 청산인 등기가 마쳐진 법인등기사항증명서를 제공하여야 한다.

④ 해산간주등기가 되어 있지만 아직 등기기록이 폐쇄되지 아니한 회사가 근저당권이전등기의 등기의무자가 되어 등기를 신청하는 경우, 그 회사의 해산 당시의 이사가 당연히 청산인이 되어 대표권을 행사할 수 있으므로 청산인 선임등기를 별도로 할 필요는 없다.

해설 ④ 1) 회사가 해산한 때에는 합병·분할·분할합병 또는 파산의 경우 외에는 **이사가 청산인이** 된다. 다만, **정관에 다른 정함**이 있거나 **주주총회에서 타인을 선임**한 때에는 그러하지 아니하다. 이에 따른 청산인이 없는 때에는 **법원**은 이해관계인의 청구에 의하여 청산인을 선임한다(상법 제531조).

2) 「상법」 규정에 의하여 해산간주등기는 경료되었지만, 아직 등기기록이 폐쇄되지 아니한 회사가 근저당권이전등기의 등기의무자가 되어 등기를 신청하는 경우, 그 회사의 **해산 당시의 이사가 당연히 청산인이 되어 대표권을 행사할 수는 없으므로** 청산인 선임등기를 반드시 먼저 하여야 한다. 위 근저당권이전등기신청 시에는 등기예규에 따라 청산인임을 증명하는 서면으로서 청산인 등기가 되어 있는 법인등기사항증명서를 등기신청서에 첨부하여야 하고, 인감증명이 필요한 경우에는 법인인감인 청산인의 인감을 첨부하여야 한다(선례 제201208-5호).

정답 ☞ 02 ③ 03 ④

① 회사는 이사회의 결의로 회사를 <u>대표할 이사</u>를 선정하여야 한다. 그러나 정관으로 주주총회에서 이를 선정할 것을 정할 수 있다. 이 경우 수인의 <u>대표이사</u>가 공동으로 회사를 <u>대표할 것을 정할 수 있다</u>(상법 제389조). 또한 둘 이상의 <u>대표이사</u> 또는 대표집행임원이 공동으로 회사를 <u>대표할 것</u>을 정한 경우에는 그 규정을 등기하여야 한다(상법 제317조). 이처럼 공동대표제한의 등기가 된 경우에는 등기신청도 공동으로 하여야 한다.

③ 예규 제1087호, 3-가

04 법인의 등기신청에 관한 다음 설명 중 가장 옳지 않은 것은? ▸2017년 법무사

① 국내에 영업소나 사무소의 설치 등기를 하지 아니한 외국법인도 등기당사자능력이 있으므로 부동산등기용등록번호 증명서와 외국법인의 존재를 인정할 수 있는 서면을 첨부하여 등기를 신청할 수 있다.

② 법인 등기사항증명서에 공동대표이사가 아닌 각자 대표이사로 등기되어 있는 경우에는 대표이사 A가 금융기관과 작성한 근저당권설정계약서로 대표이사 B가 법인명의의 근저당권설정등기를 신청할 수 있다.

③ 청산법인의 등기기록이 폐쇄되었으나, 청산법인이 등기권리자로서 부동산등기신청을 하는 경우에는 폐쇄된 청산법인의 등기기록을 부활하여야 하고, 청산인임을 증명하는 서면으로는 청산인 등기가 마쳐진 청산법인의 등기사항증명서를 제출하여야 한다.

④ 폐쇄된 법인 등기기록에 청산인 등기가 되어 있는 경우에 등기의무자로서의 청산인은 그 폐쇄된 법인 등기사항증명서를 첨부하여 부동산등기신청을 할 수 있고, 인감증명의 제출이 필요한 경우에는 법인인감인 청산인의 인감을 첨부하여야 한다.

⑤ 청산인 등기가 되어 있지 않은 상태에서 법인 등기기록이 폐쇄된 경우, 청산인이 등기의무자로서 부동산등기신청을 하기 위해서는 폐쇄된 법인 등기기록을 부활하여 청산인 등기를 마친 다음 그 등기사항증명서를 첨부하여야 하고, 인감증명의 제출이 필요한 경우에는 법인인감인 청산인의 인감을 첨부하여야 한다.

해설 ④ 폐쇄된 법인등기부에 청산인 등기가 되어 있는 경우 청산인은 그 **폐쇄된 법인등기부등본을** 청산인임을 증명하는 서면으로 첨부하여 부동산등기신청을 할 수 있고, 인감증명의 제출이 필요한 경우에는 인감증명법에 의한 **청산인의 개인인감을** 첨부할 수 있다(예규 제1087호).

③ 미등기 부동산에 관하여 청산법인이 소유권보존등기를 하는 등 청산법인이 등기권리자로서 부동산등기신청을 하는 경우에는 폐쇄된 청산법인의 등기부를 **부활**하여야 하고, 청산인임을 증명하는 서면으로는 **청산인 등기가 마쳐진 청산법인의 등기부등본을** 제출하여야 한다(예규 제1087호).

⑤ 청산인 등기가 되어 있지 않은 상태에서 법인 등기부가 폐쇄된 경우(상법 제520조의2의 규정에 의한 휴면회사 등), 청산인이 부동산등기신청을 하기 위해서는 폐쇄된 법인등기부를 **부활**하여 청산인 등기를 마친 다음 **청산인 등기가 마쳐진 청산법인의 등기부등본을** 청산인임을 증명하는 서면으로 등기신청서에 첨부하여야 하고, 인감증명의 제출이 필요한 경우에는 **법인인감인** 청산인의 인감을 첨부하여야 한다(예규 제1087호).

05 법인의 등기신청에 관한 다음 설명 중 가장 옳지 않은 것은? ▶ 2017년 등기주사보

① 회사의 대표이사가 공동으로 대표권을 행사하도록 하는 공동대표에 관한 규정이 있는 경우에는 등기신청도 공동으로 하여야 한다.

② 등기의무자인 회사의 대표이사 甲이 등기신청을 법무사에게 위임한 후 등기신청 전에 대표이사가 乙로 변경된 경우에는 법무사의 대리권한은 소멸한다.

③ 상사회사의 등기된 지배인은 그 영업에 관한 등기신청을 대리할 수 있다.

④ 법인이 등기를 신청하는 경우에는 대표자 등의 권한 증명 등을 위해 그 주민등록번호가 공시된 법인등기사항증명서를 첨부하여야 한다.

해설 ② 소유권이전등기의 등기의무자인 회사의 **대표이사 갑**이 그 소유권이전등기신청을 **법무사에게 위임**한 후 그 등기신청 전에 **대표이사가 을로 변경**된 경우에도 **법무사의 등기신청에 관한 대리권한은 소멸**하지 **않**는다고 보아야 할 것(● 종전 대표이사 갑이 법무사에게 위임한 경우 그 효과는 법인에게 귀속되는 것이고 그 이후 본인이나 대리인이 사망한것도 아니고, 원인관계가 종료하거나 수권행위를 철회한 것도 아니므로)이므로, 그 등기신청서에 등기신청을 위임한 대표이사 **갑이 위임 당시**에 당해 회사의 대표이사임을 증명하는 **회사등기부등본** 이사회의 결의로 회사를 대표할 이사를 선정하여야 한다. 그러나 정관으로 주주총회에서 이를 선정할 것을 정할 수 있다. 이 경우 수인의 대표이사가 공동(발행일로부터 3월 이내의 것)과 **그(갑)의 인감증명**(발행일로부터 3월 이내의 것)을 첨부하였다면, 위임장을 당해 회사의 새로운 대표이사 을 명의로 다시 작성하거나 그 을 명의로 된 회사등기부등본과 인감증명을 새로 발급받아 등기신청서에 첨부할 필요는 없다(선례 제5-125호).

06 청산법인의 등기신청에 관한 다음 설명 중 가장 옳지 않은 것은? ▶ 2023년 법무사

① 청산종결등기가 된 경우라 하더라도 청산사무가 아직 종결되지 아니한 때에는 청산법인으로서 등기당사자능력이 있다.

② 청산법인의 등기기록이 폐쇄되지 아니한 경우 청산인이 등기신청을 하기 위해서는 청산인임을 증명하는 서면으로서 청산인 등기가 되어 있는 법인등기사항증명서를 첨부하고, 인감증명의 제출이 필요한 경우에는 법인인감인 청산인의 인감을 첨부하여야 한다.

③ 청산법인의 등기기록이 폐쇄된 경우 청산법인이 등기권리자인 때에는 폐쇄된 청산법인의 등기기록을 부활하여 청산인임을 증명하는 서면으로 청산인 등기가 마쳐진 등기사항증명서를 제출하여야 한다.

④ 청산법인이 등기의무자인 때에 폐쇄된 법인등기기록에 청산인 등기가 되어 있는 경우에도 인감증명의 제출이 필요한 경우에는 청산법인의 등기기록을 부활하고 법인인감인 청산인의 인감을 첨부하여야 한다.

정답 ○━ 04 ④ 05 ② 06 ④

⑤ 청산법인이 등기의무자인 때에 폐쇄된 법인등기기록에 청산인 등기가 되어 있지 아니한 경우에는 폐쇄된 법인등기기록을 부활하여 청산인 등기를 마친 다음 그 등기사항증명서를 청산인임을 증명하는 서면으로 첨부하고, 인감증명의 제출이 필요한 경우에는 법인인감인 청산인의 인감을 첨부하여야 한다.

해설 ④ **청산법인**이 등기**의무자**인 때에 **폐쇄**된 법인등기부에 **청산인 등기가 되어 있는 경우** 청산인은 그 **폐쇄된 법인등기부등본**을 청산인임을 증명하는 서면으로 첨부하여 부동산등기신청을 할 수 있고, 인감증명의 제출이 필요한 경우에는 인감증명법에 의한 **청산인의 개인인감**을 첨부할 수 있다(예규 제1087호, 3–나–(1)).

① 청산법인이란 존립기간의 만료나 기타 사유로 법인이 해산된 후 청산절차가 진행 중인 법인을 말하며, **청산종결등기가 된 경우라 하더라도 청산사무가 아직 종결되지 아니한 경우**에는 **청산법인에 해당**한다(예규 제1087호). 이러한 청산법인은 **등기당사자능력이 인정**된다(대판 1997.4.22, 97다3408). 따라서 청산법인도 등기권리자 또는 등기의무자의 지위에서 **등기를 신청할 수 있다.**

② **청산법인**의 등기기록이 **폐쇄되지 아니한 경우** 청산인이 등기신청을 하기 위해서는 청산인임을 증명하는 서면으로서 청산인 등기가 되어 있는 법인등기사항증명서를 첨부하고, 인감증명의 제출이 필요한 경우에는 **법인인감인 청산인의 인감**을 첨부하여야 한다(예규 제1087호).

③ **청산법인**의 등기기록이 **폐쇄된 경우** 청산법인이 등기**권리자**인 때에는 폐쇄된 청산법인의 등기기록을 **부활**하여 청산인임을 증명하는 서면으로 **청산인 등기가 마쳐진 등기사항증명서**를 제출하여야 한다(예규 제1087호, 3–가).

⑤ **청산법인**이 등기**의무자**인 때에 **폐쇄**된 법인등기기록에 **청산인 등기가 되어 있지 아니**한 경우에는 폐쇄된 법인등기기록을 **부활**하여 **청산인 등기를 마친 다음 그 등기사항증명서**를 청산인임을 증명하는 서면으로 첨부하고, 인감증명의 제출이 필요한 경우에는 **법인인감인 청산인의 인감**을 첨부하여야 한다(예규 제1087호, 3–나–(2)).

07 청산법인에 관한 다음 설명 중 가장 옳지 않은 것은? ▸ 2023년 등기서기보

① 파산이 종료된 법인이라고 하여도 잔여재산이 있고 그 재산이 추가배당의 대상이 되지 않는 경우 해당 법인은 청산법인으로 존속한다.

② 청산절차에 관한 규정은 모두 제3자의 이해관계에 중대한 영향을 미치기 때문에 소위 강행규정이라고 해석되므로 만일 청산법인이나 그 청산인이 청산법인의 목적범위 외의 행위를 한 때는 무효이다.

③ 해산간주등기는 되어 있지만 아직 등기기록이 폐쇄되지 않은 회사가 근저당권이전등기의 등기의무자인 경우 해산 당시의 이사가 청산인이 되어 대표권을 행사할 수 있으므로 청산인 선임등기를 반드시 선행하여야 하는 것은 아니다.

④ 법인등기기록이 폐쇄된 청산법인이 소유권보존등기를 하는 등 등기권리자로서 등기신청을 하는 경우에는 폐쇄된 법인등기기록을 부활한 후, 청산인임을 증명하는 서면으로는 청산인 등기가 마쳐진 법인등기사항증명서를 제공하여야 한다.

해설 ③ 1. 회사가 해산한 때에는 합병·분할·분할합병 또는 파산의 경우 외에는 **이사가 청산인이** 된다. 다만, **정관에 다른 정함**이 있거나 **주주총회에서 타인을 선임**한 때에는 그러하지 아니하다. 이에 따른 청산인이 없는 때에는 **법원**은 이해관계인의 청구에 의하여 청산인을 선임한다(상법 제531조).

2. 「상법」 규정에 의하여 해산간주등기는 경료되었지만, 아직 등기기록이 폐쇄되지 아니한 회사가 근저당권이전등기의 등기의무자가 되어 등기를 신청하는 경우, 그 회사의 **해산 당 시의 이사가 당연히 청산인이 되어 대표권을 행사할 수는 없으므로 청산인 선임등기를 반드시 먼저 하여야** 한다. 위 근저당권이전등기신청 시에는 등기예규에 따라 청산인임을 증명하는 서면으로서 청산인 등기가 되어 있는 법인등기사항증명서를 등기신청서에 첨부하여야 하고, 인감증명이 필요한 경우에는 법인인감인 청산인의 인감을 첨부하여야 한다(선례 제201208-5호).

① 1. 법인에 대한 **파산절차**가 잔여재산 없이 종료되면 청산종결의 경우와 마찬가지로 그 인격이 소멸한다고 할 것이나, 아직도 **적극재산이 잔존**하고 있다면 법인은 그 재산에 관한 **청산 목적의 범위** 내에서는 **존속**한다고 볼 것이다(대판 1989.11.24, 89다카2483).

2. 근저당권자가 **파산이 종료**된 법인인 경우 그 법인은 **잔여재산이나 현실적으로 정리할 필 요가 있는 법률관계가 남아있는 때**에는 당해 법인격이 소멸하지 아니하고 **청산의 목적범 위 내에서 존속**하게 되므로, 부동산의 소유자가 피담보채무를 변제하여 근저당권설정등기의 말소를 신청하려면 그 법인과 공동신청에 의하거나 그 법인을 상대로 한 판결을 받아 단독으로 신청할 수 있다. 이때 그 법인이 정관이나 총회의 결의에 의하여 청산인을 선임하지 않았다면 법원에 청산인선임청구를 하여 법원이 선임한 청산인으로 하여금 그 법인을 대표하도록 할 수 있다(선례 제201006-1호).

② **청산절차에 관한 규정**은 모두 제3자의 이해관계에 중대한 영향을 미치기 때문에 소위 **강행 규정**이라고 해석되므로 만일 그 청산법인이나 그 청산인이 **청산법인의 목적범위 외의 행위** 를 한 때는 **무효**라 아니할수 없다(대판 1980.4.8, 79다2036).

④ 미등기 부동산에 관하여 **청산법인**이 소유권보존등기를 하는 등 청산법인이 등기권리자로서 부동산등기신청을 하는 경우에는 폐쇄된 청산법인의 등기부를 **부활**하여야 하고, 청산인임을 증명하는 서면으로는 **청산인 등기가 마쳐진 청산법인의 등기부등본**을 제출하여야 한다(예규 제1087호).

08 **청산법인의 등기신청에 관한 다음 설명 중 가장 옳지 않은 것은?** ▸ 2019년 등기주사보

① 해산간주등기는 되어 있지만 등기기록이 폐쇄되지 않은 회사가 근저당권이전등기의 등기의무자인 경우에는 청산인선임등기를 반드시 먼저 하여야 하고, 인감증명이 필요한 경우에는 법인인감인 청산인의 인감을 제출하여야 한다.

② 청산법인이 등기권리자로서 등기를 신청하는 경우에 이미 등기기록이 폐쇄되었다면 폐쇄된 청산법인의 등기기록을 부활하여 청산인 등기가 마쳐진 법인등기사항증명서를 제공하여야 한다.

정답 ○━ 07 ③ 08 ③

③ 청산법인이 등기의무자로서 등기를 신청하는 경우에 폐쇄된 법인등기기록에 청산인 등기가 되어 있으면 등기신청 시에 제출할 인감증명은 법인인감인 청산인의 인감을 제출하여야 한다.

④ 청산법인이 등기의무자로서 등기를 신청하는 경우에 폐쇄된 법인등기기록에 청산인 등기가 되어 있지 아니한 경우에는 폐쇄된 법인등기기록을 부활하여 청산인 등기를 마친 등기사항증명서를 청산인임을 증명하는 정보로 제공하여야 한다.

해설 ③ 폐쇄된 법인등기부에 청산인 등기가 되어 있는 경우 청산인은 그 **폐쇄된 법인등기부등본**을 청산인임을 증명하는 서면으로 첨부하여 부동산등기신청을 할 수 있고, 인감증명의 제출이 필요한 경우에는 인감증명법에 의한 **청산인의 개인인감**을 첨부할 수 있다(예규 제1087호, 3-나-(1)).

① 1) 회사가 해산한 때에는 합병·분할·분할합병 또는 파산의 경우 외에는 **이사**가 청산인이 된다. 다만, **정관에 다른 정함**이 있거나 **주주총회에서 타인을 선임**한 때에는 그러하지 아니하다. 이에 따른 청산인이 없는 때에는 **법원**은 이해관계인의 청구에 의하여 청산인을 선임한다(상법 제531조).

　2) 「상법」규정에 의하여 해산간주등기는 경료되었지만, 아직 등기기록이 폐쇄되지 아니한 회사가 근저당권이전등기의 등기의무자가 되어 등기를 신청하는 경우, 그 회사의 **해산 당시의 이사가 당연히 청산인이 되어 대표권을 행사할 수는 없으므로** 청산인 선임등기를 반드시 먼저 하여야 한다. 위 근저당권이전등기신청 시에는 등기예규에 따라 청산인임을 증명하는 서면으로서 청산인 등기가 되어 있는 법인등기사항증명서를 등기신청서에 첨부하여야 하고, 인감증명이 필요한 경우에는 법인인감인 청산인의 인감을 첨부하여야 한다(선례 제201208-5호).

② 예규 제1087호, 3-가

④ 예규 제1087호, 3-나-(2)

09 청산법인의 등기신청에 관한 다음 설명 중 가장 옳지 않은 것은? ▸ 2017년 등기주사보

① 해산간주등기는 되어 있지만 등기기록이 폐쇄되지 않은 회사가 근저당권이전등기의 등기의무자인 경우에는 청산인 선임등기를 반드시 먼저 하여야 한다.

② 청산법인의 등기기록이 폐쇄된 경우 청산법인이 등기권리자인 때에는 폐쇄된 청산법인의 등기기록을 부활하여 청산인 등기가 마쳐진 법인등기사항증명서를 제출한다.

③ 청산법인의 등기기록이 폐쇄된 경우 청산법인이 등기의무자인 때에 폐쇄된 법인등기기록에 청산인 등기가 되어 있으면 등기신청 시에 제출할 인감증명은 법인인감인 청산인의 인감이다.

④ 청산법인의 등기기록이 폐쇄된 경우 폐쇄등기기록에 청산인 등기가 되어 있지 아니한 경우에는 폐쇄된 법인등기기록을 부활하여 청산인 등기를 마친 등기사항증명서를 청산인임을 증명하는 서면으로 제출하여야 한다.

해설 ③ 폐쇄된 법인등기부에 청산인 등기가 되어 있는 경우 청산인은 그 **폐쇄된 법인등기부등본**을 청산인임을 증명하는 서면으로 첨부하여 부동산등기신청을 할 수 있고, 인감증명의 제출이 필요한 경우에는 인감증명법에 의한 **청산인의 개인인감**을 첨부할 수 있다(예규 제1087호, 3-나-(1)).

② 예규 제1087호, 3-가
④ 예규 제1087호, 3-나-(2)

10 청산법인의 부동산등기신청에 관한 다음 설명 중 가장 옳지 않은 것은? ▸ 2015년 등기서기보

① 청산법인이 등기의무자로서 인감증명을 제출하여야 하는 경우에는 반드시 법인인감인 청산인의 인감을 제출하여야 한다.

② 등기기록이 폐쇄된 청산법인이 등기권리자로서 부동산등기신청을 하는 경우에는 폐쇄된 청산법인의 등기기록을 부활하여야 하고, 청산인임을 증명하는 서면으로는 청산인 등기가 마쳐진 청산법인의 등기사항증명서를 제출하여야 한다.

③ 등기기록이 폐쇄된 청산법인이 등기의무자인 경우에 폐쇄된 등기기록에 청산인 등기가 되어 있다면 그 폐쇄된 법인등기기록에 대한 등기사항증명서를 청산인임을 증명하는 서면으로 제출할 수 있다.

④ 등기기록이 폐쇄된 청산법인이 등기의무자인 경우에 청산인 등기가 되어 있지 않은 상태에서 법인등기기록이 폐쇄되었다면 폐쇄된 법인등기기록을 부활하여 청산인 등기를 마친 다음 그 등기사항증명서를 청산인임을 증명하는 서면으로 제출하여야 한다.

해설 ① 청산법인이 등기의무자라도 폐쇄된 등기부에 청산인 등기가 되어있는 경우에는 폐쇄된 법인등기부를 부활하지 아니하므로 청산인의 개인인감을 첨부할 수 있다(예규 제1087호, 3-나(1)). 따라서 반드시 법인인감인 청산인의 인감을 제출하여야 하는 것은 아니다.

② 예규 제1087호, 3-가
③ 예규 제1087호, 3-나(1)
④ 예규 제1087호, 3-나(2)

정답 ↬ 09 ③   10 ①

나. 비법인

(가) 일반

🔖 관련 예규

법인 아닌 사단의 등기신청에 관한 업무처리지침[예규 제1621호]

1. 법인 아닌 사단의 의의

법인 아닌 사단이라 함은 일정한 목적을 가진 다수인의 결합체로서 업무집행기관들에 관한 정함이 있고 또 대표자 등의 정함이 있는 법인 아닌 단체를 말한다(🔘 상업등기X).

2. 신청서에 기재하여야 할 사항

법인 아닌 사단이 등기신청을 하기 위해서는 신청서에 법인 아닌 사단의 대표자 또는 관리인의 성명, 주소 및 주민등록번호를 기재하여야 하고, 등기권리자일 경우에는 법인 아닌 사단의 부동산등기용등록번호를 기재하여야 한다.

3. 첨부서면

법인 아닌 사단이 등기신청을 하기 위해서는 다음의 서면을 등기신청서에 첨부하여야 한다.

가. 정관 기타의 규약 (🔘 반드시 첨부O)

정관 기타의 규약에는 단체의 목적, 명칭, 사무소의 소재지, 자산에 관한 규정, 대표자 또는 관리인의 임면에 관한 규정, 사원자격의 득실에 관한 규정이 기재되어야 한다.

나. 대표자 또는 관리인을 증명하는 서면 (🔘 반드시 첨부X)

법인 아닌 사단의 대표자 또는 관리인을 증명하는 서면으로는, 위 가.의 규정에 의한 정관 기타의 규약에서 정한 방법에 의하여 대표자 또는 관리인으로 선임되었음을 증명하는 서면(예컨대 정관 기타의 규약에서 대표자 또는 관리인의 선임을 사원총회의 결의에 의한다고 규정되어 있는 경우에는 사원총회의 결의서)을 제출하여야 한다. 다만, **대표자 또는 관리인을 증명**하는 서면의 경우 **등기되어 있는** 대표자나 관리인이 등기를 신청하는 때에는 **그러하지 아니하다**. 부동산등기용등록번호대장이나 기타 단체등록증명서는 위 대표자 또는 관리인을 증명하는 서면으로 제출할 수 없다.

다. 사원총회의 결의서 (🔘 반드시 첨부X)

1) **법인이 아닌 사단**의 사원이 집합체로서 물건을 소유할 때에는 **총유**로 한다. 총유에 관하여는 사단의 **정관 기타 계약에 의하는 외에** 다음 제2조의 규정에 의한다(민법 제275조). 총유물의 관리 및 **처분**은 **사원총회의 결의**에 의한다(민법 제276조 제1항).

2) 법인 아닌 사단이 등기의무자(🔘 소유권보존X)로서 등기신청을 할 경우에는 민법 제276조 제1항의 규정에 의한 (🔘 총유물 처분행위에 따른) **결의서**를 등기신청서에 첨부하여야 한다(규칙 제48조 제3호). 다만, 정관 기타의 규약으로 그 소유 부동산을 처분하는 데 있어서 위 결의를 필요로 하지 않는다고 정하고 있을 경우에는 그러하지 아니하다(🔘 사원총회 결의는 임의규정임).

라. 인감증명

위 나(🔘 대표자 등 증명서면). 다(🔘 사원총회 결의서).의 규정에 의한 서면에는 그 사실을 확인하는데 상당하다고 인정되는 2인 이상의 성년자가 사실과 상위 없다는 취지와 성명을 기재하고 인감을 날인하여야 하며, 날인한 인감에 관한 인감증명을 제출하여야 한다. 다만 변호사 또는 법무사가 등기신청을 대리하는 경우에는 변호사 또는 법무사가 위 각 서면에 사실과 상위 없다는 취지를 기재하고 기명날인함으로써 이에 갈음(🔘 인감날인X / 인감증명X)할 수 있다.

마. 기타 서면

대표자 또는 관리인의 주민등록표등본(🔢 반드시 첨부O)을 등기신청서에 첨부하여야 하고(규칙 제48조 제4호), **법인 아닌 사단이 등기권리자인** 경우에는 부동산등기용등록번호를 **증명(🔢 시·군·구청장이 부여)**하는 서면을 첨부하여야 한다.

4. 법인 아닌 사단 명의의 등기 허부

가. '계' 명의의 등기

'○○계' 명의의 등기신청이 있는 경우, 같은 계의 규약에 의하여 그 실체가 **법인 아닌 사단으로서 성격을 갖춘 경우**에는 그 등기신청을 수리하여야 할 것이나, 각 계원의 개성이 개별적으로 뚜렷하게 계의 운영에 반영되게끔 되어 있고 계원의 지위가 상속되는 것으로 규정되어 있는 등 단체로서의 성격을 갖는다고 볼 수 없는 경우에는 그 등기신청을 각하하여야 한다.

나. '학교' 명의의 등기

교육기본법 제11조에 의하여 설립된 학교는 등기능력이 없으므로 그 명의로 등기신청을 할 수 없다.

다. '동' 명의의 등기

동민이 법인 아닌 사단을 구성하고 그 명칭을 행정구역인 동 명의와 동일하게 한 경우에는 그 동민의 대표자가 동 명의로 등기신청을 할 수 있다.

5. 대표자 또는 관리인의 성명, 주소 및 주민등록번호 추가 표시변경등기

(1) 법인 아닌 사단이나 재단이 현재 효력 있는 권리에 관한 등기의 등기명의인이나 그 대표자 또는 관리인의 성명, 주소 및 주민등록번호가 등기기록에 기록되어 있지 않은 경우, 그 **대표자 또는 관리인**은 대표자 또는 관리인의 성명, 주소 및 주민등록번호를 **추가**로 기록하는 내용의 **등기명의인표시변경등기**를 신청할 수 있다.

(2) 위 등기명의인표시변경등기를 신청할 때에는 대표자 또는 관리인의 주민등록표 등(초)본 외에 정관 기타의 규약, 대표자 또는 관리인을 증명하는 서면 등도 첨부하여야 하고, 등기관은 첨부된 서면을 종합적으로 고려하여 신청인이 적법한 대표자나 관리인인지에 대한 **심사를 엄격히** 한 후에 그 수리 여부를 결정하여야 한다.

(3) 위 등기명의인표시변경등기를 신청할 때에는 등기원인은 '대표자 또는 관리인 추가'로, 등기의 목적은 '등기명의인표시변경'으로, 등기원인일자는 등기신청일을 각 기재하여야 한다.

6. 기타

(1) 법인 아닌 사단이나 재단에도 **임시이사**의 선임에 관한 규정인 민법 제63조의 규정을 **유추 적용**할 수 있다.

(2) **법인 아닌 사단이나 재단**이 **(근)저당권설정**등기신청서에 **채무자(🔢 비법인 명칭O / 비법인 사무소O / 비법인 번호✕ / 대표자✕)**로 기재되어 있는 경우, 등기부에 그 사단 또는 재단의 부동산등기용등록번호나 대표자에 관한 사항은 기록할 필요가 없다.

01 비법인사단의 등기신청에 관한 다음 설명 중 가장 옳지 않은 것은? ▸2023년 법원사무관

① 사단법인의 하부조직의 하나라 하더라도 단체의 실체를 갖추고 독자적인 활동을 하고 있다면 별개의 독립된 비법인사단으로 볼 수 있다.

② 법인 아닌 사단 소유의 부동산을 처분하거나 그 부동산에 근저당권을 설정하는 등 제한물권을 설정하고 등기를 신청하는 경우에는 원칙적으로 사원총회결의서를 제공하여야 한다.

③ 법인 아닌 사단의 등기명의인 표시를 '고령박씨 감사공파 종친회'에서 '고령박씨 감사공파 종중'으로 변경하는 등기를 신청하는 경우와 같이 단순한 단어의 축약이나 변경으로 인정되는 경우에는 종중의 규약이나 결의서 등 양 종중이 동일하다는 정보를 제공할 필요가 없다.

④ 법인 아닌 사단을 법인으로 경정하거나 대종중을 소종중으로 경정하는 등기는 동일성을 해하므로 허용될 수 없다.

[해설] ③ 법인 아닌 사단의 등기명의인표시를 '고령박씨 감사공파 종친회'에서 '고령박씨 감사공파 종중'으로, '광산김씨 대산간공파 종중'을 '광산김씨 대산간공파 극 종중'으로 변경·경정하는 등기를 신청하는 경우와 같이 단순한 단어의 축약이나 변경 혹은 추가로 보이더라도 양 종중이 동일하다는 서면(종중의 규약이나 결의서, 기타 증명서면 등)을 첨부하여야 하며 등기관은 제출된 서면을 종합적으로 심사하여 인격의 동일성여부를 판단한다(선례 제200803-1호).

① 민사소송법 제52조가 비법인사단의 당사자능력을 인정하는 이유는 법인이 아니라도 사단으로서의 실체를 갖추고 대표자 또는 관리인을 통하여 사회적 활동이나 거래를 하는 경우에는 그로 인하여 발생하는 분쟁은 그 단체가 자기 이름으로 당사자가 되어 소송을 통하여 해결하도록 하기 위한 것이므로, 여기서 말하는 사단이라 함은 일정한 목적을 위하여 조직된 다수인의 결합체로서 대외적으로 사단을 대표할 기관에 관한 정함이 있는 단체를 말하고, 사단법인의 하부조직의 하나라 하더라도 스스로 위와 같은 단체로서의 실체를 갖추고 독자적인 활동을 하고 있다면 사단법인과는 별개의 독립된 비법인사단으로 볼 수 있다(대판 2022.8.11. 2022다227688).

② 1. 법인이 아닌 사단의 사원이 집합체로서 물건을 소유할 때에는 총유로 한다. 총유에 관하여는 사단의 정관 기타 계약에 의하는 외에 다음 제2조의 규정에 의한다(민법 제275조). 총유물의 관리 및 처분은 사원총회의 결의에 의한다(민법 제276조 제1항).
2. 법인 아닌 사단이 등기의무자(❶ 소유권보존✕)로서 등기신청을 할 경우에는 민법 제276조 제1항의 규정에 의한 (❶ 총유물 처분행위에 따른)결의서를 등기신청서에 첨부하여야 한다(규칙 제48조 제3호). 다만, 정관 기타의 규약으로 그 소유 부동산을 처분하는 데 있어서 위 결의를 필요로 하지 않는다고 정하고 있을 경우에는 그러하지 아니하다(❶ 사원총회 결의는 임의규정임).
3. 따라서 법인 아닌 사단 소유의 부동산을 처분하거나 그 부동산에 근저당권을 설정하는 등 제한물권을 설정하고 등기를 신청하는 경우에는 원칙적으로 사원총회결의서를 제공하여야 한다.
4. 마찬가지로, 법인 아닌 사단이 등기의무자로서 전세권설정등기의 말소등기 등을 신청하는 경우에는 정관이나 그 밖의 규약으로 달리 정하지 않는 한 민법 제276조 제1항의 결의가 있음을 증명하는 정보를 첨부정보로서 등기소에 제공하여야 한다(부동산등기규칙 제48조 제3호, 등기예규 제1621호 3. 다. 참조)(선례 제202206-3호).

④ 1. 등기명의인표시경정등기는 경전 전후의 등기가 표창하고 있는 등기명의인이 인격의 동일성을 유지하는 경우에만 신청할 수 있다. 그러므로 **법인 아닌 사단**을 **법인**으로 경정하는 등기를 신청하는 등 동일성을 해하는 **등기명의인표시경정등기**신청은 수리할 수 **없다**(예규 제1564호, 2–다–(1)–(나)).

2. **대종중과 소종중**은 등기명의인의 동일성이 없으므로, 대종중을 소종중으로 하는 **등기명의인 표시경정등기**는 할 수 **없고**, 소유권이전등기를 하여야 한다(선례 제200402–4호).

02 법인 아닌 사단·재단의 등기에 관한 다음 설명 중 가장 옳지 않은 것은?

▸ 2022년 등기서기보

① 법인 아닌 사단이 소유권보존등기를 신청하는 경우에는 총유물의 관리 처분에 해당하지 아니하므로 사원총회결의서를 첨부정보로 제공할 필요가 없다.

② 법인 아닌 사단이나 재단이 근저당권설정등기신청서에 채무자로 기재되어 있는 경우, 등기부에 그 사단 또는 재단의 부동산등기용등록번호나 대표자에 관한 사항은 기록할 필요가 없다.

③ 법인 아닌 사단이 등기 신청을 하기 위해서는 정관이나 그 밖의 규약을 첨부정보로 제공하여야 하며, 정관 기타의 규약에는 단체의 목적, 명칭, 사무소의 소재지, 자산에 관한 규정, 대표자 또는 관리인의 임면에 관한 규정, 사원자격의 득실에 관한 규정이 기재되어야 한다.

④ 변호사 또는 법무사가 등기신청을 대리하는 경우에는 대표자 또는 관리인을 증명하는 서면과 사원총회결의서에 2인 이상의 성년자에 갈음하여 변호사 또는 법무사가 사실과 상위 없다는 취지를 기재하고 기명날인할 수 있고 이때에는 변호사나 법무사의 인감증명을 첨부정보로 제공하여야 한다.

> **해설** ④ 위 나(🏛 **대표자 등 증명서면**), 다(🏛 **사원총회 결의서**).의 규정에 의한 서면에는 그 사실을 확인하는데 상당하다고 인정되는 **2인 이상의 성년자**가 사실과 상위 없다는 취지와 성명을 기재하고 **인감**을 날인하여야 하며, 날인한 인감에 관한 **인감증명**을 제출하여야 한다. 다만 변호사 또는 **법무사**가 등기신청을 대리하는 경우에는 변호사 또는 법무사가 위 각 서면에 사실과 상위 없다는 취지를 기재하고 기명날인함으로써 이에 갈음할 수 있다(🏛 **인감날인×** / **인감증명×**)(예규 제1621호, 3–라).

> ① 1. **법인이 아닌 사단**의 사원이 집합체로서 물건을 소유할 때에는 **총유**로 한다. 총유에 관하여는 사단의 **정관** 기타 계약에 의하는 **외**에 **다음 제2조**의 규정에 의한다(민법 제275조). **총유물**의 관리 및 **처분**은 **사원총회의 결의**에 의한다(민법 제276조 제1항).
>
> 2. 법인 아닌 사단이 등기**의무자**(🏛 **소유권보존×**)로서 등기신청을 할 경우에는 민법 제276조 제1항의 규정에 의한 (🏛 **총유물 처분행위에 따른**)결의서를 등기신청서에 첨부하여야 한다(규칙 제48조 제3호).

$$\boxed{\text{정답} \; \multimap \quad 01 \; ③ \quad 02 \; ④}$$

3. 다만, **정관 기타의 규약**으로 그 소유 부동산을 처분하는 데 있어서 위 **결의를 필요로 하지 않는다**고 정하고 있을 경우에는 위 **결의서를 첨부할 필요가 없다**(**⊕** 사원총회 결의는 임의규정임).

② 법인 아닌 사단이나 재단이 (근)저당권설정등기신청서에 **채무자**로 기재되어 있는 경우, 등기부에 그 사단 또는 재단의 부동산등기용등록번호나 대표자에 관한 사항은 기록할 필요가 없다 (예규 제1621호, 6-(2)).(**⊕** 비법인 명칭O / 비법인 사무소O / 비법인 번호× / 대표자×)

③ 법인 아닌 사단이 등기신청을 하기 위해서는 다음의 서면을 등기신청서에 첨부하여야 한다.
가. 정관 기타의 규약(**⊕** 반드시 첨부O)
　　정관 기타의 규약에는 단체의 목적, 명칭, 사무소의 소재지, 자산에 관한 규정, 대표자 또는 관리인의 임면에 관한 규정, 사원자격의 득실에 관한 규정이 기재되어야 한다(예규 제1621호, 3-가).

03 비법인 사단 또는 재단의 등기신청에 관한 다음 설명 중 가장 옳지 않은 것은?

▶ 2021년 법무사

① 법인 아닌 사단이나 재단에 속하는 부동산에 관한 등기는 그 사단이나 재단의 명의로 그 대표자나 관리인이 신청한다.

② 종중 명의로 된 부동산의 등기부상 주소인 종중의 사무소 소재지가 수차 이전되어 그에 따른 등기명의인표시변경등기를 신청할 경우에는, 주소변경을 증명하는 서면으로 주소변동 경과를 알 수 있는 신·구 종중 규약을 첨부하면 될 것이고, 그 변경등기는 등기부상의 주소로부터 막바로 최후의 주소로 할 수 있다.

③ 'ㅇㅇ계' 명의의 등기신청이 있는 경우, 같은 계의 규약에 의하여 그 실체가 법인 아닌 사단으로서 성격을 갖춘 경우에는 그 등기신청을 수리하여야 할 것이나, 각 계원의 개성이 개별적으로 뚜렷하게 계의 운영에 반영되게끔 되어 있고 계원의 지위가 상속되는 것으로 규정되어 있는 등 단체로서의 성격을 갖는다고 볼 수 없는 경우에는 그 등기신청을 각하하여야 한다.

④ 대표자나 관리인이 있는 법인 아닌 사단이나 재단에 속하는 부동산의 등기에 관하여는 그 사단 또는 재단이 등기권리자 또는 등기의무자로서 등기신청적격이 있으므로 아파트입주자대표회의의 명의로 그 대표자 또는 관리인이 등기를 신청할 수 있다.

⑤ 대표자 또는 관리인을 증명하는 서면 등이 결의서로써 그 결의서 작성 당시에 인감이 날인되어 있다면, 이와는 별도로 2인 이상의 성년자가 사실과 상위함이 없다는 취지와 성명 기재 및 인감 날인 등을 할 필요가 없다.

해설 ⑤ 법인 아닌 사단이 등기를 신청하는 경우 그 대표자 또는 관리인을 증명하는 서면 등에 **성년자 2인 이상의 인감을 날인하도록 한 취지**는, 그 서면에 기재된 내용이 사실이며 등기신청을 하는 현재 시점에도 여전히 유효하다는 점을 보증하도록 하고자 하는 것인바, **비록 그 서면이 결의서로써 결의서 작성 당시 인감이 날인되어 있다고 하더라도** 이는 그 결의 당시의 사실을 확인하는 의미만 있을 뿐, 그러한 사실이 현재 등기신청하는 시점까지 유효하다는 의미까지 포함될 수는 없는 것이다. 따라서 비록 대표자 또는 관리인을 증명하는 서면 등이 결의서로써 **그 결의서 작성 당시에 인감이 날인되어 있다고 하더라도**, 이와는 별도로 2인 이상의 성년자(결의서 작성 당시에 날인한 자와 동일인이더라도 무방함)가 사실과 상위함이 없다는 취지와 성명을 기재하고 인감을 날인하여야 할 것이다(선례 제200709-3호).

① 1) 법인의 산하단체로서 법인의 업무상 지도감독을 받는다고 하더라도, 규약에 근거하여 의사결정기관과 집행기관 등의 **조직**을 갖추고 있고, 기관의 의결이나 업무집행방법이 **다수결의 원칙**에 의하여 행하여지며, 구성원의 가입·탈퇴 등으로 인한 변경에 관계없이 **단체 그 자체가 존속**된다면, 그 산하단체는 법인과는 별개의 독립된 **비법인 사단**이라고 볼 수 있으며, 사단의 실질을 구비한 이상 그 조직과 활동을 규율하는 규범이 상부 단체인 법인의 것이라 하여 사단성을 상실하는 것도 아니다(대판 2008.10.23, 2007다7973).

2) 종중, 문중, 그 밖에 대표자나 관리인이 있는 법인 아닌 사단이나 재단에 속하는 부동산의 등기에 관하여는 **그 사단이나 재단을 등기권리자 또 등기의무자로** 한다. 이러한 등기는 그 **사단이나 재단의 명의로 그 대표자나 관리인이** 신청한다(법 제26조).

3) 법 제26조 제1항은 "종중, 문중, 그 밖에 대표자나 관리인이 있는 법인 아닌 사단이나 재단에 속하는 부동산의 등기에 관하여는 그 사단이나 재단을 등기권리자 또는 등기의무자로 한다."고 하여 **법인 아닌 사단**이나 재단에 대하여 **등기당사자능력을 인정**하고 있다(「부동산등기실무Ⅰ」 p.176).

② 종중 명의로 된 부동산의 등기부상 주소인 종중의 사무소소재지가 수차 이전되어 그에 따른 **등기명의인표시 변경등기를 신청**할 경우에는, 주소변경을 증명하는 서면으로 주소변동경과를 알 수 있는 신·구종중 규약을 첨부하면 될 것이고, 그 변경등기는 등기부상의 주소로부터 막바로 **최후의 주소로** 할 수 있다(선례 제2-498호).

③ 예규 제1621호, 4-가

④ 대표자나 관리인이 있는 법인 아닌 사단이나 재단에 속하는 부동산의 등기에 관하여는 그 사단 또는 재단이 등기권리자 또는 등기의무자로서 등기신청적격이 있으므로 **아파트입주자대표회의**의 명의로 그 대표자 또는 관리인이 등기를 신청할 수 있다(선례 제4-24호).

04 법인 아닌 사단·재단의 등기신청에 관한 다음 설명 중 가장 옳지 않은 것은?

▶ 2021년 등기서기보

① 부동산등기법은 법인 아닌 사단이나 재단을 등기권리자 또는 등기의무자로 함으로써 법인 아닌 사단이나 재단에 대하여 등기당사자능력을 인정하고 있다.

② 법인 아닌 사단의 대표자 또는 관리인을 증명하는 서면으로는, 정관 기타의 규약에서 정한 방법에 의하여 대표자 또는 관리인으로 선임되었음을 증명하는 서면을 제출하여야 하는데, 부동산등기용등록번호대장이나 기타단체등록증명서도 위 대표자 또는 관리인을 증명하는 서면으로 제출할 수 있다.

③ 대표자 증명서면 또는 사원총회결의서에는 그 사실을 확인하는데 상당하다고 인정되는 2인 이상의 성년자가 사실과 상위 없다는 취지와 성명을 기재하고 인감을 날인하여야 하며, 날인한 인감에 관한 인감증명을 제출하여야 한다.

정답 ━○ 03 ⑤ 04 ②

④ 법인 아닌 사단이 등기권리자인 경우에는 부동산등기용등록번호를 증명하는 서면을 첨부하여야 한다.

해설 ② 법인 아닌 사단의 대표자 또는 관리인을 증명하는 서면으로는, 위 가.의 규정에 의한 정관 기타의 규약에서 정한 방법에 의하여 대표자 또는 관리인으로 선임되었음을 증명하는 서면 (예컨대 정관 기타의 규약에서 대표자 또는 관리인의 선임을 사원총회의 결의에 의한다고 규정되어 있는 경우에는 사원총회의 결의서)을 제출하여야 한다. 다만, **대표자 또는 관리인을 증명하는 서면의 경우 등기되어 있는** 대표자나 관리인이 등기를 신청하는 때에는 **그러하지 아니**하다. **부동산등기용등록번호대장**이나 **기타단체등록증명서**는 위 대표자 또는 관리인을 증명하는 서면으로 제출할 수 **없**다(예규 제1621호, 3-나).

① 법 제26조 제1항은 " 종중, 문중, 그 밖에 대표자나 관리인이 있는 법인 아닌 사단이나 재단에 속하는 부동산의 등기에 관하여는 그 사단이나 재단을 등기권리자 또는 등기의무자로 한다."고 하여 **법인 아닌 사단**이나 **재단**에 대하여 **등기당사자능력을 인정**하고 있다(「부동산등기실무Ⅰ」p.176).

③ 예규 제1621호, 3-라

④ 예규 제1621호, 3-마

05 법인 아닌 사단 또는 재단의 등기신청에 관한 다음 설명 중 가장 옳지 않은 것은?

▶ 2020년 법무사

① 법인 아닌 사단은 대표자와 총회 등 사단으로서의 조직이 있고 정관이나 규약이 있어 사단의 실체를 갖추고 있으나 법인등기를 하지 않은 단체를 말하는 것으로 등기당사자능력이 인정되어 그 단체의 명의로 등기할 수 있다.

② 대표자 또는 관리인을 증명하는 서면은 정관 기타의 규약에서 정한 방법에 의하여 대표자 또는 관리인으로 선임되었음을 증명하는 서면을 제출하며, 부동산등기용등록번호대장이나 기타단체등록증명서도 대표자 또는 관리인을 증명하는 서면으로 제출할 수 있다.

③ 대표자나 관리인임을 증명하는 정보는 등기되어 있는 대표자나 관리인이 신청하는 경우에는 제공할 필요 없다.

④ 법인 아닌 사단이나 재단 명의등기에 그 대표자 또는 관리인이 등기기록에 기록되어 있지 않은 경우, 대표자 또는 관리인의 성명, 주소 및 주민등록번호를 추가로 기록하는 내용의 등기명의인표시변경등기를 신청할 수 있다.

⑤ 대표자를 증명하는 서면 및 사원총회결의서에는 2인 이상의 성년자가 사실과 상위 없다는 취지와 성명을 기재하고 인감 날인 및 인감증명을 제출하여야 한다. 다만 변호사 또는 법무사가 등기신청을 대리하는 경우에는 변호사 또는 법무사가 위 각 서면에 사실과 상위 없다는 취지를 기재하고, 기명날인함으로써 이에 갈음할 수 있다.

해설 ② 법인 아닌 사단의 대표자 또는 관리인을 증명하는 서면으로는, 위 가.의 규정에 의한 정관 기타의 규약에서 정한 방법에 의하여 대표자 또는 관리인으로 선임되었음을 증명하는 서면 (예컨대 정관 기타의 규약에서 대표자 또는 관리인의 선임을 사원총회의 결의에 의한다고 규정되어 있는 경우에는 사원총회의 결의서)을 제출하여야 한다. 다만, **대표자 또는 관리인을 증명**하는 서면의 경우 **등기되어 있는** 대표자나 관리인이 등기를 신청하는 때에는 **그러하지 아니하다. 부동산등기용등록번호대장**이나 **기타단체등록증명서**는 위 대표자 또는 관리인을 증명하는 서면으로 제출할 수 **없다**(예규 제1621호, 3-나).

③ 예규 제1621호, 3-나
④ 예규 제1621호, 5
⑤ 예규 제1621호, 3-라

06 법인 아닌 사단이나 재단의 등기신청에 관한 다음 설명 중 가장 옳지 않은 것은?

▶ 2020년 등기서기보

① 대표자에 관한 사항이 등기사항으로 추가된 부동산등기법(1991.12.14.)이 시행되기 전인 1992.2.1. 전에 甲 종중이 부동산의 소유권을 취득하여 현재까지 甲 종중의 소유 명의로 등기되어 있는 경우에는 그 대표자를 추가하기 위한 등기명의인 표시변경등기 는 허용되지 않는다.
② 대표자로 등기되어 있는 자가 등기신청을 할 때에는 대표자임을 증명하는 정보를 등기 소에 제공할 필요가 없다.
③ 법인 아닌 사단이나 재단은 전자신청을 할 수 없다.
④ 법인 아닌 사단이 등기의무자로서 등기신청을 할 경우에는 정관 기타 규약에서 달리 규정하지 않은 경우에는 사원총회결의서를 첨부정보로 제공하여야 한다.

해설 ① 법인 아닌 사단이나 재단이 현재 효력 있는 권리에 관한 등기의 등기명의인이나 그 대표자 또는 관리인의 성명, 주소 및 주민등록번호가 등기기록에 기록되어 있지 않은 경우, 그 **대표 자** 또는 관리인은 대표자 또는 관리인의 성명, 주소 및 주민등록번호를 **추가**로 기록하는 내 용의 **등기명의인표시변경등기**를 신청할 수 있다(예규 제1621호, 5). 이는 부동산등기법 (1991.12.14.)이 시행되기 전인 1992.2.1. 전에 경료된 등기에도 마찬가지로 적용된다.

② 예규 제1621호, 3-나
③ **법인 아닌 사단이나 재단**(⊕ 종중·교회)은 전자신청을 할 수 **없다**(예규 제1725호, 규칙 제 67조 제1항). 「상업등기법」 제17조에 따른 전자증명서(이하 "전자증명서"라 한다)를 발급받 은 **법인**은 전자신청을 할 수 있다(예규 제1725호, 규칙 제68조 제5항).
④ 예규 제1621호, 3-다

정답 ☞ 05 ② 06 ①

07 법인 아닌 사단이나 재단의 등기신청에 관한 다음 설명 중 가장 옳은 것은? ▸2018년 법무사

① 규약에 근거하여 의사결정기관과 집행기관 등의 조직을 갖추고 있고, 기관의 의결이나 업무집행 방법이 다수결의 원칙에 의하여 행하여지며, 구성원의 가입·탈퇴 등으로 인한 변경에 관계없이 단체 그 자체가 존속된다면 법인 아닌 사단이라고 볼 수 있다.

② 법인 아닌 사단이나 재단은 법인등기와 같은 공시제도가 없으므로 그 대표자나 관리인을 분명히 하기 위하여 대표자나 관리인의 성명·주소에 한하여 등기사항으로 하고 있다.

③ 총유물의 관리 및 처분은 사원총회의 결의에 의하므로, 법인 아닌 사단이 그 소유의 부동산을 처분하고 등기의무자로서 그 등기를 신청하는 경우에는 사원총회 결의서를 첨부하여야 하고, 정관 등에서 달리 정하고 있더라도 마찬가지이다.

④ 법인 아닌 사단에 대하여는 임시이사의 선임에 관한 민법 제63조의 규정이 유추적용되지 않는다.

⑤ 법인 아닌 사단이 근저당권설정등기의 채무자인 경우에, 그 부동산등기용등록번호나 대표자에 관한 사항을 등기하여야 한다.

해설 ① 1) 법인의 산하단체로서 법인의 업무상 지도감독을 받는다고 하더라도, 규약에 근거하여 의사결정기관과 집행기관 등의 **조직**을 갖추고 있고, 기관의 의결이나 업무집행방법이 **다수결의 원칙**에 의하여 행하여지며, 구성원의 가입·탈퇴 등으로 인한 변경에 관계없이 **단체 그 자체가 존속**된다면, 그 산하단체는 법인과는 별개의 독립된 **비법인 사단**이라고 볼 수 있으며, 사단의 실질을 구비한 이상 그 조직과 활동을 규율하는 규범이 상부 단체인 법인의 것이라 하여 사단성을 상실하는 것도 아니다(대판 2008.10.23. 2007다7973).

　2) 종중, 문중, 그 밖에 대표자나 관리인이 있는 법인 아닌 사단이나 재단에 속하는 부동산의 등기에 관하여는 **그 사단이나 재단을 등기권리자 또는 등기의무자**로 한다. 이러한 등기는 그 **사단이나 재단의 명의**로 그 **대표자나 관리인이 신청**한다(법 제26조).

　3) 법 제26조 제1항은 "종중, 문중, 그 밖에 대표자나 관리인이 있는 법인 아닌 사단이나 재단에 속하는 부동산의 등기에 관하여는 그 사단이나 재단을 등기권리자 또는 등기의무자로 한다."고 하여 **법인 아닌 사단**이나 재단에 대하여 **등기당사자능력을 인정**하고 있다(「부동산등기실무Ⅰ」 p.176).

② 법 제26조에 따라 **법인 아닌 사단이나 재단** 명의의 등기를 할 때에는 **그 대표자나 관리인의 성명, 주소** 및 주민등록번호를 함께 **기록**하여야 한다(법 제48조 제3항).

③ 1) **법인이 아닌 사단**의 사원이 집합체로서 물건을 소유할 때에는 총유로 한다. 총유에 관하여는 사단의 **정관 기타 계약에 의하는** 외에 **다음 제2조**의 규정에 의한다(민법 제275조). **총유물의 관리 및 처분**은 사원총회의 **결의**에 의한다(민법 제276조 제1항).

　2) 법인 아닌 사단이 등기**의무자**(❸ 소유권보존✕)로서 등기신청을 할 경우에는 민법 제276조 제1항의 규정에 의한 (❸ **총유물 처분**행위에 따른)**결의서**를 등기신청서에 첨부하여야 한다(규칙 제48조 제3호). 다만, 정관 기타의 규약으로 그 소유 부동산을 처분하는 데 있어서 위 결의를 필요로 하지 않는다고 정하고 있을 경우에는 그러하지 아니하다(❸ 사원총회 결의는 임의규정임).

④ 법인 아닌 사단이나 재단에도 **임시이사**의 선임에 관한 규정인 민법 제63조의 규정을 **유추적용**할 수 있다(예규 제1621호, 6─(1)).

⑤ 법인 아닌 사단이나 재단이 (근)저당권설정등기신청서에 **채무자**(🌐 비법인 **명칭**O / 비법인 **사무소**O / 비법인 번호× / **대표자**×)로 기재되어 있는 경우, 등기부에 그 사단 또는 재단의 부동산등기용등록번호나 대표자에 관한 사항은 기록할 필요가 없다(예규 제1621호, 6-(2)).

08 법인 아닌 사단이나 재단의 등기신청에 관한 다음 설명 중 가장 옳지 않은 것은?

▸ 2017년 등기주사보

① 종중, 문중, 그 밖에 대표자나 관리인이 있는 법인 아닌 사단이나 재단에 속하는 부동산의 등기는 그 사단이나 재단의 명의로 그 대표자나 관리인이 신청한다.
② 등기되어 있는 대표자나 관리인이 신청하는 경우에는 대표자나 관리인임을 증명하는 정보를 제공할 필요가 없다.
③ 법인 아닌 사단이 등기를 신청하는 경우에는 반드시 사원총회의 결의가 있음을 증명하는 정보를 제공하여야 한다.
④ 법인 아닌 사단이나 재단이 근저당권설정등기신청서에 채무자로 기재되어 있는 경우 등기기록에 그 사단 또는 재단의 부동산등기용등록번호나 대표자에 관한 사항은 기록할 필요가 없다.

〔해설〕③ 1) **법인이 아닌 사단**의 사원이 집합체로서 물건을 소유할 때에는 총유로 한다. 총유에 관하여는 사단의 **정관** 기타 계약에 의하는 **외에 다음 제2조**의 규정에 의한다(민법 제275조). **총유물**의 관리 및 **처분은 사원총회의 결의**에 의한다(민법 제276조 제1항).
　　2) 법인 아닌 사단이 등기**의무자**(🌐 **소유권보존**×)로서 등기신청을 할 경우에는 민법 제276조 제1항의 규정에 의한 (🌐 **총유물 처분**행위에 따른)**결의서**를 등기신청서에 첨부하여야 한다(규칙 제48조 제3호). 다만, 정관 기타의 규약으로 그 소유 부동산을 처분하는 데 있어서 위 결의를 필요로 하지 않는다고 정하고 있을 경우에는 그러하지 아니하다(🌐 **사원총회** 결의는 임의규정임).

① 법 제26조
② 예규 제1621호, 3-나
④ 예규 제1621호, 6-(2)

09 법인 아닌 사단이나 재단의 등기신청에 관한 다음 설명 중 가장 옳지 않은 것은?

▸ 2016년 등기서기보

① 법인 아닌 사단을 채무자로 등기하는 경우에는 등기기록에 대표자에 관한 사항을 기록할 필요가 없다.
② 등기기록에 대표자로 등기되어 있는 자가 등기신청을 하는 경우에는 대표자 또는 관리인임을 증명하는 서면을 제출할 필요가 없다.

정답 ○━ 07 ① 08 ③ 09 ④

③ 부동산등기용등록번호대장이나 그 밖의 단체등록증명서는 법인 아닌 사단이나 재단의 대표자임을 증명하는 서면에 해당하지 않는다.

④ 법인 아닌 사단이 총유물인 그 소유 부동산을 처분하기 위하여 등기의무자로 등기신청을 하는 경우에는 언제나 사원총회결의서를 첨부정보로 제공하여야 한다.

해설 ④ 1) **법인이 아닌 사단**의 사원이 집합체로서 물건을 소유할 때에는 총유로 한다. 총유에 관하여는 사단의 **정관 기타 계약에 의하는 외에 다음 제2조**의 규정에 의한다(민법 제275조). **총유물**의 관리 및 **처분**은 **사원총회의 결의**에 의한다(민법 제276조 제1항).
2) 법인 아닌 사단이 등기**의무자**(❗ 소유권보존×)로서 등기신청을 할 경우에는 민법 제276조 제1항의 규정에 의한 (❗ **총유물 처분**행위에 따른)**결의서**를 등기신청서에 첨부하여야 한다(규칙 제48조 제3호). 다만, 정관 기타의 규약으로 그 소유 부동산을 처분하는 데 있어서 위 결의를 필요로 하지 않는다고 정하고 있을 경우에는 그러하지 아니하다(❗ 사원총회 결의는 임의규정임).

① 예규 제1621호, 6-(2)
② 예규 제1621호, 3-나
③ 예규 제1621호, 3-나

10 **법인 아닌 사단의 등기신청에 관한 다음 설명 중 가장 옳은 것은?** ▸ 2015년 법무사

① 법인 아닌 사단이 등기신청을 하는 경우에는 대표자 또는 관리인임을 증명하는 서면을 반드시 등기신청서에 첨부하여야 한다.

② 법인 아닌 사단이 등기의무자로서 등기신청을 할 경우에는 민법 제276조 제1항의 규정에 의한 결의서를 반드시 등기신청서에 첨부하여야 한다.

③ 법인 아닌 사단이 등기신청을 하는 경우에는 정관 기타의 규약을 반드시 등기신청서에 첨부하여야 한다.

④ 법인 아닌 사단이 (근)저당권설정등기신청서에 채무자로 기재되어 있는 경우, 등기부에 그 사단의 대표자에 관한 사항도 기록하여야 한다.

⑤ 법무사가 등기신청을 대리하는 경우에는 2인 이상의 성년자를 갈음하여 법무사가 대표자 또는 관리인임을 증명하는 서면에 사실과 상위 없다는 취지를 기재하고 기명날인할 수 있는바, 이때에는 법무사의 인감증명을 반드시 제출하여야 한다.

해설 ③ **정관 기타의 규약**(❗ **반드시 첨부**○)
정관 기타의 규약에는 단체의 목적, 명칭, 사무소의 소재지, 자산에 관한 규정, 대표자 또는 관리인의 임면에 관한 규정, 사원자격의 득실에 관한 규정이 기재되어야 한다.

① **대표자 또는 관리인을 증명하는 서면**(❗ **반드시 첨부**×)
대표자 또는 관리인을 증명하는 서면의 경우 **등기되어 있는** 대표자나 관리인이 등기를 신청하는 때에는 제공하지 않는다.

② **사원총회의 결의서**(❗ **반드시 첨부**×)
법인 아닌 사단이 등기**의무자**(❗ 소유권보존×)로서 등기신청을 할 경우에는 민법 제276조 제1항의 규정에 의한 (❗ **총유물 처분**행위에 따른)**결의서**를 등기신청서에 첨부하여야 한다

(규칙 제48조 제3호). 다만, 정관 기타의 규약으로 그 소유 부동산을 처분하는 데 있어서 위 결의를 필요로 하지 않는다고 정하고 있을 경우에는 그러하지 아니하다.

④ 법인 아닌 사단이나 재단이 (근)저당권설정등기신청서에 **채무자**(➕ 비법인 **명칭○** / 비법인 **사무소○** / 비법인 **번호✕** / **대표자✕**)로 기재되어 있는 경우, 등기부에 그 사단 또는 재단의 부동산등기용등록번호나 대표자에 관한 사항은 기록할 필요가 없다(예규 제1621호, 6-(1)).

⑤ 위 나(➕ **대표자 등 증명서면**). 다(➕ **사원총회 결의서**).의 규정에 의한 서면에는 그 사실을 확인하는데 상당하다고 인정되는 **2인 이상의 성년자**가 사실과 상위 없다는 취지와 성명을 기재하고 **인감**을 날인하여야 하며, 날인한 인감에 관한 **인감증명**을 제출하여야 한다. 다만 변호사 또는 **법무사**가 등기신청을 대리하는 경우에는 변호사 또는 법무사가 위 각 서면에 사실과 상위 없다는 취지를 기재하고 기명날인함으로써 이에 갈음(➕ **인감날인✕** / **인감증명 ✕**)할 수 있다(예규 제1621호, 3-라).

11 법인 아닌 사단이 등기를 신청하는 경우에 등기소에 제공하여야 할 첨부정보에 관한 설명 중 가장 옳지 않은 것은?

▶ 2013년 법무사

① 정관이나 그 밖의 규약을 첨부정보로 제공하여야 하며, 거기에는 단체의 목적, 명칭, 사무소의 소재지, 자산에 관한 규정, 대표자 또는 관리인의 임면에 관한 규정, 사원자격의 득실에 관한 규정이 기재되어야 한다.

② 대표자나 관리인임을 증명하는 정보로, 정관이나 그 밖의 규약에서 정한 방법에 의하여 대표자 또는 관리인으로 선임되었음을 증명하는 정보를 제공하여야 한다. 다만, 등기되어 있는 대표자나 관리인이 신청하는 경우에는 그러하지 아니하다.

③ 법인 아닌 사단이 소유권보존등기를 신청하는 경우에는 총유물의 관리 및 처분에 관한 사원총회의 결의서를 첨부정보로 제공하여야 한다.

④ 대표자나 관리인의 주민등록표등(초)본을 첨부정보로 제공하여야 하고, 법인 아닌 사단이 새로 등기명의인이 되는 경우에는 부동산등기용등록번호를 증명하는 정보를 제공하여야 한다.

⑤ 부동산등기용등록번호대장이나 기타단체등록증명서는 대표자 또는 관리인을 증명하는 첨부정보로 제공할 수 없다.

해설 ③ 법인 아닌 사단이 등기**의무자**(➕ 소유권보존✕)로서 등기신청을 할 경우에는 민법 제276조 제1항의 규정에 의한 (➕ **총유물 처분**행위에 따른)**결의서**를 등기신청서에 첨부하여야 한다 (규칙 제48조 제3호). 소유권보존등기는 등기의무자가 없으며 처분행위에도 해당하지 않으므로 민법 제276조 제1항의 결의를 증명하는 정보를 제공할 필요가 없다.

① 예규 제1621호, 3-가
②⑤ 예규 제1621호, 3-나
④ 예규 제1621호, 3-마

정답 ☞ 10 ③   11 ③

(나) 전통사찰

🔖 **관련 예규**

전통사찰 등의 등기신청에 관한 등기사무처리지침(예규 제1484호)

제1조 (목적)

이 예규는 「전통사찰의 보존 및 지원에 관한 법률」(이하 "법"이라 한다) 제4조에 따라 전통사찰로 등록된 사찰(이하 "전통사찰"이라 한다) 등이 그 사찰 소유의 부동산에 대한 등기신청을 하는 경우 등기소에 제공할 첨부정보와 이에 대한 등기관의 심사방법 등에 관한 사항을 규정함을 목적으로 한다.

제2조 (등기신청)

전통사찰의 소유에 속하는 부동산에 관하여는 법 제2조 제2호의 주지(이하 "주지"라 한다)가 그 사찰을 대표하여 등기를 신청한다.

제3조 (첨부정보)

① 전통사찰이 등기를 신청하는 경우에 부동산등기규칙(이하 "규칙"이라 한다) 제48조의 규정에 따라 등기소에 제공하여야 하는 첨부정보는 다음 각 호와 같다.

  1. **전통사찰의 정관이나 규약** 및 전통사찰이 특정종단에 소속되어 그 종단(이하 "소속종단"이라고 한다)의 구성원인 경우에는 **소속종단의 정관이나 규약**

  2. 전통사찰의 대표자임을 증명하는 다음 각 목의 정보

    가. 소속종단이 있는 경우

      소속종단의 정관이나 규약에 소속종단의 대표자가 주지를 임면할 권한이 있는 것으로 정한 경우에는 그 종단 대표자 명의의 주지재직증명정보 및 종단 대표자의 직인 인영정보 📋예 해당 전통사찰이 대한불교○○종 소속인 경우에 대한불교○○종 대표자가 발행한 주지재직증명서 및 그 대표자의 직인증명서)

      다만, 위와 같은 정함이 없는 경우에는 그 소속종단의 정관이나 규약에서 정한 방법에 따라 주지로 선임되어 재직하고 있음을 증명하는 정보

    나. 소속종단이 없는 경우

      전통사찰의 정관이나 규약에서 정한 방법에 의하여 주지로 선임되어 재직하고 있음을 증명하는 정보

  3. 전통사찰이 등기의무자로서 등기신청을 할 경우에는 「민법」 제276조 제1항의 규정에 의한 결의가 있음을 증명하는 정보(전통사찰이 법인 아닌 사단인 경우로 한정한다). 다만, 정관 기타의 규약으로 그 소유 부동산을 처분하는 데 있어서 위 결의를 필요로 하지 않는다고 정하고 있을 경우에는 그러하지 아니한다.

  4. 주지의 주소 및 주민등록번호를 증명하는 정보

② 제1항의 2(➕ 대표자 증명서면) 및 3(➕ 사원총회 결의서)의 첨부서면에는 그 사실을 확인하는데 상당하다고 인정되는 2인 이상의 성년자가 사실과 상위 없다는 뜻과 성명을 기재하고 인감을 날인하여야 하며, 날인한 인감에 관한 인감증명을 제출하여야 한다. 다만 변호사 또는 법무사가 등기신청을 대리하는 경우에는 변호사 또는 법무사가 위 각 서면에 사실과 상위 없다는 뜻을 기재하고 기명날인함으로써 이를 갈음(➕ 인감날인× / 인감증명×)할 수 있다.

제4조 (부동산의 처분 등)

법 제2조 제3호의 전통사찰보존지 및 전통사찰보존지에 있는 건물(이하 '전통사찰보존지 등'이라 한다)에 대한 처분행위를 원인으로 한 등기신청을 하는 경우에 규칙 제46조 제1항 제2호의 규정에 따라 등기소에 제공하여야 하는 첨부정보는 다음과 같다

1. 전통사찰 소유의 전통사찰보존지등을 매매, 증여, 그 밖의 원인으로 양도하여 **소유권이전등기**를 신청하는 경우에는 법 제9조 제1항에 따른 **문화체육관광부장관의 허가**를 증명하는 정보. 다만, **시효취득**을 원인으로 한 소유권이전등기를 신청하거나 민사집행법에 따른 **매각**을 원인으로 한 소유권이전등기를 촉탁하는 경우에는 **그러하지 아니**한다.

2. 전통사찰 소유의 전통사찰보존지등에 근저당권 등의 **제한물권** 또는 **임차권**의 설정등기를 신청하는 경우에는 법 제9조 제2항에 따른 **시·도지사의 허가**를 증명하는 정보

제5조 (등기관의 심사)

제6조 (기타 소속종단이 있는 사찰의 등기신청 등)

01 **전통사찰의 등기신청에 관한 다음 설명 중 가장 옳지 않은 것은?** ▸ 2020년 법무사

① 특정종단에 소속되어 있는 전통사찰이 등기를 신청할 때에는 전통사찰 자신의 정관이나 규약뿐만 아니라 그 소속종단의 정관이나 규약도 함께 첨부정보로서 등기소에 제공하여야 한다.

② 특정종단에 소속되어 있는 전통사찰이 등기를 신청할 때에 첨부정보로서 등기소에 제공하여야 하는 대표자임을 증명하는 정보는 그 소속종단의 정관이나 규약에 소속종단의 대표자가 주지를 임면할 권한이 있는 것으로 정한 경우에는 그 종단 대표자 명의의 주지재직증명정보 및 종단 대표자의 직인 인영정보이어야 한다.

③ 전통사찰 소유의 전통사찰보존지에 대한 근저당권설정등기를 신청하는 경우에는 시·도지사의 허가를 증명하는 정보를 첨부정보로서 등기소에 제공하여야 한다.

④ 전통사찰 소유의 전통사찰보존지에 대한 시효취득을 원인으로 한 소유권이전등기를 신청하는 경우에는 문화체육관광부장관의 허가를 증명하는 정보를 첨부정보로서 등기소에 제공하여야 한다.

⑤ 전통사찰 소유의 전통사찰보존지에 대한 증여를 원인으로 한 소유권이전등기를 신청하는 경우에는 문화체육관광부장관의 허가를 증명하는 정보를 첨부정보로서 등기소에 제공하여야 한다.

정답 ☞ 01 ④

해설 ④ 전통사찰 소유의 전통사찰보존지 등을 매매, 증여, 그 밖의 원인으로 양도하여 **소유권이전등기**를 신청하는 경우에는 법 제9조 제1항에 따른 **문화체육관광부장관의 허가**를 증명하는 정보. 다만, **시효취득**을 원인으로 한 소유권이전등기를 신청하거나 민사집행법에 따른 **매각**을 원인으로 한 소유권이전등기를 촉탁하는 경우에는 **그러하지 아니한다**(예규 제1484호, 4-1).

① 예규 제1484호, 3-①-1
② 예규 제1484호, 3-①-2
③ 예규 제1484호, 4-2
⑤ 예규 제1484호, 4-1

02 **전통사찰 소유의 전통사찰보존지에 대한 등기신청에 관한 다음 설명 중 가장 옳지 않은 것은?**

▶ 2019년 등기주사보

① 민사집행법에 따른 매각을 원인으로 한 소유권이전등기를 촉탁하는 경우에는 문화체육관광부장관의 허가를 증명하는 정보를 첨부정보로서 등기소에 제공할 필요가 없다.
② 증여를 원인으로 소유권이전등기를 신청하는 경우에는 문화체육관광부장관의 허가를 증명하는 정보를 첨부정보로서 등기소에 제공하여야 한다.
③ 저당권설정등기를 신청하는 경우에는 문화체육관광부장관의 허가를 증명하는 정보를 첨부정보로서 등기소에 제공하여야 한다.
④ 시효취득을 원인으로 한 소유권이전등기를 신청하는 경우에는 문화체육관광부장관의 허가를 증명하는 정보를 첨부정보로서 등기소에 제공할 필요가 없다.

해설 ③ 전통사찰 소유의 전통사찰보존지 등에 근저당권 등의 **제한물권** 또는 **임차권**의 설정등기를 신청하는 경우에는 법 제9조 제2항에 따른 **시·도지사의 허가**를 증명하는 정보를 첨부정보로 제공하여야 한다(예규 제1484호, 4-2).

①② 예규 제1484호, 4-1
④ 예규 제1484호, 4-2

03 **전통사찰의 등기신청절차에 관한 다음 설명 중 가장 옳지 않은 것은?** ▶ 2016년 등기서기보

① 특정종단에 소속되어 그 종단의 구성원인 전통사찰이 등기를 신청하는 경우에는 그 전통사찰의 정관이나 규약뿐만 아니라 소속종단의 정관이나 규약도 함께 첨부정보로서 등기소에 제공하여야 한다.

② 전통사찰 소유의 전통사찰보존지에 대하여 민사집행법에 따른 매각을 원인으로 한 소유권이전등기를 촉탁하는 경우에는 문화체육관광부장관의 허가를 증명하는 정보를 첨부정보로서 등기소에 제공할 필요가 없다.

③ 전통사찰 소유의 전통사찰보존지에 대하여 근저당권설정등기를 신청하는 경우에는 시 · 도지사의 허가를 증명하는 정보를 첨부정보로서 등기소에 제공하여야 한다.

④ 전통사찰 소유의 전통사찰보존지에 대하여 시효취득을 원인으로 소유권이전등기를 신청하는 경우에는 문화체육관광부장관의 허가를 증명하는 정보를 첨부정보로서 등기소에 제공하여야 한다.

> **해설** ④ 전통사찰 소유의 전통사찰보존지등을 매매, 증여, 그 밖의 원인으로 양도하여 **소유권이전등기**를 신청하는 경우에는 법 제9조 제1항에 따른 **문화체육관광부장관의 허가**를 증명하는 정보. 다만, **시효취득**을 원인으로 한 소유권이전등기를 신청하거나 민사집행법에 따른 **매각**을 원인으로 한 소유권이전등기를 촉탁하는 경우에는 **그러하지 아니한다**(예규 제1484호, 4-1).
>
> ① 예규 제1484호, 3-①-1
> ② 예규 제1484호, 4-1
> ③ 예규 제1484호, 4-2

◀03 포괄승계인

01 포괄승계와 관련한 부동산등기에 관한 다음 설명 중 가장 옳지 않은 것은?

▸ 2022년 법무사

① 피상속인이 생전에 자기 소유 부동산을 매도하고 매매대금을 모두 지급받기 전에 사망한 경우, 상속인은 당해 부동산에 관하여 상속등기를 거칠 필요 없이 상속을 증명하는 서면을 첨부하여 피상속인으로부터 바로 매수인 앞으로 소유권이전등기를 신청할 수 있다.

② 토지 매매계약 후 매도인 명의의 토지거래계약허가신청서를 제출하였으나 매도인이 사망한 후에 토지거래계약허가증을 교부받은 경우, 상속인은 상속인을 거래당사자로 한 토지거래계약허가증을 발급받아야만 피상속인으로부터 매수인 앞으로 소유권이전등기를 신청할 수 있다.

③ 甲 법인과 乙 법인을 합병하여 丙 법인을 신설한 경우 丙이 소멸한 법인 명의로 경료되어 있는 근저당권등기의 말소신청을 함에 있어, 그 등기원인이 합병등기 전에 이미 발생한 것인 때에는 합병으로 인한 근저당권이전등기를 거칠 필요 없이 곧바로 합병을 증명하는 정보를 제공하여 말소등기를 신청하면 된다.

④ 법률에 의하여 법인의 포괄승계가 있고 해당 법률의 본문 또는 부칙에 등기기록상 종전 법인의 명의를 승계법인의 명의로 본다는 취지의 간주 규정이 있는 경우에는 승계법인이 등기명의인 표시변경등기를 하지 않고서도 다른 등기를 신청할 수 있다.

⑤ 신청정보의 등기의무자의 표시가 등기기록과 일치하지 아니한 경우 각하사유에 해당하나, 부동산등기법 제27조에 따라 포괄승계인이 등기신청을 하는 경우는 각하 예외사유에 해당한다.

> **해설** ② 1. 토지거래허가구역 내의 토지 등의 거래를 체결하고자 하는 당사자는 공동으로 토지거래계약 또는 예약을 체결하기 전에 그 허가신청서를 제출하여야 하고, 허가받은 내용을 변경하고자 하는 경우에도 거래계약 또는 예약을 체결하기 전에 다시 허가신청서를 제출하여야 하나,
>
> 　　2. 매도인 명의의 토지거래계약허가신청서를 제출하여 그 허가를 받기 전에 매도인이 사망하여 매도인 명의의 토지거래허가증을 교부받은 경우, 상속인은 매도인을 포괄승계한 것이므로 실질적인 계약내용의 변경이 없다면, 상속인은 매도인 명의의 토지거래허가증에 상속사실을 증명하는 서면을 첨부하여 등기신청을 할 수 있다(선례 제5-69호).
>
> ① 1. 등기원인이 발생한 후에 등기권리자 또는 등기의무자에 대하여 상속이나 그 밖의 포괄승계가 있는 경우에는 상속인이나 그 밖의 포괄승계인이 (🔘 상대방과 공동으로)그 등기를 신청할 수 있다(법 제27조)(🔘 상속등기×, 대위상속등기×).
>
> 　　2. 피상속인이 생전에 자기 소유 부동산을 매도하고 매매대금을 모두 지급받기 전에 사망한 경우, 상속인은 당해 부동산에 관하여 상속등기를 거칠 필요 없이 상속을 증명하는 서면을 첨부하여 피상속인으로부터 바로 매수인 앞으로 소유권이전등기를 신청할 수 있다(선례 제6-216호).

3. 피상속인 **사망 후** 그의 소유로 등기되어 있는 부동산을 그의 **상속인으로부터 매수**(⊕ 법 제27조 적용×)하였다면 **먼저 상속인 앞으로 상속에 인한 소유권이전등기를 마친 후 매수인 앞으로 소유권이전등기**를 할 수 있다(선례 제1-303호).

③ **합병 후 존속하는 회사** 또는 **합병으로 인하여 설립된 회사**는 합병으로 인하여 소멸된 회사의 권리의무를 포괄승계하므로(상법 제530조 제2항, 제235조), **합병으로 인하여 소멸된 회사가 합병 전에 그 회사명의로 설정받은 근저당권**에 관하여는 합병으로 인한 근저당권이전등기를 거치지 아니하고서도 합병 후 존속하는 회사 또는 합병으로 인하여 설립된 회사가 그 권리행사를 할 수 있을 것이다. 다만 그 **근저당권등기의 말소등기**는 그 **등기원인이 합병등기 전에** 발생한 것인 때에는 합병으로 인한 **근저당권이전등기를 거치지 아니하고서도** 합병 후 존속하는 회사 또는 합병으로 인하여 설립된 회사가 합병을 증명하는 서면을 첨부하여 **신청할 수 있을 것이나**, 그 **등기원인이 합병등기 후에** 발생한 것인 때에는 **먼저 합병으로 인한 근저당권이전등기**를 거치지 않고서는 신청할 수 없을 것이다(선례 제2-385호).

④ 1. **특별법에 의하여 법인이 해산됨과 동시에 설립되는 법인이 해산되는 법인의 재산과 권리·의무를 포괄승계**하는 경우, 그 법에 "**해산법인의 등기명의는 신설법인의 등기명의로 본다.**"는 특별규정이 있는 때에는 **동일성이 인정**되므로 등기명의인표시의 변경등기를 할 수 있다.

2. 마찬가지로 **수차례의 법률개정**으로 특수법인의 변경이 있는 경우 "**종전 법인의 명의는 이를 새로운 법인의 명의로 본다.**"고 규정한 경우, 새로운 법인은 이러한 사실을 소명하여 **등기명의인표시변경등기를 신청할 수 있다.**

3. **특별법에 의하여 법인이 해산됨과 동시에 설립되는 법인이 해산되는 법인의 재산과 권리·의무를 포괄승계**하는 경우, 그 법에 "**해산법인의 등기명의는 신설법인의 등기명의로 본다.**"는 특별규정이 있는 때에는 **새로운 법인은 자신 명의로의 등기절차를 밟지 않고 직접 제3자 명의로 소유권이전등기를 신청할 수 있으므로** "농어촌진흥공사", "농업기반공사" 또는 "한국농촌공사" 소유명의 부동산에 대하여 매매를 원인으로 소유권이전등기를 신청할 때에 소유명의인의 명칭을 "한국농어촌공사"로 변경하는 **등기명의인표시변경등기를 선행할 필요는 없다**(선례 제201908-3호).

4. ⊕ 법률에 의하여 법인의 포괄승계가 있고 종전 법인의 명의를 승계하는 법인의 명의로 본다는 뜻의 간주규정이 있는 경우에는 **양 법인의 동일성이 인정**되므로 해당 부동산을 등기부상으로 승계되는 법인의 명의로 하기 위해서는 **등기명의인표시변경등기를 할 수 있다.** 그러나, 법률에서 포괄승계의 간주규정이 있으므로 승계법인은 등기 없이도 당연히 부동산에 대한 권리를 취득하므로 이후 **다른 등기신청을 위하여서 반드시 등기명의인표시변경등기를 선행할 필요는 없다는** 취지이다.

⑤ 등기관은 **신청정보의 등기의무자의 표시가 등기기록과 일치하지 아니한 경우**에 이유를 적은 결정으로 신청을 **각하**하여야 한다. 다만, **제27조에 따라 포괄승계인이 등기신청을 하는 경우는 제외한다**(⊕ **각하하지 아니한다**)(법 제29조 제7호).

정답 ↦ 01 ②

02 **포괄승계에 따른 등기신청과 관련한 다음 설명 중 가장 옳지 않은 것은?** ▸ 2019년 법무사

① 등기원인이 발생한 후에 등기권리자 또는 등기의무자에 대하여 포괄승계가 있는 경우에는 그 포괄승계인은 상대방과 공동으로 등기를 신청할 수 있다.

② 상속이나 법인의 합병과 같이 포괄승계가 있는 경우 그 포괄승계에 따른 등기는 등기권리자가 단독으로 신청한다.

③ 피상속인 명의로 등기되어 있는 부동산을 그의 상속인으로부터 매수하였다면 먼저 상속인 앞으로 상속을 원인으로 한 소유권이전등기를 마친 후 매수인 앞으로 소유권이전등기를 신청할 수 있다.

④ 토지에 대한 소유권이전등기 청구사건에서 원고가 판결확정 후 사망한 경우에 원고의 지위를 승계한 상속인은 그 판결을 첨부하여 원고의 명의로 소유권이전등기를 마친 후 상속인 앞으로 소유권이전등기를 신청할 수 있다.

⑤ 포괄승계에 따른 등기를 신청하는 경우에는 포괄승계가 있었다는 사실을 증명하는 정보를 제공하여야 한다.

해설 ④ 토지에 대한 소유권이전등기 청구사건에서 원고가 **판결확정 후 사망**한 경우에(🔒 **법 제27조 적용**○), 등기권리자(원고)의 지위를 승계한 상속인은 그 신분을 증명하는 서면을 첨부하여 위 토지에 대하여 **직접 상속인 명의**로의 소유권이전등기 신청을 할 수 있을 것이나, 위 판결이 1필의 토지 중 **특정부분**에 대한 지분이전등기절차의 이행을 명하는 판결이라면 먼저 그 특정부분을 지적법이 정하는 절차에 따라 **분필**을 한 후 이에 대하여 분필등기의 대위신청 및 위 판결에 따른 소유권이전등기를 신청할 수 있다(선례 제7-107호).

① **등기원인이 발생한 후**에 **등기권리자 또는 등기의무자**에 대하여 상속이나 그 밖의 **포괄승계**가 있는 경우에는 상속인이나 그 밖의 포괄승계인이 (🔒 상대방과 공동으로)그 등기를 신청할 수 있다(법 제27조)(🔒 **상속등기**✕, **대위상속등기**✕).

② (🔒 **개인**)상속, 법인의 **합병**, 그 밖에 대법원규칙으로 정하는 **포괄승계**에 따른 등기는 등기권리자가 **단독**으로 신청한다(법 제23조 제3항).

③ 피상속인 **사망 후** 그의 소유로 등기되어 있는 부동산을 그의 **상속인으로부터 매수**(🔒 법 제27조 적용✕)하였다면 먼저 상속인 앞으로 **상속에 인한 소유권이전등기**를 마친 후 매수인 앞으로 소유권이전등기를 할 수 있다(선례 제1-303호).

⑤ **포괄승계에 따른 등기신청**(법 제23조 제3항)이든 **포괄승계인에 의한 등기신청**(법 제27조)이든 양자 모두 **포괄승계가 있었다는 사실을 증명하는 정보**를 제공하여야 한다.

03 포괄승계인에 의한 등기신청에 관한 다음 설명 중 가장 옳지 않은 것은? ▶ 2019년 등기서기보

① 등기원인이 발생한 후에 등기권리자 또는 등기의무자에 대하여 포괄승계가 있는 경우에는 포괄승계인이 그 등기를 신청할 수 있다.

② 소유권이전등기 청구사건에서 승소한 원고가 판결 확정 후 사망한 경우에는 원고의 지위를 승계한 상속인은 그 상속을 증명하는 정보를 첨부하여 직접 상속인 명의로의 소유권이전등기를 신청할 수 있다.

③ 상법상 합병으로 인하여 소멸한 회사가 합병전에 매수한 부동산에 관하여는 합병 후 존속하는 회사와 매도인이 직접 존속하는 회사 명의로의 소유권이전등기를 신청할 수 있다.

④ 피상속인 사망 후 그의 소유로 등기되어 있는 부동산을 그의 상속인으로부터 매수하였다면 상속인과 매수인은 피상속인 명의에서 매수인 명의로의 소유권이전등기를 신청할 수 있다.

> **해설** ④ 피상속인 사망 후 그의 소유로 등기되어 있는 부동산을 그의 **상속인으로부터 매수**(❗ 법 제27조 적용×)하였다면 **먼저** 상속인 앞으로 **상속에 인한 소유권이전등기**를 마친 후 매수인 앞으로 소유권이전등기를 할 수 있다(선례 제1-303호).
>
> ② 토지에 대한 **소유권이전등기 청구사건**에서 원고가 **판결확정 후 사망**한 경우에(❗ **법 제27조 적용○**), 등기권리자(원고)의 지위를 승계한 상속인은 그 신분을 증명하는 서면을 첨부하여 위 토지에 대하여 **직접 상속인 명의**로의 소유권이전등기 신청을 할 수 있을 것이나, 위 판결이 1필의 토지 중 특정부분에 대한 지분이전등기절차의 이행을 명하는 판결이라면 먼저 그 특정부분을 지적법이 정하는 절차에 따라 **분필을 한 후** 이에 대하여 **분필등기의 대위신청** 및 위 판결에 따른 소유권이전등기를 신청할 수 있다(선례 제7-107호).
>
> ③ **합병으로 존속한 회사**는 합병으로 인하여 소멸된 회사의 권리의무를 **포괄승계**하는 점에 있어서 상속인이 피상속인의 권리의무를 포괄승계하는 것과 다를 바 없다 할 것이므로, 합병으로 인하여 소멸한 을회사가 **합병 전에 매수한 부동산**(❗ **법 제27조 적용○**)에 관하여는 합병 후 존속하는 갑회사와 매도인의 공동신청으로 **직접 갑회사 명의**로의 소유권이전등기를 신청할 수 있다(선례 제4-374호).

정답 ✪━ 02 ④ 03 ④

04 포괄승계인에 의한 등기신청과 관련된 다음 설명 중 가장 옳지 않은 것은?

▶ 2017년 법원사무관

① 등기원인이 발생한 후에 등기권리자에 대하여 포괄승계가 있는 경우 포괄승계인이 그 등기를 신청할 수 있으나, 등기의무자에 대하여 포괄승계가 있는 경우에는 포괄승계인이 그 등기를 신청할 수 없다.

② 피상속인 사망 후 그 소유로 등기되어 있는 부동산을 그 상속인으로부터 매수하였다면 먼저 상속인 앞으로 상속으로 인한 소유권이전등기를 마친 후 매수인 앞으로 소유권이전등기를 할 수 있다.

③ 포괄승계인이 등기를 신청하는 경우에는 가족관계등록에 관한 정보 또는 법인등기사항에 관한 정보 등 상속 그 밖의 포괄승계가 있었다는 사실을 증명하는 정보를 첨부정보로서 등기소에 제공하여야 한다.

④ 부동산에 대하여 소유권이전등기절차의 이행을 명하는 승소 확정판결을 받은 자가 등기 전에 사망하여 상속이 개시된 때에는 그 상속인들은 상속인들 명의로 소유권이전등기를 신청할 수 있다.

> 해설 ① 등기원인이 **발생한 후**에 **등기권리자 또는 등기의무자**에 대하여 상속이나 그 밖의 **포괄승계**가 있는 경우에는 상속인이나 그 밖의 포괄승계인이 (🏛 상대방과 공동으로)그 등기를 신청할 수 있다(법 제27조)(🏛 상속등기×, 대위상속등기×).
>
> ③ 법 제27조에 따라 상속인 그 밖의 포괄승계인이 등기를 신청하는 경우에는 가족관계등록에 관한 정보 또는 법인등기사항에 관한 정보 등 **상속 그 밖의 포괄승계가 있었다는 사실을 증명하는 정보**를 첨부정보로서 등기소에 제공하여야 한다(규칙 제49조).

05 포괄승계인에 의한 등기신청(부동산등기법 제27조)과 관련된 다음 설명 중 가장 옳지 않은 것은?

▶ 2015년 법무사

① 등기원인이 발생한 후에 등기권리자 또는 등기의무자에 대하여 상속이나 그 밖의 포괄승계가 있는 경우에는 상속인이나 그 밖의 포괄승계인이 그 등기를 신청할 수 있다.

② 망인이 생전에 그 상속인들 중 특정인에게 부동산을 증여하였으나 그 소유권이전등기를 하지 아니한 채 사망한 경우 그 상속인들은 망인 명의로부터 직접 수증인 명의로 소유권이전등기를 신청할 수 있다.

③ 부동산등기법 제27조에 따라 상속인이나 그 밖의 포괄승계인이 등기를 신청하는 경우에는 등기원인이 상속이 아니므로 상속이나 그 밖의 포괄승계가 있었다는 사실을 증명하는 정보를 첨부정보로서 제공할 필요가 없다.

④ 합병으로 인하여 소멸한 乙회사가 합병 전에 매수한 부동산에 관하여는 합병 후 존속 하는 甲회사와 매도인의 공동신청으로 직접 甲회사 명의로의 소유권이전등기를 신청할 수 있다.

⑤ 법률의 규정에 의하여 소유권을 취득한 자가 현 등기명의인을 상대로 '진정명의회복'을 등기원인으로 한 소유권이전등기절차의 이행을 명하는 확정판결을 받은 후 사망한 경 우 그 취득자의 상속인은 위 판결에 의해 자기 명의로의 소유권이전등기를 신청할 수 있다.

해설 ③ 법 제27조에 따라 상속인 그 밖의 포괄승계인이 등기를 신청하는 경우에는 가족관계등록에 관한 정보 또는 법인등기사항에 관한 정보 등 **상속 그 밖의 포괄승계가 있었다는 사실을 증명하는 정보**를 첨부정보로서 등기소에 제공하여야 한다(규칙 제49조).

② 망인이 생전에 그 상속인들 중 특정인에게 부동산을 **증여**하였으나 그 소유권이전등기를 경료하지 아니한 채 **사망**한 경우(🔜 **법 제27조 적용O**) 그 상속인들은 등기의무자의 상속인임을 증명하는 시 구 읍 면의 장의 서면 또는 이를 증명함에 족한 서면을 첨부하여 망인 명의로부터 직접 수증인 명의로 소유권이전등기를 신청할 수 있다(선례 제1-395호).

⑤ 1) **이미 자기 앞으로 소유권을 표상하는 등기**(🔜 민법 제186조)가 되어 있었거나 **법률의 규정에 의하여 소유권을 취득한 자**(🔜 민법 제187조)가 **현재의 등기명의인**을 상대로 "진정명의회복"을 등기원인으로 한 소유권이전등기절차의 이행을 명하는 **판결**을 받아 소유권이전등기(🔜 **단독**)신청을 한 경우 그 등기신청은 **수리**하여야 한다(대판(전) 1990.11.27, 89다카12398 참조).

2) **이미 자기 앞으로 소유권을 표상하는 등기가 되어 있었던 자** 또는 **지적공부상 소유자로 등록되어있던 자로서 소유권보존등기를 신청할 수 있는** 자(등기예규 「미등기부동산의 소유권보존등기 신청인에 관한 업무처리지침」 참조)가 **현재의 등기명의인과 공동**으로 "진정명의회복"을 등기원인으로 하여 소유권이전등기신청을 한 경우에도 수리하여야 한다.

3) **등기권리자의 상속인이나 그 밖의 포괄승계인**은 「부동산등기법」 제27조의 규정에 의하여 제1항 및 제2항의 등기를 신청할 수 있다(예규 제1631호).

06 포괄승계인에 의한 등기신청과 관련된 다음 설명 중 가장 옳지 않은 것은?

▶ 2015년 등기서기보

① 신청정보의 등기의무자의 표시가 등기기록과 일치하지 아니한 경우에는 등기신청의 각하사유인데, 부동산등기법 제27조에 따라 포괄승계인이 등기신청을 하는 경우는 그에 대한 예외에 해당한다.

② 이미 자기 앞으로 소유권을 표상하는 등기가 되어 있었거나 법률의 규정에 의하여 소유권을 취득한 자의 상속인이 현재의 등기명의인을 상대로 "진정명의회복"을 등기원인으로 한 소유권이전등기절차의 이행을 명하는 판결을 받아 소유권이전등기신청을 한 경우 그 등기신청은 수리하여야 한다.

정답 ○━ 04 ① 05 ③ 06 ④

③ 합병으로 존속한 회사는 합병으로 인하여 소멸된 회사의 권리의무를 포괄승계하므로, 합병으로 인하여 소멸한 乙회사가 합병 전에 매수한 부동산에 관하여는 합병 후 존속하는 甲 회사와 매도인의 공동신청으로 직접 갑회사 명의로의 소유권이전등기를 신청할 수 있다.

④ 토지 매매계약 후 매도인 명의의 토지거래계약허가신청서를 제출하였으나 매도인이 사망한 후에 토지거래계약허가증을 교부받은 경우, 상속인은 상속인 명의로 새롭게 토지거래계약허가증을 발급받아야만 피상속인으로부터 매수인 앞으로 소유권이전등기를 할 수 있다.

해설 ④ 토지거래허가구역 내의 토지 등의 거래를 체결하고자 하는 당사자는 공동으로 토지거래계약 또는 예약을 체결하기 전에 그 허가신청서를 제출하여야 하고, 허가받은 내용을 변경하고자 하는 경우에도 거래계약 또는 예약을 체결하기 전에 다시 허가신청서를 제출하여야 하나, **매도인 명의의 토지거래계약허가신청서**를 제출하여 그 **허가를 받기 전에 매도인이 사망**하여 **매도인 명의의 토지거래허가증을 교부**받은 경우, 상속인은 매도인을 포괄승계한 것이므로 실질적인 계약내용의 변경이 없다면, **상속인은 매도인 명의의 토지거래허가증**에 상속사실을 증명하는 서면을 첨부하여 등기신청을 할 수 있다(선례 제5-69호).

① 등기관은 신청정보의 등기의무자의 표시가 등기기록과 일치하지 아니한 경우에 이유를 적은 결정으로 신청을 각하하여야 한다. 다만, **제27조에 따라 포괄승계인**이 등기신청을 하는 경우는 **제외**한다(법 제29조 제7호).

07 다음 사례에 관한 설명 중 옳은 것은? ▶ 2012년 법무사

> A토지의 소유자인 갑은 을에게 그 토지를 매도한 후 등기 전에 사망하였다. 이에 따라 을은 갑의 상속인 병에게 등기의 협조를 구하였으나 병이 이를 거부하고 있다.

① 사례에서 을명의로 등기를 하기 위해서는 먼저 병명의의 상속등기를 하여야 한다.

② 을이 병을 상대로 소송을 하여 승소한 경우 그 판결에 따른 등기를 할 때에는 판결확정일을 등기연월일로 기록하여야 한다.

③ 을이 병을 상대로 소를 제기하여 승소판결이 확정된 후 등기를 하기 전에 상속인 정을 남기고 사망한 경우 을의 상속인 정이 판결에 따른 등기를 신청하기 위해서는 승계집행문을 부여받아야 한다.

④ 사례에서 을이 소 제기 전에 해당 토지에 대한 처분금지가처분을 하고자 할 경우에는 대위에 의하여 병 앞으로 상속등기를 마쳐야 한다.

⑤ 사례에서 해당 토지가 토지거래허가구역 내의 토지로서 토지거래계약에 대한 허가를 받아야 하는 경우에는, 을이 병을 상대로 승소하고 판결이유에 토지거래계약허가를 받았다는 사실이 기재되어 있다 하더라도 그 판결에 따른 소유권이전등기를 신청하기 위해서는 토지거래계약허가를 받았음을 증명하는 정보를 등기소에 제공하여야 한다.

해설 ⑤ 등기원인에 대하여 행정관청의 허가, 동의 또는 승낙 등을 받을 것이 요구되는 때에는 해당 허가서 등의 현존사실이 그 판결서에 기재되어 있는 경우에 한하여 허가서 등의 제출의무가 면제된다. 그러나 **소유권이전등기**를 신청할 때에는 해당 허가서 등(**⊞ 농지취득자격증명 · 토지거래계약허가서 · 재단법인 주무관청허가서 · 공익법인 소유권이전 주무관청허가서**)의 현존사실이 판결서 등에 기재되어 있다 하더라도 **행정관청의 허가 등**을 증명하는 서면을 **반드시 제출**하여야 한다(예규 제1692호, 5-마).

① 법 제27조의 적용이 있으므로 먼저 병명의의 상속등기를 거칠 필요 없이 직접을 명의로 소유권이전등기를 할 수 있다.

② 이행판결이므로 등기원인은 "확정판결", 등기연월일은 "판결선고일"을 기록하여야 한다.

③ 법 제27조는 등기의무자 또는 등기권리자가 사망한 경우 모두 적용이 있으므로, 을의 상속인 정도 법 제27조의 규정에 따라 직접 자기의 명의로 소유권이전등기를 할 수 있다. 또한 이 경우 승계집행문을 부여받을 필요가 없으며, 상속 그 밖의 포괄승계가 있었다는 사실을 증명하는 정보를 첨부정보로 제공한다.

④ 가처분권리자가 **피상속인과의 원인행위**에 의한 권리의 이전 · 설정의 **등기청구권을 보전**하기 위하여 상속인들을 상대로 처분금지**가처분**신청을 하여 집행법원이 이를 인용하고, 피상속인 소유 명의의 부동산에 관하여 상속관계를 표시하여(등기의무자를 '망 000의 상속인 000' 등으로 표시함) 가처분기입등기를 촉탁한 경우에는 **상속등기를 거침이 없이** (**⊞ 법 제27조 적용○**) 가처분기입등기를 할 수 있다(예규 제881호). 따라서 병 앞으로의 상속등기를 선행할 필요가 없다.

정답 07 ⑤

03 　제3자

01 대리

📖 관련 예규

미성년자의 대리인에 의한 등기신청에 관한 업무처리지침(예규 제1088호)

1. 친권자에 의한 등기신청
   가. 공동친권자가 있는 경우
   　　미성년자인 자의 부모가 공동친권자인 경우로서 친권자가 그 미성년자를 대리하여 등기신청을 할 때에는 부모가 공동으로 하여야 한다. 다만 공동친권자 중 한 사람이 법률상 또는 사실상 친권을 행사할 수 없는 경우(친권행사금지가처분결정을 받은 경우나 장기부재 등)에는 다른 친권자가 그 사실을 증명하는 서면(가처분결정문 등)을 첨부하여 단독으로 미성년자인 자를 대리하여 등기신청을 할 수 있다.
   나. 친권행사자로 지정된 자가 친권을 행사할 수 없는 경우
   　　단독 친권자로 정하여진 부모의 일방이 사망한 경우 생존하는 부 또는 모, 미성년자, 미성년자의 친족은 그 사실을 안 날부터 1개월, 사망한 날부터 6개월 내에 가정법원에 생존하는 부 또는 모를 친권자로 지정할 것을 청구할 수 있다(민법 제909조의2).

2. 미성년자의 특별대리인의 선임 여부
   가. 원칙
   　(1) 친권자와 그 친권에 복종하는 미성년자인 자 사이에 이해상반되는 행위 또는 동일한 친권에 복종하는 수인의 미성년자인 자 사이에 이해상반되는 행위를 하는 경우, 그 미성년자 또는 그 미성년자 일방의 대리는 법원에서 선임한 특별대리인(이하 "특별대리인"이라 한다)이 하여야 한다.
   　(2) 공동친권자 중 한 사람만이 미성년자인 자와 이해가 상반되는 경우 이해가 상반되는 그 친권자는 미성년자인 자를 대리할 수 없고, 이 경우 특별대리인이 이해가 상반되지 않는 다른 일방의 친권자와 공동하여 그 미성년자를 대리하여야 한다.
   나. 이해관계가 상반되는 예
   　(1) 미성년자인 자가 그 소유 부동산을 친권자에게 매매 또는 증여하는 경우
   　(2) 상속재산협의분할서를 작성하는 데 있어서 친권자와 미성년자인 자 1인이 공동상속인인 경우(친권자가 당해 부동산에 관하여 권리를 취득하지 않는 경우를 포함한다). 피상속인의 처와 그 친권에 복종하는 미성년자 2인을 포함한 수인의 상속인이 협의분할에 의한 상속등기를 신청하는 경우 재산협의분할행위 자체는 언제나 이해상반 행위이므로 친권자인 모가 재산분할의 당사자인 한(즉 상속포기를 하지 않아 상속인으로 인정되는 한) 분할계약서상 상속재산을 전혀 취득하지 아니하더라도 미성년자를 대리할 수 없으므로 미성년자마다 특별대리인을 선임하여야 할 것이다(선례 제3-416호).
   　(3) 친권자와 미성년자인 자의 공유부동산을 친권자의 채무에 대한 담보로 제공하고 그에 따른 근저당권설정등기를 신청하는 경우
   　(4) 미성년자인 자 2인의 공유부동산에 관하여 공유물분할계약을 하는 경우(미성년자인 자 1인에 관한 특별대리인의 선임이 필요하다)
   다. 이해관계가 상반되지 않는 예
   　(1) 친권자가 그 소유 부동산을 미성년자인 자에게 증여하는 경우

(2) 친권자가 미성년자인 자 소유의 부동산을 **제3자에게 증여**하는 경우

(3) 친권자가 미성년자인 자 소유의 부동산을 채무자인 그 **미성년자를 위하여** 담보로 제공하거나 제3 자에게 처분하는 경우

(4) 친권자와 미성년자인 자의 공유부동산에 관하여 **친권자와 그 미성년자를 공동채무자**로 하거나 **그 미성년자만을 채무자**로 하여 저당권설정등기를 신청하는 경우

(5) 친권자와 미성년자인 자가 근저당권을 준공유하는 관계로서 **근저당권설정등기의 말소**를 신청하는 경우

(6) 미성년자인 자 1인의 친권자가 민법 제1041조의 규정에 의하여 **상속포기**를 하고 그 **미성년자를 위하여** 상속재산분할협의를 하는 경우

(7) **이혼하여 상속권이 없는** 피상속인의 전처가 자기가 낳은 미성년자 1인을 대리하여 상속재산분할협의를 하는 경우

3. 미성년자와 후견인의 관계에 준용
위 1. 2.의 규정은 그 성질에 반하지 아니하는 한 미성년자와 후견인의 관계에 준용한다.

01 등기신청의 대리에 관한 다음 설명 중 가장 옳지 않은 것은? ▶ 2023년 법무사

① 등기신청의 대리인이 될 수 있는 자격에는 제한이 없으므로 당사자 중 일방은 상대방을 대리하여 등기를 신청할 수 있다.

② 미성년자인 자의 부모가 공동친권자인 경우로서 친권자가 미성년자를 대리하여 등기신청을 할 때에는 특별한 사정이 없는 한 부모가 공동으로 하여야 한다.

③ 성년후견인이 선임된 경우 성년후견인과 피성년후견인 사이에 이해가 상반되는 내용의 등기신청의 경우에는 피성년후견인을 위한 특별대리인을 선임하여 그 특별대리인이 피성년후견인을 대리하여 등기를 신청하면 된다(후견감독인은 없는 경우를 전제함).

④ 일반적으로 등기신청의 위임에는 등기신청의 취하, 복대리인의 선임, 처분위임장의 원본환부 등의 권한에 대한 위임이 포함된다.

⑤ 법인의 직원이 법인의 위임을 받아 수회에 걸쳐 반복적으로 등기신청업무를 대리하는 행위는 보수의 유무에 관계없이 '법무사가 아닌 자는 법무사법에서 정한 업무를 업으로 하지 못한다'고 규정하고 있는 법무사법 제3조에 위반된다.

해설 ④ 1. 대리권이 법률행위에 의하여 부여(☷ 임의대리)된 경우에는 대리인은 본인의 승낙이 있거나 부득이한 사유있는 때가 아니면 복대리인을 선임하지 못한다(민법 제120조)(☷ **복대리인선임**과 더불어 등기신청의 **취하**와 같은 **특별수권 사항**은 위임장에 그 권한이 위임된 경우에 한하여 대리행위를 할 수 있으므로, **위임장에 복대리인 선임에 관한 기재가 없는** 데도 복대리인이 등기를 신청하기 위하여는 **별도의 본인의 승낙이 있음을 증명하는 정보**를 제공하여야 한다).

정답 ↭ 01 ④

2. 신청인으로부터 등기신청서의 첨부서면 중 **재외국민**이 작성한 **처분위임장**과 처분위임장에 날인된 인영을 확인하기 위해 제출한 등기명의인의 인감증명에 대한 **환부신청이 있다면** 등기관은 제출받은 등본에 환부의 취지를 기재하고 **원본을 환부**하여야 할 것이나, 신청인이 당사자가 아닌 **대리인(법무사 등)이 신청**할 경우에는 당사자로부터 원본환부신청에 대해서 **별도의 수권이 있어야 할 것**이다(선례 제8-108호).

① 민법 제124조는 "대리인은 본인의 허락이 없으면 본인을 위하여 자기와 법률행위를 하거나 동일한 법률행위에 관하여 당사자 쌍방을 대리하지 못한다. 그러나 채무의 이행을 할 수 있다." 고 규정함으로써 사법상의 법률행위에 관하여는 자기계약이나 쌍방대리를 원칙적으로 제한하고 있다. 그러나 **등기신청행위**는 사법상의 행위 또는 법률행위가 아니라 사법상의 권리변동을 위한 법률행위가 행하여진 다음에 그 권리변동을 위하여 법률이 요구하는 또 하나의 요건인 등기라는 공시방법을 갖추기 위한 행위이므로, 민법 제124조에서 말하는 **"채무의 이행"에 준**하는 것으로 볼 수 있다. 따라서 등기권리자가 등기의무자를 대리하여 자기의 등기를 신청할 수 있고(🔁 **상대방 대리**), 동일한 법무사가 등기권리자와 등기의무자 쌍방을 대리하는 등기신청(🔁 **쌍방대리**)도 가능하다. 주의할 점은 본인이 등기당사자 중 일방인 경우에는 타방을 대리하여 등기신청을 할 수 있지만 어디까지나 서면신청에 한하고 자격자 대리인이 아닌 한 **일반인**은 **상대방을 대리**하여 **전자신청**을 할 수는 **없다**(「부동산등기실무 Ⅰ」 p.16 참조).

② 미성년자인 자의 **부모가 공동친권자**인 경우로서 친권자가 그 미성년자를 대리하여 등기신청을 할 때에는 부모가 **공동**으로 하여야 한다(예규 제1088호, 1-가).

③ 1. 법정대리인은 미성년자의 승낙을 받을 필요 없이 법정대리인의 이름으로 법률행위를 한다. 그러나 **친권자**와 그 친권에 따르는 **미성년자인 자** 사이에 이해상반되는 행위 또는 **동일한 친권에 따르는 수인의 미성년자인 자** 사이에 **이해상반**되는 행위를 하는 경우, 그 미성년자 또는 그 미성년자 일방의 대리는 **법원에서 선임**한 **특별대리인**이 하여야 한다(민법 제921조).

2. 여기서 특별대리인이란 가사비송절차에 따라 당사자의 청구에 의하여 **가정법원이 선임한 자**를 말한다.

3. 위와 같은 특별대리인 선임에 관한 내용은 **후견인과 피후견인의 이해가 상반**되는 경우에도 **적용**된다(민법 제949조의3 본문, 예규 제1088호, 3). 다만, **후견감독인이 있는 경우**에는 **그러하지 아니**한다.

4. 왜냐하면, 후견인과 피후견인 사이에 이해가 상반되는 행위에 관하여는 **후견감독인이 피후견인을 대리하기 때문**이다(민법 제949조의3 단서).

5. 즉, **후견인와 피후견인** 사이에 **이해가 상반**되는 내용의 등기신청을 할 때에 **후견감독인이 없는 경우**에는 **특별대리인을 선임**하여야 하지만, 후견감독인이 있는 경우에는 그 후견감독인이 대리하므로 **특별대리인을 선임할 필요가 없다**(민법 제949조의3 단서).

⑤ **변호사 또는 법무사가 아닌 자도 당사자의 위임을 받아 등기신청을 대리할 수 있지만**, 변호사 또는 법무사가 아닌 자는 등기신청의 대리를 **업으로 할 수 없고**(법무사법 제3조), 이를 위반하는 경우에는 **형사처벌을 받게 되는바**(같은 법 제74조), **법인 직원**이 **법인의 위임을 받**아 **수회에 걸쳐 반복적으로 등기신청업무**를 대리하는 행위는 변호사나 법무사가 아니면서 등기신청의 대리를 **업으로 하는 것**이라고 볼 수 있으므로 **보수의 유무에 관계없이** 법무사법 제3조에 **위반**된다(선례 제6-15호).

02 자격자대리인에 관한 다음 설명 중 가장 옳지 않은 것은? ▶ 2022년 법무사

① 법무사법인이 대리인인 경우에 등기신청서에 기재된 담당 법무사가 누구인지 관계없이 그 법무사법인 소속으로 허가 받은 사무원은 누구나 등기신청서의 제출·등기신청의 보정 및 등기필정보의 수령을 할 수 있다.

② 자기 소유의 부동산을 매도한 법무사가 매수인으로부터 그 소유권이전등기신청을 위임받았으나 등기필정보가 없는 경우에 등기의무자인 자기에 대한 확인서면을 스스로 작성할 수 없다.

③ 자격자대리인으로부터 등기신청서를 제출받은 접수담당자는 변호사신분증이나 법무사신분증 외에 자격확인증으로도 자격자대리인의 출석여부를 확인할 수 있다.

④ 법무사법인이 당사자로부터 등기신청을 위임받아 甲법무사가 그 업무에 관하여 지정을 받은 경우 A등기신청서에 담당 법무사로 기재되지 않은 乙법무사는 위 법무사법인 소속 법무사임을 소명하여 A등기신청서를 제출할 수 있다.

⑤ 등기신청절차에 관한 위임계약의 성질상 등기권리자와 등기의무자 쌍방으로부터 등기신청절차의 위임을 받은 법무사는 그 절차가 끝나기 전에 등기의무자 일방으로부터 등기신청을 중지해 달라는 요청을 받았다고 할지라도 그 요청을 거부해야 할 위임계약상의 의무가 있다.

> **해설** ④ 법무사법인이 등기신청을 대리할 때에는 그 업무를 담당할 법무사를 지정하여야 하며, 이렇게 지정받은 법무사만이 그 업무에 관하여 법인을 대표하게 되므로(법무사법 제41조), 그 법인 소속 법무사라 하더라도 지정받은 법무사가 아닌 다른 법무사는 해당 등기신청에 관한 행위(신청서 제출, 신청의 보정 및 등기필정보의 수령 등)를 할 수 없다(선례 제202001-6호).
>
> ① 법무사법인이 대리인인 경우에 등기신청서에 기재된 담당 법무사가 누구인지 관계없이 「부동산등기규칙」 제58조 제1항에 따라 그 법무사법인 소속으로 허가 받은 사무원은 누구나 등기신청서의 제출·등기신청의 보정 및 등기필정보의 수령을 할 수 있다(선례 제202001-6호).
>
> ② 「부동산등기법」 제51조에 따라 변호사나 법무사가 확인서면을 작성하는 것은 준공증적 성격의 업무이므로 공증인의 제척에 관한 사항을 규정하고 있는 「공증인법」 제21조의 취지에 비추어 볼 때, 자기 소유의 부동산을 매도한 법무사가 매수인으로부터 그 소유권이전등기신청을 위임받았으나 등기필정보가 없는 경우에 등기의무자인 자기에 대한 확인서면을 스스로 작성할 수 없다(선례 제201112-4호).
>
> ③ 1. 등기신청서를 제출받은 접수담당자는 제3조 제1항에 따라 당사자 본인이나 그 대리인이 출석하였는지를 확인하여야 하며, 출입사무원이 출석한 경우에는 등기신청서에 제3조 제2항의 표시인을 찍고 그 성명을 기재하였는지도 확인하여야 한다.
>
> 2. 접수담당자는 주민등록증, 운전면허증, 여권이나 그 밖에 이에 준하는 신분증으로 당사자 본인이나 그 대리인이 출석하였는지를 확인한다.
>
> 3. 다만 등기과·소에 출석한 자가 변호사 또는 법무사인 경우에는 변호사신분증이나 법무사신분증(⊞ 실물 신분증) 또는 자격확인증(⊞ 애플리케이션)으로, 출입사무원인 경우에는 전자출입증(⊞ 애플리케이션)으로 이를 확인한다(예규 제1718호).

정답 ◦┤ 02 ④

⑤ 1. **위임계약**은 각 당사자가 언제든지 해지할 수 있지만(민법 제689조 제1항), 등기권리자, 등기의무자 **쌍방으로부터 위임을 받는 등기신청절차에 관한 위임계약**은 그 **성질상** 등기권리자의 동의 등 특별한 사정이 없는 한 민법 제689조 제1항의 규정에 관계없이 등기의무자 **일방에 의한 해제는 할 수 없다**고 보아야 할 것이므로(대판 1987.6.23, 85다카2239) 등기권리자와 등기의무자 쌍방으로부터 등기신청절차의 위임을 받은 **법무사**는 그 절차가 끝나기 전에 등기의무자 일방으로부터 등기신청을 중지해 달라는 요청을 받았다고 할지라도 그 요청을 거부해야 할 위임계약상의 의무가 있다고 할 것이다(선례 제4-30호).

2. 마찬가지로 등기가 접수된 후 등기관에게 **신청인 중 일방이 등기신청 철회의 의사표시**를 한 경우에도 **등기관**은 이를 고려할 필요가 없다.

03 대리인에 의한 등기신청에 관한 다음 설명 중 가장 옳지 않은 것은? ▸ 2021년 법무사

① 대리인에 의하여 등기를 신청하는 경우에는 그 권한을 증명하는 정보를 첨부정보로서 등기소에 제공하여야 한다.

② 금융기관의 지배인이 등기권리자인 법인의 대리인 겸 등기의무자의 대리인으로서 계속 반복적으로 근저당권설정등기 신청업무를 수행하였더라도 신청대행수수료를 받지 않았다면 법무사법 제3조 제1항(법무사가 아닌 자는 법무사의 업무에 속하는 사무를 업으로 하지 못한다)에 위반되지 않는다.

③ 등기권리자와 등기의무자 쌍방으로부터 등기신청절차의 위임을 받은 법무사는 그 절차가 끝나기 전에 등기의무자 일방으로부터 등기신청을 중지해 달라는 요청을 받았다고 할지라도 그 요청을 거부해야 할 위임계약상의 의무가 있다.

④ 등기신청은 그 권리자 또는 의무자가 상대방의 대리인이 되거나 쌍방이 동일인에게 위임하여 할 수 있으므로 등기권리자는 등기의무자로부터 등기신청을 위임받아 등기신청을 할 수 있다.

⑤ 등기신청 대리권한에는 등기필정보 수령권한이 포함된다고 볼 것이다.

해설 ② **금융기관의 지배인**이 등기권리자인 법인의 대리인 겸 등기의무자의 대리인으로서 계속 반복적으로 근저당권설정등기 신청업무를 수행하는 행위는 법무사가 아니면서 법원에 제출하는 서류의 작성·제출을 업으로 하는 것이라 볼 수 있으므로, **신청대행수수료를 받지 않는다고 하더라도** 법무사법 제3조 제1항에 위반될 수 있다(선례 제201111-2호).

① 등기를 신청하는 경우에는 **대리인**에 의하여 등기를 신청하는 경우에는 **그 권한을 증명**하는 정보(🖐 위임장, 가족관계증명서 등)를 그 신청정보와 함께 첨부정보로서 등기소에 제공하여야 한다(규칙 제46조 제1항 제5호).

③ **위임계약**은 각 당사자가 언제든지 해지할 수 있지만(민법 제689조 제1항), 등기권리자, 등기의무자 **쌍방으로부터 위임을 받는 등기신청절차에 관한 위임계약**은 그 성질상 등기권리자의 동의 등 특별한 사정이 없는 한 민법 제689조 제1항의 규정에 관계없이 등기의무자 일방에 의한 해제는 할 수 없다고 보아야 할 것이므로(대판 1987.6.23, 85다카2239) 등기권리자와 등기의무자 쌍방으로부터 등기신청절차의 위임을 받은 **법무사**는 그 절차가 끝나기 전에 등기의무자 일방으로부터 등기신청을 중지해 달라는 요청을 받았다고 할지라도 그 요청을 거

부해야 할 위임계약상의 의무가 있다고 할 것이다(선례 제4-30호). 마찬가지로 등기가 접수된 후 등기관에게 **신청인 중 일방이 등기신청 철회의 의사표시**를 한 경우에도 등기관은 이를 고려할 필요가 없다.

④ 등기의 신청은 등기권리자 또는 의무자가 **상대방의 대리인**이 되거나 **쌍방이 동일인에게 위임**하여 할 수 있지만, 법무사 아닌 자는 타인을 대리하여 등기신청하는 것을 업으로 할 수는 없다(선례 제3-27호).

⑤ **[등기신청 대리인의 대리권한에 등기필정보 수령권한이 포함되는지 여부]**(선례 제201705-2호) **등기신청 대리권한에는 등기필정보 수령권한이 포함**된다고 볼 것이고, 한편 등기를 신청함에 있어서 임의대리인이 될 수 있는 자격에는 제한이 없으므로, 등기의무자라고 하더라도 등기권리자로부터 등기신청에 대한 대리권을 수여받아 등기를 신청한 경우나 등기권리자로부터 **등기필정보 수령행위에 대한 위임**을 받은 경우에는 등기필정보를 교부받을 수 있다. 다만, 등기필정보 수령행위만을 위임받은 경우에는 그 위임사실을 증명하기 위하여 위임인의 인감증명 또는 신분증 사본을 첨부한 **위임장**을 제출하여야 하고, **가족관계증명서**는 위임사실을 증명하는 서면이라고 볼 수 **없**다.

[법무사합동사무소 소속 법무사 상호간에 등기필정보 수령행위에 대한 위임 가부와 그 방법] (선례 제201808-1호)

1. 등기신청을 위임받은 법무사는 복대리인 선임에 관한 본인의 허락이 있는 경우에 한하여 다른 사람에게 그 등기신청을 다시 위임할 수 있으나, 등기신청 대리 권한에 포함되어 있는 **등기필 정보 수령 권한만을 다른 사람에게 위임할 때에는 복대리인 선임에 관한 본인의 명시적인 허락이 있어야 할 필요는 없**다. 따라서 등기신청을 위임받은 법무사는 그가 속한 법무사합동사무소의 대표 법무사 또는 **다른 구성원 법무사에게 등기필정보 수령 권한만을 다시 위임할 수 있**고, 이렇게 등기필정보 수령 권한만을 위임받은 자가 등기소에 출석하여 등기필정보를 수령할 때에는 그 위임사실을 증명하는 **위임장**과 위임인의 인감증명서 또는 신분증 사본을 제시하여야 하지만, **본인(등기권리자)의 허락이 있음을 증명하는 서면**은 제시할 필요가 **없**다.

2. 법무사 사무원은 법무사의 업무를 보조하는 자에 불과하므로 등기신청을 위임받은 법무사가 **다른 법무사의 사무원에게 직접 등기필정보 수령 권한을 다시 위임할 수는 없**다. 한편 **등기필 정보 수령 권한을 위임받은 법무사**는 자신이 **직접** 등기소에 출석하여 등기필정보를 수령하거나 **그 소속 사무원을 등기소에 출석하게 하여 등기필정보를 수령할 수도 있**다.

[법무사법인의 업무담당 법무사로 지정받지 아니한 다른 법무사가 등기필정보를 수령할 수 있는지 여부](선례 제202001-6호)

1. **법무사법인이 등기신청을 대리할 때에는 그 업무를 담당할 법무사를 지정**하여야 하며, 이렇게 지정받은 법무사만이 그 업무에 관하여 법인을 대표하게 되므로(법무사법 제41조), 그 법인 소속 법무사라 하더라도 지정받은 법무사가 아닌 **다른 법무사**는 해당 **등기신청에 관한 행위 (신청서 제출, 신청의 보정 및 등기필정보의 수령 등)를 할 수 없**다. 다만, 해당 등기신청 업무에 관하여 지정받은 법무사가 등기신청서를 제출한 후에 등기신청서를 제출하지 아니한 그 법인 소속 **다른 법무사가 등기필정보의 수령 업무만에 관하여 별도로 지정**을 받았다면 그 법무사는 이를 소명하는 자료(**지정서**)를 제시하고 등기필정보를 **수령할 수 있**다.

2. 한편 법무사법인이 대리인인 경우에 등기신청서에 기재된 담당 법무사가 누구인지 관계없이 「부동산등기규칙」 제58조 제1항에 따라 그 **법무사법인 소속으로 허가받은 사무원은 누구나** 등기신청서의 제출·등기신청의 보정 및 등기필정보의 수령을 할 수 있다.

정답 ┍ 03 ②

04 자격자대리인 및 그 사무원에 관한 다음 설명 중 가장 옳지 않은 것은? ▸2021년 등기서기보

① 등기신청서를 제출할 수 있는 자격자대리인의 사무원은 자격자대리인의 사무소 소재지를 관할하는 지방법원장이 허가하는 1명으로 한다.

② 자격자대리인의 출입사무원은 등기소에 출석하여 등기신청서를 직접 제출할 수 있으나 등기관의 보정명령에 대해서는 보정을 할 수 없다.

③ 관공서가 등기권리자로서 촉탁하는 수용을 원인으로 한 소유권이전등기에 대하여도 자격자대리인이 이를 대리하여 신청할 수 있다.

④ 지방법원장이 등기소에 출석하여 등기신청서를 제출할 수 있는 자격자대리인의 사무원의 출입허가를 하였을 때에는 자격자대리인에게 등기소 출입증을 발급하여야 한다.

> **해설** ② 방문신청의 방법으로 등기신청을 할 때에는 당사자 본인이나 그 대리인(대리인이 자격자대리인인 경우에는 대리인 본인 또는 그 출입사무원을 말한다. 이하 같다)이 직접 등기과·소에 출석하여 등기신청서를 접수담당자에게 제출하여야 한다. **보정(이행)은 당사자 본인**이나 그 **대리인(⊕ 출입사무원** 포함)이 등기소에 출석하여야 한다(예규 제1718호).
>
> ①④ 법 제24조 제1항 제1호 단서에 따라 등기소에 출석하여 등기신청서를 제출할 수 있는 변호사나 법무사[법무법인·법무법인(유한)·법무조합 또는 법무사법인·법무사법인(유한)을 포함한다. 이하 "**자격자대리인**"이라 한다]의 (⊕ 출입)사무원은 자격자대리인의 사무소 소재지를 관할하는 **지방법원장이 허가하는 1명**으로 한다. 다만, 법무법인·법무법인(유한)·법무조합 또는 **법무사법인·**법무사법인(유한)의 경우에는 그 구성원 및 구성원이 아닌 변호사나 **법무사 수만큼의 사무원을 허가**할 수 있다. 지방법원장이 제1항의 허가를 하였을 때에는 해당 자격자대리인에게 **등기소 출입증을 발급**(⊕ 현재 : 전자출입증 限)하여야 한다(규칙 제58조 제1항, 제3항).
>
> ③ **관공서가 권리관계의 당사자**로서 등기를 촉탁하는 경우에는 사인이 등기를 신청하는 경우와 실질적으로 아무런 차이가 없으므로, 관공서가 등기권리자로서 촉탁하는 수용을 원인으로 한 소유권이전등기에 대하여는 변호사나 **법무사가** 이를 **대리하여 신청할 수 있다**(선례 제201908─5호)(⊕ 이러한 경우에도 대리인에 의한 등기신청과 마찬가지로 **위임받았음을 증명**하는 서면을 첨부하여야 한다).

05 등기신청의 대리에 관한 다음 설명 중 가장 옳지 않은 것은? ▸2020년 등기서기보

① 등기신청의 대리인이 될 수 있는 자격에는 제한이 없으므로, 변호사나 법무사가 아니어도 무방하다.

② 미성년자인 자의 부모가 공동친권자인 경우로서 친권자가 미성년자를 대리하여 등기신청을 할 때에는 원칙적으로 부모가 공동으로 하여야 한다.

③ 등기신청에 있어서도 쌍방대리는 원칙적으로 허용되지 않는다.

④ 성년후견인이 피성년후견인을 대리하여 등기신청을 하는 경우에 성년후견인에게 대리권이 있는지 여부는 후견등기사항증명서를 제출하게 하여 판단한다.

해설 ③ 민법 제124조는 "대리인은 본인의 허락이 없으면 본인을 위하여 자기와 법률행위를 하거나 동일한 법률행위에 관하여 당사자 쌍방을 대리하지 못한다. 그러나 채무의 이행을 할 수 있다."고 규정함으로써 사법상의 법률행위에 관하여는 자기계약이나 쌍방대리를 원칙적으로 제한하고 있다. 그러나 **등기신청행위**는 사법상의 행위 또는 법률행위가 아니라 사법상의 권리변동을 위한 법률행위가 행하여진 다음에 그 권리변동을 위하여 법률이 요구하는 또 하나의 요건인 등기라는 공시방법을 갖추기 위한 행위이므로, 민법 제124조에서 말하는 **"채무의 이행"**에 준하는 것으로 볼 수 있다. 따라서 등기권리자가 등기의무자를 대리하여 자기의 등기를 신청할 수 있고(📇 **상대방 대리**), 동일한 법무사가 등기권리자와 등기의무자 쌍방을 대리하는 등기신청(📇 **쌍방대리**)도 가능하다. 주의할 점은 본인이 등기당사자 중 일방인 경우에는 타방을 대리하여 등기신청을 할 수 있지만 어디까지나 서면신청에 한하고 자격자 대리인이 아닌 한 **일반인은 상대방을 대리하여 전자신청을 할 수는 없**다(「부동산등기실무 I」 p.16).

① 대리인이 그 권한 내에서 본인을 위한 것임을 표시한 의사표시는 직접 본인에게 대하여 효력이 생긴다(민법 제114조). **대리인은 행위능력자임을 요하지 아니한다**(민법 제117조). 즉 등기신청의 대리인이 될 수 있는 자격에는 제한이 없으므로, **행위능력이 없는 자**는 자신명의의 등기신청을 할 수 없지만 타인으로부터 위임을 받아 **대리인으로 등기신청하는 것은 허용**되고, 나아가 **대리인은** 변호사나 법무사가 아니어도 무방하다. 다만, **변호사나 법무사가 아닌 자**는 등기신청의 대리행위를 '업'으로 할 수 없다.

② 예규 제1088호, 1-가

④ 성년후견인이 피성년후견인을 대리하여 등기신청을 하는 경우에 성년후견인에게 대리권이 있는지 여부는 후견등기사항증명서를 제출하게 하여 판단한다(후견등기에 관한 법률 제25조).

06 **등기신청의 대리에 관한 다음 설명 중 가장 옳지 않은 것은?** ▸ 2018년 등기서기보

① 등기는 신청인 또는 그 대리인이 등기소에 출석하여 신청정보 및 첨부정보를 적은 서면을 제출하는 방법으로 신청할 수 있다.

② 자기가 등기당사자 중 일방인 경우에도 타방을 대리하여 등기신청을 할 수 없다.

③ 대리인에 의하여 등기를 신청하는 경우에는 그 성명과 주소를 신청정보의 내용으로 등기소에 제공하여야 한다.

④ 대리인에 의하여 등기를 신청하는 경우에는 그 권한을 증명하는 정보를 첨부정보로서 등기소에 제공하여야 한다.

해설 ② 민법 제124조는 "대리인은 본인의 허락이 없으면 본인을 위하여 자기와 법률행위를 하거나 동일한 법률행위에 관하여 당사자 쌍방을 대리하지 못한다. 그러나 채무의 이행을 할 수 있다."고 규정함으로써 사법상의 법률행위에 관하여는 자기계약이나 쌍방대리를 원칙적으로 제한하고 있다. 그러나 **등기신청행위**는 사법상의 행위 또는 법률행위가 아니라 사법상의 권리변동을 위한 법률행위가 행하여진 다음에 그 권리변동을 위하여 법률이 요구하는 또 하나의

정답 ┝ 04 ② 05 ③ 06 ②

요건인 등기라는 공시방법을 갖추기 위한 행위이므로, 민법 제124조에서 말하는 "**채무의 이행**"에 준하는 것으로 볼 수 있다. 따라서 등기권리자가 등기의무자를 대리하여 자기의 등기를 신청할 수 있고(● **상대방 대리**), 동일한 법무사가 등기권리자와 등기의무자 쌍방을 대리하는 등기신청(● **쌍방대리**)도 가능하다. 주의할 점은 본인이 등기당사자 중 일방인 경우에는 타방을 대리하여 등기신청을 할 수 있지만 어디까지나 서면신청에 한하고 자격자 대리인이 아닌 한 **일반인**은 **상대방을 대리**하여 **전자신청**을 할 수는 **없**다(「부동산등기실무 I」 p.16).

① 등기는 다음 각 호의 어느 하나에 해당하는 방법으로 신청한다(법 제24조 제1항).
  1. **신청인** 또는 그 **대리인**이 등기소에 출석하여 신청정보 및 첨부정보를 적은 서면을 제출하는 방법. 다만, 대리인이 변호사[법무법인, 법무법인(유한) 및 법무조합을 포함한다. 이하 같다]나 법무사[법무사법인 및 법무사법인(유한)을 포함한다. 이하 같다](● **자격자대리인**)인 경우에는 대법원규칙으로 정하는 사무원(● **출입사무원**/규칙 제58조)를 등기소에 출석하게 하여 그 **서면을 제출**할 수 있다.
  2. 대법원규칙으로 정하는 바에 따라 전산정보처리조직(● **전자신청**/규칙 제67조)를 이용하여 신청정보 및 첨부정보를 보내는 방법(법원행정처장이 지정하는 등기유형으로 한정한다)
③ 등기를 신청하는 경우에는 **대리인**에 의하여 등기를 신청하는 경우에는 그 **성명**과 **주소**를 신청정보의 내용으로 등기소에 제공하여야 한다(규칙 제43조 제4호).
④ 등기를 신청하는 경우에는 **대리인**에 의하여 등기를 신청하는 경우에는 **그 권한을 증명**하는 정보(● 위임장, 가족관계증명서 등)를 그 신청정보와 함께 첨부정보로서 등기소에 제공하여야 한다(규칙 제46조 제1항 제5호).

07 대리인에 의한 등기신청에 관한 다음 설명 중 가장 옳은 것은? ▸2013년 법무사

① 법인의 직원이 여러 차례에 걸쳐 반복적으로 등기를 신청하는 경우 등기관은 그 등기신청의 접수를 거부할 수 있다.
② 등기신청을 위임받은 자는 복대리인 선임에 관한 특별수권 없이도 복대리인을 선임하여 등기신청을 대리하게 할 수 있다.
③ 미성년인 자에게 공동친권자가 있는 경우에는 공동친권자 중 어느 일방이 미성년인 자를 대리하여 등기신청을 할 수 있다.
④ 등기권리자가 등기의무자를 대리하여 등기신청을 하는 것은 자기계약에 해당하여 허용되지 않는다.
⑤ 대리인에 의한 등기신청이 접수된 후 등기완료 전에 본인이 사망하였다 하더라도 그 신청에 따른 등기는 유효하다.

해설 ⑤ 등기원인이 이미 존재하고 있으나 아직 등기신청을 하지 않고 있는 동안 등기권리자 또는 등기의무자에 관하여 상속이 개시되어 피상속인이 살아있다면 그가 신청하였을 등기를 상속인이 신청하는 경우(● 법 제27조), 또는 **등기신청을 등기공무원이 접수한 후** 등기를 완료하기 전에 **본인**이나 그 **대리인이 사망**한 경우 등과 같이 그 등기의 신청이 적법한 이상 등기가 경료될 당시 등기명의인이 사망하였다는 이유만으로는 그 등기를 무효라고 할 수 없다(● **유효**하다).

① 대리인과 본인 사이에 특별한 관계가 없는 경우 즉, 소명자료를 대리인이 제출하지 않거나, 대리인이 제출한 소명자료에서 대리인이 신청인과 사이에 업으로 하지 않고 등기신청을 대리하여 줄 만한 특별한 관계에 있음이 밝혀지지 않은 경우 등 대리인이 당해 등기신청의 대리를 업으로 한다는 판단을 한 경우, 등기관 또는 접수공무원은 그 대리인에게 법무사법 위반의 사유로 고발조치될 수 있음을 알리고 등기신청의 취하 또는 접수의 자제를 권고할 수 있다(예규 제1221호)(🎱 접수거부✕).

② 대리권이 법률행위에 의하여 부여(🎱 임의대리)된 경우에는 대리인은 본인의 승낙이 있거나 부득이한 사유 있는 때가 아니면 복대리인을 선임하지 못한다(민법 제120조)(🎱 복대리인선임과 더불어 등기신청의 취하와 같은 특별수권 사항은 위임장에 그 권한이 위임된 경우에 한하여 대리행위를 할 수 있으므로, 위임장에 복대리인 선임에 관한 기재가 없는데도 복대리인이 등기를 신청하기 위하여는 별도의 본인의 승낙이 있음을 증명하는 정보를 제공하여야 한다).

③ 예규 제1088호, 1-가

④ 등기권리자가 등기의무자를 대리하여 자기의 등기를 신청할 수 있고(🎱 상대방 대리), 동일한 법무사가 등기권리자와 등기의무자 쌍방을 대리하는 등기신청(🎱 쌍방대리)도 가능하다. 주의할 점은 본인이 등기당사자 중 일방인 경우에는 타방을 대리하여 등기신청을 할 수 있지만 어디까지나 서면신청에 한하고 자격자 대리인이 아닌 한 일반인은 상대방을 대리하여 전자신청을 할 수는 없다(「부동산등기실무Ⅰ」 p.16).

08 미성년자의 등기신청에 관한 다음 설명 중 가장 옳지 않은 것은? ▸ 2018년 법무사

① 공동친권자인 부모는 미성년자인 자를 대리하여 등기를 신청할 때에는 공동으로 하여야 하지만, 부모 중 한 사람이 법률상 또는 사실상 친권을 행사할 수 없는 경우에는 다른 친권자가 그 사실을 증명하는 서면을 첨부하여 단독으로 미성년자인 자를 대리하여 등기신청을 할 수 있다.

② 친권자와 그 친권에 복종하는 미성년자인 자 사이에 이해상반되는 행위 또는 동일한 친권에 복종하는 수인의 미성년자인 자 사이에 이해상반되는 행위를 하는 경우, 그 미성년자 또는 그 미성년자 일방의 대리는 법원에서 선임한 특별대리인이 하여야 한다.

③ 미성년자인 자 2인의 공유부동산에 관하여 공유물분할계약을 하는 경우에는 미성년자인 자 1인에 관한 특별대리인의 선임이 필요하다.

④ 친권자와 미성년자인 자의 공유부동산에 관하여 친권자와 그 미성년자를 공동채무자로 하거나 그 미성년자만을 채무자로 하여 저당권설정등기를 신청하는 경우에는 그 미성년자인 자에 관한 특별대리인의 선임이 불필요하다.

⑤ 친권자가 미성년자인 자 소유의 부동산을 채무자인 그 미성년자를 위하여 담보로 제공하거나 제3자에게 처분하는 경우에는 그 미성년자인 자에 관한 특별대리인의 선임이 필요하다.

정답 ☞ 07 ⑤ 08 ⑤

해설 ⑤ 친권자가 미성년자인 자 소유의 부동산을 채무자인 그 **미성년자를 위하여** 담보로 제공하거나 제3자에게 처분하는 경우에는 친권자와 미성년자의 이해관계가 상반되지 않으므로 특별대리인을 선임할 필요가 없다(예규 제1088호, 2-다).

① 예규 제1088호, 1-가
② 예규 제1088호, 2-가
③ 예규 제1088호, 2-나
④ 예규 제1088호, 2-다

09 미성년자의 등기신청에 관한 다음 설명 중 가장 옳지 않은 것은? ▸ 2018년 등기주사보

① 공동친권자 중 한 사람이 법률상 또는 사실상 친권을 행사할 수 없는 경우에는 다른 친권자가 그 사실을 증명하는 서면을 첨부하여 단독으로 미성년자인 자를 대리하여 등기신청을 할 수 있다.
② 공동친권자 중 한 사람만이 미성년자인 자와 이해가 상반되는 경우에는 특별대리인이 이해가 상반되지 않는 다른 친권자와 공동하여 미성년자를 대리하여야 한다.
③ 상속재산협의분할에 있어서 친권자가 해당 부동산에 관하여 권리를 취득하지 않는 경우에는 공동상속인인 미성년자를 위한 특별대리인을 선임할 필요가 없다.
④ 친권자가 미성년자인 자 소유의 부동산을 제3자에게 증여하는 경우에는 미성년자를 위한 특별대리인을 선임할 필요가 없다.

해설 ③ **상속재산협의분할서**를 작성하는 데 있어서 친권자와 미성년자인 자 1인이 공동상속인인 경우(친권자가 당해 부동산에 관하여 **권리를 취득하지 않는 경우를 포함**한다)에는 미성년자와 친권자의 이해관계가 상반되므로 특별대리인을 선임하여야 한다(예규 제1088호, 2-나). 그러나 미성년자인 자 1인의 친권자가 민법 제1041조의 규정에 의하여 **상속포기**를 하였거나 **이혼하여 상속권이 없는** 피상속인의 전처가 자기가 낳은 미성년자 1인을 대리하여 상속재산분할협의를 하는 경우에는 특별대리인을 선임할 필요가 없다(예규 제1088호, 2-다).

① 예규 제1088호, 1-가
② 예규 제1088호, 2-가
④ 예규 제1088호, 2-다

10 미성년자의 대리인에 의한 등기신청 등에 관한 다음 설명 중 가장 옳지 않은 것은?

▶ 2017년 등기주사보

① 미성년자인 자의 부모가 공동친권자인 경우로서 친권자가 그 미성년자를 대리하여 등기신청을 할 때에는 부모가 공동으로 하여야 함이 원칙이다.

② 공동친권자 중 한 사람만이 미성년자인 자와 이해가 상반되는 경우에는 특별대리인이 이해가 상반되지 않는 다른 일방의 친권자와 공동하여 그 미성년자를 대리하여야 한다.

③ 미성년자인 자가 그 소유 부동산을 친권자에게 증여하고 그 소유권이전등기를 신청하는 경우 특별대리인의 선임이 필요하다.

④ 이혼하여 상속권이 없는 피상속인의 전처가 자기가 낳은 미성년자 1인을 대리하여 상속재산분할협의를 하는 경우 특별대리인의 선임이 필요하다.

해설 ④ 상속재산협의분할서를 작성하는 데 있어서 친권자와 미성년자인 자 1인이 공동상속인인 경우(친권자가 당해 부동산에 관하여 **권리를 취득하지 않는 경우를 포함**한다)에는 미성년자와 친권자의 이해관계가 상반되므로 특별대리인을 선임하여야 한다(예규 제1088호, 2-나). 그러나 미성년자인 자 1인의 친권자가 민법 제1041조의 규정에 의하여 **상속포기**를 하였거나 **이혼하여 상속권이 없는** 피상속인의 전처가 자기가 낳은 미성년자 1인을 대리하여 상속재산분할협의를 하는 경우에는 특별대리인을 선임할 필요가 없다(예규 제1088호, 2-다).

① 예규 제1088호, 1-가
② 예규 제1088호, 2-가
③ 예규 제1088호, 2-나

11 다음 중 친권자와 그 친권에 복종하는 미성년자인 자 사이에 이해상반되는 행위에 해당되어 그 미성년자의 대리를 법원에서 선임한 특별대리인이 하여야 하는 경우는 모두 몇 개인가?

▶ 2016년 법무사

가. 미성년자인 자가 그 소유 부동산을 친권자에게 매매 또는 증여하는 경우
나. 상속재산협의분할서를 작성하는 데 있어서 친권자와 미성년자인 자 1인이 공동상속인인 경우
다. 친권자가 미성년자인 자 소유의 부동산을 채무자인 그 미성년자를 위하여 담보로 제공하는 경우
라. 친권자가 미성년자인 자 소유의 부동산을 제3자에게 증여하는 경우
마. 친권자와 미성년자인 자의 공유부동산을 친권자의 채무에 대한 담보로 제공하고 그에 따른 근저당권설정등기를 신청하는 경우

정답 ━ 09 ③ 10 ④ 11 ③

① 1개   ② 2개
③ 3개   ④ 4개
⑤ 5개

해설 가. ○ 예규 제1088호, 2–나
　　　 나. ○ 예규 제1088호, 2–나
　　　 다. × 예규 제1088호, 2–다
　　　 라. × 예규 제1088호, 2–다
　　　 마. ○ 예규 제1088호, 2–나

12 다음 중 등기신청을 위하여 미성년자의 특별대리인 선임이 필요한 경우가 아닌 것은?

▶ 2014년 법무사

① 미성년자인 자가 그 소유 부동산을 친권자에게 매매 또는 증여하는 경우
② 친권자와 미성년자인 자의 공유부동산을 친권자의 채무에 대한 담보로 제공하고 그에 따른 근저당권설정등기를 신청하는 경우
③ 상속재산협의분할서를 작성하는 데 있어서 친권자와 미성년자인 자 1인이 공동상속인인 경우(친권자가 당해 부동산에 관하여 권리를 취득하지 않는 경우를 포함한다)
④ 친권자가 미성년자인 자 소유의 부동산을 제3자에게 증여하는 경우
⑤ 미성년자인 자 2인의 공유부동산에 관하여 공유물분할계약을 하는 경우

해설 ④ 친권자가 미성년자인 자 소유의 부동산을 **제3자에게 증여**하는 경우에는 친권자의 이익이 없으므로 친권자와 미성년자의 이해관계가 상반되지 않으므로 특별대리인을 선임할 필요가 없다(예규 제1088호, 2–다).

① 예규 제1088호, 2–나
② 예규 제1088호, 2–나
③ 예규 제1088호, 2–나
⑤ 예규 제1088호, 2–나

정답 ○━ 12 ④

02 대위

🔖 관련 조문

민법 제404조[채권자대위권]

① 채권자는 **자기의 채권을 보전**(피보전채권)하기 위하여 (📌 **자기의 이름으로**) 채무자의 권리(피대위권리/등기신청권)를 행사할 수 있다. 그러나 일신에 전속한 권리는 그러하지 아니하다.

법 제28조[채권자대위권에 의한 등기신청]

① **채권자**는 「민법」 제404조에 따라 채무자를 **대위**하여 등기를 신청할 수 있다.

② 등기관이 제1항 또는 다른 법령에 따른 대위신청에 의하여 등기를 할 때에는 **대위자**의 **성명** 또는 명칭, **주소** 또는 사무소 소재지(📌 **번호✕**) 및 **대위원인**을 기록하여야 한다.

규칙 제50조[대위에 의한 등기신청]

법 제28조에 따라 등기를 신청하는 경우에는 **다음 각 호의 사항을 신청정보**의 내용으로 등기소에 제공하고, **대위원인을 증명하는 정보**를 첨부정보로서 등기소에 제공하여야 한다.

1. 피대위자의 **성명**(또는 명칭), **주소**(또는 사무소 소재지) 및 주민등록**번호**(또는 부동산등기용등록번호)
2. 신청인이 **대위자라는 뜻**
3. 대위자의 **성명**(또는 명칭)과 **주소**(또는 사무소 소재지)(📌 **번호✕**)
4. **대위원인**

법 제30조[등기완료의 통지]

등기관이 등기를 마쳤을 때에는 대법원규칙으로 정하는 바에 따라 신청인 등에게 그 사실을 알려야 한다.

규칙 제53조[등기완료통지]

① 법 제30조에 따른 **등기완료통지**는 신청인 및 다음 각 호의 어느 하나에 해당하는 자에게 하여야 한다.
   1. 법 제23조 제4항에 따른 승소한 등기의무자의 등기신청에 있어서 등기권리자
   2. 법 제28조에 따른 **대위자의 등기신청**에서 **피대위자**
   3. 법 제51조에 따른 등기신청에서 등기의무자
   4. 법 제66조에 따른 직권 소유권보존등기에서 등기명의인
   5. 관공서가 촉탁하는 등기에서 관공서

② 제1항의 통지는 대법원예규로 정하는 방법으로 한다.

법 제50조[등기필정보]

① 등기관이 새로운 권리에 관한 등기를 마쳤을 때에는 등기필정보를 **작성**하여 등기권리자에게 **통지**하여야 한다. 다만, 다음 각 호의 어느 하나에 해당하는 경우에는 그러하지 아니하다.
   1. 등기권리자가 등기필정보의 통지를 **원하지 아니하는** 경우
   2. **국가** 또는 **지방자치단체**가 **등기권리자인** 경우
   3. 제1호 및 제2호에서 규정한 경우 외에 **대법원규칙**으로 정하는 경우

규칙 제109조(등기필정보를 작성 또는 통지할 필요가 없는 경우)

① 법 제50조 제1항 제1호의 경우에는 등기신청할 때에 그 뜻을 신청정보의 내용으로 하여야 한다.

② 법 제50조 제1항 제3호에서 "대법원규칙으로 정하는 경우"란 다음 각 호의 어느 하나에 해당하는 경우를 말한다.

  1. 등기필정보를 전산정보처리조직으로 통지받아야 할 자가 수신이 가능한 때부터 **3개월** 이내에 전산정보처리조직을 이용하여 수신하지 **않은** 경우

  2. 등기필정보통지서를 수령할 자가 등기를 마친 때부터 **3개월** 이내에 그 서면을 수령하지 **않은** 경우

  3. 법 제23조 제4항에 따라 **승소한 등기의무자**가 등기신청을 한 경우

  4. 법 제28조에 따라 등기권리자를 **대위**하여 **등기신청**을 한 경우

  5. 법 제66조 제1항에 따라 등기관이 **직권**으로 **소유권보존등기**를 한 경우

🔖 관련 예규

채권자대위에 의한 등기절차에 관한 사무처리지침(예규 제1432호)

1. 목적

이 예규는 채권자(특정의 등기청구권을 가진 채권자 및 금전채권자 포함)가 「민법」 제404조 및 「부동산등기법」 제28조의 규정에 의한 대위등기절차 등을 규정함을 목적으로 한다.

2. 대위원인의 기재

신청서에는 대위권의 발생원인, 즉 보전하여야 하는 채권이 발생된 법률관계를 간략히 기재한다.

예 매매인 경우에는 "○년 ○월 ○일 매매에 의한 소유권이전등기청구권", 대여금채권인 경우에는 "○년 ○월 ○일 소비대차의 대여금반환청구권" 등

3. 대위원인을 증명하는 서면의 첨부

대위의 기초인 권리가 특정채권인 때에는 당해 권리의 발생원인인 법률관계의 존재를 증명하는 서면(**예** 매매계약서 등)을, 금전채권인 때에는 당해 금전채권증서(**예** 금전소비대차계약서 등)를 첨부하여야 한다. 이때의 매매계약서 등은 **공정증서**(판결정본, 가압류결정정본 등)가 아닌 **사서증서**(매매계약서, 금전소비대차계약서, 차용증서 등)라도 무방하다.

4. 등기완료통지 등

가. 채권자가 채무자를 대위하여 등기를 신청하는 경우 채무자로부터 채권자 자신으로의 등기를 **동시에** 신청하지 **않더라도** 이를 **수리**한다(🔖 공유물분할 시 각 지분이전등기와 채권자대위등기 동시신청 불요).

나. 채권자대위에 의한 등기신청이 있는 경우에 등기를 함에는 사항란에 **채권자**의 **성명** 또는 명칭, **주소**(🔖 번호×) 또는 사무소 소재지와 **대위원인**을 기재하여야 한다(법 제28조 제2항).

다. 등기관이 등기를 완료한 때에는 대위신청인 및 피대위자에게 등기완료통지(🔖 등기필정보 작성×)를 하여야 한다(규칙 제53조 제1항).

5. 기타

가. 가압류등기촉탁과 채권자의 대위에 의한 상속등기

  (1) 상속등기를 하지 아니한 부동산에 대하여 가압류결정이 있을 때 가압류채권자는 그 기입등기촉탁 이전에 먼저 대위에 의하여 상속등기를 함으로써 등기의무자의 표시가 등기기록과 부합하도록 하여야 한다(🔖 법 제29조 제7호).

  (2) 대위원인 : "○년 ○월 ○일 ○○지방법원의 가압류 결정"이라고 기재한다.

(3) 대위원인증서 : **가압류결정의 정본** 또는 그 등본을 첨부한다.

나. 근저당권자의 대위에 의한 상속등기

(1) 근저당권설정자가 사망한 경우에 근저당권자가 임의경매신청을 하기 위하여 근저당권의 목적인 부동산에 대하여 대위에 의한 상속등기를 신청하는 때에는 다음의 예에 의한다.

(2) 대위원인 : "○년 ○월 ○일 설정된 근저당권의 실행을 위한 경매에 필요함"이라고 기재한다.

(3) 대위원인증서 : 당해 부동산의 등기사항증명서를 첨부한다. 다만, 등기신청서 첨부서류란에 "**대위 원인을 증명하는 서면은 ○년 ○월 ○일 접수번호 제○○호로 본 부동산에 근저당권설정등기가 경료되었기에 생략**"이라고 기재하고 첨부하지 않아도 된다.

---

01 대위등기에 관한 다음 설명 중 가장 옳지 않은 것은? ▸2022년 법무사

① 채권자는 채무자가 상속을 포기한 경우에도 채무자를 대위하여 상속을 원인으로 하는 소유권이전등기를 신청할 수 있다.

② 부동산에 대하여 소유권이전등기절차를 명하는 승소의 확정판결을 받은 甲이 그 판결에 따른 소유권이전등기절차를 취하지 않는 경우, 그 甲에 대한 금전채권이 있는 자는 대위원인을 증명하는 서면인 소비대차계약서 등을 첨부하여 위 판결에 의한 甲 명의의 소유권이전등기를 甲을 대위하여 신청을 할 수 있다.

③ 관공서가 체납처분으로 인한 압류등기를 촉탁하는 경우에는 등기명의인 또는 상속인을 갈음하여 부동산의 표시, 등기명의인의 표시의 변경, 경정 또는 상속등기를 함께 촉탁할 수 있다.

④ 수용을 위한 사업시행자라도 대상 토지에 대하여 토지소유자와 그 소유권이전에 대한 협의가 이루어지거나 또는 수용의 효력이 발생하기 전까지는 대위원인이 있다고 볼 수 없으므로 토지소유자를 대위하여 토지표시변경등기를 신청할 권한이 없다.

⑤ 근저당권설정자가 사망한 후 근저당권자가 근저당권을 실행하기 위해서는 근저당권설정자의 상속인을 채무자 겸 소유자로 표시하고 상속을 증명하는 서면을 첨부하여 경매신청을 하거나, 근저당권설정자의 상속인을 대위하여 상속등기를 먼저 한 후 상속인을 소유자로 표시하여 경매신청을 하여야 하는데 어느 경우든 근저당권자는 대위 상속등기를 하여야 한다.

해설 ① 1. 대위등기신청은 채권자가 채무자의 등기신청권을 대위 행사하는 것이므로 그 전제로서 **채무자에게 등기신청권이 있어야 한다.** 채무자에게 등기신청권이 없으면 당연히 대위등기신청도 생각할 수 없다.

2. 예를 들어 **채무자인 상속인**이 **상속포기**를 한 경우에는 채무자에게 **등기신청권**이 없으므로 채권자는 상속인을 **대위**하여 상속등기를 신청할 수도 **없다.**

3. 다만, 상속의 **한정승인이나 포기를 할 수 있는 기간** 내라고 하더라도 상속인은 상속등기를 신청할 수 있는바, 마찬가지로 상속인의 채권자도 상속인을 **대위**하여 상속등기를 신청할 수 있다(「부동산등기실무 I」 p.201).

정답 ┅ 01 ①

② 부동산에 대하여 소유권이전등기절차를 명하는 **승소의 확정판결을 받은 갑**이 그 판결에 따른 소유권이전**등기절차를 취하지 않는 경우**, 그 갑에 대한 **금전채권이 있는 자**는 대위원인을 증명하는 서면인 소비대차계약서 등을 첨부하여 위 판결에 의한 갑명의의 소유권이전등기를 **갑을 대위**하여 **신청**을 할 수 있다(선례 제6-160호).

③ 1. **관공서가 체납처분으로 인한 압류등기를 촉탁**하는 경우에는 등기명의인 또는 상속인, 그 밖의 포괄승계인을 갈음(🔜 **대위**)하여 부동산의 표시, 등기명의인의 표시의 변경, 경정 또는 상속, 그 밖의 포괄승계로 인한 권리이전의 등기를 **함께 촉탁**할 수 있다(법 제96조).

2. **가압류, 가처분, 경매개시결정 등의 처분제한에 관한 등기를 촉탁**하는 경우에는 체납처분에 의한 압류등기 촉탁의 경우와는 달리 **집행법원이** 등기명의인 또는 상속인을 갈음하여 부동산 또는 등기명의인의 표시 변경·경정, 상속으로 인한 권리이전의 **등기를 대위촉탁할 수 있는 법적 근거가 없다.**

   따라서 현행 실무는 가압류결정상의 부동산 또는 등기명의인의 표시가 등기기록과 다른 경우 **가압류권자 등의 권리자(🔜 채권자)로 하여금** 그것을 일치시키는 등기를 **대위신청하도록 하여 그 등기 후에 처분제한의 등기를 촉탁**하고 있다(「부동산등기실무 I」 p.213).

④ 일반적으로 채무자를 대위하여 등기신청을 하기 위하여는 그 **대위원인이 존재하여야** 하는 바, 주택건설촉진법, 택지개발촉진법, 도시계획법상의 **사업시행자라도** 대상 토지에 대하여 **토지소유자와 그 소유권이전에 대한 협의가 이루어지거나 또는 수용의 효력이 발생하기 전까지는 위 대위원인이 있다고 볼 수 없을 것**이며 따라서 토지소유자를 대위하여 **토지표시변경등기**를 신청할 **권한이 없다**(선례 제4-264호).

⑤ 갑 소유의 부동산에 대하여 **을을 근저당권자**, 갑을 채무자로 하는 근저당권설정등기를 한 후 경매신청을 하기 전에 **갑이 사망**하였으나 그 상속인 앞으로의 상속등기가 경료되지 아니한 상태에서, 을이 그 부동산에 대한 임의경매신청을 하여 경매개시결정기입등기를 하기 위하여는,

가. 을은 경매신청서에 갑의 상속인을 채무자 겸 소유자로 표시하고 상속을 증명하는 서류를 첨부하여 경매신청을 먼저 하거나, 갑의 상속인을 대위하여 상속등기를 먼저 한 후에 그 상속인을 소유자로 표시하여 경매신청을 할 수 있을 것이다(선례 제5-671호).

나. 경매법원이 갑의 상속인 앞으로 상속등기가 경료되기 전에 갑의 상속인을 소유자 겸 채무자로 표시하여 경매개시결정을 한 경우, 경매법원이 경매개시결정의 기입등기촉탁과 함께 갑의 상속인 앞으로의 상속등기를 촉탁할 수 있다는 민사소송법상의 규정이나 등기관이 직권으로 그 상속등기를 한 후에 경매개시결정 기입등기를 하여야 한다는 부동산등기법상의 근거규정은 없으므로, 경매법원이 상속으로 인한 소유권이전등기를 촉탁하거나, 경매기입등기의 촉탁 시 등기관이 직권으로 상속으로 인한 소유권이전등기를 경료할 수는 없다. 따라서 이러한 경우에는 **을이 갑의 상속인을 대위하여 상속등기를 먼저 한 후에 경매기입등기의 촉탁**을 하여야 할 것이다(선례 제5-671호).

> 1. 경매신청 등을 위한 근저당권자의 대위 상속등기(예규 제1432호)
>   ① 근저당권설정자가 사망한 경우에 근저당권자가 임의경매신청을 하기 위하여 근저당권의 목적인 부동산에 대하여 대위에 의한 상속등기를 신청할 수 있다(법 제29조 제7호).
>   ② 대위원인
>   "○년 ○월 ○일 설정된 근저당권의 실행을 위한 경매에 필요함"이라고 기재한다.

③ 대위원인증서

당해 부동산의 등기사항증명서를 첨부한다.

다만, 등기신청서 첨부서류란에 "대위원인을 증명하는 서면은 ○년 ○월 ○일 접수번호 제○○호로 본 부동산에 근저당권설정등기가 경료되었기에 생략"이라고 기재하고 첨부하지 않아도 된다.

02 대위에 의한 등기신청과 관련한 다음 설명 중 가장 옳지 않은 것은? ▶ 2022년 법원사무관

① "원고는 피고에게 명의신탁해지를 원인으로 소유권이전등기절차를 이행한다."는 취지의 화해권고결정이 있는 경우 원고는 그 결정을 가지고 직접 등기신청을 할 수 없을 뿐만 아니라 피고를 대위해서도 할 수 없으나 만일 원고가 피고에게 금전채권 등 다른 채권을 가지고 있다면 피고를 대위하여 위 결정의 취지에 따른 등기를 신청할 수 있다.

② 등기관이 등기를 완료한 때에는 대위신청인 및 피대위자에게 등기완료통지를 하여야 한다.

③ 채권자가 채무자를 대위하여 등기를 신청하는 경우 채무자로부터 채권자 자신으로의 등기를 동시에 신청하지 않더라도 이를 수리한다.

④ 피보전채권이 금전채권인 경우 등기원인을 증명하는 서면과 함께 채무자의 무자력을 증명하는 서면을 제출하여야 한다.

해설 ④ 피보전채권이 금전채권인 경우에는 채권자대위의 일반원칙에 따라 채무자의 무자력이 요구된다. 그러나 현실적으로 금전채권에 의한 대위등기를 인정한다고 하여도 채무자에게는 불이익이 없고, 이를 인정하지 않을 경우 오히려 채권자의 권리행사를 사실상 막아버리는 결과가 되어 채권자에게 가혹하다. 이러한 이유로 예규에서는 **피보전채권**이 **금전채권**인 경우에도 당해 금전채권증서 등 대위원인을 증명하는 서면을 첨부하면, 등기관은 **무자력 여부를 심사하지 않고** 등기신청을 **수리**하도록 하였다(「부동산등기실무 I」 p.203). 따라서 신청인으로서는 채무자의 무자력 여부를 **증명**할 필요도 **없다.**

① 1. 채권자대위권은 채무자의 책임재산 보전을 위해 채무자의 관여 없이 행사되고 권리의 행사 여부에 대한 권리자(채무자)의 결정 권한을 제한하므로 일정한 한계가 있다. 마찬가지로 대위신청할 수 있는 등기도 채무자에게 유리(등기권리자)한 것과 **최소한 불리하지 않은 것**(부동산표시변경, 등기명의인표시변경 등 중성적인 등기)에 한정된다(「부동산등기실무 I」 p.202).

2. 채권자는 채무자가 등기권리자의 지위에 있는 경우에만 그 등기신청권을 대위 행사할 수 있고, 등기의무자의 지위에 있는 경우에는 할 수 없다. 예를 들어 부동산 매수인(채권자)이 매매계약에 따른 채권자(등기청구권자)라 하더라도 바로 그 매매계약에 따른 매도인(채무자)의 소유권이전등기신청권을 대위 행사할 수는 없다. 매도인은 등기의무자의 지위에 있고, 이러한 경우 (⊕ **상대방**)대위신청을 허용하는 것은 **공동신청의 취지**에 정면으로 반하기 때문에 할 수 **없다**(⊕ 단, 상대방 대리는 상대방의 의사 확인을 받았기 때문에 가능).

정답 ↦ 02 ④

3. 다만, 판례와 등기선례에서는 **채무자에 대한 별도의 채권**을 가지고 있다면 자기채권의 실현을 위해 **상대방 대위등기신청**을 할 수 있다고 한다. 원고가 피고들을 상대로 제기한 소송에서 "원고(🈲 의무자)는 피고들(🈲 권리자)에게 명의신탁해지를 원인으로 한 소유권이전등기절차를 이행하라"는 화해권고결정을 받은 경우, 이 판결에 의한 등기는 승소한 등기권리자인 피고들만이 신청할 수 있으므로(🈲 법 제23조 제4항 – 승소한 권리자 또는 의무자가 단독신청 가능) (🈲 패소한) 등기의무자인 원고는 피고들이 등기신청을 하지 않고 있더라도 이 판결에 기하여 직접 피고들 명의의 등기신청을 하거나 피고들을 대위하여 등기신청을 할 수는 없고 피고들을 상대로 등기를 인수받아 갈 것을 구하는 별도의 소송을 제기하여 그 승소판결에 기해 등기를 신청할 수 있다. 다만, 원고가 피고들에 대하여 채권(금전채권 또는 등기청구권과 같은 특정채권)을 가지고 있다면 원고는 자기채권의 실현을 위하여 피고들이 가지고 있는 등기신청권을 자기의 이름으로 행사하여 피고들 명의의 등기를 신청할 수 있고, 이와 같이 대위등기를 신청하는 경우에는 원고가 피고들을 대신하여 취득세를 납부하여야 한다(선례 제201105–2호).

② 법 제30조, 규칙 제53조 제1항 제2호, 예규 제1432호, 4–다

③ 예규 제1432호, 4

03 대위등기신청에 관한 다음 설명 중 가장 옳지 않은 것은?
▸ 2020년 법무사

① 특정의 등기청구권을 가진 채권자뿐만 아니라 금전채권자도 채무자를 대위하여 등기를 신청할 수 있다.

② 근저당권설정자가 사망한 경우에 근저당권자가 임의경매신청을 하기 위해 근저당권의 목적인 부동산에 대하여 대위에 의한 상속등기를 신청할 수 있다.

③ "원고는 피고에게 명의신탁해지를 원인으로 한 소유권이전등기절차를 이행하라"는 화해권고결정을 받은 원고는 피고에 대하여 별도의 채권이 있더라도 승소한 권리자인 피고를 대위하여 위 결정에 따른 소유권이전등기를 신청할 수는 없다.

④ 대위원인을 증명하는 정보로 권리의 발생원인인 법률관계의 존재를 증명하는 서면을 첨부하여야 하는데, 이때의 서면은 공정증서가 아닌 사서증서라도 가능하다.

⑤ 등기관이 채권자대위권에 의한 등기신청에 의하여 등기를 할 때에는 대위자의 성명 또는 명칭, 주소 또는 사무소 소재지 및 대위원인을 기록하여야 한다.

해설 ③ 1. 채권자대위권은 채무자의 책임재산 보전을 위해 채무자의 관여 없이 행사되고 권리의 행사 여부에 대한 권리자(채무자)의 결정 권한을 제한하므로 일정한 한계가 있다. 마찬가지로 대위 신청할 수 있는 등기도 **채무자에게 유리**(등기권리자)한 것과 **최소한 불리하지 않은 것**(부동산 표시변경, 등기명의인표시변경 등 중성적인 등기)에 한정된다(「부동산등기실무 I」 p.202).

2. 채권자는 채무자가 등기권리자의 지위에 있는 경우에만 그 등기신청권을 대위 행사할 수 있고, 등기의무자의 지위에 있는 경우에는 할 수 없다. 예를 들어 부동산 매수인(채권자)이 매매계약에 따른 채권자(등기청구권자)라 하더라도 바로 그 매매계약에 따른 매도인(채무자)의 소유권이전등기신청권을 대위 행사할 수는 없다. 매도인은 등기의무자의 지위에 있고, 이러한 경우 (🈲 **상대방**)대위신청을 허용하는 것은 **공동신청의 취지**에 정면으로 **반**하기 때문에 할 수 **없다**(🈲 단, 상대방 대리는 상대방의 의사 확인을 받았기 때문에 가능).

3. 다만, 판례와 등기선례에서는 **채무자에 대한 별도의 채권**을 가지고 있다면 자기채권의 실현을 위해 **상대방 대위등기신청**을 할 수 있다고 한다. 원고가 피고들을 상대로 제기한 소송에서 "원고(🌐 의무자)는 피고들(🌐 권리자)에게 명의신탁해지를 원인으로 한 소유권이전등기절차를 이행하라"는 화해권고결정을 받은 경우, 이 판결에 의한 등기는 승소한 등기권리자인 피고들만이 신청할 수 있으므로(🌐 법 제23조 제4항 – 승소한 권리자 또는 의무자가 단독신청 가능) (🌐 패소한) 등기의무자인 원고는 피고들이 등기신청을 하지 않고 있더라도 이 판결에 기하여 직접 피고들 명의의 등기신청을 하거나 피고들을 대위하여 등기신청을 할 수는 없고 피고들을 상대로 등기를 인수받아 갈 것을 구하는 별도의 소송을 제기하여 그 승소판결에 기해 등기를 신청할 수 있다. 다만, 원고가 피고들에 대하여 채권(금전채권 또는 등기청구권과 같은 **특정채권**)을 가지고 있다면 원고는 자기채권의 실현을 위하여 피고들이 가지고 있는 등기신청권을 자기의 이름으로 행사하여 피고들 명의의 등기를 신청할 수 있고, 이와 같이 대위등기를 신청하는 경우에는 원고가 피고들을 대신하여 **취득세**를 납부하여야 한다(선례 제201105-2호).

① 피보전채권은 채권자대위의 일반원칙에 따라 **특정채권, 금전채권, 채권적 청구권, 물권적 청구권** 불문하고 인정되므로 금전채권자 등도 채무자를 대위하여 등기를 신청할 수 있다(대판 2007.5.10, 2006다82700, 82717).

② 예규 제1432호, 5-나

④ 예규 제1432호, 3

⑤ 등기관이 대위신청에 의하여 등기를 할 때에는 **대위자의 성명** 또는 명칭, **주소** 또는 사무소 소재지(🌐 번호✕) 및 **대위원인**을 등기기록에 기록하고, 신청정보의 내용으로도 제공하여야 한다(법 제28조 제2항, 규칙 제50조 제3호, 제4호, 예규 제1432호, 4).

04 **부동산등기의 대위신청에 관한 다음 설명 중 가장 옳지 않은 것은?** ▸2020년 등기서기보

① 채권자인 甲이 채무자 乙의 제3채무자 丙에 대한 소유권이전등기청구권에 관하여 채권자대위권에 의한 소송을 제기한 사실을 채무자 乙이 알았다면 乙은 채권자 甲이 얻은 승소판결에 의하여 직접 소유권이전등기신청을 할 수 있다.

② 수용대상토지에 대하여 토지소유자와 그 소유권이전에 대한 협의가 이루어지거나 또는 수용의 효력이 발생하기 전까지는 사업시행자라도 토지소유자를 대위하여 토지표시변경등기를 신청할 수 없다.

③ 특정의 등기청구권에 의하여 채권자가 채무자를 대위하여 등기신청을 하는 경우에는 채무자로부터 채권자 자신으로의 등기신청도 반드시 동시에 하여야 한다.

④ 등기신청의 대위에 있어서는 특정의 등기청구권에 의한 대위이거나 일반금전채권에 의한 대위이거나를 막론하고 채무자의 무자력을 요건으로 하지 아니한다.

해설 ③ 채권자가 채무자를 대위하여 등기를 신청하는 경우 채무자로부터 채권자 자신으로의 등기를 **동시에 신청하지 않더라도** 이를 **수리**한다(예규 제1432호, 4)(🌐 공유물분할 시 각 지분이전등기와 채권자대위등기 동시신청 불요).

정답 ➝ 03 ③ 04 ③

① 다른 사람을 위하여 원고나 피고가 된 사람(⑩ 대위채권자·선정당사자)에 대한 확정판결은 그 다른 사람(⑩ 채무자·선정자)에 대하여도 효력(⑩ 기판력)이 미친다(민사소송법 제218조 제3항). 채권자가 제3채무자를 상대로 채무자를 대위하여 등기절차의 이행을 명하는 판결을 얻은 경우 채권자는 법 제28조에 의하여 채무자의 대위 신청인으로서 그 판결에 의하여 단독으로 등기를 신청할 수 있다. 채권자 대위소송에서 채무자가 채권자대위소송이 제기된 사실을 알았을 경우

② 일반적으로 채무자를 대위하여 등기신청을 하기 위하여는 그 대위원인이 존재하여야 하는 바, 주택건설촉진법, 택지개발촉진법, 도시계획법상의 사업시행자라도 대상 토지에 대하여 토지소유자와 그 소유권이전에 대한 협의가 이루어지거나 또는 수용의 효력이 발생하기 전 까지는 위 대위원인이 있다고 볼 수 없을 것이며 따라서 토지소유자를 대위하여 토지표시변 경등기를 신청할 권한이 없다. 한편 도시재개발등기처리규칙에 도시재개발사업 시행자에게 부동산표시변경등기를 해당 신청권자에 대위하여 신청할 수 있도록 규정을 둔 것은 일반원 칙에 대한 특례로서 도시재개발법 제51조 제1항 및 동조 제2항에 근거한 것이며 이와 같은 특별규정이 없는 위 주택건설촉진법등의 사업시행자의 경우에는 일반 원칙에 따라 등기를 신청하여야 한다(선례 제4-264호).

④ 피보전채권이 금전채권인 경우에는 채권자대위의 일반원칙에 따라 채무자의 무자력이 요구 된다. 그러나 현실적으로 금전채권자에 의한 대위등기를 인정한다고 하여도 채무자에게는 불 이익이 없고, 이를 인정하지 않을 경우 오히려 채권자의 권리행사를 사실상 막아버리는 결과 가 되어 채권자에게 가혹하다. 이러한 이유로 예규에서는 피보전채권이 금전채권인 경우에도 당해 금전채권증서 등 대위원인을 증명하는 서면을 첨부하면, 등기관은 무자력 여부를 심사 하지 않고 등기신청을 수리하도록 하였다(「부동산등기실무 I」 p.203). 따라서 신청인으로서 는 채무자의 무자력 여부를 증명할 필요도 없다.

05 대위등기신청에 관한 다음 설명 중 가장 옳지 않은 것은? ▸ 2019년 등기주사보

① 채권자가 채무자를 대위하여 등기신청을 할 때에 피보전채권이 금전채권이라면 채무자 의 무자력을 증명하는 정보를 첨부정보로서 제공하여야 한다.

② 채권자대위제도는 채무자의 책임재산 보전이 목적이므로 채무자에게 불이익이 되는 것 은 대위신청을 하지 못하는 것이 원칙이다.

③ 등기상대방을 대위하여 등기신청을 하는 것은 공동신청주의상 허용되지 않으나 등기상 대방에 대한 채권을 가지고 있는 경우에는 상대방을 대위해서 등기신청을 할 수 있다.

④ 채권자가 채무자를 대위하여 등기신청을 할 때에는 대위원인을 증명하는 정보를 첨부 정보로서 제공하여야 하는바, 이러한 정보는 반드시 공문서이어야 하는 것은 아니며, 매매계약서나 차용증서와 같이 사문서라도 무방하다.

해설 ① 피보전채권이 금전채권인 경우에는 채권자대위의 일반원칙에 따라 채무자의 무자력이 요구 된다. 그러나 현실적으로 금전채권자에 의한 대위등기를 인정한다고 하여도 채무자에게는 불 이익이 없고, 이를 인정하지 않을 경우 오히려 채권자의 권리행사를 사실상 막아버리는 결과 가 되어 채권자에게 가혹하다. 이러한 이유로 예규에서는 피보전채권이 금전채권인 경우에도 당해 금전채권증서 등 대위원인을 증명하는 서면을 첨부하면, 등기관은 무자력 여부를 심사

하지 **않고** 등기신청을 **수리**하도록 하였다(「부동산등기실무 I」 p.203). 따라서 신청인으로서는 채무자의 무자력 여부를 **증명**할 필요도 **없다.**

④ 예규 제1432호, 3

06 대위신청에 의한 등기와 관련한 다음 설명 중 가장 옳지 않은 것은? ▶2018년 법무사

① 상속인으로부터 부동산을 매수하여 그 상속인을 상대로 소유권이전등기 승소판결을 얻은 원고는 대위원인을 증명하는 서면인 판결정본을 첨부하여 상속을 원인으로 한 소유권이전등기를 상속인을 대위하여 신청할 수 있다.

② 1동의 건물에 속하는 구분건물 중 일부만에 관하여 소유권보존등기를 신청하는 경우에 등기신청인인 구분건물의 소유자는 1동에 속하는 다른 구분건물의 소유자를 대위하여 그 건물의 표시에 관한 등기를 신청할 수 있다.

③ 건물이 멸실된 경우에 그 건물 소유권의 등기명의인이 그 사실이 있는 때부터 1개월 이내에 멸실등기를 신청하지 아니하면 그 건물대지의 소유자가 건물 소유권의 등기명의인을 대위하여 그 등기를 신청할 수 있다.

④ 상속등기를 하지 아니한 부동산에 대하여 상속인을 상대로 한 가압류결정이 있을 때에는 가압류채권자에 의한 대위 상속등기를 거치지 않고 가압류등기를 할 수 있다.

⑤ 관공서가 체납처분으로 인한 압류등기를 촉탁하는 경우에는 등기명의인 또는 상속인, 그 밖의 포괄승계인을 갈음하여 부동산의 표시, 등기명의인의 표시의 변경, 경정 또는 상속, 그 밖의 포괄승계로 인한 권리이전의 등기를 함께 촉탁할 수 있다.

해설 ④ 가압류등기촉탁과 채권자의 대위에 의한 상속등기(예규 제1432호)
 (1) 상속등기를 하지 아니한 부동산에 대하여 가압류결정이 있을 때 가압류채권자는 그 기입등기촉탁 이전에 먼저 대위에 의하여 상속등기를 함으로써 등기의무자의 표시가 등기기록과 부합하도록 하여야 한다(圏 법 제29조 제7호).
 (2) 대위원인 : "○년 ○월 ○일 ○○지방법원의 가압류 결정"이라고 기재한다.
 (3) 대위원인증서 : 가압류결정의 정본 또는 그 등본을 첨부한다.

 ① 피상속인 사망 후 그의 소유로 등기되어 있는 부동산을 그의 **상속인으로부터 매수**(圏 법 제27조 적용×)하였다면 먼저 상속인 앞으로 **상속에 인한 소유권이전등기**를 마친 후 매수인 앞으로 소유권이전등기를 할 수 있다(선례 제1-303호).
 ② 1동의 건물에 속하는 **구분건물 중 일부만**에 관하여 소유권보존등기를 신청하는 경우에는 나머지 구분건물의 표시에 관한 등기를 동시에 신청하여야 한다. 이 경우에 **구분건물의 소유자**는 1동에 속하는 다른 구분건물의 소유자를 대위하여 그 건물의 표시에 관한 등기를 신청할 수 있다(법 제46조 제1항, 제2항).
 ③ 건물이 멸실된 경우에는 그 건물 소유권의 등기명의인은 그 사실이 있는 때부터 1개월 이내에 그 등기를 신청하여야 한다. 이 경우 제41조 제2항을 준용한다. 그 소유권의 등기명의인이 1개월 이내에 **멸실등기를 신청하지 아니하면 그 건물대지의 소유자**가 건물 소유권의 등

기명의인을 대위하여 그 등기를 신청할 수 있다(법 제43조 제1항, 제2항).

⑤ 1) 관공서가 체납처분으로 인한 **압류등기**(🌐 법원의 처분제한등기×)를 촉탁하는 경우에는 등기명의인 또는 상속인, 그 밖의 포괄승계인을 갈음(🌐 대위)하여 부동산의 표시, 등기명 의인의 표시의 변경, 경정 또는 상속, 그 밖의 포괄승계로 인한 권리이전의 등기를 함께 **촉탁**할 수 있다.

2) 그러나 **가압류, 가처분, 경매개시결정 등의 처분제한**에 관한 등기를 촉탁하는 경우에는 체납처분에 의한 압류등기 촉탁의 경우와는 달리 **집행법원**이 등기명의인 또는 상속인을 갈음하여 부동산 또는 등기명의인의 표시 변경·경정, 상속으로 인한 권리이전의 등기를 **촉탁할 수 있는 법적 근거가 없다**. 따라서 현행 실무는 가압류결정상의 부동산 또는 등기 명의인의 표시가 등기기록과 다른 경우 가압류권자 등의 **채권자로 하여금** 그것을 일치시 키는 등기를 **대위신청**하도록 하여 그 등기 **후에 처분제한의 등기**를 **촉탁**하고 있다.

07 부동산등기법이 절차상 필요에 의하여 인정하고 있는 대위등기에 관한 다음 설명 중 가장 옳지 않은 것은?

▸ 2018년 등기주사보

① 1동의 건물에 속하는 구분건물 중 일부만에 관하여 소유권보존등기를 신청하는 경우에는 구분건물의 소유자는 다른 구분건물의 소유자를 대위하여 그 구분건물 전부에 대하여 소유권보존등기를 신청할 수 있다.

② 건물이 멸실된 경우에 그 건물 소유명의인이 1개월 이내에 멸실등기를 신청하지 않은 때에는 그 건물대지의 소유자가 건물 소유명의인을 대위하여 멸실등기를 신청할 수 있다.

③ 구분건물로서 그 대지권의 변경이나 소멸이 있는 경우에는 구분건물의 소유명의인은 1동의 건물에 속하는 다른 구분건물의 소유명의인을 대위하여 그 등기를 신청할 수 있다.

④ 신탁등기의 말소등기는 수익자나 위탁자가 수탁자를 대위하여 그 등기를 신청할 수 있다.

해설 ① 1동의 건물에 속하는 **구분건물 중 일부만에** 관하여 소유권보존등기를 신청하는 경우에는 나 머지 **구분건물의 표시에 관한 등기를 동시에 신청하여야** 한다. 이 경우에 **구분건물의 소유자** 는 **1동에 속하는 다른 구분건물의 소유자를 대위**하여 그 건물의 표시에 관한 등기를 신청할 수 있다(법 제46조 제1항, 제2항).

③ **구분건물로서 그 대지권의 변경이나 소멸**이 있는 경우에는 **구분건물의 소유권의 등기명의인** 은 1동의 건물에 속하는 **다른 구분건물의 소유권의 등기명의인을 대위**하여 그 등기를 신청 할 수 있다. 건물이 구분건물인 경우에 그 건물의 등기기록 중 1동 표제부에 기록하는 등기 사항에 관한 변경등기는 그 구분건물과 같은 1동의 건물에 속하는 다른 구분건물에 대하여 도 변경등기로서의 효력이 있다(법 제41조 제3항, 제4항).

④ 신탁재산에 속한 권리가 이전 변경 또는 소멸됨에 따라 신탁재산에 속하지 아니하게 된 경 우, 신탁종료로 인하여 신탁재산에 속한 권리가 이전 또는 소멸된 경우 **신탁등기의 말소신청** 은 신탁된 권리의 이전등기, 변경등기 또는 말소등기의 신청과 **동시에** 하여야 한다(법 제87 조 제1항, 제2항). **신탁등기의 말소등기신청**은 권리의 이전 또는 말소등기나 수탁자의 고유 재산으로 된 뜻의 등기신청과 함께 1건의 신청정보로 **일괄**하여 하여야 한다(규칙 제144조 제1항). **신탁등기의 말소등기**는 수탁자가 **단독**으로 신청할 수 있다(법 제87조 제3항). **수익자** 나 **위탁자**는 수탁자를 대위하여 신탁등기의 말소등기를 신청할 수 있다(법 제87조 제4항).

08 대위등기신청에 관한 다음 설명 중 가장 옳지 않은 것은? ▸2018년 등기주사보

① 채권자의 피보전채권이 금전채권인 경우라도 채권자가 대위등기를 신청할 때에 채무자의 무자력을 증명하는 정보를 제공할 필요는 없다.

② 채권자의 대위신청에 의하여 등기관이 등기를 할 때에는 대위자의 성명(명칭), 주소(사무소 소재지) 및 주민등록번호(부동산등기용등록번호)를 기록하여야 한다.

③ 등기상대방을 대위하여 등기신청을 하는 것은 공동신청주의 원칙상 허용되지 않으나, 등기상대방에 대한 채권을 가지고 있는 경우에는 예외적으로 상대방을 대위해서 등기신청을 할 수 있다.

④ 채권자가 대위에 의하여 등기를 신청할 때에는 대위원인을 증명하는 정보를 제공하여야 하는바, 그 정보가 사문서라도 무방하다.

[해설] ② 등기관이 대위신청에 의하여 등기를 할 때에는 **대위자**의 **성명** 또는 명칭, **주소** 또는 사무소 소재지(🔔 번호✕) 및 **대위원인**을 등기기록에 기록하고, 신청정보의 내용으로도 제공하여야 한다(법 제28조 제2항, 규칙 제50조 제3호, 제4호, 예규 제1432호, 4).

③ 채권자는 채무자가 등기권리자의 지위에 있는 경우에만 그 등기신청권을 대위 행사할 수 있고, 등기의무자의 지위에 있는 경우에는 할 수 없다. 예를 들어 부동산 매수인(채권자)이 매매계약에 따른 채권자(등기청구권자)라 하더라도 바로 그 매매계약에 따른 매도인(채무자)의 소유권이전등기신청권을 대위 행사할 수는 없다. 매도인은 등기의무자의 지위에 있고, 이러한 경우 (🔔 상대방)대위신청을 허용하는 것은 **공동신청의 취지**에 정면으로 **반**하기 때문에 할 수 없다. (🔔 단, 상대방 대리는 상대방의 의사 확인을 받았기 때문에 가능) 다만, 판례와 등기선례에서는 **채무자에 대한 별도의 채권**을 가지고 있다면 자기채권의 실현을 위해 **상대방 대위등기신청**을 할 수 있다고 한다(「부동산등기실무 I」 p.202).

④ 예규 제1432호, 3

09 대위에 의한 등기신청에 관한 다음 설명 중 가장 옳지 않은 것은? ▸2017년 등기주사보

① 대위채권자가 채무자를 대리하여 등기를 신청하는 것이 아니고 자기의 명의로 채무자 명의의 등기를 신청하는 것이다.

② 채무자를 대위하여 등기를 신청할 때에는 대위자의 성명과 주소를 신청정보로 등기소에 제공하여야 한다.

③ 채무자가 상속을 포기한 경우라도 채권자는 상속인을 대위하여 상속등기를 신청할 수 있다.

④ 대위신청에 따른 등기를 한 경우 등기관은 대위신청인인 채권자와 피대위자인 채무자에게 등기완료통지를 하여야 한다.

[해설] ③ 대위등기신청은 채권자가 채무자의 등기신청권을 대위 행사하는 것이므로 그 전제로서 채무자에게 **등기신청권이 있어야** 한다. 채무자에게 등기신청권이 없으면 당연히 대위등기신청도 생각할

정답 ❍ 07 ① 08 ② 09 ③

수 없다. 예를 들어 채무자인 상속인이 **상속포기를** 한 경우에는 채무자에게 등기신청권이 없으므로 채권자는 상속인을 대위하여 상속등기를 신청할 수도 **없다.** 다만, 상속의 한정승인이나 포기를 할 수 있는 기간 내라고 하더라도 상속인은 상속등기를 신청할 수 있는바, 마찬가지로 상속인의 채권자도 상속인을 대위하여 상속등기를 신청할 수 있다(「부동산등기실무Ⅰ」 p.201).

① 채권자는 **자기의 채권을 보전**(피보전채권)하기 위하여 (🔁 **자기의 이름**으로) 채무자의 권리(피대위권리/등기신청권)를 행사할 수 있다. 그러나 일신에 전속한 권리는 그러하지 아니하다(민법 제404조).
④ 법 제30조, 규칙 제53조 제1항 제2호, 예규 제1432호, 4-다

10 등기의 대위신청에 관한 다음 설명 중 가장 옳지 않은 것은? ▸ 2017년 등기서기보
① 채권자는 민법 제404조(채권자대위권)에 따라 채무자를 대위하여 등기를 신청할 수 있다.
② 신청정보로 대위자의 성명(또는 명칭)과 주소(또는 사무소 소재지)를 제공하여야 하나, 그 대위자의 정보가 등기기록에 기록되지는 않는다.
③ 수익자나 위탁자는 수탁자를 대위하여 신탁등기를 신청할 수 있다.
④ 상속등기를 하지 아니한 부동산에 대하여 가압류결정이 있을 때 가압류채권자는 그 등기촉탁 이전에 먼저 대위에 의하여 상속등기를 함으로써 등기의무자의 표시가 등기기록과 부합하도록 하여야 한다.

해설 ② 등기관이 대위신청에 의하여 등기를 할 때에는 **대위자의 성명** 또는 명칭, **주소** 또는 사무소 소재지(🔁 **번호×**) 및 **대위원인을** 등기기록에 기록하고, 신청정보의 내용으로도 제공하여야 한다(법 제28조 제2항, 규칙 제50조 제3호, 제4호, 예규 제1432호, 4).

③ **수익자**나 **위탁자**는 수탁자를 **대위**하여 신탁등기를 신청할 수 있다(법 제82조 제2항).
④ 예규 제1432호, 5-가

11 대위등기에 관한 다음 설명 중 가장 옳지 않은 것은? ▸ 2014년 법무사
① 채권자가 채무자를 대위하여 등기를 신청하는 경우 채무자로부터 채권자 자신으로의 등기를 동시에 신청하지 않더라도 이를 수리한다.
② 채권자대위에 의한 등기신청이 있는 경우에 등기를 함에는 채권자의 성명 또는 명칭, 주소 또는 사무소 소재지, 주민등록번호 또는 부동산등기용등록번호와 대위원인을 기록하여야 한다.
③ 피보전채권이 금전채권인 경우에도 등기관은 무자력 여부를 심사하지 않고 등기신청을 수리한다.
④ 채권자 대위에 의하여 등기를 신청할 때에 제공하여야 하는 대위원인을 증명하는 정보는 공문서뿐만 아니라 사서증서라도 무방하다.

⑤ 대위로 신청할 수 있는 등기에는 채무자의 권리에 이익을 가져오는 등기뿐만 아니라 부동산표시변경등기와 같이 채무자에게 불리하지 아니한 등기도 포함된다.

> **해설** ② 등기관이 대위신청에 의하여 등기를 할 때에는 **대위자**의 **성명** 또는 명칭, **주소** 또는 사무소 소재지(📋 번호×) 및 **대위원인**을 등기기록에 기록하고, 신청정보의 내용으로도 제공하여야 한다(법 제28조 제2항, 규칙 제50조 제3호, 제4호, 예규 제1432호, 4).
>
> ① 예규 제1432호, 4   ④ 예규 제1432호, 3

12 채권자대위권에 의한 대위등기에 관한 다음 설명 중 가장 옳지 않은 것은? ▸2013년 법무사

① 채무자가 상속을 포기한 경우에도 채권자는 채무자를 대위하여 상속을 원인으로 한 소유권이전등기를 신청할 수 있다.
② 대위의 기초가 되는 피보전권리는 채권적 청구권이거나 물권적 청구권이거나 가리지 않는다.
③ 피보전권리가 금전채권인 경우 채무자가 무자력 상태에 있음을 소명하지 않고서도 채권자는 채권자대위에 의한 등기신청을 할 수 있다.
④ 채권자대위에 의한 등기를 마친 경우 등기관은 대위신청인 및 피대위자에게 등기완료통지를 하여야 한다.
⑤ 공정증서가 아닌 사서증서도 대위원인을 증명하는 서면이 될 수 있다.

> **해설** ① 대위등기신청은 채권자가 채무자의 등기신청권을 대위 행사하는 것이므로 그 전제로서 채무자에게 **등기신청권이 있어야** 한다. 채무자에게 등기신청권이 없으면 당연히 대위등기신청도 생각할 수 없다. 예를 들어 채무자인 상속인이 **상속포기**를 한 경우에는 채무자에게 등기신청권이 없으므로 채권자는 상속인을 **대위**하여 상속등기를 신청할 수도 **없다**. 다만, 상속의 한정승인이나 포기를 할 수 있는 기간 내라고 하더라도 상속인은 상속등기를 신청할 수 있는바, 마찬가지로 상속인의 채권자도 상속인을 대위하여 상속등기를 신청할 수 있다(「부동산등기실무 I」 p.201).
>
> ④ 법 제30조, 규칙 제53조 제1항 제2호, 예규 제1432호, 4-다
> ⑤ 예규 제1432호, 3

정답 ↤   10 ②   11 ②   12 ①

04 등기상 이해관계인

01 등기상 이해관계 있는 제3자 또는 등기상 이해관계인에 관한 다음 설명 중 가장 옳지 않은 것은?
▸ 2021년 등기서기보

① 등기관이 등기의 착오나 빠진 부분이 등기관의 잘못으로 인한 것임을 발견한 경우에는 등기상 이해관계 있는 제3자의 승낙이 없더라도 그 등기를 직권으로 경정하여야 한다.

② 등기관이 등기를 마친 후 그 등기가 「부동산등기법」 제29조 제1호 또는 제2호에 해당된 것임을 발견하였을 때에는 등기권리자, 등기의무자와 등기상 이해관계 있는 제3자에게 1개월 이내의 기간을 정하여 그 기간에 이의를 진술하지 아니하면 등기를 말소한다는 뜻을 통지하여야 한다.

③ 말소된 등기의 회복을 신청하는 경우에 등기상 이해관계 있는 제3자가 있을 때에는 그 제3자의 승낙이 있어야 한다.

④ 가등기의무자 또는 가등기에 관하여 등기상 이해관계 있는 자는 가등기명의인의 승낙을 받아 단독으로 가등기의 말소를 신청할 수 있다.

해설 ① 등기관이 등기의 착오나 빠진 부분이 **등기관의 잘못**으로 인한 것임을 발견한 경우에는 지체 없이 그 등기를 **직권**으로 **경정**하여야 한다. 다만, **등기상 이해관계 있는 제3자가 있는 경우**에는 제3자의 **승낙**이 있어야 한다(법 제32조 제2항).

② 등기관이 등기를 마친 후 그 등기가 **제29조 제1호**(사건이 그 등기소의 관할이 아닌 경우) **또는 제2호**(사건이 등기할 것이 아닌 경우)에 해당된 것임을 발견하였을 때에는 등기권리자, 등기의무자와 등기상 이해관계 있는 제3자에게 1개월 이내의 기간을 정하여 그 기간에 이의를 진술하지 아니하면 등기를 **말소**한다는 뜻을 통지(🔁 **사전통지**)하여야 한다. 등기관은 위의 기간 이내에 이의를 진술한 자가 없거나 이의를 각하한 경우에는 제1항의 등기를 **직권**으로 **말소**하여야 한다(법 제58조 제1항, 제2항).

③ 말소된 등기의 **회복**을 신청하는 경우에 **등기상 이해관계 있는 제3자가** 있을 때에는 그 제3자의 **승낙**이 있어야 한다(법 제59조). 법 제59조의 말소된 등기에 대한 회복 신청을 받아 등기관이 등기를 회복할 때에는 회복의 등기를 한 후 다시 말소된 등기와 **같은 등기**를 하여야 한다(🔁 **순위번호도** 종전 등기와 **같은 번호**를 기록한다). 다만, 등기전체가 아닌 **일부** 등기사항만 말소된 것일 때에는 **부기**에 의하여 **말소된 등기사항만 다시 등기**한다(규칙 제118조).

④ **가등기권리자**는 제23조 제1항(🔁 **원칙적 공동신청**)에도 불구하고 가등기의무자의 승낙이 있거나 가등기를 명하는 법원의 가처분명령이 있을 때에는 단독으로 **가등기를 신청**할 수 있다(법 제89조).

가등기명의인은 제23조 제1항(🔁 **원칙적 공동신청**)에도 불구하고 단독으로 가등기의 말소를 신청할 수 있으며, **가등기의무자** 또는 가등기에 관하여 **등기상 이해관계 있는 자도** 가등기명의인의 승낙을 받아 **단독으로 가등기의 말소를 신청**할 수 있다(법 제93조).

02 등기상 이해관계 있는 제3자에 관한 다음 설명 중 가장 옳지 않은 것은? ▸ 2017년 등기서기보

① 채권최고액을 증액하는 근저당권변경등기를 신청하는 경우 동일인 명의의 후순위 근저당권자는 등기상 이해관계 있는 제3자에 해당한다.

② 소유권이전등기 말소청구권을 피보전권리로 하는 선행 가처분등기가 마쳐져 있을 때 등기상 이해관계 있는 제3자가 다른 권원에 의하여 위 소유권이전등기 말소를 신청할 경우 선행 가처분권리자의 승낙이나 이에 대항할 수 있는 재판이 있음을 증명하는 정보를 제공하여야 한다.

③ 을구에 근저당권설정등기, 갑구에 체납처분에 의한 압류등기가 순차로 마쳐진 후에 근저당권의 채권최고액을 증액하는 경우 압류등기의 권리자(처분청)는 등기상 이해관계 있는 제3자에 해당한다.

④ 단독소유를 공유로 또는 공유를 단독소유로 하는 경정등기를 함에 있어 등기상 이해관계 있는 제3자가 있는 때에는 그 승낙이나 이에 대항할 수 있는 재판이 있음을 증명하는 정보가 제공되어 있지 않으면 등기관은 그 등기신청을 수리하여서는 아니 된다.

▸**해설** ① 1) 등기관이 **권리의 변경이나 경정의 등기**(🔧 전세권변경, 근저당권변경)를 할 때에는 **부기**로 하여야 한다. 다만, **등기상 이해관계 있는 제3자의 승낙**이 없는 경우에는 그러하지 아니하다(🔧 주등기)(법 제52조 제5호).

　　2) **채권최고액을 증액**하는 근저당권변경등기를 신청하는 경우 **동일인 명의의 후순위 근저당권자는 등기상 이해관계 있는 제3자가 아니**므로, 다른 이해관계인이 없다면 위 후순위 근저당권자의 **승낙**이 있음을 증명하는 정보 또는 이에 대항할 수 있는 재판이 있음을 증명하는 정보를 **제공하지 않더라도** 근저당권변경등기를 **부기등기**로 할 수 있다(선례 제201508-4).

② **소유권이전등기말소청구권**을 피보전권리로 하는 **가처분권자**가 본안에서 승소하였는데도 그 말소등기를 실행하지 않고 있는 경우에, 소유권이전등기를 말소할 수 있는 권한을 가진 **제3자**가 그 소유권이전등기의 **말소등기를 신청**하기 위해서는 위 **가처분권리자**의 **승낙**이나 이에 대항할 수 있는 **재판**이 있음을 증명하는 정보를 제공하여야 하며, 그렇지 않을 경우 소유권이전등기의 말소등기도 할 수 없다. 소유권이전등기말소청구권을 피보전권리로 하는 **선행 가처분등기**가 마쳐져 있을 때 **등기상 이해관계 있는 제3자**가 다른 권원에 의하여 위 소유권이전등기말소를 신청할 경우에도 **선행 가처분권리자**의 **승낙**이나 이에 대항할 수 있는 **재판**이 있음을 증명하는 정보를 제공하여야 하며, 그 경우 등기관은 신청에 따라 소유권이전등기를 말소한 후에 **직권**으로 가처분등기를 말소하게 된다(선례 제9-177호).

③ 1) 등기관이 **권리의 변경이나 경정의 등기**(🔧 전세권변경, 근저당권변경)를 할 때에는 **부기**로 하여야 한다. 다만, **등기상 이해관계 있는 제3자의 승낙**이 없는 경우에는 그러하지 아니하다(🔧 주등기)(법 제52조 제5호).

2) 을구에 **근저당권설정등기**, 갑구에 **체납처분에 의한 압류등기**(➕ 가압류·가처분·경매개시결정등기도 마찬가지)가 순차로 경료된 후에 근저당권의 **채권최고액을 증액**하는 경우, 그 변경등기를 부기등기로 실행하게 되면 을구의 근저당권변경등기가 갑구의 체납처분에 의한 압류등기보다 권리의 순위에 있어 우선하게 되므로, 갑구의 **체납처분에 의한 압류등기의 권리자(처분청)**는 을구의 근저당권변경등기에 대하여 **등기상 이해관계 있는 제3자**에 **해당**한다. 이 경우 갑구의 체납처분에 의한 압류등기의 권리자(처분청)의 **승낙서**나 그에게 대항할 수 있는 재판의 등본이 첨부정보로서 **제공된 경우**에는 을구의 근저당권변경등기를 **부기**등기로 실행할 수 있으나, 그와 같은 첨부정보가 제공되지 않은 경우에는 주등기로 실행하여야 한다. 이는 갑구의 주등기가 민사집행법에 따른 가압류·가처분등기나 경매개시결정등기인 경우에도 동일하다(선례 제201408-2호).

④ ㉮ **단독소유를 공유**로 또는 공유를 단독소유로 하는 경정등기, ㉯ **전부이전을 일부이전**으로 또는 일부이전을 전부이전으로 하는 경정등기, ㉰ **공유지분만의 경정등기** 등은 경정등기라는 명칭을 사용하고는 있으나 그 **실질은 말소등기**(일부말소 의미의)에 해당하므로 등기를 실행함에 있어 경정등기의 방식(법 제52조 제5호)이 아닌 **말소등기의 방식**(법 제57조 제1항)으로 등기를 하여야 한다.

따라서 그 등기를 함에 있어 **등기상 이해관계 있는 제3자**가 있는 때에는 신청서에 반드시 그 **승낙서** 또는 이에 대항할 수 있는 재판의 등본을 첨부하게 하여 부기등기의 방법으로 등기를 하여야 하고, 이해관계인의 승낙서 등이 첨부되어 있지 않은 경우 등기관은 그 등기신청을 **수리하여서는 아니 된다**(➕ **수리요건**)(예규 제1366호).

제2절 | 신청정보

01 서설 , **02** 신청정보의 내용

01 등기신청정보에 관한 다음 설명 중 가장 옳지 않은 것은? ▶ 2018년 등기주사보

① 건물등기기록에 도로명주소가 표시되지 않는 경우에 부동산의 표시로서 건물의 소재지번과 도로명주소를 함께 제공할 수 있다.

② 법인 아닌 사단이나 재단이 등기를 신청함에 있어서는 대표자나 관리인의 성명, 주소 및 주민등록번호를 제공하여야 한다.

③ 등기할 권리가 수인의 합유일 때에는 합유라는 뜻과 함께 합유자의 지분을 제공하여야 한다.

④ 관공서가 등기의무자 또는 등기권리자로서 촉탁에 의하지 아니하고 법무사에게 위임하여 등기를 신청하는 경우에 등기필정보는 제공할 필요가 없다.

해설 ③ 권리자가 2인 이상인 경우에는 권리자별 지분을 기록하여야 하고 등기할 권리가 **합유**인 때에는 **그 뜻을 기록**(🔒 합유지분×)하여야 한다(법 제48조 제4항). 등기할 **권리자가 2인 이상**일 때에는 그 **지분**을 신청정보의 내용으로 등기소에 제공하여야 한다. 등기할 권리가 **합유**일 때에는 **합유라는 뜻을**(🔒 합유지분×) 신청정보의 내용으로 등기소에 제공하여야 한다(규칙 제105조).

① 건물등기기록 표제부에 도로명주소가 기록되지 않은 경우 등기신청서의 건물 표시는 등기기록에 표시된 건물의 소재지번을 기재하고, 이때 도로명주소만을 기재하여서는 아니 된다. 등기신청서의 건물 표시에 소재지번과 도로명주소가 함께 기재된 경우에는 등기사건을 수리하되, 도로명주소가 기재된 건축물대장 정보가 함께 제공된 경우 5. 가.에 따라 등기관은 직권으로 도로명주소를 기록하는 표시변경등기를 하여야 한다(예규 제1436호).

② 법 제26조의 **법인 아닌 사단이나 재단**이 신청인인 경우에는 **그 대표자나 관리인**의 성명, 주소 및 주민등록번호를 신청정보의 내용으로 등기소에 제공하여야 한다(규칙 제43조 제2항).

④ 관공서가 **등기의무자**로서 등기권리자의 청구에 의하여 등기를 촉탁하거나 부동산에 관한 권리를 취득하여 **등기권리자**로서 그 등기를 촉탁하는 경우에는 등기의무자의 권리에 관한 **등기필정보**를 제공할 필요가 **없다**. 이 경우 관공서가 촉탁에 의하지 아니하고 **법무사** 또는 변호사에게 **위임**하여 등기를 신청하는 경우에도 **같다**(예규 제1625호, 4).

02 다음 중 등기원인 및 등기원인의 연월일이 잘못 연결된 것은? ▶ 2017년 등기주사보

① 매매계약 : 매매 – 법률행위 성립일

② 사인증여 : 증여 – 증여자의 사망일

③ 피상속인 사망 : 상속 – 피상속인의 사망일

④ 공유물분할 판결 : 공유물분할 – 판결 선고일

해설 ④ 공유물분할판결의 경우 등기원인은 "**공유물분할**"로, 그 연월일은 "**판결확정일**"을 기재한다.

정답 ☞ 01 ③ 02 ④

03 신청정보의 작성방법

01 등기신청절차에 관한 다음 설명 중 가장 옳지 않은 것은?
▸ 2017년 등기서기보

① 상속재산분할협의서가 여러 장인 경우 작성자 전원이 간인할 필요가 없고 그중 1인이 간인하면 된다.

② 서면신청의 경우 신청서가 여러 장일 때에는 신청인 또는 그 대리인이 간인을 하여야 하고, 등기권리자 또는 등기의무자가 여러 명일 때에는 그중 1명이 간인하는 방법으로 한다.

③ 신청서에 첨부한 인감증명서에 대하여는 환부를 청구할 수 없다.

④ 교도소에 재감 중인 자가 위임장에 인감인의 날인에 갈음하여 무인을 찍고 교도관이 확인하는 방법으로 작성된 대리권한증서는 적법한 대리권한을 증명하는 정보로 인정되지 않는다.

해설 ① 「부동산등기규칙」제56조 제2항은 등기신청서의 간인 의무와 간인 방법에 관한 규정이므로 등기신청서의 첨부서면에 직접 적용되는 것은 아니지만, 첨부서면인 등기원인증서(계약서 등)의 경우에도 그 서면이 여러 장일 때에는 그 연속성을 보장하고 또한 그 진정성립을 확인하기 위하여 작성명의인의 간인이 있어야 할 것이다. 따라서 방문신청의 방법으로 근저당권설정등기를 신청할 때에 등기원인을 증명하는 서면으로 첨부하는 **근저당권설정계약서(⊞ 매매계약서, 상속재산 협의분할 계약서, 등기신청위임장)**가 여러 장일 때에는 계약당사자의 간인이 있어야 한다. 다만 「부동산등기규칙」제56조 2항은 첨부서면에 적용되는 것은 아니므로, 계약당사자가 여러 명일 때에는 그 **전원이 간인**을 하여야 한다(선례 제201809-3호).

② **방문신청**을 하는 경우에는 등기신청서에 제43조 및 그 밖의 법령에 따라 신청정보의 내용으로 등기소에 제공하여야 하는 정보를 적고 신청인 또는 그 대리인이 기명날인하거나 서명하여야 한다. **신청서가 여러 장**일 때에는 신청인 또는 그 대리인이 **간인**을 하여야 하고, 등기권리자 또는 등기의무자가 **여러 명**일 때에는 **그중 1명**(⊞ 의무자 및 권리자 각 1인으로 해석)이 간인하는 방법으로 한다. 다만, 신청서에 서명을 하였을 때에는 각 장마다 연결되는 서명을 함으로써 간인을 대신한다(규칙 제56조).

③ 신청서에 첨부한 서류의 원본의 환부를 청구하는 경우에 **신청인**은 그 원본과 같다는 뜻을 적은 사본을 첨부하여야 하고, **등기관**이 서류의 원본을 환부할 때에는 그 사본에 원본 환부의 뜻을 적고 기명날인하여야 한다. 다만, 다음 각 호의 서류에 대하여는 환부를 청구할 수 없다(규칙 제59조). 〈개정 2022.2.25.〉

　1. 등기신청위임장, 제46조 제1 제8호, 제111조 제2항의 확인정보를 담고 있는 서면 등 **해당 등기신청만을 위하여 작성한 서류**

　2. 인감증명, 법인등기사항증명서, 주민등록표등본·초본, 가족관계등록사항별증명서 및 건축물대장·토지대장·임야대장 등본 등 **별도의 방법으로 다시 취득할 수 있는 서류**

④ **교도소에 재감 중인 자라 하여 그의 인감증명서를 발급받을 수 없는 것은 아니므로**(인감증명법 제7조, 같은 법 시행령 제8조, 제13조 참조) 그가 인감 제출을 요하는 등기신청을 함에 있어서는 인감증명서를 제출하여야 하고 재감자가 무인한 등기신청의 위임장이 틀림없다는

취지를 교도관이 확인함으로써 인감증명서의 제출을 생략할 수는 없을 것이다(예규 제423호). 따라서 교도소에 재감 중인 자가 **위임장**에 인감인의 날인에 갈음하여 **무인**을 찍고 교도관이 확인하는 방법으로 작성된 대리권한증서는 적법한 대리권한을 증명하는 정보로 **인정되지 않**는다.

02 **등기신청절차에 관한 다음 설명 중 가장 옳지 않은 것은?** ▸ 2016년 법무사

① 상속재산협의분할서가 여러 장인 경우 작성자 전원이 간인하여야 한다.
② 서면신청의 경우 신청서가 여러 장일 때에는 신청인 또는 그 대리인이 간인을 하여야 하고, 등기권리자 또는 등기의무자가 여러 명일 때에는 그중 1명이 간인하는 방법으로 한다.
③ 신청서에 첨부한 인감증명서에 대하여는 환부를 청구할 수 없다.
④ 등기신청서에 첨부하는 인감증명, 법인등기사항증명서, 건축물대장 · 토지대장 · 임야대장 등본은 발행일부터 3개월 이내의 것이어야 한다.
⑤ 교도소에 재감 중인 자가 위임장에 인감인의 날인에 갈음하여 무인을 찍고 교도관이 확인하는 방법으로 작성된 대리권한증서는 적법한 대리권한을 증명하는 정보로 인정된다.

해설 ⑤ **교도소에 재감 중인 자**라 하여 그의 **인감증명서를 발급받을 수 없는 것은 아니**므로(인감증명법 제7조, 같은 법 시행령 제8조, 제13조 참조) 그가 인감 제출을 요하는 등기신청을 함에 있어서는 인감증명서를 제출하여야 하고 재감자가 무인한 등기신청의 위임장이 틀림없다는 취지를 교도관이 확인함으로써 인감증명서의 제출을 생략할 수는 없을 것이다(예규 제423호). 따라서 교도소에 재감 중인 자가 **위임장**에 인감인의 날인에 갈음하여 **무인**을 찍고 교도관이 확인하는 방법으로 작성된 대리권한증서는 적법한 대리권한을 증명하는 정보로 **인정되지 않는다**.

④ 등기신청서에 첨부하는 **인감증명, 법인등기사항증명서, 주민등록표등본 · 초본, 가족관계등록사항별증명서** 및 건축물대장 · 토지대장 · 임야대장 등본은 발행일부터 3개월 이내의 것이어야 한다(규칙 제62조).

03 **등기신청서 또는 부속서류의 작성방법에 관한 다음 설명 중 가장 옳은 것은?**
▸ 2013년 법무사

① 신청서가 여러 장이어서 간인을 할 경우 등기권리자 또는 등기의무자가 다수인 경우 반드시 전원이 간인하여야 한다.
② 대리인이 법무사인 경우 신청서의 대리인란에 하는 날인은 반드시 신고한 직인과 법무사의 사인을 같이 날인하여야 한다.
③ 신청인이 다수인 경우에 신청서를 정정할 때에는 신청인 중 한 사람이 정정인을 날인하여도 무방하다.

정답 ⑤ 01 ① 02 ⑤ 03 ⑤

④ 등기의 목적과 원인이 동일하면 수인의 공유자가 수인에게 지분의 전부 또는 일부를 이전하는 경우 하나의 신청서로 할 수 있다.

⑤ 매매계약서가 여러 장인 경우 그 간인은 작성자 전원이 하여야 한다.

해설 ⑤ 「부동산등기규칙」 제56조 제2항은 등기신청서의 간인 의무와 간인 방법에 관한 규정이므로 등기신청서의 첨부서면에 직접 적용되는 것은 아니지만, 첨부서면인 등기원인증서(계약서 등)의 경우에도 그 서면이 여러 장일 때에는 그 연속성을 보장하고 또한 그 진정성립을 확인하기 위하여 작성명의인의 간인이 있어야 할 것이다. 따라서 방문신청의 방법으로 근저당권설정등기를 신청할 때에 등기원인을 증명하는 서면으로 첨부하는 **근저당권설정계약서(⊞ 매매계약서, 상속재산 협의분할 계약서, 등기신청위임장)**가 여러 장일 때에는 계약당사자의 간인이 있어야 한다. 다만 「부동산등기규칙」 제56조 2항은 첨부서면에 적용되는 것은 아니므로, 계약당사자가 여러 명일 때에는 그 **전원이 간인**을 하여야 한다(선례 제201809-3호).

① **방문신청**을 하는 경우에는 등기신청서에 제43조 및 그 밖의 법령에 따라 신청정보의 내용으로 등기소에 제공하여야 하는 정보를 적고 신청인 또는 그 대리인이 기명날인하거나 서명하여야 한다. **신청서가 여러 장**일 때에는 신청인 또는 그 대리인이 **간인**을 하여야 하고, 등기권리자 또는 등기의무자가 **여러 명**일 때에는 **그중 1명**(⊞ 의무자 및 권리자 각 1인으로 해석)이 간인하는 방법으로 한다. 다만, 신청서에 서명을 하였을 때에는 각 장마다 연결되는 서명을 함으로써 간인을 대신한다(규칙 제56조).

② 법무사가 등기사건을 위임받아 **신청서를 작성**하는 경우에 신청서의 끝부분에 있는 대리인란에 하는 날인은 반드시 신고한 직인으로 하여야 하며, 신청서의 간인도 직인으로 하여야 할 것이다. 다만 법무사의 실인을 직인과 함께 날인하는 것도 무방할 것이며, 이 경우에는 실인으로 간인할 수도 있다. 신청서의 끝부분에 있는 대리인란의 법무사 성명 다음에 직인을 날인한 이상 기명날인은 한 곳에 하면 족하므로 기재란 밖에 또다시 직인을 날인할 필요는 없다(선례 제201301-5호).

③ 날인하지 아니한 신청인과 이해상반되는 경우가 있을 수 있으므로 신청인 **전원이 정정인을** 날인한다(예규 제585호).

④ **수인의 공유자가 수인**에게 지분의 전부 또는 일부를 이전하려고 하는 경우 등기신청인은 등기신청서에 등기의무자들의 각 지분 중 각 ○분의 ○ 지분이 등기권리자 중 1인에게 이전되었는지를 기재하고 신청서는 **등기권리자별로 신청서를** 작성하여 제출하거나 또는 등기의무자 1인의 지분이 등기권리자들에게 각 ○분의 ○ 지분씩 이전되었는지를 기재하고 **등기의무자별로 신청서를** 작성하여 제출하여야 한다. **한 장의 신청서**(⊞ 일괄신청)에 함께 기재한 경우 등기관은 이를 수리해서는 **아니** 된다(예규 제1363호).

04　신청정보의 제공방법(→ 일괄신청 part)

제3절 │ 첨부정보

01 등기원인과 관련된 정보

01 등기원인 증명정보

01 등기원인을 증명하는 정보와 관련된 다음 설명 중 가장 옳지 않은 것은? ▶ 2015년 법무사

① 근저당권설정등기신청서에 등기원인을 증명하는 정보로서 첨부하는 근저당권설정계약서에는 채무자의 인영이 날인되어 있어야 한다.

② 규약상 공용부분이라는 뜻의 등기의 신청서에 첨부된 규약 또는 공정증서는 등기관이 등기를 마친 후에 이를 신청인에게 돌려주어야 한다.

③ 신탁계약에 의하여 소유권을 이전하는 경우에는 등기원인을 증명하는 정보에 검인을 받아 제공하여야 한다.

④ 개명으로 인한 등기명의인표시변경등기신청의 등기원인을 증명하는 정보는 기본증명서(가족관계의 등록 등에 관한 법률 제15조 제1항 제2호)이다.

⑤ 제적부 등·초본, 가족관계 등록사항별 증명서는 상속등기의 등기원인을 증명하는 정보가 될 수 있다.

> **해설** ① 근저당권설정등기의 등기원인인 근저당권설정계약의 당사자는 근저당권자와 근저당권설정자이므로, 근저당권설정계약서에는 근저당권설정계약의 당사자인 근저당권자와 근저당권설정자 사이에 근저당권설정을 목적으로 하는 물권적 합의가 있었음이 나타나 있으면 되고, 반드시 채무자의 동의나 승인이 있었음이 나타나 있어야만 하는 것은 아닌바, 근저당권설정등기신청서에 등기원인을 증명하는 서면으로서 첨부하는 **근저당권설정계약서에는 채권최고액**과 **채무자의 표시**(성명·주소○ / 번호×) 등은 기재되어 있어야 하지만(⊕ 필요적 기재사항), **채무자의 인영**이 **반드시 날인**되어 있어야만 하는 것은 **아니다**(선례 제6-32호).
>
> ② 신청서에 첨부된 제46조 제1항 제1호의 정보를 담고 있는 서면이 **법률행위의 성립을 증명하는 서면**이거나 그 밖에 **대법원예규로 정하는 서면**일 때에는 등기관이 등기를 마친 후에 이를 신청인에게 **돌려주어야** 한다(규칙 제66조 제1항). **규약상 공용부분인 취지의 등기**의 경우 **규약** 또는 **공정증서**는 예규에서 당연환부사항으로 정하고 있다(예규 제1514호).
>
> ③ 신탁행위에 의한 신탁등기를 신청하는 경우에는 당해 부동산에 대하여 신탁행위가 있었음을 증명하는 정보(신탁계약서 등)를 등기원인을 증명하는 정보로서 제공하여야 하고, 특히 **신탁계약**에 의하여 **소유권**을 **이전**하는 경우에는 등기원인을 증명하는 정보에 **검인**을 받아 제공하여야 한다(예규 제1694호).

정답 ☞ 01 ①

④ 개명으로 인한 등기명의인표시변경등기 신청 시 등기소에 제출하여야 하는 등기원인을 증명하는 서면은 「가족관계의 등록 등에 관한 법률」 제15조 제1항 제2호의 "기본증명서"이다(선례 제201203-5호).

⑤ 등기원인이 상속인 때에는 신청서에 가족관계등록에 관한 정보 등 상속이 있었다는 사실을 증명하는 정보를 제공하여야 한다(규칙 제46조 제1항 제1호, 제49조 등 참조). 상속이 있었다는 사실을 증명하는 정보로서 가장 대표적인 것이 제적부 등·초본 및 기본증명서, 가족관계증명서, 친양자입양관계증명서인바, 여기에는 피상속인의 사망사실과 상속인 전원을 알 수 있는 것을 첨부하여야 한다(「부동산등기실무Ⅰ」 p.258, 선례 2-131 참조).

02 등기원인 허 동 승 등

가. 검인

관련 예규

부동산등기특별조치법 및 동법에 따른 대법원규칙의 시행에 관한 등기사무처리지침(예규 제1419호)

1. 계약을 등기원인으로 하는 소유권이전등기신청시에 제출하여야 할 검인계약서 등

   가. 검인계약서 등을 제출하여야 할 경우

   (1) **계약을** 등기원인으로 하여 1990.9.2. 이후 **소유권이전등기를** 신청할 때에는 계약의 일자 및 종류를 불문하고 **검인을 받은 계약서 원본**(이하 "검인계약서"라 한다) 또는 검인을 받은 **판결서 정본**(화해·인낙·조정조서를 포함한다)을 등기원인증서로 제출하여야 한다.

   [검인을 받아야 하는 경우] - 매매·교환·증여·신탁계약·신탁해지·명의신탁해지약정·공유물분할계약·재산분할협의서·재산분할판결·양도담보계약·대물변제계약·해제계약·공공용지의 협의취득

   (2) **매각**(강제경매, 임의경매) 또는 **공매를** 원인으로 한 소유권이전등기 및 계약의 일방 당사자가 **국가 또는 지방자치단체**인 경우의 소유권이전등기에는 법 제3조의 규정을 적용하지 아니한다. 또한 공익사업의 시행자가 공익사업에 필요한 토지를 토지보상법이 정한 절차에 따라 수용한 후 **수용을** 등기원인으로 하여 소유권이전등기를 신청하는 경우는 계약을 원인으로 하는 소유권이전등기가 아니므로 등기원인증서인 재결서 또는 토지보상법 제25조의 2의 규정에 의한 협의성립확인서에 부동산등기특별조치법 제3조의 규정에 의한 **검인을** 받을 필요가 **없다**(선례 제3-65호).

   (3) 선박·입목·재단등기의 경우에는 법 제3조의 규정을 적용하지 아니한다.

   나. 등기원인증서와 인지세의 납부

   등기원인증서로서 제출하는 검인계약서에는 계약서상의 계약금액에 대하여 「인지세법」 제3조 제1항 제1호의 규정에 따른 인지를 첨부하여야 한다.

   다. 등기원인증서의 부동산표시

   (1) **검인계약서의 부동산표시가** 신청서의 그것과 엄격히 일치하지 아니하더라도 양자 사이에 **동일성을 인정**할 수 있으면 그 등기신청을 **수리**하여도 무방하다.

   (2) 구분건물과 대지권이 함께 등기신청의 목적인 경우에는 그 검인계약서에 **대지권의 구체적인 표시가 없더라도 대지권이 포함된 취지의 표시**는 되어 있어야 한다.

라. 등기원인증서의 당사자표시

검인계약서의 계약당사자의 표시가 신청서의 그것과 엄격히 일치하지 아니하더라도(주소가 변동된 경우 포함) 다른 제출서면에 의하여 양자 사이의 동일성을 인정할 수 있으면 그 등기신청을 수리하여도 무방하다.

마. 가등기 및 이에 터잡은 본등기의 경우에 제출하는 등기원인증서와 검인

(1) 소유권이전을 내용으로 한 예약(계약)을 원인으로 하여 소유권이전등기청구권 보전의 가등기를 신청할 때 제출하는 등기원인증서에는 법 제3조 제1항, 제2항의 규정에 의한 검인이 되어 있지 않아도 무방하나, 그 가등기에 터잡은 본등기를 신청할 때 제출하는 등기원인증서에는 검인이 되어 있어야 한다.

(2) 삭제(2011.10.12. 제1419호)

2. 계약당사자의 지위를 이전하는 계약과 소유권이전등기

가. 부동산의 소유권을 이전받을 것을 내용으로 하는 계약을 체결한 자가 다시 제3자에게 계약당사자의 지위를 이전하는 계약을 체결한 경우, 그 지위 이전계약의 체결일이 법 제2조 제1항 제1호에 정하여진 날(쌍무계약의 경우 반대급부의 이행이 완료된 날) 전인 때에는 먼저 체결된 계약의 매도인으로부터 지위 이전계약의 양수인 앞으로 직접 소유권이전등기를 신청할 수 있는 것이므로(법 제2조 제3항 참조), 이와 같은 등기신청을 받은 등기관은 위 지위 이전계약의 체결일이 ① 먼저 체결된 계약서상에 표시된 반대급부 이행일 전이거나 ② 먼저 체결된 계약에 따른 실제의 반대급부 이행일 전임을 서면에 의하여 소명한 경우(예컨대, 영수증 또는 당사자의 진술서 등)에는 그 등기신청을 수리하여야 한다.

나. 위 가.의 소유권이전등기를 신청함에 있어 등기원인증서로 제출하는 먼저 체결된 계약서와 지위 이전 계약서(지위 이전계약이 순차로 이루어진 경우에는 그 지위 이전계약서 전부)는 각각 검인을 받은 것이어야 한다.

3. 과태료에 처할 사유의 통지

등기관이 법 제11조의 규정에 의한 과태료에 처할 사유가 있음을 발견한 때에는 별지 양식에 의한 통지서를 목적부동산의 소재지를 관할하는 시장 등에게 즉시 송부하여야 한다(다만, 과태료에 관한 규정은 1991. 1.1.부터 시행됨; 법 부칙).

01 등기원인을 증명하는 서면의 검인에 관한 다음 설명 중 가장 옳지 않은 것은?

▶ 2020년 법무사

① 소유권이전을 내용으로 한 예약(계약)을 원인으로 하여 소유권이전등기청구권 보전의 가등기를 신청할 때 제출하는 등기원인증서에는 검인이 되어 있지 않아도 무방하다.

② 경매절차에서의 매각을 원인으로 한 소유권이전등기를 촉탁할 때에는 등기원인증서에 검인을 받을 필요가 없다.

③ 계약의 일방 당사자가 지방자치단체인 경우에는 등기원인증서에 검인을 받을 필요가 없다.

정답 ☞   01 ④

④ 토지수용으로 인한 소유권이전등기를 신청할 때에 첨부정보로서 제공하는 등기원인증서인 재결서 또는 협의성립확인서에는 검인을 받아야 한다.

⑤ 토지거래허가구역 안의 토지에 대하여 토지거래계약허가증을 교부받은 경우에는 등기원인증서에 검인을 받을 필요가 없다.

> **해설** ④ 공익사업의 시행자가 공익사업에 필요한 토지를 토지보상법이 정한 절차에 따라 수용한 후 **수용**을 등기원인으로 하여 소유권이전등기를 신청하는 경우는 계약을 원인으로 하는 소유권이전등기가 아니므로 등기원인증서인 재결서 또는 토지보상법 제25조의 2의 규정에 의한 **협의성립확인서**에 부동산등기특별조치법 제3조의 규정에 의한 **검인**을 받을 필요가 **없다**(선례 제3–65호).
>
> ① 예규 제1419호, 1–마
> ② 예규 제1419호, 1–가–(2)
> ③ 예규 제1419호, 1–가–(2)
> ⑤ **토지거래계약허가증**을 등기신청서에 첨부한 때에는, 등기원인증서에 **검인**을 받을 필요가 없으며 **농지취득자격증명**과 (**외국인의) 토지취득허가증** 또한 제출할 필요가 **없다**(부동산 거래신고 등에 관한 법률 제20조, 예규 제1634호, 4). 이는 등기신청인이 **농업법인이 아닌 법인**이거나 **법인이 아닌 사단(교회)**인 경우에도 동일하다(선례 제201008–1호). 즉 토지거래계약허가증을 받은 경우 농업인 등이 아니라도 농지취득자격증명이 없이 농지를 취득할 수 있다.

02 부동산등기신청 시 계약서검인에 관한 다음 설명 중 가장 옳지 않은 것은? ▶ 2018년 법무사

① 계약을 원인으로 한 소유권이전등기이면 검인 대상이 되므로 등기원인이 매매, 교환과 같은 유상계약이든 증여와 같은 무상계약이든 묻지 않는다. 단, 무허가 건물이나 아직 건물이 완성되지 아니한 미등기 건물에 대한 아파트분양계약서는 검인대상이 아니다.

② 전유부분 또는 독립된 건물로서 활용되고 있는 건물을 구분소유자들이 증여받아 규약상 공용부분으로 삼는 경우 등기명의인(증여자)이 단독으로 규약상 공용부분이라는 뜻의 등기를 신청하더라도 실질적인 소유권이전등기신청에 해당하므로 검인을 받은 계약서의 원본을 제출하여야 한다.

③ 소유권이전등기청구권 보전의 가등기는 계약을 원인으로 소유권이전등기를 신청하는 것이 아니므로 검인을 요하지 아니하나, 그 가등기에 터잡은 본등기를 신청할 때 제출하는 원인증서에는 검인이 되어 있어야 한다.

④ 소유권이전등기청구권 보전을 위한 매매예약의 가등기에 의한 본등기를 신청함에 있어서, 매매예약서에 일정한 시기에 매매예약완결권 행사의 의사표시 간주 약정이 있는 때에는 그 예약서는 그대로 다시 가등기에 의한 본등기의 원인증서로 될 수 있는 것이므로 그 예약서에 검인을 받아 제출하면 된다.

⑤ 신탁계약에 의하여 소유권을 이전하는 경우나 신탁해지약정서를 원인서면으로 첨부하여 소유권이전등기를 신청하는 경우, 등기원인을 증명하는 정보에 검인을 받아 제공하여야 한다.

해설 ① **무허가 건물**이라는 사유만으로 **검인**을 거부할 수 없다(선례 제4-93호). 또한 아직 건물이 완성되지 아니한 **미등기건물**에 대한 **아파트분양계약서**도 관할 시장·군수·구청장이나 이들로부터 권한을 위임받은 읍·면·동장의 **검인**을 받을 수 있다(선례 제3-66호).

② 전유부분 또는 **독립된 건물**로서 활용되고 있는 건물을 구분소유자들이 **증여**받아 이를 **규약상 공용부분**으로 삼는 경우, 비록 구분소유자들 앞으로 소유권이전등기를 생략하고 등기명의인(증여자)이 단독으로 규약상 공용부분인 취지의 등기를 신청하더라도 이는 **실질적인 소유권이전등기**에 해당하므로 위 등기신청서에는 **검인**을 받은 **계약서의 원본**을 제출하여야 할 뿐 아니라, 소유권이전등기에 해당하는 등록세를 납부하고 국민주택채권도 매입하여야 한다(선례 제200805-1호).

③ 예규 제1419호, 1-마

④ 소유권이전등기청구권 보전을 위한 매매예약의 가등기에 기한본등기를 신청함에 있어서, 당해 **매매예약서**상에 일정한 시기에 매매예약완결권 행사의 의사표시간주 약정이 있는 때에는 그 예약서는 그대로 다시 가등기에 기한 본등기의 원인증서로도 될 수 있는 것이므로 그 예약서에 시장 등의 검인을 받아 제출하면 족하며, 위 예약서상의 예약완결권행사의 의사표시의 간주시기가 당해 토지에 대한 토지거래규제구역 또는 신고구역으로 지정되기 전의 일자인 경우에는 가등기에 기한 본등기신청시에 토지거래허가증 또는 신고필증을 제출할 필요가 없다(선례 제3-727호).

⑤ **신탁계약**에 의하여 **소유권을 이전**하는 경우에는 등기원인을 증명하는 정보(**신탁계약서** 등)에 **검인**을 받아 제공하여야 한다(예규 제1694호). 또한 **신탁해지**를 원인으로 하여 **위탁자 명의**로의 **소유권이전등기**를 신청하는 경우에는 국민주택채권매입필증을 첨부할 필요가 없으며, **신탁해지약정서**를 원인서면으로 첨부하여 **소유권이전등기를 신청하는** 경우, 그 약정서에는 부동산등기특별조치법이 정하는 바에 따라 **검인**을 받아야 한다(선례 제5-895호).

03 부동산등기 특별조치법에 따른 검인과 관련한 다음 설명 중 가장 옳지 않은 것은?

▶ 2017년 등기주사보

① 등기원인을 증명하는 서면이 판결서이더라도 계약을 원인으로 소유권이전등기를 신청하는 경우에는 그 판결서에 검인을 받아 제출하여야 한다.

② 토지거래허가구역 안의 토지 및 건물에 대한 소유권이전등기신청을 할 때에 토지에 대하여 허가증을 받은 경우에는 건물에 대하여만 검인을 받으면 된다.

③ 예약을 원인으로 가등기를 신청할 때에는 검인을 받지 않아도 된다.

④ 부동산에 관한 매매계약을 체결하고 실제 매매가격 등 일정한 사항을 관할 시장·군수 또는 구청장에게 신고하여 신고필증을 발급받은 때에는 검인을 받은 것으로 본다.

정답 ○ 02 ① 03 ②

해설 ② 토지거래계약허가증을 등기신청서에 첨부한 때에는, 등기원인증서에 검인을 받을 필요가 없으며 농지취득자격증명과 (외국인의) 토지취득허가증 또한 제출할 필요가 없다(부동산 거래신고 등에 관한 법률 제20조, 예규 제1634호, 4). 이는 등기신청인이 농업법인이 아닌 법인이거나 법인이 아닌 사단(교회)인 경우에도 동일하다(선례 제201008-1호). 즉 토지거래계약허가증을 받은 경우 농업인 등이 아니라도 농지취득자격증명이 없이 농지를 취득할 수 있다.

① 예규 제1419호, 1-가

③ 예규 제1419호, 1-마

④ 부동산 등의 매수인은 부동산거래계약신고필증을 발급받은 때에 「부동산등기 특별조치법」 제3조 제1항에 따른 검인을 받은 것으로 본다(부동산 거래신고 등에 관한 법률 제3조 제6항).

04 부동산등기특별조치법에 따른 검인에 관한 다음 설명 중 가장 옳지 않은 것은?

▶ 2014년 법무사

① 토지거래허가구역 안의 토지에 대하여 토지거래계약허가증을 교부받은 경우에는 검인을 받을 필요가 없다.

② 경매절차에서의 매각이나 공매를 원인으로 한 소유권이전등기의 경우에는 검인을 받을 필요가 없다.

③ 계약의 일방 당사자가 국가 또는 지방자치단체인 경우에는 검인을 받을 필요가 없다.

④ 예약을 원인으로 한 소유권이전청구권 보전의 가등기를 신청하는 경우에도 검인을 받아야 한다.

⑤ 토지수용에 의한 소유권이전등기의 경우에는 재결서 또는 협의성립확인서에 검인을 받을 필요가 없다.

해설 ④ 소유권이전을 내용으로 한 예약(계약)을 원인으로 하여 소유권이전등기청구권 보전의 가등기를 신청할 때 제출하는 등기원인증서에는 법 제3조 제1항, 제2항의 규정에 의한 검인이 되어 있지 않아도 무방하나, 그 가등기에 터잡은 본등기를 신청할 때 제출하는 등기원인증서에는 검인이 되어 있어야 한다(예규 제1419호, 1-마).

② 예규 제1419호, 1-가-(2)

③ 예규 제1419호, 1-가-(2)

⑤ 공익사업의 시행자가 공익사업에 필요한 토지를 토지보상법이 정한 절차에 따라 수용한 후 수용을 등기원인으로 하여 소유권이전등기를 신청하는 경우는 계약을 원인으로 하는 소유권이전등기가 아니므로 등기원인증서인 재결서 또는 토지보상법 제25조의2의 규정에 의한 협의성립확인서에 부동산등기특별조치법 제3조의 규정에 의한 검인을 받을 필요가 없다(선례 제3-65호).

05 부동산등기 특별조치법 제3조에 따른 계약서 등의 검인에 관한 다음 설명 중 가장 옳지 않은 것은?
▸ 2013년 법무사

① 신탁행위에 의한 신탁등기의 경우에는 등기원인을 증명하는 정보로서 제공하는 신탁계약서 등에 검인을 받을 필요가 없다.

② 매각 또는 공매를 원인으로 한 소유권이전등기의 경우에는 등기원인을 증명하는 정보에 검인을 받을 필요가 없다.

③ 계약을 원인으로 한 소유권이전등기의 경우에는 등기원인을 증명하는 정보가 판결서 정본인 때에도 검인을 받아야 한다.

④ 토지거래계약허가증을 첨부정보로서 제공할 경우에는 등기원인을 증명하는 정보에 검인을 받을 필요가 없다.

⑤ 소유권이전을 내용으로 한 계약을 원인으로 하여 소유권이전등기청구권 보전의 가등기를 신청할 때 제공하는 등기원인을 증명하는 정보에는 검인이 되어 있지 않아도 무방하다.

> **해설** ① 신탁계약에 의하여 소유권을 이전하는 경우에는 등기원인을 증명하는 정보(신탁계약서 등)에 검인을 받아 제공하여야 한다(예규 제1694호). 또한 신탁해지를 원인으로 하여 위탁자 명의로의 소유권이전등기를 신청하는 경우에는 국민주택채권매입필증을 첨부할 필요가 없으며, 신탁해지약정서를 원인서면으로 첨부하여 소유권이전등기를 신청하는 경우, 그 약정서에는 부동산등기특별조치법이 정하는 바에 따라 검인을 받아야 한다(선례 제5-895호).
>
> ② 예규 제1419호, 1-가-(2)
> ③ 예규 제1419호, 1-가
> ⑤ 예규 제1419호, 1-마

06 다음은 소유권이전등기신청 시 제출할 계약서의 검인과 관련한 설명이다. 가장 잘못된 것은?

▶ 2012년 법무사

① 계약을 원인으로 소유권이전등기를 신청할 때에는 계약의 종류 및 일자를 불문하고 검인을 받은 계약서의 원본 또는 판결서의 정본을 제출하여야 한다.

② 토지거래허가구역 안의 토지 및 그 지상의 건물에 대하여 소유권이전등기를 함께 신청하는 경우 토지에 대하여 거래계약허가를 받았다면 건물에 대하여는 별도로 검인을 받지 않아도 된다.

③ 소유권이전등기청구권 보전의 가등기를 신청할 때 제출하는 등기원인증서에는 검인이 되어 있지 않아도 된다.

④ 계약당사자의 지위를 이전하는 계약에 따라 제3자가 소유권이전등기를 신청하는 경우에는 먼저 체결된 계약서와 지위 이전계약서에 모두 검인을 받아야 한다.

⑤ 신청서와 검인계약서의 부동산표시는 일치하여야 하므로 구분건물과 대지권이 함께 등기신청의 목적인 경우 그 검인계약서에는 반드시 대지권의 구체적인 표시가 기재되어 있어야 한다.

해설 ⑤ 검인계약서의 **부동산표시**가 **신청서**의 그것과 엄격히 일치하지 아니하더라도 양자 사이에 **동일성**을 인정할 수 있으면 그 등기신청을 **수리**하여도 무방하다. 구분건물과 대지권이 함께 등기신청의 목적인 경우에는 그 검인계약서에 **대지권의 구체적인 표시가 없더라도 대지권이 포함된 취지의 표시**는 되어 있어야 한다(예규 제1419호, 1–다).

① 예규 제1419호, 1–가

② **토지거래계약허가증**을 등기신청서에 첨부한 때에는, 등기원인증서에 **검인**을 받을 필요가 없으며 **농지취득자격증명**과 (외국인의) **토지취득허가증** 또한 제출할 필요가 **없**다(부동산 거래신고 등에 관한 법률 제20조, 예규 제1634호, 4). 즉 토지거래허가구역 안의 토지 및 건물에 대한 **소유권이전등기신청** 시, 토지에 대하여 국토이용관리법상의 **토지거래 허가증** 또는 신고필증을 교부받은 경우 부동산등기특별조치법상의 검인을 받은 것으로 보는데, 이때 **토지거래허가신청서** 및 신고서에는 허가 또는 신고대상 **토지**뿐만 아니라 그 **지상건물**에 대하여도 **기재**하도록 하고 있으므로 **건물**에 대하여 별도로 부동산등기특별조치법상의 **검인을 받지 않아도** 등기신청을 할 수 있을 것이다(선례 제5–49호).

③ 예규 제1419호, 1–마

④ 예규 제1419호, 2

정답 **06** ⑤

나. 부동산거래계약신고필증 등(거래가액/신고필증/매매목록)

🔖 관련 예규

거래가액 등기에 관한 업무처리지침(예규 제1633호)

1. 거래가액 등기의 대상

가. 원칙

거래가액은 2006.1.1. 後 작성된 **매매계약서**를 등기원인증서로 하여 **소유권이전등기**(🔾 물권변동효력 O)를 신청하는 경우에 등기한다. 그러므로 아래 각 호의 경우에는 거래가액을 등기하지 않는다.

(1) 2006.1.1. **이전**에 작성된 매매계약서에 의한 등기신청을 하는 때

(2) 등기원인이 매매라 하더라도 등기원인증서가 판결, 조정조서 등 **매매계약서가 아닌** 때

(3) 매매계약서를 등기원인증서로 제출하면서 소유권이전등기가 아닌 소유권이전청구권**가등기**를 신청하는 때

나. 소유권이전청구권가등기에 의한 본등기를 신청하는 경우

매매예약을 원인으로 한 소유권이전청구권가등기에 의한 **본등기**를 신청하는 때에는, 매매계약서를 등기원인증서로 제출하지 않는다 하더라도 **거래가액**을 등기한다.

다. 분양계약의 경우

(1) 최초의 피분양자가 등기권리자가 된 경우

최초의 피분양자가 등기권리자가 되어 소유권이전등기를 신청하는 경우에 등기신청서에 **분양계약서**와 함께 거래신고필증이 첨부되어 있을 때에는 거래가액을 등기하고, 거래계약신고 대상이 아니어서 검인받은 분양계약서만 첨부되어 있을 때에는 거래가액을 등기하지 아니한다.

(2) 최초의 피분양자로부터 그 지위를 이전받은 자가 등기권리자가 된 경우

(가) 최초의 피분양자로부터 그 지위를 이전받은 자가 등기권리자가 되어 소유권이전등기를 신청하는 경우에는 등기신청서에 등기권리자가 매수인으로 거래계약신고를 하여 교부받은 **거래신고필증**이 첨부되어 있을 때에만 거래가액을 등기한다. 이 경우 등기권리자가 여러 명일 때에는 그 권리자 전부가 동시에 공동매수인으로 거래계약신고를 하여 교부받은 거래신고필증만을 말한다.

(나) 구체적인 예시

1) 최초의 피분양자로부터 그 지위 **전부**가 갑에게 **매매**로 이전되어 갑이 등기권리자가 된 경우로서 그 지위이전계약이 거래계약신고 대상이 되어 등기신청서에 갑을 매수인으로 하는 거래신고필증이 첨부되어 있는 경우에는 그 거래가액을 등기한다.

2) 최초의 피분양자로부터 그 지위 **전부**가 갑에게 **증여**로 이전되어 갑이 등기권리자가 된 경우에는 거래가액을 등기하지 **아니**한다.

3) 최초의 피분양자로부터 그 지위 **일부지분**만이 갑에게 **증여**로 이전되어 최초의 피분양자와 갑이 공동으로 등기권리자가 된 경우에는 거래가액을 등기하지 **아니**한다.

4) 최초의 피분양자로부터 그 지위 **전부**가 갑에게 **매매**로 이전된 후 다시 을에게 피분양자의 지위 **전부**가 **매매**로 이전되어 을이 등기권리자가 된 경우로서 각 지위이전계약이 모두 거래계약신고 대상이 되어 등기신청서에 여러 개의 거래신고필증이 첨부된 경우에는 을을 매수인으로 하는 거래신고필증에 기재된 **거래가액**을 등기한다.

5) 최초의 피분양자로부터 그 지위 **전부**가 갑에게 **매매**로 이전된 후 다시 을에게 피분양자의 지위 **전부**가 **증여**로 이전되어 을이 등기권리자가 된 경우에는 거래가액을 등기하지 아니한다.

6) 최초의 피분양자로부터 그 지위 **전부**가 갑에게 **매매**로 이전된 후 다시 을에게 피분양자의 지위 **일부지분만**이 **증여**로 이전되어 갑과 을이 공동으로 등기권리자가 된 경우에는 거래가액을 등기하지 **아니**한다.

2. 신청서 기재사항 및 첨부서면 등

거래가액 등기의 대상이 되는 소유권이전등기를 신청하는 경우에는, 신청서에 관할 관청이 확인한 거래신고관리번호를 기재하여야 하고 아래 가. 및 나.의 규정에 따른 신고필증과 매매목록을 첨부하여야 한다.

가. 신고필증

신고필증에는 거래신고관리번호, 거래당사자, 거래가액, 목적부동산이 표시되어 있어야 한다.

나. 매매목록(매매목록의 제출이 필요한 경우)

아래 각 호의 어느 하나에 해당하는 경우에는 매매목록을 제출하여야 한다.

① 1개의 신고필증에 **2개 이상의 부동산**이 기재되어 있는 경우(1개의 계약서에 의해 2개 이상의 부동산을 거래한 경우라 하더라도, 관할 관청이 달라 개개의 부동산에 관하여 각각 신고한 경우에는 매매목록을 작성할 필요가 없다)

② 신고필증에 기재되어 있는 부동산이 1개라 하더라도 **수인**과 **수인** 사이의 매매인 경우(① **일괄신청**× / ② **매매목록**○)

3. 거래가액의 등기

가. 권리자 및 기타사항란에 기록

신고필증에 기재된 금액을 등기부 중 갑구의 권리자 및 기타사항란에 **거래가액**으로 기록한다(**囲** 매매목록의 제공이 필요 없는 경우).

나. 매매목록이 제출된 경우

매매목록이 신청서에 첨부된 경우에는 등기부 중 갑구의 권리자 및 기타사항란에 **매매목록 번호**를 기록하고, 매매목록에는 목록번호, 거래가액, 부동산의 일련번호, 부동산의 표시, 순위번호, 등기원인을 전자적으로 기록한다. 다만, 매매목록에 기록된 부동산 중 소유권이전등기를 하지 아니한 부동산이 있는 경우에는 순위번호를 기록하지 않는다.

다. 매매목록의 경정, 변경

등기된 매매목록은 당초의 신청에 착오가 있는 경우 또는 등기관의 과오로 잘못 기록된 경우 이외에는 경정 또는 변경할 수 없다(아래 예시 참조).

- **예** 1) 부동산의 표시변경이 있는 경우

  부동산의 분할, 합병 등 기타 사유로 부동산의 개수에 변경이 있는 경우 그 취지는 매매목록에 기록하지 않는다. 예컨대 1개의 토지가 분할되어 2개 이상의 토지가 된 경우 등기관이 매매목록을 새로이 생성할 필요가 없으며, 2개의 토지가 매매되어 매매목록이 등기된 이후 그 토지가 합필되어 1개의 토지가 된 경우라 하더라도 매매목록 등기는 말소하지 않는다.

- **예** 2) 매매목록에 기재된 부동산 중 일부에 대한 소유권이전등기가 말소된 경우

  매매목록에 기록된 부동산 중 일부에 대하여 계약의 해제 등으로 소유권이전등기가 말소된 경우라 하더라도 등기된 매매목록에 그와 같은 취지를 기록할 필요가 없으며, 관할이 다른 경우 그와 같은 사실의 통지도 요하지 않는다.

4. 등기원인증서와 신고필증의 기재사항이 불일치한 경우의 처리

등기원인증서에 기재된 사항과 신고필증에 기재된 사항이 서로 달라 동일한 거래라고 인정할 수 없는 경우 등기관은 해당 등기신청을 「부동산등기법」 제29조 제9호에 의하여 각하하여야 한다. 다만, 단순한 오

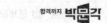

타나 신청인이 제출한 자료에 의하여 등기원인증서상 매매와 신고의 대상이 된 매매를 **동일한 거래**라고 인정할 수 있는 경우(매매당사자의 주소가 불일치하나 주민등록번호가 일치하는 경우 등)에는 <u>그러하지 아니하다</u>(🌐 **수리**).

5. 신청서에 첨부된 매매목록의 편철

---

01 **거래가액 등기에 관한 다음 설명 중 가장 옳지 않은 것은?** ▸ 2019년 법무사

① 등기원인이 매매라 하더라도 등기원인증서가 판결, 조정조서 등으로 매매계약서가 아닌 경우에는 거래가액을 등기하지 아니한다.

② 분양계약의 경우에 있어 최초의 피분양자로부터 그 지위 전부가 甲에게 매매로 이전된 후 다시 乙에게 피분양자의 지위 전부가 증여로 이전되어 乙이 등기권리자가 된 경우에는 거래가액을 등기하지 아니한다.

③ 거래가액 등기의 대상이 되는 소유권이전등기를 신청할 때에 1개의 신고필증에 2개 이상의 부동산이 기재되어 있는 경우와 신고필증에 기재되어 있는 부동산이 1개라 하더라도 수인과 수인 사이의 매매인 경우에는 매매목록을 첨부정보로서 제공하여야 한다.

④ 등기원인증서에 기재된 사항과 거래계약신고필증에 기재된 사항이 서로 다르다면 비록 신청인이 제출한 자료에 의하여 등기원인증서상 매매와 신고의 대상이 된 매매를 동일한 거래라고 인정할 수 있다 하더라도 그 소유권이전등기신청을 부동산등기법 제29조 제9호에 따라 각하하여야 한다.

⑤ 검인 대상인 부동산에 대하여 착오로 거래신고를 하여 소유권이전등기를 마친 후에 다시 검인을 신청하여 매매계약서에 검인을 받았다면, 해당 매매계약서를 첨부정보로서 제공하여 거래가액의 등기를 말소하는 경정등기를 신청할 수 있다.

> **해설** ④ **등기원인증서**에 기재된 사항과 **신고필증**에 기재된 사항이 서로 달라 동일한 거래라고 인정할 수 없는 경우 등기관은 해당 등기신청을 「부동산등기법」 제29조 제9호에 의하여 각하하여야 한다. 다만, 단순한 오타나 신청인이 제출한 자료에 의하여 등기원인증서상 매매와 신고의 대상이 된 매매를 **동일한 거래**라고 **인정**할 수 있는 경우(매매당사자의 주소가 불일치하나 주민등록번호가 일치하는 경우 등)에는 <u>그러하지 아니하다</u>(🌐 **수리**)(예규 제1633호, 4).
>
> ① 예규 제1633호, 1-가-(2)
> ② 예규 제1633호, 1-다-(2)-(나)-5)
> ③ 예규 제1633호, 2-나
> ⑤ 검인 대상인 부동산에 대하여 **착오로 거래신고**를 하여 소유권이전등기를 마친 후에 다시 검인을 신청하여 매매계약서(등기원인증서)에 검인을 받았다면, 해당 매매계약서를 첨부하여 **거래가액**의 등기를 **말소**하는 **경정등기**를 신청할 수 있으며, 이때 등기원인은 "신청착오"로 기재하여야 한다(선례 제201205-3호).

⟨ **정답** ↦ 01 ④ ⟩

02 **거래가액 등기에 관한 다음 설명 중 가장 옳지 않은 것은?** ▸ 2019년 등기주사보

① 부동산등기 특별조치법의 검인 대상인 부동산에 대하여 착오로 거래신고를 하여 소유권이전등기를 마친 후에 다시 검인을 신청하여 매매계약서에 검인을 받았다면, 해당 매매계약서를 첨부하여 거래가액의 등기를 말소하는 경정등기를 신청할 수 있다.

② 주택법에 따른 사업계획승인을 얻어 건설공급하는 주택에 대한 분양계약의 경우에 최초의 피분양자로부터 그 지위 전부가 갑에게 매매로 이전된 후 다시 을에게 피분양자의 지위 일부지분만이 증여로 이전되어 갑과 을이 공동으로 등기권리자가 되었을 때에는 거래가액을 등기하지 아니한다.

③ 매매를 원인으로 소유권이전등기를 하는 경우라도 등기원인증서로서 매매계약서가 아닌 판결정본이 제출되었다면 거래가액을 등기하지 아니한다.

④ 매매계약서를 등기원인증서로 제출하였다면 소유권이전등기뿐만 아니라 소유권이전청구권가등기를 신청한 경우에도 거래가액을 등기한다.

> **해설** ④ 매매계약서를 등기원인증서로 제출하면서 소유권이전등기가 아닌 소유권이전청구권**가등기**를 신청하는 때에는 거래가액을 등기하지 아니한다(예규 제1633호, 1-가-(3)).
>
> ② 예규 제1633호, 1-다-(2)-(나)-6)
> ③ 예규 제1633호, 1-가-(2)

03 **거래가액의 등기에 관한 다음 설명 중 가장 옳지 않은 것은?** ▸ 2017년 법무사

① 2006.1.1. 전에 작성된 매매계약서를 등기원인증서로 하여 소유권이전등기를 신청하는 때에는 거래가액을 등기하지 않는다.

② 등기원인이 매매라면 등기원인증서가 판결서 등인 경우에도 거래가액을 등기하여야 한다.

③ 매매계약서를 등기원인증서로 제출하면서 소유권이전청구권가등기를 신청하는 때에는 거래가액을 등기하지 않는다.

④ 등기원인증서에 기재된 사항과 신고필증에 기재된 사항이 서로 달라 동일한 거래라고 인정할 수 없는 경우 등기관은 이를 수리해서는 안 된다.

⑤ 신고필증에 기재되어 있는 부동산이 1개라 하더라도 수인과 수인 사이의 매매인 경우에는 매매목록을 제출하여야 한다.

> **해설** ② 등기원인이 매매라 하더라도 등기원인증서가 판결, 조정조서 등 **매매계약서가 아닌** 때에는 거래가액을 등기하지 아니한다(예규 제1633호, 1-가-(2)).
>
> ① 예규 제1633호, 1-가-(1)
> ③ 예규 제1633호, 1-가-(3)
> ④ 예규 제1633호, 2-나

04 거래가액의 등기에 관한 다음 설명 중 가장 옳지 않은 것은? ▶ 2017년 등기주사보

① 2006.1.1. 전에 작성된 매매계약서를 등기원인증서로 하여 소유권이전등기를 신청하는 때에는 거래가액을 등기하지 않는다.
② 등기원인이 매매라면 등기원인증서가 판결서 등인 경우에도 거래가액을 등기하여야 한다.
③ 매매계약서를 등기원인증서로 제출하면서 소유권이전청구권가등기를 신청하는 때에는 거래가액을 등기하지 않는다.
④ 등기원인증서에 기재된 사항과 신고필증에 기재된 사항이 서로 달라 동일한 거래라고 인정할 수 없는 경우 등기관은 이를 수리해서는 안 된다.

해설 ② 등기원인이 매매라 하더라도 등기원인증서가 판결, 조정조서 등 **매매계약서가 아닌** 때에는 거래가액을 등기하지 아니한다(예규 제1633호, 1-가-(2)).

① 예규 제1633호, 1-가-(1)
③ 예규 제1633호, 1-가-(3)
④ 예규 제1633호, 4

05 거래가액의 등기에 관한 다음 설명 중 가장 옳지 않은 것은? ▶ 2016년 등기서기보

① 등기관이 매매, 교환 등의 유상계약을 등기원인으로 한 소유권이전등기를 하는 경우에는 거래가액을 기록한다.
② 부동산거래계약 신고필증에 기재되어 있는 부동산이 1개라 하더라도 여러 명의 매도인과 여러 명의 매수인 사이의 매매인 경우에는 그 소유권이전등기신청서에 매매목록을 첨부하여야 한다.
③ 매매목록의 제공이 필요 없는 경우에는 부동산거래계약 신고필증에 기재된 금액을 등기기록 중 갑구의 권리자 및 기타사항란에 기록한다.
④ 등기원인이 매매라 하더라도 등기원인증서가 판결, 조정조서 등 매매계약서가 아닌 때에는 거래가액을 등기하지 않는다.

해설 ① 거래가액등기는 등기원인이 "**매매**"인 경우에만 등기하므로 매매가 아닌 교환 등의 유상계약에 따른 등기에는 거래가액을 등기하지 아니한다(예규 제1633호).

② 예규 제1633호, 2-나
③ 매매목록의 제공이 필요 없는 경우 신고필증에 기재된 금액을 등기부 중 갑구의 권리자 및 기타사항란에 **거래가액**으로 기록하고, 매매목록이 신청서에 첨부된 경우에는 등기부 중 갑구의 권리자 및 기타사항란에 **매매목록 번호**를 기록하고, 매매목록에는 목록번호, 거래가액, 부동산의 일련번호, 부동산의 표시, 순위번호, 등기원인을 전자적으로 기록한다(예규 제1633호, 3).
④ 예규 제1633호, 1-가-(2)

정답 ☞ 02 ④ 03 ② 04 ② 05 ①

06 **거래가액 등기에 관한 다음 설명 중 가장 옳지 않은 것은?** ▸ 2014년 법무사

① 매매계약서를 등기원인증서로 제출하면서 소유권이전등기가 아닌 소유권이전청구권가등기를 신청하는 경우에는 거래가액을 등기하지 아니한다.

② 분양계약의 경우에 있어 최초의 피분양자로부터 그 지위 전부가 갑에게 매매로 이전된 후 다시 을에게 피분양자의 지위 일부지분만이 증여로 이전되어 갑과 을이 공동으로 등기권리자가 된 경우에는 거래가액을 등기하지 아니한다.

③ 거래가액을 기록하는 소유권이전등기를 한 후, 거래신고를 다시 하여 거래계약신고필증을 재교부받은 경우에 당해 부동산의 소유명의인은 신청착오를 원인으로 거래가액을 경정하는 등기를 신청할 수 있다.

④ 등기원인증서에 기재된 사항과 거래계약신고필증에 기재된 사항이 서로 다르다면 비록 신청인이 제출한 자료에 의하여 등기원인증서상 매매와 신고의 대상이 된 매매를 동일한 거래라고 인정할 수 있다 하더라도 그 소유권이전등기신청을 부동산등기법 제29조 제9호에 의하여 각하하여야 한다.

⑤ 검인 대상인 부동산에 대하여 착오로 거래신고를 하여 소유권이전등기를 마친 후에 다시 검인을 신청하여 매매계약서에 검인을 받았다면, 해당 매매계약서를 첨부하여 거래가액의 등기를 말소하는 경정등기를 신청할 수 있다.

해설 ④ 등기원인증서에 기재된 사항과 신고필증에 기재된 사항이 서로 달라 동일한 거래라고 인정할 수 없는 경우 등기관은 해당 등기신청을 「부동산등기법」 제29조 제9호에 의하여 각하하여야 한다. 다만, 단순한 오타나 신청인이 제출한 자료에 의하여 등기원인증서상 매매와 신고의 대상이 된 매매를 동일한 거래라고 인정할 수 있는 경우(매매당사자의 주소가 불일치하나 주민등록번호가 일치하는 경우 등)에는 그러하지 아니하다(❶ 수리)(예규 제1633호, 4).

① 예규 제1633호, 1-가-(3)

② 예규 제1633호, 1-다-(2)-(나)-6)

③ 매매에 관한 거래계약서를 등기원인을 증명하는 서면으로 하여 거래가액을 기재하는 소유권이전등기를 신청하여 등기가 완료된 후, 종전의 거래신고 내용 중 거래가액에 관하여 허위신고를 이유로 다시 거래신고를 하여 부동산거래계약신고필증을 재교부 받은 경우, 당해 부동산의 소유권의 등기명의인은 재교부 받은 부동산거래계약신고필증을 첨부하여 신청착오를 원인으로 거래가액을 경정하는 등기를 신청할 수 있다(선례 제200706-1호).

정답 ↺ **06** ④

다. 토지거래계약허가

🔖 관련 조문

부동산 거래신고 등에 관한 법률

제11조(허가구역 내 토지거래에 대한 허가)

① 허가구역에 있는 토지에 관한 **소유권·지상권**(소유권·지상권의 취득을 목적으로 하는 권리를 포함한다)을 **이전**하거나 **설정(대가 – 유상)**하는 계약을 체결하려는 당사자는 공동으로 대통령령으로 정하는 바에 따라 시장·군수 또는 구청장의 허가를 받아야 한다. 허가받은 사항을 변경하려는 경우에도 또한 같다.

② 제1항에도 불구하고 다음 각 호의 어느 하나에 해당하는 경우에는 제1항에 따른 허가가 필요하지 아니하다. 〈개정 2023.4.18.〉

  1. 경제 및 지가의 동향과 거래단위면적 등을 종합적으로 고려하여 대통령령으로 정하는 용도별 면적 이하의 토지에 대한 토지거래계약을 체결하려는 경우

  2. 토지거래계약을 체결하려는 당사자 또는 그 계약의 대상이 되는 토지가 제10조 제3항에 따라 공고된 사항에 해당하지 아니하는 경우

⑥ 제1항에 따른 **허가를 받지 아니**하고 체결한 **토지거래계약**은 그 **효력**이 발생하지 **아니**한다.

국토이용관리법상의 규제구역 내의 '토지 등의 거래계약' 허가에 관한 관계규정의 내용과 그 입법취지에 비추어 볼 때 토지의 소유권 등 권리를 이전 또는 설정하는 내용의 거래계약은 관할 관청의 허가를 받아야만 그 효력이 발생하고 허가를 받기 전에는 물권적 효력은 물론 채권적 효력도 발생하지 아니하여 무효라고 보아야 할 것인바, 다만 허가를 받기 전의 거래계약이 처음부터 허가를 배제하거나 잠탈하는 내용의 계약일 경우에는 확정적으로 무효로서 유효화될 여지가 없으나 이와 달리 허가받을 것을 전제로 한 거래계약(허가를 배제하거나 잠탈하는 내용의 계약이 아닌 계약은 여기에 해당하는 것으로 본다)일 경우에는 허가를 받을 때까지는 법률상 미완성의 법률행위로서 소유권 등 권리의 이전 또는 설정에 관한 거래의 효력이 전혀 발생하지 않음은 위의 확정적 무효의 경우와 다를 바 없지만, 일단 허가를 받으면 그 계약은 소급하여 유효한 계약이 되고 이와 달리 불허가가 된 때에는 무효로 확정되므로 허가를 받기까지는 **유동적 무효**의 상태에 있다고 보는 것이 타당하다(대판(전) 1991.12.24, 90다12243).

🔖 관련 조문

부동산 거래신고 등에 관한 법률 시행령

제9조(토지거래계약허가 면제 대상 토지면적 등)

① 법 제11조 제2항 제1호에서 "대통령령으로 정하는 용도별 면적"이란 다음 각 호의 구분에 따른 면적을 말한다. 다만, 국토교통부장관 또는 시·도지사가 허가구역을 지정할 당시 해당 지역에서의 거래실태 등을 고려하여 다음 각 호의 면적으로 하는 것이 타당하지 않다고 인정하여 해당 기준면적의 10퍼센트 이상 300퍼센트 이하의 범위에서 따로 정하여 공고한 경우에는 그에 따른다. 〈개정 2023.10.4.〉

  1. 「국토의 계획 및 이용에 관한 법률」 제36조 제1항 제1호에 따른 도시지역(이하 "도시지역"이라 한다): 다음 각 목의 세부 용도지역별 구분에 따른 면적

    가. 주거지역: 60제곱미터

    나. 상업지역: 150제곱미터

    다. 공업지역: 150제곱미터

    라. 녹지지역: 200제곱미터

마. 가목부터 라목까지의 구분에 따른 용도지역의 지정이 없는 구역: 60제곱미터

2. 도시지역 외의 지역: 250제곱미터. 다만, 농지(「농지법」 제2조 제1호에 따른 농지를 말한다. 이하 같다)의 경우에는 500제곱미터로 하고, 임야의 경우에는 1천제곱미터로 한다.

② 제1항에 따른 면적을 산정할 때 **일단의 토지이용을 위하여 토지거래계약을** 체결한 날부터 **1년** 이내에 일단의 토지 일부에 대하여 토지거래계약을 체결한 경우에는 그 일단의 토지 전체에 대한 거래로 본다. 허가구역으로 지정된 **지역의 용도지역이** 변경된 경우에는 허가구역 지정 당시 공고내용 등에 특별한 규정이 없는 한 현재의 변경된 용도지역을 기준으로 허가대상면적을 산정한다(토지거래업무처리규정 제3조).

③ 허가구역 지정 당시 용도별 면적을 초과하는 토지가 허가구역 지정 후에 (🟤 용도지역별 면적 회피를 위해)분할(「국토의 계획 및 이용에 관한 법률」에 따른 도시·군계획사업의 시행 등 공공목적으로 인한 분할은 제외한다)로 제1항에 따른 면적 이하가 된 경우 분할된 해당 토지에 대한 분할 후(🟤 각 토지에 대한) 최초의 토지거래계약은 제1항에 따른 면적을 초과하는 토지거래계약으로 본다. 허가구역 지정 후 해당 토지가 공유지분으로 거래되는 경우에도 또한 같다.

따라서 **토지거래계약허가증을** 첨부정보로 제공하여야 한다.

"분할된 토지"란 허가구역 지정 후 허가면적 이하로 분할되거나 공유지분이 형성된 각각의 토지를 말하며, **공유지분별 면적은** 전체토지면적에 지분의 비율을 곱하여 계산한다. 이 경우 2인 이상이 공동으로 토지를 취득하는 경우에는 각자가 동일 공유지분으로 토지를 취득하는 것으로 본다. "**분할 후 최초의 거래**"란 분할한 토지들을 각각 다른 사람과 거래하는 경우를 말한다(토지거래업무처리규정 제5조).

공유지의 거래는 지분으로 허가대상면적 여부를 판단하되, **공유자 2인 이상이** 그 지분토지를 동일인과 거래하는 경우에는 거래지분 면적을 합산하여 허가대상면적 여부를 판단한다(토지거래업무처리규정 제4조).

🔖 관련 예규

부동산 거래신고 등에 관한 법률에 따른 허가구역 안에 있는 토지에 대한 등기신청절차에 관한 업무처리지침 (예규 제1634호)

1. 토지거래계약허가증의 첨부

(1) 「부동산 거래신고 등에 관한 법률」(이하 "법"이라 한다) 제11조 제1항의 규정에 의한 허가의 대상이 되는 토지(이하 '허가대상 토지'라 한다)에 관하여 소유권·지상권을 이전 또는 설정하는 (🟤 유상)계약 (예약을 포함한다. 이하 같다)을 체결하고 그에 따른 등기신청을 하기 위해서는 신청서에 시장, 군수 또는 구청장이 발행한 **토지거래계약허가증을** 첨부하여야 한다. 다만, 그 계약이 증여와 같이 대가성이 없는 경우에는 그러하지 아니하다.

(2) 등기를 신청할 당시 또는 등기원인인 **계약을 체결할 당시**(예약완결권을 행사한 경우에는 예약완결일을 말한다)에 **허가대상 토지가 아닌** 경우에는 **토지거래계약허가증을** 첨부할 필요가 없다.

마찬가지로 매매를 원인으로 하는 소유권이전등기를 신청함에 있어 원인서면으로 첨부한 매매계약서상의 계약체결일자가 부동산 거래신고 등에 관한 법률의 규정에 의한 허가구역 지정의 효력발생일 이전으로 기재되어 있다면, 계약체결일자에 대한 별도의 소명자료를 첨부하지 않더라도 **토지거래계약허가서를** 첨부함이 없이 소유권이전등기를 신청할 수 있다(선례 제5-81호).

토지거래허가구역 내의 토지에 대하여 매매계약을 체결하였으나, 당해 토지에 대한 허가구역의 지정이 해제된 후 소유권이전등기를 신청하는 경우, 그 등기신청서에는 **토지거래허가서를** 첨부할 필요가 없다 (선례 제6-45호).

2. 가등기 또는 가등기에 의한 본등기의 신청과 토지거래계약허가증
   가. 가등기의 신청과 토지거래계약허가증의 첨부
      허가대상 토지에 관하여 소유권·지상권의 이전 또는 설정청구권을 보전하기 위한 **가등기(담보가등기,**
      가등기가처분을 포함한다)를 신청하기 위해서는 토지거래계약허가증을 신청서에 첨부하여야 한다.
   나. 가등기에 의한 본등기의 신청과 토지거래계약허가증의 첨부 여부
      가등기를 신청할 당시 그 등기원인이 된 토지거래계약 또는 예약에 대한 토지거래계약허가증을 **제출**
      한 경우, 그 가등기에 의한 **본등기를** 신청할 때에 별도로 토지거래계약허가증을 제출할 필요가 **없다.**

3. 공유지분이전의 경우 허가대상 면적의 산정
   허가대상 토지를 수인에게 공유**지분**으로 나누어 **처분**하는 경우에는 그 지분율에 따라 산정한 면적이 허가
   대상 면적의 미만이더라도 그에 따른 **최초의 지분이전등기를** 신청하는 때에는 토지의 분할에 준하여 **토지**
   거래계약허가증을 신청서에 첨부하여야 한다.

4. 검인, 농지취득자격증명 또는 토지취득허가증 제출의 불요
   토지거래계약허가증을 등기신청서에 첨부한 때에는, 등기원인증서에 **검인**을 받을 필요가 없으며 **농지취득**
   자격증명과 (외국인의) **토지취득허가증** 또한 제출할 필요가 **없다**(부동산 거래신고 등에 관한 법률 제20조,
   예규 제1634호, 4). 이는 등기신청인이 **농업법인이 아닌 법인**이거나 **법인이 아닌 사단(교회)**인 경우에도
   동일하다(선례 제201008-1호). 즉 토지거래계약허가증을 받은 경우 농업인 등이 아니라도 농지취득자격
   증명이 없이 농지를 취득할 수 있다.

01 **토지거래계약 허가에 관한 다음 설명 중 가장 옳지 않은 것은?** ▶ 2022년 법무사

① 매매계약의 체결일자는 허가구역으로 지정된 후이나 토지거래계약허가를 받지 못하여 등기
   신청을 못하고 있던 중 일시 허가구역 지정이 해제되었다가 다시 허가구역으로 지정된 후
   소유권이전등기를 신청하는 경우 토지거래계약허가증을 첨부정보로 제공할 필요가 없다.

② 가등기를 신청할 당시 그 등기원인이 된 토지거래계약 또는 예약에 대한 토지거래계약
   허가증을 제출한 경우, 그 가등기에 의한 본등기를 신청할 때에 별도로 토지거래계약
   허가증을 첨부정보로 제공할 필요가 없다.

③ 허가대상 토지를 수인에게 공유지분으로 나누어 처분하는 경우에는 그 지분율에 따라
   산정한 면적이 허가대상 면적의 미만이더라도 그에 따른 최초의 지분이전등기를 신청하
   는 때에는 토지의 분할에 준하여 토지거래계약허가증을 첨부정보로 제공하여야 한다.

④ 토지거래허가구역 내의 토지에 대하여 토지거래계약허가를 받아 매매를 원인으로 한
   소유권이전등기를 경료한 후 그 매매계약의 일부를 해제하는 것은 당초에 허가받은 토
   지거래계약을 변경하고자 하는 경우에 해당한다 할 것이므로, 그 해제를 원인으로 한
   소유권일부말소의미의 소유권경정등기를 신청하기 위해서는 토지거래계약허가증을 첨
   부정보로 제공하여야 한다.

⑤ 가등기가처분명령에 의하여 가등기를 신청하는 경우 가등기의 원인이 토지거래계약허
   가의 대상이더라도 토지거래계약허가증을 첨부정보로 제공할 필요가 없다.

정답 **01 ⑤**

해설 ⑤ 가처분결정에 의한 가등기신청의 경우에도 일반 가등기와 마찬가지로 등기원인이 존재하여야 하는 것이며 단지 가등기의무자의 협력을 얻을 수가 없을때 관할법원의 가등기가처분명령에 의하여 가등기권리자가 단독으로 가등기를 신청할 수 있는 특례를 인정한 것에 불과하므로, 가등기가처분의 명령에 의한 가등기신청 시 그 가등기의 원인이 국토이용관리법상 토지거래허가의 대상일 때에는 토지거래허가서를 첨부하여야 한다(선례 제4-111호).

① 토지거래허가구역 내의 토지에 대하여 매매계약을 체결하였으나, 당해 토지에 대한 허가구역의 지정이 해제된 후 소유권이전등기를 신청하는 경우, 그 등기신청서에는 토지거래허가서를 첨부할 필요가 없다(선례 제6-45호).

② 가등기를 신청할 당시 그 등기원인이 된 토지거래계약 또는 예약에 대한 토지거래계약허가증을 제출한 경우, 그 가등기에 의한 본등기를 신청할 때에 별도로 토지거래계약허가증을 제출할 필요가 없다(예규 제1634호, 2-나).

③ 허가대상 토지를 수인에게 공유지분으로 나누어 처분하는 경우에는 그 지분율에 따라 산정한 면적이 허가대상 면적의 미만이더라도 그에 따른 최초의 지분이전등기를 신청하는 때에는 토지의 분할에 준하여 토지거래계약허가증을 신청서에 첨부하여야 한다(예규 제1634호, 3).

④ 1. 토지거래허가구역 내의 토지에 대하여 토지거래계약허가를 받아 매매를 원인으로 한 소유권이전등기를 경료한 후 그 매매계약의 일부를 해제하는 것은 당초에 허가받은 토지거래계약을 변경하고자 하는 경우에 해당한다 할 것이므로, 그 해제를 원인으로 한 소유권일부말소의미의 소유권경정등기를 신청하기 위해서는 관할청의 허가서(🏛 토지거래계약허가)를 첨부하여야 한다.

　2. 따라서 관할청의 허가서를 첨부함이 없이 위 소유권경정등기신청을 한다면 등기관은 부동산등기법 제29조 제9호에 의하여 그 등기신청을 각하하여야 할 것이나, 이를 간과하여 위 소유권경정등기가 경료되었다 하더라도 그 소유권경정등기를 등기관이 직권으로 말소할 수는 없다(선례 제7-47호).

02 토지거래허가구역 안에 있는 토지에 대한 등기철차에 관한 다음 설명 중 가장 옳지 않은 것은?
▶ 2019년 등기주사보

① 토지거래계약허가증을 등기신청서에 첨부한 때에는 등기원인증서에 검인을 받을 필요가 없으며, 농지라도 농지취득자격증명을 제출할 필요가 없다.

② 가등기를 신청할 당시 그 등기원인이 된 토지거래계약 또는 예약에 대한 토지거래계약허가증을 제출한 경우, 그 가등기에 의한 본등기를 신청할 때에는 별도로 토지거래계약허가증을 제출할 필요가 없다.

③ 공유지분을 취득하는 경우에는 지분율로 산정한 토지면적을 계산하고, 공유자 2인 이상이 그 토지를 동일인과 동시에 계약하는 경우 거래 토지 전체면적을 합산하여 산정한다.

④ 등기신청을 허가구역의 지정 이후에 하더라도 그 계약의 체결일자가 허가구역 지정 이전인 경우에는 등기신청서에 토지거래계약허가증을 첨부하여야 한다.

해설 ④ 등기를 신청할 당시 또는 등기원인인 **계약을 체결할 당시**(예약완결권을 행사한 경우에는 예약완결일을 말한다)에 **허가대상 토지가 아닌** 경우에는 **토지거래계약허가증**을 첨부할 필요가 **없다**. 마찬가지로 매매를 원인으로 하는 소유권이전등기를 신청함에 있어 원인서면으로 첨부한 매매계약서상의 **계약체결일자**가 부동산 거래신고 등에 관한 법률의 규정에 의한 **허가구역 지정의 효력발생일 이전**으로 기재되어 있다면, 계약체결일자에 대한 별도의 소명자료를 첨부하지 않더라도 **토지거래계약허가서**를 첨부함이 **없이** 소유권이전등기를 신청할 수 있다 (예규 제1634호, 1-(2)).

① **토지거래계약허가증**을 등기신청서에 첨부한 때에는, 등기원인증서에 **검인**을 받을 필요가 없으며 **농지취득자격증명**과 (외국인의) **토지취득허가증** 또한 제출할 필요가 **없다**(부동산 거래 신고 등에 관한 법률 제20조, 예규 제1634호, 4). 이는 등기신청인이 **농업법인이 아닌 법인** 이거나 **법인이 아닌 사단(교회)**인 경우에도 동일하다(선례 제201008-1호). 즉 토지거래계약 허가증을 받은 경우 농업인 등이 아니라도 농지취득자격증명이 없이 농지를 취득할 수 있다.

② 예규 제1634호, 2-나

③ **공유지**의 거래는 **지분**으로 허가대상면적 여부를 판단하되, **공유자 2인 이상**이 그 지분토지를 **동일인과 거래**하는 경우에는 거래지분 면적을 **합산**하여 허가대상면적 여부를 판단한다(토지 거래업무처리규정 제4조).

03 등기신청에 첨부하여야 하는 토지거래계약허가증에 관한 다음 설명 중 가장 옳지 않은 것은? ▸2019년 등기서기보

① 토지거래계약 허가구역 내에 있는 토지에 대하여 증여계약을 체결하고 이에 따른 소유 권이전등기를 신청하는 경우에는 토지거래계약허가증을 제공하여야 한다.

② 토지거래계약 허가구역 내에 있는 토지에 대하여 지료가 있는 지상권설정계약을 체결 하고 그에 따른 등기를 신청하는 경우에는 토지거래계약허가증을 제공하여야 한다.

③ 허가대상 면적을 초과하는 토지를 허가구역지정 후에 허가대상 면적 미만으로 분할하 여 거래하였다면 그 분할된 토지에 대한 최초의 거래에 따른 소유권이전등기를 신청하 는 경우에는 토지거래계약허가증을 제공하여야 한다.

④ 토지에 대한 매매계약의 체결 일자가 허가구역 지정 전이라면 허가구역으로 지정된 후 에 등기를 신청하더라도 토지거래계약허가증을 제공할 필요가 없다.

해설 ① 「부동산 거래신고 등에 관한 법률」(이하 "법"이라 한다) 제11조 제1항의 규정에 의한 허가의 대상이 되는 토지(이하 '허가대상 토지'라 한다)에 관하여 **소유권·지상권**을 **이전** 또는 **설정**하 는 (**유상**)계약(예약을 포함한다. 이하 같다)을 체결하고 그에 따른 등기신청을 하기 위해서 는 신청서에 시장, 군수 또는 구청장이 발행한 **토지거래계약허가증**을 첨부하여야 한다. 다만, 그 계약이 **증여**와 같이 대가성이 없는 경우에는 **그러하지 아니하다**(예규 제1634호, 1-(1)).

② 예규 제1634호, 1-(1)

정답 ┍━ 02 ④ 03 ①

③ 허가구역 지정 당시 용도별 면적을 초과하는 토지가 허가구역 지정 후에 (🔁 용도지역별 면적 회피를 위해)분할(「국토의 계획 및 이용에 관한 법률」에 따른 도시·군계획사업의 시행 등 공공목적으로 인한 분할은 제외한다)로 제1항에 따른 면적 이하가 된 경우 분할된 해당 토지에 대한 분할 후(🔁 각 토지에 대한) 최초의 토지거래계약은 제1항에 따른 면적을 초과하는 토지거래계약으로 본다. 허가구역 지정 후 해당 토지가 공유지분으로 거래되는 경우에도 또한 같다. 따라서 토지거래계약허가증을 첨부정보로 제공하여야 한다(부동산 거래신고 등에 관한 법률 시행령 제9조 제3항).

④ 예규 제1634호, 1-(2)

04 부동산등기 시 토지거래계약허가에 관한 다음 설명 중 가장 옳은 것은? ▸ 2018년 법무사

① 토지거래 허가구역으로 지정된 지역의 용도지역이 변경된 경우에는 허가구역 지정 당시 공고내용 등에 특별한 규정이 없는 한 허가구역 지정 당시 용도지역을 기준으로 허가대상 면적을 산정한다.

② 도시지역 내에 있는 녹지지역의 경우 면적이 100㎡를 초과할 경우 허가 대상인데, 면적이 150㎡인 甲 토지를 乙 토지(70㎡)와 丙 토지(80㎡)로 분할한 경우 乙 토지와 丙 토지 중 먼저 거래하는 최초 거래 시에만 거래허가를 받아야 하고 그 다음 거래부터는 거래허가를 받을 필요가 없다.

③ 허가대상 토지를 수인에게 공유지분으로 나누어 처분하는 경우에는 그 지분 비율에 따라 산정한 면적이 허가대상 면적 미만이더라도 그에 따른 최초의 지분이전등기를 신청하는 때에는 토지거래계약허가증을 신청서에 첨부하여야 한다.

④ 토지거래허가구역으로 지정된 토지에 대하여 신탁등기를 한 후 신탁이 종료함에 따라 '신탁재산 귀속'을 원인으로 위탁자 외의 수익자나 제3자 명의로의 소유권이전등기 및 신탁등기 말소등기를 신청하는 경우 신탁재산의 귀속이 대가에 의한 것인 때에는 토지거래계약허가증을 첨부하지 않는다.

⑤ 토지거래계약허가증의 매매예정금액과 매매계약서의 매매금액이 서로 다른 경우에는, 별도의 토지거래계약허가를 다시 받아야 한다.

해설 ③ 허가대상 토지를 수인에게 공유지분으로 나누어 처분하는 경우에는 그 지분율에 따라 산정한 면적이 허가대상 면적의 미만이더라도 그에 따른 최초의 지분이전등기를 신청하는 때에는 토지의 분할에 준하여 토지거래계약허가증을 신청서에 첨부하여야 한다(예규 제1634호, 3).

① 허가구역으로 지정된 지역의 용도지역이 변경된 경우에는 허가구역 지정 당시 공고내용 등에 특별한 규정이 없는 한 현재의 변경된 용도지역을 기준으로 허가대상면적을 산정한다(토지거래업무처리규정 제3조).

② 허가구역 지정 당시 용도별 면적을 초과하는 토지가 허가구역 지정 후에 (🔁 용도지역별 면적 회피를 위해)분할(「국토의 계획 및 이용에 관한 법률」에 따른 도시·군계획사업의 시행 등 공공목적으로 인한 분할은 제외한다)로 제1항에 따른 면적 이하가 된 경우 분할된 해당 토지에

대한 분할 후(🔘 각 토지에 대한) **최초의 토지거래계약**은 제1항에 따른 면적을 **초과하는 토지 거래계약**으로 **본다**. 허가구역 지정 후 해당 토지가 **공유지분으로 거래**되는 경우에도 **또한 같 다**. 따라서 **토지거래계약허가증**을 첨부정보로 제공하여야 한다(부동산 거래신고 등에 관한 법 률 시행령 제9조 제3항). 그러므로 도시지역 내에 있는 녹지지역의 경우 면적이 100㎡를 초 과할 경우 허가 대상인데, 면적이 150㎡인 갑 토지를 허가 대상 면적 미만인 **乙 토지(70㎡)와 丙 토지(80㎡)로 분할**한 경우, **乙 토지와 丙 토지 모두 최초 거래 시에는 거래허가를 받아야 하고** 그 다음 거래부터는 거래허가를 받을 필요가 없다(「부동산등기실무Ⅰ」p.307).

④ 「국토의 계획 및 이용에 관한 법률」 제117조(삭제 2016.1.19.)(🔘 현행 부동산 거래신고 등 에 관한 법률 제10조, 제11조)에 의하여 **토지거래허가구역**으로 지정된 토지에 대하여 신탁 등기를 경료한 이후 **신탁이 종료**함에 따라 '신탁재산귀속'을 원인으로 위탁자 이외의 **수익자 나 제3자 명의로의** 소유권이전 및 신탁등기말소를 신청하는 경우 **신탁재산의 귀속이 대가에 의한 것일** 때에는 **토지거래계약허가증을 첨부**하여야 한다(선례 제201101-1호).

⑤ 토지거래허가구역 내에서 토지거래계약허가를 받아 소유권이전등기를 신청할 때 토지거래계약 허가증상의 매매예정금액과 매매계약서상의 매매금액이 서로 다른 경우, 국토이용관리법 제21 조의3 제1항 후단에 따른 별도의 토지거래계약허가를 다시 받을 필요가 없다(선례 제5-75호).

05 **토지거래계약허가증의 제출에 관한 다음 설명 중 가장 옳지 않은 것은?** ▶ 2018년 등기주사보

① 허가구역을 지정할 당시 허가대상면적을 초과하는 토지는 허가구역지정 후 허가기준 미만으로 분할하여 거래하는 경우에도 최초의 거래에 한하여 분할된 토지를 허가대상 면적을 초과하는 토지로 보아 허가를 받아야 한다.

② 허가대상이 되는 토지거래계약은 허가구역 내에 있는 토지에 대하여 대가를 받고 소유 권, 지상권을 이전 또는 설정하는 계약 또는 예약이다.

③ 매매계약의 체결 일자가 허가구역 지정 전이라고 하더라도 등기신청을 허가구역 지정 후에 하는 경우에는 토지거래계약허가증을 첨부하여야 한다.

④ 농지에 대하여 토지거래계약허가를 받은 경우에는 등기원인증서에 부동산등기 특별조 치법 제3조에 따른 검인을 받을 필요는 없다.

해설 ③ 등기를 신청할 당시 또는 등기원인인 **계약을 체결할 당시**(예약완결권을 행사한 경우에는 예약완결일을 말한다)에 **허가대상 토지가 아닌** 경우에는 **토지거래계약허가증**을 첨부할 필요가 **없다**. 마찬가지로 매매를 원인으로 하는 소유권이전등기를 신청함에 있어 원인서면으로 첨부 한 **매매계약서상의 계약체결일자**가 부동산 거래신고 등에 관한 법률의 규정에 의한 **허가구 역 지정의 효력발생일 이전**으로 기재되어 있다면, 계약체결일자에 대한 별도의 소명자료를 첨부하지 않더라도 **토지거래계약허가서**를 첨부함이 **없이** 소유권이전등기를 신청할 수 있다 (예규 제1634호, 1-(2)).

② 예규 제1634호, 1-(1)

06 토지거래계약허가에 관한 다음 설명 중 가장 옳지 않은 것은?(단, 법령이 정한 일정면적 이상인 경우를 상정함)

▸ 2017년 등기주사보, 2015년 법무사 변형

① 일단의 토지이용을 위하여 토지거래계약을 체결한 후 3년 안에 다시 같은 사람과 나머지 토지의 전부 또는 일부에 대하여 거래계약을 체결한 경우에는 그 일단의 토지 전체에 대한 거래로 보아 허가대상 유무를 판단한다.

② 진정명의의 회복을 원인으로 한 소유권이전등기의 경우에는 허가의 대상이 아니다.

③ 대가 있는 소유권이전이나 지상권설정을 목적으로 하는 가등기신청의 경우 토지거래계약허가증을 첨부하여야 한다.

④ 신탁종료로 인하여 소유권이전 및 신탁등기말소를 신청하는 경우 그 등기권리자가 위탁자 이외의 수탁자나 제3자이고 신탁재산의 귀속이 대가에 의한 것인 때에는 신청서에 토지거래계약허가증을 첨부하여야 한다.

⑤ 재산분할을 원인으로 하는 경우에는 토지거래계약허가의 대상이 되지 않는다.

해설 ① 면적을 산정할 때 **일단의 토지이용**을 위하여 **토지거래계약**을 체결한 날부터 **1년** 이내에 일단의 **토지** 일부에 대하여 **토지거래계약을** 체결한 경우에는 그 일단의 토지 **전체**에 대한 **거래로 본다**(부동산 거래신고 등에 관한 법률 시행령 제9조 제2항).

② 진정명의 회복을 등기원인으로 하는 소유권이전등기를 신청할 때에는 **토지거래허가증** 및 **농지취득자격증명**의 제출을 요하지 **아니한다**(예규 제1631호).

③ 예규 제1634호, 1-(1)

⑤ 1) 협의상 이혼한 자의 일방은 다른 일방에 대하여 재산분할을 청구할 수 있다. 재산분할에 관하여 협의가 되지 아니하거나 협의할 수 없는 때에는 가정법원은 당사자의 청구에 의하여 당사자 쌍방의 협력으로 이룩한 재산의 액수 기타 사정을 참작하여 분할의 액수와 방법을 정한다. 위의 **이혼에 따른 재산분할청구권**은 **이혼한 날부터 2년**을 경과한 때에는 소멸한다(민법 제839조의2).

2) 민법 제839조의2의 규정에 의한 재산분할의 판결에 의하여 이혼당사자 중 일방이 그의 지분에 대한 농지의 소유권이전등기를 신청할 경우 그 절차는 판결에 의한 소유권이전등기신청절차와 동일하며 부동산등기특별조치법 소정의 **검인**을 받아야 하나 농지취득자격증명, 토지거래계약허가증 등은 첨부할 필요가 없다(선례 제4-261호).

정답 ⟼ **06** ①

라. 농지취득자격증명

🔖 관련 조문

농지법(법률 제17219호)

제1조(목적)

이 법은 농지의 소유·이용 및 보전 등에 필요한 사항을 정함으로써 농지를 효율적으로 이용하고 관리하여 <u>농업인의 경영 안정</u>과 농업 생산성 향상을 바탕으로 <u>농업 경쟁력 강화</u>와 <u>국민경제의 균형 있는 발전 및 국토 환경 보전</u>에 이바지하는 것을 목적으로 한다.

제2조(정의)

이 법에서 사용하는 용어의 뜻은 다음과 같다. 〈개정 2024.1.2.〉

1. **"농지"**란 다음 각 목의 어느 하나에 해당하는 토지를 말한다.

   가. 전·답, 과수원, 그 밖에 <u>법적 지목(地目)을 불문하고</u> **실제로 농작물 경작지 또는 대통령령으로 정하는 다년생식물 재배지로 이용되는 토지**(💾 **현황주의**). 다만, 「초지법」에 따라 조성된 초지 등 대통령령으로 정하는 토지는 제외한다.

   나. 가목의 토지의 개량시설과 가목의 토지에 설치하는 농축산물 생산시설로서 대통령령으로 정하는 시설의 부지

2. **"농업인"**이란 <u>농업에 종사하는 개인</u>으로서 대통령령으로 정하는 자를 말한다.

3. **"농업법인"**이란 「농어업경영체 육성 및 지원에 관한 법률」 제16조에 따라 설립된 영농조합법인과 같은 법 제19조에 따라 설립되고 업무집행권을 가진 자 중 3분의 1 이상이 농업인인 <u>농업회사법인</u>을 말한다.

4. **"농업경영"**이란 <u>농업인이나 농업법인</u>이 자기의 계산과 책임으로 농업을 영위하는 것을 말한다.

7. **"농지의 전용"**이란 농지를 농작물의 경작이나 다년생식물의 재배 등 농업생산 또는 농지개량 <u>외의 용도로 사용</u>하는 것을 말한다. 다만, 제1호 나목에서 정한 용도로 사용하는 경우에는 전용(轉用)으로 보지 아니한다.

제3조(농지에 관한 기본 이념)

① 농지는 국민에게 **식량**을 공급하고 국토 환경을 보전하는 데에 필요한 기반이며 농업과 국민경제의 조화로운 발전에 영향을 미치는 **한정된 귀중한 자원**이므로 **소중히 보전**되어야 하고 공공복리에 적합하게 관리되어야 하며, 농지에 관한 권리의 행사에는 필요한 제한과 의무가 따른다.

② 농지는 농업 생산성을 높이는 방향으로 소유·이용되어야 하며, **투기의 대상이 되어서는 아니** 된다.

제6조(농지 소유 제한)

① 농지는 **자기의 농업경영**에 이용하거나 이용할 자가 아니면 **소유**하지 **못**한다.

② 제1항에도 불구하고 **다음 각 호의 어느 하나**에 해당하는 경우에는 농지를 **소유**할 수 있다. 다만, 소유 농지는 농업경영에 이용되도록 하여야 한다(제2호 및 제3호는 제외한다). 〈개정 2021.8.17.〉

1. 국가나 지방자치단체가 농지를 소유하는 경우

4. **상속**[상속인에게 한 유증(遺贈)을 포함한다. 이하 같다]으로 농지를 취득하여 소유하는 경우

7. 제34조 제1항에 따른 **농지전용허가**[다른 법률에 따라 농지전용허가가 의제(擬制)되는 인가·허가·승인 등을 포함한다]를 받거나 제35조 또는 제43조에 따른 **농지전용신고**를 한 자가 그 농지를 소유하는 경우

8. 제34조 제2항에 따른 **농지전용협의**를 마친 농지를 소유하는 경우

10. 다음 각 목의 어느 하나에 해당하는 경우

　　가. 「한국농어촌공사 및 농지관리기금법」에 따라 한국농어촌공사가 농지를 취득하여 소유하는 경우

　　나. 「농어촌정비법」 제16조・제25조・제43조・제82조 또는 제100조에 따라 농지를 취득하여 소유하는 경우

　　다. 「공유수면 관리 및 매립에 관한 법률」에 따라 매립농지를 취득하여 소유하는 경우

　　라. **토지수용**으로 농지를 취득하여 소유하는 경우

　　마. 농림축산식품부장관과 협의를 마치고 「공익사업을 위한 토지 등의 취득 및 보상에 관한 법률」에 따라 농지를 취득하여 소유하는 경우

　　바. 「공공토지의 비축에 관한 법률」 제2조 제1호 가목에 해당하는 토지 중 같은 법 제7조 제1항에 따른 공공토지비축심의위원회가 비축이 필요하다고 인정하는 토지로서 「국토의 계획 및 이용에 관한 법률」 제36조에 따른 계획관리지역과 자연녹지지역 안의 농지를 한국토지주택공사가 취득하여 소유하는 경우. 이 경우 그 취득한 농지를 전용하기 전까지는 한국농어촌공사에 지체 없이 위탁하여 임대하거나 무상사용하게 하여야 한다.

제8조(농지취득자격증명의 발급)

① **농지를 취득**하려는 자는 농지 소재지를 관할하는 시장(구를 두지 아니한 시의 시장을 말하며, 도농 복합 형태의 시는 농지 소재지가 동지역인 경우만을 말한다), 구청장(도농 복합 형태의 시의 구에서는 농지 소재지가 동지역인 경우만을 말한다), 읍장 또는 면장(이하 "시・구・읍・면의 장"이라 한다)에게서 **농지취득자격증명**을 발급받아야 한다.

다만, **다음 각 호의** 어느 하나에 해당하면 농지취득자격증명을 **발급받지 아니하고** 농지를 취득할 수 있다.

1. 제6조 제2항 제1호(⊕ **국가・지자체**)・제4호(⊕ **상속**)・제6호(⊕ **담보농지취득**)・제8호(⊕ **농지전용협의**) 또는 제10호(⊕ **토지수용**・농림축산식품부장관과 협의를 마치고 토지보상법에 따라 농지 취득)(같은 호 바목은 제외한다)에 따라 농지를 취득하는 경우

2. **농업법인**의 **합병**으로 농지를 취득하는 경우

3. 공유 농지의 분할(⊕ **공유물분할**)이나 그 밖에 대통령령으로 정하는 원인으로 농지를 취득하는 경우

📙 관련 예규

농지의 소유권이전등기에 관한 사무처리지침(예규 제1635호)

1. 대상토지

　이 지침은 토지대장상 지목이 **전・답・과수원**인 토지(이하 "농지"라 한다)에 대하여 소유권이전등기를 신청하는 경우에 해당 농지가 어느 시기에 조성, 등록전환 또는 지목변경되었는지를 불문하고 이를 적용한다.

2. 농지취득자격증명을 첨부하여야 하는 경우

　가. 아래의 경우에는 「농지법」 제8조 제1항의 규정에 의하여 농지의 소재지를 관할하는 시장(도농복합형태의 시에 있어서는 농지의 소재지가 동지역인 경우에 한한다)・구청장(도농복합형태의 시의 구에 있어서는 농지의 소재지가 동지역인 경우에 한한다)・읍장 또는 면장이 발행하는 농지취득자격증명을 소유권이전등기신청서에 첨부하여야 한다.

　　(1) 자연인 또는 「농어업경영체 육성 및 지원에 관한 법률」 제16조에 따라 설립된 영농조합법인과 같은 법 제19조에 따라 설립되고 업무집행권을 가진 자 중 3분의 1 이상이 농업인인 농업회사법인이 **농지**에 대하여 **매매, 증여, 교환, 양도담보, 명의신탁해지, 신탁법상의 신탁** 또는 **신탁해지, 사인증**

여, 계약해제, 공매, 상속인 이외의 자에 대한 **특정적 유증 등**을 등기원인으로 하여 **소유권이전등기**를 신청하는 경우. 다만, 아래 제3항에서 열거하고 있는 사유를 등기원인으로 하여 소유권이전등기를 신청하는 경우에는 그러하지 아니하다.

    (2) 「초·중등교육법」 및 「고등교육법」에 의한 학교, 「농지법시행규칙」 제5조 관련 별표2에 해당하는 공공단체 등이 그 목적사업을 수행하기 위하여 농지를 취득하여 소유권이전등기를 신청하는 경우

    (3) 「농지법」 제6조 제2항 제9호의2에 따른 영농여건불리농지를 취득하여 소유권이전등기를 신청하는 경우

나. **국가나 지방자치단체로부터 농지를 매수**(🔘 권리자 : 개인)하여 소유권이전등기를 신청하는 경우 및 **농지전용허가**를 받거나 **농지전용신고**를 한 농지에 대하여 소유권이전등기를 신청하는 경우와 **동일 가구(세대) 내 친족 간의 매매 등**을 원인으로 하여 소유권이전등기를 신청하는 경우에도 **농지취득자격증명**을 첨부하여야 한다.

3. 농지취득자격증명을 첨부할 필요가 없는 경우

아래의 경우에는 농지취득자격증명을 첨부하지 아니하고 소유권이전등기를 신청할 수 있다.

가. **국가나 지방자치단체가 농지를 취득**(🔘 권리자 : 관공서)하여 소유권이전등기를 신청하는 경우

나. **상속 및 포괄유증, 상속인에 대한 특정적 유증, 취득시효완성, 공유물분할, 매각**(🔘 매각허가결정 시 필요 단, 등기신청 시 불요), **진정한 등기명의 회복, 농업법인의 합병**을 원인으로 하여 소유권이전등기를 신청하는 경우

다. 「공익사업을 위한 토지 등의 취득 및 보상에 관한 법률」에 의한 **수용** 및 **협의취득**을 원인으로 하여 소유권이전등기를 신청하는 경우 및 「징발재산정리에 관한 특별조치법」 제20조, 「공익사업을 위한 토지 등의 취득 및 보상에 관한 법률」 제91조의 규정에 의한 **환매권자가 환매권**에 기하여 농지를 취득하여 소유권이전등기를 신청하는 경우

바. **도시지역 내**(🔘 주거지역·상업지역·공업지역·녹지지역)의 농지에 대한 소유권이전등기를 신청하는 경우, 다만 도시지역 중 **녹지지역** 안의 농지에 대하여는 **도시계획시설사업에 필요한 농지**에 한함(「국토의 계획 및 이용에 관한 법률」 제83조 제3호 참조)

사. 「농지법」 제34조 제2항에 의한 **농지전용협의**를 완료한 농지를 취득하여 소유권이전등기를 신청하는 경우 및 「부동산 거래신고 등에 관한 법률」 제11조의 규정에 의하여 **토지거래계약 허가**를 받은 농지에 대하여 소유권이전등기를 신청하는 경우(「부동산 거래신고 등에 관한 법률」 제20조 제1항 참조)

타. **지목이 농지이나 토지의 현상이 농작물의 경작 또는 다년생식물재배지로 이용되지 않음**이 관할관청이 **발급하는 서면에 의하여 증명되는 토지**에 관하여 소유권이전등기를 신청하는 경우(**농지취득자격증명서 미발급 사유 통보서**)

4. 종중의 농지취득

종중은 원칙적으로 농지를 취득할 수 없으므로 위토를 목적으로 **새로이 농지를 취득하는 것도 허용되지 아니하며**, 다만 **농지개혁 당시 위토대장에 등재된 기존 위토인 농지**에 한하여 당해 농지가 위토대장에 종중 명의로 등재되어 있음을 확인하는 내용의 위토대장 소관청 발급의 증명서를 첨부하여 그 종중 명의로의 소유권이전등기를 신청할 수 있다.

01 다음의 등기신청 중 농지취득자격증명이 필요한 경우는? ▶ 2023년 등기서기보

① 진정명의의 회복을 위한 소유권이전등기를 신청하는 경우
② 소유권이전등기청구권 보전의 가등기를 신청하는 경우
③ 농지에 관해 매매 등을 원인으로 소유권이전등기절차의 이행을 명하는 판결에 따라 소유권이전등기를 신청하는 경우
④ 공부상 지목은 농지이나 실제로 경작에 사용되고 있지 않음이 관할관청이 발급하는 서면에 의하여 증명되는 토지에 관하여 소유권이전등기를 신청하는 경우

해설 ③ 1. 등기원인에 대하여 행정관청의 허가, 동의 또는 승낙 등을 받을 것이 요구되는 때에는 해당 허가서 등의 현존사실이 그 판결서에 기재되어 있는 경우에 한하여 허가서 등의 제출의무가 면제된다.
2. 그러나 소유권이전등기를 신청할 때에는 해당 허가서 등의 현존사실이 판결서 등에 기재되어 있다 하더라도 행정관청의 허가 등을 증명하는 서면을 반드시 제출하여야 한다(예규 제1692호, 5-마). (🔒 농지취득자격증명·토지거래계약허가서·재단법인 주무관청허가서·공익법인 소유권이전 주무관청허가서)

① 진정명의 회복을 등기원인으로 하는 소유권이전등기를 신청할 때에는 토지거래허가증 및 농지취득자격증명의 제출을 요하지 아니한다(예규 제1631호, 5).
② 농지에 대한 소유권이전청구권가등기의 신청서에는 농지취득자격증명을 첨부할 필요가 없으나, 「부동산 거래신고 등에 관한 법률」에 의한 토지거래허가구역 내의 토지에 대한 소유권이전청구권가등기의 신청서에는 토지거래허가서를 첨부하여야 한다(예규 제1632호, 2-라).
④ 지목이 농지이나 토지의 현상이 농작물의 경작 또는 다년생식물재배지로 이용되지 않음이 관할관청이 발급하는 서면에 의하여 증명되는 토지에 관하여 소유권이전등기를 신청하는 경우(농지취득자격증명서 미발급 사유 통보서)에는 농지취득자격증명을 제공할 필요가 없다(예규 제1635호, 3-타).

02 농지에 대한 등기신청에 관한 다음 설명 중 가장 옳지 않은 것은? ▶ 2021년 법무사

① 농지 소유권이전등기 신청 시 농지취득자격증명의 첨부 여부는 해당 농지면적과는 관계가 없으므로 종전에 소유하고 있던 농지를 타인에게 처분한 후 새로이 농지를 매수하는 경우에도 그 매수 농지에 대한 소유권이전등기신청 시에는 소유농지의 면적에 상관없이 농지취득자격증명을 첨부하여야 한다.
② 국가나 지방자치단체가 농지를 취득하여 소유권이전등기를 신청하는 경우에는 농지취득자격증명을 첨부하지 아니하고 소유권이전등기를 신청할 수 있다.
③ 동일 가구(세대) 내 친족 간의 매매 등을 원인으로 하여 소유권이전등기를 신청하는 경우에도 농지취득자격증명을 첨부하여야 한다.
④ 농지에 대한 소유권이전청구권의 보전을 위한 가등기의 신청서에도 농지취득자격증명을 첨부하여야 한다.

⑤ 공익사업을 위한 토지 등의 취득 및 보상에 관한 법률에 의한 수용 및 협의취득을 원인으로 하여 소유권이전등기를 신청하는 경우에는 농지취득자격증명을 첨부하지 아니하고 소유권이전등기를 신청할 수 있다.

해설 ④ 농지에 대한 소유권이전청구권가등기의 신청서에는 **농지취득자격증명**을 첨부할 필요가 **없으나**, 「부동산 거래신고 등에 관한 법률」에 의한 토지거래허가구역 내의 토지에 대한 소유권이전청구권가등기의 신청서에는 **토지거래허가서를 첨부**하여야 한다(예규 제1632호, 2-라).

① 농지의 소유권이전등기신청 시에는 해당 **농지면적과는 관계없이 농지취득자격증명**을 첨부하여야 하므로 시·구·읍·면장이 "농지법 제8조 및 동법 시행령 제10조 제2항 제2호 가목 규정에 의거 면적 미달" 취지로 반려사유를 기재하여 교부한 농지취득자격증명신청서반려통지서를 첨부한 경우에는 그 농지에 대하여 소유권이전등기를 할 수 없다(선례 제7-44호). (🌐 **토지거래계약허가**는 토지면적요건이 있음에 주의).

② 예규 제1635호, 3-가   ③ 예규 제1635호, 2-나   ⑤ 예규 제1635호, 3-다

03 농지 취득과 관련된 등기절차에 대한 설명 중 가장 옳지 않은 것은? ▸ 2021년 법원사무관

① 농지법에 따라 농지전용허가를 받거나 농지전용신고를 한 자가 그 농지를 취득하는 경우에는 농지취득자격증명을 첨부할 필요가 없다.

② 농지는 전·답, 과수원, 그 밖에 법적 지목을 불문하고 실제 토지현상이 농작물의 경작지로 이용되고 있는지 여부로 판단하는 현황주의가 일반적이다.

③ 도시지역 내의 농지의 경우 농지취득자격증명이 필요 없다. 다만 도시지역 중 녹지지역의 농지는 도시·군계획시설에 필요한 경우에 한하여 농지취득자격증명이 필요 없다.

④ 종중은 원칙적으로 농지를 취득할 수 없으나 해당 농지가 영농여건불리농지(농지법 제6조 제2항 제9호의2)라면 예외적으로 이를 취득할 수 있으므로, 종중이 그 농지에 대하여 농지취득자격증명을 발급받았다면 이를 첨부정보로서 제공하여 종중 앞으로 소유권이전등기를 신청할 수 있다.

해설 ① **농지전용허가**를 받거나 **농지전용신고**를 한 농지에 대하여 소유권이전등기를 신청하는 경우와 **동일 가구(세대) 내 친족 간의 매매** 등을 원인으로 하여 소유권이전등기를 신청하는 경우에도 **농지취득자격증명**을 첨부하여야 한다(예규 제1635호, 2-나).

② "**농지**"란 전·답 과수원 그 밖에 법적 지목을 불문하고 **실제로 농작물 경작지** 또는 대통령령으로 정하는 다년생식물 재배지로 이용되는 토지 등을 말한다(농지법 제2조 제1호)(🌐 **현황주의**).

③ 예규 제1635호, 3-바

④ **종중**은 원칙적으로 농지를 취득할 수 없으나 해당 농지가 **영농여건불리농지**(농지법 제6조 제2항 제9호의2)라면 예외적으로 이를 **취득**할 수 있으므로, 종중이 그 농지에 대하여 **농지취득자격증명**을 발급받았다면 이를 첨부정보로서 제공하여 종중 앞으로 소유권이전등기를 신청할 수 있다(선례 제201905-3호).

정답 ↦   01 ③   02 ④   03 ①

04 농지 취득과 관련된 등기절차에 관한 다음 설명 중 가장 옳지 않은 것은? ▸ 2020년 법무사

① 농지란 전·답, 과수원, 그 밖에 법적 지목을 불문하고 실제로 농작물 경작지 또는 대통령령으로 정하는 다년생식물 재배지로 이용되는 토지를 말한다.

② 국가나 지방자치단체로부터 농지를 매수하여 소유권이전등기를 신청하는 경우 및 농지전용허가를 받거나 농지전용신고를 한 농지에 대하여 소유권이전등기를 신청하는 경우에는 농지취득자격증명을 첨부할 필요가 없다.

③ 상속 및 포괄유증, 상속인에 대한 특정적 유증, 취득시효완성, 공유물분할, 진정한 등기명의 회복 등을 원인으로 하여 소유권이전등기를 신청하는 경우에는 농지취득자격증명을 첨부할 필요가 없다.

④ 취득시효 완성의 경우 농지취득자격증명을 첨부정보로서 제공할 필요가 없으나, 이는 농지의 소유가 제한되지 않는 자가 농지취득자격증명의 제공 없이 소유권이전등기를 신청할 수 있다는 것이지 농지의 소유가 제한되는 자가 농지를 취득할 수 있다는 것은 아니므로, 종교단체(법인)가 농지에 대하여 취득시효 완성을 원인으로 하는 소유권이전등기 승소판결을 받았더라도 농지 소유 제한의 예외사유(농지법 제6조 제2항)에 해당하는 경우가 아니라면 이 판결에 따른 소유권이전등기를 신청할 수 없다.

⑤ 지목이 농지이나 토지의 현상이 농작물의 경작 또는 다년생식물재배지로 이용되지 않음이 관할관청이 발급하는 서면에 의하여 증명되는 토지에 관하여는 농지취득자격증명을 첨부하지 않고서도 소유권이전등기를 신청할 수 있다.

해설 ② 국가나 지방자치단체로부터 농지를 매수(⊕ 권리자 : 개인)하여 소유권이전등기를 신청하는 경우 및 **농지전용허가**를 받거나 **농지전용신고**를 한 농지에 대하여 소유권이전등기를 신청하는 경우와 **동일 가구(세대) 내 친족 간의 매매** 등을 원인으로 하여 소유권이전등기를 신청하는 경우에도 **농지취득자격증명**을 **첨부하여야** 한다(예규 제1635호, 2-나).

③ 예규 제1635호, 3-나

④ 농지에 대하여 취득시효 완성을 원인으로 소유권이전등기를 신청할 때에 농지취득자격증명을 첨부정보로서 제공할 필요가 없으나, 이는 **농지의 소유가 제한되지 않는 자**가 **농지취득자격증명의 제공 없이 소유권이전등기를 신청할 수 있다**는 것이지 농지의 소유가 제한되는 자가 농지를 취득할 수 있다는 것은 아니므로, **종교단체(법인)가** 농지에 대하여 **취득시효 완성**을 원인으로 하는 소유권이전등기청구소송에서 **승소판결을 받았더라도** 농지 소유 제한의 예외사유(농지법 제6조 제2항 참조)에 해당하는 경우가 아니라면 이 판결에 따른 **소유권이전등기**를 신청할 수 **없**다(선례 제201903-6호).

⑤ 예규 제1635호, 3-타

05 부동산등기신청 시 농지취득자격증명에 관한 다음 설명 중 가장 옳은 것은? ▶ 2018년 법무사

① 종중이 농지에 대하여 명의신탁 해지를 원인으로 한 소유권이전등기청구소송에서 승소 판결을 받았다면 종중 명의로 소유권이전등기를 신청할 수 있다.

② 종중이 기존 위토를 처분하고 새로 위토용으로 농지를 매수하거나, 기존 위토인 농지가 수용 또는 공공용지로 협의취득되어 그 보상금으로 새로 다른 농지를 위토용으로 매수할 경우 소유권이전등기를 신청할 수 있다.

③ 법인 아닌 사단은 농지에 대한 소유권이전청구권보전을 위한 가등기를 할 수 없다.

④ 농지에 관하여 증여계약을 해제하는 약정을 원인으로 하여 소유권이전등기의 말소등기 신청을 하는 경우에는 농지취득자격증명을 첨부하여야 한다.

⑤ 종중이 농지의 집단화를 위하여 다른 토지 소유자와 상호 협의에 의하여 구 농어촌정비법에 의한 농지의 교환·분할·합병을 시행한 후 그에 따른 등기를 신청하는 경우에도 농지취득자격증명을 첨부할 필요 없이 소유권이전등기를 할 수 있다.

해설 ⑤ 농지의 집단화를 위하여 필요한 경우에는 2인 이상의 토지소유자가 상호 협의에 의하여 농지의 교환·분합을 시행한 후 그에 따른 등기를 신청할 수 있으며, 이 경우 농지의 등기부상 소유명의인이 종중이라고 하여 특별한 제한이 있는 것도 아니며, 또한 그러한 등기신청서에 농지취득자격증명을 첨부할 필요도 없다(선례 제6-568호). 즉 **종중도 가능**하다

① 1) **종중은** 원칙적으로 농지를 취득할 수 없으므로, 농지에 대하여 종중이 소유명의인인 종원 갑을 상대로 **명의신탁해지를** 원인으로 한 소유권이전등기절차를 이행하라는 소를 제기하여 **승소판결을 받았다고 하더라도** 이를 첨부정보로 제공하여 종중 명의로의 소유권이전등기를 신청할 수는 **없다**. 다만, 농지개혁 당시 위토대장에 등재된 기존 위토인 농지에 한하여 해당 농지가 위토대장에 종중 명의로 등재되어 있음을 확인하는 내용의 위토대장 소관청 발급의 증명서를 첨부정보로 제공하는 경우에는 종중 명의로의 소유권이전등기를 신청할 수 있다(선례 제201810-7호).

2) 명의신탁해지를 원인으로 한 소유권이전등기절차의 이행을 명하는 판결의 효력은 당사자인 원고 종중과 피고 갑 종원에게만 미칠 뿐 제3자에게는 미치지 않는 것이 원칙이므로, 종중이 총회에서 종중의 다른 종원인 자경 농업인 을에게 소유권이전등기를 하는 것으로 결의하였다고 하더라도 위 판결에 따라 제3자인 을 명의로의 소유권이전등기를 신청할 수는 없다(선례 제201810-7호).

② 현행 농지법하에서 종중은 농지개혁 당시 위토대장에 등재된 기존 위토인 당해 소유농지에 한하여 계속 소유할 수 있으나(농지법 부칙 제5조), 이때의 기존 위토란 농지개혁 당시에 위토대장에 종중의 위토로서 등재되어 있는 그 당해 농지를 말하는 것이므로, 종중이 기존에 농지를 위토로 소유하고 있었다 하더라도 그 농지가 수용되어 그 보상금으로 새로이 구입한 다른 농지를 위토로 취득할 수는 없을 것이다(선례 제6-23호). 마찬가지로 **종중은** 위토를 목적으로 **새로이** 농지를 취득하는 것도 **허용되지 아니**한다(예규 제1635호).

정답 04 ② 05 ⑤

③ 농지에 대한 **종중**명의의 소유권이전등기는 할 수 없으나 소유권이전청구권보전을 위한 **가등기**는 할 수 있다(선례 제6-440호)(🆗 가등기신청 시에는 **농지취득자격증명**은 요구되지 **않는**다). 따라서 농지의 소유명의를 신탁한 종중은 명의수탁자와 공동으로 "지목변경, 농지법의 개정 기타 종중 명의로 소유권취득이 가능한 사실의 발생"을 정지조건으로 하는 명의신탁해지를 원인으로 조건부 소유권이전청구권 가등기를 신청할 수 있으며, 이때 등기신청서에 기재할 원인일자는 조건부 명의신탁해지약정서상의 약정일이 된다(선례 제201010-1호).

④ 농지에 관하여 증여계약을 해제하는 약정을 원인으로 하여 소유권이전등기의 **말소**등기신청을 하는 경우에는 농지취득자격증명를 첨부하지 **아니**하나 수증인이 증여인에게 당해 농지를 다시 증여하는 것을 원인으로 하여 소유권이전등기신청을 하는 경우에는 농지취득자격증명를 **첨부**하여야 한다(선례 제3-862호).

06 농지에 대한 등기신청에 관한 다음 설명 중 가장 옳지 않은 것은? ▶ 2018년 등기주사보

① 농지에 대한 소유권이전등기를 신청할 때에 부동산 거래신고 등에 관한 법률 제11조에 따른 토지거래계약허가증을 첨부정보로서 제공한 경우에는 별도로 농지취득자격증명을 제공할 필요가 없다.

② 종중도 농지전용허가를 받으면 해당 농지에 대하여 농지취득자격증명을 첨부정보로서 제공하여 종중 명의로 소유권이전등기를 신청할 수 있다.

③ 법원이 농지에 대하여 매각을 원인으로 소유권이전등기를 촉탁할 때에는 농지취득자격증명을 첨부정보로서 제공할 필요가 없다.

④ 농지에 대하여 소유권보존등기를 신청할 때에도 원칙적으로 농지취득자격증명을 첨부정보로서 제공하여야 한다.

해설 ④ 지목이 농지인 토지의 등기부가 멸실되었으나 종중이 등기부상의 소유자로서 멸실회복등기 기간 내에 회복등기를 신청하지 못하고 나중에 필요서면(멸실직전의 등기부등본, 당해 등기부가 멸실되었다는 사실을 증명하는 서면 등)을 첨부하여 **소유권보존등기**를 신청하는 경우에는 **농지취득자격증명**을 첨부할 필요가 **없다**(선례 제7-474호)(🆗 농지에 대해서 소유권이전등기를 할 때에 농지취득자격증명을 첨부하므로 소유권보존의 경우에는 농지취득자격증명을 발급하여 제출할 필요가 없다).

② **종중**이 농지취득을 위하여 「농지법」 제6조 제2항 제7호에 따른 **농지전용허가**를 받았다면, 「농지법」 제8조에 따라 **농지취득자격증명**을 **첨부**하여 종중 명의로 소유권이전등기를 할 수 있다(선례 제201304-4호).

③ 예규 제1635호, 3-나

07 **농지의 취득에 대한 농지취득자격증명에 관한 다음 설명 중 가장 옳지 않은 것은?**

▶ 2018년 등기서기보

① 자연인이 매매를 원인으로 소유권이전등기를 신청하는 경우에는 원칙적으로 농지취득 자격증명을 첨부하여야 한다.

② 법인이 도시지역의 주거지역 내의 농지에 대한 소유권이전등기를 신청하는 경우에는 농지취득자격증명을 첨부하여야 한다.

③ 상속 및 포괄유증, 시효취득, 공유물분할을 원인으로 소유권이전등기를 신청하는 경우 에는 농지취득자격증명을 첨부할 필요가 없다.

④ 국가나 지방자치단체로부터 농지를 매수하여 소유권이전등기를 신청하는 경우에는 농 지취득자격증명을 첨부하여야 한다.

해설 ② 국토의 계획 및 이용에 관한 법률의 규정에 의하면 비록 농지일지라도 농지개혁법의 적용이 배제되므로, 위와 같은 경우 도시계획사실관계확인원에 의하여 그 농지가 도시계획구역 중 **주거지역** 내의 것임이 증명된다면 **영리법인**이라 하더라도 이를 **취득**할 수 있을 것이다(선례 제4-661호)(⊕ 이러한 경우에는 **농지취득자격증명**을 첨부할 필요가 **없다**).

① 자연인이 농지에 대하여 매매한 경우 뿐만 아니라 동일 가구(세대) 내 친족 간의 매매 등을 원인으로 하여 소유권이전등기를 신청하는 경우에도 농지취득자격증명을 첨부하여야 한다 (예규 제1635호, 2-나).

③ 예규 제1635호, 3-나

④ 예규 제1635호, 2-나

08 **농지의 소유권이전등기에 관한 다음 설명 중 가장 옳지 않은 것은?** ▶ 2017년 등기주사보

① '국토의 계획 및 이용에 관한 법률'에 따른 도시지역 안의 농지가 도시지역 중 주거지역 으로 지정된 경우에도 종중명의로는 소유권이전등기를 할 수 없다.

② 농지를 취득하려는 자는 원칙적으로 농지취득자격증명을 발급받아 그 소유권이전등기 를 신청할 때에 첨부하여야 한다.

③ 상속을 원인으로 하여 소유권이전등기를 신청하는 경우에는 농지취득자격증명을 첨부 할 필요가 없다.

④ 농지에 대하여 '부동산 거래신고 등에 관한 법률'에 따른 토지거래계약 허가를 받아 소 유권이전등기를 신청하는 경우 별도로 농지취득자격증명을 첨부할 필요는 없다.

해설 ① 국토의 계획 및 이용에 관한 법률의 규정에 의하면 비록 농지일지라도 농지개혁법의 적용이 배제되므로, 위와 같은 경우 도시계획사실관계확인원에 의하여 그 농지가 도시계획구역 중 **주거지역** 내의 것임이 증명된다면 **영리법인**이라 하더라도 이를 **취득**할 수 있을 것이다(선례 제4-661호)(⊕ 이러한 경우에는 **농지취득자격증명**을 첨부할 필요가 **없다**).

정답 **06** ④ **07** ② **08** ①

② 예규 제1634호, 2

③ 예규 제1634호, 3–나

09 농지취득자격증명에 관한 다음 설명 중 가장 옳지 않은 것은? ▸ 2015년 법무사

① 농지의 매매예약에 의한 소유권이전청구권 보전 가등기신청의 경우에는 농지취득자격 증명을 첨부할 필요가 없다.

② 농지에 대하여 국토의 계획 및 이용에 관한 법률 제118조의 토지거래계약허가를 받아 소 유권이전등기를 신청하는 경우 별도로 농지취득자격증명을 첨부할 필요는 없으며, 이는 등기신청인이 농업법인이 아닌 법인이거나 법인이 아닌 사단(교회)인 경우에도 동일하다.

③ 농지에 대하여 포괄유증을 원인으로 한 소유권이전등기를 신청하는 경우에는 농지취득 자격증명을 첨부할 필요가 없다.

④ 종중이 농지취득을 위하여 농지법 제6조 제2항 제7호에 따른 농지전용허가를 받았다 면, 농지법 제8조에 따라 농지취득자격증명을 첨부하여 종중 명의로 소유권이전등기를 할 수 있다.

⑤ 농지법 제34조 제2항에 따른 농지전용협의를 완료한 농지를 취득한 사업시행자가 신 탁을 원인으로 하여 신탁회사 명의로 소유권을 이전하는 경우, 소유권이전등기신청서 에 농지취득자격증명서를 첨부하여야 한다.

> **해설** ⑤ 「농지법」 제34조 제2항에 따른 **농지전용협의**를 완료한 농지를 취득한 사업시행자가 신탁을 원인으로 하여 신탁회사 명의로 소유권을 이전하는 경우, 소유권이전등기신청서에 「농지법」 제8조 제1항에 따라 농지전용협의 완료를 증명하는 서면을 첨부하면 충분하고 **농지취득자격 증명서**를 첨부할 필요가 **없다**(선례 제201304–5호).
>
> ③ 예규 제1634호, 3–나

10 농지의 소유권이전등기와 관련된 다음 설명 중 가장 옳지 않은 것은? ▸ 2015년 법원사무관

① 종중이 농지취득을 위하여 농지법 제6조 제2항 제7호에 따른 농지전용허가를 받고 그 소유권이전등기신청서에 농지취득자격증명을 첨부하였더라도 등기관은 그 소유권이전 등기신청을 각하하여야 한다.

② 국가나 지방자치단체로부터 농지를 매수하여 소유권이전등기를 신청하는 경우 및 농지 전용허가를 받거나 농지전용신고를 한 농지에 대하여 소유권이전등기를 신청하는 경우 농지취득자격증명을 첨부하여야 한다.

③ 상속 및 포괄유증, 상속인에 대한 특정적 유증, 취득시효 완성, 공유물 분할, 진정한 등기명의 회복, 농업법인의 합병 등을 원인으로 하여 소유권이전등기를 신청하는 경우 농지취득자격증명을 첨부할 필요가 없다.

④ 공매절차에 의한 매각의 경우 공매 부동산이 농지법이 정한 농지인 때에는 매각결정과 대금납부가 이루어졌다고 하더라도 농지취득자격증명을 발급받지 못한 이상 소유권을 취득할 수 없다.

해설 ① 종중이 농지취득을 위하여 「농지법」 제6조 제2항 제7호에 따른 **농지전용허가**를 받았다면, 「농지법」 제8조에 따라 **농지취득자격증명**을 첨부하여 종중 명의로 소유권이전등기를 할 수 있다(선례 제201304-4호).

② 예규 제1634호, 2-나

③ 예규 제1634호, 3-나

④ 농지취득자격증명은 농지를 취득하는 자에게 농지취득의 자격이 있다는 것을 증명하는 것으로, 농지를 취득하려는 자는 농지 소재지를 관할하는 시장, 구청장, 읍장 또는 면장에게서 농지취득자격증명을 발급받아야 하고, 농지취득자격증명을 발급받아 농지를 취득하는 자가 그 소유권에 관한 등기를 신청할 때에는 농지취득자격증명을 첨부하여야 한다(농지법 제8조 제1항, 제4항). 따라서 농지를 취득하려는 자가 농지에 대하여 **소유권이전등기를 마쳤다 하더라도 농지취득자격증명을 발급받지 못한 이상** 그 **소유권을 취득**하지 못하고, 이는 공매절차에 의한 매각의 경우에도 마찬가지라 할 것이므로, 공매부동산이 농지법이 정한 농지인 경우에는 매각결정과 대금납부가 이루어졌다고 하더라도 농지취득자격증명을 발급받지 못한 이상 소유권을 취득할 수 없고, 설령 매수인 앞으로 소유권이전등기가 경료되었다고 하더라도 달라지지 않으며, 다만 매각결정과 대금납부 후에 농지취득자격증명을 추완할 수 있을 뿐이다(대판 2012.11.29, 2010다68060).

11 다음 중 농지에 대한 소유권이전등기를 신청하는 경우 농지취득자격증명을 첨부정보로서 등기소에 제공할 필요가 없는 등기원인으로만 짝지어진 것은? ▶ 2014년 법무사

① 상속 – 공유물분할

② 명의신탁해지 – 진정명의회복

③ 취득시효완성 – 공매

④ 상속인에 대한 특정적 유증 – 계약해제

⑤ 매각 – 양도담보

해설 ① × / ×

② ○ / ×

③ × / ○ (주의 – 공매의 경우 일반적인 경매와는 달리 농지취득자격증명을 제공하여야 함)

④ × / ○ (주의 – 계약해제로 인한 소유권말소등기 시에는 농지취득자격증명을 제공하지 아니함)

⑤ × / ○

정답 **09** ⑤ **10** ① **11** ①

12 **농지취득자격증명에 관한 설명이다. 틀린 것은?** ▸2012년 법무사 변경

① 농지취득자격증명신청서 반려통지서상에 그 반려사유로서 "오랫동안 농사를 짓지 않아 잡목이 있고 주변 일대에 석회광이 조업 중이며 사실상 경작이 불가능함"이라고 기재되었다면 농지가 아님을 증명하는 서면으로 볼 수 있다.

② 농지를 취득하려는 자가 농지에 대하여 소유권이전등기를 마쳤다 하더라도 농지취득자격증명을 발급받지 못한 이상 그 소유권을 취득하지 못하고, 이는 공매절차에 의한 매각의 경우에도 마찬가지이다.

③ 토지의 현황이 농지인 한 그 면적에 관계 없이 농지취득자격증명을 받아야 한다.

④ 시효의 완성으로 농지를 취득하는 경우에는 농지취득자격증명을 첨부할 필요가 없다.

⑤ 농지에 관하여 매매 등을 원인으로 하여 소유권이전등기절차이행을 명하는 판결에 의한 소유권이전등기신청 시에도 농지취득자격증명을 첨부하여야 한다.

해설 ① 지목이 농지인 토지의 실제 현황이 「농지법」 제2조 제1호의 규정에 의한 농지가 아닌 경우에는 그와 같은 사실을 증명하는 관할 시·구·읍·면의 장이 발행한 서면을 첨부하여 농지취득자격증명을 첨부하지 않고 소유권이전등기를 신청할 수 있는바, 농지가 아님을 증명하는 서면으로서 **농지취득자격증명신청서반려통지서**를 첨부하는 경우에는 그 반려사유가 "**신청대상 토지가 「농지법」에 의한 농지에 해당되지 아니함**"이라고 **구체적으로 기재**되어야 한다. 따라서 그 반려사유로서 "오랫동안 농사를 짓지 않아 잡목이 있고 주변 일대에 석회광이 조업 중이며 사실상 경작이 불가능함"이라고만 기재되었다면 농지가 아닌 토지인지 여부가 불명확하므로 이를 증명하는 서면으로 볼 수 없을 것이다(선례 제8-357호).

④ 예규 제1634호, 3-나

⑤ 등기원인에 대하여 행정관청의 허가·동의 또는 승낙 등을 받을 것이 요구되는 때에는 해당 허가서 등의 현존사실이 그 판결서에 기재되어 있는 경우에 한하여 허가서 등의 제출의무가 면제된다. 그러나 **소유권이전등기**를 신청할 때에는 해당 **허가서 등**(🈯 **농지취득자격증명·토지거래계약허가서·재단법인 주무관청허가서·공익법인 소유권이전 주무관청허가서**)의 현존사실이 판결서 등에 기재되어 있다 하더라도 **행정관청의 허가 등**을 증명하는 서면을 **반드시 제출**하여야 한다(예규 제1692호, 5-마).

정답 ☞ 12 ①

마. 재단법인 및 공익법인의 주무관청 허가

👤 관련 조문

민법 제43조(재단법인의 정관)
재단법인의 설립자는 일정한 재산을 출연하고 제40조 제1호 내지 제5호의 사항을 기재한 정관을 작성하여 기명날인하여야 한다.

민법 제40조(사단법인의 정관)
사단법인의 설립자는 다음 각 호의 사항을 기재한 정관을 작성하여 기명날인하여야 한다.
1. 목적
2. 명칭
3. 사무소의 소재지
4. 자산에 관한 규정
5. 이사의 임면에 관한 규정
6. 사원자격의 득실에 관한 규정
7. 존립시기나 해산사유를 정하는 때에는 그 시기 또는 사유

📖 관련 예규

민법상 법인의 부동산 취득과 처분 등에 따른 등기예규(예규 제886호)
1. 사단법인 또는 재단법인이 부동산에 관하여 법인 명의로의 소유권이전등기를 신청하는 경우
   민법상 사단법인 또는 재단법인이 부동산을 매매, 증여, 유증, 그 밖의 원인으로 **취득**하고 법인 명의로의 소유권이전등기를 신청하는 경우에는 그 등기신청서에 **주무관청의 허가를 증명**하는 서면을 첨부할 필요가 **없다**.

2. 재단법인 소유 명의의 부동산에 관하여 등기신청이 있는 경우
   가. **재단법인 소유 명의의 부동산에 관하여 매매, 증여, 교환, 신탁해지, 공유물분할, 그 밖의 처분행위를 원인으로 한 소유권이전등기**(➕ 제한물권·임차권✕)를 신청하는 경우에는 그 등기신청서에 **주무관청의 허가를 증명**하는 서면을 **첨부하여야** 한다.
   그러나 당해 부동산이 재단법인의 **기본재산이 아님을 소명하는 경우**에는 위 **허가를 증명**하는 서면을 첨부할 필요가 **없다**. 다만 재단법인의 **기본재산이 아님을 증명**하기 위하여는 당해 재단법인의 **정관**을 첨부하여야 한다(선례 제3-34호).
   나. 다만, 재단법인 소유 명의의 부동산에 관하여 **취득시효**를 원인으로 한 소유권이전등기신청 또는 **매각**을 원인으로 한 소유권이전등기촉탁의 경우에는 주무관청의 허가를 증명하는 서면을 첨부할 필요가 **없다**.
   다. 재단법인 소유 명의의 부동산에 관하여 **원인무효**, 계약의 **취소** 또는 해제(단, **합의해제의 경우는 제외** ➕ 합의해제의 경우 **주무관청의 허가서 필요**)를 원인으로 한 **소유권이전등기말소등기신청** 또는 진정한 등기명의의 회복을 원인으로 한 소유권이전등기신청의 경우와 소유권이전청구권 보전의 **가등기**신청의 경우에도 주무관청의 허가를 증명하는 서면을 첨부할 필요가 **없다**.

3. 공익법인의 설립·운영에 관한 법률의 적용을 받는 사단법인 또는 재단법인 소유 명의의 부동산에 관하여 등기신청이 있는 경우

공익법인의 설립·운영에 관한 법률 제2조 및 동법 시행령 제2조에 해당하는 사단법인과 재단법인 소유 명의의 부동산에 관하여는 제2항의 규정에 의한 매매, 증여, 교환, 신탁해지, 공유물분할, 그 밖의 처분행위를 원인으로 한 **소유권이전등기**신청 이외에 근저당권 등의 **제한물권** 또는 **임차권**의 설정등기를 신청함에 있어서도 그 등기신청서에 **주무관청의 허가를 증명**하는 서면을 첨부하여야 한다.

그러나 당해 부동산이 법인의 기본재산이 아님을 소명하는 경우에는 위 허가를 증명하는 서면을 첨부할 필요가 없다.

01 민법상 재단법인의 기본재산 처분 허가에 관한 다음 설명 중 가장 옳지 않은 것은?

▶ 2018년 법무사

① 재단법인의 기본재산을 처분하고 그에 따른 등기를 신청하는 경우에는 주무관청의 허가를 증명하는 서면을 첨부하여야 하는데, 여기서 처분이란 재단법인 소유 명의의 기본재산인 부동산에 관하여 매매, 증여, 교환, 신탁 해지, 공유물 분할, 그 밖의 원인으로 소유권을 양도하는 것을 말한다.

② 공익법인이 아닌 재단법인인 경우에는 기본재산이 정관기재사항이어서 기본재산의 처분은 필연적으로 정관의 변경을 초래하고 정관의 변경은 주무관청의 허가를 받아야 그 효력이 있으므로 기본재산의 변동으로 인한 정관변경에 대한 주무관청의 허가서를 첨부하여 등기신청을 하여야 한다.

③ 재단법인 소유 명의의 기본재산인 부동산에 관하여 매매 등 처분행위를 원인으로 한 소유권이전등기를 신청하는 경우 그 등기신청서에 처분에 대한 주무관청의 허가를 증명하는 서면만 첨부하면 되고, 법인 정관과 이사회회의록은 첨부할 필요가 없다.

④ 공익법인 아닌 재단법인이 기본재산인 부동산에 관하여 지상권설정등기를 신청할 때에는 주무관청의 허가를 증명하는 서면을 첨부할 필요가 있다.

⑤ 재단법인의 기본재산이 아닌 보통재산의 처분에 따른 소유권이전등기신청서에 주무관청의 허가서를 첨부할 필요가 없지만, 처분대상인 부동산이 재단법인의 기본재산이 아님을 증명하기 위하여는 해당 재단법인의 정관을 첨부하여야 한다.

해설 ④ 공익법인이 아닌 **재단법인**은 매매 등 그 밖의 처분행위를 원인으로 한 **소유권이전등기**를 신청하는 경우에는 그 등기신청서에 **주무관청의 허가를 증명**하는 서면을 첨부하여야 하고, 근저당권 등의 제한물권 또는 임차권의 설정등기를 신청함에 있어서는 주무관청의 허가를 증명하는 서면을 첨부할 필요가 없다(예규 제886호).

①⑤ 예규 제886호, 2-가

② 공익법인의 설립·운영에 관한 법률의 적용을 받지 않는 (⊞ 공익법인이 아닌)재단법인이 그 소유명의의 기본재산인 부동산에 관하여 매매를 원인으로 소유권이전등기를 신청하는 경우

에는 그 등기신청서에 주무관청의 허가를 증명하는 서면을 첨부하여야 하는 바, 여기에서 주무관청의 허가를 증명하는 서면이란 기본재산 처분에 따른 정관 변경에 대한 허가서를 의미한다(선례 제200604-5호).

③ 재단법인 소유 명의의 기본재산인 부동산에 관하여 매매 등 처분행위를 원인으로 한 소유권이전등기를 신청하는 경우, 그 등기신청서에 그 처분에 대한 주무관청의 허가를 증명하는 서면 외에 법인정관과 이사회회의록은 첨부할 필요가 없다(선례 제7-66호).

---

02 **재단법인의 등기신청에 관한 다음 설명 중 가장 옳지 않은 것은?** ▸2014년 법무사

① 재단법인이 부동산을 매매로 취득하고 법인 명의로의 소유권이전등기를 신청하는 경우에는 그 등기신청서에 주무관청의 허가를 증명하는 서면을 첨부할 필요가 없다.

② 재단법인 소유 명의의 부동산 중 기본재산에 관하여 공유물분할을 원인으로 한 소유권이전등기를 신청하는 경우에는 그 등기신청서에 주무관청의 허가를 증명하는 서면을 첨부하여야 한다.

③ 재단법인 소유 명의의 부동산 중 기본재산에 관하여 매각을 원인으로 한 소유권이전등기촉탁의 경우에는 주무관청의 허가를 증명하는 서면을 첨부할 필요가 없다.

④ 재단법인 소유 명의의 부동산 중 기본재산에 관하여 합의해제를 원인으로 한 소유권이전등기말소등기 신청에는 주무관청의 허가를 증명하는 서면을 첨부할 필요가 없다.

⑤ 공익법인의 설립·운영에 관한 법률 제2조에 해당하는 재단법인 소유 명의 부동산 중 기본재산에 대하여 근저당권설정등기를 신청하는 경우에는 그 등기신청서에 주무관청의 허가를 증명하는 서면을 첨부하여야 한다.

해설 ④ 재단법인 소유 명의의 부동산에 관하여 원인무효, 계약의 취소 또는 해제(단, 합의해제의 경우는 제외 🔘 합의해제의 경우 **주무관청의 허가서 필요**)를 원인으로 한 소유권이전등기말소등기신청 또는 진정한 등기명의의 회복을 원인으로 한 소유권이전등기신청의 경우에는 주무관청의 허가를 증명하는 서면을 첨부할 필요가 **없다**(예규 제886호, 2-다).

① 예규 제886호, 1
② 예규 제886호, 2-가
③ 예규 제886호, 2-나
⑤ 예규 제886호, 3

바. 학교법인의 관할청 허가

📋 관련 조문

사립학교법 시행령 제12조[처분할 수 없는 재산의 범위 등]
① 법 제28조 제2항에 따라 학교법인이 매도하거나 담보로 제공할 수 없는 재산은 해당 학교법인이 설치·경영하는 사립학교의 교육에 직접 사용되는 재산으로서 다음 각 호의 어느 하나에 해당하는 것으로 한다.
  1. 교지
  2. 교사(강당을 포함한다)
  3. 체육장(실내체육장을 포함한다)
  4. 실습 또는 연구시설
  5. 기타 교육에 직접 사용되는 시설·설비 및 교재·교구

📋 관련 예규

학교법인의 부동산 취득 또는 처분 등에 따른 등기예규(예규 제1255호)
제1조 (목적)
이 예규는 사립학교법에 의한 학교법인이 부동산을 취득하거나 또는 처분함에 따른 등기사무에 관한 세부사항을 정함을 목적으로 한다.

제2조 (부동산의 취득)
학교법인이 매매, 증여, 유증, 그 밖의 원인으로 부동산을 취득하고 학교법인 명의로의 소유권이전등기를 신청하는 경우에는 그 등기신청서에 관할청의 허가를 증명하는 서면을 첨부할 필요가 없다.

제3조 (부동산의 처분 등)
① 학교법인이 그 소유 명의의 부동산에 관하여 매매, 증여, 교환, 그밖의 처분행위를 원인으로 한 소유권이전등기를 신청하거나 근저당권 등의 제한물권 또는 임차권의 설정등기를 신청하는 경우에는 그 등기신청서에 관할청의 허가를 증명하는 서면을 첨부하여야 한다. 다만, 사립학교법 시행령 제11조 제5항 제1호부터 제3호, 제6호, 제7호의 신고사항에 해당하는 경우에는 이를 소명할 수 있는 서면(관할청의 신고수리공문 등)을 첨부하여야 한다.
② 학교법인에게 신탁한 부동산이라 하더라도 그 신탁해지로 인한 소유권이전등기를 신청하는 경우에는 관할청의 허가를 증명하는 서면을 첨부하여야 한다.
③ 학교법인이 공유자 중 1인인 부동산에 관하여 공유물분할등기를 신청하는 경우에도 관할청의 허가를 증명하는 서면을 첨부하여야 한다.

제4조 (시효취득, 경락의 경우)
① 학교법인 소유 명의의 부동산에 관하여 시효취득을 원인으로 한 소유권이전등기신청 또는 경락(🏦 매각)을 원인으로 한 소유권이전등기촉탁 및 소유권이전청구권 보전의 가등기신청을 하는 경우에는 관할청의 허가를 증명하는 서면을 첨부할 필요가 없다.
② 학교법인 소유 명의의 부동산에 관하여 계약의 취소 또는 해제(단, 합의해제의 경우는 제외 🏦 합의해제의 경우 관할청의 허가서 필요)를 원인으로 한 소유권이전등기말소 또는 진정한 등기명의의 회복을 원인으로 한 소유권이전등기를 신청하는 경우에도 제1항과 같다(🏦 관할청의 허가를 증명하는 서면 불요).

> **제5조 (사립학교경영자 개인 소유명의의 부동산)**
> ① **사립학교**(특수학교, 유치원 등 포함 ⊞ 영유아보육시설×)의 기본재산에 편입되어 **학교교육**에 **직접 사용**되는 부동산은 그것이 학교법인이 아닌 **사립학교경영자 개인 소유**라 하더라도 이를 **매도**하거나 **담보**에 제공할 수 **없다**(사립학교법 제51조, 제28조 제2항).
> ② 등기신청서에 첨부된 **토지대장** 또는 **건축물대장** 등에 의하여 당해 부동산이 **학교교육**에 **직접 사용**되는 **부동산**임을 알 수 있는 경우(공부상 등기의 목적물인 건물의 용도가 유치원으로 되어 있는 경우 등)에는 그 **소유자**가 사립학교법상 **사립학교경영자가 아닌 때**에 한하여 그 부동산의 처분으로 인한 소유권이전등기신청 또는 저당권설정등기신청 등을 수리하여야 한다. 즉 **매도** 또는 **담보**에 제공할 수 있다.

01 학교법인의 등기신청에 관한 다음 설명 중 가장 옳지 않은 것은? ▶ 2021년 등기서기보

① 학교법인이 그 소유 명의의 부동산에 관하여 매매 등 처분행위를 원인으로 한 소유권이전등기를 신청하는 경우에는 그 등기신청서에 관할청의 허가를 증명하는 서면을 첨부하여야 한다.

② 개별 법령에서 등기원인에 대하여 제3자의 허가 등을 받도록 규정하고 있는 경우에는 허가 등을 증명하는 정보를 제공하여야 하며, 그러한 정보의 제공이 없는 것은 부동산등기법 제29조 제9호의 각하사유에 해당한다.

③ 사립학교의 기본재산에 편입되어 학교교육에 직접 사용되는 부동산은 그것이 학교법인이 아닌 사립학교경영자 개인 소유라면 이를 매도하거나 담보에 제공할 수 있다.

④ 학교법인이 부동산을 취득하고 학교법인 명의로의 소유권이전등기를 신청하는 경우에는 그 등기신청서에 관할청의 허가를 증명하는 서면을 첨부할 필요가 없다.

> **해설** ③ **사립학교**(특수학교, 유치원 등 포함 ⊞ 영유아보육시설×)의 기본재산에 편입되어 **학교교육**에 **직접 사용**되는 부동산은 그것이 학교법인이 아닌 **사립학교경영자 개인 소유**라 하더라도 이를 **매도**하거나 **담보**에 제공할 수 **없다**(사립학교법 제51조, 제28조 제2항, 예규 제1255호, 5).
>
> ① 예규 제1255호, 3
> ② 신청서에 일정한 서면을 첨부하게 한 것은 신청이 실체적 권리관계나 사실관계와 부합하고 있는가 또는 신청 당사자의 진의에서 나온 것인가를 등기관이 형식적으로 확인할 수 있도록 하기 위한 것이다. 따라서 등기관은 각종 등기신청서에 첨부할 서면이 무엇인가를 법령 등에 의하여 확인하여 **첨부할 서면이 누락**된 경우에는 물론이고, 첨부된 서면 등이 적정·타당한 지를 조사하여 **위조** 또는 **변조**되었거나 효력을 상실한 것으로 인정되는 경우에도 첨부하지 아니한 것으로 보아 해당 등기신청을 **각하**(⊞ 법 제29조 제9호)하여야 한다(「부동산등기실무 I」 p.547). 예컨대 ① 등기원인증서, ② **각종 허가서**, ③ 등기필증, ④ 법인 등기사항증명서, ⑤ 위임장, ⑥ 주민등록표 등·초본, ⑦ 부동산등기용등록번호증명서, ⑧ 토지(임야) 대장 등본, ⑨ 건축물대장등본 등의 서류를 **누락**한 경우가 대표적이다.
> ④ 예규 제1255호, 2

정답 ○ 01 ③

02 학교법인의 등기신청과 관련한 다음 설명 중 가장 옳지 않은 것은? ▸2019년 법무사

① 학교법인의 기본재산에 대하여 담보로 제공할 당시에 관할청의 허가를 받았더라도 저당권의 실행으로 매각이 될 때에는 다시 관할청의 허가를 받아야 한다.

② 학교교육에 직접 사용되는 학교법인의 재산 중 교지, 교사, 체육장 등은 관할청의 허가 여부와 관계없이 매도나 담보의 대상이 되지 않는다.

③ 건축물대장 및 등기기록에 용도가 유치원이라고 등록 및 등기된 건물은 그 소유자가 사립학교법 제2조 제3호 소정의 사립학교 경영자가 아닌 경우 관할청의 허가 없이 매도하거나 담보에 제공할 수 있다.

④ 학교법인에게 신탁한 부동산이라 하더라도 그 신탁해지로 인한 소유권이전등기를 신청하는 경우에는 감독관청의 허가를 증명하는 정보를 첨부정보로서 등기소에 제공하여야 한다.

⑤ 사립학교 경영자가 사립학교의 교지, 교사로 사용하기 위하여 출연시킨 부동산은 등기기록상 학교경영자 개인명의로 있는 경우에도 강제집행대상이 되지 못한다.

해설 ① 학교법인의 기본재산에 대하여 **담보로 제공할 당시**에 관할청의 허가를 받았을 때에는 **저당권의 실행으로 매각**이 될 때 관할청의 허가를 증명하는 서면을 제출할 필요가 없다(「부동산등기실무 I」 p.321).

② 사립학교법 시행령 제12조
③⑤ 예규 제1255호, 5-①②
④ 예규 제1255호, 3-②

03 학교법인이 그 소유 명의의 부동산에 관하여 등기를 신청하는 경우에 관한 다음 설명 중 가장 옳지 않은 것은? ▸2019년 등기주사보

① 학교법인에게 신탁한 부동산이라 하더라도 그 신탁해지로 인한 소유권이전등기를 신청하는 경우에는 관할청의 허가를 증명하는 정보를 첨부정보로서 제공하여야 한다.

② 학교법인 소유 명의의 부동산에 관하여 소유권이전청구권보전의 가등기를 신청하는 경우에는 관할청의 허가를 증명하는 정보를 첨부정보로서 제공하여야 한다.

③ 학교법인이 공유자 중 1인인 부동산에 관하여 공유물분할등기를 신청하는 경우에도 관할청의 허가를 증명하는 정보를 첨부정보로서 제공하여야 한다.

④ 학교법인 소유 명의의 부동산에 관하여 계약의 취소를 원인으로 한 소유권이전등기의 말소등기를 신청하는 경우에는 관할청의 허가를 증명하는 정보를 첨부정보로서 제공할 필요가 없다.

해설 ② 학교법인 소유 명의의 부동산에 관하여 소유권이전청구권 보전의 **가등기신청**을 하는 경우에는 관할청의 허가를 증명하는 서면을 첨부할 필요가 **없다**(예규 제1255호, 4-①). 가등기는 물권변동효가 없으므로 종국적이고 적극적인 처분행위가 아니기 때문이다.

① 예규 제1255호, 3-②

③ 예규 제1255호, 3-③

④ 예규 제1255호, 4-②

04 학교법인 소유 명의의 부동산에 관한 다음 등기신청 중 관할청의 허가를 증명하는 정보를 첨부정보로서 제공할 필요가 없는 것은? ▸2016년 법무사

① 학교법인이 공유자 중 1인인 부동산에 관하여 공유물분할등기를 신청하는 경우

② 학교법인 소유 명의의 부동산에 관하여 소유권이전청구권 보전의 가등기신청을 하는 경우

③ 학교법인 소유 명의의 부동산에 관하여 신탁해지로 인한 소유권이전등기를 신청하는 경우

④ 학교법인 소유 명의의 부동산에 관하여 계약의 합의해제를 원인으로 한 소유권이전등기의 말소등기를 신청하는 경우

⑤ 학교법인 소유 명의의 부동산에 관하여 임차권설정등기를 신청하는 경우

해설 ② 학교법인 소유 명의의 부동산에 관하여 소유권이전청구권 보전의 **가등기**신청을 하는 경우에는 관할청의 허가를 증명하는 서면을 첨부할 필요가 **없**다(예규 제1255호, 4-①). 가등기는 물권변동효가 없으므로 종국적이고 적극적인 처분행위가 아니기 때문이다.

05 학교법인의 등기신청과 관련한 다음 설명 중 가장 옳은 것은? ▸2015년 법무사

① 학교법인이 기본재산에 대하여 담보로 제공할 당시에 관할청의 허가를 받았더라도 저당권의 실행으로 매각이 될 때에는 다시 관할청의 허가를 받아야 한다.

② 건축물대장 및 등기기록에 용도가 '유치원'이라고 등록 및 등기된 건물은 그 소유자가 사립학교법 제2조 제3항 소정의 사립학교 경영자가 아니더라도 관할청의 허가가 있어야만 매도하거나 담보에 제공할 수 있다.

③ 사립학교경영자가 사립학교의 교지, 교사로 사용하기 위하여 출연시킨 부동산이 등기기록상 학교경영자 개인 명의로 있는 경우에는 강제집행의 대상이 된다.

④ 학교법인에게 신탁한 부동산은 그것이 학교법인의 기본재산이 되었을지라도 위탁자의 신탁해지로 인한 소유권이전등기를 신청하는 경우에 관할청의 허가를 증명하는 서면을 첨부정보로 제공할 필요가 없다.

⑤ 학교교육에 직접 사용되는 학교법인의 재산 중 교지, 교사, 체육장 등은 관할청의 허가 여부와 관계없이 매도나 담보의 대상이 되지 않는다.

정답 ○┥ 02 ① 03 ② 04 ② 05 ⑤

해설 ⑤ 학교교육에 직접 사용되는 학교법인의 재산 중 교지, 교사, 체육장 등은 관할청의 허가여부와 관계없이 매도나 담보의 대상이 되지 않는다(사립학교법 시행령 제12조 제1항).

① 학교법인의 기본재산에 대하여 **담보로 제공할 당시**에 관할청의 허가를 받았을 때에는 **저당권의 실행으로 매각**이 될 때 관할청의 허가를 증명하는 서면을 제출할 필요가 없다(「부동산등기실무Ⅰ」 p.321).

② 등기신청서에 첨부된 토지대장 또는 건축물대장 등에 의하여 당해 부동산이 학교교육에 직접 사용되는 부동산임을 알 수 있는 경우(공부상 등기의 목적물인 건물의 용도가 유치원으로 되어 있는 경우 등)에는 그 **소유자**가 사립학교법상 **사립학교경영자가 아닌 때**에 한하여 그 부동산의 처분으로 인한 소유권이전등기신청 또는 저당권설정등기신청 등을 수리하여야 한다(예규 제1255호, 5-②). 즉 **매도 또는 담보**에 제공할 수 있다.

③ 예규 제1255호, 5, 사립학교법 제51조, 제28조 제2항

④ 학교법인에게 신탁한 부동산이라 하더라도 그 **신탁해지**로 인한 소유권이전등기를 신청하는 경우에는 **관할청의 허가를 증명**하는 서면을 **첨부하여야** 한다(예규 제1255호, 3-②).

06 학교법인 등의 재산의 처분 등에 관한 다음 설명 중 가장 옳지 않은 것은? ▸ 2013년 법무사

① 학교법인이 그 소유 명의의 부동산에 관하여 매매, 증여, 교환, 그 밖의 처분행위를 원인으로 한 소유권이전등기를 신청하는 경우에는 관할청의 허가를 증명하는 서면을 첨부정보로 제공하여야 한다(다만, 신고사항에 해당하는 경우에는 이를 소명할 수 있는 서면을 첨부정보로 제공하여야 한다).

② 학교법인에게 신탁한 부동산에 대하여 그 신탁해지로 인한 소유권이전등기를 신청하는 경우에는 관할청의 허가를 증명하는 서면을 첨부정보로 제공할 필요가 없다.

③ 사립학교(특수학교, 유치원 등 포함)의 기본재산에 편입되어 학교교육에 직접 사용되는 부동산은 그것이 학교법인이 아닌 사립학교경영자 개인 소유라 하더라도 이를 매도하거나 담보에 제공할 수 없다.

④ 학교법인이 공유자 중 1인인 부동산에 관하여 공유물분할등기를 신청하는 경우에는 관할청의 허가를 증명하는 서면을 첨부정보로 제공하여야 한다.

⑤ 학교법인이 매매, 증여, 유증, 그 밖의 원인으로 부동산을 취득하고 학교법인 명의로의 소유권이전등기를 신청하는 경우에는 관할청의 허가를 증명하는 서면을 첨부정보로 제공할 필요가 없다.

해설 ② 학교법인에게 신탁한 부동산이라 하더라도 그 **신탁해지**로 인한 소유권이전등기를 신청하는 경우에는 **관할청의 허가를 증명**하는 서면을 **첨부하여야** 한다(예규 제1255호, 3-②).

① 예규 제1255호, 3-①
③ 예규 제1255호, 5, 사립학교법 제51조, 제28조 제2항
④ 예규 제1255호, 3-③
⑤ 예규 제1255호, 2

사. 사립학교경영자(유치원)

01 유치원 건물 또는 그 토지에 대한 등기를 신청하는 경우에 관한 다음 설명 중 가장 옳지 않은 것은?

▶ 2018년 등기주사보

① 등기기록에 건물의 용도가 유치원으로 기록되어 있으나, 건물의 소유자가 아직 유치원 설립인가를 받지 않은 상태에서 건물에 대한 근저당권설정등기가 이루어지고, 그 후에 건물의 소유자가 유치원 설립인가를 받은 경우, 위 근저당권의 실행으로 해당 건물이 매각되었다면 그 매각에 따른 소유권이전등기는 관할청의 허가 여부와 상관없이 할 수 있다.

② 유치원 건물 및 토지의 소유자인 甲이 본인 명의로 유치원 설립인가를 받아 경영하다가 관할관청으로부터 乙 명의로 유치원 설립자 변경인가를 받아 자신은 폐업한 뒤, 乙이 위 건물을 甲으로부터 임차하여 유치원을 경영해 온 경우, 甲은 유치원 건물 및 토지에 대하여 근저당권설정등기를 신청할 수 있다.

③ 사인 소유인 건물의 등기기록상 용도가 유치원으로 기록되어 있더라도 그 소유자가 아직 유치원설립인가신청을 하지 않은 상태라면 그 소유명의인은 해당 건물에 대하여 매매를 원인으로 한 소유권이전등기를 신청할 수 있다.

④ 사립학교인 유치원의 건물 및 토지를 매도하여 그에 대한 소유권이전등기를 신청하는 경우에는 그 소유자는 사립학교경영자가 아니라는 사실을 소명하는 정보를 제공하여야 하는바, 관할 세무서장 발행의 '폐업사실증명서'는 그러한 정보에 해당한다.

해설 ④ 사립학교인 유치원의 건물 및 토지를 매도하여 그에 대한 소유권이전등기를 신청하는 경우에는 그 소유자는 **사립학교경영자가 아니라는 사실을 소명하는 서면**을 제출하여야 하는바, 관할 **교육장이** 발행한 유치원의 **"폐쇄 인가서"**뿐만 아니라 소유권이전등기를 인가조건으로 한 **"설립자 변경 인가서"**도 그러한 서면에 해당할 수 있으나, 관할 세무서장 발행의 **"폐업사실증명서"**는 그에 해당되지 않는다(선례 제8-74호).

① 등기부에 건물의 용도가 유치원으로 기재되어 있으나, 건물의 **소유자가 아직 유치원 설립인가를 받지 않은 상태**에서 건물에 대한 근저당권설정등기가 이루어지고, 그 후에 건물의 소유자가 유치원 설립인가를 받은 경우, **위 근저당권의 실행으로 당해 건물이 경락되었다면 그** 경락에 따른 소유권이전등기는 관할청의 허가 여부와 상관없이 할 수 있다(선례 제7-46호).

② 유치원 건물 및 토지의 **소유자**인 갑이 본인 명의로 유치원 설립인가를 받아 경영하다가, 관할관청으로부터 **을 명의로 유치원 설립자 변경인가를** 받아 (❸ 갑)자신은 **폐업**한 뒤, 을이 위 건물을 갑으로부터 임차하여 유치원을 경영해 온 경우, 현재 갑은 사립학교경영자가 아니므로 유치원 건물 및 토지에 대하여 근저당권설정등기를 신청할 수 있다(선례 제7-45호).

③ 사인 소유인 토지 및 건물의 등기부상 지목 및 용도가 각 학교용지와 유치원으로 등기되어 있더라도 **그 소유자가 아직 유치원설립인가신청을 하지 않은 상태라면**, 그 부동산의 소유자는 사립학교경영자라고 볼 수 없을 것이므로, 그 소유명의인은 그 부동산을 매도하거나 담보에 제공할 수 있을 것이다. 다만 그러한 등기신청서에는 그 소유명의인이 사립학교경영자가 아니라는 사실을 증명하는 서면을 첨부하여야 할 것이다(선례 제5-82호).

정답 ○━ 06 ② / 01 ④

02 학교법인·사단(재단)법인 등의 등기신청에 관한 다음 설명 중 가장 옳은 것은?

▶ 2017년 등기주사보

① 건축물대장 및 등기기록에 용도가 '유치원'이라고 등록 및 등기된 건물이라면 그 소유자가 '사립학교법'의 사립학교경영자가 아니더라도 그 소유명의인은 그 건물을 매도하거나 담보에 제공할 수 없다.

② 사립학교경영자가 사립학교의 교지, 교사로 사용하기 위하여 출연시킨 부동산이 등기기록상 학교경영자 개인 명의로 있는 경우에는 강제집행의 대상이 된다.

③ 학교교육에 직접 사용되는 교지, 교사, 체육장 등의 재산은 관할청의 허가여부와 관계없이 매도나 담보의 대상이 되지 않는다.

④ 사단법인의 경우 기본재산의 처분 시에 사원총회의 결의가 필요하다고 정관에 기재되어 있다면 등기신청서에 그 결의서를 반드시 첨부하여야 한다.

해설 ③ 학교교육에 직접 사용되는 학교법인의 재산 중 교지, 교사, 체육장 등은 관할청의 허가여부와 관계없이 매도나 담보의 대상이 되지 않는다(사립학교법 시행령 제12조 제1항).

① 등기신청서에 첨부된 토지대장 또는 건축물대장 등에 의하여 당해 부동산이 학교교육에 직접 사용되는 부동산임을 알 수 있는 경우(공부상 등기의 목적물인 건물의 용도가 유치원으로 되어 있는 경우 등)에는 그 소유자가 사립학교법상 사립학교경영자가 아닌 때에 한하여 그 부동산의 처분으로 인한 소유권이전등기신청 또는 저당권설정등기신청 등을 수리하여야 한다. 즉 매도 또는 담보에 제공할 수 있다(예규 제1255호, 5-②).

② 예규 제1255호, 5, 사립학교법 제51조, 제28조 제2항

④ 민법상 사단법인의 재산처분에 따른 등기신청에는 주무관청의 허가서를 첨부할 필요가 없으며, 위 재산의 처분에 관하여 정관에 대의원회(또는 사원총회)의 결의가 있어야 한다는 취지의 기재가 있다고 하여도 그것은 법인의 내부관계에서 효력을 가지는데 불과하고 이를 대외적으로 주장하려면 법인대표자의 대표권제한(대의원회의 결의를 필요하는 취지)을 등기함으로서만 가능하다(선례 제3-35호).

✦ **종합문제**

01 등기원인에 대한 허가에 관한 다음 설명 중 가장 옳은 것은? ▸ 2023년 등기서기보

① 의료법인이 매매, 증여, 유증 그 밖의 원인으로 한 부동산을 취득하는 경우에는 시·도 지사의 허가를 받아야 한다.

② 사립학교경영자가 사립학교의 교지, 교사로 사용하기 위하여 출연·편입시킨 토지나 건물이 등기기록상 경영자 개인 명의로 있는 경우에는 그 부동산에 대하여 장래의 강제집행을 보전하기 위하여 가압류를 할 수 있다.

③ 전통사찰보존지에 있는 그 전통사찰 소유의 부동산 등을 매매, 증여 그 밖의 원인으로 양도하여 소유권이전등기를 신청하는 경우에는 문화체육관광부장관의 허가서를 첨부 하여야 한다.

④ 민법상 사단법인 소유 명의의 부동산을 처분하는 경우에 주무관청의 허가서를 첨부하 여야 한다.

해설 ③ 1. 전통사찰 소유의 **전통사찰보존지** 등을 **매매, 증여, 그 밖의 원인으로 양도**하여 **소유권이 전등기**를 신청하는 경우에는 법 제9조 제1항에 따른 **문화체육관광부장관의 허가**를 증명 하는 정보를 제공하여야 한다.

　　　 2. 다만, **시효취득**을 원인으로 한 소유권이전등기를 신청하거나 민사집행법에 따른 **매각**을 원 인으로 한 소유권이전등기를 촉탁하는 경우에는 **그러하지 아니한다**(예규 제1484호, 4-1).

① 의료법인을 설립하려는 자는 대통령령으로 정하는 바에 따라 정관과 그 밖의 서류를 갖추어 그 법인의 주된 사무소의 소재지를 관할하는 시·도지사의 허가를 받아야 하고, **의료법인**이 재산을 **처분**하거나 정관을 변경하려면 **시·도지사의 허가**를 받아야 한다(「의료법」 제48조 제1항, 제3항).

② **사립학교**(특수학교, 유치원 등 포함 ⊕ 영유아보육시설×)의 기본재산에 편입되어 **학교교육** 에 **직접 사용**되는 부동산은 그것이 학교법인이 아닌 **사립학교경영자 개인 소유**라 하더라도 이를 **매도**하거나 담보에 제공할 수 **없다**(사립학교법 제51조, 제28조 제2항). 따라서 **가압류** 도 할 수 **없다**.

④ 민법상 **사단법인**의 재산처분에 따른 등기신청에는 **주무관청의 허가서**를 첨부할 필요가 **없으 며**, 위 재산의 처분에 관하여 **정관**에 **대의원회(또는 사원총회)의 결의가 있어야 한다는 취지** 의 기재가 있다고 하여도 그것은 법인의 **내부관계에서 효력**을 가지는데 불과하고 이를 대외 적으로 주장하려면 법인대표자의 대표권제한(대의원회의 결의를 필요하는 취지)을 등기함으 로서만 가능하다(선례 제3-35호).

정답 **02 ③ / 01 ③**

02

등기원인에 대한 제3자의 허가에 관한 다음 설명 중 가장 옳지 않은 것은? ▶ 2021년 법무사

① 사립학교의 기본재산에 편입되어 학교교육에 직접 사용되는 부동산은 그것이 학교법인이 아닌 사립학교 경영자 개인 소유라 하더라도 이를 매도하거나 담보에 제공할 수 없다.

② 토지거래허가구역 내의 토지에 관하여 허가를 받지 아니하고 매매계약을 체결한 경우 그 효력에 대하여, 판례는 허가를 받을 때까지는 법률상 미완성의 법률행위로서 거래의 효력이 전혀 발생하지 않는 확정적 무효의 경우와 다를 바 없지만, 일단 허가를 받으면 그 계약은 소급하여 유효한 계약이 되므로 허가를 받기까지는 유동적 무효의 상태에 있다고 보는 입장이다.

③ 토지거래계약허가를 받아 소유권이전등기가 이루어졌으나 사후에 허가관청이 허가를 취소하고 이를 등기과(소)에 통보하였다고 하더라도 그 등기는 등기관이 이를 직권으로 말소할 수는 없다.

④ 학교법인이 공유자 중 1인인 부동산에 관하여 공유물분할등기를 신청하는 경우에도 관할청의 허가를 증명하는 서면을 첨부하여야 한다.

⑤ 영유아보육시설(어린이집 등)도 교육기관이므로, 영유아보육법에 의하여 민간 보육시설로 인가 받아 그 소유건물 전부를 보육시설로 운영 중인 자는 사립학교법 제2조 제3항 소정의 사립학교 경영자에 해당되어 그 소유건물에 대하여는 매매 또는 담보제공 등 처분행위를 할 수 없다.

> **해설** ⑤ **영유아보육시설**은 교육법 제81조의 교육기관이 아니므로, 유치원 및 영유아보육시설용 건물의 소유자가 영유아보육법에 의하여 민간 보육시설로 인가 받아 그 소유건물 전부를 보육시설로 운영 중인 자는 사립학교법 제2조 제3항 소정의 사립학교 경영자에 해당되지 않으므로, 그 소유건물에 대하여는 매매 또는 담보제공 등 처분행위를 할 수 있을 것이다(선례 제5-433호).
>
> ① 예규 제1255호, 5-①
>
> ② 국토이용관리법상의 규제구역 내의 '토지 등의 거래계약'허가에 관한 관계규정의 내용과 그 입법취지에 비추어 볼 때 토지의 소유권 등 권리를 이전 또는 설정하는 내용의 거래계약은 관할관청의 허가를 받아야만 그 효력이 발생하고 허가를 받기 전에는 물권적 효력은 물론 채권적 효력도 발생하지 아니하여 무효라고 보아야 할 것인바, 다만 허가를 받기 전의 거래계약이 처음부터 허가를 배제하거나 잠탈하는 내용의 계약일 경우에는 확정적으로 무효로서 유효화될 여지가 없으나 이와 달리 허가받을 것을 전제로 한 거래계약(허가를 배제하거나 잠탈하는 내용의 계약이 아닌 계약은 여기에 해당하는 것으로 본다)일 경우에는 허가를 받을 때까지는 법률상 미완성의 법률행위로서 소유권 등 권리의 이전 또는 설정에 관한 거래의 효력이 전혀 발생하지 않음은 위의 확정적 무효의 경우와 다를 바 없지만, 일단 허가를 받으면 그 계약은 소급하여 유효한 계약이 되고 이와 달리 불허가가 된 때에는 무효로 확정되므로 허가를 받기까지는 **유동적 무효**의 상태에 있다고 보는 것이 타당하다(대판 1991.12.24. 90다12243).
>
> ③ 「국토의 계획 및 이용에 관한 법률」 제118조 제1항(삭제 2016.1.19.)의 토지거래계약허가를 받아 소유권이전등기가 이루어졌으나 사후에 그 허가가 사위 또는 부정한 방법으로 받은 사실이 확인되어 허가관청이 허가를 취소하고 이를 등기과(소)에 통보하였다고 하더라도 그 등기는 법 제29조 제9호의 간과등기에 해당하므로 등기관이 이를 **직권으로 말소**할 수는 **없**다(선례 제201012-6호).

④ **공유물분할**은 공유지분의 교환 또는 매매의 실질을 가지는 것이므로, 학교법인이 공유자 중 1인인 부동산에 관하여 공유물분할을 원인으로 하는 공유지분이전등기를 신청하는 경우에도 관할청의 허가를 증명하는 서면을 첨부하여야 하는바, 이는 학교법인이 공유물분할에 의하여 **종전의 공유지분보다 더 많은 공유지분을 취득하게 되는 경우에도 마찬가지**이다(선례 제6-48호).

03 등기원인에 대한 제3자의 허가 등을 증명하는 정보에 관한 다음 설명 중 가장 옳은 것은?

▶ 2020년 법원사무관

① 토지거래허가구역 내의 토지에 대하여 매매계약을 체결하였으나, 당해 토지에 대한 허가구역의 지정이 해제된 후 소유권이전등기를 신청하는 경우, 그 등기신청서에는 토지거래허가서를 첨부할 필요가 없다.

② 토지거래계약허가증을 발급받은 경우에는 부동산등기 특별조치법 제3조에 따른 검인을 받은 것으로 인정되나, 농지에 대하여는 토지거래계약 허가를 받은 경우에도 농지취득자격증명을 제출하여야 한다.

③ 공익법인이 기본재산을 매도, 증여 등 처분행위를 하는 경우에는 주무관청의 허가를 받아야 하며, 다만 담보를 제공하는 경우에는 주무관청의 허가가 필요 없다.

④ 사립학교의 기본재산에 편입되어 학교교육에 직접 사용되는 부동산이라도 그것이 학교법인이 아닌 사립학교경영자 개인 소유라면 이를 담보에 제공할 수 있다.

해설 ① 토지거래허가구역 내의 토지에 대하여 매매계약을 체결하였으나, 당해 토지에 대한 허가구역의 **지정이 해제**된 후 소유권이전등기를 신청하는 경우, 그 등기신청서에는 **토지거래허가서를** 첨부할 필요가 **없**다(선례 제6-45호).

③ **공익법인**의 설립·운영에 관한 법률 제2조 및 동법 시행령 제2조에 해당하는 사단법인과 재단법인 소유 명의의 부동산에 관하여는 제2항의 규정에 의한 **매매, 증여, 교환, 신탁해지, 공유물분할, 그 밖의 처분행위**를 원인으로 한 **소유권이전등기신청** 이외에 근저당권 등의 **제한물권** 또는 **임차권**의 설정등기를 신청함에 있어서도 그 등기신청서에 **주무관청의 허가를 증명**하는 서면을 첨부하여야 한다(예규 제886호, 3).

④ 예규 제1255호, 5, 사립학교법 제51조, 제28조 제2항

정답 ← 02 ⑤ 03 ①

04 등기원인에 대한 제3자의 허가, 동의 또는 승낙을 증명하는 정보에 관한 다음 설명 중 가장 옳지 않은 것은?

▸ 2018년 법원사무관

① 농지의 소유명의를 신탁한 종중이 농지에 대하여 명의수탁자와 공동으로 명의신탁해지를 원인으로 조건부 소유권이전청구권 가등기를 신청하는 경우에 농지취득자격증명은 필요가 없다.

② 토지거래계약허가를 받아 매매를 원인으로 한 소유권이전등기를 마친 후 매매계약의 일부를 해제하면서 그 해제를 원인으로 한 소유권 일부말소 의미의 경정등기를 신청하기 위해서는 토지거래계약허가증을 첨부하여야 한다.

③ 학교법인이 공유자 중 1인인 부동산에 관하여 공유물분할을 원인으로 하는 공유지분이전등기를 신청하는 경우에 관할청의 허가를 증명하는 서면을 첨부하여야 하지만, 학교법인이 공유물분할에 의하여 종전의 공유지분보다 더 많이 취득하는 경우에는 관할청의 허가가 필요가 없다.

④ 재단법인의 기본재산인 부동산에 관하여 매매를 원인으로 하는 소유권이전등기를 신청하는 경우에는 주무관청의 허가를 증명하는 정보를 첨부하여야 하지만, 정관과 이사회 의사록은 첨부할 필요가 없다.

해설 ③ 공유물분할은 공유지분의 교환 또는 매매의 실질을 가지는 것이므로, 학교법인이 공유자 중 1인인 부동산에 관하여 공유물분할을 원인으로 하는 공유지분이전등기를 신청하는 경우에도 관할청의 허가를 증명하는 서면을 첨부하여야 하는바, 이는 학교법인이 공유물분할에 의하여 **종전의 공유지분보다 더 많은 공유지분을 취득하게 되는 경우에도 마찬가지**이다(선례 제 6-48호).

② 토지거래허가구역 내의 토지에 대하여 토지거래계약허가를 받아 매매를 원인으로 한 소유권이전등기를 경료한 후 그 매매계약의 일부를 해제하는 것은 당초에 허가받은 토지거래계약을 변경하고자 하는 경우에 해당한다 할 것이므로, 그 해제를 원인으로 한 소유권 일부말소 의미의 소유권경정등기를 신청하기 위해서는 관할청의 허가서(❸ 토지거래계약허가)를 첨부하여야 한다. 따라서 관할청의 허가서를 첨부함이 없이 위 소유권경정등기신청을 한다면 등기관은 부동산등기법 제55조 제8호(❸ 현행법 제29조 제9호)에 의하여 그 등기신청을 각하하여야 할 것이나, 이를 간과하여 위 소유권경정등기가 경료되었다 하더라도 그 소유권경정등기를 등기관이 직권으로 말소할 수는 없다(선례 제7-47호).

05 등기원인에 대하여 제3자의 허가, 동의 또는 승낙이 필요한 경우와 관련한 다음 설명 중 가장 옳지 않은 것은? ▶ 2017년 법무사

① 부재자의 생사가 분명하지 아니한 경우에 부재자의 재산관리인이 부재자의 대리인으로서 부동산의 처분에 관한 등기신청을 할 경우 법원의 허가서를 첨부하여야 한다.

② 향교재단이 향교재산 중 부동산을 처분하거나 담보로 제공하려는 때에는 대통령령으로 정하는 바에 따라 특별시장·광역시장·도지사 또는 특별자치도지사의 허가를 받아야 한다.

③ 전통사찰의 주지는 부동산(해당 전통사찰의 전통사찰보존지에 있는 그 사찰 소유 또는 사찰이 속한 단체 소유의 부동산)을 양도하려면 사찰이 속한 단체 대표자의 승인서를 첨부(사찰이 속한 단체가 없는 경우에는 제외)하여 문화체육관광부장관의 허가를 받아야 한다.

④ 공익법인이 기본재산을 처분할 때에 등기원인을 증명하는 서면이 소유권이전등기절차를 이행하라는 확정판결이라면 주무관청의 허가서를 첨부하지 않고 등기신청을 할 수 있다.

⑤ 재단법인 소유 명의의 기본재산인 부동산에 관하여 매매를 원인으로 한 소유권이전등기를 신청하는 경우에 그 등기신청서에 주무관청의 허가를 증명하는 서면만 첨부하면 되고, 법인 정관과 이사회회의록은 첨부할 필요가 없다.

해설 ④ 등기원인에 대하여 행정관청의 허가, 동의 또는 승낙 등을 받을 것이 요구되는 때에는 해당 허가서 등의 현존사실이 그 판결서에 기재되어 있는 경우에 한하여 허가서 등의 제출의무가 면제된다. 그러나 **소유권이전등기를** 신청할 때에는 해당 허가서 등(ⓘ **농지취득자격증명·토지거래계약허가서·재단법인 주무관청허가서·공익법인 소유권이전 주무관청허가서**)의 현존사실이 판결서 등에 기재되어 있다 하더라도 **행정관청의 허가 등을** 증명하는 서면을 **반드시 제출**하여야 한다(예규 제1692호, 5-마).

① 법원이 선임한 재산관리인이 제118조에 규정한 권한을 넘는 행위를 함에는 법원의 허가를 얻어야 한다. 부재자의 생사가 분명하지 아니한 경우에 부재자가 정한 재산관리인이 권한을 넘는 행위를 할 때에도 같다(민법 제25조). 민법 제25조에 따라 부재자의 재산관리인이 부재자의 대리인으로서 부동산의 처분에 관한 등기신청을 할 경우 법원의 허가서를 첨부하여야 한다(「부동산등기실무Ⅰ」 p.327).

② 향교를 유지하고 운영하기 위하여 조성된 동산과 부동산, 그 밖의 재산을 향교재산이라 한다(향교재산법 제2조). 관할 구역에 있는 향교재산의 관리와 운영을 위하여 특별시·광역시·도 및 특별자치도마다 재단법인(향교재단)을 설립한다(같은 법 제3조 제1항). 향교재산 중 토지와 건물 등의 부동산은 향교의 기본재산이 된다. 이러한 향교재산은 향교재산법에 따르지 아니하고는 매매, 양여, 교환, 담보제공, 그 밖의 처분을 할 수 없다(같은 법 제3조 제2항, 제4조). 향교재단은 향교재산 중 부동산을 처분하거나 담보로 제공하려는 때에는 대통령령으로 정하는 바에 따라 특별시장·광역시장·도지사 또는 특별자치도지사의 허가를 받아야 한다(같은 법 제8조, 「부동산등기실무Ⅰ」 p.326).

정답 ┅ **04** ③ **05** ④

③ 전통사찰의 주지는 부동산(해당 전통사찰의 전통사찰보존지에 있는 그 사찰 소유 또는 사찰이 속한 단체 소유의 부동산)을 양도하려면 사찰이 속한 단체 대표자의 승인서를 첨부(사찰이 속한 단체가 없는 경우에는 제외)하여 문화체육관광부장관의 허가를 받아야 한다(예규 제1484호).

06 등기신청에 필요한 첨부정보에 관한 다음 설명 중 가장 옳지 않은 것은? ▸ 2023년 법무사

① 계약을 원인으로 소유권이전등기를 신청할 경우 등기원인증명정보가 집행력 있는 판결인 경우에는 판결서 정본에 검인을 받을 필요가 없다.

② 매매로 인한 소유권이전등기청구권을 보전하기 위하여 소유권이전청구권가등기를 마친 상태에서 제3자에 대한 채무를 담보하기 위하여 소유권이전등기청구권을 양도하고 가등기의 이전등기를 신청하는 경우에는 매도인인 소유명의인의 승낙이 있음을 증명하는 정보와 인감증명을 첨부정보로서 제공하여야 한다.

③ 부동산 거래신고 등에 관한 법률에 의한 허가의 대상이 되는 토지에 관하여 소유권·지상권의 이전 또는 설정청구권을 보전하기 위한 가등기를 신청하기 위해서는 원칙적으로 신청서에 시장, 군수 또는 구청장이 발행한 토지거래계약허가증을 첨부하여야 한다.

④ 사립학교법에 의한 학교법인에게 신탁한 부동산에 대하여 그 신탁을 해지하고 해지로 인한 소유권이전등기를 신청하는 경우에는 관할청의 허가를 증명하는 서면을 첨부하여야 한다.

⑤ 전통사찰의 보존 및 지원에 관한 법률에 따라 등록된 전통사찰 소유의 전통사찰보존지에 대하여 민사집행법에 따른 매각을 원인으로 하여 소유권이전등기를 촉탁하는 경우에는 문화체육관광부장관의 허가를 증명하는 정보를 제공할 필요가 없다.

해설 ① 1. **계약**을 등기원인으로 하여 1990.9.2. 이후 **소유권이전등기**를 신청할 때에는 계약의 일자 및 종류를 불문하고 **검인**을 받은 **계약서 원본**(이하 "검인계약서"라 한다) 또는 검인을 받은 **판결서 정본**(화해·인낙·조정조서를 포함한다)을 등기원인증서로 제출하여야 한다(예규 제1419호, 1-가).
　　2. 따라서 등기원인을 증명하는 서면이 판결서이더라도 계약을 원인으로 소유권이전등기를 신청하는 경우에는 그 **판결서**에 검인을 받아 제출하여야 한다(예규 제1419호, 1-가).

② **매매로 인한 소유권이전등기청구권**은 특별한 사정이 없는 이상 그 **권리의 성질상 양도가 제한**되고 그 양도에 (🈷 소유권이전등기청구권의 채무자)**매도인**의 승낙이나 **동의**를 요한다고 할 것이므로(대판 2001.10.9, 2000다51216 참조), 위 가등기의 이전등기를 신청하는 경우에는 매도인인 소유명의인의 **승낙이 있음을 증명**하는 정보와 **인감증명**을 첨부정보로서 등기소에 제공하여야 한다(선례 제201803-1호).

③ 「부동산 거래신고 등에 관한 법률」(이하 "법"이라 한다) 제11조 제1항의 규정에 의한 허가의 대상이 되는 토지(이하 '**허가대상 토지**'라 한다)에 관하여 **소유권·지상권**을 이전 또는 **설정**하는 **유상계약**(예약을 포함한다. 이하 같다)을 체결하고 그에 따른 등기신청을 하기 위해서는 신청서에 시장, 군수 또는 구청장이 발행한 **토지거래계약허가증**을 첨부하여야 한다. 다만, 그 계약이 **증여**와 같이 대가성이 없는 경우에는 **그러하지 아니하다**(예규 제1634호, 1-(1).

④ 학교법인에게 신탁한 부동산이라 하더라도 그 신탁해지로 인한 소유권이전등기를 신청하는 경우에는 관할청의 허가를 증명하는 서면을 첨부하여야 한다(예규 제1255호, 3-②).

⑤ 1. 전통사찰 소유의 전통사찰보존지 등을 매매, 증여, 그 밖의 원인으로 양도하여 소유권이전 등기를 신청하는 경우에는 법 제9조 제1항에 따른 문화체육관광부장관의 허가를 증명하는 정보를 제공하여야 한다.

　2. 다만, 시효취득을 원인으로 한 소유권이전등기를 신청하거나 민사집행법에 따른 매각을 원인으로 한 소유권이전등기를 촉탁하는 경우에는 그러하지 아니한다(예규 제1484호, 4-1).

07 등기신청에 필요한 첨부정보에 관한 다음 설명 중 가장 옳지 않은 것은?

▶ 2017년 등기서기보

① 계약을 원인으로 소유권이전등기를 신청할 때에 등기원인증서가 집행력 있는 판결서인 때에는 판결서에 검인을 받아 제출하여야 한다.

② 소유권이전등기를 신청할 때에는 해당 허가서의 현존사실이 판결서에 기재되어 있다 하더라도 행정관청의 허가를 증명하는 서면을 반드시 제출하여야 한다.

③ 상속 및 포괄유증, 공유물분할, 매각, 진정한 등기명의 회복을 원인으로 하여 소유권이전등기를 신청하는 경우에는 농지취득자격 증명이 필요 없다.

④ 신탁재산 귀속을 원인으로 위탁자 외의 수익자에게 소유권이전등기 및 신탁등기 말소등기를 신청하는 경우에는 신탁재산의 귀속이 대가에 의한 것이라도 토지거래허가구역에서 토지거래계약허가증을 첨부할 필요가 없다.

해설 ④ 「국토의 계획 및 이용에 관한 법률」 제117조(삭제 2016.1.19.)(🈺 현행 부동산 거래신고 등에 관한 법률 제10조, 제11조)에 의하여 토지거래허가구역으로 지정된 토지에 대하여 신탁등기를 경료한 이후 신탁이 종료함에 따라 '신탁재산귀속'을 원인으로 위탁자 이외의 수익자나 제3자 명의로의 소유권이전 및 신탁등기말소를 신청하는 경우 신탁재산의 귀속이 대가에 의한 것인 때에는 토지거래계약허가증을 첨부하여야 한다(선례 제201101-1호).

① 계약을 등기원인으로 하여 1990.9.2. 이후 소유권이전등기를 신청할 때에는 계약의 일자 및 종류를 불문하고 검인을 받은 계약서 원본(이하 "검인계약서"라 한다) 또는 검인을 받은 판결서 정본(화해·인낙·조정조서를 포함한다)을 등기원인증서로 제출하여야 한다(예규 제1419호).

② 등기원인에 대하여 행정관청의 허가, 동의 또는 승낙 등을 받을 것이 요구되는 때에는 해당 허가서 등의 현존사실이 그 판결서에 기재되어 있는 경우에 한하여 허가서 등의 제출의무가 면제된다. 그러나 소유권이전등기를 신청할 때에는 해당 허가서 등(🈺 농지취득자격증명·토지거래계약허가서·재단법인 주무관청허가서·공익법인 소유권이전 주무관청허가서)의 현존사실이 판결서 등에 기재되어 있다 하더라도 행정관청의 허가 등을 증명하는 서면을 반드시 제출하여야 한다(예규 제1692호, 5-마).

③ 예규 제1635호, 3-나

정답 ⃗ **06** ① **07** ④

02 등기의무자와 관련된 정보

◀ 01 등기필정보(제공)

가. 일반

🧑‍🦱 관련 조문

법 제50조[등기필정보]
① 등기관이 새로운 권리에 관한 등기를 마쳤을 때에는 등기필정보를 작성하여 등기권리자에게 통지하여야 한다. 다만, 다음 각 호의 어느 하나에 해당하는 경우에는 그러하지 아니하다.
  1. 등기권리자가 등기필정보의 통지를 원하지 아니하는 경우
  2. 국가 또는 지방자치단체가 등기권리자인 경우
  3. 제1호 및 제2호에서 규정한 경우 외에 대법원규칙으로 정하는 경우
② 등기권리자와 등기의무자가 공동으로 권리에 관한 등기를 신청하는 경우에 신청인은 그 신청정보와 함께 제1항에 따라 통지받은 등기의무자의 등기필정보를 등기소에 제공하여야 한다. 승소한 등기의무자가 단독으로 권리에 관한 등기를 신청하는 경우에도 또한 같다.

🔖 관련 예규

등기의무자의 등기필정보 제공에 관한 업무처리지침(예규 제1647호)
1. 목적
   이 예규는 「부동산등기법」 제50조 제2항에 따른 등기의무자의 등기필정보 제공에 관한 사항을 규정함을 목적으로 한다.

2. 등기필정보를 제공하여야 하는 경우
   가. 등기권리자와 등기의무자가 권리에 관한 등기를 공동으로 신청하는 경우와 등기절차의 인수를 명하는 판결에서 승소한 등기의무자가 단독으로 권리에 관한 등기를 신청하는 경우에는 등기의무자의 등기필정보를 신청정보의 내용으로 제공하여야 한다.
   나. 제공하여야 하는 등기필정보
      1) 권리의 이전등기를 신청하는 경우에는 이전하려는 권리의 보존이나 이전, 설정 등기 등을 하였을 때에 수령한 등기필정보를 제공한다.
      2) 용익권·담보권 등의 설정등기를 신청하는 경우에는 그 바탕이 되는 권리(소유권의 보존·이전, 전세권이나 지상권의 설정·이전 등)를 등기하였을 때 수령한 등기필정보를 제공한다.
      3) 권리의 변경이나 경정의 등기를 신청하는 경우에는 해당 변경이나 경정등기로 인하여 불이익을 받는 자의 등기필정보를 제공한다.
      4) 제공하여야 하는 등기필정보에 관한 몇 가지의 예
         가) 갑 토지를 을 토지에 합병한 경우, 합병 후의 을 토지에 대하여 등기신청을 할 때에는 을 토지에 대한 등기필정보만을 제공하면 되고, 등기기록이 폐쇄된 갑 토지의 등기필정보는 제공할 필요가 없다. 합병 후의 건물에 대해 등기신청을 할 때에도 마찬가지이다.

나) 대지권 등기를 마친 **구분건물에 대한 등기신청**을 할 때에는 **구분건물에 대한 등기필정보만**을 제공하면 되고 그 대지에 대한 등기필정보는 제공할 필요가 없다.

다) **공유물분할**을 원인으로 소유권을 취득한 자가 등기의무자가 되어 분할된 부동산에 대해 **등기신청**을 할 때에는 위 **공유물분할**을 원인으로 한 **지분이전등기를 마친 후 수령한 등기필정보**뿐만 아니라 공유물분할 이전에 공유자로서 지분을 취득할 당시 수령한 등기필정보도 함께 제공하여야 한다.

라) **(근)저당권이 이전된 후 (근)저당권의 말소등기를 신청**하는 경우에는 (근)저당권 **양수인의 등기필정보를 제공**하여야 한다.

마) **채무자변경**을 원인으로 하는 **(근)저당권변경등기를 신청**하는 경우에는 등기의무자인 **(근)저당권설정자**의 등기필정보를 제공하여야 한다.

3. **등기필정보를 제공하지 않아도 되는 경우**

가. 둘 이상의 권리에 관한 등기를 동시에 신청하는 경우

1) 같은 부동산에 대하여 둘 이상의 권리에 관한 등기를 동시에 신청하는 경우로서(등기신청의 대리인이 서로 다른 경우를 포함한다), 먼저 접수된 신청에 의하여 새로 등기명의인이 되는 자가 나중에 접수된 신청에서 등기의무자가 되는 경우에 **나중에 접수된 등기신청**에는 등기필정보를 제공하지 **않아도 된다.**

2) 몇 가지의 예

가) 같은 부동산에 대하여 **소유권이전등기신청**과 **근저당권설정등기신청**을 동시에 하는 경우, 근저당권설정등기신청에 대하여는 등기필정보를 제공하지 않아도 된다.

나) **소유권이전등기신청과 동시에 환매특약의 등기를 신청**하는 경우에 **환매특약의 등기신청**에 대하여는 등기필정보를 제공하지 않아도 된다.

나. 대지사용권에 관한 이전등기를 신청하는 경우

구분건물을 신축하여 분양한 자가 대지권등기를 하지 아니한 상태에서 수분양자에게 구분건물에 대하여만 소유권이전등기를 마친 다음,「부동산등기법」제60조 제1항 및 제2항에 따라 현재의 구분건물의 소유명의인과 공동으로 대지사용권에 관한 이전등기를 신청하는 경우에는 등기필정보를 제공하지 않아도 된다.

🔖 **관련 조문**

법 제51조[등기필정보가 없는 경우]

제50조 제2항의 경우에 **등기의무자의 등기필정보가 없을 때**에는 등기의무자 또는 그 법정대리인(이하 "등기의무자등"이라 한다)이 등기소에 출석하여 **등기관으로부터 등기의무자등임을 확인**받아야 한다. 다만, 등기신청인의 대리인(변호사나 **법무사**만을 말한다)이 등기의무자등으로부터 위임받았음을 확인한 경우 또는 신청서(위임에 의한 대리인이 신청하는 경우에는 그 권한을 증명하는 서면을 말한다) 중 등기의무자등의 작성부분에 관하여 **공증**을 받은 경우에는 그러하지 아니하다.

규칙 제111조[등기필정보를 제공할 수 없는 경우]

① 법 제51조 본문의 경우에 **등기관**은 주민등록증, 외국인등록증, 국내거소신고증, 여권 또는 운전면허증(이하 "주민등록증등"이라 한다)에 의하여 본인 여부를 확인하고 **조서를 작성**하여 이에 기명날인하여야 한다. 이 경우 주민등록증등의 사본을 조서에 첨부하여야 한다.

② 법 제51조 단서에 따라 **자격자대리인**이 등기의무자 또는 그 법정대리인으로부터 위임받았음을 확인한 경우에는 그 확인한 사실을 증명하는 정보(이하 **"확인정보"**라 한다)를 첨부정보로서 등기소에 제공하여야 한다.

③ 자격자대리인이 제2항의 확인정보를 등기소에 제공하는 경우에는 제1항을 준용한다.

🛡 관련 예규

등기필정보가 없는 경우 확인조서 등에 관한 예규(예규 제1747호)

1. 목적

이 예규는 「부동산등기법」 제51조 및 「부동산등기규칙」 제111조에 따라 등기관이 확인조서를 작성하거나 자격자대리인이 확인서면을 작성하는 경우 또는 신청서나 위임장 중 등기의무자 또는 그 법정대리인(이하 '등기의무자등'이라 한다)의 작성부분을 공증받아 제출하는 경우의 업무처리에 관한 구체적인 사항을 규정함을 목적으로 한다.

2. 등기관이 확인조서를 작성하는 경우

　가. 확인의 대상

　　(1) 등기관은 출석한 사람이 **등기의무자** 등임을 **확인**하고 「부동산등기사무의 양식에 관한 예규」 별지 제30호 양식에 따라 **(확인)조서를 작성**하여야 한다. 등기의무자의 법정대리인을 확인하였다면 조서의 [등기의무자]란에 법정대리인임을 표시한다.

　　(2) 등기의무자가 법인인 경우에는 출석한 사람이 법인의 **대표자**임을, 법인 아닌 사단이나 재단인 경우에는 **대표자** 또는 **관리인**임을 확인하고, 위 예규 별지 제30-1호 양식에 따라 조서를 작성하여야 한다. **공동대표**의 경우에는 **각 공동대표자별로 확인조서를 작성**한다.

　나. 확인의 방법

　　(1) 등기관은 주민등록증, 외국인등록증, 국내거소신고증, 여권 또는 국내 운전면허증(이하 **"신분증(🇰 주민등록증 발급신청 확인서 포함)"**이라 한다)에 따라 **본인 여부를 확인**하여야 한다. 신분증이 오래되거나 낡은 등의 사정으로 본인 여부를 판단하기 어려운 경우 등기관은 신분증을 재발급 받아 제출하게 하거나 다른 종류의 신분증을 제출할 것을 요구할 수 있다.

　　(2) **등기관**은 확인조서의 [본인확인정보]란에 확인한 신분증의 종류를 기재하고, 그 **신분증의 사본**을 조서에 **첨부**하여야 한다.

　　　다만 **신분증이 이동통신단말장치에 암호화된 형태로 설치되는 등 사본화가 적합하지 않은 경우**에는 **신분확인서**(「부동산등기사무의 양식에 관한 예규」 별지 제39호 양식)를 **조서에 첨부**하여야 한다.

　　(3) 신분증만으로 본인 확인이 충분하지 아니한 경우 등기관은 가능한 여러 방법을 통하여 본인 여부를 확인할 수 있고, 필요한 경우 신분증을 보완할 수 있는 정보의 제출을 요구할 수 있다.

　　(4) 신분증 외의 정보를 제공받은 경우 이를 신분증의 사본과 함께 조서에 첨부하고, 그 정보의 종류를 [본인확인정보]란에 추가 기재한다.

　다. 등기의무자등의 필적기재

　　(1) 등기관은 등기의무자등으로 하여금 확인조서의 [필적기재]란에 **예시문과 동일한 내용** 및 **본인의 성명을 본인 필적으로 기재**하게 한다.

　　(2) 필적을 기재하지 못할 특별한 사정이 있는 경우(양 팔이 없는 경우 등) 필적기재를 생략하고 등기관은 이와 같은 취지를 [비고]란에 기재한다.

3. 자격자대리인이 확인서면을 작성하는 경우

가. 자격자대리인은 직접 위임인을 면담하여 위임인이 **등기의무자등** 본인임을 **확인**하고 **확인서면을** 작성하여야 한다. 등기의무자가 개인인 경우에는 별지 제1호 양식에 의하되, 등기의무자의 법정대리인을 확인한 때에는 등기의무자란에 등기의무자의 법정대리인임을 표시하고, 법인 또는 법인 아닌 사단·재단의 경우에는 별지 제2호 양식에 의한다.

나. [특기사항]란에는 등기의무자등을 면담한 일시, 장소, 당시의 상황 그 밖의 특수한 사정(🄑 신체적 특징 ✕)을 기재한다.

> **예** ○○○○. ○○. ○○. 오후 세시경 강남구 일원동 소재 ○○병원 ○○호실로 찾아가 입원 중인 등기의무자를 면담하고 본인임을 확인함. 환자복을 입고 있었고 부인과 군복을 입은 아들이 함께 있었음

다. [우무인]란에는 등기의무자등의 **우무인**을 찍도록 하되 자격자대리인은 무인이 선명하게 현출되었는지 확인하여야 하고, 무인이 선명하게 현출되지 않은 경우 다시 찍도록 하여 이를 모두 확인서면에 남겨둔다. 우무인을 찍는 것이 불가능한 특별한 사정(엄지손가락의 절단 등)이 있는 경우 **좌무인**을 찍도록 하되, [특기사항]란에 좌무인을 찍은 취지와 구체적 사유를 기재한다. 만일 우무인과 좌무인을 모두 찍을 수 없는 특별한 사정이 있는 경우 날인을 생략하고, [특기사항]란에 날인을 생략하게 된 취지와 구체적 사유를 기재한다.

> **예** 양 팔이 모두 없어 무인을 찍을 수 없었으며, 주민등록증으로 본인임을 분명히 확인하였음

라. **자격자대리인**은 **확인서면**의 [본인확인정보]란에 확인한 신분증의 종류를 기재하고, 그 **신분증의 사본**을 서면에 **첨부**하여야 한다.
다만 **신분증이 이동통신단말장치에 암호화된 형태로 설치되는 등 사본화가 적합하지 않은 경우**에는 **별지 제3호 양식의 서면(신분확인서)을 첨부**하여야 한다.

4. 신청서나 위임장 중 등기의무자등의 작성부분에 관하여 공증을 받은 경우

가. 법 제51조 단서의 '공증'의 의미
법 제51조 단서의 '공증'은 아래 나.의 서면에 기재된 내용 중 등기의무자등의 작성부분(기명날인 등)에 대해 공증인이 등기의무자등의 의사에 의해 작성된 것임을 확인하고 그 증명을 하여 주는 사서증서의 인증을 의미한다.

나. 공증을 받아야 하는 서면
(1) 등기의무자등이 등기소에 출석하여 직접 등기를 신청하는 경우에는 **등기신청서**
(2) 등기의무자등이 직접 처분행위를 하고 등기신청을 대리인에게 위임한 경우에는 **등기신청위임장**
(3) 등기의무자등이 다른 사람에게 권리의 처분권한을 수여한 경우에는 그 처분권한 일체를 수여하는 내용의 **처분위임장**
이 경우 **처분위임장에는 "등기필정보가 없다"는 뜻을 기재**하여야 한다.
(🄑 매매계약서✕)

다. 등기관의 심사
(1) 이 공증은 등기소 출석의무를 갈음하는 것이므로 위 나.의 서면을 작성한 등기의무자등 **본인**이 공증인 앞에 직접 출석하여 **공증을 받은 것**이어야 한다.
(2) 등기관은 위 서면에 첨부된 인증문을 확인하여 등기의무자등의 **위임을 받은 대리인**이 출석하여 공증을 받은 경우에는 해당 등기신청을 **수리**하여서는 **아니** 된다.

별지 제3호 양식

신분확인서

1. **확인일시:**　　　　　년　　　월　　　일　　　시

2. **본인확인정보:**　　　모바일운전면허증, 주민등록확인서비스, 기타(　　　　　　　)

3. **성 명:**

4. **주민등록번호:**

5. **식별정보*:**

* 신분증의 진위 확인을 위하여 반드시 아래의 정보를 기재하여야 합니다.
1. 모바일운전면허증: 운전면허번호(예:11-23-012345-67), 식별번호(예: 1234AB)
2. 주민등록확인서비스: 발급일자, 발급기관

　신분증이 이동통신단말장치에 암호화된 형태로 설치되는 등 사본화가 적합하지 않은 경우 (주민등록법 제25조의 주민등록확인서비스, 도로교통법 제85조 및 동 시행규칙 제77조의 모바일운전면허증 등)에 해당하므로 신분증의 사본에 갈음하여 이 신분확인서를 작성함

20　년　　월　　일

변호사 · 법무사　　　　　　　　　(인)

01 등기필정보에 관한 다음 설명 중 가장 옳지 않은 것은? ▶ 2023년 등기서기보

① 방문신청의 경우 신청인이 등기신청서와 함께 대법원예규에 따라 등기필정보통지서 송부용 우편봉투를 제출한 경우에는 등기필정보통지서를 우편으로 송부한다.

② 공유물분할을 원인으로 소유권을 취득한 자가 등기의무자가 되어 분할된 부동산에 대해 등기신청을 할 때에는 위 공유물분할을 원인으로 한 지분이전등기를 마친 후 수령한 등기필정보만 제공하면 되고 공유물분할 이전에 공유자로서 지분을 취득할 당시 수령한 등기필정보는 제공할 필요가 없다.

③ 법인이 등기필정보가 없는 경우에 그 지배인을 확인하거나 지배인의 작성부분에 관한 공증으로 대표권을 가진 임원 또는 사원의 본인확인 또는 그 작성부분에 관한 공증에 갈음할 수 있다.

④ 등기관이 착오로 여러 명의 등기권리자 중 일부를 누락하여 직권으로 등기권리자를 추가하는 경정등기를 하는 경우에는 그 추가되는 등기권리자에 대한 등기필정보를 작성하여야 한다.

해설 ② 공유물분할을 원인으로 소유권을 취득한 자가 등기의무자가 되어 분할된 부동산에 대해 등기신청을 할 때에는 위 공유물분할을 원인으로 한 지분이전등기를 마친 후 수령한 등기필정보뿐만 아니라 공유물분할 이전에 공유자로서 지분을 취득할 당시 수령한 등기필정보도 함께 제공하여야 한다(예규 제1647호, 2-나-4)-다)).

① 등기필정보는 방문신청의 경우 등기필정보를 적은 서면(이하 "**등기필정보통지서**"라 한다)을 **교부**하는 방법으로 통지한다. 다만, 신청인이 등기신청서와 함께 대법원예규에 따라 **등기필정보통지서 송부용 우편봉투를 제출**한 경우에는 등기필정보통지서를 **우편으로 송부**한다(규칙 제107조 제1항 제1호).

③ 1. (📱 등기된) **지배인**은 영업주에 갈음하여 그 영업에 관한 재판상 또는 재판 외(📱 **등기신청**)의 모든 행위를 할 수 있다(상법 제11조 제1항).

2. 「부동산등기법」제51조의 규정에 의하여 **확인조서**나 **확인서면** 또는 **공정증서**를 작성함에 있어서 등기의무자가 법인인 경우에는 그 **지배인을 확인**하거나 지배인의 작성부분에 관한 공증으로 대표권을 가진 임원 또는 사원의 본인확인 또는 그 작성부분에 관한 공증에 갈음할 수 있다(법 제49조, 등기예규 제762호, 예규 제1355호).

3. 이 경우 **지배인의 자격을 증명하는** 서류와 아울러 상업등기법 제16조에 의하여 발급된 **지배인의 (📱 법인)인감증명**을 제출하여야 하며, 다른 지배인이나 대표자의 인감증명을 제출할 수는 없다(선례 제7-84호). 또한 지배인의 도장이라도 인감이 신고되지 않은 지배인의 사용인감계와 대표자의 인감증명으로 이를 대신할 수 없다(선례 제200507-5호).

④ 1. 등기관이 **등기권리자의 신청**에 의하여 **권리자를 추가하는 경정 또는 변경등기**(갑 단독소유를 갑, 을 공유로 경정하는 경우나 합유자가 추가되는 합유명의인표시변경 등기 등)를 하는 경우에는 **등기필정보를 작성**하여야 한다(예규 제1716호, 2-(3)).

2. 마찬가지로, 등기관이 착오로 **여러 명의 등기권리자 중 일부를 누락**하여 **직권으로 등기권리자를 추가**하는 경정등기를 하는 경우에는 그 **추가되는 등기권리자**에 대한 **등기필정보를 작성**하여야 한다.

02 등기신청 시 제공하는 등기필정보에 관한 다음 설명 중 가장 옳지 않은 것은?

▸ 2021년 법무사

① 甲 토지를 乙 토지에 합병한 경우, 합병 후의 乙 토지에 대하여 등기신청을 할 때에는 乙 토지에 대한 등기필정보만을 제공하면 되고, 등기기록이 폐쇄된 甲 토지의 등기필정보는 제공할 필요가 없다.

② 판결에 의하여 승소한 등기의무자가 등기신청하는 경우나 채권자가 대위에 의하여 등기신청하는 경우에 등기필정보를 작성·통지하지 아니한다.

③ 개정 부동산등기법 시행 전에 권리취득의 등기를 한 후 등기필증을 교부받은 경우, 현재 등기의무자가 되어 등기신청을 할 때 등기필정보의 제공에 갈음하여 당시에 교부받은 등기필증을 첨부할 수 있다.

④ 공유물분할을 원인으로 소유권을 취득한 자가 등기의무자가 되어 분할된 부동산에 대해 등기신청을 할 때에는 위 공유물분할을 원인으로 한 지분이전등기를 마친 후 수령한 등기필정보만 제공하면 되며, 공유물분할 이전에 공유자로서 지분을 취득할 당시 수령한 등기필정보는 제공할 필요 없다.

⑤ 구법의 등기필증 '멸실'의 경우의 의미에 대하여, 판례는 등기필증에 갈음하여 본인이 출석하거나 등기필증에 갈음하는 서면을 제출할 수 있는 제도를 두고 있으나, 이는 등기필증이 멸실된 경우에 인정되는 제도로서 분실의 경우를 포함하지만, 등기필증이 현재 다른 사람의 수중에 있기 때문에 사실상 돌려받기 어려운 경우까지 포함하는 것은 아니라고 본다.

> **해설** ④ 공유물분할을 원인으로 소유권을 취득한 자가 등기의무자가 되어 분할된 부동산에 대해 등기신청을 할 때에는 위 공유물분할을 원인으로 한 지분이전등기를 마친 후 수령한 등기필정보뿐만 아니라 공유물분할 이전에 공유자로서 지분을 취득할 당시 수령한 등기필정보도 함께 제공하여야 한다(예규 제1647호, 2-나-4)-다)).
>
> ① 예규 제1647호, 2-나-4)-가)
>
> ② 규칙 제109조 제2항 제3호, 제4호, 그러나 승소한 등기권리자의 등기신청인 경우에는 등기권리자에게 등기필정보를 작성·통지하여야 한다.
>
> ③ 이 법 시행 전에 권리취득의 등기를 한 후 종전의 제67조 제1항에 따라 등기필증을 발급받거나 종전의 제68조 제1항에 따라 등기완료의 통지를 받은 자는 이 법 시행 후 등기의무자가 되어 제24조 제1항 제1호의 개정규정에 따라 등기신청을 할 때에는 제50조 제2항의 개정규정에 따른 등기필정보의 제공을 갈음하여 신청서에 종전의 제67조 제1항에 따른 등기필증 또는 종전의 제68조 제1항에 따른 등기완료통지서를 첨부할 수 있다(법 부칙 제2조).
>
> ⑤ 부동산등기법 제51조에서는 등기필증에 갈음하여 본인이 출석하거나 등기필증에 갈음하는 서면을 제출할 수 있는 제도를 두고 있으나, 이는 등기필증이 멸실된 경우에 인정되는 제도로서 분실의 경우를 포함하지만, 등기필증이 현재 다른 사람의 수중에 있기 때문에 사실상 돌려받기 어려운 경우까지 포함하는 것은 아니다(대판 2007.11.15, 2004다2786).

정답 ○━ 01 ② 02 ④

03 등기필정보에 관한 다음 설명 중 가장 옳지 않은 것은? ▸ 2021년 법원사무관

① 개정 부동산등기법 시행 전에 권리취득의 등기를 한 후 등기필증을 교부받은 경우, 현재 등기의무자가 되어 등기신청을 할 때 등기필정보의 제공에 갈음하여 당시에 교부받은 등기필증을 첨부할 수 있다.

② 근저당권이 이전된 후 그 근저당권의 말소등기를 신청하는 경우에는 근저당권 양수인의 등기필정보를 제공하여야 한다.

③ 등기필정보가 없는 경우에는 부동산등기법 제51조의 규정에 따라 등기관의 확인조서, 자격자대리인의 확인서면 또는 신청서나 위임장 중 등기의무자 등의 작성부분에 공증을 받아 제출할 수 있다.

④ 관공서가 등기의무자로서 등기권리자의 청구에 의하여 등기를 촉탁하는 경우에는 등기필정보를 제공할 필요가 없으나, 부동산에 관한 권리를 취득하여 등기권리자로서 그 등기를 촉탁하는 경우에는 등기의무자의 권리에 관한 등기필정보를 제공하여야 한다.

> **해설** ④ 관공서가 **등기의무자**로서 등기권리자의 청구에 의하여 등기를 촉탁하거나 부동산에 관한 권리를 취득하여 **등기권리자**로서 그 등기를 촉탁하는 경우에는 등기의무자의 권리에 관한 **등기필정보**를 제공할 필요가 **없**다. 이 경우 관공서가 촉탁에 의하지 아니하고 **법무사** 또는 변호사에게 **위임**하여 등기를 신청하는 경우에도 **같다**(예규 제1625호, 4).
>
> ② 예규 제1647호, 2-나-4)-라), **근저당권이 이전된 후** 근저당권설정등기의 말소등기를 신청하는 경우에는 근저당권의 양수인이 근저당권설정자(소유권이 제3자에게 이전된 경우에는 제3취득자)와 공동으로 그 말소등기를 신청할 수 있다(🔵 **주등기말소 / 양수인 / 근저당권이전 등기필증**).
>
> ③ 법 제51조

04 등기필정보에 관한 다음 설명 중 가장 옳지 않은 것은? ▸ 2021년 등기서기보

① 등기절차의 인수를 명하는 판결에서 승소한 등기의무자가 단독으로 권리에 관한 등기를 신청하는 경우에는 등기의무자의 등기필정보를 신청정보의 내용으로 제공할 필요가 없다.

② 종전에 등기필증을 발급받은 자는 등기필정보의 제공에 갈음하여 그 등기필증을 신청서에 첨부할 수 있다.

③ 등기필정보는 아라비아 숫자와 그 밖의 부호의 조합으로 이루어진 일련번호와 비밀번호로 구성한다.

④ 권리의 변경이나 경정의 등기를 신청하는 경우에는 해당 변경이나 경정등기로 인하여 불이익을 받는 자의 등기필정보를 제공한다.

해설 ① 등기권리자와 등기의무자가 **권리**에 관한 등기를 **공동**으로 신청하는 경우와 등기절차의 인수를 명하는 판결에서 **승소한 등기의무자**가 **단독**으로 **권리**에 관한 등기를 신청하는 경우에는 **등기의무자의 등기필정보**를 신청정보의 내용으로 **제공**하여야 한다(예규 제1647호, 2-가).

③ 등기필정보는 아라비아 숫자와 그 밖의 부호의 조합으로 이루어진 **일련번호**와 **비밀번호**로 구성한다(규칙 제106조).

④ 예규 제1647호, 2-나-3)

05 부동산등기신청 시 등기필정보(등기필증) 제공에 관한 다음 설명 중 가장 옳은 것은?

▸ 2019년 법무사

① 등기의무자가 법인인 경우에는 그 지배인을 확인하거나 지배인의 작성부분에 관한 공증으로 대표권을 가진 임원 또는 사원의 본인확인 또는 그 작성부분에 관한 공증에 갈음할 수 없다.

② 자격자대리인(변호사, 법무사)이 확인서면을 작성하는 데 있어서 확인서면에는 신체적 특징을 기재하고 우무인을 날인하여야 한다.

③ 소유권 외의 권리의 등기명의인이 등기의무자로서 등기필정보가 없어 등기소에 출석하여 등기관으로부터 등기의무자임을 확인받는 때에도, 등기관이 확인조서를 작성하는 경우 등기의무자의 인감증명을 제출하지 않아도 된다.

④ 등기의무자의 등기필정보가 없어 등기신청서 또는 위임장 중 등기의무자의 작성부분에 대한 공증을 받는 경우에 등기의무자의 위임을 받은 대리인이 출석하여 공증을 받을 수 있다.

⑤ 관공서가 등기의무자로서 등기권리자의 청구에 의하여 등기를 촉탁하거나 부동산에 관한 권리를 취득하여 등기권리자로서 그 등기를 촉탁하는 경우에는 등기의무자의 권리에 관한 등기필정보를 등기소에 제공할 필요가 없다.

해설 ⑤ 관공서가 **등기의무자**로서 등기권리자의 청구에 의하여 등기를 촉탁하거나 부동산에 관한 권리를 취득하여 **등기권리자**로서 그 등기를 촉탁하는 경우에는 등기의무자의 권리에 관한 **등기필정보**를 제공할 필요가 **없다**. 이 경우 관공서가 촉탁에 의하지 아니하고 **법무사** 또는 변호사에게 **위임**하여 등기를 신청하는 경우에도 **같다**(예규 제1625호, 4).

① 1) (✚ 등기된) **지배인**은 영업주에 갈음하여 그 영업에 관한 재판상 또는 재판 외(✚ **등기신청**)의 모든 행위를 할 수 **있다**(상법 제11조 제1항).

2) 「부동산등기법」 제51조의 규정에 의하여 확인조서나 확인서면 또는 공정증서를 작성함에 있어서 등기의무자가 법인인 경우에는 그 **지배인을 확인**하거나 지배인의 작성부분에 관한 공증으로 대표권을 가진 임원 또는 사원의 본인확인 또는 그 작성부분에 관한 공증에 갈음할 수 **있다**(법 제49조, 등기예규 제762호, 예규 제1355호).

정답 ✏ 03 ④　04 ①　05 ⑤

3) 소유권 이외의 권리의 등기명의인이 등기의무자로서 신청서에 부동산등기법 법 제51조 단서에 의한 서면을 첨부하여 등기를 신청하는 경우 등기의무자의 인감증명을 제출(규칙 제60조 제1항 제3호)하여야 하고, 위 경우 등기의무자 본인이 아닌 법정대리인이 등기를 신청하는 경우에는 법정대리인임을 증명하는 서류와 아울러 그 법정대리인의 인감증명(규칙 제61조 제2항)을 제출하여야 하는바, 등기필증을 멸실한 법인의 지배인이 법인 명의의 근저당권에 대한 말소등기를 신청할 경우에는, 지배인의 자격을 증명하는 서류와 아울러 상업등기법 제16조에 의하여 발급된 지배인의 (⊞ 법인)인감증명을 제출하여야 하며, 다른 지배인이나 대표자의 인감증명을 제출할 수는 없다(선례 제7-84호). 또한 지배인의 도장이라도 인감이 신고되지 않은 지배인의 사용인감계와 대표자의 인감증명으로 이를 대신할 수 없다(선례 제200507-5호).

② [특기사항]란에는 등기의무자등을 면담한 일시, 장소, 당시의 상황 그 밖의 특수한 사정(⊞ 신체적 특징×)을 기재한다(예규 제1664호, 3-나).

③ 소유권 외의 권리의 등기명의인이 등기의무자로서 법 제51조(⊞ 확인조서 · 확인서면 · 공증)에 따라 등기를 신청하는 경우 등기의무자의 인감증명을 제출하여야 한다. 이 경우 해당 신청서(위임에 의한 대리인이 신청하는 경우에는 위임장을 말한다)나 첨부서면에는 그 인감을 날인하여야 한다.

④ 등기필정보가 없는 경우 신청서나 위임장 중 등기의무자등의 작성부분에 관하여 공증을 받을 때의 공증은 등기소 출석의무를 갈음하는 것이므로 서면을 작성한 등기의무자등 본인이 공증인 앞에 직접 출석하여 공증을 받은 것이어야 한다. 등기관은 위 서면에 첨부된 인증문을 확인하여 등기의무자등의 위임을 받은 대리인이 출석하여 공증을 받은 경우에는 해당 등기신청을 수리하여서는 아니 된다(예규 제1664호, 4-다).

06 권리에 관한 등기를 신청할 때의 등기의무자의 등기필정보 제공에 관한 다음 설명 중 가장 옳지 않은 것은?   ▸ 2019년 등기서기보

① 甲 토지를 乙 토지에 합병한 경우, 합병 후의 乙 토지에 대하여 등기신청을 할 때에는 乙 토지에 대한 등기필정보뿐만 아니라 甲 토지의 등기필정보도 함께 제공하여야 한다.

② 공유물분할을 원인으로 소유권을 취득한 자가 등기의무자가 되어 분할된 부동산에 대해 등기신청을 할 때에는 위 공유물분할을 원인으로 한 지분이전등기를 마친 후 수령한 등기필정보뿐만 아니라 공유물분할 이전에 공유자로서 지분을 취득할 당시 수령한 등기필정보도 함께 제공하여야 한다.

③ 같은 부동산에 대하여 소유권이전등기신청과 근저당권설정등기신청을 동시에 하는 경우, 근저당권설정등기신청에 대하여는 등기필정보를 제공하지 않아도 된다.

④ 구분건물을 신축하여 분양한 자가 대지권등기를 하지 아니한 상태에서 수분양자에게 구분건물에 대하여만 소유권이전등기를 마친 다음, 현재의 구분건물 소유명의인과 공동으로 대지사용권에 관한 이전등기를 신청할 때에는 등기필정보를 제공하지 않아도 된다.

해설 ① 갑 토지를 을 토지에 합병한 경우, 합병 후의 을 토지에 대하여 등기신청을 할 때에는 을 토지에 대한 등기필정보만을 제공하면 되고, 등기기록이 폐쇄된 갑 토지의 등기필정보는 제공할 필요가 없다. 합병 후의 건물에 대해 등기신청을 할 때에도 마찬가지이다(예규 제1647호, 2-나-4)-가)).

② 예규 제1647호, 2-나-4)-다)

③ 예규 제1647호, 3-가. 근저당권설정등기 시에 제공하여야 하는 등기의무자는 아직 등기필정보를 받은 적도 없기 때문이다.

④ 예규 제1647호, 3-나

07 **등기를 신청할 때의 등기의무자의 등기필정보 제공에 관한 다음 설명 중 가장 옳지 않은 것은?**
▶ 2015년 법무사

① 승소한 등기권리자가 단독으로 등기를 신청할 때에는 등기의무자의 등기필정보를 등기소에 제공할 필요가 없으나, 승소한 등기의무자가 단독으로 등기를 신청할 때에는 등기의무자의 등기필정보를 등기소에 제공하여야 한다.

② 관공서가 등기의무자로서 등기권리자의 청구에 의하여 등기를 촉탁하거나 부동산에 관한 권리를 취득하여 등기권리자로서 등기를 촉탁하는 경우에는 등기의무자의 등기필정보를 등기소에 제공할 필요가 없다.

③ 등기의무자의 등기필정보가 없어 등기의무자 또는 그 법정대리인이 등기소에 출석하여 등기관으로부터 등기의무자등임을 확인받을 때에 등기관은 주민등록증, 여권, 운전면허증뿐만 아니라 외국인등록증이나 국내거소신고증에 의하여도 본인 여부를 확인할 수 있다.

④ 자기 소유의 부동산을 매도한 법무사가 매수인으로부터 그 소유권이전등기신청을 위임받았으나 등기필정보가 없는 경우에 등기의무자인 자기에 대한 확인서면을 스스로 작성할 수 없다.

⑤ 등기의무자의 등기필정보가 없어 등기신청서 또는 위임장 중 등기의무자의 작성부분에 대한 공증을 받는 경우 등기의무자 본인뿐만 아니라 등기의무자의 위임을 받은 대리인이 출석하여 공증을 받을 수 있다.

해설 ⑤ 등기필정보가 없는 경우 신청서나 위임장 중 등기의무자등의 작성부분에 관하여 공증을 받을 때의 공증은 등기소 출석의무를 갈음하는 것이므로 서면을 작성한 등기의무자등 본인이 공증인 앞에 직접 출석하여 공증을 받은 것이어야 한다. 등기관은 위 서면에 첨부된 인증문을 확인하여 등기의무자등의 위임을 받은 대리인이 출석하여 공증을 받은 경우에는 해당 등기신청을 수리하여서는 아니 된다(예규 제1664호, 4-다).

정답 ○━ 06 ① 07 ⑤

① 승소한 등기권리자가 단독으로 판결에 의하여 등기를 신청하는 경우에는 등기의무자의 권리에 관한 등기필정보를 제공(🏧 제공×/작성〇)할 필요가 없다. 다만 승소한 등기의무자가 단독으로 등기를 신청할 때에는 그의 권리에 관한 등기필정보를 제공(🏧 제공〇/작성×)하여야 한다(법 제50조 제2항, 예규 제1692호).

③ 예규 제1664호, 2-나-(1)

④ 「부동산등기법」 제51조에 따라 변호사나 법무사가 확인서면을 작성하는 것은 준공증적 성격의 업무이므로 공증인의 제척에 관한 사항을 규정하고 있는 「공증인법」 제21조의 취지에 비추어 볼 때, 자기 소유의 부동산을 매도한 법무사가 매수인으로부터 그 소유권이전등기신청을 위임받았으나 등기필정보가 없는 경우에 등기의무자인 자기에 대한 확인서면을 스스로 작성할 수 없다(선례 제201112-4호).

나. 멸실된 경우

01 부동산 등기신청 시 등기필정보가 없어(법 제51조 단서) 공증을 받는 경우에 공증을 받아야 하는 서면이 아닌 것은?
▶ 2019년 등기주사보

① 등기의무자등이 등기소에 출석하여 직접 등기를 신청하는 경우에는 등기신청서

② 등기의무자등이 직접 처분행위를 하고 등기신청을 대리인에게 위임한 경우에는 등기신청위임장

③ 등기의무자등이 인감을 날인한 소유권이전등기 매매계약서

④ 등기의무자등이 다른 사람에게 권리의 처분권한을 수여한 경우에는 '등기필정보가 없다'는 뜻과 그 처분권한 일체를 수여하는 내용의 처분위임장

해설 ③ 등기필정보가 없는 경우에 공증을 받은 서면에는 등기신청서, 등기신청위임장, 처분위임장은 포함되나 매매계약서는 포함되지 않는다(예규 제1664조, 4-나).

02 등기필정보(또는 등기필증)를 등기소에 제공하여야 하는 등기신청에 있어서 등기필정보가 없는 경우(또는 등기필증이 멸실된 경우)에 관한 다음 설명 중 가장 옳지 않은 것은?
▶ 2018년 등기서기보

① 등기필증이 멸실되어 등기의무자 또는 그 법정대리인이 공증을 받는 경우 등기의무자의 위임을 받은 대리인이 출석하여 공증을 받을 수 있다.

② 등기필증의 제출에 갈음할 수 있도록 하는 제도는 등기필증이 현재 다른 사람의 수중에 있기 때문에 사실상 돌려받기 어려운 경우에는 적용되지 않는다.

③ 등기관이 확인조서를 작성하는 경우 등기관은 확인조서의 [본인확인정보]란에 확인한 신분증의 종류를 기재하고, 그 신분증의 사본을 첨부하여야 한다.

④ 자격자대리인이 확인서면을 작성하는 경우 자격자대리인은 직접 위임인을 면담하여 위임인이 등기기록상 등기의무자 또는 그 법정대리인 본인임을 확인해야 한다.

> **해설** ① 등기필정보가 없는 경우 신청서나 위임장 중 등기의무자등의 작성부분에 관하여 공증을 받을 때의 공증은 등기소 출석의무를 갈음하는 것이므로 서면을 작성한 등기의무자등 **본인**이 공증인 앞에 직접 출석하여 **공증**을 받은 것이어야 한다. 등기관은 위 서면에 첨부된 인증문을 확인하여 등기의무자등의 **위임을 받은 대리인**이 출석하여 공증을 받은 경우에는 해당 등기신청을 **수리**하여서는 **아니** 된다(예규 제1664호, 4-다).
>
> ③ 예규 제1664호, 2-나-(2)
> ④ 예규 제1664호, 3-가

03 등기의무자의 등기필정보를 제공하여야 하는데 그 등기필정보가 없어 등기의무자임을 확인받는 경우 등에 관한 다음 설명 중 가장 옳지 않은 것은? ▶ 2017년 등기주사보

① 등기의무자가 등기소에 출석하여 등기관으로부터 등기의무자임을 확인받는 경우 등기관은 신분증만으로 본인 확인이 충분하지 아니한 때에는 가능한 여러 방법을 통하여 본인 여부를 확인할 수 있다.

② 자격자대리인이 확인서면을 작성하는 경우 '특기사항'란에는 등기의무자를 면담한 일시, 장소, 당시의 상황 그 밖의 특수한 사정을 기재한다.

③ 자격자대리인은 직접 위임인을 면담하여 위임인이 등기의무자 본인임을 확인하고 확인서면을 작성하되, 확인서면에 무인을 찍도록 하여서는 아니 된다.

④ 등기관은 등기필정보가 없어 신청서 또는 위임장의 공증서가 제출된 경우 등기의무자 본인이 출석하여 공증을 받은 것인지를 확인하여 등기업무를 처리하여야 할 직무상 의무가 있다.

> **해설** ③ [우무인]란에는 등기의무자등의 **우무인**을 찍도록 하되 자격자대리인은 무인이 선명하게 현출되었는지 확인하여야 하고, 무인이 선명하게 현출되지 않은 경우 다시 찍도록 하여 이를 모두 확인서면에 남겨둔다. 우무인을 찍는 것이 불가능한 특별한 사정(엄지손가락의 절단 등)이 있는 경우 **좌무인**을 찍도록 하되, [특기사항]란에 좌무인을 찍은 취지와 구체적 사유를 기재한다. 만일 우무인과 좌무인을 모두 찍을 수 없는 특별한 사정이 있는 경우 날인을 생략하고, [특기사항]란에 날인을 생략하게 된 취지와 구체적 사유를 기재한다(예규 제1664호, 3-다).
>
> ① 예규 제1664호, 2-나-(3)
> ② 예규 제1664호, 3-나
> ④ 예규 제1664호, 4-다

정답 ○ 01 ③ 02 ① 03 ③

04 등기필정보를 제공하여야 하는 등기신청에서 그 등기필정보가 부존재하는 경우에 관한 다음 설명 중 가장 옳지 않은 것은?
▶ 2016년 법무사

① 법무사가 확인서면을 작성할 때에 등기의무자의 신분증사본을 첨부하여야 하는 바, 그 신분증에는 주민등록증 발급신청 확인서도 포함된다.

② 법무사 본인이 해당 등기신청의 등기의무자인 경우에는 자기에 대한 확인서면을 스스로 작성할 수 없다.

③ 등기신청서 또는 위임장에 표시된 등기의무자의 작성부분에 대한 공증을 받는 경우에는 등기의무자의 위임을 받은 대리인이 공증사무소에 출석하여 공증을 받을 수 있다.

④ 법인이 등기필정보가 없는 경우에는 법무사가 확인서면을 작성할 때에 그 법인의 지배인을 확인하는 것도 가능하다.

⑤ 법무사가 확인서면을 작성하는 경우에는 등기의무자의 우무인을 찍도록 하고 있으나 우무인을 찍는 것이 불가능한 특별한 사정이 있는 때에는 좌무인을 찍고 특기사항란에 좌무인을 찍은 취지와 구체적 사유를 기재할 수 있다.

해설 ③ 등기필정보가 없는 경우 신청서나 위임장 중 등기의무자등의 작성부분에 관하여 공증을 받을 때의 공증은 등기소 출석의무를 갈음하는 것이므로 서면을 작성한 등기의무자등 본인이 공증인 앞에 직접 출석하여 공증을 받은 것이어야 한다. 등기관은 위 서면에 첨부된 인증문을 확인하여 등기의무자등의 위임을 받은 대리인이 출석하여 공증을 받은 경우에는 해당 등기신청을 수리하여서는 아니 된다(예규 제1664호, 4-다).

① 예규 제1664호, 2-나-(1)

④ 「부동산등기법」 제51조의 규정에 의하여 확인조서나 확인서면 또는 공정증서를 작성함에 있어서 등기의무자가 법인인 경우에는 그 지배인을 확인하거나 지배인의 작성부분에 관한 공증으로 대표권을 가진 임원 또는 사원의 본인확인 또는 그 작성부분에 관한 공증에 갈음할 수 있다(법 제49조, 등기예규 제762호, 예규 제1355호).

⑤ 예규 제1664호, 3-다

정답 ❶ 04 ③

◀02 인감증명서

가. 인감증명서

🔒 관련 조문

규칙 제60조(인감증명의 제출)

① **방문신청**을 하는 경우에는 다음 각 호의 **인감증명**을 제출하여야 한다. 이 경우 해당 신청서(위임에 의한 대리인이 신청하는 경우에는 위임장을 말한다)나 첨부서면에는 그 **인감**을 **날인**하여야 한다.

1. **소유권의 등기명의인이 등기의무자**로서 등기를 신청하는 경우 등기의무자의 인감증명
2. **소유권에 관한 가등기명의인이 가등기의 말소등기**를 신청하는 경우 가등기명의인의 인감증명
3. **소유권 외의 권리의 등기명의인**이 등기의무자로서 **법 제51조**(📖 **확인조서 · 확인서면 · 공증**)에 따라 등기를 신청하는 경우 등기의무자의 인감증명
4. 제81조 제1항에 따라 **토지소유자들의 확인서**를 첨부하여 토지합필등기를 신청하는 경우 그 토지소유자들의 인감증명
5. 제74조에 따라 **권리자의 확인서**를 첨부하여 토지분필등기를 신청하는 경우 그 권리자의 인감증명
6. **협의분할에 의한 상속등기**를 신청하는 경우 상속인 전원의 인감증명
7. 등기신청서에 **제3자의 동의 또는 승낙을 증명**하는 서면을 첨부하는 경우 그 제3자의 인감증명
8. **법인 아닌 사단이나 재단**의 등기신청에서 **대법원예규**로 정한 경우
   대표자 등 증명서면, 사원총회 결의서의 규정에 의한 서면에는 그 사실을 확인하는데 상당하다고 인정되는 **2인 이상의 성년자**가 사실과 상위 없다는 취지와 성명을 기재하고 **인감**을 날인하여야 하며, 날인한 인감에 관한 **인감증명**을 제출하여야 한다. 다만 변호사 또는 **법무사**가 등기신청을 대리하는 경우에는 변호사 또는 법무사가 위 각 서면에 사실과 상위 없다는 취지를 기재하고 기명날인함으로써 이에 갈음(📖 **인감날인× / 인감증명×**)할 수 있다(예규 제1621호, 3–라).

② 제1항 제1호부터 제3호까지 및 제6호에 따라 인감증명을 제출하여야 하는 자가 **다른 사람에게 권리의 처분권한을 수여**한 경우에는 그 대리인의 **인감증명(매도용 인감증명×)**을 함께 제출하여야 한다.

③ 제1항에 따라 인감증명을 제출하여야 하는 자가 **국가** 또는 **지방자치단체**인 경우에는 인감증명을 제출할 필요가 없다.

④ 제1항 **제4호부터 제7호**까지의 규정에 해당하는 서면이 **공정증서**이거나 당사자가 서명 또는 날인하였다는 뜻의 **공증인의 인증**을 받은 서면인 경우에는 **인감증명을 제출**할 필요가 없다(📖 **1~3. 공증으로 갈음× / 인감증명 제출 필요**).

규칙 제61조(법인 등의 인감증명의 제출)

① 제60조에 따라 인감증명을 제출하여야 하는 자가 **법인** 또는 **국내에 영업소나 사무소의 설치등기를 한 외국법인**인 경우에는 등기소의 증명을 얻은 그 대표자의 인감증명을, **법인 아닌 사단이나 재단**인 경우에는 그 대표자나 관리인의 인감증명을 제출하여야 한다.

② **법정대리인**이 제60조 제1항 제1호부터 제3호까지의 규정에 해당하는 등기신청을 하거나, 제4호부터 제7호까지의 서류를 작성하는 경우에는 법정대리인의 인감증명을 제출하여야 한다.

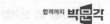

③ 제60조에 따라 인감증명을 제출하여야 하는 자가 **재외국민**인 경우에는 위임장이나 첨부서면에 본인이 서명 또는 날인하였다는 뜻의 「재외공관 공증법」에 따른 인증을 받음으로써 인감증명의 제출을 갈음할 수 있다.

④ 제60조에 따라 인감증명을 제출하여야 하는 자가 **외국인**인 경우에는 「인감증명법」에 따른 인감증명(⊞ 외국인등록 또는 국내거소신고를 한 경우) 또는 본국의 관공서가 발행한 인감증명을 제출하여야 한다. 다만, 본국에 인감증명제도가 없고 또한 「인감증명법」에 따른 인감증명을 받을 수 없는 자는 신청서나 위임장 또는 첨부서면에 본인이 서명 또는 날인하였다는 뜻의 본국 관공서의 증명이나 본국 또는 대한민국 공증인의 인증(「재외공관 공증법」에 따른 인증을 포함한다)을 받음으로써 인감증명의 제출을 갈음할 수 있다.

규칙 제62조[인감증명 등의 유효기간]

등기신청서에 첨부하는 **인감증명, 법인등기사항증명서, 주민등록표등본·초본, 가족관계등록사항별증명서** 및 **건축물대장·토지대장·임야대장 등본**은 발행일부터 **3개월** 이내의 것이어야 한다.

📱 관련 예규

인감증명서 심사에 관한 예규(예규 제1308호)

제1조 (목적)
이 예규는 등기관이 부동산등기신청서에 첨부된 인감증명서를 신속·정확하게 심사하여 등기신청사건의 처리가 원활하게 이루어지도록 하기 위하여 인감증명서의 심사에 필요한 사항을 정함을 목적으로 한다.

제2조 (인감증명서의 인영)
등기신청서에 첨부되는 인감증명서의 인영은 등기관이 육안으로 확연히 확인할 수 있도록 **선명하게 날인**되어 있어야 한다.

제3조 (인감증명서의 주소)
인감증명서상의 등기의무자의 주소가 종전 주소지로 기재되어 있는 등 현주소와 일치하지 아니하더라도 주민등록표등본의 주소이동 내역에 인감증명서상의 주소가 종전 주소로서 표시되어 있거나 성명과 주민등록번호 등에 의하여 **동일인**임이 **인정**되는 경우에는 그 인감증명서가 첨부된 등기신청은 **수리**하여야 한다.

제4조 (부동산매도용 인감증명)
① 매매를 원인으로 한 소유권이전등기신청의 경우에는 부동산매수자란에 **매수인의 성명**(법인은 법인명)·**주민등록번호 및 주소**가 기재되어 있는 인감증명서(이하 "**부동산매도용 인감증명서**"라 함)를 첨부하여야 한다. 다만, **증여·교환 등** 매매 이외의 원인으로 인한 소유권이전등기신청의 경우에는 부동산매도용 인감증명서를 첨부할 필요가 **없다.**

② 부동산매도용 인감증명서에 기재된 매수자와 매매를 원인으로 한 **소유권이전등기신청서**에 기재된 등기권리자의 인적사항이 일치되지 아니한 등기신청은 수리하여서는 **아니** 된다.

③ 부동산의 **매수인이 다수**인 경우 인감증명서상의 매수자란 중 성명란에 "○○○외 ○명"으로 기재하고, 주민등록번호 및 주소란에 첫번째 매수인 1인의 주소와 주민등록번호를 기재한 다음 **나머지 매수인들**의 인적사항을 **별지에 기재**한 부동산매도용 인감증명서를 첨부한 등기신청은 이를 **수리**하되, 위의 경우 나머지 매수인들의 인적사항이 별지에 기재되지 아니한 채 성명란에 "○○○외 ○명"으로만 기재된 부동산매도용 인감증명서가 첨부된 때에는 그 등기신청을 **수리**하여서는 **아니** 된다.

제5조 (사용용도)

매매를 원인으로 한 소유권이전등기신청의 경우 위 제4조 제1항 본문과 같이 **반드시 부동산매도용 인감증명서**를 첨부하여야 하지만 **매매 이외**의 경우에는 등기신청서에 첨부된 인감증명서상의 **사용용도**와 그 등기의 **목적**이 다르더라도 그 등기신청은 이를 **수리**하여야 한다. 따라서 사용용도란에 **가등기용**으로 기재된 **인감증명서**를 근저당권설정등기신청서에 첨부하거나 부동산매도용 인감증명서를 지상권설정등기신청서에 첨부하여도 그 등기신청을 각하하여서는 아니 된다(🌐 **수리**한다).

제6조 (재외국민의 인감증명) 삭제

제7조 (기간계산)

부동산등기신청서에 첨부하는 인감증명서의 유효기간 **3월**의 기간계산에 있어 인감증명서의 발행일인 초일은 산입하지 아니하고, 그 기간의 말일이 공휴일인 때에는 그 다음날로 기간이 만료된다(민법 제157조, 민법 제161조).

01 인감증명에 관한 다음 설명 중 가장 옳은 것은?　　　　▸2023년 법무사

① 소유권 외의 권리의 등기명의인이 등기의무자로서 등기필정보가 없어 등기소에 출석하여 등기관으로부터 등기의무자임을 확인받는 때에는 등기의무자의 인감증명을 제출하지 않아도 된다.

② 등기신청서에 첨부하는 인감증명은 발행일부터 1개월 이내의 것이어야 한다.

③ 부동산매도용 인감증명서를 지상권설정등기신청서에 첨부하여도 등기관은 이를 수리하여야 한다.

④ 등기신청서 등에 인감을 날인하고 본인서명사실 확인 등에 관한 법률에 따라 발급된 본인서명사실확인서를 첨부한 경우에는 인감증명서를 제출한 것으로 본다.

⑤ 인감을 날인하고 인감증명의 제출이 필요한 경우 교도소에 재감 중인 자라면 인감을 날인하여야 하는 서면에 무인하고 교도관의 확인을 받아 인감증명의 제출에 갈음할 수 있다.

> **해설** ③ 1. **매매**를 원인으로 한 소유권이전등기신청의 경우 위 제4조 제1항 본문과 같이 **반드시** 부동산**매도용 인감증명서**를 첨부하여야 하지만 **매매 이외**의 경우에는 등기신청서에 첨부된 인감증명서상의 **사용용도**와 그 등기의 **목적**이 다르더라도 그 등기신청은 이를 수리하여야 한다.
>
> 　　　2. 따라서 사용용도란에 **가등기용**으로 기재된 **인감증명서**를 근저당권설정등기신청서에 첨부하거나 **부동산매도용 인감증명서**를 **지상권설정등기신청서**에 첨부하여도 그 등기신청을 각하하여서는 아니 된다(🌐 수리한다)(예규 제1308호, 5).
>
> 　　① 소유권 외의 권리의 등기명의인이 등기의무자로서 **법 제51조**(🌐 확인조서 · 확인서면 · 공증)에 따라 등기를 신청하는 경우 **등기의무자**의 **인감증명**을 제출하여야 한다. 이 경우 해당 신청서(위임에 의한 대리인이 신청하는 경우에는 위임장을 말한다)나 첨부서면에는 그 **인감**을 **날인**하여야 한다(규칙 제60조 제1항 제3호).

　　　　　정답 ○━　01 ③

② 등기신청서에 첨부하는 **인감증명, 법인등기사항증명서, 주민등록표등본·초본, 가족관계등록사항별증명서** 및 **건축물대장·토지대장·임야대장 등본**은 발행일부터 **3개월 이내의 것이**어야 한다(규칙 제62조).

④ 「부동산등기법」 및 「부동산등기규칙」, 「상업등기법」 및 「상업등기규칙」 그 밖의 법령, 대법원예규에서 등기소에 제출하는 신청서 등에 **「인감증명법」**에 따라 신고한 인감을 날인하고 **인감증명서**를 첨부하여야 한다고 정한 경우, 이에 **갈음하여** 신청서 등에 서명을 하고 **본인서명사실확인서**를 첨부하거나 발급증을 첨부할 수 있다(예규 제1609호, 2).

⑤ **교도소에 재감 중인 자**라 하여 그의 **인감증명서를 발급받을 수 없는 것은 아니므로**(인감증명법 제7조, 같은 법 시행령 제8조, 제13조 참조) 그가 인감 제출을 요하는 등기신청을 함에 있어서는 인감증명서를 제출하여야 하고 재감자가 무인한 등기신청의 위임장이 틀림없다는 취지를 교도관이 확인함으로써 인감증명서의 제출을 생략할 수는 없을 것이다(예규 제423호). 따라서 교도소에 재감 중인 자가 **위임장**에 인감인의 날인에 갈음하여 **무인**을 찍고 교도관이 확인하는 방법으로 작성된 대리권한증서는 적법한 대리권한을 증명하는 정보로 **인정되지 않는다.**

02 **인감증명에 관한 다음 설명 중 가장 옳지 않은 것은?** ▸ 2023년 법원사무관

① 인감증명의 사용용도란에 가등기용으로 기재된 인감증명서를 근저당권설정등기신청서에 첨부하거나 부동산매도용 인감증명서를 지상권설정등기신청서에 첨부한 경우 그 등기신청을 수리하여야 한다.

② 매매를 원인으로 하는 부동산소유권이전등기신청의 경우에 매도인이 제출하여야 할 인감증명은 발행일부터 3개월 이내의 것에 한하므로, 발급일자의 기재가 누락된 인감증명서를 첨부한 등기신청은 이를 수리할 수 없다.

③ 부동산매도용 인감증명서의 매수인 주소를 이전 주소지로 기재하여 그 주소가 주민등록표등본상의 현주소와 상이하더라도 주민등록표등본의 주소이동사항란에 그 전주소가 표시되어 있고 성명과 주민등록번호 등을 대조하여 동일인으로 인정된다면 위 서면을 첨부한 등기신청은 수리하여야 한다.

④ 본국에 인감증명제도가 없고, '인감증명법'에 따른 인감증명을 발급받을 수 없는 외국인이 인감증명을 제출하여야 하는 경우에 대한민국 재외공관에서 신청서, 위임장 또는 첨부서면에 본인이 서명 또는 날인하였다는 뜻의 '재외공관 공증법'에 따른 인증을 받아 제출하였다면 이를 수리해서는 안 된다.

해설 ④ 제60조에 따라 인감증명을 제출하여야 하는 자가 **외국인**인 경우에는 「**인감증명법**」에 따른 **인감증명**(🌐 외국인등록 또는 국내거소신고를 한 경우) 또는 **본국의 관공서가 발행한 인감증명**을 제출하여야 한다. 다만, 본국에 인감증명제도가 없고 또한 「인감증명법」에 따른 인감증명을 받을 수 없는 자는 신청서나 위임장 또는 첨부서면에 본인이 서명 또는 날인하였다는 뜻의 **본국 관공서의 증명**이나 **본국 또는 대한민국 공증인의 인증**(「재외공관 공증법」에 따른 인증을 포함한다)을 받음으로써 인감증명의 제출을 갈음할 수 있다(규칙 제61조 제4항).

① **매매**를 원인으로 한 소유권이전등기신청의 경우 위 제4조 제1항 본문과 같이 **반드시 부동산 매도용 인감증명서**를 첨부하여야 하지만 **매매 이외**의 경우에는 등기신청서에 첨부된 인감증

명서상의 **사용용도**와 그 등기의 **목적**이 **다르더라도** 그 등기신청은 이를 **수리하여야 한다**. 따라서 사용용도란에 **가등기용**으로 기재된 **인감증명서**를 **근저당권설정등기신청서**에 첨부하거나 **부동산매도용** 인감증명서를 **지상권설정등기신청서**에 첨부하여도 그 등기신청을 각하하여서는 아니 된다(❌ **수리한다**)(예규 제1308호, 5).

② 등기신청서에 첨부하는 **인감증명, 법인등기사항증명서, 주민등록표등본·초본, 가족관계등록사항별증명서** 및 **건축물대장·토지대장·임야대장 등본**은 발행일부터 **3개월 이내**의 것이어야 한다(규칙 제62조). 부동산등기신청서에 첨부하는 인감증명서의 유효기간 3월의 기간계산에 있어 인감증명서의 발행일인 **초일은 산입하지 아니**하고, 그 **기간의 말일이 공휴일**인 때에는 그 **다음날로 기간이 만료**된다(민법 제157조, 민법 제161조, 예규 제1308호, 7). 또한, **발급일자의 기재가 누락**된 인감증명서를 첨부한 등기신청은 이를 **수리할 수 없다**(선례 제3-470호).

③ 1. 인감증명서상의 **등기의무자의 주소**가 종전 주소지로 기재되어 있는 등 현주소와 일치하지 아니하더라도 주민등록표등본의 주소이동 내역에 인감증명서상의 주소가 종전 주소로서 표시되어 있거나 성명과 주민등록번호 등에 의하여 **동일인임이 인정**되는 경우에는 그 인감증명서가 첨부된 등기신청은 **수리하여야 한다**(예규 제1308호, 3).

2. 부동산매도용 인감증명서의 **매수인 주소**를 전주소지로 기재하여 그 주소가 주민등록표등본상의 현주소와 상이하더라도 주민등록표등본의 주소이동사항란에 그 전주소가 표시되어 있고 성명과 주민등록번호 등을 대조하여 **동일인으로 인정**된다면 위 서면을 첨부한 등기신청은 다른 흠결사유가 없는 한 **수리하여야 한다**(선례 제2-112호).

03 등기신청 시 첨부정보로 제공하는 인감증명에 관한 다음 설명 중 가장 옳지 않은 것은?

▶ 2022년 법무사

① 인감증명정보를 제공하여야 하는 자가 법인 아닌 사단이나 재단인 경우에는 그 대표자나 관리인의 인감증명을 첨부정보로 제공하여야 한다.

② 인감증명을 제출하여야 하는 등기신청 유형을 열거한 부동산등기규칙 제60조 각 호의 경우에 해당되지 않는 사항에 대하여 등기의무자를 대리하여 등기를 신청하는 경우, 대리권 수여의 소명자료로 위임장 외에 등기의무자의 인감증명을 첨부할 필요는 없다.

③ 1필의 토지의 일부에 지상권등기가 있는 경우에 그 토지의 분필등기를 신청할 때에는 그 권리가 존속할 토지의 표시에 관한 정보를 신청정보의 내용으로 제공하여야 하고 이에 관한 권리자의 확인이 있음을 증명하는 정보를 첨부정보로 제공하여야 하는데 이를 증명하는 지상권자의 확인서와 그 지상권자의 인감증명을 제출하여야 한다.

④ 근저당권이전청구권가등기의 말소등기를 등기의무자와 등기권리자가 공동으로 신청하는 경우에는 등기의무자의 인감증명을 첨부정보로 제공하여야 한다.

⑤ 관공서는 인감증명이 없으므로 관공서가 등기의무자인 경우에는 인감증명에 관한 규정이 적용되지 않으며, 관공서가 동의 또는 승낙 권한을 갖는 경우 등에 있어서도 관공서의 인감증명은 제출하지 않는다.

정답 ○━ 02 ④   03 ④

해설 ④ 1. **소유권의 등기명의인**이 **등기의무자**로서 등기를 신청하는 경우 **등기의무자의 인감증명**을 제출하여야 한다(규칙 제60조 제1항 제1호).
2. **소유권에 관한 가등기명의인**이 **가등기의 말소등기**를 신청하는 경우 가등기명의인의 인감증명을 제출하여야 한다(규칙 제60조 제1항 제2호).
3. **근저당권이전청구권가등기의 말소등기**의 **등기의무자는 소유권자가 아니며, 소유권에 관한 가등기의 말소등기도 아니므로** 다른 특별한 사정이 없는 한 등기의무자의 **인감증명**을 첨부정보로 제공할 필요가 **없다.**

① 제60조에 따라 인감증명을 제출하여야 하는 자가 **법인** 또는 국내에 영업소나 사무소의 **설치 등기를 한 외국법인**인 경우에는 등기소의 증명을 얻은 그 대표자의 (**🏛 법인**)인감증명을, **법인 아닌 사단이나 재단**인 경우에는 그 대표자나 관리인의 (**🏛 개인**)인감증명을 제출하여야 한다(규칙 제61조 제1항).

② 1. 방문신청을 하는 경우에는 **규칙 제60조**에 따른 **인감증명**을 제출하여야 한다. 이 경우 해당 **신청서**(위임에 의한 대리인이 신청하는 경우에는 **위임장**을 말한다)나 첨부서면에는 그 인감을 날인하여야 한다(규칙 제60조).
2. 따라서 **위에 해당하지 않는 경우**에는 원칙적으로 **인감증명정보**를 제공할 필요가 **없다.**
3. 예컨대 교도소 등 교정시설 수용자의 대리인이 등기신청서의 열람을 신청할 때에 대리권한을 증명하는 서면에는 인감증명서를 제공할 필요가 없다(선례 제201903-1호).

③ 1. **1필의 토지의 일부**에 **지상권·전세권·임차권**이나 **승역지**(承役地 : 편익제공지)의 **일부**에 관하여 하는 지역권의 등기가 있는 경우에 **분필등기**를 신청할 때에는 **권리가 존속할 토지의 표시에 관한 정보**를 신청정보의 내용으로 등기소에 제공하고,
2. 이에 관한 **권리자의 확인이 있음을 증명하는 정보**를 첨부정보로서 등기소에 제공하여야 한다. 이 경우 그 **권리가 토지의 일부에 존속**할 때에는 그 토지부분에 관한 정보도 신청정보의 내용으로 등기소에 제공하고, **그 부분을 표시한 지적도**를 첨부정보로서 등기소에 제공하여야 한다(규칙 제74조).
3. 제74조에 따라 **권리자의 확인서**를 첨부하여 토지분필등기를 신청하는 경우 그 권리자의 **인감증명**을 제공하여야 한다(규칙 제60조 제1항 제5호).

⑤ 인감증명을 제출하여야 하는 자가 **국가** 또는 **지방자치단체**인 경우에는 **인감증명**을 제출할 필요가 **없다**(규칙 제60조 제3항).

04 방문신청을 하는 경우 제출하는 인감증명에 관한 다음 설명 중 가장 옳지 않은 것은?

▶ 2021년 등기서기보

① 소유권의 등기명의인이 등기의무자로서 등기를 신청하는 경우 등기의무자의 인감증명을 제출한다.
② 매매를 원인으로 한 소유권이전등기신청의 경우 반드시 부동산매도용 인감증명서를 첨부하여야 하지만 매매 이외의 경우에는 등기신청서에 첨부된 인감증명서상의 사용용도와 그 등기의 목적이 다르더라도 그 등기신청은 이를 수리하여야 한다.
③ 등기신청서에 제3자의 동의 또는 승낙을 증명하는 서면을 첨부하는 경우 그 제3자의 인감증명을 제출한다.
④ 등기신청서에 첨부하는 인감증명은 발행일부터 6개월 이내의 것이어야 한다.

해설 ④ 등기신청서에 첨부하는 <u>인감증명, 법인등기사항증명서, 주민등록표등본·초본, 가족관계등록사항별증명서 및 건축물대장·토지대장·임야대장 등본</u>은 발행일부터 **3개월** 이내의 것이어야 한다(규칙 제62조). 부동산등기신청서에 첨부하는 인감증명서의 유효기간 **3월**의 기간계산에 있어 인감증명서의 발행일인 <u>초일은 산입하지 아니하고</u>, 그 기간의 말일이 공휴일인 때에는 <u>그 다음날로 기간이 만료된다</u>(민법 제157조, 민법 제161조, 예규 제1308호, 7).

① 규칙 제60조 제1항 제1호
② 예규 제1308호, 5
③ 규칙 제60조 제1항 제7호

05 등기신청 시 인감증명서 등의 제출에 관한 다음 설명 중 가장 옳지 않은 것은?

▸ 2020년 법무사

① 매매를 원인으로 한 소유권이전등기신청의 경우 반드시 부동산매도용 인감증명서를 첨부하여야 하지만, 매매 이외의 경우에는 등기신청서에 첨부된 인감증명서상의 사용용도와 그 등기의 목적이 다르더라도 그 등기신청은 이를 수리하여야 한다.
② 부동산의 매수인이 다수인 경우 인감증명서상의 매수자란 중 성명란에 ○○○ 외 ○명으로 기재하고 매수인 중 1인의 인적사항만을 기재한 부동산매도용 인감증명서를 첨부하는 것도 가능하다.
③ 협의분할에 의한 상속등기를 신청하는 경우, 상속재산인 해당 부동산을 취득하는 상속인도 포함하여 상속인 전원의 인감증명을 제출하여야 한다.
④ 인감증명서상의 등기의무자의 주소가 현주소와 일치하지 아니하더라도 주민등록표등본의 주소이동 내역에 인감증명서상의 주소가 종전 주소로서 표시되어 있거나 성명과 주민등록번호 등에 의하여 동일인임이 인정되는 경우에는 그 인감증명서가 첨부된 등기신청은 수리하여야 한다.
⑤ 등기신청서에 첨부하는 인감증명은 발행일부터 3개월 이내의 것이어야 하며, 3월의 기간계산에 있어 인감증명서의 발행일인 초일은 산입하지 아니하고, 그 기간의 말일이 공휴일인 때에는 그 다음날로 기간이 만료된다.

해설 ② 부동산의 <u>매수인이 다수인</u> 경우 인감증명서상의 매수자란 중 성명란에 "○○○ <u>외 ○명</u>"으로 기재하고, 주민등록번호 및 주소란에 <u>첫번째 매수인 1인의 주소와 주민등록번호를 기재한 다음 나머지 매수인들의 인적사항을 별지에 기재한</u> 부동산매도용 인감증명서를 첨부한 등기신청은 이를 <u>수리</u>하되, 위의 경우 나머지 매수인들의 인적사항이 별지에 기재되지 아니한 채 성명란에 "○○○ 외 ○명"으로만 기재된 부동산매도용 인감증명서가 첨부된 때에는 그 등기신청을 <u>수리하여서는 아니 된다</u>(예규 제1308호, 4-③).

① 예규 제1308호, 5
③ 규칙 제60조 제1항 제6호

정답 ❍─ 04 ④ 05 ②

④ 예규 제1308호, 3

⑤ 규칙 제62조, 민법 제157조, 민법 제161조, 예규 제1308호, 7

06 등기신청을 방문신청의 방법으로 할 때의 인감증명의 제출에 관한 다음 설명 중 가장 옳지 않은 것은?
▶ 2019년 등기주사보

① 저당권설정등기의 말소등기를 신청할 때에 등기의무자의 등기필정보가 없어 등기의무자가 등기소에 출석하여 등기관으로부터 확인을 받은 경우에는 등기의무자인 저당권자의 인감증명을 제출할 필요가 없다.

② 소유권에 관한 가등기명의인이 등기의무자가 되어 등기권리자와 공동으로 가등기의 이전등기를 신청할 때에 등기의무자의 등기필정보를 제공하였다면 등기의무자의 인감증명을 제출할 필요가 없다.

③ 소유권이전청구권가등기의 말소등기를 가등기명의인이 단독으로 신청할 때에는 가등기명의인의 인감증명을 제출하여야 한다.

④ 전세권에 대한 근저당권설정등기를 등기의무자와 등기권리자가 공동으로 신청할 때에 등기의무자의 등기필정보를 제공하였다면 등기의무자의 인감증명을 제출할 필요가 없다.

> **해설** ① 소유권 외의 권리의 등기명의인이 등기의무자로서 법 제51조(🖐 확인조서·확인서면·공증)에 따라 등기를 신청하는 경우 **등기의무자의 인감증명**을 제출하여야 한다(규칙 제60조 제1항 제3호).
> ② 가등기이전등기의 등기의무자는 기존의 가등기권자이므로, 규칙 제60조 제1항 제1호의 소유권의 등기명의인이 등기의무자가 되는 경우도 아니며, 인감을 제공하여야 하는 다른 경우에도 해당하지 않으므로 원칙적으로 인감증명을 제공할 필요가 없다.
> ③ 규칙 제60조 제1항 제2호
> ④ 전세권에 대한 근저당권설정등기의 등기의무자는 전세권자이므로, 규칙 제60조 제1항 제1호의 소유권의 등기명의인이 등기의무자가 되는 경우도 아니며, 인감을 제공하여야 하는 다른 경우에도 해당하지 않으므로 원칙적으로 인감증명을 제공할 필요가 없다.

07 다음 중 방문신청을 할 때에 일반적으로 인감증명의 제출을 필요로 하지 않는 등기신청은?
▶ 2019년 등기서기보

① 소유권이전등기의 말소등기

② 계약양도를 원인으로 하는 근저당권이전등기

③ 소유권에 대한 근저당권설정등기의 채무자를 변경하는 근저당권변경등기

④ 소유권에 관한 가등기명의인이 신청하는 가등기의 말소등기

> **해설** ② 근저당권이전등기의 등기의무자는 기존의 근저당권자이므로, 규칙 제60조 제1항 제1호의 소유권의 등기명의인이 등기의무자가 되는 경우도 아니며, 인감을 제공하여야 하는 다른 경우에도 해당하지 않으므로 원칙적으로 인감증명을 제공할 필요가 없다.

① 규칙 제60조 제1항 제1호
③ 규칙 제60조 제1항 제1호
④ 규칙 제60조 제1항 제2호

08 등기신청서에 제출되는 인감증명서에 관한 다음 설명 중 가장 옳지 않은 것은?

▸ 2018년 법무사

① 등기필정보를 멸실한 법인의 지배인이 법인 명의의 근저당권 말소등기를 신청할 경우 지배인의 자격을 증명하는 서류와 함께 지배인의 인감증명을 제출하여야 한다.

② 근저당권자가 등기의무자로서 근저당권이전등기를 신청하는 경우에는 원칙적으로 근저당권자의 인감증명을 제출할 필요가 없다.

③ 소유권에 관한 가등기명의인이 가등기의 말소등기를 신청하는 경우에 가등기명의인의 인감증명을 제출하여야 한다.

④ 공정증서인 협의분할계약서에 의하여 상속등기를 신청하는 경우에 상속인 전원의 인감증명을 제출하여야 한다.

⑤ 외국인이 출입국관리법에 따라 외국인등록을 한 경우에는 인감증명법에 의한 인감증명을 발급받아 제출할 수 있다.

해설 ④ **협의분할에 의한 상속등기**를 신청하는 경우 상속인 전원의 인감증명을 제출하여야 한다. 이에 해당하는 서면이 **공정증서**이거나 당사자가 서명 또는 날인하였다는 뜻의 **공증인의 인증**을 받은 서면인 경우에는 **인감증명을 제출**할 필요가 없다(🚩 1~3. 공증으로 갈음× / 인감증명 제출 필요)(규칙 제60조 제1항 제6호, 제4항).

① 1) (🚩 등기된) **지배인**은 영업주에 갈음하여 그 영업에 관한 재판상 또는 재판 외(🚩 등기신청)의 모든 행위를 할 수 있다(상법 제11조 제1항).

2) 「부동산등기법」 제51조의 규정에 의하여 확인조서나 확인서면 또는 공정증서를 작성함에 있어서 등기의무자가 법인인 경우에는 그 **지배인을 확인**하거나 지배인의 작성부분에 관한 공증으로 대표권을 가진 임원 또는 사원의 본인확인 또는 그 작성부분에 관한 공증에 갈음할 수 있다(법 제49조, 등기예규 제762호, 예규 제1355호).

3) 소유권 이외의 권리의 등기명의인이 등기의무자로서 신청서에 「부동산등기법」 법 제51조 단서에 의한 서면을 첨부하여 등기를 신청하는 경우 등기의무자의 인감증명을 제출(규칙 제60조 제1항 제3호)하여야 하고, 위 경우 등기의무자 본인이 아닌 법정대리인이 등기를 신청하는 경우에는 법정대리인임을 증명하는 서류와 아울러 그 법정대리인의 인감증명(규칙 제61조 제2항)을 제출하여야 하는바, 등기필증을 멸실한 법인의 지배인이 법인 명의의 근저당권에 대한 말소등기를 신청할 경우에는, **지배인의 자격을 증명하는 서류**와 아울러 상업등기법 제16조에 의하여 발급된 **지배인의** (🚩 법인)**인감증명**을 제출하여야 하며, 다른 지배인이나 대표자의 인감증명을 제출할 수는 없다(선례 제7-84호). 또한 지배인의 도장이라도 인감이 신고되지 않은 지배인의 사용인감계와 대표자의 인감증명으로 이를 대신할 수 없다(선례 제200507-5호).

정답 ➊ 06 ① 07 ② 08 ④

② 근저당권이전등기의 등기의무자는 기존의 근저당권자이므로, 규칙 제60조 제1항 제1호의 소유권의 등기명의인이 등기의무자가 되는 경우도 아니며, 인감을 제공하여야 하는 다른 경우에도 해당하지 않으므로 원칙적으로 인감증명을 제공할 필요가 없다.

③ 규칙 제60조 제1항 제2호

⑤ 제60조에 따라 인감증명을 제출하여야 하는 자가 **외국인**인 경우에는 「인감증명법」에 따른 인감증명(⊕ 외국인등록 또는 국내거소신고를 한 경우) 또는 본국의 관공서가 발행한 인감증명을 제출하여야 한다. 다만, 본국에 인감증명제도가 없고 또한 「인감증명법」에 따른 인감증명을 받을 수 없는 자는 신청서나 위임장 또는 첨부서면에 본인이 서명 또는 날인하였다는 뜻의 본국 관공서의 증명이나 본국 또는 대한민국 공증인의 인증(「재외공관 공증법」에 따른 인증을 포함한다)을 받음으로써 인감증명의 제출을 갈음할 수 있다

09 인감증명서의 제출에 관한 다음 설명 중 가장 옳지 않은 것은? ▸ 2018년 법원사무관

① 소유권에 관한 가등기명의인이 가등기의 말소등기를 신청하는 경우에 가등기명의인의 인감증명을 제출하여야 한다.

② 근저당권자가 등기의무자로서 근저당권이전등기를 신청하는 경우에는 원칙적으로 근저당권자의 인감증명을 제공하여야 한다.

③ 외국인이 출입국관리법에 따라 외국인등록을 한 경우에는 인감증명법에 의한 인감증명을 발급받아 제출할 수 있다.

④ 등기필정보가 없는 법인의 지배인이 법인 명의의 근저당권 말소등기를 신청할 경우 지배인 자격을 증명하는 서류와 함께 상업등기법 제16조에 따라 발급된 지배인의 인감증명을 제출하여야 한다.

해설 ② 근저당권이전등기의 등기의무자는 기존의 근저당권자이므로, 규칙 제60조 제1항 제1호의 소유권의 등기명의인이 등기의무자가 되는 경우도 아니며, 인감을 제공하여야 하는 다른 경우에도 해당하지 않으므로 원칙적으로 인감증명을 제공할 필요가 없다.

① 규칙 제60조 제1항 제2호

10 인감증명에 관한 다음 설명 중 가장 옳지 않은 것은? ▸ 2017년 등기주사보 · 2017년 등기서기보

① 원칙적으로 근저당권이전등기를 신청할 때에는 등기의무자인 근저당권자의 인감증명을 첨부할 필요가 없다.

② 부동산의 매수인이 다수인 경우에는 인감증명서상의 매수자란 중 성명란에 'ㅇㅇㅇ 외 ㅇ명'으로만 기재되어 있는 인감증명서를 첨부하였다면 그 등기신청은 수리할 수 없다.

③ 등기신청서에 제3자의 동의 또는 승낙을 증명하는 서면을 첨부하여야 하는 경우 그 서면이 공정증서인 때에는 인감증명을 제출할 필요가 없다.

④ 인감증명의 사용용도란에 가등기용으로 기재된 인감증명서를 근저당설정등기신청서에 첨부하였다면 등기관은 그 등기신청을 각하하여야 한다.

해설 ④ 매매를 원인으로 한 소유권이전등기신청의 경우 위 제4조 제1항 본문과 같이 **반드시 부동산 매도용 인감증명서**를 첨부하여야 하지만 **매매 이외**의 경우에는 등기신청서에 첨부된 인감증 명서상의 **사용용도**와 그 등기의 **목적**이 **다르더라도** 그 등기신청은 이를 **수리**하여야 한다. 따라서 사용용도란에 **가등기용**으로 기재된 **인감증명서**를 **근저당권설정등기신청서**에 첨부하거 나 **부동산매도용 인감증명서**를 **지상권설정등기신청서**에 첨부하여도 그 등기신청을 각하하여 서는 아니 된다(⊞ **수리**한다)(예규 제1308호, 5).

① 근저당권이전등기의 등기의무자는 기존의 근저당권자이므로, 규칙 제60조 제1항 제1호의 소 유권의 등기명의인이 등기의무자가 되는 경우도 아니며, 인감을 제공하여야 하는 다른 경우 에도 해당하지 않으므로 원칙적으로 인감증명을 제공할 필요가 없다.

② 예규 제1308호, 4-③

③ 규칙 제60조 제1항 제7호, 제4항

11 등기의 방문신청 시 인감증명 제출(첨부)과 관련된 다음 설명 중 가장 옳지 않은 것은?

▶ 2015년 법원사무관

① 증여나 교환을 등기원인으로 하는 소유권이전등기신청의 경우에는 부동산매도용 인감 증명서를 첨부할 필요가 없다.

② 등기의무자의 등기필정보가 없어 등기신청서(또는 등기신청 위임장) 중 등기의무자의 작성부분에 관하여 공증을 받은 경우에는 인감증명을 제출할 필요가 없다.

③ 채무자 표시의 변경을 원인으로 근저당권 변경등기를 신청하는 경우 그 실질은 등기명 의인이 단독으로 등기명의인 표시변경등기를 신청하는 경우와 다를 바 없기 때문에 등 기의무자의 인감증명을 첨부할 필요가 없다.

④ 소유권에 관한 경정등기를 신청하기 위해서는 그 경정등기로 인하여 소유권이 감축되 는 자의 인감증명을 등기신청서에 첨부하여야 한다.

해설 ② 소유권 외의 권리의 등기명의인이 등기의무자로서 법 제51조(⊞ **확인조서·확인서면·공증**) 에 따라 등기를 신청하는 경우 **등기의무자의 인감증명을 제출하여야 한다.** 3가지 경우 모두 등기의무자의 인감증명을 제출하여야 한다(규칙 제60조 제1항 제3호).

① 예규 제1308호, 4-①

③ 1) 근저당권의 확정 전후를 불문하고 **채무자변경**을 원인으로 한 근저당권변경등기는 근저당 권자(등기권리자)와 근저당권설정자 또는 제3취득자(등기의무자)가 공동으로 신청하여야 한다. 채무자는 등기신청권이 없고 채무자의 동의를 얻어야 하는 것도 아니다. **등기의무자 (근저당권설정자)**가 소유자인 경우 그의 **인감증명**과 **등기필정보**를 제공하여야 하지만, 등 기의무자(근저당권설정자)가 **지상권자**나 **전세권자**인 경우에는 인감증명은 제공할 필요가 없고 **등기필정보만** 제공하면 된다(「부동산등기실무Ⅱ」p.483).

정답 ● 09 ② 10 ④ 11 ②

2) **채무자 표시변경**을 원인으로 근저당권 변경등기를 신청하는 경우 그 실질은 등기명의인이 단독으로 등기명의인 표시변경등기를 신청하는 경우와 다를 바가 없기 때문에 등기의무자의 **인감증명**을 첨부할 필요가 없고, 또한 권리에 관한 등기가 아닌 표시변경등기에 불과하므로 **등기필증(등기필정보)**도 첨부할 필요가 **없다**(⊕ 다만 등기신청은 권리의 내용인 채무자의 표시가 바뀌는 것이기 때문에 근저당권설정자와 근저당권자가 함께 공동으로 근저당권변경등기를 신청하여야 한다)(선례 제9-406호).

④ 소유권에 관한 경정등기를 신청하기 위해서는 그 경정등기로 인하여 <u>소유권이 감축되는 자의 인감증명</u>을 등기신청서에 첨부하여야 한다(규칙 제60조 제1항 제1호, 예규 제1564호, 2-나-(5)).

12 등기신청서에 첨부하여야 할 인감증명에 관한 설명이다. 가장 옳지 않은 것은?

▸ 2013년 법무사

① 관공서는 등기의무자라 하더라도 인감증명정보를 제출하지 아니한다.

② 인감증명의 사용용도란에 가등기용으로 기재된 인감증명서를 근저당권설정등기에 사용할 수 없다.

③ 등기상 이해관계인이 가등기의 말소를 신청하기 위해서는 가등기명의인의 인감증명정보를 제출하여야 한다.

④ 제3자의 동의 또는 승낙을 증명하는 서면이 공정증서인 경우에는 인감증명을 제출할 필요가 없다.

⑤ 근저당권자가 등기의무자로서 근저당말소등기를 신청하면서 등기필정보가 멸실되어 법무사의 확인서면을 제출한 경우 인감증명을 제출하여야 한다.

해설 ② 매매를 원인으로 한 소유권이전등기신청의 경우 위 제4조 제1항 본문과 같이 **반드시 부동산 매도용 인감증명서**를 첨부하여야 하지만 **매매 이외**의 경우에는 등기신청서에 첨부된 인감증명서상의 **사용용도**와 그 등기의 **목적이 다르더라도** 그 등기신청은 이를 **수리하여야** 한다. 따라서 사용용도란에 **가등기용**으로 기재된 **인감증명서를 근저당권설정등기신청서**에 첨부하거나 **부동산매도용 인감증명서를 지상권설정등기신청서**에 첨부하여도 그 등기신청을 각하하여서는 아니 된다(⊕ 수리한다)(예규 제1308호, 5).

① 규칙 제60조 제3항
③ 규칙 제60조 제1항 제2호
④ 규칙 제60조 제1항 제7호, 제4항
⑤ 규칙 제60조 제1항 제3호

나. 본인서명사실확인서

🔖 **관련 예규**

본인서명사실 확인 등에 관한 법률에 따른 등기사무처리지침(예규 제1609호)

제1조 (목적)

이 예규는 「본인서명사실 확인 등에 관한 법률」에 따라 발급된 본인서명사실확인서 또는 전자본인서명확인서의 발급증(이하 "발급증"이라 한다)을 첨부하여 등기에 관한 신청(이하 "등기신청"이라 한다)을 할 경우 그 신청서나 첨부서면(이하 "신청서 등"이라 한다)의 심사 및 전자본인서명확인서의 확인에 필요한 사항을 규정함을 목적으로 한다.

제2조 (인감증명서와의 관계)

「부동산등기법」 및 「부동산등기규칙」, 「상업등기법」 및 「상업등기규칙」 그 밖의 법령, 대법원예규에서 등기소에 제출하는 신청서 등에 「인감증명법」에 따라 신고한 인감을 날인하고 인감증명서를 첨부하여야 한다고 정한 경우, 이에 갈음하여 신청서 등에 서명을 하고 본인서명사실확인서를 첨부하거나 발급증을 첨부할 수 있다.

제3조 (본인서명사실확인서가 첨부된 경우 서명방법 등)

① 본인서명사실확인서와 신청서 등의 서명은 본인 고유의 필체로 자신의 성명을 기재하는 방법으로 하여야 하며, 등기관이 알아볼 수 있도록 명확히 기재하여야 한다.

② 신청서 등의 서명은 본인서명사실확인서의 서명이 한글로 기재되어 있으면 한글로, 한자로 기재되어 있으면 한자로, 영문으로 기재되어 있으면 영문으로 각각 기재하여야 한다.

③ 본인서명사실확인서의 서명이 한글이 아닌 문자로 기재되어 있다 하더라도 등기신청서의 성명은 반드시 한글로 기재하여야 한다.

④ 등기관은 본인서명사실확인서와 신청서 등에 다음 각 호의 어느 하나에 해당하는 방법으로 서명이 된 경우에는 해당 등기신청을 수리하여서는 아니 된다.

  1. 제2항에 위반하여 서명 문자가 서로 다른 경우
  2. 본인의 성명을 전부 기재하지 아니하거나 서명이 본인의 성명과 다른 경우
  3. 본인의 성명임을 인식할 수 없을 정도로 흘려 쓰거나 작게 쓰거나 겹쳐 쓴 경우
  4. 성명 외의 글자 또는 문양이 포함된 경우
  5. 그 밖에 등기관이 알아볼 수 없도록 기재된 경우

제4조 (전자본인서명확인서의 확인 등)

제5조 (주소의 확인 등)

등기관은 본인서명사실확인서 또는 전자본인서명확인서상의 등기의무자의 주소가 주민등록표초본 또는 등본의 주소이동 내역에서 확인되거나 성명과 주민등록번호 등에 의하여 같은 사람임이 인정되는 경우에는 해당 등기신청을 각하하여서는 아니 된다(🔵 수리하여야 한다).

제6조 (부동산 관련 용도란의 기재)

① 본인서명사실확인서 또는 전자본인서명확인서의 부동산 관련 용도란에는 신청할 등기유형과 거래상대방의 성명·주소 및 주민등록번호(법인인 경우에는 그 명칭과 주사무소의 소재지 및 법인등록번호)가 모두 기재되어 있어야 하며, 위 기재사항이 누락된 경우 해당 등기신청을 수리하여서는 아니 된다.

② 본인서명사실확인서 또는 전자본인서명확인서에 기재된 거래상대방과 신청서 등에 기재된 등기권리자의 **인적사항이 일치하지 않는** 등기신청은 수리하여서는 **아니** 된다.

제7조 (그 외의 용도란의 기재)

부동산등기신청 외의 등기신청을 할 경우에는 본인서명사실확인서 또는 전자본인서명확인서의 그 외의 용도란에 신청할 등기유형이 기재되어 있지 아니한 경우 그 등기신청을 수리하여서는 아니 된다(**예** ○○ 주식회사 이사 취임등기용).

제8조 (위임받은 사람란 등의 기재)

① 대리인이 본인서명사실확인서 또는 발급증을 첨부하여 등기신청을 대리하는 경우에는 본인서명사실확인서 또는 전자본인서명확인서의 위임받은 사람란에 **대리인**의 **성명**과 **주소**(**ⓑ** 번호×)가 기재되어 있어야 한다. 다만, 대리인이 변호사[법무법인·법무법인(유한) 및 법무조합을 포함한다]나 법무사[법무사법인·법무사법인(유한)을 포함한다]인 **자격자대리인**인 경우에는 성명란에 "변호사○○○" 또는 "**법무사○○○**"와 같이 자격자대리인의 **자격명**과 **성명**이 기재되어 있으면 자격자대리인의 **주소**는 기재되어 있지 **않아도** 된다.

② 본인서명사실확인서 또는 전자본인서명확인서의 **위임받은** 사람란에 기재된 사람과 **위임장의** 수임인은 같은 사람이어야 하며, 용도란의 기재와 위임장의 위임취지는 서로 부합하여야 한다.

제9조 (유효기간)

본인서명사실확인서 또는 전자본인서명확인서는 발행일부터 **3개월** 이내의 것이어야 한다.

01 **본인서명사실확인서를 첨부정보로 등기소에 제공한 등기신청에 관한 다음 설명 중 가장 옳지 않은 것은?**
▸ 2019년 법무사

① 본인서명사실확인서와 신청서 등의 서명은 본인 고유한 필체로 자신의 성명을 명확히 기재하는 방법으로 하여야 한다.

② 본인서명사실확인서의 서명이 한글이 아닌 문자로 기재되어 있으면 등기신청서의 성명도 그와 똑같은 문자로 기재하여야 한다.

③ 본인서명사실확인서에 기재된 거래상대방과 등기신청서에 기재된 등기권리자의 인적사항이 일치되지 않는 등기신청은 수리하여서는 아니 된다.

④ 대리인이 본인서명사실확인서를 첨부정보로서 등기소에 제공하여 등기신청을 대리하는 경우에는 위임받은 사람란에 대리인의 성명과 주소가 기재되어 있어야 하지만, 대리인이 법무사인 경우에는 '법무사 홍길동'과 같이 자격자대리인의 자격명과 성명이 기재되어 있으면 그 주소는 기재되어 있지 않아도 된다.

⑤ 인감증명법에 따라 신고한 인감을 날인하고 인감증명서를 신청서 등에 첨부정보로서 등기소에 제공하여야 하는 경우 이를 갈음하여 신청서 등에 서명을 하고 본인서명사실확인서를 제공할 수 있다.

해설 ② 본인서명사실확인서의 서명이 한글이 아닌 문자로 기재되어 있다 하더라도 **등기신청서의 성명은 반드시 한글로** 기재하여야 한다(예규 제1609호, 3-③).

① 예규 제1609호, 3-①
③ 예규 제1609호, 6-②
④ 예규 제1609호, 8-①
⑤ 예규 제1609호, 2

02 본인서명사실확인서에 관한 다음 설명 중 가장 옳지 않은 것은? ▸2017년 등기주사보

① 등기신청과 관련하여 법령이나 예규에서 인감증명서를 첨부하여야 한다고 정한 경우 이를 갈음하여 신청서 등에 서명을 하고 본인서명사실확인서를 첨부할 수 있다.
② 본인서명사실확인서와 신청서 등의 서명은 본인 고유의 필체로 자신의 성명을 기재하거나 서명자의 동일성을 확인할 수 있는 기호를 표시하는 방법으로 하여야 한다.
③ 본인서명사실확인서의 부동산 관련 용도란에는 신청할 등기유형과 거래상대방의 성명·주소 및 주민등록번호가 모두 기재되어 있어야 한다.
④ 본인서명사실확인서에 기재된 거래상대방과 신청서 등에 기재된 등기권리자의 인적사항이 일치되지 않는 등기신청은 수리하여서는 안 된다.

> **해설** ② 본인서명사실확인서와 신청서 등의 **서명**은 본인 고유의 필체로 자신의 **성명**을 기재하는 방법으로 하여야 하며, 등기관이 알아볼 수 있도록 명확히 기재하여야 한다. 등기관은 본인서명사실확인서와 신청서 등에 성명 외의 글자 또는 문양이 포함되거나 기호를 표시하는 방법으로 서명이 된 경우에는 해당 등기신청을 수리하여서는 아니 된다(예규 제1609호, 3-①④).

① 예규 제1609호, 2
③ 예규 제1609호, 6-①
④ 예규 제1609호, 6-②

03 등기신청서에 첨부하는 본인서명사실확인서에 관한 다음 설명 중 가장 옳지 않은 것은?
▸2015년 법무사

① 신청서의 서명은 본인서명사실확인서의 서명이 한글로 기재되어 있으면 한글로, 한자로 기재되어 있으면 한자로, 영문으로 기재되어 있으면 영문으로 각각 기재하여야 한다.
② 본인서명사실확인서나 신청서에 기재한 서명에 성명 외의 글자 또는 문양이 포함된 경우에는 그 등기신청을 수리하여서는 아니 된다.
③ 본인서명사실확인서에 기재된 서명자의 주소가 종전 주소지로 기재되어 있는 등 현주소와 일치하지 아니하더라도 주민등록표등본의 주소이동 내역에 본인서명사실확인서의 주소가 종전 주소로서 표시되어 있는 경우에는 그 본인서명사실확인서가 첨부된 등기신청은 다른 흠결사유가 없는 한 수리하여야 한다.

정답 ➡ 01 ② 02 ② 03 ④

④ 본인서명사실확인서의 부동산 관련 용도란에는 매매를 원인으로 한 소유권이전등기를 신청하는 경우에만 신청할 등기유형과 거래상대방 등의 성명·주소 및 주민등록번호 (법인인 경우에는 명칭과 주사무소의 소재지 및 법인등록번호)가 모두 기재되어 있어야 하며, 그 밖의 등기신청의 경우에는 이러한 내용이 기재되어 있지 않더라도 그 등기 신청을 수리하여야 한다.

⑤ 대리인이 본인서명사실확인서를 첨부하여 등기신청을 대리하는 경우에는 수임인란에 대리인의 성명과 주소가 기재되어 있어야 하지만, 대리인이 법무사인 경우에는 성명란에 '법무사 ○○○'와 같이 자격자대리인의 자격명과 성명이 기재되어 있으면 그 주소는 기재되어 있지 않아도 된다.

> **해설** ④ 본인서명사실확인서 또는 전자본인서명확인서의 부동산 관련 용도란에는 신청할 등기유형과 거래상대방의 성명·주소 및 주민등록번호(법인인 경우에는 그 명칭과 주사무소의 소재지 및 법인등록번호)가 모두 기재되어 있어야 하며, 위 기재사항이 누락된 경우 해당 등기신청을 수리하여서는 아니 된다(예규 제1609호, 6–①).
>
> ① 예규 제1609호, 3–②
> ② 예규 제1609호, 3–①④
> ③ 예규 제1609호, 5
> ⑤ 예규 제1609호, 8–①

04 인감증명서를 갈음하여 제출할 수 있는 본인서명사실확인서에 관한 다음 설명 중 가장 옳지 않은 것은?
▶ 2015년 등기서기보

① 자격자대리인이 본인서명사실확인서를 첨부하여 등기신청을 대리하는 경우에는 수임 인란에 자격자대리인의 자격명과 성명을 기재하는 것으로 충분하며, 그 주소까지 기재할 필요는 없다.

② 본인서명사실확인서의 서명이 한글이 아닌 문자로 기재되어 있다면 등기신청서의 성명도 한글이 아닌 그 문자로 기재하여야 한다.

③ 본인서명사실확인서의 부동산 관련 용도란에는 신청할 등기유형과 거래상대방 등의 성명·주소 및 주민등록번호(법인인 경우에는 명칭과 주사무소의 소재지 및 법인등록번호)가 모두 기재되어 있어야 하며, 위 기재사항이 누락된 본인서명사실확인서가 첨부된 때에는 그 등기신청을 수리하여서는 아니 된다.

④ 본인서명사실확인서에 기재된 거래상대방과 등기신청서에 기재된 등기권리자의 인적사항이 일치되지 않는 등기신청은 수리하여서는 아니 된다.

> **해설** ② 본인서명사실확인서의 서명이 한글이 아닌 문자로 기재되어 있다 하더라도 등기신청서의 성명은 반드시 한글로 기재하여야 한다(예규 제1609호, 3–③).
>
> ① 예규 제1609호, 8–①

③ 예규 제1609호, 6-①
④ 예규 제1609호, 6-②

05 본인서명사실 확인 등에 관한 법률에 따라 발급된 본인서명사실확인서를 첨부하여 등기신청을 하는 경우에 관한 설명이다. 가장 옳지 않은 것은? ▸ 2013년 법무사

① 법령이나 예규로 등기소에 제출하는 신청서등에 「인감증명법」에 따라 신고한 인감을 날인하고 인감증명서를 첨부하여야 한다고 정한 경우, 이를 갈음하여 신청서 등에 서명을 하고 본인서명사실확인서를 첨부할 수 있다.

② 본인서명사실확인서의 서명은 본인 고유의 필체로 자신의 성명을 기재하거나 서명자의 동일성을 확인할 수 있는 기호를 표시하는 방법으로 하여야 한다.

③ 본인서명사실확인서의 부동산 관련 용도란에는 신청할 등기유형과 거래상대방 등의 성명·주소 및 주민등록번호가 모두 기재되어 있어야 한다.

④ 대리인이 본인서명사실확인서를 첨부하여 등기신청을 대리하는 경우에는 수임인란에 대리인의 성명과 주소가 기재되어 있어야 한다.

⑤ 신청서 등에 첨부하는 본인서명사실확인서는 발행일부터 3개월 이내의 것이어야 한다.

> **해설** ② 본인서명사실확인서와 신청서 등의 <u>서명</u>은 <u>본인</u> 고유의 필체로 자신의 <u>성명</u>을 기재하는 방법으로 하여야 하며, 등기관이 알아볼 수 있도록 명확히 기재하여야 한다. 등기관은 본인서명사실확인서와 신청서 등에 성명 외의 글자 또는 문양이 포함되거나 기호를 표시하는 방법으로 서명이 된 경우에는 해당 등기신청을 <u>수리하여서는</u> 아니 된다(예규 제1609호, 3-①④).
>
> ① 예규 제1609호, 2
> ③ 예규 제1609호, 6
> ④ 예규 제1609호, 8-①
> ⑤ 예규 제1609호, 9

03 등기권리자와 관련된 정보

01 세금영수증

📖 관련 예규

취득세[등록면허세] 등의 납부 확인 및 소인 등에 관한 예규(예규 제1566호)

등기관이 등기신청서를 조사할 때에는, ① **취득세[등록면허세] 영수필확인서**[시·군·구작성의 전산처리된 용지(OCR고지서)이어야 함. 다만, 지방세인터넷납부시스템(WETAX 또는 ETAX)을 이용하여 납부한 후 출력한 납부서 또는 대법원 인터넷등기소의 정액등록면허세납부서 작성기능을 이용해 작성한 정액등록면허세납부서에 의한 것도 가능]의 첨부 여부와 그 납세명세, ② **국민주택채권**(도시철도채권을 포함. 이하 같다) 매입정보상의 매입자 성명 등이 등기신청서의 기재사항과 부합하는지 여부와 **국민주택채권매입금액**, ③ 당해 **등기신청**에 대한 신청수수료액과 그에 해당하는 금액의 **영수필확인서**가 첨부되어 있는지 여부, ④ **전자수입인지**의 첨부 여부 및 그 구매정보상의 수입인지금액의 정확 여부 등을 **반드시 조사·확인하여야** 한다.

등기신청 시 납부할 취득세 및 등록면허세 등에 관한 예규(예규 제1744호)

1. 국 명의의 가처분등기말소에 따른 등록면허세

국 명의의 가처분등기가 이루어진 후 국가가 본안 소송에서 승소판결을 받아 이에 따른 등기를 완료한 후라면 위 가처분등기의 말소는 국가가 자기를 위하여 하는 등기에 해당하므로「지방세법」제26조제1항에 따라 등록면허세가 면제되지만, 승소판결에 따른 등기를 하지 않고 위 가처분등기를 말소하는 경우에는 등기부상 소유자가 그 가처분말소등기의등기권리자가 되므로 **등록면허세를 납부**하여야 한다.

2. 국가가 대위하여 촉탁하는 분필등기 등과 등록면허세

국가가 1필의 토지의 일부를 매수하고 매도인을 대위하여 촉탁하는 분필등기, 등기명의인표시변경등기와 지목변경등기 등은「지방세법」제26조제1항에서 말하는 국가가 자기를 위하여 하는 등기에 해당하므로 **등록면허세가 면제**된다.

3. 담보가등기를 신청하는 경우 등록면허세

담보가등기권리는「가등기담보 등에 관한 법률」제17조제3항에 따라 이를 **저당권으로 보고** 있으므로, 담보가등기를 신청할 경우 납부할 등록면허세는「지방세법」제28조제1항의 **저당권의 세율**을 적용하여야 한다.

4. 근저당권설정등기를 신청하는 경우 등록면허세

근저당권설정등기를 신청하는 경우에는「부동산등기법」제75조제2항제1호의 **채권의 최고액을 과세표준**으로 하여 **등록면허세를 납부**하여야 한다.

5. 신탁등기의 취득세 및 등록면허세

신탁을 원인으로 한 **소유권이전등기**와 **신탁의 등기**는 **동시에 신청**(🏛 **일괄신청**)하여야 하나 이들은 **각 별개의 등기**이므로,

① **신탁을 원인으로 한 소유권이전등기**에 대하여는「지방세법」제9조제3항제1호에 따라 **취득세를 납부할 필요가 없지만**,

② **신탁등기**에 대하여는「지방세법」제28조제1항제1호마목에 따른 **등록면허세를 납부**하여야 한다.

5의2. 신탁재산의 위탁자 지위의 이전이 있는 경우 신탁원부 기록의 변경등기에 대한 취득세 또는 등록면허세

　가. 신탁재산의 **위탁자 지위의 이전**을 등기원인으로 하는 **신탁원부 기록의 변경등기**에 대하여는 「지방세법」 제7조제15항 본문에 따라 **취득세를 납부**하여야 한다.

　　다만, 위탁자 지위의 이전으로 신탁재산에 대한 **실질적인 소유권 변동이 있더라도** 관련 법령이 정하는 바에 따라 **취득세 비과세·면제 사유가 있는 경우**에는 그러하지 아니하다.

　나. 해당 등기신청의 등기원인인 위탁자 지위의 이전이 신탁재산에 대한 **실질적인 소유권 변동이 있다고 보기 어려운 경우**로서 「지방세법」 제7조제15항 단서 및 「지방세법 시행령」 제11조의3(대통령령 제32293호로 개정되기 전의 「지방세법 시행령」 제11조의2를 포함한다. 이하 같다)으로 정하는 경우에 해당됨을 소명하는 첨부정보🄔 과세권자인 지방자치단체의 장이 등기원인인 위탁자 지위의 이전이 「지방세법」 제7조제15항 단서 및 「지방세법 시행령」 제11조의3으로 정하는 경우에 해당되는지에 대한 질의민원을 심사하여 그에 해당된다는 내용의 처리결과를 통지한 문서 등)가 제공되는 신탁원부 기록의 변경등기에 대하여는 「지방세법」 제28조제1항제1호마목에 따른 **등록면허세를 납부**하여야 한다.

6. 미등기부동산의 처분제한의 등기 등의 경우 등록면허세와 국민주택채권 매입

　가. 미등기부동산에 대한 처분제한 등기의 촉탁에 의하여 등기관이 **직권으로** 소유권보존등기를 완료한 때에는 납세지를 관할하는 지방자치단체 장에게 「지방세법」 제22조제1항에 따른 **취득세 미납 통지** 또는 「지방세법」 제33조에 따른 **등록면허세 미납 통지**(「지방세법」 제23조 제1호 다목, 라목에 해당하는 등록에 대한 등록면허세를 말한다. 이하 6.에서 같다)를 하여야 하고, 이 경우 소유자가 보존등기를 신청하는 것이 아니므로(「주택도시기금법」 제8조 참조) **국민주택채권도 매입할 필요가 없다.**

　나. 채권자가 채무자를 **대위**하여 소유권보존등기를 **신청**하는 경우에는 본래의 신청인인 채무자가 신청하는 경우와 다르지 않으므로 **채권자가 등록면허세를 납부**하여야 하고, 등기하고자 하는 부동산이 토지인 경우에는 **국민주택채권도 매입**하여야 한다.

7. 취득세 및 등록면허세 면제와 국민주택채권의 매입 관계

　취득세 및 등록면허세가 면제되는 경우라 하더라도 국민주택채권은 「주택도시기금법」 및 같은 법 시행령 등의 규정에 의하여 그 매입의무가 면제되지 않는 한 매입하여야 한다.

01　등기신청과 관련한 금전납부의무에 관한 다음 설명 중 가장 옳지 않은 것은?

▶ 2023년 법무사

① 시가표준액이 일정 금액 이상인 토지의 소유권보존등기를 하는 경우에는 주택도시기금법이 정하는 바에 따라 국민주택채권을 매입할 의무가 있다.

② 소유권이전에 관한 계약서를 작성하는 자는 인지세법에서 정하는 바에 따라 일정한 금액의 인지세를 납부할 의무가 있다.

③ 부동산등기를 신청하려는 자는 대법원규칙으로 정하는 바에 따라 소정의 등기신청수수료를 납부할 의무가 있다.

④ 등기명의인표시변경등기를 신청할 때에는 지방세법 소정의 등록면허세를 납부할 의무가 있다.

⑤ 법원사무관 등이 회생절차, 파산절차, 개인회생절차와 관련하여 보전처분의 등기 등을 촉탁하는 경우에도 등록면허세 및 등기신청수수료를 납부하여야 한다.

해설 ⑤ 법원사무관 등이 **회생절차, 파산절차, 개인회생절차**, 국제도산절차와 관련하여 법 제24조(🔷 **회생절차개시 · 간이회생절차개시 · 보전처분의 등기**), 제25조 제2항(🔷 **회생계획인가 등기**), 제3항(🔷 **회생계획인가취소 등기**) 및 규칙 제10조 제1항에 의한 등기를 촉탁하는 경우 **등록면허세 및 등기신청수수료**가 **면제**된다(예규 제1516호, 4-①).

① 1. **소유권보존**과 관련하여 **건축물**에 대하여는 **건축허가 시**에 주거전용면적 혹은 연면적을 기준으로 제1종국민주택채권을 **매입**하므로 건축허가를 신청할 때에 국민주택채권을 매입한 자가 사용승인을 마친 건축물에 대하여 **소유권보존등기**를 할 때에는 **국민주택채권**을 매입하지 **아니**한다(주택도시기금법 시행령 제8조 제2항).

    2. 그러나 **토지**의 경우 건축허가와 같은 절차가 없으므로, 시가표준액이 **일정 금액 이상인 토지의 소유권보존등기**를 하는 경우에는 국민주택채권을 **매입**하여야 한다.

② 1. 국내에서 **재산에 관한 권리 등**의 **창설 · 이전** 또는 **변경**에 관한 **계약서**나 이를 증명하는 그 밖의 문서를 작성하는 자는 해당 문서를 작성할 때에 이 법에 따라 그 문서에 대한 **인지세**를 납부할 의무가 있다(「인지세법」 제1조 제1항).

    2. 부동산등기와 관련하여 인지세법이 규정하고 있는 과세문서는 **부동산의 소유권이전** 및 대통령령으로 정하는 금융 · 보험기관과의 **금전소비대차**에 관한 **증서**이다(「인지세법」 제3조 제1항). 그러한 과세문서에 대하여는 명칭이 무엇이든 그 실질적인 내용에 따라 적용한다(「인지세법」 제3조 제4항).

③ **등기를 하려고 하는 자**는 대법원규칙으로 정하는 바에 따라 **수수료**를 내야 한다(법 제22조 제3항).

④ **등기명의인표시변경등기**를 신청할 때에는 **건당 6,000원**의 지방세법 소정의 **등록면허세**를 납부할 의무가 있다(지방세법 제28조 제1항 제1호 마목).

---

02 등기신청과 관련하여 부과된 의무에 관한 다음 설명 중 가장 옳지 않은 것은?

▸ 2020년 법무사

① 법정상속등기 후에 새로이 협의분할을 하여 소유권경정등기를 신청하는 경우 특정 상속인이 당초 상속분을 초과하여 취득하는 재산가액에 대하여는 새로이 취득세를 납부하여야 한다.

② 근저당권설정등기를 신청하는 경우에는 채권의 최고액을 과세표준으로 하여 등록면허세를 납부하여야 한다.

③ 신탁을 원인으로 한 소유권이전등기에 대하여는 취득세를 납부할 필요가 없지만, 신탁등기에 대하여는 등록면허세를 납부하여야 한다.

정답 01 ⑤ 02 ④

④ 채권자가 채무자를 대위하여 토지에 대한 소유권보존등기를 신청하는 경우 등기관은 납세지를 관할하는 지방자치단체장에게 등록면허세 미납통지를 하여야 하고, 이 경우 국민주택채권도 매입할 필요가 없다.

⑤ 취득세 및 등록면허세가 면제되는 경우라 하더라도 국민주택채권은 주택도시기금법 및 같은 법 시행령 등의 규정에 의하여 그 매입의무가 면제되지 않는 한 매입하여야 한다.

[해설] ④ 1) **미등기부동산**에 대한 처분제한 등기의 촉탁에 의하여 등기관이 **직권**으로 소유권보존등기를 완료한 때에는 납세지를 관할하는 지방자치단체 장에게 「지방세법」 제33조의 규정에 의한 등록면허세 미납 통지를 하여야 하고, 이 경우 소유자가 보존등기를 신청하는 것이 아니므로(「주택도시기금법」 제8조 참조) 국민주택채권도 매입할 필요가 없다.

2) 채권자가 채무자를 **대위**하여 소유권**보존**등기를 **신청**하는 경우에는 본래의 신청인인 채무자가 신청하는 경우와 다르지 않으므로 채권자가 등록면허세를 납부하여야 하고, 등기하고자 하는 부동산이 토지인 경우에는 국민주택채권도 매입하여야 한다.

① 법정상속분에 따른 상속등기 또는 협의분할에 의한 상속등기 후에 새로이 협의분할을 하여 소유권경정등기를 신청하는 경우에는 특정 상속인이 당초 상속분을 초과하여 취득하는 재산가액은 상속분이 감소한 상속인으로부터 증여받아 취득한 것으로 보게 되므로(지방세법 제7조 제13항) 초과분에 대하여 새로이 취득세를 납부하여야 한다(선례 제201709−1호).

② 예규 제1678호, 4

③ 예규 제1678호, 5

⑤ 예규 제1678호, 7

03 다음은 등기신청과 관련된 의무의 설명이다. 가장 옳지 않은 것은? ▸ 2017년 등기서기보

① 신탁을 원인으로 한 소유권이전등기와 신탁등기를 동시에 신청하는 경우 신탁등기에 대하여 등록면허세를 납부하여야 한다.

② 등기관이 등기신청서를 조사할 때에는 해당 등기신청에 대한 신청수수료액과 그에 해당하는 금액의 영수필확인서가 첨부되어 있는지 여부 등을 반드시 조사·확인하여야 한다.

③ 공유물을 공유지분율에 따라 분할하여 이전등기를 하는 경우에는 국민주택채권을 매입할 필요가 없다.

④ 국가가 개인의 토지를 매수하고 소유권이전등기를 신청하는 경우 첨부정보로 제공하는 매매계약서에는 인지세법에 따른 인지를 첨부할 필요가 없다.

[해설] ④ 국가 등과 개인이 공동으로 협의계약서를 작성한 경우 국가등이 가지는 위 계약서는 개인이 작성한 것으로 보게 되므로(인지세법 제7조 참조) 국가등의 명의로의 소유권이전등기신청 시 그 원인 서면으로 제출하는 계약서등에는 인지세법 제3조 제1항 소정의 수입인지를 납부하여야 한다(선례 제4−972호).

① 예규 제1678호, 5

② 예규 제1566호
③ 1) 공유물분할의 판결에 의하여 **공유지분율**에 따라 **공유물분할등기를** 신청하는 경우에는 국민주택채권 매입의무가 면제된다(선례 제4-937호). 공유물분할로 인한 소유권이전등기신청 시 **종전 공유지분을 초과**하는 면적에 대하여는 위 국민주택채권 매입대상이 된다(선례 제5-891호).

2) 공유자들이 각자의 공유지분비율에 따라서 공유물분할등기를 신청할 경우에 원인서면으로 제출되는 공유물분할계약서는, 대가성 있는 소유권이전에 관한 증서로 볼 수 없으므로 인지세법에서 정하는 인지를 첨부할 필요가 없다(선례 제7-552호).

3) 규제대상면적 이하이거나 **종전 공유지분**에 따른 공유물분할인 때에는 토지거래계약허가증을 첨부할 필요가 없고, **종전 공유지분을 초과**하는 면적이 국토이용관리법에 의한 규제대상면적 이상일 때에는 이에 대한 토지거래계약허가증을 첨부하여야 한다(선례 제5-891호).

4) 농지에 대하여 공유물분할을 원인으로 한 소유권이전등기를 신청하는 경우에는 **취득하는 면적이 공유지분과 같은지 여부에 관계없이** 농지취득자격증명을 첨부할 필요가 없다(선례 제6-562호).

04 등기신청과 관련하여 부과되는 의무와 관련된 다음 설명 중 가장 옳지 않은 것은?

▸ 2015년 법무사 변경

① 토지에 관한 부동산표시의 경정 및 변경등기, 부동산에 관한 분할·합병 및 멸실등기, 등기관의 과오로 인한 등기의 착오 또는 유루를 원인으로 하는 경정등기 등의 등기신청수수료는 받지 아니한다.

② 등기관이 등기신청서를 조사할 때에는 국민주택채권 매입금액, 관련 법령상 국민주택채권 매입면제 요건에 해당하는지 여부 등을 반드시 조사·확인하여야 하나, 매입정보상의 매입자 성명을 조사할 필요는 없다.

③ 1건의 촉탁서로 매각을 원인으로 하여 하나의 부동산에 등기된 2건의 가압류의 말소를 촉탁하는 경우 그 가압류등기의 말소등기에 대하여는 2건의 신청에 대한 수수료와 등록면허세를 납부하여야 한다.

④ 공유자들이 각자의 공유지분 비율에 따라서 공유물분할등기를 신청할 경우에 원인서면으로 제출되는 공유물분할계약서는, 대가성 있는 소유권이전에 관한 증서로 볼 수 없으므로 인지세법에서 정하는 인지세를 납부할 필요가 없다.

⑤ 미등기부동산에 대한 처분제한 등기의 촉탁에 의하여 등기관이 직권으로 소유권보존등기를 완료한 때에는 납세지를 관할하는 지방자치단체의 장에게 등록면허세 미납 통지를 하여야 한다.

정답 ┏ 03 ④ 04 ②

해설 ② 등기관이 등기신청서를 조사할 때에는, ① **취득세(등록면허세) 영수필확인서**[시·군·구작성의 전산처리된 용지(OCR고지서)이어야 함. 다만, 지방세인터넷납부시스템(WETAX 또는 ETAX)을 이용하여 납부한 후 출력한 납부서 또는 대법원 인터넷등기소의 정액등록면허세납부서 작성기능을 이용해 작성한 정액등록면허세납부서에 의한 것도 가능]의 **첨부 여부**와 그 **납세명세**, ② **국민주택채권**(도시철도채권을 포함. 이하 같다) 매입정보상의 **매입자 성명 등**이 등기신청서의 기재사항과 부합하는지 여부와 **국민주택채권매입금액**, ③ 당해 **등기신청에 대한 신청수수료액**과 그에 해당하는 금액의 영수필확인서가 첨부되어 있는지 여부, ④ **전자수입인지의 첨부 여부** 및 그 구매정보상의 수입인지금액의 정확 여부 등을 반드시 조사·확인하여야 한다(예규 제1566호).

① 다음 각 호의 1에 해당하는 등기는 그 신청수수료를 받지 아니한다(등기사항증명서 등 수수료규칙 제5조의2 제2항).
  1. **예고등기의 말소등기**
  2. 멸실회복등기
  3. 회생, 파산, 개인회생, 국제도산에 관하여 법원의 촉탁으로 인한 등기
  4. 부동산표시의 변경 및 경정 등기
  5. 부동산에 관한 **분할·구분·합병 및 멸실등기**(대지권에 관한 등기 제외)
  6. **행정구역·지번의 변경**, 주민등록번호(또는 부동산등기용등록번호)의 정정을 원인으로 한 등기명의인표시변경 및 경정등기
  7. **등기관의 과오**로 인한 등기의 착오 또는 유루를 원인으로 하는 경정등기
  8. 「공유토지분할에 관한 특례법」에 의한 등기
  9. 신탁등기 및 신탁등기의 말소등기

③ 일괄신청의 경우, 접수번호는 등기신청서(또는 촉탁서)를 기준으로 부여되고, 등기사건 통계에서도 1건으로 계산하지만, 이와는 별개로 등기신청수수료나 등록면허세 산정에 있어서는 실제 등기관이 처리하는 등기의 건수를 기준으로 한다. 등록면허세 부과의 근거가 되는 「지방세법」 제28조 제1항 제1호 마목의 "그 밖의 등기: 건당 3천원"에서 '건당'의 의미는 '신청서 1건당'이 아니라 '등기관이 처리하는 등기 1건당'으로 해석된다. 따라서 일괄신청의 경우에 통계상 신청은 1건이지만 등기관이 처리하는 등기는 여러 건이 되고 그 건수마다 신청수수료와 등록면허세가 부과된다. 예를 들면, 1건의 촉탁서로 매각(경락)을 원인으로 하여 하나의 부동산에 등기된 **2건의 가압류의 말소**를 촉탁하는 경우에는 2건의 신청에 대한 수수료와 등록면허세를 납부하여야 한다(선례 제201212-3호).

④ 공유자들이 각자의 공유지분비율에 따라서 공유물분할등기를 신청할 경우에 원인서면으로 제출되는 공유물분할계약서는, 대가성 있는 소유권이전에 관한 증서로 볼 수 없으므로 인지세법에서 정하는 인지를 첨부할 필요가 없다(선례 제7-552호).

⑤ 예규 제1678호, 6-가

05 국민주택채권과 관련된 다음 설명 중 가장 옳지 않은 것은? ▸ 2015년 등기서기보

① 채권최고액의 증액에 따른 근저당변경등기를 신청하는 경우 증액된 금액에 대해서는 국민주택채권(증액된 금액이 2,000만원 이상인 경우)을 매입하여야 한다.

② 취득시효 완성을 원인으로 한 소유권이전등기, 진정명의회복을 원인으로 한 소유권이전등기, 공유자가 다른 공유자를 상대로 하여 명의신탁해지를 원인으로 한 소유권이전등기절차를 명하는 판결에 의하여 등기를 신청하는 경우에는 국민주택채권을 매입하여야 한다.

③ 소유권이전등기, 저당권설정등기, 저당권이전등기를 신청하는 자는 국민주택채권을 매입하여야 하나, 소유권보존등기를 신청하는 자는 이미 지적공부나 건축물대장 등록 시 국민주택채권을 매입하였으므로 소유권보존등기를 신청할 때에는 매입할 필요가 없다.

④ 취득세 및 등록면허세가 면제되는 경우라 하더라도 국민주택채권은 주택법 및 같은 법 시행령 등의 규정에 의하여 그 매입의무가 면제되지 않는 한 매입하여야 한다.

해설 ③ 소유권보존과 관련하여 **건축물**에 대하여는 건축허가 시에 주거전용면적 혹은 연면적을 기준으로 제1종**국민주택채권**을 **매입**하므로 건축허가를 신청할 때에 국민주택채권을 매입한 자가 사용승인을 마친 건축물에 대하여 **소유권보존등기**를 할 때에는 **국민주택채권**을 매입하지 **아니한다**(주택도시기금법 시행령 제8조 제2항). 그러나 **토지**의 경우 건축허가와 같은 절차가 **없으므로 소유권보존등기**를 할 때에 국민주택채권을 **매입하여야** 한다.

① 채권최고액의 증액에 따른 근저당변경등기를 신청하는 경우 증액된 금액에 대해서는 지방세법 제131조 제1항 제6호 (2)의 규정에 의한 등록세를 납부하여야 하고 국민주택채권(증액된 금액이 2,000만원 이상인 경우)을 매입하여야 한다(선례 제7-526호).

② 1) 제1종국민주택채권을 매입하여야 하는 자는 다음 각 호와 같다(주택도시기금법 시행규칙 제7조 제2항).

　　1. 소유권보존등기 또는 소유권이전등기 : 소유권보존등기 또는 소유권이전등기의 등기명의자(등기원인이 상속인 경우에는 상속인을 말한다)

　　2. 저당권의 설정 : 저당권 설정자

　　3. 저당권의 이전 : 저당권을 이전받는 자

　2) 소유권이전등기 시에 국민주택채권을 매입하여야 하므로 취득시효 완성을 원인으로 한 소유권이전등기, 진정명의회복을 원인으로 한 소유권이전등기, 공유자가 다른 공유자를 상대로 하여 명의신탁해지를 원인으로 한 소유권이전등기절차를 명하는 판결에 의하여 등기를 신청하는 경우에도 국민주택채권을 매입하여야 한다.

④ 예규 제1678호, 7

정답 ○━ 05 ③

02 주소증명

01 주소(사무소 소재지를 포함한다)를 증명하는 정보에 관한 다음 설명 중 가장 옳지 않은 것은?

▸ 2022년 등기서기보

① 소유권이전등기의 말소등기를 신청하는 경우 신청인의 주소를 증명하는 정보를 제공하여야 한다.

② 소유권이전등기를 신청하는 경우 등기의무자의 주소를 증명하는 정보를 제공하여야 한다.

③ 등기관이 미등기부동산에 대하여 법원의 촉탁에 따라 소유권의 처분제한의 등기를 할 때에는 직권으로 소유권보존등기를 하는바, 이 경우 소유자의 주소를 증명하는 정보가 첨부정보로서 제공되어야 한다.

④ 상속인 중 1인이 미수복지구에 호적을 가진 자와 혼인한 사유로 제적된 사실만 나타날 뿐 혼가의 본적지 이외의 주소지나 최후 주소지를 알 수 없을 때에는 제적사유에 기재된 혼가의 본적지를 주소지로 하고, 그 제적 또는 호적 등본을 상속을 증명하는 서면과 주소를 증명하는 서면으로 하여 상속등기를 신청할 수 있다.

해설 ① 1. 등기를 신청하는 경우에는 **등기권리자**(새로 등기명의인이 되는 경우로 한정한다)의 **주소**(또는 사무소 소재지) 및 주민등록번호(또는 부동산등기용등록번호)를 증명하는 정보를 그 신청정보와 함께 **첨부정보**로서 등기소에 제공하여야 한다. 다만, **소유권이전등기**를 신청하는 경우에는 **등기의무자의 주소**(⊕ 번호×)(또는 사무소 소재지)를 증명하는 정보도 제공하여야 한다(규칙 제46조 제1항 제6호).

    2. **소유권이전등기의 말소등기**를 하는 경우는 새로이 등기권리자가 기입되는 경우가 아니므로 등기**의무자**나 등기**권리자**의 주소를 증명하는 정보를 제공할 필요가 **없다**.

    3. **소유권이전청구권가등기**는 등기**권리자**의 주소증명정보를 **제공**하여야 하나 소유권이전등기가 아니므로 등기**의무자**의 주소증명정보를 제공할 필요가 **없다**.

② 위 ① 해설 참조

③ (⊕ **등기능력 있는**)미등기 건물에 대하여 **법원으로부터** (⊕ **소유권의**) **처분제한**의 등기촉탁이 있는 경우 다음 각 호의 정보를 첨부정보로서 제공한 때 한하여 그 건물에 대한 소유권보존등기를 하고 처분제한에 의하여 소유권의 등기를 한다는 뜻을 기록한다.

    가. **소유자(채무자)의 주소** 및 **주민등록번호**(부동산등기용등록번호)를 **증명**하는 정보
    나. **법원에서 인정한** 건물의 소재와 지번·구조·면적을 **증명**하는 정보

④ 재산상속인 중 1인이 미수복지구에 호적을 가진 자와 혼인한 사유로 제적된 사실만 나타날 뿐 혼가의 본적지 이외의 주소지나 최후 주소지를 알 수 없을 때에는 **제적사유에 기재된 혼가의 본적지를 주소지로** 하고, 그 제적 또는 호적등본을 상속을 증명하는 서면과 주소를 증명하는 서면으로 하여 상속등기를 신청할 수 있다(예규 제577호).

02 부동산등기신청 시 주소를 증명하는 정보에 관한 다음 설명 중 가장 옳지 않은 것은?

▸2018년 법무사

① 등기관이 소유권이전등기를 할 경우 주소를 증명하는 정보에 의해 등기의무자의 등기 기록상 주소가 신청정보상 주소로 변경된 사실이 명백히 나타나면 직권으로 등기명의 인 표시변경등기를 하여야 한다.

② 소유권이전등기의 말소등기 신청의 경우에는 등기권리자 또는 등기의무자의 주소증명 정보를 제공할 필요가 없고, 소유권이전청구권가등기는 소유권이전등기가 아니므로 그 신청 시 등기의무자의 주소증명정보를 제공할 필요가 없다.

③ 소유권이전등기신청서에 첨부된 인감증명서에 주민등록표 초본의 내용과 동일한 인적 사항(성명·주소·주민등록번호)이 기재되어 있는 경우에도 주소증명정보의 제공을 생 략할 수 없고, 매수인의 주민등록증 대조로써 주소증명정보의 제공을 갈음할 수 없다.

④ 공동상속인 중 1인이 미수복지구에 호적을 가진 자와 혼인한 사유로 제적된 사실만 나 타날 뿐 혼가의 본적지 외의 주소지나 최후 주소지를 알 수 없을 때에는 제적사유에 기재된 혼가(婚家)의 본적지를 주소지로 하고, 그 제적부 또는 호적 등본을 상속을 증 명하는 서면이자 주소를 증명하는 서면으로 하여 상속등기를 신청할 수 있다.

⑤ 공유자 중 1인이 행방불명되어 주소를 증명하는 서면을 발급받을 수 없는 경우 그 자의 주소가 토지대장에 기재되어 있는 때에는 주소를 증명하는 서면을 제출할 수 없는 사 유를 소명하여 그 대장상의 주소를 행방불명된 자의 주소지로 하여 소유권보존등기를 신청할 수 없다.

해설 ⑤ 공유로 등록된 미등기토지에 대하여 그 공유자 중 1인이 토지 대장상으로는 주소와 주민등 록번호가 기재되어 있으나 행방불명되어 그의 주민등록표등본을 제출할 수 없는 경우에는 다른 공유자는 주민등록표등본을 제출할 수 없는 사유를 소명하여 **위 대장상의 주소를** 그 행방불명된 자의 주소지로 하여 공유로 소유권보존등기를 신청할 수 있다(선례 제3-353호).

① 등기관이 **소유권이전등기를** 할 때에 등기명의인의 **주소변경(⊞ 도로명주소×)으로** 신청정보 상의 등기의무자의 표시가 등기기록과 일치하지 아니하는 경우라도 첨부정보로서 제공된 주 소를 증명하는 정보(⊞ 주민등록등·초본)에 등기의무자의 등기기록상의 주소가 신청정보 상의 주소로 변경된 사실이 명백히 나타나면 **직권으로 등기명의인표시의 변경등기를** 하여야 한다(규칙 제122조).

② 1) 등기를 신청하는 경우에는 **등기권리자**(새로 등기명의인이 되는 경우로 한정한다)의 **주소** (또는 사무소 소재지) 및 주민등록번호(또는 부동산등기용등록번호)를 증명하는 정보를 그 신청정보와 함께 첨부정보로서 등기소에 제공하여야 한다. 다만, **소유권이전등기를** 신청 하는 경우에는 등기의무자의 **주소(⊞ 번호×)(또는 사무소 소재지)를** 증명하는 정보도 제 공하여야 한다(규칙 제46조 제1항 제6호).

정답 ━ 01 ① 02 ⑤

2) **소유권이전등기의 말소등기**를 하는 경우는 새로이 등기권리자가 기입되는 경우가 아니므로 등기의무자나 등기권리자의 주소를 증명하는 정보를 제공할 필요가 없고, **소유권이전청구권가등기**는 등기권리자의 주소증명정보를 제공하여야 하나 소유권이전등기가 아니므로 등기의무자의 주소증명정보를 제공할 필요가 없다.

③ 소유권의 보존 또는 이전에 관한 등기를 신청하는 경우에는 신청인의 주소를 증명하는 서면을 첨부하여야 하고(법 제40조 제1항 제6호), 소유권의 등기명의인이 등기의무자로서 등기를 신청하는 경우에는 등기의무자의 인감증명을 제출하여야 하는바(규칙 제53조 제1호), **인감증명서**에는 등기부상의 주소인 종전 주소가 기재되지 않는 경우가 많으며, 원칙적으로 인감증명은 등기의무자의 **인감을 증명하기 위한** 것이지 본인의 주소를 증명하는 서면이라고 볼 수는 없으므로, 소유권이전등기를 신청하는 경우에는 신청인의 **주소를 증명하는** 서면과 등기의무자의 인감증명을 각각 **첨부하여야** 한다(선례 제6-76호). 또한 매도인의 인감증명이나 매수인의 주민등록증 대조로써 위 주소를 증명하는 서면의 제출에 갈음할 수는 없다(선례 제2-91호).

④ 재산상속인 중 1인이 미수복지구에 호적을 가진 자와 혼인한 사유로 제적된 사실만 나타날 뿐 혼가의 본적지 이외의 주소지나 최후 주소지를 알 수 없을 때에는 **제적사유에 기재된 혼가의 본적지를 주소지**로 하고, 그 제적 또는 호적등본을 상속을 증명하는 서면과 주소를 증명하는 서면으로 하여 상속등기를 신청할 수 있다(예규 제577호).

03 주소(또는 사무소 소재지)를 증명하는 정보에 관한 다음 설명 중 가장 옳지 않은 것은?

▶ 2018년 등기서기보

① 등기를 신청하는 경우에는 등기권리자(새로 등기명의인이 되는 경우로 한정한다)의 주소(또는 사무소 소재지)를 증명하는 정보를 제공하여야 한다.

② 소유권이전등기의 말소등기를 신청하는 경우 등기권리자와 등기의무자의 주소(또는 사무소 소재지)를 증명하는 정보를 제공하여야 한다.

③ 등기신청서에 첨부하는 법인등기사항증명서, 주민등록표등본·초본은 발행일부터 3개월 이내의 것이어야 한다.

④ 법인 아닌 사단이나 재단이 등기를 신청하는 경우에는 대표자나 관리인의 주소를 증명하는 정보를 제공하여야 한다.

해설 ② 소유권이전등기의 말소등기를 하는 경우는 새로이 등기권리자가 기입되는 경우가 아니므로 등기의무자나 등기권리자의 주소를 증명하는 정보를 제공할 필요가 없다(규칙 제46조 제1항 제6호).

① 규칙 제46조 제1항 제6호

③ 등기신청서에 첨부하는 **인감증명, 법인등기사항증명서, 주민등록표등본·초본, 가족관계등록사항별증명서** 및 **건축물대장·토지대장·임야대장 등본**은 발행일부터 3개월 이내의 것이어야 한다(규칙 제62조).

④ 법인 아닌 사단의 대표자 또는 관리인을 증명하는 서면으로는, 위 가.의 규정에 의한 정관 기타의 규약에서 정한 방법에 의하여 대표자 또는 관리인으로 선임되었음을 증명하는 서면(예컨대 정관 기타의 규약에서 대표자 또는 관리인의 선임을 사원총회의 결의에 의한다고 규정되어 있는 경우에는 사원총회의 결의서)을 제출하여야 한다. 다만, **대표자 또는 관리인을 증명**하는 서면의 경우 **등기되어 있는** 대표자나 관리인이 등기를 신청하는 때에는 **그러하지 아니하다.** **부동산등기용등록번호대장**이나 **기타단체등록증명서**는 위 대표자 또는 관리인을 증명하는 서면으로 제출할 수 **없다**(예규 제1621호, 3-나).

04 주소를 증명하는 첨부정보 제공에 관한 다음 설명 중 가장 옳지 않은 것은?

▶ 2014년 법무사

① 등기기록에 등기권리자를 새로 등기하는 경우에는 등기권리자의 주소(또는 사무소 소재지)를 증명하는 정보를 제공하여야 한다.

② 소유권이전등기를 공동으로 신청하는 경우에는 등기권리자 및 등기의무자의 주소(또는 사무소 소재지)를 증명하는 정보를 제공하여야 한다.

③ 매각이나 공매처분을 원인으로 하는 소유권이전등기 촉탁의 경우에는 등기권리자의 주소(또는 사무소 소재지)를 증명하는 정보만 제공하면 된다.

④ 협의분할에 의한 상속등기를 신청하는 경우에는 상속을 받지 않는 상속인들의 주소를 증명하는 정보는 제공할 필요가 없다.

⑤ 소유권이전등기신청서에 첨부된 인감증명서에 주민등록초본의 내용과 동일한 인적사항(성명·주소·주민등록번호)이 기재되어 있는 경우, 주소를 증명하는 정보의 제공을 생략할 수 있다.

해설 ⑤ 소유권의 보존 또는 이전에 관한 등기를 신청하는 경우에는 신청인의 주소를 증명하는 서면을 첨부하여야 하고(부동산등기법 제40조 제1항 제6호), 소유권의 등기명의인이 등기의무자로서 등기를 신청하는 경우에는 등기의무자의 인감증명을 제출하여야 하는바(부동산등기법 시행규칙 제53조 제1호), **인감증명서**에는 등기부상의 주소인 종전 주소가 기재되지 않는 경우가 많으며, 원칙적으로 인감증명은 등기의무자의 **인감을 증명하기 위한 것**이지 본인의 주소를 증명하는 서면이라고 볼 수는 없으므로, 소유권이전등기를 신청하는 경우에는 신청인의 **주소를 증명하는 서면**과 등기의무자의 인감증명을 각각 **첨부하여야** 한다(선례 제6-76호). 또한 매도인의 인감증명이나 매수인의 주민등록증 대조로써 위 주소를 증명하는 서면의 제출에 갈음할 수는 없다(선례 제2-91호).

정답 ☞ **03** ② **04** ⑤

①② 규칙 제46조 제1항 제6호

③ **매각** 또는 **공매처분** 등을 원인으로 관공서가 소유권이전등기를 촉탁하는 경우에는 등기의무자의 주소를 증명하는 정보를 제공할 필요가 **없다**(예규 제1625호).

④ 상속으로 인한 소유권이전등기를 신청하는 경우에는 신청인의 주소를 증명하는 서면으로 주민등록등(초)본을 제출하여야 하고, 협의분할에 의한 상속등기를 신청하는 때에는 상속재산분할협의서에 날인한 상속인 전원의 인감증명을 제출하여야 하지만, 재산상속을 받지 않는 나머지 상속인들의 주소를 증명하는 서면은 제출할 필요가 없다(선례 제7-76호). 마찬가지로 상속등기를 신청할 때에 상속포기자의 주소를 증명하는 서면인 주민등록표등·초본을 제출할 필요는 없다(선례 제2-90호).

03 번호증명

🗝 관련 조문

법 제49조[등록번호의 부여절차]

① 제48조 제2항에 따른 부동산등기용등록번호(이하 "등록번호"라 한다)는 다음 각 호의 방법에 따라 부여한다.

1. 국가·지방자치단체·국제기관 및 외국정부의 등록번호는 국토교통부장관이 지정·고시한다.

2. 주민등록번호가 없는 재외국민의 등록번호는 대법원 소재지 관할 등기소의 등기관이 부여하고, 법인의 등록번호는 주된 사무소(회사의 경우에는 본점, 외국법인의 경우에는 국내에 최초로 설치 등기를 한 영업소나 사무소를 말한다) 소재지 관할 등기소의 등기관이 부여한다.

3. 법인 아닌 사단이나 재단 및 국내에 영업소나 사무소의 설치 등기를 하지 아니한 외국법인의 등록번호는 시장(「제주특별자치도 설치 및 국제자유도시 조성을 위한 특별법」 제10조 제2항에 따른 행정시의 시장을 포함하며, 「지방자치법」 제3조 제3항에 따라 자치구가 아닌 구를 두는 시의 시장은 제외한다), 군수 또는 구청장(자치구가 아닌 구의 구청장을 포함한다)이 부여한다.

4. 외국인의 등록번호는 체류지(국내에 체류지가 없는 경우에는 대법원 소재지에 체류지가 있는 것으로 본다)를 관할하는 지방출입국·외국인관서의 장이 부여한다.

② 제1항 제2호에 따른 등록번호의 부여절차는 대법원규칙으로 정하고, 제1항 제3호와 제4호에 따른 등록번호의 부여절차는 대통령령으로 정한다.

01 **부동산등기용등록번호 부여에 관한 다음 설명 중 가장 옳지 않은 것은?** ▶ 2019년 등기주사보

① 국가·지방자치단체·국제기관·외국정부의 등록번호는 국토교통부장관이 지정·고시한다.

② 국내법인 및 국내에 영업소나 사무소의 설치 등기를 한 외국법인의 등록번호는 주된 사무소의 소재지 관할등기소의 등기관이 부여한다.

③ 국내에 영업소나 사무소의 설치 등기를 하지 않은 외국법인의 등록번호는 대법원 소재지 관할등기소의 등기관이 부여한다.

④ 주민등록번호가 없는 재외국민의 등록번호는 대법원 소재지 관할등기소의 등기관이 부여한다.

해설 ③ 법인 아닌 사단이나 재단 및 국내에 영업소나 사무소의 설치 등기를 하지 아니한 외국법인의 등록번호는 시장(「제주특별자치도 설치 및 국제자유도시 조성을 위한 특별법」 제10조 제2항에 따른 행정시의 시장을 포함하며, 「지방자치법」 제3조 제3항에 따라 자치구가 아닌 구를 두는 시의 시장은 제외한다), 군수 또는 구청장(자치구가 아닌 구의 구청장을 포함한다)이 부여한다(법 제49조 제1항 제3호).

① 법 제49조 제1항 제1호
② 법 제49조 제1항 제2호
④ 법 제49조 제1항 제2호

정답 01 ③

02 부동산등기용등록번호의 부여절차에 관한 다음 설명 중 가장 옳은 것은? ▸2016년 법무사

① 지방자치단체에 대한 부동산등기용등록번호는 행정안전부장관이 지정·고시한다.

② 외국정부에 대한 부동산등기용등록번호는 외교부장관이 지정·고시한다.

③ 북한지역에 거주하는 주민에 대한 부동산등기용등록번호는 법무부장관이 부여한다.

④ 법인 아닌 사단이나 재단의 부동산등기용등록번호는 주된 사무소의 소재지 관할등기소의 등기관이 부여한다.

⑤ 주민등록번호가 없는 재외국민에 대한 부동산등기용등록번호는 시장·군수 또는 구청장이 부여한다.

> **해설** ③ 북한지역에 거주하는 주민에 대한 부동산등기용등록번호는 법무부장관(⊕ 통일부장관×)이 부여한다(예규 제1457호).
>
> ① 국토교통부장관이 지정·고시(법 제49조 제1항 제1호)
> ② 국토교통부장관이 지정·고시(법 제49조 제1항 제1호)
> ④ 시장·군수 또는 구청장이 부여(법 제49조 제1항 제3호)
> ⑤ 대법원 소재지 관할 등기소의 등기관이 부여(법 제49조 제1항 제2호)

03 부동산등기용등록번호 부여에 관한 다음 설명 중 가장 옳은 것은? ▸2015년 등기서기보

① 국내에 영업소나 사무소의 설치 등기를 하지 아니한 외국법인의 부동산등기용등록번호는 시장, 군수 또는 구청장이 부여한다.

② 주민등록번호가 없는 재외국민의 부동산등기용등록번호는 지방출입국·외국인관서의 장이 부여한다.

③ 지방자치단체의 부동산등기용등록번호는 행정안전부장관이 지정·고시한다.

④ 외국정부의 부동산등기용등록번호는 외교부장관이 지정·고시한다.

> **해설** ① 법인 아닌 사단이나 재단 및 국내에 영업소나 사무소의 설치 등기를 하지 아니한 외국법인의 등록번호는 시장(「제주특별자치도 설치 및 국제자유도시 조성을 위한 특별법」 제10조 제2항에 따른 행정시의 시장을 포함하며, 「지방자치법」 제3조 제3항에 따라 자치구가 아닌 구를 두는 시의 시장은 제외한다). 군수 또는 구청장(자치구가 아닌 구의 구청장을 포함한다)이 부여한다(법 제49조 제1항 제3호).
>
> ② 대법원 소재지 관할 등기소의 등기관이 부여(법 제49조 제1항 제2호)
> ③ 국토교통부장관이 지정·고시(법 제49조 제1항 제1호)
> ④ 국토교통부장관이 지정·고시(법 제49조 제1항 제1호)

04 부동산과 관련된 정보

01 등기와 대장(토지대장·임야대장, 건축물대장)에 관한 다음 설명 중 가장 옳지 않은 것은?

▶ 2017년 등기서기보

① 법원은 등기에 관한 사무를 관장하거나 감독한다.
② 등기기록의 부동산 표시가 등기신청의 첨부정보인 대장과 일치하지 아니한 경우는 등기신청의 각하사유에 해당하지 않는다.
③ 토지대장·임야대장 또는 건축물대장에 최초의 소유자로 등록되어 있는 자 또는 그 상속인, 그 밖의 포괄승계인은 미등기의 토지 또는 건물에 관한 소유권보존등기를 신청할 수 있다.
④ 등기관이 직권으로 소유권보존등기를 경료한 건물에 대하여는 건축물대장 정보를 제공하지 않고도 소유권이전등기를 신청할 수 있는 경우가 있다.

해설 ② 등기관은 신청정보 또는 등기기록의 **부동산의 표시**가 토지대장·임야대장 또는 건축물대장과 일치하지 아니한 경우에 이유를 적은 결정으로 신청을 각하하여야 한다(법 제29조 제11호).

① 법원은 등기, 가족관계등록, 공탁, 집행관, 법무사에 관한 사무를 관장하거나 감독한다(법원조직법 제2조).
③ 미등기의 토지 또는 건물에 관한 소유권보존등기는 다음 각 호의 어느 하나에 해당하는 자가 신청할 수 있다(법 제65조).
　1. 토지대장, 임야대장 또는 건축물대장에 최초의 소유자로 등록되어 있는 자 또는 그 상속인, 그 밖의 포괄승계인
　2. **확정판결**에 의하여 자기의 소유권을 증명하는 자
　3. **수용**으로 인하여 소유권을 취득하였음을 증명하는 자
　4. 특별자치도지사, 시장, 군수 또는 구청장(자치구의 구청장을 말한다)의 확인에 의하여 자기의 소유권을 증명하는 자(건물의 경우로 한정한다)
④ 1. 건물의 소유권이전등기를 신청하는 경우에는 건축물대장의 등본 또는 부동산의 표시를 증명하는 서면을 제출하여야 하므로, 건축물대장이 작성되어 있지 아니한 미등기 건물에 대하여 민사집행법 제81조 제1항 제2호 단서의 서류를 첨부하여 집행법원으로부터 처분제한의 등기촉탁이 있어 등기관이 직권으로 소유권보존등기를 경료한 건물에 대하여 소유권이전등기를 신청하는 경우에도 부동산의 표시를 증명하는 서면을 제출하여야 한다.
　2. 이 경우 건축물대장이 작성되어 있지 아니하여 건축물대장 등본을 발급받을 수 없는 때에는 '등기할 건축물이 건축물대장에 등재되지 않았다는 사실 및 부동산의 표시를 소명할 수 있는 시장·군수·구청장의 확인서'를 첨부하면 건축물대장 등본의 첨부 없이도 소유권이전등기를 신청할 수 있는데, 그 서면은 서면의 형식·명칭·종류에 관계없이 등기부상 부동산의 표시를 소명하는데 족한 서면이어야 한다(선례 제7-206호).

정답 ☞ 02 ③　03 ①　/　01 ②

05 자격자대리인의 자필서명 정보

🔖 관련 예규

자격자대리인의 등기의무자 확인 및 자필서명 정보 제공에 관한 예규 제정(예규 제1745호)

1. 목적

이 예규는 「부동산등기규칙」 제46조 제1항 제8호에 따라 변호사나 법무사[법무법인·법무법인(유한)·법무조합 또는 법무사법인·법무사법인(유한)을 포함한다. 이하 "**자격자대리인**"이라 한다]가 등기소에 제공하여야 하는 정보(이하 '**자필서명 정보**'라 한다)에 관한 구체적인 사항을 정함을 목적으로 한다.

2. 자필서명 정보의 제공

자격자대리인이 「부동산등기규칙」 제46조 제1항 제8호 각 목의 등기를 신청하는 경우에는 별지 제1호 양식에 따른 자필서명 정보(📋 자격자대리인의 등기의무자 확인 및 자필서명 정보)를 제공하여야 한다.

3. 자필서명 정보의 작성 방법

가. **부동산표시의 기재**

(1) 자필서명 정보의 **부동산표시**가 신청정보와 엄격히 일치하지 아니하더라도 양자 사이에 **동일성을** 인정할 수 있으면 그 등기신청을 **수리**하여도 무방하다.

(2) 구분건물과 대지권이 함께 등기신청의 목적인 경우에는 그 자필서명 정보에 **대지권의 구체적인 표시**가 없더라도 **대지권이 포함된 취지의 표시**는 되어 있어야 한다.

나. **등기의무자의 기재**

별지 제1호 양식(📋 자격자대리인의 등기의무자 확인 및 자필서명 정보)의 **등기의무자란**에는 등기가 실행되면 **등기기록의 기록 형식상 권리를 상실**하거나 그 밖의 **불이익**을 받는 자를 기재하여야 한다.

예 1. 미성년자의 법정대리인이 등기신청을 위임한 경우에는 **등기기록상 명의인인 미성년자**를 기재

2. 외국인으로부터 처분위임을 받은 자가 등기신청을 위임한 경우에는 **등기기록상 명의인인 외국인**을 기재.

3. 법인의 지배인이 등기신청을 위임한 경우에는 **등기기록상 명의인인 법인**을 기재

다. **자필서명 방법 등**

(1) 자필서명은 **자격자대리인**이 별지 제1호 양식(📋 자격자대리인의 등기의무자 확인 및 자필서명 정보) 하단에 **본인 고유의 필체로 직접 기재**하는 방법으로 하여야 하고, 자필서명 **이미지를 복사**하여 제공하는 방식은 허용되지 **아니한다**.

(2) 자필서명 정보가 **2장 이상**일 때에는 자격자대리인이 **앞장의 뒷면과 뒷장의 앞면을 만나게 하여 그 사이에 자필서명**을 하거나 자필서명 정보에 **페이지를 표시**하고 **각 장마다 자필서명**을 하여야 한다.

4. 자필서명 정보의 제공 방법

가. 하나의 등기신청에서 **등기의무자가 수인**인 경우(예 공유의 부동산을 처분하는 경우)에는 별지 제1호 양식(📋 자격자대리인의 등기의무자 확인 및 자필서명 정보)의 등기의무자란에 **등기의무자를 추가**하여 **한 개의 첨부정보**로 제공할 수 있다.

나. 같은 등기소에 **등기의무자와 등기의 목적이 동일한 여러 건의 등기신청을 동시에 하는 경우**에는 **먼저 접수되는 신청에만 자필서명 정보**(이 경우 별지 제1호 양식의 등기할 부동산의 표시란에는 신청하는 부동산 전부를 기재하여야 한다)를 첨부정보로 **제공**하고, **다른 신청**에서는 먼저 접수된 신청에 자필서명 정보를 **제공하였다는 뜻**을 신청정보의 내용으로 등기소에 제공함으로써 자필서명 정보의 제공을 갈음할 수 있다.

다. **전자신청**의 경우 별지 제1호 양식에 따라 작성한 서면(❸ **자격자대리인의 등기의무자 확인 및 자필서명 정보**)을 전자적 이미지 정보로 변환(스캐닝)하여 원본과 상위 없다는 취지의 부가정보와 「부동산등기규칙」 제67조 제4항 제1호에 따른 자격자대리인의 개인인증서 정보를 덧붙여 등기소에 송신하여야 한다.

5. 자필서명 정보의 제공 요부

가. 관공서가 등기의무자 또는 등기권리자인 경우에도 자격자대리인이 「부동산등기규칙」 제46조 제1항 제8호 각 목의 등기를 신청하는 때에는 **자필서명 정보를 제공하여야** 한다.

나. 등기권리자가 **등기의무자인 자격자대리인**에게 등기신청을 위임하는 경우 자격자대리인은 별도로 자기에 대한 **자필서명 정보를 제공할 필요가 없다**.

[별지 제1호] 자필서명 정보 양식

자격자대리인의 등기의무자 확인 및 자필서명 정보		
등기사건의 표시		
등기할 부동산의 표시	(빈칸이 부족할 경우, 별지를 사용하여 주십시오)	
등기의무자	성 명 (상호 또는 명칭)	
	(주민)등록번호	
등기의 목적		
자격자대리인 자필서명 정보		

주민등록증·인감증명서·본인서명사실확인서 등 법령에 따라 작성된 증명서의 제출이나 제시, 그 밖에 이에 준하는 확실한 방법으로 위임인이 등기의무자인지 여부를 확인[*]하고 자필서명합니다.

「부동산등기규칙」 제46조제1항제8호에 따라 이를 제출합니다.

년   월   일

변호사·법무사   (자필서명)

*확인의 구체적 내용을 자유롭게 기재할 수 있습니다.

01 **자격자대리인의 등기의무자 확인 및 자필서명 정보 제공에 관한 다음 설명 중 가장 옳지 않은 것은?**
▸ 2022년 법무사

① 전자신청의 경우에는 자격자대리인의 자필서명정보의 제공이 면제된다.

② 관공서가 등기의무자 또는 등기권리자인 경우에도 자격자대리인의 자필서명 정보의 제공이 면제되지 않는다.

③ 등기권리자가 등기의무자인 자격자대리인에게 등기신청을 위임하는 경우 자격자대리인은 별도로 자기에 대한 자필서명 정보를 제공할 필요가 없다.

④ 같은 등기소에 등기의무자와 등기의 목적이 동일한 여러 건의 등기신청을 동시에 하는 경우에는 먼저 접수되는 신청에만 자필서명 정보(이 경우 자필서명 정보 양식의 등기할 부동산의 표시란에는 신청하는 부동산 전부를 기재하여야 한다)를 첨부정보로 제공하고, 다른 신청에서는 먼저 접수된 신청에 자필서명 정보를 제공하였다는 뜻을 신청정보의 내용으로 등기소에 제공함으로써 자필서명 정보의 제공을 갈음할 수 있다.

⑤ 승소한 등기의무자가 단독으로 신청하는 권리에 관한 등기의 경우에도 자격자대리인은 등기의무자인지 여부를 확인하고 자필서명한 정보를 제공하여야 한다.

해설 ① **전자신청**의 경우 별지 제1호 양식에 따라 작성한 서면(⑧ 자격자대리인의 등기의무자 확인 및 자필서명 정보)을 전자적 이미지 정보로 변환(스캐닝)하여 원본과 상위 없다는 취지의 부가정보와 「부동산등기규칙」 제67조 제4항 제1호에 따른 자격자대리인의 개인인증서 정보를 덧붙여 등기소에 송신하여야 한다(예규 제1745호, 4-다).

② **관공서가** 등기의무자 또는 등기권리자인 경우에도 자격자대리인이 「부동산등기규칙」 제46조 제1항 제8호 각 목의 등기를 신청하는 때에는 **자필서명 정보를 제공**하여야 한다(예규 제1745호, 5-가).

③ 등기권리자가 **등기의무자인 자격자대리인**에게 등기신청을 위임하는 경우 자격자대리인은 별도로 자기에 대한 **자필서명 정보를 제공**할 필요가 **없다**(예규 제1745호, 5-나).

④ 같은 등기소에 등기의무자와 등기의 목적이 동일한 여러 건의 등기신청을 동시에 하는 경우에는 **먼저 접수되는 신청에만** 자필서명 정보(이 경우 별지 제1호 양식의 등기할 부동산의 표시란에는 신청하는 부동산 전부를 기재하여야 한다)를 첨부정보로 **제공**하고, **다른 신청**에서는 먼저 접수된 신청에 자필서명 정보를 **제공하였다는 뜻**을 신청정보의 내용으로 등기소에 제공함으로써 자필서명 정보의 제공을 갈음할 수 있다(예규 제1745호, 4-나).

⑤ 등기를 신청하는 경우에는 다음 각 호의 정보를 그 신청정보와 함께 첨부정보로서 등기소에 제공하여야 한다(규칙 제46조 제1항).

8. 변호사나 법무사[법무법인·법무법인(유한)·법무조합 또는 법무사법인·법무사법인(유한)을 포함한다. 이하 "자격자대리인"이라 한다]가 다음 각 목의 등기를 신청하는 경우, **자격자대리인**(법인의 경우에는 담당 변호사·법무사를 의미한다)이 주민등록증·인감증명서·본인서명 사실확인서 등 법령에 따라 작성된 증명서의 제출이나 제시, 그 밖에 이에 준하는 확실한 방법으로 **위임인이 등기의무자인지 여부를 확인하고 자필서명한 정보**

가. **공동**으로 신청하는 **권리**에 관한 등기

나. **승소한 등기의무자**가 단독으로 신청하는 **권리**에 관한 등기

06 기타

01 등기상 이해관계 있는 제3자에 관한 다음 설명 중 가장 옳지 않은 것은? ▸ 2023년 법무사

① 甲 명의에서 乙 명의로 소유권이전등기가 경료된 후 甲의 채권자 丙이 乙 명의의 소유권이전등기에 대하여 사해행위로 인한 소유권이전등기 말소청구권을 피보전권리로 하는 처분금지가처분을 하였을 경우, 乙 명의의 소유권이전등기에 관하여 丙 이외의 자가 말소신청을 하는 때에는 丙은 등기상 이해관계 있는 제3자에 해당한다.

② 甲이 근저당권설정등기를 신청하였으나 등기관의 잘못으로 그 기록을 누락하였고 그 후 乙이 동일 부동산에 대하여 순위 제1번의 근저당권설정등기를 경료하였다면, 직권경정등기절차에 준하여 위 누락된 근저당권설정등기를 순위 제2번으로 기록할 수 있고, 이 경우 乙의 승낙이 있음을 증명하는 정보를 제공하여야 한다.

③ 증여를 원인으로 한 소유권이전등기와 체납처분에 의한 압류등기가 순차 경료된 후 위 증여계약의 해제를 원인으로 한 새로운 소유권이전등기를 신청할 경우에는 체납처분권자의 승낙이 있음을 증명하는 정보는 제공할 필요가 없다.

④ 전세권설정등기 후 그 전세권을 목적으로 하는 근저당권설정등기 또는 그 전세권에 대한 가압류등기 등이 있는 상태에서 전세금을 감액하는 변경등기를 하는 때에 그 근저당권자 또는 가압류권자 등은 등기상 이해관계 있는 제3자에 해당한다.

⑤ 소유권보존등기에 대한 근저당권이 경료된 후 확정판결에 의하여 소유권보존등기를 말소하는 경우에 근저당권자는 그 등기의 말소에 있어서 등기상 이해관계 있는 제3자에 해당한다.

해설 ② 1. 등기관이 등기의 착오나 빠진 부분이 **등기관의 잘못**으로 인한 것임을 발견한 경우에는 지체 없이 그 등기를 **직권으로 경정**하여야 한다. 다만, **등기상 이해관계 있는 제3자가 있는 경우**에는 제3자의 승낙이 있어야 한다(법 제32조 제2항).

2. **신청에 의한 등기가 유루(누락)**된 경우에 그 유루(누락)된 부분도 직권경정에 의하여 **다시 등기할 수 있다**. 등기상 이해관계 있는 제3자가 있다면 그 승낙 또는 이에 대항할 수 있는 재판이 있음을 증명하는 정보가 제공되어야 하지만(법 제32조 제2항 단서), 유루(누락)된 등기를 하여도 **다른 등기와 양립가능한 경우에는 그 제공이 없더라도 후순위로 유루(누락)된 등기를 할 수 있다**(「부동산등기실무Ⅱ」 p.55 참조).

3. 예컨대 갑이 근저당권설정등기를 신청하였으나 등기공무원의 과오로 그 등기기입을 **유루(누락)**하였고, 그 후 을이 동일 부동산에 대하여 **순위 제1번의 근저당권설정등기를 경료**하였다면, 부동산등기법 제32조 소정의 **경정등기절차에 준하여 위 유루(누락)된 근저당권설정등기를 순위 제2번으로 기입**할 수 있을 것이고, 이 경우 **을의 승낙서 등은 첨부할 필요가 없을 것**이다(선례 제2–374호).

정답 ↠ 01 ① / 01 ②

① 갑 명의에서 을 명의로 소유권이전등기가 경료된 후 갑의 **채권자 병**이 을 명의의 소유권이전등기에 대하여 사해행위로 인한 **소유권이전등기 말소청구권**을 피보전권리로 하는 처분금지 **가처분**을 하였을 경우, 을 명의의 소유권이전등기에 관하여 (🖐 **가처분채권자**)병 이외의 자가 **말소신청**을 하는 때(🖐 가처분채권자가 말소신청을 하는 것이 아니라 수익자와 채무자가 공동으로 해당소유권이전등기의 말소신청을 하는 때)에는 (🖐 가처분채권자는 말소에 대하여 등기상 이해관계 있는 제3자이므로 **가처분채권자**)병의 **승낙서** 또는 그에 대항할 수 있는 **재판**의 등본을 첨부하여야 한다. 그러나 위 승낙서 또는 재판의 등본이 첨부되지 아니한 채 등기가 경료되었다면 등기관이 직권으로 이미 말소된 등기의 말소회복등기를 할 수는 없다(법 제29조 제9호)(선례 제6-57호).

③ 증여를 원인으로 한 소유권이전등기와 체납처분에 의한 압류등기가 순차 경료된 후 위 증여계약의 해제를 원인으로 한 위 소유권이전등기의 **말소등기**를 신청하는 경우에는 그 신청서에 체납처분권자의 **승낙서** 또는 이에 대항할 수 있는 재판의 등본을 첨부하여야 하지만(부동산등기법 제171조 참조) 위 증여계약의 해제를 원인으로 새로운 소유권이전등기를 신청할 경우에는 위 서면의 첨부는 필요하지 아니하다(선례 제2-411호).

④ 전세권설정등기 후 그 **전세권을 목적으로** 하는 **근저당권설정등기** 또는 그 **전세권에 대한 가압류등기** 등이 있는 상태에서 **전세금을 감액**하는 변경등기를 하는 때에 그 근저당권자 또는 가압류권자 등은 **등기상 이해관계 있는 제3자**에 해당하므로 그의 승낙이 있으면 그 변경등기를 전세권설정등기에 부기로 하고, 그의 승낙이 없으면 그 변경등기를 할 수 없다(예규 제1671호, 2-나-2))(🖐 **수리요건**).

⑤ 1. **확정판결**에 의하여 **소유권보존등기의 말소**를 신청하는 경우에도 **근저당권자등** 그 등기의 말소에 대하여 **등기상 이해관계 있는 제3자**가 있는 때에는 그 **승낙서** 또는 이에 대항할 수 있는 재판의 등본을 첨부하여야 한다(선례 제2-401호).

2. 그 확정판결의 **사실심 변론종결 전**에 **근저당설정등기**를 받은 자 등으로서 민사소송법 제204조 제1항에서 말하는 **변론종결 후의 승계인에 해당하지 않는 자에 한한다**(등기선례요지집 제1권 제84, 제87, 제89, 제92, 제94, 제95항 참조).

3. 이와 달리, 갑 토지에 관하여 원인무효를 이유로 제기한 **소유권보존등기 말소청구소송**에서 갑 토지의 특정일부에 대하여 **승소판결**(판결 주문에 공유지분의 말소가 아니라 갑 토지의 특정부분을 말소하라고 표시되어 있는 경우)이 **확정된 후** 갑 토지 전부에 관하여 **근저당권설정등기가 경료**되었고, 그 후 갑 토지가 위 소송에서 일부 승소한 특정 부분의 을 토지와 나머지 부분의 병 토지로 분할되어 그에 따른 분필등기가 경료되어 있는 경우, 피고로부터 근저당권설정등기를 경료받은 자는 민사소송법 제218조의 규정에 의한 **변론종결 후의 승계인에 해당**된다 할 것이므로, 원고는 확정된 일부말소판결 및 근저당권자에 대한 승계집행문을 첨부하여 을 토지에 관하여 전사된 **소유권보존등기 및 근저당권설정등기의 말소등기신청을 할 수 있다**(선례 제5-482호).

02 부동산등기신청 시 이해관계 있는 제3자의 승낙이 필요한 경우에 대한 다음 설명 중 가장 옳지 않은 것은?
▶ 2019년 법무사

① 선행 가처분과 후행 가처분의 피보전권리가 모두 소유권이전등기 말소등기청구권 및 근저당권설정등기 말소등기청구권인 경우, 확정판결을 받은 후행 가처분채권자의 말소등기신청 시에는 등기상 이해관계 있는 제3자로서 선행 가처분채권자의 승낙을 증명하는 정보 또는 이에 대항할 수 있는 재판의 등본을 첨부하여야 한다.

② 말소대상인 소유권이전등기 전에 설정된 근저당권에 기한 임의경매개시결정등기가 마쳐진 경우 신청채권자는 등기상 이해관계 있는 제3자에 해당하므로 그의 승낙서 등을 첨부하여야 하고, 등기관은 소유권이전등기의 말소에 앞서 경매개시결정등기를 직권으로 말소한 후 그 근저당권도 말소하여야 한다.

③ 사해행위로 인한 소유권이전등기 말소청구권을 피보전권리로 하는 가처분을 하였을 경우, 가처분채권자가 말소판결을 받아 말소신청을 하는 것이 아니라 수익자와 채무자가 공동으로 해당 소유권이전등기의 말소신청을 하는 때에는 가처분채권자가 말소에 대하여 등기상 이해관계 있는 제3자이므로 가처분채권자의 승낙 또는 그에 대항할 수 있는 재판이 있음을 증명하는 정보를 제공하여야 한다.

④ 원인무효를 이유로 소유권이전등기의 말소를 명하는 판결의 변론종결 후에 말소대상인 등기를 전제로 한 제3자명의의 등기가 마쳐진 경우 그 자는 이해관계 있는 제3자가 아니라 변론종결 후의 승계인으로서 말소판결의 효력이 직접 미치는 자이다.

⑤ 증여를 원인으로 한 소유권이전등기와 체납처분에 의한 압류등기가 순차 마쳐진 후 위 증여계약의 해제를 원인으로 새로운 소유권이전등기를 신청할 경우에는 체납처분권자는 이해관계 있는 제3자가 아니므로 그의 승낙이 있음을 요하지 않는다.

해설 ② 1) 확정판결에 의하여 소유권이전등기의 말소등기를 신청하는 경우에 압류권자 등 그 등기의 말소에 대하여 등기상 이해관계 있는 제3자가 있는 때에는 그 승낙서(인감증명서 첨부) 또는 이에 대항할 수 있는 재판의 등본을 첨부정보로 제공하여야 하고, 그렇지 않을 경우 「부동산등기법」 제29조 제9호의 각하사유에 해당된다.

2) 이해관계 있는 제3자의 승낙서 등이 첨부정보로 제공되면 그 등기는 등기관이 직권말소하고 신청에 따라 소유권이전등기를 말소하게 되며, 승낙서 등이 첨부정보로 제공되지 않으면 소유권이전등기 말소도 할 수 없다.

3) 말소대상인 소유권이전등기 이전에 설정된 근저당권에 기한 임의경매개시결정등기가 마쳐진 경우, 신청채권자는 등기상 이해관계인에 해당하므로 그의 승낙서 정보를 첨부하여야 하고, 등기관은 소유권이전등기의 말소에 앞서 경매개시결정등기를 직권으로 말소한 후(근저당권은 말소하지 않음을 주의) 집행법원에 통지하여야 하며, 승낙서가 첨부되지 않으면 소유권이전등기도 말소할 수 없을 것이다(선례 제201208-4호).

정답 ☞ 02 ②

① 선행 가처분과 후행 가처분의 피보전권리가 모두 소유권이전등기 **말소등기청구권** 및 근저당권설정등기 말소등기청구권인 경우, 확정판결을 받은 **후행 가처분채권자**의 말소등기신청이 비록 선행 가처분채권자의 피보전권리를 침해하는 것이 아니라 오히려 그 피보전권리에 부합하는 것이라 하더라도 **선행 가처분채권자**는 권리의 목적인 등기가 말소됨에 따라 **손해를 입을 우려가 있는 등기상의 권리자**로서 그 손해를 입을 우려가 있다는 것이 등기부 기재에 의하여 형식적으로 인정되는 자이므로 말소등기신청서에 선행 가처분채권자의 **승낙서** 또는 이에 대항할 수 있는 **재판**의 등본을 첨부하여야 한다(선례 제201106-2호).

③ 갑 명의에서 을 명의로 소유권이전등기가 경료된 후 갑의 **채권자 병**이 을 명의의 소유권이전등기에 대하여 사해행위로 인한 **소유권이전등기 말소청구권**을 피보전권리로 하는 처분금지 **가처분**을 하였을 경우, 을 명의의 소유권이전등기에 관하여 (🈲 **가처분채권자**)병 이외의 자가 **말소신청**을 하는 때(🈲 가처분채권자가 말소신청을 하는 것이 아니라 수익자와 채무자가 공동으로 해당소유권이전등기의 말소신청을 하는 때)에는 (🈲 가처분채권자는 말소에 대하여 등기상 이해관계 있는 제3자이므로 **가처분채권자**)병의 **승낙서** 또는 그에 대항할 수 있는 **재판**의 등본을 첨부하여야 한다. 그러나 위 승낙서 또는 재판의 등본이 첨부되지 아니한 채 등기가 경료되었다면 등기관이 직권으로 이미 말소된 등기의 말소회복등기를 할 수는 없다(법 제29조 제9호)(선례 제6-57호).

④ 1) 원고가 소유권이전등기 말소의 확정판결에 의하여 말소등기를 신청하는 경우 등기상 이해관계 있는 제3자가 있는 때에는 그 판결의 기판력이 그에게 미치지 아니하는 한 그의 승낙서 또는 이에 대항할 수 있는 재판의 등본을 첨부하여야 하나, 위 제3자가 민사소송법 제218조 제1항의 변론종결 후의 승계인에 해당하여 위 판결의 기판력이 제3자에게 미칠 때에는 원고는 승계집행문을 부여받아 제3자의 등기를 말소 신청할 수 있다(선례 제8-101호).

2) 원인 없이 경료된 소유권이전등기라 하여 그 등기를 말소하라는 판결이 확정된 경우에 그 확정판결의 사실심 변론종결 후에 피고로부터 근저당권설정등기 또는 지상권설정등기를 받은 자들은 민사소송법 제204조 제1항(🈲 현행 민사소송법 제218조 제1항)에서 말하는 변론종결 후의 승계인에 해당한다 할 것이므로 원고로서는 승계집행문을 부여받아서 이들 명의의 등기의 말소신청을 할 수 있을 것이고 이 경우 이들의 승낙서의 첨부는 필요하지 않을 것이다(선례 제1-87호).

⑤ 증여를 원인으로 한 소유권이전등기와 체납처분에 의한 압류등기가 순차 경료된 후 위 증여계약의 해제를 원인으로 한 위 소유권이전등기의 **말소등기**를 신청하는 경우에는 그 신청서에 체납처분권자의 **승낙서** 또는 이에 대항할 수 있는 재판의 등본을 첨부하여야 하지만(부동산등기법 제171조 참조) 위 증여계약의 해제를 원인으로 새로운 소유권이전등기를 신청할 경우에는 위 서면의 첨부는 필요하지 **아니하다**(선례 제2-411호).

03 등기신청 시 제공하여야 할 첨부정보에 관한 다음 설명 중 가장 옳지 않은 것은?

▶ 2022년 법무사

① 상속 및 포괄유증, 공유물분할, 진정한 등기명의 회복을 원인으로 하여 소유권이전등기를 신청하는 경우에는 농지취득자격증명을 제공할 필요가 없다.

② 같은 등기소에 동시에 여러 건의 등기신청을 하는 경우에 첨부정보의 내용이 같은 것이 있을 때에는 먼저 접수되는 신청에만 그 첨부정보를 제공하고, 다른 신청에는 먼저 접수된 신청에 그 첨부정보를 제공하였다는 뜻을 신청정보의 내용으로 등기소에 제공하는 것으로 그 첨부정보의 제공을 갈음할 수 있으나 여러 신청 사이에는 목적 부동산이 동일하여야 한다.

③ 판결에 의한 소유권이전등기를 신청할 때에 등기원인에 대하여 행정관청의 허가서의 현존사실이 그 판결서에 기재되어 있다 하더라도 행정관청의 허가를 증명하는 서면을 반드시 제공하여야 한다.

④ 학교법인이 그 기본재산을 매도하여 소유권이전등기를 신청하는 경우에는 관할청의 허가를 증명하는 서면을 첨부하여야 한다.

⑤ 미등기건물에 대한 집행법원의 처분제한등기촉탁에 따른 소유권보존등기를 하는 경우에 제공되어야 할 첨부정보 중 건물의 표시를 증명하는 정보는 명칭에 관계없이 집행법원에서 인정한 건물의 소재와 지번·구조·면적이 구체적으로 기재된 서면이 될 것이나, 건축사 또는 측량기술자가 작성한 서면은 이에 해당하지 않는다.

해설 ② 1. 같은 등기소에 동시에 여러 건의 등기신청을 하는 경우에 첨부정보의 내용이 같은 것이 있을 때에는 <u>먼저 접수되는 신청에만</u> 그 첨부정보를 제공하고, 다른 신청에는 <u>먼저 접수된 신청에 그 첨부정보를 제공하였다는 뜻</u>을 신청정보의 내용으로 등기소에 제공하는 것으로 그 <u>첨부정보의 제공을 갈음</u>할 수 있다(규칙 제47조 제2항).

2. 이 경우 <u>목적 부동산이 동일할 것을 요하는 것은 아니다.</u>

① <u>상속 및 포괄유증, 상속인에 대한 특정적 유증, 취득시효완성, 공유물분할, 매각, 진정한 등기명의 회복, 농업법인의 합병</u>을 원인으로 하여 소유권이전등기를 신청하는 경우에는 <u>농지취득자격증명</u>을 첨부할 필요가 <u>없다</u>(예규 제1635호, 3-나).

③ 1. 등기원인에 대하여 <u>행정관청의 허가, 동의 또는 승낙 등</u>을 받을 것이 요구되는 때에는 해당 허가서 등의 <u>현존사실이 그 판결서에 기재되어 있는 경우에 한</u>하여 허가서 등의 제출의무가 <u>면제</u>된다.

2. 그러나 <u>소유권이전등기</u>를 신청할 때에는 해당 <u>허가서 등의 현존사실이 판결서 등에 기재되어 있다 하더라도</u> 행정관청의 허가 등을 증명하는 서면을 <u>반드시 제출</u>하여야 한다(예규 제1692호, 5-마).

(🔁 농지취득자격증명 · 토지거래계약허가서)

(🔁 재단법인 주무관청허가서 · 공익법인 소유권이전 주무관청허가서)

④ <u>학교법인</u>이 그 소유 명의의 부동산에 관하여 매매, 증여, 교환 그 밖의 처분행위를 원인으로 한 <u>소유권이전등기</u>를 신청하는 경우에는 <u>관할청의 허가를 증명하는 서면</u>을 첨부정보로 제공

정답 ◑━ **03** ②

하여야 한다. 다만, 신고사항에 해당하는 경우에는 이를 소명할 수 있는 서면을 첨부정보로 제공하여야 한다(예규 제1255호, 3-①).

⑤ 1. 미등기건물에 대하여 집행법원이 처분제한의 등기를 촉탁할 때에는 법원에서 인정한 건물의 소재와 지번·구조·면적을 증명하는 정보를 첨부정보로서 제공하여야 하는바,

    ㉠ 건축물대장정보나

    ㉡ 특별자치시장, 특별자치도지사, 시장, 군수 또는 구청장이 발급한 확인서와

    ㉢ 「민사집행법」 제81조 제4항에 따라 작성된 **집행관의 조사서면**은 이에 해당하지만,

        ⓐ 「건축사법」에 따라 업무를 수행하는 **건축사**,

        ⓑ 「공간정보의 구축 및 관리 등에 관한 법률」에 따라 업무를 수행하는 **측량기술자** 또는

        ⓒ 「감정평가 및 감정평가사에 관한 법률」에 따라 업무를 수행하는 **감정평가사**가 작성한 서면은 이에 **해당되지 아니한다.**

2. 한편 위의 경우 **건축물대장이 생성되어 있지 아니한 건물**도 허용되지만 모든 미등기 건물이 허용되는 것은 아니며, 적법하게 건축허가나 건축신고를 마쳤으나 **사용승인이 나지 않은 건물로 한정**되는바(민사집행법 제81조 제1항 제2호 단서), 촉탁대상 건물이 **이러한 건물에 해당되는지 여부** 및 **채무자의 소유에 속하는지 여부**는 그 **집행법원에서 판단할 사항**이다. 이에 따라 집행법원이 이러한 건물에 대한 **처분제한의 등기를 촉탁할 때에 건축허가나 건축신고를 증명하는 정보 및 채무자의 소유임을 증명하는 정보는 첨부정보로서 제공할 필요가 없다.**

3. 다만, **채무자의 주소 및 주민등록번호(부동산등기용등록번호)를 증명하는 정보**는 제공하여야 한다(선례 제202001-3호, 선례 제201207-1호).

04 등기신청 시 제공하여야 하는 첨부정보에 관한 다음 설명 중 가장 옳지 않은 것은?

▶ 2022년 법원사무관

① 법인등기기록이 폐쇄된 청산법인이 소유권보존등기를 하는 등 등기권리자로서 등기신청을 하는 경우에는 폐쇄된 법인등기기록을 부활한 후 법인등기사항증명서를 제공하여야 한다.

② 인감증명의 제출이 필요한 경우에는 교도소에 재감 중인 자라도 위임장에 신고된 인감을 날인하여야 하고, 무인과 교도관의 확인으로 갈음할 수 없다.

③ 근저당권이전등기를 등기권리자와 등기의무자가 공동으로 신청하면서 등기필정보가 없어 등기관이 등기의무자를 확인하는 확인조서를 작성하는 경우 등기의무자의 인감증명은 제출할 필요가 없다.

④ 법인 대표자의 직무대행자가 등기를 신청하는 경우 법인의 근거법률에 직무대행자를 등기할 수 있다는 규정이 없어 직무대행자가 등기되어 있지 않고, 정관에 대표자 유고 시 다른 이사 등이 직무를 대행할 수 있다고 규정되어 있다면 법인등기사항증명정보, 정관, 이사회 의사록 등을 제공한다.

해설 ③ 소유권 외의 권리의 등기명의인이 등기의무자로서 **법 제51조**(■ 확인조서 · 확인서면 · 공증)에 따라 등기를 신청하는 경우 **등기의무자**의 인감증명을 제출하여야 한다. 이 경우 해당 신청서(위임에 의한 대리인이 신청하는 경우에는 위임장을 말한다)나 첨부서면에는 그 **인감을 날인**하여야 한다(규칙 제60조 제1항 제3호).

① 예규 제1087호, 3-가

② **교도소에 재감 중**인 자 하여 그의 **인감증명서를 발급받을 수 없는 것은 아니**므로(인감증명법 제7조, 같은 법 시행령 제8조, 제13조 참조) 그가 인감 제출을 요하는 등기신청을 함에 있어서는 인감증명서를 제출하여야 하고 재감자가 무인한 등기신청의 위임장이 틀림없다는 취지를 교도관이 확인함으로써 인감증명서의 제출을 생략할 수는 없을 것이다(예규 제423호). 따라서 교도소에 재감 중인 자가 **위임장**에 인감인의 날인에 갈음하여 **무인**을 찍고 교도관이 확인하는 방법으로 작성된 대리권한증서는 적법한 대리권한을 증명하는 정보로 **인정되지 않는다.**

④ 1. 이사의 직무집행을 정지하거나 직무대행자를 선임하는 가처분을 하거나 그 가처분을 변경 · 취소하는 경우에는 주사무소와 분사무소가 있는 곳의 등기소에서 이를 등기하여야 한다(민법 제52조의2).

2. 재단법인의 정관에 대표자인 이사장의 유고시에 상무이사가 그 직무를 대행하여 법인을 대표할 수 있다고 규정되어 있다면 상무이사가 이를 증명하는 서면(법인의 등기부등본, 정관 및 이사회 의사록)과 상무 이사의 인감증명을 첨부하여 부동산등기를 신청할 수 있다(선례 제1-52호).

3. 법원이 조합장에 대하여 직무집행정지 가처분 결정을 하고 직무대행자선임 가처분 결정을 하지 않아 정관에 의한 조합장 직무대행자가 부동산등기를 신청하는 경우, 정관에 조합장 직무대행자의 권한을 제한하는 다른 규정이 없다면, 직무대행자는 그 권한을 증명하는 서면(법인의 등기사항증명서, 정관, 직무대행자 선임 시 이사회 회의를 거치도록 한 경우 이사회 회의록 등)과 인감증명법에 의한 **직무대행자의 개인 인감증명**을 첨부하여 부동산등기를 신청할 수 있다(선례 제201712-1호).

정답 ○━ 04 ③

07 첨부정보의 제공방법 등

관련 조문

규칙 제59조(첨부서면의 원본 환부의 청구)

신청서에 첨부한 서류의 <u>원본의 환부를 청구</u>하는 경우에 <u>신청인</u>은 그 <u>원본과 같다는 뜻을 적은 사본</u>을 첨부하여야 하고, <u>등기관이 서류의 원본을 환부할 때에는 그 사본에 원본 환부의 뜻을 적고 기명날인</u>하여야 한다. 다만, <u>다음 각 호의 서류에 대하여는 환부를 청구할 수 없다.</u> 〈개정 2022.2.25.〉

1. 등기신청위임장, 제46조 제1항 제8호(법무사의 자필서명 정보), 제111조 제2항의 확인정보(등기필정보 멸실시의 확인서면)를 담고 있는 서면 등 <u>해당 등기신청만을 위하여 작성한 서류</u>
2. 인감증명, 법인등기사항증명서, 주민등록표등본·초본, 가족관계등록사항별증명서 및 건축물대장·토지대장·임야대장 등본 등 <u>별도의 방법으로 다시 취득할 수 있는 서류</u>

규칙 제66조(등기원인증서의 반환)

① 신청서에 첨부된 제46조 제1항 제1호의 정보를 담고 있는 서면이 <u>법률행위의 성립을 증명하는 서면</u>이거나 그 밖에 <u>대법원예규로 정하는 서면</u>일 때에는 등기관이 등기를 마친 후에 이를 신청인에게 <u>돌려주어야</u> 한다.
② 신청인이 제1항의 서면을 등기를 마친 때부터 <u>3개월 이내에 수령하지 아니할 경우에는 이를 폐기할 수</u> 있다.

관련 예규

등기원인증서의 반환에 관한 업무처리지침(예규 제1514호)

제1조 (목적)

이 예규는 등기원인증서의 반환을 규정하고 있는 「부동산등기규칙」(이하 "규칙"이라 한다) 제66조의 시행에 필요한 사항을 규정함을 목적으로 한다.

제2조 (등기원인증서)

규칙 제66조가 적용되는 등기원인증서는 규칙 제46조 제1항 제1호의 등기원인증서 중에서 <u>법률행위의 성립을 증명하는 서면</u>과 <u>법률사실의 성립을 증명하는 서면</u> 등이 이에 해당된다.

제3조 (등기원인증서의 범위)

① 법률행위의 성립을 증명하는 서면은 다음 각 호와 같다.
   1. 소유권이전등기의 경우에는 <u>매매계약서</u>, 증여계약서, 공유물분할계약서, 대물반환계약서, 명의신탁해지증서 등
   2. 가등기의 경우에는 <u>매매예약서</u>, 매매계약서
   3. 각종 권리의 설정등기의 경우에는 <u>근저당권설정계약서</u>, 전세권설정계약서 등
   4. 각종 변경등기의 경우에는 <u>권리변경계약서</u>
   5. 말소등기의 경우에는 <u>해지(해제)증서</u> 등

② 법률사실을 증명하는 서면은 다음 각 호와 같다.
1. **수용**에 의한 소유권이전등기신청의 경우 **협의성립확인서** 또는 **재결서**
2. 판결에 의한 등기신청의 경우 **집행력 있는 판결정본 등**
③ 그 밖에 등기원인증서로 볼 수 있는 서면은 다음 각 호와 같다.
1. **규약상 공용부분인 취지의 등기**의 경우 **규약** 또는 **공정증서**
2. **이혼** 당사자 사이의 **재산분할협의서**

제4조 〔등기원인증서의 반환〕

제5조 〔등기원인증서의 폐기〕
신청인이 등기를 마친 때부터 <u>3개월 이내에</u> 제3조의 등기원인증서를 수령하지 아니한 경우에는 이를 폐기할 수 있다.

01 첨부서면의 원본 환부와 등기원인증서의 반환에 관한 다음 설명 중 가장 옳지 않은 것은?

▸ 2022년 법원사무관

① 등기신청 위임장과 확인서면은 등기소에서 원본을 보관할 필요가 있고 해당 등기신청 만을 위해서 작성되는 것이기 때문에 환부의 대상이 되지 않으며, 인감증명서도 신청 인이 다시 취득할 수 있는 첨부서면이므로 환부 청구를 할 수 없다.
② 등기원인증서란 법률행위의 성립을 증명하는 서면과 법률사실의 성립을 증명하는 서면 등을 말한다.
③ 협의분할에 의한 상속을 원인으로 한 소유권이전등기를 신청할 때에 등기소에 첨부서 면으로서 제출한 상속재산분할협의서는 부동산등기규칙 제66조에 따라 등기관이 등기 를 마친 후에 신청인에게 돌려주어야 하는 서면에 해당하지 않지만, 부동산등기규칙 제59조에 따라 원본환부를 청구할 수 있다.
④ 규약상 공용부분이라는 뜻의 등기의 신청서에 첨부되는 규약이나 공정증서는 등기완료 후 신청인에게 돌려주어야 하는 등기원인증서에 해당하지 아니한다.

해설 ④ <u>규약상 공용부분</u>이라는 뜻의 등기의 경우 <u>규약 또는 공정증서</u>, 이혼 당사자 사이의 재산분할 협의서는 등기관이 해당 등기를 마친 후 신청인에게 돌려주어야 하는 등기원인증서에 해당 한다(예규 제1514호, 3-③).

① 규칙 제59조
② 예규 제1514호, 2
③ 협의분할에 의한 상속을 원인으로 한 소유권이전등기를 신청할 때에 등기소에 첨부서면으로 서 제출한 상속재산분할협의서는 「부동산등기규칙」 제66조 제1항에 따라 등기관이 등기를 마친 후에 신청인에게 돌려주어야 하는 서면에 해당하지 않는다. 다만, 신청인은 이 서면에 대하여 같은 규칙 제59조에 따라 <u>원본 환부의 청구</u>를 할 수 있으며, 이 경우에는 그 원본과 같다는 뜻을 적은 <u>사본</u>을 제출하여야 한다(선례 제201912-2호).

정답 ○─ 01 ④

02 첨부서면의 원본 환부 또는 등기원인증서의 반환에 관한 다음 설명 중 가장 옳지 않은 것은?

▸ 2021년 등기서기보

① 신청서에 첨부한 서류의 원본의 환부를 청구하는 경우에 신청인은 그 원본과 같다는 뜻을 적은 사본을 첨부하여야 하고, 등기관이 서류의 원본을 환부할 때에는 그 사본에 원본 환부의 뜻을 적고 기명날인하여야 한다.

② 등기신청위임장에 대하여는 원본 환부를 청구할 수 없다.

③ 소유권이전등기의 경우 매매계약서, 증여계약서, 공유물분할계약서, 대물반환계약서, 명의신탁해지증서 등은 등기관이 등기를 마친 후 신청인에게 돌려주어야 한다.

④ 수용에 의한 소유권이전등기신청의 경우의 협의성립확인서 또는 재결서, 판결에 의한 등기신청의 경우의 집행력 있는 판결정본 등은 등기관이 등기를 마친 후 신청인에게 돌려주지 않는다.

> **해설** ④ 신청서에 첨부된 제46조 제1항 제1호의 정보를 담고 있는 서면이 **법률행위의 성립을 증명하는 서면**이거나 그 밖에 **대법원예규로 정하는 서면**일 때에는 등기관이 등기를 마친 후에 이를 신청인에게 **돌려주어야** 한다(규칙 제66조 제1항). **수용에 의한 소유권이전등기신청**의 경우 **협의성립확인서** 또는 **재결서, 판결**에 의한 등기신청의 경우 **집행력 있는 판결정본 등**은 등기관이 등기를 마친 후 신청인에게 **돌려주어야** 한다(예규 제1514호, 3-②).
>
> ①② 규칙 제59조
> ③ 예규 제1514호, ①

03 등기소에 출석하여 서면으로 등기를 신청한 경우의 등기원인증서의 반환에 관한 다음 설명 중 가장 옳지 않은 것은?

▸ 2018년 등기주사보

① 등기를 완료한 후 등기관은 매매계약서, 저당권설정계약서 및 해지증서와 같은 등기원인증서에 대하여는 신청인의 원본 환부의 청구가 없더라도 이를 신청인에게 반환하여야 한다.

② 신청인이 등기를 마친 때부터 3개월 이내에 매매계약서, 저당권설정계약서 및 해지증서와 같은 등기원인증서를 수령하지 않을 때에는 이를 폐기할 수 있다.

③ 건물표시변경등기를 신청할 때에 등기원인증서로서 첨부하는 건축물대장등본은 반환할 필요가 없다.

④ 등기를 완료한 후 등기관이 신청인에게 반환하여야 할 등기원인증서는 법률행위의 성립을 증명하는 서면이므로, 수용에 의한 소유권이전등기신청의 경우에 등기원인증서로서 첨부하는 협의성립확인서 또는 재결서는 별도의 원본 환부의 청구가 없는 한 반환할 필요가 없다.

> **해설** ④ 신청서에 첨부된 제46조 제1항 제1호의 정보를 담고 있는 서면이 **법률행위의 성립을 증명하는 서면**이거나 그 밖에 **대법원예규로 정하는 서면**일 때에는 등기관이 등기를 마친 후에 이를

신청인에게 **돌려주어야** 한다(규칙 제66조 제1항). **수용**에 의한 소유권이전등기신청의 경우 **협의성립확인서** 또는 **재결서**, 판결에 의한 등기신청의 경우 **집행력 있는 판결정본 등**은 등기관이 등기를 마친 후 신청인에게 **돌려주어야** 한다(예규 제1514호, 3-②).

① 예규 제1514호, 3-①
② 예규 제1514호, 5
③ 건물표시변경등기 시의 건축물대장등본은 예규에서 규정하고 있는 법률행위를 증명하는 서면 등에 해당되지 않으므로 등기관은 이를 반환할 필요가 없다(예규 제1514호).

04 등기원인증서의 반환 및 첨부서면의 원본 환부와 관련된 다음 설명 중 가장 옳은 것은?

▸ 2015년 등기서기보

① 등기신청인이 소유권이전등기 신청서에 첨부된 매매계약서원본의 환부를 청구하는 경우 등기관은 그 사본을 작성하여 등기신청서에 첨부하고 매매계약서 원본에는 환부의 뜻을 적은 후 기명날인하여야 한다.
② 인감증명, 법인등기사항증명서, 주민등록표 등본·초본, 가족관계등록사항별증명서, 상속재산분할협의서, 유언증서 및 건축물대장·토지대장·임야대장 등본 등에 대하여서는 원본의 환부를 청구할 수 없다.
③ 근저당권변경등기 신청서에 첨부된 근저당권변경계약서, 근저당권말소등기 신청서에 첨부된 해지(해제)증서는 등기관이 해당 등기를 마친 후 신청인에게 돌려주어야 하는 등기원인증서에 해당하지 않는다.
④ 규약상 공용부분이라는 뜻의 등기의 경우 규약 또는 공정증서, 이혼 당사자 사이의 재산분할협의서는 등기관이 해당 등기를 마친 후 신청인에게 돌려주어야 하는 등기원인증서에 해당한다.

해설 ④ 예규 제1514호, 3-③

① 본 지문은 규칙 제59조에서 규정하는 첨부서면의 원본 환부의 청구에 대한 내용이다. 따라서 매매계약서와 같이 등기관이 등기를 마친 후 당연히 환부해야 되는 서면에는 별도로 환부의 뜻을 적는 등의 절차는 필요가 없다.
② 인감증명, 법인등기사항증명서, 주민등록표등본·초본, 가족관계등록사항별증명서 및 건축물대장·토지대장·임야대장 등본 등 **별도의 방법으로 다시 취득할 수 있는 서류**에 대하여는 환부를 청구할 수 없다(규칙 제59조).
③ 신청서에 첨부된 제46조 제1항 제1호의 정보를 담고 있는 서면이 **법률행위의 성립을 증명하는 서면**이거나 그 밖에 **대법원예규로 정하는 서면**일 때에는 등기관이 등기를 마친 후에 이를 신청인에게 **돌려주어야** 한다(규칙 제66조 제1항). 법률행위의 성립을 증명하는 서면 즉 말소등기의 경우에는 **해지(해제)증서** 등의 서류는 등기관이 등기를 마친 후 신청인에게 **돌려주어야** 한다(예규 제1514호, 3-①).

정답 ┍ 02 ④   03 ④   04 ④

05 **첨부서면 원본환부 청구의 대상이 되는 것은?** ▸ 2012년 법무사

① 등기신청 위임장
② 확인정보를 담고 있는 서면
③ 인감증명
④ 가족관계등록사항별 증명서
⑤ 외국인이 작성한 처분위임장

해설 ⑤ 신청인으로부터 등기신청서의 첨부서면 중 재외국민이 작성한 처분위임장과 처분위임장에 날인된 인영을 확인하기 위해 제출한 등기명의인의 인감증명에 대한 환부신청이 있다면 등기관은 제출 받은 등본에 환부의 취지를 기재하고 원본을 환부하여야 할 것이나, 신청인이 당사자가 아닌 대리인(법무사 등)이 신청할 경우에는 당사자로부터 원본환부신청에 대해서 별도의 수권이 있어야 할 것이다(선례 제8-108호).

정답 ⛏ 05 ⑤

실행절차

01 등기절차에 관한 다음 설명 중 가장 옳지 않은 것은? ▸2021년 법원사무관

① 등기신청은 해당부동산이 다른 부동산과 구별될 수 있는 정보가 전산정보 처리조직에 저장된 때 접수된 것으로 보며, 등기관이 등기를 마친 경우 그 등기의 효력은 교합 시가 아닌 접수한 때부터 발생한다.

② 등기신청이 부동산등기법 제29조 각 호에 해당하여 이를 각하하여야 함에도 등기관이 각하하지 아니하고 등기를 수리하여 실행한 경우에는 등기관이 직권말소할 수 있는 동법 제29조 제1호, 제2호뿐만 아니라 동법 제29조 제3호 이하의 사유로도 이의신청의 방법으로 그 등기의 말소를 구할 수 있다.

③ 등기관은 형식적 심사권만을 갖는 것이 일반적이나, 첨부서면이 위조문서로 의심이 가는 경우에는 신청인 또는 대리인에게 알려 그 진위 여부를 확인하여 처리한다.

④ 이의신청에는 집행정지의 효력이 없다. 따라서 등기신청의 각하결정에 대한 이의신청에 따라 법원이 권리이전등기의 기록명령을 하였더라도 그 전에 제3자 명의로 권리이전등기가 되어 있는 경우에는 그 기록명령에 따른 등기를 할 수 없다.

해설 ② 등기신청이 「부동산등기법」 제29조 각 호에 해당되어 이를 각하하여야 함에도 등기관이 각하하지 아니하고 등기를 실행한 경우에는 그 등기가 「부동산등기법」 **제29조 제1호, 제2호**에 해당하는 경우에 한하여 이의신청을 할 수 있고, 동법 제29조 **제3호 이하**의 사유로는 이의신청의 방법으로 그 등기의 말소를 구할 수 **없다**(예규 제1689호, 3).

① 등기신청은 대법원규칙으로 정하는 등기신청정보가 전산정보처리조직에 저장된 때 접수된 것으로 본다. 등기관이 등기를 마친 경우 그 등기는 접수한 때부터 효력을 발생한다(법 제6조).

③ 등기신청서의 조사 시 첨부서면이 위조 문서로 의심이 가는 경우에는 신청인 또는 대리인에 알려 그 진위 여부를 확인하여 처리하고 위조문서임이 확실한 경우에는 수사기관에 고발조치하고 전 조 제5항의 예에 의하여 보고한다(예규 제1377호).

④ 법 제104조, 규칙 제161조

정답 **01 ②**

02 등기신청의 접수에 관한 다음 설명 중 가장 옳지 않은 것은? ▸ 2023년 법무사

① 등기신청은 해당 부동산이 다른 부동산과 구별될 수 있게 하는 정보가 전산정보처리조직에 저장된 때 접수된 것으로 본다.

② 같은 토지 위에 있는 여러 개의 구분건물에 대한 등기를 동시에 신청하는 경우에는 그 건물의 소재 및 지번에 관한 정보가 전산정보처리조직에 저장된 때 등기신청이 접수된 것으로 본다.

③ 처분금지가처분 신청이 가압류 신청보다 신청법원에 먼저 접수되었다 하더라도 법원으로부터 처분금지가처분등기촉탁서와 가압류등기촉탁서를 등기관이 동시에 받았다면 양 등기는 이를 동시 접수 처리하여야 하고 그 등기의 순위는 동일순위등기이다.

④ 등기관이 신청서를 접수하였을 때에는 신청인의 청구에 관계없이 그 신청서의 접수증을 발급하여야 한다.

⑤ 같은 부동산에 관하여 동시에 여러 개의 등기신청이 있는 경우에는 같은 접수번호를 부여하여야 한다.

해설 ④ 등기관이 신청서를 접수하였을 때에는 **신청인의 청구**에 따라 그 신청서의 **접수증을 발급**하여야 한다(규칙 제65조 제3항).

① 등기신청은 대법원규칙으로 정하는 등기신청정보가 **전산정보처리조직에 저장된 때 접수**된 것으로 본다. 등기관이 등기를 마친 경우 그 등기는 접수한 때부터 효력을 발생한다(법 제6조).

② 같은 토지 위에 있는 여러 개의 구분건물에 대한 등기를 동시에 신청하는 경우에는 그 건물의 소재 및 지번에 관한 정보가 전산정보처리조직에 저장된 때 등기신청이 접수된 것으로 본다(규칙 제3조 제2항).

③ 등기신청의 접수순위는 등기신청정보가 전산정보처리조직에 저장되었을 때를 기준으로 하고 동일 부동산에 관하여 동시에 수개의 등기신청이 있는 때에는 동일 접수번호를 부여하여 동일 순위로 등기하여야 하므로(규칙 제65조 제2항), 처분금지가처분신청이 가압류 신청보다 신청법원에 먼저 접수되었다 하더라도 법원으로부터 동처분금지가처분등기촉탁서와 가압류등기 촉탁서를 등기관이 **동시에 받았다면** 양등기는 이를 **동시 접수 처리**하여야 하고 그 등기의 순위는 **동일순위등기**이다(예규 제1348호).

⑤ 같은 부동산에 관하여 동시에 여러 개의 등기신청이 있는 경우에는 **같은 접수번호**를 부여하여야 한다(규칙 제65조 제2항).

03 등기신청의 접수에 관한 다음 설명 중 가장 옳지 않은 것은?　▶ 2021년 등기서기보

① 같은 토지 위에 있는 여러 개의 구분건물에 대한 등기를 동시에 신청하는 경우에는 그 건물의 소재 및 지번에 관한 정보가 전산정보처리조직에 저장된 때 등기신청이 접수된 것으로 본다.

② 처분금지가처분신청이 가압류신청보다 신청법원에 먼저 접수된 경우에는 법원으로부터 동 처분금지가처분등기촉탁서와 가압류등기촉탁서를 등기관이 동시에 받았더라도 이를 동시 접수 처리할 수 없다.

③ 등기관이 등기를 마친 경우 그 등기는 접수한 때부터 효력을 발생한다.

④ 전자신청의 경우 접수절차가 전산정보처리조직에 의하여 자동으로 처리되므로 접수담당자가 별도로 접수절차를 진행하지 않으며, 접수번호는 전산정보처리조직에 의하여 자동적으로 생성된 것을 부여한다.

해설 ② 등기신청의 접수순위는 등기신청정보가 전산정보처리조직에 저장되었을 때를 기준으로 하고 동일 부동산에 관하여 동시에 수개의 등기신청이 있는 때에는 동일 접수번호를 부여하여 동일 순위로 등기하여야 하므로(규칙 제65조 제2항), 처분금지가처분신청이 가압류 신청보다 신청법원에 먼저 접수되었다 하더라도 법원으로부터 동처분금지가처분등기촉탁서와 가압류등기 촉탁서를 **등기관이 동시에 받았다면** 양등기는 이를 동시 접수 처리하여야 하고 그 등기의 순위는 동일순위등기이다(예규 제1348호).

① 같은 토지 위에 있는 여러 개의 구분건물에 대한 등기를 동시에 신청하는 경우에는 그 건물의 소재 및 지번에 관한 정보가 전산정보처리조직에 저장된 때 등기신청이 접수된 것으로 본다(규칙 제3조 제2항).

④ 전자신청의 경우 (⊕ 접수절차가 전산정보처리조직에 의해서 자동적으로 처리되므로 접수담당자가 **별도의 접수절차를** 진행하지 **않고**) 접수번호는 전산정보처리조직에 의하여 **자동적으로 생성된 접수번호를 부여**한다(예규 제1725호, 5-가).

정답 ◦━ 02 ④　03 ②

04 **등기신청의 접수에 관한 다음 설명 중 가장 옳지 않은 것은?** ▸ 2016년 법무사

① 같은 토지 위에 있는 여러 개의 구분건물에 대한 등기를 동시에 신청하는 경우에는 그 건물의 소재 및 지번에 관한 정보가 전산정보처리조직에 저장된 때 등기신청이 접수된 것으로 본다.

② 같은 부동산에 관하여 동시에 여러 개의 등기신청이 있는 경우에는 같은 접수번호를 부여하여야 한다.

③ 등기소의 접수담당자가 등기신청서를 제출받을 때 허가받은 법무사 등의 사무원의 본인 여부 확인은 주민등록증이나 운전면허증 및 법무사 사무원증에 의한다.

④ 등기관이 등기를 마친 경우 그 등기는 접수한 때부터 효력을 발생한다.

⑤ 전자신청의 경우 접수절차가 전산정보처리조직에 의하여 자동으로 처리되므로 접수담당자가 별도로 접수절차를 진행하지 않는다.

해설 ③ 등기신청서를 제출받은 접수담당자는 제3조 제1항에 따라 당사자 본인이나 그 대리인이 출석하였는지를 확인하여야 하며, 출입사무원이 출석한 경우에는 등기신청서에 제3조 제2항의 표시인을 찍고 그 성명을 기재하였는지도 확인하여야 한다. 접수담당자는 주민등록증, 운전면허증, 여권이나 그 밖에 이에 준하는 신분증으로 당사자 본인이나 그 대리인이 출석하였는지를 확인한다. 다만 등기과·소에 출석한 자가 변호사 또는 **법무사**인 경우에는 변호사신분증이나 **법무사신분증** 또는 **자격확인증**으로, **출입사무원**인 경우에는 **전자출입증**으로 이를 확인한다(예규 제1718호).

② 같은 부동산에 관하여 동시에 여러 개의 등기신청이 있는 경우에는 같은 접수번호를 부여하여야 한다(규칙 제65조 제2항).

제2절 │ 조사(형식적 심사)

01 **등기관의 심사권한에 관한 다음 설명 중 가장 옳지 않은 것은?** ▶ 2021년 법무사

① 등기관은 등기신청에 대하여 실체법상의 권리관계와 일치하는지 여부를 심사할 실질적 심사권한은 없으나 신청서 및 그 첨부서류와 등기부에 의하여 등기요건에 합당하는지 여부를 심사할 형식적 심사권한과 책무가 있다.

② 등기관으로서는 오직 제출된 서면 자체를 검토하거나 이를 등기부와 대조하는 등의 방법으로 등기신청의 적법 여부를 심사하여야 할 것이고, 이러한 방법에 의한 심사 결과 형식적으로 부진정한, 즉 위조된 서면에 의한 등기신청이라고 인정될 경우 이를 각하하여야 할 직무상의 의무가 있다.

③ 등기관은 부동산등기법 제29조 각 호의 어느 하나에 해당하는 경우에만 이유를 적은 결정으로 신청을 각하하여야 한다. 다만, 신청의 잘못된 부분이 보정될 수 있는 경우로서 신청인이 등기관이 보정을 명한 날의 다음 날까지 그 잘못된 부분을 보정하였을 때에는 그러하지 아니하다.

④ 등기관은 법원의 촉탁에 의한 등기를 실행하는 경우 촉탁서의 기재내용과 촉탁서에 첨부된 판결의 기재내용이 일치하는지 여부를 심사할 수 없다.

⑤ 등기관이 등기신청서류에 대한 심사를 하는 경우의 심사의 기준 시는 바로 등기부에 기록(등기의 실행)하려고 하는 때인 것이지 등기신청서류의 제출 시가 아닌 것이다.

해설 ④ **등기관**은 등기신청절차의 형식적 요건만 심사할 수 있는 것이고, 그 등기원인이 되는 법률관계의 유·무효와 같은 실질적인 심사권은 없다고 할 것이나, 법원의 촉탁에 의한 등기를 실행하는 경우 촉탁서의 기재내용과 촉탁서에 첨부된 판결의 기재내용이 일치하는지 여부는 심사할 수 있다(예규 제623호).

①② **등기공무원**은 등기신청에 대하여 실체법상의 권리관계와 일치하는 여부를 심사할 **실질적 심사권한**은 **없고** 등기신청에 대하여 부동산등기법상 그 등기신청에 필요한 서면이 제출되었는지 여부 및 제출된 서면이 형식적으로 진정한 것인지 여부 등 그 등기신청이 신청서 및 그 첨부서류와 등기부에 의하여 등기요건에 합당한지 여부를 심사할 **형식적 심사권한**을 갖는다(대판 2005.2.25, 2003다13048). 이러한 방법에 의한 심사 결과 형식적으로 부진정한, 즉 위조된 서면에 의한 등기신청이라고 인정될 경우 이를 각하하여야 할 직무상의 의무가 있다고 할 것이다(대판 2005.2.25, 2003다13048).

③ 법 제29조

⑤ **등기공무원**이 부동산등기법 제29조에 의하여 등기신청서류에 대한 심사를 하는 경우 **심사의 기준 시**는 바로 등기부에 기재(등기의 실행)하려고 하는 때인 것이지 등기신청서류의 제출 시가 아니다(대결 1989.5.29, 87마820).

정답 ↦ 04 ③ / 01 ④

02 등기관의 심사권한에 관한 다음 설명 중 가장 옳지 않은 것은? ▸2021년 등기서기보

① 원칙적으로 등기관은 등기신청에 대하여 부동산등기법상 그 등기신청에 필요한 서면이 제출되었는지 여부 및 제출된 서면이 형식적으로 진정한 것인지 여부 등 그 등기신청이 신청서 및 그 첨부서류와 등기부에 의하여 등기요건에 합당한지 여부를 심사할 형식적 심사권한을 갖는다.

② 등기관은 등기신청에 대하여 실체법상의 권리관계와 일치하는지 여부를 심사할 실질적 심사권한은 없다.

③ 판결에 의한 등기를 하는 경우 등기관은 원칙적으로 판결 주문에 나타난 등기권리자와 등기의무자 및 이행의 대상인 등기의 내용이 등기신청서와 부합하는지를 심사하는 것으로 족하다.

④ 부동산등기법 제29조의 각하 사유는 예시적인 것이므로 등기관은 그 밖의 사유에 의하여도 등기신청을 각하할 수 있다.

해설 ④ 1) 등기관은 조사를 한 결과 등기신청이 적법하면 이를 수리하여 등기를 실행하고, 등기신청이 법 제29조 각 호의 사유 중 어느 하나에 해당하고 그 사유가 보정할 수 없는 사항이거나 신청인이 보정하지 아니할 때에는 이유를 적은 결정으로써 각하처분을 하여야 한다. 각하란 등기신청에 대하여 등기관이 등기기록에 기록하는 것을 거부하는 소극적 처분을 말하며, 이로써 해당 등기신청 절차는 종료한다.

　　2) 반면에 위 각하사유에 해당하지 않는 등기신청에 대하여는 등기를 거부할 수 없다. 즉 등기신청에 대해서는 등기관의 자유재량에 의한 판단이 인정되지 않는다. 즉 등기신청에 대한 각하사유는 법 제29조 제1호에서 제11호까지 규정되어 있는데, 이러한 11개의 각하사유는 예시가 아니라 한정적 열거로 본다(「부동산등기실무Ⅰ」 p.531).

③ 판결에 의한 등기를 하는 경우 등기관은 원칙적으로 판결 주문에 나타난 등기권리자와 등기의무자 및 이행의 대상인 등기의 내용이 등기신청서와 부합하는지를 심사하는 것으로 족하다(예규 제1692호, 6).

03 **등기관의 심사에 관한 다음 설명 중 가장 옳지 않은 것은?** ▸ 2020년 법무사

① 등기관은 당사자가 제출한 신청서 및 첨부서면이 부동산등기법 등 제반 법령에 부합되는지의 여부를 조사한다.

② 등기신청서의 조사 시 첨부서면이 위조 문서로 의심이 가는 경우에는 신청인 또는 대리인에 알려 그 진위 여부를 확인하여 처리한다.

③ 판결주문에 가등기에 의한 본등기라는 취지의 기재가 없는 경우에, 판결의 주문에 피고에게 소유권이전청구권가등기에 의한 본등기 절차의 이행을 명하지 않고 매매로 인한 소유권이전등기 절차의 이행을 명한 경우라면, 판결이유에 의하여 피고의 소유권이전등기 절차의 이행이 가등기에 의한 본등기 절차의 이행임이 명백한 경우에도 등기관은 판결이유를 심사할 권한이 없기 때문에 그 판결을 원인증서로 하여 가등기에 의한 본등기를 신청할 수 없다.

④ 판결에 의한 소유권보존등기절차에서 소유권을 증명하는 판결은 소유권확인판결에 한정되는 것은 아니며, 형성판결이나 이행판결이라도 그 판결이유 중에서 보존등기신청인의 소유임을 확정하는 내용의 것이면 이에 해당한다.

⑤ 공동상속인 중 일부가 자신의 상속지분만에 대한 상속등기를 신청한 경우에는 부동산등기법 제29조 제2호 사건이 등기할 것이 아닌 경우에 해당하여 등기관은 이를 각하하여야 한다.

해설 ③ 판결의 주문에 피고에게 소유권이전청구권가등기에 의한 본등기 절차의 이행을 명하지 않고 **매매로 인한 소유권이전등기** 절차의 이행을 명한 경우라도, 판결**이유**에 의하여 피고의 소유권이전등기 절차의 이행이 가등기에 의한 **본등기** 절차의 이행임이 **명백**한 때에는, 그 판결을 원인증서로 하여 가등기에 의한 **본등기**를 신청할 수 **있다**(예규 제1632호).

④ 소유권을 증명하는 판결은 보존등기신청인의 소유임을 확정하는 내용의 것이어야 한다. 그러나 그 판결은 소유권확인판결에 한하는 것은 아니며, **형성판결**이나 **이행판결**이라도 그 이유 중에서 보존등기신청인의 소유임을 확정하는 내용의 것이면 이에 해당한다(예규 제1483호).

⑤ 법 제29조 제2호, 규칙 제52조 제7호

정답 ☞ 02 ④ 03 ③

제3절 | 문제○

01 취하

🧑 관련 조문

규칙 제51조(등기신청의 취하)

① 등기신청의 **취하**는 등기관이 등기를 마치기 전까지 할 수 있다.

② 제1항의 취하는 다음 각 호의 구분에 따른 방법으로 하여야 한다.

    1. 법 제24조 제1항 제1호에 따른 등기신청

    (이하 **"방문신청"**이라 한다) : 신청인 또는 그 대리인이 등기소에 **출석**하여 **취하서**를 제출하는 방법

    2. 법 제24조 제1항 제2호에 따른 등기신청

    (이하 **"전자신청"**이라 한다) : 전산정보처리조직을 이용하여 취하정보를 **전자문서**로 등기소에 **송신**하는 방법

🛡 관련 예규

서면에 의한 등기신청(e-form 신청 포함)의 취하에 관한 예규(예규 제1643호)

1. **등기신청을 취하할 수 있는 자**

    가. **등기신청인 또는 그 대리인**은 등기신청을 취하할 수 있다. 다만, 등기신청대리인이 등기신청을 취하하는 경우에는 취하에 대한 **특별수권**이 있어야 한다.

    나. 등기신청이 등기권리자와 등기의무자의 **공동신청**에 의하거나 등기권리자 및 등기의무자 **쌍방으로부터 위임받은 대리인**에 의한 경우에는, 그 등기신청의 **취하**도 등기권리자와 등기의무자가 **공동**으로 하거나 등기권리자 및 등기의무자 **쌍방으로부터** 취하에 대한 **특별수권**을 받은 대리인이 이를 할 수 있고, 등기권리자 또는 등기의무자 **어느 일방만**에 의하여 그 등기신청을 **취하**할 수는 **없다**.

2. **등기신청 취하의 시기**

    등기신청의 취하는 등기관이 **등기를 마치기 전**까지 할 수 있다(🔵 등기완료 前 or 각하결정 前).

3. **등기신청 취하의 방식**

    등기신청의 취하는 **서면**으로 하여야 한다(다만 전자신청의 취하는 전자문서로 송신한다).

4. **등기신청의 일부 취하**

    「부동산등기법」 제25조의 규정에 의하여 수개의 부동산에 관한 등기신청을 일괄하여 동일한 신청서에 의하여 한 경우 그 중 **일부 부동산**에 대하여만 등기신청을 **취하**하는 것도 **가능**하다.

5. **등기신청이 취하된 경우 등기관의 업무처리**

    가. 등기관은 등기신청의 취하서가 제출된 때에는, 그 취하서의 좌측하단 여백에 접수인을 찍고 접수번호를 기재한 다음 기타문서접수장에 등재한다.

나. 전산정보처리조직을 이용하여 취하 처리를 함으로써 부동산등기신청서접수장의 비고란에 취하의 뜻을 기록한 후, 등기신청서에 부착된 접수번호표에 취하라고 주서(⊞ **접수번호표 제거×**)하여 그 **등기신청 서와 그 부속서류**를 신청인 또는 그 대리인에게 **환부**하며, 취하서는 신청서기타부속서류편철장의 취하 된 등기신청서를 편철하였어야 할 곳에 편철한다.

다. 수개의 부동산에 관한 등기신청을 일괄하여 동일한 신청서에 의하여 한 경우 그 중 일부의 부동산에 대하여만 등기신청을 취하한 때에는, 전산정보처리조직을 이용하여 일부 취하 처리를 함으로써 부동산 등기신청서접수장의 비고란에 일부 취하의 뜻을 기록한 후, 등기신청서의 부동산표시란 중 취하되는 부동산의 표시 좌측에 취하라고 주서한 다음 취하서를 등기신청서에 합철하여야 한다. 이 경우 등기신 청서 및 부속서류의 기재사항 중 취하된 부동산에 관련된 사항은 이를 정정, 보정케 하여야 한다.

01 등기소에 출석하여 서면으로 등기를 신청한 경우의 그 취하절차에 관한 다음 설명 중 가장 옳지 않은 것은? ▶ 2022년 법무사

① 임의대리인이 등기신청을 취하하는 경우에는 취하에 관하여 특별수권이 있어야 한다.

② 등기권리자와 등기의무자가 공동으로 등기신청을 한 경우라도 등기신청의 취하는 등기 권리자 또는 등기의무자 일방이 할 수 있다.

③ 등기신청의 취하는 등기관이 등기를 마치기 전 또는 등기신청을 각하하기 전까지만 할 수 있다.

④ 여러 개의 부동산에 관한 등기신청을 일괄하여 동일한 신청서에 의하여 한 경우 그중 일부 부동산에 대하여만 등기신청을 취하할 수 있다.

⑤ 등기신청의 취하는 신청인 또는 그 대리인이 등기소에 출석하여 취하서를 제출하는 방 법으로 하여야 한다.

해설 ② **등기신청**이 등기권리자와 등기의무자의 **공동신청**에 의하거나 등기권리자 및 등기의무자 **쌍 방으로부터 위임받은** 대리인에 의한 경우에는, 그 등기신청의 **취하**도 등기권리자와 등기의무 자가 **공동**으로 하거나 등기권리자 및 등기의무자 **쌍방으로부터 취하에** 대한 **특별수권을 받 은** 대리인이 이를 할 수 있고, 등기권리자 또는 등기의무자 **어느 일방만**에 의하여 그 등기신 청을 **취하할 수는 없다**(예규 제1643호, 1-나).

① 등기신청인 또는 그 대리인은 등기신청을 취하할 수 있다. 다만, 등기신청대리인이 등기신청 을 취하하는 경우에는 **취하에** 대한 **특별수권**이 있어야 한다(예규 제1643호, 1-가).

③ 등기신청의 취하는 등기관이 **등기를 마치기 전**까지 할 수 있다(⊞ **등기완료 前 or 각하결정 前**). 따라서 등기가 완료되면 취하는 할 수 없고 별도의 경정등기 등을 통하여 잘못된 사항을 시정하여야 한다(예규 제1643호, 2).

④ 「부동산등기법」 제25조의 규정에 의하여 **수개의 부동산**에 관한 등기신청을 **일괄**하여 동일한 **신청**서에 의하여 한 경우 그중 **일부 부동산**에 대하여만 등기신청을 **취하**하는 것도 **가능**하다 (예규 제1643호, 4).

⑤ 1. **방문신청**에 따른 등기신청의 취하는 **신청인 또는 그 대리인**이 등기소에 출석하여 **취하서**를 제출하는 방법으로 하여야 한다(규칙 제51조 제2항 제1호).

정답 ⊶ **01 ②**

2. **전자신청**에 따른 등기신청의 취하는 전산정보처리조직을 이용하여 취하정보를 **전자문서**로 등기소에 **송신**하는 방법으로 하여야 한다(규칙 제51조 제2항 제2호).

02 등기신청의 취하에 관한 다음 설명 중 가장 옳지 않은 것은? ▸ 2022년 등기서기보

① 등기신청의 취하는 등기관이 등기를 마치기 전까지 할 수 있다.

② 수개의 부동산에 관한 등기신청을 일괄하여 동일한 신청서에 의하여 한 경우 그중 일부 부동산에 대하여만 등기신청을 취하하는 것도 가능하다.

③ 등기신청이 등기권리자와 등기의무자의 공동신청에 의하거나 등기권리자 및 등기의무자 쌍방으로부터 위임받은 대리인에 의한 경우에는, 그 등기신청의 취하도 등기권리자와 등기의무자가 공동으로 하거나 등기권리자 및 등기의무자 쌍방으로부터 취하에 대한 특별수권을 받은 대리인이 이를 할 수 있고, 등기권리자 또는 등기의무자 어느 일방만에 의하여 그 등기신청을 취하할 수는 없다.

④ 등기관은 등기신청의 취하서가 제출된 때에는, 그 취하서의 좌측하단 여백에 접수인을 찍고 접수번호를 기재한 다음 기타문서접수장에 편철한다.

해설 ④ 1. 등기관은 등기신청의 **취하서**가 제출된 때에는, 그 취하서의 좌측하단 여백에 접수인을 찍고 접수번호를 기재한 다음 **기타문서접수장**에 **등재**한다(예규 제1643호, 5-가).
2. 신청서, 촉탁서, 통지서, 허가서, 참여조서, 확인조서, **취하서** 그 밖의 부속서류는 접수번호의 순서에 따라 **신청서 기타 부속서류 편철장**에 **편철**하여야 한다(규칙 제23조).

① 예규 제1643호, 2
② 예규 제1643호, 4
③ 등기신청이 등기권리자와 등기의무자의 **공동신청**에 의하거나 등기권리자 및 등기의무자 **쌍방으로부터 위임받은 대리인**에 의한 경우에는, 그 등기신청의 **취하**도 등기권리자와 등기의무자가 공동으로 하거나 등기권리자 및 등기의무자 **쌍방**으로부터 취하에 대한 **특별수권**을 받은 대리인이 이를 할 수 있고, 등기권리자 또는 등기의무자 **어느 일방만**에 의하여 그 등기신청을 **취하**할 수는 **없**다(예규 제1643호, 1-나).

03 등기소에 출석하여 서면으로 등기를 신청한 경우 취하에 관한 다음 설명 중 가장 옳지 않은 것은? ▸ 2018년 법무사

① 등기신청이 등기권리자와 등기의무자의 공동신청에 의한 경우에는 그 등기신청의 취하도 등기권리자와 등기의무자가 공동으로 하여야 하며, 등기권리자 또는 등기의무자 어느 일방만에 의하여 그 등기신청을 취하할 수는 없다.

② 등기신청의 취하는 등기관이 등기를 마치기 전까지 할 수 있다.

③ 등기신청의 취하는 신청인 또는 그 대리인이 등기소에 출석하여 취하서를 제출하는 방법으로 하여야 하며, 우편으로 취하서를 보낼 수는 없다.

④ 「부동산등기법」 제25조에 따라 여러 개의 부동산에 관한 등기신청을 일괄하여 동일한 신청서로 한 경우 그 중 일부 부동산에 대하여만 등기신청을 취하하는 것도 가능하다.

⑤ 등기관은 등기신청의 취하서가 제출된 때에는 등기신청서에 부착된 접수번호표를 제거하고 그 등기신청서와 그 부속서류를 신청인 또는 대리인에게 환부하여야 한다.

> **해설** ⑤ 등기관은 등기신청의 취하서가 제출된 때에는, 그 취하서의 좌측하단 여백에 접수인을 찍고 접수번호를 기재한 다음 기타문서접수장에 등재한다. 전산정보처리조직을 이용하여 취하 처리를 함으로써 부동산등기신청서접수장의 비고란에 취하의 뜻을 기록한 후, 등기신청서에 부착된 접수번호표에 취하라고 주서(**접수번호표 제거X**)하여 그 **등기신청서와 그 부속서류**를 신청인 또는 그 대리인에게 **환부**하며, 취하서는 신청서기타부속서류편철장의 취하된 등기신청서를 편철하였어야 할 곳에 편철한다(예규 제1643호, 5-나).

① 예규 제1643호, 1-나
② 예규 제1643호, 2
③ 예규 제1643호, 3. 규칙 제51조 제2항
④ 예규 제1643호, 4

04 등기신청의 취하에 관한 다음 설명 중 가장 옳지 않은 것은? ▸ 2018년 등기서기보

① 등기신청의 취하는 등기관이 등기를 마치기 전까지 할 수 있다.
② 등기신청인 또는 그 대리인은 등기신청을 취하할 수 있다. 다만, 등기신청 대리인이 등기신청을 취하하는 경우에는 그에 대한 특별수권이 있어야 한다.
③ 등기관은 등기신청의 취하서가 제출된 때에는, 그 취하서의 좌측 하단 여백에 접수인을 찍고 접수번호를 기재한 다음 기타 문서 접수장에 등재한다.
④ 전자신청의 경우에도 그 취하는 서면으로 하여야 하며, 전산정보처리조직을 이용하여 할 수 없다.

> **해설** ④ **전자신청**에 따른 등기신청의 취하는 전산정보처리조직을 이용하여 취하정보를 **전자문서**로 등기소에 **송신**하는 방법으로 하여야 한다(규칙 제51조 제2항 제2호).

① 예규 제1643호, 2
② 예규 제1643호, 1-가
③ 예규 제1643호, 5-가

05 등기신청의 취하에 관한 다음 설명 중 가장 옳지 않은 것은? ▸ 2017년 등기주사보

① 전자신청의 취하는 전산정보처리조직을 이용하여 취하정보를 전자문서로 등기소에 송신하는 방법으로 하여야 한다.
② 하나의 신청서로써 수개의 부동산에 관한 일괄신청을 한 경우에도 그 일부의 부동산에 대해서만 취하를 할 수 있다.
③ 서면에 의한 등기신청이 취하되면 등기신청서와 그 부속서류인 첨부서면을 모두 신청인에게 반환하여야 한다.

정답 ○ 02 ④ 03 ⑤ 04 ④ 05 ④

④ 등기관이 등기를 완료한 후라도 특별한 사정이 있으면 그 사유를 소명하여 등기신청을 취하할 수 있다.

해설 ④ 등기신청의 취하는 등기관이 **등기를 마치기 전**까지 할 수 있다(◈ 등기완료 前 or 각하결정 前). 따라서 등기가 완료되면 취하는 할 수 없고 별도의 경정등기 등을 통하여 잘못된 사항을 시정하여야 한다.

① 규칙 제51조 제2항 제2호
② 예규 제1643호, 4
③ 예규 제1643호, 5–나. 그러나 각하의 경우 부속서류는 반환하지만 등기신청서나 등기신청수수료는 반환하지 않는다.

06 등기신청의 취하와 관련된 다음 설명 중 가장 옳지 않은 것은? ▸2015년 법원사무관

① 등기신청의 취하는 등기관이 등기를 마치기 전까지 할 수 있다.
② 전자신청의 취하는 전산정보처리조직을 이용하여 취하정보를 전자문서로 등기소에 송신하는 방법으로 하여야 한다.
③ 수개의 부동산에 관한 등기신청을 일괄하여 동일한 신청서에 의하여 한 경우 그중 일부 부동산에 대하여만 등기신청을 취하하는 것도 가능하다.
④ 등기신청이 등기권리자 및 등기의무자 쌍방으로부터 위임받은 대리인에 의한 경우에도 그 취하는 그중 일방의 특별수권만으로 할 수 있다.

해설 ④ 등기신청이 등기권리자와 등기의무자의 **공동신청**에 의하거나 등기권리자 및 등기의무자 **쌍방으로부터 위임받은 대리인**에 의한 경우에는, 그 등기신청의 **취하**도 등기권리자와 등기의무자가 공동으로 하거나 등기권리자 및 등기의무자 **쌍방**으로부터 취하에 대한 **특별수권**을 받은 대리인이 이를 할 수 있고, 등기권리자 또는 등기의무자 **어느 일방만**에 의하여 그 등기신청을 취하할 수는 **없**다(예규 제1643호, 1–나).

① 예규 제1643호, 2
② 규칙 제51조 제2항 제2호
③ 예규 제1643호, 4

07 방문신청에 의한 등기신청의 취하에 관한 다음 설명 중 가장 옳지 않은 것은?

▸2014년 법무사

① 등기신청의 취하는 등기관이 등기를 완료하기 전 또는 등기신청을 각하하기 전에만 할 수 있다.
② 등기신청의 취하는 반드시 서면으로 하여야 하지만, 출석주의가 적용되지는 않는다.
③ 수개의 부동산에 관한 등기신청을 일괄하여 동일한 신청서에 의하여 한 경우 그중 일부의 부동산에 대하여만 등기신청을 취하할 수 있다.

④ 등기권리자와 등기의무자의 공동신청에 의하여 등기신청한 경우에는 그 취하도 등기권리자와 등기의무자가 공동으로 하여야 한다.

⑤ 대리인이 신청을 취하하기 위해서는 등기권리자 및 등기의무자 쌍방으로부터 취하에 대한 특별수권이 있어야 한다.

> **해설** ② 취하는 **방문신청**으로 등기를 신청한 경우 신청인 또는 그 대리인이 등기소에 **출석하여 취하서**를 제출하는 방법으로 하여야 한다(규칙 제51조 제2항 제1호).
>
> ① 예규 제1643호, 2
> ③ 예규 제1643호, 4
> ④⑤ 예규 제1643호, 1-나

08 다음은 등기신청의 취하와 관련한 설명이다. 가장 잘못된 것은? ▶ 2012년 법무사

① 방문신청의 취하는 신청인 또는 그 대리인이 반드시 등기소에 출석하여 취하서를 제출하여야 한다.

② 전자신청의 취하는 전산정보처리조직을 이용하여 취하정보를 전자문서로 등기소에 송신하는 방법으로 하여야 하며, 이 경우 전자신청과 동일한 방법으로 사용자인증을 받아야 한다.

③ 수개의 부동산에 관한 등기신청을 동일한 신청서에 의하여 일괄신청하였다면 그중 일부 부동산만에 대한 취하는 할 수 없다.

④ 등기권리자 및 등기의무자 쌍방으로부터 위임받아 등기신청한 대리인은 이후 어느 일방만으로부터 취하에 대한 특별수권을 받았더라도 취하할 수 없다.

⑤ 서면에 의한 등기신청이 취하되면 등기신청서와 그 부속서류인 첨부서면을 모두 신청인에게 반환하여야 한다.

> **해설** ③ 「부동산등기법」 제25조의 규정에 의하여 수개의 부동산에 관한 등기신청을 일괄하여 동일한 신청서에 의하여 한 경우 그중 **일부** 부동산에 대하여만 등기신청을 **취하**하는 것도 **가능**하다(예규 제1643호, 4).
>
> ① 규칙 제51조 제2항 제1호
> ② 전자신청의 취하는 **전산정보처리조직**(🚫 서면신청과 동일한 방법×)을 이용해서 하여야 한다. 이 경우 전자신청과 동일한 방법으로 **사용자인증**을 받아야 한다(예규 제1725호, 9).
> ④ 예규 제1643호, 1-나
> ⑤ 예규 제1643호, 5-나

정답 **○**━   06 ④   07 ②   08 ③

02 보정

📖 관련 예규

부동산등기신청사건 처리지침[예규 제1515호]

1. 접수사무의 처리

접수공무원은 접수절차가 완료된 즉시 해당 신청서를 등기관에게 인계하여야 한다.

2. 기입사무의 처리

가. 등기사항의 입력

기입공무원은 접수된 신청사건의 등기유형별로 필요한 기재사항을 입력한다.

나. 접수정보의 수정

기입공무원은 접수공무원이 등기전산시스템에 입력한 접수정보 중 빠졌거나 잘못된 사항을 발견한 경우에는 이를 수정하여야 한다.

다. 기입사무처리 시 유의사항

(1) 기입공무원은 기입사무처리 시 부전지와 원시오류코드 부여 여부 등을 발견하는 즉시 등기관에게 보고하고, 지시를 받아 기입사무를 처리하여야 한다.

(2) 기입공무원은 기입사항 확인표나 등기부화면으로 기입을 정확히 하였는지 확인한 후 기입작업을 완료하여야 하고, 등기관으로부터 기입수정지시를 받은 경우 수정기입한 부분 이외에 동일 사건 중 수정하지 않은 부분도 확인하여야 한다.

3. 조사ㆍ교합업무

가. 조사ㆍ교합업무의 원칙

(1) 등기관은 당사자가 제출한 신청서 및 첨부서면이 부동산등기법 등 제반 법령에 부합되는지의 여부를 조사(🔘 형식적 심사)한 후 접수번호의 순서대로 교합처리하여야 하며, 아래 다. 라.의 경우를 제외하고는 늦어도 오전에 제출된 사건에 대하여는 다음날 18시까지, 오후에 제출된 사건에 대하여는 다음 다음날 12시까지 등기필정보를 작성하여 교부하여야 한다.

(2) 교합은 지방법원장으로부터 발급받은 등기관카드를 사용하여 등기관의 식별부호를 등기전산시스템에 기록하는 방법으로 하되 식별부호는 지방법원장으로부터 부여받은 사용자번호로 한다.

나. 삭제(2005.11.8. 등기예규 제1111호)

다. 지연처리

수십 필지의 분할ㆍ합병등기, 여러 동의 아파트 분양사건과 같은 집단 사건 또는 법률적 판단이 어려운 경우와 같이 만일 접수 순서대로 처리한다면 후순위로 접수된 다른 사건의 처리가 상당히 지연될 것이 예상될 경우에는 그 사유를 등록하고 이들 신청사건보다 나중에 접수된 사건을 먼저 처리할 수 있다.

라. 보정사무의 처리

(1) 등기관은 흠결사항에 대한 보정이 없으면 그 등기신청을 각하할 수밖에 없는 경우에만 그 사유를 등록한 후 보정명령을 할 수 있으며, 등기소장은 보정명령의 적정 여부에 관하여 철저히 감독을 하여야 한다.

(2) 등기관이 등기신청에 대하여 보정을 명하는 경우에는 보정할 사항을 구체적으로 적시하고 그 근거 법령이나 예규, 보정기간 등을 제시하여 매건 조사 완료 후 즉시 구두 또는 전화나 모사전송의 방법에 의하여 등기신청인에게 통지하여야 한다.

    (3) 신청인 또는 대리인(자격자대리인의 출입사무원 포함)보정은 반드시 등기관의 면전에서 하여야 하며 보정을 위하여 신청서 또는 그 부속서류를 신청인에게 반환할 수 없다.
    (4) 보정된 사건은 처리가 지연되지 않도록 즉시 처리하여야 한다.
마. 동일 부동산에 대한 교합
    동일 부동산에 대하여 여러 개의 등기신청사건이 접수된 경우 그 상호간에는 위 지연처리, 보정명령을 한 경우에도 반드시 접수순서에 따라 처리하여야 한다.
바. 대장 작성 및 보고

4. 교합완료 후의 조치
가. 삭제(2011.10.12. 제1423호)
나. 신청서의 편철

---

01   **보정명령에 관한 다음 설명 중 가장 옳지 않은 것은?**   ▶ 2023년 법원사무관

① 등기관은 보정이 없으면 등기신청을 각하할 수밖에 없는 경우에만 그 사유를 등록한 후 보정명령을 할 수 있다.

② 등기관이 경매법원의 촉탁에 의한 강제경매개시결정등기를 처리함에 있어 촉탁서상의 부동산표시가 등기부와 저촉됨을 알고 전화로 보정하게 한 후 무려 10일이나 경과하여 그 등기를 처리하였다면 그 지연기간이 후순위 권리자의 통상의 권리행사에 지장을 주지 않을 정도로 경미하다고 보기는 어렵다.

③ 등기관이 보정을 명하는 경우에는 보정할 사항을 구체적으로 적시하고 근거법령이나 예규, 보정기간 등을 제시하여 매건 조사 완료 후 즉시 구두 또는 전화나 모사전송의 방법으로 등기신청인에게 통지하여야 한다.

④ 등기신청이 부동산등기법 제29조 각 호의 각하사유에 해당하더라도 그 잘못된 부분이 보정될 수 있는 경우로서 등기관이 보정을 명한 날의 다음 날까지 보정하였을 때에는 신청을 각하해서는 안 된다.

해설 ② 1. 등기관이 부동산의 표시가 등기부와 저촉됨에도 불구하고 동일성이 인정되는 것으로 보아 등기신청에 대한 조사를 완료하여 보정할 사항이 명확하게 된 날에 등기를 처리하였고, 그 등기가 등기관의 직무상 필요한 법률지식과 통상의 업무방식에 터잡아 이루어진 것이라면, 이와 같은 등기를 하였다 하여 그 부동산에 대한 그 이후의 등기신청인에 대하여 불법행위 성립을 인정할 정도의 주의의무 위반이 있다고 볼 수는 없다. 그리고 등기관이 등기신청에 대한 조사를 완료하여 **보정할 사항이 명확하게 된 날을 다소 경과하여 등기를 처리하였다** 하더라도 그 **지연기간이 통상의 권리행사에 지장을 주지 않을 정도로 경미한 경우** 등 특별한 사정이 있는 경우에는 그와 같은 등기처리는 **적법**하다고 볼 것이고, **단순히 등기가 지연되었다**는 사유만으로 그 이후의 등기신청인에 대하여 등기관으로서 부담하고 있는 **주의의무를 위반하였다고 볼 것은 아니다.**

정답 **01 ②**

2. 특히 **강제경매기입등기**는 관공서가 공권력의 주체로서 사인의 권리관계를 실현하기 위하여 행하는 등기로서 공동신청주의가 배제되고 경매법원의 **촉탁에 의해서만 할 수 있는 점** 등에 비추어 볼 때, 강제경매기입등기의 촉탁서상의 **부동산의 표시**가 등기부와 **저촉**되고 또 **즉일(⊞ 현행) "다음 날" 보정될 수 없었다 하더라도**, 이를 각하하지 아니하고 **상당 기일이 지나도록 보정을 시킨 후에 등기처리를 한 것**이 등기사무처리상 허용될 수 없을 정도의 폐해를 가져오는 것은 아니라고 할 수 있고, 또한 등기신청인 기타 이해관계인들 사이의 형평을 고려할 때 **이와 같은 등기처리는 불가피**하다고 볼 수도 있다.

3. 따라서 원심이 인정한 바와 같이 등기관이 경매법원의 촉탁에 의한 강제경매기입등기를 처리함에 있어 촉탁서상의 **부동산의 표시**가 등기부와 **저촉됨을 알고** 이를 **전화로 보정**하게 한 후 **약 10일 정도 경과하여 그 등기를 처리**하였다 하더라도, 그 등기관이 그 업무처리의 지연에 따른 행정상의 징계책임을 지는 것은 별론으로 하고, 그것이 **제3자인 후순위 권리자의 권익을 침해**하는 것이거나 **제3자에 대하여 주의의무 위반**이 있는 것이라고 **보기는 어렵다**(대판 2000.9.29, 2000다29240).

① 등기관은 흠결사항에 대한 보정이 없으면 그 등기신청을 각하할 수밖에 없는 경우에만 그 사유를 등록한 후 보정명령을 할 수 있으며, 등기소장은 보정명령의 적정 여부에 관하여 철저히 감독을 하여야 한다(예규 제1515호, 3-라-(1)).

③ 등기관이 등기신청에 대하여 보정을 명하는 경우에는 보정할 사항을 구체적으로 적시하고 그 근거법령이나 예규, 보정기간 등을 제시하여 매건 조사 완료 후 즉시 구두 또는 전화나 모사전송의 방법에 의하여 등기신청인에게 통지하여야 한다(예규 제1515호, 3-라-(2)).

④ 등기관은 다음 각 호의 어느 하나에 해당하는 경우에만 이유를 적은 결정으로 신청을 각하하여야 한다. 다만, 신청의 잘못된 부분이 보정될 수 있는 경우로서 신청인이 등기관이 보정을 명한 날의 다음 날까지 그 잘못된 부분을 보정하였을 때에는 그러하지 아니하다(법 제29조).

02 방문신청의 경우 등기신청의 보정에 관한 다음 설명 중 가장 옳지 않은 것은?

▶ 2021년 등기서기보

① 등기관은 등기신청서류를 심사하여 흠결을 발견하였을 경우 이를 보정하도록 명령하거나 석명할 의무가 있다.

② 등기관이 등기신청에 대하여 보정을 명하는 경우에는 보정할 사항을 구체적으로 적시하고 그 근거법령이나 예규, 보정기간 등을 제시하여야 한다.

③ 보정은 반드시 등기관의 면전에서 하여야 하며 보정을 위하여 신청서 또는 그 부속서류를 신청인에게 반환할 수 없다.

④ 동일 부동산에 대하여 여러 개의 등기신청이 접수된 경우 그 상호간에는 보정명령을 한 경우에도 반드시 접수 순서에 따라 처리하여야 한다.

해설 ① 등기의 협동신청을 재정한 법률의 지시로 보아 출도하여야 할 대리인은 등기사무를 위임받은 동법서사 자신을 말하고 그의 사무원을 포함한다고 할 수 없고 등기공무원이 등기신청서류를 심사하여 흠결을 발견하였을 경우 이를 보정하도록 당사자에게 **권장함은 바람직한 일**

이나 **보정명령**이나 **석명할 의무**가 있다고는 볼 수 **없**으며 그 흠결이 즉일 보정되지 않는 한 각하하여야 한다(대결 1969.11.6, 67마243).

② 예규 제1515호, 3-라-(2)
③ 예규 제1515호, 3-라-(3)
④ 예규 제1515호, 3-마

03 **서면에 의한 방문신청의 방법으로 등기를 신청한 경우에 있어 그 등기신청의 보정에 관한 다음 설명 중 가장 옳은 것은?** ▸ 2020년 법무사

① 등기관이 등기신청에 대하여 보정을 명하는 경우에는 보정할 사항을 구체적으로 적시하고 그 근거법령이나 예규, 보정기간 등을 제시하여 매건 조사 완료 후 즉시 서면에 의하여 등기신청인에게 통지하여야 한다.

② 합동사무소를 구성하는 법무사 전원이 등기신청위임장에 대리인으로 기재되어 있고 특별히 해당 등기신청을 대리인 전원이 함께 하여야 한다는 내용의 기재가 없다면 그중 어느 한 법무사만이 등기소에 출석하여 등기신청서를 제출할 수 있는바, 이 경우 해당 등기신청에 대한 보정은 등기신청서를 제출한 법무사뿐만 아니라 위임장에 기재된 다른 법무사도 할 수 있다.

③ 보정을 위하여 필요한 경우에는 신청서 또는 그 부속서류를 신청인에게 반환할 수 있다.

④ 등기관은 그 직무권한에 있어 독립성을 가지므로, 등기소장이라 하더라도 보정명령의 적정 여부에 관하여 감독을 할 수는 없다.

⑤ 등기신청서를 제출할 수 있도록 허가받은 변호사나 법무사의 사무원이라도 등기신청의 보정은 할 수 없다.

해설 ② **합동사무소**를 구성하는 법무사 전원이 등기신청을 위임받은 경우로서 **등기신청위임장**에 대리인으로 그 법무사 전원이 기재되어 있고 특별히 해당 등기신청을 대리인 전원이 함께 하여야 한다는 내용의 기재가 없다면 그중 어느 한 법무사만이 등기소에 출석하여 등기신청서를 제출할 수 있는바, 이 경우 **등기신청서**에는 등기소에 출석한 법무사의 기명날인만이 있어야 한다. 이 경우 등기신청서를 제출한 법무사뿐만 아니라 위임장에 기재된 **다른 법무사도** 해당 등기신청에 대한 보정 및 취하를 할 수 있다. 다만, **취하**의 경우에는 등기신청위임장에 취하에 관한 행위도 위임한다는 내용의 기재가 있어야 한다(선례 제202001-2호).

① 구두 또는 전화나 모사전송의 방법 모두 가능하다(예규 제1515호, 3-라-(2)).
③ 반환할 수 없다(예규 제1515호, 3-라-(3)).
④ 등기관이 직무권한에서 자기의 책임으로 업무를 처리하는 독립성을 가진다 하더라도, 등기소장의 행정적 지시에는 따라야 하는 것이며, 등기소장은 등기관의 보정명령의 적정여부에 관하여 감독을 할 수 있다(예규 제1515호, 3-라-(1)).

정답 ➡ 02 ① 03 ②

⑤ 방문신청의 방법으로 등기신청을 할 때에는 당사자 본인이나 그 대리인(대리인이 자격자대리인인 경우에는 대리인 본인 또는 그 출입사무원을 말한다. 이하 같다)이 직접 등기과·소에 출석하여 등기신청서를 접수담당자에게 제출하여야 한다. **보정(이행)**은 **당사자 본인**이나 그 **대리인(⚖ 출입사무원 포함)**이 등기소에 출석하여 한다(예규 제1718호).

04 등기신청의 보정에 관한 다음 설명 중 가장 옳지 않은 것은? ▸2018년 등기주사보

① 등기관이 등기신청에 대하여 보정을 명하는 경우에는 보정할 사항을 구체적으로 적시하고 그 근거법령이나 예규, 보정기간 등을 제시하여 매건 조사 완료 후 즉시 서면으로 등기신청인에게 통지하여야 한다.

② 등기관은 흠결사항에 대한 보정이 없으면 그 등기신청을 각하할 수밖에 없는 경우에만 그 사유를 등록한 후 보정명령을 할 수 있다.

③ 등기신청서를 제출할 수 있도록 허가받은 변호사나 법무사의 사무원은 등기신청서의 제출뿐 아니라 보정도 할 수 있다.

④ 등기소에 출석하여 서면으로 등기신청을 한 경우에 그 보정은 반드시 등기관의 면전에서 하여야 하며 보정을 위하여 신청서 또는 그 부속서류를 신청인에게 반환할 수 없다.

해설 ① 등기관이 등기신청에 대하여 보정을 명하는 경우에는 보정할 사항을 구체적으로 적시하고 그 근거법령이나 예규, 보정기간 등을 제시하여 매건 조사 완료 후 즉시 **구두** 또는 **전화나 모사전송의 방법**에 의하여 등기신청인에게 통지하여야 한다(예규 제1515호, 3-라-(2)).

② 예규 제1515호, 3-라-(1)

③ 방문신청의 방법으로 등기신청을 할 때에는 당사자 본인이나 그 대리인(대리인이 자격자대리인인 경우에는 대리인 본인 또는 그 출입사무원을 말한다. 이하 같다)이 직접 등기과·소에 출석하여 등기신청서를 접수담당자에게 제출하여야 한다. **보정(이행)**은 **당사자 본인**이나 그 **대리인(⚖ 출입사무원 포함)**이 등기소에 출석하여 한다(예규 제1718호).

④ 예규 제1515호, 3-라-(3)

정답 ☞ 04 ①

03 각하

👤 관련 조문

법 제29조[신청의 각하]

등기관은 다음 각 호의 어느 하나에 해당하는 경우에만 이유를 적은 결정으로 신청을 각하하여야 한다. 다만, 신청의 잘못된 부분이 보정될 수 있는 경우로서 신청인이 등기관이 보정을 명한 날의 다음 날까지 그 잘못된 부분을 보정하였을 때에는 그러하지 아니하다.

1. 사건이 그 등기소의 관할이 아닌 경우
2. 사건이 등기할 것이 아닌 경우
3. 신청할 권한이 없는 자가 신청한 경우
4. 제24조 제1항 제1호에 따라 등기를 신청할 때에 당사자나 그 대리인이 출석하지 아니한 경우
5. 신청정보의 제공이 대법원규칙으로 정한 방식에 맞지 아니한 경우
6. 신청정보의 부동산 또는 등기의 목적인 권리의 표시가 등기기록과 일치하지 아니한 경우
7. 신청정보의 등기의무자의 표시가 등기기록과 일치하지 아니한 경우. 다만, 제27조에 따라 포괄승계인이 등기신청을 하는 경우는 제외한다.
8. 신청정보와 등기원인을 증명하는 정보가 일치하지 아니한 경우
9. 등기에 필요한 첨부정보를 제공하지 아니한 경우
10. 취득세(「지방세법」 제20조의2에 따라 분할납부하는 경우에는 등기하기 이전에 분할납부하여야 할 금액을 말한다), 등록면허세(등록에 대한 등록면허세만 해당한다) 또는 수수료를 내지 아니하거나 등기신청과 관련하여 다른 법률에 따라 부과된 의무(🌐 국민주택채권 및 인지세)를 이행하지 아니한 경우
11. 신청정보 또는 등기기록의 부동산의 표시가 토지대장·임야대장 또는 건축물대장과 일치하지 아니한 경우

규칙 제52조[사건이 등기할 것이 아닌 경우]

법 제29조 제2호에서 "사건이 등기할 것이 아닌 경우"란 다음 각 호의 어느 하나에 해당하는 경우를 말한다.

1. 등기능력 없는 물건 또는 권리에 대한 등기를 신청한 경우
2. 법령에 근거가 없는 특약사항의 등기를 신청한 경우
3. 구분건물의 전유부분과 대지사용권의 분리처분 금지에 위반한 등기를 신청한 경우
4. 농지를 전세권설정의 목적으로 하는 등기를 신청한 경우
5. 저당권을 피담보채권과 분리하여 양도하거나, 피담보채권과 분리하여 다른 채권의 담보로 하는 등기를 신청한 경우
6. 일부지분에 대한 소유권보존등기를 신청한 경우
7. 공동상속인 중 일부가 자신의 상속지분만에 대한 상속등기를 신청한 경우
8. 관공서 또는 법원의 촉탁으로 실행되어야 할 등기를 신청한 경우
9. 이미 보존등기된 부동산에 대하여 다시 보존등기를 신청한 경우
10. 그 밖에 신청취지 자체에 의하여 법률상 허용될 수 없음이 명백한 등기를 신청한 경우

법 제58조[직권에 의한 등기의 말소]

① 등기관이 등기를 마친 후 그 등기가 제29조 제1호 또는 제2호에 해당된 것임을 발견하였을 때에는 등기권리자, 등기의무자와 등기상 이해관계 있는 제3자에게 1개월 이내의 기간을 정하여 그 기간에 이의를 진술하지 아니하면 등기를 말소한다는 뜻을 통지(🌐 사전통지)하여야 한다.

② 제1항의 경우 통지를 받을 자의 주소 또는 거소를 알 수 없으면 제1항의 통지를 갈음하여 제1항의 기간 동안 등기소 게시장에 이를 게시하거나 대법원규칙으로 정하는 바에 따라 공고하여야 한다.

③ 등기관은 제1항의 말소에 관하여 이의를 진술한 자가 있으면 그 이의에 대한 결정을 하여야 한다.

④ 등기관은 제1항의 기간 이내에 이의를 진술한 자가 없거나 이의를 각하한 경우에는 제1항의 등기를 **직권**으로 **말소**하여야 한다.

📖 관련 예규

등기신청의 각하절차에 대한 예규(예규 제1703호)

1. 등기신청의 각하방식

등기신청(촉탁을 포함한다. 이하 같다)이 「부동산등기법」 제29조 각 호에 해당하는 경우에는 [별지1] 또는 [별지2]의 양식에 의하여 이유를 기재한 **결정으로 이를 각하**한다.

2. 각하취지의 접수장 등에의 기재 및 등기신청서의 편철

등기신청을 각하한 경우에는 접수장의 비고란 및 등기신청서 표지에 각하라고 주서하고, 그 등기신청서는 신청서기타부속서류편철장에 편철한다.

3. 각하결정의 작성·고지 방법 및 첨부서류의 환부 등

가. 각하결정의 작성·고지 방법

등기관은 등기전산시스템을 이용하여 각하결정 원본(각하결정에 대한 경정결정 포함)을 작성·저장한다. 이 경우 각하결정 등본(각하결정에 대한 경정결정 포함)을 신청인 또는 대리인에게 교부하거나 특별우편송달 방법으로 송달하되, 교부를 하는 때에는 교부받은 자로부터 영수증을 수령하여야 한다.

나. 고지의 방법·일자의 입력

다. 첨부서류의 환부

각하결정등본을 교부하거나 송달할 때에는 **등기신청서** 이외의 **첨부서류**(취득세·등록면허세영수필확인서 및 국민주택채권매입필증 포함)도 **함께 교부**하거나 송달하여야 한다. 다만, 첨부서류 중 각하사유를 증명할 서류는 이를 복사하여 당해 등기신청서에 편철한다.

라. 각하결정등본의 교부영수증 또는 송달보고서의 편철

각하결정등본 및 등기신청서 이외의 서류를 교부 또는 송달한 경우에는 그 영수증 또는 송달보고서를 당해 등기신청서에 편철한다.

4. 각하결정등본 등이 송달불능된 경우의 처리

송달한 각하결정등본 및 신청서 이외의 첨부서류가 소재불명 등의 사유로 송달불능되어 반송된 경우에는 별도의 조치를 취하지 아니하고 결정등본 등 반송서류 일체를 그 송달불능보고서와 함께 당해 등기신청서에 편철한다.

5. 각하통지

가. 삭제(2011.10.12. 제1417호)

나. 등기신청이 「부동산등기법」 제37조 제1항 또는 「부동산등기법」 제42조 제1항에 위반함을 이유로 각하한 경우

이 경우 등기관은 부동산등기사무의양식에 관한 예규 별지 제4호 양식에 의하여 그 사유를 지체 없이 지적공부소관청 또는 건축물대장소관청에 통지하여야 한다.

01 다음 중 부동산등기법 제29조 제2호 소정의 "사건이 등기할 것이 아닌 경우"에 해당하지 않는 것은? ▸ 2023년 법무사

① 법령에 근거가 없는 특약사항의 등기를 신청한 경우
② 신청정보상 甲이 등기권리자인데 매매계약서상으로는 乙이 권리자인 경우
③ 관공서 또는 법원의 촉탁으로 실행되어야 할 등기를 신청한 경우
④ 농지를 전세권설정의 목적으로 하는 등기를 신청한 경우
⑤ 일부지분에 대한 소유권보존등기를 신청한 경우

해설 ② 등기관은 **신청정보와 등기원인을 증명하는 정보**(📋 매매계약서)가 **일치하지 아니한** 경우 **이유를 적은 결정으로 신청을 각하**하여야 한다(법 제29조 제8호).

① 법 제29조 제2호, 규칙 제52조 제2호
③ 법 제29조 제2호, 규칙 제52조 제8호
④ 법 제29조 제2호, 규칙 제52조 제4호
⑤ 법 제29조 제2호, 규칙 제52조 제6호

02 부동산등기법 제29조의 각하에 관한 다음 설명 중 가장 옳지 않은 것은? ▸ 2022년 법무사

① 근저당권의 말소등기가 신청된 경우에 근저당권자의 표시에 변경의 사유가 있는 때라도 신청서에 그 변경을 증명하는 서면이 첨부된 경우에는 부동산등기법 제29조 제7호의 "신청정보의 등기의무자의 표시가 등기기록과 일치하지 아니한 경우"에 해당됨을 이유로 각하해서는 안 된다.
② 가등기에 의한 본등기를 하고 가등기와 본등기 사이에 이루어진 체납처분으로 인한 압류등기에 대하여 직권말소대상통지를 한 후 이의신청 기간이 지나지 않은 상태에서 본등기에 기초한 등기의 신청이나 촉탁이 있는 경우에는 "사건이 등기할 것이 아닌 때"에 해당한다.
③ 소유권에 대한 가압류등기가 마쳐진 상태에서 채무자인 소유자가 해방공탁서를 첨부하여 가압류등기의 말소를 신청한 경우에는 "사건이 등기할 것이 아닌 때"에 해당한다.
④ 부동산에 대한 가압류가 본압류로 이행되어 강제경매개시결정등기가 마쳐진 경우 가압류등기만에 대한 집행법원의 말소촉탁은 "사건이 등기할 것이 아닌 때"에 해당한다.
⑤ 전세권설정등기 후 그 전세권을 목적으로 하는 근저당권설정등기가 있는 상태에서 전세금을 감액하는 변경등기의 신청이 있는 경우 그 근저당권자의 승낙서가 첨부되지 않은 경우에는 "등기에 필요한 첨부정보를 제공하지 아니한 경우"에 해당한다.

정답 ◦┥ 01 ②   02 ②

해설 ② 가등기에 의한 본등기를 하고 가등기와 본등기 사이에 이루어진 **체납처분에 의한 압류등기**에 관하여 등기관이 **직권말소대상통지**를 한 경우에는 **비록 이의신청기간이 지나지 않았다 하더라도**

　1) 본등기에 기초한 등기의 신청이나 촉탁은 수리하며,

　2) **체납처분에 의한 압류등기에 기초한 등기의 촉탁은 각하**한다(예규 제1632호).

① **소유권 이외의 권리에 관한 등기**(🏛 근저당권, 전세권, 가등기 등)의 **말소**를 신청하는 경우에 있어서는 그 **등기명의인의 표시에 변경 또는 경정의 사유가 있는 때라도** 신청서에 **그 변경 또는 경정을 증명하는 서면을 첨부함으로써 등기명의인의 표시변경 또는 경정의 등기를 생략할 수 있을 것이다**(예규 제451호).

③ 법 제29조 제2호, 규칙 제52조 제8호

　1) 등기관은 "**사건이 등기할 것이 아닌 경우**"에 해당하는 경우에만 이유를 적은 결정으로 신청을 **각하**하여야 한다(법 제29조 제2호).

　2) 법 제29조 제2호에서 "**사건이 등기할 것이 아닌 경우**"란 다음 각 호의 어느 하나에 해당하는 경우를 말한다(규칙 제52조 제8호).

　　8. **관공서 또는 법원의 촉탁으로 실행되어야 할 등기를 신청한 경우**

　　　(🏛 **가처분등기**에 대하여 등기의무자와 등기권리자가 공동으로 **말소등기신청**을 한 경우)

　　　(🏛 **가압류**등기에 대하여 등기명의인인 **채권자가 말소등기를 신청**하는 경우)

　　　(🏛 **가압류**등기에 대하여 채무자인 소유자가 해방공탁서를 첨부하여 **말소등기를 신청**하는 경우)

　　　(🏛 **경매절차**에서 매수인이 된 자가 **소유권이전등기를 신청**한 경우)

④ 법 제29조 제2호, 규칙 제52조 제10호

　1. 부동산에 대한 **가압류가 본압류로 이행**되어 **강제경매개시결정등기**가 마쳐지고 강제집행 절차가 진행 중이라면 그 **본집행의 효력이 유효하게 존속하는 한 가압류등기만을 말소할 수 없는 것**이므로, 그 가압류등기에 대한 집행법원의 말소촉탁은 그 취지 자체로 보아 **법률상 허용될 수 없음이 명백한 경우**에 해당하여 등기관은 「부동산등기법」 **제29조 제2호**에 의하여 촉탁을 **각하**하여야 한다.

　2. 이 경우 등기관이 각하사유를 간과하고 집행법원의 촉탁에 의하여 그 **가압류등기를 말소**하였더라도 본집행이 취소·실효되지 않는 이상, 본집행에 아무런 **영향을 미치지 아니**하므로 말소된 해당 **가압류 이후의 가처분, 가압류, 소유권이전등기**에 대하여 **매각을 원인으로 한 말소등기의 촉탁**이 있을 경우 등기관은 이를 **수리**할 수 있다(🏛 **가압류등기를 직권으로 회복하는 절차를 선행할 필요는 없다**)(선례 제9–372호).

⑤ 1. 등기관은 각종 등기신청서에 첨부할 서면이 무엇인가를 법령 등에 의하여 확인하여 **첨부할 서면이 누락**된 경우에는 물론이고, 첨부된 서면 등이 적정·타당한지를 조사하여 **위조 또는 변조되었거나 효력을 상실한 것으로 인정**되는 경우에도 첨부하지 아니한 것으로 보아 해당 등기신청을 **각하**하여야 한다(🏛 법 제29조 제9호, 「부동산등기실무 I」 p.547).

　2. 예컨대 ① 등기원인증서, ② **각종 허가서**, ③ 등기필증, ④ 법인 등기사항증명서, ⑤ 위임장, ⑥ 주민등록표 등·초본, ⑦ 부동산등기용등록번호증명서, ⑧ 토지(임야)대장 등본, ⑨ 건축물대장등본 ⑩ **제3자의 승낙서** 등의 서류를 **누락**한 경우가 대표적이다.

03 다음 〈보기〉와 같은 등기신청 또는 촉탁이 있는 경우 「부동산등기법」 제29조의 각하사유 중 "사건이 등기할 것이 아닌 때"에 해당하는 경우를 모두 고른 것은? ▶ 2022년 등기서기보

> ┌─ 보기 ├─
> 가. 부동산에 대한 가압류가 본압류로 이행되어 강제경매개시결정등기가 마쳐진 상태에서 가압류등기만에 대한 말소촉탁이 있는 경우
> 나. 가등기에 의한 본등기금지 가처분등기 촉탁이 있는 경우
> 다. 가압류등기에 대하여 등기명의인인 채권자가 말소등기를 신청하는 경우
> 라. 환매특약부 매매로 인한 소유권이전등기가 마쳐진 이후 환매특약등기를 신청한 경우
> 마. 「부동산 실권리자명의 등기에 관한 법률」에 따른 실명등기 유예기간이 지난 후 명의신탁 해지를 원인으로 하는 소유권이전등기를 신청한 경우

① 가, 라, 마   ② 나, 다, 마
③ 가, 나, 다, 라   ④ 가, 나, 다, 라, 마

해설 ④ 가. (○) 법 제29조 제2호, 규칙 제52조 제10호

부동산에 대한 **가압류가 본압류로** 이행되어 강제경매개시결정등기가 마쳐지고 강제집행절차가 진행 중이라면 그 본집행의 효력이 유효하게 존속하는 한 가압류등기만을 말소할 수 없는 것이므로, 그 **가압류등기에 대한 집행법원의 말소촉탁**은 그 취지 자체로 보아 법률상 허용될 수 없음이 명백한 경우에 해당하여 등기관은 「부동산등기법」 제29조 제2호에 의하여 촉탁을 **각하하여야** 한다. 이 경우 등기관이 **각하사유를 간과**하고 집행법원의 촉탁에 의하여 그 **가압류등기를 말소**하였더라도 본집행이 취소·실효되지 않는 이상 **본집행에 아무런 영향을 미치지 아니하므로** 말소된 해당 **가압류 이후의 가처분, 가압류, 소유권이전등기**에 대하여 **매각을 원인으로 한 말소등기의 촉탁**이 있을 경우 등기관은 이를 수리할 수 있다(🔘 **가압류등기를 직권으로 회복**하는 절차를 선행할 필요는 **없다**)(선례 제9-372호).

나. (○) 법 제29조 제2호, 규칙 제52조 제10호

가등기상의 권리 자체의 처분을 금지하는 가처분은 등기사항이라고 할 것이나, 가등기에 기한 본등기를 금지하는 내용의 가처분은 가등기상의 권리 자체의 처분의 제한에 해당하지 아니하므로 그러한 (🔘 **가등기상 권리를 행사하는)본등기를 금지하는 내용의 가처분** 등기는 수리하여서는 **아니** 된다(대결 1978.10.14. 78마282).

다. (○) 법 제29조 제2호, 규칙 제52조 제8호

1) 등기관은 **"사건이 등기할 것이 아닌 경우"**에 해당하는 경우에만 이유를 적은 결정으로 신청을 **각하하여야** 한다(법 제29조 제2호).

2) 법 제29조 제2호에서 **"사건이 등기할 것이 아닌 경우"**란 다음 각 호의 어느 하나에 해당하는 경우를 말한다(규칙 제52조 제8호).

8. **관공서 또는 법원의 촉탁으로 실행되어야 할 등기를 신청한 경우**

(🔘 **가처분**등기에 대하여 등기의무자와 등기권리자가 공동으로 **말소등기신청**을 한 경우)

(🔘 **가압류**등기에 대하여 등기명의인인 채권자가 **말소등기를 신청**하는 경우)

(🔘 **가압류**등기에 대하여 채무자인 소유자가 해방공탁서를 첨부하여 **말소등기를 신청**하는 경우)

(🔘 **경매절차**에서 매수인이 된 자가 **소유권이전등기를 신청**한 경우)

┌─────────────┐
│ **정답** 🔑   **03** ④ │
└─────────────┘

라. (○) 법 제29조 제2호, 규칙 제52조 제10호

다음과 같이 법령상 동시신청을 요하나 동시신청을 하지 않은 경우에는 그 취지 자체로 보아 법률상 허용될 수 없음이 명백한 경우에 해당하여 등기관은 「부동산등기법」 제29조 제2호에 의하여 촉탁을 각하하여야 한다.

1. 소유권이전등기와 환매특약등기를 동시에 신청하지 않은 경우
2. 구분건물 중 일부만에 관한 보존등기와 나머지 구분건물의 표시에 관한등기를 동시에 신청하지 않은 경우
3. 대지사용권이전등기와 대지권등기를 동시에 신청하지 않은 경우

마. (○) 법 제29조 제2호, 규칙 제52조 제10호

부동산실권리자명의등기에 관한 법률 제11조 제1항 본문, 제12조 제1항, 제4조의 각 규정에 따르면, 부동산실권리자명의등기에 관한 법률 시행 전에 명의신탁 약정에 의하여 부동산에 관한 물권을 명의수탁자 명의로 등기한 명의신탁자는 유예기간 이내에 실명등기 등을 하여야 하고, 유예기간 이내에 실명등기 등을 하지 아니한 경우에는 유예기간이 경과한 날 이후부터 명의신탁 약정은 무효가 되고, 명의신탁 약정에 따라 행하여진 등기에 의한 부동산에 관한 물권변동도 무효가 되므로, 유예기간이 경과한 후 명의신탁 약정의 해지를 원인으로 한 명의신탁자의 소유권이전등기 신청은 그 신청취지 자체에 의하여 법률상 허용될 수 없음이 명백한 경우로서 부동산등기법 제29조 제2호의 '사건이 등기할 것이 아닌 때'에 해당하여 등기공무원은 이를 각하하여야 한다(대결 1997.5.1, 97마384).

04 부동산등기법 제29조의 각하사유에 관한 다음 설명 중 가장 옳지 않은 것은?

▶ 2021년 법원사무관

① 등기원인이 신탁임에도 신탁등기만을 신청하거나 소유권이전등기만을 신청하는 경우에는 부동산등기법 제29조 제5호의 "신청정보의 제공이 대법원규칙으로 정한 방식에 맞지 아니한 경우"에 해당한다.

② 구분건물의 전유부분과 대지사용권의 분리처분 금지에 위반한 등기를 신청한 경우 부동산등기법 제29조 제2호의 "사건이 등기할 것이 아닌 경우"에 해당한다.

③ 법령에 근거가 없는 특약사항의 등기를 신청한 경우 부동산등기법 제29조 제2호의 "사건이 등기할 것이 아닌 경우"에 해당한다.

④ 가등기에 의한 본등기를 하고 압류등기에 대하여 직권말소대상통지를 마친 상태에서 이의신청 기간이 지나기 전에 본등기에 기초한 등기의 신청이 있는 경우에는 부동산등기법 제29조 제2호의 "사건이 등기할 것이 아닌 경우"에 해당한다.

해설 ④ 가등기에 의한 본등기를 하고 가등기와 본등기 사이에 이루어진 체납처분에 의한 압류등기에 관하여 등기관이 직권말소대상통지를 한 경우에는 비록 이의신청기간이 지나지 않았다 하더라도 본등기에 기초한 등기의 신청이나 촉탁은 수리하며, 체납처분에 의한 압류등기에 기초한 등기의 촉탁은 각하한다(예규 제1632호).

① 법 제29조 제5호
② 법 제29조 제2호, 규칙 제52조 제3호
③ 법 제29조 제2호, 규칙 제52조 제2호

05 부동산등기법 제29조 제2호의 '사건이 등기할 것이 아닌 경우'에 해당하지 않는 것은?

▸ 2020년 등기서기보

① 공동상속인 중 일부가 자신의 상속지분만에 대한 상속등기를 신청한 경우
② 「부동산 실권리자명의 등기에 관한 법률」 제11조에서 정한 유예기간 경과 후 명의신탁해지를 원인으로 한 소유권이전등기를 신청한 경우
③ 저당권을 피담보채권과 분리하여 양도하거나, 피담보채권과 분리하여 다른 채권의 담보로 하는 등기를 신청한 경우
④ 공동저당이 설정되어 있는 경우 채권자가 그 중 일부 부동산에 관해서만 저당권을 실행하여 채권전부를 변제받은 경우, 차순위저당권자가 공동담보로 제공되어 있는 다른 부동산에 대하여 선순위자를 대위하여 저당권의 대위등기를 신청한 경우

해설 ④ 공동저당이 설정되어 있는 경우 민법 제368조 제2항에 따라 채권자가 그중 일부 부동산에 관해서만 저당권을 실행하여 채권전부를 변제받은 경우, 차순위저당권자가 공동담보로 제공되어 있는 다른 부동산에 대하여 선순위자를 대위하여 저당권의 대위등기를 신청한 경우에는 수리하여야 한다. 부동산등기법 제80조, 동 규칙 제138조에서 명문으로 허용하고 있기 때문이다.

① 법 제29조 제2호, 규칙 제52조 제7호
② 법 제29조 제2호, 규칙 제52조 제10호
부동산실권리자명의등기에 관한 법률 제11조 제1항 본문, 제12조 제1항, 제4조의 각 규정에 따르면, 부동산실권리자명의등기에 관한 법률 시행 전에 명의신탁 약정에 의하여 부동산에 관한 물권을 명의수탁자 명의로 등기한 명의신탁자는 유예기간 이내에 실명등기 등을 하여야 하고, 유예기간 이내에 실명등기 등을 하지 아니한 경우에는 유예기간이 경과한 날 이후부터 명의신탁 약정은 무효가 되고, 명의신탁 약정에 따라 행하여진 등기에 의한 부동산에 관한 물권변동도 무효가 되므로, 유예기간이 경과한 후 명의신탁 약정의 해지를 원인으로 한 명의신탁자의 소유권이전등기 신청은 그 신청취지 자체에 의하여 법률상 허용될 수 없음이 명백한 경우로서 부동산등기법 제29조 제2호의 '사건이 등기할 것이 아닌 때'에 해당하여 등기공무원은 이를 각하하여야 한다(대결 1997.5.1. 97마384).
③ 법 제29조 제2호, 규칙 제52조 제5호

06 다음 등기신청에 대하여 등기관이 각하결정을 할 때에 그 각하사유로서 사건이 등기할 것이 아닌 경우에 해당하지 않는 것은?
▶ 2019년 법무사

① 서면으로 작성된 등기신청서를 우편으로 제출한 경우
② 농지를 전세권설정의 목적으로 하는 등기를 신청한 경우
③ 일부지분에 대한 소유권보존등기를 신청한 경우
④ 가처분등기에 대하여 등기의무자와 등기권리자가 공동으로 말소등기신청을 한 경우
⑤ 분묘기지권설정등기를 신청한 경우

해설 ① 법 제29조 제4호

② 법 제29조 제2호, 규칙 제52조 제4호
③ 법 제29조 제2호, 규칙 제52조 제6호
④ 법 제29조 제2호, 규칙 제52조 제8호
⑤ 법 제29조 제2호, 규칙 제52조 제1호

07 다음 중 부동산등기법 제29조 제2호 '사건이 등기할 것이 아닌 경우'에 해당하지 않는 것은?
▶ 2019년 등기주사보

① 농지를 지상권설정의 목적으로 하는 등기를 신청하는 경우
② 일부지분에 대한 소유권보존등기를 신청하는 경우
③ 공동상속인 중 일부가 자신의 상속지분만에 대한 상속등기를 신청하는 경우
④ 법원의 촉탁으로 실행되어야 할 등기를 신청한 경우

해설 ① 1) 농지를 지상권설정의 목적으로 하는 등기를 신청하는 것은 가능하다. 분배받은 **농지**에 대하여 상환완료 후에는 **저당권, 지상권, 기타 담보권**의 설정을 할 수 **있으므로** 타인의 농지에 건물 기타의 공작물이나 수목을 소유하기 위하여 지상권설정등기를 할 수 있다.
2) 다만, 농지에 대하여는 **원칙적으로 전세권설정등기**를 신청할 수 **없**으나,「국토의 계획 및 이용에 관한 법률」제36조의 용도지역 중 **도시지역**(녹지지역의 농지에 대하여는 도시 · 군계획시설사업에 필요한 농지에 한함) 내의 농지에 대하여는 전세권설정등기를 신청할 수 **있다**. 다만, 이 경우 도시지역 내의 농지임을 소명하기 위한 토지이용계획확인서를 첨부정보로서 제공하여야 한다(선례 제201811-9).

② 법 제29조 제2호, 규칙 제52조 제6호
③ 법 제29조 제2호, 규칙 제52조 제7호
④ 법 제29조 제2호, 규칙 제52조 제8호

08 다음의 등기신청 중 각하할 것이 아닌 것은?
▶ 2018년 등기주사보

① 수인의 가등기권자 중 일부가 자신의 가등기 지분만에 대하여 본등기를 신청하는 경우
② 공동상속인 중 일부가 자신의 상속 지분만에 대한 상속등기를 신청하는 경우

③ 농지를 전세권설정의 목적으로 하는 등기를 신청하는 경우
④ 등기원인이 신탁임에도 신탁등기 또는 소유권이전등기만 신청하는 경우

해설 ① 하나의 가등기에 관하여 **여러 사람의 가등기권자**가 있는 경우에, 가등기권자 **모두가 공동의 이름으로 본등기를 신청**하거나, 그중 일부의 가등기권자가 **자기의 가등기지분**에 관하여 **본등기를 신청**할 수 있지만, **일부의 가등기권자**가 공유물보존행위에 준하여 가등기 **전부에 관한 본등기를 신청**할 수는 **없다**. 공동가등기권자 중 일부의 가등기권자가 자기의 지분만에 관하여 본등기를 신청할 때에는 신청서에 그 뜻을 기재하여야 하고 등기기록에도 그 뜻을 기록하여야 한다(예규 제1632, 4-마-(1)).

② 법 제29조 제2호, 규칙 제52조 제7호
③ 법 제29조 제2호, 규칙 제52조 제4호
④ 법 제29조 제5호

09 등기신청 각하에 관한 다음 설명 중 가장 옳지 않은 것은? ▶ 2018년 등기서기보

① 대지권이 등기된 구분건물에 대하여 건물만에 관한 소유권이전등기신청 또는 저당권설정등기신청은 분리처분 금지에 위반되어 각하 대상이다.
② 등기원인이 발생한 후에 등기의무자에게 상속이 개시된 경우 상속인이 자기를 등기의무자로 하여 등기신청을 할 수 있는데, 이 경우 등기기록과 신청서의 등기의무자 표시가 불일치하더라도 각하 대상이 아니다.
③ 신탁행위에 의하여 소유권을 이전하는 경우에 신탁등기와 신탁을 원인으로 하는 소유권이전등기는 별개의 등기이므로 1건의 신청정보로 일괄하여 신청하지 않더라도 각하할 수 없다.
④ 미등기 부동산에 대한 처분제한 등기의 촉탁에 의하여 등기관이 직권으로 소유권보존등기를 하는 경우에는 국민주택채권을 매입하지 않았다고 하여 그 촉탁을 각하할 수 없다.

해설 ③ 각하하여야 한다(법 제29조 제5호).

① 법 제29조 제2호, 규칙 제52조 제3호
② 법 제29조 제7호 단서
④ 1) **미등기부동산**에 대한 처분제한 등기의 촉탁에 의하여 등기관이 **직권**으로 소유권보존등기를 완료한 때에는 납세지를 관할하는 지방자치단체 장에게 「지방세법」 제33조의 규정에 의한 등록면허세 미납 통지를 하여야 하고, 이 경우 소유자가 보존등기를 신청하는 것이 아니므로(「주택도시기금법」 제8조 참조) 국민주택채권도 매입할 필요가 없다.
2) 채권자가 채무자를 **대위**하여 소유권보존등기를 **신청**하는 경우에는 본래의 신청인인 채무자가 신청하는 경우와 다르지 않으므로 채권자가 등록면허세를 납부하여야 하고, 등기하고자 하는 부동산이 토지인 경우에는 국민주택채권도 매입하여야 한다.

정답 06 ① 07 ① 08 ① 09 ③

10 등기신청의 각하에 관한 다음 설명 중 가장 옳은 것은? ▸ 2017년 법무사

① 등기할 것이 아닌 사건의 등기신청은 각하하여야 하지만 이미 등기가 마쳐졌다면 그 등기는 당연무효이므로 등기관은 발견 즉시 직권으로 말소하여야 한다.

② 각하결정을 하였더라도 그 결정이 아직 고지되기 전에 보정이 되었다면 각하결정을 취소하고 신청한 등기를 하여야 한다.

③ 각하결정으로 등본을 교부하거나 송달할 때에는 등기신청서와 그 첨부서류도 함께 교부하거나 송달하여야 한다.

④ 등기신청이 각하된 경우에는 이미 납부된 등기신청수수료를 반환하지 아니하고, 등기신청이 취하된 경우에는 납부된 등기신청수수료를 환급한다.

⑤ 등기원인증서에 신청서의 임의적 기재사항에 해당하는 약정이 있다 하더라도 이를 반드시 등기하여야 하는 것은 아니므로 신청서에 그 약정을 기재하지 아니하였다 하여 각하하여서는 안 된다.

해설 ④ 서면에 의한 등기신청이 취하되면 등기신청서와 그 부속서류인 첨부서면을 모두 신청인에게 반환하여야 한다. 그러나 각하의 경우 부속서류는 반환하지만 등기신청서나 등기신청수수료는 반환하지 않는다(예규 제1643호, 5–나, 예규 제1703호, 3–다).

① 등기관이 등기를 마친 후 그 등기가 **제29조 제1호**(사건이 그 등기소의 관할이 아닌 경우) 또는 **제2호**(사건이 등기할 것이 아닌 경우)에 해당된 것임을 발견하였을 때에는 등기권리자, 등기의무자와 등기상 이해관계 있는 제3자에게 1개월 이내의 기간을 정하여 그 기간에 이의를 진술하지 아니하면 등기를 **말소**한다는 뜻을 **통지**(🏷 **사전통지**)하여야 한다. 등기관은 위의 기간 이내에 이의를 진술한 자가 없거나 이의를 각하한 경우에는 제1항의 등기를 **직권**으로 **말소**하여야 한다(법 제58조 제1항, 제2항).

② 등기신청이 즉일 보정되지 않는 한 각하하여야 하고 이를 고지할 때까지 보정되었다고 하여 이미 내려진 각하 결정을 내려지지 않은 것으로 돌릴 수는 없다(예규 제124호).

③ 각하결정등본을 교부하거나 송달할 때에는 **등기신청서 이외**의 첨부서류(취득세·등록면허세 영수필확인서 및 국민주택채권매입필증 포함)도 함께 교부하거나 송달하여야 한다. 다만, 첨부서류 중 각하사유를 증명할 서류는 이를 복사하여 당해 등기신청서에 편철한다(예규 제1703호, 3–다).

⑤ 등기원인증서에 신청서의 **임의적 기재사항**에 해당하는 약정이 있는 경우 이를 반드시 신청서에 기재하여 등기를 신청하여야 하는지가 문제된다. 등기원인증서에 그러한 약정이 있는 경우에는 **신청정보의 내용**으로 등기소에 제공**하여야** 하므로(규칙 제126조 제1항, 제127조 제1항, 제128조 제1항, 제130조 제1항, 제131조 제1항 등) 반드시 신청서에 **기재하여야** 한다. 따라서 등기관은 등기원인증서에 기재된 임의적 사항이 신청서에 기재되어 있지 않은 경우에는 보정을 명하고, 이에 응하지 않으면 신청을 각하하여야 한다(「부동산등기실무 I」 p.540).

11 다음 중 부동산등기규칙에 의한 사건이 등기할 것이 아닌 경우에 해당하지 않는 것은?

▸ 2017년 등기주사보

① 구분건물의 전유부분과 대지사용권의 분리처분 금지에 위반한 등기를 신청한 경우
② 일부 지분에 대한 소유권보존등기를 신청한 경우
③ 등기원인이 신탁임에도 소유권이전등기만 신청한 경우
④ 법원의 촉탁으로 실행되어야 할 등기를 신청한 경우

해설 ③ 법 제29조 제5호

① 법 제29조 제2호, 규칙 제52조 제3호
② 법 제29조 제2호, 규칙 제52조 제6호
④ 법 제29조 제2호, 규칙 제52조 제8호

12 다음 네모 안의 등기신청(촉탁) 중 사건이 등기할 것이 아닌 경우(부동산등기법 제29조 제2호)의 각하사유에 해당하는 것은 모두 몇 개인가?

▸ 2015년 법원사무관

> (ㄱ) 공동상속인 중 일부가 자신의 상속지분만에 대한 상속등기를 신청한 경우
> (ㄴ) 농지를 전세권설정의 목적으로 하는 등기를 신청한 경우
> (ㄷ) 가압류 기입등기 후 가압류가 본압류로 이행하는 강제경매개시결정이 내려져 그 기입등기가 마쳐진 상태에서 집행법원이 가압류등기만의 말소촉탁을 한 경우
> (ㄹ) 법원의 촉탁으로 실행하여야 할 등기를 신청한 경우
> (ㅁ) 수인의 합유자 명의인 부동산에 관하여 합유자 중 1인의 지분에 대하여 가압류기입등기촉탁을 한 경우

① 2개   ② 3개
③ 4개   ④ 5개

해설 ④ (ㄱ) 법 제29조 제2호, 규칙 제52조 제7호
(ㄴ) 법 제29조 제2호, 규칙 제52조 제4호
(ㄷ) 법 제29조 제2호, 규칙 제52조 제10호
부동산에 대한 **가압류가 본압류로** 이행되어 강제경매개시결정등기가 마쳐지고 강제집행절차가 진행 중이라면 그 본집행의 효력이 유효하게 존속하는 한 가압류등기만을 말소할 수 없는 것이므로, 그 **가압류등기**에 대한 집행법원의 **말소촉탁**은 그 취지 자체로 보아 법률상 허용될 수 없음이 명백한 경우에 해당하여 등기관은 「부동산등기법」 제29조 제2호에 의하여 촉탁을 **각하하여야** 한다. 이 경우 등기관이 **각하사유를** 간과하고 집행법원의 촉탁에 의하여 그 **가압류등기를 말소**하였더라도 본집행이 취소·실효되지 않는 이상 **본집행에 아무런 영향을** 미치지 아니하므로 말소된 해당 **가압류 이후의 가처분, 가압류, 소유권이전등**

기에 대하여 **매각을 원인으로 한 말소등기의 촉탁**이 있을 경우 등기관은 이를 **수리할 수 있다** (**꿀** **가압류등기**를 직권으로 **회복**하는 절차를 선행할 필요는 없다)(선례 제9-372호).

⒟ 법 제29조 제2호, 규칙 제52조 제8호

⒨ 법 제29조 제2호, 규칙 제52조 제10호

합유등기가 경료된 부동산에 대하여 합유자 중 <u>1인의 지분</u>에 대한 <u>가압류등기촉탁</u>은 할 수 없다(선례 제7-243호).

13 다음 중 부동산등기규칙에 의한 "사건이 등기할 것이 아닌 경우"에 해당하지 않는 것은?

▶ 2015년 등기서기보

① 공동상속인 중 일부가 자신의 상속지분만에 대한 상속등기를 신청한 경우

② 농지를 전세권설정의 목적으로 하는 등기를 신청한 경우

③ 경매절차에서 매수인이 된 자가 소유권이전등기를 신청한 경우

④ 일부 지분에 대한 근저당권설정등기를 신청한 경우

해설 ④ (근)저당권은 권리의 **일부(지분)**에 관하여도 설정할 수 있으므로 1필의 토지 또는 1동의 건물의 공유지분에 대하여 공유자는 다른 공유자의 동의 없이 자기지분에 대한 (근)저당권을 설정할 수 있다. 단독소유권의 일부 또는 공유지분의 일부에 대해서도 저당권설정등기를 할 수 있다. 예컨대, 소유권 중 1/2 지분에 관하여 또는 공유지분 1/2 중 1/4에 관하여 저당권을 설정할 수 있다. 그러나 부동산의 **특정 일부(물리적 일부)**에 대해서는 저당권을 설정하지 **못한**다. 즉 1필의 토지 또는 1동의 건물 중 특정 일부에 대하여는 이를 분할 또는 구분하기 전에는 <u>저당권을 설정할 수 없다</u>(등기선례 제1-429호). 1동의 건물의 일부이더라도 그 일부가 구분소유권의 목적이 되는 때에는 당연히 저당권을 설정할 수 있다(「부동산등기실무Ⅱ」 p.451).

① 법 제29조 제2호, 규칙 제52조 제7호

② 법 제29조 제2호, 규칙 제52조 제4호

③ 법 제29조 제2호, 규칙 제52조 제8호. 경매절차에 따른 소유권이전등기는 촉탁으로 이루어져야 한다.

14 다음 중 등기신청(촉탁)에 대하여 등기관이 각하결정을 할 때에 그 각하사유로서 사건이 등기할 것이 아닌 경우에 해당하지 않는 것은?

▶ 2014년 법무사

① 등기원인이 신탁임에도 신탁등기만을 신청하거나 소유권이전등기만을 신청한 경우

② 수인의 합유자 명의인 부동산에 관하여 합유자 중 1인의 지분에 대하여 가압류기입등기촉탁이 있는 경우

③ 가압류 기입등기 후 가압류가 본압류로 이행하는 강제경매개시결정이 내려져 그 기입등기가 마쳐진 상태에서 집행법원이 가압류등기만의 말소촉탁을 한 경우

④ 법인인 채무자 명의의 부동산에 대해서 회생절차개시결정, 회생계획인가, 회생절차종결의 등기촉탁이 있는 경우

⑤ 부동산 실권리자명의 등기에 관한 법률 제11조에서 정한 유예기간이 경과한 후 명의신탁 약정의 해지를 원인으로 소유권이전등기신청을 한 경우

> **해설** ② 법 제29조 제2호, 규칙 제52조 제10호
> ③ 법 제29조 제2호, 규칙 제52조 제10호
> ④ 법 제29조 제2호, 규칙 제52조 제10호
> 법인인 채무자 명의의 부동산 등의 권리에 대해서 회생절차개시결정, 회생계획인가, 회생절차종결의 등기촉탁이 있는 경우, 등기관은 「부동산등기법」 제29조 제2호를 의하여 이를 각하하여야 한다(법 제24조 제1항 제1호).
> ⑤ 법 제29조 제2호, 규칙 제52조 제10호

15 다음 등기신청의 각하사유 중 가장 옳지 않은 것은? ▸ 2013년 법무사

① 등기기록의 등기명의인 표시가 토지대장·임야대장 또는 건축물대장과 일치하지 아니함에도 그 등기명의인이 등록명의인 표시의 변경등록을 하지 아니한 채 해당 부동산에 대하여 다른 등기를 신청한 경우
② 저당권을 피담보채권과 분리하여 양도하거나, 피담보채권과 분리하여 다른 채권의 담보로 하는 등기를 신청한 경우
③ 신청정보의 부동산 또는 등기의 목적인 권리의 표시가 등기기록과 일치하지 아니한 경우
④ 농지를 전세권설정의 목적으로 하는 등기를 신청한 경우
⑤ 신청정보 또는 등기기록의 부동산의 표시가 토지대장·임야대장 또는 건축물대장과 일치하지 아니한 경우

> **해설** ① 등기관은 신청정보 또는 등기기록의 부동산의 표시가 토지대장·임야대장 또는 건축물대장과 일치하지 아니한 경우에 이유를 적은 결정으로 신청을 각하하여야 한다(법 제29조 제11호). 그러나 부동산의 표시가 아닌 소유자의 표시가 다른 경우에는 각하할 수 없다.
>
> ② 법 제29조 제2호, 규칙 제52조 제5호
> ③ 법 제29조 제6호
> ④ 법 제29조 제2호, 규칙 제52조 제4호
> ⑤ 법 제29조 제11호

정답 ○━ 13 ④ 14 ① 15 ①

16 다음 중 등기관이 직권말소할 수 있는 등기가 아닌 것은? ▸ 2014년 법무사

① 등기능력 없는 건축물에 대하여 소유권보존등기를 한 경우
② 유치권설정등기를 한 경우
③ 위조된 첨부서류에 의하여 근저당권설정등기가 마쳐진 경우
④ 법령에 근거가 없는 특약사항을 등기한 경우
⑤ 농지에 대하여 전세권설정등기가 마쳐진 경우

해설 ③ 법 제29조 제9호

① 법 제29조 제2호, 규칙 제52조 제1호
② 법 제29조 제2호, 규칙 제52조 제1호
④ 법 제29조 제2호, 규칙 제52조 제2호
⑤ 법 제29조 제2호, 규칙 제52조 제4호

17 다음 중 등기관이 직권말소할 수 있는 등기가 아닌 것은? ▸ 2013년 법무사

① 공동상속인 중 일부의 상속지분만에 관하여 상속등기가 마쳐진 경우
② 등기능력 없는 건물에 대하여 소유권보존등기를 한 경우
③ 법령에 근거가 없는 특약사항이 등기된 경우
④ 농지에 전세권설정등기를 한 경우
⑤ 등기원인이 신탁임에도 신탁등기 없이 소유권이전등기만 마쳐진 경우

해설 ⑤ 법 제29조 제5호

① 법 제29조 제2호, 규칙 제52조 제7호
② 법 제29조 제2호, 규칙 제52조 제1호
③ 법 제29조 제2호, 규칙 제52조 제2호
④ 법 제29조 제2호, 규칙 제52조 제4호

✦ 종합문제

01 등기신청의 보정·취하·각하에 관한 다음 설명 중 가장 옳지 않은 것은? ▸2018년 법원사무관

① 등기소에 출석하여 서면으로 등기신청을 한 경우에 보정은 반드시 등기관의 면전에서 하여야 하는데, 등기신청서를 제출할 수 있도록 허가받은 법무사의 사무원도 보정할 수 있다.

② 등기신청이 등기권리자와 등기의무자의 공동신청에 의한 경우에는 그 등기신청의 취하도 등기권리자와 등기의무자가 공동으로 하거나 쌍방 당사자로부터 취하에 대한 특별수권을 받은 대리인이 할 수 있다.

③ 가압류등기가 된 후 가압류가 본압류로 이행하는 강제경매개시결정등기가 마쳐진 상태에서 집행법원이 가압류등기만의 말소촉탁을 하는 경우에는 부동산등기법 제29조 제2호의 '사건이 등기할 것이 아닌 경우'에 해당하여 각하하여야 한다.

④ 각하결정을 하였더라도 그 결정이 아직 고지되기 전에 보정이 되었다면 각하결정을 취소하고 신청한 등기를 하여야 한다.

해설 ④ 등기신청이 즉일 보정되지 않는 한 각하하여야 하고 이를 고지할 때까지 보정되었다고 하여 이미 내려진 각하 결정을 내려지지 않은 것으로 돌릴 수는 없다(예규 제124호).

① 방문신청의 방법으로 등기신청을 할 때에는 당사자 본인이나 그 대리인(대리인이 자격자대리인인 경우에는 대리인 본인 또는 그 출입사무원을 말한다. 이하 같다)이 직접 등기과·소에 출석하여 등기신청서를 접수담당자에게 제출하여야 한다. **보정(이행)**은 **당사자 본인**이나 그 **대리인**(⊞ **출입사무원** 포함)이 등기소에 출석하여 한다(예규 제1718호).
② 예규 제1643호, 1-나
③ 법 제29조 제2호, 규칙 제52조 제10호

02 서면에 의한 방문신청의 방법으로 등기를 신청한 경우 그 등기신청의 보정 또는 취하에 관한 다음 설명 중 가장 옳은 것은? ▸ 2016년 법무사

① 등기관이 등기신청에 대하여 보정을 명하는 경우에는 보정할 사항을 구체적으로 적시하고 그 근거법령이나 예규, 보정기간 등을 제시하여 매건 조사 완료 후 즉시 서면에 의하여 등기신청인에게 통지하여야 한다.

② 보정을 위하여 필요한 경우에는 신청서 또는 그 부속서류를 신청인에게 반환할 수 있다.

③ 등기관은 흠결사항에 대한 보정이 없으면 그 등기신청을 각하할 수밖에 없는 경우에만 그 사유를 등록한 후 보정명령을 할 수 있다.

④ 등기신청의 취하는 원칙적으로 서면으로 하여야 하나, 자연인 또는 법인 아닌 사단이나 재단이 직접 등기신청을 한 경우에는 구두로 할 수 있다.

⑤ 수개의 부동산에 관한 등기신청을 일괄하여 동일한 신청서에 의하여 한 경우에는 그 중 일부 부동산에 대하여만 등기신청을 취하할 수 없다.

해설 ③ 예규 제1515호

① 등기관은 보정사항에 대하여 **구두** 또는 **전화나 모사전송의 방법**에 의하여 등기신청인에게 통지하여야 한다(예규 제1515호).

② **신청인 또는 대리인**(자격자대리인의 **출입사무원** 포함)보정은 반드시 등기관의 **면전**에서 하여야 하며 보정을 위하여 신청서 또는 그 부속서류를 신청인에게 반환할 수 없다(예규 제1515호).

④ 법인 아닌 사단이나 재단이 취하를 하는 경우에도 원칙적으로 서면으로 취하서를 제출하여야 한다(규칙 제51조 제2항 제1호).

⑤ 「부동산등기법」 제25조의 규정에 의하여 수개의 부동산에 관한 등기신청을 일괄하여 동일한 신청서에 의하여 한 경우 그 중 일부 부동산에 대하여만 등기신청을 취하하는 것도 가능하다(예규 제1643호).

정답 ━ **02** ③

제4절 | 등기실행

01 등기기록 작성·기입

01 등기사항

관련 예규

등기부의 기재문자에 대한 사무처리지침[예규 제1628호]

1. 등기부의 기재문자

등기부는 <u>한글</u>과 <u>아라비아숫자</u>로 기재하되, 부동산의 소재지나 등기명의인, 법인의 본·지점과 임원의 주소(이하 '부동산의 소재지 등'이라 한다) 및 부동산의 면적을 표시할 때에는 이 예규에서 정하는 바에 따라 <u>문장부호나 특수문자</u>를 사용할 수 있다.

2. 등기부의 외래어 표기

등기부에 <u>외국의 국호</u>, 지명과 <u>외국인의 성명</u>, 명칭, 상호를 한글로 표기함에 있어서는 <u>문화체육관광부가 고시하는</u> 외래어표기법에 의함을 원칙으로 한다.

3. 표시번호, 순위번호 및 사항번호의 표시

등기부의 표시번호, 순위번호, 사항번호에는 1, 2, 3, 4로 표시하고 "번"자의 기재를 생략한다. 그러나 표시란 또는 사항란에서 표시번호 또는 순위번호를 적시할 때에는 1번, 2번, 3번, 4번과 같이 기재한다.

4. 부동산의 소재지 등의 표시

가. 부동산의 소재지 등을 표시할 때에는 "**서울특별시**", "**부산광역시**", "**경기도**", "**충청남도**" 등을 "서울", "부산", "경기", "충남" 등과 같이 <u>약기하지 않고</u> 행정구역 명칭 그대로 전부 기재하며, "서울특별시 서초구 서초동 967", "서울특별시 서초구 서초대로 219(서초동)" 등과 같이 주소 표기방법에 맞게 띄어 쓴다. 다만 지번은 "**번지**"라는 **문자를 사용함이 없이 108 또는 108-1**과 같이 기재하고, 도시개발사업 등으로 지번이 확정되지 않은 경우에는 "○○블록○○로트"와 같이 기재한다.

나. 부동산의 소재지 등을 표시할 때 사용할 수 있는 문장부호는 <u>마침표[.], 쉼표[,], 소괄호[( )], 붙임표[–]</u>로 한다.

【지번 방식의 예시】

1) 서울특별시 서초구 서초동 967

2) 전라북도 순창군 복흥면 답동리 산59-10

3) 경기도 김포시 풍무동 풍무지구100블록100로트 풍무푸르지오 101동 101호

【도로명 방식의 예시】

1) 서울특별시 서초구 서초대로 219(서초동)

2) 전라북도 순창군 복흥면 가인로 442-141

3) 서울특별시 강북구 4.19로 100, 101동 101호(수유동, 파크빌)

5. 계량법에 의한 면적표시

계량법에 의한 면적의 표시는 제곱미터의 약호인 ㎡를 사용하고 소수점 이하의 면적의 표시는 67.07㎡와 같이 기재한다.

6. 금액의 표시

금액의 표시는 아라비아숫자로 하되, 그 표시를 내국화폐로 하는 경우에는 "금10,000,000원"과 같이 기재하고, 외국화폐로 하는 경우에는 "미화 금10,000,000달러", "일화 금10,000,000엔", "홍콩화 금10,000,000달러"와 같이 그 외국화폐를 통칭하는 명칭을 함께 기재한다.

7. 연월일의 표시

연월일의 표시는 서기연대로 기재하며 서기라는 연호를 생략하고 2007년 5월 1일과 같이 기재한다.

8. 외국인의 성명 표시

외국인의 성명을 표시할 때에는 국적도 함께 기재한다. 예 미합중국인 헨리키신저

9. 등기신청서 등에의 준용

이 지침은 등기신청서 기타 등기에 관한 서면의 작성에 이를 준용한다.

---

01 등기부의 기록문자에 관한 다음 설명 중 가장 옳지 않은 것은? ▸ 2019년 등기주사보

① 외국인의 성명을 기록할 때에는 국적을 함께 기록한다.
② 부동산표시의 소재지를 기록할 때에는 행정구역 명칭 그대로 전부 기록하여야 하는바, 등기명의인의 주소를 기록할 때에도 마찬가지로 '서울특별시', '충청남도' 등을 '서울', '충남' 등으로 약기하여서는 안 된다.
③ 계량법에 의한 면적의 표시는 제곱미터의 약호인 ㎡를 사용한다.
④ 연월일의 표시는 서기연대로 기록하며 '서기'라는 연호를 기록한다.

해설 ④ '서기'라는 연호를 생략하여야 한다(예규 제1628호).

① 예규 제1628호, 8
② 예규 제1628호, 4
③ 예규 제1628호, 5

02 등기부의 기재문자에 관한 다음 설명 중 가장 옳지 않은 것은? ▸ 2018년 등기서기보

① 부동산의 소재지나 등기명의인의 주소를 표시할 때에는 "서울특별시", "부산광역시", "경기도", "충청남도" 등을 "서울", "부산", "경기", "충남" 등과 같이 약기하지 않고 행정구역 명칭 그대로 전부 기재한다.
② 부동산의 소재지나 등기명의인의 주소를 표시할 때에 지번은 "번지"라는 문자를 사용함이 없이 108 또는 108-1과 같이 기재하고, 도시개발사업 등으로 지번이 확정되지 않은 경우에는 "○○블록○○로트"와 같이 기재한다.

③ 부동산의 소재지나 등기명의인의 주소를 표시할 때 사용할 수 있는 문장부호는 마침표 [.], 쉼표[,], 소괄호[( )], 붙임표[-]이다.

④ 연월일의 표시는 서기연대로 기재하며, "서기 2018년 3월 2일"과 같이 서기라는 연호를 함께 기재한다.

> **해설** ④ '서기'라는 연호를 생략하여야 한다(예규 제1628호).
>
> ①②③ 예규 제1628호, 4

03 등기신청서의 작성 및 등기기록의 문자 등과 관련한 설명이다. 가장 잘못된 것은?

▶ 2012년 법무사

① 등기권리자가 2인 이상으로 등기할 권리가 합유일 때에는 그 뜻을 기재하고 지분은 기재하지 않는다.

② 건물등기기록 표제부에 도로명주소가 기록된 경우 등기신청서의 건물 표시는 건물의 소재 지번과 도로명주소를 함께 기재하여야 한다.

③ 등기신청서를 정정하려면 신청인 전원이 정정인을 날인하여야 한다.

④ 금액의 표시는 아라비아숫자로 하되 외화 채권인 경우에는 등기신청 당시의 공정환율로 환산한 국내 화폐가액을 기록하여야 한다.

⑤ 등기명의인의 주소 표시는 행정구역 명칭 그대로 전부 기록하되 지번은 '번지'라는 문자를 생략하고 '108' 또는 '108-1'과 같이 기록한다.

> **해설** ④ 금액의 표시는 **아라비아숫자**로 하되, 그 표시를 내국화폐로 하는 경우에는 "**금10,000,000원**"과 같이 기재하고, 외국화폐로 하는 경우에는 "미화 금10,000,000달러", "일화 금10,000,000엔", "홍콩화 금10,000,000달러"와 같이 그 **외국화폐를 통칭하는 명칭**을 함께 기재한다(예규 제 1628호, 6). 즉 국내 화폐가액을 기록하는 것이 아니다.
>
> ① **권리자가 2인 이상**인 경우에는 권리자별 **지분을** 기록하여야 하고 등기할 권리가 **합유**인 때에는 그 뜻을 기록(➌ 합유지분×)하여야 한다(법 제48조 제4항). 등기할 **권리자가 2인 이상**일 때에는 그 **지분**을 신청정보의 내용으로 등기소에 제공하여야 한다. 등기할 권리가 **합유**일 때에는 **합유라는 뜻을**(➌ 합유지분×) **신청정보의 내용**으로 등기소에 제공하여야 한다(규칙 제105조).
>
> ② 건물등기기록 표제부에 도로명주소가 기록된 경우 등기신청서의 건물 표시는 등기기록에 표시된 건물의 소재지번과 도로명주소를 함께 기재한다(예규 제1436호).
>
> ③ 날인하지 아니한 신청인과 이해상반되는 경우가 있을 수 있으므로 **신청인 전원**이 정정인을 날인한다(예규 제585호).
>
> ⑤ 예규 제1628호, 4

02 등기형식

01 등기관의 등기실행방법에 관한 다음 설명 중 가장 옳지 않은 것은? ▸2021년 법원사무관

① 전세권설정등기 후 그 전세권에 대한 가압류등기가 있는 상태에서 전세금을 감액하는 변경등기를 하는 때에 가압류권자의 승낙이 있으면 그 변경등기를 전세권설정등기에 부기로 하고, 그의 승낙이 없으면 그 변경등기를 주등기로 실행한다.

② 등기전체가 아닌 일부 등기사항만 말소된 것에 대한 회복등기를 할 때에는 부기에 의하여 말소된 등기사항만 다시 등기한다.

③ 가등기를 한 후 본등기의 신청이 있을 때에는 가등기의 순위번호를 사용하여 본등기를 하여야 한다.

④ 근저당권부 채권에 질권이 설정된 경우 질권자의 동의서가 첨부되지 않은 경우에는 근저당권의 채권최고액을 감액하는 근저당권변경등기를 할 수 없다.

해설 ① 전세권설정등기 후 그 전세권을 목적으로 하는 근저당권설정등기 또는 그 전세권에 대한 가압류등기 등이 있는 상태에서 전세금을 감액하는 변경등기를 하는 때에 그 근저당권자 또는 가압류권자 등은 등기상 이해관계 있는 제3자에 해당하므로 그의 승낙이 있으면 그 변경등기를 전세권설정등기에 부기로 하고, 그의 승낙이 없으면 그 변경등기를 할 수 없다(예규 제 1671호, 2-나-2))(⊞ **수리요건**).

② 말소된 등기의 회복을 신청하는 경우에 등기상 이해관계 있는 제3자가 있을 때에는 그 제3자의 **승낙이 있어야** 한다(법 제59조). 법 제59조의 말소된 등기에 대한 회복 신청을 받아 등기관이 등기를 회복할 때에는 회복의 등기를 한 후 다시 말소된 등기와 같은 등기를 하여야 한다(⊞ 순위번호도 종전 등기와 같은 번호를 기록한다). 다만, 등기전체가 아닌 일부 등기사항만 말소된 것일 때에는 부기에 의하여 말소된 등기사항만 다시 등기한다(규칙 제118조).

③ 가등기에 의한 본등기를 한 경우 본등기의 순위는 가등기의 순위에 따른다(법 제91조). 가등기를 한 후 본등기의 신청이 있을 때에는 가등기의 순위번호를 사용하여 본등기를 하여야 한다(규칙 제146조)(⊞ 가등기 말소×).

④ 근저당권부 채권에 질권이 설정된 경우 (⊞ 질권자는 등기상 이해관계인에 해당하므로)질권자의 동의 없이는 근저당권의 채권최고액을 감액하는 근저당권변경등기를 할 수 없다(선례 제201105-1호)(⊞ **수리요건**).

02 등기관의 등기실행방법에 관한 다음 설명 중 가장 옳지 않은 것은?

▸2021년 등기서기보 · 2020년 법원사무관

① 매매로 인한 소유권이전등기와 환매특약등기가 동시에 신청된 경우 환매특약등기를 소유권이전등기에 부기로 기록한다.

② 지목변경을 원인으로 토지표시변경등기의 신청이 있는 경우 종전의 표시에 관한 등기를 말소하고 변경사항을 반영하여 토지의 표시에 관한 사항을 주등기로 기록한다.

③ 근저당권설정등기청구권을 피보전권리로 하는 가처분등기의 촉탁이 있는 경우 그 가처분등기는 갑구에 기록한다.

④ 권리의 이전등기와 함께 신탁등기를 할 때에는 하나의 순위번호를 사용하여야 하므로 신탁으로 인한 권리이전등기를 한 다음 '권리자 및 기타사항란'에 횡선을 그어 횡선 아래에 신탁등기의 등기목적과 신탁원부번호를 기록한다.

해설 ④ **신탁등기의 신청**은 해당 신탁으로 인한 **권리의 이전** 또는 **보존**이나 **설정등기의 신청**과 함께 1건의 신청정보로 **일괄**하여 하여야 한다. 등기관이 권리의 이전 또는 보존이나 설정등기와 함께 신탁등기를 할 때에는 **하나의 순위번호**를 **사용**하여야 한다(규칙 제139조 제1항, 제7항). 즉 신탁으로 인한 권리이전등기를 한 다음 **등기목적란**에 **신탁등기의 등기목적**을 기재하고 **권리자 및 기타사항란**에 신탁원부번호를 기록한다.

① 환매특약등기는 전술한 바와 같이 매매로 인한 **소유권이전등기**와 **동시에** 신청하여야 하나, (❶ **환매특약**)등기신청서는 소유권이전등기신청서와는 **별개의 신청서**로 작성하여야 하며, 접수번호는 동일한 접수번호를 부여한다(「부동산등기실무 Ⅱ」 p.368). 등기관이 제53조의 **환매특약등기**를 할 때에는 **부기**로 하여야 한다(법 제52조 제6호).

② 법 제34조의 토지표시(❶ 소재·지번·지목·면적)에 관한 사항을 변경하는 등기를 할 때에는 종전의 표시에 관한 등기를 말소하는 표시를 하여야 한다(규칙 제73조). 이러한 부동산표시변경등기는 법 제52조의 각 호에 해당하지 않으므로 **주등기**로 실행한다.

③ 등기관이 **가처분등기**를 할 때에는 가처분의 **피보전권리**와 **금지사항**을 기록하여야 한다. 가처분의 피보전권리가 **소유권** 이외의 권리**설정등기청구권**으로서 소유명의인을 가처분채무자로 하는 경우에는 그 가처분등기를 등기기록 중 **갑구**에 한다(규칙 제151조).

❖ 변경 전(위탁자의 신탁선언에 의한 신탁등기)

【갑구】				(소유권에 관한 사항)
순위번호	등기목적	접수	등기원인	권리자 및 기타사항
2	소유권이전	2012년 1월 9일 제670호	2012년 1월 8일 매매	소유자 김우리 600104-1056429 서울특별시 서초구 반포대로 60(반포동) 거래가액 금200,000,000원
3	신탁재산으로 된 뜻의 등기	2012년 3월 5일 제3005호	2012년 3월 4일 신탁	수탁자 김우리 600104-1056429 서울특별시 서초구 반포대로 60(반포동)
				신탁 신탁원부 제2012-25호

변경 후 (위탁자의 신탁선언에 의한 신탁등기)

【갑구】				(소유권에 관한 사항)
순위번호	등기목적	접수	등기원인	권리자 및 기타사항

정답 ➡ 01 ① 02 ④

2	소유권이전	2019년 1월 9일 제670호	2019년 1월 8일 매매	소유자 김우리 600104-1056429 서울특별시 서초구 반포대로 60 (반포동) 거래가액 금200,000,000원
3	신탁재산으로 된 뜻의 등기	2019년 5월 31일 제3005호	2019년 5월 30일 신탁	수탁자 김우리 600104-1056429 서울특별시 서초구 반포대로 60 (반포동)
	신탁			신탁원부 제2019-25호

02 각종 통지

01 등기필정보 통지

📖 관련 조문

법 제50조[등기필정보]

① 등기관이 새로운 권리에 관한 등기를 마쳤을 때에는 등기필정보를 작성하여 등기권리자에게 통지하여야 한다. 다만, 다음 각 호의 어느 하나에 해당하는 경우에는 그러하지 아니하다.

1. 등기권리자가 등기필정보의 통지를 원하지 아니하는 경우
2. **국가 또는 지방자치단체가 등기권리자**인 경우
3. 제1호 및 제2호에서 규정한 경우 외에 **대법원규칙**으로 정하는 경우

② 등기권리자와 등기의무자가 **공동**으로 권리에 관한 등기를 신청하는 경우에 신청인은 그 신청정보와 함께 제1항에 따라 통지받은 **등기의무자의 등기필정보**를 등기소에 **제공**하여야 한다. **승소한 등기의무자**가 단독으로 권리에 관한 등기를 신청하는 경우에도 또한 같다.

규칙 제109조[등기필정보를 작성 또는 통지할 필요가 없는 경우]

① 법 제50조 제1항 제1호의 경우에는 등기신청할 때에 그 뜻을 신청정보의 내용으로 하여야 한다.

② 법 제50조 제1항 제3호에서 "대법원규칙으로 정하는 경우"란 다음 각 호의 어느 하나에 해당하는 경우를 말한다.

1. 등기필정보를 전산정보처리조직으로 통지받아야 할 자가 수신이 가능한 때부터 **3개월** 이내에 전산정보처리조직을 이용하여 **수신하지 않은** 경우
2. 등기필정보통지서를 수령할 자가 등기를 마친 때부터 **3개월** 이내에 그 서면을 수령하지 **않은** 경우
3. 법 제23조 제4항에 따라 **승소한 등기의무자**가 등기신청을 한 경우
4. 법 제28조에 따라 등기권리자를 **대위**하여 **등기신청**을 한 경우
5. 법 제66조 제1항에 따라 등기관이 **직권**으로 소유권보존등기를 한 경우

📑 **관련 예규**

등기필정보의 작성 및 통지 등에 관한 업무처리지침[예규 제1716호]

1. 목적

이 예규는 등기필정보의 작성, 통지 등을 규정하고 있는 「부동산등기규칙」 제106조부터 제111조까지의 시행에 필요한 사항을 규정함을 목적으로 한다.

2. 등기필정보의 작성

등기관이 등기권리자의 신청에 의하여 **다음 각 호** 중 어느 하나의 등기를 하는 때에는 **등기필정보를 작성**하여야 한다.

그 이외의 등기를 하는 때에는 등기필정보를 작성하지 아니한다.

(1) 「부동산등기법」 제3조 기타 법령에서 등기할 수 있는 권리로 규정하고 있는 **권리를 보존, 설정, 이전** 하는 등기를 하는 경우

(2) 위 (1)의 권리의 설정 또는 이전청구권 보전을 위한 **가등기**를 하는 경우

(3) **권리자를 추가하는 경정 또는 변경등기**(갑 단독소유를 갑, 을 공유로 경정하는 경우나 **합유자가 추가** 되는 합유명의인표시변경 등기 등)를 하는 경우

3. 등기필정보의 기재사항과 구성

가. 등기필정보의 기재사항등기필정보에는 권리자, (주민)등록번호, 부동산고유번호, 부동산소재, 접수일자, 접수번호, 등기목적, **일련번호** 및 **비밀번호**를 기재한다.

나. 등기필정보의 구성등기필정보의 **일련번호**는 영문 또는 아라비아 숫자를 조합한 12개로 구성하고 비밀 번호는 50개를 부여한다.

4. 등기필정보의 작성방법

가. 일반신청의 경우 등기필정보는 부동산 및 **등기명의인이 된 신청인별**로 작성하되, 등기신청서의 접수년 월일 및 접수번호가 동일한 경우에는 부동산이 다르더라도 등기명의인별로 작성할 수 있다. 그러므로 **등기명의인이 신청하지 않은 다음 각 호의 등기** 중 어느 하나의 등기를 하는 경우에는 등기명의인을 위한 등기필정보를 **작성**하지 **아니**한다.

(1) 채권자대위에 의한 등기

(2) 등기관의 **직권**에 의한 보존등기

(3) **승소한 등기의무자**의 신청에 의한 등기

나. 관공서 촉탁의 경우 **관공서가 (🏛 등기권리자로서)**등기를 촉탁한 경우에는 등기필정보를 **작성하지 아니**한다.

다만 **관공서가 (🏛 등기의무자로서)** 등기권리자를 위해 등기를 촉탁하는 경우에는 등기필정보를 **작성** 한다.

5. 등기필정보의 통지 방법

가. 전자신청의 경우

(1) 생략

(2) 생략

(3) 전자촉탁의 경우 관공서가 **등기권리자를 위하여** 소유권이전등기를 **전자촉탁**한 때에는 **등기필정보 통지서**를 출력하여 관공서에 직접 교부 또는 송달할 수 있고, 이 경우 **관공서**는 밀봉된 등기필정보 통지서를 뜯지 않은 채 그대로 **등기권리자에게 교부**한다.

나. 서면신청의 경우

등기필정보통지서를 교부받고자 하는 자는 신분증(법무사 또는 변호사의 사무원은 사무원증)을 제시하여야 하고, 교부담당 공무원은 아래와 같은 방법으로 등기필정보통지서를 출력하여 교부한다.

(1) 등기필정보통지서ㆍ출력ㆍ관리

(2) 등기필정보통지서의 교부방법

(3) 우편에 의한 송부

(가) 신청인이 등기필정보통지서를 우편으로 송부받고자 하는 경우에는 등기신청서와 함께 수신인 란이 기재된 봉투에 등기취급 우편 또는 특급취급우편(속달)요금에 상응하는 우표를 붙여 이를 제출하여야 한다.

(나) 위 (가)의 경우에 등기필정보통지서 교부담당자는 등기사건이 처리된 즉시 등기필정보통지서를 수신인에게 발송하고, 부동산등기접수장의 수령인란에 "우송"이라고 기재한 후 그 영수증은 "우편물수령증철"에 첨부하여 보관하여야 한다. 이 "우편물수령증철"은 1년간 보존한다.

(4) 등기필정보통지서는 1회에 한하여 교부한다.

5-1. 등기필정보의 일련번호와 비밀번호(이하 "일련번호 등"이라 한다) 추가 부여 및 통지서 교부

6. 등기필정보의 제공 방법

7. 등기필정보의 실효신청

8. 등기필정보의 입력 오류 및 오류해제

9. 등기필정보 실효 신청서의 편철 등

10. 등기필정보가 없는 경우의 전자확인서면 송신 방법

01 등기필정보에 관한 다음 설명 중 가장 옳지 않은 것은?   ▶ 2023년 법무사

① 방문신청의 경우 신청인이 등기신청서와 함께 등기필정보통지서 송부용 우편봉투를 제출한 경우에는 등기필정보통지서를 우편으로 송부한다.

② 등기관이 착오로 여러 명의 등기권리자 중 일부를 누락하여 직권으로 등기권리자를 추가하는 경정등기를 하는 경우에는 그 추가되는 등기권리자에 대한 등기필정보를 작성하지 않는다.

③ 등기의무자인 법인이 등기필정보가 없는 경우에 그 지배인이 회사를 대리하여 등기신청을 하는 경우에는 그 지배인이 출석하여 지배인임을 확인받을 수 있다.

④ 등기필정보가 없을 때에는 등기신청을 위임받은 자격자대리인인 법무사가 등기의무자 또는 그 법정대리인 본인으로부터 위임받았음을 확인하고 그 확인한 사실을 증명하는 정보를 작성하여 제공할 수 있다.

⑤ 구분건물을 신축하여 분양한 자가 집합건물의 소유 및 관리에 관한 법률 제2조 제6호의 대지사용권을 가지고 있는 경우에 대지권등기를 하지 아니한 상태에서 수분양자에게 구분건물에 대하여만 소유권이전등기를 마친 경우 현재의 구분건물의 소유명의인과 공동으로 대지사용권에 관한 이전등기를 신청하는 경우에는 등기필정보를 제공하지 않아도 된다.

해설 ② 1. 등기관이 **등기권리자의 신청**에 의하여 **권리자를 추가**하는 **경정 또는 변경등기**(갑 단독소유를 갑, 을 공유로 경정하는 경우나 **합유자가 추가**되는 합유명의인표시변경 등기 등)를 하는 경우에는 **등기필정보를 작성**하여야 한다(예규 제1716호, 2-(3)).
　2. 마찬가지로, 등기관이 착오로 **여러 명의 등기권리자 중 일부를 누락**하여 **직권으로 등기권리자를 추가**하는 경정등기를 하는 경우에는 그 **추가되는 등기권리자에 대한 등기필정보를 작성**하여야 한다.

① 방문신청의 경우 등기필정보를 적은 서면(이하 "**등기필정보통지서**"라 한다)을 **교부**하는 방법으로 등기필정보를 교부한다. 다만 **신청인이** 등기신청서와 함께 대법원예규에 따라 **등기필정보통지서 송부용 우편봉투를 제출**한 경우에는 등기필정보통지서를 **우편**으로 **송부**한다(규칙 제107조 제1항 제1호).

③ 1. (🔁 등기된) **지배인**은 영업주에 갈음하여 그 영업에 관한 재판상 또는 재판 외(🔁 등기신청)의 모든 행위를 할 수 **있다**(상법 제11조 제1항).
　2. 「**부동산등기법**」 제51조의 규정에 의하여 **확인조서나 확인서면** 또는 **공정증서**를 작성함에 있어서 등기의무자가 법인인 경우에는 그 **지배인을 확인**하거나 지배인의 작성부분에 관한 공증으로 대표권을 가진 임원 또는 사원의 본인확인 또는 그 작성부분에 관한 공증에 갈음할 수 있다(법 제49조, 등기예규 제762호, 예규 제1355호).
　3. 소유권 이외의 권리의 등기명의인이 등기의무자로서 신청서에 부동산등기법 법 제51조 단서에 의한 서면을 첨부하여 등기를 신청하는 경우 **등기의무자의 인감증명을 제출**(규칙 제60조 제1항 제3호)하여야 하고, 위 경우 등기의무자 본인이 아닌 법정대리인이 등기를 신청하는 경우에는 법정대리인임을 증명하는 서류와 아울러 그 법정대리인의 인감증명(규칙 제61조 제2항)을 제출하여야 하는바, 등기필증을 멸실한 법인의 지배인이 법인 명의의 근저당권에 대한 말소등기를 신청할 경우에는, **지배인의 자격을 증명하는 서류**와 아울러 상업등기법 제16조에 의하여 발급된 **지배인의 (🔁 법인)인감증명**을 제출하여야 하며, 다른 지배인이나 대표자의 인감증명을 제출할 수는 없다(선례 제7-84호). 또한 지배인의 도장이라도 인감이 신고되지 않은 지배인의 사용인감계와 대표자의 인감증명으로 이를 대신할 수 없다(선례 제200507-5호).

④ 제50조 제2항의 경우에 등기의무자의 **등기필정보가 없을 때**에는 **등기의무자** 또는 그 **법정대리인**(이하 "등기의무자등"이라 한다)이 등기소에 출석하여 **등기관으로부터 등기의무자등임을** 확인받아야 한다. 다만, 등기신청인의 대리인(변호사나 **법무사만**을 말한다)이 등기의무자등으로부터 위임받았음을 **확인**한 경우 또는 신청서(위임에 의한 대리인이 신청하는 경우에는 그 권한을 증명하는 서면을 말한다) 중 등기의무자 등의 작성부분에 관하여 **공증**을 받은 경우에는 그러하지 아니하다(법 제51조).

⑤ 대지사용권은 전유부분에 대한 종된 권리이므로 전유부분의 이전등기가 있게 되면 당연히 이전되는 것으로서, 대지사용권이전등기에 있어서는 건물등기부로 이미 진정성이 담보되므로 등기의무자의 **등기필정보를** 제공할 필요가 **없다**. 그러나 **인감증명은 제공**하여야 하는 데 등기원인이 매매가 아니므로 **매도용** 인감증명을 제공할 필요는 **없다**(예규 1647).

정답 ┗ **01** ②

02 다음 중 등기필정보를 작성하여 등기권리자에게 통지하여야 하는 등기신청에 해당하는 것은?

▸ 2022년 법무사

① 말소된 전세권설정등기에 대한 회복등기를 등기권리자가 판결을 받아 단독으로 신청한 경우

② 甲, 乙 공유를 甲, 乙 합유로 변경하는 등기를 甲과 乙이 공동으로 신청한 경우

③ 합유자 甲, 乙, 丙 중 丙의 사망을 원인으로 잔존 합유자 甲, 乙이 합유명의인 변경등기 신청을 한 경우

④ 소유권이전등기절차의 인수를 명하는 판결에 의하여 승소한 등기의무자가 단독으로 소유권이전등기를 신청한 경우

⑤ 소유권이전청구권 가등기를 등기권리자가 법원의 가등기가처분명령을 받아 단독으로 신청한 경우

해설 ⑤ 등기관이 등기권리자의 신청에 의하여 **다음 각 호 중 어느 하나의 등기**를 하는 때에는 **등기필정보를 작성**하여야 한다. 그 이외의 등기를 하는 때에는 등기필정보를 작성하지 아니한다.

(1) **부동산등기법 제3조** 기타 법령에서 등기할 수 있는 권리로 규정하고 있는 **권리**(⊕ **소유권, 지상권, 지역권, 전세권, 저당권, 권리질권, 채권담보권, 임차권**)를 **보존, 설정, 이전**하는 등기를 하는 경우

(2) 위 (1)의 권리의 설정 또는 **이전청구권 보전을 위한 가등기**를 하는 경우

(3) **권리자를 추가**하는 경정 또는 변경등기를 하는 경우
(⊕ 갑 단독소유를 갑, 을 공유로 경정하는 경우)
(⊕ 합유자가 추가되는 합유명의인변경 등기 등)

① 말소회복등기는 위 보존, 설정, 이전등기에 포함되지 아니하므로 등기필정보를 작성·통지하지 아니한다.

②③ 권리자가 추가되는 변경등기가 아니므로 등기필정보를 작성·통지하지 아니한다.

④ 1. **승소한 등기권리자**가 단독으로 판결에 의하여 등기를 신청하는 경우에는 등기의무자의 권리에 관한 등기필정보를 제공할 필요가 없지만, 등기가 완료된 경우 등기권리자에게 등기필정보를 작성·통지하여야 한다(⊕ **등기필정보 : 제공×, 작성○**).

2. **승소한 등기의무자**가 단독으로 등기를 신청할 때에는 그의 권리에 관한 등기필정보를 제공하여야 하지만, 등기가 완료된 경우 등기권리자에게 등기필정보를 작성·통지하지 않는다(⊕ **등기필정보 : 제공○, 작성×**)(법 제50조 제2항, 예규 제1692호, 5-바).

03 등기를 완료한 후의 절차에 관한 다음 설명 중 가장 옳지 않은 것은? ▶2022년 등기서기보

① 등기관이 등기를 마친 후 그 등기에 착오나 빠진 부분이 있음을 발견하였을 때에는 지체 없이 그 사실을 등기권리자와 등기의무자에게 알려야 하고, 등기권리자와 등기의무자가 없는 경우에는 등기명의인에게 알려야 한다.

② 공동신청에 있어 등기의무자에 대한 등기완료사실의 통지는 신청서에 통지를 원한다는 등기의무자의 의사표시가 기재되어 있는 경우에만 등기완료사실을 통지한다.

③ 승소한 등기의무자의 신청에 의하여 등기를 마친 경우에는 등기필정보를 작성하여 등기권리자에게 우편으로 통지하여야 한다.

④ 등기관이 소유권의 말소 또는 말소회복의 등기를 하였을 때에는 지체 없이 그 사실을 지적소관청 또는 건축물대장 소관청에 각각 알려야 한다.

해설 ③ 1. **승소한 등기권리자**가 단독으로 판결에 의하여 등기를 신청하는 경우에는 등기의무자의 권리에 관한 등기필정보를 제공할 필요가 없지만, 등기가 완료된 경우 등기권리자에게 등기필정보를 작성·통지하여야 한다(🔆 **등기필정보 : 제공×, 작성○**).

　　　 2. **승소한 등기의무자**가 단독으로 등기를 신청할 때에는 그의 권리에 관한 등기필정보를 제공하여야 하지만, 등기가 완료된 경우 등기권리자에게 등기필정보를 작성·통지하지 않는다(🔆 **등기필정보 : 제공○, 작성×**)(법 제50조 제2항, 예규 제1692호, 5-비).

① 법 제32조 제1항

② **공동신청에 있어서 등기의무자**에 대한 통지는 신청서에 **등기완료사실의 통지를 원한다는 등기의무자의 의사표시가 기재되어 있는 경우에만** 등기완료사실의 통지를 하며, 그 방식은 전자신청의 경우에는 전산정보처리조직을 이용하여 송신하는 방법에 의하고, 서면신청의 경우에는 등기완료사실을 인터넷등기소에 게시하는 방법에 의한다. 다만 서면신청의 경우 그 통지를 받을 자가 등기소에 출석하여 직접 서면의 교부를 요청하는 때에는 등기완료통지서를 출력하여 직접 교부한다(예규 제1623호, 3-나).

④ 등기관이 1. **소유권**의 보존 또는 이전 (🔆 **가등기×**)

　　　　　　 2. **소유권**의 등기명의인표시의 변경 또는 경정

　　　　　　 3. **소유권**의 변경 또는 경정

　　　　　　 4. **소유권**의 말소 또는 말소회복의 등기

를 하였을 때에는 지체 없이 그 사실을 **토지**의 경우에는 **지적소관청**에, 건물의 경우에는 **건축물대장 소관청**에 **각각 알려**야 한다(법 제62조).

04 등기완료 후의 절차에 관한 다음 설명 중 가장 옳지 않은 것은? ▸ 2020년 등기서기보

① 등기관이 등기권리자의 신청에 의하여 '甲' 단독 소유를 '甲, 乙' 공유로 하는 경정등기를 완료한 경우에는 등기필정보를 작성하여야 한다.

② 관공서가 등기권리자를 위해 등기를 촉탁하는 경우에 그 등기를 마쳤을 때에는 등기필정보를 작성하여야 한다.

③ 등기관이 대위채권자의 등기신청을 완료한 때에는 등기필정보를 작성하여 등기권리자에게 통지하여야 한다.

④ 가압류등기, 가처분등기 및 경매개시결정등기가 가등기에 의한 본등기 또는 매각으로 말소된 경우에는 등기관은 지체 없이 그 뜻을 집행법원에 통지하여야 한다.

해설 ③ 등기명의인이 신청하지 않은 채권자대위에 의한 등기를 하는 경우에는 등기명의인을 위한 등기필정보를 작성하지 아니한다(예규 제1716호, 4-가-(1)).

① 예규 제1716호, 2-(3)
② 예규 제1716호, 4-나
④ 가압류등기, 가처분등기, 경매개시결정등기, 주택임차권등기 및 상가건물임차권등기가 집행법원의 말소촉탁 이외의 사유(본등기, 매각, 공매, 「부동산등기법」 제99조 제4항, 동 규칙 제116조 제2항 규정의 경우 등)로 말소된 경우 등기관은 지체 없이 그 뜻을 아래 양식에 의하여 집행법원에 통지하여야 한다(예규 제1368호).

05 등기필정보의 작성에 관한 다음 설명 중 가장 옳지 않은 것은? ▸ 2019년 등기주사보

① 등기관이 등기권리자의 신청에 의하여 '갑' 단독소유를 '갑, 을' 공유로 하는 경정등기를 마쳤을 때에는 등기필정보를 작성하여야 한다.

② 관공서가 등기권리자를 위해 등기를 촉탁하는 경우에 그 등기를 마쳤을 때에는 등기필정보를 작성하여야 한다.

③ 미등기부동산에 대한 처분제한 등기의 촉탁으로 등기관이 직권으로 소유권보존등기를 하는 경우에는 등기필정보를 작성하지 않는다.

④ 등기관이 채권자대위에 의한 등기신청을 마쳤을 때에는 그 등기명의인을 위하여 등기필정보를 작성하여야 한다.

해설 ④ 등기명의인이 신청하지 않은 채권자대위에 의한 등기를 하는 경우에는 등기명의인을 위한 등기필정보를 작성하지 아니한다(예규 제1716호, 4-가-(1)).

① 예규 제1716호, 2-(3)
② 예규 제1716호, 4-나
③ 예규 제1716호, 4-가-(2)

06 등기필정보에 관한 다음 설명 중 가장 옳지 않은 것은? ▸ 2017년 법무사

① 등기필정보는 등기부에 새로운 권리자가 기록되는 경우에 그 권리자를 확인하기 위하여 등기관이 작성한 정보를 말한다.

② 국가 또는 지방자치단체가 등기권리자인 경우에는 등기필정보를 작성·통지하지 아니한다.

③ 채권자가 등기권리자인 채무자를 대위하여 등기신청을 한 경우에는 등기필정보를 작성·통지하지 아니한다.

④ 등기관이 등기권리자의 신청에 의하여 권리자를 추가하는 경정 또는 변경등기(甲 단독소유를 甲, 乙 공유로 경정하는 경우나 합유자가 추가되는 합유명의인표시변경 등기 등)를 하는 경우에는 등기필정보를 작성·통지한다.

⑤ 법정대리인이 본인을 대리하여 등기를 신청한 경우에도 등기필정보는 본인에게 통지하여야 한다.

> 해설 ⑤ **법정대리인**이 등기를 신청한 경우에는 그 법정대리인에게, **법인**의 대표자나 지배인이 신청한 경우에는 그 대표자나 지배인에게, **법인 아닌 사단이나 재단**의 대표자나 관리인이 신청한 경우에는 그 대표자나 관리인에게 등기필정보를 통지한다(규칙 제108조 제2항).
>
> ① **등기필정보**란 등기부에 새로운 권리자가 기록되는 경우에 그 권리자를 확인하기 위하여 제11조 제1항에 따른 등기관이 작성한 정보를 말한다(법 제2조 제4호).
> ② 예규 제1716호, 4-나
> ③ 예규 제1716호, 4-가-(1)
> ④ 예규 제1716호, 2-(3)

07 등기필정보에 관한 다음 설명 중 가장 옳지 않은 것은? ▸ 2017년 등기주사보

① 국가 또는 지방자치단체가 등기권리자인 경우에는 등기필정보를 작성하여 통지할 필요가 없다.

② 등기필정보에는 권리자, (주민)등록번호, 부동산고유번호, 부동산소재, 접수일자, 접수번호, 등기목적, 일련번호 및 비밀번호를 기재한다.

③ 채권자대위에 의한 등기를 하는 경우에도 등기명의인을 위한 등기필정보를 작성하여야 한다.

④ 甲 단독소유를 甲, 乙 공유로 경정하는 경우나 합유자가 추가되는 합유명의인표시변경 등기의 경우에는 등기필정보를 작성하여야 한다.

> 해설 ③ **등기명의인이 신청하지 않은 채권자대위**에 의한 등기를 하는 경우에는 등기명의인을 위한 **등기필정보를 작성하지 아니**한다(예규 제1716호, 4-가-(1)).

정답 ○━ 04 ③ 05 ④ 06 ⑤ 07 ③

① 예규 제1716호, 4-나
② 예규 제1716호, 3
④ 예규 제1716호, 2-(3)

08 등기필정보에 관한 다음 설명 중 가장 옳지 않은 것은? ▸2015년 등기서기보

① 국가 또는 지방자치단체가 등기권리자인 경우라도 등기필정보를 작성하여 통지하여야한다.
② 등기필정보에는 권리자, (주민)등록번호, 부동산고유번호, 부동산소재, 접수일자, 접수번호, 등기목적, 일련번호 및 비밀번호를 기재한다.
③ 등기필정보의 통지는 등기필정보를 기록한 서면(등기필정보통지서)을 1회에 한하여 교부하는 방법으로 한다.
④ 등기필정보통지서를 수령할 사람이 3개월 이내에 그 서면을 수령하지 않은 경우 등기필정보를 통지할 필요가 없다.

> **해설** ① 관공서 촉탁의 경우 **관공서가 (❶ 등기권리자로서)**등기를 촉탁한 경우에는 등기필정보를 작성하지 **아니한다.** 다만 **관공서가 (❷ 등기의무자로서)** 등기권리자를 위해 등기를 촉탁하는 경우에는 **등기필정보를 작성한다**(예규 제1716호, 4-나).
>
> ② 예규 제1716호, 3
> ③ 예규 제1716호, 5-나-(4)
> ④ 규칙 제109조 제2항 제2호

09 등기필정보의 작성 및 통지에 관한 다음 설명 중 가장 옳지 않은 것은? ▸2013년 법무사

① 승소한 등기의무자의 신청에 의하여 등기를 마친 경우에는 등기필정보를 작성하지 않는다.
② 합유자를 추가하는 내용의 합유명의인표시변경등기를 마친 경우에는 등기필정보를 작성해야 한다.
③ 채권자대위에 의한 등기를 마친 경우에는 등기필정보를 작성하여 채권자에게 통지하여야 한다.
④ 관공서가 등기권리자를 위하여 소유권이전등기를 전자촉탁한 경우에는 등기필정보통지서를 출력하여 관공서에 직접 교부 또는 송달할 수 있으며, 이 경우 관공서는 밀봉된 등기필정보통지서를 뜯지 않은 채 그대로 등기권리자에게 교부한다.
⑤ 법정대리인의 신청에 의하여 등기를 마친 경우 등기필정보는 그 법정대리인에게 통지한다.

해설 ③ **등기명의인이 신청하지 않은 채권자대위에 의한 등기**를 하는 경우에는 등기명의인을 위한 등기필정보를 **작성하지 아니**한다(예규 제1716호, 4-가-(1)).

① 예규 제1716호, 4-가-(3)

② 예규 제1716호, 2-(3)

④ **전자촉탁의 경우 관공서가 등기권리자를 위하여 소유권이전등기를 전자촉탁**한 때에는 **등기필정보통지서를 출력**하여 관공서에 **직접 교부 또는 송달**할 수 있고, 이 경우 **관공서**는 밀봉된 등기필정보통지서를 뜯지 않은 채 그대로 **등기권리자에게 교부**한다(예규 제1716호, 5-가-(3)).

⑤ **법정대리인**이 등기를 신청한 경우에는 그 법정대리인에게, **법인**의 대표자나 지배인이 신청한 경우에는 그 대표자나 지배인에게, **법인 아닌 사단이나 재단**의 대표자나 관리인이 신청한 경우에는 그 대표자나 관리인에게 등기필정보를 통지한다(규칙 제108조 제2항).

10 **다음 중 등기필정보를 작성하는 경우는?** ▸ 2012년 법무사

① 갑 단독소유를 갑·을 공유로 경정하는 경우

② 채권자대위에 의하여 소유권이전등기를 하는 경우

③ 등기관의 직권에 의하여 소유권보존등기를 하는 경우

④ 승소한 등기의무자의 신청에 의하여 소유권이전등기를 하는 경우

⑤ 주소변경에 따라 등기명의인 표시변경등기를 하는 경우

해설 ① 예규 제1716호, 2-(3)

② 예규 제1716호, 4-가-(1)

③ 예규 제1716호, 4-가-(2)

④ 예규 제1716호, 4-가-(3)

⑤ 등기명의인 표시변경은 권리에 관한 등기가 아니므로 등기필정보를 작성하여 통지하지 않는다.

정답 ☞ 08 ① 09 ③ 10 ①

02 등기완료 통지

🔖 관련 조문

법 제30조(등기완료의 통지)
등기관이 **등기를 마쳤을** 때에는 대법원규칙으로 정하는 바에 따라 신청인 등에게 그 **사실을 알려야** 한다.

규칙 제53조(등기완료통지)
① 법 제30조에 따른 **등기완료통지**는 신청인 및 다음 각 호의 어느 하나에 해당하는 자에게 하여야 한다.
  1. 법 제23조 제4항에 따른 승소한 등기의무자의 등기신청에 있어서 등기권리자
  2. 법 제28조에 따른 대위자의 등기신청에서 피대위자
  3. 법 제51조에 따른 등기신청에서 등기의무자
  4. 법 제66조에 따른 직권 소유권보존등기에서 등기명의인
  5. 관공서가 촉탁하는 등기에서 관공서
② 제1항의 통지는 대법원예규로 정하는 방법으로 한다.

📗 관련 예규

등기완료통지서의 작성 등에 관한 업무처리지침[예규 제1623호]
1. 등기완료통지서를 받을 자
   법원행정처장이 전산정보처리조직을 이용한 등기신청을 할 수 있는 등기소로 지정한 등기소에서 등기관이 등기를 완료한 때에는 등기완료통지서를 작성하여 **신청인** 및 **다음 각 호**에 해당하는 자에게 **등기완료**사실을 **통지**하여야 한다.
   (1) 승소한 등기의무자의 등기신청에 있어서 **등기권리자**　　　(⊞ 등기필정보×)
   (2) 대위채권자의 등기신청에 있어서 **등기권리자**　　　(⊞ 등기필정보×)
   (3) 직권보존등기에 있어서 **등기명의인**　　　(⊞ 등기필정보×)
   (4) 등기필정보(등기필증 포함)를 제공해야 하는 등기신청에서 등기필정보를 제공하지 않고 확인정보 등을 제공한 등기신청에 있어서 등기의무자
   (5) 관공서의 등기촉탁에 있어서 그 관공서

2. 등기완료통지서 기재사항 및 작성방법
   등기완료통지서에는 신청인(또는 권리자)의 성명과 주소, 부동산소재, 접수일자, 접수번호, 등기목적, 등기원인 및 일자, 작성일자를 기재하고 등기관의 전자이미지관인을 기록한다. 대리인에 의한 신청의 경우에는 대리인의 자격과 성명을 기재한다.

3. 등기완료통지의 방법
   가. **등기필정보를 부여받을 사람**에 대한 통지
     (1) 전자신청의 경우 등기필정보를 송신할 때 함께 송신한다.
     (2) 서면신청의 경우 등기완료의 통지는 별지 제3호 양식에 의하여 등기필정보가 함께 기재된 **등기필정보 및 등기완료통지서**로 하여야 한다(⊞ 등기필정보를 통지하는 것으로 등기완료사실의 통지를 대신할 수 없다).
   나. **등기필정보를 부여받지 않는 사람**에 대한 통지
     (1) **공동신청에 있어서 등기의무자**에 대한 통지

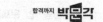

신청서에 <u>등기완료사실의 통지를 원한다</u>는 등기의무자의 의사표시가 기재되어 있는 경우에만 등기완료사실의 통지를 하며, 그 방식은 전자신청의 경우에는 <u>전산정보처리조직을 이용하여 송신하는 방법</u>에 의하고, 서면신청의 경우에는 등기완료사실을 인터넷등기소에 게시하는 방법에 의한다. 다만 서면신청의 경우 그 통지를 받을 자가 등기소에 출석하여 직접 서면의 교부를 요청하는 때에는 등기완료통지서를 <u>출력하여 직접 교부</u>한다.

(2) 위 (1)을 제외한 신청인에 대한 통지

다음 각 호에 해당하는 자에 대한 등기완료사실의 통지는 전자신청의 경우에는 <u>전산정보처리조직을 이용하여 송신하는 방법</u>에 의하고, 서면신청의 경우에는 등기완료사실을 인터넷등기소에 게시하는 방법에 의한다. 다만 서면신청의 경우 그 통지를 받을 자가 등기소에 출석하여 직접 서면의 교부를 요청하는 때에는 등기완료통지서를 <u>출력하여 직접 교부</u>한다.

(가) 공동신청에 있어서 <u>등기필정보를 부여받지 않는 등기권리자</u>

(나) 단독신청에 있어서 신청인

(다) 법 제23조 제4항에 의한 <u>승소한 등기의무자</u>의 등기신청에 있어서 <u>등기의무자</u>

(라) 법 제28조에 의한 <u>대위채권자</u>의 등기신청에 있어서 <u>대위자</u>

(3) 신청인이 아닌 등기명의인 등에 대한 통지

다음 각 호에 해당하는 자에 대한 등기완료사실의 통지는 등기완료통지서를 출력하여 <u>등기부에 기록된 주소로 우편 송달</u>한다.

(가) 법 제23조 제4항에 의한 <u>승소한 등기의무자</u>의 등기신청에 있어서 <u>등기권리자</u>

(나) 법 제28조에 의한 대위채권자의 등기신청에 있어서 등기권리자

(다) 법 제66조에 의한 소유권의 <u>처분제한의 등기촉탁</u>에 있어서 <u>소유권 보존등기의 명의인</u>

(라) 「부동산등기규칙」 제53조 제1항 제3호의 <u>등기의무자</u>

(4) 관공서에 대한 통지

4. 등기완료통지서의 양식

01 **등기완료사실의 통지에 관한 다음 설명 중 가장 옳지 않은 것은?** ▸ 2018년 법무사

① 등기관이 대위채권자의 등기신청을 완료한 때에는 등기권리자에게 등기완료사실을 통지하여야 한다.

② 등기관이 직권으로 소유권보존등기를 하는 때에 그 등기명의인에게 등기완료사실을 통지하여야 한다.

③ 등기필정보 또는 등기필증을 제공하여야 하는 등기신청에서 이를 제공하지 않고 확인정보 등을 제공한 등기신청에 있어서의 등기의무자에게는 등기완료사실을 통지하여야 한다.

④ 서면으로 등기를 신청한 경우에 등기필정보를 부여받을 사람에게는 등기필정보를 통지하는 것으로 등기완료사실의 통지를 대신할 수 있다.

⑤ 공동신청에 있어서의 등기의무자에 대한 등기완료통지는 신청서에 그 통지를 원한다는 등기의무자의 의사표시가 기재되어 있는 경우에만 한다.

해설 ④ 서면신청의 경우 등기완료의 통지는 별지 제3호 양식에 의하여 등기필정보가 함께 기재된 **등기필정보 및 등기완료통지서**로 하여야 한다(예규 제1623호, 3-가). 즉, 등기필정보를 부여

정답 ➡ 01 ④

받을 사람에 대한 등기완료 사실의 통지는 등기필정보통지와 등기완료통지를 하나의 서면으로 하여야 하고, 등기필정보를 통지하는 것으로 등기완료사실의 통지를 대신할 수 없다.

① 예규 제1623호, 1-(2)
② 예규 제1623호, 1-(3)
③ 예규 제1623호, 1-(4)
⑤ 예규 제1623호, 3-나-(1)

02 등기를 마친 후 등기필정보와 등기완료의 사실을 함께 통지하여야 하는 것은?

▶ 2018년 등기주사보

① 판결에서 승소한 등기의무자가 등기신청하는 경우에 등기권리자
② 채권자대위권에 의한 대위자의 등기신청에서 피대위자
③ 등기필정보를 분실하여 확인서면에 의해 등기신청하는 경우에 등기권리자
④ 미등기 부동산에 관하여 직권으로 소유권보존등기를 한 경우에 등기명의인

해설 ③ 등기의무자가 등기필정보를 분실하여 확인서면에 의해 등기의무자와 등기권리자가 공동으로 신청하는 경우에 등기권리자는 "등기명의인이 된 신청인"에 해당하므로 등기필정보를 작성하여 통지하여야 하고 또한 등기완료사실도 함께 통지하여야 한다. 그러나 판결에서 승소한 등기의무자가 등기신청하는 경우에 등기권리자, 채권자대위권에 의한 대위자의 등기신청에서 피대위자, 미등기 부동산에 관하여 직권으로 소유권보존등기를 한 경우에 등기명의인에게는 등기완료통지는 하지만 등기필정보를 작성·통지하지 아니한다(예규 제1623호).

03 등기완료 사실의 통지에 관한 다음 설명 중 가장 옳지 않은 것은?

▶ 2017년 등기주사보

① 등기관이 등기를 마쳤을 때에는 신청인 등에게 그 사실을 알려야 한다.
② 서면신청의 경우 등기필정보를 부여받을 사람에 대한 등기완료 사실의 통지는 등기필정보통지서와는 별개의 서면인 등기완료통지서로써 하여야 한다.
③ 공동신청에 있어서 등기의무자에게는 신청서에 통지를 원한다는 등기의무자의 의사표시가 기재되어 있는 경우에만 등기완료 사실을 통지한다.
④ 채권자가 채무자를 대위하여 등기를 신청한 경우 등기권리자인 채무자에게는 등기완료통지서를 등기부에 기록된 그 주소로 우편 송달함으로써 통지한다.

해설 ② 서면신청의 경우 등기완료의 통지는 별지 제3호 양식에 의하여 등기필정보가 함께 기재된 **등기필정보 및 등기완료통지서**로 하여야 한다(예규 제1623호, 3-가). 즉, 등기필정보를 부여받을 사람에 대한 등기완료 사실의 통지는 등기필정보통지와 등기완료통지를 하나의 서면으로 하여야 하고, 등기필정보를 통지하는 것으로 등기완료사실의 통지를 대신할 수 없다.

① 법 제30조
③ 예규 제1623호, 3-나-(1)
④ 예규 제1623호, 3-나-(3)

03 대장소관청·세무서 통지 등

01 다음 중 등기관이 등기를 마쳤을 때에 지적소관청 또는 건축물대장 소관청에 알려야 하는 경우가 아닌 것은?
▶ 2020년 법무사

① 소유권의 경정등기를 한 경우
② 소유권의 등기명의인표시의 변경등기를 한 경우
③ 소유권이전등기의 말소등기를 한 경우
④ 소유권이전청구권보전의 가등기를 한 경우
⑤ 말소된 소유권이전등기의 말소회복등기를 한 경우

해설 ④ 등기관이 1. **소유권**의 보존 또는 이전 (🏢 **가등기×**) 2. **소유권**의 등기명의인표시의 변경 또는 경정 3. **소유권**의 변경 또는 경정 4. **소유권**의 말소 또는 말소회복의 등기를 하였을 때에는 지체 없이 그 사실을 토지의 경우에는 지적소관청에, 건물의 경우에는 건축물대장 소관청에 각각 알려야 한다(법 제62조).

02 다음은 부동산등기와 관련된 각종 통지의 설명이다. 가장 옳지 않은 것은?
▶ 2018년 등기서기보

① 등기필정보의 통지를 제외하고는 등기관이 등기를 마친 후 등기신청인에게 등기 완료의 사실을 통지하는 제도는 없다.
② 등기관이 토지의 소유권이전등기를 하였을 때에는 그 사실을 지적소관청에 알려야 한다.
③ 등기관이 건물의 소유권보존등기를 하였을 때에는 그 사실을 건축물대장 소관청에 알려야 한다.
④ 등기관이 소유권이전등기를 하였을 때에는 그 사실을 부동산 소재지 관할 세무서장에게 통지하여야 한다.

해설 ① 등기필정보 작성·통지제도와 등기완료통지제도는 별개의 제도이므로 등기필정보를 통지하지 않는 경우라 하더라도 등기완료통지를 하는 경우가 있다(법 제30조).

②③ 등기관이 1. **소유권**의 보존 또는 이전 (🏢 **가등기×**) 2. **소유권**의 등기명의인표시의 변경 또는 경정 3. **소유권**의 변경 또는 경정 4. **소유권**의 말소 또는 말소회복의 등기를 하였을 때에는 지체 없이 그 사실을 토지의 경우에는 지적소관청에, 건물의 경우에는 건축물대장 소관청에 각각 알려야 한다(법 제62조).

④ 등기관이 **소유권**의 보존 또는 이전의 등기[**가등기를 포함**한다]를 하였을 때에는 대법원규칙으로 정하는 바에 따라 지체 없이 그 사실을 부동산 소재지 관할 세무서장에게 통지하여야 한다(법 제63조).

정답 ↱ 02 ③ 03 ② / 01 ④ 02 ①

등기관의 결정·처분에 대한 이의

관련 조문

법 제100조(이의신청과 그 관할)
등기관의 결정 또는 처분에 이의가 있는 자는 관할 지방법원에 이의신청을 할 수 있다.

법 제104조(집행 부정지)
이의에는 집행정지의 효력이 없다.

관련 예규

등기관의 처분에 대한 이의신청절차 등에 관한 업무처리지침[예규 제1689호]

제1조 (이의신청절차)
① 이의신청은 구술로는 할 수 없고 이의신청서를 당해 등기소에 제출하여야 한다.
② 이의신청서에는 이의신청인의 성명·주소, 이의신청의 대상인 등기관의 결정 또는 처분, 이의신청의 취지와 이유, 신청연월일, 관할지방법원 등의 표시를 기재하고 신청인이 기명날인 또는 서명하여야 한다.
③ 이의신청기간에는 제한이 없으므로 이의의 이익이 있는 한 언제라도 이의신청을 할 수 있다.
④ 새로운 사실에 의한 이의금지
　　등기관의 결정 또는 처분이 부당하다고 하여 이의신청을 하는 경우에는 그 결정 또는 처분 시에 주장되거나 제출되지 아니한 사실이나 증거방법으로써 이의사유를 삼을 수 없다.

제2조 (이의신청인)
① 등기신청의 각하결정에 대하여는 등기신청인인 등기권리자 및 등기의무자에 한하여 이의신청을 할 수 있고, 제3자는 이의신청을 할 수 없다.
② 등기를 실행한 처분에 대하여는 등기상 이해관계 있는 제3자가 그 처분에 대한 이의신청을 할 수 있다. 그 이의신청을 할 수 있는지의 여부에 대한 구체적 예시는 아래와 같다.
　　1. 채권자가 채무자를 대위하여 경료한 등기가 채무자의 신청에 의하여 말소된 경우에는 그 말소처분에 대하여 채권자는 등기상 이해관계인으로서 이의신청을 할 수 있다.
　　2. 상속인이 아닌 자는 상속등기가 위법하다 하여 이의신청을 할 수 없다.
　　3. 저당권설정자는 저당권의 양수인과 양도인 사이의 저당권이전의 부기등기에 대하여 이의신청을 할 수 없다.
　　4. 등기의 말소신청에 있어 「부동산등기법」 제57조 소정의 이해관계 있는 제3자의 승낙서 등 서면이 첨부되어 있지 아니하였다는 사유는 제3자의 이해에 관련된 것이므로, 말소등기의무자는 말소처분에 대하여 이의신청을 할 수 있는 등기상 이해관계인에 해당되지 아니하여 이의신청을 할 수 없다.

제3조 (이의사유)
① 등기신청의 각하결정에 대한 이의신청의 경우
　　등기관의 각하결정이 부당하다는 사유면 족하고 그 이의사유에 특별한 제한은 없다.

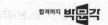

② 등기신청을 **수리하여 완료된 등기**에 대한 이의신청의 경우

등기신청이 「부동산등기법」 제29조 각 호에 해당되어 이를 각하하여야 함에도 등기관이 각하하지 아니하고 등기를 실행한 경우에는 그 등기가 「부동산등기법」 **제29조 제1호, 제2호**에 해당하는 경우에 한하여 이의신청을 할 수 있고, 동법 제29조 **제3호 이하**의 사유로는 이의신청의 방법으로 그 등기의 말소를 구할 수 **없다**.

제4조 (이의신청이 있는 경우 등기관의 조치)

① 등기신청의 **각하결정**에 대한 이의신청이 있는 경우

　1. 이의가 **이유 없다**고 인정한 경우

　　이의신청서가 접수된 날로부터 **3일** 이내에 의견서를 첨부하여 사건을 **관할지방법원에 송부**하여야 한다.

　2. 이의가 **이유 있다**고 인정한 경우

　　등기신청을 각하한 결정이 부당하다고 인정한 때에는 그 등기신청에 의한 등기를 **실행**한다.

② 등기신청을 **수리하여 완료된 등기**에 대한 이의신청이 있는 경우

　1. 이의가 **이유 없다**고 인정한 경우

　　그 등기에 대하여 이의신청이 있다는 사실을 등기상 이해관계인에게 통지하고, 이의신청서가 접수된 날로부터 **3일** 이내에 의견서를 첨부하여 사건을 **관할지방법원에 송부**하여야 한다.

　2. 이의가 **이유 있다**고 인정한 경우

　　이의신청의 대상이 되는 등기가 「부동산등기법」 제29조 **제1호 또는 제2호**에 해당하여 이의가 이유 있다고 인정한 경우에는 동법 제58조의 절차를 거쳐 그 등기를 **직권말소**한다.

　　다만, 완료된 등기에 대하여는 「부동산등기법」 제29조 **제3호 이하**의 사유를 이의사유로 삼을 수는 없는 것이어서, 동법 제29조 제3호 이하의 사유에 기한 이의신청은 그 사유가 인정된다 하더라도 결국 그 이의가 이유가 없는 경우에 해당하므로, 이 경우에는 위 제1호의 예에 따라 사건을 **관할법원에 송부**하여야 한다.

제5조 (관할지방법원의 재판의 고지 등)

① 이의신청을 **인용**한 경우

관할지방법원은 이의가 이유 있다고 인정하여 등기관에게 그에 해당하는 처분을 명하였을 때에는 그 결정등본을 등기관과 이의신청인 및 등기상 이해관계인에게 **송달**한다.

② 이의신청을 **기각(각하 포함)**한 경우

관할지방법원은 이의신청을 기각(각하 포함)하였을 때에는 그 결정등본을 등기관과 이의신청인에게 **송달**한다.

③ 이의신청이 **취하**된 경우

이의신청이 취하된 경우에는 취하서 부본을 등기관에게 **송달**한다.

제6조 (관할지방법원의 기록명령이나 가등기 또는 부기등기명령에 의한 등기)

① 등기절차

　1. 등기관의 처분에 대한 이의신청에 대하여 관할지방법원(항고법원 포함. 이하 관할지방법원이라 한다)이 결정 전에 가등기 또는 이의가 있다는 취지의 **부기등기를 명**하거나 이의신청을 인용하여 **일정한 등기를 명**한 경우 등기관은 그 명령에 따른 **등기를 하여야** 한다.

　2. 이하 생략

② 기록명령에 따른 등기를 할 수 없는 경우

1. 등기신청의 각하결정에 대한 이의신청에 따라 관할 지방법원이 그 등기의 기록명령을 하였더라도 다음 각 호의 어느 하나에 해당하는 경우에는 그 기록명령에 따른 등기를 할 수 없다.
    가. 권리이전등기의 기록명령이 있었으나, 그 기록명령에 따른 등기 전에 제3자 명의로 권리이전등기가 되어 있는 경우
    나. 지상권·지역권·전세권·임차권설정등기의 기록명령이 있었으나, 그 기록명령에 따른 등기 전에 동일한 부분에 지상권·전세권·임차권설정등기가 되어 있는 경우
    다. 말소등기의 기록명령이 있었으나 그 기록명령에 따른 등기 전에 등기상 이해관계인이 발생한 경우
    라. 등기관이 기록명령에 따른 등기를 하기 위하여 신청인에게 첨부정보를 다시 등기소에 제공할 것을 명령하였으나 신청인이 이에 응하지 아니한 경우
2. 위 제1호와 같이 기록명령에 따른 등기를 할 수 없는 경우에는 그 뜻을 관할 지방법원과 이의신청인에게 통지하여야 한다.
③ 기록명령에 따른 등기를 할 수 없는 경우(기재명령에 따른 등기를 함에 장애가 되지 아니하는 경우) 소유권이전등기신청의 각하결정에 대한 이의신청에 기하여 관할지방법원의 소유권이전등기 기록명령이 있기 전에 제3자 명의의 근저당권설정등기가 경료된 때와 같은 경우에는 기록명령에 따른 등기를 함에 장애가 되지 아니하므로, 기록명령에 따른 등기를 하여야 한다.

제7조 (이의신청이 기각된 경우의 부기등기 및 가등기의 말소)
이의신청에 대한 기각결정(각하, 취하를 포함한다)의 통지를 받은 등기관은 그 통지서에 접수인을 찍고 접수 연월일과 접수번호를 기재한 후 해당 가등기나 부기등기를 말소하고(기록례는 별지2와 같다), 등기상 이해관계인에게 그 취지를 통지하며, 그 통지서는 신청서 기타 부속서류편철장에 편철한다.

01 등기관의 처분에 대한 이의에 관한 다음 설명 중 가장 옳지 않은 것은? ▸2023년 법무사
① 채권자가 채무자를 대위하여 경료한 등기가 채무자의 신청에 의하여 말소된 경우에는 그 말소처분에 대하여 채권자는 등기상 이해관계인으로서 이의신청을 할 수 있다.
② 등기신청의 각하결정에 대하여는 등기신청인과 각하되지 않았다면 실행될 등기에 대한 이해관계 있는 제3자가 이의신청할 수 있다.
③ 등기를 마친 후에 이의신청이 있는 경우에는 3일 이내에 의견을 붙여 이의신청서를 관할 지방법원에 보내고 등기상 이해관계 있는 자에게 이의신청 사실을 알려야 한다.
④ 저당권설정자는 저당권의 양수인과 양도인 사이의 저당권이전의 부기등기에 대하여 이의신청을 할 수 없다.
⑤ 등기의 말소신청에 있어 부동산등기법 제57조 소정의 이해관계 있는 제3자의 승낙서 등 서면이 첨부되어 있지 아니하였다는 사유는 제3자의 이해에 관련된 것이므로, 말소 등기의무자는 말소처분에 대하여 이의신청을 할 수 있는 등기상 이해관계인에 해당되지 아니하여 이의신청을 할 수 없다.

해설 ② 등기신청의 각하결정에 대하여는 등기신청인인 등기권리자 및 등기의무자에 한하여 이의신청을 할 수 있고, 제3자는 이의신청을 할 수 없다(예규 제1689호, 2-①).

① 채권자가 채무자를 대위하여 경료한 등기가 채무자의 신청에 의하여 말소된 경우에는 그 말소처분에 대하여 채권자는 등기상 이해관계인으로서 이의신청을 할 수 있다(예규 제1689호, 2-②-1).

③ 등기를 마친 후에 이의신청이 있는 경우에는 3일 이내에 의견을 붙여 이의신청서를 관할 지방법원에 보내고 등기상 이해관계 있는 자에게 이의신청 사실을 알려야 한다(부동산등기법 제103조 제3항).

④ 저당권설정자는 저당권의 양수인과 양도인 사이의 저당권이전의 부기등기에 대하여 이의신청을 할 수 없다(예규 제1689호, 2-②-3).

⑤ 등기의 말소신청에 있어 「부동산등기법」 제57조 소정의 이해관계 있는 제3자의 승낙서 등 서면이 첨부되어 있지 아니하였다는 사유는 제3자의 이해에 관련된 것이므로, 말소등기의무자는 말소처분에 대하여 이의신청을 할 수 있는 등기상 이해관계인에 해당되지 아니하여 이의신청을 할 수 없다(예규 제1689호, 2-②-4).

02 등기관의 처분에 대한 이의신청에 관한 다음 설명 중 가장 옳지 않은 것은?

▶ 2023년 법원사무관

① 각하결정에 대한 이의신청에 대하여 등기관이 '이의가 이유 없다'고 인정한 경우에는 이의신청일부터 7일 이내에 의견을 붙여 이의신청서를 관할 지방법원에 보내야 한다.

② 소유권이전등기신청의 각하결정에 대한 이의신청에 기하여 관할지방법원의 소유권이전등기 기록명령이 있기 전에 제3자 명의의 근저당권설정등기가 마쳐진 때와 같은 경우에는 기록명령에 따른 등기를 함에 장애가 되지 아니하므로 기록명령에 따른 등기를 하여야 한다.

③ 상속등기를 실행한 처분에 대하여 상속인의 채권자는 상속등기가 위법하다 하여 이의신청을 할 수 없다.

④ 채권자가 채무자를 대위하여 마친 등기가 채무자의 신청에 의하여 말소된 경우에 채권자는 그 말소처분에 대한 등기상 이해관계인으로서 이의신청을 할 수 있다.

해설 ① 1. 등기신청의 각하결정에 대한 이의신청이 있는 경우 등기관은 이의가 이유 없다고 인정하면 이의신청일부터 3일 이내에 의견을 붙여 이의신청서를 관할 지방법원에 보내야 한다(법 제103조 제2항).

2. 등기신청의 각하결정에 대한 이의신청이 있는 경우 등기관이 이의가 이유 없다고 인정한 경우라면 이의신청서가 접수된 날로부터 3일 이내에 의견서를 첨부하여 사건을 관할 지방법원에 송부하여야 한다(예규 제1689호, 4-①-1).

② 1. 권리이전등기의 기록명령이 있었으나, 그 기록명령에 따른 등기전에 제3자 명의로 권리이전등기가 되어 있는 경우에는 그 기록명령에 따른 등기를 할 수 없다(예규 제1689호, 6-②-1-가).

2. 그러나 소유권이전등기신청의 각하결정에 대한 이의신청에 기하여 관할지방법원의 **소유권이전등기 기록명령**이 있기 전에 **제3자 명의의 근저당권설정등기가** 경료된 때와 같은 경우에는 기록명령에 따른 등기를 함에 장애가 되지 아니하므로, **기록명령에 따른 등기를 하여야** 한다(예규 제1689호, 6-③).

③ **상속인이 아닌 자**는 상속등기가 위법하다 하여 이의신청을 할 수 없다(예규 제1689호, 2-②-2). 따라서, 상속등기를 실행한 처분에 대하여 **상속인의 채권자**는 상속등기가 위법하다 하여 이의신청을 할 수 **없다**.

④ 채권자가 채무자를 대위하여 경료한 등기가 채무자의 신청에 의하여 말소된 경우에는 그 말소처분에 대하여 **채권자**는 등기상 이해관계인으로서 이의신청을 할 수 **있다**(예규 제1689호, 2-②-1).

03 등기신청의 각하결정에 대한 이의신청에 기하여 관할 지방법원의 기록명령이 있을 때에 다음의 사유 중 그 기록명령에 따른 등기를 할 수 있는 경우는? ▸2022년 법무사

① 전세권이전등기의 기록명령이 있었으나, 그 기록명령에 따른 등기 전에 그 전세권에 대한 제3자 명의의 이전등기가 되어 있는 경우

② 임차권설정등기의 기록명령이 있었으나, 그 기록명령에 따른 등기 전에 동일한 부분에 임차권설정등기가 되어 있는 경우

③ 지상권설정등기말소등기의 기록명령이 있었으나 그 기록명령에 따른 등기 전에 그 지상권을 목적으로 하는 근저당권설정등기가 되어 있는 경우

④ 소유권이전등기의 기록명령이 있었으나, 그 기록명령에 따른 등기 전에 제3자 명의의 근저당권설정등기가 되어 있는 경우

⑤ 등기관이 기록명령에 따른 등기를 하기 위하여 신청인에게 환부된 첨부정보를 다시 등기소에 제공할 것을 명령하였으나 신청인이 이에 응하지 아니한 경우

해설 ④ 기록명령에 따른 등기를 하여야 한다.

①②③④⑤

1. **관할지방법원의 기록명령 등기절차**
   등기관의 처분에 대한 이의신청에 대하여 관할지방법원이 결정전에 가등기 또는 이의가 있다는 취지의 부기등기를 명하거나 이의신청을 인용하여 일정한 등기를 명한 경우 등기관은 그 명령에 따른 등기를 하여야 한다(예규 제1689호, 6).

2. **기록명령에 따른 등기를 할 수 없는 경우**
   등기신청의 각하결정에 대한 이의신청에 따라 관할 지방법원이 그 등기의 기록명령을 하였더라도 다음 각 호의 어느 하나에 해당하는 경우에는 그 기록명령에 따른 등기를 할 수 없다.
   가. **권리이전등기의 기록명령**이 있었으나, 그 기록명령에 따른 등기전에 **제3자 명의로 권리이전등기**가 되어 있는 경우(①)
   나. **지상권·지역권·전세권·임차권설정등기**의 기록명령이 있었으나, 그 기록명령에 따른 등기전에 **동일한 부분에 지상권·전세권·임차권설정등기**가 되어 있는 경우(②)

다. **말소등기의 기록명령이 있었으나 그 기록명령에 따른 등기전에 등기상 이해관계인이 발생한 경우(③)**

라. 등기관이 기록명령에 따른 등기를 하기 위하여 신청인에게 **첨부정보를 다시 등기소에 제공할 것을 명령**하였으나 신청인이 이에 **응하지 아니한 경우(⑤)**

3. **기재명령에 따른 등기를 함에 장애가 되지 아니하는 경우**

소유권이전등기신청의 각하결정에 대한 이의신청에 기하여 관할지방법원의 **소유권이전등기 기록명령**이 있기 전에 **제3자 명의의 근저당권설정등기**가 경료된 때와 같은 경우에는 **기록명령에 따른 등기를 함에 장애가 되지 아니하므로**, 기록명령에 따른 등기를 하여야 한다(④).

04 등기관의 처분에 대한 이의에 관한 다음 설명 중 가장 옳지 않은 것은?

▶ 2022년 등기서기보

① 등기신청을 수리하여 이미 마쳐진 등기에 대하여는 그 등기가 부동산등기법 제29조 제1호 및 제2호에 해당하는 경우에 한하여 이의신청을 할 수 있고, 같은 법 제29조 제3호 이하의 사유로는 이의신청의 방법으로 그 등기의 말소를 구할 수 없다.

② 등기관의 처분에 대한 이의에는 집행정지의 효력이 없고, 기간의 제한도 없으므로 이의의 이익이 있는 한 언제라도 이의신청을 할 수 있다.

③ 등기신청의 각하결정에 대한 이의신청으로 관할 지방법원이 권리이전등기의 기록명령을 하였더라도 그 기록명령에 따른 등기 전에 제3자 명의로 권리이전등기가 되어 있는 경우에는 그 기록명령에 따른 등기를 할 수 없다.

④ 이의신청인이 이의신청에 대한 관할 지방법원의 결정 전에 회복할 수 없는 손해가 발생할 수 있음을 소명하는 사실을 이의신청서에 기재하거나 이에 대한 자료를 제출할 경우에 한하여 관할 지방법원은 이를 심사하여 등기관에게 가등기명령을 할 수 있다.

해설 ④ 1. 등기관의 처분에 대한 이의신청에 대하여 관할지방법원(항고법원 포함. 이하 관할지방법원이라 한다)이 결정 전에 **가등기 또는 이의가 있다는 취지의 부기등기를 명**하거나 이의신청을 인용하여 **일정한 등기를 명**한 경우 등기관은 그 명령에 따른 등기를 하여야 한다.

2. 즉 부기등기가 늦게 되어 새로운 등기상 이해관계인이 생기는 것을 방지하기 위하여 관할법원은 등기관으로부터 이의신청서를 송부받고 난 후 제일 **먼저 이의가 있다는 뜻의 부기등기의 필요 여부를 실질적으로 살펴서** 만약 그에 해당한다면 **신속하게 이의가 있다는 뜻의 부기등기를 하여야** 하며, 이의신청인이 이의신청서에 손해발생우려가 있다는 사유를 기재하거나 이에 대한 자료를 제출한 경우에 한하여 부기등기를 할 것은 아니다.

① 예규 제1689호, 4—②-2
② 예규 제1689호, 1—③. 법 제104조
③ 예규 제1689호, 6—②

정답 ┄ 03 ④   04 ④

05 등기신청의 각하결정에 대한 이의신청에 따라 관할 지방법원이 기록명령을 한 경우 그 기록명령에 따른 등기에 관한 다음 설명 중 가장 옳지 않은 것은? ▸ 2020년 등기서기보

① 등기관이 기록명령에 따른 등기를 하기 위하여 신청인에게 첨부정보를 다시 등기소에 제공할 것을 명하였으나 신청인이 이에 응하지 않은 경우 등기관의 각하결정에 대한 관할 지방법원의 기록명령이 있는 이상 기록명령에 따른 등기를 하여야 한다.

② 전세권설정등기의 기록명령이 있었으나, 그 기록명령에 따른 등기 전에 동일부분에 지상권, 전세권 또는 임차권설정등기가 되어 있는 경우에는 기록명령에 따른 등기를 할 수 없다.

③ 소유권이전등기의 기록명령이 있었으나, 그 기록명령에 따른 등기 전에 제3자 명의의 가등기가 마쳐진 경우 그 기록명령에 따른 등기를 할 수 있다.

④ 근저당권말소등기의 기록명령이 있었으나 그 기록명령에 따른 등기 전에 등기상 이해관계인이 발생한 경우에는 그 기록명령에 따른 등기를 할 수 없다.

> **해설** ① 각하결정등본을 교부하거나 송달할 때에는 **등기신청서** 이외의 **첨부서류**(취득세·등록면허세 영수필확인서 및 국민주택채권매입필증 포함)도 함께 교부하거나 송달하여야 한다(예규 제1703호, 3-다). 등기관이 기록명령에 따른 등기를 하기 위하여 신청인에게 **첨부정보를 다시 등기소에 제공할 것을 명령**하였으나 신청인이 이에 **응하지 아니한** 경우에는 그 기록명령에 **따른 등기를 할 수 없**다(예규 제1689호, 6-②).
>
> ②③④ 예규 제1689호, 6-②

06 등기관의 처분에 대한 이의절차에 관한 다음 설명 중 가장 옳지 않은 것은? ▸ 2019년 법무사

① 등기신청의 각하결정에 대하여는 등기신청인인 등기권리자 및 등기의무자에 한하여 이의신청을 할 수 있고, 제3자는 이의신청을 할 수 없다.

② 이의신청은 해당 등기관을 감독하는 지방법원(또는 지원)에 하여야 하는바, 이러한 이의신청은 반드시 서면으로 작성하여 해당 등기소에 제출하여야 하며 구술로는 할 수 없다.

③ 등기신청을 수리하여 완료된 등기에 대한 부동산등기법 제29조 제3호 이하의 사유에 기한 이의신청은 그 사유가 인정된다 하더라도 그 등기를 등기관이 직권 말소할 수는 없고 사건을 관할법원에 송부하여야 한다.

④ 등기관이 관할 지방법원의 기록명령에 따른 등기를 하기 위하여 신청인에게 첨부정보를 다시 등기소에 제공할 것을 명령하였으나, 신청인이 이에 응하지 아니한 경우에는 기록명령에 따른 등기를 할 수 없다.

⑤ 등기신청에 대한 등기관의 각하결정에 대하여 관할 지방법원이 등기관에게 그 등기 실행을 명하였더라도 이해관계인이 관할 지방법원의 기록명령에 대하여 항고를 한 경우에는 집행정지의 효력이 있으므로, 해당 등기관은 기록명령에 따른 등기를 실행할 수 없다.

해설 ⑤ 관할 지방법원은 이의에 대하여 이유를 붙여 결정을 하여야 한다. 이 결정에 대하여는 「비송사건절차법」에 따라 항고할 수 있다(법 제105조). 항고는 특별한 규정이 있는 경우를 제외하고는 집행정지의 효력이 없다(비송사건절차법 제21조). 따라서 해당 등기관은 기록명령에 따른 등기를 실행할 수 있다.

① 예규 제1689호, 2-①
② 예규 제1689호, 1-①, 법 제100조
③ 예규 제1689호, 4-②-2
④ 예규 제1689호, 6-②

07 등기관의 결정 또는 처분에 대한 이의신청에 관한 다음 설명 중 가장 옳지 않은 것은?

▸ 2019년 등기주사보

① 등기관의 결정 또는 처분이 부당하다는 주장은 결정 또는 처분 당시를 기준으로 하여야 하므로 결정 또는 처분 시에 주장되거나 제출되지 아니한 새로운 사실이나 증거방법으로써 이의사유를 삼을 수는 없다.
② 채권자가 채무자를 대위하여 마친 등기가 채무자의 신청에 의하여 말소된 경우 그 말소처분에 대하여 채권자는 등기상 이해관계인으로서 이의신청을 할 수 있다.
③ 저당권설정자는 저당권의 양수인과 양도인 사이의 저당권이전의 부기등기에 대하여 이의신청할 수 있다.
④ 등기신청의 각하결정에 대하여는 등기신청인인 등기권리자 및 등기의무자가 이의신청을 할 수 있지만, 이해관계있는 제3자는 할 수 없다.

해설 ③ **저당권설정자**는 저당권의 양수인과 양도인 사이의 저당권이전의 부기등기에 대하여 이의신청을 할 수 **없**다(예규 제1689호, 2-②-3).

① 예규 제1689호, 1-④
② 예규 제1689호, 2-②-1
④ 예규 제1689호, 2-①

정답 ◯━ 05 ① 06 ⑤ 07 ③

08 등기관의 처분에 대한 이의에 관한 다음 설명 중 가장 옳지 않은 것은? ▸2018년 등기주사보

① 법 제29조 제1호(사건이 그 등기소의 관할이 아닌 경우) 또는 제2호(사건이 등기할 것이 아닌 경우)의 각하사유가 있다고 주장하는 경우에만 이의신청을 할 수 있고, 법 제29조 제3호 이하의 사유로는 이의신청의 방법으로 그 등기의 말소를 구할 수 없다.

② 채권자가 채무자를 대위하여 마친 등기가 채무자의 신청에 의하여 말소된 경우 그 말소처분에 대하여 채권자는 등기상 이해관계인으로서 이의신청을 할 수 없다.

③ 상속인 아닌 자는 상속등기가 위법하다 하여 이의신청을 할 수는 없다.

④ 저당권설정자는 저당권의 양수인과 양도인 사이의 저당권이전의 부기등기에 대하여 이의신청을 할 수 없다.

해설 ② 채권자가 채무자를 대위하여 경료한 등기가 채무자의 신청에 의하여 말소된 경우에는 그 말소처분에 대하여 **채권자**는 등기상 이해관계인으로서 이의신청을 할 수 있다(예규 제1689호, 2-②-1).

① 예규 제1689호, 3-②
③ 예규 제1689호, 2-②-2
④ 예규 제1689호, 2-②-3

09 다음은 등기관의 결정 또는 처분에 대한 이의의 설명이다. 가장 옳지 않은 것은?

▸2018년 등기서기보

① 등기신청의 각하결정에 대하여는 등기신청인인 등기권리자 및 등기의무자에 한하여 이의신청을 할 수 있고, 제3자는 이의신청을 할 수 없다.

② 이의의 신청은 관할 지방법원에 이의신청서를 제출하는 방법으로 한다.

③ 관할 지방법원은 이의신청에 대하여 결정하기 전에 등기관에게 가등기 또는 이의가 있다는 뜻의 부기등기를 명령할 수 있다.

④ 이의에는 집행정지의 효력이 없다.

해설 ② 이의신청은 구술로는 할 수 없고 **이의신청서**를 당해 **등기소에** 제출하여야 한다(예규 제1689호, 1-①).

① 예규 제1689호, 2-①
③ 예규 제1689호, 6-①
④ 법 제104조

10 등기관의 처분에 대한 이의에 관한 다음 설명 중 가장 옳지 않은 것은? ▸ 2017년 법무사

① 신청할 권한이 없는 자가 신청한 등기가 마쳐진 경우라 하더라도 등기관의 처분에 대한 이의신청의 방법으로 그 등기의 말소를 구할 수는 없다.

② 등기신청의 각하결정에 대하여는 등기신청인인 등기권리자 및 등기의무자에 한하여 이의신청을 할 수 있고, 이해관계 있는 제3자는 이의신청을 할 수 없다.

③ 등기관의 결정 또는 처분이 부당하여 이의신청을 하는 경우에는 이의신청서의 제출 시를 기준으로 그때까지 주장하거나 제출되지 아니한 사실이나 증거방법으로써 이의사유를 삼을 수 없다.

④ 등기관의 처분에 대한 이의에는 집행정지의 효력이 없고, 기간의 제한도 없으므로 이의의 이익이 있는 한 언제라도 이의신청을 할 수 있다.

⑤ 등기신청의 각하결정에 대한 이의신청으로 관할 지방법원이 권리이전등기의 기록명령을 하였더라도 그 기록명령에 따른 등기 전에 제3자 명의로 권리이전등기가 되어 있는 경우에는 그 기록명령에 따른 등기를 할 수 없다.

해설 ③ 등기관의 결정 또는 처분이 부당하다고 하여 이의신청을 하는 경우에는 그 결정 또는 처분 시에 주장되거나 제출되지 아니한 사실이나 증거방법으로써 이의사유를 삼을 수 없다(예규 제1689호, 1-④).

① 등기신청이 「부동산등기법」 제29조 각 호에 해당되어 이를 각하하여야 함에도 등기관이 각하하지 아니하고 등기를 실행한 경우에는 그 등기가 「부동산등기법」 제29조 제1호, 제2호에 해당하는 경우에 한하여 이의신청을 할 수 있고, 동법 제29조 제3호 이하의 사유로는 이의신청의 방법으로 그 등기의 말소를 구할 수 없다(예규 제1689호, 2-①). 신청할 권한이 없는 자가 신청한 등기가 마쳐진 경우에는 법 제29조 제3호의 사유이므로 이의신청을 할 수 없다.

② 예규 제1689호, 2-①
④ 예규 제1689호, 1-③, 법 제104조
⑤ 예규 제1689호, 6-②

11 등기관의 결정 또는 처분에 대한 이의신청에 관한 다음 설명 중 가장 옳지 않은 것은?

▸ 2017년 등기주사보

① 이의신청은 관할 지방법원에 직접 이의신청서를 제출하는 방법으로 하며, 등기소를 경유하지 않는다.

② 새로운 사실이나 새로운 증거방법을 근거로 이의신청을 할 수는 없다.

③ 등기신청의 각하결정에 대하여는 등기신청인인 등기권리자 및 등기의무자에 한하여 이의신청을 할 수 있고, 제3자는 이의신청을 할 수 없다.

④ 등기신청의 각하결정에 대한 이의신청의 경우 등기관의 각하결정이 부당하다는 사유면 족하고 그 이의사유에 특별한 제한은 없다.

정답 ╍ 08 ② 09 ② 10 ③ 11 ①

> **해설** ① 이의신청은 구술로는 할 수 없고 **이의신청서**를 당해 **등기소에** 제출하여야 한다(예규 제1689호, 2–①). 따라서 이의신청서는 등기소를 경유하여 등기관에게 시정할 기회를 주어야 한다.

② 예규 제1689호, 1–④
③ 예규 제1689호, 2–①
④ 예규 제1689호, 3–①

12

등기관의 결정 또는 처분에 대한 이의가 있는 자는 관할 지방법원에 이의신청을 할 수 있다 (부동산등기법 제100조). 이와 관련된 다음 설명 중 가장 옳지 않은 것은?

▸ 2016년 법원사무관

① 이의의 신청은 등기소에 이의신청서를 제출하는 방법으로 하는데, 새로운 사실이나 새로운 증거방법을 근거로 이의신청을 할 수는 없다.

② 이미 마쳐진 등기에 대하여 사건이 그 등기소의 관할이 아닌 경우나 사건이 등기할 것이 아닌 경우 외의 사유로 이의한 경우 등기관은 이의신청서를 관할 지방법원에 보내야 한다.

③ 이의신청 기간에는 제한이 없으므로 이의의 이익이 있는 한 언제라도 이의신청을 할 수 있다.

④ 소유권이전등기신청의 각하결정에 대한 이의신청에 기하여 관할 지방법원의 소유권이전등기 기록명령이 있기 전에 제3자 명의의 근저당권설정등기가 경료된 경우에는 기록명령에 따른 등기를 할 수 없다.

> **해설** ④ **권리이전등기의 기록명령**이 있었으나, 그 기록명령에 따른 등기전에 **제3자 명의로 권리이전등기**가 되어 있는 경우에는 그 기록명령에 따른 등기를 할 수 **없다**(예규 제1689호, 6–② –1–가). 그러나 소유권이전등기신청의 각하결정에 대한 이의신청에 기하여 관할지방법원의 **소유권이전등기 기록명령**이 있기 전에 **제3자 명의의 근저당권설정등기**가 경료된 때와 같은 경우에는 기록명령에 따른 등기를 함에 장애가 되지 아니하므로, 기록명령에 따른 등기를 하여야 한다(예규 제1689호, 6–③).

① 예규 제1689호, 1–①④
② 예규 제1689호, 4–②–2
③ 예규 제1689호, 1–③

13 등기관의 결정 및 처분에 대한 이의에 관한 다음 설명 중 가장 옳지 않은 것은?

▶ 2016년 등기서기보

① 저당권설정자는 저당권의 양수인과 양도인 사이의 저당권이전의 부기등기에 대하여 이의신청을 할 수 없다.

② 등기관의 결정 또는 처분 시에 주장되거나 제출되지 아니한 새로운 사실이나 증거방법으로써 이의사유를 삼을 수는 없다.

③ 상속인이 아닌 자는 상속등기가 위법하다 하여 이의신청을 할 수는 없다.

④ 각하결정에 대한 이의신청은 결정을 송달받은 때로부터 7일 이내에 하여야 한다.

해설 ④ 이의신청기간에는 제한이 없으므로 이의의 이익이 있는 한 **언제라도** 이의신청을 할 수 있다 (예규 제1689호, 1—③).

① 예규 제1689호, 2—②—3
② 예규 제1689호, 1—④
③ 예규 제1689호, 2—②—2

14 등기관의 처분에 대한 이의신청절차에 관한 다음 설명 중 가장 옳지 않은 것은?

▶ 2015년 법무사

① 등기신청의 각하결정에 대하여는 등기신청인인 등기권리자 및 등기의무자뿐만 아니라 제3자도 이의신청을 할 수 있다.

② 이의신청은 구술로는 할 수 없고 이의신청서를 당해 등기소에 제출하여야 한다.

③ 이의신청기간에는 제한이 없으므로 이의의 이익이 있는 한 언제라도 이의신청을 할 수 있다.

④ 등기관의 결정 또는 처분이 부당하다고 하여 이의신청을 하는 경우에는 그 결정 또는 처분 시에 주장되거나 제출되지 아니한 사실이나 증거방법으로써 이의사유를 삼을 수 없다.

⑤ 등기신청의 각하결정에 대한 이의신청의 경우, 등기관의 각하결정이 부당하다는 사유면 족하고 그 이의사유에 특별한 제한은 없다.

해설 ① 등기신청의 **각하결정**에 대하여는 등기신청인인 **등기권리자 및 등기의무자**에 한하여 이의신청을 할 수 있고, 제3자는 이의신청을 할 수 없다(예규 제1689호, 2—①).

② 예규 제1689호, 1—①
③ 예규 제1689호, 1—③
④ 예규 제1689호, 1—④
⑤ 예규 제1689호, 3—①

15 등기관 갑은 을(등기의무자)과 병(등기권리자)이 공동으로 신청한 소유권이전등기신청을 등기에 필요한 첨부정보를 제공하지 아니하였다는 이유로 각하결정을 하였고 을과 병은 이에 대하여 다투려고 한다. 다음 설명 중 가장 옳은 것은? ▸ 2013년 법무사

① 을과 병이 갑의 각하결정에 대해 이의를 하려면 각하결정을 송달받은 때로부터 7일 이내에 하여야 한다.

② 병의 채권자 정은 등기관 갑의 각하결정에 대하여 이의신청을 할 수 없다.

③ 각하결정 후 을과 병이 흠결된 첨부정보를 보완하여 이의신청을 한 경우 등기관은 그 이의신청을 인용하여야 한다.

④ 을과 병의 이의신청에 대하여 등기관 갑이 이의가 이유 없다고 인정한 경우에는 이의 신청일부터 7일 이내에 의견을 붙여 이의신청서를 관할 지방법원에 보내야 한다.

⑤ 이의신청은 구술로는 할 수 없고 각하결정을 한 등기관이 소속된 등기소 또는 관할 지방법원에 이의신청서를 제출하는 방법으로 하여야 한다.

> **해설** ② 등기신청의 **각하결정**에 대하여는 등기신청인인 **등기권리자 및 등기의무자**에 한하여 이의신청을 할 수 있고, 제3자는 이의신청을 할 수 없다(예규 제1689호, 2-①). 따라서 제3자인 병의 채권자 정은 갑의 각하결정에 대하여 이의신청을 할 수 없다.
>
> ① 이의신청기간에는 제한이 없으므로 이의의 이익이 있는 한 **언제라도** 이의신청을 할 수 있다 (예규 제1689호, 1-③). 따라서 을과 병은 언제든지 각하결정에 대한 이의신청을 할 수 있다.
> ③ 등기관의 결정 또는 처분이 부당하다고 하여 이의신청을 하는 경우에는 그 결정 또는 처분 시에 주장되거나 제출되지 아니한 사실이나 증거방법으로써 이의사유를 삼을 수 없다(예규 제1689호, 1-④). 따라서 각하결정 이후에 흠결된 첨부정보를 보완하여 이의신청을 할 수 없고 등기관은 이를 인용하여서는 아니 된다.
> ④ 등기신청의 **각하결정**에 대한 이의신청이 있는 경우 등기관이 이의가 **이유 없다**고 인정한 경우라면 이의신청서가 접수된 날로부터 **3일** 이내에 의견서를 첨부하여 사건을 관할지방**법원**에 **송부**하여야 한다(예규 제1689호, 4-①-1).
> ⑤ 이의신청은 구술로는 할 수 없고 **이의신청서를** 당해 **등기소에** 제출하여야 한다(예규 제1689호, 1-①).

16 등기관의 처분에 대한 이의에 관한 설명이다. 틀린 것은? ▶ 2012년 법무사

① 등기신청의 각하결정에 대한 이의신청의 경우, 등기관의 각하결정이 부당하다는 사유면 족하고 그 이의사유에 특별한 제한은 없다.

② 등기신청이 「부동산등기법」 제29조 각 호에 해당되어 이를 각하하여야 함에도 등기관이 각하하지 아니하고 등기를 실행한 경우에 제29조 제3호 이하의 사유로는 이의신청의 방법으로 그 등기의 말소를 구할 수 없다.

③ 등기의 말소신청에 있어 「부동산등기법」 제57조 소정의 이해관계 있는 제3자의 승낙서 등 서면이 첨부되어 있지 아니하였음에도 등기관이 이를 수리하여 말소등기를 실행한 경우, 말소등기의무자는 말소처분에 대하여 이의신청을 할 수 있다.

④ 관할 지방법원은 이의신청에 대하여 결정하기 전에 등기관에게 가등기 또는 이의가 있다는 뜻의 부기등기를 명령할 수 있다.

⑤ 등기신청의 각하결정에 대한 이의신청에 따라 관할 지방법원이 권리이전등기의 기록명령을 하였으나, 그 기록명령에 따른 등기 전에 제3자 명의로의 권리이전등기가 되어 있는 경우에는 그 기록명령에 따른 등기를 할 수 없다.

해설 ③ 등기의 말소신청에 있어 「부동산등기법」 제57조 소정의 이해관계 있는 제3자의 승낙서 등 서면이 첨부되어 있지 아니하였다는 사유는 **제3자의 이해에 관련된** 것이므로, **말소등기의무자**는 말소처분에 대하여 이의신청을 할 수 있는 등기상 이해관계인에 해당되지 아니하여 이의신청을 할 수 **없**다(예규 제1689호, 2-②-4).

① 예규 제1689호, 3-①
② 예규 제1689호, 3-②
④ 예규 제1689호, 6-①
⑤ 예규 제1689호, 6-②-1-가

PART

02

각론

등기의 종류

제1절 │ 변경(등기명의인 표시변경)

01 등기명의인표시 변경등기에 관한 다음 설명 중 가장 옳지 않은 것은? ▸ 2022년 법무사

① 근저당권자인 법인의 취급지점이 변경된 때에는 등기명의인표시 변경(취급지점 변경) 등기를 먼저 하여야만 채무자변경으로 인한 근저당권변경등기를 신청할 수 있다.

② 소유권이전등기를 신청하는 경우, 주소변경이 아닌 개명 등의 변경사유가 있는 때에는 등기관은 직권으로 변경등기를 할 수 없다.

③ 현재 효력이 있는 권리에 관한 등기기록상 등기명의인의 주민등록번호가 등기기록에 기록되어 있지 않은 경우, 그 등기명의인은 주민등록번호를 추가로 기록하는 내용의 등기명의인표시 변경등기를 신청할 수 있다.

④ 등기관이 소유권이전등기를 할 때에 등기명의인의 주소변경으로 신청정보상의 등기의 무자의 표시가 등기기록과 일치하지 아니하는 경우라도 첨부정보로서 제공된 주소를 증명하는 정보에 등기의무자의 등기기록상의 주소가 신청정보상의 주소로 변경된 사실 이 명백히 나타나면 직권으로 등기명의인표시의 변경등기를 하여야 하나, 이는 자연인 의 경우에 해당되며 법인의 본점소재지가 변경된 경우에는 적용되지 않는다.

⑤ 등기명의인의 국적이 변경되어 국적을 변경하는 내용의 등기명의인표시 변경등기를 신 청하는 경우에는 시민권증서 등 국적변경을 증명하는 정보를 첨부정보로서 제공하고, 신청정보의 내용 중 등기원인은 "국적변경"으로, 그 연월일은 "새로운 국적을 취득한 날"로 제공하여야 한다.

│해설│ ④ 1. 등기관이 **소유권이전등기**를 할 때에 등기명의인의 **주소변경**(⊕ 전거○ / 도로명주소✕ / 개명✕)으로 신청정보상의 등기의무자의 표시가 등기기록과 일치하지 아니하는 경우라 도 첨부정보로서 제공된 주소를 증명하는 정보(⊕ 주민등록등·초본)에 등기의무자의 등 기기록상의 주소가 신청정보상의 주소로 변경된 사실이 명백히 나타나면 직권으로 **등기 명의인표시의 변경등기**를 하여야 한다(규칙 제122조).

　2. 이는 **자연인**의 주소지가 변경된 경우뿐만 아니라, **법인의 본점소재지가 변경된 경우에도 마찬가지로 적용**된다.

① 1. 등기관은 **신청정보의 등기의무자의 표시가 등기기록과 일치하지 아니한 경우**에 이유를 적은 결정으로 신청을 **각하하여야** 한다(법 제29조 제7호).

　2. 이러한 때에는 **과연 진정한 등기의무자의 신청이 있는 것인지 분명하지 않기 때문이다.** 등기의무자의 표시가 등기기록과 일치하지 않는 경우란 신청서에 기재된 **등기의무자의 성명·명칭, 주소·사무소소재지, 주민등록번호 등**(⊕ 법인의 취급지점, 법인 아닌 사단 의 대표자 등)이 **등기기록과 일치하지 않는 것**을 말한다. 따라서 종전의 등기 후에 등기의

무자의 표시가 변경되었거나 기존 등기에 착오 또는 누락이 있는 경우에는 **등기명의인표시 변경등기 또는 경정등기**를 하여 등기기록의 표시를 변경·경정한 후에 새로운 등기를 하여야 한다(「부동산등기실무Ⅰ」 p.541).

3. **상사법인이 근저당권자인 경우** 근저당권설정등기신청서에 취급지점의 표시가 있는 때에는 등기부에 그 **취급지점**을 기재하게 되므로 근저당권자인 상사법인의 취급지점이 변경된 때에는 등기명의인표시변경(취급지점변경)등기를 한 후에야 채무자변경으로 인한 근저당권변경등기신청을 할 수 있는 것이다(선례 제4−468호)(🔁 **근저당권이전등기신청** 시에도 마찬가지이다).

② 위 ④ 해설 참조

③ 1. 현재 효력 있는 권리(🔁 소유권·근저당권 등)에 관한 등기의 **등기명의인**(🔁 **외국인 포함 O**)의 주민등록번호 등이 등기기록에 기록되어 있지 않은 경우, 그 등기명의인은 주민등록번호 등을 **추가**로 기록하는 내용의 **등기명의인표시변경등기**를 신청할 수 있다(예규 제1672호).

2. 법인 아닌 사단이나 재단이 현재 효력 있는 권리에 관한 등기의 등기명의인이나 그 대표자 또는 관리인의 성명, 주소 및 주민등록번호가 등기기록에 기록되어 있지 않은 경우, 그 대표자 또는 관리인은 **대표자 또는 관리인의 성명, 주소 및 주민등록번호를 추가**로 기록하는 내용의 **등기명의인표시변경등기**를 신청할 수 있다(예규 제1621호).

⑤ 등기명의인의 **국적이 변경**되어 국적을 변경하는 내용의 **등기명의인표시변경등기**를 신청하는 경우에는 국적변경을 증명하는 정보(예 시민권증서, 귀화증서, 국적취득사실증명서, 폐쇄된 기본증명서 등)를 첨부정보로서 제공하고, 신청정보의 내용 중 등기원인은 "**국적변경**"으로, 그 연월일은 "**새로운 국적을 취득한 날**"로 제공하여야 한다(예규 제1686호, 8−①).

---

02 등기명의인표시변경등기에 관한 다음 설명 중 가장 옳지 않은 것은? ▶ 2022년 등기서기보

① 수차례의 법률개정으로 특수법인의 변경이 있었을 경우에 해당된 모든 법률에서 종전 법인의 명의는 이를 새로운 법인의 명의로 본다고 규정한 경우, 새로운 법인은 이러한 사실을 소명하여 등기명의인표시변경등기를 신청할 수 있다.

② 등기명의인표시변경등기는 해당 권리의 등기명의인이 단독으로 신청한다.

③ 현재 효력 있는 소유권의 등기명의인이 법인으로서 그 부동산등기용등록번호가 등기기록에 기록되어 있지 않은 경우 그 법인은 부동산등기용등록번호를 추가로 기록하는 내용의 등기명의인표시변경등기를 신청할 수 없다.

④ 등기관이 소유권의 등기명의인표시변경등기를 하였을 때에는 지체 없이 그 사실을 토지의 경우에는 지적소관청에, 건물의 경우에는 건축물대장 소관청에 각각 알려야 한다.

해설 ③ 1. 현재 효력 있는 권리(🔁 소유권·근저당권 등)에 관한 등기의 **등기명의인**(🔁 법인, 외국인 등)의 주민등록번호 등이 등기기록에 기록되어 있지 않은 경우, 그 등기명의인은 주민등록번호 등을 **추가**로 기록하는 내용의 **등기명의인표시변경등기**를 신청할 수 있다(예규 제1672호).

정답 🔑 01 ④ 02 ③

2. 법인 아닌 사단이나 재단이 현재 효력 있는 권리에 관한 등기의 **등기명의인**이나 그 대표자 또는 관리인의 성명, 주소 및 주민등록번호가 등기기록에 기록되어 있지 않은 경우, 그 대표자 또는 관리인은 **대표자 또는 관리인의 성명, 주소 및 주민등록번호를 추가**로 기록하는 내용의 **등기명의인표시변경등기**를 신청할 수 있다(예규 제1621호).

① 1. **특별법에 의하여 법인이 해산됨과 동시에 설립되는 법인**이 해산되는 법인의 재산과 권리 · **의무를 포괄승계**하는 경우, 그 법에 "**해산법인의 등기명의는 신설법인의 등기명의로 본다.**"는 특별규정이 있는 때에는 동일성이 인정되므로 **등기명의인표시의 변경등기**를 한다.
   2. 마찬가지로 수차례의 법률개정으로 특수법인의 변경이 있는 경우 "**전 법인의 명의는 이를 새로운 법인의 명의로 본다.**"고 규정한 경우, 새로운 법인은 이러한 사실을 소명하여 **등기명의인표시변경등기**를 신청할 수 있다.
② 법 제23조 제6항
④ 등기관이 1. **소유권**의 보존 또는 이전(🔁 **가등기✕**)
         2. **소유권**의 등기명의인표시의 변경 또는 경정
         3. **소유권**의 변경 또는 경정
         4. **소유권**의 말소 또는 말소회복의 등기
를 하였을 때에는 지체 없이 그 사실을 토지의 경우에는 **지적소관청**에, 건물의 경우에는 **건축물대장 소관청**에 각각 알려야 한다(법 제62조).

03 등기명의인 표시변경등기에 관한 다음 설명 중 가장 옳지 않은 것은? ▸ 2019년 법무사

① 등기명의인의 주소가 수차에 걸쳐서 변경되었을 경우 중간의 변경사항을 생략하고 최종주소지로 변경등기를 할 수 있다.
② 유한회사를 주식회사로 조직변경한 경우에 소유권이전등기신청을 할 것이 아니라 조직변경을 등기원인으로 하여 소유권의 등기명의인표시변경등기신청을 하여야 한다.
③ 법원의 촉탁에 의하여 가압류등기가 마쳐진 후 등기명의인의 주소, 성명 및 주민등록번호의 변경으로 인한 등기명의인표시변경등기는 등기명의인이 신청할 수 있다.
④ 소유권이전등기 시 등기명의인의 주소가 도로명주소법에 따른 주소로 변경된 경우 등기관은 직권으로 등기명의인표시변경등기를 할 수 있다.
⑤ 저당권말소등기를 신청하는 경우 그 등기명의인의 표시에 변경사유가 있어도 등기신청서에 그 변경사실을 증명하는 서면을 첨부정보로서 등기소에 제공하면 등기명의인표시변경등기를 생략할 수 있다.

해설 ④ 등기관이 **소유권이전등기**를 할 때에 등기명의인의 **주소변경**(🔁 **도로명주소✕**)으로 신청정보상의 등기의무자의 표시가 등기기록과 일치하지 아니하는 경우라도 첨부정보로서 제공된 주소를 증명하는 정보(🔁 **주민등록등 · 초본**)에 등기의무자의 등기기록상의 주소가 신청정보상의 주소로 변경된 사실이 명백히 나타나면 **직권으로 등기명의인표시의 변경등기**를 하여야 한다(규칙 제122조).

① 1) 부동산을 취득한 후 주소가 여러 번 바뀌었다 하더라도 중간의 변동사항을 생략하고 **현주소지로** 직접 등기명의인의 표시변경등기신청을 할 수 있을 것이다(선례 제1-570호).

2) 근저당권자인 회사의 본점이 여러 번 이전되었을 때에는 중간의 변경사항을 생략하고 **최종 본점소재지로** 등기명의인의 표시변경등기를 할 수 있을 것이다(예규 제428호).

3) 종중 명의로 된 부동산의 등기부상 주소인 종중의 사무소소재지가 수차 이전되어 그에 따른 **등기명의인표시 변경등기**를 신청할 경우에는, 주소변경을 증명하는 서면으로 주소변동경과를 알 수 있는 신·구종중 규약을 첨부하면 될 것이고, 그 변경등기는 등기부상의 주소로부터 막바로 **최후의 주소로** 할 수 있다(선례 제2-498호).

4) 등기기록상 소유명의인을 등기의무자로 하여 근저당권설정등기를 신청할 때에 신청정보의 내용 중 등기의무자의 표시가 등기기록과 일치하지 아니하는 경우라면 소유명의인은 등기명의인표시변경등기를 선행하여 신청하여야 한다(법 제29조 제7호). 다만, 소유권이전등기를 할 때에 소유명의인의 주소가 A이었는데, 그 후 주소가 B → C → D로 순차 변경된 다음 다시 등기기록상 주소인 A로 변경되었다면 등기기록상의 주소가 현재의 주소와 다르지 아니하므로 등기명의인표시변경등기를 선행할 필요 없이 바로 근저당권설정등기를 신청할 수 있다(선례 제201811-2호).

② **유한회사를 주식회사로** 조직변경한 경우에도 권리주체로서의 **동일성은 유지**되지만 등기의 기술적 처리를 위한 편의상 전자에 있어서는 해산의 등기, 후자에 있어서는 설립의 등기(본래의 의미의 설립등기는 아님)를 하여야 하며, 전자 명의의 부동산에 관하여는 후자 명의로 소유권이전등기신청을 할 것이 아니라 조직변경을 등기원인으로 하여 소유권의 **등기명의인표시 변경등기신청**을 하여야 한다(예규 제612호). 마찬가지로 주식회사 명의의 부동산에 관한 근저당권을 유한회사의 명의로 등기하기 위해서는, 근저당권이전등기를 신청할 것이 아니라 조직변경을 등기원인으로 하는 근저당권의 등기명의인표시변경등기를 신청하여야 한다(선례 제6-405호).

③ 법원의 **촉탁**에 의하여 **가압류**등기, **가처분**등기, **주택임차권**등기 및 **상가건물임차권**등기가 경료된 후 등기명의인의 주소, 성명 및 주민등록번호의 변경으로 인한 **등기명의인표시변경등기**는 등기명의인이 **신청**할 수 있다(예규 제1064호).

⑤ **소유권 이외**의 권리에 관한 등기(근저당권, 전세권, 가등기 등)의 **말소**를 신청하는 경우에 있어서는 그 등기명의인의 표시에 변경 또는 경정의 사유가 있는 때라도 신청서에 그 변경 또는 경정을 증명하는 서면을 첨부함으로써 **등기명의인의 표시변경** 또는 **경정**의 등기를 **생략**할 수 있을 것이다(예규 제451호).

04 등기명의인 표시의 변경등기에 관한 다음 설명 중 가장 옳지 않은 것은?

▸ 2019년 법원사무관

① 권리능력 없는 사단이나 재단이 현재 소유권의 등기명의인으로 기록되어 있으나 그 대표자 또는 관리인의 성명, 주소 및 주민등록번호가 등기기록에 기록되어 있지 않은 경우에 대표자 또는 관리인의 성명, 주소 및 주민등록번호를 추가로 기록하는 내용의 등기명의인표시변경등기를 신청할 수 있다.

② 법원의 촉탁에 의하여 가압류등기, 가처분등기 및 주택임차권등기가 마쳐진 후 등기명의인의 주소, 성명 및 주민등록번호가 변경된 경우에는 그 변경등기를 등기명의인이 직접 신청할 수는 없고, 법원의 촉탁으로 변경등기를 하여야 한다.

정답 **ㅇ** 03 ④ 04 ②

③ 법률에 의하여 법인의 포괄승계가 있고 해당 법률에 등기기록상 종전 법인의 명의를 승계 법인의 명의로 본다는 뜻의 간주규정이 있는 경우에는 승계 법인이 등기명의인표시변경등기를 하지 않고서도 다른 등기를 신청할 수 있다.

④ 행정구역 등의 변경으로 인하여 등기명의인의 주소의 표시에 변경이 있는 경우 등기관이 직권으로 변경등기를 할 수 있을뿐만 아니라 등기명의인도 변경등기를 신청할 수 있는데, 이 때에 등록면허세와 등기신청수수료는 면제된다.

해설 ② 법원의 **촉탁**에 의하여 **가압류등기**, **가처분등기**, **주택임차권등기** 및 **상가건물임차권등기**가 경료된 후 등기명의인의 주소·성명 및 주민등록번호의 변경으로 인한 **등기명의인표시변경등기**는 등기명의인이 **신청**할 수 있다(예규 제1064호).

① 1) **현재 효력 있는 권리**(⊞ 소유권·근저당권 등)에 관한 등기의 등기명의인(⊞ 외국인 포함○)의 주민등록번호 등이 등기기록에 기록되어 있지 않은 경우, 그 등기명의인은 주민등록번호 등을 **추가**로 기록하는 내용의 **등기명의인표시변경등기**를 신청할 수 있다(예규 제1672호).

　2) 법인 아닌 사단이나 재단이 **현재 효력 있는 권리**에 관한 등기의 등기명의인이나 그 **대표자 또는 관리인**의 성명, 주소 및 주민등록번호가 등기기록에 기록되어 있지 않은 경우, 그 대표자 또는 관리인은 **대표자 또는 관리인**의 성명, 주소 및 주민등록번호를 **추가**로 기록하는 내용의 **등기명의인표시변경등기**를 신청할 수 있다(예규 제1621호).

③ **특별법**에 의하여 법인이 해산됨과 동시에 설립되는 법인이 해산되는 법인의 재산과 **권리·의무를 포괄승계**하는 경우, 그 법에 "**해산법인의 등기명의는 신설법인의 등기명의로 본다.**"는 **특별규정**이 있는 때에는 새로운 법인은 자신 명의로의 등기절차를 밟지 않고 **직접 제3자 명의로 소유권이전등기**를 신청할 수 있으므로, "농어촌진흥공사", "농업기반공사" 또는 "한국농촌공사" 소유명의의 부동산에 대하여 매매를 원인으로 소유권이전등기를 신청할 때에 소유명의인의 명칭을 "한국농어촌공사"로 변경하는 **등기명의인표시변경등기**를 **선행**할 필요는 **없다**(선례 제201908-3호)(⊞ 법률에 의하여 법인의 포괄승계가 있고 종전 법인의 명의를 승계하는 법인의 명의로 본다는 뜻의 간주규정이 있는 경우에는 양 법인의 **동일성이 인정**되므로 해당 부동산을 등기부상으로 승계되는 법인의 명의로 하기 위해서는 **등기명의인표시변경등기를 할 수 있다**. 그러나 법률에서 포괄승계의 간주규정이 있으므로 승계법인은 **등기 없이도 당연히** 부동산에 대한 **권리를 취득**하므로 이후 다른 등기신청을 위하여서 **반드시 등기명의인표시변경등기를 선행**할 필요는 **없다**는 취지임).

④ **행정구역 또는 그 명칭의 변경**이 있을 때에는 등기부에 기재한 행정구역 또는 그 명칭은 당연히 **변경된 것으로 보므로**(법 제31조), 별도로 등기명의인 표시변경등기를 하지 않고도 다른 등기를 할 수 있다. 이 경우 등기관이 **직권**으로 그 변경등기를 할 수 있으나 등기명의인이 그 변경등기를 **신청**할 수도 있다. 후자의 경우에 변경등기에 따른 **등록세와 등기신청수수료는 면제**되는 것이나, 등기명의인이 법무사에게 등기신청을 위임했다면 위임에 따른 비용(법무사보수 등)은 등기명의인이 부담하여야 한다(선례 제5-877호).

05 등기명의인표시 변경등기에 관한 다음 설명 중 가장 옳지 않은 것은? ▶ 2017년 법무사

① 특별법에 의하여 신설법인이 해산법인의 재산과 권리·의무를 포괄승계하는 경우, 그 법에 해산법인의 등기명의는 신설법인의 등기명의로 본다는 특별규정이 있는 때에는 등기명의인표시 변경등기를 한다.

② 자연인에 한하여 주민등록번호나 부동산등기용등록번호를 추가로 기록하는 등기명의인표시 변경등기를 신청할 수 있으므로, 법인 아닌 사단의 대표자의 성명, 주소 및 주민등록번호를 추가로 기록하는 등기명의인표시 변경등기신청은 할 수가 없다.

③ 근저당권자인 법인의 취급지점이 변경된 경우에는 등기명의인표시 변경(취급지점 변경)등기를 먼저 하여야만 채무자변경으로 인한 근저당권변경등기신청을 할 수 있다.

④ 법인 아닌 사단을 법인으로 변경하는 등기명의인표시 변경등기신청은 수리할 수 없다.

⑤ 법원의 촉탁에 의하여 가압류등기 및 주택임차권등기가 이루어진 후 그 등기명의인의 주소, 성명 및 주민등록번호가 변경된 경우 등기명의인이 표시변경등기를 신청할 수 있다.

해설 ② 1) **현재 효력 있는 권리**(➊ 소유권·근저당권 등)에 관한 등기의 **등기명의인**(➊ 외국인 포함 ○)의 주민등록번호 등이 등기기록에 기록되어 있지 않은 경우, 그 등기명의인은 주민등록 **번호** 등을 **추가**로 기록하는 내용의 **등기명의인표시변경등기**를 신청할 수 있다(예규 제 1672호).

2) 법인 아닌 사단이나 재단이 **현재 효력 있는 권리**에 관한 등기의 등기명의인이나 그 대표 자 또는 관리인의 성명, 주소 및 주민등록번호가 등기기록에 기록되어 있지 않은 경우, 그 대표자 또는 관리인은 **대표자 또는 관리인의 성명, 주소 및 주민등록번호를 추가**로 기록하는 내용의 **등기명의인표시변경등기**를 신청할 수 있다(예규 제1621호).

③ 1) 등기관은 **신청정보의 등기의무자의 표시**가 **등기기록**과 일치하지 아니한 경우에 이유를 적은 결정으로 신청을 **각하**하여야 한다. 다만, 제27조에 따라 포괄승계인이 등기신청을 하는 경우는 제외한다(법 제29조 제7호).

2) 신청서상 등기의무자의 표시와 등기기록상 등기의무자의 표시가 일치하지 아니한 경우에 는 본 호에 의하여 각하하여야 한다. 이러한 때에는 과연 진정한 등기의무자의 신청이 있 는 것인지 분명하지 않기 때문이다. 등기의무자의 표시가 등기기록과 일치하지 않는 경우 란 신청서에 기재된 등기의무자의 **성명·명칭, 주소·사무소소재지, 주민등록번호 등**(➊ **법인의 취급지점, 법인 아닌 사단의 대표자 등**)이 등기기록과 일치하지 않는 것을 말한다. 따라서 종전의 등기 후에 등기의무자의 표시가 변경되었거나 기존 등기에 착오 또는 누락 이 있는 경우에는 **등기명의인표시 변경등기 또는 경정등기**를 하여 등기기록의 표시를 변 경·경정한 후에 새로운 등기를 하여야 한다(「부동산등기실무Ⅰ」 p.541).

3) 상사법인이 근저당권자인 경우 근저당권설정등기신청서에 취급지점의 표시가 있는 때에 는 등기부에 그 취급지점을 기재하게 되므로 **근저당권자인 상사법인의 취급지점이 변경된 때에는 등기명의인표시변경(취급지점변경)등기를 한 후**(법 제29조 제7호)에야 **채무자변경 으로 인한 근저당권변경등기신청을 할 수 있는 것이나**(➊ **근저당권이전등기신청** 시에도 **마찬가지이다**). 근저당권말소등기를 신청할 경우에는 취급지점이 변경된 사실을 증명하는

정답 ○─ **05 ②**

서면을 첨부하여 취급지점의 변경등기 없이 근저당권말소등기를 신청할 수 있다(선례 제4-468호).

4) 그러나 **소유권 이외**의 권리에 관한 등기(근저당권, 전세권, 가등기 등)의 **말소**를 신청하는 경우에 있어서는 그 등기명의인의 표시에 변경 또는 경정의 사유가 있는 때라도 신청서에 그 변경 또는 경정을 증명하는 서면을 첨부함으로써 **등기명의인의 표시변경 또는 경정**의 등기를 생략할 수 있을 것이다(예규 제451호).

④ 등기명의인표시변경등기를 하기 위해서는 변경 전후에 등기명의인의 동일성이 인정되어야 하며 동일성이 인정되지 않은 경우에는 권리이전등기를 신청하여야 한다. 따라서 **법인 아닌 사단을 법인**으로 변경하는 **등기명의인표시변경등기신청**은 변경 전후의 동일성이 인정되지 않으므로 수리할 수 **없**다(선례 제201202-4호).

06 등기명의인 표시변경등기에 관한 다음 설명 중 가장 옳지 않은 것은? ▸ 2017년 등기주사보

① 국유재산의 관리청이 변경되었을 때에는 새로운 관리청이 변경등기를 촉탁하여야 한다.
② 비법인사단인 종중의 대표자가 등재되지 아니한 경우 대표자나 관리인임을 소명하는 자료를 첨부하여 대표자 등을 추가하는 등기명의인 표시변경등기를 신청할 수 있도록 예규가 개정되었다.
③ 현재 효력 있는 소유권의 등기명의인의 주민등록번호가 등기기록에 기록되어 있지 않은 경우 그 등기명의인은 주민등록번호를 추가로 기록하는 등기명의인 표시변경등기를 신청할 수 있다.
④ 유한회사를 주식회사로 조직변경한 경우에는 유한회사 명의의 부동산에 관하여는 주식회사 명의로 권리이전등기를 하여야 한다.

해설 ④ **유한회사를 주식회사**로 조직변경한 경우에도 **권리주체로서의 동일성은 유지**되지만 등기의 기술적 처리를 위한 편의상 전자에 있어서는 해산의 등기, 후자에 있어서는 설립의 등기(본래의 의미의 설립등기는 아님)를 하여야 하며, 전자 명의의 부동산에 관하여는 후자 명의로 소유권이전등기신청을 할 것이 아니라 조직변경을 등기원인으로 하여 소유권의 **등기명의인 표시변경등기신청**을 하여야 한다(예규 제612호). 마찬가지로 주식회사 명의의 부동산에 관한 근저당권을 유한회사의 명의로 등기하기 위해서는, **근저당권이전등기**를 신청할 것이 아니라 조직변경을 등기원인으로 하는 근저당권의 등기명의인 표시변경등기를 신청하여야 한다(선례 제6-405호).

① **국유 토지**에 관하여 **관리청의 변경**이 있는 경우에는 **관리청 변경등기를** (🖐 새로운 관리청이) 신청(🖐 촉탁)하여야 한다(선례 제5-693호). 그러나 **지방자치법** 제5조에 의하여 **관할구역이 변경**되어 승계되는 재산에 대하여는 '승계'를 등기원인으로 하여 승계되는 지방자치단체 명의로 **소유권이전등기**를 경료하여야 하는 바, 만약 관리청변경등기촉탁이 있는 경우 등기관은 부동산등기법 제29조 제2호에 의하여 각하하여야 할 것이나 이를 간과하여 관리청변경등기가 경료되었을 경우는 그 등기를 부동산등기법 제58조에 의하여 직권으로 말소하여야 할 것이다(선례 제7-445호).

07 등기명의인 표시변경등기에 관한 다음 설명 중 가장 옳지 않은 것은?

▸ 2016년 등기서기보 변경

① 법원의 촉탁에 의해 가압류등기가 마쳐진 후 등기명의인의 주소가 변경된 경우에는 등기명의인의 신청에 의해서 등기명의인 표시변경등기를 할 수 있다.

② 국유재산의 관리청이 변경되었을 때에는 새로운 관리청이 변경등기를 촉탁하여야 한다.

③ 비법인사단인 종중의 대표자가 등재되지 아니한 경우 대표자나 관리인임을 소명하는 자료를 첨부하여 대표자 등을 추가하는 등기명의인 표시변경등기를 신청할 수 없다.

④ 등기명의인의 주소가 수차에 걸쳐서 변경되었을 경우 중간의 변경사항을 생략하고 최종 주소지로 변경등기를 할 수 있다.

> **해설** ③ 1) 현재 효력 있는 권리(⊞ 소유권·근저당권 등)에 관한 등기의 등기명의인(⊞ 외국인 포함○)의 주민등록번호 등이 등기기록에 기록되어 있지 않은 경우, 그 등기명의인은 주민등록번호 등을 추가로 기록하는 내용의 등기명의인표시변경등기를 신청할 수 있다(예규 제1672호).
> 2) 법인 아닌 사단이나 재단이 현재 효력 있는 권리에 관한 등기의 등기명의인이나 그 대표자 또는 관리인의 성명, 주소 및 주민등록번호가 등기기록에 기록되어 있지 않은 경우, 그 대표자 또는 관리인은 대표자 또는 관리인의 성명, 주소 및 주민등록번호를 추가로 기록하는 내용의 등기명의인표시변경등기를 신청할 수 있다(예규 제1621호).

08 등기명의인의 표시변경등기에 관한 다음 설명 중 가장 옳지 않은 것은? ▸ 2014년 법무사

① 등기명의인의 주소가 수차에 걸쳐서 변경되었을 경우 중간의 변경사항을 생략하고 최종 주소지로 변경등기를 할 수 있다.

② 법원의 촉탁에 의하여 가압류등기가 마쳐진 후 등기명의인의 주소, 성명 및 주민등록번호의 변경으로 인한 등기명의인표시변경등기는 등기명의인이 신청할 수 있다.

③ 등기명의인이 지번 주소를 도로명 주소로 고치는 등기명의인표시변경등기를 신청할 경우 등록면허세와 등기신청수수료가 면제된다.

④ 현재 효력 있는 근저당권의 등기명의인(자연인)의 주민등록번호가 등기기록에 기록되어 있지 않은 경우, 등기명의인은 그 번호를 추가로 기록하는 내용의 등기명의인표시변경등기를 신청할 수 없다.

⑤ 저당권말소등기를 신청하는 경우 그 등기명의인의 표시에 변경사유가 있어도 등기신청서에 그 변경사실을 증명하는 서면을 첨부하면 등기명의인표시변경등기를 생략할 수 있다.

> **해설** ④ 1) 현재 효력 있는 권리(⊞ 소유권·근저당권 등)에 관한 등기의 등기명의인(⊞ 외국인 포함○)의 주민등록번호 등이 등기기록에 기록되어 있지 않은 경우, 그 등기명의인은 주민등록번호 등을 추가로 기록하는 내용의 등기명의인표시변경등기를 신청할 수 있다(예규 제1672호).
> 2) 법인 아닌 사단이나 재단이 현재 효력 있는 권리에 관한 등기의 등기명의인이나 그 대표자 또는 관리인의 성명, 주소 및 주민등록번호가 등기기록에 기록되어 있지 않은 경우,

정답 ↦ 06 ④ 07 ③ 08 ④

그 대표자 또는 관리인은 **대표자 또는 관리인의 성명, 주소 및 주민등록번호를 추가**로 기록하는 내용의 **등기명의인표시변경등기**를 신청할 수 있다(예규 제1621호).

③ 도로명주소법에 의한 건물표시변경 또는 등기명의인표시변경 등기신청에는 **등록면허세 및 등기신청수수료를 납부하지 아니한다**(예규 제1436호).

09 등기명의인 표시변경에 관한 다음 설명 중 가장 옳지 않은 것은? ▸2013년 법무사

① 변경 전후에 등기명의인의 동일성이 인정되지 않으면 등기명의인표시변경등기를 할 수 없다.

② 등기명의인인 유한회사를 주식회사로 조직변경한 경우, 양자는 법인격이 동일하지 않으므로 권리이전등기를 하여야 한다.

③ 등기의무자의 주소가 수차 변경된 경우 등기신청 당시의 주소로, 1회의 변경등기만 신청하면 된다.

④ 등기명의인이 행정구역 변경으로 인한 등기명의인표시변경등기를 신청할 경우 등록면허세와 등기신청수수료가 면제된다.

⑤ 현재 효력 있는 소유권의 등기명의인의 주민등록번호가 등기기록에 기록되어 있지 않는 경우, 그 등기명의인은 주민등록번호를 추가로 기록하는 내용의 등기명의인표시변경등기를 신청할 수 있다.

해설 ② 유한회사를 주식회사로 조직변경한 경우에도 권리주체로서의 **동일성은 유지**되지만 등기의 기술적 처리를 위한 편의상 전자에 있어서는 해산의 등기, 후자에 있어서는 설립의 등기(본래의 의미의 설립등기는 아님)를 하여야 하며, 전자 명의의 부동산에 관하여는 후자 명의로 소유권이전등기신청을 할 것이 아니라 조직변경을 등기원인으로 하여 소유권의 **등기명의인표시변경등기신청**을 하여야 한다(예규 제612호). 마찬가지로 주식회사 명의의 부동산에 관한 근저당권을 유한회사의 명의로 등기하기 위해서는, 근저당권이전등기를 신청할 것이 아니라 조직변경을 등기원인으로 하는 근저당권의 등기명의인표시변경등기를 신청하여야 한다(선례 제6-405호).

① 등기명의인표시변경등기를 하기 위해서는 변경 전후에 등기명의인의 동일성이 인정되어야 하며 동일성이 인정되지 않은 경우에는 권리이전등기를 신청하여야 한다. 따라서 **법인 아닌 사단을 법인으로** 변경하는 **등기명의인표시변경등기**신청은 변경 전후의 동일성이 인정되지 않으므로 수리할 수 **없다**(선례 제201202-4호).

④ **행정구역 또는 그 명칭의 변경**이 있을 때에는 등기부에 기재한 행정구역 또는 그 명칭은 당연히 **변경된 것으로 보므로**(법 제31조), 별도로 등기명의인표시변경등기를 하지 않고도 다른 등기를 할 수 있다. 이 경우 등기관이 **직권**으로 그 변경등기를 할 수 있으나 등기명의인이 그 변경등기를 신청할 수도 있다. 후자의 경우에 변경등기에 따른 **등록세와 등기신청수수료는 면제**되는 것이나, 등기명의인이 법무사에게 등기신청을 위임했다면 위임에 따른 비용(법무사보수 등)은 등기명의인이 부담하여야 한다(선례 제5-877호).

10 **변경등기에 관한 다음 설명 중 가장 옳지 않은 것은?**　　　　　▶ 2023년 법원사무관

① 1번 저당권의 금액을 증액하는 변경등기를 할 경우 2번 저당권자는 실체법상 그 권리가 소멸하였는지 여부를 불문하고 등기상 이해관계 있는 제3자에 해당한다.

② 권리변경 등기 시 등기상 이해관계 있는 제3자가 없어 부기로 변경등기를 할 때에는 변경 전 등기사항을 말소하는 표시를 하여야 한다.

③ 소유권이전등기 시 등기의무자인 등기명의인의 주소가 도로명주소법에 따른 주소로 변경된 경우에도 등기관은 직권으로 등기명의인표시의 변경등기를 하여야 한다.

④ 건물멸실등기를 신청하는 경우에 그 등기명의인의 표시에 변경 사유가 있어도 그 변경을 증명하는 정보를 제공하면 등기명의인 표시의 변경등기를 생략할 수 있다.

해설 ③ 등기관이 **소유권이전등기**를 할 때에 등기명의인의 **주소변경(⬚ 도로명주소×)**으로 신청정보상의 등기의무자의 표시가 등기기록과 일치하지 아니하는 경우라도 첨부정보로서 제공된 주소를 증명하는 정보(⬚ 주민등록등ㆍ초본)에 등기의무자의 등기기록상의 주소가 신청정보상의 주소로 변경된 사실이 명백히 나타나면 **직권으로 등기명의인표시의 변경등기**를 하여야 한다(규칙 제122조).

① 권리의 변경등기에 관하여 "**등기상 이해관계 있는 제3자**"란 권리변경등기를 함으로써 **등기기록의 형식상 손해**를 받을 우려가 있는 자를 말한다. 사실상의 이해관계가 있더라도 등기명의인이 아닌 자는 법 제52조의 등기상 이해관계 있는 제3자에 해당하지 않고, 반대로 **피담보채무가 소멸되어 저당권이 실질적으로 소멸한 경우라도 등기기록상 말소되지 않았다면** 그 저당권의 명의인은 여기서의 **제3자에 해당한다**(「부동산등기실무Ⅱ」 p.13). 예를 들어 **1번 저당권의 금액을 증액**하는 변경등기를 할 경우 **2번 저당권자는 실체법상 그 권리가 소멸하였는지 여부를 불문**하고 **등기상 이해관계 있는 제3자에 해당한다**(「2022년 법원공무원교육원 부동산등기실무」 p.226).

② 1. 등기상 이해관계 있는 제3자가 없거나 그 자가 승낙한 경우에는 부기로 변경등기를 하고, 그러한 제3자가 있음에도 그의 승낙서 등을 제출하지 아니한 경우에는 주등기(제3자의 등기보다 후순위의 등기)로 변경등기를 한다. 따라서 등기상 이해관계 있는 제3자의 승낙는 권리변경등기의 요건이 아니라 권리변경의 **부기등기의 요건**이라고 할 수 있다.

　　2. **권리변경등기를 부기등기로** 할 때에는 **변경 전** 등기사항을 **말소하는 표시를 한다**(규칙 제112조, 「2022년 법원공무원교육원 부동산등기실무」 p.227).

　　3. **권리변경등기를 주등기로** 할 때에는 **변경 전** 등기사항을 **말소하는 표시**를 하지 **않는다**(규칙 제112조, 「부동산등기실무Ⅱ」 p.14). 왜냐하면, 변경 전의 등기사항은 종전의 순위로 제3자에게 대항할 수 있도록 하여야 하기 때문이다.

④ 1. **건물멸실등기**를 신청하는 경우에 그 등기명의인의 표시에 변경 또는 경정사유가 있어도 그 변경 또는 경정을 증명하는 서면을 첨부하여 **등기명의인의 표시변경 또는 경정등기**를 **생략**할 수 있다(예규 제593호).

　　2. 증축된 부분에 대한 등기가 경료되지 아니하여 등기부의 건물면적과 건축물대장의 건물면적이 다소 차이가 있는 상태에서 그 **건물이 멸실**된 경우 등기부상의 건물과 건축물대장상의 건축물 사이에 동일성이 인정된다면 **증축된 부분에 대한 표시변경등기**를 경료한 후 다시 멸실등기를 신청하는 절차를 **생략**하고 곧 바로 멸실등기를 신청할 수 있다(선례 제3-638호).

　　　정답 ● 09 ② 10 ③

제2절 | 경정

01 일반적인 경정등기

01 신청

관련 조문

법 제32조(등기의 경정)

① 등기관이 등기를 마친 후 그 등기에 착오나 빠진 부분이 있음을 발견하였을 때에는 지체 없이 그 사실을 등기권리자와 등기의무자에게 알려야 하고, 등기권리자와 등기의무자가 없는 경우에는 등기명의인에게 알려야 한다. 다만, 등기권리자, 등기의무자 또는 등기명의인이 각 2인 이상인 경우에는 그중 1인에게 통지하면 된다.

② 등기관이 등기의 착오나 빠진 부분이 **등기관의 잘못**으로 인한 것임을 발견한 경우에는 **지체 없이** 그 등기를 **직권**으로 경정하여야 한다. 다만, **등기상 이해관계 있는 제3자**가 있는 경우에는 제3자의 **승낙**이 있어야 한다.

③ 등기관이 제2항에 따라 경정등기를 하였을 때에는 그 사실을 등기권리자, 등기의무자 또는 등기명의인에게 **알려야** 한다. 이 경우 제1항 단서를 준용한다.

④ 채권자대위권에 의하여 등기가 마쳐진 때에는 제1항 및 제3항의 통지를 그 **채권자에게도 하여야** 한다. 이 경우 제1항 단서를 준용한다.

관련 예규

경정등기절차에 관한 업무처리지침(예규 제1564호)

1. 원시적 착오의 존재

   경정등기는 **원시적 착오 또는 유루**(당초의 등기절차에 신청의 착오나 등기관의 과오가 있어 등기와 실체가 불일치하는 경우)가 있는 경우에 할 수 있고, **등기완료 후에 발생한 사유**에 의해서는 할 수 **없다**.

2. 당사자의 신청에 착오가 있는 경우

   가. 부동산표시의 경정등기

      1) 부동산표시에 관한 경정등기는 **등기명의인**(등기명의인이 여러 명인 경우에는 그중 1인도 가능하다) 이 대장 등 경정사유를 소명하는 서면을 첨부하여 **단독**으로 신청하며, 판결서나 제3자의 허가서 등은 제출할 필요가 **없다**.

      2) 신청서에 기재된 경정등기의 목적이 현재의 등기와 **동일성** 혹은 **유사성**을 인정할 수 없는 정도라 하더라도, 같은 부동산에 관하여 따로 소유권보존등기가 존재하지 아니하거나 등기의 형식상 예측할 수 없는 손해를 입을 우려가 있는 이해관계인이 없는 경우, 등기관은 그 경정등기신청을 수리할 수 있다.

      3) 구분건물의 등기기록 중 1동의 건물의 표시에 관한 경정은 각 **구분건물의 소유자**가 **단독**으로 신청할 수 있다.

나. 권리에 관한 경정등기

1) 권리 자체의 경정이나 권리자 전체를 바꾸는 경정의 불허

권리 자체를 경정(소유권이전등기를 저당권설정등기로 경정하거나 저당권설정등기를 전세권설정등기로 경정하는 경우 등)하거나 **권리자 전체를 경정**(권리자를 갑에서 을로 경정하거나, 갑과 을의 공동소유에서 병과 정의 공동소유로 경정하는 경우 등)하는 등기신청은 수리할 수 **없다**.

2) 등기원인증서와 다른 내용의 등기에 대한 경정절차

신청서에 기재된 사항이 **등기원인**을 증명하는 서면과 **부합하지 아니함**에도 등기관이 이를 **간과**하고 그 신청에 따른 **등기**를 마친 경우, 등기신청인(단독신청에 의한 등기의 경정은 단독신청으로, 공동신청에 의한 등기의 경정은 공동신청으로 하여야 함)은 등기필증 등 등기의 **착오**를 증명하는 서면을 첨부하여 **경정등기를 신청할 수 있다**.

3) 등기원인증서와 같은 내용의 등기에 대한 경정절차

(가) 등기원인을 증명하는 서면과 신청서에 기재된 권리의 내용이 일치하는 등 적법절차에 의하여 완료된 등기에 대해서는 경정등기를 할 수 없다. 다만, 아래 (나)의 예시와 같이 착오 또는 유루로 등기가 실체관계와 일치하지 아니하고 신청인이 그 사실을 증명하는 서면을 첨부하여 경정등기를 신청한 경우(신청서에 권리가 감축되는 자를 등기의무자로, 권리가 증가되는 자를 등기권리자로 각 기재하여야 함)에는 그러하지 아니하다.

(나) 경정등기를 할 수 있는 경우의 예시

① 소유권보존등기의 경정 : 등기명의인의 인감증명이나 소유권확인판결서 등을 첨부하여 단독소유의 소유권보존등기를 공동소유로 경정하거나 공동소유를 단독소유로 경정하는 경우(⊕ 일부말소의미의 경정)

② 상속으로 인한 소유권이전등기의 경정 : **법정**상속분대로 등기된 후 **협의**분할에 의하여 소유권경정등기를 신청하는 경우 또는 **협의**분할에 의한 상속등기 후 협의해제를 원인으로 **법정**상속분대로 소유권경정등기를 신청하는 경우

③ 가압류등기나 매각에 따른 소유권이전등기 등 법원의 촉탁에 의한 등기가 완료된 후 그 촉탁에 착오가 있음을 증명하는 서면을 첨부하여 권리의 경정을 촉탁한 경우

④ 등기원인증서의 실질적 내용이 **매매**임에도 **증여**로 **기재**되어 있거나 등기 당시 도래하지 않은 일자가 등기원인일자로 등기원인증서에 기재되어 있는 등 등기원인증서상의 기재의 착오가 외관상 명백한 경우

⑤ 기타 법정지상권이나 법정저당권의 취득 등 법률의 규정에 의한 권리의 취득을 원인으로 하여 등기가 완료된 후 등기의 착오를 증명하는 서면을 첨부하여 권리의 경정을 신청하는 경우 등

4) 등기의 실행방법

일반적인 경정등기에 있어서 등기상 이해관계 있는 제3자가 있고 그 제3자의 동의서나 이에 대항할 수 있는 재판의 등본을 첨부한 때 또는 등기상 이해관계 있는 제3자가 없는 경우에는 부기등기로 하고, 등기상 이해관계 있는 제3자가 있으나 그 이해관계 있는 제3자의 동의서나 이에 대항할 수 있는 재판의 등본이 없는 경우에는 주등기로 한다(⊕ **부기요건**).

> **법 제52조[부기로 하는 등기]**
> 등기관이 다음 각 호의 등기를 할 때에는 **부기**로 하여야 한다. 다만, 제5호의 등기는 등기상 이해관계 있는 제3자의 승낙이 없는 경우에는 그러하지 아니하다(⊕ 주등기).
> 5. 권리의 변경이나 경정의 등기

다만 경정등기의 형식으로 이루어지나 그 실질이 말소등기(**일부말소 의미의 경정등기**)에 해당하는 경우(위 (3) (나) ①, ② 등)에는 등기상 이해관계 있는 제3자가 있는 때에 그의 승낙서 등을 첨부한 경우에는 부기등기로 하고, 이를 <u>첨부하지 아니한 경우 등기관은 그 등기신청을 수리하여서는 아니 된다</u>(⊞ **수리요건**).

5) 인감증명 첨부

<u>소유권에 관한 경정등기를 신청하기 위해서는</u> 그 경정등기로 인하여 **소유권이 감축되는 자의 인감증명**을 등기신청서에 첨부하여야 한다.

> **규칙 제60조**(인감증명의 제출)
> ① <u>방문신청을 하는 경우에는</u> 다음 각 호의 **인감증명**을 제출하여야 한다. 이 경우 해당 신청서(위임에 의한 대리인이 신청하는 경우에는 **위임장**을 말한다)나 첨부서면에는 그 **인감을 날인**하여야 한다.
>   1. <u>소유권의 등기명의인이 **등기의무자**로서 **등기**를 신청하는 경우</u> **등기의무자**의 인감증명

다. 등기명의인표시의 경정

1) 등기명의인표시경정의 의의 및 한계

(가) 등기명의인표시경정의 의의

등기명의인표시경정이라 함은 등기명의인의 성명, 주소 또는 주민등록번호 등을 경정하는 것을 말하고, 등기명의인의 수를 증감하는 것(단독소유를 공유로 하거나 공유를 단독소유로 하는 경우 등)은 등기명의인표시경정이 아니며, 이는 권리에 관한 경정으로서 위 나. 의 규정에 의하여 처리한다.

(나) 인격의 동일성

등기명의인표시경정등기는 경전 전후의 등기가 표창하고 있는 등기명의인이 인격의 동일성을 유지하는 경우에만 신청할 수 있다. 그러므로 **법인 아닌 사단을 법인**으로 경정하는 등기를 신청하는 등 동일성을 해하는 등기명의인표시경정등기신청은 수리할 수 **없다**.

(다) 동일성을 해하는 등기명의인표시경정등기가 된 경우

동일성을 해하는 등기명의인표시경정등기의 신청임에도 등기관이 이를 간과하여 수리한 경우, 종전 등기명의인으로의 회복등기 신청은 현재의 등기명의인이 단독으로 하거나 종전 등기명의인과 공동으로 하여야 하고, 종전 등기명의인이 단독으로 한 등기신청은 수리할 수 없다.

2) 종전 등기명의인 또는 사망자에 대한 등기명의인표시경정의 가부

등기기록상 권리를 이전하여 **현재 등기명의인이 아닌 종전 등기명의인 또는 이미 사망한 등기명의인**에 대한 등기명의인표시경정등기신청은 수리할 수 **없다**.

3) 첨부서면

등기명의인표시경정등기의 신청을 위해서는 등기명의인의 표시의 경정을 증명하는 <u>시·구·읍·면의 장의 서면 또는 이를 증명함에 족한 서면</u>을 신청서에 첨부하여야 하고, 후단에 속하는 서면으로 동일인보증서를 첨부할 경우에는 동일임을 보증하는 자의 인감증명 및 기타 보증인의 자격을 인정할 만한 서면(공무원 재직증명, 법무사 인가증 사본 등)을 함께 제출하여야 한다.

3. 등기관의 과오로 등기의 착오 또는 유루가 발생한 경우

가. 등기의 착오가 있는 경우

<u>등기관의 과오로 인해 등기의 착오가 발생한 경우에는 경정 전·후의 등기의 **동일성 여부를 별도로 심사하지 않고** 아래의 절차에 의하여 처리한다.</u> 단, 갑구에 하여야 할 등기를 등기관의 착오로 을구에

등기한 것(예 소유권이전등기를 하여야 할 것을 근저당권설정등기로 한 경우)과 같이 경정절차에 의하여 바로잡을 수 없는 등기는 종전 등기를 착오 발견으로 말소한 후 직권 또는 신청에 의하여 유루 발견으로 인한 등기를 하여야 한다.

1) 직권에 의한 경정

(가) 등기관의 과오로 등기의 착오가 발생한 경우로서 등기상 이해관계 있는 제3자가 없는 경우, 그 착오를 발견한 등기관은 직권으로 경정등기를 하여야 한다. 다만, 등기상 이해관계 있는 제3자가 있는 경우에는 제3자의 승낙이 있어야 한다.

(나) 위 (가)의 등기를 마친 등기관은 경정등기를 한 취지를 지방법원장에게 보고하고, 등기권리자와 등기의무자(등기권리자 또는 등기의무자가 여러 명인 때에는 그중 1인)에게 통지하며, 채권자 대위에 의한 등기를 경정한 때에는 채권자에게도 통지하여야 한다.

2) 신청에 의한 경정

(가) 등기완료 후 등기관의 과오로 인한 등기의 착오(신청과 다른 내용으로 등기된 경우를 말함)를 발견한 경우, 등기권리자 또는 등기의무자는 등기필증 등 그 사실을 증명하는 서면을 첨부하여 착오발견으로 인한 경정등기를 신청할 수 있으며, 이 경우 등기관이 경정등기를 한 취지를 지방법원장에게 보고할 필요는 없다.

(나) 등기권리자 또는 등기의무자 일방의 신청에 의하여 착오발견으로 인한 등기를 마친 경우 등기관은 그 경정등기의 취지를 상대방에게 통지하여야 한다.

(다) 등기상 이해관계 있는 제3자가 있고 그 제3자의 동의서 또는 이에 대항할 수 있는 재판의 등본이 신청서에 첨부되지 아니한 경우에는 주등기로 경정등기를 하여야 한다.

나. 등기기입의 유루가 발생한 경우

등기관의 과오로 등기기입의 유루가 발생한 경우, 유루 발견으로 인한 등기는 그 성질에 반하지 아니하는 한 등기관의 과오로 인한 등기의 착오가 발생한 경우에 준하는 절차(등기관의 과오에 의하여 등기의 착오가 발생하였음을 등기필정보 등에 의하여 증명하여야 함)에 의하여 처리한다.

4. 소유권의 등기목적이 불분명한 경우

5. 전산다면등기부를 신등기부로 이기 후 소유권의 경정

01 경정등기에 관한 다음 설명 중 가장 옳지 않은 것은?

▶ 2023년 등기서기보

① 신청된 등기사항 전부가 누락된 경우에는 이의신청이나 새로운 등기신청 또는 국가배상의 문제가 될 뿐 경정등기를 할 수 없다.

② 소유권에 관한 경정등기를 신청하기 위해서는 그 경정등기로 인하여 소유권이 감축되는 자의 인감증명을 첨부정보로 제공하여야 한다.

③ 甲과 乙이 공동으로 매수한 부동산에 대하여 집행법원이 매각을 원인으로 한 소유권이전등기촉탁을 하면서 착오로 甲 단독소유로 촉탁한 경우 그 촉탁에 착오가 있음을 증명하는 정보를 제공하여 경정촉탁을 할 수 있다.

④ 甲 명의의 소유권보존등기에 대하여 丙 명의의 근저당권설정등기가 마쳐진 상태에서 乙이 판결을 얻어 위 甲 단독소유의 등기를 甲, 乙이 각 1/2 지분으로 공유하는 것으로 경정할 때 근저당권자 丙의 승낙 또는 이에 대항할 수 있는 재판이 있음을 증명하는 정보가 제공되지 않았다면 등기관은 그 신청을 수리하여서는 안 된다.

해설 ① 1. **경정등기**는 등기의 **일부**가 실체관계와 **불일치**한 경우에 그 불일치를 제거하기 위하여 행하여지는 등기이므로, 등기사항의 전부가 불일치한 경우에는 말소등기 또는 말소회복의 대상이 되고 경정등기는 할 수 없다.

2. **이론상 경정등기의 대상이 되기 위해서는 기존 등기가 있어야 하므로** 신청된 **등기사항 전부가 누락된 경우에도 경정등기가 가능한지** 문제된다.

3. 이에 관하여 신청된 등기 전부를 빠뜨린 경우는 경정등기의 문제가 아니라 이의신청이나 새로운 등기신청 또는 국가배상의 문제가 될 뿐이라는 견해가 있으나, **판례 및 예규**에서는 이 경우 법 제32조의 절차에 따라 **경정등기를 할 수 있다**고 한다(「부동산등기실무제요 Ⅱ」 p.26).

소유권이전등기 절차이행을 명하는 확정판결에 기하여 **소유권이전등기신청**을 하였으나 등**기공무원의 착오**로 인하여 그 **일부 토지**에 관하여 **소유권이전등기가 경료되지 아니**하였다면 부동산등기법 제32조 소정의 (旣 **직권)경정등기절차**에 의하여 **이를 할 수 있다**(대판 1980.10.14, 80다1385). 여러 개의 부동산에 대한 매매계약을 한 다음 이에 따라 소유권이전등기를 신청하였고 등기관으로부터 등기필증까지 교부받았으나 일부 부동산에 대한 소유권이전등기가 누락되고 그 부동산에 대하여 제3자 명의의 압류등기가 마쳐진 경우, 이 압류등기의 명의인은 등기상 이해관계 있는 제3자에 해당하지 아니하므로, 위 유루가 등기관의 과오로 인하여 발생된 것으로 확인된다면 「부동산등기법」 제32조에 따라 등기관이 **직권으로 유루된 소유권이전등기의 기입등기를 할 수 있고**, 당사자는 이를 소명하여 등기관의 직권발동을 촉구하는 의미의 신청을 할 수 있다. 다만, 이러한 유루가 당사자의 신청착오 등 다른 원인에 기인하는 것이라면 일반원칙에 따라 등기의무자와 등기권리자가 공동으로 그 부동산에 대한 소유권이전등기를 신청하여야 한다(선례 제201908-4호).

② **소유권에 관한 경정등기**를 신청하기 위해서는 그 경정등기로 인하여 **소유권이 감축되는 자**의 **인감증명**을 등기신청서에 첨부하여야 한다(규칙 제60조 제1항 제1호, 예규 제1564호, 2-나-(5)).

③ 1. 촉탁에 의한 등기가 완료된 후 그 촉탁에 착오가 있음을 증명하는 서면을 첨부하여 권리의 경정을 촉탁한 경우에는 권리자 경정이 가능하다.

2. 예컨대 甲과 乙이 공동으로 매수한 부동산에 대하여 집행법원이 매각을 원인으로 한 소유권이전등기촉탁을 하면서 착오로 甲 단독소유로 촉탁한 경우 그 촉탁에 착오가 있음을 증명하는 정보를 제공하여 촉탁착오를 원인으로 한 경정촉탁을 할 수 있다(「부동산등기실무 II」 p.40).

④ 1. 소유권보존등기의 경정 즉, 등기명의인의 인감증명이나 소유권확인판결서 등을 첨부하여 단독소유의 소유권보존등기를 공동소유로 경정하거나 공동소유를 단독소유로 경정하는 경우(⊞ 일부말소 의미의 경정)에는 소유권경정등기를 할 수 있다. 이 경우 등기상 이해관계 있는 제3자가 있는 경우 그의 승낙서 등을 첨부한 경우에는 부기등기로 하고, 이를 첨부하지 아니한 경우 등기관은 그 등기신청을 수리하여서는 아니 된다(⊞ 수리요건)(예규 제1564호, 2-나-(4)).

2. 예컨대, 甲 명의의 소유권보존등기에 대하여 丙 명의의 근저당권설정등기가 마쳐진 상태에서 乙이 판결을 얻어 위 甲 단독소유의 등기를 甲, 乙이 각 1/2 지분으로 공유하는 것으로 경정할 때 근저당권자 丙의 승낙 또는 이에 대항할 수 있는 재판이 있음을 증명하는 정보가 제공되지 않았다면 등기관은 그 신청을 수리하여서는 안 된다.

02 경정등기에 관한 다음 설명 중 가장 옳지 않은 것은? ▶ 2022년 법무사

① 甲과 乙의 공동소유에서 丙과 丁의 공동소유로 경정하는 소유권경정등기신청은 수리할 수 없다.

② 등기기록상 권리를 이전하여 현재 등기명의인이 아닌 종전 등기명의인 또는 이미 사망한 등기명의인에 대한 등기명의인표시경정등기신청은 수리할 수 없다.

③ 동일성을 해하는 등기명의인표시경정등기의 신청임에도 등기관이 이를 간과하여 수리한 경우, 종전 등기명의인으로의 회복등기 신청은 종전의 등기명의인이나 현재의 등기명의인이 단독으로 할 수 있다.

④ 법인 아닌 사단을 법인으로 경정하는 등기명의인표시경정등기신청은 인격의 동일성을 해하는 경우이므로 이를 수리할 수 없다.

⑤ 저당권설정등기를 전세권설정등기로 경정하는 경우와 같이 권리 자체를 경정하는 등기신청은 수리할 수 없다.

해설 ③ 1. 경정등기는 등기의 일부가 원시적 사유로 실체관계와 불일치하는 경우이므로 변경등기와 마찬가지로 경정 전과 경정 후의 등기에는 동일성이 인정되어야 한다.

2. 등기명의인표시경정이라 함은 등기명의인의 성명, 주소, 또는 주민등록번호 등을 경정하는 것을 말한다(예규 제1564호, 2-다-(1)-(가)).

3. 등기명의인표시경정등기는 경정 전후의 등기가 표창하고 있는 등기명의인이 인격의 동일성을 유지하는 경우에만 신청할 수 있다(예규 제1564호, 2-다-(1)-(나)).

4. 동일성을 해하는 등기명의인표시경정등기의 신청임에도 등기관이 이를 간과하여 수리한 경우, 종전 등기명의인으로의 회복등기 신청은
1) 현재의 등기명의인이 단독으로 하거나

정답 ☛ 01 ① 02 ③

2) **현재의 등기명의인**이 종전 등기명의인과 **공동**으로 하여야 하고,

3) **종전 등기명의인이 단독**으로 한 등기신청은 수리할 수 **없다**(예규 제1564호, 2-다-(1)-(다)).

①⑤ 1. **경정등기**는 등기의 일부가 **원시적 사유**로 실체관계와 불일치하는 경우이므로 변경등기와 마찬가지로 경정 전과 경정 후의 등기에는 **동일성이 인정되어야** 한다.

2. **권리 자체를 경정**
   1) **소유권이전등기**를 **저당권설정등기**로 경정하는 경우
   2) **저당권설정등기**를 **전세권설정등기**로 경정하는 경우
   등의 등기신청은 수리할 수 **없다**(예규 제1564호, 2-나-(1)).

3. **권리자 전체를 경정**
   1) **권리자를 갑에서 을로** 경정하는 경우
   2) **갑과 을의 공동소유에서 병과 정의 공동소유**로 경정하는 경우
   등의 등기신청은 수리할 수 **없다**(예규 제1564호, 2-나-(1)).

② 등기기록상 권리를 이전하여 현재 등기명의인이 아닌 **종전 등기명의인** 또는 **이미 사망한 등기명의인**에 대한 **등기명의인표시경정등기신청**은 수리할 수 **없다**(예규 제1564호, 2-다-(2)).

④ 1. 등기명의인표시경정등기는 경정 전후의 등기가 표창하고 있는 등기명의인이 인격의 동일성을 유지하는 경우에만 신청할 수 있다. 그러므로 **법인 아닌 사단**을 법인으로 경정하는 등기를 신청하는 등 동일성을 해하는 **등기명의인표시경정등기신청**은 수리할 수 **없다**(예규 제1564호, 2-다-(1)-(나)).

2. **법인 아닌 사단**을 법인으로 변경하는 **등기명의인표시변경등기신청**은 변경 전후의 동일성이 인정되지 않으므로 수리할 수 **없다**(선례 제201202-4호).

03 경정등기에 관한 다음 설명 중 가장 옳지 않은 것은? ▶ 2022년 법원사무관

① 등기관이 등기를 마친 후 그 등기에 착오나 빠진 부분이 있음을 발견하였을 때에는 지체 없이 그 사실을 등기권리자와 등기의무자에게 알려야 하고 등기권리자와 등기의무자가 없는 경우에는 등기명의인에게 알려야 하지만, 등기권리자, 등기의무자 또는 등기명의인이 각 2인 이상인 경우에는 그중 1인에게 통지하면 된다.

② 통상의 경정등기에 있어서는 등기상 이해관계 있는 제3자의 승낙이 없는 경우에는 주등기로 경정할 수 있지만, 경정등기 형식으로 이루어지나 실질이 말소등기에 해당하는 일부 말소 의미의 경정등기에 있어서는 제3자의 승낙이 없으면 주등기가 아닌 부기등기 방법으로 하여야 한다.

③ 甲이 乙로 행세하며 자신이 매수한 부동산에 대해 乙 명의로 소유권이전등기를 한 경우 등기명의인 표시경정의 방법으로 바로잡을 수는 없고, 乙 명의의 소유권이전등기를 말소한 다음 甲 앞으로 다시 소유권이전등기를 하여야 한다.

④ 등기기록상 권리를 이전하여 현재 등기명의인이 아닌 종전 등기명의인 또는 이미 사망한 등기명의인에 대한 등기명의인 표시경정등기신청은 수리할 수 없다.

해설 ② 경정등기의 형식으로 이루어지나 그 실질이 말소등기(**일부말소 의미의 경정등기**)에 해당하는 경우에는 등기상 이해관계 있는 제3자가 있는 때에 그의 승낙서 등을 첨부한 경우에는 부기등기로 하고, 이를 첨부하지 아니한 경우 등기관은 그 등기신청을 수리하여서는 아니 된다 (🔖 **수리요건**)(예규 제1564호, 2-나-(4)).

① 법 제32조 제1항
③ **등기명의인표시경정**은 동일성이 인정되는 경우에만 허용되므로, 동일성이 인정되지 않는 경우에는 **권리이전등기**를 하여야 한다(예컨대 소유권이전등기). 따라서 사안에서 **甲과 乙**은 별개의 인격체로서 동일성이 인정되지 않으므로 **乙 명의에서 甲 명의로 등기명의인표시경정등기를 할 수 없고** 먼저 乙 명의의 소유권이전등기를 말소한 다음 매도인으로부터 甲 앞으로 다시 소유권이전등기를 하여야 한다.
④ 예규 제1564호, 2-다-(2)

04 경정등기 또는 말소등기 등에 관한 다음 설명 중 가장 옳지 않은 것은? ▸ 2020년 법무사

① 경정등기의 형식으로 이루어지나 그 실질이 말소등기(일부말소 의미의)에 해당하는 경우에는 등기상 이해관계 있는 제3자가 있는 때에 그의 승낙서 등을 첨부한 경우에는 부기등기로 하고, 이를 첨부하지 아니한 경우에는 주등기로 한다.
② 경정등기의 경우 등기상 이해관계 있는 제3자가 있고 그 제3자의 동의서나 이에 대항할 수 있는 재판의 등본을 첨부한 때 또는 등기상 이해관계 있는 제3자가 없는 경우에는 부기등기로 하고, 등기상 이해관계 있는 제3자가 있으나 그 이해관계 있는 제3자의 동의서나 이에 대항할 수 있는 재판의 등본이 없는 경우에는 주등기로 한다.
③ 등기명의인표시경정등기는 경정 전후의 등기가 표창하고 있는 등기명의인이 인격의 동일성을 유지하는 경우에만 신청할 수 있다. 그러므로 법인 아닌 사단을 법인으로 경정하는 등기를 신청하는 등 동일성을 해하는 등기명의인표시경정등기신청은 수리할 수 없다.
④ 등기의 말소를 신청하는 경우에 그 말소에 대하여 등기상 이해관계 있는 제3자가 있을 때에는 제3자의 승낙이 있어야 하며 이에 따라 등기를 말소할 때에는 등기상 이해관계 있는 제3자 명의의 등기는 등기관이 직권으로 말소한다.
⑤ 소유권에 관한 경정등기를 신청하기 위해서는 그 경정등기로 인하여 소유권이 감축되는 자의 인감증명을 등기신청서에 첨부하여야 한다.

해설 ① 경정등기의 형식으로 이루어지나 그 실질이 말소등기(**일부말소 의미의 경정등기**)에 해당하는 경우에는 등기상 이해관계 있는 제3자가 있는 때에 그의 승낙서 등을 첨부한 경우에는 부기등기로 하고, 이를 첨부하지 아니한 경우 등기관은 그 등기신청을 수리하여서는 아니 된다 (🔖 **수리요건**)(예규 제1564호, 2-나-(4)).

정답 ○━ 03 ② 04 ①

② **일반적인 경정등기**에 있어서 등기상 이해관계 있는 제3자가 있고 그 제3자의 동의서나 이에 대항할 수 있는 재판의 등본을 첨부한 때 또는 등기상 이해관계 있는 제3자가 없는 경우에는 부기등기로 하고, 등기상 이해관계 있는 제3자가 있으나 그 이해관계 있는 제3자의 동의서나 이에 대항할 수 있는 재판의 등본이 없는 경우에는 주등기로 한다(⬛ **부기요건**)(예규 제1564호, 2-나-(4)).

③ 예규 제1564호, 2-다-(1)-(나)

④ 등기의 **말소**를 신청하는 경우에 그 말소에 대하여 **등기상 이해관계 있는 제3자**가 있을 때에는 제3자의 **승낙이 있어야** 한다. 등기를 말소할 때에는 등기상 이해관계 있는 **제3자 명의의 등기**는 등기관이 **직권으로 말소**한다(법 제57조).

⑤ 소유권에 관한 경정등기를 신청하기 위해서는 그 경정등기로 인하여 **소유권이 감축되는 자의 인감증명**을 등기신청서에 첨부하여야 한다(규칙 제60조 제1항 제1호, 예규 제1564호, 2-나-(5)).

05 경정등기에 관한 다음 설명 중 가장 옳지 않은 것은?

▶ 2019년 등기주사보

① 등기권리자 또는 등기의무자 일방의 신청에 의하여 착오발견으로 인한 등기를 마친 경우 등기관은 그 경정등기의 취지를 상대방에게 통지하여야 한다.

② 법원이 가압류등기를 촉탁하면서 착오로 채권금액을 잘못 기재하여 그 등기가 완료된 경우 그 촉탁에 착오가 있음을 증명하는 서면을 첨부하여 그 기재의 경정을 촉탁할 수 있다.

③ 등기관의 과오로 등기의 착오가 발생한 경우에는 등기상 이해관계 있는 제3자의 유무와 상관없이 등기관이 직권으로 경정등기를 하여야 한다.

④ 채권자대위권에 의하여 마쳐진 등기에 착오가 있음을 등기관이 발견한 경우 직권으로 경정등기를 한 등기관은 그 사실을 채권자에게도 통지하여야 한다.

해설 ③ 등기관이 등기의 착오나 빠진 부분이 **등기관의 잘못**으로 인한 것임을 발견한 경우에는 지체없이 그 등기를 **직권으로 경정**하여야 한다. 다만, **등기상 이해관계 있는 제3자가 있는 경우**에는 제3자의 **승낙**이 있어야 한다(법 제32조 제2항).

① 예규 제1564호, 3-가-(2)

② 가압류 집행법원의 가압류기입등기촉탁으로 그 등기를 하는 경우에는 **가압류 청구금액**을 기재한다. 가압류 촉탁서에 청구금액과 관련한 이자 또는 다른 조건 등이 있다 하더라도 이는 기재하지 아니한다. 위 청구금액은 민원인 편의와 관련 업무의 신속한 처리를 위하여 **참고적으로 기재한 사항**으로서 **등기실행과정의 착오**(⬛ 등기관 잘못)로 청구금액을 잘못 기재하여 이를 (⬛ **직권)경정**하는 경우 가압류 후 다른 등기권리자가 있더라도 **승낙서** 또는 이에 대항할 수 있는 재판의 등본을 첨부할 필요는 **없으며**, 위 등기의 경정은 **언제나 부기등기방법**에 의한다(예규 제1023호).

④ 법 제32조 제4항

06 경정등기에 관한 다음 설명 중 가장 옳지 않은 것은? ▸ 2017년 등기주사보

① 경정등기는 원칙적으로 기존 등기의 일부에 등기 당시부터 착오 또는 빠진 부분이 있어 그 등기가 원시적으로 실체관계와 일치하지 아니하는 경우에 이를 시정하기 위하여 하는 등기이다.

② 신청서에 기재된 사항이 등기원인을 증명하는 서면과 부합하지 아니함에도 등기관이 이를 간과하고 그 신청에 따른 등기를 마친 경우, 등기신청인은 등기의 착오를 증명하는 서면을 첨부하여 경정등기를 신청할 수 있다.

③ 일부말소 의미의 경정등기가 신청된 경우 등기상 이해관계 있는 제3자의 승낙이 없는 때에는 등기관은 그 신청을 수리하여 주등기로 경정등기를 한다.

④ 등기관이 등기의 착오나 빠진 부분이 등기관의 잘못으로 인한 것임을 발견한 경우에는 지체 없이 그 등기를 직권으로 경정하여야 한다. 다만, 등기상 이해관계 있는 제3자가 있는 경우에는 제3자의 승낙이 있어야 한다.

> **해설** ③ 경정등기의 형식으로 이루어지나 그 실질이 말소등기(**일부말소 의미의 경정등기**)에 해당하는 경우에는 등기상 이해관계 있는 제3자가 있는 때에 그의 승낙서 등을 첨부한 경우에는 **부기등기**로 하고, 이를 첨부하지 아니한 경우 등기관은 그 등기신청을 **수리하여서는 아니 된다**(➕ **수리요건**)(예규 제1564호, 2-나-(4)).
>
> ① 경정등기는 **원시적** 착오 또는 유루(당초의 등기절차에 신청의 착오나 등기관의 과오가 있어 등기와 실체가 불일치하는 경우)가 있는 경우에 할 수 있고, **등기완료 후에 발생한 사유**에 의해서는 할 수 **없다**(예규 제1564호, 1).
>
> ② 예규 제1564호, 2-나-(2)

07 경정등기에 관한 다음 설명 중 가장 옳지 않은 것은? ▸ 2016년 법무사

① 법정상속분대로 등기된 후 협의분할에 의하여 소유권경정등기를 신청한 경우 또는 협의분할에 의한 상속등기 후 협의해제를 원인으로 법정상속분대로 소유권경정등기를 신청한 경우에는 당사자 사이의 동일성이 없으므로 등기관은 이러한 등기신청을 수리할 수 없다.

② 경정등기는 원시적 착오 또는 유루가 있는 경우에 할 수 있고, 등기완료 후에 발생한 사유에 의해서는 할 수 없다.

③ 부동산 표시에 관한 경정등기는 등기명의인(등기명의인이 여러 명인 경우에는 그중 1인도 가능하다)이 대장 등 경정사유를 소명하는 서면을 첨부하여 단독으로 신청하며 판결서나 제3자의 허가서 등은 제출할 필요가 없다.

④ 등기명의인 표시의 경정의 등기는 해당 권리의 등기명의인이 단독으로 신청한다.

정답 ↦ 05 ③ 06 ③ 07 ①

⑤ 경정등기의 형식으로 이루어지나 그 실질이 말소등기(일부말소 의미의)에 해당하는 경우에는 등기상 이해관계 있는 제3자가 있는 때에 그의 승낙서 등을 첨부한 경우에는 부기등기로 하고, 이를 첨부하지 아니한 경우 등기관은 그 등기신청을 수리하여서는 아니 된다.

해설 ① 상속으로 인한 소유권이전등기의 경정. 즉, **법정**상속분대로 등기된 후 **협의**분할에 의하여 소유권경정등기를 신청하는 경우 또는 **협의**분할에 의한 상속등기 후 협의해제를 원인으로 **법정**상속분대로 소유권경정등기를 신청하는 경우에는 경정 전과 경정 후의 당사자 사이의 동일성이 인정되므로 등기관은 해당 소유권경정등기를 수리할 수 있다(예규 제1564호, 2-나-(3)-(나)).

② 예규 제1564호, 1
③ 예규 제1564호, 2-가-(1)
④ **등기명의인 표시의 변경이나 경정의 등기는 해당 권리의 등기명의인이 단독으로 신청한다**(법 제23조 제6항).

08 경정등기와 관련된 다음 설명 중 가장 옳지 않은 것은? ▶ 2015년 등기서기보

① 당사자가 등기원인을 증명하는 서면과 같은 내용으로 등기신청을 하여 그와 같은 내용의 등기가 완료되었다면 등기 당시부터 착오나 빠진 부분이 있다고 할 수 없다.

② '2010.6.24. 증여'를 등기원인으로 기재한 등기신청서에 같은 내용의 증여계약서가 첨부되어 등기된 후 일자와 내용이 전혀 다른 '2010.1.20. 매매'로 등기원인의 경정을 신청한 경우, 경정등기의 요건을 갖추었다고 할 수 없기 때문에 수리할 수 없다.

③ 토지 등기기록 중 표제부의 면적을 줄이는 경정등기는 해당 토지 근저당권자에게 중요한 이해관계가 있으므로 근저당권자의 승낙을 증명하는 정보가 제공되어야만 할 수 있다.

④ 경정등기의 형식으로 이루어지나 그 실질이 말소등기(일부말소 의미의)인 경우에는 등기상 이해관계 있는 제3자가 있는 때에 그의 승낙서 등을 첨부한 경우에는 부기등기로 하고, 이를 첨부하지 아니한 경우 등기관은 그 등기신청을 수리하여서는 아니 된다.

해설 ③ **부동산표시**에 관한 경정등기는 **등기명의인**(등기명의인이 여러 명인 경우에는 **그중 1인도 가능**하다)이 대장 등 경정사유를 소명하는 서면을 첨부하여 **단독**으로 신청하며, **판결서나 제3자의 허가서 등**은 제출할 필요가 **없다**(예규 제1564호, 2-가-(1)).

①, ② **경정등기**의 요건으로 등기와 실체관계와의 불일치는 신청 당시부터 있어야 한다. 즉 **원시적 불일치**가 있어야 한다. 등기완료 후 부동산표시나 권리관계에 변동이 있는 경우에는 변경등기를 하여야 하고 경정등기를 할 수 없다(❸ 당사자가 등기원인을 증명하는 서면과 같은 내용으로 등기신청을 하여 그와 같은 내용의 등기가 완료되었다면 등기 당시부터 착오나 빠진 부분이 있다고 할 수 없다)(「부동산등기실무Ⅱ」 p.2).

09 경정등기에 관한 다음 설명 중 가장 옳지 않은 것은? ▶ 2013년 법무사

① 공유 부동산의 등기기록상 표시에 착오가 있는 경우 그 착오를 바로잡기 위한 경정등 기의 신청은 공유자 전원이 신청하여야 한다.

② 이미 사망한 등기명의인에 대한 등기명의인표시경정등기신청은 수리할 수 없다.

③ 갑과 을의 공유 부동산에 관하여 갑 단독소유로 소유권보존등기가 되어 있는 경우에는 갑 단독소유를 갑과 을의 공유로 하는 소유권경정등기가 가능하다.

④ 갑과 을의 공유로 소유권보존등기가 이루어진 후 을의 지분이 가압류된 경우에는 그 가압류권자의 승낙이 없으면 갑과 을의 공유를 갑의 단독소유로 하는 소유권경정등기 를 할 수 없다.

⑤ 당사자의 신청착오로 저당권설정등기로 하여야 할 등기를 전세권설정등기로 한 경우에 는 그 착오가 명백하다 하더라도 전세권설정등기를 저당권설정등기로 경정할 수 없다.

해설 ① **부동산표시**에 관한 경정등기는 **등기명의인**(등기명의인이 여러 명인 경우에는 **그중 1인도 가능하다**)이 대장 등 경정사유를 소명하는 서면을 첨부하여 **단독**으로 신청하며, **판결서나 제3 자의 허가서 등**은 제출할 필요가 **없다**(예규 제1564호, 2-가-(1)).

② 예규 제1564호, 2-다-(2)

③, ④ 소유권보존등기의 경정 즉, 등기명의인의 인감증명이나 소유권확인판결서 등을 첨부하여 **단독소유의 소유권보존등기를 공동소유로 경정**하거나 **공동소유를 단독소유로 경정**하는 경 우(🔢 **일부말소 의미의 경정**)에는 소유권경정등기를 할 수 있다. 이 경우 등기상 이해관계 있는 제3자가 있는 경우 그의 승낙서 등을 첨부한 경우에는 부기등기로 하고, 이를 첨부하지 아니한 경우 등기관은 그 등기신청을 수리하여서는 아니 된다(🔢 **수리요건**)(예규 제1564호, 2-나-(4)). 따라서 가압류권자의 승낙이 없으면 갑과 을의 공유를 갑의 단독소유로 하는 소 유권경정등기를 할 수 없다.

⑤ 예규 제1564호, 2-나-(1)

10 부동산 경정등기에 대한 다음 설명 중 가장 옳지 않은 것은? ▶ 2019년 법무사

① 토지가 분할되어 신 등기기록으로 전사하는 과정에서 등기관의 잘못으로 소유자가 아 닌 전 소유자로 잘못 이기했더라도 그 후 소유권이 제3자에게 이전되었다면 제3자에 대한 소유권이전등기를 말소하지 않는 이상 전 소유자를 경정하는 등기는 할 수 없다.

② 소유권이전등기절차이행을 명하는 확정판결에 기하여 소유권이전등기신청을 하였으나 등기관의 착오로 그 일부 토지에 관하여 소유권이전등기가 누락되었다면 부동산등기법 제32조 소정의 경정등기절차에 의하여 등기를 할 수 있다.

③ 대장소관청이 대장상 면적을 정정등록한 경우에 대장상 면적이 등기기록상 면적보다 큰 경우에는 경정등기를 할 수 없다.

정답 🔑 08 ③ 09 ① 10 ③

④ 소유권이전등기를 신청하면서 착오로 인하여 소유자를 "채○○"으로 하여야 할 것을 "김○○"으로 잘못 등기한 경우 양자가 동일인이라면 신청착오로 인한 등기명의인표시 경정등기를 할 수 있다.

⑤ 대종중과 소종중 사이에도 동일성이 인정되지 않으므로 대종중을 소종중으로 또는 그 반대로의 등기명의인표시 경정등기는 할 수 없고 소유권이전등기를 하여야 한다.

해설 ③ △번지의 토지가 △-1, △-2번지로 분할된 다음에 △-2번지가 두 차례 분할된 후, △번지에 등록된 면적이 임야조사사업 당시부터 잘못 등록된 사실이 발견되어 토지소유자가 지적법 제24조에 의하여 등록사항의 정정을 신청하여 지적공부소관청에서 △-2번지의 면적을 **4,752㎡에서 5,335㎡으로 대장상 정정등록**한 경우, 지적공부소관청에서는 지적법 제30조에 따라 면적정정을 원인으로 하는 **토지표시경정등기를** 관할 등기소에 촉탁할 수 있다(선례 제7-343호).

① 서울 강동구 ○○동 252의 89번지가 분할로 서울 강동구 ○○동 252의 13번지에서 전사하는 과정에 등기공무원의 과오로 소유자인 대한예수교 장로회 ○○교회를 **전소유자인 ○○ ○으로** 잘못 이기했더라도 그후 **소유권이 제3자에게 이전**되었다면 제3자에 대한 소유권이전등기를 말소하지 않는 이상 **전소유자를 경정**하는 등기는 할 수 **없다**(선례 제4-540호).

② 소유권이전등기 절차이행을 명하는 확정판결에 기하여 **소유권이전등기신청을** 하였으나 등기공무원의 착오로 인하여 그 일부 토지에 관하여 소유권이전등기가 경료되지 아니하였다면 부동산등기법 제32조 소정의 (**❹** 직권)경정등기절차에 의하여 이를 할 수 있다(대판 1980. 10.14. 80다1385). 여러 개의 부동산에 대한 매매계약을 한 다음 이에 따라 소유권이전등기를 신청하였고 등기관으로부터 등기필증까지 교부받았으나 일부 부동산에 대한 소유권이전등기가 누락되고 그 부동산에 대하여 제3자 명의의 압류등기가 마쳐진 경우, 이 압류등기의 명의인은 등기상 이해관계 있는 제3자에 해당하지 아니하므로, 위 유루가 등기관의 과오로 인하여 발생된 것으로 확인된다면 「부동산등기법」 제32조에 따라 등기관이 직권으로 유루된 소유권이전등기의 기입등기를 할 수 있고, 당사자는 이를 소명하여 등기관의 직권발동을 촉구하는 의미의 신청을 할 수 있다. 다만, 이러한 유루가 당사자의 신청착오 등 다른 원인에 기인하는 것이라면 일반원칙에 따라 등기의무자와 등기권리자가 공동으로 그 부동산에 대한 소유권이전등기를 신청하여야 한다(선례 제201908-4호).

④ 소유권이전등기 시 신청착오로 인하여 소유자를 "**채○○**"으로 하여야 할 것을 "**김○○**"으로 잘못 등기한 경우에는, **신청착오로 인한 등기명의인 표시경정등기를** 하여야 하는바, 그 경우 동일인 증명은 시·구·읍·면장의 증명에 의할 것이며, 만일 그 증명이 불가능할 때에는 그 사실을 확인하는 데 상당하다고 인정되는 자의 보증서면과 그 인감증명 및 기타 보증인 자격을 인정할 만한 서면(공무원 재직증명, 법무사자격증 사본 등)에 의할 것이나, 구체적인 사건에서의 이러한 서면에 의한 동일인 여부는 등기관이 판단할 사항이다(선례 제5-543호).

⑤ 대종중과 소종중은 등기명의인의 동일성이 없으므로, 대종중을 소종중으로 하는 등기명의인 표시경정등기는 할 수 없고, **소유권이전등기를** 하여야 한다(선례 제200402-4호).

02 직권(등기관의 잘못)

01 다음은 등기관의 잘못으로 인한 경정등기의 설명이다. 가장 옳지 않은 것은?

▶ 2018년 등기서기보

① 등기관의 잘못으로 인해 등기의 착오가 발생한 경우 경정 전·후의 등기의 동일성 여부를 별도로 심사하여야 한다.

② 경정등기에 대하여 등기상 이해관계 있는 제3자가 있는 경우 등기관은 제3자의 승낙이나 이에 갈음할 수 있는 재판이 있어야 경정등기를 할 수 있다.

③ 등기관의 잘못으로 인한 등기의 착오 또는 유루에 대하여 경정등기를 신청하는 경우에는 그 신청수수료를 받지 아니한다.

④ 등기관이 직권으로 경정등기를 하였을 때에는 그 사실을 등기권리자, 등기의무자 또는 등기명의인에게 알려야 한다.

해설 ① 등기관의 과오로 인해 등기의 착오가 발생한 경우에는 경정 전·후의 등기의 **동일성 여부**를 별도로 **심사하지 않고** 아래의 절차에 의하여 처리한다(예규 제1564호, 3-가).

② 등기관이 등기의 착오나 빠진 부분이 **등기관의 잘못**으로 인한 것임을 발견한 경우에는 지체 없이 그 등기를 **직권으로 경정**하여야 한다. 다만, **등기상 이해관계 있는 제3자가 있는 경우**에는 제3자의 **승낙**이 있어야 한다(법 제32조 제2항).

③ 다음 각 호의 1에 해당하는 등기는 그 신청수수료를 받지 아니한다(등기사항증명서 등 수수료 규칙 제5조의2 제2항).
  1. **예고등기의 말소등기**
  2. 멸실회복등기
  3. 회생 파산, 개인회생 국제도산에 관하여 법원의 촉탁으로 인한 등기
  4. **부동산표시의 변경 및 경정 등기**
  5. 부동산에 관한 **분할·구분·합병 및 멸실등기**(대지권에 관한 등기 제외)
  6. **행정구역·지번의 변경**, 주민등록번호(또는 부동산등기용등록번호)의 정정을 원인으로 한 등기명의인표시변경 및 경정등기
  7. **등기관의 과오**로 인한 등기의 착오 또는 유루를 원인으로 하는 경정등기
  8. 「공유토지분할에 관한 특례법」에 의한 등기
  9. 신탁등기 및 신탁등기의 말소등기

④ 법 제32조 제1항

정답 ☞ 01 ①

02 일부말소 의미의 경정등기

관련 조문

법 제52조(부기로 하는 등기)

등기관이 다음 각 호의 등기를 할 때에는 부기로 하여야 한다. 다만, **제5호**의 등기는 **등기상 이해관계 있는 제3자의 승낙이 없는 경우**에는 그러하지 아니하다(⊕ **주등기**).

1. **등기명의인표시의 변경이나 경정의 등기**(⊕ 부동산표시변경·경정등기×)
2. **소유권 외의 권리의 이전등기**(⊕ 전세권이전, 근저당권이전, 가등기상의 권리의 이전)
3. **소유권 외의 권리를 목적으로 하는 권리에 관한 등기**(⊕ 전세권부 근저당권)
4. **소유권 외의 권리에 대한 처분제한등기**(⊕ 전세권부 가압류)
5. **권리의 변경이나 경정의 등기**(⊕ 전세권변경, 근저당권변경)
6. 제53조의 **환매특약등기**
7. 제54조의 **권리소멸약정등기**
8. 제67조 제1항 후단의 **공유물 분할금지의 약정등기**
9. 그 밖에 **대법원규칙**으로 정하는 등기

법 제57조(이해관계 있는 제3자가 있는 등기의 말소)

① 등기의 말소를 신청하는 경우에 그 말소에 대하여 **등기상 이해관계 있는 제3자**가 있을 때에는 제3자의 **승낙**이 있어야 한다.
② 제1항에 따라 등기를 말소할 때에는 등기상 이해관계 있는 **제3자 명의의 등기**는 등기관이 **직권**으로 **말소**한다(법 제57조).

관련 예규

일부말소 의미의 경정등기에 관한 사무처리 지침(예규 제1366호)

1. ㉮ **단독소유를 공유로 또는 공유를 단독소유로 하는 경정등기**
   ㉯ **전부이전을 일부이전으로 또는 일부이전을 전부이전으로 하는 경정등기**
   ㉰ **공유지분만의 경정등기** 등은 경정등기라는 명칭을 사용하고는 있으나 그 실질은 말소등기(일부말소 의미)에 해당하므로 등기를 실행함에 있어 경정등기의 방식(법 제52조 제5호)이 아닌 **말소등기의 방식** (법 제57조 제1항)으로 등기를 하여야 한다. 따라서 그 등기를 함에 있어 **등기상 이해관계 있는 제3자가 있는 때에는 신청서에 반드시 그 승낙서 또는 이에 대항할 수 있는 재판의 등본을 첨부하게 하여** 부기등기의 방법으로 등기를 하여야 하고, 이해관계인의 승낙서 등이 첨부되어 있지 않은 경우 등기관은 그 등기신청을 수리하여서는 아니 된다(⊕ **수리요건**).

2. 위와 같은 경정등기를 한 경우 등기관은 **이해관계인 명의의 처분제한 등**의 등기를 아래 구분에 따라 **직권으로 말소 또는 경정**하여야 한다.

   가. **이해관계인의 등기를 말소하여야 하는 경우**
   갑, 을 공유부동산 중 을 지분에 대해서만 처분제한 또는 담보물권의 등기가 되어 있는 상태에서 갑 단독소유로 하는 경정등기(을 지분 말소 의미)를 하는 경우 등, <u>이해관계인의 등기가 경정등기로 인하여 **상실되는 지분만을 목적**으로 하는 경우</u>

나. 이해관계인의 등기를 경정하여야 하는 경우

　　갑, 을 공유 부동산 전부에 대하여 처분제한 또는 담보물권의 등기가 되어 있는 상태에서 갑 단독소유
　　로 하는 경정등기(을 지분 말소 의미의)를 하는 경우 등, 이해관계인의 등기가 경정등기로 인하여 <u>상실
　　되는 지분 이외의 지분도 목적</u>으로 하는 경우

다. 용익물권의 등기

　　부동산의 공유지분에 대해서는 용익물권(지상권 등)을 설정·존속시킬 수 없으므로 위 나. 에 의해서
　　처분제한 등의 등기를 경정(일부말소 취지의)하는 경우에도 용익물권의 등기는 이를 <u>전부 말소</u>한다.

3. 가압류, 가처분 등 법원의 촉탁에 의한 처분제한의 등기를 직권으로 말소 또는 경정(일부말소 의미의)하는
　경우 등기관은 지체없이 그 뜻을 <u>집행법원에 통지</u>하여야 한다.

01　일부말소 의미의 경정등기에 관한 다음 설명 중 가장 옳지 않은 것은?

▶ 2021년 등기서기보

① 단독소유를 공유로 또는 공유를 단독소유로 하는 경정등기는 경정등기라는 명칭을 사
　용하고는 있으나 그 실질은 말소등기(일부말소 의미의)에 해당한다.

② 공유지분만의 경정등기를 함에 있어 등기상 이해관계 있는 제3자의 승낙서 등이 첨부
　되지 않은 경우 등기관은 그 등기신청을 수리하여 주등기의 방법으로 경정등기를 하여
　야 한다.

③ 가압류, 가처분 등 법원의 촉탁에 의한 처분제한의 등기를 직권으로 경정(일부말소 의
　미의)하는 경우 등기관은 지체 없이 그 뜻을 법원에 통지하여야 한다.

④ 甲, 乙 공유 부동산 중 乙 지분에 대해서만 처분제한 또는 담보물권의 등기가 되어 있
　는 상태에서 甲 단독소유로 하는 경정등기를 적법하게 하는 경우 등기관은 乙 지분에
　대한 위 이해관계인의 등기를 직권으로 말소한다.

해설　② <u>공유지분만의 경정등기 등은 경정등기라는 명칭을 사용하고는 있으나 그 실질은 말소등기(일</u>
<u>부말소 의미의)에 해당</u>하므로 등기를 실행함에 있어 경정등기의 방식(법 제52조 제5호)이 아
닌 <u>말소등기의 방식</u>(법 제57조 제1항)으로 등기를 하여야 한다. 따라서 그 등기를 함에 있어
등기상 이해관계 있는 제3자가 있는 때에는 신청서에 반드시 그 승낙서 또는 이에 대항할
수 있는 재판의 등본을 첨부하게 하여 부기등기의 방법으로 등기를 하여야 하고, 이해관계인
의 승낙서 등이 첨부되어 있지 않은 경우 등기관은 그 등기신청을 수리하여서는 아니 된다
(예규 제1366호, 1─ⓒ)(🔵 수리요건). 따라서 <u>승낙서 등을 제공하지 않은 경우에는 주등기로</u>
<u>도 할 수 없다.</u>

　① 예규 제1366호, 1─㉮
　③ 예규 제1366호, 3
　④ 예규 제1366호, 2─가

02 **일부말소 의미의 경정등기에 관한 다음 설명 중 가장 옳지 않은 것은?** ▸ 2019년 등기주사보

① 갑·을 공동소유인 부동산에 관하여 갑 단독소유로 소유권보존등기가 마쳐진 경우에 갑 단독소유를 갑·을 공동소유로 하는 경정등기를 신청할 수 있다.

② 갑으로부터 을에게로 소유권의 일부지분이 이전되어야 할 것이 착오로 신청서에 소유권 전부이전으로 기재하여 그에 따른 등기가 마쳐진 경우에는 소유권의 전부이전을 소유권의 일부이전으로 하는 경정등기를 신청할 수 있다.

③ 일부말소 의미의 경정등기를 실행함에 있어 등기상 이해관계 있는 제3자가 있는 때에 신청서에 그 승낙서 또는 이에 대항할 수 있는 재판이 있음을 증명하는 정보를 제공한 경우에는 부기등기로 한다.

④ 일부말소 의미의 경정등기를 실행함에 있어 등기상 이해관계 있는 제3자가 있는 때에 신청서에 그 승낙서 또는 이에 대항할 수 있는 재판이 있음을 증명하는 정보를 제공하지 못한 경우에는 주등기로 한다.

> **해설** ④ 일부말소 의미의 경정등기는 경정등기라는 명칭을 사용하고는 있으나 그 실질은 말소등기(일부말소 의미의)에 해당하므로 등기를 실행함에 있어 경정등기의 방식(법 제52조 제5호)이 아닌 말소등기의 방식(법 제57조 제1항)으로 등기를 하여야 한다. 따라서 그 등기를 함에 있어 등기상 이해관계 있는 제3자가 있는 때에는 신청서에 반드시 그 승낙서 또는 이에 대항할 수 있는 재판의 등본을 첨부하게 하여 부기등기의 방법으로 등기를 하여야 하고, 이해관계인의 승낙서 등이 첨부되어 있지 않은 경우 등기관은 그 등기신청을 수리하여서는 아니 된다(예규 제1366호, 1-㉰)(⊕ **수리요건**). 따라서 승낙서 등을 제공하지 않은 경우에는 주등기로도 할 수 없다.

① 예규 제1366호, 1-㉮
② 예규 제1366호, 1-㉯
③ 예규 제1366호, 1

03 **일부말소 의미의 경정등기에 관한 다음 설명 중 가장 옳지 않은 것은?** ▸ 2018년 법무사

① 甲과 乙의 공동신청으로(또는 乙이 甲을 상대로 한 지분말소판결에 의하여 乙 단독으로) 甲 단독소유를 甲·乙 공동소유로 경정하거나 甲·乙 공동소유를 乙 단독소유로 하는 경정등기를 신청할 수 있다.

② 일부말소 의미의 경정등기는 등기상 이해관계 있는 제3자의 승낙 또는 이에 대항할 수 있는 재판이 있음을 증명하는 정보가 제공된 경우에만 부기등기의 방식으로 등기한다.

③ 등기상 이해관계 있는 제3자의 승낙 또는 이에 대항할 수 있는 재판이 있음을 증명하는 정보를 제공한 경우, 일부말소 의미의 경정등기에서는 등기상 이해관계 있는 제3자의 권리에 관한 등기를 경정하거나 말소하게 되는데, 이 경우 그 대상이 가압류, 가처분 등 법원의 촉탁에 의한 처분제한의 등기인 때에는 등기관은 지체 없이 그 뜻을 집행법원에 통지하여야 한다.

④ 등기상 이해관계 있는 제3자의 등기를 말소하여야 하는 경우에, 甲·乙 공유의 부동산에 대하여 乙 지분에 대해서만 처분제한 또는 담보물권의 등기가 되어 있는 상태에서 甲 단독소유로 하는 경정등기(乙 지분말소 의미의)를 하는 경우와 같이 등기상 이해관계 있는 제3자의 등기가 경정등기로 인하여 상실되는 지분만을 목적으로 하는 경우에는 그 등기를 甲의 신청에 의해 말소한다.

⑤ 甲이 乙에게 소유권의 일부지분을 이전하는 등기를 신청하였으나 등기관의 과오로 소유권 전부가 이전되고 그 후 乙이 그 소유권 전부에 대하여 근저당권설정등기를 마친 경우, 등기관은 근저당권자의 승낙 또는 이에 대항할 수 있는 재판이 있음을 증명하는 정보가 제공된 경우에만 직권으로 말소(일부말소 의미의 경정)등기를 할 수 있다.

해설 ④ 甲의 승낙서가 제공된 경우에는 직권으로 말소하여야 하는 것이지 별도로 甲의 신청이 요구되는 것은 아니다(예규 제1366호, 2-가).

① 예규 제1366호, 1-㉮
② 예규 제1366호, 1
③ 예규 제1366호, 3
⑤ 예규 제1366호, 1-㉯, 2-나

---

04 일부말소 의미의 경정등기에 관한 다음 설명 중 가장 옳지 않은 것은?

▶ 2017년 등기서기보

① 甲·乙 공동소유인 부동산에 관하여 甲 단독소유로 소유권보존등기가 이루어진 경우, 甲 단독소유를 甲·乙 공동소유로 하는 경정등기를 신청할 수 있다.

② 甲으로부터 乙에게로 1/2 지분에 대하여 이전하여야 할 것을 착오로 신청서에 소유권전부이전등기로 기재하여 그에 따른 등기가 된 경우에는 소유권전부이전을 일부이전으로의 경정등기를 신청할 수 있다.

③ 일부말소 의미의 경정등기는 등기상 이해관계 있는 제3자가 있는 때에는 신청서에 그 승낙서 또는 이에 대항할 수 있는 재판이 있음을 증명하는 정보를 제공한 경우에는 부기등기로 한다.

④ 일부말소 의미의 경정등기는 등기상 이해관계 있는 제3자가 있는 때에는 신청서에 그 승낙서 또는 이에 대항할 수 있는 재판이 있음을 증명하는 정보를 제공하지 못한 경우에는 주등기로 한다.

정답 02 ④ 03 ④ 04 ④

해설 ④ **일부말소 의미의 경정등기는** 경정등기라는 명칭을 사용하고는 있으나 그 **실질은 말소등기(일부말소 의미의)**에 해당하므로 등기를 실행함에 있어 경정등기의 방식(법 제52조 제5호)이 아닌 **말소등기의 방식**(법 제57조 제1항)으로 등기를 하여야 한다. 따라서 그 등기를 함에 있어 등기상 이해관계 있는 제3자가 있는 때에는 신청서에 반드시 그 승낙서 또는 이에 대항할 수 있는 재판의 등본을 첨부하게 하여 부기등기의 방법으로 등기를 하여야 하고, 이해관계인의 승낙서 등이 첨부되어 있지 않은 경우 등기관은 그 등기신청을 수리하여서는 아니 된다 (예규 제1366호, 1-㉰)(🈯 **수리요건**). 따라서 **승낙서 등을 제공하지 않은 경우에는 주등기로도 할 수 없다.**

① 예규 제1366호, 1-㉮
② 예규 제1366호, 1-㉯
③ 예규 제1366호, 1

05 일부말소 의미의 경정등기에 관한 다음 설명 중 가장 옳지 않은 것은?

▸ 2016년 법원사무관

① 일부말소 의미의 경정등기는 경정등기라는 명칭을 사용하고는 있으나 그 실질은 말소등기(일부말소 의미의)에 해당한다.
② 단독소유를 공유로 하는 경정등기뿐만 아니라 공유를 단독소유로 하는 경정등기도 일부말소 의미의 경정등기에 해당한다.
③ 甲·乙 공유 부동산 전부에 대하여 근저당권설정등기가 되어 있는 상태에서 근저당권자의 승낙을 받아 甲 단독소유로 하는 경정등기를 하는 경우 등기관은 근저당권설정등기도 경정하여야 한다.
④ 일부말소 의미의 경정등기는 등기상 이해관계 있는 제3자가 있는 때에 그의 승낙서 등을 첨부한 경우에는 부기등기로 하고, 이를 첨부하지 아니한 경우에는 주등기로 한다.

해설 ④ **일부말소 의미의 경정등기는** 경정등기라는 명칭을 사용하고는 있으나 그 **실질은 말소등기(일부말소 의미의)**에 해당하므로 등기를 실행함에 있어 경정등기의 방식(법 제52조 제5호)이 아닌 **말소등기의 방식**(법 제57조 제1항)으로 등기를 하여야 한다. 따라서 그 등기를 함에 있어 등기상 이해관계 있는 제3자가 있는 때에는 신청서에 반드시 그 승낙서 또는 이에 대항할 수 있는 재판의 등본을 첨부하게 하여 부기등기의 방법으로 등기를 하여야 하고, 이해관계인의 승낙서 등이 첨부되어 있지 않은 경우 등기관은 그 등기신청을 수리하여서는 아니 된다 (예규 제1366호, 1-㉰)(🈯 **수리요건**). 따라서 **승낙서 등을 제공하지 않은 경우에는 주등기로도 할 수 없다.**

① 예규 제1366호, 1
② 예규 제1366호, 1-㉮
③ 예규 제1366호, 2-나

정답 ❍— 05 ④

제3절 | 말소

🔧 관련 조문

법 제57조(이해관계 있는 제3자가 있는 등기의 말소)
① 등기의 말소를 신청하는 경우에 그 말소에 대하여 <u>등기상 이해관계 있는 제3자</u>가 있을 때에는 제3자의 <u>승낙이 있어야</u> 한다.
② 제1항에 따라 등기를 말소할 때에는 등기상 이해관계 있는 <u>제3자 명의의 등기</u>는 등기관이 <u>직권</u>으로 <u>말소</u>한다(법 제57조).

규칙 제116조(등기의 말소)
① 등기를 말소할 때에는 말소의 등기를 한 후 해당 등기를 <u>말소하는 표시</u>를 하여야 한다.
② 제1항의 경우에 <u>말소할 권리를 목적으로 하는 제3자의 권리에 관한 등기가 있을 때에는</u> 등기기록 중 해당 구에 그 제3자의 권리의 표시를 하고 <u>어느 권리의 등기를 말소함으로 인하여 말소한다는 뜻</u>을 기록하여야 한다.

🛡 관련 예규

허무인 명의 등기의 말소에 관한 예규(예규 제1380호)
제1조(허무인의 범위)
이 예규에서 허무인이라 함은 <u>실존하지 아니한 가공인</u>이거나 <u>실존인이었지만 등기신청행위 당시 이미 사망한 자</u>를 의미하고, 종중이나 사찰 또는 단체 등 <u>법인 아닌 사단·재단에 있어서는 그 종중 등의 실체가 인정되지 아니한 경우</u>를 포함한다.

제2조(가공인명의 등기의 말소방법)
가공인(❶ 허무인)명의의 소유권이전등기 등에 대하여 <u>실제 등기행위자를 상대로 한 말소소송</u>에서 말소절차의 이행을 명한 <u>판결</u>(가공인 명의의 등기가 실제 등기행위자를 표상하는 등기로서 원인무효의 등기임을 이유로 한 판결)이 확정된 경우에는 위 판결에 의하여 가공인명의 등기의 말소를 신청할 수 있다(❶ 이 경우 <u>판결의 피고와 말소 대상 등기의 명의인이 다르지만 법 제29조 제7호</u>의 각하사유에 해당하지 <u>않는다</u>. 이는 판결을 받기 전 <u>가처분등기</u>를 할 때에도 <u>마찬가지</u>로 적용되므로 허무인명의의 등기가 마쳐진 후 진정한 소유자가 실제 등기행위를 한 자를 상대로 처분금지가처분의 결정을 받은 경우 <u>가처분의 채무자와 등기기록상의 등기의무자가 형식적으로 일치하지 않더라도 등기관은 그 가처분등기의 촉탁을 수리할 수 있다</u>).

제3조(사망자 명의 등기의 말소방법)
사망자 명의의 소유권이전등기 등에 대하여 <u>상속인을 상대로 한 말소소송</u>에서 사망자 명의의 등기가 상속인을 표상하는 등기로서 원인무효의 등기임을 이유로 말소절차의 이행을 명한 판결이 확정된 경우에는 위 판결에 의하여 사망자 명의 등기의 말소를 신청할 수 있다.

제4조(실체가 없는 법인 아닌 사단·재단명의 등기의 말소방법)
① 소각하판결이 확정된 경우의 처리 : 소유권이전등기 등의 말소소송에서 등기명의인인 법인 아닌 사단·재단이 그 실체가 인정되지 아니하여 당사자능력이 없음을 이유로 소각하판결이 확정되고, 위 각하판결정

본 등이 등기관에게 제출된 경우 등기관은 「부동산등기법」 제58조에 따라 당사자능력이 없는 위 종중 등 명의의 등기를 직권으로 말소할 수 없으며, 이해관계인도 위 판결정본 등을 첨부하여 등기관의 처분에 대한 이의의 방법으로 위 종중 등 명의 등기의 말소를 구할 수 없다.

② 말소판결이 확정된 경우의 처리 : 실체가 없는 종중 등 법인 아닌 사단·재단 명의의 소유권이전등기 등에 대하여 실제 등기행위자(대표자나 그 구성원 등)를 상대로 한 말소소송에서 위 종중 등 명의의 등기가 원인무효의 등기임을 이유로 실제 등기행위자에게 말소절차를 명한 판결이 확정된 경우에는 위 판결에 의하여 말소등기를 신청할 수 있다.

제5조(말소등기의 실행방법)
판결에 의하여 허무인 명의의 등기의 말소를 신청하는 경우 허무인명의표시의 **경정등기를 경유할 필요는 없**으며, (⊕ **이행판결**이므로) 말소등기의 등기원인은 **확정판결**로, 그 연월일은 <u>판결선고일</u>을 각 기재한다.

01 말소등기에 관한 다음 설명 중 가장 옳지 않은 것은? ▸2018년 등기주사보

① 등기의 말소를 신청하는 경우에 그 말소에 대하여 등기상 이해관계 있는 제3자가 있을 때에는 그 제3자의 승낙이 있어야 말소등기를 할 수 있다.

② 등기의 말소에 대하여 이해관계 있는 제3자가 그 말소에 대하여 승낙을 한 경우에는 말소대상의 등기와 이해관계 있는 제3자의 등기를 등기권리자와 등기의무자의 공동신청으로 말소한다.

③ 어떤 소유권이전등기의 말소등기를 신청하는 경우에 그에 앞서 그 소유권이전등기에 대하여 사해행위 취소를 원인으로 하는 소유권이전등기 말소청구권을 피보전권리로 하는 가처분등기를 한 채권자는 이해관계 있는 제3자에 해당한다.

④ 등기의무자의 소재불명으로 인하여 공동으로 말소등기를 신청할 수 없을 때에는 등기권리자가 민사소송법에 따라 공시최고를 신청하고, 제권판결이 있으면 그 사실을 증명하여 단독으로 말소등기를 신청할 수 있다.

> **해설** ② 등기의 **말소**를 신청하는 경우에 그 말소에 대하여 **등기상 이해관계 있는 제3자**가 있을 때에는 제3자의 **승낙**이 있어야 한다. 등기를 말소할 때에는 등기상 이해관계 있는 **제3자 명의의 등기**는 등기관이 **직권으로 말소**한다(법 제57조). 즉 제3자의 등기를 신청으로 말소하는 것이 아니다.
>
> ③ 사해행위취소소송에서 소유권이전등기의 말소를 명하는 **확정판결**을 받았으나 **그 말소대상인 소유권이전등기에 터 잡아 경료된 가처분등기**가 있는 경우, 그 소유권이전등기의 말소신청과 관련하여 위 가처분등기는 말소할 권리를 목적으로 하는 제3자의 권리에 관한 등기에 해당하므로, 가처분채권자는 그 소유권이전등기의 말소에 관하여 **등기상 이해관계 있는 제3자**라고 할 것이고, 따라서 그 소유권이전등기의 말소를 신청하기 위해서는 가처분채권자의 **승낙서** 또는 가처분채권자에게 대항할 수 있는 **재판**의 등본을 첨부하여야 한다(선례 제6-458호).
>
> ④ 등기권리자가 **등기의무자의 소재불명**으로 인하여 공동으로 등기의 말소를 신청할 수 없을 때에는 「민사소송법」에 따라 **공시최고**를 신청할 수 있다. 이 경우에 제권판결이 있으면 **등기권리자**가 그 사실을 증명하여 **단독**으로 등기의 말소를 신청할 수 있다(법 제56조).

02 말소등기에 관한 다음 설명 중 가장 옳지 않은 것은? ▸ 2018년 등기서기보

① 폐쇄등기기록에 기록된 근저당권설정등기는 현 등기기록에 이기되지 않는 한 말소할 수 없다.

② 근저당권이전의 부기등기가 된 경우 주등기인 근저당권설정등기를 말소하기 위해서는 근저당권이전의 부기등기에 대한 말소등기신청을 먼저 하여야 한다.

③ 등기의 말소를 신청하는 경우에 그 말소에 대하여 등기상 이해관계 있는 제3자가 있을 때에는 그 제3자의 승낙이 있어야 한다.

④ 소유권보존등기와 같이 성질상 단독신청에 의하여 이루어지는 등기의 말소는 그 등기 명의인의 단독 신청에 의한다.

> **해설** ② 근저당권이 양도되어 **근저당권이전의 부기등기**(법 제52조 제2호)가 경료된 경우 그 등기는 기존의 **주등기인** 근저당권설정등기에 종속되어 이와 **일체를 이루는 것**이므로, 근저당권설정 등기를 말소하기 위하여는 근저당권의 **양수인을 상대**(등기의무자)로 주등기인 근저당권설정 등기의 말소등기 절차이행을 명하는 **판결**을 받으면 되고 따로 근저당권이전의 부기등기에 대한 말소판결을 받을 필요는 없으며, 근저당권의 양수인을 상대로 하여 받은 근저당권이전 등기에 대한 말소판결만으로는 주등기인 근저당권설정등기에 대한 말소등기를 경료받을 수 없다. 이는 판결에 의하지 않은 근저당권설정등기 **말소등기신청의 경우에도 마찬가지**이며, 근저당권설정자 또는 소유자와 근저당권의 양수인의 공동신청에 의하여 **주등기인 근저당권 설정등기**에 대한 **말소등기**가 경료되면 근저당권이전의 부기등기는 등기관이 **직권으로 말소** 하게 된다(선례 제5-483호).
>
> ① 폐쇄등기부에 기재된 등기는 현 등기부에 이기되지 않는 한 이를 말소할 수 없고, 갑·을· 병·정 앞으로 순차 소유권이전등기가 경료되어 있는 경우에 병·정의 등기를 말소하지 아 니한 채 을의 등기만을 말소할 수는 없다(선례 제2-13호).
>
> ④ **소유권보존등기** 또는 **소유권보존등기의 말소등기**는 등기명의인으로 될 자 또는 등기명의인 이 단독으로 신청한다(법 제23조 제2항).

정답 ○┥ 01 ② 02 ②

03 말소등기에 관한 다음 설명 중 가장 옳지 않은 것은? ▶ 2017년 법무사

① 등기명의인인 사람의 사망 또는 법인의 해산으로 권리가 소멸한다는 약정이 등기되어 있는 경우에 사람의 사망 또는 법인의 해산으로 그 권리가 소멸하였을 때에는, 등기권리자는 그 사실을 증명하여 단독으로 해당 등기의 말소를 신청할 수 있다.

② 환매특약의 등기 이후 환매권 행사 전에 경료된 제3자 명의의 소유권 이외의 권리에 관한 등기의 말소등기는 일반원칙에 따라 공동신청에 의한다.

③ 등기를 말소할 때에는 말소의 등기를 한 후 해당 등기를 말소하는 표시를 하여야 한다.

④ 등기의 말소를 신청하는 경우에 그 말소에 대하여 등기상 이해관계 있는 제3자가 있을 때에는 그 제3자의 승낙을 받아 제3자 명의의 등기의 말소등기를 동시에 신청하여야 한다.

⑤ 판결주문에서 소유권이전등기 및 근저당권설정등기의 각 말소등기 절차의 이행을 명한 경우, 소유권이전등기 말소등기를 신청하지 않은 채 근저당권설정등기 말소등기만을 신청할 수도 있다.

해설 ④ 등기의 **말소**를 신청하는 경우에 그 말소에 대하여 **등기상 이해관계 있는 제3자**가 있을 때에는 제3자의 **승낙이 있어야** 한다. 등기를 말소할 때에는 등기상 이해관계 있는 **제3자 명의의 등기**는 등기관이 **직권으로 말소한다**(법 제57조). 즉 **제3자의 등기를 신청으로 말소하는 것이 아니다.**

① 등기명의인인 **사람의 사망 또는 법인의 해산으로 권리가 소멸한다는 약정이 등기되어 있는** 경우에 사람의 사망 또는 법인의 해산으로 그 권리가 소멸하였을 때에는, **등기권리자**는 그 사실을 증명하여 **단독**으로 해당 등기의 **말소를 신청**할 수 있다(법 제55조).

② 환매특약의 등기 이후 환매권 행사 전에 경료된 제3자 명의의 소유권 이외의 권리에 관한 등기의 말소등기는 일반원칙에 따라 공동신청에 의하고, 그 말소등기의 원인은 "환매권 행사로 인한 실효"로 기록한다(예규 제1359호).

③ 등기를 말소할 때에는 말소의 등기를 한 후 해당 등기를 **말소하는 표시**를 하여야 한다. 이 경우에 말소할 권리를 목적으로 하는 제3자의 권리에 관한 등기가 있을 때에는 등기기록 중 **해당 구**에 그 제3자의 권리의 표시를 하고 **어느 권리의 등기를 말소함으로 인하여 말소한다는 뜻**을 기록하여야 한다(규칙 제116조).

⑤ 판결주문에서 소유권이전등기 및 근저당권설정등기의 각 말소등기절차를 명한 경우, 소유권이전등기말소등기를 신청하지 않은 채 근저당권설정등기말소등기만을 신청할 수도 있다. 또한 판결의 내용 중 일부에 대하여는 등기신청을 할 수 없는 사정이 있는 경우(등기상 이해관계 있는 제3자의 승낙을 얻지 못한 경우 등)에는 그러한 제한이 없는 부분에 대해서만 등기신청을 할 수 있다(선례 제201303-2호).

04 말소등기에 관한 다음 설명 중 가장 옳지 않은 것은? ▶ 2017년 등기주사보

① 등기의무자가 소재불명이고 말소할 권리가 전세권인 경우에는 제권판결에 의하지 않고 공시최고의 절차를 거친 후 전세금반환증서 등을 첨부하여 등기권리자가 단독으로 말소등기를 신청할 수 있다.

② 소유권보존등기의 말소를 명하는 확정판결이 있었다 하더라도 그 소송의 사실심 변론종결 전에 소유권이전등기가 된 경우에는 그 등기명의인을 상대로 소유권이전등기의 말소를 명하는 판결을 받아 그 말소신청을 하지 않는 한 보존등기의 말소신청은 할 수 없다.

③ 등기관이 직권말소의 대상이 되는 등기를 발견하였을 때에는 등기권리자와 등기의무자 및 이해관계인에게 1월 이내의 기간을 정하여 그 기간 내에 이의를 진술하지 아니하면 그 등기를 말소한다는 뜻을 통지하여야 한다.

④ 甲 − 乙 − 丙 순으로 소유권이전등기가 된 경우, 甲이 乙을 상대로 원인무효로 인한 소유권이전등기 말소등기절차이행의 승소판결을 받아 乙 명의의 소유권이전등기를 말소하고자 하는 때에 현재의 소유명의인 丙은 그 말소등기에 있어 등기상 이해관계 있는 제3자가 아니다.

해설 ① 1) 등기권리자가 **등기의무자의 소재불명**으로 인하여 공동으로 등기의 말소를 신청할 수 없을 때에는 「민사소송법」에 따라 **공시최고를 신청**할 수 있다. 이 경우에 제권판결이 있으면 **등기권리자가 그 사실을 증명**하여 단독으로 등기의 말소를 신청할 수 있다(법 제56조).
   2) 종전 부동산등기법 제167조에서는 "등기권리자가 등기의무자의 행방불명으로 인하여 이와 공동으로 등기의 말소를 신청할 수 없는 때에는 신청서에 전세계약서와 전세금 반환증서 또는 채권증서, 채권과 최후 1년분의 이자의 영수증을 첨부한 때에는 등기권리자만으로 전세권 또는 저당권에 관한 등기의 말소를 신청할 수 있다."는 규정이 있었는데 이는 개정법에서 삭제되었다.

② **소유권보존등기의 말소를 명하는 확정판결이 있었다** 하더라도 그 소송의 사실심 **변론종결전에 소유권이전등기**가 된 경우에는 그 등기명의인을 상대로 소유권이전등기의 말소를 명하는 판결을 받아 그 말소신청을 하지 않는 한 위 소유권보존등기의 말소신청을 할 수 없다(선례 제1−457호). 등기연속의 원칙에 따라 현재 소유명의인의 등기를 먼저 말소하여야 한다. 다만, 현재 소유권의 등기명의인이 사실심 변론종결 후 승계인에 해당하여 판결의 효력을 직접 받는 자라면 승계집행문을 첨부하여 소유권이전등기의 말소를 신청할 수 있을 것이다.

③ 등기관이 등기를 마친 후 그 등기가 **제29조 제1호**(사건이 그 등기소의 관할이 아닌 경우) 또는 **제2호**(사건이 등기할 것이 아닌 경우)에 해당된 것임을 발견하였을 때에는 등기권리자, 등기의무자와 등기상 이해관계 있는 제3자에게 1개월 이내의 기간을 정하여 그 기간에 이의를 진술하지 아니하면 등기를 말소한다는 뜻을 **통지(⊕ 사전통지)**하여야 한다. 등기관은 위의 기간 이내에 이의를 진술한 자가 없거나 이의를 각하한 경우에는 제1항의 등기를 **직권으로 말소**하여야 한다(법 제58조 제1항, 제2항).

④ **말소대상인 등기를 그대로 승계한 자**는 이해관계인에 포함되지 않는다. 예컨대 **소유권이전등기가 갑−을−병 순으로 이루어진 경우 갑이 을을 상대로 원인무효로 인한 소유권이전등기 말소등기절차이행의 소**를 제기하여 승소판결을 받아 을 명의의 소유권이전등기를 말소하고

자 하는 때에 현재의 소유명의인 병은 을 명의의 말소등기를 함에 있어 등기상 이해관계 있는 제3자가 아니다. 왜냐하면 말소의 대상이 되는 등기는 현재 효력이 있는 등기라야 하므로 (등기연속의 원칙), 뒤의 등기인 병 명의의 소유권이전등기를 먼저 말소하지 않고는 을 명의의 소유권이전등기를 말소할 수 없고, 따라서 병의 승낙 또는 이에 대항할 수 있는 재판이 있음을 증명하는 정보를 제공하더라도 갑과 을이 공동으로(또는 갑이 을에 대하여만 말소판결을 얻어) 을 명의의 등기의 말소신청을 할 수 없기 때문이다. 이는 소유권뿐만 아니라 가등기나 제한물권이 이전된 경우에도 마찬가지이다(「부동산등기실무 II」 p.66).

05 말소등기에 관한 다음 설명 중 가장 옳은 것은? ▸ 2017년 법원사무관

① 등기사항 전부가 부적법한 경우라도 말소등기의 말소등기는 허용되지 않고 회복등기를 하여야 한다.

② 부기등기는 기존의 주등기에 종속되어 주등기와 일체를 이루는 것으로 주등기와 별개의 새로운 등기가 아니므로 부기등기만의 말소등기는 있을 수 없다.

③ 매매계약 해제로 인한 원상회복 방법으로 소유권이전등기의 말소등기신청이 아닌 계약해제를 원인으로 한 소유권이전등기를 신청하는 경우에는 이를 수리할 수 없다.

④ 등기관이 등기를 마친 후에 그 등기가 해당 등기소의 관할이 아닌 경우 또는 등기할 것이 아닌 경우에 해당된 것임을 발견하였을 때에는 지체 없이 그 등기를 말소하고, 말소한 사실을 등기당사자와 이해관계인에게 통지한다.

해설 ① 말소의 대상이 될 수 있는 등기는 소유권에 관한 등기이든 소유권 외의 권리에 관한 등기이든 그 종류에 제한이 없지만, 현재 효력이 있는 등기이어야 한다. 따라서 말소등기를 다시 소멸시키기 위한 말소등기 즉, 말소등기의 말소등기는 허용되지 않으며, 이러한 경우에는 말소회복등기를 하여야 한다(법 제59조, 규칙 제118조, 「부동산등기실무 II」 p.60).

② 근저당권이전의 부기등기가 기존의 주등기인 근저당권설정등기에 종속되어 주등기와 일체를 이룬 경우에는 (⊕ 주등기와 별개의 새로운 등기는 아니라 할 것이므로) 부기등기만의 말소를 따로 인정할 아무런 실익이 없지만, 근저당권의 이전원인만이 무효로 되거나 취소 또는 해제된 경우, 즉 근저당권의 주등기 자체는 유효한 것을 전제로 이와는 별도로 근저당권이전의 부기등기에 한하여 무효사유가 있다는 이유로 부기등기만의 효력을 다투는 경우에는 그 부기등기의 말소를 소구할 필요가 있으므로 예외적으로 소의 이익이 있다(대판 2005.6.10. 2002다15412 · 15429)(⊕ 따라서 부기등기만의 말소신청을 양도인과 양수인이 공동신청하거나 양수인이 판결을 받아 단독으로 신청할 수 있다).

③ 매매를 원인으로 한 이전등기를 경료한 뒤에 그 매매계약을 해제(합의해제 포함)하였다면 이해관계 있는 제3자가 없는 한 계약해제의 효과인 원상회복의 방법으로 그 등기의 말소를 구할 수 있다(예규 제331호). 만약 등기상 이해관계 있는 제3자가 있어 그 자의 승낙을 받을 수 없는 경우에는 원상회복의 원상회복 방법으로 당사자가 계약해제를 원인으로 한 소유권이전등기신청을 하여도 등기관은 이를 수리하여야 한다(예규 제1343호).

④ 등기관이 등기를 마친 후 그 등기가 제29조 제1호(사건이 그 등기소의 관할이 아닌 경우) 또는 제2호(사건이 등기할 것이 아닌 경우)에 해당된 것임을 발견하였을 때에는 등기권리자, 등기의무자와 등기상 이해관계 있는 제3자에게 1개월 이내의 기간을 정하여 그 기간에 이의를 진술하지 아니하면 등기를 말소한다는 뜻을 통지(⊕ 사전통지)하여야 한다. 등기관은 위의

기간 이내에 이의를 진술한 자가 없거나 이의를 각하한 경우에는 제1항의 등기를 **직권으로 말소**하여야 한다(법 제58조 제1항, 제2항).

06 말소에 관하여 등기상 이해관계 있는 제3자에 관한 다음 설명 중 가장 옳지 않은 것은?
▸ 2013년 법무사

① 말소등기를 신청하는 경우에 등기상 이해관계 있는 제3자가 있는 때에는 그 제3자의 승낙이 있어야 한다.

② 등기상 이해관계 있는 제3자라 함은 어느 등기의 말소로 인하여 등기의 형식상 손해를 입을 염려가 있는 제3자를 말한다.

③ 등기의 말소에 대하여 이해관계 있는 제3자가 그 말소에 대하여 승낙한 경우 등기관은 제3자 명의의 등기를 직권으로 말소한다.

④ 갑 → 을 → 병의 순으로 소유권이전등기가 된 상태에서 을 명의의 소유권등기를 말소한다고 할 때 병은 등기상 이해관계 있는 제3자이다.

⑤ 피담보채권이 소멸하여 실체법상 무효인 저당권등기라도 아직 말소되지 않았다면 그 명의인은 등기상 이해관계인으로 취급된다.

해설 ④ 말소대상인 등기를 그대로 승계한 자는 이해관계인에 포함되지 않는다. 예컨대 **소유권이전등기**가 갑－을－병 순으로 이루어진 경우 갑이 을을 상대로 **원인무효로 인한 소유권이전등기 말소등기절차이행의 소**를 제기하여 승소판결을 받아 을 명의의 소유권이전등기를 말소하고자 하는 때에 현재의 소유명의인 **병은** 을 명의의 말소등기를 함에 있어 **등기상 이해관계 있는 제3자가 아니다.** 왜냐하면 말소의 대상이 되는 등기는 현재 효력이 있는 등기라야 하므로 (등기연속의 원칙), 뒤의 등기인 병 명의의 소유권이전등기를 먼저 말소하지 않고는 을 명의의 소유권이전등기를 말소할 수 없고, 따라서 병의 승낙 또는 이에 대항할 수 있는 재판이 있음을 증명하는 정보를 제공하더라도 갑과 을이 공동으로(또는 갑이 을에 대하여만 말소판결을 얻어) 을 명의의 등기의 말소신청을 할 수 없기 때문이다. 이는 소유권뿐만 아니라 가등기나 제한물권이 이전된 경우에도 마찬가지이다(「부동산등기실무 II」 p.66).

②⑤ 1) 말소에 관하여 등기상 이해관계 있는 제3자인지 여부는 등기기록에 따라 형식적으로 (⊕ 손해를 입을 염려가 있는지 여부) 판단하고 실질적인 손해 발생의 염려 유무는 불문한다. 등기관은 형식적 심사권만이 있을 뿐 실질적 심사권은 없어서 실체법상의 권리 유무를 조사하는 것이 불가능하므로 등기의 기록 형식만으로 판단할 수밖에 없기 때문이다(「부동산등기실무 II」 p.61).
2) 예컨대 피담보채권이 소멸하여 **실체법상 무효인 저당권등기라도 아직 말소되지 않았다면**(아직 등기기록상 존재한다면) 그 명의인은 등기상 이해관계 있는 제3자에 해당하고
3) 실체법상 이해관계가 있더라도 등기기록에 기록되지 않은 자는 해당하지 않는다.

정답 ☞ 05 ① 06 ④

07 허무인 명의의 등기의 말소에 관한 다음 설명 중 가장 옳지 않은 것은? ▸2023년 법무사

① 소유권이전등기의 말소소송에서 등기명의인인 종중 등 법인 아닌 사단이 그 실체가 인정되지 아니하여 당사자능력이 없음을 이유로 소각하판결이 확정되고, 위 각하판결정본 등이 등기관에게 제출된 경우 등기관은 당사자능력이 없는 위 종중 등 명의의 등기를 직권으로 말소할 수 있다.

② 판결에 의하여 허무인 명의의 등기의 말소를 신청하는 경우 허무인명의표시의 경정등기를 경유할 필요는 없으며, 말소등기의 등기원인은 확정판결로, 그 연월일은 판결선고일을 각 기재한다.

③ 사망자 명의의 등기를 말소하기 위해서는 그 상속인 전원을 등기의무자로 하여 공동신청하거나 상속인 전원을 상대로 한 말소판결을 얻어야 한다.

④ 귀속재산으로서 국가의 소유가 된 부동산에 대하여, 甲이 가공인 乙 명의로 소유권이전등기를 신청하여 소유권이전등기가 마쳐진 경우, 국가는 甲을 상대로 하여 乙 명의의 소유권이전등기의 말소등기 절차이행을 명하는 확정판결을 받아야만 乙 명의의 소유권이전등기에 대한 말소등기를 신청할 수 있다.

⑤ 사망자 명의의 소유권이전등기에 대하여 상속인을 상대로 한 말소소송에서 사망자 명의의 등기가 상속인을 표상하는 등기로서 원인무효의 등기임을 이유로 말소절차의 이행을 명한 판결이 확정된 경우에는 위 판결에 의하여 사망자 명의 등기의 말소를 신청할 수 있다.

> **해설** ① 1. **실체가 없는 종중 등** 법인 아닌 사단·재단 명의의 소유권이전등기 등에 대하여 **실제 등기행위자**(대표자나 그 구성원 등)**를 상대로 한 말소소송**에서 위 종중등 명의의 등기가 원인무효의 등기임을 이유로 실제 등기행위자에게 **말소절차를 명한 판결이 확정**된 경우에는 위 판결에 의하여 **말소등기를 신청할 수 있다**(예규 제1380호, 4).
>
> 2. 소유권이전등기 등의 말소소송에서 등기명의인인 법인 아닌 사단·재단이 그 실체가 인정되지 아니하여 당사자능력이 없음을 이유로 **소각하판결이 확정**되고, 위 각하판결정본 등이 등기관에게 제출된 경우 등기관은 「부동산등기법」 제58조에 따라 당사자능력이 없는 위 종중 등 명의의 등기를 **직권으로 말소할 수 없으며**, 이해관계인도 위 판결정본 등을 첨부하여 **등기관의 처분에 대한 이의의 방법으로 위 종중 등 명의 등기의 말소를 구할 수 없다.**
>
> ② 판결에 의하여 **허무인 명의의 등기의 말소를 신청**하는 경우 **허무인명의표시의 경정등기를 경유할 필요는 없으며**, 말소등기의 등기원인은 **확정판결**로, 그 연월일은 **판결선고일**을 각 기재한다(예규 제1380호, 5).
>
> ③ 1. **사망자 명의의 등기를 말소**하기 위해서는 그 **상속인 전원을 등기의무자**로 하여 **공동신청**하거나 상속인 전원을 상대로 한 **말소판결을 얻어야 한다**(「부동산등기실무Ⅱ」 p.77참조).
>
> 2. 그러나 갑에서 을로의 **소유권이전등기**가 마쳐진 후 **을이 사망**(법정상속인 **병, 정**)하여 **병** 명의로 협의분할에 의한 **상속을 원인**으로 하는 **소유권이전등기**가 마쳐졌으나, 그 후 위 갑에서 **을로의 소유권이전등기**가 **원인무효**임을 이유로 **말소**하려는 경우, 협의분할에 의하여 이를 **단독상속한 상속인 병만이** 이를 전부 말소할 의무가 있고 다른 공동상속인 정은 이를

말소할 의무가 없으므로(대판 2009.4.9, 2008다87723), **을 명의의 소유권이전등기의 말소의무자는 을의 원래의 상속인 전원이 아니라 병이라 할 것이다**(선례 제202304-02호).

④ 1. **가공인 명의의 소유권이전등기 등**에 대하여 **실제 등기행위자를 상대로 한 말소소송**에서 **말소절차의 이행을 명한 판결**(가공인 명의의 등기가 실제 등기행위자를 표상하는 등기로서 원인무효의 등기임을 이유로 한 판결)**이 확정된 경우**에는 위 판결에 의하여 **가공인 명의 등기의 말소를 신청할 수 있다.**

   2. 예컨대, **귀속재산으로서 국가의 소유가 된 부동산**에 대하여 **갑이 가공인을 명의로 소유권이전등기를 신청**하여 그 등기가 마쳐진 경우, 국가는 **갑을 상대로** 하여 **을 명의의 소유권이전등기의 말소등기 절차이행을 명하는 확정판결을 받아야만** 을 명의의 소유권이전등기에 대한 **말소등기를 신청할 수 있다**(대판 1990.5.8, 90다684, 90다카3307, 선례 5-473).

⑤ **사망자 명의의 소유권이전등기 등**에 대하여 **상속인을 상대로 한 말소소송**에서 사망자 명의의 등기가 상속인을 표상하는 등기로서 **원인무효의 등기임**을 이유로 말소절차의 이행을 명한 판결이 확정된 경우에는 위 판결에 의하여 **사망자명의 등기의 말소를 신청할 수 있다**(예규 제1380호, 3).

제4절 │ 회복

🔖 관련 조문

법 제59조(말소등기의 회복)

말소된 등기의 **회복**을 신청하는 경우에 **등기상 이해관계 있는 제3자**가 있을 때에는 그 제3자의 **승낙**이 있어야 한다.

규칙 제118조(말소회복등기)

법 제59조의 말소된 등기에 대한 회복 신청을 받아 등기관이 등기를 회복할 때에는 **회복의 등기를 한 후 다시 말소된 등기와 같은 등기를** 하여야 한다(🔋 순위번호도 종전 등기와 같은 번호를 기록한다). 다만, 등기 전체가 아닌 **일부 등기사항만** 말소된 것일 때에는 **부기**에 의하여 **말소된 등기사항만 다시 등기**한다.

---

01 **말소회복등기에 관한 다음 설명 중 가장 옳지 않은 것은?** ▸2023년 등기서기보

① 부동산등기법 제59조는 말소된 등기의 회복을 신청하는 경우에 등기상 이해관계가 있는 제3자가 있는 때에는 그 제3자의 승낙이 있어야 한다고 규정하고 있는바, 여기서 말하는 등기상 이해관계가 있는 제3자란 말소회복등기를 함으로써 손해를 입을 우려가 있는 사람으로서 그 손해를 입을 우려가 있다는 것이 기존의 등기기록에 의하여 형식적으로 인정되는 사람이다.

② 말소회복등기는 등기의 전부 또는 일부가 부적법하게 말소된 경우에 이를 회복하는 등기로서 부적법은 실체적 이유에 기한 것이든 절차적 하자에 기한 것이든 불문한다.

③ 말소등기가 법원의 촉탁에 의한 때에는 회복등기도 그 법원의 촉탁에 의한다.

④ 가등기가 가등기권리자의 의사에 의하지 않고 말소되어 그 말소등기가 원인무효인 경우 이러한 사실을 모르고 소유권이전의 등기를 마친 선의의 제3자는 가등기 말소회복등기에 대하여 승낙할 의무가 없다.

> **해설** ④ 1. **등기가 원인 없이 부적법 말소**된 경우 그 말소등기를 **회복**함에 있어 **등기상 이해관계 있는 제3자**는 그의 **선의 · 악의를 묻지 아니**하고 **승낙의무를 부담**한다(대판 1997.9.30, 95다39526, 대판 2004.2.27, 2003다35567).
>
> 2. 가등기가 가등기권리자의 의사에 의하지 아니하고 말소되어 그 말소등기가 **원인무효**인 경우에는 **등기상 이해관계 있는 제3자**는 그의 **선의, 악의를 묻지 아니**하고 가등기권리자의 회복등기절차에 필요한 **승낙을 할 의무가 있으므로,** 가등기가 부적법하게 말소된 후 가처분등기, 근저당권 설정등기, 소유권이전등기를 마친 제3자는 가등기의 회복등기절차에서 등기상 이해관계 있는 제3자로서 승낙의무가 있다(대판 1997.9.30, 95다39526).
>
> ① 1. 말소된 등기의 회복(회부)을 신청하는 경우에 등기상 이해관계 있는 제3자가 있을 때에는 그 제3자의 승낙이 있어야 한다(법 제59조).
>
> 2. **회복등기**에 있어서 **등기상 이해관계가 있는 제3자**란 말소회복등기가 된다고 하면 **손해를** 입을 우려가 있는 사람으로서 그 손해를 입을 우려가 있다는 것이 기존의 **등기부 기재**에

의하여 **형식적**으로 인정되는 자를 의미하고, 여기에서 말하는 "손해를 입을 우려"가 있는 지의 여부는 제3자의 권리취득등기 시(말소등기 시)를 기준으로 할 것이 아니라 **회복등기 시를 기준**으로 판별하여야 한다(대판 1990.6.26, 89다카5673 참조).

② 말소회복등기는 부적법하게 말소된 등기의 회복을 목적으로 한다. 여기서 부적법 말소란 그 원인이 **실체적**(말소등기 원인의 부존재, 무효·취소)·**절차적**(말소사유가 없음에도 등기관이 잘못 말소한 경우) 사유이던 **불문**하고 말소등기가 무효인 경우를 말한다(대판 1993.3.9, 92다39877).

③ 말소등기가 당사자의 **신청**에 의하여 이루어진 경우에는 그 회복등기도 당사자의 **신청**에 의하고, 집행법원 등의 **촉탁**에 의한 경우에는 **촉탁**에 의하여야 한다. 또 등기관의 **직권**으로 행하여진 경우에는 그 회복등기도 **직권**으로 하여야 한다(「부동산등기실무 II」 p.103).

02 말소회복등기에 관한 다음 설명 중 가장 옳지 않은 것은? ▸ 2020년 법무사

① 乙 명의의 가등기가 부적법 말소된 후 말소된 가등기의 설정자였던 甲에서 丙으로 소유권이전등기가 마쳐진 경우 乙 명의의 가등기를 말소회복함에 있어 丙은 등기상 이해관계 있는 제3자에 해당한다.

② 말소회복등기란 어떤 등기의 전부 또는 일부가 실체적 또는 절차적 하자로 부적합하게 말소된 경우에 말소된 등기를 회복하여 말소 당시에 소급하여 말소가 없었던 것과 같은 효과를 생기게 하는 등기를 말하는 것이므로 어떤 이유이건 당사자가 자발적으로 말소등기를 한 경우에는 말소회복등기를 할 수 없다.

③ 가등기에 의한 소유권이전의 본등기가 말소된 다음 乙 명의의 가압류등기가 마쳐진 상태에서 이 본등기의 회복등기를 신청할 때에 가압류권자 乙의 승낙이 있음을 증명하는 정보를 첨부정보로서 제공하여야 하며, 이 경우 등기관이 소유권이전본등기의 회복등기를 할 때에는 위 가압류등기를 직권으로 말소할 수 없다.

④ 말소등기가 당사자의 신청에 의하여 이루어진 경우에는 그 회복등기도 당사자의 신청에 의하고, 집행법원의 촉탁에 의한 경우에는 촉탁에 의하여야 하며, 등기관의 직권으로 행하여진 경우에는 그 회복등기도 직권으로 하여야 한다.

⑤ 말소된 등기 전부를 회복한 때에는 회복의 등기를 한 후 말소된 종전 등기와 동일한 등기를 하여야 하므로 순위번호도 종전 등기와 같은 번호를 기록한다.

해설 ③ 1) **소유권이전청구권가등기에 대하여** 처분금지**가처분등기**를 마친 가처분채권자가 **승소판결**에 의하여 이 **가등기의 말소등기를 신청**하면서 **가처분등기 이후에** 된 등기로서 가처분채권자의 권리를 침해하는 등기에 대하여도 함께 **단독으로 말소등기를 신청**하여 모두 말소되었는데, 후에 말소되었던 소유권이전청구권**가등기의 회복등기**가 이루어진 경우, 가처분에 의한 실효를 원인으로 가처분채권자의 단독신청으로 **말소되었던 등기의 회복등기절차**에 관하여는 특별한 규정이 없어 일반원칙에 따를 수밖에 없으므로, 말소되었던 등기가 공동신청에 따라 이루어진 등기라면 그 회복등기는 등기의무자와 등기권리자가 **공동으로**

신청하여야 하며(일방 당사자가 판결을 받아 **단독**신청 가능). 가처분등기와 같이 그 말소되었던 등기가 법원의 촉탁에 따라 이루어진 등기라면 그 회복등기도 법원의 **촉탁**에 의하여야 한다.

2) 소유권이전청구권**가등기** 및 **이에 대한** 처분금지**가처분**등기가 순차 마쳐진 상태에서 **가처분채권자의 승낙**이 있음을 증명하는 정보를 첨부정보로서 제공하여 그 **가등기의 말소등기**를 신청한 경우, 등기관은 그 가등기를 말소하면서 **가처분등기는 직권으로 말소**하게 되는 바, 후에 이 **가등기에 대한 회복등기**가 이루어진 경우에는 등기관이 직권으로 말소한 **가처분등기**는 다시 **직권으로 회복**하여야 한다.

3) 소유권이전청구권**가등기** 및 갑 명의의 **가압류등기**가 순차 마쳐진 상태에서 소유권이전본**등기**에 의하여 **가압류등기**가 **직권 말소**되었고, 후에 소유권이전**본등기의 말소등기**에 따라 그 **가압류등기**가 **직권으로 회복**된 상태에서 다시 소유권이전**본등기의 회복등기**를 신청할 때에 이 **가압류등기**는 소유권이전본등기가 되면 **직권말소**의 대상이 될 뿐이므로 **가압류권자 갑의 승낙**이 있음을 증명하는 정보를 첨부정보로서 제공할 필요가 **없으며**, 이 신청에 따라 등기관이 소유권이전본등기의 회복등기를 실행하면서 위 가압류등기는 직권으로 말소하게 된다.

4) **가등기에 의한 소유권이전의 본등기가 말소된 다음** 을 명의의 **가압류등기**가 마쳐진 상태에서 이 **본등기의 회복등기**를 신청할 때에 **가압류권자 을은** 이 회복등기에 대하여 **등기상 이해관계 있는 제3자**에 해당하므로, 을의 **승낙이 있음을 증명**하는 정보를 첨부정보로서 제공하여야 하며, 이에 따라 등기관이 소유권이전**본등기의 회복등기**를 할 때에는 위 **가압류등기를 직권으로 말소**하여야 한다.

5) 소유권이전청구권가등기, 가등기의 이전등기 및 본등기가 전부 말소된 다음 소유권이전청구권가등기만 회복등기가 된 상태에서 가등기의 이전등기 및 본등기의 신청이 있는 경우, 형식적 심사권밖에 없는 등기관으로서는 이 신청에 대하여 특별한 각하사유가 없다면 그 등기신청을 수리할 수밖에 없다(선례 제201911-1호).

① 1) **불법하게 말소**된 것을 이유로 한 **제한물권등기**(근저당권설정등기)의 **회복등기 청구**는 그 등기 **말소 당시의 소유자를 상대로** 하여야 한다. 즉 위 **회복등기의 등기의무자는** 말소 당시의 소유자이다(예규 제137호).

2) **제한물권의 등기가 말소**된 후에 새로운 **소유권이전등기**가 있는 경우에 말소 당시의 소유자와 현 소유자 중 누가 등기의무자가 되는지에 관하여 판례는 **말소 당시 소유명의인만이 등기의무자적격**이 있고 현 **소유명의인은 등기상 이해관계인에** 불과하다고 한다(대판 1969.3.18, 68다1617, 「부동산등기실무 II」 p.103).

3) 갑 소유 부동산에 관하여 **을 명의로 근저당권설정등기가 경료되었으나**, 을 명의의 근저당권설정등기가 **부적법하게 말소**되고 같은 날 매매를 원인으로 **병 명의의 소유권이전등기**가 경료된 후, 을이 당해 부동산에 대하여 처분금지가처분신청을 하여 그 부동산의 등기부에 을을 채권자로 하는 가처분등기가 경료된 다음, 을이 갑을 상대로 근저당권설정등기회복등기청구의 소를 제기하여 갑이 을의 청구를 모두 인낙하였고, 다시 을은 병을 상대로 위 근저당권설정등기의 말소회복등기에 대하여 승낙의 의사표시를 명하는 확정판결을 받았지만, 소송 중에 정 명의의 소유권이전등기, 무 명의의 근저당권설정등기가 순차 경료된 경우, 을이 위 인낙조서에 의하여 근저당권설정등기의 회복등기를 신청하려면 **병의 승낙의 의사표시를 명하는 재판의 등본를 제출**하는 것 이외에 별도로 정, 무의 승낙서 또는 이에 대항할 수 있는 재판의 등본을 첨부할 필요는 없다(선례 제7-423호).

② 1) 부동산등기법 제59조의 말소회복등기란 어떤 등기의 **전부 또는 일부가** 실체적 또는 절차적 하자로 부적합하게 말소된 경우에 말소된 등기를 회복하여 말소 당시에 <u>소급하여 말소</u>

가 없었던 것과 같은 효과를 생기게 하는 등기를 말하는 것이므로 어떤 이유이건 당사자가 **자발적으로 말소등기를 한 경우**에는 말소회복등기를 할 수 **없다**(대판 1990.6.26. 89다카5673). 소로서도 말소회복등기를 구할 수 없다.

2) 회복등기에 있어서 **등기상 이해관계가 있는 제3자**란 말소회복등기가 된다고 하면 **손해를 입을 우려가 있는 사람**으로서 그 손해를 입을 우려가 있다는 것이 기존의 **등기부 기재**에 의하여 **형식적으로 인정**되는 자를 의미하고, 여기에서 말하는 "손해를 입을 우려"가 있는지의 여부는 제3자의 권리취득등기 시(말소등기 시)를 기준으로 할 것이 아니라 **회복등기 시를 기준**으로 판별하여야 한다(대판 1990.6.26. 89다카5673 참조).

④ 말소등기가 당사자의 **신청**에 의하여 이루어진 경우에는 그 회복등기도 당사자의 **신청**에 의하고, 집행법원 등의 **촉탁**에 의한 경우에는 **촉탁**에 의하여야 한다. 또 등기관의 **직권**으로 행하여진 경우에는 그 회복등기도 **직권**으로 하여야 한다(「부동산등기실무Ⅱ」 p.103).

⑤ 말소된 등기의 회복을 신청하는 경우에 **등기상 이해관계 있는 제3자**가 있을 때에는 그 제3자의 **승낙**이 있어야 한다(법 제59조). 법 제59조의 말소된 등기에 대한 회복신청을 받아 등기관이 등기를 회복할 때에는 회복의 등기를 한 후 다시 **말소된 등기와 같은 등기**를 하여야 한다(🔴 순위번호도 종전 등기와 **같은 번호**를 기록한다). 다만, 등기전체가 아닌 **일부** 등기사항만 말소된 것일 때에는 **부기**에 의하여 **말소된 등기사항만 다시 등기**한다(규칙 제118조).

03 말소회복등기에 관한 다음 설명 중 가장 옳지 않은 것은?　　▶ 2020년 등기서기보

① 관공서가 자발적으로 압류등기를 말소한 경우에는 그 압류등기에 대한 말소회복등기를 할 수 없다.

② 불법하게 말소된 것을 이유로 한 근저당권설정등기에 대한 회복등기의 등기의무자는 말소 당시의 소유자이다.

③ 등기를 회복한 때에는 회복의 등기를 한 후 말소된 종전 등기와 동일한 등기를 하여야 하므로 순위번호도 종전 등기와 같은 번호를 기록한다.

④ 甲에서 乙에게로 마쳐진 소유권이전등기가 부적법 말소된 후 甲에서 丙으로 소유권이전등기가 마쳐진 경우 乙명의의 소유권이전등기를 말소회복함에 있어 丙은 등기상 이해관계 있는 제3자이다.

해설 ④ 1) 어떤 등기가 **부적법 말소**되고 회복되기 전에 그 등기와 **양립 불가능한 등기**가 새로이 마쳐진 경우 그 등기는 회복의 전제로서 **말소되어야 할 것**이므로 그 등기의 명의인은 **등기상 이해관계 있는 제3자가 아니다**(대판 1982.1.26. 81다2329·2330). 이는 주로 소유권이전등기가 부적법 말소된 후에 제3자 앞으로 소유권이전등기가 경료된 경우에 문제된다. 예컨대 **갑에서 을에게로의 소유권이전등기가 부적법 말소**된 후 **갑에서 병으로 소유권이전등기**가 마쳐진 경우 **을 명의의 소유권이전등기를 말소회복**함에 있어서 **병은 이해관계인이 아니다.** 을 명의의 등기와 병 명의의 등기는 양립할 수 없기 때문이다. 이 경우 을이 자기 명의의 소유권이전등기를 회복하기 위해서는 먼저 병 명의의 소유권이전등기를 말소하여야만 한다.

정답 ⟶　03 ④

2) 마찬가지로, 전세권이 불법 말소된 후에 제3자 명의의 전세권설정등기가 마쳐진 경우와 같이 회복 대상 등기와 새로 마쳐진 등기가 서로 양립 불가능한 용익물권인 경우에도 마찬가지이다.

3) 그러나 저당권이나 지상권 등의 제한물권이 부적법하게 말소된 후 제3자에게 소유권이전등기가 경료된 경우 제한물권의 등기와 소유권이전등기는 양립 가능하므로 현 소유명의인은 등기상 이해관계 있는 제3자로 보게 된다(「부동산등기실무Ⅱ」 p.100).

① 국유재산의 사용에 대한 변상금 및 대부료 체납으로 체납자 소유재산에 대하여 압류등기를 마친 후, 관리청 변경을 사유로 변경 전 관리청이 **압류등기를 자발적으로 말소**한 경우에는 그 압류등기에 대한 말소회복등기는 할 수 **없다**(선례 제201208-2호).

③ 말소된 등기의 회복을 신청하는 경우에 **등기상 이해관계 있는 제3자**가 있을 때에는 그 제3자의 **승낙이 있어야** 한다(법 제59조). 법 제59조의 말소된 등기에 대한 회복신청을 받아 등기관이 등기를 회복할 때에는 회복의 등기를 한 후 다시 말소된 등기와 **같은 등기**를 하여야 한다(● **순위번호**도 종전 등기와 **같은 번호**를 기록한다). 다만, 등기전체가 아닌 **일부 등기사항**만 말소된 것일 때에는 **부기**에 의하여 **말소된 등기사항만 다시 등기**한다(규칙 제118조).

04 말소회복등기에 관한 다음 설명 중 가장 옳지 않은 것은? ▸2018년 법무사

① 甲 소유 부동산에 대하여 마쳐진 乙 명의의 가처분등기가 집행법원의 촉탁착오로 인하여 말소된 후 甲의 상속인 丙 명의의 상속등기가 마쳐진 경우, 집행법원이 말소된 가처분등기의 회복등기를 촉탁할 때에 상속인 丙의 승낙이 있음을 증명하는 정보를 첨부정보로서 제공하여야 한다.

② 국유재산의 사용에 대한 변상금 및 대부료 체납으로 체납자 소유재산에 대하여 압류등기를 마친 후, 관리청 변경을 사유로 변경 전 관리청이 압류등기를 자발적으로 말소한 경우에는 그 압류등기에 대한 말소회복등기는 할 수 없다.

③ 부적법 말소된 저당권설정등기에 대하여 저당권자가 판결을 받아 단독으로 회복등기를 신청하는 경우, 회복등기를 신청하기 이전에 위 말소된 저당권설정등기보다 후순위의 저당권설정등기가 마쳐졌다면 그 저당권설정등기가 위 회복할 저당권설정등기가 말소되기 이전에 마쳐진 것이라 하더라도 그 후순위 저당권자의 승낙이 있음을 증명하는 정보를 첨부정보로서 제공하여야 한다.

④ 가등기권리자인 甲이 가등기에 기한 본등기를 하지 아니하고 별도의 소유권이전등기를 함과 동시에 위 가등기를 혼동을 원인으로 가등기명의인 甲이 자발적으로 말소등기를 하였다면 그 가등기에 대한 말소회복등기는 할 수 없다.

⑤ 근저당권의 말소회복등기를 신청하는 경우에 이미 제3자에게 소유권이 이전된 때에는 현재의 소유명의인은 등기상 이해관계 있는 제3자이다.

해설 ① 말소된 등기의 회복을 신청하는 경우에 등기상 이해관계가 있는 제3자가 있는 때에는 신청서에 그 승낙서 또는 이에 대항할 수 있는 재판의 등본을 첨부하여야 하는바(법 제59조), **갑 소유** 부동산에 대하여 경료된 **을 명의의 가처분등기**가 집행법원의 **촉탁착오**로 인하여 **말소**된 후 갑의 상속인 병 명의의 상속등기가 경료되었다면, **집행법원은** 가처분권자 을을 등기권리자로, 상속인 병을 등기의무자로 하여 말소된 가처분등기의 **회복등기를 촉탁**하여야 하며, 이 경우 **상속인 병은 등기상 이해관계 있는 제3자에** 해당되지 **아니한다**(선례 제7-64호). 상속으로 인해 등기의무자의 지위를 포괄승계하는 것이지 등기상 이해관계 있는 제3자로 볼 것이 아니다.

③ 1) 회복등기에 있어서 **등기상 이해관계가 있는 제3자**란 말소회복등기가 된다고 하면 손해를 입을 우려가 있는 사람으로서 그 손해를 입을 우려가 있다는 것이 기존의 **등기부 기재에** 의하여 **형식적으로 인정되는** 자를 의미하고, 여기에서 말하는 "손해를 입을 우려"가 있는지의 여부는 제3자의 권리취득등기 시(말소등기 시)를 기준으로 할 것이 아니라 **회복등기 시를 기준으로** 판별하여야 한다(대판 90.6.26. 89다카5673 참조).

2) **근저당권 및 지상권설정등기가** 불법하게 말소된 경우 그 말소회복등기를 함에 있어서 승낙을 받아야 할 이해관계가 있는 제3자란 회복등기가 이루어지면 등기의 형식상 손해를 입을 우려가 있는 자를 의미하는 바, 위 근저당권 등의 **말소등기 후에 등기부상 권리를 취득한 자는** 물론 말소등기 전에 등기부상 권리를 취득한 자도 동조 소정의 등기상 이해관계가 있는 제3자에 해당된다고 할 것이다(선례 제4-599호).

3) 마찬가지로, 근저당권자가 여러 명인 근저당권설정등기가 말소된 후 어느 한 근저당권자가 위 말소된 근저당권설정등기의 회복등기의 소를 제기하여 승소의 확정판결을 받은 경우 회복등기를 신청하기 이전에 위 말소된 근저당권설정등기보다 후순위의 근저당권설정등기가 경료되었다면 그 근저당권설정등기가 위 회복할 근저당권설정등기가 말소되기 이전에 경료된 것이라 하더라도 그 후순위 근저당권자의 승락서 또는 이에 대항할 수 있는 재판의 등본을 첨부하여야 한다(선례 제4-597).

④ **가등기권리자인 갑이** 가등기에 기한 본등기를 하지 아니하고 **별도의 소유권이전등기를 함과** 동시에 위 가등기를 혼동을 원인으로 가등기명의인 갑이 **자발적으로 말소등기를** 하였다면 그 가등기에 대한 **말소회복등기는** 할 수 **없는** 것이다(선례 제3-753호).

---

05 **말소회복등기에 관한 다음 설명 중 가장 옳지 않은 것은?** ▶ 2018년 등기주사보

① 지상권을 목적으로 하는 저당권설정등기의 회복등기는 저당권자가 등기권리자, 지상권자가 등기의무자로서 공동으로 신청하여야 한다.

② 국유재산의 사용에 대한 변상금 및 대부료 체납으로 체납자 소유재산에 대하여 압류등기를 마친 후, 관리청 변경을 사유로 변경 전 관리청이 압류등기를 자발적으로 말소한 경우에도 그 압류등기에 대한 말소회복등기를 할 수 있다.

③ 甲 소유 부동산에 대하여 마쳐진 乙 명의의 가처분등기가 집행법원의 촉탁착오로 인하여 말소된 후 甲의 상속인 丙 명의의 상속등기가 마쳐졌다면, 집행법원은 가처분권자 乙을 등기권리자로, 상속인 丙을 등기의무자로 하여 말소된 가처분등기의 회복등기를 촉탁하여야 하며, 이 경우 상속인 丙은 등기상 이해관계 있는 제3자에 해당되지 아니한다.

④ 소유권이전등기의 말소회복등기는 부동산의 취득에 따른 소유권이전등기에 해당되지 않으므로, 그 등기신청 시 국민주택채권을 매입할 필요가 없다.

정답 ► 04 ① 05 ②

해설 ② 국유재산의 사용에 대한 변상금 및 대부료 체납으로 체납자 소유재산에 대하여 압류등기를 마친 후, 관리청 변경을 사유로 변경 전 관리청이 **압류등기를 자발적으로 말소**한 경우에는 그 압류등기에 대한 말소회복등기는 할 수 **없다**(선례 제201208-2호).

① 말소회복등기는 말소된 등기, 즉 회복하여야 할 등기의 등기명의인이 **등기권리자**가 되고, 그 회복에 의하여 등기상 직접 불이익을 받는 자가 **등기의무자**가 되어 그 공동신청에 의하여 이루어진다. 즉 말소회복등기의 등기권리자와 등기의무자는 말소등기의 경우와 반대라고 할 수 있다(「부동산등기실무Ⅱ」 p.103). 따라서 **지상권을 목적으로 하는 저당권의 회복등기의 등기의무자는** 지상권자가 되고 **등기권리자는** 저당권자가 되어 공동으로 신청하여야 한다.

③ 말소된 등기의 회복을 신청하는 경우에 등기상 이해관계가 있는 제3자가 있는 때에는 신청서에 그 승낙서 또는 이에 대항할 수 있는 재판의 등본을 첨부하여야 하는 바(법 제59조). **갑 소유 부동산에 대하여 경료된 을 명의의 가처분등기가 집행법원의 촉탁착오로 인하여 말소**된 후 갑의 **상속인 병 명의의 상속등기가 경료되었다면, 집행법원은** 가처분권자 을을 등기권리자로, 상속인 병을 등기의무자로 하여 말소된 가처분등기의 **회복등기를 촉탁**하여야 하며, 이 경우 **상속인 병은 등기상 이해관계 있는 제3자**에 해당되지 **아니한다**(선례 제7-64호). 상속으로 인해 등기의무자의 지위를 포괄승계하는 것이지 등기상 이해관계 있는 제3자로 볼 것이 아니다.

④ 소유권보존등기 또는 소유권이전등기, 저당권의 설정, 저당권의 이전의 경우에 제1종국민주택채권을 매입하여야 하므로(주택도시기금법 시행규칙 제7조), 소유권이전등기의 말소회복등기 시에는 국민주택채권을 매입할 필요가 없다.

06 말소회복등기에 관한 다음 설명 중 가장 옳지 않은 것은? ▶ 2018년 법원사무관

① 가등기가 가등기권리자의 의사에 의하지 않고 말소되어 그 말소등기가 원인무효인 경우 등기상 이해관계 있는 제3자는 선의·악의를 묻지 않고 가등기권리자의 회복등기절차에 승낙할 의무가 있는바, 가등기가 부적법하게 말소된 후 가처분, 저당권설정, 소유권이전 등의 등기를 마친 제3자는 가등기의 회복등기절차에서 등기상 이해관계 있는 제3자로서 승낙할 의무가 있다.

② 불법하게 말소된 것을 이유로 한 근저당권설정등기의 회복등기청구는 말소 당시의 소유자를 상대로 하여야 한다. 따라서 제3자에게 소유권이 이전된 때에는 현재의 소유명의인은 등기의무자가 아니다.

③ 등기상 이해관계가 있는 제3자란 말소회복등기가 된다고 하면 손해를 입을 우려가 있는 사람으로서 그 손해를 입을 우려가 있다는 것이 기존의 등기부기재에 의하여 형식적으로 인정되는 자를 의미하고, 여기서 말하는 손해를 받을 우려가 있는지 여부는 제3자의 권리취득등기 시(말소등기 시)가 아니라 회복등기 시를 기준하여 판별한다.

④ 회복등기를 신청하기 전에 말소된 근저당권설정등기보다 후순위로 마쳐진 근저당권설정등기가 회복할 근저당권설정등기의 말소 전에 마쳐진 것이라면 그 권리자의 승낙 또는 이에 대항할 수 있는 재판이 있음을 증명하는 정보를 제공할 필요는 없다.

해설 ④ 1) 회복등기에 있어서 **등기상 이해관계가 있는 제3자**란 말소회복등기가 된다고 하면 **손해를** 입을 우려가 있는 사람으로서 그 손해를 입을 우려가 있다는 것이 기존의 **등기부 기재에** 의하여 **형식적으로 인정되는 자**를 의미하고, 여기에서 말하는 "손해를 입을 우려"가 있는 지의 여부는 제3자의 권리취득등기 시(말소등기 시)를 기준으로 할 것이 아니라 **회복등기** **시를 기준**으로 판별하여야 한다(대판 90.6.26, 89다카5673 참조).

2) **근저당권 및 지상권설정등기가 불법하게 말소**된 경우 그 말소회복등기를 함에 있어서 승 낙을 받아야 할 이해관계가 있는 제3자란 회복등기가 이루어지면 등기의 형식상 손해를 입을 우려가 있는 자를 의미하는 바, 위 근저당권 등의 **말소등기 후에 등기부상 권리를** **취득한 자**는 물론 **말소등기 전에 등기부상 권리를 취득한 자**도, 동조 소정의 등기상 이해 관계가 있는 제3자에 해당된다고 할 것이다(선례 제4-599호).

3) 마찬가지로, 근저당권자가 여러 명인 근저당권설정등기가 말소된 후 어느 한 근저당권자 가 위 말소된 근저당권설정등기의 회복등기의 소를 제기하여 승소의 확정판결을 받은 경 우 회복등기를 신청하기 이전에 위 말소된 근저당권설정등기보다 후순위의 근저당권설정 등기가 경료되었다면 그 근저당권설정등기가 위 회복할 근저당권설정등기가 말소되기 이 전에 경료된 것이라 하더라도 그 후순위 근저당권자의 승락서 또는 이에 대항할 수 있는 재판의 등본을 첨부하여야 한다(선례 제4-597).

① **가등기가 가등기권리자의 의사에 의하지 아니하고 말소**되어 그 말소등기가 **원인무효**인 경우 에는 **등기상 이해관계 있는 제3자**는 그의 **선의, 악의를 묻지 아니하고** 가등기권리자의 회복 등기절차에 필요한 **승낙을 할 의무가** 있으므로, 가등기가 부적법하게 말소된 후 가처분등기, 근저당권 설정등기, 소유권이전등기를 마친 제3자는 가등기의 회복등기절차에서 등기상 이 해관계 있는 제3자로서 승낙의무가 있다(대판 1997.9.30, 95다39526).

07 **말소회복등기에 관한 다음 설명 중 가장 옳지 않은 것은?** ▸ 2016년 법무사

① 불법하게 말소된 것을 이유로 한 근저당권설정등기의 회복등기청구는 그 등기 말소 당 시의 소유자를 상대로 하여야 한다.

② 말소등기가 법원의 촉탁에 의하여 된 때에는 그 회복등기도 해당 법원의 촉탁에 의하 여 하여야 한다.

③ 가등기가 부적법하게 원인무효로 말소된 후 가처분등기나 소유권이전등기를 마친 제3 자는 가등기 말소회복등기절차에서 등기상 이해관계 있는 제3자이지만 선·악을 불문 하고 승낙의무가 있다고 보는 것이 판례의 태도이다.

④ 폐쇄된 등기기록에 있는 등기사항에 대해서는 예고등기가 폐지된 현행 규정으로는 말 소회복등기절차의 이행을 명하는 확정판결에 따른 신청이나 공동신청이 있는 경우 비 로소 말소회복등기를 할 수 있다.

⑤ 甲에서 乙에게로의 소유권이전등기가 부적법 말소된 후 甲에서 丙으로 소유권이전등기 가 마쳐진 경우 乙 명의의 소유권이전등기를 말소회복함에 있어서 丙은 등기상 이해관 계 있는 제3자이다.

정답 ○┤ 06 ④ 07 ⑤

해설 ⑤ 어떤 등기가 **부적법 말소**되고 회복되기 전에 그 등기와 **양립 불가능한 등기**가 새로이 마쳐진 경우 그 등기는 **회복의 전제로서 말소되어야 할** 것이므로 그 등기의 명의인은 **등기상 이해관계 있는 제3자가 아니다**(대판 1982.1.26, 81다2329 · 2330). 이는 주로 소유권이전등기가 부적법 말소된 후에 제3자 앞으로 소유권이전등기가 경료된 경우에 문제된다. 예컨대 **갑에서 을에게로의 소유권이전등기가 부적법 말소**된 후 **갑에서 병으로 소유권이전등기**가 마쳐진 경우 **을** 명의의 소유권이전등기를 말소회복함에 있어서 **병은 이해관계인이 아니다**. 을 명의의 등기와 병 명의의 등기는 양립할 수 없기 때문이다. 이 경우 을이 자기 명의의 소유권이전등기를 회복하기 위해서는 먼저 병 명의의 소유권이전등기를 말소하여야만 한다.

③ **가등기**가 가등기권리자의 **의사에 의하지 아니하고 말소**되어 그 말소등기가 **원인무효**인 경우에는 **등기상 이해관계 있는 제3자**는 그의 **선의, 악의를 묻지 아니**하고 가등기권리자의 회복등기절차에 필요한 **승낙을 할 의무**가 있다(대판 1997.9.30, 95다39526).

④ 폐쇄등기기록에 기록된 등기사항의 말소회복도 할 수 있다. 다만, 예고등기제도가 폐지된 개정법하에서는 말소회복등기 절차의 이행을 명하는 확정판결에 따른 신청이나 또는 공동신청이 있는 경우 비로소 말소회복등기를 하게 될 뿐이다(「부동산등기실무 II」 p.96).

08 말소회복등기에 관한 다음 설명 중 가장 옳지 않은 것은? ▶ 2016년 등기서기보

① 말소회복등기는 어떤 등기가 부적법하게 말소된 경우에 그 말소된 등기를 회복함으로써 말소 당시에 소급하여 말소가 되지 않았던 것과 같은 효과를 생기게 하는 등기를 말한다.

② 말소회복등기에 대한 등기상 이해관계 있는 제3자란 말소회복등기가 되면 손해를 입을 우려가 있는 사람으로서 그 손해를 입을 우려가 있다는 것이 기존의 등기 기재에 의하여 형식적으로 인정되는 자를 의미한다.

③ 등기관이 소유권의 말소회복등기를 하였을 때에는 지체 없이 그 사실을 토지의 경우에는 지적소관청에, 건물의 경우에는 건축물대장 소관청에 각각 알려야 한다.

④ 말소회복등기에 대한 등기상 이해관계 있는 제3자인지 여부는 말소등기 시를 기준으로 판별하여야 한다.

해설 ④ 회복등기에 있어서 **등기상 이해관계가 있는 제3자**란 말소회복등기가 된다고 하면 **손해를 입을 우려가 있는 사람**으로서 그 손해를 입을 우려가 있다는 것이 기존의 **등기부 기재**에 의하여 **형식적으로** 인정되는 자를 의미하고, 여기에서 말하는 "손해를 입을 우려"가 있는지의 여부는 제3자의 권리취득등기 시(말소등기 시)를 기준으로 할 것이 아니라 **회복등기 시를 기준**으로 판별하여야 한다(대판 1990.6.26, 89다카5673 참조).

③ 등기관이 1. **소유권**의 **보존** 또는 **이전**(❶ **가등기×**), 2. **소유권의 등기명의인표시의 변경** 또는 **경정**, 3. **소유권의 변경** 또는 **경정**, 4. **소유권의 말소** 또는 **말소회복의 등기**를 하였을 때에는 지체 없이 그 사실을 토지의 경우에는 지적소관청에, 건물의 경우에는 **건축물대장 소관청**에 각각 알려야 한다(법 제62조).

09 **말소회복등기에 관한 다음 설명 중 가장 옳지 않은 것은?** ▶ 2015년 법원사무관

① 국유재산의 사용에 대한 변상금 및 대부료 체납으로 체납자 소유재산에 대하여 압류등기를 마친 후, 관리청 변경을 사유로 변경 전 관리청이 압류등기를 자발적으로 말소한 경우에는 그 압류등기에 대한 말소회복등기는 할 수 없다.

② 甲 소유 명의의 부동산에 설정된 乙 명의의 근저당권설정등기가 부적법하게 말소된 후에 丙 명의의 소유권이전등기가 마쳐진 경우, 乙 명의의 근저당권설정등기의 회복등기는 丙이 등기의무자, 乙이 등기권리자가 되어 공동으로 신청하여야 한다.

③ 甲 명의의 전세권설정등기가 불법말소된 후에 乙 명의의 전세권설정등기가 마쳐진 경우, 甲 명의의 전세권설정등기를 회복함에 있어 乙은 등기상 이해관계인이 아니다.

④ 체납압류재산의 공매절차에서 대행기관인 한국자산관리공사가 그 부동산을 매각한 후 착오로 소멸되지 않는 주택임차권등기에 대한 말소등기를 촉탁하여 등기관이 그 등기를 말소한 경우, 말소된 위 주택임차권등기의 회복등기는 한국자산관리공사의 촉탁으로 하여야 한다.

해설 ② 불법하게 말소된 것을 이유로 한 **제한물권등기**(근저당권설정등기)의 **회복등기 청구**는 그 등기 **말소 당시의 소유자**를 상대로 하여야 한다. 즉 위 **회복등기의 등기의무자**는 말소 당시의 소유자이다(예규 제137호). **제한물권의 등기**가 **말소**된 후에 새로운 **소유권이전등기**가 있는 경우에 말소 당시의 소유자와 현 소유자 중 누가 등기의무자가 되는지에 관하여 판례는 **말소 당시 소유명의인만이 등기의무자적격**이 있고 **현 소유명의인은 등기상 이해관계인**에 불과하다고 한다(대판 1969.3.18, 68다1617, 「부동산등기실무Ⅱ」 p.103). 따라서 **회복등기의 등기의무자**는 甲, 등기권리자는 乙, 등기상 이해관계인은 丙이 된다.

③ 1) 어떤 등기가 **부적법 말소**되고 회복되기 전에 그 등기와 **양립 불가능한 등기**가 새로이 마쳐진 경우 그 등기는 **회복의 전제로서 말소되어야 할** 것이므로 그 등기의 명의인은 **등기상 이해관계 있는 제3자가 아니다**(대판 1982.1.26, 81다2329 · 2330). 이는 주로 소유권이전등기가 부적법 말소된 후에 제3자 앞으로 소유권이전등기가 경료된 경우에 문제된다. 예컨대 **갑에서 을에게로의 소유권이전등기가 부적법 말소**된 후 **갑에서 병으로 소유권이전등기가 마쳐진 경우** 을 명의의 소유권이전등기를 말소회복함에 있어서 **병은 이해관계인이 아니다.** 을 명의의 등기와 병 명의의 등기는 양립할 수 없기 때문이다. 이 경우 을이 자기 명의의 소유권이전등기를 회복하기 위해서는 먼저 병 명의의 **소유권이전등기를 말소하여야만** 한다.

2) 마찬가지로, 전세권이 불법 말소된 후에 제3자 명의의 전세권설정등기가 마쳐진 경우와 같이 회복 대상 등기와 새로 마쳐진 등기가 서로 **양립 불가능한 용익물권**인 경우에도 마찬가지이다.

④ 1) 말소등기가 당사자의 **신청**에 의하여 이루어진 경우에는 그 회복등기도 당사자의 **신청**에 의하고, 집행법원 등의 촉탁에 의한 경우에는 **촉탁**에 의하여야 한다. 또 등기관의 **직권**으로 행하여진 경우에는 그 회복등기도 **직권**으로 하여야 한다(「부동산등기실무Ⅱ」 p.103).

2) 주택임대차보호법상의 임차권등기명령에 의하여 주택임차권등기가 경료되어 있는 주거용 건물에 대한 체납압류재산의 공매절차에서 대행기관인 **한국자산관리공사**가 그 부동산을

정답 ○─ 08 ④ 09 ②

매각한 후 착오로 소멸되지 않는 위 주택임차권등기에 대한 말소등기를 촉탁하여 등기관이 그 등기를 말소한 경우, 말소된 위 주택임차권등기의 회복등기는 한국자산관리공사의 촉탁으로 하여야 하는바, 이 경우 등기상 이해관계가 있는 제3자가 있는 때에는 그 승낙서 또는 이에 대항할 수 있는 재판의 등본을 첨부하여야 한다(선례 제7-385호).

10 말소회복등기에 관한 다음 설명 중 가장 옳지 않은 것은? ▶2014년 법무사

① 부적법하게 말소된 근저당권설정등기의 회복등기신청에서 회복등기의무자는 그 등기말소 당시의 소유자가 아니라 제3취득자인 회복등기 시의 소유자이다.

② 어떤 이유이건 당사자가 자발적으로 말소등기를 한 경우에는 소로써 말소회복등기를 구할 수 없다.

③ 말소회복등기를 신청하는 경우에 등기상 이해관계 있는 제3자에 해당하는지 여부는 회복등기 시를 기준으로 판단하여야 한다.

④ 등기가 원인 없이 말소된 경우 그 말소등기를 회복함에 있어 등기상 이해관계 있는 제3자는 그의 선의·악의를 묻지 아니하고 승낙의무를 부담한다.

⑤ 어떤 등기가 말소되고 회복되기 전에 그 등기와 양립불가능한 등기가 새로이 마쳐진 경우, 그 새로운 등기의 명의인은 등기상 이해관계 있는 제3자가 아니다.

해설 ① 불법하게 말소된 것을 이유로 한 제한물권등기(근저당권설정등기)의 회복등기 청구는 그 등기 말소 당시의 소유자를 상대로 하여야 한다. 즉 위 회복등기의 등기의무자는 말소 당시의 소유자이다(예규 제137호). 제한물권의 등기가 말소된 후에 새로운 소유권이전등기가 있는 경우에 말소 당시의 소유자와 현 소유자 중 누가 등기의무자가 되는지에 관하여 판례는 말소 당시 소유명의인만이 등기의무자적격이 있고 현 소유명의인은 등기상 이해관계인에 불과하다고 한다(대판 1969.3.18, 68다1617, 「부동산등기실무Ⅱ」 p.103).

⑤ 어떤 등기가 부적법 말소되고 회복되기 전에 그 등기와 양립 불가능한 등기가 새로이 마쳐진 경우 그 등기는 회복의 전제로서 말소되어야 할 것이므로 그 등기의 명의인은 등기상 이해관계 있는 제3자가 아니다(대판 1982.1.26, 81다2329·2330).

11 甲으로부터 乙 명의로 소유명의가 이전된 후 乙 명의의 소유권이전등기가 부적법하게 말소되었고 이어서 甲을 등기의무자로 하는 丙 명의의 근저당권설정등기와 丁 명의로의 소유권이전등기가 마쳐진 경우, 乙이 자신 명의의 소유권이전등기를 회복하려고 한다. 다음 설명 중 가장 옳지 않은 것은? ▶2022년 법원사무관

① 乙 명의의 소유권이전등기가 부적법 말소된 이유는 실체적 이유에 기한 것이든 절차적 하자에 기한 것이든 가리지 않는다.

② 丙은 乙 명의의 소유권이전등기 말소회복등기에 대해 등기상 이해관계 있는 제3자에 해당하므로 말소회복에 대한 丙의 승낙이 있음을 증명하는 정보가 첨부정보로 제공되지 않으면 등기관은 말소회복등기를 실행할 수 없다.

③ 등기관이 말소회복등기의 요건이 충족되어 乙 명의의 소유권이전등기의 회복등기를 실행할 때 丙 명의의 근저당권등기를 직권으로 말소해서는 안 된다.

④ 丁은 乙 명의의 소유권이전등기의 말소회복등기에 대한 등기상 이해관계 있는 제3자에 해당하지 않지만, 乙 명의의 소유권이전등기의 회복등기를 실행하기 위해서는 선행하여 말소되어야 한다.

해설 ③ 1. **甲 소유 부동산**에 관하여 **乙 명의로 소유권이전등기**가 경료되었으나, **乙 명의의 소유권이전등기가 부적법하게 말소**되고 **丙 명의의 근저당권등기**가 경료된 후, **乙이 甲을 상대로 소유권말소회복등기의 소를 제기**하여 위 말소된 소유권이전등기의 회복등기절차의 이행을 명하는 확정판결을 받은 경우 乙은 위 확정판결을 첨부하여 乙 명의의 소유권이전등기의 말소회복등기를 단독으로 신청할 수 있다.

2. 다만, **丙은 회복등기에 있어서 등기상 이해관계인에 해당**하므로 **丙의 승낙서**(또는 丙을 상대로 받은 회복등기에 대한 승낙의 의사표시를 갈음하는 확정판결)를 첨부하여야 하며, 이 경우 丙 명의의 **근저당권설정등기**는 **직권으로 말소**된다(선례 제7-387호, 제201911-1호).

3. 丙의 근저당권설정등기를 직권말소하는 이유는 **丙의 승낙은 자신의 불이익(말소)을 감수하겠다는 의미**이며, **회복등기권리자(乙)가 근저당권자인 丙의 승낙을 받았음에도 근저당권자의 등기를 부담하면서까지 회복등기를 할 이유가 없기 때문**이다.

① 말소회복등기는 부적법하게 말소된 등기의 회복을 목적으로 한다. 여기서 부적법 말소란 그 원인이 **실체적**(말소등기 원인의 부존재, 무효·취소)·**절차적**(말소사유가 없음에도 등기관이 잘못 말소한 경우) 사유이던 **불문**하고 말소등기가 무효인 경우를 말한다(대판 1993.3.9, 92다39877).

② 위 ③ 해설 참조

④ 1. 어떤 등기가 **부적법 말소**되고 회복되기 전에 그 등기와 **양립 불가능한 등기**가 새로이 마쳐진 경우 그 등기는 **회복의 전제로서 말소되어야 할 것**이므로 그 등기의 명의인은 **등기상 이해관계 있는 제3자가 아니다**(대판 1982.1.26, 81다2329·2330). 이는 주로 소유권이전등기가 부적법 말소된 후에 제3자 앞으로 소유권이전등기가 경료된 경우에 문제된다. 예컨대 갑에서 을에게로의 **소유권이전등기가 부적법 말소**된 후 갑에서 병으로 **소유권이전등기**가 마쳐진 경우 **을 명의의 소유권이전등기를 말소회복함에 있어서 병은 이해관계인이 아니다**. 을 명의의 등기와 병 명의의 등기는 양립할 수 없기 때문이다. 이 경우 을이 자기 명의의 소유권이전등기를 회복하기 위해서는 먼저 병 명의의 소유권이전등기를 말소하여야만 한다.

2. 마찬가지로, 전세권이 불법 말소된 후에 제3자 명의의 전세권설정등기가 마쳐진 경우와 같이 회복 대상 등기와 새로 마쳐진 등기가 서로 양립 불가능한 용익물권인 경우에도 마찬가지이다.

3. 그러나 저당권이나 지상권 등의 제한물권이 부적법하게 말소된 후 제3자에게 소유권이전등기가 경료된 경우 제한물권의 등기와 소유권이전등기는 양립 가능하므로 현 소유명의인은 등기상 이해관계 있는 제3자로 보게 된다(「부동산등기실무 II」 p.100).

정답 ○━ 10 ① 11 ③

✦ 종합문제

01 **다음 중 토지 등기기록의 표제부에 기록할 사항이 아닌 것은?** ▸ 2020년 법무사

① 접수연월일   ② 접수번호

③ 소재와 지번   ④ 지목

⑤ 면적

해설 ② 등기관은 **토지 등기기록의 표제부**에 1. **표시번호**, 2. **접수연월일**, 3. **소재와 지번**, 4. **지목**, 5. **면적**, 6. **등기원인**을 기록하여야 한다(법 제34조). 그러나 **접수번호를 기록할 필요는 없다.**

02 **부동산 표시에 관한 등기와 관련한 다음 설명 중 가장 옳지 않은 것은?** ▸ 2017년 법무사

① 등기관은 신청에 따라 부동산 표시에 관한 등기를 하는 경우 토지나 건물 등기기록의 표제부에 접수연월일은 기록하지 아니한다.

② 토지의 분할, 합병이 있는 경우와 그 등기기록 표제부의 등기사항에 변경이 있는 경우에는 그 토지 소유권의 등기명의인은 그 사실이 있는 때부터 1개월 이내에 그 등기를 신청하여야 한다.

③ 甲 토지에 2017.1.1. 접수번호 제1호로 채권최고액 금1,000만원의 근저당권설정등기가 경료되고, 乙 토지에 2017.2.2. 접수번호 제1000호로 추가 근저당권설정등기가 경료되었다면 甲 토지와 乙 토지는 합필등기를 할 수 없다.

④ 등기할 건물이 구분건물인 경우에 등기관은 1동 건물의 등기기록의 표제부에는 소재와 지번, 건물명칭 및 번호 등을 기록하고 전유부분의 등기기록의 표제부에는 건물번호 등을 기록하여야 한다.

⑤ 구분건물이 아닌 甲 건물을 구분하여 甲 건물과 乙 건물로 한 경우에 등기관이 구분등기를 할 때에는 구분 후의 甲 건물과 乙 건물에 대하여 등기기록을 개설한다.

해설 ① **토지등기기록의 표제부**에는 표시번호란(🌐 **표시번호○/순위번호✕**), 접수란(🌐 **접수연월일 ○/접수번호✕**), 소재지번란 지목란 면적란 등기원인 및 기타사항란을 두고, **건물등기기록의 표제부**에는 표시번호란(🌐 **표시번호○/순위번호✕**), 접수란(🌐 **접수연월일○/접수번호✕**), 소재지번 및 건물번호란 건물내역란 등기원인 및 기타사항란을 둔다(규칙 제13조 제1항).

정답 ❍━ 01 ② 02 ①

② 토지의 분할, 합병이 있는 경우와 **제34조의 등기사항에 변경**이 있는 경우에는 **그 토지 소유권의 등기명의인**은 그 사실이 있는 때부터 1개월 이내에 그 등기를 **신청**하여야 한다(법 제34조). **건물의 분할, 구분, 합병**이 있는 경우와 **제40조의 등기사항에 변경**이 있는 경우에는 **그 건물 소유권의 등기명의인**은 그 사실이 있는 때부터 1개월 이내에 그 등기를 **신청하여야** 한다(법 제41조).

③ 1) 합필하려는 토지에 다음 각 호의 등기 외의 권리에 관한 등기가 있는 경우에는 합필의 등기를 할 수 없다(법 제37조). 즉 **아래의 각 호에 해당하는 등기가 있는 경우에는 합필등기를 할 수 있다.**

2) 합필하려는 모든 토지에 있는 등기원인 및 그 연월일과 접수번호가 **동일한 저당권**에 관한 등기(**창설적 공동저당**)

3) 갑 토지에 저당권설정등기를 한 후 동일한 채권에 대하여 을 토지에 **추가로 저당권설정등기**를 한 경우에 위 두 저당권설정등기는 등기원인 및 그 연월일과 접수번호가 동일한 저당권등기가 아니다(선례 제3-654호). 즉 법 제37조 제1항 제2호에 해당하지 않으므로 **합필등기를 할 수 없다.**

④ 등기할 건물이 구분건물인 경우에 등기관은 제1항 제3호의 소재, 지번 및 건물번호 대신 **1동 건물의 등기기록의 표제부**에는 소재와 지번, 건물명칭 및 번호를 기록하고 **전유부분의 등기기록의 표제부**에는 건물번호를 기록하여야 한다(법 제40조 제2항).

⑤ **구분건물이 아닌 갑 건물을 구분**하여 갑 건물과 을 건물로 한 경우에 등기관이 구분등기를 할 때에는 구분 후의 **갑 건물과 을 건물**에 대하여 **등기기록을 개설**하고, 각 등기기록 중 표제부에 건물의 표시와 구분으로 인하여 종전의 갑 건물의 등기기록에서 옮겨 기록한 뜻을 기록하여야 한다(규칙 제97조 제1항).

03 다음은 부동산의 표시에 관한 등기의 설명이다. 가장 옳지 않은 것은? ▸ 2017년 등기서기보

① 등기관은 토지 등기기록의 표제부에 토지의 표시로서 소재와 지번, 지목, 면적을 기록하여야 한다.

② 토지의 표시에 관한 사항을 변경하는 등기를 할 때에는 종전의 표시에 관한 등기를 말소하는 표시를 하여야 한다.

③ 구분건물로서 표시등기만 있는 건물의 경우에는 그 등기기록 표제부의 등기사항에 변경이 있더라도 신청에 의하여서는 변경등기를 할 수 없다.

④ 등기관은 같은 지번 위에 1개의 건물만 있는 경우에는 건물번호는 기록하지 아니한다.

해설 ③ 건물의 분할, 구분, 합병이 있는 경우와 **제40조(● 표제부)의 등기사항에 변경**이 있는 경우에는 **그 건물 소유권의 등기명의인**은 그 사실이 있는 때부터 1개월 이내에 그 등기를 **신청하여야** 한다. 구분건물로서 표시등기만 있는 건물에 관하여는 **제65조 각 호의 어느 하나에 해당하는 자**가 제1항의 등기를 **신청하여야** 한다(법 제41조 제1항, 제2항). 즉 구분건물로서 표시등기만 있는 건물의 경우에는 그 등기기록 표제부의 등기사항에 변경이 있더라도 신청에 의하여서는 변경등기를 할 수 있다.

① 등기관은 **토지 등기기록의 표제부**에 1. 표시번호, 2. 접수연월일, 3. 소재와 지번, 4. 지목, 5. 면적, 6. 등기원인을 기록하여야 한다(법 제34조). 그러나 **접수번호를 기록할 필요는 없다.**

② 1) 법 제34조의 **토지표시**(⊞ 소재·지번·지목·면적)에 관한 사항을 **변경**하는 등기를 할 때에는 **종전의 표시에 관한 등기를 말소하는 표시**를 하여야 한다(규칙 제73조).

2) 법 제40조의 **건물표시**(⊞ 소재·지번·건물의 종류·구조·면적 등)에 관한 사항을 **변경**하는 등기를 할 때에는 **종전의 표시에 관한 등기를 말소하는 표시**를 하여야 한다(규칙 제87조).

3) 법 제52조 및 기타법령에서 부기등기로 한다는 규정이 없는 경우는 원칙적으로 주등기로 하여야 한다(법 제52조). 따라서 위와 같은 **부동산표시변경등기**를 하는 경우에는 법 제52조의 각 호에 해당하지 않으므로 **주등기**로 하여야 한다.

④ 등기관은 건물 등기기록의 표제부에 1. 표시번호 2. 접수연월일 3. 소재, 지번 및 건물번호 (같은 지번 위에 1개의 건물만 있는 경우에는 건물번호는 기록하지 아니한다), 4. 건물의 종류, 구조와 면적, 부속건물이 있는 경우에는 부속건물의 종류, 구조와 면적도 함께 기록한다. 5. **등기원인** 등을 기록하여야 한다(법 제40조 제1항).

04 토지 또는 건물의 분할에 대한 등기에 관한 다음 설명 중 가장 옳지 않은 것은?

▸ 2016년 법무사

① 토지 또는 건물의 분할이 있는 경우에는 그 토지 또는 건물의 소유권의 등기명의인은 그 사실이 있는 때부터 1개월 이내에 그 등기를 신청하여야 한다.

② 甲 건물로부터 그 부속건물을 분할하여 이를 乙 건물로 한 경우에 등기관이 분할등기를 할 때에는 乙 건물에 관하여 등기기록을 개설하고, 그 등기기록 중 표제부에 건물의 표시와 분할로 인하여 甲 건물의 등기기록에서 옮겨 기록한 뜻을 기록하여야 한다.

③ 甲 건물로부터 그 부속건물을 분할하여 이를 乙 건물로 한 경우에는 乙 건물의 등기기록 중 해당 구에 甲 건물의 등기기록에서 소유권과 그 밖의 권리에 관한 등기를 전사한다.

④ 1필의 토지의 특정 일부에 관하여 소유권이전등기를 명하는 판결이 있었다면 토지대장상 토지를 분할함이 없이도 분필등기만을 할 수 있다.

⑤ 지적소관청은 토지 분할에 따라 토지의 표시 변경에 관한 등기를 할 필요가 있는 경우에는 지체 없이 관할 등기관서에 그 등기를 촉탁하여야 한다.

해설 ④ 1) 1필지의 토지 중 그 **물리적 일부**(특정 일부)를 특정하여 **소유권이전등기**를 명한 **판결**이 확정되어 그 판결에 따른 소유권이전등기를 신청하기 위하여는 **먼저 그 부분을 토지대장상 분할**하여 **분필등기**를 하여야 하고, 지적법상 지적분할이 불가능하다고 하여 전체면적에 대한 특정부분의 면적비율에 상응하는 공유지분의 이전등기를 신청할 수는 없을 것이다(선례 제5-382호). 즉 먼저 분필등기가 선행되어야 하며, **도면을 첨부하여 물리적 일부**에 대하여 등기할 수도 **없고**, 면적비율에 따라 **지분으로 표시**하여 소유권이전등기를 신청할 수 **없다**.

2) 1필의 토지 중 그 일부를 특정하여 소유권이전등기를 명하는 판결이 확정된 경우에는 토지대장상 그 특정부분을 분할한 다음 원고가 그 분할된 토지대장등본으로 피고를 대위하여 분필등기를 신청할 수 있다(선례 제1-562호). 이전할 특정부분에 대한 분할은 위 판결의 이행을 위하여 당연히 거치게 되는 절차로서 판결주문에 '분할하여'라는 표시가 없다는 이유로 지적공부소관청이 그 토지의 분할신청을 거부할 수는 없을 것이다(선례 제2-304호).

3) 소유권이전등기가 경료된 1필의 토지 중 특정된 일부에 관한 등기만이 원인무효인 경우에는 그 **특정부분만**에 관하여 **소유권이전등기의 말소를 명하는 판결**을 받고 그 특정부분을 **분할**하여 그에 관한 등기를 말소할 수 있을 것이다(선례 제2-410호).

4) 1필지의 토지의 특정된 일부에 대하여 소유권이전등기의 말소를 명하는 판결을 받은 등기권리자는 그 판결에 **따로 토지의 분할을 명하는 주문기재가 없더라도** 그 판결에 기하여 등기의무자를 대위하여 그 특정된 일부에 대한 분필등기절차를 마친 후 소유권이전등기를 말소할 수 있으므로 토지의 분할을 명함이 없이 1필지의 토지의 일부에 관하여 소유권이전등기의 말소를 명한 판결을 **집행불능의 판결이라 할 수 없다**(예규 제639호).

① **토지의 분할, 합병**이 있는 경우와 제34조의 등기사항에 변경이 있는 경우에는 **그 토지 소유권의 등기명의인**은 그 사실이 있는 때부터 1개월 이내에 그 등기를 **신청하여야** 한다(법 제34조). **건물의 분할, 구분, 합병**이 있는 경우와 **제40조의 등기사항에 변경**이 있는 경우에는 **그 건물 소유권의 등기명의인**은 그 사실이 있는 때부터 1개월 이내에 그 등기를 **신청하여야** 한다(법 제41조).

② 갑 건물로부터 그 부속건물을 분할하여 이를 을 건물로 한 경우에 등기관이 분할등기를 할 때에는 **을 건물**에 관하여 등기기록을 **개설**하고, 그 등기기록 중 표제부에 건물의 표시와 분할로 인하여 갑 건물의 등기기록에서 옮겨 기록한 뜻을 기록하여야 한다(규칙 제96조 제1항).

③ 갑 건물로부터 그 부속건물을 분할하여 이를 을 건물로 한 경우에 등기관이 분할등기를 할 때에는 을 건물에 관하여 등기기록을 개설하고, 그 등기기록 중 표제부에 건물의 표시와 분할로 인하여 갑 건물의 등기기록에서 옮겨 기록한 뜻을 기록하여야 한다(규칙 제96조 제1항). 이 경우 을 건물의 등기기록 중 해당 구에 갑 건물의 등기기록에서 소유권과 그 밖의 권리에 관한 등기를 전사한다(규칙 제96조 제3항, 규칙 제76조 제1항).

⑤ **지적소관청**은 제64조 제2항(➕ **지번, 지목, 면적에 이동**이 있는 경우)(신규등록은 제외한다), 제66조 제2항(➕ 지번을 새로 부여한 경우), 제82조(➕ 바다로 된 토지를 등록말소 또는 회복등록하는 경우), 제83조 제2항(➕ 도시개발사업 등의 시행지역에 있는 토지로서 그 사업시행에서 제외된 토지의 축척변경을 하는 경우), 제84조 제2항(➕ 지적공부등록사항을 직권으로 정정하는 경우) 또는 제85조 제2항(➕ 지번부여지역의 일부가 행정구역의 개편으로 다른 지번부여지역에 속하게 되어 새로이 지번을 부여하는 경우)에 따른 사유로 토지의 표시변경에 관한 등기를 할 필요가 있는 경우에는 지체 없이 관할 등기관서에 그 등기를 **촉탁하여야** 한다. 이 경우 등기촉탁은 국가가 국가를 위하여 하는 등기로 본다(공간정보의 구축 및 관리 등에 관한 법률 제89조).

제1절 │ 총설

01 부동산 표시등기에 관한 다음 설명 중 가장 옳지 않은 것은? ▸2021년 법무사

① 집합건물의 어느 한 층을 세로로 구획하여 북쪽의 전유부분을 201호로, 남쪽의 전유부분을 202호로 등기하였으나 그 후 가로로 구획하여 동쪽의 전유부분을 201호로, 서쪽의 전유부분을 202호로 변경한 경우 변경 전후의 각 전유부분의 면적이 동일하더라도 양 건물 모두 종전 건물과의 동일성을 인정할 수 없으므로 부동산표시변경등기를 할 수 없다.

② 행정구역 또는 그 명칭이 변경된 경우에 등기관은 직권으로 그 변경에 따른 부동산의 표시변경등기를 하여야 한다.

③ 토지의 분할, 합병이 있는 경우에는 그 토지 소유권의 등기명의인은 그 사실이 있는 때부터 1개월 이내에 그 등기를 신청하여야 한다.

④ 건물이 멸실된 경우에는 그 건물 소유권의 등기명의인은 그 사실이 있는 때부터 1개월 이내에 그 등기를 신청하여야 하며, 1개월 이내에 멸실등기를 신청하지 아니하여도 그 건물대지의 소유자가 건물 소유권의 등기명의인을 대위하여 그 등기를 신청할 수는 없다.

⑤ 1동의 건물에 속하는 구분건물 중 일부만에 관하여 소유권보존등기를 신청하는 경우에는 나머지 구분건물의 표시에 관한 등기를 동시에 신청하여야 한다.

해설 ④ 건물이 **멸실**된 경우에는 <u>그 건물 소유권의 등기명의인</u>은 그 사실이 있는 때부터 <u>1개월 이내</u>에 <u>그 등기를 신청하여야</u> 한다. 이 경우 제41조 제2항을 준용한다. 그 소유권의 등기명의인이 1개월 이내에 **멸실등기를 신청하지 아니하면** <u>그 건물대지의 소유자</u>가 건물 소유권의 등기명의인을 <u>대위하여 그 등기를 신청할 수 있다</u>(법 제43조 제1항, 제2항).

① **집합건물의 어느 한 층을 세로로 구획**하여 <u>북쪽의 전유부분을 201호로, 남쪽의 전유부분을 202호로</u> 등기하였으나 그 후 **가로로 구획**하여 <u>동쪽의 전유부분을 201호로, 서쪽의 전유부분을 202호로</u> 변경한 경우 변경 전후의 각 전유부분의 면적이 동일하더라도 양 건물 모두 종전 건물과의 **동일성**을 인정할 수 **없으므로** 부동산표시변경등기를 할 수 없다(선례 제200904-2호).

② 1) **행정구역 또는 그 명칭이 변경**되었을 때에는 등기기록에 기록된 행정구역 또는 그 명칭에 대하여 **변경등기가 있는 것으로 본다**(법 제31조). 위 법 규정에 따르면 행정구역 등의 변경이 있는 경우 변경등기를 할 필요가 없는 것처럼 보이지만 공시의 명확을 기하기 위하여 규칙에서는 **등기관이 직권으로** 부동산의 표시변경등기 또는 등기명의인의 주소변경등기를 **할 수 있다**고 하였고(규칙 제54조), 나아가 등기예규에서는 등기관은 직권으로 그 변경에 따른 부동산의 표시변경등기를 **하여야** 한다고 규정하고 있다.

정답 ○━ 01 ④

2) 다만 등기소의 업무사정을 고려하여 해당 부동산에 대하여 그 표시변경등기가 완료되기 전에 다른 등기의 신청이 있는 때에는 즉시 그 등기에 부수하여 표시변경등기를 하여야 한다(예규 제1433호). 행정구역 등의 변경으로 인하여 부동산의 표시 또는 등기명의인의 주소의 표시에 변경이 있는 경우 **등기관이 직권**으로 변경등기를 할 수 있을 뿐만 아니라 **등기명의인도** 변경등기를 **신청**할 수 있는데, 이때에 **등록면허세와 등기신청수수료는** 면제된다.

③ **토지의 분할, 합병이** 있는 경우와 **제34조의 등기사항에 변경**이 있는 경우에는 **그 토지 소유권의 등기명의인**은 그 사실이 있는 때부터 1개월 이내에 그 등기를 **신청하여야** 한다(법 제34조). **건물의 분할, 구분, 합병이** 있는 경우와 **제40조의 등기사항에 변경**이 있는 경우에는 **그 건물 소유권의 등기명의인**은 그 사실이 있는 때부터 **1개월 이내**에 그 등기를 **신청하여야** 한다(법 제41조).

⑤ 1동의 건물에 속하는 **구분건물 중 일부만**에 관하여 소유권보존등기를 신청하는 경우에는 나머지 **구분건물의 표시에 관한 등기를 동시에 신청하여야** 한다. 이 경우에 **구분건물의 소유자는 1동에 속하는 다른 구분건물의 소유자를 대위**하여 그 건물의 표시에 관한 등기를 신청할 수 있다(법 제46조 제1항, 제2항).

제2절 | 토지

01 토지표시의 변경등기

01 토지의 표시변경등기에 관한 다음 설명 중 가장 옳지 않은 것은? ▸ 2021년 법무사

① 등기관이 지적소관청으로부터 공간정보의 구축 및 관리 등에 관한 법률 제88조 제3항에 따라 등기기록의 토지의 표시와 지적공부가 일치하지 않는다는 통지를 받은 경우에 1개월의 기간 이내에 등기명의인으로부터 등기신청이 없을 때에는 그 통지서의 기재내용에 따른 변경의 등기를 직권으로 하여야 한다.

② 甲 토지와 乙 토지에 등기원인 및 그 연월일과 접수번호가 동일하나 甲 토지의 저당권은 토지 전부를 목적으로 하고 있고 乙 토지의 저당권은 소유의 일부 지분만을 목적으로 하고 있는 경우 甲 토지를 乙 토지에 합병하는 합필등기를 할 수 없다.

③ 甲 토지에 전세권설정등기가 마쳐져 있고 乙 토지에는 임차권설정등기가 마쳐져 있는 경우 甲 토지를 乙 토지에 합병하는 합필등기를 할 수 없다.

④ 甲 토지를 乙 토지에 합병한 경우에 등기관이 합필등기를 할 때에는 乙 토지의 등기기록 중 표제부에 합병 후의 토지의 표시와 합병으로 인하여 甲 토지의 등기기록에서 옮겨 기록한 뜻을 기록하고 종전의 표시에 관한 등기를 말소하는 표시를 하여야 한다.

⑤ 토지 표시에 관한 사항을 변경하는 등기는 주등기로 하고, 종전의 표시에 관한 사항을 말소하는 표시를 한다.

해설 ③ 1) 합필하려는 토지에 <u>다음 각 호의 등기 외의 권리에 관한 등기가 있는 경우</u>에는 합필의 등기를 할 수 없다(법 제37조). 즉 <u>아래의 각 호</u>에 해당하는 등기가 있는 경우에는 **합필등기를 할 수 있다.**

    1. **소유권·지상권·전세권·임차권** 및 **승역지에 하는 지역권**의 등기

  2) 용익권의 등기는 물리적 일부에도 성립할 수 있으므로 합필 전의 각 토지에 각각 전세권설정등기와 임차권설정등기가 마쳐진 경우라 하더라도 합필등기를 할 수 있다(법 제37조 제1항 제1호).

① 등기관이 지적소관청으로부터 「공간정보의 구축 및 관리 등에 관한 법률」 제88조 제3항의 통지(등기부의 토지의 표시와 지적공부가 일치하지 아니한다는 통지)를 받은 경우에 제35조의 기간(🕐 1개월) 이내에 등기명의인으로부터 등기신청이 없을 때에는 그 통지서의 기재내용에 따른 변경의 등기를 **직권**으로 하여야 한다(법 제36조).

② 소유권의 등기명의인이 동일한 갑 토지와 을 토지의 등기기록 모두에 소유권의 등기 외에 <u>등기원인 및 그 연월일과 접수번호가 **동일한** 저당권에 관한 등기</u>만 있는 경우라도 **갑 토지의 저당권은 토지 전부를 목적**으로 하고 있으나, **을 토지의 저당권은 소유권의 일부 지분만을**

정답 ┅ 01 ③

목적으로 하고 있다면 갑 토지를 을 토지에 합병하는 합필등기를 신청할 수는 **없다**(선례 제 201904-1호).

④ 갑 토지를 을 토지에 (🔳 대장상) 합병한 경우에 등기관이 합필등기를 할 때에는 을 토지의 등기기록 중 **표제부**에 합병 후의 토지의 표시와 합병으로 인하여 갑 토지의 등기기록에서 옮겨 기록한 뜻을 기록하고 종전의 표시에 관한 등기를 말소하는 표시를 하여야 한다. 위의 절차를 마치면 갑 토지의 등기기록 중 표제부에 합병으로 인하여 을 토지의 등기기록에 옮겨 기록한 뜻을 기록하고, 갑 토지의 등기기록 중 표제부의 등기를 말소하는 표시를 한 후 그 등기기록을 **폐쇄**하여야 한다(규칙 제79조).

⑤ 1) 법 제34조의 **토지표시**(🔳 소재·지번·지목·면적)에 관한 사항을 **변경**하는 등기를 할 때에는 **종전의 표시에 관한 등기를 말소하는 표시**를 하여야 한다(규칙 제73조).

2) 법 제40조의 **건물표시**(🔳 소재·지번·건물의 종류·구조·면적 등)에 관한 사항을 **변경**하는 등기를 할 때에는 **종전의 표시에 관한 등기를 말소하는 표시**를 하여야 한다(규칙 제87조).

3) 법 제52조 및 기타법령에서 부기등기로 한다는 규정이 없는 경우는 원칙적으로 주등기로 하여야 한다(법 제52조). 따라서 위와 같은 **부동산표시변경등기**를 하는 경우에는 법 제52조의 각 호에 해당하지 않으므로 **주등기로** 하여야 한다.

02 **토지의 표시에 관한 등기에 관한 다음 설명 중 가장 옳지 않은 것은?** ▸ 2021년 등기서기보

① 토지의 분할, 합병이 있는 경우에는 그 토지 소유권의 등기명의인은 그 사실이 있는 때부터 1개월 이내에 그 등기를 신청하여야 한다.

② 1필의 토지의 일부에 지상권·전세권·임차권의 등기가 있는 경우에 분필등기를 신청할 때에는 권리가 존속할 토지의 표시에 관한 정보를 신청정보의 내용으로 등기소에 제공하고, 이에 관한 권리자의 확인이 있음을 증명하는 정보를 첨부정보로서 등기소에 제공하여야 한다.

③ 합필하려는 모든 토지에 있는 등기원인 및 그 연월일과 접수번호가 동일한 저당권에 관한 등기가 있는 경우에도 합필의 등기를 할 수 없다.

④ 토지의 분할, 합병 등 토지의 표시변경등기를 신청하는 경우에는 그 토지의 변경 전과 변경 후의 표시에 관한 정보를 신청정보의 내용으로 등기소에 제공하여야 한다.

해설 ③ **합필**하려는 토지에 다음 각 호의 등기 외의 권리에 관한 등기가 있는 경우에는 합필의 등기를 할 수 없다(법 제37조). 즉 **아래의 각 호에** 해당하는 등기가 있는 경우에는 **합필등기를 할 수 있다.**

2. 합필하려는 모든 토지에 있는 등기원인 및 그 연월일과 접수번호가 **동일한 저당권**에 관한 등기(**창설적 공동저당**)

① **토지의 분할, 합병**이 있는 경우와 제34조의 등기사항에 변경이 있는 경우에는 **그 토지 소유권의 등기명의인**은 그 사실이 있는 때부터 1개월 이내에 그 등기를 **신청하여야** 한다(법 제34조). 건물의 분할, 구분, 합병이 있는 경우와 제40조의 등기사항에 변경이 있는 경우에는 **그 건물 소유권의 등기명의인**은 그 사실이 있는 때부터 1개월 이내에 그 등기를 **신청하여야** 한다(법 제41조).

② 1필의 토지의 일부에 지상권·전세권·임차권이나 승역지(承役地 : 편익제공지)의 일부에 관하여 하는 지역권의 등기가 있는 경우에 분필등기를 신청할 때에는 권리가 존속할 토지의 표시에 관한 정보를 신청정보의 내용으로 등기소에 제공하고, 이에 관한 **권리자의 확인이 있음을 증명하는 정보**를 첨부정보로서 등기소에 제공하여야 한다. 이 경우 그 권리가 토지의 일부에 존속할 때에는 그 토지부분에 관한 정보도 신청정보의 내용으로 등기소에 제공하고, 그 부분을 표시한 **지적도**를 첨부정보로서 등기소에 제공하여야 한다(규칙 제74조).

④ 법 제35조에 따라 토지의 표시변경등기를 신청하는 경우에는 그 토지의 **변경 전과 변경 후의 표시에 관한 정보**를 신청정보의 내용으로 등기소에 제공하여야 한다. 이 경우에는 그 변경을 증명하는 **토지대장 정보나 임야대장 정보**를 첨부정보로서 등기소에 제공하여야 한다(규칙 제72조 제1항, 제2항).

03 토지의 표시변경등기에 관한 다음 설명 중 가장 옳지 않은 것은? ▸ 2017년 등기주사보

① 토지의 표시사항이 변경된 경우 소유권의 등기명의인은 그 사실이 있는 때부터 1개월 이내에 토지 표시의 변경등기를 신청하여야 한다.

② 행정구역 등의 변경이 있는 경우 등기관은 직권으로 변경등기를 하여야 한다.

③ 등기기록에 기록된 토지의 표시가 지적공부와 일치하지 아니하여 지적소관청으로부터 그 사실의 통지를 받은 등기관은 소유권의 등기명의인으로부터 1개월 이내에 등기신청이 없을 때에는 직권으로 통지서의 기재내용에 따라 변경등기를 한다.

④ 토지 표시에 관한 사항을 변경하는 등기는 부기등기로 하고, 종전의 표시에 관한 등기를 말소하는 표시를 한다.

해설 ④ 1) 법 제34조의 **토지표시**(➊ 소재·지번·지목·면적)에 관한 사항을 **변경**하는 등기를 할 때에는 **종전의 표시에 관한 등기를 말소하는 표시를** 하여야 한다(규칙 제73조).

2) 법 제40조의 **건물표시**(➊ 소재·지번·건물의 종류·구조·면적 등)에 관한 사항을 **변경**하는 등기를 할 때에는 **종전의 표시에 관한 등기를 말소하는** 표시를 하여야 한다(규칙 제87조).

3) 법 제52조 및 기타법령에서 부기등기로 한다는 규정이 없는 경우는 원칙적으로 주등기로 하여야 한다(법 제52조). 따라서 위와 같은 **부동산표시변경등기**를 하는 경우에는 법 제52조의 각 호에 해당하지 않으므로 **주등기**로 하여야 한다.

① **토지의 분할, 합병**이 있는 경우와 **제34조의 등기사항에 변경**이 있는 경우에는 **그 토지 소유권의 등기명의인**은 그 사실이 있는 때부터 1개월 이내에 그 등기를 **신청하여야** 한다(법 제34조). **건물의 분할, 구분, 합병**이 있는 경우와 **제40조의 등기사항에 변경**이 있는 경우에는 **그 건물 소유권의 등기명의인**은 그 사실이 있는 때부터 1개월 이내에 그 등기를 **신청**하여야 한다(법 제41조).

③ 등기관이 지적소관청으로부터 「공간정보의 구축 및 관리 등에 관한 법률」 제88조 제3항의 통지(등기부의 토지의 표시와 지적공부가 일치하지 아니한다는 통지)를 받은 경우에 제35조의 기간(➊ 1개월) 이내에 등기명의인으로부터 등기신청이 없을 때에는 그 통지서의 기재내용에 따른 변경의 등기를 **직권**으로 하여야 한다(법 제36조).

정답 ☞ 02 ③ 03 ④

02 토지의 변경등기

◀01 합필

👤 관련 조문

법 제37조(합필 제한)

① 합필하려는 토지에 다음 각 호의 등기 외의 권리에 관한 등기가 있는 경우에는 합필의 등기를 할 수 없다. (즉 **아래의 각 호**에 해당하는 등기가 있는 경우에는 **합필등기를 할 수 있다.**)

  1. 소유권·지상권·전세권·임차권 및 **승역지**에 하는 지역권의 등기 (➕ **요역지 지역권×**)

  2. 합필하려는 모든 토지에 있는 등기원인 및 그 연월일과 접수번호가 동일한 저당권에 관한 등기(**창설적 공동저당**) (**추가적 공동저당×**)

  3. 합필하려는 모든 토지에 있는 제81조 제1항 각 호의 등기사항이 **동일한 신탁등기**

② 등기관이 제1항을 위반한 등기의 신청을 각하하면 지체 없이 그 사유를 **지적소관청**에 알려야 한다.

법 제38조(합필의 특례)

① 「공간정보의 구축 및 관리 등에 관한 법률」에 따른 **토지합병절차를 마친 후 합필등기를 하기 전**에 합병된 토지 중 **어느 토지**에 관하여 **소유권이전등기**가 된 경우라 하더라도 **이해관계인의 승낙**이 있으면 해당 토지의 소유권의 등기명의인들은 합필 후의 토지를 **공유**로 하는 합필등기를 신청할 수 있다.

② 「공간정보의 구축 및 관리 등에 관한 법률」에 따른 **토지합병절차를 마친 후 합필등기를 하기 전**에 합병된 토지 중 **어느 토지**에 관하여 **제37조 제1항에서 정한 합필등기의 제한 사유에 해당하는 권리에 관한 등기**가 된 경우라 하더라도 **이해관계인의 승낙**이 있으면 해당 토지의 소유권의 등기명의인은 그 권리의 목적물을 합필 후의 토지에 관한 **지분**으로 하는 합필등기를 신청할 수 있다. 다만, 요역지(要役地: 편익필요지)에 하는 지역권의 등기가 있는 경우에는 합필 후의 **토지 전체를 위한 지역권으로** 하는 합필등기를 신청하여야 한다.

01 토지 분필·합필등기에 관한 다음 설명 중 가장 옳지 않은 것은? ▸2023년 등기서기보

① 1필의 토지의 일부에 지상권·전세권·임차권이나 승역지의 일부에 관하여 하는 지역 권의 등기가 있는 경우에 분필등기를 신청할 때에는 권리가 존속할 토지의 표시에 관 한 정보를 신청정보의 내용으로 등기소에 제공하고, 이에 관한 권리자의 확인이 있음 을 증명하는 정보를 첨부정보로서 등기소에 제공하여야 한다.

② 합필하고자 하는 甲 토지와 乙 토지에 등기원인 및 그 연월일과 접수번호가 동일한 저 당권등기가 있는 경우에는 합필등기를 할 수 있다.

③ 공간정보의 구축 및 관리 등에 관한 법률에 따른 토지합병절차를 마친 후 합필등기를 하기 전에 합병된 토지 중 어느 토지에 관하여 소유권이전등기가 된 경우라 하더라도 이해관계인의 승낙이 있으면 해당 토지의 소유권의 등기명의인들은 합필 후의 토지를 공유로 하는 합필등기를 신청할 수 있다.

④ 甲 토지에 일부 범위를 목적으로 하는 지상권설정등기가 마쳐져 있고 乙 토지에는 전세 권설정등기가 마쳐져 있는 경우 甲 토지를 乙 토지에 합병하는 합필등기를 할 수 없다.

해설 ④ **용익권의 등기는 물리적 일부에도 성립할 수 있으므로** 합필 전의 각 토지에 **일부 범위를 목 적으로 하는** 지상권설정등기와 **토지 전부를 목적으로 하는** 전세권설정등기가 마쳐진 경우라 하더라도 **합필등기를 할 수 있다**(법 제37조 제1항 제1호).

① 1필의 토지의 일부에 지상권·전세권·임차권이나 승역지(承役地 : 편익제공지)의 일부에 관하여 하는 지역권의 등기가 있는 경우에 분필등기를 신청할 때에는 권리가 존속할 토지의 표시에 관한 정보를 신청정보의 내용으로 등기소에 제공하고, 이에 관한 권리자의 확인이 있 음을 증명하는 정보를 첨부정보로서 등기소에 제공하여야 한다. 이 경우 그 권리가 토지의 일부에 존속할 때에는 그 토지부분에 관한 정보도 신청정보의 내용으로 등기소에 제공하고, 그 부분을 표시한 지적도를 첨부정보로서 등기소에 제공하여야 한다(규칙 제74조).

② 1. 합필하려는 모든 토지에 있는 등기원인 및 그 연월일과 접수번호가 동일한 저당권에 관한 등기(창설적 공동저당)가 있는 경우에는 합필등기를 할 수 있다.

   2. 갑 토지에 저당권설정등기를 한 후 동일한 채권에 대하여 을 토지에 추가로 저당권설정등 기를 한 경우에 위 두 저당권설정등기는 등기원인 및 그 연월일과 접수번호가 동일한 저 당권등기가 아니다(선례 제3–654호). 즉 법 제37조 제1항 제2호에 해당하지 않으므로 합 필등기를 할 수 없다.

③ 「공간정보의 구축 및 관리 등에 관한 법률」에 따른 토지합병절차를 마친 후 합필등기를 하기 전에 합병된 토지 중 어느 토지에 관하여 소유권이전등기가 된 경우라 하더라도 이해관계인 의 승낙이 있으면 해당 토지의 소유권의 등기명의인들은 합필 후의 토지를 공유로 하는 합필 등기를 신청할 수 있다(법 제38조 제1항).

02 토지의 합필등기에 관한 다음 설명 중 가장 옳지 않은 것은? ▸ 2020년 등기서기보

① 「건축법」제11조에 따른 건축허가를 받아 건설하는 건축물로서 「건축물의 분양에 관한 법률」에 따라 공급하는 경우에는 그 건설 대지에 신탁등기가 마쳐진 경우라도 신탁목적이 동일하고 다른 합필제한사유가 없다면 그 토지에 대한 합필등기를 신청할 수 있다.

② 토지 등기기록에 요역지지역권의 등기가 있다면 그 토지에 대한 합필의 등기를 신청할 수 없는 바, 이는 요역지지역권의 등기가 모든 토지의 등기기록에 있고 그 등기사항이 모두 동일하더라도 마찬가지이다.

③ 소유권의 등기명의인이 동일한 甲 토지와 乙 토지의 등기기록 모두에 소유권의 등기 외에 등기원인 및 그 연월일과 접수번호가 동일한 저당권에 관한 등기만 있는 경우라도 甲 토지의 저당권은 토지 전부를 목적으로 하고 있으나, 乙 토지의 저당권은 소유권의 일부 지분만을 목적으로 하고 있다면 甲 토지를 乙 토지에 합병하는 합필등기를 신청할 수 없다.

④ 甲 토지에 저당권설정등기가 마쳐지고 후에 동일한 채권에 대하여 乙 토지에 추가로 저당권설정등기가 마쳐져 있을 뿐 甲 토지와 乙 토지 모두에 소유권등기 외의 다른 권리에 관한 등기가 없다면 甲 토지를 乙 토지에 합병하는 합필등기를 신청할 수 있다.

해설 ④ 갑 토지에 저당권설정등기를 한 후 동일한 채권에 대하여 을 토지에 **추가로 저당권설정등기**를 한 경우에 위 두 저당권설정등기는 등기원인 및 그 연월일과 접수번호가 동일한 저당권등기가 아니다(선례 제3-654호). 즉 법 제37조 제1항 제2호에 해당하지 않으므로 **합필등기를 할 수 없다**(법 제37조 제1항 제2호 반대해석).

① 「건축법」제11조에 따른 건축허가를 받아 건설하는 건축물로서 「건축물의 분양에 관한 법률」에 따라 공급하는 경우에는 그 건설 대지에 신탁등기가 마쳐진 경우라도 **신탁목적이 동일**하고 다른 합필제한사유가 없다면 그 토지에 대한 **합필등기를 신청할 수 있다**. 이 경우에는 이러한 사실을 소명하는 정보로서 「건축물의 분양에 관한 법률」제5조에 따라 허가권자로부터 발급받은 분양신고확인증을 등기소에 제공하여야 한다(선례 제201908-2호).

② 토지 등기기록에 **요역지지역권의** 등기가 있다면 그 토지에 대한 **합필의 등기를 신청할 수 없는** 바, 이는 요역지지역권의 등기가 모든 토지의 등기기록에 있고 그 등기사항이 모두 동일하더라도 마찬가지이다(선례 제201907-4호).

③ 소유권의 등기명의인이 동일한 갑 토지와 을 토지의 등기기록 모두에 소유권의 등기 외에 등기원인 및 그 연월일과 접수번호가 **동일한 저당권**에 관한 등기만 있는 경우라도 **갑 토지의 저당권은 토지 전부를 목적**으로 하고 있으나, **을 토지의 저당권은** 소유권의 일부 **지분만을 목적**으로 하고 있다면 갑 토지를 을 토지에 합병하는 **합필등기를 신청할 수는 없다**(선례 제201904-1호).

03 토지의 합필등기에 대한 다음 설명 중 가장 옳지 않은 것은? ▸ 2019년 법무사

① A 토지는 甲이 1/3, 乙이 2/3의 지분씩을, B 토지는 甲이 2/3, 乙이 1/3의 지분씩을 소유하고 있는 경우에도 합병할 수 없다.

② 공간정보의 구축 및 관리 등에 관한 법률에 따른 토지합병절차를 마친 후 합필등기를 하기 전에 합병된 토지 중 어느 토지에 관하여 소유권이전등기가 된 경우라 하더라도 이해관계인의 승낙이 있으면 해당 토지의 소유권의 등기명의인들은 합필 후의 토지를 공유로 하는 합필등기를 신청할 수 있다.

③ 공유토지분할에 관한 특례법 제14조 제5항 및 제37조 제3항의 규정에 의한 합병의 등기를 소관청이 촉탁하는 경우에는 그 합필 전 토지의 공유지분에 대하여 서로 다른 근저당권이 설정되어 있다면 그 근저당권은 분할조서의 확정에 의하여 그 공유자가 취득하는 토지부분에 집중하여 존속한다고 하더라도, 소관청은 합병의 등기를 촉탁할 수 없다.

④ 甲 토지에 저당권설정등기를 한 후 동일한 채권에 대하여 乙 토지에 추가로 저당권설정등기를 한 경우는 합필등기를 할 수 없다.

⑤ 합필 전 어느 1필의 토지를 목적으로 하였던 저당권설정등기가 합필 후 토지의 특정일부에 존속하는 것으로 등기된 상태에서, 그 저당권의 실행을 위한 임의경매신청의 기입등기를 하려면, 먼저 합필 후 토지 중 그 저당권의 목적인 토지부분을 특정하여 다시 분필등기를 하여야 한다.

해설 ③ 합필 전 토지 사이에 등기원인 등이 서로 다른 근저당권에 관한 등기가 있는 경우에는 그 합필의 등기를 할 수 없을 것이나, **공유토지분할에 관한 특례법** 제14조 제5항 및 같은 법 제37조 제3항의 규정에 의한 합병의 등기를 소관청이 촉탁하는 경우에는 그 합필 전 토지의 공유지분에 대하여 서로 다른 근저당권이 설정되어 있더라도 그 근저당권은 분할조서의 확정에 의하여 그 공유자가 취득하는 토지부분에 집중하여 존속하는 것이므로 소관청은 **합병의 등기를 촉탁할 수 있다**(선례 제4–814호).

① 1. 합병하려는 토지의 지번부여지역, 지목 또는 **소유자가 서로 다른 경우**(소유자별 공유지분이 다른 경우 및 토지 소유자의 주소가 서로 다른 경우 포함)에는 합병신청을 할 수 없다(공간정보의 구축 및 관리 등에 관한 법률 제80조).

　　다만, 주소가 다른 경우에 해당하는 경우라도 접수받은 지적소관청이 「전자정부법」 제36조 제1항에 따른 **행정정보의 공동이용**을 통하여 다음 각 목의 사항을 **확인**(신청인이 주민등록표 초본 확인에 동의하지 않는 경우에는 해당 자료를 첨부하도록 하여 확인)한 결과 **토지 소유자가 동일인임을 확인할 수 있는 경우**는 제외한다(동법 시행령 제66조).

　　가. 토지등기사항증명서

　　나. 법인등기사항증명서(신청인이 법인인 경우만 해당한다)

　　다. 주민등록표 초본　(신청인이 개인인 경우만 해당한다)

2. 토지 소유자의 주소가 다른 경우 합필을 제한하는 것은 각 필지의 소유자가 동일인인지 여부를 확인할 수 없기 때문인바, 소유자의 이름은 동일하나 주소가 다른 경우에 아무런 확인없이 합필을 허용한다면 동명이인인 경우 소유자가 다른 토지에 대하여 합필을 하게 되는 결과를 초래할 우려가 있기 때문이다.

3. 토지의 **소유자별 공유지분이 상이한 경우** 합필을 허용하는 것은 **불가능하다.** 즉, 2인이 두 필의 토지를 공유하고 있고, 각 토지별 지분비율이 상이한 경우(예를 들어 30㎡인 A토지는 갑이 1/3, 을이 2/3의 지분씩을, 60㎡인 B토지는 갑이 2/3, 을이 1/3의 지분씩을 소유하고 있는 경우) 합필을 허용한다면, 그 방법으로는 합필 전의 각 필의 토지에 상응하는 부분들에 대하여 각각 상이한 비율의 지분을 가지게 하거나, 합필 후의 토지에 대하여 합필 전의 각 필의 토지지분의 합을 가지게 하는 방법(위의 예에서 합필 후 90㎡인 C토지에 대하여 갑이 5/9, 을이 4/9의 지분을 가짐)이 있을 것이다(선례 제6-394호).

② 법 제38조 제1항

④ 법 제37조 제1항 제2호 반대해석

⑤ 합필 전 어느 1필의 토지를 목적으로 하였던 **저당권설정등기**가 합필 후 토지의 **특정일부에 존속하는 것으로(❗ 잘못) 등기**된 상태에서, 그 저당권의 실행을 위한 **임의경매신청의 기입등기를 하기 위하여는**, 먼저 합필 후 토지 중 그 저당권의 목적인 토지부분을 특정하여 다시 **분필등기를 하여야 한다**(선례 제2-604호).

04 토지의 분필·합필등기에 관한 다음 설명 중 가장 옳지 않은 것은? ▸ 2019년 법원사무관

① 법률에 따른 분할절차를 거치지 아니하고 분필등기가 실행되었다면 분필의 효과가 발생할 수 없으므로 이러한 분필등기는 1부동산 1등기용지의 원칙에 반하는 등기로서 무효이다.

② 합필되는 모든 토지에 대하여 등기원인 및 그 연월일과 접수번호가 동일한 저당권에 관한 등기가 있는 경우에는 합필등기가 가능하다.

③ 공간정보의 구축 및 관리 등에 관한 법률에 따른 토지합병절차를 마친 후 합필등기를 하기 전에 합병된 토지 중 어느 토지에 관하여 소유권이전등기가 된 경우에는 이해관계인의 승낙이 있어도 해당 토지의 소유권의 등기명의인들은 합필 후의 토지를 공유로 하는 합필등기를 신청할 수 없다.

④ 1필지의 토지 중 특정 일부에 대한 소유권이전등기를 명한 판결을 받은 경우에 등기를 신청하기 위하여서는 그 특정부분에 대한 분필등기가 선행되어야 하며, 지분으로 표시하여 소유권이전등기를 신청할 수 없다.

해설 ③ 「공간정보의 구축 및 관리 등에 관한 법률」에 따른 **토지합병절차를 마친 후 합필등기를 하기 전**에 합병된 토지 중 **어느 토지**에 관하여 **소유권이전등기**가 된 경우라 하더라도 **이해관계인의 승낙**이 있으면 해당 토지의 소유권의 등기명의인들은 합필 후의 토지를 **공유**로 하는 **합필등기**를 신청할 수 있다(법 제38조 제1항).

① 토지등기부에는 분필등기가 되어 있더라도 **지적법상의 토지분할절차를 거치지 아니하여** 토지대장에는 **분할등록이 되어 있지 않은 경우**에는 토지분할의 효과가 발생할 수는 없는 것이므로 결국 그러한 **분필등기는 무효**라고 할 것인바, 그러한 분필등기 후에 소유권이전등기가 되어 있는 경우에 토지등기부를 토지대장과 일치시키기 위해서는 위 소유권이전등기 및 토지분필등기를 차례로 말소하여야 할 것이다(선례 제6-397호).

정답 ○━ 03 ③ 04 ③

② 법 제37조 제1항 제2호

④ 1필지의 토지 중 그 **물리적 일부(특정 일부)**를 특정하여 **소유권이전등기를 명한 판결**이 확정되어 그 판결에 따른 소유권이전등기를 신청하기 위하여는 **먼저 그 부분을 토지대장상 분할하여 분필등기**를 하여야 하고, 지적법상 지적분할이 불가능하다고 하여 전체면적에 대한 특정부분의 면적비율에 상응하는 공유지분의 이전등기를 신청할 수는 없을 것이다(선례 제5-382호). 즉 먼저 분필등기가 선행되어야 하며, **도면을 첨부하여 물리적 일부에 대하여 등기할 수도 없고**, 면적비율에 따라 지분으로 표시하여 소유권이전등기를 신청할 수 <u>없다.</u>

05 토지의 합필등기에 관한 다음 설명 중 가장 옳은 것은? ▸2018년 법무사

① 합필하고자 하는 甲과 乙 토지 중 甲 토지에 환매특약의 등기가 있는 경우에는 합필등기를 신청할 수 있다.

② 甲 토지에 저당권설정등기를 한 후 동일한 채권에 대하여 乙 토지에 추가로 저당권설정등기를 한 경우에는 합필등기를 신청할 수 있다.

③ 甲과 乙 토지에 등기원인 및 그 연월일과 접수번호가 동일한 가압류등기 또는 가처분등기가 있는 경우에는 특별한 사정이 없는 한 합필등기를 신청할 수 없다.

④ 甲과 乙 토지가 대장상 합병이 된 후에 甲 토지에 대하여 소유권이전등기가 마쳐진 경우에는 이해관계인의 승낙과 상관없이 합필등기를 신청할 수 없다.

⑤ 甲과 乙 토지가 대장상 합병이 된 후에 甲 토지에 대하여 가압류가 마쳐진 경우에는 이해관계인의 승낙과 상관없이 합필등기를 신청할 수 없다.

해설 ③ 수필의 토지에 대하여 등기원인 및 그 연월일과 접수번호가 동일한 **가등기, 예고등기, 가압류등기, 가처분등기, 경매등기, 체납처분에 의한 압류등기 등**의 등기가 있는 경우, 그 토지들은 저당권에 관한 등기에 대해서만 예외를 두고자 한 부동산등기법 제37조 제1항 제3호의 취지에 비추어 **합필될 수 없지만**, 같은 법 부칙 제2조(1991.12.14.)에 의하면 **1992.2.1. 이전에 토지대장 또는 임야대장상 이미 합필**된 경우에는 합필등기가 **가능**하도록 규정하고 있으므로, 당해 토지가 1992.2.1. 이전에 대장상 합병이 되었다면, 등기부상 어느 일방의 토지에 근저당권설정등기, 압류등기 등이 1992.2.1. 이후에 경료되었다 하더라도 그 토지에 대한 합필등기의 신청을 할 수 있다(선례 제6-398호).

① 어느 한 토지에 **예고등기, 환매특약**의 등기 등이 있는 토지에 대한 합필은 허용되지 아니한다(「부동산등기실무 Ⅱ」 p.161).

② 갑 토지에 저당권설정등기를 한 후 동일한 채권에 대하여 을 토지에 추가로 **저당권설정등기**를 한 경우에 위 두 저당권설정등기는 등기원인 및 그 연월일과 접수번호가 동일한 저당권등기가 아니다(선례 제3-654호). 즉 법 제37조 제1항 제2호에 해당하지 않으므로 **합필등기를 할 수 없다**(법 제37조 제1항 제2호 반대해석).

④ 「공간정보의 구축 및 관리 등에 관한 법률」에 따른 **토지합병절차를 마친 후 합필등기를 하기 전**에 합병된 토지 중 **어느 토지에 관하여 소유권이전등기**가 된 경우라 하더라도 **이해관계인의 승낙**이 있으면 해당 토지의 소유권의 등기명의인들은 합필 후의 토지를 **공유**로 하는 합필등기를 신청할 수 있다(법 제38조 제1항).

⑤ 「공간정보의 구축 및 관리 등에 관한 법률」에 따른 토지합병절차를 마친 후 합필등기를 하기 전에 합병된 토지 중 어느 토지에 관하여 제37조 제1항에서 정한 합필등기의 제한 사유에 해당하는 권리에 관한 등기가 된 경우라 하더라도 이해관계인의 승낙이 있으면 해당 토지의 소유권의 등기명의인은 그 권리의 목적물을 합필 후의 토지에 관한 지분으로 하는 합필등기를 신청할 수 있다. 다만, 요역지(要役地 : 편익필요지)에 하는 지역권의 등기가 있는 경우에는 합필 후의 토지 전체를 위한 지역권으로 하는 합필등기를 신청하여야 한다(법 제38조 제2항).

06 다음 중 원칙적으로 합필등기를 할 수 없는 것은? ▸ 2018년 등기주사보

① 합병하려는 토지 중 일부 토지에 지상권설정등기가 있는 경우
② 합병하려는 토지 중 일부 토지에 승역지에 대한 지역권의 등기가 있는 경우
③ 합병하려는 토지 전부에 대한 등기원인 및 그 연월일과 접수번호가 같은 저당권의 등기가 있는 경우
④ 합병하려는 토지 전부에 대한 등기원인 및 그 연월일과 접수번호가 같은 가압류의 등기가 있는 경우

해설 ④ 수필의 토지에 대하여 등기원인 및 그 연월일과 접수번호가 동일한 가등기, 예고등기, 가압류등기, 가처분등기, 경매등기, 체납처분에 의한 압류등기 등의 등기가 있는 경우, 그 토지들은 저당권에 관한 등기에 대해서만 예외를 두고자 한 부동산등기법 제37조 제1항 제3호의 취지에 비추어 합필될 수 없지만, 같은 법 부칙 제2조(1991.12.14.)에 의하면 1992.2.1. 이전에 토지대장 또는 임야대장상 이미 합필된 경우에는 합필등기가 가능하도록 규정하고 있으므로, 당해 토지가 1992.2.1. 이전에 대장상 합병이 되었다면, 등기부상 어느 일방의 토지에 근저당권설정등기, 압류등기 등이 1992.2.1. 이후에 경료되었다 하더라도 그 토지에 대한 합필등기의 신청을 할 수 있다(선례 제6-398호).

07 토지의 합필등기에 관한 다음 설명 중 가장 옳지 않은 것은? ▸ 2016년 등기서기보

① 동일한 채권을 담보하기 위한 본래의 저당권설정이 된 토지와 추가저당권설정이 된 토지는 합필등기를 할 수 없다.
② 관련 법령에 따른 토지합병절차를 마친 후 합필등기를 하기 전에 합병된 토지 중 어느 토지에 관하여 소유권이전등기가 된 경우라 하더라도, 이해관계인의 승낙이 있으면 해당 토지의 소유권의 등기명의인들은 합필 후의 토지를 공유로 하는 합필등기를 신청할 수 있다.
③ 소유자가 동일한 수필지의 토지에 각 등기원인 및 그 연월일과 접수번호가 다른 전세권의 등기가 있는 경우에는 합필등기를 할 수 없다.

정답 ○— 05 ③ 06 ④ 07 ③

④ 수필의 토지에 대하여 법원의 촉탁에 의하여 등기원인 및 그 연월일과 접수번호가 동일한 가압류등기가 이루어져 있는 경우에는 합필등기를 할 수 없다.

> **해설** ③ 용익권의 등기는 물리적 일부에도 성립할 수 있으므로 합필 전의 각 토지에 각각 전세권설정등기와 임차권설정등기가 마쳐진 경우라 하더라도 합필등기를 할 수 있다(법 제37조 제1항 제1호).
>
> ① 법 제37조 제1항 제2호 반대해석
> ② 법 제38조 제1항
> ④ 수필의 토지에 대하여 등기원인 및 그 연월일과 접수번호가 동일한 가등기, 예고등기, 가압류등기, 가처분등기, 경매등기, 체납처분에 의한 압류등기 등의 등기가 있는 경우, 그 토지들은 저당권에 관한 등기에 대해서만 예외를 두고자 한 부동산등기법 제37조 제1항 제3호의 취지에 비추어 합필될 수 없지만, 같은 법 부칙 제2조(1991.12.14.)에 의하면 1992.2.1. 이전에 토지대장 또는 임야대장상 이미 합필된 경우에는 합필등기가 가능하도록 규정하고 있으므로 당해 토지가 1992.2.1. 이전에 대장상 합병이 되었다면, 등기부상 어느 일방의 토지에 근저당권설정등기, 압류등기 등이 1992.2.1. 이후에 경료되었다 하더라도 그 토지에 대한 합필등기의 신청을 할 수 있다(선례 제6-398호).

08 토지의 합필등기와 관련된 다음 설명 중 가장 옳지 않은 것은? ▸2015년 법무사

① 토지대장상 甲·乙 토지가 공간정보의 구축 및 관리 등에 관한 법률에 의하여 합병되었으나 합필등기를 하지 아니한 채 甲 토지에 대하여 국가기관인 법원이 매각으로 인한 소유권이전등기촉탁을 하는 경우, 등기관은 등기기록상 부동산의 표시가 토지대장과 부합하지 않으므로 그 등기촉탁을 수리할 수 없다.

② 공간정보의 구축 및 관리 등에 관한 법률에 따른 토지합병절차를 마친 후 합필등기를 하기 전에 합병된 토지 중 어느 토지에 관하여 소유권이전등기가 된 경우라 하더라도 이해관계인의 승낙이 있으면 해당 토지의 소유권의 등기명의인들은 합필 후의 토지를 공유로 하는 합필등기를 신청할 수 있다.

③ 甲 토지에 근저당권설정등기를 한 후 동일한 채권에 대하여 乙 토지에 추가로 근저당권설정등기를 한 경우 위 두 토지를 합필할 수 없다. 다만, 위 두 토지가 1992.2.1. 현재 이미 토지대장상 합병되어 있는 경우라면 합필등기가 가능하다.

④ 토지 소유자의 주소가 다르거나 토지의 소유자별 공유지분이 상이한 경우 그러한 토지 사이에는 합필등기를 할 수 없다.

⑤ 甲 토지를 乙 토지에 합병한 경우 甲 토지의 등기기록 중 표제부에는 합병으로 인하여 乙 토지의 등기기록에 옮겨 기록한 뜻을 기록하고, 甲 토지의 등기기록 중 표제부의 등기를 말소하는 표시를 한 후 그 등기기록을 폐쇄하여야 한다.

> **해설** ① 1) 「부동산등기법」 제29조 제11호는 그 등기명의인이 등기신청을 하는 경우에 적용되는 규정이므로, 관공서가 등기촉탁을 하는 경우에는 등기기록과 대장상의 부동산의 표시가 부합하지 아니하더라도 그 등기촉탁을 수리하여야 한다(예규 제1625호).

2) 토지대장상 갑·을 토지가 **지적법에 의하여** 합병이 되었으나 **합필등기를 경료하지 아니한** 채 갑 토지에 대하여 국가기관인 법원이 **매각으로 인한 소유권이전등기촉탁**을 하는 경우, 등기관은 등기부상 부동산의 표시가 토지대장과 부합하지 않더라도 그 등기촉탁을 **수리하** 여야 할 것이다(⊕ **분할 및 분필의 경우도 마찬가지)**(선례 제200701-4호).

② 법 제38조 제1항

③ 법 제37조 제1항 제2호 반대해석

④ 합병하려는 토지의 지번부여지역, 지목 또는 **소유자가 서로 다른 경우**(소유자별 공유지분이 다른 경우 및 토지 소유자의 주소가 서로 다른 경우 포함)에는 **합병신청을 할 수 없다**(공간정 보의 구축 및 관리 등에 관한 법률 제80조).

다만, 주소가 다른 경우에 해당하는 경우라도 접수받은 지적소관청이 「전자정부법」 제36조 제1항에 따른 **행정정보의 공동이용**을 통하여 다음 각 목의 사항을 **확인**(신청인이 주민등록표 초본 확인에 동의하지 않는 경우에는 해당 자료를 첨부하도록 하여 확인)한 결과 **토지 소유 자가 동일인임을 확인할 수 있는 경우**는 **제외**한다(동법 시행령 제66조).

가. 토지등기사항증명서

나. 법인등기사항증명서(신청인이 법인인 경우만 해당한다)

다. 주민등록표 초본   (신청인이 개인인 경우만 해당한다)

⑤ 갑 토지를 을 토지에 (⊕ 대장상) 합병한 경우에 등기관이 합필등기를 할 때에는 **을 토지의 등기기록** 중 **표제부**에 합병 후의 토지의 표시와 합병으로 인하여 갑 토지의 등기기록에서 옮겨 기록한 뜻을 기록하고 종전의 표시에 관한 등기를 말소하는 표시를 하여야 한다. 위의 절차를 마치면 **갑 토지의 등기기록** 중 **표제부**에 합병으로 인하여 을 토지의 등기기록에 옮겨 기록한 뜻을 기록하고, 갑 토지의 등기기록 중 표제부의 등기를 말소하는 표시를 한 후 그 등기기록을 **폐쇄**하여야 한다(규칙 제79조).

---

09 **다음 중 합필등기가 가능한 경우는?**   ▸ 2012년 법무사

① 수필지의 토지에 대하여 등기원인 및 그 연월일과 접수번호가 동일한 가등기가 있는 경우

② 수필지의 토지에 대하여 동일한 채권을 담보하기 위하여 저당권이 설정된 토지와 추가 저당권이 설정된 토지가 있는 경우

③ 수필지의 토지에 대하여 등기원인 및 그 연월일과 접수번호가 다른 지상권설정등기가 있는 경우

④ 수필지의 토지의 공유자는 동일한데 그 지분이 각각 다른 경우

⑤ 수필지의 토지의 지목이 다른 경우

해설 ③ 용익권의 등기는 물리적 일부에도 성립할 수 있으므로 합필 전의 각 토지에 등기원인 및 그 연월일과 접수번호가 다른 지상권설정등기가 있는 경우라도 합필등기를 할 수 있다(법 제37 조 제1항 제1호).

정답 ⟶   08 ①   09 ③

02 분필

가. 일반

나. 공유토지분할에 관한 특례법

🔖 관련 조문

공유토지분할에 관한 특례법

제1조(목적)

이 법은 공유토지를 현재의 점유상태를 기준으로 분할할 수 있게 함으로써 토지에 대한 소유권행사와 토지의 이용에 따르는 불편을 해소하고 토지관리제도의 적정을 도모함을 목적으로 한다.

제2조(정의)

이 법에서 사용하는 용어의 뜻은 다음과 같다.

1. "지적공부"란 「공간정보의 구축 및 관리 등에 관한 법률」 제2조 제19호에 따른 지적공부를 말한다.
2. "지적소관청"이란 「공간정보의 구축 및 관리 등에 관한 법률」 제2조 제18호에 따른 지적소관청을 말한다.
3. "공유토지"란 다음 각 목의 어느 하나에 해당하는 토지를 말한다.
    가. 한 필지의 토지가 그 등기부에 2명 이상의 소유명의로 등기된 토지
    나. 「주택법」 제15조에 따른 사업계획 승인을 받아 주택과 부대시설 및 복리시설을 건설한 일단(일단)의 토지 중 「국토의 계획 및 이용에 관한 법률」 제2조 제7호의 도시·군계획시설인 도로나 그 밖에 이와 유사한 시설로 분리되어 각각 관리되고 있는 각각의 토지
4. "지적측량성과"란 지적측량을 실시하여 작성한 측량결과도, 면적측정부 및 측량부에 등재된 측량성과를 말한다.
5. "이해관계인"이란 분할대상공유토지등기부에 소유권 외의 권리를 등기한 자(압류·가압류 및 가처분의 권리자는 제외한다)를 말한다.

제3조(적용대상)

① 이 법에 따른 분할의 대상이 되는 토지는 **공유토지**(서로 인접한 여러 필지의 공유토지로서 각 필지의 공유자가 같은 토지를 포함한다. 이하 이 조에서 같다)로서 **공유자 총수의 3분의 1 이상이 그 지상에 건물을 소유하는 방법**(제3자로 하여금 건물을 소유하게 하는 경우를 포함한다)으로 **1년 이상 자기지분에 상당하는 토지부분을 특정하여 점유하고 있는 토지**로 한다.

② 이하 생략

공유토지분할에 관한 특례법 시행에 따른 등기처리규칙

제1조(목적)

이 규칙은 「공유토지분할에 관한 특례법」(법률 제11363호, 2012.5.23. 시행. 이하 "법"이라 한다) 제38조 제5항에 따른 부동산등기의 특례를 규정함을 목적으로 한다.

제2조(분할개시등기)

① 지적소관청이 분할개시등기를 촉탁할 때에는 분할개시결정서등본 또는 분할개시의 확정판결등본(또는 정본)을 첨부정보로 제공하여야 한다.

② 등기관이 분할개시등기를 마쳤을 때에는 촉탁 지적소관청에 그 사실을 지체 없이 통지하여야 한다.

③ 법 제17조에 따른 분할개시등기의 결과통지는 제2항의 통지로 이를 갈음한다.

④ 분할개시등기를 한 공유토지에 관하여 다른 등기신청이 있는 때에는 다른 각하사유가 없는 이상 이를 수리한다.

제3조(분할개시등기의 말소등기)

① 지적소관청이 분할개시등기의 말소등기를 촉탁할 때에는 분할신청의 취하서, 분할개시결정의 취소결정등본, 분할개시결정을 취소하는 확정판결등본 또는 정본, 공유자 전원의 합의서 중 하나를 첨부정보로 제공하여야 한다.

② 제2조 제2항은 분할개시등기의 말소등기를 하는 경우에 이를 준용한다.

제4조(분할등기)

① 지적소관청이 분할등기를 촉탁하는 때에는 확정된 분할조서등본 및 법 제36조에 따라 정리된 토지대장 정보 또는 임야대장 정보를 첨부정보로 제공하여야 한다.

② 제1항의 토지대장 정보 또는 임야대장 정보와 등기기록에 기록된 부동산의 표시가 서로 다를 때에는 먼저 부동산표시변경등기를 촉탁하여야 한다.

제5조(새 등기기록의 개설)

지적소관청으로부터 법 제37조 제1항에 따른 분할등기의 촉탁이 있는 경우 등기관은 분할 후 토지마다 따로 새 등기기록을 개설하고 그 표제부에 분할 후의 토지 표시를 기록한 다음, 법 제37조 제1항에 따른 분할등기의 촉탁으로 인하여 종전 등기기록으로부터 옮겨 기록한 뜻을 기록하여야 한다.

제9조(종전 등기기록의 폐쇄)

새 등기기록에 분할등기를 완료한 때에는 종전 등기기록을 폐쇄한다.

제10조(등기완료사실의 통지)

등기관이 분할등기를 마쳤을 때에는 촉탁 지적소관청에 그 사실을 지체 없이 통지하여야 한다.

📌 **관련 예규**

공유토지분할에 관한 특례법 시행에 따른 등기사무처리지침(예규 제1461호)

제1조(목적)

예규는 「공유토지분할에 관한 특례법」(이하 "특례법"이라 한다)에 따른 등기사무 처리절차에 관하여 규정함을 목적으로 한다.

제2조(분할개시등기 후 다른 등기신청)

① 특례법에 따른 분할개시결정에는 다른 등기 정지의 효력이 없으므로, 분할개시등기를 한 공유토지에 대하여 다른 등기신청이 있는 때에는 이를 수리하여야 한다.

② 제1항의 등기신청에 따라 일부 공유자가 변경된 경우에는 분할등기촉탁서에 새로운 공유자를 표시하여야 한다.

제3조(서로 인접한 공유토지에 대한 등기촉탁)
서로 인접한 여러 필지의 공유토지로서 각 필지의 공유자가 같은 일단의 토지도 특례법에 따른 분할의 대상이 되는 것이므로, 이러한 일단의 토지에 관한 분할개시등기의 촉탁이 있는 경우에는 한 필지의 공유토지의 분할 절차에 준하여 처리한다.

제4조(구분건물의 대지권에 대한 등기촉탁)
① 한 필지의 공유토지 중 그 일부 지분은 구분건물의 대지권으로서 구분건물 소유자에게, 나머지 지분은 그 밖의 자에게 속하는 경우에 그 토지에 관한 분할개시등기의 촉탁이 있는 때에는 이를 수리하여야 한다.
② 제1항에 따라 분할개시등기 또는 분할등기를 할 때에는 「집합건물의 소유 및 관리에 관한 법률」 제20조 제2항 단서에 정한 규약(분리처분가능 규약)을 제공할 필요가 없다.

제5조(분할등기촉탁)
분할등기의 촉탁은 분할대상토지의 전부에 대하여 같은 촉탁서로 하여야 한다. 「공유토지분할에 관한 특례법」 에 따른 공유토지의 분할등기는 지적소관청이 촉탁하여야 하므로, 당사자가 등기소에 직접 위 특례법에 따른 분할등기를 신청할 수는 없다(선례 제201806-3호).

제6조(등기필정보의 제공)
분할등기가 마쳐진 후 해당 토지의 소유권을 분할취득한 자가 등기의무자가 되어 그 부동산에 대하여 다른 등기를 신청할 때에는 분할 전 공유지분을 취득할 당시에 통지받은 등기필정보를 신청정보로 등기소에 제공 하여야 한다.

01 공유토지분할에 관한 특례법에 따른 등기절차에 관한 다음 설명 중 가장 옳지 않은 것은?

▸ 2019년 등기주사보

① 분할개시결정에는 다른 등기 정지의 효력이 없으므로 분할개시등기를 한 공유토지에 대하여 다른 등기신청이 있는 때에는 이를 수리하여야 한다.
② 대지권등기가 마쳐진 여러 동의 집합건물이 소재하고 있는 1필의 토지라도 그중 특정 건물이 소재하고 있는 대지부분을 다른 건물이 소재하고 있는 대지부분으로부터 분리 하는 방식으로 분할하는 것이 가능하다.
③ 공유토지분할에 관한 특례법에 따른 공유토지의 분할등기는 지적소관청이 촉탁하여야 하므로, 당사자가 등기소에 직접 위 특례법에 따른 분할등기를 신청할 수는 없다.
④ 공유토지분할에 관한 특례법에 따라 소관청이 공유토지의 분할등기를 촉탁할 때에 분할 전 토지의 일부 공유지분에 대하여 근저당권등기가 마쳐져 있는 경우에는 그 등기 명의인(근저당권자)의 승낙이 있음을 증명하는 정보를 첨부정보로서 제공하여야 한다.

해설 ④ 「공유토지분할에 관한 특례법」에 따라 소관청이 공유토지분할의 등기를 촉탁할 때 분할 전 토지의 일부 공유지분에 대하여 소유권 외의 권리에 관한 등기(예컨대 **근저당권등기**)가 경료 되어 있는 경우에도 분할등기촉탁서에 그 등기명의인(근저당권자)의 **승낙서**를 첨부하여야 하 는 것은 **아니다**(선례 제200503-1호).

① 예규 제1461호, 2
② 연접한 수필지의 공유토지로서 각 필지의 공유자가 동일한 일단의 토지도 공유토지분할에 관한 특례법에 의한 분할의 대상이 되는 것이고, 한편 대지위에 구분소유권의 목적인 건물이 속하는 1동의 건물이 있을 때에는 대지의 공유자는 그 건물의 사용에 필요한 범위 이외의 대지에 대하여 공유물분할을 청구할 수 있는 것이므로, 수동의 집합건물(예컨대, 2단지상의 집합건물)이 소재하고 있는 토지와 다른 수동의 집합건물(예컨대, 3단지상의 집합건물)이 소 재하고 있는 토지에 대하여도 공유토지분할에 관한 특례법에 의한 공유물분할이 가능할 것 이다(선례 제4-435호).
③ 예규 제1461호, 5

02 공유토지분할에 관한 특례법에 따른 등기와 관련한 다음 설명 중 가장 옳지 않은 것은?

▶ 2018년 법무사

① 특례법에 따른 분할개시결정에는 다른 등기 정지의 효력이 없으므로, 분할개시등기를 한 공유토지에 대하여 다른 등기신청이 있는 때에는 이를 수리하여야 한다.
② 분할등기의 촉탁은 분할대상토지의 전부에 대하여 같은 촉탁서로 하여야 한다.
③ 한 필지의 공유토지가 그 일부 지분은 구분건물의 대지권으로서 구분건물 소유자에게, 나머지 지분은 그 밖의 자에게 속하는 경우에는 특례법에 따른 분할을 할 수가 없다.
④ 지적소관청으로부터 분할등기의 촉탁이 있는 경우에 등기관은 분할 후 토지마다 따로 새 등기기록을 개설한다.
⑤ 분할등기가 마쳐진 후 해당 토지의 소유권을 분할 취득한 자가 등기의무자가 되어 그 부동산에 대하여 다른 등기를 신청할 때에는 분할 전 공유지분을 취득할 당시에 통지 받은 등기필정보를 신청정보로 등기소에 제공하여야 한다.

해설 ③ **한 필지의 공유토지 중 그 일부 지분은** 구분건물의 대지권으로서 구분건물 소유자에게, 나머 **지 지분은** 그 밖의 자에게 속하는 경우에 그 토지에 관한 분할개시등기의 촉탁이 있는 때에 는 이를 수리하여야 한다(예규 제1461호, 4-①).

① 예규 제1461호, 2
② 예규 제1461호, 5
④ 공유토지분할에 관한 특례법 시행에 따른 등기처리규칙 제5조
⑤ 예규 제1461호, 6

정답 ━ 01 ④ 02 ③

03 공유토지분할에 관한 특례법에 따른 등기와 관련한 다음 설명 중 가장 옳지 않은 것은?

▸ 2018년 등기주사보

① 분할개시결정에는 다른 등기를 정지하는 효력이 있으므로, 분할개시등기를 한 공유토지에 대하여 다른 등기신청이 있는 때에는 이를 각하하여야 한다.

② 분할등기의 촉탁은 분할대상토지의 전부에 대하여 같은 촉탁서로 하여야 한다.

③ 지적소관청으로부터 분할등기의 촉탁이 있는 경우 등기관은 분할 후 토지마다 따로 새 등기기록을 개설한다.

④ 새 등기기록에 분할등기를 완료한 때에는 종전 등기기록을 폐쇄한다.

> **해설** ① 공유토지분할에 관한 특례법에 따른 **분할개시결정**에는 다른 등기 정지의 효력이 없으므로, 분할개시등기를 한 공유토지에 대하여 **다른 등기신청**이 있는 때에는 이를 **수리**하여야 한다(예규 제1461호, 2-①).
>
> ② 예규 제1461호, 5
> ③ 공유토지분할에 관한 특례법 시행에 따른 등기처리규칙 제5조
> ④ 공유토지분할에 관한 특례법 시행에 따른 등기처리규칙 제9조

04 공유토지분할에 관한 특례법에 따른 등기와 관련된 다음 설명 중 가장 옳지 않은 것은?

▸ 2015년 등기서기보

① 공유토지분할에 관한 특례법에 따른 분할개시결정이 있으면 해당 토지에 대한 다른 등기가 정지된다. 따라서 분할개시등기를 한 공유토지에 대하여 다른 등기신청이 있는 때에는 이를 각하하여야 한다.

② 서로 인접한 여러 필지의 공유토지로서 각 필지의 공유자가 같은 일단의 토지도 공유토지분할에 관한 특례법에 따른 분할의 대상이 되므로 이러한 일단의 토지에 관한 분할개시등기의 촉탁이 있는 경우에는 한 필지의 공유토지의 분할절차에 준하여 처리한다.

③ 한 필지의 공유토지 중 그 일부 지분은 구분건물의 대지권으로서 구분건물 소유자에게, 나머지 지분은 그 밖의 자에게 속하는 경우에 그 토지에 관한 분할개시등기의 촉탁이 있는 때에는 이를 수리하여야 한다.

④ 분할등기가 마쳐진 후 해당 토지의 소유권을 분할취득한 자가 등기의무자가 되어 그 부동산에 대하여 다른 등기를 신청할 때에는 분할 전 공유지분을 취득할 당시에 통지받은 등기필정보를 신청정보로 등기소에 제공하여야 한다.

> **해설** ① 공유토지분할에 관한 특례법에 따른 **분할개시결정**에는 다른 등기 정지의 효력이 없으므로 분할개시등기를 한 공유토지에 대하여 **다른 등기신청**이 있는 때에는 이를 **수리**하여야 한다(예규 제1461호, 2-①).
>
> ② 예규 제1461호, 3
> ③ 예규 제1461호, 4
> ④ 예규 제1461호, 6

정답 ☞ 03 ① 04 ①

03 기타(토지개발사업)

🔲 관련 조문

토지개발 등기규칙

제1조(목적)

이 규칙은 「도시개발법」에 따른 도시개발사업, 「농어촌정비법」에 따른 농어촌정비사업, 「주택법」에 따른 주택건설사업 등 「공간정보의 구축 및 관리 등에 관한 법률」 제86조의 규정이 적용되는 토지개발사업의 시행지역에서 **환지를 수반하지 아니하는** 토지의 이동으로 인하여 **지적공부가 정리**된 경우의 부동산등기에 관한 특례를 정함을 목적으로 한다.

제2조(신청요건)

① 이 규칙에 따른 등기를 신청하기 위해서는 다음 각 호의 요건을 갖추어야 한다.
　1. 토지개발사업의 완료에 따른 지적확정측량에 의하여 **종전 토지의 지적공부가 전부 폐쇄**되고 **새로 조성된 토지**에 대하여 지적공부가 **작성**될 것
　2. 종전 토지의 **소유권**의 등기명의인이 모두 **같을 것**
　3. 종전 토지의 등기기록에 **소유권**등기 외의 권리에 관한 등기가 없을 것
② 제1항 제3호에도 불구하고 다음 각 호의 어느 하나에 해당하는 경우에는 이 규칙에 따른 등기를 신청할 수 있다.
　1. 종전 모든 토지의 등기기록에 「부동산등기법」 제81조 제1항 각 호의 등기사항이 같은 **신탁**등기가 있는 경우
　2. 종전 모든 토지의 등기기록에 「주택법」 제61조 제3항의 **금지사항 부기등기**가 있는 경우
　3. 종전 토지의 등기기록에 **지상권, 전세권, 임차권** 또는 **승역지**(승역지 : 편익제공지)에 하는 지역권의 등기가 있는 경우
　4. 종전 모든 토지의 등기기록에 등기원인 및 그 연월일과 접수번호가 **같은 저당권** 또는 **근저당권**의 등기가 있는 경우(창설적 공동저당)

제3조(신청하여야 할 등기)

① 토지개발사업의 완료에 따른 지적확정측량에 의하여 지적공부가 정리되고 이에 대한 확정시행 공고가 있는 경우 해당 토지의 **소유명의인**은 다음 각 호의 등기를 **동시에** 신청하여야 한다.
　1. **종전** 토지에 관한 **말소등기**
　2. **새로** 조성된 토지에 관한 **소유권보존**등기
② 종전 토지의 등기기록에 제2조 제2항 각 호의 어느 하나에 해당하는 등기(🔲 **신탁 · 금지사항 부기등기 · 용익권 · (근)저당권**)가 있는 경우에는 제1항에 따른 등기의 신청과 **동시에** 그 등기를 신청하여야 한다.
③ 제2항의 경우에 제2조 제2항 제1호 또는 제2호(🔲 **신탁 · 금지사항 부기등기**)에 해당하는 등기는 토지의 소유명의인이 **단독**으로 신청하고, 같은 항 **제3호** 또는 제4호(🔲 **용익권 · (근)저당권**)에 해당하는 등기는 토지의 소유명의인과 해당 권리의 등기명의인이 **공동**으로 신청한다.

제4조(신청정보의 내용과 제공방법)

① **종전** 토지에 관한 **말소등기**는 모든 토지에 대하여 **1건**의 신청정보로 **일괄**하여 신청하여야 하고, 토지개발사업의 시행으로 인하여 등기를 신청한다는 뜻을 신청정보의 내용으로 등기소에 제공하여야 한다.

② 제1항의 규정은 **새로 조성된 토지**에 관한 소유권보존등기에 준용(➕ **일괄**신청)한다.

③ 제2조 제2항 제1호 또는 제2호(➕ **신탁·금지사항 부기등기**)에 해당하는 등기는 제2항의 등기(➕ 새로 조성된 토지에 관한 **소유권보존**)와 함께 1건의 신청정보로 **일괄**하여 신청하여야 한다.

④ 제2조 제2항 **제3호 또는 제4호**(➕ **용익권·(근)저당권**)에 해당하는 등기는 제2항의 등기신청(➕ 새로 조성된 토지에 관한 **소유권보존**) 다음에 **별개의 신청정보**로 신청하여야 하며, 그 등기가 여러 개 존재하는 경우에는 각각 별개의 신청정보로 종전 토지의 등기기록에 등기된 순서에 따라 신청하여야 한다. 이 경우 **등기의무자의 등기필정보**는 신청정보의 내용으로 등기소에 제공할 필요가 **없다**.

⑤ 새로 조성된 토지의 일부에 대하여 지상권, 전세권, 임차권이나 승역지에 하는 지역권의 등기가 존속하는 경우에는 해당 권리가 존속할 부분에 관한 정보를 신청정보의 내용으로 등기소에 제공하여야 한다.

제5조(첨부정보)

① 종전 토지에 관한 말소등기 및 새로 조성된 토지에 관한 소유권보존등기를 신청하는 경우 다음 각 호의 정보를 첨부정보로서 등기소에 제공하여야 한다.

1. **종전 토지의 폐쇄된 토지대장 정보**
2. **새로 조성된 토지의 토지대장 정보**
3. 종전 토지 및 확정 토지의 각 **지번별 조서 정보**
4. **지적공부 확정시행 공고를 증명하는 정보**

② 제2조 제2항 제1호에 해당하는 등기를 신청하는 경우에는 「부동산등기법」 제81조 제1항 각 호의 사항을 첨부정보로서 등기소에 제공하여야 한다.

③ 제2조 제2항 각 호의 어느 하나에 해당하는 등기(➕ **신탁·금지사항 부기등기·용익권·(근)저당권**)를 신청하는 경우에는 **등기원인을 증명**하는 정보를 제공할 필요가 **없다**.

④ 제4조 제5항의 경우에는 그 권리가 존속하는 부분을 표시한 지적도를 첨부정보로서 등기소에 제공하여야 한다.

제6조(등기방법)

① 등기관이 종전 토지에 관한 말소등기를 하는 경우 표제부에 토지개발사업의 시행으로 인하여 등기를 하였다는 뜻을 기록하고 표제부의 등기를 말소하는 표시를 한 후 그 등기기록을 폐쇄하여야 한다.

② 등기관이 새로 조성된 토지에 관한 소유권보존등기를 하는 경우 표제부에 토지개발사업의 시행으로 인하여 등기를 하였다는 뜻을 기록하여야 한다.

③ 등기관이 새로 조성된 토지의 등기기록에 제2조 제2항 제3호 또는 제4호(➕ 용익권·(근)저당권)에 해당하는 등기를 하는 경우 그 등기가 여러 개 있을 때에는 종전 토지의 등기기록에 등기된 순서에 따라 기록하여야 한다.

제7조(등기필정보)

등기관이 제4조 제2항에 따른 소유권보존등기 및 제4조 제4항 전단에 따른 등기를 마쳤을 때에는 등기필정보를 작성하여 등기명의인이 된 신청인에게 각각 통지하여야 한다.

제8조(대법원예규에의 위임)

토지개발사업으로 인하여 지적공부가 정리된 경우의 부동산등기에 관한 특례와 관련하여 필요한 사항 중 이 규칙에서 정하고 있지 아니한 사항은 대법원예규로 정한다.

관련 예규

토지개발등기에 관한 업무처리지침[예규 제1658호]

1. 목적

이 예규는 「토지개발 등기규칙」(이하 '규칙'이라 한다)에 따른 등기신청절차에서 필요한 사항과 그 등기의 기록방법을 정함을 목적으로 한다.

2. 등기의 기록방법

가. 종전 토지에 관한 말소등기를 하는 경우

종전 토지에 관한 **말소등기**를 할 때에는 종전 토지의 등기기록 중 표제부에 접수연월일과 토지개발사업시행으로 인하여 말소한다는 뜻을 기록하고, 종전의 표시에 관한 등기를 말소하는 표시를 한 후 그 등기기록을 **폐쇄**하여야 한다.

나. 새로 조성된 토지에 관한 소유권보존등기를 하는 경우

(1) **새로 조성된 토지**에 관한 **소유권보존등기**를 할 때에는 새로 조성된 토지에 관하여 등기기록을 새로 **개설**하고, 그 등기기록 중 표제부에 표시번호, 접수연월일, 소재지번, 지목, 면적 및 토지개발사업 시행으로 인하여 등기한다는 뜻을 기록한다.

(2) 종전 토지의 등기기록에 지상권, 전세권, 임차권, 승역지에 하는 지역권, 저당권 또는 근저당권의 등기가 있어 소유권보존등기와 함께 그 등기를 신청한 경우 등기원인 및 그 연월일은 종전 토지의 등기기록에 기록된 등기원인 및 연월일을 기록한다.

3. 등기신청수수료

등기신청인은 신청하는 등기의 목적에 따라 「등기사항증명서 등 수수료규칙」 제5조의2에서 정하고 있는 소정의 수수료액을 납부하여야 하며, 수개의 부동산에 관한 등기신청을 하나의 신청정보로 일괄하여 신청하는 경우에는 신청 대상이 되는 부동산 개수를 곱한 금액을 등기신청수수료로 납부하여야 한다.

예 종전의 20필의 토지에 대한 말소등기와 새로 조성되는 5필의 토지에 대한 소유권보존등기, 신탁등기 및 그중 2필의 토지에 대하여 지상권설정등기를 신청하는 경우 : (종전 토지에 관한 말소등기 3천원 × 20) + (새로 조성된 토지에 관한 소유권보존등기 1만5천원 × 5) + (지상권 설정등기 1만5천원 × 2) = 16만5천원

※ 신탁등기는 「등기사항증명서 등 수수료규칙」 제5조의2 제2항 제9호에 따라 신청수수료를 납부하지 아니함

4. 등록면허세

규칙 제3조에 따른 등기를 신청할 때에는 「지방세법」이 정하는 바에 따라 등록면허세를 납부하여야 한다. 다만, 소유권보존등기 및 소유권 외의 물권이나 임차권의 설정등기를 신청하는 경우에도 「지방세법」 제28조 제1항 제1호 가목 및 다목이 아닌 같은 호 마목(그 밖의 등기)에 따른 세율을 적용한 등록면허세(건당 6천원)를 납부한다.

예 종전의 20필의 토지에 대한 말소등기와 새로 조성되는 5필의 토지에 대한 소유권보존등기, 신탁등기, 근저당권설정등기를 신청하는 경우 : (종전 토지에 관한 말소등기 6천원 × 20) + (새로 조성된 토지에 관한 소유권보존등기 6천원 × 5) + (신탁등기 6천원 × 5) + (근저당권설정등기 6천원 × 5) = 21만원

5. 국민주택채권 매입

규칙 제3조에 따라 <u>소유권보존등기</u>, <u>저당권설정등기</u> 또는 <u>근저당권설정등기</u>를 신청할 때에는 「주택도시기금법」 제8조에 따른 <u>국민주택채권</u>을 매입할 필요가 <u>없다</u>.

01 토지개발사업의 시행지역에서 환지를 수반하지 아니하는 토지의 이동으로 인하여 지적공부가 정리된 경우의 부동산등기에 관한 특례를 정한 토지개발 등기규칙에 관한 다음 설명 중 가장 옳지 않은 것은? ▸ 2021년 법무사

① 토지개발사업의 완료에 따른 지적확정측량에 의하여 지적공부가 정리되고 이에 대한 확정시행 공고가 있는 경우 해당 토지의 등기명의인은 종전 토지에 대한 말소등기와 새로 조성된 토지에 대한 소유권보존등기는 동시에 신청하여야 한다.

② 종전 토지에 관한 말소등기는 모든 토지에 대하여 1건의 신청정보로 일괄하여 신청하여야 하는데, 새로 조성된 토지에 관한 소유권보존등기도 모든 토지에 대하여 1건의 신청정보로 일괄하여 신청하여야 한다.

③ 종전 모든 토지의 등기기록에 등기사항이 동일한 신탁등기 또는 주택법 제61조 제3항의 금지사항 부기등기가 있는 경우에 그 등기는 새로 조성된 토지에 관한 소유권보존등기와 함께 1건의 신청정보로 일괄하여 신청하여야 한다.

④ 종전 모든 토지의 등기기록에 등기원인 및 그 연월일과 접수번호가 같은 저당권 또는 근저당권의 등기가 있는 경우에 그 등기는 새로 조성된 토지에 관한 소유권보존등기와 함께 1건의 신청정보로 일괄하여 신청하여야 한다.

⑤ 종전 토지의 등기기록에 지상권, 전세권, 임차권의 등기가 있는 경우에 그 등기는 토지의 소유명의인과 해당 권리의 등기명의인이 공동으로 신청하여야 한다.

> **해설** ④ 제2조 제2항 제3호 또는 제4호(❶ 용익권ㆍ(근)저당권)에 해당하는 등기는 제2항의 등기신청(❶ 새로 조성된 토지에 관한 소유권보존) 다음에 **별개의 신청정보로** 신청하여야 하며, 그 등기가 여러 개 존재하는 경우에는 각각 별개의 신청정보로 종전 토지의 등기기록에 등기된 순서에 따라 신청하여야 한다. 이 경우 **등기의무자의 등기필정보**는 신청정보의 내용으로 등기소에 제공할 필요가 **없다**(토지개발 등기규칙, 4-④).
>
> ① 토지개발 등기규칙, 3-①
> ② 토지개발 등기규칙, 4-①②
> ③ 토지개발 등기규칙, 4-③
> ⑤ 토지개발 등기규칙, 3-③

02 토지개발 등기규칙에 따른 등기절차에 관한 다음 설명 중 가장 옳지 않은 것은?

▶ 2019년 법무사

① 토지개발사업의 공사가 완료된 지역 내에 소유명의인을 달리하는 일부 토지가 있어 그 토지를 지적확정측량의 대상에서 제외하고 소유명의인이 동일한 나머지 토지에 대하여만 지적확정측량을 실시하여 그에 따라 지적공부가 정리된 경우, 해당 토지의 소유명의인은 지적확정측량의 대상이 된 토지만에 대하여 종전 토지에 관한 말소등기와 새로 조성된 토지에 관한 소유권보존등기를 신청할 수 있다.

② 종전 토지의 등기기록에 지상권의 등기가 있는 경우에도 해당 토지의 소유명의인은 종전 토지에 관한 말소등기와 새로 조성된 토지에 관한 소유권보존등기를 신청할 수 있는바, 이 경우에는 새로 조성된 토지에 관한 소유권보존등기신청 다음에 별개의 신청정보로 지상권설정등기를 신청하여야 한다.

③ 사업시행자가 사업지구 내의 소유권을 모두 취득한 이후, 사업지구 내 토지 중 일부 토지가 민자고속도로구역으로 지정됨에 따라 사업시행자가 그 구역을 고속도로 사업주체에 매각함으로써 사업지구 내 민자고속도로구역과 나머지 구역의 소유명의인이 상이하게 된 경우, 각 구역별로 지번별조서가 작성되고 그에 따라 지적공부가 정리된 경우라면 각 구역별 소유명의인은 각각 종전 토지에 관한 말소등기와 새로 조성된 토지에 관한 소유권보존등기를 신청할 수 있다.

④ 새로 조성된 토지에 관한 소유권보존등기, 저당권 또는 근저당권의 설정등기를 신청할 때에는 국민주택채권을 매입하여야 한다.

⑤ 종전 토지의 등기기록에 지상권, 전세권, 임차권 또는 근저당권의 등기가 있어 소유권보존등기와 함께 그 등기를 신청한 경우, 등기원인 및 그 연월일은 종전 토지의 등기기록에 기록된 등기원인 및 그 연월일을 기록한다.

해설 ④ 토지개발등기규칙 제3조에 따라 **소유권보존등기, 저당권설정등기** 또는 **근저당권설정등기**를 신청할 때에는 「주택도시기금법」 제8조에 따른 **국민주택채권**을 매입할 필요가 **없다**(예규 제1658호, 5).

① 토지개발 등기규칙, 3-①
② 토지개발 등기규칙, 4-④
③ 토지개발사업시행자 A가 토지개발사업지구 내의 소유권을 모두 취득한 이후, 사업지구 내 토지 중 **일부 토지가 민자고속도로구역**으로 지정됨에 따라 사업시행자가 그 구역을 고속도로 사업주체인 B에 매각함으로써 토지개발사업지구 내 민자고속도로구역과 나머지 구역의 **소유명의인이 상이**하게 된 경우, **각 구역별로 지번별조서가 작성**되고 그에 따라 **지적공부가 정리**된 경우라면 각 구역별 소유명의인인 A와 B는 각각 토지개발사업 완료에 따른 등기(종전 토지에 관한 등기의 말소등기와 새로이 조성된 토지에 관한 소유권보존등기)를 신청할 수 있다(선례 제201811-3호).
⑤ 예규 제1658호, 2-나-(2)

정답 ☞ 01 ④ 02 ④

03 토지개발사업에 따른 등기신청절차에 관한 다음 설명 중 가장 옳지 않은 것은?

▶ 2018년 등기주사보

① 토지개발사업시행자는 자신 소유명의의 토지 외 다른 제3자 명의의 토지에 대하여도 토지개발사업에 따른 등기를 직접 신청할 수 있다.

② 토지개발사업지역 내의 각 구역별 토지의 소유명의인이 상이한 경우라도 각 구역별로 지번별조서가 작성되고 그에 따라 지적공부가 정리된 경우라면 각 구역별로 그 소유명의인은 각각 토지개발사업에 따른 등기를 신청할 수 있다.

③ 공유지분의 합이 1이 아닌 토지에 대하여 다른 공유자 없이 유일한 소유명의인이 된 경우로서 그 토지에 대한 토지개발사업이 완료되어 종전 토지에 대한 토지대장이 말소되고 새로 조성된 토지에 대한 토지대장이 작성된 경우라면 토지개발사업에 따른 등기를 신청할 수 있다.

④ 자본시장과 금융투자업에 관한 법률에 따른 신탁업자를 수탁자로 하는 신탁등기가 모든 토지에 있는 경우에는 이 신탁등기 외에 다른 등기가 없다면 토지개발사업에 따른 등기를 신청할 수 있다.

해설 ① 토지개발 등기규칙에 따른 등기를 신청하기 위해서는 종전 토지의 **소유권의 등기명의인이 모두 같을 것**의 요건을 갖추어야 한다(토지개발 등기규칙. 2-①-2). 따라서 자신 소유명의의 토지 외 다른 제3자 명의의 토지에 대하여도 토지개발사업에 따른 등기를 직접 신청할 수 없다.

② 토지개발사업시행자 A가 토지개발사업지구 내의 소유권을 모두 취득한 이후, 사업지구 내 토지 중 일부 토지가 민자고속도로구역으로 지정됨에 따라 사업시행자가 그 구역을 고속도로 사업주체인 B에 매각함으로써 토지개발사업지구 내 민자고속도로구역과 나머지 구역의 **소유명의인이 상이**하게 된 경우. **각 구역별로 지번별조서가 작성**되고 그에 따라 **지적공부가 정리**된 경우라면 각 구역별 소유명의인인 **A와 B는 각각** 토지개발사업 완료에 따른 등기(종전 토지에 관한 등기의 말소등기와 새로이 조성된 토지에 관한 소유권보존등기)를 신청할 수 있다(선례 제201811-3호).

③ 공유지분의 합이 1을 초과하거나 1 미만인 공유토지에 대하여 갑이 그 지분 전부를 취득하여 자신 외의 다른 소유명의인이 없게 되었다면 비록 그 공유지분의 합이 1이 되지 않더라도 그 토지에 대한 토지개발사업이 완료되어 종전 토지에 대한 토지대장이 말소되고 새로 조성된 토지에 대한 토지대장이 작성된 경우에는 해당 토지의 소유명의인인 갑은 종전 토지에 대한 말소등기와 새로 조성된 토지에 대한 갑 단독 명의의 소유권보존등기를 신청할 수 있다(선례 제201802-2호).

④ 토지개발 등기규칙. 2-②-1

04 토지개발사업으로 인한 토지 이동에 따라 종전 지적공부가 폐쇄되고 새로 지적공부가 작성된 경우에 소유권의 등기명의인은 종전 토지에 관한 등기의 말소등기와 새로운 토지에 관한 소유권보존등기를 동시에 신청하여야 하는바 이때에 등기소에 반드시 제공하여야 하는 첨부정보가 아닌 것은? ▸ 2016년 법무사

① 농업기반등정비확정도 또는 도시개발정비도
② 종전 토지에 대한 폐쇄 토지대장정보
③ 새로이 조성된 토지에 대한 토지대장정보
④ 토지개발사업의 시행에 따른 종전 토지 및 확정 토지의 지번별조서
⑤ 지적공부 확정시행 공고를 증명하는 서면

해설 ① 종전 토지에 관한 말소등기 및 새로 조성된 토지에 관한 소유권보존등기를 신청하는 경우 다음 각 호의 정보를 첨부정보로서 등기소에 제공하여야 한다(토지개발 등기규칙 제5조). 농업기반등정비확정도 또는 도시개발정비도는 '농어촌정비법', '도시개발법' 등의 사업시행자가 환지계획에 따라 사업시행 전의 토지를 대신하여 사업시행 후의 새로운 토지(환지)를 교부할 때에 제공하는 첨부정보이다.
1. 종전 토지의 폐쇄된 토지대장 정보
2. 새로 조성된 토지의 토지대장 정보
3. 종전 토지 및 확정 토지의 각 지번별조서 정보
4. 지적공부 확정시행 공고를 증명하는 정보

05 토지개발사업 완료에 따른 종전 토지에 관한 등기의 말소등기와 새로운 토지에 관한 소유권보존등기의 신청절차에 관한 다음 설명 중 가장 옳지 않은 것은? ▸ 2015년 등기서기보 변경

① 종전 토지에 관한 등기의 말소등기와 새로운 토지에 관한 소유권보존등기는 동시에 신청하여야 한다.
② 종전 토지에 관한 등기의 말소등기와 새로운 토지에 관한 소유권보존등기는 소유권의 등기명의인이 신청하여야 한다.
③ 등기원인 및 그 연월일과 접수번호가 동일한 저당권에 관한 등기가 모든 토지의 등기기록에 있는 경우에도 종전 토지에 관한 등기의 말소등기와 새로운 토지에 관한 소유권보존등기를 신청할 수 없다.
④ 모든 토지의 등기기록에 주택법 제61조 제3항의 금지사항 부기등기가 있는 경우에는 새로운 토지에 관한 소유권보존등기와 함께 그 금지사항 부기등기를 1건의 신청정보로 일괄하여 신청하여야 한다.

해설 ③ 종전 모든 토지의 등기기록에 등기원인 및 그 연월일과 접수번호가 같은 저당권 또는 근저당권의 등기가 있는 경우(창설적 공동저당)에는 토지개발 등기규칙에 따른 등기를 신청할 수 있다(토지개발 등기규칙, 2-②-4).

①② 토지개발 등기규칙, 3-①
④ 토지개발 등기규칙, 4-③

정답 ➤ 03 ① 04 ① 05 ③

제3절 | 건물

01 건물표시의 변경등기

02 건물의 변경등기

01 부동산의 멸실등기에 관한 다음 설명 중 가장 옳지 않은 것은? ▸ 2023년 등기서기보

① 건물멸실등기를 신청하는 경우에 그 등기명의인의 표시에 변경 또는 경정사유가 있는 경우에는 등기명의인의 표시 변경 또는 경정등기를 생략할 수 없다.

② 멸실된 건물이 근저당권 등 제3자의 권리의 목적이 된 경우라도 멸실된 사실이 건축물대장에 기록되어 있다면 멸실등기를 신청할 때에 근저당권자 등의 승낙이 있음을 증명하는 정보를 제공할 필요가 없다.

③ 존재하지 아니하는 건물에 대한 등기가 있을 때에는 그 소유권의 등기명의인은 지체 없이 그 건물의 멸실등기를 신청하여야 한다.

④ 구분건물로서 그 건물이 속하는 1동 전부가 멸실된 경우에는 그 구분건물의 소유권의 등기명의인은 1동의 건물에 속하는 다른 구분건물의 소유권의 등기명의인을 대위하여 1동 전부에 대한 멸실등기를 신청할 수 있다.

해설 ① 건물멸실등기를 신청하는 경우에 그 **등기명의인의 표시에 변경 또는 경정사유가 있어도** 그 변경 또는 경정을 **증명하는 서면을** 첨부하여 등기명의인의 표시변경 또는 경정등기를 **생략할 수 있다**(예규 593).

② 부동산이 저당권 등 제3자의 권리의 목적이 된 경우라도 그 **멸실등기신청서에 제3자의 승낙서를** 첨부할 필요는 **없고**, 멸실등기로 인하여 폐쇄된 등기부에 기재된 **저당권의 말소는 등기할 사항이 아니다**(선례 제1-532호). 또한 저당권으로서의 효력이 존속하는 것은 아님에 주의한다.

③ **존재하지 아니하는 건물에** 대한 등기가 있을 때에는 **그 소유권의 등기명의인은** 지체 없이 그 건물의 **멸실등기를 신청하여야** 한다(법 제44조 제1항).

④ **구분건물로서** 그 건물이 속하는 **1동 전부가 멸실된** 경우에는 그 **구분건물의 소유권의 등기명의인은** 1동의 건물에 속하는 다른 구분건물의 소유권의 등기명의인을 대위하여 **1동 전부에 대한 멸실등기를 신청할** 수 있다(법 제43조 제3항).

02 건물멸실등기에 관한 다음 설명 중 가장 옳지 않은 것은? ▶ 2022년 법무사

① 등기관이 건물멸실등기를 할 때에는 등기기록 중 표제부에 멸실의 뜻과 그 원인 또는 부존재의 뜻을 기록하고 표제부의 등기를 말소하는 표시를 한 후 그 등기기록을 폐쇄하여야 하는바, 다만 멸실한 건물이 구분건물인 경우에는 그 등기기록을 폐쇄하지 아니한다.

② 멸실된 건물이 근저당권 등 제3자의 권리의 목적이 된 경우에는 멸실된 사실이 건축물대장에 기록되어 있더라도 멸실등기를 신청할 때에 근저당권자 등의 승낙이 있음을 증명하는 정보를 첨부정보로서 제공하여야 한다.

③ 건물이 멸실한 경우에 등기기록상 소유명의인의 채권자는 대위원인을 증명하는 정보와 건축물대장정보 등 멸실을 증명할 수 있는 정보를 첨부정보로서 제공하여 건물멸실등기를 대위신청할 수 있다.

④ 구분건물로서 그 건물이 속하는 1동 전부가 멸실된 경우에는 그 구분건물의 소유권의 등기명의인은 1동의 건물에 속하는 다른 구분건물의 소유권의 등기명의인을 대위하여 1동 전부에 대한 멸실등기를 신청할 수 있다.

⑤ 건물소유권의 등기명의인이 존재하지 아니하는 건물에 대하여 멸실등기를 신청하지 아니하면 건물대지의 소유자가 건물부존재증명서를 발급받아 건물소유권의 등기명의인을 대위하여 멸실등기를 신청할 수 있고, 이 경우에는 건물이 멸실된 경우와 달리 건물부존재증명서를 발급받은 지 1개월이 경과하지 않았더라도 건물대지의 소유자는 건물멸실등기를 대위신청할 수 있다.

해설 ② 부동산이 저당권 등 제3자의 권리의 목적이 된 경우라도 그 **멸실등기신청서**에 **제3자의 승낙서**를 첨부할 필요는 **없고**, 멸실등기로 인하여 폐쇄된 등기부에 기재된 **저당권의 말소는 등기할 사항이 아니다**(선례 제1-532호). 또한 저당권으로서의 효력이 존속하는 것은 아님에 주의한다.

① 등기관이 **건물의 멸실등기**를 할 때에는 등기기록 중 **표제부에 멸실의 뜻과 그 원인 또는 부존재의 뜻**을 기록하고 **표제부의 등기를 말소하는 표시**를 한 후 그 등기기록을 **폐쇄하여야** 한다. 다만, **멸실한 건물이 구분건물인 경우**(⊞ 일부 구분건물의 멸실등기를 하는 경우)에는 그 등기기록을 **폐쇄하지 아니한다**(규칙 제103조 제1항).

③ **건물이 멸실**한 경우에 등기부상 소유명의인의 **채권자**는 대위원인을 증명하는 서면과 건축물대장등본 기타 멸실을 증명할 수 있는 서면을 첨부하여 **건물 멸실등기를 대위신청**할 수 있다(선례 제200603-3호).

④ **구분건물**로서 그 건물이 속하는 **1동 전부가 멸실**된 경우에는 그 구분건물의 소유권의 등기명의인은 1동의 건물에 속하는 다른 구분건물의 소유권의 등기명의인을 대위하여 1동 전부에 대한 멸실등기를 신청할 수 있다(법 제43조 제3항).

⑤ **건물소유권의 등기명의인이 존재하지 아니하는 건물**에 대하여 **멸실등기를 신청하지 아니하**면 건물대지의 소유자가 건물부존재증명서를 발급받아 건물소유권의 등기명의인을 **대위**하여 **멸실등기를 신청할 수 있고**, 이 경우에는 건물이 멸실된 경우와 달리 건물부존재증명서를 발급받은 지 1개월이 경과하지 않았더라도 건물의 대지소유자는 건물 멸실등기를 대위하여 신청할 수 있다(선례 제201511-1호).

03 부동산의 멸실등기에 관한 다음 설명 중 가장 옳지 않은 것은? ▶ 2020년 법무사

① 건물이 멸실된 경우에는 그 건물 소유권의 등기명의인은 그 사실이 있는 때부터 1개월 이내에 그 등기를 신청하여야 하는데, 이 신청을 게을리하였을 때에는 과태료를 부과한다.

② 멸실된 건물이 근저당권 등 제3자의 권리의 목적이 된 경우라도 그 멸실등기신청정보에 제3자의 승낙서를 첨부정보로 제공할 필요가 없다.

③ 건물이 멸실된 경우 그 소유권의 등기명의인이 1개월 이내에 멸실등기를 신청하지 않은 경우에는 그 건물대지의 소유자가 건물 소유권의 등기명의인을 대위하여 그 등기를 신청할 수 있다.

④ 증축된 부분에 대한 등기가 마쳐지지 아니하여 등기기록의 건물면적과 건축물대장의 건물면적이 다소 차이가 있는 상태에서 그 건물이 멸실된 경우 등기기록상의 건물과 건축물대장상의 건축물 사이에 동일성이 인정된다면 증축된 부분에 대한 표시변경등기를 생략하고 곧바로 멸실등기를 신청할 수 있다.

⑤ 존재하지 아니하는 건물에 대한 등기가 있을 때에는 그 소유권의 등기명의인은 지체 없이 그 건물의 멸실등기를 신청하여야 한다.

해설 ① 「부동산등기법」에서는 **부동산의 표시에 변경**이 있는 경우 그 소유권의 등기명의인은 그 사실이 있는 때부터 1개월 내에 표시변경등기를 **신청하여야** 한다고 규정하고 있지만 등기촉탁 의무를 규정하고 있는 「공간정보법」, 「건축법」과 비교하여 볼 때 「부동산등기법」의 내용은 선언적 의미에 불과하다. 따라서 부동산등기법상 등기신청의무를 게을리하더라도 그에 따른 **과태료를 부과하지 않으며 과태료부과 통지도 하지 않는다**(법 제112조 과태료 규정 삭제. 규칙 제164조 과태료의 통지 규정 삭제).

② 부동산이 저당권 등 제3자의 권리의 목적이 된 경우라도 그 **멸실등기신청서에 제3자의 승낙서**를 첨부할 필요는 **없고**, 멸실등기로 인하여 폐쇄된 등기부에 기재된 **저당권의 말소는 등기할 사항이 아니다**(선례 제1-532호). 또한 저당권으로서의 효력이 존속하는 것은 아님에 주의한다.

③ 건물이 **멸실**된 경우에는 **그 건물 소유권의 등기명의인**은 그 사실이 있는 때부터 1개월 이내에 그 등기를 **신청하여야** 한다. 이 경우 제41조 제2항을 준용한다. 그 소유권의 등기명의인이 1개월 이내에 멸실등기를 신청하지 아니하면 그 건물대지의 소유자가 건물 소유권의 등기명의인을 대위하여 그 등기를 신청할 수 있다(법 제43조 제1항, 제2항).

④ 증축된 부분에 대한 등기가 경료되지 아니하여 등기부의 건물면적과 건축물대장의 건물면적이 다소 차이가 있는 상태에서 그 건물이 멸실된 경우 등기부상의 건물과 건축물대장상의 건축물 사이에 동일성이 인정된다면 **증축된 부분에 대한 표시변경등기를 경료한 후 다시 멸실등기를 신청하는 절차를 생략**하고 곧 바로 멸실등기를 신청할 수 있다(선례 제3-638호).

⑤ **존재하지 아니하는 건물**에 대한 등기가 있을 때에는 **그 소유권의 등기명의인**은 지체 없이 그 건물의 멸실등기를 **신청하여야** 한다(법 제44조 제1항).

04 건물의 멸실등기에 관한 다음 설명 중 가장 옳지 않은 것은? ▸ 2017년 등기주사보

① 등기관이 구분건물 아닌 건물의 멸실등기를 할 때에는 등기기록 중 표제부에 멸실의 뜻과 그 원인 또는 부존재의 뜻을 기록하고 표제부의 등기를 말소하는 표시를 한 후 그 등기기록을 폐쇄하여야 한다.

② 멸실된 건물이 근저당권 등 제3자의 권리의 목적이 된 경우에는 건축물대장에 건물멸실의 뜻이 기록되어 있더라도 그 멸실등기신청서에 제3자의 승낙서를 첨부하여야 한다.

③ 건물이 멸실된 경우 그 소유권의 등기명의인이 1개월 이내에 멸실등기를 신청하지 아니하면 그 건물대지의 소유자가 건물 소유권의 등기명의인을 대위하여 그 등기를 신청할 수 있다.

④ 건물의 멸실등기를 신청하는 경우에는 그 멸실이나 부존재를 증명하는 건축물대장 정보나 그 밖의 정보를 첨부정보로서 등기소에 제공하여야 한다.

해설 ② 부동산이 저당권 등 제3자의 권리의 목적이 된 경우라도 그 **멸실등기신청서**에 **제3자의 승낙서를 첨부할 필요는 없고**, 멸실등기로 인하여 폐쇄된 등기부에 기재된 **저당권의 말소는 등기할 사항이 아니다**(선례 제1-532호). 또한 저당권으로서의 효력이 존속하는 것은 아님에 주의한다.

① 등기관이 **건물의 멸실등기**를 할 때에는 등기기록 중 표제부에 멸실의 뜻과 그 원인 또는 부존재의 뜻을 기록하고 표제부의 등기를 말소하는 표시를 한 후 그 등기기록을 **폐쇄**하여야 한다. 다만, 멸실한 건물이 **구분건물**인 경우(일부 **구분건물의 멸실등기를 하는 경우**)에는 그 등기기록을 **폐쇄하지 아니한다**(규칙 제103조 제1항).

③ 건물이 **멸실**된 경우에는 **그 건물 소유권의 등기명의인**은 그 사실이 있는 때부터 **1개월 이내**에 그 등기를 **신청하여야** 한다. 이 경우 제41조 제2항을 준용한다. 그 소유권의 등기명의인이 1개월 이내에 **멸실등기를 신청하지 아니하면** 그 건물대지의 소유자가 건물 소유권의 등기명의인을 **대위**하여 그 등기를 신청할 수 있다(법 제43조 제1항, 제2항).

④ 법 제43조 및 법 제44조에 따라 건물멸실등기를 신청하는 경우에는 그 멸실이나 부존재를 증명하는 **건축물대장** 정보나 **그 밖의 정보**를 첨부정보로서 등기소에 제공하여야 한다(규칙 제102조).

정답 ➡ **03 ① 04 ②**

05 **건물의 멸실등기에 관한 다음 설명 중 가장 옳지 않은 것은?** ▸ 2017년 등기서기보

① 건물이 멸실된 경우 그 소유권의 등기명의인이 1개월 이내에 멸실등기를 신청하지 아니하면 그 건물대지의 소유자가 건물 소유권의 등기명의인을 대위하여 그 등기를 신청할 수 있다.

② 등기관이 1동의 집합건물 중 일부 구분건물의 멸실등기를 할 때에는 표제부의 등기를 말소하는 표시를 한 후 그 등기기록을 폐쇄하여야 한다.

③ 소유권 외의 권리가 등기되어 있는 건물에 대한 멸실등기의 신청이 있는 경우 첨부정보로 제공된 건축물대장에 건물멸실의 뜻이 기록되어 있으면 그 권리의 등기명의인에게 멸실등기를 한다는 뜻을 알릴 필요가 없다.

④ 존재하지 아니하는 건물에 대한 등기가 있을 때에는 그 소유권의 등기명의인은 지체 없이 그 건물의 멸실등기를 신청하여야 한다.

해설 ② 등기관이 **건물의 멸실등기**를 할 때에는 등기기록 중 표제부에 멸실의 뜻과 그 원인 또는 부존재의 뜻을 기록하고 표제부의 등기를 말소하는 표시를 한 후 그 등기기록을 폐쇄하여야 한다. 다만, 멸실한 건물이 **구분건물**인 경우(**일부 구분건물의 멸실등기를 하는 경우**)에는 그 등기기록을 폐쇄하지 아니한다(규칙 제103조 제1항).

① 건물이 **멸실**된 경우에는 그 건물 소유권의 등기명의인은 그 사실이 있는 때부터 1개월 이내에 그 등기를 신청하여야 한다. 이 경우 제41조 제2항을 준용한다. 그 소유권의 등기명의인이 1개월 이내에 **멸실등기를 신청하지 아니하면** 그 건물대지의 소유자가 건물 소유권의 등기명의인을 대위하여 그 등기를 신청할 수 있다(법 제43조 제1항, 제2항).

③ 소유권 외의 권리가 등기되어 있는 건물에 대한 멸실등기의 신청이 있는 경우에 등기관은 그 권리의 등기명의인에게 1개월 이내의 기간을 정하여 그 기간까지 이의를 진술하지 아니하면 멸실등기를 한다는 뜻을 알려야 한다. 다만, **건축물대장에 건물멸실의 뜻이 기록**되어 있거나 소유권 외의 권리의 등기명의인이 멸실등기에 동의한 경우에는 그러하지 아니하다(**통지할 필요가 없다**)(법 제45조 제1항).

정답 ➡ 05 ②

권리에 관한 등기(갑구 · 을구)

✦ 종합문제

01 소유권에 관한 등기에 대한 다음 설명 중 가장 옳지 않은 것은? ▸ 2020년 법원사무관

① 가설건축물대장에 등록된 농업용 고정식 비닐온실이 철근콘크리트 기초 위에 설치되어 있고, 경량철골구조 및 내구성 10년 이상의 내재해형 장기성 필름(비닐)에 의하여 벽면과 지붕을 구성하고 있다면 소유권보존등기를 신청할 수 있는 독립한 건물로 볼 수 있다.

② 거래부동산이 1개라 하더라도 여러 명의 매도인과 여러 명의 매수인 사이의 매매계약인 경우에는 매매목록을 첨부정보로서 등기소에 제공하여야 한다.

③ 개방형 축사가 건축물대장 생성 당시에는 연면적이 축사의 부동산등기에 관한 특례법이 요구하는 면적을 초과하지 않았으나 이후 대장상 소유권이전등록을 받은 자가 이를 증축하여 연면적이 위 법이 요구하는 면적을 초과하게 되었다면 그 개방형 축사에 대하여 대장상 소유권이전등록을 받은 자의 명의로 소유권보존등기를 신청할 수 있다.

④ A부동산을 공유하고 있는 甲과 乙이 매수인 丙과 丁에게 이를 매도한 경우 1개의 신청정보에 甲과 乙을 등기의무자로 표시하고 丙과 丁을 등기권리자로 표시하여 매매를 원인으로 한 소유권이전등기를 신청할 수 있다.

> **해설** ④ 수인의 공유자가 수인에게 지분의 전부 또는 일부를 이전하려고 하는 경우 등기신청인은 등기신청서에 등기의무자들의 각 지분 중 각 ○분의 ○ 지분이 등기권리자 중 1인에게 이전되었는지를 기재하고 신청서를 **등기권리자별로 신청서**를 작성하여 제출하거나 또는 등기의무자 1인의 지분이 등기권리자들에게 각 ○분의 ○ 지분씩 이전되었는지를 기재하고 **등기의무자별로 신청서**를 작성하여 제출하여야 한다. **한 장의 신청서(➊ 일괄신청)**에 함께 기재한 경우 등기관은 이를 수리해서는 **아니 된다**(예규 제1363호).

> ① 가설건축물대장에 등록된 **"농업용 고정식 비닐온실"**이 철근콘크리트 기초 위에 설치됨으로써 토지에 견고하게 정착되어 있고, 경량철골구조 및 내구성 10년 이상의 내재해형 장기성 필름(비닐)에 의하여 벽면과 지붕을 구성하고 있다면 독립된 건물로 볼 수 있으므로 이 건축물에 대하여 소유권보존등기를 신청할 수 있을 것이나, 구체적인 사건에서 등기할 수 있는 건물인지 여부는 담당 등기관이 판단할 사항이다(선례 제201903-8호).

정답 ↦ 01 ④

② 신고필증에 기재되어 있는 부동산이 1개라 하더라도 **수인과 수인** 사이의 매매인 경우에는 매매목록을 제출하여야 한다(예규 제1633호)(① **일괄신청✕** / ② **매매목록〇**).

③ 개방형 축사가 건축물대장 생성 당시에는 연면적이 200제곱미터(⬛ 현행 **100제곱미터**)를 초과하지 않아 「축사의 부동산등기에 관한 특례법」에 따른 등기능력이 인정되지 아니하였으나, 이후 **대장상 소유권이전등록**을 받은 자가 이를 **증축**하여 연면적이 200제곱미터(⬛ 현행 **100제곱미터**)를 초과하게 되었다면 이 특례법에 따른 **등기능력**이 인정되는바, 이 경우에는 그 개방형 축사를 증축하여 등기능력을 갖춘 자를 건물로서의 개방형 축사에 대한 **최초의 소유자**로 볼 수 있으므로, 그는 건축물대장정보를 소유자임을 증명하는 정보로서 제공하여 그 개방형 축사에 대하여 **직접** 자신의 명의로 소유권**보존**등기를 신청할 수 있다(선례 제9-196호)(⬛ 연면적이 미달한 상태의 소유자가 소유권보존등기를 한 후에 소유권이전등기를 하는 것이 아님에 주의 / 축사의 부동산등기에 관한 특례법 제3조 제5호 중 '200제곱미터'가 '100제곱미터'로 일부 개정되어 2019.11.21.부터 시행함).

01 보존

01 일반

가. 신청

관련 조문

법 제48조(등기사항)
① 등기관이 갑구 또는 을구에 권리에 관한 등기를 할 때에는 다음 각 호의 사항을 기록하여야 한다.
  4. 등기원인 및 그 연월일

법 제64조(소유권보존등기의 등기사항)
등기관이 소유권보존등기를 할 때에는 제48조 제1항 제4호에도 불구하고 등기원인과 그 연월일을 기록하지 아니한다.

법 제65조(소유권보존등기의 신청인)
미등기의 토지 또는 건물에 관한 소유권보존등기는 다음 각 호의 어느 하나에 해당하는 자가 신청할 수 있다.
1. 토지대장, 임야대장 또는 건축물대장에 최초의 소유자로 등록되어 있는 자 또는 그 상속인, 그 밖의 포괄승계인
2. **확정판결**에 의하여 자기의 소유권을 증명하는 자
3. **수용**으로 인하여 소유권을 취득하였음을 증명하는 자
4. 특별자치도지사, **시장, 군수 또는 구청장**(자치구의 구청장을 말한다)의 확인에 의하여 자기의 소유권을 증명하는 자(**건물의 경우로 한정한다**)

규칙 제121조[소유권보존등기의 신청]

① 법 제65조에 따라 소유권보존등기를 신청하는 경우에는 법 제65조 각 호의 어느 하나에 따라 등기를 신청한다는 뜻을 신청정보의 내용으로 등기소에 제공하여야 한다. 이 경우 제43조 제1항 제5호에도 불구하고 등기원인과 그 연월일은 신청정보의 내용으로 등기소에 제공할 필요가 없다.

② 제1항의 경우에 토지의 표시를 증명하는 **토지대장** 정보나 **임야대장** 정보 또는 건물의 표시를 증명하는 **건축물대장** 정보나 그 밖의 정보를 첨부정보로서 등기소에 제공하여야 한다.

③ 건물의 소유권보존등기를 신청하는 경우에 그 대지 위에 여러 개의 건물이 있을 때에는 그 대지 위에 있는 건물의 소재도를 첨부정보로서 등기소에 제공하여야 한다. 다만, 건물의 표시를 증명하는 정보로서 건축물대장 정보를 등기소에 제공한 경우에는 그러하지 아니하다.

④ 구분건물에 대한 소유권보존등기를 신청하는 경우에는 <u>1동의 건물의 소재도, 각 층의 평면도와 전유부분의 평면도</u>를 첨부정보로서 등기소에 제공하여야 한다. 이 경우 제3항 단서를 준용한다.

🔖 관련 예규

미등기부동산의 소유권보존등기 신청인에 관한 업무처리지침[예규 제1483호]

1. 목적

이 예규는 「부동산등기법」(이하 "법"이라 한다) 제65조에 의하여 미등기부동산의 소유권보존등기를 신청할 수 있는 자에 관한 구체적인 사항을 규정함을 목적으로 한다.

2. 법 제65조 제1호의 신청인의 범위

　가. 대장등본에 의하여 자기 명의로 소유권보존등기를 신청할 수 있는 자

　　(1) 대장에 최초의 소유자로 등록된 자

　　　(가) 대장등본에 의하여 소유권보존등기를 신청할 수 있는 자는 <u>대장에 **최초의 소유자로 등록**되어 있는 자</u>(대장상 소유자의 성명, 주소 등의 일부 누락 또는 착오가 있어 대장상 소유자표시를 정정 등록한 경우를 포함한다) 또는 그 **상속인**, 그 밖의 **포괄승계인**(포괄적 수증자, 법인이 **합병**된 경우 존속 또는 신설 법인, 법인이 분할된 경우 분할 후 법인(🔁 소멸분할○ / 존속분할✕) 등)이어야 한다.

　　　(나) 대장에 소유명의인으로 **등록된 후** 성명복구(일본식 씨명이 군정법령 제122호인 조선성명복구령 또는 종전 호적 관련 법령이나 예규 등에 의하여 대한민국식 성명으로 종전 호적에 복구된 경우를 말한다), 개명, 주소변경 등으로 **등록사항에 변경**이 생긴 경우에는 대장등본 외에 제적등본, 「가족관계의 등록 등에 관한 법률」 제15조 제1항 제2호의 기본증명서, 주민등록표등본 등 **변경사실을 증명**하는 서면을 첨부하여 소유권보존등기를 신청할 수 있다.

　　(2) 대장에 최초의 소유자로 복구된 자

　　　(가) 대장 멸실 후 복구된 대장에 최초의 소유자로 기재(복구)된 자는 그 대장등본에 의하여 소유권보존등기를 신청할 수 있다. 다만, 1950.12.1. 법률 제165호로 제정된 구 「지적법」(1975.12.31. 법률 제2801호로 전문개정되기 전의 것)이 시행된 시기에 복구된 대장에 법적 근거 없이 소유자로 기재(복구)된 자는 그 대장등본에 의한 소유권보존등기를 신청할 수 없다.

　　　(나) 현재의 대장의 기초가 되었던 폐쇄된 구 대장의 기재내용 또는 형식으로 보아 대장 멸실 후 위 (가)의 단서에 해당하는 시기에 소유자가 복구된 것으로 의심되는 경우(구 대장상 당해 토지를 일제시대에 사정받은 것으로 되어 있으나 소유자 표시란에 일제시대의 용어인 '씨명 우ハ 명창' 대신 '성명 우는 명창'과 같이 우리나라식 용어인 '성명'이나 한글 '는'이 기재되어 있는

경우 등), 등기관은 소유자 복구 여부에 대하여 신청인으로 하여금 소명하게 하거나 대장 소관청에 사실조회를 할 수 있고, 그 소명 또는 사실조회 결과 대장상 최초의 소유자가 위 (가)의 단서에 해당하는 시기에 법적 근거 없이 복구된 것으로 밝혀진 때에는, 그 대장등본에 의한 소유권보존등기를 신청할 수 없다.

(3) 대장상 소유권이전등록을 받은 자

대장상 소유권이전등록을 받은 소유명의인 또는 그 상속인, 그 밖의 포괄승계인은 아래 각 호의 경우를 제외하고는 자기 명의로 직접 소유권보존등기를 신청할 수 없고, 대장상 최초의 소유자 명의로 소유권보존등기를 한 다음 자기 명의로 소유권이전등기를 신청하여야 한다.

(가) 삭제(2011.10.12. 제1427호)

(나) 미등기토지의 지적공부상 '국'으로부터 소유권이전등록을 받은 경우(❀ 직접 보존등기 가능)

나. 삭제(2008.06.13. 제1253호)

3. 법 제65조 제2호의 "판결"의 의미

가. 소유권을 증명하는 판결에 있어서의 상대방

법 제65조 제2호의 소유권을 증명하는 "판결"(판결과 동일한 효력이 있는 화해조서, 제소전화해조서, 인낙조서, 조정조서를 포함한다. 이하 같다)은 다음 각 호에 해당하는 자를 대상으로 한 것이어야 한다.

(1) 토지(임야)대장 또는 건축물대장상에 최초의 소유자로 등록되어 있는 자 또는 그 상속인, 그 밖의 포괄승계인(대장상 소유자표시에 일부 오류가 있어 대장상 소유자 표시를 정정등록한 경우의 정정등록된 소유명의인을 포함한다).

(2) 삭제(2011.10.12. 제1427호)

(3) 미등기토지의 지적공부상 "국"으로부터 소유권이전등록 받은 자

(4) 토지(임야)대장상의 소유자 표시란이 공란으로 되어 있거나 소유자표시에 일부 누락이 있어 대장상의 소유자를 특정할 수 없는 경우에는 국가

(5) 건축물대장의 소유자표시란이 공란이거나 소유자표시에 일부 누락이 있어 대장상의 소유자를 확정할 수 없는 미등기 건물에 관하여 갑이 시장·군수·구청장을 상대로 하여 당해 건물이 그의 소유임을 확인하는 내용의 확정판결을 받았다면, 갑은 그 판결정본을 첨부하여 그 명의의 소유권보존등기를 신청할 수 있다(선례 제6-122호).

나. 판결의 종류

소유권을 증명하는 판결은 보존등기신청인의 소유임을 확정하는 내용의 것이어야 한다. 그러나 그 판결은 소유권확인판결에 한하는 것은 아니며, 형성판결이나 이행판결이라도 그 이유 중에서 보존등기신청인의 소유임을 확정하는 내용의 것이면 이에 해당한다.

다. 위 판결에 해당하는 경우의 예시

다음 각 호의 판결은 법 제65조 제2호의 판결에 해당한다.

(1) 당해 부동산이 보존등기 신청인의 소유임을 이유로 소유권보존등기의 말소를 명한 판결(❀ 이행판결)

(2) 토지대장상 공유인 미등기토지에 대한 공유물분할의 판결(❀ 형성판결). 다만 이 경우에는 공유물분할의 판결에 따라 토지의 분필절차를 먼저 거친 후에 보존등기를 신청하여야 한다.

라. 위 판결에 해당하지 않는 경우의 예시

다음 각 호의 판결은 법 제65조 제2호의 판결에 해당하지 않는다.

(1) 매수인이 매도인을 상대로 토지의 소유권이전등기를 구하는 소송에서 매도인이 매수인에게 매매를 원인으로 한 소유권이전등기절차를 이행하고 당해 토지가 매도인의 소유임을 확인한다는 내용의

화해조서

(2) **건물**에 대하여 **국가**를 **상대**로 한 소유권확인판결

(3) **건물**에 대하여 **건축허가명의인(또는 건축주)**을 **상대**로 한 소유권확인판결

4. 법 제65조 제4호의 특별자치도지사, 시장, 군수 또는 구청장(이하 "시장 등"이라 한다)의 확인서의 요건

가. 법 제65조 제4호의 소유권을 증명하는 시장 등의 확인서에 해당하기 위해서는 시장 등이 발급한 증명서로서 다음 각 호의 요건을 모두 구비하여야 한다.

(1) 건물의 소재와 지번, 건물의 종류, 구조 및 면적 등 건물의 표시

(2) 건물의 소유자의 성명이나 명칭과 주소나 사무소의 소재지 표시

나. 위 확인서에 해당하는지 여부에 대한 판단

(1) 판단기준 어떤 서면이 법 제65조 제4호의 확인서에 해당하는지 여부를 판단함에 있어서는 위 가.의 요건을 기준으로 하여야 한다.

(2) 구체적으로 문제되는 경우의 예시

(가) 납세증명서 및 세목별과세증명서 – ×

(나) 사용승인서 – ×

(다) **사실확인서** – ○

(라) 임시사용승인서, 착공신고서, 건물현황사진, 공정확인서, 현장조사서, 건축허가서 등 – ×

---

01 **건물의 소유권보존등기에 관한 다음 설명 중 가장 옳지 않은 것은?** ▶ 2023년 법무사

① 건축물대장에 소유자로 등록되어 있는 회사가 분할된 경우, 분할 후 회사는 분할계획서 등에 의하여 미등기 건물을 승계하였음을 증명하여 바로 자기 명의로 보존등기를 신청할 수 있다.

② 건축물대장이 생성되지 않은 건물에 대하여도 소유권확인판결에 의하여 자기의 소유권을 증명하여 소유권보존등기를 신청할 수 있다.

③ 건물에 대하여 국가를 상대로 한 소유권확인판결이나 건축허가명의인을 상대로 한 소유권확인판결은 부동산등기법 제65조 제2호의 소유권을 증명하는 판결의 범위에 포함되지 않는다.

④ 지상권이 설정되어 있는 토지 위에 지상권자 아닌 제3자가 건물을 신축한 후 동건물에 대한 소유권보존등기를 신청함에 있어서, 사전에 그 지상권을 말소하여야 하거나 지상권자의 승낙이 있음을 증명하는 정보를 첨부정보로 제공할 필요는 없다.

⑤ 건물의 보존등기신청을 할 때에는 등기원인과 그 연월일은 신청정보의 내용으로 등기소에 제공할 필요가 없다.

해설 ② 1. 구 부동산등기법(2011.4.12. 법률 제10580호로 전부 개정되기 전의 것, 이하 '구법'이라 한다) 제131조 제2호에서 판결 또는 그 밖의 **시·구·읍·면의 장의 서면**에 의하여 자기의 소유권을 증명하는 자가 소유권보존등기를 신청할 수 있다고 규정한 것은 건축물대장

정답 ━ **01 ②**

이 생성되어 있으나 다른 사람이 소유자로 등록되어 있는 경우 또는 건축물대장의 소유자 표시란이 공란으로 되어 있거나 소유자표시에 일부 누락이 있어 **소유자를 확정할 수 없는 등의 경우**에 건물 소유자임을 주장하는 자가 판결이나 위 서면에 의하여 **소유권을 증명하여 소유권보존등기를 신청할 수 있다는 취지**이지, 아예 **건축물대장이 생성되어 있지 않은 건물**에 대하여 **처음부터 판결** 내지 위 서면에 의하여 소유권을 증명하여 소유권보존등기를 신청할 수 있다는 의미는 **아니**라고 해석하는 것이 타당하다. 위와 같이 제한적으로 해석하지 않는다면, 사용승인을 받지 못한 건물에 대하여 구법 제134조에서 정한 처분제한의 등기를 하는 경우에는 사용승인을 받지 않은 사실이 등기부에 기재되어 공시되는 반면, 구법 제131조에 의한 소유권보존등기를 하는 경우에는 사용승인을 받지 않은 사실을 등기부에 적을 수 없어 등기부상으로는 적법한 건물과 동일한 외관을 가지게 되어 건축법상 규제에 대한 탈법행위를 방조하는 결과가 된다. 결국 **건축물대장이 생성되지 않은 건물**에 대해서는 **소유권확인판결을 받는다고 하더라도** 그 판결은 구법 제131조 제2호에 해당하는 판결이라고 볼 수 없어 **이를 근거로 건물의 소유권보존등기를 신청할 수 없다.** 따라서 건축물대장이 생성되지 않은 건물에 대하여 구법 제131조 제2호에 따라 소유권보존등기를 마칠 목적으로 제기한 소유권확인청구의 소는 당사자의 법률상 지위의 불안 제거에 별다른 실효성이 없는 것으로서 확인의 이익이 없어 부적법하다(대판 2011.11.10, 2009다93428).

2. 미등기 건물에 대하여 「부동산등기법」 제65조 **제1호**에 따라 건축물대장에 최초의 소유자로 등록되어 있는 자 또는 그 상속인, 그 밖의 포괄승계인이 소유권보존등기를 신청하는 경우뿐만 아니라 같은 조 **제2호** 또는 **제4호**에 따라 확정판결 또는 특별자치도지사·시장·군수·구청장(자치구의 구청장을 말함)의 확인에 의하여 자기의 소유권을 증명하는 자가 소유권보존등기를 신청하는 경우에도 해당 건물에 대한 건축물대장은 **생성되어 있어야 한다**(선례 제201904-2호).

① 1. 토지의 경우와 마찬가지로 **대장상 최초 소유자**로 등록된 자의 **포괄승계인(상속인, 포괄적 수증자** 또는 **합병·분할** 이후의 법인)은 **자기 명의**로 바로 소유권보존등기를 할 수 있다(「부동산등기실무 II」 p.201 참조).

2. 따라서 건축물대장에 소유자로 등록되어 있는 회사가 **분할**된 경우, 분할 후 회사는 분할계획서 등에 의하여 미등기 건물을 승계하였음을 증명하여 바로 **자기 명의**로 보존등기를 신청할 수 있다.

③ 1. **건축물대장**의 소유자표시란이 공란이거나 소유자표시에 일부 누락이 있어 대장상의 **소유자를 확정할 수 없는** 미등기 건물에 관하여 갑이 **시장·군수·구청장을 상대로** 하여 당해 건물이 그의 소유임을 확인하는 내용의 **확정판결**을 받았다면, 갑은 그 판결정본을 첨부하여 그 명의의 소유권보존등기를 **신청할 수 있다**(선례 제6-122호).

2. 그러나 **건물에 대하여 국가를 상대로** 한 소유권확인판결 또는 **건축허가명의인(또는 건축주)을 상대로** 한 소유권확인판결을 받은 자는 직접 소유권보존등기를 신청할 수 **없다**(예규 제1483호, 3-라).

④ 지상권이 설정되어 있는 토지 위에 지상권자 아닌 제3자가 건물을 신축한 후 동건물에 대한 소유권보존등기를 신청함에 있어서, 사전에 그 지상권을 말소하여야 하거나 소유권보존등기 신청서에 **지상권자의 승낙서를** 첨부할 필요는 **없다**(선례 제2-238).

⑤ 1. 법 제65조에 따라 소유권보존등기를 신청하는 경우에는 **법 제65조 각 호의 어느 하나에 따라 등기를 신청한다는 뜻을** 신청정보의 내용으로 등기소에 **제공하여야 한다.**

2. 이 경우 제43조 제1항 제5호에도 불구하고 **등기원인**과 그 **연월일**은 신청정보의 내용으로 등기소에 **제공할 필요가 없다**(규칙 제121조 제1항).

02 **토지의 소유권보존등기에 관한 다음 설명 중 가장 옳지 않은 것은?** ▶ 2023년 등기서기보

① 미등기 토지를 매수한 자는 직접 그 명의로 소유권보존등기를 할 수 없고 먼저 대장에 최초로 등록되어 있는 소유자 명의로 소유권보존등기를 한 다음에 자기 명의로 소유권 이전등기를 하여야 한다.

② 유증의 목적 부동산이 미등기인 경우라도 특정유증을 받은 자는 소유권보존등기를 신청할 수 없고, 유언집행자가 상속인 명의로 소유권보존등기를 마친 후에 유증을 원인으로 한 소유권이전등기를 신청하여야 한다.

③ 판결에 의하여 보존등기를 신청하는 경우 그 판결은 반드시 확인판결이어야 할 필요는 없고 형성판결이나 이행판결도 그 이유 중에서 보존등기신청인의 소유임을 확정하는 내용의 것이면 가능하다.

④ 매수인이 매도인을 상대로 하여 토지소유권의 이전등기를 구하는 소송에서 매도인이 매수인에게 매매를 원인으로 한 소유권이전등기절차를 이행하고 당해 토지가 매도인의 소유임을 확인한다는 내용의 제소전화해조서상 매도인은 판결에 의하여 자기의 소유권을 증명한 자에 해당하여 보존등기를 신청할 수 있다.

해설 ④ 1. 판결에는 **화해조서나 제소전화해조서도 포함**되나 상대방은 확인의 지위에 있는 자이어야 한다.

2. **매수인이 매도인을 상대로 하여 토지소유권의 이전등기를 구하는 경우**에 있어서 매도인이 매수인에게 매매를 원인으로 한 소유권이전등기절차를 이행하고 **당해 토지가 매도인의 소유임을 확인한다는 내용의 제소전화해조서**는 매도인 명의 보존등기를 신청하는 경우 **매도인 스스로가 자기의 소유임을 확인한 것에 지나지 아니하여** 위 화해조서를 제출하는 등기신청인(매도인)이 "판결에 의하여 자기의 소유권을 증명한 자"에 해당한다고 할 수 **없다**(대결 1990.3.20, 89마389). 따라서 위 화해조서를 제공하여 **보존등기를 신청할 수는 없다.**

① 1. **토지대장상 이전등록**을 받은 경우 원칙적으로 **직접 자기명의**로 소유권보존등기를 할 수 **없으므로**, 미등기 토지의 양수인은 최초의 소유자 명의로 소유권보존등기를 한 다음 자기 명의로 소유권이전등기를 하여야 한다.

2. 마찬가지로, **미등기 토지를 매수한 자는 직접 그 명의로 소유권보존등기를 할 수 없고** 먼저 대장에 최초로 등록되어 있는 소유자 명의로 소유권보존등기를 한 다음에 자기 명의로 소유권이전등기를 하여야 한다.

3. 그러나 **미등기 토지의 지적공부상 국(國)으로부터 소유권이전등록**을 받은 경우에는 **직접 자기명의로 소유권보존등기를 할 수 있다.** 이러한 특례는 건물의 경우에는 인정되지 아니한다.

정답 ⊶ 02 ④

② 1. 유증의 목적 부동산이 **미등기**인 경우에는 토지대장, 임야대장 또는 건축물대장에 최초의 소유자로 등록되어 있는 자 또는 그 상속인의 **포괄적 수증자**가 단독으로 소유권보존등기를 신청할 수 **있다.**
   2. 그러나 유증의 목적 부동산이 미등기인 경우라도 **특정유증을** 받은 자는 소유권보존등기를 신청할 수 **없고,** 유언집행자가 **상속인 명의로 소유권보존등기를** 마친 후에 **유증을 원인으로** 한 소유권이전등기를 신청하여야 한다(예규 제1512호, 2-가).
③ 소유권을 증명하는 판결은 보존등기신청인의 소유임을 확정하는 내용의 것이어야 한다. 그러나 그 판결은 소유권확인판결에 한하는 것은 아니며, **형성판결이나 이행판결이라도** 그 이유 중에서 보존등기신청인의 소유임을 확정하는 내용의 것이면 **이에 해당한다**(예규 제1483호).

03 소유권보존등기에 관한 다음 설명 중 가장 옳지 않은 것은? ▶ 2021년 법무사

① 건축물대장의 소유자표시란이 공란이거나 소유자표시에 일부 누락이 있어 대장상의 소유자를 확정할 수 없는 미등기 건물에 관하여 국가를 상대방으로 하여 소유권확인의 판결을 받은 경우 부동산등기법 제65조 제2호의 소유권을 증명하는 판결에 해당한다.
② 가설건축물대장에 등록된 "농업용 고정식 비닐온실"이 철근콘크리트 기초 위에 설치됨으로써 토지에 견고하게 정착되어 있고, 경량철골구조 및 내구성 10년 이상의 내재해형 장기성 필름(비닐)에 의하여 벽면과 지붕을 구성하고 있다면 이 건축물에 대하여 소유권보존등기를 신청할 수 있다.
③ 미등기부동산에 관하여 법원으로부터 소유권에 대한 가압류등기 촉탁이 있는 경우 등기관은 그 등기를 위하여 전제되는 소유권보존등기를 직권으로 실행하여야 한다.
④ 구분건물이 아닌 건물로 등기된 건물에 접속하여 구분건물을 신축한 경우에 그 신축건물의 소유권보존등기를 신청할 때에는 구분건물이 아닌 건물을 구분건물로 변경하는 건물의 표시변경등기를 동시에 신청하여야 한다.
⑤ 1동의 건물에 속하는 구분건물 중 일부만에 관하여 소유권보존등기를 신청하는 경우에는 나머지 구분건물의 표시에 관한 등기를 동시에 신청하여야 하며, 구분건물의 소유자는 1동에 속하는 다른 구분건물의 소유자를 대위하여 그 건물의 표시에 관한 등기를 신청할 수 있다.

해설 ① 건축물대장의 소유자표시란이 공란이거나 소유자표시에 일부 누락이 있어 대장상의 소유자를 확정할 수 없는 미등기 건물에 관하여 갑이 **시장·군수·구청장을** 상대로 하여 당해 건물이 그의 소유임을 확인하는 내용의 **확정판결을** 받았다면, 갑은 그 판결정본을 첨부하여 그 명의의 소유권보존등기를 신청할 수 있다(선례 제6-122호).

② 가설건축물대장에 등록된 **"농업용 고정식 비닐온실"이** 철근콘크리트 기초 위에 설치됨으로써 토지에 견고하게 정착되어 있고, 경량철골구조 및 내구성 10년 이상의 내재해형 장기성 필름(비닐)에 의하여 벽면과 지붕을 구성하고 있다면 독립된 건물로 볼 수 있으므로 이 건축물에 대하여 소유권보존등기를 신청할 수 있을 것이나, 구체적인 사건에서 등기할 수 있는 건물인지 여부는 담당 등기관이 판단할 사항이다(선례 제201903-8호).

③ 법 제65조

④ **구분건물이 아닌 건물**로 등기된 건물에 **접속하여 구분건물을 신축**한 경우에 그 신축건물의 소유권보존등기를 신청할 때에는 구분건물이 아닌 건물을 **구분건물로 변경**하는 건물의 표시 변경등기를 **동시에** 신청하여야 한다. 이 경우 제2항을 준용한다(법 제46조 제3항).

⑤ 1동의 건물에 속하는 **구분건물 중 일부만**에 관하여 소유권보존등기를 신청하는 경우에는 나머지 **구분건물의 표시에 관한 등기를 동시에 신청하여야** 한다. 이 경우에 **구분건물의 소유자는 1동에 속하는 다른 구분건물의 소유자를 대위**하여 그 건물의 표시에 관한 등기를 신청할 수 있다(법 제46조 제1항, 제2항).

04 건물의 소유권보존등기에 관한 다음 설명 중 가장 옳지 않은 것은? ▶ 2021년 등기서기보

① 등기관이 건물의 소유권보존등기를 할 때에는 등기원인과 그 연월일을 기록하지 아니한다.

② 특별자치도지사, 시장, 군수 또는 구청장(자치구의 구청장을 말한다)의 확인에 의하여 자기의 소유권을 증명하는 자는 건물의 소유권보존등기를 신청할 수 있다.

③ 건축주가 이미 사망하였음에도 그의 명의로 건물의 사용승인을 받아 건축물대장에 사망한 자가 최초의 소유명의인으로 등록이 되었다 하더라도 그의 상속인은 위 대장 등본과 상속을 증명하는 서면을 첨부하여 상속인 명의로 소유권보존등기신청을 할 수 있다.

④ 건축물대장이 생성되지 않은 건물에 대해서 소유권확인판결을 받은 경우 그 판결을 근거로 건물의 소유권보존등기를 마칠 수 있다.

해설 ④ 1) 구 부동산등기법(2011.4.12. 법률 제10580호로 전부 개정되기 전의 것. 이하 '구법'이라한다) 제131조 제2호에서 판결 또는 그 밖의 **시·구·읍·면의 장**의 서면에 의하여 자기의 소유권을 증명하는 자가 소유권보존등기를 신청할 수 있다고 규정한 것은 건축물대장이 **생성되어 있으나** 다른 사람이 소유자로 등록되어 있는 경우 또는 건축물대장의 소유자 표시란이 공란으로 되어 있거나 소유자표시에 일부 누락이 있어 **소유자를 확정할 수 없는 등의 경우**에 건물 소유자임을 주장하는 자가 판결이나 위 서면에 의하여 **소유권을 증명**하여 소유권보존등기를 신청할 수 있다는 취지이지, 아예 **건축물대장이 생성되어 있지 않은** 건물에 대하여 **처음부터 판결** 내지 위 서면에 의하여 소유권을 증명하여 소유권보존등기를 신청할 수 있다는 의미는 **아니라**고 해석하는 것이 타당하다. 위와 같이 제한적으로 해석하지 않는다면, 사용승인을 받지 못한 건물에 대하여 구법 제134조에서 정한 처분제한의 등기를 하는 경우에는 사용승인을 받지 않은 사실이 등기부에 기재되어 공시되는 반면, 구법 제131조에 의한 소유권보존등기를 하는 경우에는 사용승인을 받지 않은 사실을 등기부에 적을 수 없어 등기부상으로는 적법한 건물과 동일한 외관을 가지게 되어 건축법상 규제에 대한 탈법행위를 방조하는 결과가 된다. 결국 **건축물대장이 생성되지 않은 건물**에 대해서는 **소유권확인판결을 받는다고 하더라도** 그 판결은 구법 제131조 제2호에 해당하는 판결이라고 볼 수 없어 이를 근거로 건물의 소유권보존등기를 신청할 수 **없다**. 따라서 건축물대장이 생성되지 않은 건물에 대하여 구법 제131조 제2호에 따라 소유권보존등기를 마칠

정답 ━ 03 ① 04 ④

목적으로 제기한 소유권확인청구의 소는 당사자의 법률상 지위의 불안 제거에 별다른 실효성이 없는 것으로서 확인의 이익이 없어 부적법하다(대판 2011.11.10, 2009다93428).

2) 미등기 건물에 대하여 「부동산등기법」 제65조 제1호에 따라 건축물대장에 최초의 소유자로 등록되어 있는 자 또는 그 상속인, 그 밖의 포괄승계인이 소유권보존등기를 신청하는 경우뿐만 아니라 같은 조 제2호 또는 제4호에 따라 확정판결 또는 특별자치도지사·시장·군수·구청장(자치구의 구청장을 말함)의 확인에 의하여 자기의 소유권을 증명하는 자가 소유권보존등기를 신청하는 경우에도 해당 건물에 대한 건축물대장은 생성되어 있어야 한다(선례 제201904-2호).

① 법 제64조
② 법 제65조 제4호
③ 건축주가 이미 사망하였음에도 그의 명의로 건물의 사용승인을 받아 건축물대장에 사망한 자가 최초의 소유명의인으로 등록이 되었다 하더라도 그의 상속인은 위 대장등본과 상속을 증명하는 서면을 첨부하여 상속인 명의로 소유권보존등기신청을 할 수 있다(선례 제200702-5호).

05 토지의 소유권보존등기절차에 관한 다음 설명 중 가장 옳지 않은 것은?
▶ 2019년 등기주사보

① 미등기토지의 토지대장상 국(國)으로부터 소유권이전등록을 받은 자는 바로 자기 앞으로 소유권보존등기를 신청할 수 있다.
② 판결에 의하여 보존등기를 신청하는 경우 그 판결이 반드시 확인판결이어야 할 필요는 없고 형성판결, 이행판결도 가능하다.
③ 유증의 목적 부동산이 미등기인 경우에는 토지대장, 임야대장 또는 건축물대장에 최초의 소유자로 등록되어 있는 자의 포괄적 수증자가 단독으로 소유권보존등기를 신청할 수 없다.
④ 미등기토지가 공유인 경우에는 각 공유자가 단독으로 공유자 전원을 위하여 소유권보존등기를 신청할 수 있다.

해설 ③ 유증의 목적 부동산이 **미등기**인 경우에는 토지대장, 임야대장 또는 건축물대장에 **최초의 소유자**로 등록되어 있는 자 또는 그 상속인의 **포괄적 수증자**가 단독으로 소유권보존등기를 신청할 수 있다. 그러나 유증의 목적 부동산이 미등기인 경우라도 **특정유증**을 받은 자는 소유권보존등기를 신청할 수 없고, 유언집행자가 **상속인 명의로 소유권보존등기**를 마친 후에 아래 나.의 절차에 따라 **유증을 원인으로** 한 소유권이전등기를 신청하여야 한다(예규 제1512호, 2-가).

① 예규 제1483호, 2-가-(3)-(나)
② 예규 제1483호, 3-나
④ **소유권보존등기**는 성질상 등기의무자의 존재를 생각할 수 없으므로 등기권리자가 **단독으로** 그 등기를 신청하며(법 제23조 제2항), 그 부동산이 공유물인 경우 등기권리자인 **공유자 전원**이 공동으로 소유권보존등기를 신청하여야 하고, **공유자 중 1인이 자기 지분만의 보존등기**를 신청할 수는 **없으나**(법 제29조 제2호, 규칙 제52조 제6호), 민법 제265조 단서의 **공유물 보존행위**로서 공유자 **전원을 위하여 보존등기를 신청**하는 경우에는 공유자 중 1인이라도 단

독으로 등기신청을 할 수 있는 바, 이 경우에는 다른 공유자들의 동의나 위임없이 법무사에 게 이러한 소유권보존등기신청을 위임할 수가 있다(선례 제4-288호).

06 건물 소유권보존등기에 관한 다음 설명 중 가장 옳지 않은 것은? ▸2018년 등기주사보

① 미등기 건물의 양수인은 최초의 소유자 명의로 소유권보존등기를 한 다음 자기 명의로 소유권이전등기를 하여야 한다.

② 건축물대장에 지분의 표시 없이 수인이 공유로 등재되어 있는 경우에는 실제의 지분비율을 증명하는 서면을 제공하여 실제 지분에 따라 소유권보존등기를 신청할 수 있다.

③ 시장·군수 등을 상대로 하여 소유권확인판결을 받았더라도 건축물대장이 작성된 경우에만 소유권보존등기를 신청할 수 있다.

④ 건물 대지에 이미 제3자 명의의 지상권설정등기가 마쳐져 있는 경우에는 그 등기를 말소하거나 지상권자의 승낙을 받아야 소유권보존등기를 신청할 수 있다.

해설 ④ 지상권이 설정되어 있는 토지 위에 지상권자 아닌 제3자가 건물을 신축한 후 동건물에 대한 소유권보존등기를 신청함에 있어서, 사전에 그 **지상권을 말소**하여야 하거나 소유권보존등기 신청서에 **지상권자의 승낙서**를 첨부할 필요는 **없다**(선례 제2-238호).

① 1) **미등기 건물의 양수인**은 건축물관리대장에 자기 명의로 소유권이전등록이 되어 있는 경우에도 직접 자기 명의로 소유권**보존**등기를 할 수는 **없고**, 최초의 소유자(양도인) 명의로 보존등기를 한 다음에 양수인 명의로 소유권**이전**등기를 하여야 한다.

2) 이 경우 양도인이 그 등기절차에 협력하지 아니하는 경우에는 양수인이 양도인에 대위하여 양도인 명의의 소유권보존등기를 신청할 수 있으며, 소유권이전등기는 판결을 받아 양수인이 단독으로 신청할 수 있다(선례 제1-203호).

3) 만약 최초의 소유자(양도인)가 행방불명이라면 그를 상대로 소유권이전등기청구의 소를 제기하여 (공시송달절차에 의하여 소송을 진행) 그 승소의 확정판결을 받고 이로써 양도인 명의로 대위 보존등기를 함과 아울러 원고 앞으로 소유권이전등기를 할 수 있을 것이다(선례 제1-240호).

4) 만약 등기관의 실수 등의 사유로 양수인 명의로 보존등기가 된 경우(모두 생략등기) 그러한 등기는 실체관계에 부합하면 유효하다고 보는 것이 판례의 입장이다. 미등기부동산이 전전 양도된 경우 최후의 양수인이 소유권보존등기를 한 경우에도 그 등기가 결과적으로 실질적 법률관계에 부합된다면 그 등기는 무효라고 볼 수 없다(대판 1984.1.24, 83다카1152).

② 1) 소유권보존등기의 경우에는 **원칙적으로** 인감증명을 제공할 필요는 없다.

2) **등기권리자가 2인 이상**인 때에는 등기신청서에 그 지분을 기재하여야 하는 데 이는 통상 대장상의 지분을 기준으로 판단한다. 그러나 **대장상 소유명의인이 수인의 공유**로 등재되어 있으나 그 **공유지분의 표시가 없는 경우**가 문제되는데 "물건이 지분에 의하여 수인의 소유로 된 때에는 공유로 하고, 공유자의 지분은 균등한 것으로 추정한다(「민법」 제262조)"는 민법에 따라 **신청서에 갑과 을의 공유지분**이 각 1/2인 것으로 기재하여 소유권보존등기를 신청할 수 있다.

3) 그러나 만약 **갑과 을의 실제 공유지분이 균등하지 않다면** ㉠ 공유자 전원이 작성한 **실제 공유지분을 증명하는 서면**(갑과 을이 공동으로 작성한 실제 공유지분을 증명하는 서면)과 ㉡ **실제의 지분이 균등하게 산정한 지분보다 적은 자의 인감증명**을 첨부하여 실제의 지분에 따른 소유권보존등기를 신청할 수 있다(선례 제5-260호).

4) 이러한 규정은 대장상 지분이 기재되어 있지 않을 시에만 적용되는 것이고 **대장상에 지분이 기재되어 있는 경우**에는 이와 같이 등기할 수는 없다. 즉 여러 사람이 함께 신축한 건물에 대하여 「부동산등기법」 제65조 제1호에 따라 소유권보존등기를 신청할 때에 신청정보의 내용 중 각 공유자의 지분을 건축물대장의 기재 내용과 다르게 제공하면 같은 법 제29조 제8호에 따라 각하된다(선례 제201907-9호).

07 소유권보존등기에 관한 다음 설명 중 가장 옳지 않은 것은? ▸2017년 법원사무관

① 토지대장 멸실 후 1950.12.1. 법률 제165호로 제정된 구 지적법(1975.12.31. 법률 제2801호로 전문개정되기 전의 것)이 시행된 시기에 복구된 대장에 소유자로 기재된 자는 그 대장등본에 의하여 소유권보존등기를 신청할 수 없다.

② 시장을 상대로 한 확인판결에 의하여 보존등기를 할 수 있는 것은 해당 건물에 대한 건축물대장이 작성된 경우에 한한다는 것이 최근 판례의 입장이다.

③ 1동의 건물에 속하는 구분건물 중 일부만에 관하여 소유권보존등기를 신청하는 경우에는 나머지 구분건물의 표시에 관한 등기를 등기관이 직권으로 하여야 한다.

④ 등기관이 직권으로 소유권보존등기를 하기 위해서는 법원의 처분제한등기의 촉탁이 있어야 하지만, 처분제한등기의 촉탁이 소유권 외의 권리에 관한 것일 때에는 이를 각하하여야 한다.

해설 ③ 1동의 건물에 속하는 **구분건물 중 일부만에 관하여 소유권보존등기를 신청하는 경우에는 나머지 구분건물의 표시에 관한 등기를 동시에 신청하여야** 한다. 이 경우에 **구분건물의 소유자**는 **1동에 속하는 다른 구분건물의 소유자를 대위**하여 그 건물의 표시에 관한 등기를 신청할 수 있다(법 제46조 제1항, 제2항).

① 예규 제1483호, 2-가-(2)

② 미등기 건물에 대하여 「부동산등기법」 제65조 **제1호**에 따라 건축물대장에 최초의 소유자로 등록되어 있는 자 또는 그 상속인, 그 밖의 포괄승계인이 소유권보존등기를 신청하는 경우뿐만 아니라 같은 조 **제2호** 또는 **제4호**에 따라 확정판결 또는 특별자치도지사·시장·군수·구청장(자치구의 구청장을 말함)의 확인에 의하여 자기의 소유권을 증명하는 자가 소유권보존등기를 신청하는 경우에도 해당 건물에 대한 건축물대장은 생성되어 있어야 한다(선례 제201904-2호).

④ 등기관이 (🌐 **등기능력 있는**) 미등기부동산에 대하여 법원의 촉탁에 따라 **소유권의 처분제한의 등기**를 할 때에는 **직권**으로 소유권보존등기를 하고, 처분제한의 등기를 명하는 법원의 재판에 따라 소유권의 등기를 한다는 뜻을 기록하여야 한다(법 제66조 제1항). 따라서 **소유권 외의 권리에 대한 처분제한등기**의 촉탁이 있는 경우에는 직권으로 소유권보존등기를 할 수 **없고**, 소유권의 일부에 대하여 처분제한의 등기촉탁이 있는 경우에도 소유권보존등기를 직권으로 할 수 없다(「부동산등기실무Ⅱ」 p.213).

08 '확정판결'에 의하여 자기의 소유권을 증명하는 자는 미등기의 토지 또는 건물에 관한 소유권보존등기를 신청할 수 있다(부동산등기법 제65조 제2호). 이때의 '판결'에 관한 다음 설명 중 가장 옳지 않은 것은? ▶ 2017년 등기서기보

① 위 판결은 소유권확인판결에 한하는 것은 아니며, 형성판결이나 이행판결이라도 그 이유 중에서 보존등기신청인의 소유임을 확정하는 내용의 것이면 이에 해당한다.

② 해당 부동산이 보존등기 신청인의 소유임을 이유로 소유권보존등기의 말소를 명한 판결은 위 판결에 해당할 수 있다.

③ 건물에 대하여 건축허가명의인(또는 건축주)을 상대로 한 소유권확인판결은 위 판결에 해당하지 않는다.

④ 확정판결에 의하여 자기의 소유권을 증명하는 자는 건축물대장이 생성되어 있지 않은 건물에 대하여도 소유권보존등기를 신청할 수 있다.

해설 ④ 미등기 건물에 대하여 「부동산등기법」 제65조 제1호에 따라 건축물대장에 최초의 소유자로 등록되어 있는 자 또는 그 상속인, 그 밖의 포괄승계인이 소유권보존등기를 신청하는 경우뿐만 아니라 같은 조 제2호 또는 제4호에 따라 확정판결 또는 특별자치도지사·시장·군수·구청장(자치구의 구청장을 말함)의 확인에 의하여 자기의 소유권을 증명하는 자가 소유권보존등기를 신청하는 경우에도 해당 건물에 대한 건축물대장은 생성되어 있어야 한다(선례 제201904-2호).

① 예규 제1483호, 3-나
② 예규 제1483호, 3-다
③ 예규 제1483호, 3-라

09 건물 소유권보존등기에 관한 다음 설명 중 가장 옳지 않은 것은? ▶ 2016년 법무사

① 건축물대장에 지분표시가 없이 수인이 공유로 등재되어 있는 건물에 대하여 소유권보존등기는 신청할 수 없다.

② 부속건물을 독립건물로 소유권보존등기를 신청하기 위해서는 주된 건물과 부속건물의 건축물대장이 별도로 작성되어 있어야 한다.

③ 대장상 소유자를 확정할 수 없는 경우에는 건물에 대하여 국가를 상대로 한 소유권확인판결이나 건축허가명의인을 상대로 한 소유권확인판결은 소유권을 증명하는 판결의 범위에 포함되지 않는다.

④ 특별자치도지사·시장·군수·구청장을 상대로 한 확인판결에 의하여 건물보존등기를 할 수 있는 것은 해당 건물에 대한 건축물대장이 작성된 경우에 할 수 있다는 것이 판례의 태도이다.

⑤ 건물의 대지상에 건물의 소유자가 아닌 자가 지상권을 설정한 경우 그 지상권을 말소하지 아니하고 지상권자의 승낙이 없어도 건물의 소유권보존등기를 할 수 있다.

정답 ○┤ 07 ③ 08 ④ 09 ①

해설 ① 1) 소유권보존등기의 경우에는 <u>원칙적으로 인감증명을 제공할 필요는 없다.</u>

2) <u>등기권리자가 2인 이상인 때에는</u> 등기신청서에 그 지분을 기재하여야 하는 데 이는 통상 대장상의 지분을 기준으로 판단한다. 그러나 <u>대장상 소유명의인이 수인의 공유로 등재되어 있으나</u> 그 <u>공유지분의 표시가 없는 경우가 문제</u>되는데 "<u>물건이 지분에 의하여 수인의 소유로 된 때에는 공유로 하고, 공유자의 지분은 균등한 것으로 추정한다(「민법」 제262조)</u>"는 민법에 따라 <u>신청서에 갑과 을의 공유지분이 각 1/2인 것으로 기재</u>하여 소유권보존등기를 신청할 수 있다.

3) 그러나 만약 <u>갑과 을의 실제 공유지분이 균등하지 않다면</u> ㉠ 공유자 전원이 작성한 <u>실제 공유지분을 증명하는 서면</u>(갑과 을이 공동으로 작성한 실제 공유지분을 증명하는 서면)과 ㉡ <u>실제의 지분이 균등하게 산정한 지분보다 적은 자의 인감증명</u>을 첨부하여 실제의 지분에 따른 소유권보존등기를 신청할 수 있다(선례 제5-260호).

4) 이러한 규정은 대장상 지분이 기재되어 있지 않을 시에만 적용되는 것이고 <u>대장상에 지분이 기재되어 있는 경우</u>에는 이와 같이 등기할 수는 없다. 즉 여러 사람이 함께 신축한 건물에 대하여 「부동산등기법」 제65조 제1호에 따라 소유권보존등기를 신청할 때에 신청정보의 내용 중 각 공유자의 지분을 건축물대장의 기재 내용과 다르게 제공하면 같은 법 제29조 제8호에 따라 각하된다(선례 제201907-9호).

② 주된 건물의 사용에 제공되는 <u>부속건물은 주된 건물의 건축물대장에 부속건물로 등재하여 1개의 건물로 소유권보존등기를 함이 원칙</u>이나, 소유자가 주된 건물과 분리하여 <u>별도의 독립 건물로 소유권보존등기를 신청할 수도 있다.</u> 다만 부속건물을 독립건물로 소유권보존등기를 신청하기 위해서는 주된 건물과 부속건물의 건축물대장이 <u>각각 별도로</u> 작성되어 있어야 한다(예규 제902호).

③ 예규 제1483호, 3-라

10 **건물의 소유권보존등기에 관한 다음 설명 중 가장 옳지 않은 것은?** ▸ 2016년 등기서기보

① 건축물대장에 최초의 소유자로 등록되어 있는 자 또는 그 상속인, 그 밖의 포괄승계인은 건물의 소유권보존등기를 신청할 수 있다.

② 확정판결에 의하여 자기의 소유권을 증명하는 자는 소유권보존등기를 신청할 수 있는데, 형성판결이나 이행판결이라도 그 이유 중에서 보존등기신청인의 소유임을 확정하는 내용의 것이면 이에 해당한다.

③ 건축물대장이 생성되어 있지 않은 건물에 대하여도 소유권확인판결을 받으면 그 판결을 근거로 소유권보존등기를 신청할 수 있다.

④ 건물의 소유권보존등기를 신청하는 경우 그 대지 위에 여러 개의 건물이 있을 때에도 건물의 표시를 증명하는 정보로서 건축물대장 정보를 등기소에 제공한 경우에는 그 대지 위에 있는 건물의 소재도를 제공할 필요가 없다.

해설 ③ 미등기 건물에 대하여 「부동산등기법」 제65조 제1호에 따라 건축물대장에 최초의 소유자로 등록되어 있는 자 또는 그 상속인, 그 밖의 포괄승계인이 소유권보존등기를 신청하는 경우뿐만 아니라 같은 조 제2호 또는 제4호에 따라 확정판결 또는 특별자치도지사 · 시장 · 군수 ·

구청장(자치구의 구청장을 말함)의 확인에 의하여 자기의 소유권을 증명하는 자가 소유권보존등기를 신청하는 경우에도 해당 건물에 대한 건축물대장은 생성되어 있어야 한다(선례 제201904-2호).

① 법 제65조 제1호
② 예규 제1483호, 3-나
④ 건물의 소유권보존등기를 신청하는 경우에 그 대지 위에 여러 개의 건물이 있을 때에는 그 대지 위에 있는 건물의 **소재도**를 첨부정보로서 등기소에 제공하여야 한다. 다만, 건물의 표시를 증명하는 정보로서 건축물대장 정보를 등기소에 **제공**한 경우에는 그러하지 아니하다(**소재도를 제공할 필요가 없다**)(규칙 제121조 제3항).

11 미등기토지의 소유권보존등기에 관한 다음 설명 중 가장 옳은 것은? ▶ 2015년 법무사

① 토지대장에 소유명의인으로 등록된 후 개명으로 등록사항에 변경이 생긴 경우에는 대장에 그 변경사항을 등록한 후에 소유권보존등기를 신청하여야 한다.
② 토지대장에 최초의 소유자로 등록되어 있는 자로부터 특정유증을 받은 자는 직접 자신의 명의로 소유권보존등기를 신청할 수 있다.
③ 토지대장상 소유자 표시란이 공란으로 되어 있어 대장상의 소유자를 특정할 수 없는 경우에는 특별자치도지사, 시장, 군수 또는 구청장을 상대로 자신의 소유임을 확정하는 내용의 판결을 받아 소유권보존등기를 신청할 수 있다.
④ 토지대장상 소유권이전등록을 받은 자는 직접 자신의 명의로 소유권보존등기를 신청할 수 없으므로, 대장상 '국'으로부터 소유권이전등록을 받은 자도 마찬가지로 직접 자신의 명의로 소유권보존등기를 신청할 수 없다.
⑤ 미등기토지의 소유권보존등기를 신청할 때에 첨부정보로서 등기소에 제공하여야 하는 토지의 표시를 증명하는 정보는 토지대장 정보나 임야대장 정보이어야만 하며, 그 밖의 다른 정보는 해당되지 않는다.

해설 ⑤ 법 제65조에 따라 소유권보존등기를 신청하는 경우 토지의 표시를 증명하는 **토지대장 정보**나 **임야대장** 정보 또는 건물의 표시를 증명하는 **건축물대장** 정보나 그 밖의 정보를 첨부정보로서 등기소에 제공하여야 한다(규칙 제121조).

① 대장에 소유명의인으로 **등록된 후 성명복구**(일본식 씨명이 군정법령 제122호인 조선성명복구령 또는 종전 호적 관련 법령이나 예규 등에 의하여 대한민국식 성명으로 종전 호적에 복구된 경우를 말한다), **개명**, 주소변경 등으로 **등록사항에 변경**이 생긴 경우에는 대장등본 외에 제적등본, 「가족관계의 등록 등에 관한 법률」 제15조 제1항 제2호의 기본증명서, 주민등록표등본 등 **변경사실을 증명**하는 서면을 첨부하여 소유권보존등기를 신청할 수 있다(예규 제1483호, 2-가-(1)-(나)).

정답 ⊶ 10 ③ 11 ⑤

② 유증의 목적 부동산이 **미등기**인 경우에는 토지대장, 임야대장 또는 건축물대장에 **최초의 소유자로 등록되어 있는 자** 또는 그 상속인의 포괄적 수증자가 단독으로 소유권보존등기를 신청할 수 있다. 그러나 유증의 목적 부동산이 미등기인 경우라도 **특정유증**을 받은 자는 소유권보존등기를 신청할 수 없고, 유언집행자가 **상속인 명의로 소유권보존등기를 마친 후에** 아래 나.의 절차에 따라 **유증을 원인으로 한 소유권이전등기를** 신청하여야 한다(예규 제1512호, 2-가).

③ **토지**(임야)대장상의 소유자 표시란이 공란으로 되어 있거나 소유자표시에 일부 누락이 있어 **대장상의 소유자를 특정할 수 없는** 경우에는 **국가를** 상대방으로 판결을 받아 소유권보존등기를 신청할 수 있다(예규 제1483호, 3-가-(4)).

④ 미등기**토지**의 지적공부상 "국"으로부터 **소유권이전등록 받은 자도** 소유권보존등기를 할 수 있는 자이므로 "국"으로부터 소유권이전등록 받은 자를 상대방으로 판결을 받아 소유권보존등기를 신청할 수 있다(예규 제1483호, 2-가-(3)-(나)).

12 소유권보존등기와 관련된 다음 설명 중 가장 옳은 것은?   ▶ 2015년 법원사무관

① 미등기토지의 지적공부상 '국(國)'으로부터 소유권이전등록을 받은 자는 자기 명의로 직접 소유권보존등기를 신청할 수 없고, 대장상 최초의 소유자 명의로 소유권보존등기를 한 다음 자기 명의로 소유권이전등기를 신청하여야 한다.

② 유증의 목적 부동산이 미등기인 경우에는 토지대장, 임야대장 또는 건축물대장에 최초의 소유자로 등록되어 있는 자 또는 그 상속인의 포괄적 수증자가 단독으로 소유권보존등기를 신청할 수 있다.

③ 특별자치도지사·시장·군수·구청장(자치구의 구청장을 말한다)의 확인에 의하여 자기의 소유권을 증명하는 자(건물의 경우로 한정한다)는 건축물대장이 생성되어 있지 않은 건물에 대하여도 소유권보존등기를 신청할 수 있다.

④ 1950.12.1. 법률 제165호로 제정된 구 지적법(1975.12.31. 법률 제2801호로 전문개정되기 전의 것)이 시행된 시기에 복구된 대장에 최초의 소유자로 기재(복구)된 자는 그 대장등본에 의한 소유권보존등기를 신청할 수 있다.

해설 ② 유증의 목적 부동산이 **미등기**인 경우에는 토지대장, 임야대장 또는 **건축물대장에 최초의 소유자로 등록되어 있는 자** 또는 그 상속인의 **포괄적 수증자가** 단독으로 소유권보존등기를 신청할 수 있다. 그러나 유증의 목적 부동산이 미등기인 경우라도 **특정유증을** 받은 자는 소유권보존등기를 신청할 수 없고, 유언집행자가 **상속인 명의로 소유권보존등기를** 마친 후에 아래 나.의 절차에 따라 **유증을 원인으로 한 소유권이전등기를** 신청하여야 한다(예규 제1512호, 2-가).

① 미등기**토지**의 지적공부상 '**국**'으로부터 **소유권이전등록을** 받은 경우에는 자기 명의로 직접 소유권보존등기를 신청할 수 있다(예규 제1483호, 2-가-(3)).

③ 미등기 건물에 대하여 「부동산등기법」 제65조 제1호에 따라 건축물대장에 최초의 소유자로 등록되어 있는 자 또는 그 상속인, 그 밖의 포괄승계인이 소유권보존등기를 신청하는 경우뿐만 아니라 같은 조 제2호 또는 제4호에 따라 확정판결 또는 특별자치도지사·시장·군수·구청장(자치구의 구청장을 말함)의 확인에 의하여 자기의 소유권을 증명하는 자가 소유권보

존등기를 신청하는 경우에도 해당 건물에 대한 건축물대장은 생성되어 있어야 한다(선례 제 201904-2호).

④ 대장 멸실 후 복구된 대장에 최초의 소유자로 기재(복구)된 자는 그 대장등본에 의하여 소유권보존등기를 신청할 수 있다. 다만, 1950.12.1. 법률 제165호로 제정된 구 「지적법」 (1975.12.31. 법률 제2801호로 전문개정되기 전의 것)이 시행된 시기에 복구된 대장에 법적 근거 없이 소유자로 기재(복구)된 자는 그 대장등본에 의한 소유권보존등기를 신청할 수 없다(예규 제1483호, 2-가-(2)-(가)).

13 다음 중 미등기부동산에 대하여 소유권보존등기를 신청할 수 없는 사람은?

▸ 2014년 법무사

① 토지대장에 최초의 소유자로 등록되어 있는 자로부터 포괄적 유증을 받은 자
② 토지대장상 최초의 소유자를 특정할 수 없어 국가를 상대로 자기의 소유권을 증명하는 확정판결을 받은 자
③ 건물에 대하여 건축허가서에 건축주로 기재된 자를 상대로 소유권확인 확정판결을 받은 자
④ 건축물대장에 등록된 소유자를 상대로 소유권확인 확정판결을 받은 자
⑤ 건축물대장이 생성된 건물에 한하여 특별자치도지사, 시장, 군수 또는 구청장(자치구의 구청장을 말한다)을 상대로 소유권확인 확정판결을 받은 자

해설 ③ 건축물대장의 소유자표시란이 공란이거나 소유자표시에 일부 누락이 있어 대장상의 소유자를 확정할 수 없는 미등기 건물에 관하여 갑이 시장·군수·구청장을 상대로 하여 당해 건물이 그의 소유임을 확인하는 내용의 확정판결을 받았다면, 갑은 그 판결정본을 첨부하여 그 명의의 소유권보존등기를 신청할 수 있다(선례 제6-122호). 그러나 건물에 대하여 국가를 상대로 한 소유권확인판결 또는 건축허가명의인(또는 건축주)을 상대로 한 소유권확인 판결을 받은 자는 직접 소유권보존등기를 신청할 수 없다(예규 제1483호, 3-라).

14 다음은 토지의 소유권보존등기에 관한 설명이다. 가장 옳지 않은 것은?

▸ 2013년 법무사

① 등기부상 소유자를 상대로 소유권보존등기의 말소를 명한 판결을 받은 자는 자기 명의로 소유권보존등기를 할 수 있다.
② 미등기토지의 임야대장에 '국'으로부터 소유권이전등록을 받은 것으로 기재된 경우에는 국 명의의 소유권보존등기를 한 후 소유권이전등기를 하여야 한다.
③ 대장에 최초의 소유자로 등록되어 있는 자에게서 포괄적 유증을 받은 자는 자기 명의로 소유권보존등기를 신청할 수 있다.

정답 ┍ 12 ② 13 ③ 14 ②

④ 토지대장상의 소유자 표시란이 공란으로 되어 있는 경우에는 국가를 상대로 소유권확인판결을 얻어야 한다.

⑤ 수용을 원인으로 미등기토지의 소유권을 취득한 자는 자기 명의로 소유권보존등기를 신청할 수 있다.

해설 ② 미등기토지의 지적공부상 '국'으로부터 **소유권이전등록**을 받은 경우에는 자기 명의로 직접 소유권보존등기를 신청할 수 있다(예규 제1483호, 2-가-(3)).

① 예규 제1483호, 3-다

③ 유증의 목적 부동산이 **미등기**인 경우에는 토지대장, 임야대장 또는 건축물대장에 **최초의 소유자**로 등록되어 있는 자 또는 그 상속인의 **포괄적 수증자가** 단독으로 소유권보존등기를 신청할 수 있다. 그러나 유증의 목적 부동산이 미등기인 경우라도 **특정유증**을 받은 자는 소유권보존등기를 신청할 수 **없고**, 유언집행자가 **상속인 명의**로 소유권보존등기를 마친 후에 아래 나.의 절차에 따라 **유증을 원인**으로 한 소유권이전등기를 신청하여야 한다(예규 제1512호, 2-가).

④ 예규 제1483호, 3-가-(4)

⑤ 법 제65조 제3호

---

15 소유권보존등기신청에 관한 설명이다. 틀린 것은? ▸2012년 법무사

① 건물의 소유권보존등기를 신청하는 경우에 그 대지 위에 여러 개의 건물이 있을 때에는 건축물대장 정보와 함께 그 대지 위에 있는 건물의 소재도를 첨부정보로 등기소에 제공하여야 한다.

② 토지대장상 공유인 미등기토지에 대한 공유물분할의 판결을 받은 경우에는 공유물분할의 판결에 따라 토지의 분필절차를 먼저 거친 후에 그 판결에 의하여 소유권보존등기를 신청하여야 한다.

③ 수인이 균등하지 아니한 지분비율로 공유하는 건물에 관하여 대장상으로는 공유지분의 기재가 없는 경우 공유자 전원 사이에 작성된 실제의 지분비율을 증명하는 서면(실제의 지분이 균등하게 산정한 지분보다 적은 자의 인감증명도 제출)을 첨부하여, 실제지분에 따라 소유권보존등기신청을 할 수 있다.

④ 건물에 대하여 건축허가명의인 또는 건축주를 상대로 한 소유권확인판결에 의하여는 소유권보존등기를 할 수 없다.

⑤ 특별자치도지사, 시장, 군수 또는 구청장(자치구의 구청장을 말함)의 확인에 의하여 자기의 소유권을 증명하는 자는 건물에 대한 소유권보존등기를 신청할 수 있다.

해설 ① 건물의 소유권보존등기를 신청하는 경우에 그 대지 위에 여러 개의 건물이 있을 때에는 그 대지 위에 있는 건물의 **소재도**를 첨부정보로서 등기소에 제공하여야 한다. 다만, 건물의 표시를 증명하는 정보로서 건축물대장 정보를 등기소에 **제공한** 경우에는 그러하지 아니하다(**소재도를 제공할 필요가 없다**)(규칙 제121조 제3항).

② 예규 제1483호, 3-다-(2)

③ **등기권리자가 2인 이상**인 때에는 등기신청서에 그 지분을 기재하여야 하는 데 이는 통상 대장상의 지분을 기준으로 판단한다. 그러나 **대장상 소유명의인이 수인의 공유**로 등재되어 있으나 그 **공유지분의 표시가 없는 경우가 문제**되는데 "물건이 지분에 의하여 수인의 소유로 된 때에는 공유로 하고, 공유자의 지분은 **균등**한 것으로 추정한다(「민법」 제262조)"는 민법에 따라 **신청서에** 갑과 을의 공유지분이 각 1/2인 것으로 기재하여 소유권보존등기를 신청할 수 있다. 그러나 만약 **갑과 을의 실제 공유지분이 균등하지 않다면** ㉠ 공유자 전원이 작성한 **실제 공유지분을 증명하는 서면**(갑과 을이 공동으로 작성한 실제 공유지분을 증명하는 서면)과 ㉡ **실제의 지분이 균등하게 산정한 지분보다 적은 자의 인감증명**을 첨부하여 실제의 지분에 따른 소유권보존등기를 신청할 수 있다(선례 제5-260호).

④ 예규 제1483호, 3-라

⑤ 법 제65조 제4호

나. 직권

🔖 관련 조문

법 제66조[미등기부동산의 처분제한의 등기와 직권보존]

① 등기관이 (⊕ 등기능력 있는) 미등기부동산에 대하여 **법원의 촉탁**에 따라 **소유권의 처분제한의 등기를** 할 때에는 **직권**으로 소유권보존등기를 하고, 처분제한의 등기를 명하는 법원의 재판에 따라 소유권의 등기를 한다는 뜻을 기록하여야 한다.

② 등기관이 제1항에 따라 건물에 대한 소유권보존등기를 하는 경우에는 제65조를 적용하지 아니한다. 다만, 그 건물이 「건축법」상 사용승인을 받아야 할 건물임에도 **사용승인을 받지 아니**하였다면 그 사실을 **표제부**에 기록하여야 한다.

③ 제2항 단서에 따라 등기된 건물에 대하여 「건축법」상 **사용승인이 이루어진 경우**에는 그 건물 소유권의 등기명의인은 1개월 이내에 제2항 단서의 기록에 대한 **말소등기를** 신청하여야 한다.

📋 관련 예규

미등기 건물의 처분제한등기에 관한 업무처리지침[예규 제1469호]

1. (⊕ 등기능력 있는)미등기 건물에 대하여 **법원으로부터** (⊕ 소유권의) **처분제한의 등기촉탁이 있는 경우** 다음 각 호의 정보를 첨부정보로서 제공한 때 한하여 그 건물에 대한 소유권보존등기를 하고 처분제한에 의하여 소유권의 등기를 한다는 뜻을 기록한다.

   가. **소유자(채무자)의 주소 및 주민등록번호**(부동산등기용등록번호)를 **증명**하는 정보
   나. **법원에서 인정한 건물의 소재와 지번·구조·면적을 증명**하는 정보
      단, 구분건물의 일부 건물에 대한 처분제한의 등기촉탁의 경우에는 1동 건물의 전부에 대한 구조·면적을 증명하는 정보 및 1동 건물의 소재도, 각 층의 평면도와 구분한 건물의 평면도를 첨부정보로서 등기소에 제공하여야 한다(건물의 표시를 증명하는 정보로서 건축물대장 정보를 등기소에 제공한 경우에는 도면을 제공할 필요가 없다).

2. 위 1. 나. 단서와 같이 1동 건물의 일부 **구분건물**에 대하여 **처분제한등기 촉탁**이 있는 경우 등기관은 처분제한의 목적물인 구분건물(**일부 구분건물**)의 소유권보존등기와 나머지 구분건물의 **표시**에 관한 등기를 하여야 한다.
   (참조, 1동의 건물에 속하는 **구분건물 중 일부만에** 관하여 소유권보존등기를 신청하는 경우에는 **나머지 구분건물의 표시에 관한 등기를 동시에 신청**하여야 한다(법 제46조 제1항).)

3. 처분제한등기촉탁서에 건축법상 사용승인을 받아야 할 건물로서 사용승인을 받지 않았다는 뜻이 기록된 등기촉탁이 있는 경우에는 별지 1. 기록례주)와 같이 등기하고, 이후 사용승인이 이루어져 위 등기의 말소등기신청이 있는 경우에는 별지 2. 기록례주)와 같이 등기한다.

4. 위와 같은 처분제한등기의 촉탁에 의하여 등기관이 **직권**으로 소유권보존등기를 마쳤을 때에는 등기권리자에게 할 **등기완료통지**와 지방세법 제33조의 규정에 의한 **등록면허세미납통지**를 누락하지 않도록 한다 (⊕ 등기필정보 통지× / 등기완료통지○).

5. 이후 **동일 지상**에 다시 건물에 관한 소유권보존등기신청이 있는 경우에는 (중복등기를 방지하기 위해서)건물의 소재도 등 등기된 건물과 동일성이 인정되지 아니함을 소명하는 서면의 제출이 있는 경우에 한하여 등기한다.

6. 위 법원의 처분제한의 등기에는 경매개시결정의 등기, 가압류등기, 처분금지가처분등기뿐만 아니라 회생절차개시결정·파산선고(보전처분 포함)의 기입등기 및 주택임차권등기 및 상가건물임차권등기가 포함된다.

01 미등기 건물에 대한 처분제한의 등기촉탁에 따라 등기관이 직권으로 하는 소유권보존등기에 관한 다음 설명 중 가장 옳지 않은 것은?　　　　　　　　　　▶ 2019년 법무사

① 처분제한등기의 촉탁에 의하여 등기관이 직권으로 소유권보존등기를 마쳤을 때에는 등기권리자에게 등기완료통지를 하여야 한다.

② 법원의 처분제한의 등기에는 경매개시결정의 등기, 가압류등기, 처분금지가처분등기, 회생절차개시결정등기, 파산선고등기, 주택임차권등기 및 상가건물임차권등기가 포함된다.

③ 직권보존등기 이후에 동일 지상에 다시 건물에 관한 소유권보존등기신청이 있는 경우에는 건물의 소재도 등 등기된 건물과 동일성이 인정되지 아니함을 소명하는 서면의 제출이 있는 경우에 한하여 등기한다.

④ 구분건물의 일부 건물에 대한 처분제한의 등기촉탁의 경우에는 1동 건물의 전부에 대한 구조·면적을 증명하는 정보 및 1동 건물의 소재도, 각 층의 평면도와 구분한 건물의 평면도를 첨부정보로서 등기소에 제공하여야 한다.

⑤ 처분제한의 촉탁에 따라 직권으로 한 소유권보존등기는 보존등기 명의인의 말소신청, 그 말소등기의 이행을 명하는 확정판결 또는 처분제한을 발한 법원의 말소촉탁에 의하여 말소할 수 있다.

> **해설** ⑤ 1) 미등기 건물에 관하여 법원의 가처분등기촉탁에 의한 가처분등기를 함에 있어서 등기관이 「부동산등기법」 제66조의 규정에 의하여 **직권으로 한 소유권보존등기**는 보존등기 명의인의 **말소신청** 또는 그 **말소등기**의 이행을 명하는 **확정판결**에 의하여서만 말소될 수 **있고**
> 2) 가처분법원의 말소촉탁에 의하여 말소될 수는 **없는** 것이며, 가령 「부동산등기법」 제29조 제11호의 규정에 위반된 등기신청에 의하여 등기가 경료되었다 하더라도 그 등기는 동법 제29조 제1호 및 제2호에 해당하는 당연 무효의 등기는 아니므로 등기관이 **직권으로** 그 등기를 말소할 수는 **없다**(예규 제1353호).
>
> ① 처분제한등기의 촉탁에 의하여 등기관이 직권으로 소유권보존등기를 마쳤을 때에는 등기권리자에게 **등기필정보**를 작성·통지하지는 **않지만**(규칙 제54조 제1항 제4호), **등기완료통지**와 지방세법 제33조의 규정에 의한 **등록면허세미납통지는 하여야 한다**(예규 제1469호, 4).
> ② 예규 제1469호, 6
> ③ 예규 제1469호, 5, 이는 중복등기를 방지하기 위한 하나의 방편이다.
> ④ 예규 제1469호, 1-나

정답 ┝━ 01 ⑤

02 미등기 건물의 직권보존등기에 관한 다음 설명 중 가장 옳지 않은 것은?

▸ 2019년 등기주사보

① 부속건물을 독립건물로 소유권보존등기를 신청하기 위해서는 주된 건물과 부속건물의 건축물대장이 별도로 작성되어 있어야 한다.

② 미등기 건물의 직권보존등기의 원인이 된 처분제한의 신청이 취하되어 처분제한등기의 말소등기를 촉탁한 경우 등기관은 처분제한등기와 함께 보존등기도 말소하여야 한다.

③ 건축법상 사용승인을 받아야 함에도 사용승인을 받지 않은 건물에 대하여 직권보존등기를 할 때에는 사용승인을 받지 아니한 사실을 표제부에 기록한다.

④ 건축사법상 건축사나 공간정보의 구축 및 관리 등에 관한 법률상 측량기술자가 작성한 서면은 신뢰성에 문제가 있기 때문에 부동산등기규칙 제121조 제2항에서 말하는 '건물의 표시를 증명하는 건축물대장 정보나 그 밖의 정보'가 될 수 없다.

해설 ② 미등기 건물에 관하여 법원의 가처분등기촉탁에 의한 가처분등기를 함에 있어서 등기관이 「부동산등기법」 제66조의 규정에 의하여 **직권**으로 한 **소유권보존등기**는 보존등기 명의인의 **말소신청** 또는 그 **말소등기**의 이행을 명하는 **확정판결**에 의하여서만 말소될 수 **있다**(예규 제1353호). 따라서 처분제한등기의 말소등기촉탁이 있더라도 소유권보존등기는 별도로 신청하여 말소하지 않는 한 말소되지 아니한다.

① 주된 건물의 사용에 제공되는 **부속건물은 주된 건물의 건축물대장**에 부속건물로 등재하여 1개의 건물로 소유권보존등기를 함이 원칙이나, 소유자가 주된 건물과 분리하여 **별도의 독립건물**로 소유권보존등기를 신청할 수도 있다. 다만 부속건물을 독립건물로 소유권보존등기를 신청하기 위해서는 주된 건물과 부속건물의 건축물대장이 각각 별도로 작성되어 있어야 한다(예규 제902호).

③ 법 제66조 제2항

④ 미등기 건물에 대하여 집행법원이 처분제한의 등기를 촉탁할 때에는 **법원에서 인정한 건물의 소재와 지번·구조·면적을 증명하는 정보**를 첨부정보로서 제공하여야 하는바, **건축물대장정보**나 특별자치시장, 특별자치도지사, 시장, 군수 또는 구청장(자치구의 구청장을 말한다)이 발급한 **확인서**와 「민사집행법」 제81조 제4항에 따라 작성된 집행관의 조사서면은 이에 해당하지만, 「건축사법」에 따라 업무를 수행하는 **건축사,** 「공간정보의 구축 및 관리 등에 관한 법률」에 따라 업무를 수행하는 **측량기술자** 또는 「감정평가 및 감정평가사에 관한 법률」에 따라 업무를 수행하는 **감정평가사**가 작성한 서면은 이에 해당되지 **아니한다**(선례 제202001-3호).

03 미등기부동산에 대하여 법원의 촉탁에 따라 소유권의 처분제한의 등기를 하는 경우에 관한 다음 설명 중 가장 옳지 않은 것은? ▸ 2017년 등기주사보

① 등기관이 미등기부동산에 대하여 법원의 촉탁에 따라 소유권의 처분제한의 등기를 할 때에는 직권으로 소유권보존등기를 하여야 한다.

② 처분제한등기의 촉탁 시 소유자의 주소 및 주민등록번호(부동산등기용등록번호)를 증명하는 정보가 첨부정보로서 제공되어야 한다.

③ 처분제한등기의 촉탁 시 법원에서 인정한 건물의 소재와 지번·구조·면적을 증명하는 정보가 첨부정보로서 제공되어야 한다.

④ 등기관은 처분제한의 등기를 마쳤을 때에는 등기필정보를 작성하여 등기권리자에게 통지하여야 한다.

해설 ④ 처분제한등기의 촉탁에 의하여 등기관이 직권으로 소유권보존등기를 마쳤을 때에는 등기권리자에게 **등기필정보를** 작성·통지하지는 **않지만**, 등기완료통지와 지방세법 제33조의 규정에 의한 **등록면허세미납통지는 하여야 한다**(예규 제1469호, 4).

① 법 제66조 제1항
② 예규 제1469호, 1-가
③ 예규 제1469호, 1-나

02 축사

관련 조문

축사의 부동산등기에 관한 특례법

제1조(목적)

이 법은 개방형 축사의 부동산등기에 관한 특례를 규정하여 개방형 축사에 대한 재산권 보장과 거래의 안전을 목적으로 한다.

제2조(정의)

이 법에서 "개방형 축사"란 소(牛)의 질병을 예방하고 통기성을 확보할 수 있도록 둘레에 벽을 갖추지 아니하고 소를 사육하는 용도로 사용할 수 있는 건축물을 말한다.

제3조(등기 요건)

다음 각 호의 요건을 모두 갖춘 개방형 축사는 건물로 본다.

1. 토지에 견고하게 정착되어 있을 것
2. 소를 사육할 용도로 계속 사용할 수 있을 것 (🏢 돈사✕ / 버섯재배사✕)
3. 지붕과 견고한 구조를 갖출 것(🏢 주벽✕)
4. 건축물대장에 축사로 등록되어 있을 것
5. 연면적이 100제곱미터를 초과할 것(🏢 부속건물 포함)

제4조(부동산등기)

제3조 각 호의 요건을 모두 갖춘 개방형 축사는 「부동산등기법」에서 정하는 절차에 따라 건물등기부에 등기할 수 있다.

제5조(대법원규칙)

이 법의 시행에 필요한 사항은 대법원규칙으로 정한다.

축사의 부동산등기에 관한 특례규칙

제1조(목적)

이 규칙은 「축사의 부동산등기에 관한 특례법」(이하 "법"이라 한다)의 위임에 따라 그 시행에 필요한 사항을 규정함을 목적으로 한다.

제2조(축사의 보존등기)

① 법 제4조에 따라 개방형 축사의 소유권보존등기를 신청하는 경우에는 **신청서**에 법에 따라 등기를 신청한다는 뜻을 적어야 한다.
② 제1항에 따라 등기를 할 경우 등기관은 등기기록 중 **표제부**에 법에 따른 등기임을 기록한다.

제3조(제출서면)

① 제2조 제1항의 등기를 신청하는 경우에는 신청서에 <u>건물의 표시를 증명하는 건축물대장등본을 (➏ 반드시) 첨부</u>하여야 한다.

② 법 제3조 제2호의 "<u>소를 사육할 용도로 계속 사용할 수 있을 것</u>"을 소명하기 위하여 다음 각 호의 어느 하나를 제출하여야 한다. 다만, 건축물대장등본에 의하여 등기할 건축물의 용도가 개방형 축사임을 알 수 있는 경우에는 <u>그러하지 아니</u>하다.

    1. 건축허가신청서나 건축신고서의 사본(건축사가 작성한 축사 설계도 또는 「건축법」 제23조 제4항 및 「표준설계도서 등의 운영에 관한 규칙」 제3조에 따른 축사 표준설계도서가 첨부된 것에 한한다)

    2. <u>그 밖에 건축물의 용도가 개방형 축사임을 알 수 있는 시·구·읍·면의 장이 작성한 서면</u>

🔖 관련 예규

개방형 축사의 소유권보존등기에 관한 예규(예규 제1587호)

제1조(목적)

이 예규는 「축사의 부동산등기에 관한 특례법」(이하 "특례법"이라 한다)에 따른 등기신청서의 양식과 기록례를 정함을 목적으로 한다.

제2조(축사의 보존등기)

① 특례법 제4조에 따른 개방형 축사의 소유권보존등기 <u>신청서에는</u> <u>특례법에 따른 건물소유권보존등기신청을 하는 뜻을 적고, 신청근거규정으로 특례법 제4조와 「부동산등기법」 제65조 각 호의 어느 하나에 해당하는 규정</u>을 같이 적어야 한다.

② 제1항에 따라 등기를 할 경우 등기관은 등기기록 중 <u>표제부의 등기원인 및 기타사항란에 특례법에 따른 등기임을 기록</u>한다.

01 **축사의 부동산등기에 관한 특례법에 따른 개방형 축사의 소유권보존등기에 관한 다음 설명 중 가장 옳지 않은 것은?** ▸ 2018년 법무사 변경

① 개방형 축사의 소유권보존등기를 할 경우 등기관은 등기기록 중 표제부의 등기원인 및 기타사항란에 축사의 부동산등기에 관한 특례법에 따른 등기임을 기록한다.

② 1개의 건축물대장에 주된 건물인 축사와 그 축사의 사용에 제공하기 위해 부속하게 한 퇴비사, 착유사 등이 등록되어 있는 경우에도 축사와 부속건물의 연면적이 100㎡를 초과한다면 축사의 소유권보존등기를 신청할 수 있다.

③ 개방형 축사의 소유권보존등기 신청서에는 건물의 표시를 증명하는 건축물대장 등본을 첨부하여야 하는 데 건축물대장 등본을 첨부하지 못하는 경우, "소를 사육할 용도로 계속 사용할 수 있을 것"을 소명하기 위하여 건축허가신청서나 건축신고서의 사본(건축사가 작성한 축사설계도 등), 그 밖에 건축물의 용도가 개방형 축사임을 알 수 있는 시장·군수·구청장이 작성한 서면 중 어느 하나를 제출하여야 한다.

④ 개방형 축사는 소의 질병을 예방하고 통기성을 확보할 수 있도록 둘레에 벽을 갖추지 아니하고 소를 사육하는 용도로 사용할 수 있는 건축물을 말한다.

⑤ 하나의 대지 위에 2개 이상의 축사가 건축되어 총괄표제부가 작성되고 건축물대장도 각각 별개로 작성된 경우에는 각각의 건축물대장별로 축사의 소유권보존등기를 신청하여야 한다.

해설 ③ 신청서에 건물의 표시를 증명하는 건축물대장등본을 (🌐 반드시) 첨부하여야 한다(축사의 부동산등기에 관한 특례규칙 제3조 제1항).

① 예규 제1587, 2-②

②⑤ 1) 1개의 건물로서 건축물대장의 건축물현황에 일부 용도는 축사로, 일부는 퇴비사 또는 착유사 등으로 등록되어 있는 경우에도 그 건물의 연면적이 「축사의 부동산등기에 관한 특례법」상 요건인 100제곱미터를 초과한다면 축사의 소유권보존등기를 신청할 수 있다.

2) 또한 1개의 건축물대장에 주된 건물인 축사와 그 축사의 사용에 제공하기 위해 부속하게 한 퇴비사, 착유사 등이 등록되어 있는 경우에도 축사와 부속건물의 연면적이 100제곱미터를 초과한다면 축사의 소유권보존등기를 신청할 수 있다.

3) 다만, 하나의 대지 위에 2개 이상의 축사가 건축되어 총괄표제부가 작성되고 건축물대장도 각각 별개로 작성된 경우에는 각각의 건축물대장별로축사의 소유권보존등기를 신청하여야 하며, 위 특례법상 연면적 기준도 각각의 건축물대장별로 개별적으로 판단하여야 하므로, 개별 건축물대장에 등록된 축사의 연면적이 100제곱미터를 초과하지 못한다면 위 특례법에 의한 축사의 소유권보존등기를 신청할 수 없다(선례 제201011-1호).

④ 축사의 부동산등기에 관한 특례법 제2조

02 축사의 부동산등기에 관한 특례법에 따른 개방형 축사의 보존등기에 관한 다음 설명 중 가장 옳은 것은?

▶ 2018년 등기주사보 변경

① 개방형 축사에 대한 보존등기를 신청할 때에는 이 법에 따라 등기를 신청한다는 뜻과 신청 근거규정으로 같은 법 제4조 및 법 제65조 각 호의 어느 하나에 해당하는 규정을 신청정보의 내용으로 등기소에 제공하여야 하며, 등기관은 갑구의 등기원인에 이 법에 따른 등기임을 기록한다.

② 이 특례법에 따른 소유권보존등기 시에는 규칙 제121조 제2항의 건물의 표시를 증명하는 건축물대장정보나 그 밖의 정보를 제공하여야 한다.

③ 1개의 건축물대장에 주된 건물인 축사와 그 축사의 사용에 제공하기 위해 부속하게 한 퇴비사, 착유사 등이 등록되어 있는 경우 축사와 부속건물의 연면적 합이 100제곱미터를 초과한다면 보존등기를 할 수 있는 것으로 보고 있다.

④ 건축물대장정보에 의하여 등기할 건축물의 용도가 개방형 축사임을 알 수 없는 경우에는 시·구·읍·면의 장이 작성한 서면을 제공하지 않아도 된다.

해설 ③ 1) 1개의 건물로서 건축물대장의 건축물현황에 일부 용도는 축사로, 일부는 퇴비사 또는 착유사 등으로 등록되어 있는 경우에도 그 건물의 연면적이 「축사의 부동산등기에 관한 특례법」상 요건인 100제곱미터를 초과한다면 축사의 소유권보존등기를 신청할 수 있다.

2) 또한 1개의 건축물대장에 주된 건물인 축사와 그 축사의 사용에 제공하기 위해 부속하게 한 퇴비사, 착유사 등이 등록되어 있는 경우에도 축사와 부속건물의 연면적이 100제곱미터를 초과한다면 축사의 소유권보존등기를 신청할 수 있다.

3) 다만, 하나의 대지 위에 2개 이상의 축사가 건축되어 총괄표제부가 작성되고 건축물대장도 각각 별개로 작성된 경우에는 각각의 건축물대장별로 축사의 소유권보존등기를 신청하여야 하며, 위 특례법상 연면적 기준도 각각의 건축물대장별로 개별적으로 판단하여야 하므로, 개별 건축물대장에 등록된 축사의 연면적이 100제곱미터를 초과하지 못한다면 위 특례법에 의한 축사의 소유권보존등기를 신청할 수 없다(선례 제201011-1호).

① 특례법 제4조에 따른 개방형 축사의 소유권보존등기 신청서에는 특례법에 따른 건물소유권보존등기신청을 하는 뜻을 적고, 신청근거규정으로 특례법 제4조와 「부동산등기법」 제65조 각 호의 어느 하나에 해당하는 규정을 같이 적어야 한다. 등기를 할 경우 등기관은 등기기록 중 표제부의 등기원인 및 기타사항란에 특례법에 따른 등기임을 기록한다(예규 제1587호, 2).

② 신청서에 건물의 표시를 증명하는 건축물대장등본을 (⊕ 반드시) 첨부하여야 한다(축사의 부동산등기에 관한 특례규칙 제3조 제1항). 따라서 대장정보 없이 그 밖의 정보를 제공하여 축사등기를 할 수는 없다.

④ 건축물대장정보에 의하여 등기할 건축물의 용도가 개방형 축사임을 알 수 없는 경우에는 시·구·읍·면의 장이 작성한 서면을 제공하여야 한다(축사의 부동산등기에 관한 특례규칙 제3조 제2항).

정답 ↩ 01 ③   02 ③

03 축사의 부동산등기에 관한 특례법에 따른 개방형 축사의 소유권보존등기에 관한 다음 설명 중 옳은 것은?

▸ 2016년 법원사무관 변경

① 등기관이 개방형 축사에 대한 소유권보존등기를 실행할 때에는 등기기록 중 갑구의 소유권보존등기 끝부분에 이 특례법에 따른 등기임을 기록하여야 한다.

② 이 특례법에 따라 소유권보존등기를 신청할 수 있는 개방형 축사는 연면적이 100㎡를 초과하여야 하므로, 축사 자체의 연면적이 100㎡ 이하라면 비록 부속건물인 퇴비사가 존재하여 축사와 부속건물의 연면적의 합이 100㎡를 초과하더라도 이 특례법에 따른 소유권보존등기를 할 수 없다.

③ 이 특례법에 따라 소유권보존등기를 신청할 수 있는 개방형 축사는 견고한 구조를 갖추고 있어야 하나, 통기성을 확보하기 위하여 지붕은 없어도 된다.

④ 이 특례법에 따라 개방형 축사에 대한 소유권보존등기를 신청할 때에 첨부정보로서 제공하여야 하는 건물의 표시를 증명하는 정보는 반드시 건축물대장정보이어야 한다.

해설 ④ 신청서에 **건물의 표시를 증명**하는 건축물대장등본을 (🌐 **반드시**) **첨부**하여야 한다(축사의 부동산등기에 관한 특례규칙 제3조 제1항). 따라서 대장정보 없이 그 밖의 정보를 제공하여 축사등기를 할 수는 없다.

① 축사의 특례법에 따른 등기를 할 경우 등기관은 등기기록 중 **표제부의 등기원인 및 기타사항**란에 특례법에 따른 등기임을 기록한다(예규 제1587호, 2).

② 1개의 건축물대장에 주된 건물인 축사와 그 축사의 사용에 제공하기 위해 **부속하게 한 퇴비사, 착유사** 등이 등록되어 있는 경우에도 축사와 부속건물의 연면적이 **100제곱미터를 초과**한다면 축사의 소유권보존등기를 신청할 수 있다(선례 제201011-1호).

③ 통기성 확보를 위해 주벽이 없어도 되는 것이지, 지붕은 있어야 한다(축사의 부동산등기에 관한 특례법 제3조 제3호).

정답 03 ④

03 구분건물

가. 소유권보존등기

📖 **관련 조문**

집합건물의 소유 및 관리에 관한 법률[약칭 : 집합건물법]

제1조(건물의 구분소유)

1동의 건물 중 구조상 구분된 여러 개의 부분이 독립한 건물로서 사용될 수 있을 때에는 그 각 부분은 이 법에서 정하는 바에 따라 각각 소유권의 목적으로 할 수 있다.

제2조(정의)

이 법에서 사용하는 용어의 뜻은 다음과 같다.

1. "**구분소유권**"이란 제1조 또는 제1조의2에 규정된 건물부분[제3조 제2항 및 제3항에 따라 공용부분으로 된 것은 제외한다]을 목적으로 하는 소유권을 말한다.
2. "**구분소유자**"란 구분소유권을 가지는 자를 말한다.
3. "**전유부분**"이란 구분소유권의 목적인 건물부분을 말한다.
4. "**공용부분**"이란 전유부분 외의 건물부분, 전유부분에 속하지 아니하는 건물의 부속물 및 제3조 제2항 및 제3항에 따라 공용부분으로 된 부속의 건물을 말한다.
5. "**건물의 대지**"란 전유부분이 속하는 1동의 건물이 있는 토지(⊞ 법정대지) 및 제4조에 따라 건물의 대지로 된 토지(⊞ 규약상대지)를 말한다.
6. "**대지사용권**"이란 구분소유자가 전유부분을 소유하기 위하여 건물의 대지에 대하여 가지는 권리(⊞ 소유권·지상권·전세권·임차권)를 말한다.

제3조(공용부분)

① 여러 개의 전유부분으로 통하는 복도, 계단, 그 밖에 구조상 구분소유자 전원 또는 일부의 공용에 제공되는 건물부분(**구조상 공용부분**)은 구분소유권의 목적으로 할 수 없다(⊞ 즉 **구조상 공용부분**은 등기능력이 인정되지 않아 별도로 소유권보존등기의 대상이 될 수 없다.).
② 제1조 또는 제1조의2에 규정된 건물부분과 부속의 건물은 규약으로써 공용부분으로 정할 수 있다(**규약상 공용부분**)(⊞ 이 경우 **규약을 제공**하여야 한다).
③ 제1조 또는 제1조의2에 규정된 건물부분의 전부 또는 부속건물을 소유하는 자는 공정증서(공정증서)로써 제2항의 규약에 상응하는 것을 정할 수 있다.
④ 제2항과 제3항의 경우에는 (규약상) 공용부분이라는 취지를 등기하여야 한다.

제4조(규약에 따른 건물의 대지)

① 통로, 주차장, 정원, 부속건물의 대지, 그 밖에 전유부분이 속하는 1동의 건물 및 그 건물이 있는 토지와 하나로 관리되거나 사용되는 토지는 규약으로써 건물의 대지로 할 수 있다(**규약상 대지**)(⊞ 이 경우 **규약을 제공**하여야 한다).
② 이하 생략

제10조(공용부분의 귀속 등)

① **공용부분**은 구분소유자 전원의 공유에 속한다. 다만, 일부의 구분소유자만이 공용하도록 제공되는 것임이 명백한 공용부분(이하 "일부공용부분"이라 한다)은 그들 구분소유자의 공유에 속한다.

② 제1항의 공유에 관하여는 제11조부터 제18조까지의 규정에 따른다. 다만, 제12조, 제17조에 규정한 사항에 관하여는 규약으로써 달리 정할 수 있다.

제11조(공유자의 사용권)

각 공유자는 공용부분을 그 용도에 따라 사용할 수 있다.

제12조(공유자의 지분권)

① 각 공유자의 지분은 그가 가지는 전유부분의 면적비율에 따른다.

② 제1항의 경우 일부공용부분으로서 면적이 있는 것은 그 공용부분을 공용하는 구분소유자의 전유부분의 면적비율에 따라 배분하여 그 면적을 각 구분소유자의 전유부분 면적에 포함한다.

제13조(전유부분과 공용부분에 대한 지분의 일체성)

① **공용부분에 대한 공유자의 지분**은 그가 가지는 전유부분의 처분에 따른다.

② 공유자는 그가 가지는 전유부분과 분리하여 공용부분에 대한 지분을 처분할 수 없다.

③ 공용부분에 관한 물권의 득실변경(得失變更)은 등기가 필요하지 아니하다.

제20조(전유부분과 대지사용권의 일체성)

① **구분소유자의 대지사용권**은 그가 가지는 **전유부분의 처분에 따른다.**

② 구분소유자는 그가 가지는 **전유부분과 분리하여 대지사용권을 처분할 수 없다.** 다만, **규약으로써 달리 정**한 경우에는 그러하지 아니하다(⊞ 규약을 정하여 전유부분과 대지사용권을 분리처분할 수 있도록 정할 수 있으며, 이 경우 **규약을 제공**하여야 한다).

③ 이하 생략

제21조(전유부분의 처분에 따르는 대지사용권의 비율)

① 구분소유자가 둘 이상의 전유부분을 소유한 경우에는 각 전유부분의 처분에 따르는 **대지사용권은 제12조**에 규정된 비율(⊞ **전유부분의 면적비율**)에 따른다. 다만, **규약으로써 달리 정할 수 있다**(⊞ 이 경우 **규약을 제공**하여야 한다).

② 이하 생략

🔖 관련 예규

법 제46조[구분건물의 표시에 관한 등기]

① 1동의 건물에 속하는 구분건물 중 일부만에 관하여 소유권보존등기를 신청하는 경우에는 **나머지** 구분건물의 표시에 관한 등기를 동시에 신청하여야 한다.

② 제1항의 경우에 **구분건물의 소유자는 1동에 속하는 다른 구분건물의 소유자를 대위**하여 그 건물의 표시에 관한 등기를 신청할 수 있다.

③ **구분건물이 아닌 건물로 등기된** 건물에 접속하여 구분건물을 신축한 경우에 그 신축건물의 소유권보존등기를 신청할 때에는 구분건물이 아닌 건물을 **구분건물로 변경**하는 건물의 표시변경등기를 **동시**에 신청하여야 한다. 이 경우 제2항을 준용한다.

규칙 제46조[첨부정보]

② 구분건물에 대하여 **대지권의 등기**를 신청할 때 다음 각 호의 어느 하나에 해당되는 경우에는 해당 **규약**이나 **공정증서**를 첨부정보로서 등기소에 제공하여야 한다.

1. 대지권의 목적인 토지가 「집합건물의 소유 및 관리에 관한 법률」 제4조에 따른 건물의 대지인 경우(**규약상 대지**)
2. 각 구분소유자가 가지는 대지권의 비율이 「집합건물의 소유 및 관리에 관한 법률」 제21조 제1항 단서 및 제2항에 따른 비율인 경우(**구분소자가 둘 이상의 전유부분을 소유하는 경우 대지권의 비율이 전유부분의 면적비율에 따르지 아니한 경우**)
3. 건물의 소유자가 그 건물이 속하는 1동의 건물이 있는 「집합건물의 소유 및 관리에 관한 법률」 제2조 제5호에 따른 건물의 대지(**법정대지 및 규약상대지**)에 대하여 가지는 대지사용권이 대지권이 아닌 경우(**규약으로 전유부분과 대지사용권을 분리처분을 할 수 있도록 정한 경우**)

> ① 규약상 공용부분에 관한 사항(「집합건물법」 제3조 제2항)
> ② 규약상 대지에 관한 사항(「집합건물법」 제4조 제1항)
> ③ 전유부분과 분리하여 대지사용권을 처분할 수 있다는 내용(「집합건물법」 제20조 제2항 단서)
> ④ 대지권의 비율이 전유부분의 면적비율과 다른 경우(「집합건물법」 제21조)
> ⑤ 공용부분의 공유지분에 관한 사항(「집합건물법」 제10조 제2항 단서, 제12조)

법 제40조[등기사항]

③ 구분건물에 「집합건물의 소유 및 관리에 관한 법률」 제2조 제6호의 대지사용권으로서 건물과 분리하여 처분할 수 없는 것[이하 "대지권"이라 한다]이 있는 경우에는 등기관은 제2항에 따라 기록하여야 할 사항 외에 **1동 건물의 등기기록의 표제부에 대지권의 목적인 토지의 표시에 관한 사항을 기록하고 전유부분의 등기기록의 표제부에는 대지권의 표시에 관한 사항을 기록**하여야 한다.

④ 등기관이 제3항에 따라 대지권등기를 하였을 때에는 **직권으로 대지권의 목적인 토지의 등기기록**에 소유권, 지상권, 전세권 또는 임차권이 **대지권이라는 뜻을 기록**하여야 한다.

법 제61조[구분건물의 등기기록에 대지권등기가 되어 있는 경우]

① 대지권을 등기한 후에 한 건물의 권리에 관한 등기는 대지권에 대하여 동일한 등기로서 효력이 있다. 다만, 그 등기에 건물만에 관한 것이라는 뜻의 부기가 되어 있을 때에는 그러하지 아니하다.

② 제1항에 따라 대지권에 대한 등기로서의 효력이 있는 등기와 대지권의 목적인 토지의 등기기록 중 해당 구에 한 등기의 순서는 접수번호에 따른다.

③ **대지권이 등기된 구분건물의 등기기록**에는 **건물만에 관한 소유권이전등기 또는 저당권설정등기, 그 밖에 이와 관련이 있는 등기를 할 수 없다.**

④ **토지의 소유권이 대지권인 경우에 대지권이라는 뜻의 등기가 되어 있는 토지의 등기기록**에는 소유권이전등기, 저당권설정등기, 그 밖에 이와 관련이 있는 등기를 할 수 **없다.**

⑤ 지상권, 전세권 또는 임차권이 대지권인 경우에는 제4항을 준용한다.

규칙 제90조[별도의 등기가 있다는 뜻의 기록]

① 제89조에 따라 대지권의 목적인 토지의 등기기록에 대지권이라는 뜻의 등기를 한 경우로서 그 토지 등기기록에 소유권보존등기나 소유권이전등기 외의 소유권에 관한 등기 또는 소유권 외의 권리에 관한 등기가 있을 때에는 등기관은 그 **건물의 등기기록 중 전유부분 표제부에 토지 등기기록에 별도의 등기가 있다는 뜻을 (직권으로) 기록**하여야 한다. 다만, 그 등기가 소유권 이외의 대지권의 등기인 경우 또는 제92조 제2항에 따라 말소하여야 하는 저당권의 등기인 경우에는 그러하지 아니하다.

② 토지 등기기록에 대지권이라는 뜻의 등기를 한 후에 그 토지 등기기록에 관하여만 새로운 등기를 한 경우에는 제1항을 준용한다.

③ 토지 등기기록에 별도의 등기가 있다는 뜻의 기록의 전제가 된 등기가 말소되었을 때에는 등기관은 그 뜻의 기록도 (🅱 직권으로) 말소하여야 한다.

규칙 제92조(대지권의 변경 등)

① 제91조 제2항의 등기(🅱 대지권의 등기)를 하는 경우에 건물에 관하여 소유권보존등기와 소유권이전등기 외의 소유권에 관한 등기 또는 소유권 외의 권리에 관한 등기가 있을 때에는 그 등기(건물의 등기기록 중 갑구 또는 을구)에 건물만에 관한 것이라는 뜻을 기록하여야 한다. 다만, 그 등기가 저당권에 관한 등기로서 대지권에 대한 등기와 등기원인 그 연월일과 접수번호가 같은 것일 때에는 그러하지 아니하다.

② 제1항 단서의 경우에는 대지권에 대한 저당권의 등기를 말소하여야 한다.

③ 제2항에 따라 말소등기를 할 때에는 같은 항에 따라 말소한다는 뜻과 그 등기연월일을 기록하여야 한다.

집합건물의 등기에 관한 업무처리지침(예규 제1470호)

1. 목적

   이 예규는 집합건물의 등기에 관하여 필요한 사항을 규정함을 목적으로 한다.

2. 집합건물의 등기신청 시 첨부하는 규약 또는 공정증서

   가. 구분소유자가 갖는 대지사용권의 비율이 전유부분의 면적의 비율과 다소 다르다고 하더라도 그것이 단수처리에 의한 결과임이 명백한 경우에는 그 비율을 정하는 내용의 공정증서의 제출이 없어도 무방하다.

   나. 건물의 대지에 해당하는 토지의 소유자가 1동의 건물을 신축하여 그에 속하는 전유부분의 처분에 따른 대지사용권의 비율을 정하는 경우로서 그 비율의 합이 1이 되지 아니하더라도 그 비율이 공정증서에 의하여 명백히 나타나는 한 나머지 지분비율을 전유부분과 분리 처분할 수 있다는 내용의 공정증서를 작성하지 아니하여도 무방하다.

   다. 규약상 공용부분이 1동의 건물을 구분한 건물인 경우에는 그 공용부분이 해당 1동의 건물의 구분소유자의 소유에 속하거나 수동의 건물의 구분소유자에 속하는 것을 불문하고 해당 1동의 건물에 대한 공정증서 중에 그 내용이 포함되어 있으면 족하다. 그러나 규약상 공용부분이 1동의 건물을 구분한 건물이 아닌 독립한 건물인 경우로서 1동의 건물의 구분소유자의 소유에만 속하는 때에는 해당 1동의 건물에 대한 공정증서 중에 그 내용이 포함되어 있으면 족하나, 수동의 건물의 구분소유자의 소유에 속하는 때(즉, 단지 공용부분인 때)에는 그 건물에 대한 공정증서는 별도로 작성된 것이어야 한다.

3. 대지권 변경등기

   가. 신청인

   대지권설정규약에 의하여 대지권이 아닌 것이 대지권으로 되거나, 분리처분 가능 규약의 설정 또는 규약상 대지로 정한 규약의 폐지에 의하여 대지권이 대지권이 아닌 것으로 된 경우에 대지권의 표시에 관한 건물의 표시변경등기는 당해 구분소유자 전원이 신청하거나 일부가 다른 구분소유자를 대위하여 일괄 신청하여야 한다.

   나. 일부 토지만이 대지권의 목적인 때

   1동의 건물의 대지 중 일부 토지만이 대지권의 목적인 때에는 건물의 표시란에 대지권의 목적인 토지의 표시를 함에 있어서 그 토지만을 기록하여 대지권의 등기를 하여야 한다. 이 경우 대지권의 목적이 아닌 토지는 1동의 건물의 표시를 함에 있어 소재지로서 기록하여야 한다.

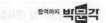

다. 구분소유자들이 대지 중 각각 일부 토지에만 대지사용권을 갖는 경우

구분소유자들이 1동의 건물의 대지 중 **각각 일부의 토지에 대하여 대지사용권을 갖는 경우**에는 각 구분소유자별로 일부 토지만을 목적으로 하는 대지권의 등기를 하여야 한다. 이 경우 <u>1동의 건물의 표제부 중 대지권의 목적인 토지의 표시란에 **대지권의 목적인 토지의 표시**를 함에 있어서는 **토지 전부**를 기록하여야 한다.</u>

라. 토지등기부에 별도의 등기가 있다는 뜻의 기록

(1) 대지권등기 시 그 토지에 소유권보존등기 또는 소유권이전등기 이외의 소유권에 관한 등기 또는 소유권 이외의 권리에 관한 등기가 있는 경우, 토지등기기록에 별도의 등기가 있다는 뜻의 기록(규칙 제90조)은 전유부분의 표제부 중 대지권의 표시란에 한다. 이때 그 뜻의 등기 및 말소등기는 그 내용을 특정하여 기록(갑구 또는 을구 ○번 ○○등기)하여야 한다.

(2) 저당권설정등기 등이 경료된 토지에 대하여 대지권의 등기가 이루어지고 그 저당권설정등기 등의 효력이 구분소유자 전부에 대하여 미치는 것으로서 전유부분 표제부 중 대지권의 표시란에 별도의 등기가 있다는 뜻이 기록된 후, 일부 구분소유자의 대지권인 공유지분에 대하여 저당권 등이 소멸됨에 따라 저당권 등의 변경등기를 할 때에는 별지 2 기록례주)와 같이 누구(특정 구분건물의 소유자) 지분에 대하여 저당권 등이 소멸되었는지 여부를 명확히 기록하고, 그 전유부분의 표제부 중 대지권의 표시란에 기록된 별도의 등기가 있다는 뜻의 기록을 말소하여야 한다.

(3) 종전 규정에 의하여 1동의 건물 표제부에 경료된 별도의 등기가 있다는 뜻의 기록 중 등기관의 형식적 심사에 의하여 전유부분별로 효력이 있는지 여부를 구분할 수 있는 경우에는 이를 말소하고 전유부분 표제부의 대지권표시란에 별도의 등기가 있다는 뜻의 기록을 할 수 있다. 이때 기록방법은 별지 3의 기록례주)에 따른다.

4. 집합건물에 대한 저당권등기

가. 대지권을 등기한 건물에 대한 저당권설정등기 후 대지권의 변경등기를 신청하는 경우

<u>**대지권을 등기한 건물**에 대한 **저당권설정**등기를 신청하는 경우에 1개의 구분 건물과 대지권의 목적인 토지는 그 전부를 1개의 부동산으로 본다.</u>

나. 구분건물과 그 대지권의 어느 일방에만 설정되어 있는 저당권의 추가담보로써 다른 일방을 제공하려는 경우

(1) <u>대지에 관하여 이미 저당권이 설정</u>되어 있는 상태에서 대지권의 등기를 하고, 그와 아울러 또는 그 후에 <u>구분건물에 관하여 동일채권의 담보를 위한 저당권을 추가설정하려는 경우에는, **구분건물과 대지권을 일체로** 하여 그에 관한 **추가저당권설정등기의 신청**을 할 수 있다.</u>

(2) 위 추가저당권설정등기를 신청하는 경우에는 구분건물 외에 그 대지권의 표시에 관한 사항(규칙 제119조 제1항)과 대지에 관하여 설정된 종전의 저당권등기를 표시하는 사항을 신청정보의 내용으로 제공하여야 한다(규칙 제134조).

(3) 위 추가저당권설정의 등기는 구분건물에 관한 등기의 일반원칙에 따라 구분건물의 등기기록 을구에만 이를 기록하고, 대지권의 목적인 토지에 관하여 설정된 종전의 저당권등기에 저당권담보추가의 부기등기를 할 필요는 없다.

(4) 위 (1)과 반대로 구분건물에 관하여 먼저 저당권이 설정되고 새로 건물의 대지권의 목적이 된 토지에 관하여 동일채권의 담보를 위한 저당권을 추가설정하려는 경우에도 위 (1) 및 (2)에 준하여 처리한다. 이 경우에는 그 추가저당권설정의 등기는 구분건물 등기기록의 을구에만 이를 기록하고, 토지의 등기기록에는 별도의 기록을 할 필요가 없으며, 구분건물 등기의 기록례는 별지 4주)와 같다.

01 구분건물의 소유권보존등기에 관한 다음 설명 중 가장 옳지 않은 것은?

▸ 2020년 등기서기보, 2018년 법원사무관

① 1동의 건물에 속하는 구분건물 중 일부만에 관하여 보존등기를 신청하는 경우에는 나머지 구분건물의 표시에 관한 등기를 동시에 신청하여야 한다.

② 구분건물이 아닌 건물로 등기된 건물에 접속하여 구분건물을 신축한 경우 그 보존등기를 신청할 때에는 구분건물이 아닌 건물을 구분건물로 변경하는 건물의 표시변경등기를 동시에 신청하여야 한다.

③ 구분소유자가 2개 이상의 전유부분을 소유한 때에 그 각 전유부분의 처분에 따르는 대지사용권이 전유부분의 면적비율에 따르지 않을 경우에는 이에 관한 규약 또는 공정증서를 제공하여야 한다.

④ 1동의 건물의 대지 중 일부 토지만이 대지권의 목적인 때에도 1동 건물의 표제부에 대지권의 목적인 토지의 표시를 함에 있어서는 1동 건물의 대지 전부를 기록하여 대지권의 등기를 하여야 한다.

해설 ④ 1) 1동의 건물의 대지 중 일부 토지만이 대지권의 목적인 때에는 건물의 표시란에 대지권의 목적인 토지의 표시를 함에 있어서 그 토지만을 기록하여 대지권의 등기를 하여야 한다. 이 경우 대지권의 목적이 아닌 토지는 1동의 건물의 표시를 함에 있어 소재지로서 기록하여야 한다(예규 제1470호, 3-나).

　　　　 2) 구분소유자들이 1동의 건물의 대지 중 각각 일부의 토지에 대하여 대지사용권을 갖는 경우에는 각 구분소유별로 일부 토지만을 목적으로 하는 대지권의 등기를 하여야 한다. 이 경우 1동의 건물의 표제부 중 대지권의 목적인 토지의 표시란에 대지권의 목적인 토지의 표시를 함에 있어서는 토지 전부를 기록하여야 한다(예규 제1470호, 3-다).

① 1동의 건물에 속하는 구분건물 중 일부만에 관하여 소유권보존등기를 신청하는 경우에는 나머지 구분건물의 표시에 관한 등기를 동시에 신청하여야 한다. 이 경우에 구분건물의 소유자는 1동에 속하는 다른 구분건물의 소유자를 대위하여 그 건물의 표시에 관한 등기를 신청할 수 있다(법 제46조 제1항, 제2항).

② 구분건물이 아닌 건물로 등기된 건물에 접속하여 구분건물을 신축한 경우에 그 신축건물의 소유권보존등기를 신청할 때에는 구분건물이 아닌 건물을 구분건물로 변경하는 건물의 표시변경등기를 동시에 신청하여야 한다. 이 경우 제2항을 준용한다(법 제46조 제3항).

③ 구분건물에 대하여 대지권의 등기를 신청할 때 각 구분소유자가 가지는 대지권의 비율이 「집합건물의 소유 및 관리에 관한 법률」 제21조 제1항 단서 및 제2항에 따른 비율인 경우(⊞ 구분소유자가 둘 이상의 전유부분을 소유하는 경우 대지권의 비율이 전유부분의 면적비율에 따르지 아니한 경우)에는 해당 규약이나 공정증서를 첨부정보로서 등기소에 제공하여야 한다(규칙 제46조 제2항 제2호).

02 구분건물의 소유권보존등기에 관한 다음 설명 중 가장 옳지 않은 것은?

▶ 2017년 등기주사보

① 1동의 건물에 속하는 구분건물 중의 일부만에 관하여 소유권보존등기를 신청할 경우에는 나머지 구분건물에 관하여는 표시에 관한 등기를 동시에 신청하여야 한다.

② 구분건물이 아닌 건물로 등기된 건물에 접속하여 구분건물을 신축한 경우에 그 신축건물의 소유권보존등기를 신청할 때에는 구분건물이 아닌 건물을 구분건물로 변경하는 건물의 표시변경등기를 동시에 신청하여야 한다.

③ 대지사용권을 전유부분과 분리처분할 수 있는 것으로 정한 때에는 규약 또는 공정증서를 첨부정보로서 등기소에 제공하여야 한다.

④ 구분소유자가 2개 이상의 전유부분을 소유한 때에는 각 전유부분의 대지권의 비율은 규약 또는 공정증서로 달리 정하지 않는 한 각 전유부분별로 균등한 것으로 본다.

해설 ④ **구분소유자가 둘 이상의 전유부분을 소유한 경우**에는 각 전유부분의 처분에 따르는 **대지사용권**은 제12조에 규정된 비율(🌐 **전유부분의 면적비율**)에 따른다. 다만, **규약**으로써 달리 정할 수 있다(🌐 이 경우 **규약을 제공**하여야 한다)(집합건물의 소유 및 관리에 관한 법률 제21조 제1항).

① 법 제46조 제1항
② 법 제46조 제3항
③ 구분건물에 대하여 **대지권의 등기**를 신청할 때 건물의 소유자가 그 건물이 속하는 1동의 건물이 있는 「집합건물의 소유 및 관리에 관한 법률」 제2조 제5호에 따른 건물의 대지(🌐 법정대지 및 규약상대지)에 대하여 가지는 대지사용권이 대지권이 아닌 경우 (🌐 **규약으로 전유부분과 대지사용권을 분리처분을 할 수 있도록 정한 경우**)에는 해당 **규약이나 공정증서**를 첨부정보로서 등기소에 제공하여야 한다(규칙 제46조 제2항 제3호).

03 구분건물의 소유권보존등기에 관한 다음 설명 중 가장 옳지 않은 것은?

▶ 2017년 등기서기보

① 1동의 건물에 속하는 구분건물 중 일부만에 관하여 소유권보존등기를 신청하는 경우에는 나머지 구분건물의 표시에 관한 등기를 동시에 신청하여야 한다.

② 둘 이상의 전유부분을 소유한 구분소유자가 대지권의 비율을 전유부분의 면적비율에 의하지 않을 때에는 규약 또는 공정증서를 첨부하여야 한다.

③ 토지 등기기록에 별도의 등기가 있다는 뜻의 기록은 건물의 등기기록 중 1동의 건물의 표제부에 한다.

④ 건물 표제부의 토지 등기기록에 별도의 등기가 있다는 뜻의 기록은 그 별도등기 기록의 전제가 된 등기가 말소되면 등기관이 직권으로 말소한다.

정답 **01** ④ **02** ④ **03** ③

해설 ③ 제89조에 따라 대지권의 목적인 토지의 등기기록에 대지권이라는 뜻의 등기를 한 경우로서 그 토지 등기기록에 소유권보존등기나 소유권이전등기 외의 소유권에 관한 등기 또는 소유권 외의 권리에 관한 등기가 있을 때에는 등기관은 그 **건물의 등기기록 중 전유부분 표제부에 토지 등기기록에 별도의 등기가 있다는 뜻을** (🌐 직권으로) 기록하여야 한다(규칙 제90조 제1항).

① 법 제46조 제1항
② 규칙 제46조 제2항 제2호
④ **토지 등기기록에 별도의 등기가 있다는 뜻의 기록의 전제가 된 등기가 말소**되었을 때에는 등기관은 그 뜻의 기록도 (🌐 직권으로) **말소**하여야 한다(규칙 제90조 제3항).

04 갑·을·병이 대지를 각 1/6, 2/6, 3/6의 지분으로 공유하는 지상에 면적이 동일한 3개의 전유부분(101호, 201호, 301호)을 가진 집합건물을 신축하였다. 이들 전유부분의 대지권의 비율에 관한 설명이다. 옳은 것은?(101호는 갑, 201호는 을, 301호는 병의 각 단독소유이다)
▶ 2012년 법무사

① 101호는 1/6, 201호는 2/6, 301호는 3/6이다.
② 전유부분의 면적이 모두 동일하므로 대지권은 모두 2/6이다.
③ 전유부분의 면적이 모두 동일하므로 대지권은 모두 2/6이나, 규약으로 달리 정할 수 있다.
④ 규약으로 정하는 바에 따른다.
⑤ 대지권등기를 하기 위하여는 먼저 토지의 지분을 2/6으로 균등하게 정리하여야 한다.

해설 ① <u>대지권의 비율</u>이란 <u>전유부분과 분리하여 처분할 수 없는 대지사용권의 지분비율</u>을 말한다. 각 전유부분 표제부의 대지권의 표시란에 기록하는 대지권 비율은 전유부분의 소유자가 대지권의 목적인 토지에 대하여 갖는 대지사용권의 지분비율을 의미한다(「부동산등기실무 Ⅱ」 p.194). 따라서 <u>전유부분을 각 단독소유하는 경우 자신이 토지에 대해 가지는 대지사용권의 비율인 토지의 공유지분지 대지권의 비율이되므로 각 호수별 대지권의 비율은 101호는 1/6, 201호는 2/6, 301호는 3/6</u>가 된다.

정답 ┅ **04** ①

나. 대지권등기

01 대지권등기에 관한 다음 설명 중 가장 옳지 않은 것은? ▶ 2022년 법무사

① 등기관이 대지권등기를 하였을 때에는 직권으로 대지권의 목적인 토지의 등기기록에 소유권, 지상권, 전세권 또는 임차권이 대지권이라는 뜻을 기록하여야 한다.

② 구분건물로서 그 대지권의 변경이나 소멸이 있는 경우에는 구분건물의 소유권의 등기 명의인은 1동의 건물에 속하는 다른 구분건물의 소유권의 등기명의인을 대위하여 그 등기를 신청할 수 있다.

③ 대지권의 목적인 토지의 등기기록에 대지권이라는 뜻의 등기를 한 경우로서 그 토지 등기기록에 소유권보존등기나 소유권이전등기 외의 소유권에 관한 등기 또는 소유권 외의 권리에 관한 등기가 있을 때에는 등기관은 그 건물의 등기기록 중 전유부분 표제부에 토지 등기기록에 별도의 등기가 있다는 뜻을 기록하여야 한다.

④ 구분건물 소유권의 등기명의인이 부동산등기법 제60조에 의하여 대지사용권에 관한 이전등기를 신청할 때에는 대지권에 관한 등기와 동시에 신청하여야 한다.

⑤ 등기기록에 대지권이라는 뜻의 등기를 할 때에 대지권의 목적인 토지의 관할이 다른 등기소에 속할 경우에도 대지권등기를 접수한 등기소의 등기관이 대지권이라는 뜻의 등기를 함께 실행할 수 있다.

해설 ⑤ 1. 대지권의 목적인 토지의 등기기록에 법 제40조 제4항의 대지권이라는 뜻의 등기를 할 때에는 해당 구에 어느 권리가 **대지권이라는 뜻**과 그 대지권을 등기한 1동의 건물을 표시할 수 있는 사항 및 그 등기연월일을 기록하여야 한다(규칙 제89조 제1항).

  2. 대지권의 목적인 토지가 **다른 등기소의 관할**에 속하는 경우에는 그 등기소에 지체 없이 제1항에 따라 등기할 사항을 **통지**하여야 한다. **통지를 받은 등기소의 등기관은** 대지권의 목적인 토지의 등기기록 중 해당 구에 통지받은 사항을 **기록**하여야 한다(규칙 제89조 제2항, 제3항).

① 등기관이 **대지권등기를 하였을 때**에는 **직권으로** 대지권의 목적인 토지의 등기기록에 소유권, 지상권, 전세권 또는 임차권이 **대지권이라는 뜻**을 **기록하여야 한다**(법 제40조 제4항).

② **구분건물로서 그 대지권의 변경이나 소멸**이 있는 경우에는 **구분건물의 소유권의 등기명의인**은 1동의 건물에 속하는 다른 구분건물의 소유권의 등기명의인을 대위하여 그 등기를 신청할 수 있다(법 제41조 제3항).

③ 1. 제89조에 따라 대지권의 목적인 토지의 등기기록에 **대지권이라는 뜻의 등기를 한** 경우로서 그 토지 등기기록에 소유권보존등기나 소유권이전등기 외의 소유권에 관한 등기 또는 소유권 외의 권리에 관한 등기가 있을 때에는 등기관은 그 **건물의 등기기록 중 전유부분 표제부**에 토지 등기기록에 **별도의 등기가 있다는 뜻**을 (🔵 **직권으로**) 기록하여야 한다(규칙 제90조 제1항).

정답 ⟶ 01 ⑤

2. 토지 등기기록에 **대지권이라는 뜻의 등기를 한 후에** 그 토지 등기기록에 관하여만 새로운 등기를 한 경우 등기관은 그 건물의 등기기록 중 **전유부분 표제부에 토지 등기기록에 별도의 등기가 있다는 뜻을** (🄳 **직권으로**) 기록하여야 한다(규칙 제90조 제1항, 제2항).

④ 1. **구분건물을 신축한 자가** 「집합건물의 소유 및 관리에 관한 법률」 제2조 제6호의 대지사용권을 가지고 있는 경우에 대지권에 관한 등기를 하지 아니하고 구분건물에 관하여만 소유권이전등기를 마쳤을 때에는 **현재의 구분건물의 소유명의인과 공동으로 대지사용권에 관한 이전등기를** 신청할 수 있다(법 제60조 제1항).

2. **대지사용권에 관한 이전등기는 대지권에 관한 등기와 동시에** 신청하여야 한다(법 제60조 제3항).

02 구분건물의 등기기록에 대지권등기가 되어 있는 경우에 관한 다음 설명 중 가장 옳지 않은 것은?
▸2022년 등기서기보

① 대지권을 등기한 후에 한 건물의 권리에 관한 등기는 대지권에 대하여 동일한 등기로서 효력이 있다.

② 대지권에 대한 등기로서의 효력이 있는 등기와 대지권의 목적인 토지의 등기기록 중 해당 구에 한 등기의 순서는 접수번호에 따른다.

③ 대지권이 등기된 구분건물의 등기기록에는 건물만에 관한 전세권설정등기를 할 수 없다.

④ 토지의 소유권이 대지권인 경우에 대지권이라는 뜻의 등기가 되어 있는 토지의 등기기록에는 저당권설정등기를 할 수 없다.

해설 ③ 대지권등기에 의하여 금지되는 것은 <u>대지사용권과 건물소유권의 귀속주체가 달라지는 등기</u>이므로 그러한 우려가 없는 등기는 대지권등기가 있어도 할 수 있다. 예컨대 **대지권이 소유권인 경우** 대지권등기는 토지와 건물의 소유권이 분리처분되는 것을 막는 것이므로, **토지만을 목적으로 하는 지상권·지역권·임차권의 설정등기, 전유부분만에 대한 임차권·전세권의 설정등기는 대지권등기를 둔 채로 할 수 있다**(「부동산등기실무Ⅱ」 p.181).

① 대지권을 등기한 후에 한 건물의 권리에 관한 등기는 대지권에 대하여 동일한 등기로서 효력이 있다. <u>다만, 그 등기에 건물만에 관한 것이라는 뜻의 부기가 되어 있을 때에는 그러하지 아니하다</u>(법 제61조 제1항).

② 대지권에 대한 등기로서의 효력이 있는 등기와 대지권의 목적인 토지의 등기기록 중 해당 구에 한 등기의 순서는 접수번호에 따른다(법 제61조 제2항).

④ 토지의 소유권이 대지권인 경우에 대지권이라는 뜻의 등기가 되어 있는 **토지의 등기기록에는 소유권이전등기, 저당권설정등기, 그 밖에 이와 관련이 있는 등기를 할 수 없다.**

03 구분건물에 대한 대지권등기를 신청할 때에 규약 또는 공정증서를 첨부정보로 제공하지 않아도 되는 경우로 가장 옳은 것은?
▶ 2021년 법원사무관

① 구분건물이 속하는 1동의 건물이 있는 토지와 함께 그 1동의 건물 및 그 건물이 있는 토지와 하나로 관리되거나 사용되는 토지를 대지권의 목적인 토지로 하여 등기를 신청하는 경우

② 2개 이상의 구분건물을 소유하는 자가 그 구분건물의 대지권의 비율을 전유부분의 면적비율과 다르게 하여 등기를 신청하는 경우

③ 구분건물이 속하는 1동의 건물이 있는 토지에 대하여 가지는 대지사용권이 대지권이 아닌 것으로 하여 등기를 신청하는 경우

④ 단수처리의 결과로 인하여 1동 건물의 구분소유자가 가지는 대지사용권의 비율을 전유부분의 면적비율과 다소 다르게 정하여 등기를 신청하는 경우

해설 ④ 구분소유자가 갖는 대지사용권의 비율이 전유부분의 면적의 비율과 다소 다르다고 하더라도 그것이 단수처리에 의한 결과임이 명백한 경우에는 그 비율을 정하는 내용의 공정증서의 제출이 없어도 무방하다(예규 제1470호, 2-가).

①, ②, ③ 규칙 제46조 제2항

04 다음은 구분건물 또는 구분건물의 대지권과 관련된 등기의 설명이다. 가장 옳지 않은 것은?
▶ 2021년 등기서기보

① 대지권의 목적이 된 토지의 일부를 분할하여 1동의 건물이 소재하는 토지가 아닌 그 분할된 부분을 수용하고 수용으로 인한 소유권이전등기를 신청하기 위하여는 그 분할된 토지에 관한 간주규약을 폐지하거나 분리처분가능규약을 작성하여야 한다.

② 대지권이 성립되기 전에 전유부분만에 대하여 가등기를 마친 자가 대지권등기가 마쳐진 후에 그 가등기에 기한 본등기를 하기 위하여는, 먼저 건물표시변경(대지권 등기말소) 등기신청을 함으로써 대지권 및 대지권이라는 뜻의 등기의 말소절차를 밟은 후에 건물만에 대하여 가등기에 기한 본등기를 신청하여야 한다.

③ 대지에 관하여 이미 저당권이 설정되어 있는 상태에서 대지권의 등기를 하고, 그와 아울러 또는 그 후에 구분건물에 관하여 동일 채권의 담보를 위한 저당권을 추가설정하려는 경우에는, 구분건물과 대지권을 일체로 하여 그에 관한 추가저당권설정등기의 신청을 할 수 있다.

④ 집합건물에 대하여 대지권등기가 경료된 경우, 특정의 전유부분과 그 대지권을 함께 전세권의 목적으로 하는 전세권설정등기를 마칠 수는 없다.

정답 **02** ③ **03** ④ **04** ①

해설 ① 1동의 건물이 소재하는 토지(법정대지)를 수필지로 분할하여 그중 1동의 건물이 소재하는 토지가 아닌 것으로 분할된 토지(간주규약대지)를 사업시행자가 공공용지의 취득 및 손실보상에 관한 특례법에 의한 **협의취득**을 한 경우에는, 먼저 위 간주규약대지에 관하여 **간주규약이 폐지**되거나 **새로 분리처분가능규약이 제정**되고 그에 따른 대지권표시변경등기가 경료되어 위 간주규약대지에 대한 대지권등기가 말소된 연후에 사업시행자 명의로의 소유권이전등기를 할 수 있고, 토지보상법에 의한 **수용**을 한 경우에는 구분건물과 그 대지사용권의 처분의 일체성이 적용되지 아니하므로, 위 **폐지규약 등의 첨부 없이** 위와 같은 대지권표시변경등기를 한 다음 사업시행자 명의로 수용을 원인으로 한 **소유권이전등기**를 할 수 있으며, 위 협의취득이나 수용의 경우 대지권표시변경등기에 대하여는 사업시행자의 **대위신청**도 가능하다(선례 제5-337호).

② 대지권이 성립되기 전에 **전유부분만**에 대하여 **가등기**를 경료한 자가 대지권등기가 경료된 후에 그 가등기에 기한 **본등기**를 하기 위하여는, 먼저 건물표시변경(대지권 말소)등기신청을 함으로써 대지권 및 대지권인 취지의 등기의 말소절차를 밟은 후에 건물만에 대하여 가등기에 기한 본등기를 신청하여야 할 것이다(선례 제6-443호).

③ 대지에 관하여 **이미 저당권이 설정**되어 있는 상태에서 **대지권의 등기**를 하고, 그와 아울러 또는 그 후에 구분건물에 관하여 동일채권의 담보를 위한 저당권을 추가설정하려는 경우에는, **구분건물과 대지권을 일체로** 하여 그에 관한 **추가저당권설정등기의 신청**을 할 수 있다(예규 제1470호, 4-나-(1)).

④ 집합건물에 대하여 대지권등기가 경료된 경우, 특정의 **전유부분과 그 대지권(⊕ 지분형태)을 함께** 전세권의 목적으로 하는 **전세권설정**등기를 경료받을 수는 **없다**(선례 제5-418호). 다만 대지권을 제외한 **건물만**에 대하여 전세권설정등기를 할 수 **있다**(선례 제2-363호).

05 대지권등기에 관한 다음 설명 중 가장 옳지 않은 것은? ▸ 2020년 법무사

① 토지의 소유명의인 甲과 그 토지 위에 소재하는 대지권 없는 구분건물의 소유명의인 乙이 위 토지 및 구분건물에 대하여 신탁행위로 인한 소유권이전등기 및 신탁등기를 각 마친 경우, 수탁자가 동일인이라면 신탁된 토지를 대지권의 목적으로 하여 위 구분건물을 위한 대지권등기를 신청할 수 있다.

② A 토지는 甲, B 토지는 乙의 소유인 2필지의 토지 위에 6세대의 전유부분으로 된 집합건물을 신축하여 甲과 乙이 각 3세대씩 단독소유로 하는 소유권보존등기를 마친 경우, 각 구분소유자는 자신의 소유 토지만을 자신이 단독으로 소유하고 있는 전유부분의 대지권으로 하는 대지권등기를 신청할 수 있다.

③ 대지권등기가 마쳐진 토지에 대하여 토지만의 소유권 귀속에 관한 분쟁이 있는 경우에는 대지권 표시경정등기 없이 전유부분 소유자의 토지지분에 대하여 처분금지가처분등기를 할 수 있다.

④ 임차권이 대지권인 경우에 임차권은 저당권의 목적으로 할 수 없는 권리이므로 건물소유권과 대지권(토지임차권)을 공동저당의 목적으로 할 수 없고, 대지권을 제외한 건물만에 관하여 저당권이 설정되어야 하며, 이 경우 건물만에 관한 것이라는 뜻의 부기등기를 하여야 한다.

⑤ 전유부분이 속하는 1동의 건물이 소재하는 토지(법정대지) 또는 그 대지와 일체적으로 관리 또는 사용하기 위하여 규약으로써 건물의 대지로 삼은 토지(규약상 대지)에 대하여 구분건물의 소유명의인이 대지사용권을 가지고 있는 경우에는 그 토지를 대지권의 목적으로 하는 대지권등기를 신청할 수 있는바, 이 경우 토지의 지목이 반드시 "대"이어야 하는 것은 아니므로, 지목이 "잡종지"인 경우에도 대지권등기를 신청할 수 있다.

해설 ① 토지의 소유명의인 갑과 그 토지 위에 소재하는 대지권 없는 구분건물의 소유명의인 을이 위 토지 및 구분건물에 대하여 신탁행위로 인한 소유권이전등기 및 신탁등기를 각 경료한 경우, 수탁자가 동일인이라 할지라도 수탁자는 위탁자인 갑과 을의 동의 여부에 관계없이 신탁된 토지를 대지권의 목적으로 하여 위 구분건물을 위한 대지권등기를 신청할 수 없다(선례 제200510-2호).

② A 토지는 갑, B 토지는 을의 소유인 2필지의 토지 위에 6세대의 전유부분으로 된 집합건물(3층)을 신축하여 갑과 을이 각 3세대씩 단독소유로 하는 소유권보존등기를 경료한 경우, 각 구분소유자는 자신의 소유 토지만을 자신이 단독으로 소유하고 있는 전유부분의 대지권으로 하는 대지권표시등기를 신청할 수 있다. 이 경우, 갑·을이 공동으로 4층에 전유부분 1세대를 증축하여 그 전유부분을 2분의 1씩 공유하기로 하였다면, 증축한 전유부분에 대하여 소유권보존등기를 신청할 수는 있으나 대지권표시등기는 할 수 없다(선례 제7-515호). 위 전유부분 전부에 대하여 대지권등기를 하기 전이라도 마찬가지이다.

③ 대지권등기가 경료된 토지에 대하여 토지만의 소유권 귀속에 관한 분쟁에 기한 부동산처분금지가처분등기를 할 경우에는 대지권 표시경정등기 없이 전유부분 소유자의 토지지분에 대하여 가처분등기를 할 수 있으며, 또한 대지권등기가 된 토지에 가처분등기를 한 경우에는 집합건물의 전유부분 표제부에 별도등기 있음을 등기관이 직권으로 표시하게 된다(선례 제200709-1호).

④ 임차권이 대지권인 경우에 임차권은 저당권의 목적으로 할 수 없는 권리이므로 건물 소유권과 대지권(토지임차권)을 공동저당의 목적으로 할 수 없고, 대지권을 제외한 건물만에 관하여 저당권이 설정되어야 하며, 이 경우 건물만의 취지의 부기등기를 (🏢 직권으로)하여야 한다(선례 제201604-1호).

⑤ 전유부분이 속하는 1동의 건물이 소재하는 토지(법정대지) 또는 그 대지와 일체적으로 관리 또는 사용하기 위하여 규약으로써 건물의 대지로 삼은 토지(규약상 대지)에 대하여 구분건물의 소유명의인이 대지사용권을 가지고 있는 경우에는 그 토지를 대지권의 목적으로 하는 대지권등기를 신청할 수 있는바, 이 경우 토지의 지목이 반드시 "대"이어야 하는 것은 아니므로, 지목이 "잡종지"인 경우에도 대지권등기를 신청할 수 있다(선례 제201903-4호).

정답 ━ 05 ①

06 대지권에 관한 등기에 대한 다음 설명 중 가장 옳지 않은 것은? ▸ 2019년 등기주사보

① 건물의 표제부에 있는 토지 등기기록에 별도등기가 있다는 뜻의 기록을 말소하기 위해서는 그 별도등기기록의 전제가 된 등기의 말소등기신청과 동시에 그 기록의 말소를 신청하여야 한다.

② 구분소유자가 둘 이상의 전유부분을 소유한 경우에는 규약으로 달리 정하지 않는 한 각 전유부분의 처분에 따르는 대지사용권의 비율은 그가 가지는 전유부분의 면적비율에 따른다.

③ 분양자가 대지사용권을 나중에 취득하여 이전하기로 약정하고 우선 전유부분에 대해서만 수분양자 앞으로 이전등기를 한 후 그 구분건물이 전전 양도된 경우에도 최후의 구분건물 소유명의인은 분양자와 공동으로 대지사용권에 관한 이전등기를 신청할 수 있다.

④ 대지사용권은 통상 소유권이나 전세권, 임차권도 대지사용권이 될 수 있다.

해설 ① 토지 등기기록에 별도의 등기가 있다는 뜻의 기록의 <u>전제가 된 등기가 말소</u>되었을 때에는 등기관은 그 뜻의 기록도 (❷ 직권으로) 말소하여야 한다(규칙 제90조 제3항).

② 집합건물의 소유 및 관리에 관한 법률 제21조 제1항

③ 1. <u>구분건물을 신축한 자</u>가 「집합건물의 소유 및 관리에 관한 법률」 제2조 제6호의 대지사용권을 가지고 있는 경우에 대지권에 관한 등기를 하지 아니하고 구분건물에 관하여만 소유권이전등기를 마쳤을 때에는 현재의 구분건물의 소유명의인과 공동으로 대지사용권에 관한 이전등기를 신청할 수 있다(법 제60조 제1항).

　2. 구분건물을 신축하여 양도한 자가 그 건물의 대지사용권을 <u>나중에 취득하여 이전하기로 약정</u>한 경우도 마찬가지이다(법 제60조 제2항).

④ 대지사용권은 소유권인 것이 보통이다. 소유권 외에 건물의 소유를 목적으로 하는 <u>지상권, 전세권 또는 임차권</u>도 대지사용권이 될 수 있다. 대지사용권은 유효한 권리이어야 하므로 존속기간이 만료된 임차권이나 지상권은 대지사용권이 될 수 없다(「부동산등기실무 Ⅱ」 p.165).

07 대지권등기와 관련한 다음 설명 중 가장 옳지 않은 것은? ▸ 2019년 등기서기보

① 구분건물에 대지권이 있는 경우에는 등기관은 1동 건물의 등기기록의 표제부에 대지권의 목적인 토지의 표시에 관한 사항을 기록하고 전유부분의 등기기록의 표제부에는 대지권의 표시에 관한 사항을 기록하여야 한다.

② 등기관이 대지권등기를 하였을 때에는 직권으로 대지권의 목적인 토지의 등기기록에 소유권, 지상권, 전세권 또는 임차권이 대지권이라는 뜻을 기록하여야 한다.

③ 대지권의 목적인 토지의 등기기록에 대지권이라는 뜻의 등기를 한 경우로서 그 토지 등기기록에 소유권보존등기나 소유권이전등기 외의 소유권에 관한 등기 또는 소유권 외의 권리에 관한 등기가 있을 때에는 등기관은 그 건물의 등기기록 중 전유부분 표제부에 토지 등기기록에 별도의 등기가 있다는 뜻을 기록하여야 한다.

④ 대지권등기를 하는 경우에 이미 건물에 관하여 소유권보존등기와 소유권이전등기 외의 소유권에 관한 등기 또는 소유권 외의 권리에 관한 등기가 있을 때에는 등기관은 그 건물의 등기기록 중 전유부분 표제부에 건물만에 관한 등기가 있다는 뜻을 기록하여야 한다.

[해설] ④ 제91조 제2항의 등기(➡ 대지권의 등기)를 하는 경우에 건물에 관하여 <u>소유권보존등기와 소유권이전등기 외의 소유권에 관한 등기 또는 소유권 외의 권리에 관한 등기가 있을 때에는</u> 그 등기(건물의 등기기록 중 갑구 또는 을구)에 건물만에 관한 것이라는 뜻을 기록하여야 한다(규칙 제92조 제1항).

① 구분건물에 「집합건물의 소유 및 관리에 관한 법률」 제2조 제6호의 대지사용권으로서 건물과 분리하여 처분할 수 없는 것[이하 "대지권"이라 한다]이 있는 경우에는 등기관은 제2항에 따라 기록하여야 할 사항 외에 <u>1동 건물의 등기기록의 표제부</u>에 대지권의 목적인 토지의 표시에 관한 사항을 기록하고 <u>전유부분의 등기기록의 표제부</u>에는 대지권의 표시에 관한 사항을 기록하여야 한다(법 제40조 제3항).

② 등기관이 <u>제3항</u>에 따라 대지권등기를 하였을 때에는 직권으로 <u>대지권의 목적인 토지의 등기기록</u>에 <u>소유권, 지상권, 전세권 또는 임차권</u>이 대지권이라는 뜻을 기록하여야 한다(법 제40조 제4항).

③ 규칙 제90조 제1항

08 대지권등기에 관한 다음 설명 중 가장 옳지 않은 것은? ▶ 2018년 법무사

① A 토지는 甲의 단독소유이고 B 토지는 乙, 丙, 丁, 戊의 공동소유로 乙, 丙과 丁, 戊의 지분이 서로 다른 상태에서 위 A, B 양 지상에 甲, 乙, 丙, 丁, 戊가 공동으로 구분건물을 신축하여 각 전유부분마다 5분의 1씩을 공유하기로 한 경우에는 대지권표시등기를 할 수 없다.

② 구분건물을 신축한 자가 「집합건물의 소유 및 관리에 관한 법률」 제2조 제6호의 대지사용권을 가지고 있는 경우에 대지권에 관한 등기를 하지 아니하고 구분건물에 관하여만 소유권이전등기를 마쳤을 때에는 현재의 구분건물의 소유명의인과 공동으로 대지사용권에 관한 이전등기를 신청할 수 있다.

③ 임차권이 대지권인 경우에 임차권은 저당권의 목적으로 할 수 없는 권리이므로 건물소유권과 대지권(토지임차권)을 공동저당의 목적으로 할 수 없고, 대지권을 제외한 건물만에 관하여 저당권이 설정되어야 하며, 이 경우 건물만에 관한 것이라는 뜻의 부기등기를 하여야 한다.

④ 소유권이 대지권인 경우로서 토지 또는 전유부분만의 귀속에 관하여 분쟁이 있는 경우에 그 일방만을 목적으로 하는 처분금지가처분등기는 대지권등기를 말소하지 않고 할 수 있다.

정답 ○━ **06** ① **07** ④ **08** ⑤

⑤ 소유권의 일부 지분만이 대지권의 목적인 토지에 대하여 구분건물 소유자들과 구분건물을 소유하지 아니한 토지 공유자 사이에 공유물분할판결이 확정된 경우, 대지권변경등기(대지권등기의 말소)를 할 때에 대지권의 소멸을 증명하는 정보로서 분리처분가능규약을 첨부정보로서 제공하여야 한다.

해설 ⑤ 1필의 토지 소유권 중 일부 지분이 대지권의 목적인 토지에 관하여, 구분건물 소유자들과 구분건물을 소유하지 아니한 토지 공유자 사이에 공유물분할판결이 확정되어 그 판결에 따라 소유권이전등기를 신청할 경우, 먼저 1동의 건물에 속하는 구분건물 전체에 대하여 대지권이 대지권이 아닌 것으로 되는 **대지권변경등기(대지권등기의 말소)**를 하고, 그 토지에 대하여 분필등기를 한 다음, 공유물분할의 확정판결을 첨부하여 소유권이전등기를 하여야 한다. 위 대지권변경등기(대지권등기의 말소)는 구분소유자가 1동의 건물에 속하는 구분건물 전체에 대하여 전유부분과 대지사용권의 분리처분을 허용하는 규약을 첨부하여 신청하는 것이 원칙이지만, 공유물분할판결에 의하여 건물 사용에 필요한 범위 이외의 대지에 대한 단독소유권을 취득한 당사자는 구분건물의 소유자들을 대위하여 그 토지에 관하여 대지권말소등기를 신청할 수 있으며, 이 경우 **공유물분할판결이 대지권의 소멸을 증명하는 정보**에 해당하므로 **분리처분 가능규약**을 첨부정보로 제공할 필요가 **없다**(선례 제201405-2호).

① A 토지는 갑의 단독소유이고 B 토지는 을, 병, 정, 무의 공동소유로 을, 병과 정, 무의 지분이 서로 다른 상태에서 위 A, B 양 지상에 갑, 을, 병, 정, 무가 공동으로 구분건물을 신축하여 각 전유부분마다 5분의 1씩을 공유하기로 한 경우에는 대지사용권이 없거나 **대지사용권의 지분비율과 전유부분의 지분비율이 상이**하여 대지권표시등기를 할 수 없다(선례 제7-488호).

09 대지권에 관한 등기와 관련한 다음 설명 중 가장 옳지 않은 것은? ▸ 2017년 법무사

① 소유권 이외에 지상권, 전세권 또는 임차권도 대지사용권이 될 수 있다.

② 구분소유자가 둘 이상의 전유부분을 소유한 경우에는 규약으로 달리 정하지 않는 한 각 전유부분의 처분에 따르는 대지사용권의 비율은 그가 가지는 전유부분의 면적비율에 따른다.

③ 건물의 등기기록에 대지권의 표시를 한 때에는 대지권의 목적인 토지의 등기기록에 어느 권리가 대지권이라는 뜻을 등기관이 직권으로 기록하여야 한다.

④ 토지 등기기록에 대지권이라는 뜻의 등기를 한 후에 그 토지 등기기록에 관하여만 새로운 등기를 한 경우에는 건물 등기기록 중 전유부분 표제부에 토지 등기기록에 별도의 등기가 있다는 뜻을 기록하여야 한다.

⑤ 건물 표제부에 있는 토지 등기기록에 별도의 등기가 있다는 뜻의 기록을 말소하기 위해서는 그 별도등기기록의 전제가 된 등기의 말소등기신청과 동시에 그 기록의 말소를 신청하여야 한다.

해설 ⑤ 토지 등기기록에 별도의 등기가 있다는 뜻의 기록의 전제가 된 등기가 말소되었을 때에는 등기 관은 그 뜻의 기록도 (❗ 직권으로) 말소하여야 한다(규칙 제90조 제3항).

② 집합건물의 소유 및 관리에 관한 법률 제21조 제1항

③ 등기관이 대지권등기를 하였을 때에는 **직권으로** 대지권의 목적인 **토지의 등기기록**에 소유권, 지상권, 전세권 또는 **임차권이 대지권**이라는 뜻을 기록하여야 한다(법 제40조 제4항).

④ 제89조에 따라 대지권의 목적인 토지의 등기기록에 대지권이라는 뜻의 등기를 한 경우로서 그 토지 등기기록에 소유권보존등기나 소유권이전등기 외의 소유권에 관한 등기 또는 소유 권 외의 권리에 관한 등기가 있을 때에는 등기관은 그 **건물의 등기기록 중 전유부분 표제부** 에 토지 등기기록에 별도의 등기가 있다는 뜻을 (❗ 직권으로) 기록하여야 한다(규칙 제90조 제1항).

10 대지권등기에 관한 다음 설명 중 가장 옳지 않은 것은?(다툼이 있는 경우 등기예규에 의함)
▸ 2017년 등기주사보

① 토지 또는 전유부분만의 귀속에 관하여 분쟁이 있어 그 일방만을 목적으로 하는 처분 금지가처분등기의 촉탁이 있는 경우 등기관은 대지권등기를 말소한 후 토지나 전유부 분에 가처분등기를 하여야 한다.

② 대지권등기가 되어 있더라도 토지만을 목적으로 하는 지상권설정등기의 신청이 있으면 등기관은 대지권등기를 말소하지 않고 이를 등기할 수 있다.

③ 구분건물의 소유권의 등기명의인은 같은 동에 속하는 다른 구분건물의 소유권의 등기 명의인을 대위하여 대지권의 변경에 관한 등기를 신청할 수 있다.

④ 구분건물을 신축하여 분양한 자가 대지사용권을 가지고 있지만 지적정리의 미완결 등 의 사유로 대지권등기를 하지 못한 채 전유부분에 대해서만 수분양자 앞으로 이전등기 를 하고 전전양도된 경우 최후의 구분건물의 소유명의인은 분양자와 공동으로 대지사 용권에 관한 이전등기를 신청할 수 있다.

해설 ① 대지권등기가 경료된 토지에 대하여 토지만의 **소유권 귀속에 관한 분쟁**에 기한 부동산처분 금지가처분등기를 할 경우에는 **대지권표시경정등기 없이** 전유부분 소유자의 토지지분에 대 하여 **가처분등기를 할 수 있으며**, 또한 대지권등기가 된 토지에 가처분등기를 한 경우에는 집합건물의 전유부분 표제부에 별도등기 있음을 등기관이 직권으로 표시하게 된다(선례 제 200709-1호).

② 대지권등기에 의하여 금지되는 것은 대지사용권과 건물소유권의 귀속주체가 달라지는 등기 이므로 그러한 우려가 없는 등기는 대지권등기가 있어도 할 수 있다. 예컨대 **대지권이 소유 권인 경우** 대지권등기는 토지와 건물의 소유권이 분리처분되는 것을 막는 것이므로, **토지만 을 목적으로 하는 지상권·지역권·임차권**의 설정등기, **전유부분만에 대한 임차권·전세권** 의 설정등기는 대지권등기를 둔 채로 할 수 있다(「부동산등기실무 II」 p.181).

정답 ❂ 09 ⑤ 10 ①

③ 구분건물로서 그 대지권의 변경이나 소멸이 있는 경우에는 **구분건물의 소유권의 등기명의인**은 1동의 건물에 속하는 **다른 구분건물의 소유권의 등기명의인을 대위**하여 그 등기를 신청할 수 있다. 건물이 구분건물인 경우에 그 건물의 등기기록 중 1동 표제부에 기록하는 등기 사항에 관한 변경등기는 그 구분건물과 같은 1동의 건물에 속하는 다른 구분건물에 대하여도 변경등기로서의 효력이 있다(법 제41조 제3항, 제4항).

11 대지권에 관한 다음 설명 중 가장 옳지 않은 것은? ▸ 2017년 법원사무관

① 대지사용권은 규약이나 공정증서로써 분리처분할 수 있다고 별도로 정한 경우를 제외하고는 전유부분과 분리하여 처분할 수 없는데, 대지사용권으로서 이와 같이 전유부분과 분리하여 처분할 수 없는 것을 대지권이라고 한다.

② 구분소유자가 2개 이상의 전유부분을 소유한 때에 각 전유부분의 대지권 비율은 그 전유부분의 면적비율에 의하나, 규약 또는 공정증서로써 달리 정할 수 있다.

③ 대지권변경등기는 구분건물 소유권의 등기명의인이 신청하는 것이 원칙인데, 구분건물의 표시등기만 있고 보존등기가 되어 있지 않은 건물에 관해서는 보존등기를 신청할 수 있는 자가 신청한다.

④ 토지의 등기기록에 대지권이라는 뜻의 등기를 한 경우로서 그 토지 등기기록에 소유권보존등기 또는 소유권이전등기 외의 소유권에 관한 등기가 있을 때에는 등기관은 그 건물의 등기기록 중 1동 건물의 표제부에 토지 등기기록에 별도의 등기가 있다는 뜻을 기록하여야 한다.

해설 ④ 제89조에 따라 대지권의 목적인 토지의 등기기록에 대지권이라는 뜻의 등기를 한 경우로서 그 토지 등기기록에 소유권보존등기나 소유권이전등기 외의 소유권에 관한 등기 또는 소유권 외의 권리에 관한 등기가 있을 때에는 등기관은 그 **건물의 등기기록** 중 **전유부분 표제부**에 **토지 등기기록에 별도의 등기가 있다는 뜻을** (🔢 직권으로) 기록하여야 한다(규칙 제90조 제1항).

① 구분건물의 소유자는 전유부분을 소유하기 위하여 건물의 대지에 관하여 어떠한 권리를 가져야 하는 데 이를 대지사용권이라 하고, 이러한 대지사용권 중에서 규약이나 공정증서로 특별히 분리처분할 수 있음을 정하지 않은 것을 대지권이라고 한다(법 제40조 3항, 「부동산등기실무Ⅱ」 p.174).

② 집합건물의 소유 및 관리에 관한 법률 제21조 제1항

③ 건물의 **분할, 구분, 합병**이 있는 경우와 **제40조(🔢 표제부)의 등기사항에 변경**이 있는 경우에는 **그 건물 소유권의 등기명의인**은 그 사실이 있는 때부터 1개월 이내에 그 등기를 **신청하여야** 한다. **구분건물로서 표시등기만 있는 건물**에 관하여는 **제65조 각 호의 어느 하나에 해당하는 자가** 제1항의 등기를 **신청하여야** 한다(법 제41조 제1항, 제2항). 즉 구분건물로서 표시등기만 있는 건물의 경우에는 그 등기기록 표제부의 등기사항에 변경이 있더라도 신청에 의하여서는 변경등기를 할 수 있다.

12 대지권등기에 관한 다음 설명 중 가장 옳지 않은 것은? ▸ 2017년 등기서기보

① 토지 또는 전유부분만의 귀속에 관하여 분쟁이 있는 경우 그 일방만을 목적으로 하는 처분금지가처분등기의 촉탁이 있는 경우 등기관은 대지권등기를 말소한 후 토지나 전유부분에 가처분등기를 하여야 한다.

② 대지권등기가 되어 있더라도 토지만을 목적으로 하는 지상권설정등기의 신청이 있으면 등기관은 이를 등기할 수 있다.

③ 구분건물의 소유권의 등기명의인은 같은 동에 속하는 다른 구분건물의 소유권의 등기명의인을 대위하여 대지권의 변경에 관한 등기를 신청할 수 있다.

④ 구분건물을 신축하여 분양한 자가 대지사용권을 가지고 있지만 지적정리의 미완결 등의 사유로 대지권등기를 하지 못한 채 전유부분에 대해서만 수분양자 앞으로 이전등기를 하고 전전양도된 경우 최후의 구분건물의 소유명의인은 분양자와 공동으로 대지사용권에 관한 이전등기를 신청할 수 있다.

해설 ① 대지권등기가 경료된 토지에 대하여 토지만의 **소유권 귀속에 관한 분쟁**에 기한 부동산처분금지가처분등기를 할 경우에는 **대지권표시경정등기 없이** 전유부분 소유자의 토지지분에 대하여 **가처분등기를 할 수 있으며**, 또한 대지권등기가 된 토지에 가처분등기를 한 경우에는 집합건물의 전유부분 표제부에 별도등기 있음을 등기관이 직권으로 표시하게 된다(선례 제200709-1호).

③ 구분건물로서 그 대지권의 변경이나 소멸이 있는 경우에는 **구분건물의 소유권의 등기명의인**은 **1동의 건물에 속하는** 다른 구분건물의 소유권의 등기명의인을 대위하여 그 등기를 신청할 수 있다. 건물이 구분건물인 경우에 그 건물의 등기기록 중 **1동 표제부에 기록하는 등기사항에 관한 변경등기**는 그 구분건물과 같은 1동의 건물에 속하는 다른 구분건물에 대하여도 변경등기로서의 효력이 있다(법 제41조 제3항, 제4항).

13 대지권의 등기에 관한 다음 설명 중 가장 옳지 않은 것은? ▶ 2016년 법무사

① 1동의 건물의 대지 중 일부 토지만이 대지권의 목적인 때에는 대지권의 목적인 토지의 표시를 함에 있어서 그 토지만을 기록하여 대지권의 등기를 하여야 한다.

② 구분소유자들이 1동의 건물의 대지 중 각각 일부의 토지에 대하여 대지사용권을 갖는 경우에는 각 구분소유자별로 일부 토지만을 목적으로 하는 대지권의 등기를 하여야 한다. 이 경우 1동의 건물의 표제부 중 대지권의 목적인 토지의 표시란에 대지권의 목적인 토지의 표시를 함에 있어서는 토지 전부를 기록하여야 한다.

③ 등기관이 구분건물의 등기기록에 대지권의 등기를 하였을 때에는 직권으로 대지권의 목적인 토지의 등기기록에 소유권, 지상권, 전세권 또는 임차권이 대지권이라는 뜻을 기록하여야 한다.

④ 대지에 관하여 이미 근저당권이 설정되어 있는 상태에서 대지권의 등기를 하고 그 후에 구분건물에 관하여 동일 채권의 담보를 위한 근저당권을 추가 설정하려는 경우에는 대지권을 제외하고 구분건물만에 관한 추가 근저당권설정의 등기를 신청하여야 한다.

⑤ 대지권설정규약에 의하여 대지권이 아닌 것이 대지권으로 된 경우 대지권의 표시에 관한 건물의 표시변경등기는 해당 구분소유자 전원이 신청하거나 일부가 다른 구분소유자를 대위하여 일괄 신청하여야 한다.

해설 ④ 대지에 관하여 이미 저당권이 설정되어 있는 상태에서 대지권의 등기를 하고, 그와 아울러 또는 그 후에 구분건물에 관하여 동일채권의 담보를 위한 저당권을 추가설정하려는 경우에는, 구분건물과 대지권을 일체로 하여 그에 관한 추가저당권설정등기의 신청을 할 수 있다(예규 제1470호, 4-나-(1)).

① 1동의 건물의 대지 중 일부 토지만이 대지권의 목적인 때에는 건물의 표시란에 대지권의 목적인 토지의 표시를 함에 있어서 그 토지만을 기록하여 대지권의 등기를 하여야 한다. 이 경우 대지권의 목적이 아닌 토지는 1동의 건물의 표시를 함에 있어 소재지로서 기록하여야 한다(예규 제1470호, 3-나).

② 구분소유자들이 1동의 건물의 대지 중 각각 일부의 토지에 대하여 대지사용권을 갖는 경우에는 각 구분소유자별로 일부 토지만을 목적으로 하는 대지권의 등기를 하여야 한다. 이 경우 1동의 건물의 표제부 중 대지권의 목적인 토지의 표시란에 대지권의 목적인 토지의 표시를 함에 있어서는 토지 전부를 기록하여야 한다(예규 제1470호, 3-다).

③ 법 제40조 제4항

⑤ 예규 제1470호, 3-가

14 다음 중 소유권이 대지권이라는 뜻의 등기가 된 토지 등기기록에 기입할 수 있는 등기가 아닌 것은? ▸ 2015년 등기서기보

① 토지만을 목적으로 하는 소유권이전청구권을 보전하기 위한 가등기

② 토지의 특정 일부만을 목적으로 하는 임차권설정등기

③ 토지만의 소유권 귀속에 관하여 분쟁이 있는 경우 그 토지만을 목적으로 하는 처분금 지가처분등기

④ 대지권이 발생하기 전에 토지에 설정된 저당권 실행을 위한 경매개시결정등기

> **해설** ① 토지의 소유권이 대지권인 경우에 대지권이라는 뜻의 등기가 되어 있는 **토지**의 등기기록에 는 소유권이전등기, 저당권설정등기, 그 밖에 이와 관련이 있는 등기를 할 수 **없다**(법 제61조 제4항). 따라서 토지만을 목적으로 하는 소유권이전청구권을 보전하기 위한 가등기도 할 수 없다.

15 대지권등기에 관한 다음 기술 중 가장 옳지 않은 것은? ▸ 2013년 법무사

① 지상권설정등기가 되어 있는 토지 위에 토지 소유자가 집합건물을 신축한 경우 지상권 설정등기를 말소하지 않고서는 대지권등기를 할 수 없다.

② 대지권을 등기한 건물에 대한 저당권설정등기를 신청하는 경우에 1개의 구분건물과 대 지권의 목적인 토지는 그 전부를 1개의 부동산으로 본다.

③ 대지권의 표시에 관한 건물의 표시변경등기는 해당 구분소유자 전원이 신청하거나 일 부가 다른 구분소유자를 대위하여 일괄 신청하여야 한다.

④ 구분소유자들이 1동의 건물의 대지 중 각각 일부의 토지에 대하여 대지사용권을 갖는 경우에는 각 구분소유자별로 소유하는 토지만을 목적으로 하는 대지권의 등기를 하여 야 한다.

⑤ 위 ④의 경우 1동의 건물의 표제부 중 대지권의 목적인 토지의 표시란에 대지권의 목 적인 토지의 표시를 함에 있어서는 토지 전부를 기록하여야 한다.

> **해설** ① 지상권설정등기가 경료되어 있는 토지 위에 토지소유자가 집합건물을 신축한 경우에도 건물 의 소유권보존등기 시 그 토지의 소유권을 대지사용권으로 하는 대지권등기를 경료받을 수 있다(선례 제5-809호).
>
> ② 예규 제1470호, 4-가-(1)
> ③ 예규 제1470호, 3-가
> ④, ⑤ 예규 제1470호, 3-다

정답 ↦ 13 ④ 14 ① 15 ①

다. 대지사용권이전 및 대지권변경

🔖 관련 조문

법 제60조[대지사용권의 취득]
① 구분건물을 신축한 자가 「집합건물의 소유 및 관리에 관한 법률」 제2조 제6호의 대지사용권을 가지고 있는 경우에 대지권에 관한 등기를 하지 아니하고 구분건물에 관하여만 소유권이전등기를 마쳤을 때에는 현재의 구분건물의 소유명의인과 공동으로 대지사용권에 관한 이전등기를 신청할 수 있다.
② 구분건물을 신축하여 양도한 자가 그 건물의 대지사용권을 나중에 취득하여 이전하기로 약정한 경우에는 제1항을 준용한다.
③ 제1항 및 제2항에 따른 등기(대지사용권이전등기)는 대지권에 관한 등기와 동시에 신청하여야 한다.

🔖 관련 쟁점

1. 등기원인 및 연월일	○년 ○월 ○일(전유부분에 관한 소유권이전등기를 마친 날) 건물 ○동 ○호 전유부분 취득
2. 등기원인증서	×
3. 등기의무자의 등기필정보	×
4. 등기의무자의 인감증명서	○ (단, 매도용×)
5. 등기권리자의 주소증명정보	×

01 부동산등기법 제60조의 규정에 의한 대지사용권의 취득 및 대지권변경등기에 관한 다음 설명 중 가장 옳지 않은 것은?

▶ 2023년 등기서기보

① 구분건물을 신축한 자가 대지사용권을 가지고 있는 경우에 대지권에 관한 등기를 하지 아니하고 구분건물에 관하여만 소유권이전등기를 마쳤을 때에는 현재의 구분건물의 소유명의인과 공동으로 대지사용권에 관한 이전등기를 신청할 수 있다.

② 분양자가 대지사용권을 나중에 취득하여 이전하기로 약정하고 우선 전유부분에 대해서만 수분양자 앞으로 이전등기를 한 후 그 구분건물이 전전 양도된 경우에 최후의 구분건물 소유명의인은 분양자와 공동으로 대지사용권에 관한 이전등기를 신청할 수 있다.

③ 대지권의 표시등기는 구분건물의 현 소유자가 단독으로 신청하되 대지사용권의 이전등기와 동시에 신청하여야 한다.

④ 대지사용권에 관한 이전등기신청 시 등기의무자의 등기필정보를 신청정보로 제공할 필요는 없으나, 매도용 인감증명을 첨부하여야 한다.

해설 ④ 대지사용권은 전유부분에 대한 종된 권리이므로 전유부분의 이전등기가 있게 되면 당연히 이전되는 것으로서, 대지사용권 이전등기에 있어서는 건물등기부로 이미 진정성이 담보되므로 등기의무자의 **등기필정보를** 제공할 필요가 **없다**. 그러나 **인감증명은 제공하여야** 하는 데 등기원인이 매매가 아니므로 **매도용 인감증명을 제공할 필요는 없다.**

①② 1. **구분건물을 신축한 자**가 「집합건물의 소유 및 관리에 관한 법률」 제2조 제6호의 대지 사용권을 가지고 있는 경우에 대지권에 관한 등기를 하지 아니하고 구분건물에 관하여 만 소유권이전등기를 마쳤을 때에는 **현재의 구분건물의 소유명의인과 공동**으로 **대지사 용권에 관한 이전등기를** 신청할 수 있다(법 제60조 제1항).
2. 구분건물을 신축하여 양도한 자가 그 건물의 **대지사용권을 나중에 취득**하여 이전하기 로 **약정**한 경우에는 **제1항을 준용**한다(법 제60조 제2항).
③ **대지권의 표시등기**는 구분건물의 현 소유자가 **단독**으로 신청하되 **대지사용권의 이전등기와 동시**에 신청하여야 한다(법 제60조 제3항).

02 부동산등기법 제60조의 규정에 의한 대지사용권의 취득 및 대지권변경등기에 관한 다음 설명 중 가장 옳지 않은 것은?
▶ 2020년 법원사무관

① 구분건물을 신축한 자가 대지사용권을 가지고 있는 경우에 대지권에 관한 등기를 하지 아니하고 구분건물에 관하여만 소유권이전등기를 마쳤을 때에는 현재의 구분건물의 소 유명의인과 공동으로 대지사용권에 관한 이전등기를 신청할 수 있다.

② 대지사용권에 관한 이전등기신청 시 등기의무자의 등기필정보를 신청정보로 제공할 필 요가 없으나 인감증명은 첨부정보로 제공하여야 한다.

③ 대지권의 표시등기는 구분건물의 현 소유자가 단독으로 신청하되 대지사용권의 이전등 기와 동시에 신청하여야 한다.

④ 대지사용권에 관한 이전등기의 등기원인은 건물 ○동 ○호 전유부분 취득으로 기록하 고, 등기연월일은 구분건물을 신축한 자가 대지사용권을 취득한 날을 기록한다.

해설 ④ 등기원인은 건물 ○동 ○호 전유부분 취득으로 기록하고, 등기연월일은 전유부분에 관한 소 유권이전등기를 마친 날을 기록한다.

① 법 제60조 제1항
② 대지사용권은 전유부분에 대한 종된 권리이므로 전유부분의 이전등기가 있게 되면 당연히 이전되는 것으로서, 대지사용권이전등기에 있어서는 건물등기부로 이미 진정성이 담보되므 로 등기의무자의 **등기필정보를** 제공할 필요가 **없다**. 그러나 **인감증명은 제공**하여야 하는 데 등기원인이 매매가 아니므로 **매도용 인감증명을 제공할 필요는 없다.**
③ 법 제60조 제3항

정답 🔑 01 ④ 02 ④

03 대지권의 표시등기절차에 관한 다음 설명 중 가장 옳지 않은 것은? ▸ 2018년 등기주사보

① 1동 건물의 등기기록 표제부에 대지권의 목적인 토지의 표시에 관한 사항을 기록하고 전유부분의 표제부에는 대지권의 표시에 관한 사항을 기록한다.

② 건물 등기기록에 대지권등기를 한 경우 등기관은 직권으로 대지권의 목적인 토지의 등기기록에 소유권, 지상권, 전세권 또는 임차권이 대지권이라는 뜻을 기록한다.

③ 토지 등기기록에 대지권의 뜻을 등기한 경우로서 그 토지에 소유권보존·이전등기 외의 소유권에 관한 등기 또는 소유권 외의 권리에 관한 등기가 있을 때에는 그 건물의 전유부분 표제부에 토지 등기기록에 별도의 등기가 있다는 뜻을 기록하여야 한다.

④ 토지 등기기록에 대지권의 뜻을 등기한 후 그 토지 등기기록에 관하여만 새로운 등기를 한 경우에는 그 건물의 표제부에 별도의 등기가 있다는 뜻을 기록하지 않는다.

> **해설** ④ 토지 등기기록에 대지권이라는 뜻의 등기를 한 후에 그 토지 등기기록에 관하여만 새로운 등기를 한 경우 등기관은 그 건물의 등기기록 중 전유부분 표제부에 토지 등기기록에 별도의 등기가 있다는 뜻을 (➡ 직권으로) 기록하여야 한다(규칙 제90조 제1항, 제2항).

정답 ✔ 03 ④

라. 구분건물의 표시변경등기

마. 규약상 공용부분인 뜻의 등기

🔖 관련 조문

법 제47조(규약상 공용부분의 등기와 규약폐지에 따른 등기)

① 「집합건물의 소유 및 관리에 관한 법률」 제3조 제4항에 따른 **공용부분이라는 뜻의 등기는 소유권의 등기 명의인이(🞊 단독으로) 신청하여야** 한다. 이 경우 공용부분인 건물에 소유권 외의 권리에 관한 등기가 있을 때에는 그 권리의 등기명의인의 **승낙**이 있어야 한다.

② **공용부분이라는 뜻을 정한 규약을 폐지**한 경우에 **공용부분의 취득자**는 지체 없이 소유권보존(🞊 이전×) 등기를 신청하여야 한다.

규칙 제104조(공용부분이라는 뜻의 등기)

① 법 제47조 제1항에 따라 소유권의 등기명의인이 공용부분이라는 뜻의 등기를 신청하는 경우에는 그 뜻을 정한 **규약이나 공정증서를** 첨부정보로서 등기소에 제공하여야 한다. 이 경우 그 건물에 **소유권의 등기 외의 권리**에 관한 등기가 있을 때에는 그 등기명의인의 **승낙**이 있음을 증명하는 정보 또는 이에 대항할수 있는 **재판**이 있음을 증명하는 정보를 첨부정보로서 등기소에 제공하여야 한다.

② 제1항의 경우에 그 공용부분이 다른 등기기록에 등기된 건물의 구분소유자가 공용하는 것일 때에는 그 뜻과 그 구분소유자가 소유하는 건물의 번호를 신청정보의 내용으로 등기소에 제공하여야 한다. 다만, 다른 등기기록에 등기된 건물의 구분소유자 전원이 공용하는 것일 때에는 그 1동 건물의 번호만을 신청정보의 내용으로 등기소에 제공한다.

③ 제1항의 등기신청이 있는 경우에 등기관이 그 등기를 할 때에는 그 등기기록 중 표제부에 **공용부분이라는 뜻**을 기록하고 각 구의 **소유권과 그 밖의 권리에 관한 등기를 말소하는 표시**를 하여야 한다. 이 경우 제2항에 따른 사항이 신청정보의 내용 중에 포함되어 있을 때에는 그 사항도 기록하여야 한다.

④ 공용부분이라는 뜻을 정한 **규약을 폐지**함에 따라 공용부분의 **취득자**가 법 제47조 제2항에 따라 소유권보존(🞊 이전×)등기를 신청하는 경우에는 **규약의 폐지를 증명**하는 정보를 첨부정보로서 등기소에 제공하여야 한다.

⑤ 등기관이 제4항에 따라 소유권보존등기를 하였을 때에는 **공용부분이라는 뜻의 등기를 말소하는 표시를** 하여야 한다.

⑥ 「집합건물의 소유 및 관리에 관한 법률」 제52조에 따른 단지공용부분이라는 뜻의 등기에는 제1항부터 제5항까지의 규정을 준용한다.

01

집합건물의 소유 및 관리에 관한 법률에 따른 규약상 공용부분이라는 뜻의 등기에 관한 다음 설명 중 가장 옳지 않은 것은? ▸ 2023년 법무사

① 공용부분이라는 뜻의 등기는 규약에서 공용부분으로 정한 구분건물 또는 부속건물의 소유자가 신청하여야 하며, 미등기인 건물에 대하여는 소유권보존등기를 하지 않고 곧바로 공용부분이라는 뜻의 등기를 할 수 있다.

② 등기관이 공용부분이라는 뜻의 등기를 할 때에는 그 등기기록 중 표제부에 공용부분이라는 뜻을 기록하고 각 구의 소유권과 그 밖의 권리에 관한 등기를 말소하는 표시를 하여야 한다.

③ 공용부분이라는 뜻의 등기를 신청하는 경우 공용부분인 건물에 소유권 외의 권리에 관한 등기가 있을 때에는 그 권리의 등기명의인의 승낙이 있음을 증명하는 정보 또는 이에 대항할 수 있는 재판이 있음을 증명하는 정보를 첨부정보로서 제공하여야 한다.

④ 공용부분에 대한 공유자의 지분은 그가 가지는 전유부분과 분리하여 처분할 수 없고, 공용부분에 관한 물권의 득실변경은 등기가 필요하지 아니하다.

⑤ 공용부분이라는 뜻을 정한 규약을 폐지한 경우에 공용부분의 취득자는 지체 없이 소유권보존등기를 신청하여야 한다.

해설 ① **규약상 공용부분이라는 뜻의 등기**는 규약에서 공용부분으로 정한 구분건물 또는 **부속건물 소유권의 등기명의인**이 **신청하여야** 한다(법 제47조 제1항). 따라서 **미등기인 건물**에 대하여 **곧바로 공용부분이라는 뜻의 등기를 할 수 없고** 먼저 소유권보존등기를 하여야 한다(선례 제2-657호).

② 등기관이 공용부분이라는 뜻의 등기를 할 때에는 그 등기기록 중 표제부에 **공용부분이라는 뜻을 기록**하고 각 구의 **소유권과 그 밖의 권리**에 관한 등기를 **말소하는 표시**를 하여야 한다(규칙 제104조 제3항).

③ 소유권의 등기명의인이 공용부분이라는 뜻의 등기를 신청하는 경우에는 그 뜻을 정한 **규약이나 공정증서**를 첨부정보로서 등기소에 제공하여야 한다. 이 경우 그 건물에 **소유권의 등기 외의 권리**에 관한 등기가 있을 때에는 그 등기명의인의 **승낙**이 있음을 증명하는 정보 또는 이에 대항할 수 있는 **재판**이 있음을 증명하는 정보를 **첨부정보**로서 등기소에 제공하여야 한다(법 제47조 제1항, 규칙 제104조 제1항).

④ **공용부분에 대한 공유자의 지분**은 그가 가지는 **전유부분의 처분에 따른다**. 공유자는 그가 가지는 **전유부분과 분리하여 공용부분에 대한 지분을 처분할 수 없다**. **공용부분에 관한 물권의 득실변경은 등기가 필요하지 아니**하다(집합건물의 소유 및 관리에 관한 법률 제13조).

⑤ **공용부분이라는 뜻을 정한 규약을 폐지**한 경우에 **공용부분의 취득자**는 지체 없이 소유권보존(⊕ 이전×)등기를 **신청하여야** 한다(법 제47조 제2항).

02 「집합건물의 소유 및 관리에 관한 법률」 제3조 제4항에 따른 규약상 공용부분이라는 뜻의 등기에 관한 다음 설명 중 가장 옳지 않은 것은? ▶ 2022년 등기서기보

① 규약상 공용부분이라는 뜻의 등기를 신청하는 경우 공용부분인 건물에 소유권 외의 권리에 관한 등기가 있을 때에는 그 권리의 등기명의인의 승낙이 있어야 한다.

② 규약상 공용부분이라는 뜻의 등기는 관리단을 대표하는 관리인이 신청하여야 한다.

③ 공용부분이라는 뜻의 등기를 신청하는 경우에는 그 뜻을 정한 규약이나 공정증서를 첨부정보로서 등기소에 제공하여야 한다.

④ 공용부분이라는 뜻을 정한 규약을 폐지한 경우에 공용부분의 취득자는 지체 없이 소유권보존등기를 신청하여야 한다.

> **해설** ② 「집합건물의 소유 및 관리에 관한 법률」 제3조 제4항에 따른 (❶ 규약상)공용부분이라는 뜻
> 의 등기는 소유권의 등기명의인이(❷ 단독으로) 신청하여야 한다. 이 경우 공용부분인 건물에
> 소유권 외의 권리에 관한 등기가 있을 때에는 그 권리의 등기명의인의 승낙이 있어야 한다
> (법 제47조 제1항).
>
> ① 위 ② 해설 참조
> ③ 소유권의 등기명의인이 공용부분이라는 뜻의 등기를 신청하는 경우에는 그 뜻을 정한 **규약**
> **이나 공정증서**를 첨부정보로서 등기소에 제공하여야 한다(규칙 제104조 제1항).
> ④ **공용부분이라는 뜻을 정한 규약을 폐지**한 경우에 **공용부분의 취득자**는 지체 없이 소유권보
> 존(❸ 이전×)등기를 **신청하여야** 한다(법 제47조 제2항).

03 규약상 공용부분이라는 뜻의 등기에 관한 다음 설명 중 가장 옳지 않은 것은?

▶ 2019년 등기주사보

① 규약상 공용부분이라는 뜻의 등기는 규약상 공용부분으로 한 건물의 소유권의 등기명의인이 단독으로 신청한다.

② 규약상 공용부분이라는 뜻의 등기신청이 있으면 표제부에 공용부분이라는 뜻을 기록하고 각 구의 소유권과 그 밖의 권리에 관한 등기를 말소하는 표시를 하여야 한다.

③ 규약상 공용부분으로 할 건물에 소유권의 등기 외의 권리에 관한 등기가 있을 때에는 그 명의인의 승낙이 있음을 증명하는 정보 또는 이에 대항할 수 있는 재판이 있음을 증명하는 정보를 제공하여야 한다.

④ 공용부분이라는 뜻을 정한 규약을 폐지한 경우 공용부분의 취득자는 기존의 구분소유자와 공동으로 소유권이전등기를 신청하여야 한다.

> **해설** ④ **공용부분이라는 뜻을 정한 규약을 폐지**한 경우에 **공용부분의 취득자**는 지체 없이 소유권보존
> (❸ 이전×)등기를 **신청하여야** 한다(법 제47조 제2항).

정답 ⟶ 01 ① 02 ② 03 ④

① 법 제47조 제1항
② 규칙 제104조 제3항
③ 법 제47조 제1항, 규칙 제104조 제1항

04 규약상 공용부분에 관한 등기와 관련한 다음 설명 중 가장 옳지 않은 것은?

▶ 2017년 등기주사보

① 규약상 공용부분이라는 뜻의 등기는 표제부에 한다.
② 규약상 공용부분으로 한 건물의 소유권의 등기명의인이 단독으로 신청한다.
③ 일반적으로 규약상 공용부분은 구분소유자 전원의 공유에 속함이 원칙이고 공유자의 이에 대한 지분은 그가 가지는 전유부분의 처분에 따른다.
④ 공용부분이라는 뜻을 정한 규약을 폐지한 경우에 공용부분의 취득자는 지체 없이 소유권이전등기를 신청하여야 한다.

해설 ④ <u>공용부분이라는 뜻을 정한 규약을 폐지</u>한 경우에 **공용부분의 취득자**는 지체 없이 소유권보존 (🔁 이전×)등기를 <u>신청하여야</u> 한다(법 제47조 제2항).

① 규칙 제104조 제3항
② 법 제47조 제1항
③ **공용부분**은 <u>구분소유자 전원의 공유에 속한다.</u> 다만, 일부의 구분소유자만이 공용하도록 제공되는 것임이 명백한 공용부분(이하 "일부공용부분"이라 한다)은 그들 구분소유자의 공유에 속한다(집합건물의 소유 및 관리에 관한 법률 제10조 제1항). **공용부분에 대한 공유자의 지분**은 그가 가지는 <u>전유부분의 처분에 따른다</u>(동법 제13조 제1항).

05 규약상 공용부분에 관한 등기에 대한 다음 설명 중 가장 옳지 않은 것은?

▶ 2017년 등기주사보, 2016년 법무사, 2016년 등기서기보

① 규약상 공용부분이라는 뜻의 등기는 표제부에 한다.
② 규약상 공용부분으로 한 건물의 소유권의 등기명의인이 단독으로 신청한다.
③ 일반적으로 규약상 공용부분은 구분소유자 전원의 공유에 속함이 원칙이고 공유자의 이에 대한 지분은 그가 가지는 전유부분의 처분에 따른다.
④ 공용부분이라는 뜻을 정한 규약을 폐지한 경우에 공용부분의 취득자는 지체 없이 소유권이전등기를 신청하여야 한다.
⑤ 등기관이 규약상 공용부분이라는 뜻의 등기를 할 때에는 각 구의 소유권과 그 밖의 권리에 관한 등기를 말소하는 표시를 하여야 한다.

해설 ④ <u>공용부분이라는 뜻을 정한 규약을 폐지</u>한 경우에 <u>공용부분의 취득자</u>는 지체 없이 소유권보존(🔁 이전×)등기를 <u>신청하여야</u> 한다(법 제47조 제2항).

①, ⑤ 규칙 제104조 제3항

② 법 제47조 제1항

③ **공용부분**은 <u>구분소유자 전원의 공유</u>에 속한다. 다만, 일부의 구분소유자만이 공용하도록 제공되는 것임이 명백한 공용부분(이하 "일부공용부분"이라 한다)은 그들 구분소유자의 공유에 속한다(집합건물의 소유 및 관리에 관한 법률 제10조 제1항). **공용부분에 대한 공유자의 지분**은 그가 가지는 <u>전유부분의 처분에 따른다</u>(동법 제13조 제1항).

02 이전

✦ 종합문제

01 **소유권이전등기에 관한 다음 설명 중 가장 옳지 않은 것은?** ▶ 2022년 법무사

① 피상속인의 처와 그 친권에 따르는 미성년자 및 다른 상속인을 포함한 수인의 상속인이 협의분할에 의한 상속등기를 신청하는 경우에는 그 처(친권자)는 상속포기를 하지 아니한 이상 상속재산을 전혀 취득하지 않더라도 미성년자인 자를 대리하여 다른 상속인과 상속재산분할의 협의를 할 수 없고 미성년자를 위한 특별대리인이 선임되어야 한다.

② 甲의 증조부가 사정받은 토지를 망조부를 거쳐 망부로 순차 단독 상속된 후 망부의 공동상속인들 사이에 상속재산 협의분할을 통하여 甲이 망부의 토지를 단독으로 상속받은 사실이 인정되어, 甲이 소유권보존등기명의인을 상대로 진정명의회복을 원인으로 한 소유권이전등기절차이행을 명하는 승소확정판결을 받은 경우와 같이, 등기권리자의 상속인이 등기기록상 최종 소유자를 상대로 하여 진정명의회복을 원인으로 하는 승소판결을 받은 경우에는 상속을 증명하는 서면을 제출할 필요가 없다.

③ 취득시효완성을 원인으로 한 소유권이전등기 소송에서 원고들에게 일정지분대로 이행을 명한 승소확정판결을 받았고, 그 판결이유 중에 원고들의 피상속인이 부동산을 시효취득한 사실 및 원고들이 소유권이전등기청구권을 공동상속한 사실이 기재되어 있는 경우에는 판결정본과 상속재산협의분할서(상속인 전원의 인감증명서 첨부) 및 가족관계증명서 등 상속을 증명하는 서면을 첨부하여 원고들 중 1인의 단독소유로 하는 소유권이전등기를 신청할 수 있다.

④ 협의에 의하여 상속재산을 분할하는 경우 그 상속인 중에 재외국민이 있는 때에는 그 재외국민을 포함한 공동상속인 전원이 협의에 참가하여야 하며, 이때 재외국민이 입국할 수 없는 경우에는 국내에 거주하는 공동상속인 이외의 자에게 이를 위임하여 상속재산의 분할협의를 할 수 있으나 공동상속인에게는 이를 위임할 수는 없다.

정답 ── 04 ④ 05 ④ / 01 ④

⑤ 소유권이전청구권보전가등기를 마친 후에 가등기권자가 사망한 경우, 가등기권자의 상속인은 상속등기를 할 필요 없이 상속을 증명하는 서면을 첨부하여 가등기의무자와 공동으로 본등기를 신청할 수 있다.

> **해설** ④ 피상속인의 사망으로 그 공동상속인들이 **협의에 의하여 상속재산을 분할하는 경우**에 공동상속인 중 **1인이 외국에 거주**하고 있어 직접 분할협의에 참가할 수 없다면 이러한 **분할협의를 대리인에게 위임**하여 할 수 있는 바, 이 경우 본인이 미성년자가 아닌 한 그 **공동상속인 중 한 사람을 위 분할협의에 관한 대리인으로 선임하여도 무방**하다(선례 제201805–9호, 제4–26호).
>
> ① **피상속인의 처와** 그 친권에 복종하는 **미성년자 2인을 포함한 수인의 상속인이 협의분할에 의한 상속등기**를 신청하는 경우 재산협의분할행위 자체는 언제나 이해상반 행위이므로 친권자인 모가 재산분할의 당사자인 한(즉 **상속포기를 하지 않아 상속인인 한**) 분할계약서상 **상속재산을 전혀 취득하지 아니하더라도** 미성년자를 대리할 수 없으므로 **미성년자마다 특별대리인을 선임**하여야 할 것이다(선례 제3–416호).
>
> ② 갑의 증조부가 사정받은 토지를 망조부를 거쳐 망부로 순차 단독상속된 후 망부의 공동상속인들 사이에 **상속재산협의분할**을 통하여 갑이 망부의 토지를 단독으로 상속받은 사실이 인정되어, 갑이 소유권보존등기명의인인 국가를 상대로 진정명의회복을 원인으로 한 소유권이전등기절차이행을 명하는 승소확정판결을 받은 경우와 같이 **상속인이** 등기권리자로서 **승소판결**을 받은 경우, 위 판결에 의하여 소유권이전등기를 신청함에 있어서는 호적등본, 제적등본, 망부의 상속인들 사이의 상속재산협의분할서 등「부동산등기법」제46조 소정의 **상속을 증명하는 서면을 첨부할 필요가 없다**(선례 제7–179호).
>
> ③ **취득시효완성을 원인으로 한 소유권이전등기 소송**에서 원고들에게 일정지분대로 이행을 명한 **승소확정판결**을 받았고, 그 판결이유 중에 원고들의 피상속인이 부동산을 **시효취득한 사실** 및 원고들이 소유권이전등기청구권을 **공동상속한 사실**이 기재되어 있는 경우에는 판결정본과 **상속재산협의분할서**(상속인 전원의 인감증명서 첨부) 및 가족관계증명서, 기본증명서, 친양자입양관계증명서, 제적등본 등 부동산등기법 제46조 소정의 상속을 증명하는 서면을 첨부하여 **원고들 중 1인의 단독소유로** 하는 소유권이전등기를 신청할 수 있다(선례 제8–190호).
>
> ⑤ 1. 가등기를 마친 후에 **가등기권자가 사망**한 경우, 가등기권자의 상속인은 **상속등기를 할 필요 없이** 상속을 증명하는 서면을 첨부하여 가등기의무자와 공동으로 **본등기**를 신청할 수 있다.
>   2. 가등기를 마친 후에 **가등기의무자가 사망**한 경우, 가등기의무자의 상속인은 **상속등기를 할 필요 없이** 상속을 증명하는 서면과 인감증명 등을 첨부하여 가등기권자와 공동으로 **본등기**를 신청할 수 있다(예규 제1632호, 4–가).

02 소유권이전에 관한 등기와 관련한 다음 설명 중 가장 옳지 않은 것은? ▶ 2020년 등기서기보

① "○년 ○월 ○일 취득시효 완성을 원인으로 한 소유권이전등기절차를 이행하라"는 주문이 기재된 판결정본을 등기원인을 증명하는 정보로서 제공하여 소유권이전등기를 신청하는 경우에는 그 연월일은 주문에 기재된 "취득시효완성일"로 하여 제공하면 된다.

② 거래부동산이 1개라 하더라도 여러 명의 매도인과 여러 명의 매수인 사이의 매매계약인 경우에는 매매목록을 첨부정보로서 등기소에 제공하여야 한다.

③ 수인의 공유자가 수인에게 지분의 전부 또는 일부를 이전하려고 하는 경우의 등기신청은 등기권리자별로 하거나 등기의무자별로 하여야 한다.

④ 등기원인이 '매매'인 경우에는 등기원인증서가 판결, 조정조서 등 매매계약서가 아닌 경우에도 거래가액을 등기하여야 한다.

> **해설** ④ 거래가액은 2006.1.1. 이후 작성된 **매매계약서**를 등기원인증서로 하여 **소유권이전등기**(🌐 물권변동효력○)를 신청하는 경우에 등기한다. 그러므로 등기원인이 매매라 하더라도 등기원인증서가 판결, 조정조서 등 **매매계약서가 아닌** 때에는 거래가액을 등기하지 **않는다**(예규 제1633호).
>
> ① 1) 등기권리자와 등기의무자가 시효취득을 증명하는 정보(당사자 간에 작성된 시효취득 확인서)를 등기원인을 증명하는 정보로서 제공하여 **공동**으로 소유권이전등기를 신청하는 경우에는 신청정보의 내용 중 등기원인은 '**시효취득**'으로, 그 연월일은 '**시효기간의 기산일**' 즉 '**점유개시일**'로 하여 이를 제공하여야 한다.
>
> 2) 그런데 등기권리자가 "○년 ○월 ○일 취득시효 완성을 원인으로 한 소유권이전등기절차를 이행하라"는 주문이 기재된 **판결정본**을 등기원인을 증명하는 정보로서 제공하여 단독으로 소유권이전등기를 신청하는 경우에는 등기원인과 그 연월일은 판결주문에 기재된 대로 제공하여야 하므로, 신청정보의 내용 중 등기원인은 "취득시효 완성"으로, 그 연월일은 주문에 기재된 "**취득시효완성일**"로 하여 이를 제공하면 된다(선례 제201807-6호).
>
> ② 신고필증에 기재되어 있는 부동산이 1개라 하더라도 **수인과 수인** 사이의 매매인 경우에는 매매목록을 제출하여야 한다(예규 제1633호)(① **일괄신청×** / ② **매매목록○**).
>
> ③ **수인의 공유자가 수인에게** 지분의 전부 또는 일부를 이전하려고 하는 경우 등기신청인은 등기신청서에 등기의무자들의 각 지분 중 각 ○분의 ○ 지분이 등기권리자 중 1인에게 이전되었는지를 기재하고 신청서는 **등기권리자별로 신청서를** 작성하여 제출하거나 또는 등기의무자 1인의 지분이 등기권리자들에게 각 ○분의 ○ 지분씩 이전되었는지를 기재하고 **등기의무자별로 신청서를** 작성하여 제출하여야 한다. 한 장의 신청서(🌐 일괄신청)에 함께 기재한 경우 등기관은 이를 수리해서는 **아니 된다**(예규 제1363호).

정답 ↦ 02 ④

03 소유권이전등기에 관한 다음 설명 중 가장 옳지 않은 것은? ▶ 2019년 등기주사보

① 사인증여를 원인으로 소유권이전등기를 신청할 때에는 등기의무자인 증여자가 사망한 상태이므로 증여자의 상속인이 등기의무자로서 등기권리자인 수증자와 공동으로 신청하게 된다.

② 재산분할협의의 효력은 이혼이 이루어진 때에 발생하므로 이혼에 따른 재산분할이전등기를 하기 위해서는 이혼하였음을 증명하는 정보를 제공하여야 한다.

③ 신탁등기를 이전등기와 함께 동시에 할 때에는 하나의 순위번호를 사용하여야 한다.

④ 양도담보계약에 의하여 소유권이전등기신청을 할 때에 부동산등기 특별조치법상의 검인을 받을 필요가 없다.

해설 ④ 양도담보계약에 의하여 소유권이전등기신청을 할 때에도 부동산등기 특별조치법상의 검인을 받아야 하며 당해 부동산이 토지거래허가구역 내의 허가대상토지인 경우에는 국토이용관리법상의 토지거래허가를 받아야 한다(선례 제4-399호).

① 1) 증여자의 사망으로 인하여 효력이 생길(➡ 사인)증여에는 유증에 관한 규정을 준용한다(민법 제562조). 증여자의 사망으로 인하여 효력이 생길 증여(사인증여)를 원인으로 한 소유권이전등기신청은 등기의무자인 유언집행자(지정되지 않은 경우에는 상속인이 유언집행자)와 등기권리자인 수증자가 공동으로 신청하게 되는바, 유언집행자가 수인인 경우에는 그 과반수 이상으로 등기신청을 할 수 있다(선례 제200907-1호).

2) 망인이 생전에 특정 부동산을 상속인 중의 특정인에게 증여하기로 하는 사인증여계약서를 작성한 후 동인이 사망한 경우에 상속인들은 상속을 증명하는 시·구·읍·면장의 서면 또는 이에 준하는 서면(➡ 증여자의 사망사실을 증명하는 서면과 등기의무자가 상속인임을 증명하는 서면)을 첨부하고 등기원인을 증여로 하여 망인 명의의 부동산을 직접 수증인 명의로 이전등기를 할 수 있고 그 부동산의 지목이 농지라면 농지매매증명을 첨부하여야 한다(➡ 이는 수증자가 상속인 중의 1인인 경우에도 동일하다)(선례 제3-57호).

② 1) 혼인 중 부부의 협의이혼을 전제로 한 재산분할협의는 협의상 이혼을 정지조건으로 하는 조건부 의사표시로서, 동 협의의 효력은 당사자가 약정한 대로 협의상 이혼이 이루어진 경우에 발생하는 것이므로, 재산분할을 원인으로 한 소유권이전등기신청서에는 이혼하였음을 소명하는 서면(호적등본 등)을 첨부하여야 한다(선례 제8-170호).

2) 「민법」 제839조의2의 규정에 의한 재산분할의 판결에 의하여 이혼당사자 중 일방이 그의 지분에 대한 농지의 소유권이전등기를 신청할 경우 그 절차는 판결에 의한 소유권이전등기신청절차와 동일하며 부동산등기 특별조치법 소정의 검인을 받아야 하나 농지취득자격증명, 토지거래계약허가서 등은 첨부할 필요가 없다(선례 제4-261호).

3) 「민법」 제839조의2에서 "재산분할청구권은 이혼한 날로부터 2년을 경과한 때에는 소멸한다."라고 규정하고 있으나 재산분할협의결과 발생한 소유권이전등기를 반드시 위 기간 내에 신청하도록 제한하는 것은 아니므로 협의이혼 당시 재산분할약정을 한 후 15년이 경과하더라도 재산분할협의서에 검인을 받고 혼인관계증명서와 일반적인 소유권이전등기신청에 필요한 서면 등을 첨부하여 재산분할을 원인으로 소유권이전등기신청을 할 수 있다(선례 제200901-2호).

③ **신탁등기의 신청**은 해당 신탁으로 인한 **권리의 이전 또는 보존이나 설정등기의 신청**과 함께 1건의 신청정보로 **일괄**하여 하여야 한다. 등기관이 권리의 이전 또는 보존이나 설정등기와 함께 신탁등기를 할 때에는 **하나의 순위번호**를 사용하여야 한다(규칙 제139조 제1항, 제7항). 즉 신탁으로 인한 권리이전등기를 한 다음 **등기목적란에 신탁등기의 등기목적**을 기재하고 **권리자 및 기타사항란**에 **신탁원부번호**를 기록한다.

04 **소유권 또는 부동산의 일부 이전에 관한 다음 설명 중 가장 옳지 않은 것은?**

▶ 2019년 등기주사보

① 어느 공유자의 지분 일부에 저당권설정등기가 있는 경우에 그 공유자의 지분 일부에 대하여 소유권이전등기를 신청할 때에 그 등기의 목적이 저당권의 부담이 있는 부분인지 아닌지를 신청정보의 내용으로 제공하여야 한다.

② 1필지 토지의 특정된 일부에 대하여 소유권이전등기절차 또는 소유권이전등기의 말소등기절차의 이행을 명하는 판결로는 그 판결에 따로 분필을 명하는 주문기재가 없으면 이전등기 또는 말소등기를 신청할 수 없다.

③ 수인의 공유자가 수인에게 지분의 전부 또는 일부를 이전하려고 하는 경우의 등기신청은 등기권리자별로 하거나 등기의무자별로 신청서를 작성하여야 한다.

④ 공유자의 지분 일부를 이전하는 경우에는 '공유자 지분 O분의 O 중 일부(O분의 O) 이전'으로 기록하되, 괄호 안의 지분은 부동산 전체에 대한 지분을 기록한다.

해설 ② 1) 1필지의 토지 중 그 **물리적 일부(특정 일부)**를 특정하여 소유권이전등기를 명한 **판결**이 확정되어 그 판결에 따른 소유권이전등기를 신청하기 위하여는 **먼저 그 부분을 토지대장상 분할하여 분필등기**를 하여야 하고, 지적법상 지적분할이 불가능하다고 하여 전체면적에 대한 특정부분의 면적비율에 상응하는 공유지분의 이전등기를 신청할 수는 없을 것이다(선례 제5-382호). 즉 먼저 분필등기가 선행되어야 하며, **도면을 첨부하여 물리적 일부에 대하여 등기할 수도 없고, 면적비율에 따라 지분으로 표시하여 소유권이전등기를 신청할 수 없다.**

2) 1필의 토지 중 그 일부를 특정하여 소유권이전등기를 명하는 판결이 확정된 경우에는 토지대장상 그 특정부분을 분할한 다음 원고가 그 분할된 토지대장등본으로 피고를 대위하여 분필등기를 신청할 수 있다(선례 제1-562호). 이전할 특정부분에 대한 분할은 위 판결의 이행을 위하여 당연히 거치게 되는 절차로서 판결주문에 '분할하여'라는 표시가 없다는 이유로 지적공부소관청이 그 토지의 분할신청을 거부할 수는 없을 것이다(선례 제2-304호).

3) 소유권이전등기가 경료된 1필의 토지 중 특정된 일부에 관한 등기만이 원인무효인 경우에는 그 **특정부분**만에 관하여 **소유권이전등기의 말소를 명하는 판결**을 받고 그 특정부분을 **분할**하여 그에 관한 등기를 말소할 수 있을 것이다(선례 제2-410호).

4) 1필지의 토지의 특정된 일부에 대하여 소유권이전등기의 말소를 명하는 판결을 받은 등기권리자는 그 판결에 **따로 토지의 분할을 명하는 주문기재가 없더라도** 그 판결에 기하여 등기의무자를 대위하여 그 특정된 일부에 대한 분필등기절차를 마친 후 소유권이전등기를 말소할 수 있으므로 토지의 분할을 명함이 없이 1필지의 토지의 일부에 관하여 소유권이전등기의 말소를 명한 판결을 **집행불능의 판결**이라 할 수 없다(예규 제639호).

정답 ➡ 03 ④   04 ②

① 공유자의 지분 일부에 저당권(근저당권을 포함한다)등기를 한 후 그 공유자의 지분 일부에 대하여 다시 이전등기나 저당권등기를 신청하는 경우에도 그 등기의 목적이 이미 저당권 등이 설정된 부분인지 여부 등을 명백히 할 필요가 있으므로 등기목적을 특정하여 기록하여야 한다(「부동산등기실무Ⅱ」 p.329).

③ 수인의 공유자가 수인에게 지분의 전부 또는 일부를 이전하려고 하는 경우 등기신청인은 등기신청서에 등기의무자들의 각 지분 중 각 ○분의 ○ 지분이 등기권리자 중 1인에게 이전되었는지를 기재하고 신청서는 **등기권리자별로 신청서를 작성**하여 제출하거나 또는 등기의무자 1인의 지분이 등기권리자들에게 각 ○분의 ○ 지분씩 이전되었는지를 기재하고 **등기의무자별로 신청서를 작성**하여 제출하여야 한다. 한 장의 신청서(🅑 일괄신청)에 함께 기재한 경우 등기관은 이를 수리해서는 **아니 된다**(예규 제1363호).

④ 공유자인 **갑의 지분을 일부 이전**하는 경우 등기의 목적은 "**갑 지분 ○분의 ○ 중 일부(○분의 ○)이전**"으로 기재하되, 이전하는 지분은 **부동산 전체에 대한 지분**을 명시하여 **괄호 안에 기재**하여야 한다(예규 제1313호, 2-나).

05 소유권이전등기에 대한 다음 설명 중 가장 옳지 않은 것은? ▸2019년 등기서기보

① 이혼에 따른 재산분할판결의 경우, 분할의 대상 부동산이 농지인 경우에는 검인을 받아야 하나 농지취득자격증명, 토지거래허가서 등은 첨부할 필요가 없다.

② 등기원인이 사인증여인 경우에는 증여자의 상속인이 등기의무자로서 등기신청을 한다. 이 경우 증여자의 사망사실을 증명하는 서면과 등기의무자가 상속인임을 증명하는 서면을 첨부하여야 하고, 이는 수증자가 상속인 중의 1인인 경우에도 동일하다.

③ 토지의 특정 일부를 매수한 후 당사자 사이의 합의로 소유권 지분이전등기를 하는 경우, 상호명의신탁에 의한 구분소유적 공유관계가 성립하므로 이를 해소하기 위해서는 공유물분할판결을 얻어야 한다.

④ 양도담보계약에 의하여 소유권이전등기신청을 할 때에도 부동산등기 특별조치법상의 검인을 받아야 한다.

해설 ③ 수인이 1필의 토지를 각 **위치를 특정**하여 그 **일부씩 매수**하였으나 그 소유권이전등기는 **편의상 공유지분이전등기**를 한 후 각 특정매수부분 대로 분필등기가 경료되었다면, 그 분할된 각 토지의 등기부상 공유자는 **상호명의신탁관계**에 있다고 할 것이므로, 위 각 토지를 매수한 자는 다른 공유자를 상대로 하여 **명의신탁해지로 인한 소유권이전등기**를 당사자의 공동신청이나 판결에 의하여 단독으로 신청함으로써 각자의 단독소유로 할 수 있다(선례 제3-541호). 이 경우 공유물분할판결을 받아 구분소유적 공유관계를 해소할 수는 없다.

06 소유권이전등기에 관한 다음 설명 중 가장 옳지 않은 것은? ▸ 2018년 등기주사보

① 사인증여를 원인으로 소유권이전등기를 신청하는 경우에는 증여자의 상속인과 수증자가 공동으로 직접 수증자의 명의로 이전등기를 신청할 수 있다.

② 이혼에 따른 재산분할을 원인으로 소유권이전등기를 신청하는 경우에 분할의 대상이 농지이면 부동산등기 특별조치법상의 검인을 받아야 하나, 농지취득자격증명 및 토지거래계약허가증은 첨부할 필요가 없다.

③ 최초의 수분양자가 해당 주택에 대한 계약당사자의 지위를 제3자에게 매도한 경우에 그 매매계약일이 반대급부의 이행이 완료되기 이전인 때에는 분양자로부터 매매계약의 양수인 앞으로 직접 소유권이전등기를 신청할 수 있다.

④ 매매를 원인으로 소유권이전등기가 마쳐진 후에 그 매매계약을 해제한 경우에는 원상회복의 방법으로 소유권이전등기의 말소등기를 신청하여야 하며, 계약해제를 원인으로 한 소유권이전등기를 신청할 수는 없다.

> 해설 ④ 매매를 원인으로 한 이전등기를 경료한 뒤에 그 **매매계약을 해제**(합의해제 포함)하였다면 이해관계 있는 제3자가 없는 한 계약해제의 효과인 **원상회복의 방법**으로 그 등기의 **말소**를 구할 수 있다(예규 제331호). 만약 등기상 이해관계 있는 제3자가 있어 그 자의 승낙을 받을 수 없는 경우에는 원상회복의 원상회복 방법으로 당사자가 계약해제를 원인으로 한 소유권이전등기신청을 하여도 등기관은 이를 수리하여야 한다(예규 제1343호).

③ 주택분양계약을 체결하여 분양권을 취득한 자가 당해 주택에 대한 계약당사자의 지위(수분양자로서의 지위)를 제3자에게 이전하는 계약을 체결한 경우, 그 지위 이전계약의 체결일이 부동산등기 특별조치법 제2조 제1항 제1호에 정하여진 날(쌍무계약의 경우 반대급부의 이행이 완료된 날) 이전인 때에는 먼저 체결된 계약의 매도인(주택분양자)으로부터 지위 이전계약의 양수인 앞으로 직접 소유권이전등기를 신청할 수 있으며, 이때 등기원인을 증명하는 서면으로 제출하는 **주택분양계약서와 지위 이전계약서에 각각 검인**을 받아야 한다. 다만, 주택분양계약서 및 수분양자와 양수인 사이의 분양권매매계약서에 이미 검인을 받았다면, 주택분양자가 위 권리의무승계(지위 이전계약)를 동의 내지 승낙하는 별도의 서면에는 검인을 받을 필요는 없으나 등기원인증서의 일부로서 소유권이전등기신청서에는 첨부하여야 한다(선례 제7-36호).

07 소유권 또는 부동산의 일부이전등기에 관한 다음 설명 중 가장 옳지 않은 것은?

▶ 2017년 법무사

① 소유권지분의 일부에 대한 저당권등기 등이 있는 상태에서 지분의 일부이전등기를 신청할 때에 그 부분이 저당권 등의 부담 있는 부분인가의 여부를 신청정보의 내용으로 등기소에 제공하여야 한다.

② 공유자인 甲의 지분을 일부 이전하는 경우에는 '甲지분 ○분의 ○ 중 일부(○분의 ○) 이전'으로 기록하되, 이전하는 지분은 부동산 전체에 대한 지분을 명시하여 괄호 안에 기록한다.

③ 수인의 공유자가 수인에게 지분의 전부를 이전하는 경우 1개의 신청정보로 각 등기권리자 및 등기의무자로 표시한 경우 등기관은 그 신청을 각하하여야 한다.

④ 1필지 부동산의 특정된 부분에 대한 일부이전등기를 신청하는 때에는 그 위치를 특정하는 도면을 첨부하여야 한다.

⑤ 토지의 특정부분을 매수하고도 소유권의 지분이전등기를 한 경우에는 각 공유자는 각자의 권리부분에 대하여 상호명의신탁해지를 원인으로 한 지분소유권이전등기를 할 수 있다.

해설 ④ 1필지의 토지 중 그 **물리적 일부(특정 일부)**를 특정하여 **소유권이전등기를 명한 판결**이 확정되어 그 판결에 따른 소유권이전등기를 신청하기 위하여는 **먼저 그 부분을 토지대장상 분할하여 분필등기**를 하여야 하고, 지적법상 지적분할이 불가능하다고 하여 전체면적에 대한 특정부분의 면적비율에 상응하는 공유지분의 이전등기를 신청할 수는 없을 것이다(선례 제5-382호). 즉 먼저 분필등기가 선행되어야 하며, **도면을 첨부하여 물리적 일부에 대하여 등기할 수도 없고**, **면적비율에 따라 지분으로 표시**하여 소유권이전등기를 신청할 수 **없다**.

08 소유권이전등기에 관한 다음 설명 중 가장 옳지 않은 것은? ▸ 2016년 등기서기보

① 매매계약 해제로 인한 원상회복 방법으로 당사자가 계약해제를 원인으로 한 소유권이전등기신청을 한 경우 등기관은 이를 수리하여서는 아니 된다.

② 재산분할의 판결에 의하여 이혼당사자 중 일방이 그의 지분에 대한 농지의 소유권이전등기를 신청할 경우 농지취득자격증명을 첨부할 필요가 없다.

③ 증여·교환 등 매매 이외의 원인으로 인한 소유권이전등기신청의 경우에는 부동산매도용 인감증명서를 첨부할 필요가 없다.

④ 망인이 생전에 특정 부동산을 상속인 중의 특정인에게 증여하기로 하는 사인증여계약서를 작성한 후 사망한 경우 상속인들은 망인 명의의 부동산을 직접 수증인 명의로 이전등기를 할 수 있다.

해설 ① 매매를 원인으로 한 이전등기를 경료한 뒤에 그 **매매계약을 해제**(합의해제 포함)하였다면 이해관계 있는 제3자가 없는 한 계약해제의 효과인 **원상회복의 방법**으로 그 등기의 **말소**를 구할 수 있다(예규 제331호). 만약 등기상 이해관계 있는 제3자가 있어 그 자의 승낙을 받을 수 없는 경우에는 원상회복의 원상회복 방법으로 당사자가 계약해제를 원인으로 한 소유권**이전등기신청**을 하여도 등기관은 이를 수리하여야 한다(예규 제1343호).

③ **매매**를 원인으로 한 소유권이전등기신청의 경우에는 부동산매수자란에 매수인의 성명(법인은 법인명)·주민등록번호 및 주소가 기재되어 있는 인감증명서(이하 "부동산**매도용 인감증명서**"라 함)를 첨부하여야 한다. 다만, **증여·교환 등** 매매 이외의 원인으로 인한 소유권이전등기신청의 경우에는 부동산**매도용** 인감증명서를 첨부할 필요가 **없다**(예규 제1308호, 4).

01 특정승계 등

가. 법률행위

01 매매 등의 법률행위를 원인으로 하는 소유권이전등기에 관한 다음 설명 중 가장 옳지 않은 것은?

▶ 2017년 법무사

① 도시지역 안의 농지가 국토의 계획 및 이용에 관한 법률상의 도시지역 중 주거지역으로 지정된 경우에 종중 명의로 소유권이전등기가 가능하며, 소유권이전등기신청서에 농지취득자격증명도 첨부할 필요가 없다.

② 협의이혼 당시 재산분할약정을 한 후 15년이 경과하면 재산분할을 원인으로 소유권이전등기신청을 할 수 없다.

③ 사인증여를 원인으로 한 소유권이전등기신청은 등기의무자인 유언집행자와 등기권리자인 수증자가 공동으로 신청하게 되는바, 유언집행자가 수인인 경우에는 그 과반수 이상으로 등기신청을 할 수 있다.

④ 상대 부담 없는 증여를 원인으로 하여 부동산 거래신고 등에 관한 법률에 따른 토지거래계약 허가대상토지의 소유권이전등기를 신청하는 경우에는 토지거래계약허가증을 첨부하지 않는다.

⑤ 현물출자를 원인으로 한 소유권이전등기를 신청하는 경우에 등기원인을 증명하는 정보를 적은 서면은 '현물출자계약서'이며, 원인일자는 '그 계약의 성립일'이 된다.

해설 ② 1) 혼인 중 부부의 협의이혼을 전제로 한 재산분할협의는 협의상 이혼을 정지조건으로 하는 조건부 의사표시로서, 동 협의의 효력은 당사자가 약정한 대로 협의상 이혼이 이루어진 경우에 발생하는 것이므로, 재산분할을 원인으로 한 소유권이전등기신청서에는 **이혼하였음을 소명하는 서면**(호적등본 등)을 첨부하여야 한다(선례 제8-170호).

2) 「민법」 제839조의2의 규정에 의한 재산분할의 판결에 의하여 이혼당사자 중 일방이 그의 지분에 대한 농지의 소유권이전등기를 신청할 경우 그 절차는 판결에 의한 소유권이전등기신청절차와 동일하며 부동산등기 특별조치법 소정의 **검인**을 받아야 하나 **농지취득자격증명, 토지거래계약허가서** 등은 첨부할 필요가 **없다**(선례 제4-261호).

3) 「민법」 제839조의2에서 "**재산분할청구권**은 이혼한 날로부터 **2년**을 경과한 때에는 소멸한다."라고 규정하고 있으나 재산분할협의결과 발생한 **소유권이전등기**를 반드시 위 기간 내에 신청하도록 제한하는 것은 아니므로 협의이혼 당시 **재산분할약정을 한 후 15년이 경과하더라도** 재산분할협의서에 **검인**을 받고 **혼인관계증명서**와 **일반적인 소유권이전등기신청에 필요한 서면** 등을 첨부하여 재산분할을 원인으로 소유권이전등기신청을 할 수 있다(선례 제200901-2호).

① 도시지역 내의 농지에 대한 소유권이전등기를 신청하는 경우에는 농지취득자격증명을 첨부하지 아니하고 소유권이전등기를 신청할 수 있다(예규 제1635호, 3-바). 다만 도시지역 중 녹지지역 안의 농지에 대하여는 도시계획시설사업에 필요한 농지에 한함(「국토의 계획 및 이용에 관한 법률」 제83조 제3호 참조).

③ 1) 증여자의 사망으로 인하여 효력이 생길 (● **사인)증여**에는 유증에 관한 규정을 준용한다 (민법 제562조). 증여자의 사망으로 인하여 효력이 생길 증여(사인증여)를 원인으로 한 소유권이전등기신청은 **등기의무자인 유언집행자**(지정되지 않은 경우에는 상속인이 유언집행자)와 등기권리자인 **수증자가 공동**으로 신청하게 되는바, 유언집행자가 수인인 경우에는 그 과반수 이상으로 등기신청을 할 수 있다(선례 제200907-1호).

2) 망인이 생전에 특정 부동산을 상속인 중의 특정인에게 증여하기로 하는 사인증여계약서를 작성한 후 동인이 사망한 경우에 상속인들은 상속을 증명하는 시·구·읍·면장의 서면 또는 이에 준하는 서면(● **증여자의 사망사실을 증명하는 서면과 등기의무자가 상속인임을 증명하는 서면**)을 첨부하고 등기원인을 증여로 하여 망인 명의의 부동산을 직접 수증인 명의로 이전등기를 할 수 있고 그 부동산의 지목이 농지라면 **농지매매증명**을 첨부하여야 한다(● 이는 수증자가 상속인 중의 1인인 경우에도 동일하다)(선례 제3-57호).

④ 「부동산 거래신고 등에 관한 법률」(이하 "법"이라 한다) 제11조 제1항의 규정에 의한 허가의 대상이 되는 토지(이하 '허가대상토지'라 한다)에 관하여 **소유권·지상권을 이전 또는 설정**하는 (● **유상)계약(예약**을 포함한다. 이하 같다)을 체결하고 그에 따른 등기신청을 하기 위해서는 신청서에 시장, 군수 또는 구청장이 발행한 **토지거래계약허가증**을 첨부하여야 한다. 다만, 그 계약이 **증여와 같이 대가성이 없는** 경우에는 **그러하지 아니**하다(예규 제1634호, 1-(1)).

⑤ 현물출자를 원인으로 한 소유권이전등기를 신청하는 경우에 등기원인을 증명하는 정보를 적은 서면은 **"현물출자계약서"**이며, 원인일자는 **"그 계약의 성립일"**이 된다. 현물출자자가 납입기일에 출자의 목적인 재산을 인도하고 소유권이전등기에 필요한 서류를 교부한 뒤에 받은, 이른바 **"인도증서"**(상법 제295조 제2항 참조)는 등기원인을 증명하는 서면이 아니므로 첨부정보로 제공할 필요가 없으며, 현물출자에 관한 사항을 정한 정관(상법 제290조 제2호)이나 이사회의사록(상법 제416조 제4호) 역시 첨부할 필요가 없다(선례 제201211-5호).

정답 ⊶ 01 ②

나. 진정명의회복

🔖 관련 판례

1. 진정한 등기명의의 회복을 위한 소유권이전등기청구는 **이미 자기 앞으로 소유권을 표상하는 등기**(민법 제186조)가 되어 있었거나 **법률에 의하여 소유권을 취득한 자**(민법 제187조)가 진정한 등기명의를 회복하기 위한 방법으로 현재의 등기명의인을 상대로 그 등기의 말소를 구하는 것에 갈음하여 허용되는 것인데, 말소등기에 갈음하여 허용되는 진정명의회복을 원인으로 한 소유권이전등기청구권과 무효등기의 말소청구권은 어느 것이나 진정한 소유자의 등기명의를 회복하기 위한 것으로서 실질적으로 그 (🔵 **소송)목적이 동일**하고, 두 청구권 모두 소유권에 기한 방해배제청구권으로서 그 **법적 근거와 성질이 동일**하므로, 비록 전자는 이전등기, 후자는 말소등기의 형식을 취하고 있다고 하더라도 그 **소송물은 실질상 동일**한 것으로 보아야 한다. 따라서 소유권이전등기말소청구소송에서 패소확정판결을 받았다면 그 **기판력**은 그 후 제기된 진정명의회복을 원인으로 한 소유권이전등기청구소송에도 **미친다**(대판(전) 2001.9.20. 99다37894).

2. 다만 진정명의회복판결은 소유권이전등기판결이므로 해당 판결을 가지고 **말소등기를 신청하는 것은 허용되지 않는다.**

📗 관련 예규

진정명의 회복을 등기원인으로 하는 소유권이전등기절차에 관한 예규(예규 제1631호)

1. **이미 자기 앞으로 소유권을 표상하는 등기가 되어 있었던 자** 또는 **지적공부상 소유자로 등록되어 있던 자로서 소유권보존등기를 신청할 수 있는 자**(등기예규 「미등기부동산의 소유권보존등기 신청인에 관한 업무처리지침」 참조)가 **현재의 등기명의인과 공동**으로 "진정명의회복"을 등기원인으로 하여 소유권이전등기 신청을 한 경우에도 수리하여야 한다.

2. **이미 자기 앞으로 소유권을 표상하는 등기**(🔵 민법 제186조)가 되어 있었거나 **법률의 규정에 의하여 소유권을 취득한 자**(🔵 민법 제187조)가 **현재의 등기명의인을** 상대로 "진정명의회복"을 등기원인으로 한 소유권이전등기절차의 이행을 명하는 **판결**을 받아 소유권이전등기(🔵 **단독)신청**을 한 경우 그 등기신청은 수리하여야 한다(대판(전) 1990.11.27. 89다카12398 참조).

3. **등기권리자의 상속인이나** 그 밖의 포괄승계인은 「부동산등기법」 제27조의 규정에 의하여 제1항 및 제2항의 등기를 신청할 수 있다.

4. 진정명의 회복을 등기원인으로 하는 소유권이전등기를 신청하는 경우 신청서에 **등기원인일자**를 기재할 필요는 **없다.**

5. 진정명의 회복을 등기원인으로 하는 소유권이전등기를 신청할 때에는 **토지거래허가증 및 농지취득자격증명**의 제출을 요하지 **아니**한다.

6. 진정명의 회복을 등기원인으로 하는 소유권이전등기를 신청하는 경우 **취득세 또는 등록면허세**를 납부하여야 하며, **국민주택채권**을 매입하여야 한다.

01 진정명의 회복을 원인으로 하는 소유권이전등기절차에 관한 다음 설명 중 가장 옳지 않은 것은?
▶ 2020년 법무사

① 이미 자기 앞으로 소유권을 표상하는 등기가 되어 있었거나 법률의 규정에 의하여 소유권을 취득한 자가 현재의 등기명의인을 상대로 "진정명의회복"을 등기원인으로 한 소유권이전등기절차의 이행을 명하는 판결을 받아 소유권이전등기신청을 한 경우 그 등기신청은 수리하여야 한다.

② 진정명의회복을 원인으로 한 소유권이전등기를 신청할 때에도 주택도시기금법 제8조 및 같은 법 시행령 제8조에 따라 국민주택채권을 매입하여야 한다.

③ 이미 자기 앞으로 소유권을 표상하는 등기가 되어 있었던 자 또는 지적공부상 소유자로 등록되어 있던 자로서 소유권보존등기를 신청할 수 있는 자가 현재의 등기명의인과 공동으로 "진정명의회복"을 등기원인으로 하여 소유권이전등기신청을 한 경우 그 신청을 수리하여야 한다.

④ 부동산 거래신고 등에 관한 법률 제11조의 토지거래허가구역에 있는 토지에 대해 진정명의회복을 원인으로 한 소유권이전등기를 신청할 때에는 토지거래허가증을 첨부정보로 제공하여야 한다.

⑤ 진정명의회복을 원인으로 한 소유권이전등기를 신청할 때에는 등기원인일자를 기재할 필요는 없다.

해설 ④ 진정명의 회복을 등기원인으로 하는 소유권이전등기를 신청할 때에는 **토지거래허가증 및 농지취득자격증명**의 제출을 요하지 **아니한다**(예규 제1631호, 5).

① 예규 제1631호, 2
② 예규 제1631호, 6
③ 예규 제1631호, 1
⑤ 예규 제1631호, 4

02 진정명의 회복을 등기원인으로 하는 소유권이전등기신청에 관한 다음 설명 중 가장 옳지 않은 것은?
▶ 2019년 등기주사보

① 등기원인일자를 신청정보의 내용으로 등기소에 제공하여야 한다.

② 등기권리자가 판결을 얻어서 단독으로 신청할 수도 있고 현재의 등기명의인과 공동으로 신청할 수도 있다.

③ 토지거래계약허가증을 제공할 필요가 없다.

④ 농지취득자격증명을 제공할 필요가 없다.

정답 ↦ 01 ④ 02 ①

해설 ① 진정명의 회복을 등기원인으로 하는 소유권이전등기를 신청하는 경우 신청서에 **등기원인일자를 기재할 필요는 없**다(예규 제1631호, 4).

② 예규 제1631호, 1, 2
③④ 예규 제1631호, 5

03 진정명의 회복을 원인으로 하는 소유권이전등기절차에 관한 다음 설명 중 가장 옳지 않은 것은?
▶ 2016년 법무사

① 이미 자기 앞으로 소유권을 표상하는 등기가 되어 있었거나 법률의 규정에 의하여 소유권을 취득한 자가 현재의 등기명의인을 상대로 '진정명의 회복'을 등기원인으로 한 소유권이전등기절차의 이행을 명하는 판결을 받아 소유권이전등기를 신청한 경우 그 등기신청은 수리하여야 한다.

② 진정명의 회복을 원인으로 하는 소유권이전등기를 신청하는 경우 신청서에 등기원인일자로 판결의 확정일을 기재하여야 한다.

③ 진정명의 회복을 원인으로 하는 소유권이전등기를 신청할 때에는 국토의 계획 및 이용에 관한 법률 제118조에 의한 토지거래계약허가증을 제출할 필요가 없다.

④ 진정명의 회복을 원인으로 하는 소유권이전등기를 신청할 때에는 농지법 제8조 제1항에 의한 농지취득자격증명을 제출할 필요가 없다.

⑤ 이미 자기 앞으로 소유권을 표상하는 등기가 되어 있었던 자 또는 지적공부상 소유자로 등록되어 있던 자로서 소유권보존등기를 신청할 수 있는 자가 현재의 등기명의인과 공동으로 '진정명의 회복'을 등기원인으로 하여 소유권이전등기신청을 한 경우 그 등기신청은 수리하여야 한다.

해설 ② 진정명의 회복을 등기원인으로 하는 소유권이전등기를 신청하는 경우 신청서에 **등기원인일자를 기재할 필요는 없**다(예규 제1631호, 4). 이는 판결에 의한 등기도 마찬가지이므로 판결의 확정일을 기재할 것은 아니다.

① 예규 제1631호, 2
③④ 예규 제1631호, 5
⑤ 예규 제1631호, 1

정답 ○ **03 ②**

02 포괄승계

가. 상속

📗 관련 예규

상속등기와 그 경정등기에 관한 업무처리지침(예규 제1675호)

1. 목적

이 예규는 상속으로 인한 소유권이전등기(이하 '상속등기'라 한다)와 상속재산협의분할 등을 원인으로 한 상속등기의 경정등기를 신청하는 경우, 등기소에 제공하여야 하는 신청정보의 내용에 관한 사항과 그 등기의 기록방법에 관한 사항 등을 규정함을 목적으로 한다.

2. 상속등기를 신청하는 경우의 등기원인 및 그 연월일

가. 법정상속분에 따른 경우

법정상속분에 따라 상속등기를 신청할 때에는 등기원인을 '**상속**'으로, 그 연월일을 **피상속인이 사망한 날**로 한다. 다만, 1959.12.31. 이전에 개시된 상속으로 인한 소유권이전등기를 신청할 때에는 등기원인을 '호주상속 또는 유산상속'으로, 1960.1.1.부터 1990.12.31.까지의 기간 중에 개시된 상속으로 인한 소유권이전등기를 신청할 때에는 등기원인을 '재산상속'으로 한다.

나. 협의분할에 의한 경우

상속재산협의분할에 따라 상속등기를 신청할 때에는 등기원인을 '**협의분할에 의한 상속**'으로, 그 연월일을 **피상속인이 사망한 날**로 한다.

다. 조정분할 또는 심판분할에 의한 경우

상속재산 조정분할 또는 상속재산 심판분할에 따라 상속등기를 신청할 때에는 등기원인을 각각 '**조정분할에 의한 상속**' 또는 '**심판분할에 의한 상속**'으로, 그 연월일을 **피상속인이 사망한 날**로 한다.

3. 상속등기의 경정등기를 신청하는 경우의 등기원인 및 그 연월일과 경정할 사항 그리고 그 등기의 기록방법

가. 법정상속분에 따라 상속등기를 마친 후에 상속재산협의분할 등이 있는 경우

1) 등기원인 및 그 연월일

법정상속분에 따라 여러 명의 공동상속인들을 등기명의인으로 하는 상속등기를 마친 후에 그 공동상속인들 중 일부에게 해당 부동산을 상속하게 하는 등의 상속재산협의분할, 상속재산 조정분할 또는 상속재산 심판분할이 있어 이를 원인으로 상속등기의 경정등기를 신청할 때에는 등기원인을 각각 '**협의분할**', '**조정분할**' 또는 '**심판분할**'로, 그 연월일을 각각 **협의가 성립한 날**, **조정조서 기재일** 또는 **심판의 확정일**로 한다.

2) 경정할 사항

경정 전의 등기원인인 '상속'을 '협의분할에 의한 상속', '조정분할에 의한 상속' 또는 '심판분할에 의한 상속'으로 경정 전의 등기명의인을 협의분할, 조정분할 또는 심판분할에 따라 해당 부동산을 취득한 상속인으로 경정한다는 뜻을 신청정보의 내용으로 제공한다.

나. 상속재산협의분할에 따라 상속등기를 마친 후에 그 협의를 해제한 경우

1) 등기원인 및 그 연월일

상속재산협의분할에 따라 상속등기를 마친 후에 공동상속인들이 그 협의를 전원의 합의에 의하여 해제하고 이를 원인으로 상속등기의 경정등기를 신청할 때에는 등기원인을 '**협의분할해제**'로, 그 연월일을 **협의를 해제한 날**로 한다.

2) 경정할 사항

경정 전의 등기원인인 '협의분할에 의한 상속'을 '상속'으로, 경정 전의 등기명의인을 법정상속분에 따라 해당 부동산을 취득한 상속인으로 경정한다는 뜻을 신청정보의 내용으로 제공한다.

다. 상속재산협의분할에 따라 상속등기를 마친 후에 그 협의를 해제하고 다시 새로운 협의분할을 한 경우

1) 상속인 일부만이 교체되는 경우

가) 등기원인 및 그 연월일

상속재산협의분할에 따라 상속등기를 마친 후에 공동상속인들이 그 협의를 전원의 합의에 의하여 해제한 후 다시 새로운 협의분할을 하고 이를 원인으로 상속등기의 경정등기를 신청할 때에는 등기원인을 '재협의분할'로, 그 연월일을 재협의가 성립한 날로 한다.

나) 경정할 사항

경정 전의 등기명의인을 재협의분할에 따라 해당 부동산을 취득한 상속인으로 경정한다는 뜻을 신청정보의 내용으로 제공한다.

2) 상속인 전부가 교체되는 경우

가) 경정등기의 가부

상속재산협의분할에 따라 갑과 을을 등기명의인으로 하는 상속등기가 마쳐진 후에 공동상속인들이 그 협의를 전원의 합의에 의하여 해제하고 병을 상속인으로 하는 새로운 협의분할을 한 경우와 같이 재협의분할로 인하여 상속인 전부가 교체될 때에는 상속등기의 경정등기를 신청할 수 없다.

나) 상속등기의 신청방법

(1) 기존 상속등기의 말소등기 및 새로운 상속등기의 신청

가)의 경우에는 기존 상속등기의 명의인을 등기의무자로, 재협의분할에 따라 해당 부동산을 취득한 상속인을 등기권리자로 하여 기존 상속등기의 말소등기를 공동으로 신청하고, 재협의분할에 따라 해당 부동산을 취득한 상속인이 상속등기를 단독으로 신청한다.

(2) 등기원인 및 그 연월일

(1)에 따라 기존 상속등기의 말소등기를 신청할 때에는 등기원인을 '재협의분할'로, 그 연월일을 재협의가 성립한 날로 하고, 새로운 상속등기를 신청할 때에는 등기원인을 '협의분할에 의한 상속'으로, 그 연월일을 피상속인이 사망한 날로 한다.

01 상속으로 인한 등기신청에 관한 다음 설명 중 가장 옳지 않은 것은? ▶ 2023년 법무사

① 처가 부모보다 먼저 사망한 경우 남편이 재혼하지 아니하면 처의 직계존속이 피상속인인 경우 남편은 처의 대습상속인이 된다.

② 상속개시 후 그 상속등기를 하기 전에 상속인 중 한 사람이 사망하여 또다시 상속이 개시된 경우에는 상속개시일자를 순차로 모두 신청정보로 하여 1건으로 상속등기를 신청할 수 있다.

③ 상속재산 협의분할에 따라 甲과 乙을 등기명의인으로 하는 상속등기가 마쳐진 후에 공동상속인들이 그 협의를 전원의 합의에 의하여 해제하고 丙을 상속인으로 하는 새로운 협의분할을 한 경우와 같이 재협의분할로 인하여 상속인 전부가 교체될 때에는 상속등기의 경정등기를 신청할 수 없다.

④ 상속재산분할협의서를 작성하는데 있어서 친권자와 미성년자인 자 1인이 공동상속인인 경우 친권자가 상속재산을 전혀 취득하지 아니하는 경우에는 미성년자를 위한 특별대리인을 선임할 필요는 없다.

⑤ 공동상속등기가 경료된 후 공동상속인 중 1인에 대하여 실종선고심판이 확정되었는데 그 실종기간이 상속개시 전에 만료된 경우, 실종선고심판이 확정된 자에 대한 상속인이 없고, 등기상의 이해관계인도 없다면 신청착오를 원인으로 하여 나머지 공동상속인들이 경정등기를 신청할 수 있다.

해설 ④ 상속재산협의분할서를 작성하는 데 있어서 **친권자와 미성년자인 자 1인이 공동상속인**인 경우(친권자가 당해 부동산에 관하여 **권리를 취득하지 않는 경우를 포함**한다)에는 친권자와 미성년자의 이해가 상반되므로 **특별대리인을 선임**하여야 한다(예규 제1088호, 2-나-(2)).

① 1. **피상속인의 배우자**는 제1000조 제1항 제1호와 제2호의 규정에 의한 상속인이 있는 경우에는 그 상속인과 동순위로 **공동상속인**이 되고 그 상속인이 없는 때에는 **단독상속인**이 된다. 제1001조의 경우에 **상속개시 전에 사망** 또는 결격된 **자의 배우자**는 동조의 규정에 의한 상속인과 동순위로 **공동상속인**이 되고 그 상속인이 없는 때에는 **단독상속인**이 된다(민법 제1003조).

   2. 민법 제1003조 제2항의 '**사망** 또는 결격된 **자의 배우자**'라 함은 부의 사망 후에도 **계속 혼가와의 인척관계가 유지되는 배우자**를 의미하므로, 부의 사망 후 **재혼한 배우자**는 전부의 순위에 갈음하는 **대습상속인으로 될 수 없다**(예규 제694호).

   3. **대습상속**이라 함은 **피상속인의 사망 이전에 그의 상속인으로 될 자가 사망**하거나 또는 상속인으로 될 자가 **상속결격사유**가 있어서 상속권을 상실한 경우에, 그 자의 **직계비속이나 배우자가 그 자에 갈음하여 그 자가 받았을 상속분을 상속**하는 것인바, 피상속인 갑남이 1993.5.17. **사망**하였으나, 그 상속인 중 1인인 **장녀 을**은 직계비속이 없이 1975.8.14. **사망**하였고 **을의 배우자 병남**은 1978.8.25. **재혼**하였으며, 을의 생모 정은 갑의 사망 전인 1972.5.19. 갑과 이혼한 경우, 갑의 사망 당시 시행중인 민법(1990.1.13. 법률 제4199호로 개정된 것)의 규정 (동법 제775조 제2항)에 의하면, **병남은 재혼으로 인하여 갑과 인척관계가 소멸된 것**으로 보여지므로 병은 갑의 사망으로 개시된 상속에 있어서 을의 순위에 갈음하는 **대습상속인이 될 수 없을 것**이다(선례 제6-224호).

   4. 사안의 경우, 먼저 사망한 처의 **남편이 재혼하지 아니한 경우**이므로, 남편은 처의 **대습상속인이 된다**.

② 하나의 상속등기사건에 2개의 등기원인이 있는 경우에 등기원인란에는 먼저 개시된 원인과 연월일을 기재하고, 후에 개시된 상속원인은 신청인 표시란에 "공동상속인 중 ○○○는 ○년 ○월 ○일 사망하였으므로 상속"이라고 기재하고 그 상속인을 표시한다(「부동산등기실무 Ⅱ」 p.257 참조)(**註** 즉, 상속개시 후 그 상속등기를 하기 전에 상속인 중 한 사람이 사망하여 또다시 상속이 개시된 경우에는 상속개시일자를 순차로 모두 신청정보로 하여 1건으로 상속등기를 신청할 수 있다).

③ 1. 상속재산협의분할에 따라 상속등기를 마친 후에 그 협의를 해제하고 다시 새로운 협의분할(재협의분할)을 하여 상속인 **일부만이 교체**되는 경우에는 이를 원인으로 상속등기의 **경**

정등기를 신청할 수 있으며 등기원인을 '재협의분할'로, 그 연월일을 재협의가 성립한 날로 한다(예규 제1675호, 3-다-1)).

2-1. 상속재산협의분할에 따라 상속등기를 마친 후에 그 협의를 해제하고 다시 새로운 협의분할(재협의분할)을 하여 상속인 전부가 교체되는 경우(상속재산협의분할에 따라 갑과 을을 등기명의인으로 하는 상속등기가 마쳐진 후에 공동상속인들이 그 협의를 전원의 합의에 의하여 해제하고 병을 상속인으로 하는 새로운 협의분할을 한 경우)에는 상속등기의 경정등기를 신청할 수 없다(예규 제1675호, 3-다-2)).

2-2. 이 경우에는 기존 상속등기의 명의인을 등기의무자로, 재협의분할에 따라 해당 부동산을 취득한 상속인을 등기권리자로 하여 기존 상속등기를 말소등기를 공동으로 신청하고, 재협의분할에 따라 해당 부동산을 취득한 상속인이 상속등기를 단독으로 신청한다(예규 제1675호, 3-다-2)).

⑤ 공동상속등기가 경료된 후 공동상속인 중 1인에 대하여 실종선고심판이 확정되었는데 그 실종기간이 상속개시 전에 만료된 경우, 실종선고심판이 확정된 자에 대한 상속인(대습상속인)이 없고, 등기상의 이해관계인도 없다면 신청착오를 원인으로 하여 나머지 공동상속인들이 경정등기를 신청할 수 있다(선례 제6-414호).

02 협의분할에 의한 상속등기에 관한 다음 설명 중 가장 옳지 않은 것은? ▸ 2022년 법무사

① 공동상속인(甲, 乙, 丙, 丁, 戊)의 명의로 법정상속등기가 마쳐진 이후 경매절차에 의하여 공동상속인 중 1인(甲)의 지분이 나머지 공동상속인 중 1인(乙)에게 이전되었더라도 종전 공동상속인 전원은 이 재산에 대한 협의분할을 하고 이를 등기원인으로 하여 소유권경정등기를 신청할 수 있다.

② 한정승인을 하였다 하더라도 그 한정승인 전에 이미 이루어진 특정 부동산에 대한 상속인들의 협의분할 및 이를 원인으로 한 상속등기의 효력이 상실되는 것이 아니므로 한정승인을 원인으로 이 상속등기를 말소 또는 경정할 수 없다.

③ 피상속인의 사망으로 상속이 개시된 후 상속등기를 하지 아니한 상태에서 공동상속인 중 1인이 사망한 경우, 나머지 상속인들과 사망한 공동상속인의 상속인들이 피상속인의 재산에 대한 협의분할을 할 수 있다.

④ 협의분할에 의한 상속을 원인으로 소유권이전등기를 신청할 때에 공동상속인 중 상속을 포기한 자가 있는 경우, 그 자의 인감증명을 첨부정보로서 제공할 필요는 없지만 그가 법원으로부터 교부받은 상속포기신고를 수리하는 뜻의 심판정본을 대신 제공하여야 한다.

⑤ 상속재산 협의분할에 따라 상속등기를 마친 후에 공동상속인들이 그 협의를 전원의 합의에 의하여 해제한 후 다시 새로운 협의분할을 하고 이를 원인으로 상속등기의 경정등기를 신청할 때에는 등기원인을 '재협의분할'로, 그 연월일을 재협의가 성립한 날로 한다.

해설 ① 공동상속인(A, B, C, D, E)의 명의로 **법정상속등기**가 마쳐진 이후 **경매절차**에 의하여 공동상속인 중 1인(A)의 **지분이** 나머지 공동상속인 중 1인(B)에게 **이전**되었다면, 종전 공동상속인 전원(또는 A를 제외한 상속인들 전원)이 **협의분할**을 등기원인으로 하여 **소유권경정**등기를 신청하더라도 등기관은 이를 수리할 수 **없다**(선례 제202108-2호).

② **한정승인은** 상속으로 인하여 취득할 재산의 한도에서 피상속인의 채무를 변제할 것을 조건으로 상속을 승인하는 제도로서 **한정승인을 하였다** 하더라도 그 한정승인 전에 이미 이루어진 특정 부동산에 대한 상속들의 협의분할 및 이를 원인으로 한 상속등기의 효력이 상실되는 것이 아니므로 **한정승인을** 원인으로 위 **상속등기를 말소 또는 경정할 수 없다**(선례 제200901-3호).

③ 1. 피상속인(X)의 사망으로 상속이 개시된 후 **상속등기를 경료하지 아니한 상태**에서 공동상속인 중 1인(A)이 사망한 경우, 나머지 상속인들과 사망한 공동상속인(A)의 상속인들이 피상속인(X)의 재산에 대한 **협의분할을** 할 수 **있다**(선례 제7-178호).

2. 피상속인의 사망으로 그 소유 부동산에 관하여 **재산상속(법정상속분) 등기가 경료된 후,** 공동상속인(갑 을, 병) 중 어느 1인(갑)이 사망하였다면 그 공동상속등기에 대해서는 **상속재산분할협의서**에 의한 **소유권경정등기를 할 수 없는바,** 이는 위 을, 병과 갑의 상속인 사이에 상속재산협의분할을 원인으로 한 지분이전등기절차의 이행을 명하는 조정에 갈음하는 결정이 확정된 경우에도 마찬가지이다(선례 제8-197호).

④ 협의분할에 의한 상속을 등기원인으로 하여 소유권이전등기를 신청할 때에는 상속을 증명하는 정보(🔵 피상속인의 사망사실과 상속인 전원을 확인할 수 있는 정보) 외에 그 협의가 성립하였음을 증명하는 정보로서 **상속재산 협의분할서** 및 협의분할서에 날인한 **상속인 전원의 인감증명**을 제출하여야 하는바(부동산등기규칙 제60조 제1항 제6호), 공동상속인 중 상속을 포기한 자가 있는 경우 그러한 자는 상속포기의 소급효로 처음부터 상속인이 아니었던 것으로 되므로 **상속을 포기한 자까지 참여**한 상속재산분할협의서 및 상속을 포기한 자의 인감증명을 첨부정보로서 등기소에 제공할 필요는 **없으나,** 상속을 포기한 자에 대하여는 법원으로부터 교부받은 **상속포기신고를 수리하는 뜻의 심판정본**(🔵 접수증명×)을 제출하여야 한다(선례 제202006-1호).

⑤ 1. 상속재산**협의분할**에 따라 상속등기를 마친 후에 그 협의를 해제하고 다시 새로운 협의분할(**재협의분할**)을 하여 상속인 **일부만이 교체**되는 경우에는 이를 원인으로 상속등기의 **경정등기를 신청할 수 있으며** 등기원인을 '**재협의분할**'로, 그 연월일을 재협의가 성립한 날로 한다(예규 제1675호, 3-다-1)).

2-1. 상속재산**협의**분할에 따라 상속등기를 마친 후에 그 협의를 해제하고 다시 새로운 협의분할(**재협의분할**)을 하여 상속인 **전부가 교체**되는 경우(상속재산협의분할에 따라 **갑과 을을 등기명의인으로 하는 상속등기**가 마쳐진 후에 공동상속인들이 그 협의를 전원의 합의에 의하여 해제하고 **병을 상속인으로 하는 새로운 협의분할**을 한 경우)에는 상속등기의 **경정등기를 신청할 수 없다**(예규 제1675호, 3-다-2)).

2-2. 이 경우에는 **기존 상속등기의 명의인을 등기의무자**로, **재협의분할에 따라 해당 부동산을 취득한 상속인을 등기권리자**로 하여 **기존 상속등기의 말소등기를 공동**으로 신청하고, **재협의분할에 따라 해당 부동산을 취득한 상속인이 상속등기를** **단독**으로 신청한다(예규 제1675호, 3-다-2)).

정답 ↤ **02 ①**

03 상속등기에 관한 다음 설명 중 가장 옳지 않은 것은?   ▶ 2022년 등기서기보

① 법정상속분에 따라 여러 명의 공동상속인들을 등기명의인으로 하고 상속을 원인으로 한 소유권이전등기를 마친 후에 그 공동상속인들 중 일부에게 해당 부동산을 상속하게 하는 상속재산 협의분할이 있어 이를 원인으로 상속등기의 경정등기를 신청할 때에는 등기원인을 '협의분할'로, 그 연월일은 피상속인이 사망한 날로 한다.

② 피상속인의 사망으로 상속이 개시된 후 상속등기를 하지 아니한 상태에서 공동상속인 중 1인이 사망한 경우에는 나머지 상속인들과 사망한 공동상속인의 상속인들이 피상속인의 재산에 대한 협의분할을 할 수 있다.

③ 상속재산 협의분할에 따라 甲과 乙을 등기명의인으로 하는 상속등기가 마쳐진 후에 공동상속인들이 그 협의를 전원의 합의에 의하여 해제하고 丙을 상속인으로 하는 새로운 협의분할을 한 경우에는 甲·乙과 丙은 기존 상속등기의 말소등기를 공동으로 신청하고 재협의분할을 원인으로 새로운 상속등기를 丙 단독으로 신청한다.

④ 상속재산 조정분할 또는 상속재산 심판분할에 따라 상속등기를 신청할 때에는 등기원인을 각각 '조정분할에 의한 상속' 또는 '심판분할에 의한 상속'으로, 그 연월일을 피상속인이 사망한 날로 한다.

해설 ① 법정상속분에 따라 여러 명의 공동상속인들을 등기명의인으로 하는 상속등기를 마친 후에 그 공동상속인들 중 일부에게 해당 부동산을 상속하게 하는 등의 상속재산협의분할, 상속재산 조정분할 또는 상속재산 심판분할이 있어 이를 원인으로 상속등기의 경정등기를 신청할 때에는 등기원인을 각각 **'협의분할', '조정분할'** 또는 **'심판분할'**로, 그 연월일을 각각 **협의가 성립한 날**, 조정조서 기재일 또는 **심판의 확정일**로 한다(예규 제1675호, 3-가).

② 1. 피상속인(X)의 사망으로 상속이 개시된 후 **상속등기를 경료하지 아니한 상태**에서 공동상속인 중 1인(A)이 사망한 경우, 나머지 상속인들과 사망한 공동상속인(A)의 상속인들이 피상속인(X)의 재산에 대한 **협의분할을** 할 수 있다(선례 제7-178호).

　2. 피상속인의 사망으로 그 소유 부동산에 관하여 **재산상속(법정상속분) 등기가 경료된 후,** 공동상속인(갑, 을, 병) 중 어느 1인(갑)이 사망하였다면 그 공동상속등기에 대해서는 **상속재산분할협의서**에 의한 소유권경정등기를 할 수 **없는**바, 이는 위 을, 병과 갑의 상속인 사이에 상속재산협의분할을 원인으로 한 지분이전등기절차의 이행을 명하는 조정에 갈음하는 결정이 확정된 경우에도 마찬가지이다(선례 제8-197호).

③ 1. 상속재산**협의분할**에 따라 상속등기를 마친 후에 그 협의를 해제하고 다시 새로운 협의분할(재협의분할)을 하여 상속인 **일부만이 교체**되는 경우에는 이를 원인으로 상속등기의 **경정등기를 신청할 수 있으며** 등기원인을 '재협의분할'로, 그 연월일을 **재협의가 성립한 날**로 한다(예규 제1675호, 3-다1)).

　2-1. 상속재산**협의분할**에 따라 상속등기를 마친 후에 그 협의를 해제하고 다시 새로운 협의분할(재협의분할)을 하여 상속인 **전부가 교체**되는 경우(상속재산협의분할에 따라 갑과 을을 등기명의인으로 하는 상속등기가 마쳐진 후에 공동상속인들이 그 협의를 전원의 합의에 의하여 해제하고 병을 상속인으로 하는 새로운 협의분할을 한 경우)에는 상속등기의 **경정등기를 신청할 수 없다**(예규 제1675호, 3-다-2)).

2-2. 이 경우에는 기존 상속등기의 명의인을 등기의무자로, 재협의분할에 따라 해당 부동산을 취득한 상속인을 등기권리자로 하여 **기존 상속등기의 말소등기를 공동**으로 신청하고, 재협의분할에 따라 해당 부동산을 취득한 상속인이 **상속등기를 단독**으로 신청한다 (예규 제1675호, 3-다-2)).

④ 상속재산 조정분할 또는 상속재산 심판분할에 따라 상속등기를 신청할 때에는 등기원인을 각각 '조정분할에 의한 상속' 또는 '심판분할에 의한 상속'으로, 그 연월일을 피상속인이 사망한 날로 한다(예규 제1675호, 2-다).

04 상속에 따른 이전등기에 관한 다음 설명 중 가장 옳은 것은? ▶ 2020년 법원사무관

① 대습상속은 상속인이 될 직계비속 또는 형제자매가 상속개시 전에 사망하거나 결격자가 된 경우에 그 직계비속 또는 배우자가 있는 때에는 그 직계비속 또는 배우자가 사망하거나 결격된 자의 순위에 갈음하여 상속인이 된다.

② 이혼하여 상속권이 없는 피상속인의 전처가 자기가 낳은 미성년자 1인을 대리하여 상속재산분할협의를 하는 경우도 그 미성년자를 위한 특별대리인을 선임하여야 한다.

③ 수인의 공동상속인 중 일부가 상속을 포기한 경우에 포기한 상속인의 직계비속 또는 형제자매가 있는 경우에는 이들이 그 상속재산을 대습상속한다.

④ 피상속인의 배우자는 피상속인의 직계비속이 있으면 그들과 동순위로 공동상속인이 되고, 피상속인의 직계비속이 없고 직계존속이 있는 경우에는 직계존속보다 우선하여 상속인이 된다.

해설 ① 전조 제1항 제1호와 제3호의 규정에 의하여 상속인이 될 직계비속 또는 형제자매가 상속개시 전에 사망하거나 결격자가 된 경우에 그 직계비속이 있는 때에는 그 직계비속이 사망하거나 결격된 자의 순위에 갈음하여 상속인이 된다(민법 제1001조). 제1001조의 경우에 상속개시 전에 사망 또는 결격된 자의 배우자는 동조의 규정에 의한 상속인과 동순위로 공동상속인이 되고 그 상속인이 없는 때에는 단독상속인이 된다(민법 제1003조).

② **이혼하여 상속권이 없는** 피상속인의 전처가 자기가 낳은 미성년자 1인을 대리하여 상속재산분할협의를 하는 경우에는 친권자와 미성년자의 이해가 상반되지 않으므로 미성년자의 **특별대리인을 선임**할 필요가 없다(예규 제1088호).

③ **상속인이 수인**인 경우에 어느 상속인이 **상속을 포기**한 때에는 그 상속분은 다른 **공동상속인의 상속분의 비율로 그 상속인에게 귀속**한다(민법 제1043조). 따라서 수인의 공동상속인 중 일부가 상속을 포기한 경우에 포기한 상속인의 직계비속 또는 형제자매가 그 상속재산을 대습상속하는 것이 아니다(선례 제201211-4호).

④ 1. 민법 제1000조부터 제1043조까지 각각의 조문에서 규정하는 '상속인'은 모두 동일한 의미임이 명백하다. 따라서 민법 제1043조의 '상속인이 수인인 경우' 역시 민법 제1000조 제2항의 '상속인이 수인인 때'와 동일한 의미로서 같은 항의 '공동상속인이 되는' 경우에 해당하므로 그 공동상속인에 배우자도 당연히 포함되며, 민법 제1043조에 따라 상속포기

정답 ○━ 03 ① 04 ①

자의 상속분이 귀속되는 '다른 상속인'에도 배우자가 포함된다(대법원 2023. 3. 23.자 2020그42 전원합의체 결정).

2. 이에 따라 공동상속인인 배우자와 여러 명의 자녀들 중 일부 또는 전부가 상속을 포기한 경우의 법률효과를 본다. **공동상속인인 배우자와 자녀들 중 자녀 일부만 상속을 포기**한 경우에는 민법 제1043조에 따라 상속포기자인 자녀의 상속분이 배우자와 상속을 포기하지 않은 다른 자녀에게 귀속된다. 이와 동일하게 공동상속인인 배우자와 자녀들 중 **자녀 전부가 상속을 포기**한 경우 민법 제1043조에 따라 상속을 포기한 자녀의 상속분은 남아있는 '다른 상속인'인 배우자에게 귀속되고, 따라서 **배우자가 단독상속인이 된다.** 이에 비하여 피상속인의 배우자와 자녀 모두 상속을 포기한 경우 민법 제1043조는 적용되지 않는다. 민법 제1043조는 공동상속인 중 일부가 상속을 포기한 경우만 규율하고 있음이 문언상 명백하기 때문이다(대법원 2023. 3. 23.자 2020그42 전원합의체 결정).

05 협의분할에 의한 상속등기에 관한 다음 설명 중 가장 옳지 않은 것은?

▶ 2020년 등기서기보

① 공동상속인인 친권자와 미성년인 수인의 자 사이에 상속재산분할협의를 하는 경우에는 미성년자 각자마다 특별대리인을 선임하여야 한다.

② 피상속인의 사망으로 상속인들이 협의분할에 의한 상속등기를 신청할 경우에는 등기원인은 '협의분할에 의한 상속'이고, 등기원인일자는 '피상속인이 사망한 날'이다.

③ 상속이 개시된 후 상속등기를 하지 아니한 상태에서 공동상속인 중 1인이 사망한 경우에는 나머지 상속인들과 사망한 공동상속인의 상속인들이 피상속인의 재산에 대하여 협의분할을 할 수 있다.

④ 협의분할에 따른 상속등기가 마쳐진 후에는 협의해제를 원인으로 하여 다시 법정상속분대로의 소유권경정등기를 할 수 없다.

해설 ④ 상속으로 인한 소유권이전등기의 경정 : **법정상속분대로 등기된 후 협의분할**에 의하여 소유권경정등기를 신청하는 경우 또는 **협의분할에 의한 상속등기 후 협의해제를 원인으로 법정상속분대로 소유권경정등기를 신청하는 경우에는 경정 전과 경정 후의 동일성이 인정되므로 소유권경정등기를 할 수 있다**(예규 제1564호).

① 피상속인의 처와 그 친권에 복종하는 미성년자 2인을 포함한 수인의 상속인이 협의분할에 의한 상속등기를 신청하는 경우 재산협의분할행위 자체는 언제나 이해상반 행위이므로 친권자인 모가 재산분할의 당사자인 한(즉 상속포기를 하지 않아 상속인인 한) 분할계약서상 상속재산을 전혀 취득하지 아니하더라도 미성년자를 대리할 수 없으므로 **미성년자마다 특별대리인을 선임하여야 할 것이다**(선례 제3-416호).

② 상속재산협의분할에 따라 상속등기를 신청할 때에는 등기원인을 '협의분할에 의한 상속'으로, 그 연월일을 **피상속인이 사망한 날**로 한다(예규 제1675호, 2-나).

③ 1) 피상속인(X)의 사망으로 상속이 개시된 후 **상속등기를 경료하지 아니한 상태**에서 공동상속인 중 1인(A)이 사망한 경우, 나머지 상속인들과 사망한 공동상속인(A)의 상속인들이 **피상속인(X)의 재산에 대한 협의분할을 할 수 있다**(선례 제7-178호).

2) 피상속인의 사망으로 그 소유 부동산에 관하여 **재산상속(법정상속분) 등기가 경료된 후**, 공동상속인(갑, 을, 병) 중 어느 1인(갑)이 사망하였다면 그 공동상속등기에 대해서는 **상속재산분할협의서**에 의한 소유권경정등기를 할 수 없는바, 이는 위 을, 병과 갑의 상속인 사이에 상속재산협의분할을 원인으로 한 지분이전등기절차의 이행을 명하는 조정에 갈음하는 결정이 확정된 경우에도 마찬가지이다(선례 제8-197호).

06 상속재산협의분할에 의한 등기에 관한 다음 설명 중 가장 옳지 않은 것은?

▶ 2019년 법무사 변경

① 상속재산분할심판이 확정된 경우에는 법정상속분에 따른 상속등기를 먼저 한 후에 심판정본에 따른 소유권경정등기를 신청하여야 한다.

② 공동상속인 친권자와 미성년인 수인의 자 사이에 상속재산분할협의를 하는 경우에는 미성년자 각자마다 특별대리인을 선임하여야 한다.

③ 협의에 의한 상속재산의 분할등기 후 재협의에 의한 경정등기를 신청하는 경우에는 등기원인은 '재협의분할'이고 등기원인일자는 '재협의분할일'이다.

④ 상속이 개시된 후 상속등기를 하지 아니한 상태에서 공동상속인 중 1인이 사망한 경우에는 나머지 상속인들과 사망한 공동상속인의 상속인들이 피상속인의 재산에 대하여 협의분할을 할 수 있다.

⑤ 협의분할에 따른 상속등기가 마쳐진 후에도 협의해제를 원인으로 하여 다시 법정상속분대로의 소유권경정등기를 할 수 있다.

해설 ① 1) 상속재산의 **협의분할**은 상속개시된 때에 **소급**하여 그 효력이 미치므로, 민법 제1013조 제2항 규정의 상속재산분할심판에 따른 소유권이전등기는 **법정상속분에 따른 상속등기를 거치지 않고** 막바로 할 수 있다(선례 제5-288호).

2) 그러나 상속인 간에 상속재산협의분할이 이루어지지 않아 법원이 상속재산의 **경매분할**을 명한 경우, 동 심판은 상속재산의 현물분할을 명한 것이 아니므로 동 심판에 따른 협의분할 상속등기를 할 수 없고, 동 심판에 따른 경매신청을 하기 위하여서는 **법정상속등기가 선행**되어야 하며, 법정상속등기가 이미 경료된 등기를 동 심판서의 주문에 기재된 상속비율로 경정등기신청을 할 수 없다(선례 제200612-4호).

③ 예규 제1675호, 3-다-1)

⑤ 예규 제1675호, 3-나

정답 ○ 05 ④ 06 ①

07 상속등기신청과 관련한 첨부정보에 관한 다음 설명 중 가장 옳지 않은 것은?

▸ 2019년 등기주사보

① 피상속인의 직계비속이 상속인인 경우 피상속인의 친양자입양관계증명서와 입양관계 증명서를 첨부하여야 한다.

② 공동상속인 중 일부 상속인이 상속을 포기하는 경우에는 상속포기신고를 수리하는 뜻 의 심판서 정본을 첨부하여야 한다.

③ 공동상속인 중 일부가 행방불명되어 주민등록이 말소된 경우에는 그 말소된 주민등록 표 등·초본을 첨부하여 상속등기를 신청할 수 있다.

④ 피상속인의 주소를 증명하는 정보는 피상속인과 등기기록상의 등기명의인이 동일인인 지 여부를 확인하기 위하여 제출하여야 하는 경우가 있다.

해설 ① 「가족관계의 등록 등에 관한 법률」의 개정으로 2010년 6월 30일부터는 자의 가족관계증명 서의 부모란에 양부모만을 부모로 기록하고 친생부모는 양부모와 함께 자의 입양관계증명서 에 기록하는 것으로 변경됨에 따라 **2순위 이하의 상속인이 등기권리자**가 되어 상속등기를 신청할 때에는 2순위 상속인(직계존속 중 친생부모 + 양부모)을 확인하기 위하여 추가로 피 상속인의 **입양관계증명서**를 첨부하여야 한다(선례 제9-213호).

② 일부 상속인이 상속재산 전부를 상속하고 나머지 상속인들은 그들의 상속지분을 포기하는 내 용의 상속등기를 신청하는 경우에는, 상속등기신청 시 통상 제출할 서면 외에 상속지분을 포기 하는 상속인들이 관할법원에 상속포기신고를 하여 그 법원으로부터 교부받은 **상속포기신고를 수리하는 뜻의 심판의 정본**을 제출하여야 한다. 또한, 구 가사심판법(1990.12.31. 법률 제 4300호로 폐지되기 전의 것) 제2조 제1항 제1호 서목, 제28조 제1항 및 구 가사심판규칙 (1990.12.31. 대법원규칙 제1139호로 폐지되기 전의 것) 제20조, 제91조, 제93조에 의하더라 도, 상속포기신고로써 재산상속포기의 효력이 발생하는 것이 아니고 법원의 수리심판이 있는 경 우 상속개시 시에 소급하여 그 효력이 발생하는 것이므로, 상속등기신청 시, 상속포기신고접수증 명이 아니라 **수리증명**을 제출하여야 한다. 따라서 이 경우 상속포기신고접수증명의 사본에 대하 여 원본과 대조하여 그와 부합함을 인증한 인증서로는 이에 갈음할 수 없다(선례 제7-200호).

③ 공동상속인 중 일부가 행방불명되어 주민등록법 제17조의 제3항의 규정에 의하여 그 주민등 록이 말소된 경우에는 그 최후 주소를 주소지로 하고, 그 주민등록표등본을 주소를 증명하는 서면으로 하여 상속등기를 신청할 수 있고, 위 주민등록표등본을 제출할 수 없을 때에는 이 를 소명하는 한편 호적등본상 본적지를 그 주소지로 하고 그 호적등본을 주소를 증명하는 서면으로 하여 상속등기를 신청할 수 있다(선례 제2-94호).

④ 1) 상속으로 인한 소유권이전등기를 신청함에 있어 **피상속인의 주소를 증명하는 서면**은 등기 명의인이 피상속인임을 증명하기 위하여 요구되는 경우 외에는 첨부할 필요가 없다(선례 제3-672호). 즉 피상속인의 주소증명서면은 **법률에서 요구되는 첨부서면은 아니다.**

2) 상속으로 인한 소유권이전등기를 신청함에 있어 **등기부상 등기명의인(피상속인)의 주소**가 호적 또는 제적부상의 기재와 다른 경우에는 **동일인임을 증명**할 수 있는 자료로서 **피상속 인의 주소를 증명하는 서면(주민등록등·초본 등)** 등을 제출하여야 하는 바, 이러한 증명서 면을 발급받을 수 없는 때에는 동일인이라는 사실을 확인하는 데 상당하다고 인정되는 자 의 보증서면과 그 인감증명서 및 기타 보증인의 자격을 인정할 만한 서면(예컨대 공무원재 직증명서, 변호사등록증서사본, 법무사자격증사본 등)을 제출할 수도 있을 것이나, 구체적인

등기신청에 있어서 그러한 서면에 의하여 동일인임 이 인정된다고 보아 그 등기신청을 수리할 것인지 여부는 등기신청을 심사하는 등기관이 판단할 사항이다(선례 제7-169호).

08 협의분할(심판분할)에 의한 상속등기에 관한 다음 설명 중 가장 옳지 않은 것은?

▶ 2019년 등기주사보

① 법원이 상속재산의 경매분할을 명한 경우에는 분할심판에 따른 경매신청을 하기 위해서는 법정상속등기를 먼저 해야 한다.

② 피상속인의 사망으로 상속이 개시된 후 상속등기를 마쳤는지 여부에 관계없이 공동상속인 중 1인이 사망한 경우에는 피상속인의 재산에 대한 협의분할을 할 수 없다.

③ 친권자가 상속포기를 하지 아니한 이상 상속재산을 전혀 취득하지 아니한 경우에도 친권자와 미성년자가 공동상속인인 경우에는 미성년자를 위한 특별대리인을 선임하여야 한다.

④ 상속재산분할협의서를 작성함에 있어 공동상속인의 주소가 상이하여 동일한 분할협의서(복사본이나 프린트 출력물 등)를 수통 작성하여 각각 날인하였더라도 그 소유권이전등기신청을 수리할 수 있다.

해설 ② 1) 피상속인(X)의 사망으로 상속이 개시된 후 **상속등기를 경료하지 아니한 상태**에서 공동상속인 중 1인(A)이 사망한 경우, 나머지 상속인들과 사망한 공동상속인(A)의 상속인들이 피상속인(X)의 재산에 대한 **협의분할을 할 수 있다**(선례 제7-178호).

　　2) 피상속인의 사망으로 그 소유 부동산에 관하여 **재산상속(법정상속분) 등기가 경료된 후**, 공동상속인(갑, 을, 병) 중 어느 1인(갑)이 사망하였다면 그 공동상속등기에 대해서는 **상속재산분할협의서**에 의한 소유권경정등기를 **할 수 없는**바, 이는 위 을, 병과 갑의 상속인 사이에 상속재산협의분할을 원인으로 한 지분이전등기절차의 이행을 명하는 조정에 갈음하는 결정이 확정된 경우에도 마찬가지이다(선례 제8-197호).

③ 상속재산협의분할서를 작성하는 데 있어서 친권자와 미성년자인 자 1인이 공동상속인인 경우(친권자가 당해 부동산에 관하여 권리를 취득하지 않는 경우를 포함한다)에는 친권자와 미성년자의 이해가 상반되므로 **특별대리인을 선임**하여야 한다(예규 제1088호, 2-나-(2)).

④ 상속재산의 협의분할은 공동상속인 간의 일종의 계약이므로 상속재산분할협의서를 작성함에 있어 상속인 **전원이 참석**하여 그 협의서에 연명으로 날인하는 것이 바람직하나, 공동상속인의 주소가 상이하여 동일한 분할협의서(복사본이나 프린트 출력물 등)를 수통 작성하여 각각 날인하였더라도 결과적으로 공동상속인 전원이 분할협의에 참가하여 합의한 것으로 볼 수 있다면, 그 소유권이전등기신청을 **수리**하여도 무방하다(선례 제200612-5호).

09 협의분할에 의한 상속등기에 관한 다음 설명 중 가장 옳지 않은 것은? ▸2019년 법원사무관

① 협의분할을 위해서는 친권자가 상속포기를 하지 않는 한 상속재산을 전혀 취득하지 않는 경우에도 미성년자를 위한 특별대리인을 선임하여야 한다.

② 협의분할에 의한 상속등기를 신청하는 경우에도 상속을 증명하는 서면을 첨부하여야 함은 물론이나 등기의무자의 등기필정보는 제출할 필요가 없다.

③ 피상속인의 사망으로 상속이 개시된 후 상속등기를 하지 아니한 상태에서 공동상속인 중 1인이 사망한 경우, 나머지 상속인들과 사망한 공동상속인의 상속인들이 피상속인의 재산에 대한 협의분할을 할 수 있다.

④ 상속재산분할심판이 확정된 경우 법정상속분에 의한 상속등기를 한 후 심판에 의한 소유권이전등기를 하여야 한다.

> **해설** ④ 상속재산의 분할은 상속개시된 때에 소급하여 그 효력이 미치므로, 민법 제1013조 제2항 규정의 상속재산분할심판에 따른 소유권이전등기는 법정상속분에 따른 상속등기를 거치지 않고 막바로 할 수 있다(선례 제5-288호).
>
> ② 등기권리자와 등기의무자가 공동으로 권리에 관한 등기를 신청하는 경우에 신청인은 그 신청정보와 함께 제1항에 따라 통지받은 등기의무자의 등기필정보를 등기소에 제공하여야 한다. 승소한 등기의무자가 단독으로 권리에 관한 등기를 신청하는 경우에도 또한 같다(법 제50조 제2항). 협의분할에 의한 상속등기는 권리에 관한 등기이기는 하나 단독신청이므로 등기필정보는 제출할 필요가 없으며 상속을 증명하는 서면은 첨부하여야 한다.

10 상속등기에 관한 다음 설명 중 가장 옳지 않은 것은? ▸2019년 등기서기보

① 협의분할에 의한 상속등기를 신청하는 경우에 제공하는 첨부정보인 상속재산분할협의서가 여러 장일 때에는 공동상속인 전원이 간인을 하여야 한다.

② 피상속인의 사망으로 그 공동상속인들이 협의에 의하여 상속재산을 분할하는 경우에 공동상속인 중 1인이 외국에 거주하고 있어 직접 분할협의에 참가할 수 없다면 이러한 분할협의를 대리인에게 위임하여 할 수 있는 바, 다만 그 공동상속인 중 한 사람을 위 분할협의에 관한 대리인으로 선임할 수는 없다.

③ 공동상속인 중에 피상속인으로부터 자기의 상속분을 초과하여 증여를 받은 특별수익자가 있는 경우, 그 특별수익자에게는 상속분이 없음을 증명하는 정보를 첨부정보로 제공하여 그 특별수익자를 제외한 나머지 공동상속인들이 그들 명의로 상속등기를 신청할 수 있다.

④ 공동상속인 중 1인이 공유물의 보존행위로서 공동상속인 전원 명의의 상속등기를 신청할 때에 재외국민인 다른 공동상속인들이 상속등기에 협력하지 아니하여 그들의 현 주소를 알 수 없는 경우에는 그들이 주민등록을 한 사실이 없다면 가족관계등록부상의 등록기준지를 주소로 제공할 수 있다.

해설 ② 피상속인의 사망으로 그 공동상속인들이 협의에 의하여 상속재산을 분할하는 경우에 공동상속인 중 1인이 외국에 거주하고 있어 직접 분할협의에 참가할 수 없다면 이러한 분할협의를 대리인에게 위임하여 할 수 있는 바, 이 경우 본인이 미성년자가 아닌 한 그 공동상속인 중 한 사람을 위 분할협의에 관한 대리인으로 선임하여도 무방하다(선례 제201805–9호, 제4–26호).

① 「부동산등기규칙」 제56조 제2항은 등기신청서의 간인의무와 간인방법에 관한 규정이므로 등기신청서의 첨부서면에 직접 적용되는 것은 아니지만, 첨부서면인 등기원인증서(계약서 등)의 경우에도 그 서면이 여러 장일 때에는 그 연속성을 보장하고 또한 그 진정성립을 확인하기 위하여 작성명의인의 간인이 있어야 할 것이다. 따라서 방문신청의 방법으로 근저당권설정등기를 신청할 때에 등기원인을 증명하는 서면으로 첨부하는 **근저당권설정계약서(🔁 매매계약서, 상속재산협의분할계약서, 등기신청위임장)**가 여러 장일 때에는 계약당사자의 간인이 있어야 한다. 다만 「부동산등기규칙」 제56조 제2항은 첨부서면에 적용되는 것은 아니므로, 계약당사자가 여러 명일 때에는 그 **전원이 간인**을 하여야 한다(선례 제201809–3호).

③ 1) 공동상속인 중에 피상속인으로부터 재산의 증여 또는 유증을 받은 자가 있는 경우에 그 수증재산이 자기의 상속분에 달하지 못한 때에는 그 부족한 부분의 한도에서 상속분이 있다(민법 제1008조).

2) 공동상속인 중에 피상속인으로부터 자기의 상속분을 초과하여 증여를 받은 특별수익자가 있는 경우, 위 특별수익자를 제외한 나머지 공동상속인들이 그들 명의로 상속등기를 신청함에 있어서는 **특별수익자에게는 상속분이 없음을 증명함에 족한 서면**(판결 또는 위 특별수익자가 작성하고 그의 인감증명서를 첨부한 확인서)을 첨부하여야 한다(선례 제2–291호).

④ 공동상속인 중 1인이 공유물의 보존행위(🔁 민법 제265조 단서)로서 공동상속인 전원 명의의 상속등기를 신청할 때에 재외국민인 다른 공동상속인 갑, 을 및 병이 상속등기에 협력하지 아니하여 그들의 현 주소를 알 수 없는 경우에는 그들이 **주민등록을 한 사실이 있다면** 말소된 주민등록표상의 최후 주소를 주소로 제공하고, 이를 증명하는 정보로서 말소된 주민등록표의 등본을 첨부정보로서 제공할 수 있으며, 그들이 **주민등록을 한 사실이 없다면** 가족관계등록부상의 등록기준지를 주소로 제공하고, 이를 증명하는 정보로서 기본증명서를 첨부정보로서 제공할 수 있다. 그리고 갑, 을 및 병이 **주민등록번호를 부여받은 적이 없고**, 또한 「부동산등기법」 제49조 제1항 제2호에 따른 **부동산등기용등록번호를 부여받을 수도 없다면** 이를 소명하여 그들의 주민등록번호나 부동산등기용등록번호를 제공하지 않고서도 상속등기를 신청할 수 있다(선례 제201809–4호).

11 상속등기신청에 제공하여야 할 정보와 관련한 다음 설명 중 가장 옳지 않은 것은?

▶ 2018년 법무사

① 상속순위가 2순위(피상속인의 직계존속) 이하의 상속인이 등기권리자가 되어 상속등기를 신청할 때에는 피상속인의 입양관계증명서를 제공하여야 한다.

② 등기권리자의 상속인이 등기기록상 최종 소유자를 상대로 하여 진정명의회복을 원인으로 하는 승소판결을 받은 경우에 그 판결에 의하여 소유권이전등기를 신청함에 있어서는 상속을 증명하는 서면을 제공할 필요가 없다.

정답 〜 09 ④ 10 ② 11 ④

③ 상속재산분할협의서에 기재한 상속인의 주소와 인감증명서의 주소가 부합하지 않는 경우에는 동일인임을 증명하는 서면을 제공하여야 하는데, 실무상 주민등록표 등·초본을 제공하도록 하고 있다.

④ 공동상속인 중 일부 상속인이 상속을 포기하는 경우에는 상속포기신고접수증명을 제공하여야 한다.

⑤ 상속인 중 일부가 제적부 등·초본이나 기본증명서상 주민등록번호가 기재되어 있지 않고 달리 주소를 확인할 수 없어 주민등록표 등·초본을 발급받을 수 없는 때에는 이를 소명하여 제적부 등·초본상의 본적지 또는 가족관계등록부상의 등록기준지를 그 주소지로 하여 상속등기를 신청할 수 있다.

해설 ④ 일부 상속인이 상속재산 전부를 상속하고 나머지 상속인들은 그들의 상속지분을 포기하는 내용의 상속등기를 신청하는 경우에는, 상속등기신청 시 통상 제출할 서면 외에 상속지분을 포기하는 상속인들이 관할법원에 상속포기신고를 하여 그 법원으로부터 교부받은 **상속포기신고를 수리하는 뜻의 심판의 정본**을 제출하여야 한다. 상속포기신고로써 재산상속포기의 효력이 발생하는 것이 아니고 법원의 수리심판이 있는 경우 상속개시 시에 소급하여 그 효력이 발생하는 것이므로, 상속등기신청 시, 상속포기신고접수증명이 아니라 **수리증명**을 제출하여야 한다(선례 제7-200호).

② 갑의 증조부가 사정받은 토지를 망조부를 거쳐 망부로 순차 단독상속된 후 망부의 공동상속인들 사이에 상속재산협의분할을 통하여 갑이 망부의 토지를 단독으로 상속받은 사실이 인정되어, 갑이 소유권보존등기명의인인 국가를 상대로 진정명의회복을 원인으로 한 소유권이전등기절차이행을 명하는 승소확정판결을 받은 경우와 같이 **상속인이** 등기권리자로서 **승소판결을 받은 경우**, 위 판결에 의하여 소유권이전등기를 신청함에 있어서는 호적등본, 제적등본, 망부의 상속인들 사이의 상속재산협의분할서 등 「부동산등기법」 제46조 소정의 **상속을 증명하는 서면**을 첨부할 필요가 **없다**(선례 제7-179호).

③ 1) 상속으로 인한 소유권이전등기를 신청하는 경우에는 신청인의 주소를 증명하는 서면으로 주민등록등(초)본을 제출하여야 하고, 협의분할에 의한 상속등기를 신청하는 때에는 상속재산분할협의서에 날인한 상속인 전원의 인감증명을 제출하여야 하지만, 재산상속을 받지 않는 나머지 상속인들의 주소를 증명하는 서면은 제출할 필요가 없다.

2) 다만 상속을 증명하는 서면(호적등본 등)과 상속재산분할협의서 및 인감증명서상의 상속인의 표시만으로 각 서면상의 상속인이 동일인임을 알 수 없는 경우에는 동일인임을 증명하는 서면을 제출하여야 하는바, 그 동일인임을 증명하는 서면으로서 주민등록등·초본을 제출할 수도 있다(선례 제7-76호).

⑤ 상속인의 채권자가 채무자(상속인)의 부동산에 대한 압류(경매개시결정)등기를 하기 위하여 대위에 의한 상속등기를 신청하는 경우, 상속인 중 일부가 제적부상 주민등록번호가 기재되어 있지 않고 달리 주소를 확인할 수 없어 주민등록등·초본을 제출할 수 없는 경우에는 이러한 사유를 소명하여 **제적부상의 본적지**(또는 **가족관계등록부상 등록기준지**)를 주소지로 하여 상속등기를 대위신청할 수 있다(선례 제9-47호).

12 상속을 원인으로 한 소유권이전등기에 관한 다음 설명 중 가장 옳지 않은 것은?

▶ 2018년 등기주사보

① 상속으로 인한 소유권이전등기를 신청할 때에는 첨부정보로 피상속인과 상속인 모두의 주소를 증명하는 정보를 제공하여야 한다.

② 공동상속의 경우 상속인 중 1인이 법정상속분에 의하여 나머지 상속인들의 상속등기까지 신청할 수 있고 이러한 경우 등기신청서에는 상속인 전원을 표시하여야 한다.

③ 수인의 공동상속인 중 일부가 상속을 포기한 경우에 그 상속분은 다른 공동상속인에게 상속분의 비율대로 귀속하는데, 첨부정보로 상속포기심판서정본을 제공하여야 한다.

④ 상속개시 후 그 상속등기를 하기 전에 상속인 중 한 사람이 사망하여 또다시 상속이 개시된 경우에는 상속개시일자를 순차로 모두 신청정보로 하여 1건으로 상속등기를 신청할 수 있다.

해설 ① 상속으로 인한 소유권이전등기를 신청함에 있어 **피상속인의 주소를 증명하는 서면은** 등기명의인이 피상속인임을 증명하기 위하여 요구되는 경우 외에는 **첨부할 필요가 없다**(선례 제3-672호). 즉 피상속인의 주소증명서면은 **법률에서 요구**되는 첨부서면은 **아니다**. 따라서 피상속인의 주소를 증명하는 정보를 제공하여야 한다는 부분은 잘못되었다.

② 1) 공동상속인 중 일부가 자기의 상속**지분만**에 관하여 상속으로 인한 소유권이전등기신청을 한 경우에 이는 사건이 등기할 것이 아닌 때에 해당하므로 「부동산등기법」 제29조 제2호, 규칙 제52조 제7호에 의하여 **각하**하여야 할 것이다(선례 제1-307호).

2) 공동상속의 경우 상속인 중 1인이 법정상속분에 의하여 **나머지 상속인들의 상속등기까지** 신청할 수 있고(⚖ 민법 제265조 단서), 이러한 경우 등기신청서에는 **상속인 전원을 표시** 하여야 한다(선례 제5-276호).

④ 하나의 상속등기사건에 2개의 등기원인이 있는 경우에 등기원인란에는 먼저 개시된 원인과 연월일을 기재하고, 후에 개시된 상속원인은 신청인 표시란에 "공동상속인 중 ○○○는 ○년 ○월 ○일 사망하였으므로 상속"이라고 기재하고 그 상속인을 표시한다(「부동산등기실무 Ⅱ」 p.257)(⚖ 즉, 상속개시 후 그 상속등기를 하기 전에 상속인 중 한 사람이 사망하여 또다시 상속이 개시된 경우에는 상속개시일자를 순차로 모두 신청정보로 하여 1건으로 상속등기를 신청할 수 있다).

정답 ⊶ 12 ①

13 협의분할에 의한 상속등기에 관한 다음 설명 중 가장 옳지 않은 것은? ▸2017년 등기주사보

① 친권자가 상속포기를 하지 아니하였다면 상속재산을 전혀 취득하지 아니한다 하여도 친권자와 미성년자가 공동상속인이라면 미성년자를 위한 특별대리인을 선임하여야 한다.

② 상속등기를 하지 아니한 상태에서 공동상속인 중 1인이 사망한 경우에는 나머지 상속인들과 사망한 공동상속인의 상속인들이 협의분할을 할 수 있다.

③ 법정상속등기가 마쳐진 후에도 협의분할이 가능하며, 이때에는 소유권경정등기를 신청하여야 한다.

④ 일단 협의분할에 따른 상속등기를 한 후에는 재협의를 통하여 소유권을 경정하는 것은 가능하지 않다.

> **해설** ④ 협의분할을 한 후에도 재협의를 통하여 상속인 중 일부만 바뀌는 경우라면 소유권경정등기가 가능하다(예규 제1675호, 3).

14 상속으로 인한 등기신청과 관련한 다음 설명 중 가장 옳지 않은 것은? ▸2017년 등기서기보

① 1960년 1월 1일 전에 상속의 원인이 있는 경우 그 상속순위와 상속분은 관습에 의한다.

② 남편 사망 후 재혼한 처는 전남편의 순위에 갈음하는 대습상속인으로 될 수 없다.

③ 수인의 공동상속인 중 일부가 상속을 포기한 경우에 그 상속분은 포기한 상속인의 상속인에게 상속된다.

④ 공동상속인 중 외국 국적을 취득하여 우리나라 국적을 상실한 자가 행방불명되어 소재를 알 수 없어 부동산등기용등록번호를 부여받을 수 없는 사정이 있는 때에는 이를 소명하여 부동산등기용등록번호를 병기하지 않고 상속등기를 신청할 수 있다.

> **해설** ③ 상속인이 수인인 경우에 어느 상속인이 상속을 포기한 때에는 그 상속분은 다른 공동상속인의 상속분의 비율로 그 상속인에게 귀속한다(민법 제1043조). 따라서 수인의 공동상속인 중 일부가 상속을 포기한 경우에 포기한 상속인의 직계비속 또는 형제자매가 그 상속재산을 대습상속하는 것이 아니다(선례 제201211-4호).
>
> ① 우리의 상속제도는 그 상속순위·상속분 등에 관하여 **구민법**(1959.12.31.까지의 관습법)과 **신민법**(1960.1.1. 시행 신민법과 1979.1.1. 및 1991.1.1. 시행 개정민법)은 많은 차이점이 있고, 신민법 이행 후에도 상속에 관한 부분이 1979.1.1. 및 1991.1.1.자로 각 바뀌었다. 민법 부칙의 경과규정에 의하여 현행법 시행 전에 피상속인의 사망으로 개시된 상속에 관하여는 피상속인의 사망 당시의 법을 적용하도록 되어 있다(민법 부칙 1958.2.22. 제25조, 1977.12.31. 제5항, 1990.1.13. 제12조 제1항 등). 예컨대 갑의 공동상속인 중 을이 구민법(관습법) 시행 당시인 1958.8.5. 사망한 경우에는 을의 사망으로 인한 상속에 관하여는 신민법이 시행되기 전의 구민법을 적용하여야 할 것이다(「부동산등기실무Ⅱ」 p.235).
>
> ② 1) **피상속인이 사망 후 재혼**한 경우. 즉 피상속인의 3남인 "갑"이 "을"과 결혼한 후 자녀를 두지 못한 상태에서 피상속인보다 먼저 사망한 경우에 위 을은 피상속인(🔵 시아버지)의 사망 후에 재혼을 하였더라도 이에 관계없이 갑의 상속분을 **대습상속하게 된다**(선례 제3-442호).

2) **피상속인의 사망 전 재혼**한 경우. 즉 민법 제1003조 제2항의 '사망한 자의 처(**❚** 사망 또는 결격된 자의 배우자)'라 함은 부의 사망 후에도 계속 혼가와의 인척관계가 유지되는 처(**❚** 배우자)를 의미하므로, 부(**❚** 남편)의 사망 후 재혼한 처는 전부의 순위에 갈음하는 **대습상속인으로 될 수 없다**(예규 제694호).

④ 공동상속인 중 1인이 공유물의 보존행위(**❚** 민법 제265조 단서)로서 공동상속인 전원 명의의 상속등기를 신청할 때에 재외국민인 다른 공동상속인 갑 을 및 병이 상속등기에 협력하지 아니하여 그들의 현 주소를 알 수 없는 경우에는 그들이 **주민등록을 한 사실이 있다면** 말소된 주민등록표상의 최후 주소를 주소로 제공하고, 이를 증명하는 정보로서 말소된 주민등록표의 등본을 첨부정보로서 제공할 수 있으며, 그들이 **주민등록을 한 사실이 없다면** 가족관계등록부상의 등록기준지를 주소로 제공하고, 이를 증명하는 정보로서 기본증명서를 첨부정보로서 제공할 수 있다. 그리고 갑, 을 및 병이 **주민등록번호를 부여받은 적이 없고,** 또한 「부동산등기법」 제49조 제1항 제2호에 따른 **부동산등기용등록번호를 부여받을 수도 없다면** 이를 소명하여 그들의 주민등록번호나 부동산등기용등록번호를 **제공하지 않고서도** 상속등기를 신청할 수 있다. 한편, 이는 공동상속인이 재외국민이었다가 외국 국적을 취득하여 현재는 외국인인 경우에도 마찬가지이다(선례 제201809-4호).

15 협의분할에 의한 상속등기에 관한 다음 설명 중 가장 옳지 않은 것은? ▸ 2014년 법무사

① 협의분할에 의한 상속등기를 신청할 경우에는 피상속인이 사망한 날을 등기원인일로 하여야 한다.

② 피상속인의 사망으로 상속이 개시된 후 상속등기를 하지 아니한 상태에서 공동상속인 중 1인이 사망한 경우, 나머지 상속인들과 사망한 공동상속인의 상속인들이 피상속인의 재산에 대한 협의분할을 할 수 있다.

③ 친권자와 그 친권에 복종하는 미성년자가 공동상속인으로서 상속재산협의분할을 할 때에 친권자가 상속재산을 전혀 취득하지 아니한 경우라면 상속포기를 하지 아니하였더라도 미성년자를 위한 특별대리인을 선임할 필요는 없다.

④ 협의분할에 의한 상속등기를 신청함에 있어 공동상속인이 각각 날인한 동일한 분할협의서(복사본이나 프린트 출력물 등)를 수통 첨부하였더라도 그 등기신청을 수리할 수 있다.

⑤ 상속인 전원이 상속인 중 갑, 을 공동으로 상속하기로 하는 상속재산분할협의를 하여 상속등기를 마친 후 다시 공동상속인 전원의 합의에 따라 갑이 단독으로 상속하기로 하는 새로운 상속재산분할협의를 한 경우 갑, 을 공유를 갑 단독소유로 하는 소유권경정등기를 신청할 수 있다.

해설 ③ 상속재산협의분할서를 작성하는 데 있어서 **친권자와 미성년자인 자 1인이 공동상속인**인 경우(친권자가 당해 부동산에 관하여 **권리를 취득하지 않는 경우를 포함한다**)에는 친권자와 미성년자의 이해가 상반되므로 **특별대리인을 선임**하여야 한다(예규 제1088호, 2-나-(2)).

① 예규 제1675호, 2-나
⑤ 예규 제1675호, 3-다-1)

정답 ☞ 13 ④ 14 ③ 15 ③

16 협의분할에 의한 상속등기에 관한 다음 설명 중 가장 옳지 않은 것은? ▸2013년 법무사

① 공동상속인은 피상속인의 분할금지의 유언이 없는 한 언제든지 협의분할을 할 수 있다.

② 친권자가 상속포기를 하지 않는 한 상속재산을 전혀 취득하지 않는 경우에도 미성년자를 위한 특별대리인을 선임하여야 한다.

③ 공동상속인의 거주지가 멀리 떨어져 있는 경우 동일한 협의분할서를 여러 통 작성하여 각각 날인하여도 무방하다.

④ 법원이 상속재산의 경매분할을 명한 경우 분할심판에서 정한 비율에 따라 협의분할에 따른 상속등기를 할 수 있다.

⑤ 협의분할에 따른 상속등기가 마쳐진 후 그 협의를 해제하여 다시 법정상속분대로 소유권경정등기를 할 수 있다.

해설 ④ 1) **상속재산의 협의분할**은 상속개시된 때에 **소급**하여 그 효력이 미치므로, 민법 제1013조 제2항 규정의 상속재산분할심판에 따른 소유권이전등기는 **법정상속분에 따른 상속등기를 거치지 않고** 막바로 할 수 있다(선례 제5-288호).

2) 그러나 상속인 간에 상속재산협의분할이 이루어지지 않아 법원이 **상속재산의 경매분할**을 명한 경우, 동 심판은 상속재산의 현물분할을 명한 것이 아니므로 동 심판에 따른 협의분할 상속등기를 할 수 없고, 동 심판에 따른 경매신청을 하기 위하여서는 **법정상속등기가 선행**되어야 하며, 법정상속등기가 이미 경료된 등기를 동 심판서의 주문에 기재된 상속비율로 경정등기신청을 할 수 없다(선례 제200612-4호).

① 피상속인은 유언으로 상속재산의 분할방법을 정하거나 이를 정할 것을 제삼자에게 위탁할 수 있고 상속개시의 날로부터 5년을 초과하지 아니하는 기간 내의 그 분할을 금지할 수 있다(민법 제1012조). 전조의 경우 외에는 공동상속인은 **언제든지** 그 협의에 의하여 상속재산을 **분할**할 수 있다(민법 제1013조 제1항).

⑤ 예규 제1675호, 3-나

정답 ➊ 16 ④

나. 유증

📋 관련 예규

유증을 받은 자의 소유권보존(이전)등기신청절차 등에 관한 사무처리지침[예규 제1512호]

1. 목적

이 예규는 토지대장, 임야대장 또는 건축물대장에 최초의 소유자로 등록되어 있는 자 또는 그 상속인으로부터 포괄적 유증을 받은 자(이하 "포괄적 수증자"라 한다)의 소유권보존등기 및 유증을 원인으로 한 소유권이전등기의 신청인, 신청정보 및 첨부정보 등에 관하여 규정함을 목적으로 한다.

2. 신청인

가. 소유권보존등기의 신청인

  (1) 유증의 목적 부동산이 **미등기**인 경우에는 토지대장, 임야대장 또는 건축물대장에 **최초의 소유자**로 등록되어 있는 자 또는 그 상속인의 **포괄적 수증자**가 단독으로 소유권보존등기를 신청할 수 있다.

  (2) 유증의 목적 부동산이 미등기인 경우라도 특정유증을 받은 자는 소유권보존등기를 신청할 수 없고, 유언집행자가 **상속인 명의로 소유권보존등기를 마친 후에** 아래 나.의 절차에 따라 **유증을 원인으로 한 소유권이전등기**를 신청하여야 한다.

나. 소유권이전등기의 신청인

  (1) 유증을 원인으로 한 소유권이전등기는 **포괄유증**이나 **특정유증을 불문**하고 수증자를 등기권리자, 유언집행자 또는 상속인을 등기의무자로 하여 **공동**으로 신청하여야 한다. **수증자가 유언집행자**로 지정되거나 **상속인**인 경우에도 같다.

  (2) **유언집행자가 여럿**인 경우(유언집행자의 지정이 없어서 여러 명의 상속인들이 유언집행자가 된 경우를 포함한다)에는 그 **과반수 이상**이 수증자 명의의 소유권이전등기절차에 동의하면 그 등기를 신청할 수 있다.

  (3) **수증자가 여럿인 포괄유증**의 경우에는 수증자 **전원**이 공동으로 신청하거나 각자가 **자기 지분만**에 대하여 소유권이전등기를 신청할 수 있다. 그러나 포괄적 수증자 이외에 유언자의 다른 상속인이 있는 경우에는 **유증**을 원인으로 한 소유권이전등기와 **상속**을 원인으로 한 소유권이전등기를 각각 **신청**하여야 한다.

3. 소유권이전등기의 신청방법

  (1) 수증자 명의로 직접 신청

    유증을 원인으로 한 소유권이전등기는 (🔘 상속등기가 없는 경우) **포괄유증**이든 **특정유증**이든 모두 **상속등기를 거치지 않고** 유증자로부터 직접 수증자 명의로 등기를 신청하여야 한다. 그러나 유증을 원인으로 한 소유권이전등기 전에 **상속등기가 이미 마쳐진 경우**에는 **상속등기를 말소하지 않고** 상속인으로부터 수증자에게로 유증을 원인으로 한 소유권이전등기를 신청할 수 있다.

  (2) 1필의 토지(또는 1개의 건물)의 특정 일부만을 유증한 경우 등

    ① 1필의 토지(또는 1개의 건물)의 **특정 일부만을 유증**한다는 취지의 유언이 있는 경우, 유언집행자는 유증할 부분을 특정하여 **분할(또는 구분)등기를 한 다음** 수증자 명의로 소유권이전등기를 신청하여야 한다.

    ② 특정유증의 수증자가 유증자의 사망 후에 1필의 토지(또는 1개의 건물)의 특정 **일부에 대하여 유증의 일부포기를 한 경우**에도 유언집행자는 포기한 부분에 대하여 **분할(또는 구분)등기를 한 다음** 포기하지 아니한 부분에 대하여 유증을 원인으로 한 소유권이전등기를 신청하여야 한다.

(3) 유증의 가등기

유증을 원인으로 한 소유권이전등기청구권보전의 **가등기**는 유언자가 **사망한 후**인 경우에는 이를 **수리**하되, 유언자가 생존 중인 경우에는 이를 수리하여서는 아니 된다.

4. 신청정보

가. 소유권보존등기

포괄적 수증자가 소유권보존등기를 신청하는 경우에는 「부동산등기법」 제65조 제1호에 따라 등기를 신청한다는 뜻과 「부동산등기규칙」(이하 "규칙"이라 함) 제43조에 규정된 사항을 신청정보의 내용으로 등기소에 제공하여야 한다. 다만, 등기원인과 그 연월일은 신청정보로 제공할 필요가 없다.

나. 소유권이전등기

유증을 원인으로 한 소유권이전등기를 신청하는 경우에는 규칙 제43조에 규정된 사항을 신청정보의 내용으로 등기소에 제공하되, 다음 (1), (2)의 신청정보를 각각 규칙 제43조 제1항 제5호 및 제7호의 신청정보의 내용으로 등기소에 제공한다.

(1) 등기원인은 "O년 O월 O일 유증"으로 기재하되, 그 연월일은 **유증자가 사망한** 날을 기재한다. 다만, 유증에 조건 또는 기한이 붙은 경우에는 그 **조건이 성취한 날 또는 그 기한이 도래한 날**을 신청정보의 내용으로 제공한다.

(2) **유증자의 등기필정보**를 신청정보의 내용으로 제공한다.
    (🔘 유언집행자의 등기필정보×)
    (🔘 상속은 등기필정보×)

5. 첨부정보

가. 소유권보존등기

포괄적 수증자가 소유권보존등기를 신청하는 경우에는 다음의 첨부정보를 등기소에 제공하여야 한다.

(1) **유증자의 사망을 증명**하는 정보

(2) 유증자가 최초의 소유자로 등록된 토지대장, 임야대장 또는 건축물대장 정보

(3) 토지대장, 임야대장 또는 건축물대장에 최초의 소유자로 등록되어 있는 자의 상속인으로부터 포괄적 유증을 받은 경우에는 그 상속인의 상속을 증명하는 정보

(4) **유언증서 및 검인조서** 등

  ① 유언증서가 자필증서, 녹음, 비밀증서에 의한 경우에는 유언검인조서등본을, 구수증서에 의한 경우에는 검인신청에 대한 심판서등본을, 유증에 정지조건 등이 붙은 경우에는 그 조건성취를 증명하는 서면을 각 첨부하여야 한다.

  ② 유언증서에 **가정법원의 검인**이 되어 있는 경우**에도** 등기관은 그 **유언증서가 적법한 요건을 갖추지 아니한 경우**에는 그 등기신청을 **수리**하여서는 **아니** 된다.

  ③ 검인기일에 출석한 상속인들이 "유언자의 자필이 아니고 날인도 유언자의 사용인이 아니라고 생각한다"는 등의 다툼 있는 사실이 기재되어 있는 검인조서를 첨부한 경우에는 유언 내용에 따른 등기신청에 이의가 없다는 위 상속인들의 진술서(인감증명서 첨부) 또는 위 상속인들을 상대로 한 유언유효확인의 소나 수증자 지위 확인의 소의 승소 확정판결문을 첨부하여야 한다.

나. 소유권이전등기

유증을 원인으로 한 소유권이전등기를 신청하는 경우에는 규칙 제46조에 규정된 사항을 첨부정보로 등기소에 제공하되, 다음 (1), (2)의 첨부정보를 각각 규칙 제46조 제1항 제5호 및 제1호의 첨부정보로

등기소에 제공한다.

(1) 유언집행자의 자격을 증명하는 서면

   ① **유언집행자의 자격을 증명**하는 서면으로, 유언집행자가 유언으로 지정된 경우에는 유언증서, 유언에 의해 유언집행자의 지정을 제3자에게 위탁한 경우에는 유언증서 및 제3자의 지정서(그 제3자의 인감증명 첨부), 가정법원에 의해 선임된 경우에는 유언증서 및 심판서를 각 제출하여야 한다.

   ② 유언자의 상속인이 유언집행자인 경우에는 상속인임을 증명하는 서면을 첨부하여야 한다.

(2) 위 가. (1)의 규정과 가. (4)의 규정은 유증을 원인으로 한 소유권이전등기를 신청하는 경우에 준용한다.

6. 유류분과의 관계

포괄적 수증자의 소유권보존등기 및 유증으로 인한 소유권이전등기신청이 상속인의 **유류분을 침해**하는 내용이라 하더라도 등기관은 이를 **수리**하여야 한다.

---

01 유증을 원인으로 하는 소유권이전등기에 관한 다음 설명 중 가장 옳은 것은?

▶ 2023년 법원사무관

① 유증을 원인으로 한 소유권이전등기는 포괄유증이든 특정유증이든 모두 상속등기를 거친 후 수증자 명의로 등기를 신청하여야 한다.

② 유언집행자가 여럿인 경우에는 그 전원이 수증자 명의의 소유권이전등기절차에 동의해야만 그 등기를 신청할 수 있다.

③ 특정유증의 수증자가 유증자의 사망 후에 1필의 토지의 특정 일부에 대하여 유증의 일부포기를 한 경우에도 유언집행자는 포기한 부분에 대하여 분할등기를 한 다음 포기하지 아니한 부분에 대하여 유증을 원인으로 한 소유권이전등기를 신청하여야 한다.

④ 유증을 원인으로 한 소유권이전등기청구권 보전의 가등기는 유언자가 생존 중인 경우에는 이를 수리하되, 유언자가 사망한 후인 경우에는 이를 수리하여서는 아니 된다.

해설 ③ 특정유증의 수증자가 유증자의 사망 후에 1필의 토지(또는 1개의 건물)의 **특정 일부에 대하여 유증의 일부포기를 한 경우**에도 유언집행자는 포기한 부분에 대하여 **분할(또는 구분)등기를 한 다음** 포기하지 아니한 부분에 대하여 유증을 원인으로 한 소유권이전등기를 신청하여야 한다(예규 제1512호, 3-(2)-②).

   ① 유증을 원인으로 한 소유권이전등기는(🔢 상속등기가 없는 경우) **포괄유증**이든 **특정유증**이든 모두 **상속등기를 거치지 않고** 유증자로부터 직접 수증자 명의로 등기를 신청하여야 한다. 그러나 유증을 원인으로 한 소유권이전등기 전에 상속등기가 이미 마쳐진 경우에는 **상속등기를 말소하지 않고** 상속인으로부터 수증자에게로 유증을 원인으로 한 소유권이전등기를 신청할 수 있다(예규 제1512호, 3-(1)).

정답 ⊶ 01 ③

② **유언집행자가 여럿인 경우**(유언집행자의 지정이 없어서 여러 명의 상속인들이 유언집행자가 된 경우를 포함한다)에는 그 **과반수 이상**이 수증자 명의의 소유권이전등기절차에 동의하면 그 등기를 신청할 수 있다(예규 제1512호, 2-나-(2)).

④ **유증**을 원인으로 한 소유권이전등기청구권보전의 **가등기**는 유언자가 **사망한 후**인 경우에는 이를 **수리**하되, 유언자가 생존 중인 경우에는 이를 수리하여서는 아니 된다(예규 제1512호, 3-(3)).

02 유증으로 인한 등기에 관한 다음 설명 중 가장 옳지 않은 것은? ▸ 2021년 법무사

① 피상속인 '甲'이 사망하고 상속등기를 경료하지 아니한 상태에서 공동상속인 중 '乙'이 다른 공동상속인 '丙'에게 상속받은 지분을 유증한 후 사망한 경우에는, 먼저 사망한 '乙'을 제외한 '甲'의 상속인과 '乙'의 상속인 명의로 상속등기를 경료한 후 '乙'의 상속인 또는 유언집행자와 수증자가 공동으로 유증으로 인한 소유권이전등기를 신청할 수 있다.

② 수증자가 여럿인 포괄유증의 경우에는 수증자 전원이 공동으로 신청하거나 각자가 자기 지분만에 대하여 소유권이전등기를 신청할 수 있다. 그러나 포괄적 수증자 이외에 유언자의 다른 상속인이 있는 경우에는 유증을 원인으로 한 소유권이전등기와 상속을 원인으로 한 소유권이전등기를 각각 신청하여야 한다.

③ 특정유증의 수증자가 유증자의 사망 후에 1필의 토지의 특정 일부에 대하여 유증의 일부포기를 한 경우에, 유언집행자는 포기한 부분에 대하여 분할등기를 한 다음 포기하지 아니한 부분에 대하여 유증을 원인으로 한 소유권이전등기를 신청하여야 한다.

④ 유증을 등기원인으로 하는 소유권이전등기는 수증자를 등기권리자, 유언집행자를 등기의무자로 하여 공동으로 신청하는 것이 원칙이나, 공정증서에 의한 유언인 경우에는 등기의무자인 유언집행자가 유증을 등기원인으로 하는 소유권이전등기를 단독으로 신청할 수 있다.

⑤ 유증의 목적 부동산이 미등기인 경우에는 토지대장, 임야대장 또는 건축물대장에 최초의 소유자로 등록되어 있는 자 또는 그 상속인의 포괄적 수증자가 단독으로 소유권보존등기를 신청할 수 있다.

해설 ④ **유증을 등기원인으로 하는 소유권이전등기**는 수증자를 등기권리자, 유언집행자를 등기의무자로 하여 **공동으로 신청하여야 하므로**(법 제28조 참조), **비록 공정증서에 의한 유언인 경우에도** 등기의무자인 유언집행자가 유증을 등기원인으로 하는 소유권이전등기를 **단독으로 신청할 수는 없다**(선례 제6-249호).

① 피상속인 '갑'이 사망하고 상속등기를 경료하지 아니한 상태에서 공동상속인 중 '을'이 다른 공동상속인 '병'에게 상속받은 지분을 유증한 후 사망한 경우에는, 먼저 사망한 '을'을 제외한 '갑'의 상속인과 '을'의 상속인 명의로 상속등기를 경료한 후 '을'의 상속인 또는 유언집행자와 수증자가 공동으로 유증으로 인한 소유권이전등기를 신청할 수 있다(선례 제8-210호).

② 예규 제1512호, 2-나-(3)
③ 예규 제1512호, 3-(2)-②
⑤ 예규 제1512호, 2-가-(1)

03 유증으로 인한 등기에 관한 다음 설명 중 가장 옳지 않은 것은? ▸ 2020년 법무사

① 1필의 토지의 특정 일부만을 유증한다는 취지의 유언이 있는 경우, 유언집행자는 유증할 부분을 특정하여 분할등기를 한 다음 수증자 명의로 소유권이전등기를 신청하여야 한다.

② 유언집행자가 여럿인 경우에는 그 과반수 이상이 수증자 명의의 소유권이전등기절차에 동의하면 그 등기를 신청할 수 있다.

③ 유증을 원인으로 소유권이전등기를 하는 경우 유증자의 등기필정보를 신청정보의 내용으로 제공한다.

④ 유증의 목적 부동산이 미등기인 경우 특정유증을 받은 자는 소유권보존등기를 신청할 수 없고, 유언집행자가 상속인 명의로 소유권보존등기를 마친 후에 유증을 원인으로 한 소유권이전등기를 신청하여야 한다.

⑤ 포괄적 수증자의 소유권보존등기 및 유증으로 인한 소유권이전등기신청이 상속인의 유류분을 침해하는 경우에는 등기관은 이를 수리할 수 없다.

해설 ⑤ 포괄적 수증자의 소유권보존등기 및 유증으로 인한 소유권이전등기신청이 상속인의 **유류분**을 **침해**하는 내용이라 하더라도 등기관은 이를 **수리**하여야 한다(예규 제1512호, 6).

　① 예규 제1512호, 3-(2)-①
　② 예규 제1512호, 2-나-(2)
　③ 예규 제1512호, 4-나-(2)
　④ 예규 제1512호, 2-가-(2)

04 유증을 원인으로 한 소유권이전등기 등에 관한 다음 설명 중 가장 옳지 않은 것은?

▸ 2020년 등기서기보

① 유증의 목적 부동산이 미등기인 경우라도 특정유증을 받은 자는 소유권보존등기를 신청할 수 없고, 상속인 명의로 소유권보존등기를 마친 후에 유증을 원인으로 한 소유권이전등기를 신청하여야 한다.

② 유증으로 인한 소유권이전등기신청이 상속인의 유류분을 침해하는 내용이라 하더라도 등기관은 이를 수리하여야 한다.

③ 유증을 원인으로 소유권이전등기를 유언집행자와 수증자가 공동으로 신청할 때에 유언집행자에게는 등기필정보가 없으므로 등기의무자의 등기필정보는 제공할 필요가 없다.

④ 유증을 원인으로 한 소유권이전등기청구권 보전의 가등기는 유언자가 사망한 후인 경우에는 이를 수리하되, 유언자가 생존 중인 경우에는 이를 수리하여서는 아니 된다.

정답 ━○ **02** ④ **03** ⑤ **04** ③

해설 ③ 유증자의 등기필정보를 신청정보의 내용으로 제공한다(예규 제1512호, 4-나-(2)).

① 예규 제1512호, 2-가-(2)
② 예규 제1512호, 6
④ 예규 제1512호, 3-(3)

05 유증으로 인한 등기에 대한 다음 설명 중 가장 옳지 않은 것은? ▸2019년 법무사 변경

① 유증을 원인으로 한 소유권이전등기청구권 보전의 가등기는 유언자가 사망한 후인 경우에는 수리하되, 유언자가 생존 중인 경우에는 이를 수리하여서는 아니 된다.

② 유증을 원인으로 한 소유권이전등기는 포괄유증이든 특정유증이든 모두 상속등기를 거치지 않고 유증자로부터 직접 수증자 명의로 등기를 신청하여야 하는데, 유증을 원인으로 한 소유권이전등기 전에 상속등기가 이미 마쳐진 경우에는 상속등기를 말소하고 유증자로부터 수증자에게로 유증을 원인으로 한 소유권이전등기를 신청할 수 있다.

③ 유증을 원인으로 한 소유권이전등기는 포괄유증이나 특정유증을 불문하고 수증자를 등기권리자, 유언집행자 또는 상속인을 등기의무자로 하여 공동으로 신청하여야 하며, 수증자가 유언집행자로 지정되거나 상속인인 경우에도 같다.

④ 수증자가 수인인 포괄유증의 경우 수증자는 각자가 자기 지분만에 대하여 신청할 수 있다.

⑤ 포괄적 유증으로 인한 농지의 소유권이전등기신청 시 농지취득자격증명을 첨부할 필요가 없다.

해설 ② 유증을 원인으로 한 소유권이전등기는(🏛 상속등기가 없는 경우) 포괄유증이든 특정유증이든 모두 상속등기를 거치지 않고 유증자로부터 직접 수증자 명의로 등기를 신청하여야 한다. 그러나 유증을 원인으로 한 소유권이전등기 전에 상속등기가 이미 마쳐진 경우에는 상속등기를 말소하지 않고 상속인으로부터 수증자에게로 유증을 원인으로 한 소유권이전등기를 신청할 수 있다(예규 제1512호, 3-(1)).

① 예규 제1512호, 3-(3)
③ 예규 제1512호, 2-나-(1)
④ 예규 제1512호, 2-나-(3)
⑤ 상속 및 포괄유증, 상속인에 대한 특정적 유증, 취득시효완성, 공유물분할, 매각(🏛 매각허가결정 시 필요 단, 등기신청 시 불요), 진정한 등기명의 회복, 농업법인의 합병을 원인으로 하여 소유권이전등기를 신청하는 경우에는 **농지취득자격증명**을 첨부할 필요가 **없다**(예규 제1635호).

06 이미 등기되어 있는 부동산에 대한 유증을 원인으로 하는 소유권이전등기에 관한 다음 설명 중 가장 옳지 않은 것은? ▸ 2018년 등기주사보

① 포괄유증이나 특정유증을 불문하고 유증으로 인한 소유권이전등기는 수증자를 등기권리자, 유언집행자 또는 상속인을 등기의무자로 하여 공동으로 신청하여야 한다.

② 조건 또는 기한이 붙은 유증을 원인으로 소유권이전등기를 신청할 때에 등기원인은 유증자가 사망한 날이 아니라 그 조건이 성취한 날 또는 그 기한이 도래한 날로 하여야 한다.

③ 특정유증의 경우에는 반드시 상속등기를 거친 후에 상속인으로부터 수증자 명의로 소유권이전등기를 신청하여야 한다.

④ 수증자가 여럿인 포괄유증의 경우에는 수증자 전원이 공동으로 신청하거나 각자가 자기 지분만에 대하여 소유권이전등기를 신청할 수 있다.

> **해설** ③ 유증을 원인으로 한 소유권이전등기는(**㉮ 상속등기가 없는 경우**) 포괄유증이든 특정유증이든 모두 **상속등기를 거치지 않고** 유증자로부터 직접 수증자 명의로 등기를 신청하여야 한다. 그러나 유증을 원인으로 한 소유권이전등기 전에 **상속등기가 이미 마쳐진 경우**에는 **상속등기를 말소하지 않고** 상속인으로부터 수증자에게로 유증을 원인으로 한 소유권이전등기를 신청할 수 있다(예규 제1512호, 3-(1)).
>
> ① 예규 제1512호, 2-나-(1)
> ② 예규 제1512호, 4-나-(1)
> ④ 예규 제1512호, 2-나-(3)

07 유증에 의한 소유권보존 또는 이전등기에 관한 다음 설명 중 가장 옳지 않은 것은? ▸ 2018년 등기서기보

① 미등기부동산의 토지대장에 최초의 소유자로 등록되어 있는 자로부터 특정유증을 받은 자는 단독으로 소유권보존등기를 신청할 수 있다.

② 유증을 원인으로 한 소유권이전등기는 포괄유증이나 특정유증을 불문하고 수증자를 등기권리자, 유언집행자 또는 상속인을 등기의무자로 하여 공동으로 신청하여야 한다.

③ 수증자가 여럿인 포괄유증의 경우에는 수증자 전원이 공동으로 신청하거나 각자가 자기 지분만에 대하여 소유권이전등기를 신청할 수 있다.

④ 유증을 원인으로 한 소유권이전등기청구권 보전의 가등기는 유언자가 생존 중인 경우에는 이를 수리할 수 없다.

> **해설** ① 유증의 목적 부동산이 **미등기**인 경우에는 토지대장, 임야대장 또는 건축물대장에 **최초의 소유자로 등록되어 있는 자** 또는 그 상속인의 **포괄적 수증자**가 단독으로 소유권보존등기를 신청할 수 있다. 그러나 유증의 목적 부동산이 미등기인 경우라도 **특정유증을 받은 자**는 소유권보존등기를 신청할 수 없고, 유언집행자가 **상속인 명의로 소유권보존등기를 마친 후에** 아

정답 ┝ 05 ② 06 ③ 07 ①

래 나.의 절차에 따라 <u>유증을 원인으로 한 소유권이전등기를</u> 신청하여야 한다(예규 제1512호, 2-가).

② 예규 제1512호, 2-나-(1)
③ 예규 제1512호, 2-나-(3)
④ 예규 제1512호, 3-(3)

08 유증을 원인으로 하는 소유권이전등기에 관한 다음 설명 중 가장 옳지 않은 것은?

▶ 2017년 등기주사보

① 포괄유증이나 특정유증을 불문하고 수증자를 등기권리자, 유언집행자 또는 상속인을 등기의무자로 하여 공동으로 신청하여야 한다.
② 유증을 원인으로 한 소유권이전등기는 포괄유증이든 특정유증이든 모두 상속등기를 거친 후 신청하여야 한다.
③ 유증을 원인으로 한 소유권이전등기청구권 보전의 가등기는 유언자가 생존 중인 경우에는 이를 수리하여서는 아니 된다.
④ 유언증서가 자필증서인 경우에는 유언검인조서등본을, 유증에 정지조건 등이 붙은 경우에는 그 조건성취를 증명하는 서면을 각 첨부하여야 한다.

해설 ② 유증을 원인으로 한 소유권이전등기는(🏦 **상속등기가 없는 경우**) **포괄유증**이든 **특정유증**이든 모두 **상속등기를 거치지 않고** 유증자로부터 직접 수증자 명의로 등기를 신청하여야 한다. 그러나 유증을 원인으로 한 소유권이전등기 전에 상속등기가 이미 마쳐진 경우에는 **상속등기를 말소하지 않고** 상속인으로부터 수증자에게로 <u>유증을 원인으로 한 소유권이전등기를</u> 신청할 수 있다(예규 제1512호, 3-(1)).

① 예규 제1512호, 2-나-(1)
③ 예규 제1512호, 3-(3)
④ 예규 제1512호, 5-가-(4)-①

09 유증으로 인한 등기신청에 관한 다음 설명 중 가장 옳지 않은 것은?

▶ 2016년 법무사

① 유언집행자가 수인인 경우 그 과반수 이상의 유언집행자들이 수증자 명의의 소유권이전등기절차에 동의하면 그 등기를 신청할 수 있다.
② 유증으로 인한 소유권이전등기 전에 상속등기가 이미 마쳐진 경우에는 반드시 상속등기를 말소하고 유증으로 인한 소유권이전등기를 신청하여야 한다.
③ 유증으로 인한 등기신청을 할 때에도 등기의무자(유증자)의 등기필증(또는 등기필정보)을 제공하여야 한다.

④ 유증으로 인한 소유권이전등기청구권 보전의 가등기는 유언자가 사망한 후인 경우에는 이를 수리하고, 유언자가 생존 중인 경우에는 이를 수리하여서는 안 된다.

⑤ 수증자가 수인인 포괄유증의 경우 수증자는 각자가 자기 지분만에 대하여 신청할 수 있다.

해설 ② 유증을 원인으로 한 소유권이전등기는(**註** **상속등기가 없는 경우**) **포괄유증**이든 **특정유증**이든 모두 **상속등기를 거치지 않고** 유증자로부터 직접 수증자 명의로 등기를 신청하여야 한다. 그러나 유증을 원인으로 한 소유권이전등기 전에 **상속등기가 이미 마쳐진 경우**에는 **상속등기를 말소하지 않고** 상속인으로부터 수증자에게로 유증을 원인으로 한 소유권이전등기를 신청할 수 있다(예규 제1512호, 3-(1)).

① 예규 제1512호, 2-나-(2)
③ 예규 제1512호, 4-나-(2)
④ 예규 제1512호, 3-(3)
⑤ 예규 제1512호, 2-나-(3)

10 유증을 원인으로 한 소유권보존(이전)등기 등에 관한 다음 설명 중 옳은 것은?

▶ 2014년 법무사

① 유증의 목적 부동산이 미등기인 경우 특정유증을 받은 자는 자기 명의로 소유권보존등기를 신청할 수 있다.

② 특정유증의 경우에는 수증자를 등기권리자, 유언집행자 또는 상속인을 등기의무자로 하여 공동으로 신청하여야 하지만, 포괄유증의 경우는 수증자가 단독으로 소유권이전등기를 신청한다.

③ 수증자가 여럿인 포괄유증의 경우에는 각자가 자기 지분만에 대하여 소유권이전등기를 신청할 수 있다.

④ 유언자의 사망 전이라도 유증을 원인으로 한 소유권이전등기청구권 보전의 가등기는 할 수 있다.

⑤ 유증으로 인한 소유권이전등기신청이 상속인의 유류분을 침해하는 경우에는 그 신청을 각하하여야 한다.

해설 ③ 예규 제1512호, 2-나-(3)

① 유증의 목적 부동산이 **미등기**인 경우에는 토지대장, 임야대장 또는 건축물대장에 **최초의 소유자**로 등록되어 있는 자 또는 그 상속인의 **포괄적 수증자**가 단독으로 소유권보존등기를 신청할 수 있다. 그러나 유증의 목적 부동산이 미등기인 경우라도 **특정유증**을 받은 자는 소유권보존등기를 신청할 수 없고, 유언집행자가 **상속인 명의**로 소유권보존등기를 마친 후에 아래 나.의 절차에 따라 **유증을 원인**으로 한 소유권이전등기를 신청하여야 한다(예규 제1512호, 2-가).

정답 ━ **08** ② **09** ② **10** ③

② 유증을 원인으로 한 소유권이전등기는 **포괄유증**이나 **특정유증을 불문**하고 수증자를 등기권 리자, 유언집행자 또는 상속인을 등기의무자로 하여 **공동**으로 신청하여야 한다. **수증자가 유 언집행자로** 지정되거나 **상속인**인 경우에도 같다(예규 제1512호, 2-나-(1)).

④ 유증을 원인으로 한 소유권이전등기청구권 보전의 **가등기**는 유언자가 **사망한 후**인 경우에는 이를 **수리**하되, 유언자가 **생존 중**인 경우에는 이를 **수리하여서는 아니** 된다(예규 제1512호, 3-(3)).

⑤ 포괄적 수증자의 소유권보존등기 및 유증으로 인한 소유권이전등기신청이 상속인의 **유류분 을 침해**하는 내용이라 하더라도 등기관은 이를 **수리하여야** 한다(예규 제1512호, 6).

11 유증으로 인한 등기에 관한 설명이다. 틀린 것은?
▶ 2012년 법무사

① 유증으로 인한 소유권이전등기는 포괄유증이나 특정유증을 불문하고 수증자를 등기권 리자, 유언집행자 또는 상속인을 등기의무자로 하여 공동으로 신청하여야 한다.

② 유언집행자가 수인인 경우에는 그 과반수 이상의 유언집행자들이 수증자 명의의 소유 권이전등기절차에 동의하면 그 등기를 신청할 수 있다.

③ 유증으로 인한 소유권이전등기는 포괄유증인 경우에는 상속등기를 거치지 않고 유증자 로부터 직접 수증자 명의로 등기를 신청하고, 특정유증인 경우에는 상속등기를 한 다 음 유증으로 인한 등기를 하여야 한다.

④ 등기원인은 "○년 ○월 ○일 유증"으로 기재하되, 그 연월일은 유증자가 사망한 날을 기재한다. 다만, 유증에 조건 또는 기한이 붙은 경우에는 그 조건이 성취한 날 또는 그 기한이 도래한 날을 기재한다.

⑤ 유증으로 인한 소유권이전등기청구권 보전의 가등기는 유언자가 사망한 후인 경우에는 이를 수리하고, 유언자가 생존 중인 경우에는 이를 수리하여서는 아니 된다.

해설 ③ 유증을 원인으로 한 소유권이전등기는(**📱 상속등기가 없는 경우**) **포괄유증**이든 **특정유증**이든 모두 **상속등기를 거치지 않고** 유증자로부터 직접 수증자 명의로 등기를 신청하여야 한다. 그 러나 유증을 원인으로 한 소유권이전등기 전에 **상속등기가 이미 마쳐진 경우**에는 **상속등기 를 말소하지 않고** 상속인으로부터 수증자에게로 유증을 원인으로 한 소유권이전등기를 신청 할 수 있다(예규 제1512호, 3-(1)).

① 예규 제1512호, 2-나-(1)
② 예규 제1512호, 2-나-(2)
④ 예규 제1512호, 4-나-(1)
⑤ 예규 제1512호, 3-(3)

정답 ○━ 11 ③

다. 북한주민

🔖 관련 예규

남북 주민 사이의 가족관계와 상속 등에 관한 특례법 시행에 따른 업무처리지침[예규 제1457호]

제1조(목적)

이 예규는 「남북 주민 사이의 가족관계와 상속 등에 관한 특례법」(이하 "특례법"이라 한다)에 따른 부동산등기 절차를 규정함을 목적으로 한다.

제2조(적용범위)

특례법 시행 전에 북한지역에 거주하는 주민(이하 "북한주민"이라 한다)이 상속·유증 또는 상속재산반환청구권의 행사로 남한 내 부동산에 관한 권리(이하 "상속·유증재산 등"이라 한다)를 취득한 경우에도 이 예규의 규정을 적용한다(🔵 북한주민도 상속등기 등의 경우에는 국내 부동산에 대하여 등기능력이 인정된다).

제3조(재산관리인의 등기신청)

특례법에 따른 북한주민의 상속·유증재산 등에 관한 등기는 **법원이 선임**한 **재산관리인**이 북한주민을 **대리**하여 신청한다.

제4조(신청정보)

특례법에 따른 북한주민의 상속·유증재산 등에 관한 등기를 신청하는 경우에는 **법무부장관이 발급**한 "북한주민 등록번호 및 주소 확인서"에 기재된 사항을 「부동산등기규칙」(이하 "규칙"이라 함) 제43조 제1항 제2호의 신청정보로 제공하여야 한다.

제5조(첨부정보)

① 특례법에 따른 북한주민의 상속·유증재산 등에 관한 등기를 신청하는 경우에는 규칙 제46조 제1항 제5호 및 제6호의 첨부정보로 다음 각 호의 정보를 제공하여야 한다.

　1. **법원의 재산관리인 선임(변경)을 증명하는 정보**

　2. **법무부장관**(🔵 통일부장관✕)이 **발급**한 북한주민의 **부동산등기용등록번호 및 주소를 확인하는 정보**

② 재산관리인이 「민법」 제118조를 초과하는 처분행위를 원인으로 등기를 신청하는 경우에는 **법무부장관이 발급한 북한주민의 재산처분 등을 허가(변경)한 정보**를 첨부정보로 제공하여야 한다. 다만, 처분 등을 할 수 있는 허가기간이 도과한 경우에는 위 허가정보를 제공하지 않은 것으로 본다.

③ 규칙 제60조 제1항에 따라 인감증명을 제출하여야 하는 경우에는 **재산관리인의 인감증명**을 제출하여야 한다.

01 남북 주민 사이의 가족관계와 상속 등에 관한 특례법에 따른 부동산등기절차에 관한 다음 설명 중 가장 옳지 않은 것은? ▸ 2019년 등기주사보

① 북한주민이 남한 내의 부동산에 관한 권리를 상속이나 유증 등으로 취득한 경우 그에 따른 등기는 법무부장관이 선임한 재산관리인이 북한주민을 대리하여 신청하여야 한다.

② 등기를 신청할 때에 인감증명을 제출하여야 하는 경우에는 재산관리인의 인감증명을 제출하여야 한다.

③ 북한주민의 상속, 유증재산 등에 관한 등기를 신청하는 경우에 주소 및 부동산등기용 등록번호를 증명하는 정보로서 법무부장관이 발급한 '북한주민 등록번호 및 주소 확인서'를 제공하여야 한다.

④ 재산관리인이 민법 제118조를 초과하는 처분행위를 원인으로 등기를 신청하는 경우에는 법무부장관이 발급한 북한주민의 재산처분허가서를 첨부정보로서 제공하여야 한다.

> **해설** ① **북한주민**이 남한 내의 부동산에 관한 권리를 상속이나 유증 등으로 취득한 경우 등기능력이 인정된다. 이 경우 **법원이 선임한 재산관리인**이 북한주민을 **대리**하여 신청하며, 법무부장관이 발급한 "북한주민 등록번호 및 주소 확인서"에 기재된 사항을 신청정보의 내용으로 제공하고, **법원의 재산관리인 선임(변경)을 증명**하는 정보, **법무부장관**(❶ 통일부장관×)이 **발급**한 북한주민의 부동산등기용등록번호 및 주소를 확인하는 정보, 북한주민의 재산처분 등을 허가(변경)한 정보 등을 첨부정보로 제공한다(예규 제1457호).
>
> ② 예규 제1457호, 5-③
> ③ 예규 제1457호, 5-①-2
> ④ 예규 제1457호, 5-②

라. 합병·분할

01 상속, 법인의 합병 등 포괄승계에 따른 등기와 관련된 다음 설명 중 가장 옳지 않은 것은?

▶ 2016년 등기서기보

① 합병으로 인하여 소멸된 회사의 명의로 등기되어 있는 부동산에 대하여 합병 후 존속한 회사 또는 합병으로 인하여 설립된 회사의 명의로 등기하기 위해서는 소유권이전등기절차를 거쳐야 한다.

② 공동상속의 경우 상속인 중 1인이 법정상속분에 의하여 나머지 상속인들의 상속등기까지 신청할 수 있다.

③ 공동상속인 중 일부가 상속을 포기한 경우에 그 포기자가 다른 상속인을 위하여 상속등기를 신청할 수는 없다.

④ 주식회사 분할의 경우 분할 전 주식회사가 소멸하지 않는 때에도 분할에 의해 신설된 주식회사는 분할에 따른 소유권이전등기를 단독으로 신청한다.

해설 ④ (🌐 개인)**상속**, 법인의 **합병**, 그 밖에 대법원규칙으로 정하는 **포괄승계**에 따른 등기는 등기권리자가 **단독**으로 신청한다(법 제23조 제3항).
법 제23조 제3항에서 "그 밖에 대법원규칙으로 정하는 포괄승계"란 다음 각 호의 경우를 말한다(규칙 제42조).
1. 법인의 **분할**로 인하여 분할 전 **법인이 소멸**하는 경우(🌐 존속분할×/소멸분할○)
2. **법령**에 따라 법인이나 단체의 권리·의무를 **포괄승계**하는 경우

① 회사의 **합병** 후 존속한 회사 또는 합병으로 인하여 설립된 회사는 합병으로 인하여 소멸된 회사의 **권리의무를** 승계하므로(상법 제530조 제2항, 제235조), 합병으로 인하여 소멸된 회사의 명의로 등기되어 있는 부동산에 대하여 합병 후 존속한 회사 또는 합병으로 인하여 설립된 회사의 명의로 등기하기 위해서는, 등기명의인표시변경등기를 할 것이 아니라, 회사합병을 등기원인으로 하는 **소유권이전등기절차**를 거쳐야 한다(선례 제6-235호).

② 1) 공동상속인 중 일부가 자기의 상속**지분만**에 관하여 상속으로 인한 소유권이전등기신청을 한 경우에 이는 사건이 등기할 것이 아닌 때에 해당하므로 부동산등기법 제29조 제2호, 규칙 제52조 제7호에 의하여 **각하**하여야 할 것이다(선례 제1-307호).
2) 공동상속의 경우 상속인 중 1인이 법정상속분에 의하여 **나머지 상속인들의 상속등기까지** 신청할 수 있고(🌐 민법 제265조 단서) 이러한 경우 등기신청서에는 **상속인 전원을 표시**하여야 한다(선례 제5-276호).

③ 공동상속인 중 일부가 **상속을 포기**한 경우에 그 포기자가 **다른 상속인을 위하여** 상속등기를 신청할 수는 **없**다(선례 제2-246호).

정답 ━ 01 ① / 01 ④

03 원시취득 – 수용(협의성립 및 재결)

관련 조문

법 제99조(수용으로 인한 등기)

① 수용으로 인한 소유권이전등기는 제23조 제1항(➊ 원칙적 공동신청)에도 불구하고 **등기권리자가 단독**으로 신청할 수 있다.

② **등기권리자**는 제1항의 신청을 하는 경우에 등기명의인이나 상속인, 그 밖의 포괄승계인을 갈음(➊ **대위**)하여 **부동산의 표시 또는 등기명의인의 표시의 변경, 경정 또는 상속, 그 밖의 포괄승계로 인한 소유권이전의 등기**를 신청할 수 있다.

③ **국가 또는 지방자치단체**가 제1항의 등기권리자인 경우에는 국가 또는 지방자치단체는 지체 없이 제1항과 제2항의 등기를 등기소에 촉탁하여야 한다.

④ 등기관이 제1항과 제3항에 따라 수용으로 인한 소유권이전등기를 하는 경우 그 부동산의 등기기록 중 **소유권, 소유권 외의 권리, 그 밖의 처분제한에 관한 등기**가 있으면 그 등기를 **직권으로 말소**하여야 한다. 다만, 그 부동산을 위하여 존재하는 **지역권의 등기(요역지지역권)** 또는 **토지수용위원회의 재결로써 존속이 인정된 권리의 등기**는 그러하지 아니하다(**직권말소×**).

⑤ 부동산에 관한 소유권 외의 권리(➊ **구분지상권 등**)의 수용으로 인한 권리이전등기에 관하여는 제1항부터 제4항까지의 규정을 준용한다.

규칙 제156조(수용으로 인한 등기의 신청)

① 수용으로 인한 소유권이전등기를 신청하는 경우에 토지수용위원회의 **재결로써 존속이 인정된 권리가 있으면 이에 관한 사항을 신청정보의 내용으로** 등기소에 제공하여야 한다.

② 수용으로 인한 소유권이전등기를 신청하는 경우에는 **보상이나 공탁을 증명하는 정보를** 첨부정보로서 등기소에 제공하여야 한다.

규칙 제157조(등기를 말소한 뜻의 통지)

① 법 제99조 제4항에 따라 등기관이 **직권으로 등기를 말소**하였을 때에는 수용으로 인한 등기말소통지서에 다음 사항을 적어 등기명의인에게 **통지**하여야 한다.
1. 부동산의 표시
2. 말소한 등기의 표시
3. 등기명의인
4. 수용으로 인하여 말소한 뜻

② 말소의 대상이 되는 등기가 채권자의 대위신청에 따라 이루어진 경우 그 **채권자에게도** 제1항의 통지를 하여야 한다.

관련 예규

공익사업을 위한 토지 등의 취득 및 보상에 관한 법률에 의한 등기사무처리지침(예규 제1388호)

1. 목적

이 예규는 「공익사업을 위한 토지 등의 취득 및 보상에 관한 법률」(이하 "법" 이라 한다)에 따른 등기절차와 이와 관련된 사항에 관하여 규정함을 목적으로 한다.

2. 협의취득의 등기절차

가. 법에 의하여 **미등기토지** 등의 대장상 소유명의인과 **협의가** 성립된 경우에는 먼저 그 대장상 소유명의인 앞으로 소유권보존등기를 한 후 **사업시행자 명의로 소유권이전등기**를 한다.

나. 법에 의하여 **등기기록상** 소유명의인과 **협의가** 성립된 경우에는 **사업시행자** 명의로 소유권이전등기를 한다.

다. 위 가. 나항에 의하여 사업시행자 명의로 소유권이전등기를 함에 있어서는 그 등기신청서에 「부동산등기규칙」 제46조 제1항 제1호의 등기원인을 증명하는 정보로 **공공용지의 취득협의서**(🔁 사법상 매매의 성질)를 첨부하여야 한다. 이 경우 소유권이전등기 의무자의 **인감증명**을 첨부하여야 한다(선례 제3-890호).

3. 수용의 등기절차

가. 소유권이전등기신청

  (1) 토지수용을 원인으로 한 소유권이전등기신청은 사업시행자인 **등기권리자가** 단독으로 이를 신청할 수 있다. 다만 **관공서가** 사업시행자인 경우에는 그 관공서가 소유권이전등기를 **촉탁하여야** 한다.

  (2) 등기원인은 "**토지수용**"으로, 원인일자는 "**수용의 개시일**"을 각 기재한다. 토지수용위원회의 재결에 의하여 존속이 인정된 권리가 있는 때에는 소유권이전등기신청서에 이를 기재하여야 한다.

  (3) 신청서에는 일반적인 첨부서면 외에 등기원인을 증명하는 정보로 재결에 의한 수용일 때에는 토지수용위원회의 **재결서등본**을, 협의성립에 의한 수용일 때에는 토지수용위원회의 **협의성립확인서 또는 협의성립의 공정증서와 그 수리증명서**를 첨부하고, 보상을 증명하는 서면으로 **보상금수령증 원본**(수령인의 인감증명은 첨부할 필요 없음) 또는 공탁서 원본을 첨부하여야 한다. 그러나 등기의무자의 **등기필정보**를 제공할 필요는 **없다**.

나. 대위등기신청

  가항의 소유권이전등기를 신청함에 있어 필요한 때에는 사업시행자는 등기명의인 또는 상속인에 갈음하여 토지의 표시 또는 등기명의인의 표시변경이나 경정, 상속으로 인한 소유권이전등기를 「부동산등기법」 제28조에 의하여 **대위신청**할 수 있다. 이 경우 **대위원인**은 "○년 ○월 ○일 **토지수용으로 인한 소유권이전등기청구권**"으로 기재하고, **대위원인을 증명하는 정보로 재결서등본 등**을 첨부한다. 다만 소유권이전등기신청과 동시에 대위신청하는 경우에는 이를 원용하면 된다.

다. 소유권이전등기신청의 심사

  (1) 토지수용으로 인한 소유권이전등기신청서에 **협의서만 첨부한 경우**에는 협의성립확인서를 첨부하도록 보정을 명하고, 이를 제출하지 않는 경우에는 등기신청을 수리하여서는 아니 된다.

  (2) **사업인정고시 후 재결 전에 소유권의 변동**(🔁 특정승계)이 있었음에도 사업인정 당시의 소유자를 피수용자로 하여 재결하고 그에게 보상금을 지급(공탁)한 후 소유권이전등기를 신청한 경우에는 등기신청을 수리하여서는 아니 된다. 다만, 등기기록상 소유자가 **사망**(🔁 포괄승계)하였음을 간과하고 재결한 후 상속인에게 보상금을 지급(공탁)한 경우에는 등기신청을 수리한다.

  (3) 상속인 또는 피상속인을 피수용자로 하여 재결하고 상속인에게 보상금을 지급(공탁)하였으나 피상속인의 소유명의로 등기가 되어 있는 경우에는 **대위에 의한 상속등기를 먼저 한 후** 소유권이전등기를 신청하여야 하므로 상속등기를 하지 아니한 채 소유권이전등기신청을 한 경우에는 이를 수리하여서는 아니 된다.

라. 토지수용으로 인한 말소등기 등

  (1) 토지수용으로 인한 소유권이전등기를 하는 경우에는 다음의 등기는 등기관이 이를 **직권으로 말소**하여야 한다.

① 수용의 개시일 이후에 경료된 소유권이전등기. 다만, 수용의 개시일 이전의 상속을 원인으로 한 소유권이전등기는 그러하지 아니하다(직권말소×).
② 소유권 이외의 권리 즉 지상권, 지역권, 전세권, 저당권, 권리질권 및 임차권(❇️ 우선변제권 있는 임차권도 포함)에 관한 등기. 다만 그 부동산을 위하여 존재하는 지역권의 등기(요역지지역권)와 토지수용위원회의 재결에 의하여 인정된 권리는 그러하지 아니하다.
③ 가등기, 가압류, 가처분, 압류 및 예고등기
(2) 등기관이 위 (1)에 의하여 등기를 말소한 때에는 「부동산등기사무의 양식에 관한 예규」 별지 제32호 양식의 말소통지서에 의하여 등기권리자에게 등기를 말소한 취지를 통지하여야 한다. 말소한 등기가 채권자대위에 의한 것인 경우에는 채권자에게도 통지하여야 한다.

마. 재결의 실효를 원인으로 한 소유권이전등기의 말소신청 등

토지수용의 재결의 실효를 원인으로 하는 토지수용으로 인한 소유권이전등기의 말소의 신청은 등기의무자와 등기권리자가 공동으로 신청하여야 하며, 이에 의하여 토지수용으로 인한 소유권이전등기를 말소한 때에는 등기관은 토지수용으로 말소한 등기를 직권으로 회복하여야 한다.

01 공익사업을 위한 토지 등의 취득 및 보상에 관한 법률에 따른 등기절차에 관한 다음 설명 중 가장 옳지 않은 것은?
▶ 2023년 등기서기보

① 사업인정 고시 후 재결 전에 소유권의 변동이 있었음에도 불구하고 사업인정 당시의 소유자를 피수용자로 하여 수용재결이 이루어진 때에는 재결경정절차를 밟아 변동 후의 소유자에게 보상하고 소유권이전등기를 신청하여야 한다.
② 수용재결 후 수용의 개시일 전에 소유권이 변동된 경우 사업시행자가 재결 당시의 소유자에게 보상금을 지급하였더라도 재결경정절차를 밟은 후 소유권이전등기를 신청하여야 한다.
③ 수용재결이 있은 후 사업시행자가 변경되어 새로운 사업시행자가 수용의 개시일까지 보상금을 공탁소에 공탁하거나 소유자에게 직접 지급하였다면 그 사업시행자는 재결서의 경정 없이 수용을 원인으로 한 소유권이전등기를 단독으로 신청할 수 있다.
④ 토지수용의 재결의 실효를 원인으로 하는 토지수용으로 인한 소유권이전등기의 말소의 신청은 등기의무자와 등기권리자가 공동으로 신청하여야 하며, 이에 의하여 토지수용으로 인한 소유권이전등기를 말소한 때에는 등기관은 토지수용으로 말소한 등기를 직권으로 회복하여야 한다.

해설 ② 1. 재결 후 수용의 개시일 전에 소유권이 변경된 경우(甲 → 乙)에는 사업시행자는 보상금의 지급 또는 공탁을 조건부로 하여 수용의 개시일에 권리를 취득하지만 재결이 있게 되면 그로써 수용의 절차는 형식적으로 종결되므로 재결 당시의 등기기록상 소유자(甲)를 재결서에 기재할 수밖에 없을 것이고, 따라서 재결서상의 피수용자(甲)에게 공탁을 한 후 그 공탁서와 재결서를 첨부하여 등기를 촉탁할 수 있다고 하여야 할 것이다.
2. 예컨대 등기기록상 토지소유자인 甲을 피수용자로 하는 수용재결을 하고 甲에게 보상금을 지급(공탁)하였으나 수용의 개시일 전에 甲에서 乙로의 소유권이전등기가 경료된 경우에는

사업시행자는 재결서를 경정할 필요 없이 乙을 등기의무자로 하고 위 재결서의 등본(甲)과 甲에게 보상금을 지급하였음을 증명하는 서면(보상금지급증명서 또는 공탁서원본)을 첨부하여 토지수용을 원인으로 하는 소유권이전등기를 **촉탁할 수 있는 것**이다(선례 5-343, 5-151).

① 1. 사업인정고시 후 **재결 전에 매매 등 특정승계로 인한 소유권의 변동**(甲 → 乙)이 있었음에도 사업인정 당시의 소유자(甲)를 피수용자로 하여 재결하고 그(甲)에게 보상금을 지급(공탁)한 후 소유권이전등기를 신청한 경우에는 등기신청을 수리하여서는 아니 된다.

② 2. 이 경우 재결 당시의 소유자로 재결서상의 피수용자 명의를 **경정재결**(甲 → 乙)을 하고 **경정재결된 재결서상의 피수용자**(乙)에게 보상금을 지급(공탁)한 후 **소유권이전등기를 신청하여야** 한다(선례 2-336, 4-401).

③ 토지수용위원회의 수용재결이 있은 **후 사업시행자가 변경**되어 새로운 사업시행자가 수용의 개시일까지 보상금을 공탁소에 공탁하거나 소유자에게 직접 지급하였다면 그 사업시행자는 일반적인 첨부정보 외에 **재결서 등본, 보상금을 지급하였음을 증명하는 정보 및 사업시행자의 변경을 증명하는 정보**를 첨부정보로서 제공하여 수용을 원인으로 한 소유권이전등기를 단독으로 신청할 수 있다. 수용재결 후 사업시행자의 변경은 재결의 경정사유에 해당하지 않으므로 **경정된 재결서 등본을 첨부정보로 제공할 필요는 없다**(선례 제201803-7호).

④ 토지수용의 **재결의 실효**를 원인으로 하는 토지수용으로 인한 **소유권이전등기의 말소의 신청**은 등기의무자와 등기권리자가 **공동으로 신청**하여야 하며, 이에 의하여 **토지수용으로 인한 소유권이전등기를 말소한 때에는 등기관은 토지수용으로 말소한 등기를 직권으로 회복**하여야 한다(예규 제1388호, 3-마).

---

02 공익사업을 위한 토지 등의 취득 및 보상에 관한 법률에 따른 등기절차에 관한 다음 설명 중 가장 옳지 않은 것은? ▶ 2021년 법무사

① 사업인정고시 전에 등기기록상 소유명의인과 협의가 성립된 경우에는 사업시행자 명의로 소유권이전등기를 하는데, 그 등기신청서에는 공공용지의 취득협의서와 등기의무자의 인감증명서를 제공하여야 한다.

② 사업인정고시 전에 미등기토지의 대장상 최초의 소유명의인과 협의가 성립된 경우에는 먼저 그 대장상 소유명의인 앞으로 소유권보존등기를 한 후 사업시행자 명의로 이전등기를 하여야 한다.

③ 사업인정고시 후 협의가 성립된 경우에는 토지수용위원회의 협의성립확인서와 보상금 수령증 원본을 첨부하여 사업시행자가 단독으로 소유권이전등기를 신청할 수 있는데, 그 등기신청서에 수령인의 인감증명은 첨부할 필요가 없다.

④ 피상속인의 소유명의로 등기가 되어 있는 부동산에 대하여 상속인 또는 피상속인을 피수용자로 하여 재결을 하고 상속인에게 보상금을 지급하였다면 피상속인 명의에서 사업시행자 명의로 바로 소유권이전등기를 신청할 수 있다.

정답 ○— 01 ② 02 ④

⑤ 토지수용 재결의 실효를 원인으로 토지수용으로 인한 소유권이전등기의 말소등기의 신청은 등기의무자와 등기권리자가 공동으로 하여야 하며, 토지수용으로 인한 소유권이전등기를 말소한 때에는 등기관은 토지수용으로 말소한 등기를 직권으로 회복하여야 한다.

> **해설** ④ 토지보상법상의 기업자가 토지를 수용함에 있어 상속인 또는 피상속인을 피수용자로 하여 재결하고 보상금을 공탁하였으나 등기부상 피상속인이 소유명의인으로 되어 있는 경우에는 **대위에 의한 상속등기를 먼저 한 후** 토지수용으로 인한 소유권이전등기를 신청하여야 하며, 이 경우에는 상속인들이 직접 신청하는 경우와 동일하게 등록세를 납부하고 국민주택채권을 매입하여야 한다(선례 제6-261호).

① 예규 제1388호, 2-나, 다
② 예규 제1388호, 2-가
③ 예규 제1388호, 3-가-(3)
⑤ 예규 제1388호, 3-마

03 수용으로 인한 소유권이전등기에 관한 다음 설명 중 가장 옳은 것은? ▶ 2019년 법무사

① 토지수용으로 인한 소유권이전등기를 신청할 때에 등기원인은 "토지수용"으로, 원인일자는 "재결일"로 한다.
② 토지수용위원회의 수용재결이 있은 후 사업시행자가 변경되어 새로운 사업시행자가 수용의 개시일까지 보상금을 공탁소에 공탁하거나 소유자에게 직접 지급하였다면 그 사업시행자는 일반적인 첨부정보 외에 새로운 사업시행자로 경정된 재결서 등본 및 보상금을 지급하였음을 증명하는 정보를 첨부정보로서 제공하여 수용을 원인으로 한 소유권이전등기를 단독으로 신청할 수 있다.
③ 재결 전에 등기기록상 소유자가 사망한 경우라도 상속인을 피수용자로 하여 재결하고 상속인에게 보상금을 지급(공탁)하였다면 상속등기를 하지 아니한 채 수용을 원인으로 소유권이전등기를 신청할 수 있다.
④ 수용으로 인한 소유권이전등기를 할 때에 수용의 개시일 이후에 마쳐진 소유권이전등기는 모두 예외 없이 등기관이 직권으로 말소하여야 한다.
⑤ 토지수용을 원인으로 한 소유권이전등기를 마친 부동산에 대하여 사업의 시행에 불필요한 토지임을 이유로 사업시행계획이 변경되었다고 하더라도, 위 토지수용의 재결이 실효되지 않는 한 그 소유권이전등기의 말소등기를 신청할 수 없다.

> **해설** ⑤ 「공익사업을 위한 토지 등의 취득 및 보상에 관한 법률」에 따라 토지수용을 원인으로 한 소유권이전등기를 마친 부동산에 대하여 사업의 시행에 불필요한 토지임을 이유로 사업시행계획이 변경되었다고 하더라도, 위 토지수용의 재결이 실효되지 않는 한 그 소유권이전등기의 말소등기를 신청할 수 없다(선례 제200505-1호).
>
> ① 등기원인은 "토지수용"으로, 원인일자는 "수용의 개시일"을 각 기재한다(예규 제1388호, 3-가-(2)).

② 토지수용위원회의 수용재결이 있은 후 **사업시행자가 변경**되어 새로운 사업시행자가 수용의 개시일까지 보상금을 공탁소에 공탁하거나 소유자에게 직접 지급하였다면 그 사업시행자는 일반적인 첨부정보 외에 **재결서 등본, 보상금을 지급하였음을 증명하는 정보** 및 **사업시행자의 변경을 증명하는 정보**를 첨부정보로서 제공하여 수용을 원인으로 한 소유권이전등기를 단독으로 신청할 수 있다. 수용재결 후 사업시행자의 변경은 재결의 경정사유에 해당하지 않으므로 **경정된 재결서 등본**을 첨부정보로 제공할 필요는 **없**다(선례 제201803-7호).

③ 상속인 또는 피상속인을 피수용자로 하여 재결하고 상속인에게 보상금을 지급(공탁)하였으나 피상속인의 소유명의로 등기가 되어 있는 경우에는 **대위**에 의한 **상속등기를 먼저 한 후** 소유권이전등기를 신청하여야 하므로 상속등기를 하지 아니한 채 소유권이전등기신청을 한 경우에는 이를 수리하여서는 아니 된다(예규 제1388호, 3-다-(3)).

④ **수용의 개시일** 이후에 경료된 소유권이전등기는 등기관이 이를 **직권**으로 **말소**하여야 한다. 다만, **수용의 개시일** 이전의 상속을 원인으로 한 소유권이전등기는 그러하지 아니하다(예규 제1388호, 3-라-(1))(**직권말소×**).

04 공익사업을 위한 토지 등의 취득으로 인한 소유권이전등기에 관한 다음 설명 중 가장 옳지 않은 것은?

▶ 2019년 법원사무관

① 등기기록상 소유자가 사망한 사실을 간과하고 사망자를 피수용자로 해서 재결한 후에 상속인에게 보상금을 지급한 경우에는 피상속인의 소유명의에서 직접 사업시행자 명의로의 소유권이전등기를 신청할 수 있다.

② 등기기록상 소유명의인인 甲을 피수용자로 하여 수용재결을 한 후 피수용자인 甲에게 보상금을 지급하였으나 수용의 개시일 전에 甲에서 乙로 소유권이전등기가 마쳐진 경우에는 乙을 등기의무자로 표시하여 재결서등본 및 甲에게 보상금을 지급하였음을 증명하는 서면을 제공하여 이전등기를 신청할 수 있다.

③ 수용으로 인한 소유권이전등기를 신청하는 경우에는 보상금지급을 증명하는 정보로 보상금수령증 원본이나 공탁서원본 등을 제공하여야 하는데, 이때에 수령인의 인감증명은 제출할 필요가 없다.

④ 토지수용 재결이 실효되었을 때에는 토지수용으로 인한 소유권이전등기는 등기권리자와 등기의무자의 공동신청으로 말소하여야 하며, 이를 말소한 때에는 등기관이 토지수용으로 말소한 등기를 직권으로 회복하여야 한다.

해설 ① 상속인 또는 피상속인을 피수용자로 하여 재결하고 상속인에게 보상금을 지급(공탁)하였으나 피상속인의 소유명의로 등기가 되어 있는 경우에는 **대위**에 의한 **상속등기를 먼저 한 후** 소유권이전등기를 신청하여야 하므로 상속등기를 하지 아니한 채 소유권이전등기신청을 한 경우에는 이를 수리하여서는 아니 된다(예규 제1388호, 3-다-(3)).

정답 ➤ **03 ⑤ 04 ①**

② 원칙적으로 수용으로 인한 등기가 보존등기의 형식이 아니라 이전등기의 형식을 취하는 현행 제도하에서는 등기원인증서(재결서), 등기기록상의 등기의무자(수용의 개시일 당시 소유명의인) 및 신청서상의 등기의무자가 일치하여야 할 것이며, 종전 소유자를 상대로 한 등기원인증서(재결서)를 첨부하여서는 그 이전등기를 촉탁할 수 없다. 그러나 **재결 후** 수용의 개시일 전에 소유권이 변경된 경우에는 사업시행자는 보상금의 지급 또는 공탁을 조건부로 하여 수용의 개시일에 권리를 취득하지만 재결이 있게 되면 그로써 **수용의 절차는 형식적으로 종결**되므로 **재결 당시의 등기기록상 소유자를 재결서에 기재할 수밖에 없을 것**이고, 따라서 재결상의 피수용자에게 공탁을 한 후 그 **공탁서와 재결서를 첨부**하여 등기를 촉탁할 수 있다고 하여야 할 것이다. 다만 이 경우에도 신청서상의 등기의무자는 수용의 개시일 당시의 등기기록상의 등기명의인(재결서상의 피수용자의 승계인)을 표시할 수밖에 없다고 할 것이며 따라서 등기원인증서상의 명의인(피수용자)과는 부합되지 않게 되나 이는 어쩔 수 없는 것으로서 법 제29조 8호의 각하사유에 해당하지는 않는다고 해야 한다(「부동산등기실무Ⅱ」 p.315).
③ 예규 제1388호, 3-가-(3)
④ 예규 제1388호, 3-마

05 수용으로 인한 등기에 관한 다음 설명 중 가장 옳지 않은 것은? ▸ 2019년 등기서기보

① 수용으로 인한 토지소유권이전등기를 신청할 때에 등기원인은 "토지수용"으로, 등기원인일자는 "수용의 개시일"로 하여야 한다.
② 토지수용위원회의 수용재결이 있은 후 사업시행자가 변경되어 새로운 사업시행자가 수용의 개시일까지 보상금을 공탁소에 공탁하거나 소유자에게 직접 지급하였다면 그 사업시행자는 수용을 원인으로 한 소유권이전등기를 단독으로 신청할 수 있는바, 수용재결 후 사업시행자의 변경은 재결의 경정사유에 해당하므로 경정된 재결서 등본을 첨부정보로서 제공하여야 한다.
③ 토지수용을 원인으로 한 소유권이전등기를 마친 부동산에 대하여 사업의 시행에 불필요한 토지임을 이유로 사업시행계획이 변경되었더라도 위 토지수용의 재결이 실효되지 않는 한 그 소유권이전등기의 말소등기를 신청할 수 없다.
④ 수용으로 인한 소유권이전등기를 할 때에 수용의 개시일 이전의 상속을 원인으로 하여 마쳐진 소유권이전등기는 등기관이 직권으로 말소하지 않는다.

해설 ② 토지수용위원회의 **수용재결**이 있은 **후 사업시행자가 변경**되어 새로운 사업시행자가 수용의 개시일까지 보상금을 공탁소에 공탁하거나 소유자에게 직접 지급하였다면 그 사업시행자는 일반적인 첨부정보 외에 **재결서 등본, 보상금을 지급하였음을 증명하는 정보** 및 **사업시행자의 변경을 증명하는 정보**를 첨부정보로서 제공하여 수용을 원인으로 한 소유권이전등기를 단독으로 신청할 수 있다. 수용재결 후 사업시행자의 변경은 재결의 경정사유에 해당하지 않으므로 경정된 재결서 등본을 첨부정보로 제공할 필요는 없다(선례 제201803-7호).

① 예규 제1388호, 3-가-(2)
③ 「공익사업을 위한 토지 등의 취득 및 보상에 관한 법률」에 따라 토지수용을 원인으로 한 소유권이전등기를 마친 부동산에 대하여 사업의 시행에 불필요한 토지임을 이유로 **사업시행계**

획이 변경되었다고 하더라도, 위 토지수용의 재결이 실효되지 않는 한 그 소유권이전등기의 말소등기를 신청할 수 없다(선례 제200505-1호).

④ 예규 제1388호, 3-라-(1)-①

06 수용으로 인한 등기에 관한 다음 설명 중 가장 옳지 않은 것은? ▶ 2018년 등기주사보

① 토지수용위원회의 수용재결이 있은 후 사업시행자가 변경되어 새로운 사업시행자가 수용의 개시일까지 보상금을 공탁소에 공탁하거나 소유자에게 직접 지급하였다면 그 사업시행자는 수용을 원인으로 한 소유권이전등기를 단독으로 신청할 수 있다.

② 재단법인 소유명의 부동산에 관하여 수용으로 인한 소유권이전등기를 촉탁할 때에는 주무관청의 허가를 증명하는 정보를 첨부정보로서 제공할 필요가 없다.

③ 토지수용을 원인으로 한 소유권이전등기를 마친 부동산에 대하여 사업의 시행에 불필요한 토지임을 이유로 사업시행계획이 변경되었다면, 위 토지수용의 재결이 실효되지 않았더라도 그 소유권이전등기의 말소등기를 신청할 수 있다.

④ 수용으로 인한 소유권이전등기를 할 때에 수용의 개시일 이전의 상속을 원인으로 하여 마쳐진 소유권이전등기는 등기관이 직권으로 말소하지 않는다.

해설 ③ 「공익사업을 위한 토지 등의 취득 및 보상에 관한 법률」에 따라 **토지수용을 원인으로 한 소유권이전등기를 마친 부동산에 대하여 사업의 시행에 불필요한 토지임을 이유로 사업시행계획이 변경**되었다고 하더라도, 위 토지수용의 재결이 실효되지 않는 한 그 소유권이전등기의 **말소등기를 신청할 수 없다**(선례 제200505-1호).

① **토지수용위원회의 수용재결이 있은 후 사업시행자가 변경**되어 **새로운 사업시행자가 수용의** 개시일까지 보상금을 공탁소에 공탁하거나 소유자에게 직접 지급하였다면 그 사업시행자는 일반적인 첨부정보 외에 **재결서 등본, 보상금을 지급하였음을 증명하는 정보** 및 **사업시행자의 변경을 증명하는 정보**를 첨부정보로서 제공하여 수용을 원인으로 한 소유권이전등기를 단독으로 신청할 수 있다. 수용재결 후 사업시행자의 변경은 재결의 경정사유에 해당하지 않으므로 **경정된 재결서 등본**을 첨부정보로 제공할 필요는 **없다**(선례 제201803-7호).

② 재단법인 소유 명의의 부동산에 관하여 **수용**으로 인한 소유권이전등기를 촉탁하는 경우에는 그 등기촉탁서에 **주무관청의 허가**를 증명하는 서면을 첨부할 필요가 **없다**. 보상을 증명하는 서면으로서 피수용자의 보상금계좌입금청구서와 사업시행자의 계좌입금증을 등기촉탁서에 함께 첨부한 경우에는 별도의 보상금수령증원본을 첨부할 필요가 없다(선례 제7-57호).

④ 예규 제1388호, 3-라-(1)-①

07 甲소유 명의의 토지에 공익사업을 위한 토지 등의 취득 및 보상에 관한 법률에 따른 수용절차가 진행 중이다. 다음 설명 중 가장 옳지 않은 것은? ▸ 2017년 등기서기보

① 사업인정고시 후 재결 전에 甲이 사망하였으나 상속등기가 경료되지 않은 경우에는 사업시행자는 대위에 의한 상속등기를 먼저 거친 후 소유권이전등기를 신청하여야 한다.

② 甲소유의 토지가 농지인 경우에도 사업시행자가 수용으로 인한 등기신청 시 농지취득자격증명을 첨부할 필요가 없다.

③ 수용재결로 소유권이전등기를 할 때 수용 개시일 이전에 甲이 사망하여 그 상속을 원인으로 한 소유권이전등기가 이루어져 있다면 그 등기는 등기관이 직권으로 말소할 등기가 아니다.

④ 수용재결로 소유권이전등기가 된 후 그 재결이 실효된 경우에는 사업시행자가 단독으로 그 소유권이전등기의 말소등기를 신청하여야 한다.

> **해설** ④ <u>토지수용의 재결의 실효</u>를 원인으로 하는 <u>토지수용으로 인한 소유권이전등기의 말소의 신청</u>은 등기의무자와 등기권리자가 <u>공동</u>으로 <u>신청</u>하여야 하며, 이에 의하여 <u>토지수용으로 인한 소유권이전등기를 말소</u>한 때에는 등기관은 토지수용으로 <u>말소한 등기</u>를 <u>직권</u>으로 <u>회복</u>하여야 한다(예규 제1388호, 3-마).
>
> ① 예규 제1388호, 3-다-(3)
> ② 「공익사업을 위한 토지 등의 취득 및 보상에 관한 법률」에 의한 **수용 및 협의취득**을 원인으로 하여 소유권이전등기를 신청하는 경우 및 「징발재산정리에 관한 특별조치법」 제20조, 「공익사업을 위한 토지 등의 취득 및 보상에 관한 법률」 제91조의 규정에 의한 환매권자가 환매권에 기하여 농지를 취득하여 소유권이전등기를 신청하는 경우에는 농지취득자격증명을 첨부할 필요가 없다(예규 제1635호, 3-다).
> ③ 예규 제1388호, 3-라-(1)-①

08 공익사업을 위한 토지 등의 취득 및 보상에 관한 법률에 의한 등기와 관련된 다음 설명 중 가장 옳지 않은 것은? ▸ 2015년 법무사

① 토지수용을 원인으로 한 소유권이전등기신청은 사업시행자인 등기권리자가 단독으로 이를 신청할 수 있다. 다만 관공서가 사업시행자인 경우에는 그 관공서가 소유권이전등기를 촉탁하여야 한다.

② 상속인 또는 피상속인을 피수용자로 하여 재결하고 상속인에게 보상금을 지급(공탁)하였으나 피상속인의 소유명의로 등기가 되어 있는 경우에는 상속등기를 하지 않고도 수용을 원인으로 하는 소유권이전등기를 할 수 있다.

③ 등기권리자는 수용으로 인한 소유권이전등기의 신청을 하는 경우에 등기명의인이나 상속인, 그 밖의 포괄승계인을 갈음하여 부동산의 표시 또는 등기명의인의 표시의 변경, 경정 또는 상속, 그 밖의 포괄승계로 인한 소유권이전의 등기를 신청할 수 있다.

④ 토지수용의 재결의 실효를 원인으로 하는 토지수용으로 인한 소유권이전등기의 말소의 신청은 등기의무자와 등기권리자가 공동으로 신청하여야 한다.

⑤ 토지수용으로 인한 소유권이전등기신청서에 협의서만 첨부한 경우에는 협의성립확인서를 첨부하도록 보정을 명하고, 이를 제출하지 않는 경우에는 등기신청을 수리하여서는 아니 된다.

> **해설** ② 상속인 또는 피상속인을 피수용자로 하여 재결하고 상속인에게 보상금을 지급(공탁)하였으나 피상속인의 소유명으로 등기가 되어 있는 경우에는 **대위**에 의한 **상속등기를 먼저 한 후** 소유권이전등기를 신청하여야 하므로 상속등기를 하지 아니한 채 소유권이전등기신청을 한 경우에는 이를 수리하여서는 아니 된다(예규 제1388호, 3-다-(3)).
>
> ① 예규 제1388호, 3-가-(1)
> ③ 예규 제1388호, 3-나
> ④ 예규 제1388호, 3-마
> ⑤ 예규 제1388호, 3-다-(1)

09 **토지 수용을 원인으로 한 소유권이전등기에 관한 다음 기술 중 가장 옳은 것은?**

▶ 2013년 법무사

① 수용대상 토지가 재단법인 소유인 경우 주무관청의 허가를 증명하는 서면을 첨부하여야 한다.

② 수용절차의 진행 중에 토지 소유자와 협의가 성립된 경우에는 등기원인증서로서 '공공용지의 취득협의서'를 소유권이전등기신청서에 첨부한다.

③ 등기원인은 "토지수용"으로, 원인일자는 "재결 또는 협의의 성립일"을 각 기재한다.

④ 수용의 개시일 이전의 상속을 원인으로 한 소유권이전등기가 수용의 개시일 이후에 마쳐진 경우 그 등기는 직권말소의 대상이 아니다.

⑤ 수용재결이 실효된 경우 피수용자는 토지수용으로 인한 소유권이전등기의 말소등기를 단독으로 신청할 수 있다.

> **해설** ④ **수용의 개시일 이후**에 경료된 소유권이전등기는 등기관이 이를 **직권**으로 **말소**하여야 한다. 다만, **수용의 개시일 이전의 상속**을 원인으로 한 소유권이전등기는 그러하지 아니하다(예규 제1388호, 3-라-(1))(**직권말소×**).
>
> ① 재단법인 소유 명의의 부동산에 관하여 **수용**으로 인한 소유권이전등기를 촉탁하는 경우에는 그 등기촉탁서에 **주무관청의 허가를** 증명하는 서면을 첨부할 필요가 없다. 보상을 증명하는 서면으로서 피수용자의 보상금계좌입금청구서와 사업시행자의 계좌입금증을 등기촉탁서에 함께 첨부한 경우에는 별도의 보상금수령증원본을 첨부할 필요가 없다(선례 제7-57호).

정답 ○— 07 ④   08 ②   09 ④

② 수용절차의 진행 중에 토지 소유자와 협의가 성립된 경우 등기원인을 증명하는 정보로 재결에 의한 수용일 때에는 토지수용위원회의 **재결서등본**을, 협의성립에 의한 수용일 때에는 토지수용위원회의 **협의성립확인서** 또는 **협의성립의 공정증서와 그 수리증명서**를 첨부하고, 보상을 증명하는 서면으로 **보상금수령증 원본**(수령인의 인감증명은 첨부할 필요 없음) 또는 **공탁서 원본**을 첨부하여야 한다. 그러나 등기의무자의 **등기필정보**를 제공할 필요는 **없**다(예규 제1388호, 3-가-(3)).

③ 등기원인은 "**토지수용**"으로, 원인일자는 "**수용의 개시일**"을 각 기재한다(예규 제1388호, 3-가-(2)).

⑤ 상속인 또는 피상속인을 피수용자로 하여 재결하고 상속인에게 보상금을 지급(공탁)하였으나 피상속인의 소유명의로 등기가 되어 있는 경우에는 **대위**에 의한 **상속등기를 먼저 한 후** 소유권이전등기를 신청하여야 하므로 상속등기를 하지 아니한 채 소유권이전등기신청을 한 경우에는 이를 수리하여서는 아니 된다(예규 제1388호, 3-다-(3)).

10 「공익사업을 위한 토지 등의 취득 및 보상에 관한 법률」(이하 "공익사업법"이라 함)에 따른 등기절차에 관한 다음 설명 중 옳지 않은 것은?　　　　　▶ 2012년 법무사

① 공익사업법에 의하여 미등기토지의 대장상 소유명의인과 협의가 성립된 경우에는 그 대장상 소유명의인 앞으로 소유권보존등기를 한 후 사업시행자 명의로 소유권이전등기를 한다.

② 토지수용을 원인으로 한 소유권이전등기신청은 사업시행자인 등기권리자가 단독으로 할 수 있으며 사업시행자가 관공서인 경우에는 그 관공서가 소유권이전등기를 촉탁하여야 한다.

③ 토지수용을 원인으로 한 소유권이전등기를 할 때 등기원인일자는 재결일자로 기록한다.

④ 사업인정고시 후 재결 전에 매매를 원인으로 한 소유권의 변동이 있었음에도 사업인정 당시의 소유자를 피수용자로 하여 재결하고 사업시행자가 그에게 보상금을 지급한 후 소유권이전등기를 신청한 경우 등기관은 그 신청을 각하하여야 한다.

⑤ 토지수용의 재결의 실효를 원인으로 하는 토지수용으로 인한 소유권이전등기의 말소의 신청은 등기의무자와 등기권리자가 공동으로 신청하여야 한다.

해설 ③ 등기원인은 "**토지수용**"으로, 원인일자는 "**수용의 개시일**"을 각 기재한다(예규 제1388호, 3-가-(2)).

① 예규 제1388호, 2-가
② 예규 제1388호, 3-가-(1)
④ 예규 제1388호, 3-다-(2)
⑤ 예규 제1388호, 3-마

11 다음 중 토지수용으로 인한 소유권이전등기를 할 때 등기관이 직권으로 말소할 등기가 아닌 것은?
▶ 2017년 등기주사보

① 수용개시일 이전의 상속을 원인으로 한 수용개시일 이후에 마쳐진 소유권이전등기
② 우선변제권이 있는 임차권등기
③ 예고등기
④ 소유권이전청구권보전을 위한 가등기

해설 ① **수용의 개시일 이후에 경료된 소유권이전등기, 소유권 이외의 권리, 가등기, 가압류, 가처분, 압류 및 예고등기** 등은 직권으로 말소한다. 그러나 **수용의 개시일 이전의 상속을 원인으로 한 소유권이전등기는 직권말소하지 않는다.**

정답 ❶ 10 ③ 11 ①

04 부동산소유권 이전등기 등에 관한 특별조치법

관련 조문

부동산소유권 이전등기 등에 관한 특별조치법

제1조(목적)

이 법은 「부동산등기법」에 따라 등기하여야 할 부동산으로서 이 법 시행 당시 소유권보존등기가 되어 있지 아니하거나 등기부의 기재가 실제 권리관계와 일치하지 아니하는 부동산을 용이한 절차에 따라 등기할 수 있게 함을 목적으로 한다.

제2조(정의)

이 법에서 사용하는 용어의 뜻은 다음과 같다.

1. "부동산"이란 이 법 시행일 현재 토지대장 또는 임야대장에 등록되어 있는 토지 및 건축물대장에 기재되어 있는 건물을 말한다.
2. "대장"이란 「공간정보의 구축 및 관리 등에 관한 법률」에 따른 토지대장·임야대장 또는 「건축법」에 따른 건축물대장을 말한다.
3. "소유자미복구부동산"이란 대장에 소유명의인이 등록되어 있지 아니한 부동산을 말한다.
4. "대장소관청"이란 「공간정보의 구축 및 관리 등에 관한 법률」 및 「건축법」에 따라 대장을 관리하는 특별자치시장·특별자치도지사·시장·군수·구청장(자치구의 구청장을 말한다. 이하 같다)을 말한다.

제4조(적용범위)

① 이 법은 부동산으로서 1995년 6월 30일 이전에 매매·증여·교환 등 법률행위로 인하여 사실상 양도된 부동산, 상속받은 부동산과 소유권보존등기가 되어 있지 아니한 부동산에 대하여 이를 적용한다.

② 제1항에도 불구하고 소유권의 귀속에 관하여 소송이 계속 중인 부동산에 관하여는 이 법을 적용하지 아니한다.

제8조(소유권 이전절차)

① 이 법에 따른 소유권이전등기는 「부동산등기법」 제23조 제1항에도 불구하고 확인서를 발급받은 사실상의 양수인 또는 그 대리인이 단독으로 신청할 수 있다.

② 제1항의 등기를 신청하는 경우에는 확인서로 등기원인을 증명하는 「부동산등기법」 제24조 제2항의 첨부정보를 갈음한다.

③ 제1항의 등기를 신청하는 경우에는 대장등본을 제출하여야 한다.

제11조(확인서의 발급)

① 미등기부동산을 사실상 양수한 사람과 이미 등기되어 있는 부동산을 그 부동산의 등기명의인 또는 상속인으로부터 사실상 양수한 사람, 부동산의 상속을 받은 사람 및 소유자미복구부동산의 사실상의 소유자는 이 법에 따른 등기를 신청하기 위하여 대장소관청으로부터 확인서를 발급받아야 한다.

② 확인서를 발급받으려는 사람은 시·구·읍·면장이 다음 각 호의 어느 하나에 해당하는 사람 중에서 위촉하는 5명 이상의 보증인의 보증서를 첨부하여 대장소관청에 서면으로 신청을 하여야 한다. 다만, 보증인에는 제2호에 해당하는 사람이 1명 이상 포함되어야 한다.

1. 해당 부동산 소재지 동·리에 대통령령으로 정하는 기간 이상 거주하고 있는 사람
2. 변호사·법무사의 자격이 있는 사람

③ 제2항 제2호에 따른 **보증인**은 다른 보증인과 제1항에 따라 확인서를 발급받으려는 사람을 직접 대면하여 그 보증 내용이 사실인지 여부를 확인한 후 보증서를 작성하여야 한다.

④ 제2항 제2호에 따른 보증인은 제1항에 따라 확인서를 발급받으려는 사람으로부터 법무부령으로 정하는 바에 따라 보수를 받을 수 있다.

⑤ 이하 생략

🖋 관련 예규

부동산소유권 이전등기 등에 관한 특별조치법 시행에 따른 등기업무처리지침(예규 제1695호)

1. 목적

이 예규는 「부동산소유권 이전등기 등에 관한 특별조치법」(법률 제16913호, 이하 '법'이라 한다)에 따른 등기신청 등과 관련한 절차를 규정함을 목적으로 한다.

2. 적용 범위 및 적용 지역

가. 적용 범위

1995년 6월 30일 이전에 매매·증여·교환·공유물분할 등 법률행위로 인하여 **사실상 양도받은 부동산 및 상속**(사망일자 기준 위 날짜 이후에 협의분할이 이루어진 경우 적용 가능)받은 부동산과 소유권보존등기가 되어 있지 아니한 부동산에 대하여 법에 따른 등기신청이 가능하다. 다만, 명의신탁 해지의 경우에는 그러하지 아니하다.

나. 적용 지역 및 대상

등기관은 토지(임야)대장정보나 건축물대장정보 등 첨부정보에 의하여 법 제5조의 적용 지역 및 대상인지를 확인하여야 한다. 다만, 「부동산소유권 이전등기 등에 관한 특별조치법」 제11조에 따라 발급된 확인서가 제공되었거나 그러한 확인서에 의하여 변경등록 또는 복구등록된 사실이 기록된 대장정보가 제공된 경우에는 법 제5조의 요건을 갖춘 것으로 인정하고 법에 따른 등기신청을 수리할 수 있다.

다. 등기신청의 유효기간

법에 따른 등기신청은 2022년 8월 4일까지 하여야 한다. 다만, 그 기간 이내에 확인서 발급을 신청한 사실을 증명한 경우에는 2023년 2월 6일까지 법에 따른 등기신청을 할 수 있다.

라. 소유권의 귀속에 관하여 소송이 계속 중인 부동산

등기관은 법 제4조 제2항에도 불구하고 **소송이 계속 중인 부동산**인지 여부에 대하여는 **조사할 필요 없이** 법에 따른 등기신청을 수리한다.

3. 소유권보존등기

가. 등기의 신청

1) 소유자미복구부동산의 사실상의 소유자는 법 제7조에 따라 복구등록된 사실이 기록된 대장정보를 제공하여 자기 명의로 소유권보존등기를 신청할 수 있다.

2) 미등기부동산을 사실상 양도받았거나 상속받은 사람은 법 제7조에 따라 변경등록된 사실이 기록된 대장정보를 제공하여 자기명의로 소유권보존등기를 신청할 수 있다.

3) 법에 따른 소유권보존등기신청서의 양식은 별지1과 같다.

나. 특정일부 양수의 경우

미등기부동산의 '특정 일부'를 양수한 경우에는 그 부동산을 분할하여 분할된 대장상 소유명의인을 복구등록 또는 변경등록한 후 그 대장정보를 제공하여 분할 후의 부동산에 대하여 소유권보존등기를 신청하여야 한다.

4. 소유권이전등기

가. 등기의 신청
1) 법에 따른 소유권이전등기는 「부동산등기법」 제23조 제1항에도 불구하고 **확인서를 발급받은 사실상의 양수인이 단독**으로 신청할 수 있다.
2) 법에 따른 소유권이전등기신청서의 양식은 별지2와 같다.

나. 첨부정보
1) 「부동산등기규칙」 제46조 제1항 제1호의 등기원인을 증명하는 정보를 갈음하여 **확인서의 원본**을 제공하여야 한다.
2) **등기의무자의 등기필정보 · 등기필증, 주소**를 증명하는 정보 및 **인감증명**은 이를 제공할 필요가 **없다.**
3) 법과 이 예규에 특별규정이 있는 경우를 제외하고는 「부동산등기법」의 일반원칙에 따른다.

다. 등기신청의 심사
1) 등기기록상 소유자의 소유권취득시점보다 확인서상의 원인일자가 앞선 경우에도 등기신청을 수리하여야 한다.
2) 부동산의 등기기록상 또는 대장상 명의인이 '국'인 경우에도 등기신청을 수리하여야 한다.

라. 다른 등기가 마쳐진 경우
1995년 7월 1일 이후에 다른 등기(예를 들어, 근저당권 말소등기, 상속등기, 제3자에 대한 이전등기의 말소등기 등)가 마쳐진 경우에는 법에 따른 등기신청을 수리하여서는 아니 된다. 다만, 등기기록상 소유자 또는 상속인의 신청에 의하지 않고 마쳐진 경우(예를 들어, 압류등기, 가압류등기, 직권경정등기, 환지등기 등)에는 그러하지 아니하다.

5. 소유권의 등기명의인을 갈음한 표시변경등기

가. 등기의 신청
법에 따라 이전등기를 하기 위하여 필요한 경우에는 사실상의 양수인은 소유권의 **등기명의인 또는 그 상속인을 갈음하여 부동산에 관한 표시변경등기를 신청**할 수 있다.

나. 대위원인을 증명하는 정보
위 가.에 따른 등기를 신청할 때에는 대위원인을 증명하는 정보로서 확인서를 제공하여야 한다.

다. 등기의 기록방법
위 가.에 따라 등기를 하는 경우 '법률 제16913호 제10조'를 대위원인으로 기록한다.

6. 기타

가. 취득세 등의 납부와 국민주택채권의 매입
법에 따른 등기를 신청할 때에도 **취득세 또는 등록면허세를** 납부하고 **국민주택채권을** 매입하여야 하며, 그 **기준시점은** 등기신청한 때로 한다.

나. 지목이 농지인 경우
1) 종중이나 법인 등의 농지 소유 가부
법에 따른 등기를 신청하는 경우에도 「농지법」에 특별규정이 없는 한 종중이나 법인 등의 농지소유는 허용되지 아니한다.

농지에 대하여 법에 따른 등기를 신청할 때에도 「농지법」 제8조 제4항에 따른 **농지취득자격증명서**를 첨부정보로서 제공하여야 한다.

다. 과태료 사유의 통지

등기관은 「부동산등기 특별조치법」 제11조에 따른 과태료에 처할 사유가 있음을 발견한 때에는 목적 부동산의 소재지를 관할하는 시장 등에게 이를 통지하여야 한다.

01 「부동산소유권 이전등기 등에 관한 특별조치법」(이하 "특조법"이라 한다)에 따른 등기에 관한 다음 설명 중 가장 옳지 않은 것은? ▸ 2022년 등기서기보

① 특조법에 따른 소유권이전등기는 특조법의 관련 규정에 따라 확인서를 발급받은 사실상의 양수인이 그 확인서의 원본을 제공하여 단독으로 신청할 수 있다.

② 대장상 소유자미복구부동산의 사실상의 소유자는 특조법의 관련 규정에 따라 복구등록된 사실이 기록된 대장정보를 제공하여 자기 명의로 소유권보존등기를 신청할 수 있다.

③ 1995년 6월 30일 이전에 매매, 증여, 교환, 공유물분할, 명의신탁 해지 등 법률행위로 인하여 사실상 양도받은 부동산 및 상속(사망일자 기준. 위 날짜 이후에 협의분할이 이루어진 경우 적용 가능)받은 부동산과 소유권보존등기가 되어 있지 아니한 부동산에 대하여 특조법에 따른 등기신청이 가능하다.

④ 특조법에 따른 소유권이전등기를 신청하는 경우 「농지법」에 특별규정이 없는 한 종중이나 법인 등의 농지소유는 허용되지 아니한다.

해설 ③ 1995년 6월 30일 이전에 매매·증여·교환·공유물분할 등 법률행위로 인하여 **사실상 양도받은 부동산** 및 **상속**(사망일자 기준. 위 날짜 이후에 협의분할이 이루어진 경우 적용 가능)**받은 부동산과 소유권보존등기가 되어 있지 아니한 부동산**에 대하여 법에 따른 등기신청이 가능하다. 다만, **명의신탁 해지**의 경우에는 **그러하지 아니하다**(예규 1695, 2-가).

① 특조법에 따른 **소유권이전등기**는 「부동산등기법」 제23조 제1항에도 불구하고 **확인서를 발급받은 사실상의 양수인**이 단독으로 신청할 수 있다(예규 1695, 4-가).

② **소유자미복구부동산의 사실상의 소유자**는 특조법 제7조에 따라 **복구등록된 사실이 기록된 대장정보**를 제공하여 자기 명의로 소유권보존등기를 신청할 수 있다(예규 1695, 3-가).

④ 특조법에 따른 등기를 신청하는 경우에도 「농지법」에 특별규정이 없는 한 **종중**이나 **법인 등**의 **농지소유는** 허용되지 **아니한다.** 농지에 대하여 특조법에 따른 등기를 신청할 때에도 「농지법」 제8조 제4항에 따른 **농지취득자격증명서를** 첨부정보로서 제공하여야 한다(예규 1695, 6-나).

정답 **01 ③**

CHAPTER 03 권리에 관한 등기(갑구·을구) **643**

02 부동산소유권 이전등기 등에 관한 특별조치법(이 문제에서 "특조법"이라 한다)에 의한 등기에 관한 다음 설명 중 가장 옳지 않은 것은? ▸ 2021년 법무사

① 소유권의 귀속에 관하여 소송이 계속 중인 부동산에 관하여는 특조법이 적용되지 않으므로 등기관은 소송이 계속 중인 부동산인지 여부에 대하여 조사한 후 특조법에 의한 등기신청의 수리 여부를 결정하여야 한다.

② 대장에 소유명의인이 등록되어 있지 아니한 미등기부동산의 사실상의 소유자는 특조법에 따라 복구등록된 사실이 기록된 대장정보를 제공하여 자기 명의로 소유권보존등기를 신청할 수 있다.

③ 특조법에 따른 소유권이전등기는 확인서를 발급받은 사실상의 양수인이 단독으로 신청할 수 있다.

④ 특조법에 따른 소유권이전등기의 경우 등기의무자의 등기필정보·등기필증, 주소를 증명하는 정보 및 인감증명은 이를 제공할 필요가 없다.

⑤ 특조법에 따른 등기를 신청할 때에도 취득세 또는 등록면허세를 납부하고 국민주택채권을 매입하여야 하며, 그 기준시점은 등기신청한 때로 한다.

해설 ① 1) 부동산소유권 이전등기 등에 관한 특별조치법은 부동산으로서 1995년 6월 30일 이전에 매매증여·교환 등 법률행위로 인하여 사실상 양도된 부동산, 상속받은 부동산과 소유권보존등기가 되어 있지 아니한 부동산에 대하여 이를 적용한다. 그러나 **소유권의 귀속**에 관하여 **소송이 계속 중**인 부동산에 관하여는 이 법을 적용하지 아니한다(부동산소유권 이전등기 등에 관한 특별조치법 제4조).

2) 등기관은 법 제4조 제2항에도 불구하고 **소송이 계속 중인 부동산인지 여부**에 대하여는 **조사할 필요 없이** 법에 따른 등기신청을 수리한다(예규 제1695호).

② 예규 제1695호, 3–가–1)
③ 예규 제1695호, 4–가–1)
④ 예규 제1695호, 4–나–2)
⑤ 예규 제1695호, 6–가

정답 ☞ 02 ①

03 공동소유

01 공유

📖 **관련 예규**

공유자의 지분을 이전하는 경우 등기의 목적 및 공유자 지분의 기재방법에 관한 예규[예규 제1313호]

1. 이 예규는 공유자의 지분을 이전하는 경우 등기부(등기신청서에 기재하는 경우에도 같다)에 등기의 목적 및 공유자 지분의 기재방법을 규정함으로써 공유지분을 이전하는 경우 그 이전되는 지분의 내용을 명시함과 아울러 그 기재의 통일을 기함을 목적으로 한다.

2. 등기의 목적의 기재방법

  가. 공유자인 **갑의 지분을 전부 이전**하는 경우 등기의 목적은 "**갑지분 전부이전**"으로 기재한다.

  나. 공유자인 **갑의 지분을 일부 이전**하는 경우

    ① 등기의 목적은 "**갑지분 ○분의 ○ 중 일부(○분의 ○)이전**"으로 기재하되, 이전하는 지분은 **부동산 전체에 대한 지분을 명시하여 괄호 안에 기재**하여야 한다.
    〈예시〉
    갑지분 2분의 1 중 2분의 1을 을이 이전받는 경우
    "갑지분 2분의 1 중 일부(4분의 1)이전"

    ② 다만 이전하는 갑의 지분이 별도로 취득한 지분 중 특정순위로 취득한 지분 전부 또는 일부인 경우, 소유권 이외의 권리가 설정된 지분인 경우, 가등기 또는 가압류 등 처분제한의 등기 등이 된 경우로써 이전되지 않는 지분과 구분하여 이를 특정할 필요가 있을 경우에는 이를 특정하여 괄호 안에 기재하여야 한다.
    〈예시〉
    "갑지분 ○분의 ○ 중 일부(갑구 ○번으로 취득한 지분전부 또는 일부 ○분의 ○, 을구 ○번 ○○ 권 설정된 지분 ○분의 ○, 갑구 ○번으로 가압류된 지분 ○분의 ○ 등)이전"

  다. **같은 순위번호에 성명이 같은 공유자가 있는 경우**
    같은 순위번호에 있는 성명이 같은 공유자들 중 일부 공유자만이 그 지분 전부 또는 일부를 이전하는 경우에는 등기목적에 그 공유자를 특정할 수 있도록 다음 예시와 같이 해당 공유자의 주소를 괄호 안에 기록하여야 한다.
    〈예시〉
    "1번 홍길동지분 전부이전(갑구1번 홍길동의 주소 서울특별시 서초구 서초동 12)"

3. 공유자 지분의 기재방법
  공유자의 지분이전 등기 시 각 공유자의 지분은 이전받는 지분을 기재하되, "공유자 지분 ○분의 ○"과 같이 부동산 전체에 대한 지분을 기재한다. 다만 수인의 공유자로부터 지분 일부씩을 이전받는 경우에는 이를 합산하여 기재한다.
  〈예시〉
  갑지분 5분의 4 중 2분의 1을 을이 이전받는 경우
  "공유자 지분 5분의 2"
  갑지분 5분의 2 중 2분의 1과 을지분 5분의 1 중 2분의 1을 정이 이전받는 경우
  "공유자 지분 10분의 3"

01 공동소유의 등기 등에 관한 다음 설명 중 가장 옳지 않은 것은? ▸ 2022년 등기서기보

① 어느 공유자의 지분 일부에 저당권설정등기가 있는 경우에 그 공유자의 지분 일부에 대하여 소유권이전등기를 신청할 때에 그 등기의 목적이 저당권의 부담이 있는 부분인지 아닌지를 신청정보의 내용으로 제공하여야 한다.

② 등기할 권리가 합유일 때에는 합유의 뜻을 기록할 뿐 각 합유자의 지분은 등기사항이 아니다.

③ 수인의 공유자가 수인에게 지분의 전부 또는 일부를 이전하려고 하는 경우의 등기신청은 등기권리자별로 하거나 등기의무자별로 신청서를 작성하여야 한다.

④ 합유자 중 일부가 교체되는 경우 합유지분을 처분한 합유자와 합유지분을 취득한 합유자의 공동신청으로 합유명의인 변경등기를 신청하여야 한다.

해설 ④ 합유자 중 일부가 나머지 합유자들 전원의 동의를 얻어 그의 합유지분을 타인에 매도 기타 처분하여 종전의 **합유자 중 일부가 교체**되는 경우에는 합유지분을 **처분한** 합유자와 합유지분을 **취득한** 합유자 및 **잔존** 합유자의 **공동**신청으로 「○년 ○월 ○일 합유자 변경」을 원인으로 한 잔존 합유자 및 합유지분을 취득한 합유자의 합유로 하는 **합유명의인 변경등기**신청을 하여야 하고, 이 경우 합유지분을 **처분**한 합유자의 **인감증명**을 첨부하여야 한다(예규 제911호, 2-가).

① 공유자의 지분 일부에 저당권(근저당권을 포함한다)등기를 한 후 그 공유자의 지분 일부에 대하여 다시 이전등기나 저당권등기를 신청하는 경우에도 그 등기의 목적이 이미 저당권 등이 설정된 부분인지 여부 등을 명백히 할 필요가 있으므로 등기목적을 특정하여 기록하여야 한다(「부동산등기실무Ⅱ」 p.329).

② 법 제48조 제4항, 규칙 제105조 제2항

③ 1. **수인의 공유자가 수인에게** 지분의 전부 또는 일부를 이전하려고 하는 경우 등기신청인은 등기신청서에 등기의무자들의 각 지분 중 각 ○분의 ○ 지분이 등기권리자 중 1인에게 이전되었는지를 기재하고 신청서는 **등기권리자별로 신청서를 작성**하여 제출하거나 또는 등기의무자 1인의 지분이 등기권리자들에게 각 ○분의 ○ 지분씩 이전되었는지를 기재하고 **등기의무자별로 신청서를 작성**하여 제출하여야 한다. 한 장의 신청서(⊕ 일괄신청)에 함께 기재한 경우 등기관은 이를 수리해서는 **아니** 된다(예규 제1363호).

2-1. **거래가액은 2006.1.1. 후** 작성된 **매매계약서**를 등기원인증서로 하여 **소유권이전등기**를 신청하는 경우에 등기한다. 이 경우 등기되는 거래가액이란 매매계약서상의 금액이 아닌 거래가액이란 「부동산 거래신고 등에 관한 법률」 제3조에 따라 **신고한 금액**을 말한다(예규 제1633호, 1-가, 규칙 제124조 제1항).

2-2. 계약을 등기원인으로 하는 소유권이전등기를 신청하는 경우에는 거래가액을 신청정보의 내용으로 등기소에 제공하고, 시장·군수 또는 구청장으로부터 제공받은 **거래계약신고필증정보**를 첨부정보로서 등기소에 제공하여야 한다(규칙 제124조 제2항).

2-3. 이 경우 **거래부동산이 2개 이상**인 경우 또는 거래부동산이 1개라 하더라도 **여러 명의** 매도인과 **여러 명**의 매수인 사이의 매매계약인 경우에는 **매매목록**도 첨부정보로서 등기소에 제공하여야 한다(규칙 제124조 제2항).

3-1. 같은 등기소에 동시에 여러 건의 등기신청을 하는 경우에 첨부정보의 내용이 같은 것이 있을 때에는 **먼저 접수되는** 신청에만 그 첨부정보를 제공하고, **다른** 신청에는 먼저

접수된 신청에 그 첨부정보를 제공하였다는 뜻을 신청정보의 내용으로 등기소에 제공하는 것으로 그 첨부정보의 제공을 갈음할 수 있다(규칙 제47조 제2항).

3-2. **3명의 매도인**과 **2명의 매수인**이 매매계약을 체결하고 이를 원인으로 등기권리자별로 신청정보를 작성(🔁 일괄신청✕ / 매매목록〇)하여 소유권이전등기를 신청하는 경우에 각 등기의무자의 부동산**매도용인감증명**서에 **2명의 매수인**이 **모두 기재**되어 있다면 **먼저 접수되는 신청**에만 그 인감증명서를 제공하고, **다른 신청**에는 인감증명서를 제공하는 대신 먼저 접수된 신청에 그 첨부정보를 제공하였다는 뜻을 신청정보의 내용으로 제공할 수 있다(선례 제202005-1호).

02 갑의 공유지분 2분의 1 중 2분의 1을 을이 이전받는 경우 다음 중 등기의 목적을 기록하는 방법으로 옳은 것은?
▶ 2012년 법무사

① 갑지분 일부 이전   ② 갑지분 2분의 1 중 2분의 1 이전
③ 갑지분 2분의 1 중 일부(4분의1) 이전   ④ 갑지분 4분의 1 이전
⑤ 갑지분 2분의 1 중 일부(2분의1) 이전

해설 ③ 공유자인 **갑의 지분을 일부 이전**하는 경우 등기의 목적은 "**갑지분 〇분의 〇 중 일부(〇분의 〇)이전**"으로 기재하되, 이전하는 지분은 **부동산 전체에 대한 지분**을 명시하여 **괄호 안에 기재**하여야 한다(예규 제1313호, 2-나).

03 공유물분할을 원인으로 하는 소유권이전등기에 관한 다음 설명 중 가장 옳지 않은 것은?
▶ 2018년 법무사

① 공유물분할의 판결이 확정되면 등기하지 않아도 분할된 부분에 대하여 공유자는 단독 소유권을 취득한다.
② 공유물분할의 소송절차에서 공유토지의 분할에 대하여 조정이 성립된 경우에는 분할된 부분에 대하여 등기를 마쳐야만 공유자는 단독 소유권을 취득한다.
③ 공유물분할을 원인으로 한 소유권이전등기는 각 분필등기된 부동산 전부에 대하여 동시에 신청하여야 한다.
④ 공유물분할소송에서 강제조정이 확정된 경우에 그 소송의 당사자는 원·피고에 관계없이 등기권리자 단독으로 공유물분할을 원인으로 한 지분이전등기를 신청할 수 있다.
⑤ 공유물분할 대상 부동산이 농지인 경우에 취득하는 면적이 공유지분 비율에 의한 면적과 같은지 여부에 관계없이 농지취득자격증명을 첨부할 필요가 없다.

정답 ➤ 01 ④   02 ③   03 ③

해설 ③ 1필의 공유지를 공유물분할등기하기 위하여는 먼저 토지의 분할절차를 밟은 후 그 토지대장에 의하여 분필등기를 하여야 하고, 공유물분할을 원인으로 소유권이전등기는 **동시에 하지 않고도** 각 분필등기 된 부동산별로 각각 독립하여 공동(등기권리자와 등기의무자)신청할 수 있다(예규 제514호).

① **공유물분할 판결이 확정**되면 공유자는 각자의 취득 부분에 대하여 **소유권을 취득**하게 되는 것이므로 그 소송의 당사자는 원·피고에 관계없이 각각 공유물분할절차에 따른 등기신청을 할 수 있다(선례 제3-556호).

② **공유물분할의 소송절차 또는 조정절차에서 공유자 사이에 공유토지에 관한 현물분할의 협의**가 성립하여 그 합의사항을 조서에 기재함으로써 **조정이 성립**하였다고 하더라도, 그와 같은 사정만으로 재판에 의한 공유물분할의 경우와 마찬가지로 그 즉시 공유관계가 소멸하고 각 공유자에게 그 협의에 따른 새로운 법률관계가 창설되는 것은 아니고, 공유자들이 협의한 바에 따라 토지의 분필절차를 마친 후 각 단독소유로 하기로 한 부분에 관하여 다른 공유자의 공유지분을 이전받아 **등기를 마침**으로써 **비로소** 그 부분에 대한 대세적 권리로서의 **소유권을 취득**하게 된다고 보아야 한다(대판(전) 2013.11.21, 2011두1917).

④ 10인 공유의 1필지 부동산에 대한 공유물분할소송에서 A부분은 갑소유로, B부분은 을소유로, C부분은 병을 포함한 8인이 공유(공유자의 지분 표시가 없음)하는 것으로 분할한다는 **강제조정이 확정**된 경우에는, 그 소송의 당사자는 원·피고에 **관계없이** 조정에 갈음하는 결정조서를 첨부하여 등기권리자 단독으로 공유물분할을 원인으로 한 **지분이전등기**를 신청할 수 있고, C부분의 공유자 8인의 지분이 실제로 균등하지 아니한 경우에는 공유자 전원이 작성한 확인서와 인감증명서를 첨부하여 실제의 지분대로 공유물분할에 의한 소유권이전등기를 신청할 수 있다(선례 제7-234호).

⑤ 1) 공유물분할의 판결에 의하여 **공유지분율**에 따라 공유물분할등기를 신청하는 경우에는 국민주택채권 매입의무가 면제된다(선례 제4-937호). 공유물분할로 인한 소유권이전등기신청 시 **종전 공유지분을 초과**하는 면적에 대하여는 위 국민주택채권 매입대상이 된다(선례 제5-891호).

2) 공유자들이 각자의 공유지분비율에 따라서 공유물분할등기를 신청할 경우에 원인서면으로 제출되는 공유물분할계약서는, 대가성 있는 소유권이전에 관한 증서로 볼 수 없으므로 인지세법에서 정하는 인지를 첨부할 필요가 없다(선례 제7-552호).

3) 규제대상면적 이하이거나 **종전 공유지분**에 따른 공유물분할인 때에는 토지거래계약허가증을 첨부할 필요가 없고, **종전 공유지분을 초과**하는 면적이 국토이용관리법에 의한 규제대상면적 이상일 때에는 이에 대한 토지거래계약허가증을 첨부하여야 한다(선례 제5-891호).

4) 농지에 대하여 공유물분할을 원인으로 한 소유권이전등기를 신청하는 경우에는 **취득하는 면적이 공유지분과 같은지 여부에 관계없이** 농지취득자격증명을 첨부할 필요가 없다(선례 제6-562호).

04 공유물분할을 원인으로 하는 소유권이전등기에 관한 다음 설명 중 가장 옳지 않은 것은?

▶ 2018년 등기서기보

① 공유물분할을 원인으로 한 소유권이전등기는 각 분필 등기된 부동산별로 각각 독립하여 등기권리자와 등기의무자가 공동으로 신청할 수 있다.

② 공유물분할소송에서 강제조정이 확정된 경우에는 그 소송의 당사자는 원·피고에 관계없이 등기권리자 단독으로 공유물분할을 원인으로 한 지분이전등기를 신청할 수 있다.

③ 공유물분할의 소송절차에서 공유토지의 분할에 대하여 조정이 성립된 경우에는 분할된 부분에 대하여 소유권이전등기를 마쳐야만 소유권을 취득한다.

④ 공유물분할 대상 부동산이 농지인 경우에는 취득하는 면적이 공유지분비율에 의한 면적 이상이면 농지취득자격증명을 첨부하여야 한다.

[해설] ④ 농지에 대하여 공유물분할을 원인으로 한 소유권이전등기를 신청하는 경우에는 **취득하는 면적이 공유지분과 같은지 여부에 관계없이** 농지취득자격증명을 첨부할 필요가 없다(선례 제6-562호).

① **등기절차의 이행 또는 인수를 명하는 판결**에 의한 등기는 승소한(🌐 패소×) 등기권리자 또는 등기의무자가 단독으로 신청하고, **공유물을 분할하는 판결**에 의한 등기는 (🌐 승소·패소·원고·피고 불문)등기권리자 또는 등기의무자가 단독으로 신청한다(법 제23조 제4항). 여기서의 판결은 조정조서 등 판결에 준하는 집행권원을 포함한다.

정답 ↩ **04 ④**

02 합유

🧍 관련 조문

민법 제271조[물건의 합유]
① 법률의 규정 또는 계약에 의하여 수인이 **조합체**로서 물건을 소유하는 때에는 **합유**로 한다. 합유자의 권리는 합유물 전부에 미친다.
② 합유에 관하여는 전항의 규정 또는 계약에 의하는 외에 다음 3조의 규정에 의한다.

민법 제272조[합유물의 처분, 변경과 보존]
합유물을 처분 또는 변경함에는 합유자 전원의 동의가 있어야 한다. 그러나 보존행위는 각자가 할 수 있다.

민법 제273조[합유지분의 처분과 합유물의 분할금지]
① 합유자는 전원의 동의 없이 합유물에 대한 **지분을 처분**하지 못한다.
② 합유자는 합유물의 분할을 청구하지 못한다.

법 제48조[등기사항]
① 등기관이 **갑구** 또는 **을구**에 권리에 관한 등기를 할 때에는 **다음 각 호의 사항을 기록**하여야 한다.
  1. **순위번호**
  2. **등기목적**
  3. **접수연월일** 및 **접수번호**
  4. **등기원인** 및 **그 연월일**
  5. **권리자**
④ 제1항 제5호의 **권리자가 2인 이상(공유)**인 경우에는 권리자별 **지분**을 기록하여야 하고 등기할 권리가 합유인 때에는 그 뜻(⊞ 합유지분×)을 **기록**하여야 한다.

규칙 제105조[등기할 권리자가 2인 이상인 경우]
① 등기할 **권리자가 2인 이상(공유)**일 때에는 그 **지분**을 신청정보의 내용으로 등기소에 제공하여야 한다.
② 제1항의 경우에 등기할 권리가 **합유**일 때에는 **합유라는 뜻**(⊞ 합유지분×)을 **신청정보의 내용**으로 등기소에 제공하여야 한다.

📌 관련 예규

합유등기의 사무처리에 관한 예규[예규 제911호]
1. 등기부상 합유표시 방법
   합유등기에 있어서는 등기부상 각 합유자의 **지분**을 표시하지 **아니**한다.

2. 등기부상 합유자가 변경되는 경우
   가. 합유자 중 일부가 교체되는 경우
      합유자 중 일부가 나머지 합유자들 전원의 동의를 얻어 그의 합유지분을 타에 매도 기타 처분하여 종전의 합유자 중 일부가 교체되는 경우에는 합유지분을 **처분**한 합유자와 합유지분을 **취득**한 합유자 및 **잔존** 합유자의 **공동**신청으로 「○년 ○월 ○일 합유자 변경」을 원인으로 한 잔존 합유자 및 합유지분을 취득한 합유자의 합유로 하는 **합유명의인 변경등기신청**을 하여야 하고, 이 경우 합유지분을 **처분**한 합유자의 **인감증명**을 첨부하여야 한다.

나. 합유자 중 일부가 탈퇴한 경우

(1) 잔존 합유자가 수인인 경우 합유자 중 일부가 그 합유지분을 잔존 합유자에게 처분하고 합유자의 지위에서 탈퇴한 경우 잔존 합유자가 수인인 때에는 **탈퇴**한 합유자와 **잔존** 합유자의 공동신청으로 「○년 ○월 ○일 합유자 ○○○ 탈퇴」를 원인으로 한 잔존 합유자의 합유로 하는 **합유명의인 변경등기신청**을 하여야 하고, 이 경우 **탈퇴**한 합유자의 **인감증명**을 첨부하여야 한다.

(2) 잔존 합유자가 1인이 된 경우 합유자 중 일부가 탈퇴하고 잔존 합유자가 1인만 남은 경우에는 **탈퇴**한 합유자와 **잔존** 합유자의 공동신청으로 「○년 ○월 ○일 합유자 ○○○ 탈퇴」를 원인으로 한 잔존 합유자의 단독소유로 하는 합유명의인 변경등기신청을 하여야 하고, 이 경우 **탈퇴**한 합유자의 **인감증명**을 첨부하여야 한다.

다. 합유자가 추가된 경우

합유자 중 일부 또는 전부가 그 합유지분 중 일부를 제3자에게 처분하여 제3자가 합유자로 추가된 경우에는 **기존의 합유자 및 새로 가입**하는 합유자의 **공동신청**으로 「○년 ○월 ○일 합유자 ○○○ 가입」을 원인으로 한 기존 합유자와 새로 가입하는 합유자의 합유로 하는 **합유명의인 변경등기신청**을 하여야 하고, 이 경우 **기존 합유자의 인감증명**을 첨부하여야 한다.

라. 합유자 중 일부가 사망한 경우

합유자 중 일부가 사망한 경우 합유자 사이에 특별한 약정이 없는 한, 사망한 합유자의 상속인은 민법 제719조의 규정에 의한 지분반환청구권을 가질 뿐 **합유자로서의 지위를 승계하는 것이 아니므로**, 사망한 합유자의 지분에 관하여 그 상속인 앞으로 **상속등기**를 하거나 해당 부동산을 그 상속인 및 잔존 합유자의 합유로 하는 변경등기를 할 것은 **아니고**, 아래와 같은 등기를 하여야 한다.

> [관련선례]
> 합유재산에 대하여는 합유자 전원의 동의를 얻어 처분하거나 합유자 전원의 신청에 의하여 합유자를 추가할 수 있으나, 합유자가 자신의 합유지분을 단독으로 처분할 수는 없으며, **합유자 중 일부가 사망**하면 합유자들 사이에 특별한 약정이 없는 한 사망한 합유자의 **합유지분은** 잔존 합유자에게 귀속되고 사망한 합유자의 **상속인에게** 그 합유자로서의 지위가 **승계되는 것이 아니므로**, 비록 사망한 합유자의 상속인들 중 일부가 다른 상속인을 상대로 **상속지분이전등기절차의 이행을 명하는 판결을 받은 경우에도** 위 판결에 의하여 사망한 합유자의 합유지분에 대한 **소유권이전등기**를 신청할 수는 **없다**(선례 제6-295호).

(1) 합유자가 3인 이상인 경우에 그중 1인이 사망한 때에는 해당 부동산은 잔존 합유자의 합유로 귀속되는 것이므로, **잔존 합유자**는 사망한 합유자의 사망사실을 증명하는 서면을 첨부하여 해당 부동산을 잔존 합유자의 합유로 하는 **합유명의인 변경등기신청**을 할 수 있다.

(2) 합유자가 2인인 경우에 그중 1인이 사망한 때에는 해당 부동산은 잔존 합유자의 단독소유로 귀속되는 것이므로, **잔존 합유자**는 사망한 합유자의 사망사실을 증명하는 서면을 첨부하여 해당 부동산을 잔존 합유자의 단독소유로 하는 **합유명의인 변경등기신청**을 할 수 있다.

(3) 위 '(1)'의 등기를 하지 않고 있는 사이에 다시 잔존 합유자 중 일부가 사망한 때에는 현재의 **잔존 합유자**는 해당 부동산의 소유명의인을 당초의 합유자 전원으로부터 바로 현재의 잔존 합유자의 합유로 하는 **합유명의인 변경등기신청**을 할 수 있고, 잔존 합유자가 1인인 경우에는 그 단독소유로

하는 합유명의인 변경등기신청을 할 수 있다. 이 경우 그 등기의 신청서에는 등기원인으로서 사망한 합유자들의 사망일자와 사망의 취지를 모두 기재하고, 그들의 사망사실을 증명하는 서면을 첨부하여야 한다.

(4) 위 '(3)'의 등기를 하지 않고 있는 사이에 그 잔존 합유자도 사망(**합유자 모두 사망**)한 때에는 **그 잔존 합유자의 상속인**은 바로 자기 앞으로 **상속등기**를 신청할 수 있다. 이 경우 그 상속등기의 신청서에는 등기원인으로서 피상속인이 아닌 다른 합유자(들)의 사망일자 및 사망의 취지와 등기신청인인 상속인의 상속일자 및 상속의 취지를 함께 기재하고, 상속을 증명하는 서면 외에 다른 합유자(들)의 사망사실을 증명하는 서면을 첨부하여야 한다.

3. 공유를 합유로 변경하는 경우

공유자 전부 또는 일부가 그 소유관계를 **합유**로 **변경**하는 경우, 합유로 변경하려고 하는 공유자들의 공동신청으로 「○년 ○월 ○일 변경계약」을 원인으로 한 합유로의 (**소유권)변경**등기신청을 하여야 한다.

> **[관련선례]**
> 수인의 **합유자** 명의로 등기되어 있는 부동산은 합유자 전원의 합의에 의하여 수인의 **공유**지분의 소유형태로의 소유권변경등기를 할 수 있다(선례 제3-562호).

4. 단독소유를 수인의 합유로 이전하는 경우

단독소유를 수인의 **합유**로 이전하는 경우, 단독소유자와 합유자들의 공동신청으로 소유권**이전**등기신청을 하여야 한다. 그 단독소유자를 포함한 합유로 되었을 경우에도 전소유자인 그 단독소유자를 합유자로 표시하여야 한다.

> **[관련선례]**
> 1) 부동산 소유권의 등기가 **합유자** 공동명의로 된 것을 **종중(총유)** 명의로 변경하기 위하여는 소유권이전등기의 방식에 의하여야 한다(선례 제2-351호).
> 2) 권리능력 없는 사단의 소유명의(**총유**)로 된 부동산을 그 구성원들의 **합유**로 등기하기 위하여는 부동산등기법 제63조의 규정에 의한 권리변경등기를 할 수는 없고, 권리능력 없는 사단으로부터 그 구성원 전원의 합유로의 소유권**이전**등기를 신청하여야 한다(선례 제4-539호).

01 합유에 관한 등기에 대한 다음 설명 중 가장 옳지 않은 것은? ▶ 2019년 법무사

① 합유자 중 일부가 나머지 합유자들 전원의 동의를 얻어 그의 합유지분을 처분하여 종전의 합유자 중 일부가 교체되는 경우에는 합유지분을 처분한 합유자와 합유지분을 취득한 합유자의 공동신청으로 합유명의인 변경등기신청을 하여야 한다.

② 합유물 전체에 대하여 경매개시결정이 있는 경우에는 그에 따른 경매개시결정의 기입등기를 할 수 있다.

③ 합유자 중 일부가 그 합유지분을 잔존 합유자에게 처분하고 합유자의 지위에서 탈퇴한 경우 잔존 합유자가 여러 명인 때에는 탈퇴한 합유자와 잔존 합유자의 공동신청으로 잔존 합유자의 합유로 하는 합유명의인 변경등기신청을 하여야 한다.

④ 공유자 전부 또는 일부가 그 소유관계를 합유로 변경하는 경우, 합유로 변경하려고 하는 공유자들의 공동신청으로 합유로의 변경등기신청을 하여야 한다.

⑤ 합유자가 2명인 경우로서 그중 1명이 사망한 때에는 합유자 사이에 특별한 약정이 없는 한 잔존 합유자는 사망한 합유자의 사망사실을 증명하는 정보를 첨부정보로서 제공하여 해당 부동산을 잔존 합유자의 단독소유로 하는 합유명의인 변경등기신청을 할 수 있다.

해설 ① 합유자 중 일부가 나머지 합유자들 전원의 동의를 얻어 그의 합유지분을 타에 매도 기타 처분하여 종전의 합유자 중 일부가 교체되는 경우에는 합유지분을 **처분한 합유자**와 합유지분을 **취득한 합유자** 및 **잔존** 합유자의 **공동**신청으로 「○년 ○월 ○일 합유자 변경」을 원인으로 한 잔존 합유자 및 합유지분을 취득한 합유자의 합유로 하는 **합유명의인 변경등기신청**을 하여야 하고, 이 경우 합유지분을 **처분한** 합유자의 **인감증명**을 첨부하여야 한다(예규 제911호, 2-가).

② 1) 부동산에 합유등기가 경료된 경우에 각 합유지의 **지분**에 대한 소유권이전청구권**가등기**, **가압류등기**, **압류등기**, **경매개시결정등기**, **근저당권설정** 등은 할 수 **없다**(법 제29조 제2호, 규칙 제52조 제10호, 선례 제6-436호, 제7-243호, 제3-560호, 제6-497호, 제6-498호).

   2) 그러나 **합유물 전체**에 대하여 **경매개시결정**이 있는 경우에는 그에 따른 경매신청의 기입등기를 할 수 **있다**(선례 제6-498호).

   3) 마찬가지로, 지방자치단체의 장은 합유나 총유로 등기된 부동산에 관하여 **합유자 중의 1인**이나 종중원 개인에 대한 **지방세 체납처분**에 의하여는 합유자 중 1인의 **지분**이나 종중 명의로 총유등기가 경료된 부동산에 대하여 **압류등기촉탁**을 할 수 **없으나**, **조합이나 종중의 사업으로 발생한 지방세의 체납처분**에 의하여는 **합유재산**이나 **총유재산**에 대하여 **압류등기촉탁**을 할 수 **있다**(선례 제7-441호).

③ 예규 제911호, 2-나

④ 예규 제911호, 3

⑤ 예규 제911호, 2-라-(2)

정답 **01 ①**

02 합유등기에 관한 다음 설명 중 가장 옳지 않은 것은? ▸2019년 등기주사보

① 합유자 중 일부가 탈퇴하여 잔존 합유자가 1인만 남은 경우에는 탈퇴한 합유자와 잔존 합유자의 공동신청으로 잔존 합유자의 단독소유로 하는 변경등기를 하여야 한다.

② 각 합유자의 지분에 대한 소유권이전청구권가등기를 신청할 수 없으며, 합유자 중 1인에 대한 가압류등기촉탁도 할 수 없다.

③ 수인의 합유자 명의로 등기되어 있는 부동산에 관해서는 합유자 전원의 합의에 의하여 수인의 공유로 소유권이전등기를 할 수 있다.

④ 합유등기에 있어서는 등기기록상 각 합유자의 지분을 표시하지 않는다.

해설 ③ 수인의 합유자 명의로 등기되어 있는 부동산은 합유자 전원의 합의에 의하여 수인의 **공유**지분의 소유형태로의 소유권**변경**등기를 할 수 있다(선례 제3-562호).

① 예규 제911호, 2-나-(2)

② 부동산에 합유등기가 경료된 경우에 각 합유지의 **지분**에 대한 소유권이전청구권**가등기**, **가압류등기**, **압류등기**, **경매개시결정등기**, **근저당권설정** 등은 할 수 **없다**(법 제29조 제2호, 규칙 제52조 제10호, 선례 제6-436호, 제7-243호, 제3-560호, 제6-497호, 제6-498호).

④ 법 제48조 제4항, 규칙 제105조 제2항

03 합유등기에 관한 다음 설명 중 가장 옳지 않은 것은? ▸2019년 등기서기보

① 합유자가 2인인 경우 그중 1인이 사망한 때에는 특별한 약정이 없다면 잔존 합유자는 자기의 단독소유로 하는 합유명의인 변경등기를 신청할 수 있다.

② 3인 이상의 합유자 중 1인이 사망한 때에는 잔존 합유자는 해당 부동산에 대해서 사망한 합유자의 사망사실을 증명하는 서면을 첨부하여 해당 부동산을 잔존 합유자의 합유로 하는 합유명의인 변경등기신청을 할 수 있다.

③ 수인의 합유자 명의로 등기되어 있는 부동산도 합유자 전원의 합의에 의하여 수인의 공유지분의 소유형태로 소유권변경등기를 할 수 있다.

④ 사망한 합유자의 상속인들 중 일부가 다른 상속인을 상대로 상속지분이전등기절차의 이행을 명하는 판결을 받은 경우에 이 판결에 의해 소유권이전등기를 신청할 수 있다.

해설 ④ 합유재산에 대하여는 합유자 전원의 동의를 얻어 처분하거나 합유자 전원의 신청에 의하여 합유자를 추가할 수 있으나, 합유자가 자신의 합유지분을 단독으로 처분할 수는 없으며, **합유자 중 일부가 사망**하면 합유자들 사이에 특별한 약정이 없는 한 사망한 합유자의 **합유지분은** 잔존 합유자에게 귀속되고 사망한 합유자의 **상속인에게** 그 합유자로서의 지위가 **승계되는 것이 아니므로**, 비록 사망한 합유자의 상속인들 중 일부가 다른 상속인을 상대로 **상속지분이전등기절차의 이행을 명하는 판결을 받은 경우에도** 위 판결에 의하여 사망한 합유자의 합유지분에 대한 **소유권이전등기**를 신청할 수는 **없다**(선례 제6-295호).

① 예규 제911호, 2-라-(2)
② 예규 제911호, 2-라-(1)
③ 수인의 **합유자** 명의로 등기되어 있는 부동산은 합유자 전원의 합의에 의하여 수인의 **공유지분**의 소유형태로의 소유권**변경**등기를 할 수 있다(선례 제3-562호).

04 합유에 관한 등기에 대한 다음 설명 중 가장 옳지 않은 것은? ▸ 2019년 등기서기보

① 합유등기에 있어서는 등기기록상 각 합유자의 지분을 표시하지 않는다.
② 단독소유인 부동산에 대하여 그 단독소유자를 포함한 수인의 합유로 하고자 하는 경우에는 단독소유자와 합유자들이 공동으로 합유로의 변경등기를 신청하여야 한다.
③ 공유자 전부 또는 일부가 그 소유관계를 합유로 변경하는 경우에는 합유로 변경하려고 하는 공유자들이 공동으로 합유로의 변경등기를 신청하여야 한다.
④ 합유물 전체에 대하여 경매개시결정이 있는 경우에는 그에 따른 경매개시결정의 기입등기를 할 수 있다.

해설 ② 단독소유를 수인의 **합유**로 이전하는 경우, 단독소유자와 합유자들의 공동신청으로 소유권이전등기신청을 하여야 한다. 그 단독소유자를 포함한 합유로 되었을 경우에도 전소유자인 그 단독소유자를 합유자로 표시하여야 한다(예규 제911호, 4).

① 법 제48조 제4항, 규칙 제105조 제2항
③ 예규 제911호, 3
④ **합유물** 전체에 대하여 **경매개시결정**이 있는 경우에는 그에 따른 경매신청의 기입등기를 할 수 있다(선례 제6-498호).

05 합유에 관한 등기에 관련된 다음 설명 중 가장 옳지 않은 것은? ▸ 2017년 법무사

① 조합의 사업으로 발생한 지방세와 관련하여 지방자치단체의 장은 조합재산에 대하여 압류등기를 촉탁할 수 있다.
② 합유자가 2인인 경우에 그중 1인이 사망한 때에는 특별한 약정이 없다면 잔존 합유자는 자기의 단독소유로 하는 합유명의인 변경등기를 신청할 수 있다.
③ 수인의 합유자 명의로 등기되어 있는 부동산에 관해서는 합유자 전원의 합의에 의하여 수인의 공유로 소유권변경등기를 할 수 있다.
④ 소유가 합유자 공동명의로 된 것을 법인 아닌 사단의 명의로 변경하기 위해서는 소유권이전등기의 방식에 의하여야 한다.
⑤ 합유자 중 일부가 교체되는 경우 합유지분을 처분한 합유자와 합유지분을 취득한 합유자의 공동신청으로 합유명의인변경등기를 신청하여야 한다.

정답 ↦ 02 ③ 03 ④ 04 ② 05 ⑤

해설 ⑤ 합유자 중 일부가 나머지 합유자들 전원의 동의를 얻어 그의 합유지분을 타에 매도 기타 처분하여 종전의 합유자 중 일부가 교체되는 경우에는 합유지분을 **처분한** 합유자와 합유지분을 **취득한** 합유자 및 **잔존** 합유자의 **공동**신청으로 「○년 ○월 ○일 합유자 변경」을 원인으로 한 잔존 합유자 및 합유지분을 취득한 합유자의 합유로 하는 **합유명의인 변경등기**신청을 하여야 하고, 이 경우 합유지분을 **처분한** 합유자의 **인감증명**을 첨부하여야 한다(예규 제911호, 2–가).

② 예규 제911호, 2–라–(2)

④ 1) 부동산 소유권의 등기가 **합유자** 공동명의로 된 것을 **종중(⊞ 총유)** 명의로 변경하기 위하여는 **소유권이전**등기의 방식에 의하여야 한다(선례 제2–351호).

   2) 권리능력 없는 사단의 소유명의(⊞ **총유**)로 된 부동산을 그 구성원들의 **합유**로 등기하기 위하여는 부동산등기법 제63조의 규정에 의한 권리변경등기를 할 수는 없고, 권리능력 없는 사단으로부터 그 구성원 전원의 합유로의 **소유권이전**등기를 신청하여야 한다(선례 제4–539호).

06 합유 등기에 관한 다음 설명 중 가장 옳지 않은 것은?　　　▸ 2017년 등기주사보

① 조합의 사업으로 발생한 지방세와 관련하여 지방자치단체의 장은 조합재산에 대하여 압류등기를 촉탁할 수 있다.

② 합유자가 2인인 경우에 그중 1인이 사망한 때에는 특별한 약정이 없다면 잔존 합유자는 자기의 단독소유로 하는 합유명의인 변경등기를 신청할 수 있다.

③ 수인의 합유자 명의로 등기되어 있는 부동산에 관해서는 합유자 전원의 합의가 있더라도 공유지분의 소유형태로의 소유권변경등기를 할 수 없다.

④ 소유가 합유자 공동명의로 된 것을 법인 아닌 사단의 명의로 변경하기 위해서는 소유권이전등기의 방식에 의하여야 한다.

해설 ③ 1) 수인의 **합유자** 명의로 등기되어 있는 부동산은 합유자 전원의 합의에 의하여 수인의 **공유**지분의 소유형태로의 **소유권변경**등기를 할 수 있다(선례 제3–562호).

   2) **공유자** 전부 또는 일부가 그 소유관계를 **합유**로 변경하는 경우, 합유로 변경하려고 하는 공유자들의 공동신청으로 「○년 ○월 ○일 변경계약」을 원인으로 한 합유로의 (⊞ **소유권)변경등기**신청을 하여야 한다(예규 제911호, 3).

② 예규 제911호, 2–라–(2)

④ 부동산 소유권의 등기가 **합유자** 공동명의로 된 것을 **종중(⊞ 총유)** 명의로 변경하기 위하여는 **소유권이전**등기의 방식에 의하여야 한다(선례 제2–351호).

07 합유등기에 관한 다음 설명 중 가장 옳지 않은 것은? ▸2016년 등기서기보

① 합유등기에 있어서는 등기기록상 각 합유자의 지분을 표시하지 않는다.
② 합유물 전체에 대하여 경매개시결정이 있는 경우에는 그에 따른 경매개시결정의 기입등기를 할 수 있다.
③ 합유자 중 일부가 나머지 합유자들 전원의 동의를 얻어 그의 합유지분을 타에 매도 기타 처분하여 종전의 합유자 중 일부가 교체되는 경우에는 합유지분을 처분한 합유자와 합유지분을 취득한 합유자만의 공동신청으로 합유명의인 변경등기신청을 하여야 한다.
④ 합유자 중 일부 또는 전부가 그 합유지분 중 일부를 제3자에게 처분하여 제3자가 합유자로 추가된 경우에는 기존의 합유자 및 새로 가입하는 합유자의 공동신청으로 합유명의인 변경등기신청을 하여야 한다.

해설 ③ 합유자 중 일부가 나머지 합유자들 전원의 동의를 얻어 그의 합유지분을 타에 매도 기타 처분하여 종전의 합유자 중 일부가 교체되는 경우에는 합유지분을 **처분**한 합유자와 합유지분을 **취득**한 합유자 및 **잔존** 합유자의 **공동**신청으로 「○년 ○월 ○일 합유자 변경」을 원인으로 한 잔존 합유자 및 합유지분을 취득한 합유자의 합유로 하는 **합유명의인 변경등기**신청을 하여야 하고, 이 경우 합유지분을 **처분**한 합유자의 **인감증명**을 첨부하여야 한다(예규 제911호, 2-가).

① 법 제48조 제4항, 규칙 제105조 제2항
④ 예규 제911호, 2-다

08 합유등기에 관한 다음 설명 중 가장 옳지 않은 것은? ▸2014년 법무사

① 등기관이 권리에 관한 등기를 할 때에 그 권리가 합유인 경우에는 그 뜻을 기록하고, 권리자별 지분은 기록하지 아니한다.
② 합유자 중 한 사람이 그의 합유지분을 처분하기 위해서는 나머지 합유자 전원의 동의를 얻어야 한다.
③ 합유자 중 일부가 사망한 경우, 합유자 사이에 특별한 약정이 없는 한, 사망한 합유자의 상속인은 사망한 합유자의 지분에 관하여 상속등기를 신청할 수 없다.
④ 합유등기가 마쳐진 부동산에 관하여 합유자 중 1인의 지분에 대한 가압류등기 촉탁은 할 수 없다.
⑤ 합유자 중 일부가 나머지 합유자들 전원의 동의를 얻어 그의 합유지분을 다른 사람에게 매도하여 종전의 합유자 중 일부가 교체되는 경우에는, 합유지분을 처분한 합유자와 합유지분을 취득한 합유자 및 잔존합유자의 공동신청으로 합유지분이전등기신청을 하여야 한다.

정답 06 ③ 07 ③ 08 ⑤

해설 ⑤ 합유자 중 일부가 나머지 합유자들 전원의 동의를 얻어 그의 합유지분을 타에 매도 기타 처분하여 종전의 합유자 중 일부가 교체되는 경우에는 합유지분을 **처분**한 합유자와 합유지분을 **취득**한 합유자 및 **잔존** 합유자의 **공동**신청으로 「○년 ○월 ○일 합유자 변경」을 원인으로 한 잔존 합유자 및 합유지분을 취득한 합유자의 합유로 하는 **합유명의인 변경등기**신청을 하여야 하고, 이 경우 합유지분을 **처분**한 합유자의 **인감증명**을 첨부하여야 한다(예규 제911호, 2-가).

① 법 제48조 제4항, 규칙 제105조 제2항
② 합유자는 **전원의 동의** 없이 합유물에 대한 **지분을 처분**하지 못한다(민법 제273조 제1항). 그러나 등기기록에는 합유지분이 기록되지 아니하므로 합유지분이전등기를 하지 않는 점에 주의한다.
③ 예규 제911호, 2-라

◀03 총유(→ 비법인 part)

✦ 종합문제

01 공동소유에 관한 등기의 다음 설명 중 가장 옳지 않은 것은? ▸ 2021년 법무사

① 합유자 중 일부가 탈퇴하고 잔존 합유자가 1인만 남은 경우에는 탈퇴한 합유자와 잔존 합유자의 공동신청으로 잔존 합유자의 단독소유로 하는 합유명의인 변경등기신청을 하여야 하고, 이 경우 탈퇴한 합유자의 인감증명을 첨부하여야 한다.

② 협의에 의한 공유물분할은 언제나 공유자 전원이 분할절차에 참여하여 합의하여야 하지만, 반드시 원래의 지분비율에 따라서 분할하여야 하는 것은 아니므로, 당초의 자기지분비율을 초과하여 이루어진 공유물분할을 원인으로 한 이전등기의 신청도 가능하다.

③ 권리능력 없는 사단의 소유명의로 된 부동산을 그 구성원들의 합유로 등기하기 위하여는 권리변경등기를 할 수 있으며, 권리능력 없는 사단으로부터 그 구성원 전원의 합유로의 소유권이전등기를 신청할 필요 없다.

④ 공유토지 중 어느 공유자의 지분 일부에 대하여 가등기가 마쳐진 후 그 공유자가 나머지 지분에 대하여 소유권이전등기를 신청하는 경우에는 그 지분이 가등기가 된 지분인지 아닌지를 특정하여 신청하여야 한다.

⑤ 단독소유를 수인의 합유로 이전하는 경우, 단독소유자와 합유자들의 공동신청으로 소유권이전등기신청을 하여야 한다.

> **해설** ③ 1) 부동산 소유권의 등기가 **합유**자 공동명의로 된 것을 **종중(⊕ 총유)** 명의로 변경하기 위하여는 소유권**이전**등기의 방식에 의하여야 한다(선례 제2-351호).
> 2) 권리능력 없는 사단의 소유명의(⊕ 총유)로 된 부동산을 그 구성원들의 **합유**로 등기하기 위하여는 부동산등기법 제63조의 규정에 의한 권리변경등기를 할 수는 없고, 권리능력 없는 사단으로부터 그 구성원 전원의 합유로의 소유권**이전**등기를 신청하여야 한다(선례 제4-539호).
>
> ① 예규 제911호, 2-나
> ② **협의에 의한 공유물분할**은 언제나 공유자 전원이 분할절차에 참여하여 합의하여야 하지만, 반드시 원래의 지분비율에 따라서 분할하여야 하는 것은 아니므로, 당초의 자기지분비율을 초과하여 이루어진 공유물 분할을 원인으로 한 이전등기의 신청도 가능하다(선례 제2-344호).
> ④ 공유자인 **갑의 지분을 일부 이전하는 경우** 이전하는 갑의 지분이 별도로 취득한 지분 중 특정 순위로 취득한 지분 전부 또는 일부인 경우, 소유권 이외의 권리가 설정된 지분인 경우, **가등기 또는 가압류 등 처분제한의 등기 등이 된 경우**로써 이전되지 않는 지분과 구분하여 이를 특정할 필요가 있을 경우에는 이를 특정하여 괄호 안에 기재하여야 한다(예규 제1313호).
> ⑤ 예규 제911호, 4

┌─────────────────┐
│ **정답 ⚬┥** 01 ③ │
└─────────────────┘

02 **공동소유와 관련된 등기에 관한 다음 설명 중 가장 옳지 않은 것은?** ▸ 2020년 법무사

① 토지대장상 공유자로 등록되어 있는 경우 그중 1인이 공유자 전원을 위하여 소유권보존등기를 신청할 수는 있으나 그중 1인의 지분만에 관한 소유권보존등기는 신청할 수 없다.

② 3필지의 부동산 중 A, B필지는 甲, 乙, 丙 3인의 공유로 되어 있고 C필지는 甲, 乙, 丙, 丁의 4인의 공유로 되어 있는 경우, A, B필지의 공유자가 아닌 丁을 포함한 4인의 합의에 의하여 A필지는 甲의 단독소유로, B필지는 丁의 단독소유로, C필지는 乙의 단독소유로 하기로 하는 공유물분할을 등기원인으로 한 등기신청은 할 수 없다.

③ 합유등기에 있어서 등기기록상 합유의 표시방법은 각 합유자의 지분을 기록한다.

④ 공유자 전원의 지분 전부에 대하여 처분금지가처분등기가 경료된 경우에도 그 공유자 전부가 그 소유관계를 공유에서 합유로 변경하는 경우에 공유자들의 공동신청으로 합유로의 변경등기를 신청할 수 있다.

⑤ 합유자 중 일부가 사망하면 합유자들 사이에 특별한 약정이 없는 한 사망한 합유자의 합유지분은 잔존 합유자에게 귀속되고 사망한 합유자의 상속인에게 그 합유자로서의 지위가 승계되는 것이 아니므로, 비록 사망한 합유자의 상속인들 중 일부가 다른 상속인을 상대로 상속지분이전등기절차의 이행을 명하는 판결을 받은 경우에도 위 판결에 의하여 사망한 합유자의 합유지분에 대한 소유권이전등기를 신청할 수는 없다.

해설 ③ 권리자가 2인 이상(공유)인 경우에는 권리자별 **지분**을 기록하여야 하고 등기할 권리가 **합유**인 때에는 **그 뜻**(⬛ 합유지분×)을 **기록**하여야 한다(법 제48조 제4항). 등기할 **권리자가 2인 이상(공유)**일 때에는 그 **지분**을 신청정보의 내용으로 등기소에 제공하여야 한다. 등기할 권리가 합유일 때에는 **합유라는 뜻**(⬛ 합유지분×)을 **신청정보의 내용**으로 등기소에 제공하여야 한다(규칙 제105조).

① 소유권보존등기는 성질상 등기의무자의 존재를 생각할 수 없으므로 등기권리자가 **단독으로** 그 등기를 신청하며(법 제23조 제2항), 그 부동산이 **공유물**인 경우 등기권리자인 **공유자 전원**이 공동으로 소유권보존등기를 신청하여야 하고, 공유자 중 **1인이 자기 지분만의** 보존등기를 신청할 수는 **없으나**(법 제29조 제2호, 규칙 제52조 제6호), 민법 제265조 단서의 **공유물 보존행위**로서 공유자 **전원을 위하여** 보존등기를 **신청**하는 경우에는 공유자 중 1인이라도 단독으로 등기신청을 할 수 있는 바, 이 경우에는 다른 공유자들의 동의나 위임없이 법무사에게 이러한 소유권보존등기신청을 위임할 수가 있다(선례 제4-288호).

② 3필지의 부동산 중 A, B필지는 갑, 을, 병 3인의 공유로 되어 있고 C필지는 갑, 을, 병, 정의 4인의 공유로 되어 있는 경우, 공유물분할은 각 공유자들이 공유관계를 종료시키려는 것이므로(민법 제268조, 제269조) A, B필지의 공유자가 아닌 정을 포함한 4인의 합의에 의하여 A필지는 갑의 단독소유로, B필지는 정의 단독소유로, C필지는 을의 단독소유로 하기로 하는 공유물분할을 등기원인으로 한 등기신청은 할 수 **없다**(선례 제6-285호).

④ 1) **공유자** 전부가 그 소유관계를 합유로 변경하는 경우에는 공유자들의 공동신청으로 「○년 ○월 ○일 변경계약」을 원인으로 한 **합유로의 변경등기**를 신청할 수 있는바, 공유자 전원의 **지분 전부**에 대하여 처분금지**가처분**등기가 경료된 경우에도 **마찬가지**이다(선례 제7-244호). 이 경우 가처분권자는 등기상 이해관계 있는 제3자가 아니므로 가처분권자의 승낙서를 첨부할 것은 아니다.

2) 이와 달리 **공유를 합유로 경정**하는 등기에 있어서 공유**지분을 목적**으로 한 처분금지**가처분등기**, **가압류등기**, **가등기**, 등기된 지분이전청구권가처분 및 **체납처분에 의한 압류**등기가 각 경료된 경우에는 그 등기부상 권리자 전원의 **승낙서** 또는 이에 대항할 수 있는 **재판**의 등본을 신청서에 첨부한 때에 **한**하여 부기에 의한 경정등기를 하는 것이며, 이런 방식으로 부기에 의한 경정등기가 이루어지면 위 **가처분등기 등**은 등기공무원에 의하여 **직권**으로 **말소**된다(선례 제4-571호). 공유에서 합유로 경정하게 되면 합유지분에 대하여 가처분등기 등은 존재할 수 없게 되므로 이들은 등기상 이해관계 있는 제3자에 해당하고 승낙서를 첨부한 경우에만 수리할 수 있다.

⑤ 합유재산에 대하여는 합유자 전원의 동의를 얻어 처분하거나 합유자 전원의 신청에 의하여 합유자를 추가할 수 있으나, 합유자가 자신의 합유지분을 단독으로 처분할 수는 없으며, **합유자 중 일부가 사망**하면 합유자들 사이에 특별한 약정이 없는 한 사망한 합유자의 **합유지분은** 잔존 합유자에게 귀속되고 사망한 합유자의 **상속인에게** 그 합유자로서의 지위가 **승계되는 것이 아니므로**, 비록 사망한 합유자의 상속인들 중 일부가 다른 상속인을 상대로 **상속지분이 전등기절차의 이행을 명하는 판결을 받은 경우에도** 위 판결에 의하여 사망한 합유자의 합유지분에 대한 **소유권이전등기**를 신청할 수는 **없**다(선례 제6-295호).

03

공동소유 등기에 관한 아래 설명 중 옳은 것은 모두 몇 개인가? ▸ 2013년 법무사

가. 합유자 중 일부가 다른 합유자의 동의를 얻어 그의 합유지분을 다른 사람에게 처분하여 합유자 중 일부가 교체되는 경우에는 합유지분이전등기를 하여야 한다.

나. 공유자 중 일부의 지분에 가압류등기가 되어 있고 그 가압류권자의 동의가 없는 경우 공유에서 합유로의 변경등기는 주등기로 하여야 한다.

다. 합유자 중 일부가 탈퇴하고 잔존 합유자가 1인만 남는 경우 이에 따른 등기는 소유권이전등기의 형식으로 하여야 한다.

라. 갑이 단독소유하고 있는 부동산의 소유권을 갑과 을의 합유로 하기로 한 경우 이에 따른 등기는 소유권이전등기의 방식으로 한다.

마. 조합의 구성원과 법인 아닌 사단의 구성원이 동일한 경우에는 합유에서 법인 아닌 사단 소유로 등기명의인표시변경등기를 할 수 있다.

① 1개   ② 2개
③ 3개   ④ 4개
⑤ 5개

해설 ①

가. × – 합유명의인변경등기를 하여야 한다.
나. × – 합유지분에 대한 가압류등기는 있을 수 없으므로 이 경우 가압류권자는 등기상 이해관계인에 해당하므로 가압류권자의 승낙서 등을 제공하여야 하며, 이는 수리요건에 해당한다.
다. × – 합유명의인변경등기를 하여야 한다.
라. ○
마. × – 소유권이전등기를 하여야 한다.

04 특약사항

01 환매특약

🔒 관련 조문

법 제53조[환매특약의 등기]

등기관이 **환매특약**의 등기를 할 때에는 다음 각 호의 사항을 기록하여야 한다. 다만, 제3호는 등기원인에 그 사항이 정하여져 있는 경우에만 기록한다(임의적 기재사항).

- 필 1. 매수인이 지급한 대금
- 필 2. 매매비용
- 임 3. 환매기간

규칙 제113조[환매특약등기의 신청]

환매특약의 등기를 신청하는 경우에는 **법 제53조의 등기사항**을 신청정보의 내용으로 등기소에 제공하여야 한다.

규칙 제114조[환매특약등기 등의 말소]

① **환매에 따른 권리취득의 등기**를 하였을 때에는 법 제53조의 **환매특약의 등기**를 (🔁 직권)말소하여야 한다 (🔁 목적 달성하였으므로).

② **권리의 소멸에 관한 약정의 등기**에 관하여는 제1항을 준용(🔁 직권말소)한다(🔁 목적 달성하였으므로).

📱 관련 예규

환매권 행사에 따른 등기사무처리지침[예규 제1359호]

1. **환매권부매매에 의한 환매특약의 등기가 있는 경우 그 환매권의 행사로 인한 소유권이전등기**

   가. 환매권부매매의 **매도인**이 등기권리자, 환매권부매매의 **매수인**이 등기의무자가 되어 환매권 행사로 인한 **소유권이전**(🔁 말소×)**등기**를 공동으로 신청한다. 다만 환매권부매매의 매도인으로부터 **환매권**을 **양수**받은 자가 있는 경우에는 **그 양수인**이 등기권리자가 되고, 환매권부매매의 **목적 부동산**이 **환매특약의 등기 후 양도**된 경우에는 그 **전득자**(현재 등기기록상 소유명의인)가 등기의무자가 된다.

   나. 삭제(2011.10.11. 제1359호)

   다. 위 소유권이전등기의 등기원인은 "**환매**"로 하고 **환매의 의사표시가 상대방에게 도달한 날**을 등기원인 일자로 한다.

   라. 다만 아래 2항 단서의 규정에 의하여 환매특약의 등기를 말소할 수 없는 경우에는 환매권 행사로 인한 소유권이전등기를 할 수 없다.

2. **환매특약의 등기의 말소**

   등기관은 위 1항의 규정에 의하여 환매권의 행사로 인한 소유권이전등기를 할 때에는 **직권으로 환매특약의 등기를 말소**하여야 한다. 다만 환매권에 **가압류, 가처분, 가등기 등의 부기등기**(🔁 부기등기의 부기등기)가 경료되어 있는 경우에는 **그 등기명의인의 승낙서** 또는 이에 대항할 수 있는 **재판서의 등본**이 첨부되어 있지 아니하면 환매특약의 등기를 말소할 수 없다.

3. 환매특약의 등기 이후에 경료된 소유권 이외의 권리에 관한 등기의 말소
   환매특약의 등기 이후 환매권 행사 전에 경료된 제3자 명의의 소유권 이외의 권리에 관한 등기의 말소등
   기는 일반원칙에 따라 **공동신청**에 의하고, 그 말소등기의 원인은 "**환매권 행사로 인한 실효**"로 기록한다.

01 **환매등기와 관련한 다음 설명 중 가장 옳지 않은 것은?** ▸ 2020년 법무사

① 환매특약의 등기에 부동산처분금지의 효력이 인정되어 있는 것은 아니므로, 환매특약
의 등기가 경료된 이후에도 소유자는 제3자에게 동 부동산을 전매하고 그에 따른 소유
권이전등기를 신청할 수 있다.

② 환매권의 행사로 인한 소유권이전등기는 환매권부매매의 매도인이 등기권리자, 환매권
부매매의 매수인이 등기의무자가 되어 환매권 행사로 인한 소유권이전등기를 공동으로
신청한다.

③ 환매권의 행사로 인한 소유권이전등기를 신청할 때 환매특약 등기의 말소도 등기권리
자와 등기의무자가 공동으로 신청하여야 한다.

④ 환매등기를 경료한 후 등기된 환매기간이 경과하기 전에 환매권자가 다른 원인으로 당
해 부동산에 대한 소유권을 취득함으로써 위 환매권이 혼동으로 소멸한 경우에는 환매
권자가 단독으로 혼동을 원인으로 하는 말소등기를 신청할 수 있다.

⑤ 환매권자는 매도인에 한정되므로 제3자를 환매권자로 하는 환매특약등기는 할 수
없다.

해설 ③ 등기관은 환매권의 행사로 인한 소유권이전등기를 할 때에는 **직권**으로 **환매특약의 등기를**
말소하여야 한다(규칙 제114조 제1항, 예규 제1359호, 2).

① 산림청 소관 국유재산을 그 연고자에게 매각 또는 교환하고 그에 따른 소유권이전등기를 경
료하면서 아울러 **환매특약의 등기를** 경료한 경우, 그 연고자로부터 그 부동산을 전득한 제3
자는 환매권자의 환매권 행사에 대항할 수 없으나(🌐 대항력), 환매특약의 등기에 **부동산처분**
금지의 효력이 인정되어 있는 것은 아니므로, 환매특약의 등기가 경료된 이후에도 소유자는
제3자에게 동 부동산을 **전매**하고 그에 따른 **소유권이전등기를** 신청할 수 있다(선례 제
5-396호).

② 예규 제1359호, 1-가

④ 환매등기를 경료한 후 등기된 환매기간이 경과하기 전에 **환매권자가 다른 원인으로 당해 부**
동산에 대한 소유권을 취득함으로써 위 환매권이 **혼동**으로 소멸한 경우에는 환매권자가 **단**
독으로 혼동을 원인으로 하는 말소등기를 신청할 수 있다(선례 제5-397호).

⑤ 환매등기의 경우 **환매권리자는** 매도인에 **국한**되는 것이므로 **제3자를 환매권리자로** 하는 환
매등기는 이를 할 수 **없**다(선례 제3-566호). 다만 환매권은 재산권이므로 환매특약등기 후
환매권이전의 부기등기의 부기등기형식으로 환매권을 양도할 수는 있다.

02 환매특약의 등기에 관한 다음 설명 중 가장 옳지 않은 것은? ▸ 2020년 등기서기보

① 환매권 행사로 인한 소유권이전등기를 한 경우, 환매특약의 등기 이후 환매권 행사 전에 마쳐진 제3자 명의의 저당권설정등기에 관한 말소등기는 등기관이 직권으로 할 수 없고, 일반원칙에 따라 공동신청에 의하여야 한다.

② 환매특약의 등기를 할 때에는 매수인이 지급한 대금, 매매비용 및 환매기간을 반드시 기록하여야 한다.

③ 환매특약의 등기신청은 매매로 인한 권리이전등기신청과는 별개로 하여야 하지만, 반드시 매매로 인한 권리이전등기신청과 동시에 하여야 한다.

④ 환매특약의 등기를 신청할 때에는 등기의무자의 등기필정보를 제공할 필요가 없다.

> **해설** ② 매수인이 지급한 대금, 매매비용은 필수적 등기사항으로 반드시 기록하여야 하나, 환매기간은 임의적 등기사항으로 등기원인에 내용이 있는 경우에만 기록한다. 즉 환매기간을 반드시 기록하여야 한다는 부분이 옳지 않은 부분이다(법 제53조).
>
> ① 예규 제1359호, 3
> ③ 1) 매매의 목적물이 부동산인 경우에 매매등기와 동시에(🔒 if.not - 29.2) 환매권의 보류를 등기(🔒 부기등기)한 때에는 제삼자에 대하여 그 효력(🔒 대항력)이 있다(민법 제592조).
>   2) 즉 환매특약등기는 매매로 인한 소유권이전등기와 동시에 신청하여야 하나, 환매특약등기 신청서는 소유권이전등기신청서와는 별개의 신청서로 작성하여야 한다(「부동산등기실무 Ⅱ」 p.36). 이 경우 소유권이전등기와 환매특약등기는 같은 접수번호를 부여한다.
> ④ 1) 둘 이상의 권리에 관한 등기를 동시에 신청하는 경우. 즉 먼저 접수된 신청에 의하여 새로 등기명의인이 되는 자가 나중에 접수된 신청에서 등기의무자가 되는 경우에 나중에 접수된 등기신청에는 등기필정보를 제공하지 않아도 된다.
>   2) 예컨대 소유권이전등기신청과 동시에 환매특약의 등기를 신청하는 경우에 환매특약의 등기신청에 대하여는 등기필정보를 제공하지 않아도 된다(예규 제1647호, 3-가).

03 환매에 관한 등기와 관련한 다음 설명 중 가장 옳지 않은 것은? ▸ 2019년 법무사

① 한 필지 전부를 매매의 목적물로 하여 매매계약을 체결함과 동시에 그 목적물의 일부 지분에 대한 환매권을 보류하는 약정의 환매특약등기신청도 가능하다.

② 환매특약등기는 환매특약부매매를 원인으로 한 소유권이전등기신청과 동시에 신청하여야 하며, 매수인의 권리취득의 등기에 부기등기의 형식으로 기록하여야 한다.

③ 환매권부매매의 목적 부동산이 환매특약의 등기 후 양도된 경우에는 현재 등기기록상 소유명의인인 제3취득자가 등기의무자가 된다.

정답 ○━ 01 ③ 02 ② 03 ①

④ 환매권에 가압류 또는 가처분등기가 마쳐져 있는 경우에는 그 등기명의인의 승낙서 또는 이에 대항할 수 있는 재판이 있음을 증명하는 정보가 제공되지 않으면 환매특약등기를 말소할 수 없다.

⑤ 환매특약등기 이후 환매권 행사 전에 마쳐진 제3자 명의의 소유권 외의 권리에 관한 등기의 말소등기는 일반원칙에 따라 공동신청에 의하여야 한다.

해설 ① 한 필지 **전부를 매매의 목적물**로 하여 매매계약을 체결함과 동시에 그 목적물소유권의 일부 **지분**에 대한 **환매권을 보류**하는 약정은 민법상 환매특약에 해당하지 **않으므로** 이러한 환매특약등기신청은 할 수 **없다**(선례 제9–265호).

② 매매의 목적물이 부동산인 경우에 매매등기와 **동시에**(🌐 if.not – 29.2) 환매권의 보류를 등기(🌐 **부기등기**)한 때에는 제삼자에 대하여 그 효력(🌐 **대항력**)이 있다(민법 제592조).

③ 예규 제1359호, 1–가

④ 예규 제1359호, 2

⑤ 예규 제1359호, 3

04 환매특약의 등기에 관한 다음 설명 중 가장 옳지 않은 것은?　　　▶ 2019년 등기주사보

① 환매의 특약은 등기한 때부터 제3자에게 대항할 수 있으며, 환매권은 일종의 권리취득권이라고 할 수 있는 독립한 권리이므로 거래나 압류·가압류의 대상이 된다.

② 환매특약등기는 매매로 인한 권리이전등기와는 별개로 신청하여야 하는 것이므로 그 권리이전등기와 동시에 신청할 필요는 없다.

③ 환매권을 행사한 경우에는 환매특약부 매매로 인한 종전의 소유권이전등기를 말소하는 것이 아니고 환매권부매매의 매도인 명의로 소유권이전등기를 한다.

④ 환매특약의 등기 후 환매권 행사 전에 마쳐진 제3자 명의의 소유권 외의 권리에 관한 등기에 대하여는 환매권자와 소멸될 권리의 등기명의인이 공동으로 말소등기를 신청한다.

해설 ② 1) 매매의 목적물이 부동산인 경우에 매매등기와 **동시에**(🌐 if.not – 29.2) 환매권의 보류를 등기(🌐 **부기등기**)한 때에는 제삼자에 대하여 그 효력(🌐 **대항력**)이 있다(민법 제592조).
2) 즉 **환매특약등기는 매매로 인한 소유권이전등기와 동시에 신청**하여야 하나, 환매특약등기신청서는 소유권이전등기신청서와는 **별개의 신청서**로 작성하여야 한다(「부동산등기실무 II」 p.36). 이 경우 소유권이전등기와 환매특약등기는 **같은 접수번호를** 부여한다.

① **환매권**도 하나의 재산권으로서 그 **양도성**이 인정(🌐 **매매·가압류·압류·가처분 가능**)되므로 환매권이 이전된 경우에는 그에 따른 이전등기와 환매권에 변경사유나 말소사유가 발생할 경우에는 그 변경등기나 말소등기도 할 수 있다(「부동산등기실무 II」 p.371).

③ 예규 제1359호, 1–가

④ 예규 제1359호, 3

05 **환매특약의 등기에 관한 다음 설명 중 가장 옳지 않은 것은?** ▶ 2017년 등기주사보

① 환매특약의 등기신청은 매매로 인한 권리이전등기와는 별개로 신청하나 반드시 동시에 하여야 한다.

② 환매권자는 매도인에 국한되므로 제3자를 환매권자로 하는 환매특약등기는 할 수 없다.

③ 환매권은 독립된 권리로 볼 수 없으므로 권리이전등기에 부기로 등기하고 압류의 대상도 되지 않는다.

④ 1필지 전부를 매도하면서 그 일부 지분에 대해서만 환매권을 보류하는 환매특약등기신청은 할 수 없다는 것이 등기실무이다.

> **해설** ③ **환매권도** 하나의 재산권으로서 그 **양도성이** 인정(註 **매매·가압류·압류·가처분** 가능)되므로 환매권이 이전된 경우에는 그에 따른 **이전등기와** 환매권에 변경사유나 말소사유가 발생할 경우에는 그 **변경등기나 말소등기도** 할 수 있다(「부동산등기실무Ⅱ」 p.371).

06 **환매특약의 등기에 관한 다음 설명 중 가장 옳지 않은 것은?** ▶ 2017년 법원사무관

① 환매의 특약은 등기한 때부터 제3자에게 대항할 수 있으며, 환매권은 일종의 권리취득권이라고 할 수 있는 독립한 권리이므로 거래나 압류·가압류의 대상이 된다.

② 환매특약등기는 매매로 인한 권리이전등기와는 별개로 신청하나 반드시 동시에 하여야 하고, 동일 접수번호로 접수된다.

③ 환매권을 행사한 경우에는 환매특약부 매매로 인한 종전의 소유권이전등기를 말소하는 것이 아니고 매도인 명의로 소유권이전등기를 한다.

④ 환매특약의 등기 후 환매권 행사 전에 마쳐진 제3자 명의의 소유권 외의 권리에 관한 등기는 '환매권 행사로 인한 실효'를 원인으로 환매권자가 단독으로 말소등기를 신청한다.

> **해설** ④ 환매특약의 등기 이후 환매권 행사 전에 경료된 **제3자 명의의 소유권 이외의 권리에 관한 등기의 말소등기는** 일반원칙에 따라 **공동신청에** 의하고, 그 말소등기의 원인은 "**환매권 행사로 인한 실효**"로 기록한다(예규 제1359호, 3).

07 환매특약의 등기에 관한 다음 설명 중 가장 옳지 않은 것은?

▸ 2015년 법무사, 2015년 등기서기보

① 환매특약의 등기신청은 매매로 인한 권리이전등기신청과 동시에 하여야 하고 또 동일 접수번호로 접수하여야 한다.

② 환매기간을 5년을 넘게 정한 경우에는 등기관은 그 등기신청을 각하하여야 한다.

③ 환매권자는 매도인에 국한되는 것이 아니므로 제3자를 환매권자로 하는 환매특약의 등 기를 할 수 있다.

④ 환매특약 등기 후에 저당권설정등기가 이루어진 경우 그 저당권등기의 말소는 저당권 자와 환매권 행사로 소유자가 된 자의 공동신청으로 말소한다.

⑤ 환매권에 가압류의 부기등기가 마쳐져 있는 경우에 이를 말소하지 않으면 환매권 행사 로 인한 소유권이전등기는 할 수 없다.

해설 ③ 환매등기의 경우 **환매권리자는 매도인에 국한**되는 것이므로 **제3자를 환매권리자로** 하는 환 매등기는 이를 할 수 **없다**(선례 제3-566호). 다만 환매권은 재산권이므로 환매특약등기 후 환매권 이전의 부기등기의 부기등기형식으로 환매권을 양도할 수는 있다.

② **환매기간은 부동산은 5년**, 동산은 3년을 **넘지 못한다**(민법 제591조 제1항). 따라서 **환매기간 을 5년을 넘게 정하여 등기신청**을 하는 경우에는 등기관은 그 등기신청을 각하하여야 한다 (법 제29조 제2호, 규칙 제52조 제10호).

④ 예규 제1359호, 3

⑤ 예규 제1359호, 2

08 환매특약의 등기에 관한 다음 설명 중 옳지 않은 것은?

▸ 2012년 법무사

① 1필지의 토지 전부를 매도하면서 그 일부 지분에 대해서만 환매특약등기의 신청을 한 경우에도 등기관은 그 신청을 수리하여야 한다.

② 환매권자를 매도인이 아닌 제3자로 하여 환매특약등기의 신청을 한 경우 등기관은 그 신청을 각하하여야 한다.

③ 환매권의 실행에 따라 환매권자 명의로 권리이전등기를 마친 경우 등기관은 환매특약 의 등기를 직권으로 말소하여야 한다.

④ 매매로 인한 권리이전등기의 신청을 각하하는 경우에는 동시에 신청한 환매특약의 등 기를 반드시 각하하여야 한다.

⑤ 환매권에 대한 가압류 등으로 인하여 환매특약의 등기를 말소할 수 없는 경우에는 환 매권 행사로 인한 권리이전등기를 할 수 없다.

해설 ① 한 필지 <u>전부를 매매의 목적물</u>로 하여 매매계약을 체결함과 동시에 그 목적물소유권의 <u>일부 지분</u>에 대한 **환매권을 보류**하는 약정은 민법상 환매특약에 해당하지 <u>않으므로</u> 이러한 환매특약등기신청은 할 수 **없다**(선례 제9-265호).

③ 등기관은 환매권의 행사로 인한 소유권이전등기를 할 때에는 **직권으로 환매특약의 등기를 말소**하여야 한다(규칙 제114조 제1항, 예규 제1359호, 2).

④ 1) <u>환매특약</u>은 매매계약에 종된 권리이므로 매매계약이 실효되면 그 특약도 효력을 잃는다. 그러나 반대로 특약이 실효되어도 당사자가 그 특약의 유효를 조건으로 하지 않는 한 매매계약의 효력에는 영향을 미치지 않는다.

2) 따라서 **매매로 인한 소유권이전등기신청을 각하**하는 경우에는 <u>환매특약등기신청도 반드시 각하하여야</u> 한다.

3) 그러나 **환매특약의 등기신청을 각하**하는 경우에는 별도의 특약이 없다면 <u>소유권이전등기 신청 자체에 각하사유가 없는 한 소유권이전등기신청을 수리할 수밖에</u> 없다.

⑤ 예규 제1359호, 2

---

09 **환매권 실행의 등기에 관한 다음 설명 중 가장 옳지 않은 것은?** ▶ 2018년 등기주사보

① 환매권부매매의 매도인으로부터 환매권을 양수받은 자가 있는 경우에는 그 양수인이 등기권리자가 되고, 환매권부매매의 목적 부동산이 환매특약의 등기 후 양도된 경우에는 그 전득자 즉 현재 등기기록상 소유명의인이 등기의무자가 된다.

② 소유권이전등기의 등기원인은 '환매'로 하고 환매의 의사표시가 상대방에게 도달한 날을 등기원인 일자로 한다.

③ 환매권의 행사로 인한 소유권이전등기를 할 때에는 직권으로 환매특약의 등기를 말소하여야 한다.

④ 환매특약의 등기 이후 환매권 행사 전에 경료된 제3자 명의의 소유권 이외의 권리에 관한 등기는 등기관이 직권으로 말소하는데, 등기원인을 '환매권 행사로 인한 실효'로 기록한다.

해설 ④ 환매특약의 등기 이후 환매권 행사 전에 경료된 **제3자 명의의 소유권 이외의 권리에 관한 등기의 말소등기**는 일반원칙에 따라 **공동신청**에 의하고, 그 말소등기의 원인은 "**환매권 행사로 인한 실효**"로 기록한다(예규 제1359호, 3).

① 예규 제1359호, 1-가
② 예규 제1359호, 1-다
③ 예규 제1359호, 2, 규칙 제114조 제1항

10 환매권 행사에 따른 소유권이전등기에 관한 다음 설명 중 가장 옳지 않은 것은?

▸ 2018년 등기서기보

① 환매권부매매의 매도인이 등기권리자, 환매권부매매의 매수인이 등기의무자가 되어 환매권 행사로 인한 소유권이전등기를 공동으로 신청한다.

② 환매권 행사로 인한 소유권이전등기의 등기원인은 "환매"로 하고, 환매의 의사표시가 상대방에게 도달한 날을 등기원인 일자로 한다.

③ 등기관은 환매권의 행사로 인한 소유권이전등기를 할 때에는 직권으로 환매특약의 등기를 말소하여야 한다.

④ 환매특약의 등기 이후 환매권 행사 전에 마쳐진 제3자 명의의 소유권 이외의 권리에 관한 등기의 말소는 등기관이 직권으로 한다.

해설 ④ 환매특약의 등기 이후 환매권 행사 전에 경료된 **제3자 명의의 소유권 이외의 권리에 관한 등기의 말소등기**는 일반원칙에 따라 **공동신청**에 의하고, 그 말소등기의 원인은 "**환매권 행사로 인한 실효**"로 기록한다(예규 제1359호, 3).

　① 예규 제1359호, 1-가
　② 예규 제1359호, 1-다
　③ 예규 제1359호, 2, 규칙 제114조 제1항

정답 ━ 10 ④

02 권리소멸약정

01 권리소멸약정의 등기에 관한 다음 설명 중 가장 옳지 않은 것은? ▸ 2018년 법무사

① 등기원인행위와 동일한 계약에서 부가된 권리소멸의 약정이 아닌 별개의 계약에 의한 권리소멸의 약정은 등기 대상이 아니다.

② 소유권이전등기신청서에 권리소멸의 약정사항을 기재하여 권리소멸의 약정등기를 신청하는 경우에는 이와 동시에 별개의 신청서에 의해 환매특약의 등기를 신청할 수 없다.

③ 등기원인에 등기의 목적인 권리에 대한 소멸의 약정이 있더라도 이를 반드시 신청서에 기재하여 등기를 신청하여야 하는 것은 아니다.

④ 권리소멸약정의 등기는 권리취득등기에 부기등기로 하며, 권리취득등기를 말소할 때에 직권으로 말소한다.

⑤ 등기명의인의 사망으로 권리가 소멸한다는 약정이 등기되어 있는 경우에 그 등기명의인의 사망으로 그 권리가 소멸하였을 때에는 등기권리자가 그 사실을 증명하여 단독으로 해당 등기의 말소를 신청할 수 있다.

해설 ② 소유권이전등기신청서에 권리소멸의 약정사항을 기재하여 **권리소멸의 약정등기**를 신청하는 경우에도 이와 **동시에 별개의 신청서에 의해 환매특약의 등기**를 신청할 수도 있다(선례 제201412-1호).

① 권리소멸의 약정이란 등기의 원인인 법률행위에 해제조건 또는 종기 등을 붙인 것을 말한다. 이는 **등기원인행위와 동일한 계약**에서 부가되어야 하고 별개의 계약에 의한 권리소멸의 약정은 여기서의 등기의 대상이 **아니다**(「부동산등기실무 II」 p.375).

③ **등기원인에 권리의 소멸에 관한 약정이 있을 경우** 신청인은 그 약정에 관한 등기를 신청할 수 있다(법 제54조). 따라서 등기원인에 권리소멸약정의 내용이 있더라도 이를 **반드시 신청서에 기재하여 등기를 신청하여야** 하는 것은 **아니다**.

④ 등기관이 제54조의 **권리소멸약정**등기를 할 때에는 **부기로** 하여야 한다(법 제52조 제7호). **권리의 소멸에 관한 약정의 등기**에 따라 권리취득등기를 말소할 때에 권리소멸약정등기를 **직권말소**한다(규칙 제114조 제2항)(**註** 목적 달성하였으므로).

⑤ 등기명의인인 **사람의 사망 또는 법인의 해산으로 권리가 소멸한다는 약정이 등기**되어 있는 경우에 사람의 사망 또는 법인의 해산으로 그 **권리가 소멸**하였을 때에는, **등기권리자는** 그 사실을 증명하여 **단독으로 해당 등기의 말소를 신청**할 수 있다(법 제55조).

정답 ❂ 01 ②

02 권리소멸약정의 등기에 관한 다음 설명 중 가장 옳지 않은 것은? ▶ 2018년 등기주사보

① 권리소멸의 약정은 등기원인행위와 동일한 계약서에 나타나 있어야 하며, 별개로 체결한 약정에 의해서는 등기를 신청할 수 없다.

② 등기원인증서에 등기의 목적인 권리에 대한 소멸의 약정이 있으면 이를 반드시 신청서에 기재하여 등기를 신청하여야 한다.

③ 권리소멸약정의 등기는 권리취득등기에 부기등기로 한다.

④ 권리소멸약정의 등기는 권리취득등기를 말소하였을 때에 직권으로 말소한다.

해설 ② 등기원인에 권리의 소멸에 관한 약정이 있을 경우 신청인은 그 약정에 관한 등기를 신청할 수 있다(법 제54조). 따라서 등기원인에 권리소멸약정의 내용이 있더라도 이를 반드시 신청서에 기재하여 등기를 신청하여야 하는 것은 아니다.

③ 법 제52조 제7호
④ 규칙 제114조 제2항

정답 ○─ 02 ②

03 특별법에 의한 특약사항(주택법, 주차장법 등)

📌 **관련 예규**

주택법 제61조 제3항에 따른 금지사항의 부기등기에 관한 업무처리지침[예규 제1616호]

1. 금지사항 부기등기의 신청

가. 주택건설대지에 대한 신청

주택법 규정에 의한 사업주체(이하 "사업주체"라 한다)가 주택건설대지에 관하여 주택법 제61조 제3항에 따른 금지사항 부기등기(이하 "금지사항 부기등기"라 한다)를 신청하기 위해서는 신청서에 주택건설사업계획승인서 및 입주자모집공고승인신청을 하였다는 관할 관청의 확인서를 첨부하여야 한다. **금지사항 부기등기**는 신청에 의한 등기이므로 **등록면허세** 및 **등기신청수수료를 납부**하여야 한다.

나. 주택에 대한 금지사항 부기등기

(1) 건물 준공 전에 입주자를 모집한 경우

(가) 사업주체가 입주예정자가 있는 건설된 주택에 관하여 소유권보존등기를 신청하면서 금지사항 부기등기를 신청하기 위해서는, 신청서에 「주택법」 제61조 제3항 및 같은 법 시행령 제72조 제1항 제2호에 따른 금지사항을 기재하여야 하고, 관할 관청이 사업주체의 입주자모집공고안을 승인하였다는 확인서와 입주예정자가 있다는 사실을 소명하는 서면(분양계약서 사본 등)을 첨부하여야 한다.

(나) 위 (가)의 경우 일부 주택에 관하여 입주예정자가 없어 그 주택에 대하여는 금지사항 부기등기를 신청하지 아니하는 경우에는 그 주택의 대지 지분에 대한 금지사항을 말소하는 의미로서 하는 주택건설대지에 관한 금지사항 부기등기의 변경등기절차는 아래 3. 나.의 규정에 따른다.

(2) 건물 준공 후에 입주자를 모집하는 경우

사업주체가 당해 주택에 관하여 소유권보존등기 후에 입주자모집공고승인신청을 하는 경우에는 그 사실을 증명하는 관할 관청의 확인서를 첨부하여 금지사항 부기등기를 신청하여야 한다.

(3) 위 (1) 및 (2)의 등기신청이 있는 경우 등기관은 그 금지사항을 소유권보존등기에 부기한다.

2. 금지사항 부기등기 이후에 주등기에 기초한 등기신청이나 촉탁이 있는 경우

금지사항 부기등기 이후에 당해 대지 또는 주택에 관하여 입주예정자의 동의 없이 소유권이전등기신청이 있거나 제한물권설정등기신청이 있는 경우, 또는 압류·가압류·가처분 등의 등기촉탁이 있는 경우, 등기관은 「부동산등기법」 제29조 제9호에 의하여 그 등기신청(촉탁)을 각하하여야 한다. 다만, 다음 각 호 중 어느 하나에 해당하는 경우에는 그러하지 아니하다.

(1) 사업주체가 당해 주택의 입주자에게 주택구입자금의 일부를 융자하여 줄 목적으로 국민주택기금이나 금융기관(「은행법」에 따른 은행 등 「주택법 시행령」 제71조 제1호 각 목의 금융기관을 말한다. 이하 같다)으로부터 주택건설자금의 융자를 받고 그 사실을 소명하는 서면(예 당해 대출기관의 확인서 등)을 첨부하여 저당권설정등기 등을 신청하는 경우

(2) 사업주체가 당해 주택의 입주자에게 주택구입자금의 일부를 융자하여 줄 목적으로 금융기관으로부터 주택구입자금의 융자를 받고 그 사실을 소명하는 서면(예 당해 대출기관의 확인서 등)을 첨부하여 저당권설정등기 등을 신청하는 경우

(3) 사업주체가 파산(「채무자 회생 및 파산에 관한 법률」 등에 의한 법원의 결정·인가를 포함한다)·합병·분할·등록말소·영업정지 등의 사유로 사업을 시행할 수 없게 됨에 따라, 사업주체가 변경되어 다른 사업주체가 당해 대지를 양수하거나, 시공보증자 또는 입주예정자가 당해 대지의 소유권을 확보하거나 압류·가압류·가처분 등을 하고 그 사실을 소명하는 서면(예 법인등기사항증명서나 관할관청의

변경승인서 등)을 첨부하여 등기신청(촉탁)을 하는 경우

(4) 주택건설사업이 완성되어 사업주체가 주택법상의 입주예정자 앞으로 소유권이전등기를 신청하면서 그 사실을 소명하는 서면(예 사업주체의 확인서나 분양계약서 등)을 첨부한 경우

(5) 「주택법」 제61조 제6항의 규정에 의하여 사업주체가 당해 주택건설대지를 대한주택보증주식회사에 신탁하고 그에 따른 등기신청을 하는 경우

(6) 위 (1), (2), (3)의 저당권설정·가압류·압류·가처분등기 등에 기초한 등기촉탁(신청)이 있는 경우(예 저당권에 의한 임의경매신청 기입등기의 촉탁 등)

(7) 삭제(2011.10.11. 제1379호)

3. 금지사항 부기등기의 말소

가. 사업계획승인의 취소로 인한 말소(신청말소)

사업계획승인이 취소된 경우 사업주체는 그 취소를 증명하는 서면을 첨부하여 금지사항 부기등기의 말소를 신청하여야 한다.

나. 입주예정자 앞으로의 소유권이전등기신청이 있는 경우(직권말소)

주택건설사업이 완성되어 건설된 주택에 대하여 사업주체가 주택법상 입주예정자 앞으로 소유권이전등기를 신청한 경우, 등기관은 그 소유권이전등기를 실행한 후 **직권**으로 주택에 대한 금지사항 부기등기를 말소한다. 그 주택의 대지권의 표시란에 주택건설대지에 대한 금지사항 부기등기로 인하여 별도의 등기가 있다는 뜻의 기록이 있는 경우에는 대지권의 목적인 토지의 금지사항 부기등기를 당해 주택의 대지권비율만큼 직권으로 말소(일부 말소 의미의 변경등기)한다.

다. 사업주체가 입주예정자에게 입주가능일을 통보한 경우(신청말소)

사업주체가 입주예정자에게 통보한 입주가능일로부터 60일이 경과한 후에 그 통보를 증명하는 서면(예 사업주체의 확인서나 내용증명서 등)을 첨부하여 금지사항 부기등기의 말소를 **신청**한 경우, 등기관은 그 등기신청을 수리하여야 한다.

라. 금지사항 부기등기 후 당해 부동산이 매각된 경우(촉탁말소)

금지사항 부기등기 후 당해 부동산이 매각되고 집행법원이 그 매각에 따른 소유권이전등기를 촉탁하면서 금지사항 부기등기의 말소도 **촉탁**한 경우, 등기관은 그 부기등기를 말소하여야 한다.

마. 입주예정자가 없는 경우(신청말소)

입주자모집공고에 따른 분양계약의 체결로 입주예정자가 발생하였으나, 나중에 분양계약의 무효 또는 취소 등으로 인하여 당해 주택에 입주예정자가 없는 경우, 사업주체는 그 사실을 증명하는 서면을 첨부하여 당해 주택에 관한 금지사항 부기등기의 말소를 **신청**할 수 있다. 이 경우 주택건설대지에 관한 금지사항 부기등기의 변경(일부 말소)절차는 위 나.의 예에 따른다.

바. 사업주체가 변경된 경우(직권말소)

사업주체가 파산(「채무자 회생 및 파산에 관한 법률」 등에 의한 법원의 결정·인가를 포함한다)·합병·분할·등록말소·영업정지 등의 사유로 사업을 시행할 수 없게 됨에 따라, 사업주체가 변경되어 다른 사업주체가 당해 대지를 양수하여 이를 원인으로 소유권이전등기를 신청하는 경우 등기관은 그 소유권이전등기를 실행한 후 **직권**으로 대지에 대한 금지사항 부기등기를 말소한다. 이 경우 신사업주체는 소유권이전등기를 신청하면서 금지사항 부기등기를 함께 신청하여야 한다.

사. 주택건설대지를 대한주택보증주식회사에 신탁한 경우(직권말소)

「주택법」 제61조 제6항의 규정에 의하여 사업주체가 당해 주택건설대지를 대한주택보증주식회사에

신탁하고 그에 따른 등기신청을 하는 경우 등기관은 그 소유권이전등기 및 신탁등기를 실행한 후 **직권**으로 대지에 대한 금지사항 부기등기를 말소한다. 이 경우 후에 신탁해지를 원인으로 사업주체 앞으로 다시 소유권이전등기를 신청하는 경우에는 금지사항 부기등기를 함께 신청하여야 한다.

4. 삭제(2016.07.04. 제1600호)

4의2. 주상복합건축물(주택 외의 시설과 주택을 동일 건축물로 하는 경우를 말한다.)의 경우에 대한 특칙

가. 대지에 대한 신청

(1) 주상복합건축물 건설사업이 사업계획승인 대상인 경우

위 1. 가.의 예에 따른다.

(2) 주상복합건축물의 건축이 건축허가 대상인 경우

(가) 그 대지 위에 건축될 예정인 주상복합건축물에 주택이 **30세대**(「주택법 시행령」 제27조 제1항 제2호 각 목의 어느 하나에 해당하는 경우에는 **50세대**) 이상인 경우에 한하여 금지사항 부기등기를 신청할 수 있다.

(나) 첨부서면

ⅰ) 건축허가서

ⅱ) 입주자모집공고승인신청을 하였다는 관할 관청의 확인서

ⅲ) 위 (가)의 주택 세대수 이상임을 증명하는 서면(위 ⅰ), ⅱ)의 서면에 의하여 증명되지 않는 경우에 한한다.)

(3) 금지사항 부기등기의 방법

주상복합건축물의 대지에 대한 금지사항 부기등기는 사업주체의 소유권이나 그 지분 전부에 대하여 한다.

나. 주상복합건축물에 대한 금지사항 부기등기

주상복합건축물에 대한 금지사항 부기등기 및 그 변경등기는 위 1. 나.의 규정에 따르는 외에 다음과 같은 방법으로 한다.

(1) 금지사항 부기등기의 대상 및 신청 방법

(가) 금지사항 부기등기는 전유부분 중 주택에 대하여만 신청하고, 주택 외의 시설을 대상으로 신청하여서는 아니 된다.

(나) 등기관은 금지사항 부기등기를 주택의 소유권보존등기에만 부기하고, 주택 외의 시설의 소유권 보존등기에는 부기하지 않도록 주의하여야 한다.

(2) 대지에 대한 금지사항 부기등기의 변경등기

(가) 사업주체는 대지에 대한 금지사항 부기등기를 주택 외의 시설의 대지권비율만큼 말소(일부 말소 의미의 변경등기)하는 등기(선행)와 주상복합건축물의 소유권보존등기(후행)를 동시에 신청하여야 한다.

(나) 등기관은 주택 외의 시설의 소유권보존등기 시 금지사항 부기등기로 인하여 별도의 등기가 있다는 뜻을 기록하지 않도록 주의하여야 한다.

4의3. 사업주체가 지역·직장주택조합인 경우(「주택법」 제4조의 등록사업자와 함께 공동사업주체인 경우를 포함한다)에 대한 특칙

대지에 대하여 사업계획승인신청을 하였다는 관할 관청의 확인서나 사업계획승인서를 첨부하여 입주자모집공고승인신청 전이라도 금지사항 부기등기를 신청할 수 있다.

4의4. 금지사항 부기등기를 할 수 없는 경우

금지사항 부기등기를 신청한 부동산이 사업주체의 소유명의가 아니거나 다음의 어느 하나에 해당하는 경우에는 금지사항 부기등기를 할 수 없다.

가. 대지의 경우

(1) 사업주체가 **국가·지방자치단체**·한국토지주택공사 또는 지방공사인 경우

(2) **조합원**이 주택조합에 대지를 **신탁**하여 신탁등기를 한 경우

(3) 대지에 저당권, 가등기담보권, 전세권, 지상권 및 등기되는 부동산임차권이 설정된 경우. 다만 사업주체가 「주택법 시행령」 제71조 제1호 또는 제2호에 따른 융자를 받기 위해 해당 금융기관에 대하여 저당권 등을 설정한 경우임을 증명하는 정보를 제공한 경우에는 그러하지 아니하다.

나. 주택의 경우

해당 주택의 입주자로 선정된 지위를 취득한 자가 없는 경우. 다만, 소유권보존등기 후 입주자모집공고의 승인을 신청하는 경우를 제외한다.

01 특별법에 의한 금지사항 부기등기에 관한 다음 설명 중 가장 옳지 않은 것은?

▶ 2020년 법무사

① 대지권등기가 마쳐진 구분건물이 아직 멸실되지 아니한 상태로 건설대지 상에 존재하는 경우, 이 대지에 대하여 주택법 제61조 제3항의 금지사항 부기등기를 신청하기 위해서는 먼저 분리처분가능 규약(공정증서)을 첨부정보로서 제공하여 구분건물에 대한 대지권변경등기(대지권등기를 말소하는 의미)를 신청하여야 한다.

② 보조금 관리에 관한 법률 제35조의2 제1항의 금지사항등기는 원칙적으로 (간접)보조사업자 명의의 소유권등기에 부기등기로 하여야 하지만, 이 소유권등기 이후로 저당권설정등기와 같이 금지되는 등기가 이미 마쳐져 있다면 이 금지사항등기는 소유권등기에 부기등기로 할 수 없고 주등기로 하여야 한다.

③ 한국주택금융공사법 제43조의7 제2항의 금지사항 부기등기가 마쳐진 주택이 저당권의 실행으로 매각된 경우, 이러한 부기등기가 매수인이 인수하지 아니한 부동산의 부담에 관한 기입에 해당한다면 집행법원은 매각을 원인으로 소유권이전등기를 촉탁하면서 그 등기의 말소등기도 함께 촉탁하여야 한다.

④ 구 임대주택법 제18조 제2항의 금지사항 부기등기가 마쳐진 임대주택에 대하여는 양도가 금지되는 것은 아니므로, 신탁을 원인으로 주택도시보증공사 명의의 소유권이전등기 및 신탁등기를 신청할 수 있다.

⑤ 주차장법 제19조 제4항에 따라 시설물의 부지 인근에 부설주차장을 공동으로 설치한 경우, 각 시설물의 소유자 전원은 반드시 주차장법 제19조의24에 의한 부기등기를 동시에 신청하여야 한다.

해설 ⑤ 「주차장법」 제19조의24에 의한 부기등기는 그 시설물의 소유자가 시설물의 부기등기와 부설주차장의 부기등기를 동시에 신청하는 것(주차장법 시행령 제12조의17 제3항의 예외 있음)이며, **시설물의 소유자와 부설주차장의 소유자는 동일**하여야 한다. 시설물의 부지 인근에 설치하는 부설주차장은 단독 또는 공동으로 설치할 수 있으며(주차장법 제19조 제4항), 이를 공동으로 설치한 경우에 그 부기등기를 **공유자 전원이 반드시 동시에 신청하여야 하는 것은 아니므로**, 부설주차장을 공동으로 설치한 각 시설물의 소유자는 시설물에 대한 부기등기와 함께 부설주차장에 대하여는 자신의 지분에만 부기등기를 신청할 수 있다(선례 제9-282호).

① 대지권등기가 마쳐진 구분건물이 아직 멸실되지 아니한 상태로 건설대지 상에 존재하는 경우, 이 구분건물에 대하여는 위 금지사항 부기등기를 신청할 수 없으며, 또한 토지 등기기록에 대지권이라는 뜻의 등기가 마쳐진 상태에서는 대지에 대하여만 위 금지사항 부기등기를 신청할 수도 없으므로, 이 대지에 대하여 금지사항 부기등기를 신청하기 위해서는 먼저 분리처분가능 규약(공정증서)을 첨부정보로서 제공하여 구분건물에 대한 대지권변경등기(대지권등기를 말소하는 의미)를 신청하여야 한다(선례 제9-272호).

② 「보조금 관리에 관한 법률」 제35조의2 제1항에 따른 금지사항에 관한 등기는 원칙적으로 보조사업자 또는 간접보조사업자 명의의 소유권보존등기 또는 소유권이전등기에 부기등기로 하여야 하지만, 이 소유권등기가 마쳐진 이후로 근저당권설정등기와 같이 금지되는 등기가 이미 마쳐져 있다면 이 금지사항의 등기는 소유권등기에 부기등기로 할 수 없고 주등기로 하여야 한다(선례 제201912-9호).

③ 「한국주택금융공사법」 제43조의7 제2항에 따른 금지사항의 부기등기가 마쳐진 주택이 저당권의 실행으로 매각된 경우, 집행법원은 이 주택에 대하여 매각을 원인으로 소유권이전등기를 촉탁하면서 매수인이 인수하지 아니한 부동산의 부담에 관한 기입을 말소하는 등기도 함께 촉탁하여야 하므로(민사집행법 제144조 제1항), 이러한 부기등기가 매수인이 인수하지 아니한 부동산의 부담에 관한 기입에 해당한다면 집행법원은 그 등기의 말소등기도 함께 촉탁하여야 한다(선례 제202003-2호).

④ 구 「임대주택법」 제18조 제2항의 금지사항 부기등기가 마쳐진 임대주택에 대하여는 양도가 금지되는 것은 아니므로, 신탁을 원인으로 「주택도시기금법」에 따른 주택도시보증공사 명의의 소유권이전등기 및 신탁등기를 신청할 수 있다(선례 제201909-4호).

정답 01 ⑤

02 주택법 제61조 제3항의 금지사항 부기등기의 말소절차에 관한 다음 설명 중 가장 옳지 않은 것은?

▸ 2018년 등기주사보

① 금지사항 부기등기 후 해당 부동산이 매각되고 집행법원이 그 매각에 따른 소유권이전등기를 촉탁한 경우, 금지사항 부기등기는 등기관이 직권으로 말소하여야 한다.

② 사업주체는 입주예정자에게 통보한 입주가능일로부터 60일이 경과한 후에 그 통보를 증명하는 정보를 첨부정보로서 제공하여 금지사항 부기등기의 말소등기를 신청할 수 있다.

③ 사업주체가 해당 주택건설대지를 주택도시보증공사에 신탁하고 그에 따른 소유권이전등기 및 신탁등기를 신청한 경우, 금지사항 부기등기는 등기관이 직권으로 말소하여야 한다.

④ 입주자모집공고에 따른 분양계약의 체결로 입주예정자가 발생하였으나, 나중에 분양계약의 무효 또는 취소 등으로 인하여 해당 주택에 입주예정자가 없는 경우, 사업주체는 그 사실을 증명하는 정보를 첨부정보로서 제공하여 해당 주택에 관한 금지사항 부기등기의 말소등기를 신청할 수 있다.

> **해설** ① 금지사항 부기등기 후 당해 부동산이 매각되고 집행법원이 그 매각에 따른 소유권이전등기를 촉탁하면서 금지사항 부기등기의 말소도 **촉탁**한 경우, 등기관은 그 부기등기를 말소하여야 한다(예규 제1616호, 3-라).
>
> ② 예규 제1616호, 3-다
> ③ 예규 제1616호, 3-사
> ④ 예규 제1616호, 3-마

03 주택법에 따른 금지사항 등기 등에 관한 다음 설명 중 가장 옳지 않은 것은?

▸ 2018년 법원사무관

① 주택법에 의하면, 사업주체는 주택건설사업에 의하여 건설된 주택 및 대지에 대하여는 일정 기간 동안 입주예정자의 동의 없이 저당권·전세권·지상권 등을 설정하거나 매매 또는 증여 등의 방법으로 처분하는 행위를 하여서는 안 된다. 사업주체는 이러한 금지사항을 해당 주택 또는 대지의 소유권등기에 부기하여야 한다.

② 건물 준공 전에 입주자를 모집한 결과 입주예정자가 있어 소유권보존등기와 동시에 금지사항 부기등기를 했어야 했는데 누락된 경우에는, 보존등기 이후에라도 관할관청이 사업주체의 입주자모집공고안을 승인하였다는 확인서와 입주예정자가 있음을 소명하는 정보를 제공하여 금지사항 부기등기를 신청할 수 있다. 다만 이미 금지되는 등기가 되어 있다면 금지사항 등기를 하지 못한다.

③ 금지사항 부기등기는 신청에 의한 등기이므로 등록면허세 및 등기신청수수료를 납부하여야 한다. 다만, 입주예정자 앞으로 소유권이전등기를 할 때에는 금지사항 부기등기를 등기관이 직권 말소하므로 등록면허세 등을 납부할 필요가 없다.

④ 사업주체가 입주예정자에게 통보한 입주가능일부터 60일이 경과한 후에 그 통보를 증명하는 정보(예 사업주체의 확인서나 내용증명서 등)를 제공하여 금지사항 부기등기의 말소를 신청한 경우 등기관은 수리한다. 여기에서의 입주가능일이란 입주 가능한 첫날을 의미한다.

> 해설 ② 건물 준공 전에 입주자를 모집한 경우 주택법 제61조 제3항의 규정에 의한 금지사항의 부기등기는 사업주체가 건설된 주택에 대한 소유권보존등기와 동시에 신청하도록 규정하고 있으나, 이는 그 주택에 대한 소유권보존등기가 경료된 후의 금지사항 부기등기를 금지하는 취지는 아니라고 보이므로 (소유권보존등기 시 금지사항 부기등기의 누락 등을 이유로) 그 이후에도 사업주체는 관할 관청이 사업주체의 입주자모집공고안을 승인하였다는 확인서와 입주예정자가 있다는 사실을 소명하는 서면(분양계약서 사본 등)을 첨부하여 위 규정에 의한 금지사항의 부기등기를 신청할 수 있다. 다만, 주택법 제61조 제3항에 의하여 금지되는 등기가 소유권보존등기 이후에 이미 경료되어 있는 경우에는 위 금지사항의 등기를 부기등기로 할 수는 없고 주등기로 하여야 한다(선례 제201002-3).

04 주택법 제61조 제3항에 따른 금지사항 등기에 관한 다음 설명 중 가장 옳지 않은 것은?

▶ 2017년 등기주사보

① 사업주체가 국가나 지방자치단체인 경우에는 해당 대지에 대한 금지사항 부기등기를 할 수 없다.

② 금지사항 부기등기를 신청하면서 일부 주택에 관하여 입주예정자가 없음을 이유로 부기등기를 신청하지 않을 경우에는 그 주택의 대지 지분에 대한 금지사항을 말소하는 의미로서 주택건설대지에 관한 금지사항 부기등기를 변경하는 등기를 하여야 한다.

③ 주상복합건축물의 경우 전유부분 중 주택에 대하여만 신청하여야 하고 주택 외의 시설에 대해서는 금지사항 부기등기를 신청할 수 없다.

④ 금지사항 부기등기를 신청할 때 등록면허세 및 등기신청수수료는 납부하지 않는다.

> 해설 ④ 금지사항 부기등기는 신청에 의한 등기이므로 등록면허세 및 등기신청수수료를 납부하여야 한다.
>
> ① 예규 제1616호, 4의4
> ② 예규 제1616호, 1-나-(1)-(나)
> ③ 예규 제1616호, 4의2-나-(1)-(가)

정답 ○┤ 02 ① 03 ② 04 ④

05 주택법 제61조 제3항에 따른 금지사항 부기등기에 관한 다음 설명 중 가장 옳지 않은 것은?
▶ 2015년 법무사

① 사업주체가 지역·직장주택조합인 경우에는 대지에 대하여 사업계획승인신청을 하였다는 관할 관청의 확인서나 사업계획승인서를 첨부하여 입주자모집공고 승인신청 전이라도 금지사항 부기등기를 신청할 수 있다.

② 주상복합건축물에 대하여는 그 건설사업이 주택법에 따른 사업계획승인 대상일 때에 한하여 그 대지에 금지사항 부기등기를 신청할 수 있을 뿐 그 건축이 건축허가 대상일 때에는 그 대지 위에 건축될 예정인 주상복합건축물의 주택 세대수와 관계없이 금지사항 부기등기를 신청할 수 없다.

③ 조합원이 주택조합에 대지를 신탁하여 신탁등기를 한 경우에는 그 대지에 대하여 금지사항 부기등기를 신청할 수 없다.

④ 금지사항 부기등기 후 당해 부동산이 매각되고 집행법원이 그 매각에 따른 소유권이전등기와 함께 금지사항 부기등기의 말소등기도 촉탁한 경우, 등기관은 그 금지사항 부기등기를 말소한다.

⑤ 사업주체가 당해 주택건설대지를 대한주택보증주식회사에 신탁하고 그에 따른 등기신청을 한 경우, 등기관은 그 소유권이전등기 및 신탁등기를 실행한 후 직권으로 대지에 대한 금지사항 부기등기를 말소한다.

> **해설** ② 그 대지 위에 건축될 예정인 주상복합건축물에 주택이 **30세대**(「주택법 시행령」 제27조 제1항 제2호 각 목의 어느 하나에 해당하는 경우에는 **50세대**) 이상인 경우에 한하여 금지사항 부기등기를 신청할 수 있다(예규 제1616호, 4의2-가-(2)).
>
> ① 예규 제1616호, 4의3
> ③ 예규 제1616호, 4의4, 가-(2)
> ④ 예규 제1616호, 3-라
> ⑤ 예규 제1616호, 3-사

정답 ☞ 05 ②

제2절 │ 용익권

✦ 종합문제

01 **용익권등기에 관한 다음 설명 중 가장 옳지 않은 것은?** ▸2022년 등기서기보

① 존속기간, 지료와 지급시기는 지상권의 필수적 요소가 아니므로 등기원인에 약정이 있는 경우에만 등기한다.

② 전세권설정등기 후 목적부동산의 소유권이 제3자에게 이전된 경우, 그 소유권을 이전받은 제3취득자는 전세권설정자의 지위까지 승계하였다고 할 것이므로, 그 존속기간을 단축하거나 연장하기 위한 전세권변경등기신청은 전세권자와 제3취득자가 공동으로 신청하여야 한다.

③ 존속기간이 만료된 건물전세권에 존속기간 연장을 위한 변경등기 없이 건물전세권을 목적으로 한 저당권설정등기를 신청할 수 있다.

④ 지역권에 관한 등기는 승역지를 관할하는 등기소에 신청하며, 요역지에 대한 등기는 등기관이 직권으로 한다.

해설 ③ 1. 건물전세권의 **법정갱신**은 **법률의 규정에 의한 물권변동**이므로 전세권자는 전세권갱신에 관한 등기 없이도 전세권설정자나 그 건물을 취득한 제3자에 대하여 권리를 주장할 수 있으나, 그 **처분**을 위하여는 **존속기간을 연장하는 변경등기**를 하여야 한다(민법 제187조 단서).
　　 2. 따라서 「민법」 제312조 제4항에 따라 법정갱신된 건물전세권에 대하여 **전세권이전등기**나 **전세권에 대한 저당권을 설정**하기 위해서는 **존속기간을 연장하는 변경등기**의 신청을 선행 또는 동시에 **하여야** 한다(선례 제201302-1호).

　　 ① 법 제69조, 규칙 제126조 제1항
　　 ② 1. **전세권변경등기**는 전세권설정자와 전세권자가 공동으로 신청한다(법 제23조 제1항).
　　　　 2. 이 경우, 그 소유권을 이전받은 **제3취득자는** 전세권설정자의 지위까지 승계하였다고 할 것이므로, 그 존속기간을 단축하거나 연장하기 위한 전세권변경등기신청은 전세권자와 제3취득자가 공동으로 신청하여야 한다.
　　 ④ 1. 지역권설정등기신청은 **승역지를 관할**하는 **등기소에 하여야** 한다(🏢 다만 **신청서는 1장**으로 작성하며 요역지와 함께 승역지를 기재하고 기타 정보를 신청정보의 내용으로 제공한다)(「부동산등기실무Ⅱ」 p.419).
　　　　 2. 승역지와 요역지가 **같은 등기소의 관할**에 속하는 경우 등기관이 승역지에 지역권설정의 등기를 하였을 때에는 **직권으로** 요역지의 등기기록에 승역지, 지역권설정의 목적 범위 등을 기록하여야 한다.
　　　　 3. 등기관은 요역지가 **다른 등기소의 관할**에 속하는 때에는 지체 없이 그 등기소에 승역지, 요역지, 지역권설정의 목적과 범위, 신청서의 접수연월일을 **통지**하여야 한다.

정답 ➡ 01 ③

02 **용익권의 설정등기에 관한 다음 설명 중 가장 옳지 않은 것은?** ▸2016년 법무사

① 농지를 전세권 설정의 목적으로 하는 등기를 신청한 경우는 '사건이 등기할 것이 아닌 경우'에 해당한다.

② 2층짜리 단독건물을 각 층의 면적비율에 상응하는 지분 비율로 甲과 乙이 공유하고 있는 경우 甲이 그의 공유지분에 대하여만 전세권설정등기를 할 수는 없다.

③ 공유 부동산에 대한 임차권설정등기는 공유자 전원이 등기의무자로서 신청하여야 한다.

④ 지상권·전세권·임차권은 부동산의 일부에 대하여 설정할 수 있다.

⑤ 토지의 전부에 관하여 지상권설정등기가 마쳐진 후 위 토지의 일부 지분에 대한 지상권설정등기의 말소를 명하는 승소확정판결에 따라 지상권말소등기를 신청한 경우 등기관은 그 등기신청을 각하하여야 한다.

해설 ⑤ 1) 토지의 전부에 관하여 지상권설정등기가 경료된 후 위 토지의 **일부지분**에 대한 **지상권설정등기의 말소**를 명하는 승소확정**판결**에 따라 지상권말소등기를 신청한 경우에는 (🌐 등기신청을 **수리**하여) 그 등기**전부를 말소**하여야 한다(선례 제3–636호).

2) 건물의 특정부분이 아닌 공유지분에 대하여는 전세권이 설정될 수 없으므로 수인의 공유자들이 전세권설정등기를 한 후 그 일부 공유자의 **지분**에 대하여만 **전세권말소등기**를 신청할 수는 없으며, 이는 판결을 받는다고 하더라도 마찬가지이다. 다만, 전세권이 설정된 부분 중 일정 부분을 전세권범위변경등기의 형식으로 말소할 수는 있으며 이 경우의 등기는 전세권자와 건물의 공유자 전원이 공동으로 신청하여야 한다(선례 제6–315호).

① 법 제29조 제2호, 규칙 제52조 제4호

② 2층짜리 단독건물을 각 층의 면적비율에 상응하는 지분비율로 갑과 을이 공유하고 있는 경우, 갑이 그의 공유**지분**에 대하여만 **전세권**설정등기를 설정할 수는 **없**으며, 이는 전세권의 성질상 받게 되는 제한이므로 그 등기신청서에 을의 동의서와 인감증명을 첨부한다고 하여도 위와 같은 등기를 경료할 수는 없다. 이 경우, 당해 건물 중 2층 부분에 대하여만 전세권 설정등기를 경료하고자 한다면 갑과 을이 함께 등기의무자가 되어 등기권리자와 공동으로 그 등기를 신청하여야 한다(선례 제5–417호).

③ **공유 부동산**에 대한 **임차권** 등기를 경료하기 위해서는 공유자 **전원**이 등기의무자로서 계약당사자가 되어 체결한 **임대차계약서**를 등기원인서류로 첨부하여 임차권 등기를 신청하여야 한다(선례 제201205–4호).

④ 1) **지상권·전세권·임차권은 부동산의 일부**(= 물리적 일부 = 특정 일부)에 대하여 설정할 수 있다.

2) 그러나 **지역권**의 경우에는 **승역지**는 토지의 (🌐 물리적·특정) 일부에도 설정할 수 있으나, **요역지**는 1필의 토지 **전부**여야 한다(민법 제293조 제2항 단서, 법 제70조).

3) 용익물권은 설정행위에 의하여 정하여진 목적의 범위 내에서 목적 부동산을 전면적·배타적으로 사용·수익하는 것을 내용으로 하는 물권이므로 공유지분상에 용익물권을 설정하면 그 효력은 공유물 전체에 미치게 되고, 이는 다른 공유자가 공유물 전부를 자기의 지분 비율에 따라 사용·수익하는 권한(민법 제263조)과 상호 저촉된다. 따라서 수인이 공유하는 토지의 전부 또는 그 일부에 대하여 용익물권을 설정하기 위해서는 공유자 전원을 등기의무자로 하여 그 등기를 경료해야 하고 공유자 중 1인 또는 수인을 등기의무자로 하여 그의 **지분**만을 목적으로 하는 **용익물권**의 설정등기를 경료할 수는 **없**다.

4) 마찬가지로 **지분**만을 목적으로 하는 **임차권**의 설정등기도 경료할 수는 **없**다(「등기실무Ⅱ」 p.399).

03 용익물권의 등기와 관련된 다음 설명 중 가장 옳은 것은? ▸ 2015년 등기서기보

① 대법원 판례에 따르면 지상권의 존속기간을 영구로 약정하는 것은 소유권에 대한 지나친 제약으로서 허용되지 않으므로, 등기관은 그 존속기간을 영구로 한 지상권설정등기신청을 각하하여야 한다.

② 지역권의 등기는 승역지와 요역지에 대하여 각 별개의 신청정보를 제공함으로써 하여야 한다.

③ 4층 근린생활시설 건물 중 1층 전부 및 2층 일부에 대하여 甲명의의 전세권설정등기가 마쳐지고 이어 4층 전부에 대하여 乙명의의 전세권설정등기가 마쳐진 상태에서, 甲명의의 전세권설정등기의 존속기간 연장을 위한 변경등기를 할 경우 乙은 등기상 이해관계 있는 제3자이다.

④ 민법 제312조 제4항에 따라 법정갱신된 건물 전세권에 대하여 전세권이전등기나 전세권에 대한 저당권을 설정하기 위해서는 존속기간을 연장하는 변경등기의 신청을 선행하거나 동시에 할 필요가 없다. 건물전세권의 법정갱신은 법률의 규정에 의한 물권변동이기 때문이다.

해설 ③ 1) 전세권자는 **전세금을 지급**(⊞ **요물계약**)하고 타인의 부동산을 점유하여 그 부동산의 용도에 좇아 **사용·수익**(⊞ **용익물권적 권능**)하며, 그 부동산 전부에 대하여 후순위권리자 기타 채권자보다 전세금의 **우선변제**(⊞ **담보물권적 권능**)를 받을 권리가 있다(민법 제303조 제1항).

2) 등기관이 **권리의 변경이나 경정의 등기**(⊞ 전세권변경, 근저당권변경)를 할 때에는 **부기**로 하여야 한다. 다만, **등기상 이해관계 있는 제3자의 승낙**이 없는 경우에는 그러하지 아니하다(⊞ **주등기**)(법 제52조 제5호).

3) 4층 근린생활시설 건물 중 **1층 전부 및 2층 일부**에 대하여 **갑** 명의의 **전세권설정등기**가 경료되고, 이어 **4층 전부**에 대하여 **을** 명의의 전세권설정등기가 경료된 상태에서, **갑** 명의의 전세권설정등기의 존속기간 연장을 위한 변경등기를 할 경우 **을**은 부동산등기법 제52조의 **등기상 이해관계 있는 제3자**라 할 것이므로, 위 변경등기를 **부기등기**의 방식으로 하기 위해서는 신청서에 을의 **승낙서** 또는 이에 대항할 수 있는 재판의 등본을 반드시 첨부하여야 하며, **승낙서 등을 첨부할 수 없는 경우**에는 **주등기**(독립등기)의 방식으로 그 등기를 할 수 있을 것이다(선례 제7-264호).

① 1) 계약으로 지상권의 존속기간을 정하는 경우에는 그 기간은 다음 연한(30년, 15년, 5년)보다 단축하지 못한다(⊞ **최단기간 제한**). 위의 기간보다 단축한 기간을 정한 때에는 전항의 기간까지 연장한다(⊞ **법정연장**)(민법 제280조).

정답 ◦━ 02 ⑤ 03 ③

    2) 민법 제280조는 지상권의 존속기간에 대하여 그 **최단기간만**을 제한하고 있으므로 존속기간을 100년, 120년 또는 **그보다 장기**(특정된 기간임)로 하는 지상권설정등기도 경료받을 수 있다(선례 제5-412호). 마찬가지로 존속기간을 **영구무한**으로 정하는 것도 가능하다.

    3) **지상권의 존속기간**을「민법」제280조 제1항 각 호의 기간보다 긴 기간으로 하는 약정은 유효하므로, 그 기간을 위 기간보다 장기로 하거나 **불확정기간**(예 **철탑존속기간으로 한다**)으로 정할 수도 있다(예규 제1425호).

    4)「민법」제280조 제1항 제1호의 30년은 수목의 소유를 목적으로 하는 때에는 그 원인(예 수목의 육림, 벌채 등)에 관계없이 일률적으로 최단기인 30년보다 단축하지 못한다는 것이나, 등기신청서에 지상권의 존속기간을 같은 조 **제1항 각 호의 기간보다 단축한 기간으로 기재한 경우라도** 그 기간은 같은 조 제2항에 의하여 법정기간까지 연장되므로 신청서 기재대로 **수리**하여야 한다(예규 제1425호).

② 승역지와 요역지의 관할등기소가 다를 경우 지역권설정등기신청은 **승역지를 관할**하는 **등기소**에 하여야 한다(🌐 다만 **신청서는 1장**으로 작성하며 요역지와 함께 승역지를 기재하고 기타 정보를 신청정보의 내용으로 제공한다)(「부동산등기실무Ⅱ」 p.419).

④ 1) 건물전세권의 **법정갱신은 법률의 규정에 의한 물권변동**이므로 전세권자는 전세권갱신에 관한 등기 없이도 전세권설정자나 그 건물을 취득한 제3자에 대하여 권리를 주장할 수 있으나, 그 **처분**을 위하여는 **존속기간을 연장하는 변경등기**를 하여야 한다(민법 제187조 단서).

    2) 따라서「민법」제312조 제4항에 따라 법정갱신된 건물전세권에 대하여 **전세권이전등기**나 **전세권에 대한 저당권**을 설정하기 위해서는 **존속기간을 연장하는 변경등기**의 신청을 선행 또는 동시에 **하여야** 한다(선례 제201302-1호).

01 지상권

01 일반지상권

관련 조문

민법 제186조[부동산물권변동의 효력]
부동산에 관한 **법률행위**로 인한 물권의 득실변경은 **등기**하여야 그 **효력**이 생긴다.

민법 제211조[소유권의 내용]
소유자는 법률의 범위 내에서 그 소유물을 **사용, 수익**(● 용익물권 · 용익권), 처분할 권리(● 담보물권)가 있다.

민법 제279조[지상권의 내용]
지상권자는 **타인의 토지**(● 범위)에 **건물 기타 공작물이나 수목을 소유**(● 목적)하기 위하여 그 토지를 **사용하는 권리**(● 용익물권)가 있다.

민법 제280조[존속기간을 약정한 지상권]
① 계약으로 지상권의 **존속기간을 정하는 경우**에는 그 기간은 다음 연한보다 **단축하지 못한다**(● **최단기간제한**).
  1. 석조, 석회조, 연와조 또는 이와 유사한 견고한 건물이나 수목의 소유를 목적으로 하는 때에는 30년
  2. 전호 이외의 건물의 소유를 목적으로 하는 때에는 15년
  3. 건물 이외의 공작물의 소유를 목적으로 하는 때에는 5년
② 전항의 기간보다 **단축한 기간을 정한 때**에는 **전항의 기간까지 연장**한다(● **법정연장**).

민법 제281조[존속기간을 약정하지 아니한 지상권]
① 계약으로 지상권의 **존속기간을 정하지 아니한 때**에는 그 기간은 **전조의 최단존속기간**으로 한다.
② 지상권설정 당시에 공작물의 종류와 구조를 정하지 아니한 때에는 지상권은 전조 제2호의 건물의 소유를 목적으로 한 것으로 본다.

민법 제282조[지상권의 양도, 임대]
지상권자는 타인에게 그 권리를 양도(● 지상권이전○)하거나 그 권리의 존속기간 내에서 그 토지를 임대(● 지상권목적 임대차○)할 수 있다.

법 제69조[지상권의 등기사항][● 등기관]
등기관이 **지상권설정**의 등기를 할 때에는 제48조에서 규정한 사항 외에 **다음 각 호의** 사항을 기록하여야 한다. 다만, **제3호부터 제5호**까지는 등기원인에 그 약정이 있는 경우에만(● 임의적 기재사항 : 법 제29조 제5호) 기록한다.

필
1. 지상권설정의 <u>목적</u>
2. **범위**

임
3. 존속기간
4. 지료와 지급시기
5. 「민법」 제289조의2 제1항 후단의 약정
6. 지상권설정의 범위가 토지의 일부인 경우에는 그 부분을 표시한 <u>도면의 번호</u>

규칙 제126조[지상권설정등기의 신청][⊞ 신청인]

① **지상권설정**의 등기를 신청하는 경우에는 법 제69조 **제1호부터 제5호까지**의 등기사항을 <u>신청정보의 내용</u>으로 등기소에 제공하여야 한다.

② 지상권설정의 <u>범위</u>가 **부동산의 일부**인 경우에는 <u>그 부분을 표시한 **지적도를**</u> 첨부정보로서 등기소에 제공하여야 한다.

01 지상권에 관한 등기에 대한 다음 설명 중 가장 옳지 않은 것은? ▸ 2022년 법무사

① 토지 위에 등기된 건물이 있다 하더라도 당해 토지의 등기기록상 지상권과 양립할 수 없는 용익물권이 존재하지 않는다면 그 토지에 대하여 지상권설정등기를 신청할 수 있다.

② 지상권의 최단기간의 보장에도 불구하고 등기신청 시 그 존속기간을 민법 제280조 제1항 각 호의 최단기간보다 단축한 기간을 기재한 경우라도 그 기간은 같은 조 제2항에 의하여 법정기간까지 연장되므로 등기관은 신청서 기재대로 수리해야 한다.

③ 통상의 지상권등기를 구분지상권 등기로 변경하는 등기신청이 있는 경우에는 등기상의 이해관계인이 없거나, 이해관계인이 있더라도 그의 승낙서 또는 이에 대항할 수 있는 재판의 등본을 제출한 때에 한하여 부기등기에 의하여 그 변경등기를 할 수 있다.

④ 구분지상권은 그 권리가 미치는 지하 또는 지상공간을 상하로 범위를 정하여 등기하는 것으로서 계층적 구분건물의 특정계층의 구분소유를 목적으로 하는 구분지상권의 설정등기는 할 수 없다.

⑤ 지상권은 타인의 토지를 배타적으로 사용하는 용익물권으로 동일한 토지에 대한 이중의 지상권설정등기는 허용되지 않으므로 이미 지상권설정등기가 경료되어 있는 상태에서 기존 지상권설정등기의 말소를 조건으로 하는 정지조건부 지상권설정등기청구권을 보존하기 위한 조건부지상권설정청구권가등기는 신청할 수 없다.

> **해설** ⑤ **지상권**은 타인의 토지를 배타적으로 사용하는 용익물권이므로 동일한 토지에 대한 **이중의** 지상권설정등기는 허용되지 않지만, 이미 지상권설정등기가 경료되어 있는 상태에서 **기존 지상권설정등기의 말소를 조건으로 하는 정지조건부 지상권설정등기청구권**을 보존하기 위한 <u>조건부지상권설정청구권가등기</u>는 신청할 수 있다. 다만 위 가등기에 기한 지상권설정의 **본등기**는 <u>기존의 지상권설정등기가 말소</u>되기 전에는 신청할 수 없다(선례 제6-439호).

① **토지 위에 등기된 건물이 있다 하더라도**, 당해 토지의 등기부상 지상권과 양립할 수 없는 용익물권이 존재하지 않는다면, 그 토지에 대하여 **지상권설정**등기를 신청할 수 **있다**(선례 제6-311호).

② 1. 계약으로 지상권의 **존속기간**을 정하는 경우에는 그 기간은 **다음 연한(30년, 15년, 5년)**보다 단축하지 못한다(🔘 **최단기간 제한**). 위의 기간보다 단축한 기간을 정한 때에는 전항의 기간까지 연장한다(🔘 **법정연장**)(민법 제280조).

2. 민법 제280조는 지상권의 존속기간에 대하여 그 **최단기간만을 제한**하고 있으므로 존속기간을 **100년, 120년 또는 그보다 장기**(특정된 기간임)로 하는 지상권설정등기도 경료받을 수 있다(선례 제5-412호). 마찬가지로 존속기간을 **영구무한**으로 정하는 것도 가능하다.

3. 지상권의 존속기간을 「민법」 제280조 제1항 각 호의 기간보다 **긴 기간**으로 하는 약정은 **유효**하므로, 그 기간을 위 기간보다 장기로 하거나 **불확정기간(🔘 철탑존속기간으로 한다)**으로 정할 수도 있다(예규 제1425호).

4. 「민법」 제280조 제1항 제1호의 30년은 수목의 소유를 목적으로 하는 때에는 그 원인(🔘 수목의 육림, 벌채 등)에 관계없이 일률적으로 최단기인 30년보다 단축하지 못한다는 것이나, 등기신청서에 지상권의 존속기간을 같은 조 **제1항 각 호의 기간보다 단축한 기간으로 기재한 경우라도** 그 기간은 같은 조 제2항에 의하여 **법정기간까지 연장**되므로, 신청서 기재대로 **수리**하여야 한다(예규 제1425호).

③ **통상의 지상권**등기를 **구분지상권** 등기로 변경하거나, **구분지상권** 등기를 통상의 지상권 등기로 **변경**하는 등기신청이 있는 경우에는 **등기상의 이해관계인**이 없거나, 이해관계인이 있더라도 그의 **승낙서** 또는 이에 대항할 수 있는 재판의 등본을 제출한 때에 한하여 **부기등기**에 의하여 그 변경등기를 할 수 있다(예규 제1040호, 5).

④ 구분지상권은 그 권리가 미치는 지하 또는 지상 공간을 상하로 범위를 정하여 등기하는 것으로서 (🔘 1동의 건물을 **횡단적으로 구분한**) 계층적 구분건물의 **특정계층의 구분소유를 목적**으로 하는 구분지상권의 설정등기는 할 수 없다(「부동산등기실무 Ⅱ」 p. 406).

02 지상권설정등기에 관한 다음 설명 중 가장 옳지 않은 것은? ▸ 2021년 법무사

① 지상권설정등기를 신청하는 경우 존속기간, 지료 및 지급시기는 필요적 기재사항이므로 이를 반드시 신청정보로 제공하여야 한다.

② 지상권은 1필의 토지 전부뿐만 아니라 그 일부에 대하여도 설정등기를 할 수 있는데, 지상권설정의 범위가 토지의 일부인 경우에는 그 부분을 표시한 지적도면을 첨부정보로 제공하여야 한다.

③ 지상권의 존속기간에 대하여 그 최단기간만을 제한하고 있으므로 존속기간을 100년, 120년 또는 그보다 장기(특정된 기간임)로 하는 지상권설정등기도 경료받을 수 있다.

④ 건물 또는 공작물 등을 소유하기 위하여 타인 소유 토지의 일정범위의 지하 또는 공간을 사용하는 권리로서의 지상권, 이른바 구분지상권은 그 권리가 미치는 지하 또는 공간의 상하의 범위를 정하여 등기할 수 있다.

정답 ○→ 01 ⑤ 02 ①

⑤ 토지거래허가구역 안의 토지에 대하여 지상권의 등기 시 대가를 받고 설정하는 경우에는 토지거래허가서를 첨부하여야 한다.

해설 ① **존속기간, 지료 및 지급시기**는 임의적 기재사항에 해당하므로, 등기원인에 그 약정이 있는 경우에만 신청정보로 제공하여야 하며 등기원인에 그 약정이 없는 경우에는 신청정보로 제공할 필요가 없다(법 제69조, 규칙 제126조 제1항).

② 규칙 제126조 제2항

③ 1) 계약으로 지상권의 **존속기간**을 정하는 경우에는 그 기간은 다음 연한(30년, 15년, 5년)보다 단축하지 못한다(🔢 **최단기간 제한**). 위의 기간보다 단축한 기간을 정한 때에는 전항의 기간까지 연장한다(🔢 **법정연장**)(민법 제280조).

2) 민법 제280조는 지상권의 존속기간에 대하여 그 **최단기간만을 제한**하고 있으므로 존속기간을 **100년, 120년** 또는 **그보다 장기**(특정된 기간임)로 하는 지상권설정등기도 경료받을 수 있다(선례 제5-412호). 마찬가지로 존속기간을 **영구무한**으로 정하는 것도 가능하다.

3) 지상권의 존속기간을 「민법」 제280조 제1항 각 호의 기간보다 **긴 기간으로 하는 약정**은 **유효**하므로, 그 기간을 위 기간보다 장기로 하거나 **불확정기간**(例 철탑존속기간으로 한다)으로 정할 수도 있다(예규 제1425호).

4) 「민법」 제280조 제1항 제1호의 30년은 수목의 소유를 목적으로 하는 때에는 그 원인(例 수목의 육림, 벌채 등)에 관계없이 일률적으로 최단기인 30년보다 단축하지 못한다는 것이나, 등기신청서에 지상권의 존속기간을 같은 조 **제1항 각 호의 기간보다 단축한 기간으로 기재한 경우라도** 그 기간은 같은 조 제2항에 의하여 **법정기간까지 연장**되므로, 신청서 기재대로 **수리**하여야 한다(예규 제1425호).

④ 지하 또는 지상의 공간은 **상하의 범위**(🔢 민법 제212조 토지소유권 : 상하○)를 정하여 **건물 기타 공작물을 소유**(🔢 수목×)하기 위한 지상권의 목적으로 할 수 있다. 이 경우 설정행위로써 지상권의 행사를 위하여 **토지의 사용을 제한**(🔢 임의적 기재사항)할 수 있다(민법 제289조의2).

⑤ 「부동산 거래신고 등에 관한 법률」(이하 "법"이라 한다) 제11조 제1항의 규정에 의한 허가의 대상이 되는 토지(이하 '허가대상 토지'라 한다)에 관하여 **소유권·지상권을 이전** 또는 **설정**하는 (🔢 유상)**계약**(예약을 포함한다. 이하 같다)을 체결하고 그에 따른 등기신청을 하기 위해서는 신청서에 시장, 군수 또는 구청장이 발행한 **토지거래계약허가증**을 첨부하여야 한다. 다만, 그 계약이 **증여**와 같이 대가성이 없는 경우에는 **그러하지 아니**하다(예규 제1634호, 1-(1)).

03 지상권에 관한 등기와 관련한 다음 설명 중 가장 옳지 않은 것은? ▶ 2019년 법무사

① 구분지상권이 설정되어 있는 토지에 대하여도 기존 구분지상권자의 승낙을 증명하는 정보를 첨부정보로서 제공하여 통상의 지상권설정등기를 신청할 수 있다.

② 지상권의 존속기간을 민법에서 정한 기간보다 장기로 하거나 철탑이 존속하는 기간 등의 불확정기간으로 정하여 등기를 신청할 수 있다.

③ 동일한 토지에 대하여 지상권이 미치는 범위가 각각 다른 2개 이상의 구분지상권은 그 토지의 등기기록에 각기 따로 등기할 수 있다.

④ 지상권이 설정되어 있는 토지 위에 지상권자 아닌 제3자가 건물을 신축한 후 그 건물에 대한 소유권보존등기를 신청하는 경우에 사전에 그 지상권을 말소하여야 하거나 등기 신청서에 지상권자의 승낙서를 첨부할 필요는 없다.

⑤ 법정지상권은 보통의 지상권과는 달리 법률의 규정에 의한 물권 취득이므로 이를 등기 하고자 할 때에는 법정지상권을 취득하는 자가 단독으로 등기를 신청할 수 있다.

해설 ⑤ 갑이 을을 상대로 한 토지인도소송의 판결이유 중의 판단에서 을에게 관습법상의 법정지상 권이 인정된 경우라도 위 판결에 의하여는 을이 단독으로 지상권설정등기를 신청할 수 없다 (● 판결에 따른 등기는 판결 주문에 등기절차의 이행을 명하는 판결이여야 하므로 판결이유 에 법정지상권에 대한 내용이 있다 하더라도 판결에 따른 등기를 할 수 없고, **법률에서 단독 신청할 수 있다는 명문의 규정이 없는 이상** 권리에 관한 등기는 **공동신청**하여야 하므로(법 제23조 제1항), (관습법상) 법정지상권이 **법률의 규정에 의한 물권변동**이라 하더라도 법률에 서 단독신청할 수 있다는 명문의 규정이 없는 이상 **공동신청**하여야 한다(선례 제7-259호).

① 1) **구분지상권이 설정되어 있는 토지**에 대하여도 **기존 구분지상권자의 승낙**을 증명하는 정보 (인감증명 포함)를 첨부정보로서 제공하여 통상의 지상권설정등기를 신청할 수 있다(선례 제201407-2호).

   2) **구분지상권 등기를 하고자 하는 토지**의 등기용지에 **그 토지를 사용하는 권리에 관한 등기** 와 그 권리를 목적으로 하는 권리에 관한 등기가 있는 때(예컨대, 통상의 지상권, 전세권, 임차권 등의 등기와 이를 목적으로 하는 저당권 또는 처분 제한의 등기 등)에는 신청서에 **이들의 승낙서**를 첨부케 하여야 한다(예규 제1040호). 즉 이들의 승낙서를 첨부하여 **구분 지상권설정등기**를 신청할 수 있다.

③ 동일토지에 관하여 지상권이 미치는 **범위가** 각각 **다른** 2개 이상의 **구분지상권**은 그 토지의 등기용지에 각기 따로 등기할 수 있다(예규 제1040호, 4).

④ 지상권이 설정되어 있는 토지 위에 지상권자 아닌 제3자가 건물을 신축한 후 동건물에 대한 소유권보존등기를 신청함에 있어서, 사전에 그 **지상권을 말소**하여야 하거나 소유권보존등기 신청서에 **지상권자의 승낙서를** 첨부할 필요는 **없**다(선례 제2-238호).

04 **지상권등기에 관한 다음 설명 중 가장 옳지 않은 것은?** ▸ 2019년 등기주사보

① 지상권설정등기를 신청할 때에는 지상권설정의 목적과 범위를 신청정보의 내용으로 반드시 제공하여야 한다.

② 토지 위에 등기된 건물이 있다 하더라도 해당 토지의 등기기록상 지상권과 양립할 수 없는 용익물권이 존재하지 않는다면 그 토지에 대하여 지상권설정등기를 신청할 수 있다.

③ 지상권설정의 목적을 수목의 소유로 하고, 존속기간을 10년으로 하여 지상권설정등기 를 신청한 경우라도 등기관은 그 신청을 수리하여야 한다.

④ 토지의 일부에 지역권이 설정되어 있다면 후순위로 토지전부에 대하여 철근콘크리트조 건물의 소유를 위한 지상권설정등기를 신청할 수 없다.

정답 ➖ 03 ⑤ 04 ④

해설 ④ **지역권**은 토지 소유자의 토지에 대한 사용·수익 권능을 전면적으로 배제하는 것은 아니(⊞ **배타성X**)어서 그 소유자는 지역권과 저촉되지 않는 한도에서 승역지를 직접 점유하면서 **지역권**자와 공동으로 그 토지를 사용·수익할 수 있으므로(민법 제291조 참조), 토지의 **일부**에 **지역권**이 설정되어 있는 경우라도 토지 소유명의인은 지상권자와 함께 후순위로 **토지 전부**에 대하여 철근콘크리트조 건물의 소유를 위한 **지상권설정등기**를 신청할 수 있다(선례 제201810-2호).

① 법 제69조, 규칙 제126조 제1항

② 그 지상에 **건물이 건립되어 있는 토지**에 대하여도 (⊞ 그 토지의 등기기록상 지상권과 양립할 수 없는 용익물권이 존재하지 않는다면) **지상권설정등기**를 할 수 있다(선례 제3-573호).

③ 1) 계약으로 지상권의 **존속기간을 정하는 경우**에는 그 기간은 석조, 석회조, 연와조 또는 이와 유사한 견고한 건물이나 **수목의 소유**를 목적으로 하는 때에는 **30년보다 단축하지 못한다**(⊞ **최단기간 제한**). 위 기간보다 **단축한 기간을 정한 때**에는 전항의 기간까지 연장한다(⊞ **법정연장**).

2) 「민법」 제280조 제1항 제1호의 30년은 수목의 소유를 목적으로 하는 때에는 그 원인(예 수목의 육림, 벌채 등)에 관계없이 일률적으로 최단기인 30년보다 단축하지 못한다는 것이나, 등기신청서에 지상권의 존속기간을 같은 조 **제1항 각 호의 기간보다 단축한 기간으로 기재한 경우라도** 그 기간은 같은 조 제2항에 의하여 **법정기간까지 연장**되므로, 신청서 기재대로 **수리하여야** 한다(예규 제1425호).

3) 수목의 소유를 위한 지상권설정등기는 30년보다 단축하지 못하나 이를 10년으로 하여 지상권설정등기를 신청한 경우라도 민법 제280조 제2항에 따라서 30년으로 법정연장되므로 등기관은 수리하여야 한다.

05 지상권등기에 관한 다음 설명 중 가장 옳지 않은 것은? ▸ 2018년 등기주사보

① 기존 지상권설정등기의 말소를 조건으로 하는 정지조건부 지상권설정등기청구권 보전의 가등기는 신청할 수 있고 그 가등기에 기한 지상권설정의 본등기는 기존의 지상권설정등기가 말소되기 전에는 신청할 수 없다.

② 타인의 농지에도 건물 그 밖의 공작물이나 수목을 소유하기 위하여 지상권설정등기를 할 수 있다.

③ 지상권의 존속기간은 불확정기간으로 정할 수 없고 반드시 확정기간으로 특정하여야 한다.

④ 토지 위에 등기된 건물이 있더라도 그 토지의 등기기록상 지상권과 양립할 수 없는 용익물권이 존재하지 않는다면 지상권설정등기를 할 수 있다.

해설 ③ 지상권의 존속기간을 「민법」 제280조 제1항 각 호의 기간보다 **긴 기간**으로 하는 약정은 유효하므로, 그 기간을 위 기간보다 장기로 하거나 **불확정기간(예 철탑존속기간으로 한다)**으로 정할 수도 있다(예규 제1425호).

① **지상권**은 타인의 토지를 **배타적**으로 사용하는 용익물권이므로 동일한 토지에 대한 **이중의** 지상권설정등기는 허용되지 않지만, 이미 지상권설정등기가 경료되어 있는 상태에서 기존 지

상권설정등기의 말소를 조건으로 하는 정지조건부 지상권설정등기청구권을 보존하기 위한 **조건부지상권설정청구권가등기**는 신청할 수 있다. 다만 위 가등기에 기한 지상권설정의 **본등기**는 **기존의 지상권설정등기가 말소**되기 전에는 신청할 수 없다(선례 제6-439호).

② 1) 농지를 지상권설정의 목적으로 하는 등기를 신청하는 것은 가능하다. 분배받은 **농지**에 대하여 상환완료 후에는 **저당권, 지상권, 기타 담보권**의 설정을 할 수 있으므로 타인의 농지에 건물 기타의 공작물이나 수목을 소유하기 위하여 지상권설정등기를 할 수 있다(예규 제555호).

2) 다만, 농지에 대하여는 **원칙적**으로 **전세권**설정등기를 신청할 수 **없**으나, 「국토의 계획 및 이용에 관한 법률」 제36조의 용도지역 중 **도시지역**(녹지지역의 농지에 대하여는 도시・군계획시설사업에 필요한 농지에 한함) 내의 농지에 대하여는 전세권설정등기를 신청할 수 있다. 다만, 이 경우 도시지역 내의 농지임을 소명하기 위한 토지이용계획확인서를 첨부정보로서 제공하여야 한다(선례 제201811-9호).

06 지상권에 관한 등기와 관련한 다음 설명 중 가장 옳지 않은 것은? ▶ 2017년 법원사무관

① 지상권설정의 등기를 신청하는 경우에는 지상권설정의 범위를 신청정보의 내용으로 등기소에 제공하여야 하고, 그 범위가 부동산의 일부인 경우에는 그 부분을 표시한 지적도를 첨부정보로서 등기소에 제공하여야 한다.

② 건물 또는 공작물 등을 소유하기 위하여 타인 소유 토지의 일정 범위의 지하 또는 지상의 공간을 사용하는 권리로서의 지상권, 이른바 구분지상권은 그 권리가 미치는 지하 또는 지상의 공간 상하의 범위를 정하여 등기할 수 있다.

③ 지상권의 존속기간을 불확정기간(예 철탑존속기간으로 한다)으로 정하여 등기할 수는 없다.

④ 존속기간, 지료와 지급시기는 등기원인에 그 약정이 있는 경우에만 기록한다.

해설 ③ 지상권의 존속기간을 「민법」 제280조 제1항 각 호의 기간보다 **긴 기간**으로 하는 약정은 **유효**하므로, 그 기간을 위 기간보다 장기로 하거나 **불확정기간**(예 **철탑존속기간으로 한다**)으로 정할 수도 있다(예규 제1425호).

① 법 제69조, 규칙 제126조 제1항

② **건물 또는 공작물 등**을 소유(⊞ **수목×**)하기 위하여 타인 소유 토지의 일정범위의 지하 또는 공간을 사용하는 권리로서의 지상권, 이른바 **구분지상권**은 그 권리가 미치는 지하 또는 공간의 **상하의 범위를 정하여** 등기할 수 있다(예규 제1040호, 1).

④ 법 제69조, 규칙 제126조 제1항

정답 ↩ **05 ③ 06 ③**

07 지상권 등기와 관련된 다음 설명 중 가장 옳은 것은? ▸ 2015년 법원사무관

① 구분지상권이 설정되어 있는 토지에 대하여도 기존 구분지상권자의 승낙을 증명하는 정보(인감증명 포함)를 첨부정보로써 제공하여 통상의 지상권설정등기를 신청할 수 있다.

② 국토의 계획 및 이용에 관한 법률 제118조 제1항의 규정에 의한 허가 대상 토지에 관하여 지료의 약정이 있는 지상권을 설정하는 경우에도 소유권이전계약에 따른 것은 아니므로 그 등기신청서에 토지거래계약허가증을 첨부할 필요가 없다.

③ 채권자는 동일 채권의 담보로 甲 부동산에 관한 소유권과 乙 부동산에 관한 지상권에 대하여 공동근저당권설정등기를 신청할 수는 있으나, 이때 甲 부동산의 소유자와 乙 부동산의 지상권자는 동일해야 한다.

④ 지상권의 존속기간을 불확정기간(예 철탑존속기간으로 한다)으로 정할 수는 없고, 반드시 확정기간으로 특정하여야 한다.

> **해설** ① 1) **구분지상권이 설정되어 있는 토지**에 대하여도 **기존 구분지상권자의 승낙**을 증명하는 정보(인감증명 포함)를 첨부정보로서 제공하여 통상의 지상권설정등기를 신청할 수 있다(선례 제201407-2호).
>
> 2) **구분지상권 등기를 하고자 하는 토지**의 등기용지에 **그 토지를 사용하는 권리에 관한 등기**와 그 권리를 목적으로 하는 권리에 관한 등기가 있는 때(예컨대, 통상의 지상권, 전세권, 임차권 등의 등기와 이를 목적으로 하는 저당권 또는 처분 제한의 등기 등)에는 신청서에 **이들의 승낙서**를 첨부케 하여야 한다(예규 제1040호). 즉 이들의 승낙서를 첨부하여 **구분지상권설정등기**를 신청할 수 있다.
>
> ② 「부동산 거래신고 등에 관한 법률」(이하 "법"이라 한다) 제11조 제1항의 규정에 의한 허가의 대상이 되는 토지(이하 '허가대상 토지'라 한다)에 관하여 **소유권·지상권을 이전 또는 설정**하는 (❶ **유상)계약(예약**을 포함한다. 이하 같다)을 체결하고 그에 따른 등기신청을 하기 위해서는 신청서에 시장, 군수 또는 구청장이 발행한 **토지거래계약허가증**을 첨부하여야 한다. 다만, 그 계약이 **증여**와 같이 대가성이 없는 경우에는 **그러하지 아니**하다(예규 제1634호, 1-(1)).
>
> ③ 채권자는 동일한 채권의 담보로 갑 부동산에 관한 **소유권**과 을 부동산에 관한 **지상권**에 대하여 **공동근저당권설정등기**를 신청할 수 있으며, 이때 갑 부동산의 소유자와 을 부동산의 **지상권자가 반드시 동일할 필요는 없다**(선례 제201009-4호).
>
> ④ 지상권의 존속기간을 「민법」 제280조 제1항 각 호의 기간보다 **긴 기간으로 하는** 약정은 유효하므로, 그 기간을 위 기간보다 장기로 하거나 **불확정기간(예 철탑존속기간으로 한다)**으로 정할 수도 있다(예규 제1425호).

08 지상권등기에 관한 설명이다. 틀린 것은?   ▶ 2012년 법무사

① 도시철도법, 도로법 및 전기사업법의 규정에 의한 도시철도건설자, 도로관리청 및 전기사업자가 공익사업을 위한 토지 등의 취득 및 보상에 관한 법률에 따라 구분지상권의 설정을 내용으로 하는 수용·사용의 재결을 받은 경우 권리수용이나 토지사용을 원인으로 하는 구분지상권설정등기를 신청할 수 있다.

② 도시철도법, 도로법 및 전기사업법의 규정에 의한 구분지상권설정등기를 하고자 하는 토지의 등기기록에 그 토지를 사용·수익하는 권리에 관한 등기 또는 그 권리를 목적으로 하는 권리에 관한 등기가 있는 경우에는 그 권리자들의 승낙을 받아 구분지상권설정등기를 신청할 수 있다.

③ 도시철도법, 도로법 및 전기사업법의 규정에 의하여 마친 구분지상권설정등기는 그보다 먼저 마친 강제경매개시결정의 등기, 근저당권 등 담보물권의 설정등기, 압류등기, 가압류등기 등에 기하여 경매 또는 공매로 인한 소유권이전등기의 촉탁이 있는 경우에도 이를 말소하여서는 아니 된다.

④ 지상권설정의 범위가 부동산의 일부인 경우에는 그 부분을 표시한 지적도를 첨부정보로서 등기소에 제공하여야 한다.

⑤ 지상권의 존속기간을 불확정기간으로 정할 수도 있다.

> **해설** ② 수용·사용의 재결에 의한 구분지상권설정등기를 하고자 하는 토지의 등기기록에 그 토지를 사용·수익하는 권리에 관한 등기 또는 그 권리를 목적으로 하는 권리에 관한 등기가 있는 경우에도 그 권리자들의 승낙을 받지 아니하고 구분지상권설정등기를 신청할 수 있다(도시철도법 등에 의한 구분지상권 등기규칙 제2조 제2항).
>
> ① 도시철도법 등에 의한 구분지상권 등기규칙 제2조 제1항
> ③ 도시철도법 등에 의한 구분지상권 등기규칙 제4조 제1호
> ④ 규칙 제126조 제2항

정답 ↤ 07 ① 08 ②

◀02 구분지상권

🔒 관련 조문

민법 제186조(부동산물권변동의 효력)
부동산에 관한 **법률행위**로 인한 물권의 득실변경은 **등기**하여야 그 **효력**이 생긴다.

민법 제211조(소유권의 내용)
소유자는 법률의 범위 내에서 그 소유물을 **사용, 수익**(⊞ 용익물권·용익권), **처분할 권리**(⊞ 담보물권)가 있다.

민법 제212조(토지소유권의 범위)
토지의 소유권은 정당한 이익 있는 범위 내에서 토지의 **상하**(⊞ 구분지상권○)에 미친다.

민법 제289조의2(구분지상권)
① 지하 또는 지상의 공간은 **상하의 범위를 정하여**(⊞ 민법 제212조 토지소유권 : 상하○) **건물 기타 공작물을 소유**(⊞ 수목×)하기 위한 지상권의 목적으로 할 수 있다. 이 경우 설정행위로써 지상권의 행사를 위하여 **토지의 사용을 제한**(⊞ 임의적 기재사항)할 수 있다.
② 제1항의 규정에 의한 구분지상권은 **제3자가 토지를 사용·수익할 권리**를 가진 때에도 그 권리자 및 그 권리를 목적으로 하는 권리를 가진 자 전원의 **승낙**이 있으면 이를 설정할 수 있다(⊞ 수용 : 不要).

🔖 관련 예규

구분지상권에 관한 등기처리요령(예규 제1040호)
1. **건물 또는 공작물 등**을 **소유**(⊞ 수목×)하기 위하여 타인 소유 토지의 일정범위의 지하 또는 공간을 사용하는 권리로서의 지상권, 이른바 **구분지상권**은 그 권리가 미치는 지하 또는 공간의 **상하의 범위를 정하여** 등기할 수 있다.
2. 지하 또는 공간의 상하의 범위는 평균 해면 또는 지상권을 설정하는 토지의 특정지점을 포함한 **수평면을 기준**으로 하여 이를 명백히 하여야 한다. 예컨대, "범위, 평균 해면위 100미터로부터 150미터 사이" 또는 "범위, 토지의 동남쪽 끝 지점을 포함한 수평면을 기준으로 하여 지하 20미터로부터 50미터 사이" 등으로 기재하여야 한다. 그러나 **도면**을 등기신청서에 첨부할 필요는 **없다.**
3. **구분지상권 등기**를 하고자 하는 토지의 등기용지에 **그 토지를 사용하는 권리에 관한 등기**와 그 권리를 목적으로 하는 권리에 관한 등기가 있는 때(예컨대, 통상의 지상권, 전세권, 임차권 등의 등기와 이를 목적으로 하는 저당권 또는 처분 제한의 등기 등)에는 신청서에 **이들의 승낙서**를 첨부케 하여야 한다. 즉 이들의 승낙서를 첨부하여 **구분지상권설정등기**를 신청할 수 있다.
4. 동일토지에 관하여 지상권이 미치는 **범위가 각각 다른 2개 이상의 구분지상권**은 그 토지의 등기용지에 각기 따로 등기할 수 있다.
5. 통상의 지상권등기를 **구분지상권** 등기로 변경하거나, 구분지상권 등기를 통상의 지상권등기로 변경하는 등기신청이 있는 경우에는 등기상의 **이해관계인이 없거나**, 이해관계인이 있더라도 그의 **승낙서** 또는 이에 대항할 수 있는 재판의 등본을 제출한 때에 한하여 **부기등기**에 의하여 그 변경등기를 할 수 있다.
6. **계층적 구분건물의 특정계층의 구분소유**를 목적으로 하는 구분지상권의 설정등기는 할 수 **없다.**

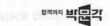

[관련내용]
1) 구분지상권은 그 권리가 미치는 지하 또는 지상 공간을 상하로 범위를 정하여 등기하는 것으로서 (☝ 1동의 건물을 횡단적으로 구분한) **계층적 구분건물의 특정계층의 구분소유를 목적**으로 하는 구분지상권의 설정등기는 할 수 **없다.**
2) 예컨대 타인의 토지 위에 2층은 주택부분, 1층은 점포 등의 시설부분인 **1동의 건물을 층별로 구분소유**하는 경우에 **2층만의 구분소유를 목적**으로 구분지상권을 설정할 수 **없다.** 2층은 건물의 1층부분을 매개로 하여 대지지반에 의하여 받쳐져 있으므로 2층의 이용권한만으로 이 부분을 공작물이나 건물로 볼 수 없기 때문이다(「부동산등기실무Ⅱ」 p. 406).

관련 조문

도시철도법 등에 의한 구분지상권 등기규칙

제1조(목적)

이 규칙은 「**도시철도법**」 제12조 제3항, 「**도로법**」 제28조 제5항, 「**전기사업법**」 제89조의2 제3항, 「**농어촌정비법**」 제110조의3 제3항, 「**철도의 건설 및 철도시설 유지관리에 관한 법률**」 제12조의3 제3항, 「**지역 개발 및 지원에 관한 법률**」 제28조 제4항, 「**수도법**」 제60조의3 제3항, 「**전원개발촉진법**」 제6조의4 제3항 및 「**하수도법**」 제10조의3 제3항에 따른 **부동산등기의 특례**를 규정함을 목적으로 한다. 〈개정 2021.10.29〉

제2조(수용・사용의 재결에 의한 구분지상권설정등기)

① 「도시철도법」 제2조 제7호의 도시철도건설자(이하 "도시철도건설자"라 한다), 「도로법」 제2조 제5호의 도로관리청(이하 "도로관리청"이라 한다), 「전기사업법」 제2조 제2호의 전기사업자(이하 "전기사업자"라 한다), 「농어촌정비법」 제10조의 농업생산기반 정비사업 시행자(이하 "농업생산기반 정비사업 시행자"라 한다), 「철도의 건설 및 철도시설 유지관리에 관한 법률」 제8조의 철도건설사업의 시행자(이하 "철도건설사업 시행자"라 한다), 「지역 개발 및 지원에 관한 법률」 제19조의 지역개발사업을 시행할 사업시행자(이하 "지역개발사업 시행자"라 한다), 「수도법」 제3조 제21호의 수도사업자(이하 "수도사업자"라 한다), 「전원개발촉진법」 제3조의 전원개발사업자(이하 "전원개발사업자"라 한다) 및 「하수도법」 제10조의3의 공공하수도를 설치하려는 자(이하 "공공하수도를 설치하려는 자"라 한다)가 「공익사업을 위한 토지 등의 취득 및 보상에 관한 법률」에 따라 구분지상권의 설정을 내용으로 하는 **수용・사용의 재결을 받은 경우** 그 **재결서와 보상 또는 공탁을 증명하는 정보**를 첨부정보로서 제공하여 **단독**으로 권리수용이나 토지사용을 원인으로 하는 구분지상권설정등기를 신청할 수 있다.

② 제1항의 구분지상권설정등기를 하고자 하는 토지의 등기기록에 그 토지를 사용・수익하는 권리에 관한 등기 또는 그 권리를 목적으로 하는 권리에 관한 등기가 있는 경우에도 그 권리자들의 **승낙을 받지 아니**하고 구분지상권설정등기를 신청할 수 있다.

제3조(수용재결에 의한 구분지상권이전등기)

① 도시철도건설자, 도로관리청, 전기사업자, 농업생산기반 정비사업 시행자, 철도건설사업 시행자, 지역개발사업 시행자, 수도사업자, 전원개발사업자 및 공공하수도를 설치하려는 자가 「공익사업을 위한 토지 등의 취득 및 보상에 관한 법률」에 따라 이미 등기되어 있는 구분지상권을 수용하는 내용의 재결을 받은 경우 그 재결서와 보상 또는 공탁을 증명하는 정보를 첨부정보로서 제공하여 단독으로 권리수용을 원인으로 하는 구분지상권이전등기를 신청할 수 있다.

② 제1항의 구분지상권이전등기신청이 있는 경우 수용의 대상이 된 구분지상권을 목적으로 하는 권리에 관한 등기가 있거나 수용의 개시일 이후에 그 구분지상권에 관하여 제3자 명의의 이전등기가 있을 때에는 직권으로 그 등기를 말소하여야 한다.

제4조(강제집행 등과의 관계)

제2조에 따라 마친 구분지상권설정등기 또는 제3조의 수용의 대상이 된 구분지상권설정등기(이하 "구분지상권설정등기"라 한다)는 다음 각 호의 경우에도 말소할 수 없다.

1. **구분지상권설정등기보다 먼저 마친** 강제경매개시결정의 등기, 근저당권 등 담보물권의 설정등기, 압류등기 또는 가압류등기 등에 기하여 **경매 또는 공매로 인한 소유권이전등기를** 촉탁한 경우
2. 구분지상권설정등기보다 먼저 가처분등기를 마친 가처분채권자가 가처분채무자를 등기의무자로 하여 소유권이전등기, 소유권이전등기말소등기, 소유권보존등기말소등기 또는 지상권·전세권·임차권설정등기를 신청한 경우
3. 구분지상권설정등기보다 먼저 마친 가등기에 의하여 소유권 이전의 본등기 또는 지상권·전세권·임차권 설정의 본등기를 신청한 경우

01 **(구분)지상권에 관한 등기에 대한 다음 설명 중 가장 옳지 않은 것은?** ▶ 2022년 법원사무관

① 전기사업법 제2조 제2호의 전기사업자가 토지의 사용에 관한 지상권의 설정을 내용으로 하는 사용재결을 받은 경우에는 단독으로 지상권설정등기를 신청할 수 없다.

② 지상권의 존속기간이 "철탑존속기간"과 같이 불확정기간인 경우에도 등기할 수 있다.

③ 구분지상권설정을 목적으로 하는 토지의 등기기록에 이미 전세권등기가 마쳐져 있는 경우에는 전세권자의 승낙이 있음을 증명하는 정보를 첨부정보로 제공하여야 한다.

④ 도시철도법 제2조 제7호의 도시철도건설자가 토지사용의 재결을 받아 구분지상권설정등기를 마쳤으나 위 등기보다 먼저 마친 가등기에 의하여 소유권이전의 본등기를 실행하는 경우에는 등기관은 구분지상권설정등기를 직권으로 말소하여야 한다.

해설 ④ 1. 「**도시철도법**」제2조 제7호의 도시철도건설자가 「공익사업을 위한 토지 등의 취득 및 보상에 관한 법률」에 따라 구분지상권의 설정을 내용으로 하는 **수용·사용의 재결을** 받은 경우 그 **재결서와 보상 또는 공탁을 증명하는 정보를** 첨부정보로서 제공하여 **단독으로** 권리수용이나 토지사용을 원인으로 하는 구분지상권설정등기를 신청할 수 있다(도시철도법 등에 의한 구분지상권 등기규칙 제2조).

　　2. 위 규정에 따라 마친 구분지상권설정등기 또는 제3조의 수용의 대상이 된 구분지상권설정등기는 <u>다음 각 호의 경우에도 말소할 수 없다</u>(도시철도법 등에 의한 구분지상권 등기규칙 제4조).

> 1. **구분지상권설정등기보다 먼저 마친** 강제경매개시결정의 등기, 근저당권 등 담보물권의 설정등기, 압류등기 또는 가압류등기 등에 기하여 **경매 또는 공매로 인한 소유권이전등기를** 촉탁한 경우
> 2. 구분지상권설정등기보다 먼저 가처분등기를 마친 가처분채권자가 가처분채무자를 등기의무자로 하여 소유권이전등기, 소유권이전등기말소등기, 소유권보존등기말소등기 또는 지상권·전세권·임차권설정등기를 신청한 경우

3. 구분지상권설정등기보다 먼저 마친 가등기에 의하여 소유권 이전의 본등기 또는
지상권·전세권·임차권설정의 본등기를 신청한 경우

① 1. 「도시철도법」, 「도로법」, 「전기사업법」, 「전원개발촉진법」, 「하수도법」, 「수도법」, 「농어촌정비법」, 「철도의 건설 및 철도시설 유지관리에 관한 법률」에 따라 구분지상권의 설정을 내용으로 하는 수용·사용의 재결을 받은 경우 그 재결서와 보상 또는 공탁을 증명하는 정보를 첨부정보로서 제공하여 단독으로 권리수용이나 토지사용을 원인으로 하는 구분지상권설정등기를 신청할 수 있다(도시철도법 등에 의한 구분지상권 등기규칙 제2조).

2. 사회기반시설에 대하여 사업시행자가 「사회기반시설에 대한 민간투자법」 및 「공익사업을 위한 토지 등의 취득 및 보상에 관한 법률」에 따라 중앙토지수용위원회의 사용재결을 받았다고 하더라도 「사회기반시설에 대한 민간투자법」에 "사업시행자가 사용재결을 받으면 단독으로 구분지상권설정등기를 신청할 수 있다"는 취지의 규정이 없는 이상 그 사용재결에 의해서는 단독으로 구분지상권설정등기를 신청할 수 없다(선례 제202104-4호).

3-1. 전기사업자가 토지의 지상 또는 지하 공간의 사용에 관한 구분지상권의 설정을 내용으로 하는 사용재결을 받은 경우 「전기사업법」 제89조의2 제2항에 따라 단독으로 토지사용을 원인으로 한 구분지상권설정등기를 신청할 수 있으나,

3-2. 전기사업자가 토지의 사용에 관한 지상권의 설정을 내용으로 하는 사용재결을 받은 경우에는 이에 관한 법령상의 근거규정이 없으므로, 토지사용을 원인으로 한 지상권설정등기를 단독으로는 물론 소유명의인(등기의무자)과 공동으로도 신청할 수 없다(선례 제202104-3호).

3-3. 다만 전기사업자와 소유명의인(등기의무자)은 지상권설정계약서를 등기원인을 증명하는 정보로서 제공하여 공동으로 지상권설정등기를 신청할 수 있다(선례 제202104-3호).

② 1. 계약으로 지상권의 존속기간을 정하는 경우에는 그 기간은 다음 연한(30년, 15년, 5년)보다 단축하지 못한다(➕ 최단기간 제한). 위의 기간보다 단축한 기간을 정한 때에는 전항의 기간까지 연장한다(➕ 법정연장)(민법 제280조).

2. 민법 제280조는 지상권의 존속기간에 대하여 그 최단기간만을 제한하고 있으므로 존속기간을 100년, 120년 또는 그보다 장기(특정된 기간임)로 하는 지상권설정등기도 경료받을 수 있다(선례 제5-412호). 마찬가지로 존속기간을 영구무한으로 정하는 것도 가능하다.

3. 지상권의 존속기간을 「민법」 제280조 제1항 각 호의 기간보다 긴 기간으로 하는 약정은 유효하므로, 그 기간을 위 기간보다 장기로 하거나 불확정기간(예 철탑존속기간으로 한다)으로 정할 수도 있다(예규 제1425호).

4. 「민법」 제280조 제1항 제1호의 30년은 수목의 소유를 목적으로 하는 때에는 그 원인(예 수목의 육림, 벌채 등)에 관계없이 일률적으로 최단인 30년보다 단축하지 못한다는 것이나, 등기신청서에 지상권의 존속기간을 같은 조 제1항 각 호의 기간보다 단축한 기간으로 기재한 경우라도 그 기간은 같은 조 제2항에 의하여 법정기간까지 연장되므로, 신청서 기재대로 수리하여야 한다(예규 제1425호).

③ 구분지상권 등기를 하고자 하는 토지의 등기용지에 그 토지를 사용하는 권리에 관한 등기와 그 권리를 목적으로 하는 권리에 관한 등기가 있는 때(예컨대, 통상의 지상권, 전세권, 임차권 등의 등기와 이를 목적으로 하는 저당권 또는 처분 제한의 등기 등)에는 신청서에 이들의 승낙서를 첨부케 하여야 한다. 즉 이들의 승낙서를 첨부하여 구분지상권설정등기를 신청할 수 있다(예규 제1040호, 3).

정답 ↦ 01 ④

02 **구분지상권 등기에 관한 다음 설명 중 가장 옳지 않은 것은?** ▸ 2019년 등기주사보

① 동일한 토지에 관하여 지상권이 미치는 범위가 각각 다른 2개 이상의 구분지상권은 그 토지의 등기기록에 각기 따로 등기할 수 있다.

② 지하 또는 공간의 상하의 범위는 평균 해면 또는 지상권을 설정하는 토지의 특정지점을 포함한 수평면을 기준으로 하여 이를 명백히 하고, 그 도면을 등기신청서에 첨부하여야 한다.

③ 계층적 구분건물의 특정계층의 구분소유를 목적으로 하는 구분지상권의 설정등기는 할 수 없다.

④ 통상의 지상권을 구분지상권으로 변경하는 변경등기는 등기상 이해관계 있는 제3자가 없거나, 있더라도 그의 승낙서 또는 이에 대항할 수 있는 재판의 등본을 제공한 때에 한하여 부기등기로 할 수 있다.

> **해설** ② 지하 또는 공간의 상하의 범위는 평균 해면 또는 지상권을 설정하는 토지의 특정지점을 포함한 **수평면을 기준**으로 하여 이를 명백히 하여야 한다. 예컨대, "범위, 평균 해면위 100미터로부터 150미터 사이" 또는 "범위, 토지의 동남쪽 끝 지점을 포함한 수평면을 기준으로 하여 지하 20미터로부터 50미터 사이" 등으로 기재하여야 한다. 그러나 **도면**을 등기신청서에 첨부할 필요는 **없다**(예규 제1040호, 2).
>
> ① 예규 제1040호, 4
> ③ 예규 제1040호, 6
> ④ 예규 제1040호, 5

03 **구분지상권 등기에 관한 다음 설명 중 가장 옳지 않은 것은?** ▸ 2019년 등기서기보

① 각각의 구분지상권의 효력이 미치는 범위가 다르다면 동일토지의 등기기록에 각각 따로 구분지상권 설정등기를 할 수 있다.

② 구분지상권이 설정되어 있는 토지에 대하여도 기존 구분지상권자의 승낙을 증명하는 정보를 첨부정보로서 제공하여 통상의 지상권설정등기를 신청할 수 있다.

③ 타인의 토지 위에 2층은 주택, 1층은 점포인 1동의 건물을 층별로 구분소유하는 경우에 2층만의 구분소유를 목적으로 하는 구분지상권을 설정할 수 있다.

④ 수목의 소유를 목적으로 하는 구분지상권설정등기는 할 수 없다.

> **해설** ③ 1) 구분지상권은 그 권리가 미치는 지하 또는 지상 공간을 상하로 범위를 정하여 등기하는 것으로서 (⊞ 1동의 건물을 **횡단적으로 구분한**) 계층적 구분건물의 **특정계층의 구분소유**를 **목적**으로 하는 구분지상권의 설정등기는 할 수 없다.
>
> 2) 예컨대 타인의 토지 위에 2층은 주택부분, 1층은 점포 등의 시설부분인 **1동의 건물을 층별로 구분소유**하는 경우에 **2층만의 구분소유를 목적**으로 구분지상권을 설정할 수 없다. 2층은 건물의 1층 부분을 매개로 하여 대지 지반에 의하여 받쳐져 있으므로 2층의 이용권 한만으로 이 부분을 공작물이나 건물로 볼 수 없기 때문이다(「부동산등기실무Ⅱ」 p. 406).

① 예규 제1040호, 4
④ 예규 제1040호, 1

04 구분지상권의 등기에 관한 다음 설명 중 가장 옳지 않은 것은?

▶ 2017년 법무사, 2017년 등기주사보

① 수목의 소유를 목적으로 하는 구분지상권설정등기는 할 수 없다.
② 1동의 건물을 횡단적으로 구분한 경우에 상층의 건물을 소유하기 위하여 구분지상권의 설정등기는 할 수 있다.
③ 구분지상권 행사를 위하여 소유자의 토지 사용을 제한하는 약정을 한 때에는 그 약정을 신청정보의 내용으로 하여야 한다.
④ 통상의 지상권을 구분지상권으로 변경하는 등기는 등기상의 이해관계인이 없으면 부기등기에 의하여 할 수 있다.
⑤ 도시철도법의 도시철도건설자가 수용의 재결에 의해 취득한 구분지상권설정등기는 그보다 먼저 등기된 강제경매에 기하여 매각으로 인한 소유권이전등기의 촉탁이 있는 경우에도 이를 말소하여서는 안 된다.

해설 ② 1) 구분지상권은 그 권리가 미치는 지하 또는 지상 공간을 상하로 범위를 정하여 등기하는 것으로서 (⊕ 1동의 건물을 **횡단적으로 구분한**) 계층적 구분건물의 **특정계층의 구분소유**를 목적으로 하는 구분지상권의 설정등기는 할 수 없다.
2) 예컨대 타인의 토지 위에 2층은 주택부분, 1층은 점포 등의 시설부분인 **1동의 건물을 층별로 구분소유**하는 경우에 **2층만의 구분소유를 목적**으로 구분지상권을 설정할 수 **없다.** 2층은 건물의 1층 부분을 매개로 하여 대지 지반에 의하여 받쳐져 있으므로 **2층의 이용권한만으로** 이 부분을 공작물이나 건물로 볼 수 없기 때문이다(「부동산등기실무Ⅱ」 p. 406).

① 예규 제1040호, 1
③ 민법 제289조의2 제1항
④ 예규 제1040호, 5
⑤ 도시철도법 등에 의한 구분지상권 등기규칙 제4조 제1호

05 구분지상권의 등기에 관한 다음 설명 중 가장 옳지 않은 것은?

▶ 2016년 등기서기보

① 수목의 소유를 목적으로 하는 구분지상권설정등기는 할 수 없다.
② 1동의 건물을 횡단적으로 구분한 경우에 상층의 건물을 소유하기 위하여 구분지상권의 설정등기는 할 수 없다.
③ 통상의 지상권을 구분지상권으로 변경하는 등기는 등기상의 이해관계인이 없으면 부기등기에 의하여 할 수 있다.

정답 ━ 02 ② 03 ③ 04 ② 05 ④

④ 전기사업법 제2조 제2호의 전기사업자가 수용·사용의 재결을 받아 구분지상권설정등기를 하고자 하는 토지의 등기기록에 그 토지를 사용·수익하는 권리에 관한 등기 또는 그 권리를 목적으로 하는 권리에 관한 등기가 있는 경우에는 그 권리자의 승낙을 받거나 그에 대항할 수 있는 판결서 등의 서면을 첨부하여야 한다.

> 해설 ④ 수용·사용의 재결에 의한 구분지상권설정등기를 하고자 하는 토지의 등기기록에 그 토지를 사용·수익하는 권리에 관한 등기 또는 그 권리를 목적으로 하는 권리에 관한 등기가 있는 경우에도 그 권리자들의 **승낙을 받지 아니**하고 구분지상권설정등기를 신청할 수 있다(도시철도법 등에 의한 구분지상권 등기규칙 제2조 제2항).

① 예규 제1040호, 1
③ 예규 제1040호, 5

06 구분지상권 설정등기에 관한 다음 설명 중 가장 옳지 않은 것은? ▸ 2013년 법무사

① 수목의 소유를 목적으로 한 구분지상권 설정등기는 할 수 없다.
② 계층적 구분건물의 특정계층의 구분소유를 목적으로 하는 구분지상권 설정등기는 할 수 없다.
③ 각각의 구분지상권의 효력이 미치는 범위가 다르다면 동일 토지의 등기기록에 각각 따로 구분지상권 설정등기를 할 수 있다.
④ 통상의 지상권을 구분지상권으로 변경하거나, 구분지상권을 통상의 지상권으로 변경하는 내용의 등기는 할 수 없다.
⑤ 구분지상권 설정등기를 하고자 하는 토지의 등기기록에 그 토지를 사용하는 권리에 관한 등기와 그 권리를 목적으로 하는 권리에 관한 등기가 있는 때에는 그 등기명의인들의 승낙을 얻어야만 구분지상권 설정등기를 할 수 있다.

> 해설 ④ **통상의 지상권**등기를 **구분지상권** 등기로 변경하거나, 구분지상권 등기를 통상의 지상권 등기로 **변경**하는 등기신청이 있는 경우에는 등기상의 **이해관계인**이 **없**거나, 이해관계인이 있더라도 그의 **승낙서** 또는 이에 대항할 수 있는 재판의 등본을 제출한 때에 한하여 **부기**등기에 의하여 그 변경등기를 할 수 있다(예규 제1040호, 5).

① 예규 제1040호, 1
② 예규 제1040호, 6
③ 예규 제1040호, 4
⑤ 예규 제1040호, 3

정답 ⊶ 06 ④

02   지역권

📖 관련 조문

민법 제186조[부동산물권변동의 효력]
부동산에 관한 법률행위로 인한 물권의 득실변경은 등기하여야 그 효력이 생긴다.

민법 제211조[소유권의 내용]
소유자는 법률의 범위 내에서 그 소유물을 사용, 수익(🔵 용익물권·용익권), 처분할 권리(🔵 담보물권)가 있다.

민법 제291조[지역권의 내용]
지역권자는 일정한 목적(🔵 개인목적×)을 위하여 타인의 토지(🔵 승역지)를 자기토지(🔵 요역지)의 편익에 이용(🔵 배타성×)하는 권리가 있다.

민법 제292조[부종성]
① 지역권은 요역지소유권에 부종하여 이전(🔵 지역권자 등기)하며 또는 요역지에 대한 소유권 이외의 권리의 목적이 된다. 그러나 다른 약정(🔵 수반성 배제특약, 임의적 기재사항)이 있는 때에는 그 약정에 의한다.
② 지역권은 요역지와 분리하여 양도하거나 다른 권리의 목적으로 하지 못한다.

법 제70조[지역권의 등기사항](🔵 등기관)
등기관이 승역지의 등기기록에 지역권설정의 등기를 할 때에는 제48조 제1항 제1호부터 제4호까지에서 규정한 사항 외에 다음 각 호의 사항을 기록하여야 한다. 다만, 제4호는 등기원인에 그 약정이 있는 경우에만(🔵 임의적 기재사항 : 법 제29조 제5호) 기록한다.

필 ⎯ 1. 지상권설정의 목적
   ⎯ 2. 범위
   ⎯ 3. 요역지

임 ⎯ 4. 「민법」 제292조 제1항 단서, 제297조 제1항 단서 또는 제298조의 약정
   ⎯ 5. 승역지의 일부에 지역권설정의 등기를 할 때에는 그 부분을 표시한 도면의 번호

법 제71조[요역지지역권의 등기사항]
① 등기관이 승역지에 지역권설정의 등기를 하였을 때에는 직권으로 요역지의 등기기록에 다음 각 호의 사항을 기록하여야 한다.
1. 순위번호
2. 등기목적
3. 승역지
4. 지역권설정의 목적
5. 범위
6. 등기연월일

② 등기관은 요역지가 **다른 등기소의 관할**에 속하는 때에는 지체 없이 그 등기소에 승역지, 요역지, 지역권설정의 목적과 범위, 신청서의 접수연월일을 **통지**하여야 한다.

③ 제2항의 통지를 받은 등기소의 등기관은 지체 없이 요역지인 부동산의 등기기록에 제1항 제1호부터 제5호까지의 사항, 그 통지의 접수연월일 및 그 접수번호를 **기록**하여야 한다.

④ 등기관이 지역권의 변경등기 또는 말소등기를 할 때에는 제2항 및 제3항을 준용한다.

규칙 제127조(지역권설정등기의 신청)[(🌐 신청인)]

① 지역권설정의 등기를 신청하는 경우에는 <u>법 제70조 제1호부터 제4호까지의 등기사항을 신청정보의 내용으로 등기소에 제공</u>하여야 한다.

② 지역권 설정의 범위가 **승역지의 일부**인 경우에는 **제126조 제2항을 준용(🌐 지적도)**한다.

01 지역권등기에 관한 다음 설명 중 가장 옳은 것은?
▸2023년 법원사무관

① 지역권은 특별한 약정이 없는 한 요역지 소유권이 이전되면 당연히 이전되나, 지역권 이전의 효력이 발생하려면 지역권 이전등기를 하여야 한다.

② 승역지는 반드시 1필의 토지 전부이어야 하는 것은 아니고 그 일부에 대하여도 설정할 수는 있으나, 요역지와 승역지는 서로 인접하고 있어야 한다.

③ 원고에게 통행권이 있음을 확인하는 확정판결에 의하여서는 지역권설정등기를 할 수 없는바, 등기관의 착오로 위 판결에 의하여 지역권 설정등기가 경료된 경우 이는 부동산등기법 제29조 제2호에 해당하여 등기관이 직권으로 말소할 수 있다.

④ 1개의 토지를 요역지로 하고 소유자를 달리하는 여러 개의 토지를 승역지로 할 경우의 지역권설정등기는 각 소유자별로 신청하여야 한다.

해설 ④ 1. **법 제25조 단서**에 따라 같은 채권의 담보를 위하여 **소유자가 다른 여러 개의 부동산**에 대한 (🌐 **공동)저당권설정등기**를 신청하는 경우는 1건의 신청정보로 **일괄**하여 신청하거나 촉탁할 수 **있다**(규칙 제47조).

　　2. 일괄신청은 법 제25조 및 규칙 제47조의 예외적인 경우에만 허용되므로, 규칙 제47조 제1항 제1호에서 소유자를 달리하는 수개의 부동산에 대하여 공동저당권설정 시에 일괄신청을 허용하는 것과는 달리 1개의 토지를 요역지로 하고 **소유자를 달리하는 여러 개의 토지**를 **승역지**로 할 경우의 **지역권설정**등기에 대하여 **일괄신청을 허용하는 규정이 없으므로** 위 지역권설정등기를 **일괄**하여 신청할 수 **없다**(법 제25조, 규칙 제47조, 예규 제192호).

① 지역권은 요역지 소유권의 내용이 아닌 독립된 권리이지만 요역지를 위하여 존재하는 권리이므로 당사자 간에 다른 약정이 없는 한 요역지 소유권에 부종하여 이전한다. 따라서 **지역권자는 등기기록의 기록사항이 아니며**, 지역권자가 기록되지 않으므로 **지역권이전등기를 별도로 할 필요가 없다**(「부동산등기실무 II」 p.419).

② 1. 편익을 제공받은 토지 즉 **요역지**는 1필의 **토지 전부**이어야 하며 그 일부를 위한 지역권등기는 할 수 없으므로 신청정보에는 1필의 토지를 요역지로서 표시하여야 한다.

　　승역지는 반드시 1필의 토지 전부이어야 하는 것은 아니고 그 **일부**에 대하여도 설정할 수 있으므로, 1필의 일부에 대하여 신청하는 경우에는 그 **범위**(신청정보)와 **지적도**(첨부정보)를 제공하여야 한다(규칙 제127조 제2항, 제126조 제2항). 요역지와 승역지가 서로 인접하고 있어야 하는 것도 아니다(「2022년 법원공무원교육원 부동산등기실무」 p.325).

2. 요역지와 승역지는 **반드시 인접해 있을 필요가 없으며**, 서로 **다른 등기소의 관할**에 속하는 경우에도 **무방하다**(「부동산등기실무Ⅱ」 p.419).

3. 승역지와 요역지의 **관할등기소가 다를 경우** 지역권설정등기신청은 **승역지를 관할하는 등기소**에 하여야 한다(🌐 다만 **신청서는 1장**으로 작성하며 **요역지와 함께 승역지를 기재**하고 기타 정보를 신청정보의 내용으로 제공한다)(「부동산등기실무Ⅱ」 p.419).

③ 1. **주위토지통행권 확인 판결**을 받았다고 하더라도 **토지통행권**은 부동산등기법 제3조에서 정하는 등기할 사항이 아니므로 등기할 수 **없다**(선례 제5-4호).

2. 또한 원고에게 통행권이 있음을 확인하는 확정판결에 의하여서는 **지역권설정등기**를 할 수 **없다**(선례 제7-322호). 원고에게 통행권이 있음을 확인하는 확정판결에 의하여서는 지역권설정등기를 할 수 없는바, 등기관의 **착오로 위 판결**에 의하여 **지역권 설정등기가 경료**된 경우 이는 부동산등기법 제29조 제1호 또는 제2호에 해당하지 아니하기 때문에 등기관이 **직권으로 말소할 수 없고**, 당사자의 **공동 신청**에 의하여 **말소**하여야 하나 등기의무자의 협력을 받을 수 없는 경우에는 지역권설정등기말소절차의 이행을 명하는 확정**판결**을 첨부하여 **단독으로 말소 신청**할 수 있다(선례 제7-322호).

02 지역권의 등기에 관한 다음 설명 중 가장 옳지 않은 것은? ▶ 2021년 법무사

① 지역권설정의 목적, 범위, 요역지 등은 승역지의 등기기록에 지역권설정의 등기를 할 때에 그 등기사항에 포함된다.

② 토지 등기기록에 요역지지역권의 등기가 있는 경우 그 토지에 대한 합필의 등기를 할 수 있다.

③ 지역권 설정의 범위가 승역지의 일부인 경우에는 그 부분을 표시한 지적도를 첨부정보로서 등기소에 제공하여야 한다.

④ 승역지와 요역지가 같은 등기소의 관할에 속하는 경우 등기관이 승역지에 지역권설정의 등기를 하였을 때에는 직권으로 요역지의 등기기록에 승역지, 지역권설정의 목적, 범위 등을 기록하여야 한다.

⑤ 승역지에 지역권설정의 등기를 하였을 경우 등기관은 요역지가 다른 등기소의 관할에 속하는 때에는 지체 없이 그 등기소에 승역지, 요역지, 지역권설정의 목적과 범위, 신청서의 접수연월일을 통지하여야 한다.

해설 ② 토지 등기기록에 **요역지지역권**의 등기가 있다면 그 토지에 대한 **합필**의 등기를 신청할 수 **없는**바, 이는 요역지지역권의 등기가 모든 토지의 등기기록에 있고 그 등기사항이 모두 동일하더라도 마찬가지이다(선례 제201907-4호).

① 법 제70조
③ 규칙 제127조 제2항

정답 ☞ **01 ④ 02 ②**

④ 법 제71조

⑤ 법 제71조 제2항

03 지역권등기에 관한 다음 설명 중 가장 옳지 않은 것은? ▸2020년 등기서기보

① 지역권설정자는 승역지의 소유자는 물론 지상권자, 전세권자 또는 등기한 임차권자도 될 수 있다.

② A토지의 공유자 중 일부가 B토지를 소유하는 경우에 B토지의 소유자들은 A토지를 B토지의 편익에 이용하기 위하여 지역권을 설정하는 등기를 신청할 수 없다.

③ 요역지와 승역지를 관할하는 등기소가 다른 경우에 지역권설정등기의 신청은 요역지를 관할하는 등기소에 하여야 한다.

④ 지역권설정등기를 할 때에는 다른 권리의 등기와 달리 권리자를 기록하지 않는다.

> **해설** ③ 1) 승역지와 요역지의 관할등기소가 다를 경우 지역권설정등기신청은 **승역지를 관할**하는 등기소에 하여야 한다(⊞ 다만 **신청서는 1장**으로 작성하며 요역지와 함께 승역지를 기재하고 기타 정보를 신청정보의 내용으로 제공한다)(「부동산등기실무Ⅱ」 p.419).
>
> 2) 지역권설정등기를 신청할 때에는 **요역지 부동산가액**(⊞ **과세표준액**)의 1,000분의 2에 해당하는 등록면허세 및 그 등록면허세액의 100분의 20에 해당하는 지방교육세를 납부하고, 등록면허세영수필확인서를 첨부정보로서 제공한다.
>
> ① 지역권설정등기는 지역권설정자(⊞ **소유권자·지상권자·전세권자·**등기된 임차권자)가 등기의무자, 지역권자(⊞ **소유권자·지상권자·전세권자·**등기된 임차권자는 의견대립 있음)가 등기권리자로서 공동신청하여야 한다(「부동산등기실무Ⅱ」 p.419).
>
> ② 지역권은 타물권으로서 자신의 소유물에 성립할 수 없는데, **A토지의 공유자 중 일부가 B토지를 소유하는** 경우에 B토지의 소유자들은 A토지의 공유자들로서 **이미 A토지의 전부를 지분의 비율로 사용, 수익할 수 있는 지위**에 있으므로, A토지를 B토지의 편익에 이용하기 위하여 **지역권을** 설정하는 등기를 신청할 수 없다(선례 제201803–6호).
>
> ④ 지역권은 요역지 소유권의 내용이 아닌 독립된 권리이지만 요역지를 위하여 존재하는 권리이므로 당사자 간에 다른 약정이 없는 한 요역지 소유권에 부종하여 이전한다. 따라서 **지역권자는 등기기록의 기록사항이 아니며, 지역권자가 기록되지 않으므로 지역권이전등기를 별도로 할 필요가 없다**(「부동산등기실무Ⅱ」 p.419).

04 지역권등기에 관한 다음 설명 중 가장 옳지 않은 것은? ▸2019년 등기주사보

① 요역지의 소유자뿐만 아니라 요역지의 지상권자, 전세권자 또는 임차권자도 지역권설정등기의 등기권리자가 될 수 있다.

② 당사자 사이에 다른 약정이 없으면 지역권은 요역지 소유권이 이전되면 당연히 이전되므로 지역권의 이전등기는 할 필요가 없다.

③ 1개의 토지를 요역지로 하고 소유자를 달리하는 여러 개의 토지를 승역지로 할 경우에 그 여러 개의 토지를 일괄하여 지역권설정등기를 신청할 수 있다.

④ 원고에게 통행권이 있음(주위토지통행권)을 확인하는 확정판결을 받았다고 하더라도 이 판결에 의해서는 지역권설정등기를 신청할 수 없다.

해설 ③ 일괄신청은 법 제25조 및 규칙 제47조의 예외적인 경우에만 허용되므로, 규칙 제47조 제1항 제1호에서 소유자를 달리하는 수개의 부동산에 대하여 공동저당권설정 시에 일괄신청을 허용하는 것과는 달리 **소유자를 달리하는 수개의 토지를 승역지로 할 경우에 일괄신청을 허용하는 규정이 없으므로** 지역권설정등기를 일괄하여 신청할 수 **없다**(법 제25조, 규칙 제47조).

④ 1) **주위토지통행권 확인 판결**을 받았다고 하더라도 토지통행권은 부동산등기법 제3조에서 정하는 등기할 사항이 아니므로 등기할 수 **없다**(선례 제5-4호).

2) 또한 원고에게 통행권이 있음을 확인하는 확정판결에 의하여서는 **지역권설정등기를 할 수 없다**(선례 제7-322호).

05 **지역권등기에 관한 다음 설명 중 가장 옳지 않은 것은?** ▸ 2018년 등기주사보

① 지역권도 권리에 관한 등기이므로 다른 권리에 관한 등기와 마찬가지로 권리자를 기록하여야 한다.

② 지역권설정등기를 신청할 때에는 지역권설정의 목적, 범위 및 요역지를 반드시 신청정보의 내용으로 제공하여야 한다.

③ A 토지의 공유자 중 일부가 B 토지를 소유하는 경우에는 A 토지를 B 토지의 편익에 이용하기 위하여 지역권을 설정하는 등기를 신청할 수 없다.

④ 승역지와 요역지를 관할하는 등기소가 다른 경우에는 승역지를 관할하는 등기소에 지역권설정등기를 신청하여야 한다.

해설 ① 지역권은 요역지 소유권의 내용이 아닌 독립된 권리이지만 요역지를 위하여 존재하는 권리이므로 당사자 간에 다른 약정이 없는 한 요역지 소유권에 부종하여 이전한다. 따라서 **지역권자는 등기기록의 기록사항이 아니며**, 지역권자가 기록되지 않으므로 **지역권이전등기를 별도로 할 필요가 없다**(「부동산등기실무Ⅱ」 p.419).

② 법 제70조, 규칙 제127조 제1항

④ 승역지와 요역지의 관할등기소가 다를 경우 지역권설정등기신청은 **승역지를 관할하는 등기소에 하여야 한다**(❗ 다만 **신청서는 1장으로 작성**하며 요역지와 함께 승역지를 기재하고 기타 정보를 신청정보의 내용으로 제공한다)(「부동산등기실무Ⅱ」 p.419).

정답 ☞ 03 ③ 04 ③ 05 ①

06 지역권의 등기에 관한 다음 설명 중 가장 옳지 않은 것은? ▸2017년 법무사

① 지역권에 관한 등기는 승역지를 관할하는 등기소에 신청하여야 하고, 요역지에 대한 등기는 등기관이 직권으로 한다.
② 지역권설정등기를 하는 경우에 승역지의 시가표준액이 과세표준액이 된다.
③ 지역권자는 등기사항이 아니다.
④ 원고에게 통행권이 있음을 확인하는 확정판결에 의해서는 지역권설정등기를 할 수 없다.
⑤ 지역권은 요역지 소유권이 이전되면 당연히 이전되며, 요역지의 소유권이전등기가 있으면 지역권의 이전등기 없이도 지역권이전의 효력이 생긴다.

> **해설** ② 1) 승역지와 요역지의 관할등기소가 다를 경우 지역권설정등기신청은 **승역지를 관할하는 등기소**에 하여야 한다(🅑 다만 **신청서는 1장**으로 작성하며 요역지와 함께 승역지를 기재하고 기타 정보를 신청정보의 내용으로 제공한다)(「부동산등기실무Ⅱ」 p.419).
> 2) 지역권설정등기를 신청할 때에는 **요역지 부동산가액**(🅑 **과세표준액**)의 1,000분의 2에 해당하는 등록면허세 및 그 등록면허세액의 100분의 20에 해당하는 지방교육세를 납부하고, 등록면허세영수필확인서를 첨부정보로서 제공한다.

07 지역권에 관한 등기와 관련된 다음 설명 중 가장 옳지 않은 것은? ▸2017년 등기주사보

① 지역권은 일정한 목적을 위하여 타인의 토지를 자기 토지의 편익에 이용하는 권리이다.
② 등기관이 승역지의 등기기록에 지역권설정의 등기를 할 때에는 지역권자를 기록하여야 한다.
③ 승역지와 요역지가 같은 등기소의 관할에 속하는 경우 등기관이 승역지에 지역권설정의 등기를 하였을 때에는 직권으로 요역지의 등기기록에 일정한 사항을 기록하여야 한다.
④ 지역권 설정의 범위가 승역지의 일부인 경우에는 그 부분을 표시한 지적도를 첨부정보로서 등기소에 제공하여야 한다.

> **해설** ② 지역권은 요역지 소유권의 내용이 아닌 독립된 권리이지만 요역지를 위하여 존재하는 권리이므로 당사자 간에 다른 약정이 없는 한 **요역지 소유권**에 부종하여 이전한다. 따라서 **지역권자는 등기기록의 기록사항이 아니며**, 지역권자가 기록되지 않으므로 **지역권이전등기를 별도로 할 필요가 없다**(「부동산등기실무Ⅱ」 p.419).
>
> ① 민법 제291조
> ③ 법 제71조
> ④ 규칙 제127조 제2항

08 **지역권설정등기에 관한 다음 설명 중 가장 옳지 않은 것은?** ▶ 2016년 등기서기보

① 지상권자는 그 권리의 범위 내에서 그 목적인 토지를 위하여 또는 그 토지 위에 지역권 설정을 할 수 있다.

② 지역권설정등기를 할 때에 지역권자는 등기사항이 아니다.

③ 요역지와 승역지를 관할하는 등기소가 다른 경우에는 요역지를 관할하는 등기소에 지 역권설정등기를 신청하여야 한다.

④ 등기관이 승역지의 등기기록에 지역권설정의 등기를 할 때에는 지역권설정의 목적, 범 위 및 요역지를 반드시 기록하여야 한다.

> **해설** ③ 1) 승역지와 요역지의 관할등기소가 다를 경우 지역권설정등기신청은 **승역지를 관할하는 등 기소**에 하여야 한다(🐝 다만 **신청서는 1장**으로 작성하며 요역지와 함께 승역지를 기재하 고 기타 정보를 신청정보의 내용으로 제공한다)(「부동산등기실무 II」 p.419).
>
> 2) 지역권설정등기를 신청할 때에는 **요역지 부동산가액**(🐝 **과세표준액**)의 1,000분의 2에 해 당하는 등록면허세 및 그 등록면허세액의 100분의 20에 해당하는 지방교육세를 납부하 고, 등록면허세영수필확인서를 첨부정보로서 제공한다.
>
> ④ 법 제70조

03 전세권

관련 조문

민법 제211조[소유권의 내용]
소유자는 <u>법률의 범위 내에서</u> 그 소유물을 <u>사용, 수익</u>(🔵 용익물권·용익권), <u>처분할 권리</u>(🔵 담보물권)가 있다.

민법 제303조[전세권의 내용]
① 전세권자는 전세금을 지급(🔵 요물계약)하고 타인의 부동산을 점유하여 그 부동산의 용도에 좇아 **사용·수익**(🔵 용익물권적 권능)하며, 그 부동산 **전부**에 대하여 후순위권리자 기타 채권자보다 전세금의 <u>우선변제</u>(🔵 담보물권적 권능)를 받을 권리가 있다.
② <u>농경지</u>는 전세권의 목적으로 하지 **못**한다.

민법 제306조[전세권의 양도, 임대 등]
전세권자는 전세권을 타인에게 **양도**(🔵 전세권 이전○) 또는 **담보**(🔵 민법 제371조 전세권부 저당권○)로 제공할 수 있고 <u>존속기간 내에서</u> 그 목적물을 타인에게 **전전세 또는 임대**할 수 있다. 그러나 <u>설정행위로 이를 금지</u>(🔵 임의적 기재사항)한 때에는 <u>그러하지 아니하다.</u>

민법 제312조[전세권의 존속기간]
① 전세권의 존속기간은 10년을 넘지 못한다. 당사자의 <u>약정기간이 10년을 넘는 때에는 이를 10년으로 단축한다</u>(🔵 최장기간 제한).
④ **건물**의 전세권설정자가 전세권의 존속기간 만료전 6월부터 1월까지 사이에 전세권자에 대하여 갱신거절의 통지 또는 조건을 변경하지 아니하면 갱신하지 아니한다는 뜻의 통지를 하지 아니한 경우에는 그 기간이 만료된 때에 전전세권과 동일한 조건으로 **다시 전세권을 설정한 것으로 본다.** 이 경우 전세권의 <u>존속기간</u>은 그 <u>정함이 없는</u> 것으로 본다.

민법 제313조[전세권의 소멸통고]
전세권의 존속기간을 약정하지 아니한 때에는 각 당사자는 언제든지 상대방에 대하여 전세권의 <u>소멸을 통고</u>할 수 있고 상대방이 이 통고를 받은 날로부터 6월이 경과하면 전세권은 소멸한다.

민법 제317조[전세권의 소멸과 동시이행]
전세권이 소멸한 때에는 전세권설정자는 전세권자로부터 그 목적물의 인도 및 전세권설정등기의 <u>말소등기에 필요한 서류의 교부</u>를 받는 <u>동시</u>(🔵 동시이행)에 **전세금을 반환**하여야 한다.

민법 제318조[전세권자의 경매청구권]
전세권설정자가 전세금의 반환을 지체한 때에는 전세권자는 민사집행법의 정한 바에 의하여 전세권의 목적물의 **경매를 청구**(🔵 담보물권적 권능)할 수 있다.

민법 제262조[물건의 공유]
① 물건이 지분에 의하여 수인의 소유로 된 때에는 **공유**로 한다.
② 공유자의 지분은 **균등**한 것으로 **추정**한다.

민법 제278조[준공동소유]

본절의 규정은 소유권 이외의 재산권에 준용(⊞ 준공유)한다. 그러나 다른 법률에 특별한 규정이 있으면 그에 의한다.

법 제72조[전세권 등의 등기사항][⊞ 등기관]

① 등기관이 **전세권설정**이나 **전전세**의 등기를 할 때에는 제48조에서 규정한 사항 외에 **다음 각 호**의 사항을 기록하여야 한다. 다만, **제3호부터 제5호까지**는 등기원인에 그 약정이 있는 경우에만(⊞ 임의적 기재사항 : 법 제29조 제5호) 기록한다.

필 ┌ 1. **전세금** 또는 전전세금
　 └ 2. **범위**

임 ┌ 3. **존속기간**
　 │ 4. 위약금 또는 배상금
　 │ 5. 「민법」 제306조 단서의 약정
　 └ 6. 전세권설정이나 전전세의 범위가 부동산의 일부인 경우에는 그 부분을 표시한 도면의 번호

② 여러 개의 부동산에 관한 권리를 목적으로 하는 전세권설정의 등기를 하는 경우에는 **제78조를 준용**(⊞ 공동전세목록)한다.

규칙 제128조[전세권설정등기의 신청][⊞ 신청인]

① **전세권설정** 또는 **전전세**의 등기를 신청하는 경우에는 법 제72조 제1항 **제1호부터 제5호까지**의 등기사항을 신청정보의 내용으로 등기소에 제공하여야 한다.

② 전세권설정 또는 전전세의 범위가 **부동산의 일부**인 경우에는 그 부분을 표시한 **지적도나 건물도면**을 첨부정보로서 등기소에 제공하여야 한다.

> **[관련선례]**
> 부동산의 (⊞ 물리적) 일부에 대한 **전세권(임차권)**설정등기 신청서에는 그 **도면**을 첨부하여야 할 것인바, 다만 전세권(임차권)의 목적인 범위가 건물의 일부로서 **특정층 전부**인 때에는 그 **도면**을 첨부할 필요가 **없다**(선례 제8−246호).

③ 여러 개의 부동산에 관한 전세권의 등기에는 **제133조부터 제136조까지의 규정을 준용**한다.

법 제73조[전세금반환채권의 일부양도에 따른 전세권 일부이전등기][⊞ 등기관]

① 등기관이 **전세금반환채권**의 일부양도를 원인으로 한 **전세권 일부이전등기**를 할 때에는 **양도액을 기록**한다.

② 제1항의 전세권 일부이전등기의 신청은 전세권의 **존속기간의 만료 전**에는 할 수 없다. 다만, **존속기간 만료** 전이라도 해당 **전세권이 소멸하였음을 증명**하여 신청하는 경우에는 그러하지 아니하다.

규칙 제129조[전세금반환채권의 일부 양도에 따른 등기신청][⊞ 신청인]

① **전세금반환채권의 일부양도를 원인으로 한 전세권의 일부이전등기를 신청**하는 경우에는 **양도액**을 신청정보의 내용으로 등기소에 제공하여야 한다.

② **전세권의 존속기간 만료 전에 제1항의 등기를 신청**하는 경우에는 **전세권이 소멸하였음을 증명**하는 정보를 첨부정보로서 등기소에 제공하여야 한다.

01 전세권등기에 관한 다음 설명 중 가장 옳지 않은 것은? ▶ 2023년 법무사

① 토지와 건물은 별개의 부동산으로 건물의 일부 또는 전부에 전세권설정등기가 경료되어 있는 경우에도 그 대지의 전부에 대하여 전세권설정등기를 신청할 수 있다.

② 전세권설정등기를 신청할 때에 존속기간은 설정계약서에 따라야 할 것이므로 존속기간의 시작일이 등기신청접수일자 이전인 경우라도 등기관은 해당 등기신청을 수리하여야 한다.

③ 건물 중 1층 전부 및 2층 일부에 대하여 甲 명의의 전세권설정등기가 경료되고 이어 4층 전부에 대하여 乙 명의의 전세권설정등기가 경료된 상태에서, 甲 명의의 전세권설정등기의 존속기간 연장을 위한 변경등기를 할 경우 乙은 등기상 이해관계 있는 제3자에 해당하지 않는다.

④ 전세권자는 설정행위에서 전전세가 금지되어 있지 않는 한 전세권설정자의 동의 없이 전세권의 존속기간 내에서 전세권의 목적물의 전부 또는 일부를 전전세할 수 있다.

⑤ 전세권의 존속기간이 만료되고 전세금의 반환시기가 경과된 전세권의 경우에도 설정행위로 금지하지 않는 한 전세권의 이전등기는 가능하다.

해설 ③ 1. 전세권자는 **전세금을 지급**(**➕** 요물계약)하고 타인의 부동산을 점유하여 그 부동산의 용도에 좇아 **사용·수익**(**➕** 용익물권적 권능)하며, 그 **부동산 전부에 대하여** 후순위권리자 기타 채권자보다 전세금의 **우선변제**(**➕** 담보물권적 권능)를 받을 권리가 있다(민법 제303조 제1항).

　2. 등기관이 **권리의 변경이나 경정의 등기**(**➕** 전세권변경, 근저당권변경)를 할 때에는 **부기로** 하여야 한다. 다만, **등기상 이해관계 있는 제3자의 승낙이 없는 경우에는** 그러하지 아니하다(**➕** **주등기**)(법 제52조 제5호).

　3. **4층 근린생활시설 건물 중 1층 전부 및 2층 일부**에 대하여 **갑** 명의의 **전세권설정등기가** 경료되고, 이어 **4층 전부**에 대하여 **을** 명의의 전세권설정등기가 경료된 상태에서, **갑 명의의 전세권설정등기의 존속기간 연장을 위한 변경등기**를 할 경우 **을**은 부동산등기법 제52조의 **등기상 이해관계 있는 제3자**라 할 것이므로, 위 변경등기를 **부기등기**의 방식으로 하기 위해서는 신청서에 을의 **승낙서** 또는 이에 대항할 수 있는 재판의 등본을 반드시 첨부하여야 하며, **승낙서 등을 첨부할 수 없는 경우**에는 **주등기**(독립등기)의 방식으로 그 등기를 할 수 있을 것이다(선례 제7-264호).

① 1. 토지와 건물은 별개의 부동산이므로 **건물의 일부 또는 전부에 대한 전세권설정등기가** 경료된 경우에도 **토지에** 대하여 별도의 **전세권설정등기를** 신청할 수 **있다.**

　2. 이미 **건물의 일부에 전세권이** 설정된 경우에도 위 건물부분과 **중복되지 않는 다른 건물부분**에 대하여 **전세권설정등기를** 신청할 수 있다.

　3. 마찬가지로 **토지의 일부에 이미 전세권이** 설정된 경우에도 그 토지부분과 **중복되지 않는 다른 토지부분**에 대하여 **전세권설정등기를** 할 수 있다(선례 제6-318호).

② 부동산 전세권등기를 신청할 때에 **존속기간은** 전세권설정계약서에 **따라야 하는** 것이므로, **존속기간의 시작일이 등기신청접수일자** (**➕** 이전이나) **이후라도** 등기관으로서는 당해 전세권설정등기신청을 **수리**하여야 한다(선례 제200304-19호).

④ 1. **전전세**란 전세권자의 **전세권은 그대로 존속·유지**하면서 그 전세권자가 전세 목적물에 대하여 전세권을 **다시 설정**하는 것을 말한다.

   2. 전세권자는 설정행위에서 **전전세가 금지되어 있지 않는 한 전세권설정자의 동의 없이** 전세권의 **존속기간** 내에서 전세권 목적물의 전부 또는 일부를 **전전세할 수 있다**(선례 5-415, 「부동산등기실무Ⅱ」p.435 참조).

⑤ **전세금의 반환**과 전세권설정등기의 말소 및 전세권목적물의 인도와는 동시이행의 관계에 있으므로 전세권이 존속기간의 만료로 인하여 소멸된 경우에도 당해 전세권설정등기는 전세금 반환채권을 담보하는 범위 내에서는 유효한 것이라 할 것이어서, 전세권의 존속기간이 만료되고 **전세금의 반환시기가 경과된 전세권의 경우에도** 설정행위로 금지하지 않는 한 **전세권의 이전등기는 가능**하며, 이 경우 전세권설정등기 후에 경료된 소유권가압류 등기권자는 위 전세권이전등기에 관하여 이해관계 있는 제3자에 해당하지 않는다(선례 제7-263호).

02 전세권에 관한 등기에 관한 다음 설명 중 가장 옳지 않은 것은? ▸ 2021년 등기서기보

① 토지의 일부에 이미 전세권이 설정된 경우에도 그 토지부분과 중복되지 않는 다른 토지부분에 대하여 전세권설정등기를 할 수 있다.

② 전세권설정등기 후 그 전세권을 목적으로 하는 근저당권설정등기가 있는 상태에서 전세금을 감액하는 변경등기를 하는 때에 근저당권자의 승낙이 있으면 그 변경등기를 전세권설정등기에 부기로 하고, 그의 승낙이 없으면 주등기로 이를 실행한다.

③ 여러 개의 부동산에 관한 권리를 목적으로 하는 전세권설정의 등기를 하는 경우에는 각 부동산의 등기기록에 그 부동산에 관한 권리가 다른 부동산에 관한 권리와 함께 전세권의 목적으로 제공된 뜻을 기록하여야 한다.

④ 전세금반환채권의 일부 양도를 원인으로 한 전세권 일부이전등기의 신청은 전세권의 존속기간의 만료 전에는 할 수 없는 것이나 존속기간 만료 전이라도 해당 전세권이 소멸하였음을 증명하는 경우에는 신청할 수 있다.

해설 ② 전세권설정등기 후 그 **전세권을 목적으로** 하는 근저당권설정등기 또는 그 **전세권에 대한 가압류등기** 등이 있는 상태에서 **전세금을 감액**하는 변경등기를 하는 때에 그 근저당권자 또는 가압류권자 등은 **등기상 이해관계 있는 제3자에 해당**하므로 그의 승낙이 있으면 그 변경등기를 전세권설정등기에 부기로 하고, 그의 승낙이 없으면 그 변경등기를 할 수 없다(예규 제1671호, 2-나-2))(❋ **수리요건**).

① 1) 토지와 건물은 별개의 부동산이므로 **건물 전부에 대한 전세권설정등기**가 경료된 경우에도 **토지**에 대하여 별도의 **전세권설정등기**를 신청할 수 있다.

  2) 이미 **건물의 일부**에 전세권이 설정된 경우에도 위 건물부분과 **중복되지 않는** 다른 건물부분에 대하여 **전세권설정등기**를 신청할 수 있다.

  3) 마찬가지로 **토지의 일부**에 이미 **전세권**이 설정된 경우에도 그 토지부분과 **중복되지 않는** 다른 토지부분에 대하여 **전세권설정등기**를 할 수 있다(선례 제6-318호).

정답 🔑   01 ③   02 ②

③ 법 제72조, 제78조

④ 법 제73조 제2항

03 **전세권등기에 관한 다음 설명 중 가장 옳지 않은 것은?** ▸ 2020년 법무사

① 농지에 대하여는 원칙적으로 전세권설정등기를 신청할 수 없으나, 국토의 계획 및 이용에 관한 법률 제36조의 용도지역 중 도시지역(녹지지역의 농지에 대하여는 도시·군계획시설사업에 필요한 농지에 한함) 내의 농지에 대하여는 전세권설정등기를 신청할 수 있다.

② 건축물대장에 등재된 건축물에 대하여 건물로서 등기능력이 인정되어 소유권보존등기를 마친 경우라면 그 건물의 일부인 옥상에 대하여 그 전부 또는 일부를 사용하기 위한 전세권설정등기를 신청할 수 있다.

③ 부동산의 일부에 대한 전세권설정등기를 신청할 때에는 그 도면을 첨부정보로서 제공하여야 하는바, 다만 전세권의 목적인 범위가 건물의 일부로서 특정층 전부인 때에는 그 도면을 제공할 필요가 없다.

④ 공동전세권자 甲, 乙, 丙, 丁이 준공유하는 건물전세권을 등기할 때에 그들의 각 지분을 기록하여야 함에도 착오로 이를 누락하였다면 甲, 乙, 丙, 丁은 자신들의 각 지분을 추가 기록하는 경정등기를 신청할 수 있는바, 다만 이러한 경정등기는 그 전세권의 존속기간이 만료된 경우에는 신청할 수 없다.

⑤ 건물전세권이 법정갱신된 경우, 갱신된 전세권을 다른 사람에게 이전하기 위해서는 먼저 전세권의 존속기간을 변경하는 등기를 하여야 한다.

해설 ④ 1) 물건이 **지분**에 의하여 수인의 소유로 된 때에는 **공유**로 한다. 공유자의 지분은 **균등**한 것으로 **추정**한다(민법 제262조). 이 규정은 **소유권 이외**의 재산권에 준용(**ꊲ** 준공유)한다. 그러나 다른 법률에 특별한 규정이 있으면 그에 의한다(민법 제278조).

　　　2) **전세권을 여러 명이 준공유**하는 경우에는 전세권자별 **지분을 기록**하여야 하는 바(민법 제278조, 부동산등기법 제48조 제4항 참조), 공동전세권자 갑, 을, 병, 정이 준공유하는 건물전세권을 등기할 때에 그들의 각 지분을 기록하여야 함에도 **착오로** 이를 **누락**하였다면 갑, 을, 병, 정은 자신들의 각 **지분을 추가 기록**하는 경정등기를 신청할 수 있다.

　　　3) 이 경우 **공동전세권자별 지분이 4분의 1로 균등**하다면 별도의 지분을 증명하는 정보를 첨부정보로서 제공할 필요가 없으나, 만일 **공동전세권자별 실제 지분이 균등하지 않다면** 공동전세권자들 사이에 작성된 **실제 지분 비율을 증명하는 정보**(공동전세권자 전원이 함께 작성한 확인서 등)와 현재 등기 기록상 **균등**하게 추정되는 지분보다 **지분이 적은 자의 인감증명**을 첨부정보로 제공하여야 한다.

　　　4) 위와 같이 누락된 공동전세권자별 지분을 추가 기록하는 경정등기는 그 전세권의 **존속기간이 만료된 경우라 하더라도** 신청할 수 있다(선례 제201807-3호).

　　① 1) 농지를 지상권설정의 목적으로 하는 등기를 신청하는 것은 가능하다. 분배받은 **농지**에 대하여 상환완료 후에는 **저당권, 지상권, 기타 담보권**의 설정을 할 수 있으므로 타인의

농지에 건물 기타의 공작물이나 수목을 소유하기 위하여 지상권설정등기를 할 수 있다(예규 제555호).

2) 다만, 농지에 대하여는 **원칙적으로 전세권**설정등기를 신청할 수 없으나, 「국토의 계획 및 이용에 관한 법률」 제36조의 용도지역 중 **도시지역**(녹지지역의 농지에 대하여는 도시·군계획시설사업에 필요한 농지에 한함) 내의 농지에 대하여는 전세권설정등기를 신청할 수 있다. 다만, 이 경우 도시지역 내의 농지임을 소명하기 위한 토지이용계획확인서를 첨부정보로서 제공하여야 한다(선례 제201811-9호).

② 1) 건축물대장에 등재된 건축물에 대하여 건물로서 등기능력이 인정되어 소유권보존등기를 마친 경우라면 그 (🅑 **일반)건물의 일부인 옥상**에 대하여 그 전부 또는 일부를 사용하기 위한 **전세권**설정등기를 신청할 수 있다. 마찬가지로 건물의 일부에 해당하는 지붕이나 옥상에 대하여도 **임차권**설정등기를 신청할 수 있다. 이 경우 지붕이나 옥상의 **일부**라면 그 부분을 표시한 **도면**을 첨부정보로서 제공하여야 한다(선례 제201812-8호).

2) 다만, **집합건물의 옥상**은 구조상 공용부분으로서 **등기능력이 없어** 이에 대한 등기기록이 개설될 수는 없으므로 이를 사용하기 위한 **전세권**설정등기는 신청할 수 **없다**.

3) 기존 건물의 옥상에 건물이나 기타 공작물을 소유하기 위한 경우 그 **대지**에 대하여 **통상의 지상권설정**등기를 신청할 수 있지만, **구분지상권설정**등기는 신청할 수 **없다**(선례 제201812-1호).

③ 부동산의 (🅑 **물리적) 일부**에 대한 **전세권(임차권)**설정등기 신청서에는 그 **도면**을 첨부하여야 할 것인바, 다만 전세권(임차권)의 목적인 범위가 건물의 일부로서 **특정층 전부**인 때에는 그 **도면**을 첨부할 필요가 **없다**(선례 제8-246호).

⑤ 1) 건물전세권의 **법정갱신**은 **법률의 규정에 의한 물권변동**이므로 전세권자는 전세권갱신에 관한 등기 없이도 전세권설정자나 그 건물을 취득한 제3자에 대하여 권리를 주장할 수 있으나, 그 **처분**을 위하여는 **존속기간을 연장하는 변경등기**를 하여야 한다(민법 제187조 단서).

2) 따라서 「민법」 제312조 제4항에 따라 법정갱신된 건물전세권에 대하여 **전세권이전**등기나 **전세권에 대한 저당권**을 설정하기 위해서는 **존속기간을 연장하는 변경등기**의 신청을 선행 또는 동시에 **하여야** 한다(선례 제201302-1호).

04 전세권에 관한 등기에 대한 다음 설명 중 가장 옳지 않은 것은? ▸ 2020년 법원사무관

① 토지의 일부에 이미 전세권이 설정된 경우에도 그 토지부분과 중복되지 않는 다른 토지부분에 대하여 전세권설정등기를 할 수 있다.

② 전세권설정등기 후 그 전세권을 목적으로 하는 근저당권설정등기가 있는 상태에서 전세금을 감액하는 변경등기를 하는 때에 그 근저당권자의 승낙이 있으면 그 변경등기를 전세권설정등기에 부기로 하고, 그의 승낙이 없으면 주등기로 이를 실행한다.

③ 전세권설정등기(순위번호 1번) 및 근저당권설정등기(순위번호 2번)가 차례로 마쳐지고 이어서 전세금 증액을 원인으로 한 전세권변경등기가 2번 근저당권자의 승낙을 얻지 못하여 주등기(순위번호 3번)로 이루어진 상태에서 위 전세권을 목적으로 하는 근저당권설정등기신청이 있는 경우에 등기관은 순위번호 1번의 전세권등기에 부기등기로 전세권근저당권설정등기를 실행해야 한다.

정답 ⟶ 03 ④ 04 ②

④ 전세금반환채권의 일부 양도를 원인으로 한 전세권 일부이전등기의 신청은 전세권의 존속기간의 만료 전에는 할 수 없는 것이나 존속기간 만료 전이라도 해당 전세권이 소멸하였음을 증명하는 경우에는 신청할 수 있다.

해설 ② 전세권설정등기 후 그 **전세권을 목적으로** 하는 **근저당권설정등기** 또는 그 **전세권에 대한 가압류등기** 등이 있는 상태에서 **전세금을 감액**하는 변경등기를 하는 때에 그 근저당권자 또는 가압류권자 등은 **등기상 이해관계 있는 제3자에 해당**하므로 그의 승낙이 있으면 그 변경등기를 전세권설정등기에 부기로 하고, 그의 승낙이 없으면 그 변경등기를 할 수 없다(예규 제1671호, 2-나-2))(🔵 **수리요건**).

③ 1) **소유권 외의 권리를 목적으로** 하는 **권리에 관한 등기**는 해당 권리에 관한 등기에 **부기**로 하여야 한다(법 제52조 제3호).
　　2) **전세권**설정등기(순위번호 1번) 및 **근저당권**설정등기(순위번호 2번)가 차례로 마쳐지고 이어서 **전세금 증액**을 원인으로 한 전세권변경등기가 2번 근저당권자의 승낙을 얻지 못하여 주등기(순위번호 3번)로 이루어진 상태에서 위 **전세권을 목적으로** 하는 **근저당권설정등기** 신청이 있는 경우에 등기관은 순위번호 1번의 **전세권등기**에 **부기등기**로 전세권근저당권설정등기를 실행해야 한다(선례 제201810-6호).

【 을구 】	(소유권 이외의 권리에 관한 사항)			
순위번호	등기목적	접 수	등기원인	권리자 및 기타사항
1	전세권설정	2016년 3월 5일 제3000호	2016년 3월 4일 설정계약	전세금 금100,000,000원
1-1	1번전세권근저당권설정	2018년 2월 20일 제2500호	2018년 2월 19일 설정계약	채권최고액 금200,000,000원
2	근저당권설정	2017년 2월 5일 제2000호	2017년 2월 4일 설정계약	채권최고액 금200,000,000원
3	1번전세권변경	2018년 2월 5일 제2100호	2018년 2월 4일 변경계약	전세금 금200,000,000원

④ 법 제73조

05 전세권등기에 관한 다음 설명 중 가장 옳지 않은 것은? ▶ 2019년 등기주사보

① 전세권의 존속기간 만료 전 전세권의 일부지분을 양도하는 경우 그 양도액을 등기하여야 한다.

② 전세권의 목적은 1필의 토지 또는 1동의 건물의 전부라야 할 필요는 없고 일부라도 상관없지만, 부동산의 일부에 대하여 전세권설정등기를 신청하려고 할 때에는 전세권의 범위를 특정하고 지적도나 건물도면을 제공하여야 한다.

③ 전세권은 용익물권이므로 공유지분에 대하여는 전세권설정등기를 하지 못하며, 구분건물의 대지권에 대하여도 전세권설정등기를 할 수 없다.

④ 건물 전세권의 경우에는 토지 전세권과 달리 법정갱신이 인정되므로 존속기간이 만료된 때에도 존속기간이나 전세금에 대한 변경등기를 신청할 수 있다.

해설 ① 전세금이 상향조정되었다면 전세금변경계약에 의한 전세권변경등기를 하여야 하고 그 등기를 신청하는 때에는 신청서에 이해관계인의 승낙서 또는 이에 대항할 수 있는 재판의 등본을 첨부한 때에 한하여 부기등기로 할 수 있고 그렇지 아니한 때에는 주등기로 할 수 있으며(법 제52조 제5호), (⊞ **존속기간 만료 전**에) 현재의 전세권자가 제3자와 공동으로 전세권을 준공유하기 위하여는 제3자에게 전세권의 일부(준공유지분)를 양도하는 전세권**일부이전등기**를 **부기등기**로 할 수 있다. 이 경우에는 **이전되는 지분**을 신청정보의 내용으로 제공하여야 한다 (선례 제6-320호).

② 전세권의 목적은 1필의 토지 **전부**라야 할 필요는 없고 그 (⊞ **물리적**) 일부라도 무방하나 1필의 토지의 특정 일부에 대한 전세권설정등기를 하고자 할 때에는 신청서에 전세권의 범위를 특정할 수 있도록 기재하고 그 부분을 표시한 **지적도**(⊞ **건물도면**)를 첨부하여야 한다 (법 제139조 제2항, 규칙 제62조 참조, 선례 제1-425호).

③ **전세권**은 1부동산의 (⊞ **물리적**) 일부에는 설정이 가능하나 이용권으로서의 성질상 **지분**에는 설정을 할 수 **없으**므로 집합건물에 있어서 특정 전유부분의 **대지권**에 대하여는 전세권설정등기를 할 수가 **없**고 따라서 집합건물의 **전유부분**과 **대지권을 함께** 동일한 전세권의 목적으로 하는 전세권설정등기 신청도 수리될 수 **없**다(선례 제4-449호). 그러므로 대지권의 등기가 경료된 구분건물에 있어서는 대지권을 제외한 **건물만**에 대하여 **전세권**설정등기를 할 수 있다 (선례 제2-363호).

④ 건물 전세권의 경우에는 토지 전세권과는 달리 법정갱신제도가 인정되고 있으므로, **존속기간이 만료된 때**에도 그 전세권설정등기의 **존속기간**이나 **전세금**에 대한 **변경**등기신청은 **가능**하다(선례 제5-416호).

06 **전세권등기에 관한 다음 설명 중 가장 옳지 않은 것은?** ▶ 2019년 등기서기보

① 건축물대장에 등재된 건축물에 대하여 건물로서 등기능력이 인정되어 소유권보존등기를 마친 경우라면 그 건물의 일부인 옥상에 대하여 그 전부 또는 일부를 사용하기 위한 전세권설정등기를 신청할 수 있다.

② 전세권을 여러 명이 준공유하는 경우에는 전세권자별 지분을 기록하여야 하는 데 착오로 이를 누락하였다면 공동전세권자들은 자신들의 각 지분을 추가 기록하는 경정등기를 신청할 수 있는바, 다만 그 전세권의 존속기간이 만료된 경우에는 이 경정등기를 신청할 수 없다.

③ 전세권이 법정갱신되면 그 존속기간은 정함이 없는 것이므로, 등기관이 법정갱신을 원인으로 전세권변경등기를 할 때에는 존속기간을 기록하지 않고 종전의 존속기간을 말소하는 표시만을 하면 된다.

정답 ↦ 05 ① 06 ②

④ 건물의 일부(17층 북쪽 201.37㎡)를 목적으로 하는 전세권설정등기가 마쳐진 이후, 당사자 사이에 전세권의 범위를 건물의 3층 동쪽 484.58㎡로 변경하는 계약이 체결된 경우에 이를 원인으로 전세권변경등기를 신청할 수는 없다.

해설 ② 1) 물건이 **지분**에 의하여 수인의 소유로 된 때에는 **공유**로 한다. 공유자의 지분은 **균등**한 것으로 **추정**한다(민법 제262조). 이 규정은 **소유권 이외의 재산권**에 **준용**(🔵 **준공유**)한다. 그러나 다른 법률에 특별한 규정이 있으면 그에 의한다(민법 제278조).

2) **전세권**을 여러 명이 **준공유**하는 경우에는 전세권자별 **지분을 기록**하여야 하는 바(민법 제278조, 부동산등기법 제48조 제4항 참조), 공동전세권자 갑, 을, 병, 정이 준공유하는 건물 전세권을 등기할 때에 그들의 각 지분을 기록하여야 함에도 **착오로 이를 누락**하였다면 갑, 을, 병, 정은 자신들의 각 지분을 **추가 기록**하는 **경정등기**를 신청할 수 있다.

3) 이 경우 **공동전세권자별 지분이 4분의 1로 균등**하다면 별도의 지분을 증명하는 정보를 첨부정보로서 제공할 필요가 없으나, 만일 **공동전세권자별 실제 지분이 균등하지 않다면** 공동전세권자들 사이에 작성된 **실제 지분 비율을 증명하는 정보**(공동전세권자 전원이 함께 작성한 확인서 등)와 현재 등기 기록상 **균등하게 추정되는 지분보다 지분이 적은 자의 인감증명**을 첨부정보로 제공하여야 한다.

4) 위와 같이 누락된 공동전세권자별 지분을 추가 기록하는 경정등기는 그 전세권의 **존속기간이 만료된 경우라 하더라도** 신청할 수 있다(선례 제201807-3호).

③ 1) **건물의 전세권설정자**가 전세권의 존속기간 만료전 6월부터 1월까지 사이에 전세권자에 대하여 갱신거절의 통지 또는 조건을 변경하지 아니하면 갱신하지 아니한다는 뜻의 통지를 하지 아니한 경우에는 그 기간이 만료된 때에 전전세권과 동일한 조건으로 **다시 전세권을 설정한 것으로 본다**. 이 경우 전세권의 **존속기간은 그 정함이 없는 것**으로 본다(민법 제312조 제4항).

2) 건물전세권이 법정갱신된 경우 이는 법률규정에 의한 물권변동에 해당하여 전세권갱신에 관한 등기를 하지 아니하고도 전세권 설정자나 그 목적물을 취득한 제3자에 대하여 그 권리를 주장할 수 있으나, 등기를 하지 아니하면 이를 처분하지 못하므로(🔵 민법 제187조), **갱신된 전세권을 다른 사람에게 이전**하기 위해서는 **먼저 전세권의 존속기간을 변경하는 등기**를 하여야 한다.

3) 전세권이 **법정갱신**되면 그 **존속기간은 정함이 없는 것**이므로, 등기관이 법정갱신을 원인으로 전세권변경등기를 할 때에는 존속기간을 기록하지 않고 **종전의 존속기간을 말소하는 표시만**을 하게 된다. 따라서 전세권변경등기를 신청할 때에 신청정보 중 변경할 사항으로는 변경하고자 하는 전세권을 특정하여 그 등기사항 중 존속기간을 말소한다는 뜻을 제공하고(예 2016년 3월 10일 접수 제1000호로 마친 전세권 등기사항 중 존속기간을 말소함), 등기원인은 '법정갱신'으로, 그 연월일은 '등기된 존속기간 만료일의 다음날'로 제공하여야 한다.

4) 다만, **등기상 이해관계 있는 제3자**가 있으나 그의 **승낙이 없어 변경등기를 주등기로 하는 경우**에는 등기관이 종전의 존속기간을 말소하는 표시를 하지 않으므로 변경할 사항이 없다는 뜻을 신청정보의 내용으로 등기소에 제공하여야 한다. 법정갱신을 원인으로 전세권변경등기를 신청할 때에는 일반적인 첨부정보 외에 등기원인을 증명하는 정보로서 건물의 전세권설정자가 갱신거절의 통지 등을 하지 않아 법정갱신되었음을 소명하는 정보(예 전세권설정자가 작성한 확인서)를 제공하여야 한다(선례 제201805-6호).

④ 건물의 일부(17층 북쪽 201.37㎡)를 목적으로 하는 전세권설정등기와 근저당권설정등기가 순차로 경료된 이후, 당사자 사이에 전세권의 범위를 건물의 3층 동쪽 484.58㎡로 변경하는 계약이 체결된 경우 등기부상 이해관계인의 유무와 관계없이 전세권의 목적물 자체의 **동일성**이 인정되지 **아니**하므로 새로운 전세권의 등기는 **전세권변경**등기에 의할 것이 **아니**고 별개의 전세권설정등기신청으로 하여야 할 것이다(선례 제6-321호).

07 전세권등기에 관한 다음 설명 중 가장 옳지 않은 것은?　▶ 2018년 등기주사보

① 집합건물의 전유부분과 대지권을 동일한 전세권의 목적으로 하는 등기신청은 각하한다.
② 건물 전부에 대한 전세권설정등기가 마쳐진 경우에도 그 대지에 대하여 별도로 전세권설정등기를 신청할 수 있다.
③ 등기기록상 존속기간이 만료되었으나 법정갱신된 전세권에 대하여 전세권이전등기나 전세권에 대한 저당권설정등기를 하기 위해서는 먼저 존속기간을 연장하는 전세권변경등기를 하여야 한다.
④ 변경계약에 따라 전세금의 변경등기를 신청하는 경우에 등기상 이해관계 있는 제3자의 승낙서 또는 이에 대항할 수 있는 재판의 등본을 제공하지 않았을 때에는 그 등기신청을 수리할 수 없다.

해설 ④ 등기관이 권리의 변경이나 경정의 등기(🔵 전세권변경, 근저당권변경)를 할 때에는 부기로 하여야 한다. 다만, **등기상 이해관계 있는 제3자의 승낙이 없는 경우에는 그러하지 아니하다**(🔵 **주등기, 부기요건**)(법 제52조 제5호).

08 전세권에 관한 등기와 관련한 다음 설명 중 가장 옳지 않은 것은?　▶ 2017년 등기주사보

① 전세권은 전세금을 지급하고 타인의 부동산을 점유하여 그 부동산의 용도에 좇아 사용·수익하며, 그 부동산 전부에 대하여 후순위권리자나 그 밖의 채권자보다 전세금의 우선변제를 받을 권리이다.
② 건물의 특정 부분이 아닌 공유지분에 대한 전세권은 등기할 수 없다.
③ 전세권의 존속기간이 만료되고 전세금의 반환시기가 경과된 전세권의 경우에는 설정행위로 금지하지 않았더라도 전세권의 이전등기를 할 수 없다.
④ 전세금반환채권의 일부양도를 원인으로 한 전세권의 일부이전등기를 신청하는 경우에는 양도액을 신청정보의 내용으로 등기소에 제공하여야 한다.

해설 ③ **전세금의 반환**과 전세권설정등기의 말소 및 전세권목적물의 인도와는 동시이행의 관계에 있으므로 전세권이 존속기간의 만료로 인하여 소멸된 경우에도 당해 전세권설정등기는 전세금반환채권을 담보하는 범위 내에서는 유효한 것이라 할 것이어서, 전세권의 존속기간이 만료되고 **전세금의 반환시기가 경과된 전세권의 경우에도** 설정행위로 금지하지 않는 한 **전세권의 이전등기는 가능**하며, 이 경우 전세권설정등기 후에 경료된 소유권가압류 등기권자는 위 전세권이전등기에 관하여 이해관계 있는 제3자에 해당하지 않는다(선례 제7-263호).

정답 ➡ 07 ④　08 ③

① 법 제303조 제1항
② 2층짜리 단독건물을 각 층의 면적비율에 상응하는 지분비율로 갑과 을이 공유하고 있는 경우, 갑이 그의 공유지분에 대하여만 전세권설정등기를 설정할 수는 없으며, 이는 전세권의 성질상 받게 되는 제한이므로 그 등기신청서에 을의 동의서와 인감증명을 첨부한다고 하여도 위와 같은 등기를 경료할 수는 없다. 이 경우, 당해 건물 중 2층 부분에 대하여만 전세권설정 등기를 경료하고자 한다면 갑과 을이 함께 등기의무자가 되어 등기권리자와 공동으로 그 등기를 신청하여야 한다(선례 제5-417호).
④ 법 제73조 제1항, 규칙 제129조 제1항

09 전세권에 관한 등기와 관련한 다음 설명 중 가장 옳지 않은 것은? ▶ 2017년 법원사무관
① 집합건물의 전유부분과 대지권을 동일한 전세권의 목적으로 하는 등기신청은 각하한다.
② 존속기간이 만료되고 전세금의 반환시기가 지난 전세권의 이전등기도 설정행위로 금지하지 않는 한 가능하다.
③ 등기기록상 존속기간이 만료되었으나 법정갱신된 건물 전세권에 대한 이전등기는 존속기간 연장등기 없이도 가능하다.
④ 이미 전세권설정등기가 마쳐진 주택에 대하여 전세권자와 같은 사람을 권리자로 하는 주택임차권등기의 촉탁은 수리할 수 있다.

해설 ③ 1) 건물전세권의 법정갱신은 법률의 규정에 의한 물권변동이므로 전세권자는 전세권갱신에 관한 등기 없이도 전세권설정자나 그 건물을 취득한 제3자에 대하여 권리를 주장할 수 있으나, 그 처분을 위하여는 존속기간을 연장하는 변경등기를 하여야 한다(민법 제187조 단서).
2) 따라서 「민법」 제312조 제4항에 따라 법정갱신된 건물전세권에 대하여 전세권이전등기나 전세권에 대한 저당권을 설정하기 위해서는 존속기간을 연장하는 변경등기의 신청을 선행 또는 동시에 하여야 한다(선례 제201302-1호).

④ 이미 전세권설정등기가 마쳐진 주택에 대하여 전세권자와 동일인이 아닌 자를 등기명의인으로 하는 주택임차권등기명령에 따른 등기의 촉탁이 있는 경우 등기관이 당해 등기촉탁을 수리할 수 있는지 여부와 관련하여,
1. 임대차는 그 등기가 없는 경우에도 임차인이 주택의 인도와 주민등록을 마친 때에는 그 다음 날부터 제3자에 대하여 효력이 생기고(「주택임대차보호법」 제3조 제1항), 그 주택에 임차권등기명령의 집행에 따라 임차권등기가 마쳐지면 그 대항력이나 우선변제권은 그대로 유지된다는 점(같은 법 제3조의3 제5항)
2. 위 임차권등기는 이러한 대항력이나 우선변제권을 유지하도록 해 주는 담보적 기능만을 주목적으로 하는 점(대판 2005.6.9, 2005다4529)
3. 임차인의 권익보호에 충실을 기하기 위하여 도입된 임차권등기명령제도의 취지 등을 볼 때, 주택임차인이 대항력을 취득한 날이 전세권설정등기의 접수일자보다 선일이라면, 기존 전세권의 등기명의인과 임차권의 등기명의인으로 되려는 자가 동일한지 여부와는 상관없이 주택임차권등기명령에 따른 등기의 촉탁이 있는 경우 등기관은 그 촉탁에 따른 등기를 수리할 수 있을 것이다(선례 제202210-2호).

10 다음 설명 중 가장 옳지 않은 것은? ▸ 2016년 등기서기보

① 전세금반환채권의 일부양도를 원인으로 한 전세권 일부이전등기의 신청은 전세권이 소멸한 경우에만 할 수 있다.

② 이미 존속기간이 만료된 건물전세권에 대해서도 존속기간이나 전세금에 대한 변경등기를 할 수 있다.

③ 전세금의 변경등기를 신청할 때 등기상 이해관계 있는 제3자의 승낙서가 첨부되어 있으면 그 변경등기는 부기등기로 한다.

④ 수인의 공유자들이 전세권설정등기를 한 후 그 일부 공유자의 지분에 대하여만 전세권말소등기를 신청할 수 있다.

해설 ④ 1) 토지의 전부에 관하여 지상권설정등기가 경료된 후 위 토지의 일부**지분**에 대한 **지상권설정등기의 말소**를 명하는 승소확정**판결**에 따라 지상권말소등기를 신청한 경우에는 (🔘 등기신청을 수리하여) 그 등기**전부를 말소**하여야 한다(선례 제3-636호).

2) 건물의 특정부분이 아닌 공유지분에 대하여는 전세권이 설정될 수 없으므로 수인의 공유자들이 전세권설정등기를 한 후 그 일부 공유자의 **지분**에 대하여만 **전세권말소등기**를 신청할 수는 **없으며**, 이는 판결을 받는다고 하더라도 마찬가지이다. 다만, 전세권이 설정된 부분 중 일정 부분을 전세권범위변경등기의 형식으로 말소할 수는 있으며 이 경우의 등기는 전세권자와 건물의 공유자 전원이 공동으로 신청하여야 한다(선례 제6-315호).

11 전세권등기에 관한 다음 설명 중 가장 옳지 않은 것은? ▸ 2014년 법무사

① 전세권이 존속기간의 만료로 소멸한 경우에는 그 전세권설정등기를 말소하지 않고도 후순위로 중복하여 전세권설정등기를 신청할 수 있다.

② 건물의 일부(17층 북쪽 201.37㎡)를 목적으로 하는 전세권설정등기와 근저당권설정등기가 순차로 마쳐진 이후, 전세권의 범위를 건물의 다른 일부(3층 동쪽 484.58㎡)로 변경하는 계약을 한 경우 이를 원인으로 전세권변경등기를 신청할 수 없다.

③ 전세금반환채권의 일부양도를 원인으로 한 전세권 일부이전등기의 신청은 전세권이 소멸한 경우에만 할 수 있다.

④ 존속기간이 만료된 전세권의 전세금반환채권에 대하여 집행법원이 압류 및 전부명령에 기하여 전세권이전등기 촉탁을 하였다면 등기관은 채권전부명령을 등기원인으로 하는 전세권이전등기를 실행할 수 있다.

⑤ 전세권설정등기 후에 제3자 명의의 근저당권설정등기가 마쳐진 후 전세권설정등기의 변경등기를 신청할 때에 그 내용이 전세권의 존속기간 연장과 전세금의 감액인 경우에는 근저당권자의 승낙서 또는 그에 대항할 수 있는 재판의 등본을 첨부한 때에 한하여 부기에 의하여 그 등기를 할 수 있다.

정답 ▸ 09 ③ 10 ④ 11 ①

해설 ① 어떤 등기가 존재하고 있는 이상 비록 실체법상의 효력이 없는 등기라 하더라도 일정한 형식 상의 효력을 가진다. 즉 법정의 요건과 절차에 따라 그 등기를 말소하지 않고서는 그것과 양립할 수 없는 등기는 할 수 없는데, 이를 후등기 저지력이라고 한다. 예컨대 먼저 설정된 **지상권(전세권)**의 존속기간이 만료된 경우에도 그 등기를 **말소하지 않는 한** 다시 제3자를 위 한 **지상권(전세권)**설정등기를 **중복**하여 할 수 **없다**(「부동산등기실무 I」 p.30).

③ 법 제73조

④ 1) 전세권의 존속기간이 만료되더라도 당해 전세권설정등기는 전세금반환채권을 담보하는 범위 내에서는 유효하므로, 채권자가 전세금반환채권에 대하여 전부명령을 받아 전세권이 전등기 촉탁을 신청하여 집행법원이 전세금반환채권에 대한 압류 및 전부명령에 기하여 전세권이전등기 촉탁을 하였다면 등기관은 채권전부명령을 등기원인으로 하는 전세권이 전등기를 실행할 수 있다(선례 제7-265호).

2) 부동산에 관한 등기는 소유권, 지상권, 전세권 등 부동산등기법 제2조에 열거된 권리의 설정, 보존, 이전, 변경, 처분의 제한 또는 소멸에 대하여 하는 것이므로, 갑의 을에 대한 전세금반환청구권에 대하여 병이 전부명령을 받은 후, 병이 갑을 대위하여 을을 상대로 전세권설정등기 절차이행을 명하는 확정판결을 받아 판결에 의한 등기를 신청하는 경우, 위 전부명령과 관련하여 별도의 등기(전부명령기입등기)를 경료받거나 전부명령에 의한 전세권이전등기를 경료받을 수는 없을 것이다(🖐 즉 전세권설정등기가 경료되기 전에 전 세금반환채권에 대하여 압류 및 전부명령이 있었던 경우에는 비록 그 이후에 전세권설정 등기가 경료되었다 하더라도, 위 전부명령을 원인으로 한 전세권이전등기는 허용되지 않 는다)(선례 제5-422호).

⑤ 전세권설정등기에 대한 변경등기를 신청하는 경우, 그 변경등기에 대하여 등기상 이해관계 있는 제3자가 있는 경우에는 신청서에 그 승낙서 또는 그에 대항할 수 있는 재판등본을 첨부 한 때에 한하여 부기에 의하여 그 등기를 하고, 승낙서 등을 첨부하지 않은 때에는 주등기에 의하여 그 등기를 하게 되는바, **전세권설정등기 후에** 제3자 명의의 **근저당권설정**등기가 경료 된 후 전세권설정등기의 변경등기를 신청하는 경우, 그 내용이 **전세금의 감액**인 경우에는 **근 저당권자의 승낙서** 등을 첨부하지 **않아도 부기**에 의하여 그 등기를 할 것이나, 전세권의 존 속기간 **연장**과 **전세금의 감액**을 **함께** 신청하는 경우에는 **근저당권자의 승낙서 등을 첨부**한 때에 한하여 **부기**에 의하여 그 등기를 할 수 있다(선례 제5-421호).

12 **전세권등기에 관한 다음 설명 중 옳지 않은 것은?** ▸2012년 법무사

① 대지권등기가 된 구분건물에 대하여 대지권까지 포함한 전세권설정등기의 신청이 있는 경우 등기관은 그 신청을 수리할 수 없다.

② 전세권 일부 지분의 양도를 원인으로 한 전세권 일부이전등기를 할 때에는 양도액을 등기하여야 한다.

③ 여러 사람의 공유자들이 전세권설정등기를 한 후 일부 공유자의 지분에 대해서만 전세권말소등기를 신청한 경우 등기관은 그 등기신청을 수리할 수 없다.

④ 등기기록상 존속기간이 만료된 전세권에 대하여 전세금을 변경하기 위한 등기를 하기 위해서는 먼저 존속기간 변경등기를 하여야 한다.

⑤ 전세권의 존속기간을 단축하는 전세권변경등기를 신청하는 경우 전세권설정자가 등기권리자가 되고 전세권자가 등기의무자가 된다.

해설 ② 전세금이 상향조정되었다면 전세금변경계약에 의한 전세권변경등기를 하여야 하고 그 등기를 신청하는 때에는 신청서에 이해관계인의 승낙서 또는 이에 대항할 수 있는 재판의 등본을 첨부한 때에 한하여 부기등기로 할 수 있고 그렇지 아니한 때에는 주등기로 할 수 있으며(법 제52조 제5호). (🔁 **존속기간 만료 전**에) 현재의 전세권자가 제3자와 공동으로 전세권을 준공유하기 위하여는 제3자에게 전세권의 일부(준공유지분)를 양도하는 전세권**일부이전등기**를 **부기**등기로 할 수 있다. 이 경우에는 **이전되는 지분**을 신청정보의 내용으로 제공하여야 한다(선례 제6–320호).

③ 1) 토지의 전부에 관하여 지상권설정등기가 경료된 후 위 토지의 **일부지분**에 대한 **지상권설정등기의 말소**를 명하는 승소확정**판결**에 따라 지상권말소등기를 신청한 경우에는 (🔁 등기신청을 수리하여) 그 등기**전부를 말소**하여야 한다(선례 제3–636호).

2) 건물의 특정부분이 아닌 공유지분에 대하여는 전세권이 설정될 수 없으므로 수인의 공유자들이 전세권설정등기를 한 후 그 일부 공유자의 **지분**에 대하여만 **전세권말소등기**를 신청할 수는 **없**으며, 이는 판결을 받는다고 하더라도 마찬가지이다. 다만, 전세권이 설정된 부분 중 일정 부분을 전세권범위변경등기의 형식으로 말소할 수는 있으며 이 경우의 등기는 전세권자와 건물의 공유자 전원이 공동으로 신청하여야 한다(선례 제6–315호).

⑤ 1) 전세권변경등기는 권리의 변경등기로서 전세권자와 전세권설정자의 공동신청에 의한다. 위 변경등기에 의하여 등기기록상 이익을 받는 자가 등기권리자, 불이익을 받는 자가 등기의무자가 된다.

2) 전세권의 **증액** 또는 **존속기간 연장**의 경우 등기의무자는 전세권설정자가 되고 등기권리자는 전세권자가 된다.

3) 전세권의 **감액** 또는 **존속기간 단축**의 경우 등기의무자는 전세권자가 되고 등기권리자는 전세권설정자가 된다(「부동산등기실무 II」 p.430).

정답 ⊶ 12 ②

04 임차권

01 일반임차권

🔒 관련 조문

민법 제211조[소유권의 내용]
소유자는 법률의 범위 내에서 그 소유물을 **사용, 수익**(🔲 용익물권·용익권), **처분할 권리**(🔲 담보물권)가 있다.

민법 제618조[임대차의 의의]
임대차는 당사자 일방이 상대방에게 목적물을 **사용, 수익**(🔲 용익권)하게 할 것을 약정하고 상대방이 이에 대하여 **차임**을 지급할 것을 약정함으로써 그 효력이 생긴다.

민법 제621조[임대차의 등기]
① 부동산임차인은 당사자 간에 반대약정이 없으면 임대인에 대하여 그 임대차등기절차에 협력할 것을 청구할 수 있다.
② 부동산임대차를 **등기**한 때에는 그때부터 **제삼자에** 대하여 **효력**이 생긴다(🔲 대항력).

민법 제629조[임차권의 양도, 전대의 제한]
① 임차인은 임대인의 동의 없이 그 권리를 양도하거나 임차물을 전대하지 못한다.

법 제74조[임차권 등의 등기사항]
등기관이 임차권 설정 또는 임차물 전대의 등기를 할 때에는 제48조에서 규정한 사항 외에 **다음 각 호의** 사항을 기록하여야 한다. 다만, **제3호부터 제6호까지는** 등기원인에 그 사항이 있는 경우에만(🔲 임의적 기재 사항 : 법 제29조 제5호) 기록한다.

（필）
1. **차임**
2. **범위**

（임）
3. 차임지급시기
4. **존속기간** 다만, 처분능력 또는 처분권한 없는 임대인에 의한 「민법」 제619조의 단기임대차인 경우에는 그 뜻도 기록한다.
5. **임차보증금**
6. 임차권의 양도 또는 임차물의 전대에 대한 임대인의 동의
7. 임차권설정 또는 임차물전대의 범위가 부동산의 일부인 때에는 그 부분을 표시한 도면의 번호

규칙 제130조[임차권설정등기의 신청]
① 임차권설정 또는 임차물 전대의 등기를 신청하는 경우에는 법 제74조 **제1호부터 제6호까지의** 등기사항을 신청정보의 내용으로 등기소에 제공하여야 한다.
② 임차권설정 또는 임차물 전대의 범위가 **부동산의 일부**인 경우에는 **제128조 제2항을 준용**(🔲 지적도·도면)한다.

> **[관련선례]**
> 부동산의 (🔧 물리적) 일부에 대한 **전세권(임차권)**설정등기 신청서에는 그 **도면**을 첨부하여야 할 것인바, 다만 전세권(임차권)의 목적인 범위가 건물의 일부로서 **특정층 전부**인 때에는 그 **도면**을 첨부할 필요가 **없다**(선례 제8-246호).

③ 임차권의 양도 또는 임차물의 전대에 대한 임대인의 동의가 있다는 뜻의 등기가 없는 경우에 임차권의 이전 또는 임차물의 전대의 등기를 신청할 때에는 **임대인의 동의가 있음을 증명하는 정보**(🔧 민법 제629조)를 첨부정보로서 등기소에 제공하여야 한다.

주택 임대차보호법 제1조[목적]
이 법은 주거용 건물의 임대차에 관하여 「민법」에 대한 특례를 규정함으로써 국민 주거생활의 안정을 보장함을 목적으로 한다.

주택 임대차보호법 제2조[적용 범위]
이 법은 **주거용 건물**(이하 "주택"이라 한다)의 전부 또는 일부의 임대차에 관하여 적용한다. 그 임차주택의 일부가 주거 외의 목적으로 사용되는 경우에도 또한 같다.

주택 임대차보호법 제3조[대항력 등]
① 임대차는 그 등기가 없는 경우에도(🔧 임대인이 협력×) **임차인**이 **주택의 인도와 주민등록**을 마친 때에는 그 다음 날부터 제삼자에 대하여 효력이 생긴다. 이 경우 **전입신고**를 한 때에 주민등록이 된 것으로 본다.
④ **임차주택의 양수인**(그 밖에 임대할 권리를 승계한 자를 포함한다)은 임대인의 **지위**를 **승계**한 것으로 본다.

주택 임대차보호법 제3조의3[임차권등기명령]
① 임대차가 끝난 후 보증금이 반환되지 아니한 경우 **임차인**은 임차주택의 소재지를 관할하는 지방법원·지방법원지원 또는 시·군 **법원**에 임차권등기명령을 **신청**할 수 있다.

> **[관련조문]**
> **법원사무관 등**은 임차권등기명령의 효력이 발생하면 지체 없이 촉탁서에 재판서 등본을 첨부하여 **등기관에게 임차권등기의 기입을 촉탁**하여야 한다(임차권등기명령 절차에 관한 규칙 제5조).

⑤ 임차인은 임차권등기명령의 집행에 따른 **임차권등기**(🔧 신청×)를 마치면 제3조 제1항·제2항 또는 제3항에 따른 **대항력**과 제3조의2 제2항에 따른 **우선변제권**을 취득한다. 다만, 임차인이 **임차권등기 이전에 이미 대항력이나 우선변제권을 취득**한 경우에는 그 대항력이나 우선변제권은 **그대로 유지**되며, 임차권등기 이후에는 제3조 제1항·제2항 또는 제3항의 **대항요건을 상실하더라도**(🔧 새로 전입신고하더라도) 이미 취득한 대항력이나 우선변제권을 상실하지 아니한다.
⑥ 임차권등기명령의 집행에 따른 임차권등기가 끝난 주택(임대차의 목적이 주택의 일부분인 경우에는 해당 부분으로 한정한다)을 그 이후에 임차한 임차인은 제8조에 따른 우선변제를 받을 권리가 없다.
⑧ 임차인은 제1항에 따른 임차권등기명령의 신청과 그에 따른 임차권등기와 관련하여 든 **비용을 임대인에게 청구**할 수 있다.

주택 임대차보호법 제3조의4[「민법」에 따른 주택임대차등기의 효력 등]
① 「민법」 제621조에 따른 주택임대차등기의 효력에 관하여는 **제3조의3 제5항**(🔧 등기까지 마쳐진 경우) 및 제6항을 준용한다.

② 임차인이 **대항력**이나 **우선변제권**을 갖추고 「민법」 제621조 제1항에 따라 **임대인의 협력**을 얻어 **임대차등기**(🔵 나중에 협력)를 신청하는 경우에는 신청서에 「부동산등기법」 제74조 제1호부터 제6호까지의 사항 외에 다음 각 호의 사항을 적어야 하며, **이를 증명할 수 있는 서면**(임대차의 목적이 주택의 **일부분**인 경우에는 해당 부분의 **도면**을 포함한다)을 첨부하여야 한다.
1. **주민등록을 마친 날**
2. **임차주택을 점유한 날**
3. **임대차계약증서상의 확정일자를 받은 날**

📩 관련 예규

임차권등기에 관한 업무처리지침[예규 제1688호]
1. 목적
    이 예규는 당사자의 신청에 의한 임차권설정등기, 임차권등기명령을 원인으로 한 임차권등기, 임차권이전 및 임차물전대의 등기에 관한 사항을 규정함을 목적으로 한다.

2. 당사자의 신청에 의한 임차권설정등기
    가. 신청서의 기재사항
        1) 「민법」 제621조에 의한 임차권설정등기(이하 "임차권설정등기"라 한다)의 경우
            신청서에 「부동산등기법」 제74조에서 정한 사항을 기재하여야 하나, **차임을 정하지 아니하고 보증금의 지급만을 내용**으로 하는 임대차 즉 **"채권적 전세"**의 경우에는 **차임**을 기재하지 **아니**한다.
        2) 「주택임대차보호법」 제3조의4에 의한 주택임차권설정등기(이하 "주택임차권설정등기"라 한다)의 경우
            주택임차인이 「주택임대차보호법」 제3조의4 제2항의 규정에 의하여 임대인의 협력을 얻어 주택임차권설정등기를 신청하는 때에는, 신청서에 위 1)에서 정한 사항 이외에 **주민등록을 마친 날**과 임차주택을 **점유하기 시작한 날**(「주택임대차보호법」 제3조 제2항의 규정에 따른 대항력을 취득한 경우에는 지방자치단체장 또는 해당 법인이 선정한 입주자가 주민등록을 마친 날과 그 주택을 점유하기 시작한 날을 말한다. 이하 같다)을 기재하여야 하고, 주택임차인이 「주택임대차보호법」 제3조의2 제2항의 요건을 갖춘 때에는 임대차계약증서(「주택임대차보호법」 제3조 제2항의 경우에는 법인과 임대인 사이의 임대차계약증서를 말한다. 이하 같다)상의 **확정일자를 받은 날**도 기재하여야 한다.
        3) 「상가건물임대차보호법」 제7조에 의한 상가건물임차권설정등기(이하 "상가건물임차권설정등기"라 한다)의 경우
            상가건물임차인이 「상가건물임대차보호법」 제7조 제2항의 규정에 의하여 임대인의 협력을 얻어 상가건물임차권설정등기를 신청하는 때에는, 신청서에 위 1)에서 정한 사항 이외에 **사업자등록을 신청한 날**과 **임차상가건물을 점유하기 시작한 날**을 기재하여야 하고, 상가건물임차인이 「상가건물임대차보호법」 제5조 제2항의 요건을 갖춘 때에는 임대차계약서상의 **확정일자를 받은 날**도 기재하여야 한다.
    나. 첨부서면
        1) 신청서에 등기의무자의 인감증명 · 등기필정보와 임대차계약서(임차인이 「주택임대차보호법」 제3조의2 제2항이나 「상가건물임대차보호법」 제7조 제2항에서 정한 요건을 갖춘 때에는 공정증서로 작성되거나 확정일자를 받은 임대차계약서)를 첨부하여야 하고, 임대차의 목적이 토지 또는 건물의 일부분인 때에는 지적도 또는 건물의 도면을 첨부하여야 한다.

2) 주택임차권설정등기를 신청할 때에는 위 1)에서 정한 서면 외에 임차주택을 점유하기 시작한 날을 증명하는 서면(예 임대인이 작성한 점유사실확인서)과 주민등록을 마친 날을 증명하는 서면으로 임차인(「주택임대차보호법」 제3조 제2항의 경우에는 지방자치단체장 또는 해당 법인이 선정한 입주자를 말한다)의 주민등록등(초)본을 첨부하여야 한다.

3) 상가건물임차권설정등기를 신청할 때에는 위 1)에서 정한 서면 외에 임차상가건물을 점유하기 시작한 날을 증명하는 서면(예 임대인이 작성한 점유사실확인서)과 사업자등록을 신청한 날을 증명하는 서면을 첨부하여야 한다.

3. 임차권등기명령을 원인으로 한 임차권등기

가. 임차권등기명령에 의한 주택임차권등기(이하 "주택임차권등기"라 한다)를 하는 경우에는 **임대차계약을 체결한 날 및 임차보증금액**(「주택임대차보호법」 제3조 제2항의 경우에는 법인과 임대인 사이에 임대차계약을 체결한 날 및 임차보증금액을 말한다), 임대차의 목적인 주택의 **범위**(임대차의 목적이 주택의 일부인 경우에는 그 목적인 부분을 표시한 도면의 번호를 함께 기록한다), 임차주택을 **점유하기 시작한 날, 주민등록을 마친 날**, 임대차계약증서상의 **확정일자를 받은 날**을 등기기록에 기록하고, 등기의 목적을 "주택임차권"이라고 하여야 한다. 이 경우 차임의 약정이 있는 때에는 이를 기록한다.

나. 임차권등기명령에 의한 상가건물임차권등기(이하 "상가건물임차권등기"라 한다)를 하는 경우에는 임대차계약을 체결한 날, 임대차의 목적인 건물의 범위(임대차의 목적이 건물의 일부인 경우에는 그 목적인 부분을 표시한 도면의 번호를 함께 기록한다), 임차보증금액, 임차상가건물을 점유하기 시작한 날, 사업자등록을 신청한 날, 임대차계약서상의 확정일자를 받은 날을 등기기록에 기록하고, 등기의 목적을 "상가건물임차권"이라고 하여야 한다. 이 경우 차임의 약정이 있는 때에는 이를 기록한다.

다. **미등기** 주택이나 상가건물에 대하여 임차권등기명령에 의한 등기촉탁이 있는 경우에는 등기관은 「부동산등기법」 제66조의 규정에 의하여 **직권**으로 소유권보존등기를 한 후 주택임차권등기나 상가건물임차권등기를 하여야 한다.

4. 임차권이전 및 임차물전대의 등기

임대차의 존속기간이 만료된 경우와 주택임차권등기 및 상가건물임차권등기가 경료된 경우에는, 그 등기에 기초한 **임차권이전등기**나 **임차물전대등기**를 할 수 **없다**.

5. 등록면허세

임차권등기명령에 의한 경우이든 신청에 의한 경우이든 차임이 있는 경우에는 「지방세법」 제28조 제1항 제1호 (다)목 5)의 규정에 따른 세액을 납부하고, 차임이 없는 경우에는 같은 조 같은 항 같은 호 마목의 규정에 따른 세액을 납부한다. 임차권이전 및 임차물전대의 등기를 신청하는 경우에도 마찬가지이다.

01

임차권의 등기에 관한 다음 설명 중 가장 옳지 않은 것은? ▸2023년 법원사무관

① 토지의 지하 공간에 상하의 범위를 정하여 송수관을 매설하기 위한 구분임차권등기는 할 수 없다.

② 임대차의 존속기간이 만료된 경우나 주택임차권등기가 경료된 경우에도 그 등기에 기초한 임차권이전등기나 임차물전대등기는 할 수 있다.

③ 이미 전세권설정등기가 마쳐진 주택에 대하여 법원의 주택임차권등기명령에 따른 등기의 촉탁이 있는 경우에 주택임차인이 대항력을 취득한 날이 전세권설정등기의 접수일자보다 선일이라면, 기존 전세권의 등기명의인과 임차권의 등기명의인으로 되려는 자가 동일한지 여부와는 상관없이 등기관은 그 촉탁에 따른 등기를 수리할 수 있을 것이다.

④ 주택임차권등기명령의 결정 후 주택의 소유권이 이전된 경우, 등기촉탁서에 전 소유자를 등기의무자로 기재하여 임차권등기의 기입을 촉탁한 때에는 촉탁서에 기재된 등기의무자의 표시가 등기부와 부합하지 아니하므로 등기관은 그 등기촉탁을 각하하여야 한다.

> **해설** ② 임대차의 <u>존속기간이 만료</u>된 경우와 <u>주택임차권등기</u> 및 상가건물임차권등기가 경료된 경우에는, 그 등기에 기초한 <u>임차권이전등기</u>나 <u>임차물전대등기를 할 수 없다</u>(예규 제1688호, 4).
>
> ① 법령의 규정이 없으므로 토지의 지하공간에 상하의 범위를 정하여 송수관을 매설하기 위한 (🌐 송전선을 소유하기 위한) <u>구분임차권</u>등기를 신청할 수 <u>없다</u>(선례 제7-284호).
>
> ③ <u>이미 전세권설정등기</u>가 마쳐진 주택에 대하여 전세권자와 <u>동일인이 아닌 자를 등기명의인</u>으로 하는 <u>주택임차권등기명령</u>에 따른 등기의 촉탁이 있는 경우 등기관이 당해 등기촉탁을 수리할 수 있는지 여부와 관련하여,
>
> 1. 임대차는 그 등기가 없는 경우에도 임차인이 <u>주택의 인도</u>와 <u>주민등록</u>을 마친 때에는 그 다음 날부터 제3자에 대하여 <u>효력</u>이 생기고(「주택임대차보호법」 제3조 제1항), 그 주택에 임차권등기명령의 집행에 따라 임차권등기가 마쳐지면 그 대항력이나 우선변제권은 그대로 유지된다는 점(같은 법 제3조의3 제5항),
>
> 2. 위 임차권등기는 이러한 대항력이나 우선변제권을 유지하도록 해 주는 <u>담보적 기능만을 주목적</u>으로 하는 점(대판 2005.6.9, 2005다4529) 및
>
> 3. <u>임차인의 권익보호에 충실</u>을 기하기 위하여 도입된 임차권등기명령제도의 취지 등을 볼 때, <u>주택임차인이 대항력을 취득한 날</u>이 <u>전세권설정등기의 접수일자보다 선일</u>이라면, 기존 전세권의 등기명의인과 임차권의 등기명의인으로 되려는 자가 <u>동일한지 여부와는 상관없이</u> 주택임차권등기명령에 따른 등기의 촉탁이 있는 경우 등기관은 그 촉탁에 따른 등기를 <u>수리할 수 있을 것이다</u>(선례 제202210-2호).
>
> ④ 1. <u>주택임차권등기명령</u>의 결정 후 주택의 소유권이 이전된 경우, <u>등기촉탁서에 전소유자를</u> 등기의무자로 <u>기재</u>하여 임차권등기의 기입을 촉탁한 때에는 촉탁서에 기재된 등기의무자의 표시가 등기부와 부합하지 아니하므로 등기관은 그 등기촉탁을 <u>각하</u>하여야 한다(법 제29조 제7호, 선례 제7-285호).
>
> 2. 갑과 을사이에 <u>주택임대차계약</u>이 체결된 후 <u>임대인 갑이 사망</u>함에 따라, <u>임차인 을</u>이 당해 주택임대차계약에 기하여 망 갑의 <u>상속인(들)을 피신청인</u>으로 「주택임대차보호법」 제3조의3에 따른 <u>임차권등기명령신청</u>을 하여 집행법원이 이를 <u>인용</u>하고, 피상속인 <u>갑소유</u> 명의의 부동산에 관하여 <u>상속관계를 표시</u>하여(등기의무자를 '망 ○○○의 상속인 ○○○' 등으로 표시함) 임차권등기의 기입을 촉탁한 경우, 등기관은 <u>상속등기가 마쳐지지 않았더라도</u> 그 등기촉탁을 <u>수리할 수 있을 것이다</u>(선례 제202301-1호, 직권선례).

02

임차권에 관한 등기에 대한 다음 설명 중 가장 옳지 않은 것은? ▶ 2022년 법무사

① 임대차의 존속기간이 만료된 경우와 주택임차권등기 및 상가건물임차권등기가 경료된 경우에는, 그 등기에 기초한 임차권이전등기나 임차물전대등기를 할 수 없다.

② 건물의 일부에 대해서 임차권설정등기를 할 수 있는 것이므로, 건물의 일부에 해당하는 지붕이나 옥상에 대하여도 임차권설정등기를 신청할 수 있고 이 경우 지붕이나 옥상의 일부에 대해서만 임차권설정등기를 신청할 때에는 그 부분을 표시한 도면을 첨부정보로서 제공하여야 한다.

③ 이미 전세권설정등기가 경료된 주택에 대하여 동일인을 권리자로 하는 법원의 주택임차권등기명령에 따른 촉탁등기는 이를 수리할 수 없다.

④ 불확정기간을 존속기간으로 하는 임대차계약도 허용되므로 송전선이 통과하는 선하부지에 대한 임대차의 존속기간을 "송전선이 존속하는 기간"으로 하는 임차권설정등기도 가능하다.

⑤ 학교법인이 그 소유 명의의 부동산에 관하여 임차권설정등기를 신청하는 경우에는 관할청의 허가를 증명하는 서면을 첨부정보로 제공하여야 한다.

해설 ③ 이미 전세권설정등기가 마쳐진 주택에 대하여 전세권자와 **동일인이 아닌 자**를 등기명의인으로 하는 **주택임차권등기명령**에 따른 등기의 촉탁이 있는 경우 등기관이 당해 등기촉탁을 수리할 수 있는지 여부와 관련하여,

1. 임대차는 그 등기가 없는 경우에도 임차인이 **주택의 인도**와 **주민등록**을 마친 때에는 그 다음 날부터 제3자에 대하여 **효력**이 생기고(「주택임대차보호법」 제3조 제1항), 그 주택에 임차권등기명령의 집행에 따라 임차권등기가 마쳐지면 그 대항력이나 우선변제권은 그대로 유지된다는 점(같은 법 제3조의3 제5항)

2. 위 임차권등기는 이러한 대항력이나 우선변제권을 유지하도록 해 주는 **담보적 기능만을 주목적**으로 하는 점(대판 2005.6.9, 2005다4529)

3. **임차인의 권익보호에 충실**을 기하기 위하여 도입된 임차권등기명령제도의 취지 등을 볼 때, **주택임차인이 대항력을 취득한 날이 전세권설정등기의 접수일자보다 선일이라면**, 기존 전세권의 등기명의인과 임차권의 등기명의인으로 되려는 자가 **동일한지 여부와는 상관없이** 주택임차권등기명령에 따른 등기의 촉탁이 있는 경우 등기관은 그 촉탁에 따른 등기를 **수리할 수 있을** 것이다(선례 제202210-2호).

① **임대차의 존속기간이 만료**된 경우와 **주택임차권등기 및 상가건물임차권등기가 경료된 경우**에는, 그 등기에 기초한 **임차권이전등기**나 임차물전대등기를 할 수 없다(예규 제1688호, 4).

② 1. 건축물대장에 등재된 건축물에 대하여 건물로서 **등기능력**이 인정되어 **소유권보존등기를 마친 경우**라면 그 (🌐 일반)건물의 일부인 옥상에 대하여 그 전부 또는 일부를 사용하기 위한 **전세권설정등기**를 신청할 수 있다. 마찬가지로 건물의 일부에 해당하는 지붕이나 옥상에 대하여도 **임차권설정등기**를 신청할 수 있다. 이 경우 **지붕이나 옥상의 일부**라면 그 부분을 표시한 **도면**을 첨부정보로서 제공하여야 한다(선례 제201812-8호).

2. 다만, **집합건물의 옥상은 구조상 공용부분으로서 등기능력이 없어** 이에 대한 **등기기록이 개설될 수는 없으므로** 이를 사용하기 위한 **전세권설정등기**는 신청할 수 없다.

정답 ┅ 01 ② 02 ③

3. **기존 건물의 옥상**에 건물이나 기타 공작물을 소유하기 위한 경우 그 대지에 대하여 **통상의 지상권설정등기**를 신청할 수 있지만, **구분지상권설정등기**는 신청할 수 **없다**(선례 제201812-1호).

④ **불확정기간**을 존속기간으로 하는 임대차계약도 허용된다. 예컨대 송전선이 통과하는 선하부지에 대한 임대차의 존소기간을 **"송전선이 존속하는 기간"**으로 하는 임차권설정등기도 **가능**하다(선례 제5-457호).

⑤ **학교법인**이 그 소유 명의의 부동산에 관하여 매매, 증여, 교환, 그 밖의 처분행위를 원인으로 한 **소유권이전등기**를 신청하거나 근저당권 등의 **제한물권** 또는 **임차권**의 설정등기를 신청하는 경우에는 그 등기신청서에 **관할청의 허가**를 증명하는 서면을 첨부하여야 한다(예규 제1255호, 3-①).

03 임차권등기에 관한 다음 설명 중 가장 옳지 않은 것은? ▸ 2020년 등기서기보

① 건물의 일부에 대해서 임차권설정등기를 할 수 있으므로, 건물의 일부에 해당하는 지붕이나 옥상에 대하여도 임차권설정등기를 신청할 수 있다.

② 이미 전세권설정등기가 마쳐진 주택에 대하여 동일인을 권리자로 하는 법원의 주택임차권등기명령에 따른 촉탁등기는 이를 수리할 수 있다.

③ 임대차의 존속기간이 만료된 경우에도 그 등기에 기초한 임차권이전등기를 할 수 있다.

④ 부동산의 일부에 대한 임차권설정등기를 신청할 때에는 그 도면을 첨부정보로서 제공하여야 하는바, 다만 임차권의 목적인 범위가 건물의 일부로서 특정층 전부인 때에는 그 도면을 제공할 필요가 없다.

해설 ③ **임대차의 존속기간이 만료**된 경우와 **주택임차권등기** 및 상가건물임차권등기가 **경료된 경우**에는, 그 등기에 기초한 **임차권이전등기**나 **임차물전대등기**를 할 수 **없다**(예규 제1688호, 4).

① 1) 건축물대장에 등재된 건축물에 대하여 건물로서 **등기능력**이 인정되어 **소유권보존등기**를 마친 경우라면 그 (圓 **일반)건물의 일부인 옥상**에 대하여 그 전부 또는 일부를 사용하기 위한 **전세권설정등기**를 신청할 수 있다. 마찬가지로 건물의 일부에 해당하는 지붕이나 옥상에 대하여도 **임차권설정등기**를 신청할 수 있다. 이 경우 지붕이나 옥상의 **일부**라면 그 부분을 표시한 **도면**을 첨부정보로서 제공하여야 한다(선례 제201812-8호).

2) 다만, **집합건물의 옥상**은 구조상 공용부분으로서 **등기능력**이 없어 이에 대한 **등기기록**이 개설될 수는 없으므로 이를 사용하기 위한 **전세권설정등기**는 신청할 수 **없다**.

3) 기존 건물의 옥상에 건물이나 기타 공작물을 소유하기 위한 경우 그 **대지**에 대하여 **통상의 지상권설정등기**를 신청할 수 있지만, **구분지상권설정등기**는 신청할 수 **없다**(선례 제201812-1호).

② 선례 제202210-2호

④ 부동산의 (圓 **물리적) 일부**에 대한 **전세권(임차권)**설정등기 신청서에는 그 **도면**을 첨부하여야 할 것인바, 다만 전세권(임차권)의 목적인 범위가 건물의 일부로서 **특정층 전부**인 때에는 그 **도면**을 첨부할 필요가 **없다**(선례 제8-246호).

04 임차권등기에 관한 다음 설명 중 가장 옳지 않은 것은? ▸ 2019년 등기주사보

① 건물의 일부에 대해서 임차권설정등기를 할 수 있는 것이므로, 건물의 일부에 해당하는 지붕이나 옥상에 대하여도 임차권설정등기를 신청할 수 있다.

② 이미 전세권설정등기가 마쳐진 주택에 대하여 동일인을 권리자로 하는 법원의 주택임차권등기명령에 따른 촉탁등기는 이를 수리할 수 있다.

③ 차임에 대하여 임차인의 연매출의 일정비율과 같이 가변적인 비율로 하는 임차권설정등기도 신청할 수 있다.

④ 토지의 지하공간에 상하의 범위를 정하여 송수관을 매설하기 위한 구분임차권등기도 신청할 수 있다.

> **해설** ④ 법령의 규정이 없으므로 토지의 지하공간에 상하의 범위를 정하여 송수관을 매설하기 위한 (⚖ 송전선을 소유하기 위한) **구분임차권**등기를 신청할 수 **없다**(선례 제7-284호).
>
> ③ 임대차계약의 내용은 **사적자치의 원칙**에 의해 당사자들이 자유롭게 정할 수 있으므로 **차임**에 대해서도 임차인의 연매출의 일정비율로 정하는 계약도 가능하며, 등기부상 차임에 대한 기재를 **가변적인 비율**(예를 들어, 연 매출이 400억 미만일 경우 : 차임 없음, 연매출이 400억 이상 500억 미만일 경우 : 연매출의 2.0%, 연매출이 500억 이상 600억 미만일 경우 : 연매출의 2.5%, 연매출이 600억 이상 700억 미만일 경우 : 연매출의 3.0%, … 연매출이 1,000억원 이상일 경우 : 연매출의 4.2%)로 하더라도 차임등기의 제도적 취지에 반하지 않으므로 이러한 임차권설정등기를 신청할 수 있다(선례 제201008-4호).

05 임차권에 관한 등기와 관련한 다음 설명 중 가장 옳지 않은 것은? ▸ 2018년 법무사

① 공유 부동산에 대한 임차권 등기를 하기 위해서는 공유자 전원이 등기의무자로서 계약 당사자가 되어 체결한 임대차계약서를 등기원인증서로 제공하여 임차권등기를 신청하여야 한다.

② 미등기 주택에 대한 임차권등기명령의 촉탁이 있는 경우에는 등기관이 직권으로 소유권보존등기를 한 후에 주택임차권등기를 하여야 한다.

③ 주택임차권등기명령의 결정 후 주택의 소유권이 이전된 경우에 전 소유자를 등기의무자로 기재하여 등기를 촉탁한 때에는 촉탁서상의 등기의무자 표시가 등기부와 부합하지 아니하므로 그 등기촉탁을 각하하여야 한다.

④ 이미 전세권설정등기가 마쳐진 주택에 대하여 동일인을 권리자로 하는 법원의 임차권등기명령에 따른 주택임차권등기는 수리할 수 있다.

⑤ 법원의 촉탁에 의하여 주택임차권등기가 마쳐진 후 등기명의인의 주소, 성명 및 주민등록번호가 변경된 경우에는 법원의 촉탁으로 등기명의인표시변경등기를 하여야 한다.

> **정답 ○┤** 03 ③ 04 ④ 05 ⑤

해설 ⑤ 법원의 **촉탁**에 의하여 **가압류등기, 가처분등기, 주택임차권등기** 및 **상가건물임차권등기**가 경료된 후 등기명의인의 주소, 성명 및 주민등록번호의 변경으로 인한 **등기명의인표시변경등기**는 등기명의인이 **신청**할 수 있다(예규 제1064호).

① **공유 부동산**에 대한 **임차권** 등기를 경료하기 위해서는 공유자 **전원**이 등기의무자로서 계약당사자가 되어 체결한 **임대차계약서**를 등기원인서류로 첨부하여 임차권 등기를 신청하여야 한다(선례 제201205–4호).

② 예규 제1688호, 3–다

③ 주택임차권등기명령의 결정 후 주택의 **소유권**이 이전된 경우, **등기촉탁서**에 **전소유자를** 등기의무자로 **기재**하여 임차권등기의 기입을 촉탁한 때에는 촉탁서에 기재된 등기의무자의 표시가 등기부와 부합하지 아니하므로 등기관은 그 등기촉탁을 **각하**하여야 한다(법 제29조 제7호, 선례 제7–285호).

06 임차권등기에 관한 다음 설명 중 가장 옳지 않은 것은? ▸ 2018년 등기주사보

① 주택임대차보호법이 적용되는 주거용건물의 임대차에 있어서는 등기를 하지 않더라도 임차인이 주택을 인도받고 주민등록을 마친 때에는 그 다음 날부터 제3자에 대한 대항력이 생긴다.

② 송전선 선하부지의 공중 공간에 상하의 범위를 정하여 송전선을 소유하기 위하거나 토지의 지하 공간에 상하의 범위를 정하여 송수관을 매설하기 위한 구분임차권등기는 할수 있다.

③ 전세권설정등기가 마쳐진 주택에 대하여 전세권자와 같은 사람을 권리자로 하는 주택임차권등기촉탁(법원의 주택임차권등기명령에 의함)은 수리할 수 있다.

④ 주택임차권등기명령의 결정 후 주택의 소유권이 이전된 경우 전 소유자를 등기의무자로 표시해 임차권등기를 촉탁한 때에는 촉탁서상 등기의무자의 표시가 등기기록과 일치하지 아니하므로 등기관은 그 등기촉탁을 각하하여야 한다.

해설 ② 법령의 규정이 없으므로 토지의 지하공간에 상하의 범위를 정하여 송수관을 매설하기 위한 (⊕ 송전선을 소유하기 위한) **구분임차권등기**를 신청할 수 **없다**(선례 제7–284호).

① 주택임대차보호법 제3조 제1항

07 임차권의 등기에 관한 다음 설명 중 가장 옳지 않은 것은? ▶ 2018년 등기서기보

① 차임을 정하지 아니하고 보증금의 지급만을 내용으로 하는 임대차 즉 채권적 전세의 경우에는 차임 대신 임차보증금을 기재한다.

② 임차권등기명령에 따른 등기는 임대차 종료 후 보증금을 반환받지 못한 임차인의 단독 신청에 따라 법원사무관 등의 촉탁에 의해서만 가능하다.

③ 미등기 주택에 대한 임차권등기명령의 촉탁이 있는 경우에는 등기관은 직권보존등기를 한 후 주택임차권등기를 하여야 한다.

④ 임차권등기명령이 결정으로 고지되어 효력이 발생하면 주택의 소유권이 이전되었다 하더라도 전 소유자를 등기의무자로 하여 임차권등기의 기입을 촉탁할 수 있고 등기관은 그 등기촉탁을 수리하여야 한다.

해설 ④ 주택임차권등기명령의 결정 후 주택의 소유권이 이전된 경우, 등기촉탁서에 전소유자를 등기의무자로 기재하여 임차권등기의 기입을 촉탁한 때에는 촉탁서에 기재된 등기의무자의 표시가 등기부와 부합하지 아니하므로 등기관은 그 등기촉탁을 각하하여야 한다(법 제29조 제7호, 선례 제7-285호).

① 예규 제1688호, 2-가-1

② 1) 임대차가 끝난 후 보증금이 반환되지 아니한 경우 임차인은 임차주택의 소재지를 관할하는 지방법원·지방법원지원 또는 시·군 법원에 임차권등기명령을 신청할 수 있다(주택임대차보호법 제3조의3 제1항).
　2) 법원사무관 등은 임차권등기명령의 효력이 발생하면 지체없이 촉탁서에 재판서 등본을 첨부하여 등기관에게 임차권등기의 기입을 촉탁하여야 한다(임차권등기명령 절차에 관한 규칙 제5조).

③ 예규 제1688호, 3-다

08 임차권등기에 관한 다음 설명 중 가장 옳지 않은 것은? ▶ 2016년 법무사

① 부동산의 일부에 대한 임차권설정등기를 신청할 때에는 그 도면을 첨부정보로 제공하여야 하는바, 다만 임차권의 목적인 범위가 건물의 일부로서 특정층 전부인 때에는 그 도면을 첨부정보로 제공할 필요가 없다.

② 차임을 가변적인 비율(예를 들어, 연 매출이 400억 미만일 경우 : 차임 없음, 연매출이 400억 이상 500억 미만일 경우 : 연매출의 2.0%, … 연매출이 1,000억 원 이상일 경우 : 연매출의 4.2%)로 하는 임차권설정등기신청은 수리할 수 없다.

③ 부동산의 일부가 아닌 공유자의 공유지분에 대한 주택임차권등기촉탁은 수리할 수 없다.

④ 법령의 규정이 없으므로 토지의 지하공간에 상하의 범위를 정하여 송수관을 매설하기 위한 구분임차권등기를 신청할 수 없다.

정답 ━ 06 ② 07 ④ 08 ②

⑤ 이미 전세권설정등기가 마쳐진 주택에 대하여 동일인을 권리자로 하는 법원의 주택임차권등기명령에 따른 촉탁등기는 이를 수리할 수 있다.

해설 ② 임대차계약의 내용은 **사적자치의 원칙**에 의해 당사자들이 자유롭게 정할 수 있으므로 **차임**에 대해서도 임차인의 연매출의 일정비율로 정하는 계약도 가능하며, 등기부상 차임에 대한 기재를 **가변적인 비율**(예를 들어, 연 매출이 400억 미만일 경우 : 차임 없음, 연매출이 400억 이상 500억 미만일 경우 : 연매출의 2.0%, 연매출이 500억 이상 600억 미만일 경우 : 연매출의 2.5%, 연매출이 600억 이상 700억 미만일 경우 : 연매출의 3.0%, … 연매출이 1,000억원 이상일 경우 : 연매출의 4.2%)로 하더라도 차임등기의 제도적 취지에 반하지 않으므로 이러한 임차권설정등기를 신청할 수 있다(선례 제201008-4호).

③ 부동산의 일부가 아닌 공유자의 공유**지분**에 대한 **주택임차권등기촉탁**은 수리할 수 **없다** 민법 제621조에 따른 임차권설정등기도 마찬가지이다)(선례 제200501-3호).

09 임차권등기에 관한 다음 설명 중 가장 옳지 않은 것은? ▸2015년 법무사

① 주택임대차보호법상 주거용건물에 대한 대항력은 일반적으로 자연인에게 인정되지만 예외적으로 법인에게도 인정되는 경우가 있다.
② 송전선 선하부지의 공중공간에 상하의 범위를 정하여 송전선을 소유하기 위하여 구분임차권등기를 신청하는 것은 허용되지 않는다.
③ 주택임차권등기명령의 결정 후 주택의 소유권이 이전된 경우, 전소유자를 등기의무자로 표시하여 임차권등기의 기입을 촉탁한 때에는 등기관은 등기의무자표시의 불일치로 이를 각하하여야 한다.
④ 주택임차권등기가 마쳐진 경우에는 그 등기에 기초한 임차권이전등기를 할 수 없다.
⑤ 임차권등기명령의 촉탁서에 주민등록을 마친 날이나 확정일자를 받은 날이 기재되어 있지 않으면 등기관은 그 촉탁을 각하하여야 한다.

해설 ⑤ 임차주택의 점유를 이미 상실하였거나 전입신고 또는 확정일자 미비 등의 사유가 있어 **촉탁서에 주택을 점유하기 시작한 날, 주민등록을 마친 날, 임대차계약서상의 확정일자를 받은 날의 전부 또는 일부가 기재되지 않은 경우**에는 이러한 사항들을 **기록하지 않고 주택임차권등기를 한다.** 임차권등기명령의 요건은 임대차가 종료된 후 보증금을 돌려받지 못하였다는 사실뿐이고(주택임대차보호법 제3조의3 제1항, 제5항, 상가건물임대차보호법 제6조 제1항, 제5항) 다른 사실들은 대항력 또는 우선변제권의 유지 요건일 뿐이기 때문에 **이러한 사항들이 없더라도 주택임차권등기를 하는 데 지장은 없다**(「부동산등기실무Ⅱ」 p.443).

① 「중소기업기본법」 제2조에 따른 중소기업에 해당하는 법인이 소속 직원의 주거용으로 주택을 임차한 후 그 법인이 선정한 직원이 해당 주택을 인도받고 주민등록을 마쳤을 때에는 제1항을 준용한다. 임대차가 끝나기 전에 그 직원이 변경된 경우에는 그 법인이 선정한 새로운 직원이 주택을 인도받고 주민등록을 마친 다음 날부터 제삼자에 대하여 효력이 생긴다(주택임대차보호법 제3조 제3항).

④ 예규 제1688호, 4

10 임차권등기에 관한 다음 설명 중 옳은 것은? ▸ 2012년 법무사

① 불확정기간을 존속기간으로 하는 임차권등기도 할 수 있다.

② 공중공간 또는 지하공간에 상하의 범위를 정한 경우에는 구분임차권등기를 할 수 있다.

③ 임차권등기명령을 원인으로 한 임차권등기가 마쳐진 경우 그 등기에 기초한 임차물전 대의 등기는 할 수 없으나 임차권이전등기는 할 수 있다.

④ 임차보증금이 없는 임차권등기는 할 수 없다.

⑤ 미등기 주택에 대하여 임차권등기명령에 의한 등기촉탁이 있는 경우에는 등기관이 직 권으로 소유권보존등기를 할 수 없으므로 그 촉탁을 각하하여야 한다.

> **해설** ① 불확정기간을 존속기간으로 하는 임대차계약도 허용된다. 예컨대 송전선이 통과하는 선하부 지에 대한 임대차의 존소기간을 "**송전선이 존속하는 기간**"으로 하는 임차권설정등기도 **가능** 하다(등기선례 제5-457호).
>
> ② 법령의 규정이 없으므로 토지의 지하공간에 상하의 범위를 정하여 송수관을 매설하기 위한 (**⊕** 송전선을 소유하기 위한) 구분임차권등기를 신청할 수 **없다**(선례 제7-284호).
>
> ③ 임대차의 **존속기간이 만료**된 경우와 **주택임차권등기** 및 상가건물임차권등기가 경료된 경우 에는, 그 등기에 기초한 **임차권이전등기**나 **임차물전대등기**를 할 수 없다(예규 제1688호,4).
>
> ④ 보증금은 차임채무 그 밖의 임차인의 채무를 담보하기 위하여 임차인 또는 제3자가 임대인 에게 교부하는 금전 그 밖의 유체물로서, **보증금의 약정이 있으면** 신청서에 **기재**하여야 한다 (**⊕** 즉, 임차보증금은 **임의적 기재사항**이므로 보증금의 약정이 없다면 기재하지 않고 임차보 증금 없는 임차권등기를 할 수 있다(「부동산등기실무Ⅱ」p.440).
>
> ⑤ 예규 제1688호, 3-다

02 주택임차권(임차권등기명령)

01 임차권등기명령에 관한 다음 설명 중 가장 옳지 않은 것은? ▶ 2023년 등기서기보

① 이미 전세권설정등기가 마쳐진 주택에 대하여 전세권자와 동일인이 아닌 자를 등기명의인으로 하는 주택임차권등기명령에 따른 등기의 촉탁이 있는 경우 등기관은 사건이 등기할 것이 아닌 때에 해당함을 이유로 각하하여야 한다.

② 미등기 주택이나 상가건물에 대하여 임차권등기명령에 의한 등기촉탁이 있는 경우에는 등기관은 직권으로 소유권보존등기를 한 후 주택임차권등기나 상가건물임차권등기를 하여야 한다.

③ 주택임차권등기명령의 결정 후 주택의 소유권이 이전된 경우, 등기촉탁서에 전소유자를 등기의무자로 기재하여 임차권등기의 기입을 촉탁한 때에는 촉탁서에 기재된 등기의무자의 표시가 등기부와 부합하지 아니하므로 등기관은 그 등기촉탁을 각하하여야 한다.

④ 甲과 乙사이에 주택임대차계약이 체결된 후 임대인 甲이 사망함에 따라, 임차인 乙이 당해 주택임대차계약에 기하여 망 甲의 상속인(들)을 피신청인으로 임차권등기명령신청을 하여 집행법원이 이를 인용하고, 피상속인 甲소유 명의의 부동산에 관하여 상속관계를 표시하여 임차권등기를 촉탁한 경우, 등기관은 상속등기가 마쳐지지 않았더라도 그 등기촉탁을 수리할 수 있다.

해설 ① 이미 전세권설정등기가 마쳐진 주택에 대하여 전세권자와 동일인이 아닌 자를 등기명의인으로 하는 주택임차권등기명령에 따른 등기의 촉탁이 있는 경우 주택임차인이 대항력을 취득한 날이 전세권설정등기의 접수일자보다 선일이라면, 기존 전세권의 등기명의인과 임차권의 등기명의인으로 되려는 자가 동일한지 여부와는 상관없이 주택임차권등기명령에 따른 등기의 촉탁이 있는 경우 등기관은 그 촉탁에 따른 등기를 수리할 수 있을 것이다(선례 제202210-2호).

② 미등기 주택이나 상가건물에 대하여 임차권등기명령에 의한 등기촉탁이 있는 경우에는 등기관은 「부동산등기법」 제66조의 규정에 의하여 직권으로 소유권보존등기를 한 후 주택임차권등기나 상가건물임차권등기를 하여야 한다(예규 제1688호, 3-다). 즉 미등기 주택에 대하여 임차권등기명령에 따른 등기는 할 수 있다.

③ 주택임차권등기명령의 결정 후 주택의 소유권이 이전된 경우, 등기촉탁서에 전소유자를 등기의무자로 기재하여 임차권등기의 기입을 촉탁한 때에는 촉탁서에 기재된 등기의무자의 표시가 등기부와 부합하지 아니하므로 등기관은 그 등기촉탁을 각하하여야 한다(법 제29조 제7호, 선례 제7-285호).

④ 갑과 을 사이에 주택임대차계약이 체결된 후 임대인 갑이 사망함에 따라, 임차인 을이 당해 주택임대차계약에 기하여 망 갑의 상속인(들)을 피신청인으로 「주택임대차보호법」 제3조의3에 따른 임차권등기명령신청을 하여 집행법원이 이를 인용하고, 피상속인 갑소유 명의의 부동산에 관하여 상속관계를 표시하여(등기의무자를 '망 ○○○의 상속인 ○○○' 등으로 표시함) 임차권등기의 기입을 촉탁한 경우, 등기관은 상속등기가 마쳐지지 않았더라도 그 등기촉탁을 수리할 수 있을 것이다(선례 제202301-1호, 직권선례).

02 법원의 임차권등기명령에 따른 임차권등기에 관한 다음 설명 중 가장 옳지 않은 것은?

▸ 2021년 법무사

① 미등기 건물에 대하여 임차권등기명령에 따른 임차권등기의 촉탁이 있는 경우에는 등기관은 직권으로 소유권보존등기를 할 수 없다.

② 법원사무관등은 임차권등기명령의 효력이 발생하면 지체 없이 촉탁서에 재판서 등본을 첨부하여 등기관에게 임차권등기의 기입을 촉탁하여야 한다.

③ 주택임차권등기명령의 결정 후 주택의 소유권이 이전된 경우 등기촉탁서에 전 소유자를 등기의무자로 기재하여 임차권등기의 기입을 촉탁한 때에는 등기관은 그 등기촉탁을 각하하여야 한다.

④ 임차권등기명령에 의한 주택임차권등기를 하는 경우 등기의 목적을 "주택임차권"이라고 하여야 한다.

⑤ 등기관은 법원의 임차권등기명령에 따른 임차권등기를 마친 후에 등기완료통지서를 작성하여 촉탁법원에 송부하여야 한다.

> **해설** ① **미등기 주택**이나 상가건물에 대하여 임차권등기명령에 의한 등기촉탁이 있는 경우에는 등기관은 「부동산등기법」 제66조의 규정에 의하여 **직권**으로 소유권보존등기를 한 후 주택임차권 등기나 상가건물임차권등기를 하여야 한다(예규 제1688호, 3–다). 즉 미등기 주택에 대하여 임차권등기명령에 따른 등기는 할 수 있다.
>
> ② 임차권등기명령 절차에 관한 규칙 제5조
> ③ 주택임차권등기명령의 결정 후 주택의 소유권이 이전된 경우, **등기촉탁서에 전소유자를** 등기의무자로 **기재**하여 임차권등기의 기입을 촉탁한 때에는 촉탁서에 기재된 등기의무자의 표시가 등기부와 부합하지 아니하므로 등기관은 그 등기촉탁을 **각하**하여야 한다(법 제29조 제7호, 선례 제7–285호).
> ④ 예규 제1688호, 3–가
> ⑤ 임차권등기명령 절차에 관한 규칙 제7조

정답 ✎ 01 ①   02 ①

03 임차권등기명령에 의한 주택임차권등기에 관한 다음 설명 중 가장 옳지 않은 것은?

▸ 2019년 등기주사보

① 임차권등기명령에 따른 등기는 임대차 종료 후 보증금을 반환받지 못한 임차인의 임차권등기명령의 신청에 따라 임차권등기명령의 효력이 발생하면 법원사무관 등의 촉탁에 의해서 등기하여야 한다.

② 미등기주택에 대한 임차권등기명령의 촉탁이 있는 경우에는 등기관이 직권으로 소유권보존등기를 한 후에 주택임차권등기를 하여야 한다.

③ 주택임차권등기를 하는 경우에는 임대차계약을 체결한 날 및 임차보증금액, 임차주택을 점유하기 시작한 날, 주민등록을 마친 날, 임대차계약증서상의 확정일자를 받은 날을 등기기록에 기록하여야 한다.

④ 임차권등기명령에 의한 주택임차권등기가 마쳐진 경우에도 그 등기에 기초한 임차권이전등기나 임차물전대등기를 할 수 있다.

해설 ④ 임대차의 **존속기간이 만료**된 경우와 **주택임차권등기** 및 상가건물임차권등기가 경료된 경우에는, 그 등기에 기초한 **임차권이전등기**나 **임차물전대등기**를 할 수 **없**다(예규 제1688호, 4).

② 예규 제1688호, 3–다
③ 예규 제1688호, 2–가–2)

정답 ┍━ **03** ④

제3절 │ 담보권

01 근저당권

01 일반

🔒 관련 조문

민법 제211조(소유권의 내용)
소유자는 법률의 범위 내에서 그 소유물을 사용, 수익(🚩 용익물권·용익권), **처분할 권리**(🚩 담보물권)가 있다.

민법 제356조(저당권의 내용)
저당권자는 **채무자 또는 제삼자**가 점유를 이전하지 아니하고 **채무의 담보**로 제공한 **부동산**에 대하여 다른 채권자보다 자기채권의 **우선변제**를 받을 권리가 있다.

민법 제357조(근저당)
① 저당권은 그 담보할 **채무의 최고액만**을 정하고 채무의 확정을 장래에 보류하여 이를 설정할 수 있다. 이 경우에는 그 **확정될 때까지의 채무의 소멸 또는 이전은 저당권에 영향을 미치지 아니**한다.

민법 제358조(저당권의 효력의 범위)
저당권의 효력은 저당부동산에 **부합된 물건과 종물에** 미친다. 그러나 법률에 특별한 규정 또는 설정행위 다른 약정이 있으면 그러하지 아니하다(🚩 임의적 기재사항).

민법 제361조(저당권의 처분제한)
저당권은 그 담보한 채권과 **분리**하여 타인에게 **양도**하거나 **다른 채권의 담보**로 하지 **못**한다.

민법 제369조(부종성)
저당권으로 담보한 채권이 시효의 완성 기타 사유로 인하여 소멸한 때에는 저당권도 소멸한다.

민법 제371조(지상권, 전세권을 목적으로 하는 저당권)
① 본장의 규정은 **지상권 또는 전세권을 저당권의 목적**으로 한 경우에 준용한다.

민법 제262조(물건의 공유)
① 물건이 **지분**에 의하여 수인의 소유로 된 때에는 **공유**로 한다.
② 공유자의 지분은 **균등**한 것으로 **추정**한다.

민법 제278조(준공동소유)

본절의 규정은 소유권 이외의 재산권에 준용(🏷️ 준공유)한다. 그러나 다른 법률에 특별한 규정이 있으면 그에 의한다.

법 제75조(저당권의 등기사항)

① 등기관이 저당권설정의 등기를 할 때에는 제48조에서 규정한 사항 외에 다음 각 호의 사항을 기록하여야 한다. 다만, 제3호부터 제8호까지는 등기원인에 그 약정이 있는 경우에만(🏷️ 임의적 기재사항 : 법 제29조 제5호) 기록한다.

필 ┌─ 1. 채권액
   └─ 2. 채무자의 성명 또는 명칭과 주소 또는 사무소 소재지(🏷️ 번호×)

임 ┌─ 3. 변제기
   ├─ 4. 이자 및 그 발생기・지급시기
   ├─ 5. 원본 또는 이자의 지급장소
   ├─ 6. 채무불이행으로 인한 손해배상에 관한 약정
   ├─ 7. 「민법」 제358조 단서의 약정
   └─ 8. 채권의 조건

② 등기관은 제1항의 저당권의 내용이 근저당권인 경우에는 제48조에서 규정한 사항 외에 다음 각 호의 사항을 기록하여야 한다. 다만, 제3호 및 제4호는 등기원인에 그 약정이 있는 경우에만 기록한다.

필 ┌─ 1. 채권의 최고액
   └─ 2. 채무자의 성명 또는 명칭과 주소 또는 사무소 소재지(🏷️ 번호×)

임 ┌─ 3. 「민법」 제358조 단서의 약정
   └─ 4. 존속기간

법 제77조(피담보채권이 금액을 목적으로 하지 아니하는 경우)

등기관이 일정한 금액을 목적으로 하지 아니하는 채권을 담보하기 위한 저당권설정의 등기를 할 때에는 그 채권의 평가액을 기록하여야 한다.

규칙 제131조(저당권설정등기의 신청)

① 저당권 또는 근저당권(이하 "저당권"이라 한다) 설정의 등기를 신청하는 경우에는 법 제75조의 등기사항을 신청정보의 내용으로 등기소에 제공하여야 한다.
② 저당권설정의 등기를 신청하는 경우에 그 권리의 목적이 소유권 외의 권리일 때에는 그 권리의 표시에 관한 사항을 신청정보의 내용으로 등기소에 제공하여야 한다.
③ 일정한 금액을 목적으로 하지 않는 채권(🏷️ 특정물채권・종류물채권)을 담보하기 위한 저당권설정등기를 신청하는 경우에는 그 채권의 평가액을 신청정보의 내용으로 등기소에 제공하여야 한다.

법 제79조(채권일부의 양도 또는 대위변제로 인한 저당권 일부이전등기의 등기사항)

등기관이 채권의 일부에 대한 양도 또는 대위변제로 인한 저당권 일부이전등기를 할 때에는 제48조에서 규정한 사항 외에 양도액 또는 변제액을 기록하여야 한다.

규칙 제137조(저당권 이전등기의 신청)

① 저당권의 이전등기를 신청하는 경우에는 저당권이 채권과 같이 이전한다는 뜻(🔧 민법 제369조, 부종성)을 신청정보의 내용으로 등기소에 제공하여야 한다.

② 채권일부의 양도나 대위변제로 인한 저당권의 이전등기를 신청하는 경우에는 **양도나 대위변제의 목적인 채권액**(🔧 양도액 또는 변제액)을 신청정보의 내용으로 등기소에 제공하여야 한다.

📗 **관련 예규**

근저당권에 관한 등기사무처리지침[예규 제1656호]

제1조(목적)

이 예규는 근저당권설정·이전·변경·말소등기 등의 절차를 규정함을 목적으로 한다.

제2조(근저당권설정등기)

① 근저당설정등기를 함에 있어 그 근저당권의 채권자 또는 채무자가 수인일지라도 **단일한 채권최고액만을 기록**하여야 하고, 각 채권자 또는 채무자별로 채권최고액을 **구분**하여(예 '채권최고액 채무자 갑에 대하여 1억원, 채무자 을에 대하여 2억원', 또는 '채권최고액 3억원 최고액의 내역 채무자 갑에 대하여 1억원, 채무자 을에 대하여 2억원' 등) 기록할 수 **없다.**

② 채권최고액을 외국통화로 표시하여 신청정보로 제공한 경우에는 **외화표시금액**을 채권최고액으로 기록한다(예 "미화 금 ○○달러").

③ 채무자가 수인인 경우 그 수인의 채무자가 연대채무자라 하더라도 등기기록에는 **단순히 "채무자"로 기록**한다.

④ '어음할인, 대부, 보증 기타의 원인에 의하여 부담되는 일체의 채무'를 피담보채무로 하는 내용의 근저당권설정계약을 원인으로 한 근저당권설정등기도 신청할 수 있다(🔧 포괄근저당권도 허용○).

제3조(근저당권이전등기)

① 근저당권의 **피담보채권이 확정되기 전**의 근저당권 이전등기의 신청은 다음 각 호와 같이 한다.

　1. 근저당권의 피담보권이 확정되기 전에 근저당권의 기초가 되는 **기본계약**상의 **채권자 지위**가 제3자에게 전부 또는 일부 양도된 경우, 그 양도인 및 양수인은 "계약 양도"(채권자의 지위가 전부 제3자에게 양도된 경우), "계약의 일부 양도"(채권자의 지위가 일부 제3자에게 양도된 경우) 또는 "계약가입"(양수인이 기본계약에 가입하여 추가로 채권자가 된 경우)을 등기원인으로 하여 근저당권이전등기를 신청할 수 있다

　2. 위 1.의 등기(🔧 피담보채권이 확정되기 전의 근저당권 이전등기)를 신청하는 경우 근저당권설정자가 **물상보증인**이거나 소유자가 **제3취득자**인 경우에도 그의 **승낙**을 증명하는 정보를 등기소에 제공할 필요가 없다.

　3. 근저당권의 피담보채권이 확정되기 전에 그 피담보**채권**이 양도 또는 대위변제된 경우에는 이를 원인으로 하여 근저당권이전등기를 신청할 수는 **없다.**

② 근저당권의 **피담보채권이 확정된 후**의 근저당권이전등기의 신청은 다음 각 호와 같이 한다.

　1. 근저당권의 피담보채권이 확정된 후에 그 피담보**채권**이 양도 또는 대위변제된 경우에는 근저당권자 및 그 채권양수인 또는 대위변제자는 채권양도에 의한 저당권이전등기에 준하여 근저당권이전등기를 신청할 수 있다. 이 경우 등기원인은 "확정채권 양도" 또는 "확정채권 대위변제" 등으로 기록한다.

2. 위 1.의 등기(ⓑ 피담보채권이 확정된 후의 근저당권 이전등기)를 신청하는 경우 근저당권설정자가 물상보증인이거나 소유자가 **제3취득자**인 경우에도 그의 **승낙**을 증명하는 정보를 등기소에 제공할 필요가 없다.

제4조(채무자변경으로 인한 근저당권변경등기)

① 근저당권의 **피담보채권이 확정되기 전**에 근저당권의 기초가 되는 **기본계약상의 채무자 지위**의 전부 또는 일부를 제3자가 계약에 의하여 인수한 경우, 근저당권설정자(소유자) 및 근저당권자는 "계약인수"(제3자가 기본계약을 전부 인수하는 경우), "계약의 일부 인수"(제3자가 수개의 기본계약 중 그 일부를 인수하는 경우), "중첩적 계약인수"(제3자가 기본계약상의 채무자 지위를 중첩적으로 인수하는 경우)를 등기원인으로 하여 채무자변경을 내용으로 하는 근저당권변경등기를 신청할 수 있다.

② 근저당권의 **피담보채권이 확정된 후**에 제3자가 그 피담보**채무**를 면책적 또는 중첩적으로 인수한 경우에는 채무인수로 인한 저당권변경등기에 준하여 채무자 변경의 근저당권변경등기를 신청할 수 있다. 이 경우 등기원인은 "확정채무의 면책적 인수" 또는 "확정채무의 중첩적 인수" 등으로 기록한다.

제5조(채무자의 사망으로 인한 근저당권변경등기)

근저당권의 채무자가 사망하고 그 **공동상속인** 중 1인만이 채무자가 되려는 경우에 근저당권자와 근저당권설정자 또는 소유자(담보목적물의 상속인, 제3취득자 등)는 **근저당권변경계약정보**(ⓑ 상속재산분할협의서✕)를 첨부정보로서 제공하여 "계약인수" 또는 "확정채무의 면책적 인수"를 등기원인으로 하는 채무자 변경의 근저당권변경등기를 공동으로 신청할 수 있다.

제6조(근저당권말소등기)

① 근저당권설정등기의 말소등기를 함에 있어 근저당권 설정 후 **소유권이 제3자에게 이전**된 경우에는 **근저당권설정자**(ⓑ 종전 소유자) 또는 **제3취득자**(ⓑ 현재 소유자)가 근저당권자와 공동으로 그 말소등기를 신청할 수 있다.

② **근저당권이 이전된 후** 근저당권설정등기의 말소등기를 신청하는 경우에는 근저당권의 양수인이 근저당권설정자(소유권이 제3자에게 이전된 경우에는 제3취득자)와 공동으로 그 말소등기를 신청할 수 있다(ⓑ 주등기말소 / 양수인 / 근저당권이전 등기필증).

③ 동일 부동산에 대한 소유권이전청구권 보전의 가등기상의 권리자와 근저당권자가 동일인이었다가 그 가등기에 기한 소유권이전의 본등기가 경료됨으로써 소유권과 근저당권이 동일인에게 귀속된 경우와 같이 **혼동**으로 근저당권이 소멸(그 근저당권이 제3자의 권리의 목적이 된 경우 제외)하는 경우에는 등기명의인이 **근저당권말소등기를 단독으로 신청**한다(ⓑ 등기관의 직권말소✕). 다만, 그 근저당권설정등기가 말소되지 아니한 채 **제3자 앞으로 다시 소유권이전등기**가 경료된 경우에는 현 소유자와 근저당권자가 **공동으로 말소등기를 신청**하여야 한다.

01 **(근)저당권에 관한 등기에 대한 다음 설명 중 가장 옳지 않은 것은?** ▸2022년 법무사

① "어음할인, 대부, 보증 기타의 원인에 의하여 부담되는 일체의 채무"를 피담보채무로 하는 내용의 근저당권설정계약을 원인으로 한 근저당권설정등기도 신청할 수 있다.

② 하나의 근저당권을 여럿이 준공유하는 경우에 근저당권자 중 1인이 확정채권의 전부 또는 일부 양도를 원인으로 근저당권이전등기를 하는 경우에는 근저당권의 피담보채권이 확정되었음을 증명하는 서면 또는 나머지 근저당권자 전원의 동의가 있음을 증명하는 서면(동의서와 인감증명서)을 첨부하여야 한다.

③ 근저당권의 확정 후에 피담보채권과 함께 복수의 양수인에게 근저당권을 이전하는 경우에는 각 양수인 별로 양도액을 특정하여 신청하여야 한다.

④ 채권최고액을 감액하는 경우에는 근저당권설정자가 등기권리자가 되고 근저당권자가 등기의무자가 되어 공동으로 근저당권변경등기를 신청하여야 한다.

⑤ 동일 부동산에 대한 소유권이전청구권 보전의 가등기상의 권리자와 근저당권자가 동일인이었다가 그 가등기에 기한 소유권이전의 본등기가 경료됨으로써 소유권과 근저당권이 동일인에게 귀속된 경우와 같이 근저당권이 혼동으로 소멸한 경우에는 그 근저당권설정등기가 말소되지 아니한 채 제3자 앞으로 다시 소유권이전등기가 경료된 경우라도 현 소유자가 단독으로 말소등기를 신청할 수 있다.

해설 ⑤ 1. 동일 부동산에 대한 소유권이전청구권 보전의 가등기상의 권리자와 근저당권자가 동일인이었다가 그 가등기에 기한 소유권이전의 본등기가 경료됨으로써 **소유권과 근저당권이 동일인에게 귀속된 경우**와 같이 **혼동**으로 **근저당권이 소멸**(그 근저당권이 제3자의 권리의 목적이 된 경우 제외)하는 경우에는 등기명의인이 **근저당권말소등기**를 **단독**으로 **신청**한다(🔧 등기관의 **직권말소✕**).

2. 다만, 그 **근저당권설정등기가 말소되지 아니한 채 제3자 앞으로 다시 소유권이전등기가** 경료된 경우에는 현 소유자와 근저당권자가 **공동**으로 **말소등기**를 **신청**하여야 한다(예규 제1656호, 6-③).

① '어음할인, 대부, 보증 기타의 원인에 의하여 부담되는 일체의 채무'를 피담보채무로 하는 내용의 근저당권설정계약을 원인으로 한 근저당권설정등기도 신청할 수 있다(예규 제1656호, 2-④).

②③ 1. 근저당권의 **피담보채권이 확정된 후**에 그 피담보채권이 **양도** 또는 **대위변제**된 경우에는 근저당권자 및 그 채권양수인 또는 대위변제자는 **근저당권이전등기**를 신청할 수 있으며, 이 경우 등기원인은 "**확정채권 양도**" 또는 "**확정채권 대위변제**" 등으로 기록하게 되고, **채권의 일부**에 대한 양도 또는 대위변제로 인한 근저당권 일부이전 등기를 할 때에는 **양도액** 또는 **변제액**을 기록하여야 한다(선례 제201211-3호).

2. 하나의 근저당권을 여럿이 준공유하는 경우에 **근저당권자 중 1인**이 확정채권의 전부 또는 일부 **양도**를 원인으로 근저당권이전등기를 하는 경우에는 **근저당권의 피담보채권이 확정되었음을 증명하는 서면** 또는 나머지 근저당권자 전원의 동의가 있음을 증명하는 서면(동의서와 **인감증명서**)을 첨부하여야 한다.

정답 ➊ 01 ⑤

3. 또한 근저당권의 확정 후에 피담보채권과 함께 복수의 양수인에게 이전하는 경우에는 각 양수인 별로 양도액을 특정하여 신청하여야 한다(선례 제201211-3호).

④ **근저당권의 변경등기**도 일반적인 경우와 같이 근저당권자와 근저당권설정자가 공동으로 신청하여야 한다. 근저당권자가 여러 명인 경우에는 전원이 신청하여야 한다. **채권최고액을 변경**하는 근저당권변경등기는 **증액**의 경우에는 **근저당권설정자가 등기의무자, 근저당권자가 등기권리자**가 된다. **감액**의 경우에는 **반대**이다(「부동산등기실무Ⅱ」p.479).

02 근저당권등기에 관한 다음 설명 중 가장 옳지 않은 것은? ▶2021년 법무사

① 공동근저당권이 설정된 후에 비록 등기상 이해관계인이 없다고 하더라도 위 공동근저당권의 채권최고액을 각 부동산별로 분할하여 각 별개의 근저당권등기가 되도록 하는 내용의 근저당권변경등기를 신청할 수는 없다.

② 근저당설정등기를 함에 있어 그 근저당권의 채권자 또는 채무자가 수인인 경우, 각 채권자 또는 채무자별로 채권최고액을 구분하여(예 채권최고액 채무자 甲에 대하여 1억원, 채무자 乙에 대하여 2억원) 기록할 수 있다.

③ 채무자가 수인인 경우 그 수인의 채무자가 연대채무자라 하더라도 등기기록에는 단순히 "채무자"로 기록한다.

④ 동일 부동산에 대하여 甲과 乙을 공동채권자로 하는 하나의 근저당권설정계약을 체결한 경우, 각 채권자별로 채권최고액을 구분하여 등기하거나 甲과 乙을 각각 근저당권자로 하는 2개의 동순위의 근저당권설정등기를 신청할 수 없다.

⑤ 근저당권의 피담보채권이 확정된 후에 그 피담보채권이 양도 또는 대위변제된 경우에는 근저당권자 및 그 채권양수인 또는 대위변제자는 채권양도에 의한 저당권이전등기에 준하여 근저당권이전등기를 신청할 수 있다. 이 경우 등기원인은 "확정채권 양도" 또는 "확정채권 대위변제" 등으로 기록한다.

해설 ② 근저당설정등기를 함에 있어 그 근저당권의 채권자 또는 채무자가 수인일지라도 **단일한 채권최고액만을 기록**하여야 하고, 각 **채권자 또는 채무자별로 채권최고액을 구분**하여(예 '채권최고액 채무자 갑에 대하여 1억원, 채무자 을에 대하여 2억원', 또는 '채권최고액 3억원 최고액의 내역 채무자 갑에 대하여 1억원, 채무자 을에 대하여 2억원' 등) 기록할 수 **없**다(예규 제1656호, 2-①).

① 현행 등기법제하에서는 공동근저당권의 채권최고액을 각 부동산별로 분할하여 각 별개의 근저당권등기가 되도록 하는 내용으로 근저당권을 변경하는 제도가 없으므로, 공동근저당권이 설정된 후에 비록 등기상 이해관계인이 없다고 하더라도 위 **공동근저당권의 채권최고액을** 각 부동산별로 분할하여 각 별개의 근저당권등기가 되도록 하는 내용의 **근저당권변경등기를** 신청할 수는 **없**다(선례 제6-342호).

③ 예규 제1656호, 2-③

④ 동일 부동산에 대하여 갑과 을을 공동채권자로 하는 **하나의 근저당권설정계약**을 체결한 경우, 각 채권자별로 채권최고액을 구분하여 등기하거나 갑과 을을 각각 근저당권자로 하는 2개의 동순위의 근저당권설정등기를 신청할 수 없다(선례 제7–274호).

⑤ 예규 제1656호, 3–②

03 근저당권에 관한 등기와 관련한 다음 설명 중 가장 옳지 않은 것은? ▸ 2021년 등기서기보

① 동일한 전세권을 목적으로 하는 수 개의 근저당권설정등기의 채권최고액을 합한 금액이 대상 전세권의 전세금을 초과하는 등기도 가능하다.

② 같은 부동산에 대하여 甲과 乙을 공동채권자로 하는 하나의 근저당권설정계약을 체결한 경우에 甲과 乙을 각각 근저당권자로 하는 2개의 동순위의 근저당권설정등기를 신청할 수 있다.

③ 등기원인을 증명하는 정보로서 첨부하는 근저당권설정계약서에는 채권최고액과 채무자의 표시 등은 기재되어 있어야 하지만, 채무자의 인영이 날인되어 있어야만 하는 것은 아니다.

④ 근저당권의 채무자가 사망하고 그 공동상속인 중 1인만이 채무자가 되려는 경우에 근저당권자와 근저당권설정자 또는 소유자는 '계약인수' 또는 '확정채무의 면책적 인수'를 등기원인으로 하는 근저당권변경등기를 공동으로 신청할 수 있다.

해설 ② 동일 부동산에 대하여 갑과 을을 공동채권자로 하는 **하나의 근저당권설정계약**을 체결한 경우, 각 채권자별로 채권최고액을 구분하여 등기하거나 갑과 을을 각각 근저당권자로 하는 2개의 동순위의 근저당권설정등기를 신청할 수 없다(선례 제7–274호).

① 동일한 전세권을 목적으로 하는 수 개의 근저당권설정등기의 채권최고액을 합한 금액이 대상 전세권의 **전세금**을 **초과**하는 등기도 **가능**하다 할 것이므로, 전세금이 5,000만원인 전세권을 목적으로 한 채권최고액이 3,500만원인 선순위 근저당권설정등기가 경료되어 있는 경우에 다시 위 전세권을 목적으로 한 채권최고액이 2,000만원인 후순위 근저당권설정등기를 할 수 있다(선례 제5–435호).

③ 근저당권설정등기의 등기원인인 근저당권설정계약의 당사자는 근저당권자와 근저당권설정자이므로, 근저당권설정계약서에는 근저당권설정계약의 당사자인 근저당권자와 근저당권설정자 사이에 근저당권설정을 목적으로 하는 물권적 합의가 있었음이 나타나 있으면 되고, 반드시 채무자의 동의나 승인이 있었음이 나타나 있어야만 하는 것은 아닌바, 근저당권설정등기신청서에 등기원인을 증명하는 서면으로서 첨부하는 **근저당권설정계약서**에는 **채권최고액**과 **채무자의 표시**(성명·주소○ / 번호×) 등은 기재되어 있어야 하지만(⊞ 필요적 기재사항), **채무자의 인영**이 **반드시 날인**되어 있어야만 하는 것은 **아니다**(선례 제6–32호).

④ 예규 제1656호, 5

정답 ↤ 02 ② 03 ②

04 근저당권등기에 관한 다음 설명 중 가장 옳지 않은 것은?

▸ 2020년 법무사

① 근저당권의 채무자가 사망하고 그 공동상속인 중 1인만이 채무자가 되려는 경우에 근저당권자와 근저당권설정자 또는 소유자(담보목적물의 상속인, 제3취득자 등)는 근저당권변경계약정보를 첨부정보로서 제공하여 계약인수 또는 확정채무의 면책적 인수를 등기원인으로 하는 채무자 변경의 근저당권변경등기를 공동으로 신청할 수 있다.

② 1개의 근저당권설정계약상의 채권최고액을 수 개로 분할하여 수개의 근저당권을 설정하는 등기신청은 할 수 없다.

③ 근저당권설정계약의 당사자는 근저당권자와 근저당권설정자이므로 근저당권설정계약서에는 채무자의 표시가 있으면 되고 채무자의 인영이 반드시 날인되어 있어야만 하는 것은 아니다.

④ 채권최고액을 외국통화로 표시하여 신청정보로 제공한 경우에는 외화표시금액을 채권최고액으로 기록한다.

⑤ 채무자변경을 원인으로 하는 근저당권변경등기를 신청하는 경우에는 등기권리자인 근저당권자의 등기필정보를 제공하여야 한다.

해설 ⑤ 1) 근저당권의 확정 전후를 불문하고 **채무자변경**을 원인으로 한 **근저당권변경**등기는 근저당권자(등기권리자)와 근저당권설정자 또는 제3취득자(등기의무자)가 **공동**으로 신청하여야 한다. 채무자는 등기신청권이 없고 채무자의 동의를 얻어야 하는 것도 아니다. 이 경우 등기필정보로서는 근저당권설정자 또는 제3취득자가 소유권이전등기 시 등기소로부터 통지받은 것을 제공한다. 근저당권설정자가 전세권자나 지상권자인 경우에는 전세권 또는 지상권 설정등기의 등기필정보를, 전세권이나 지상권을 이전받은 자가 등기의무자인 경우에는 그 이전등기의 등기필정보를 제공한다. 또한 **등기의무자**(근저당권설정자)가 **소유자**인 경우 그의 **인감증명**과 **등기필정보를** 제공하여야 하지만, 지상권자나 전세권자인 경우에는 등기필정보만 제공하면 된다. 채무인수인은 등기의무자가 아니므로 그의 인감증명은 제출할 필요가 없다(「부동산등기실무 Ⅱ」 p.483).

2) 그러나 **채무자 표시변경**을 원인으로 근저당권 변경등기를 신청하는 경우 그 **실질**은 등기명의인이 단독으로 **등기명의인 표시변경등기를 신청하는 경우와 다를 바가 없기** 때문에 등기의무자의 **인감증명을** 첨부할 필요가 없고, 또한 권리에 관한 등기가 아닌 표시변경등기에 불과하므로 **등기필증(등기필정보)**도 첨부할 필요가 **없다**(❶ 다만 등기신청은 권리의 내용인 채무자의 표시가 바뀌는 것이기 때문에 근저당권설정자와 근저당권자가 함께 공동으로 근저당권변경등기를 신청하여야 한다)(선례 제9-406호).

① 예규 제1656호, 5

③ 근저당권설정등기의 등기원인인 근저당권설정계약의 당사자는 근저당권자와 근저당권설정자이므로, 근저당권설정계약서에는 근저당권설정계약의 당사자인 근저당권자와 근저당권설정자 사이에 근저당권설정을 목적으로 하는 물권적 합의가 있었음이 나타나 있으면 되고 반드시 채무자의 동의나 승인이 있었음이 나타나 있어야만 하는 것은 아닌바, 근저당권설정등기신청서에 등기원인을 증명하는 서면으로서 첨부하는 **근저당권설정계약서에는 채권최고액과 채무자의 표시**(성명·주소O / 번호X) 등은 기재되어 있어야 하지만(❶ 필요적 기재사항), **채무자의 인영이** 반드시 날인되어 있어야만 하는 것은 **아니다**(선례 제6-32호).

④ 예규 제1656호, 2-②

05 근저당권등기에 관한 다음 설명 중 가장 옳지 않은 것은? ▸ 2019년 법무사

① 전세권설정등기(순위번호 1번) 및 근저당권설정등기(순위번호 2번)가 차례로 마쳐지고 이어서 전세금 증액을 원인으로 한 전세권변경등기가 2번 근저당권자의 승낙을 얻지 못하여 주등기(순위번호 3번)로 이루어진 상태에서 위 전세권을 목적으로 하는 근저당권설정등기신청이 있는 경우에 등기관은 순위번호 1번의 전세권등기에 부기등기로 전세권근저당권설정등기를 실행해야 한다.

② 근저당권설정등기의 말소등기를 함에 있어 근저당권 설정 후 소유권이 제3자에게 이전된 경우에는 근저당권설정자 또는 제3취득자가 근저당권자와 공동으로 그 말소등기를 신청할 수 있다.

③ 을구에 근저당권설정등기, 갑구에 체납처분에 의한 압류등기가 순차로 마쳐진 후에 근저당권의 채권최고액을 증액하는 변경등기의 신청이 있는 경우에 등기관은 체납처분에 의한 압류등기 권리자의 승낙이 있음을 증명하는 정보가 첨부정보로서 제공되지 않았다면 근저당권변경등기를 주등기로 실행하여야 한다.

④ 근저당권이전등기를 신청할 때에 근저당권설정자가 물상보증인이거나 소유자가 제3취득자인 경우에는 그의 승낙을 증명하는 정보를 첨부정보로서 제공하여야 한다.

⑤ A토지에 대한 근저당권자 甲이 그 토지의 소유권을 취득함으로써 혼동이 발생하였으나, 甲이 근저당권말소등기를 신청하지 않은 상태에서 사망하였고 이후 甲의 공동상속인 사이에 상속재산분할협의가 성립하여 이를 원인으로 한 乙 단독명의의 소유권이전등기가 마쳐졌다면 그 근저당권의 말소등기는 乙이 단독으로 신청할 수 없다.

해설 ④ 피담보채권이 확정되기 전 또는 확정된 후에 근저당권 이전등기를 신청하는 경우 근저당권설정자가 **물상보증인**이거나 소유자가 **제3취득자**인 경우에도 그의 **승낙**을 증명하는 정보를 등기소에 제공할 필요가 **없다**(예규 제1656호, 3-①②).

① 1) **소유권 외의 권리를 목적으로 하는 권리**에 관한 등기는 해당 권리에 관한 등기에 **부기**로 하여야 한다(법 제52조 제3호).
 2) **전세권설정등기**(순위번호 1번) 및 **근저당권설정등기**(순위번호 2번)가 차례로 마쳐지고 이어서 **전세금 증액**을 원인으로 한 전세권변경등기가 2번 근저당권자의 승낙을 얻지 못하여 주등기(순위번호 3번)로 이루어진 상태에서 위 **전세권을 목적으로 하는 근저당권설정등기**신청이 있는 경우에 등기관은 순위번호 1번의 **전세권등기**에 **부기등기**로 전세권근저당권설정등기를 실행해야 한다(선례 제201810-6호).

② 예규 제1656호, 6-①

③ 1) 등기관이 **권리의 변경이나 경정의 등기**(⊕ 전세권변경, 근저당권변경)를 할 때에는 **부기**로 하여야 한다. 다만, **등기상 이해관계 있는 제3자의 승낙**이 없는 경우에는 그러하지 아니하다(⊕ **주등기**)(법 제52조 제5호).
 2) 을구에 **근저당권설정등기**, 갑구에 체납처분에 의한 **압류등기**(⊕ 가압류·가처분·경매개시결정등기도 마찬가지)가 순차로 경료된 후에 근저당권의 **채권최고액을 증액**하는 경우,

그 변경등기를 부기등기로 실행하게 되면 을구의 근저당권변경등기가 갑구의 체납처분에 의한 압류등기보다 권리의 순위에 있어 우선하게 되므로, 갑구의 **체납처분에 의한 압류등기의 권리자(처분청)**는 을구의 근저당권변경등기에 대하여 **등기상 이해관계 있는 제3자에** **해당한다.** 이 경우 갑구의 체납처분에 의한 압류등기의 권리자(처분청)의 **승낙서**나 그에게 대항할 수 있는 재판의 등본이 첨부정보로서 **제공된 경우**에는 을구의 근저당권변경등기를 **부기등기로** 실행할 수 있으나, 그와 같은 첨부정보가 제공되지 않은 경우에는 주등기로 실행하여야 한다. 이는 갑구의 주등기가 민사집행법에 따른 가압류·가처분등기나 경매개 시결정등기인 경우에도 동일하다(선례 제201408-2호).

⑤ A토지에 대한 근저당권자 갑이 그 토지의 소유권을 취득함으로써 **혼동**이 발생하였다면 소유 자 겸 근저당권자인 갑이 그 근저당권의 **말소등기를 단독**으로 **신청**할 수 있으나, 갑이 근저 당권말소등기를 신청하지 않은 상태에서 사망하였고 이후 갑의 공동상속인 사이에 상속재산 분할협의가 성립하여 이를 원인으로 한 **을 단독명의의 소유권이전등기**가 마쳐졌다면 그 근 저당권의 말소등기는 을이 단독으로 신청할 수 없고, 일반원칙에 따라 등기권리자인 현재의 소유자 을과 등기의무자인 갑의 공동상속인 전원이 **공동**으로 신청하여야 한다. 한편, 등기의 무자의 소재불명으로 공동으로 등기의 말소등기를 신청할 수 없는 때에는 「부동산등기법」 제56조의 규정에 의하여 공시최고신청을 하여 제권판결을 받아 등기권리자가 단독으로 말소 등기를 신청할 수 있다(선례 제201805-5호).

06 근저당권등기에 관한 다음 설명 중 가장 옳지 않은 것은? ▶ 2019년 등기주사보

① 채권최고액은 단일하게 기록하여야 하고, 각 채권자 또는 채무자별로 채권최고액을 구 분하여 기록할 수 없다.

② 근저당권이전등기를 신청하는 경우에 근저당권설정자가 물상보증인인 경우에는 그의 승낙을 증명하는 정보를 등기소에 제공하여야 한다.

③ 근저당권의 피담보채권이 확정되기 전에는 그 피담보채권의 양도나 대위변제를 원인으 로 하는 근저당권이전등기는 신청할 수 없다.

④ 근저당권이 설정된 후에 소유권이 제3자에게 이전된 경우에는 근저당권설정자 또는 제 3취득자가 근저당권자와 공동으로 그 말소등기를 신청할 수 있다.

해설 ② 피담보채권이 확정되기 전 또는 확정된 후에 근저당권 이전등기를 신청하는 경우 근저당권 설정자가 **물상보증인**이거나 소유자가 **제3취득자**인 경우에도 그의 **승낙**을 증명하는 정보를 등기소에 제공할 필요가 **없다**(예규 제1656호, 3-①②).

① 예규 제1656호, 2-①
③ 예규 제1656호, 3-①-3
④ 예규 제1656호, 6-①

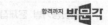

07 근저당권에 관한 등기에 관련한 다음 설명 중 가장 옳지 않은 것은? ▸ 2019년 법원사무관

① 근저당권의 피담보채권이 확정되기 전에 근저당권의 기본계약상의 채권자 지위가 제3자에게 양도된 경우에는 그 양도인 및 양수인은 근저당권설정자 또는 소유자의 승낙을 증명하는 정보를 제공하여 '계약 양도'를 원인으로 한 근저당권이전등기를 신청할 수 있다.

② 근저당권의 피담보채권이 확정된 후에 제3자가 그 피담보채무를 면책적으로 인수한 경우에는 '확정채무의 면책적 인수'를 원인으로 한 근저당권변경등기를 근저당권자 및 근저당권설정자 또는 소유자가 공동으로 신청할 수 있다.

③ 근저당권의 채무자가 사망한 후 공동상속인 중 1인만이 채무자가 되려는 경우에는 근저당권변경계약 정보를 제공하여 '계약인수' 또는 '확정채무의 면책적 인수'를 원인으로 한 근저당권변경등기를 근저당권자 및 근저당권설정자 또는 소유자가 공동으로 신청할 수 있다.

④ 근저당권이 이전된 후 근저당권설정등기의 말소등기를 신청하는 경우에는 근저당권의 양수인이 근저당권설정자 또는 소유자와 공동으로 그 말소등기를 신청할 수 있다.

해설 ① 피담보채권이 확정되기 전 또는 확정된 후에 근저당권 이전등기를 신청하는 경우 근저당권설정자가 **물상보증인**이거나 소유자가 **제3취득자**인 경우에도 그의 **승낙**을 증명하는 정보를 등기소에 제공할 필요가 **없다**(예규 제1656호, 3-①②). 따라서 근저당권설정자 또는 소유자의 승낙을 증명하는 정보를 제공할 필요가 없다.

② 예규 제1656호, 4-②
③ 예규 제1656호, 5
④ 예규 제1656호, 6-②

08 다음 설명 중 가장 옳지 않은 것은? ▸ 2016년 법무사

① 근저당권자인 상사법인의 취급지점이 변경된 때에는 등기명의인표시변경등기를 한 후에야 근저당권이전등기를 신청할 수 있다.

② 채권일부의 양도 또는 대위변제로 저당권의 일부이전등기를 신청할 때에는 양도나 대위변제의 목적인 양도액 또는 변제액을 신청정보의 내용으로 하여야 한다.

③ 저당권의 이전등기 시 채권양도가 전제가 되므로 채권양도의 통지를 증명하는 서면 또는 채무자의 승낙서 등을 첨부하여야 한다.

④ 저당권이전의 등기는 언제나 부기등기에 의한다.

⑤ 법률에 특별한 규정이 없는 한 근저당권의 채권자 또는 채무자가 수인일지라도 각 채권자 채무자별로 채권액을 구분하여 기록할 수는 없다.

정답 ❍ 06 ② 07 ① 08 ③

해설 ③ 1) 민법 제481조의 규정에 의하여 채무를 대위변제한 자가 채권자가 가진 채권 및 근저당권을 이전받아 근저당권이전등기를 신청함에 있어서 근저당권설정자가 **물상보증인**이거나 소유자가 **제3취득자**인 경우에도 그의 **승낙서**를 첨부할 필요가 **없다**(선례 제5-446호).

2) 지명채권의 양도는 양도인이 채무자에게 통지하거나 채무자가 승낙하지 아니하면 채무자 기타 제3자에게 대항하지 못하는 것이나, 근저당권이전등기를 신청함에 있어 **피담보채권 양도의 통지서나 승낙서를** 신청서에 첨부할 필요는 **없다**(선례 제5-104호).

① 1) 등기관은 **신청정보의 등기의무자의 표시**가 **등기기록**과 일치하지 아니한 경우에 이유를 적은 결정으로 신청을 **각하하여야** 한다. 다만, 제27조에 따라 포괄승계인이 등기신청을 하는 경우는 제외한다(법 제29조 제7호).

2) 신청서상 등기의무자의 표시와 등기기록상 등기의무자의 표시가 일치하지 아니한 경우에는 본 호에 의하여 각하하여야 한다. 이러한 때에는 과연 진정한 등기의무자의 신청이 있는 것인지 분명하지 않기 때문이다. 등기의무자의 표시가 등기기록과 일치하지 않는 경우란 신청서에 기재된 등기의무자의 **성명·명칭, 주소·사무소소재지, 주민등록번호 등**(➡ **법인의 취급지점, 법인 아닌 사단의 대표자 등**)이 등기기록과 일치하지 않는 것을 말한다. 따라서 종전의 등기 후에 등기의무자의 표시가 변경되었거나 기존 등기에 착오 또는 누락이 있는 경우에는 등기명의인표시 변경등기 또는 경정등기를 하여 등기기록의 표시를 변경·경정한 후에 새로운 등기를 하여야 한다(「부동산등기실무1」 p.541).

3) 상사법인이 근저당권자인 경우 근저당권설정등기신청서에 취급지점의 표시가 있는 때에는 등기부에 그 **취급지점**을 기재하게 되므로 **근저당권자인** 상사법인의 **취급지점이 변경된** 때에는 **등기명의인표시변경(취급지점변경)등기를** 한 후(법 제29조 제7호)에야 **채무자변경**으로 인한 **근저당권변경**등기신청을 할 수 있는 것이나(➡ **근저당권이전**등기신청 시에도 **마찬가지**이다), 근저당권말소등기를 신청할 경우에는 취급지점이 변경된 사실을 증명하는 서면을 첨부하여 취급지점의 변경등기없이 근저당권말소등기를 신청할 수 있다(선례 제4-468호).

4) 그러나 **소유권** 이외의 권리에 관한 등기(근저당권, 전세권, 가등기 등)의 **말소**를 신청하는 경우에 있어서는 그 등기명의인의 표시에 변경 또는 경정의 사유가 있는 때라도 신청서에 그 변경 또는 경정을 증명하는 서면을 첨부함으로써 **등기명의인의 표시변경 또는 경정의 등기를 생략**할 수 있을 것이다(예규 제451호).

② 규칙 제137조 제2항

④ 등기관이 **소유권 외의 권리의 이전등기**(➡ 전세권이전, **근저당권이전**, 가등기상의 권리의 이전)를 할 때에는 **부기**로 하여야 한다. 이 경우 등기상 이해관계인이 존재하지 않으므로 **언제나 부기**등기에 의한다.

⑤ 예규 제1656호, 2-①

09 저당권등기에 관한 다음 설명 중 가장 옳지 않은 것은? ▶ 2015년 등기서기보

① 채무자 변경으로 인한 저당권변경등기신청은 저당권자가 등기권리자, 저당권설정자가 등기의무자로서 공동으로 신청하여야 한다는 것이 선례의 태도이다.

② 저당권설정등기의 말소등기를 함에 있어 저당권 설정 후 소유권이 제3자에게 이전된 경우에는 저당권설정자 또는 제3취득자가 저당권자와 공동으로 그 말소등기를 신청할 수 있다.

③ 저당권설정등기의 말소등기를 신청하는 경우에 그 등기명의인의 표시에 변경 또는 경정의 사유가 있는 때라도 신청서에 그 변경 또는 경정을 증명하는 서면을 첨부함으로써 등기명의인표시의 변경 또는 경정의 등기를 생략할 수 있다.

④ 합병 후 존속하는 회사가 합병으로 인하여 소멸한 회사 명의로 있는 저당권등기의 말소신청을 하는 경우에 그 등기원인이 합병등기 전에 발생한 것인 때라도 그 전제로서 회사합병으로 인한 근저당권이전등기를 하여야 한다.

> **해설** ④ 1) 등기원인이 발생한 후에 등기권리자 또는 등기의무자에 대하여 상속이나 그 밖의 포괄승계가 있는 경우에는 상속인이나 그 밖의 포괄승계인이 (🔘 상대방과 공동으로) 그 등기를 신청할 수 있다(법 제27조)(🔘 상속등기×, 대위상속등기×).
>
> 2) 합병 후 존속하는 회사가 합병으로 인하여 소멸한 회사 명의로 있는 근저당권등기의 말소신청을 하는 경우에 있어서는 그 등기원인이 합병등기 전에 발생한 것인 때에는 합병으로 인한 근저당권이전등기를 생략하고 합병을 증명하는 서면을 제출하면 될 것이나, 그 등기원인이 합병등기 후에 발생한 것인 때에는 그 전제로서 회사합병으로 인한 근저당권이전등기를 (🔘 먼저)하여야 할 것이다(예규 제458호).
>
> ② 예규 제1656호, 6-①
>
> ③ 소유권 이외의 권리에 관한 등기(근저당권, 전세권, 가등기 등)의 말소를 신청하는 경우에 있어서는 그 등기명의인의 표시에 변경 또는 경정의 사유가 있는 때라도 신청서에 그 변경 또는 경정을 증명하는 서면을 첨부함으로써 등기명의인의 표시변경 또는 경정의 등기를 생략할 수 있을 것이다(예규 제451호).

10 근저당권등기에 관한 다음 설명 중 옳은 것은? ▶ 2014년 법무사

① 근저당설정등기를 함에 있어 그 근저당권의 채무자가 여럿인 경우에는 각 채무자별로 채권최고액을 구분하여 신청하여야 한다.

② 근저당권설정등기를 함에 있어 근저당권자가 여럿인 경우에는 각 근저당권자의 지분을 표시하여야 한다.

③ 근저당권의 피담보채권이 확정되기 전에 그 피담보채권이 양도 또는 대위변제된 경우에는 이를 원인으로 하여 근저당권이전등기를 신청할 수는 없다.

> **정답** ➡ 09 ④ 10 ③

④ 근저당권 설정 후 소유권이 제3자에게 이전된 경우에는 종전의 근저당권설정자는 근저당권자와 공동으로 그 말소등기를 신청할 수 없다.

⑤ 동일 부동산에 대한 소유권이전청구권 보전의 가등기상의 권리자와 근저당권자가 동일인이었다가 그 가등기에 기한 소유권이전의 본등기가 경료됨으로써 소유권과 근저당권이 동일인에게 귀속된 경우, 본등기를 하면서 직권으로 근저당권말소등기를 한다.

해설 ③ 예규 제1656호, 3-①

① 근저당설정등기를 함에 있어 그 근저당권의 채권자 또는 채무자가 수인일지라도 **단일한 채권최고액만을 기록**하여야 하고, 각 채권자 또는 채무자별로 채권최고액을 **구분**하여(**예** '채권최고액 채무자 갑에 대하여 1억원, 채무자 을에 대하여 2억원', 또는 '채권최고액 3억원 최고액의 내역 채무자 갑에 대하여 1억원, 채무자 을에 대하여 2억원' 등) 기록할 수 **없**다(예규 제1656호, 2-①). 따라서 채권최고액을 구분하여 신청하여서는 아니 된다.

② 1) 물건이 **지분**에 의하여 수인의 소유로 된 때에는 **공유**로 한다. 공유자의 지분은 **균등**한 것으로 **추정**한다(민법 제262조). 이 규정은 **소유권 이외의 재산권에 준용**(**#** 준공유)한다(민법 제278조).

2) 일반적으로 수인의 권리자가 어떤 재산권을 준공유하는 경우 그 공유지분을 표시하는 것이 원칙이다. 예컨대 여러 명의 채권자가 피담보채권과 **저당권을 준공유**하는 경우에는 각각의 **지분**을 저당권설정등기의 신청서에 기재하여야 하고 이에 따라 등기기록에도 지분을 기록한다.

3) 그러나 여러 명의 채권자가 **근저당권을 준공유**하는 경우에는 그 지분을 기록하지 **않**는 것이 실무이다(선례 제8-251호). 그 이유는 피담보채권이 확정되기 전까지는 각 근저당권자별로 채권액이 유동적이어서 저당권과 같은 지분개념을 상정할 수 없기 때문이다(「부동산등기실무Ⅱ」 p.455).

④ 근저당권설정등기의 말소등기를 함에 있어 근저당권 설정 후 **소유권이 제3자에게 이전**된 경우에는 **근저당권설정자**(**#** 종전 소유자) **또는 제3취득자**(**#** 현재 소유자)가 근저당권자와 공동으로 그 말소등기를 신청할 수 있다(예규 제1656호, 6-①).

⑤ 동일 부동산에 대한 소유권이전청구권 보전의 가등기상의 권리자와 근저당권자가 동일인이었다가 그 가등기에 기한 소유권이전의 본등기가 경료됨으로써 소유권과 근저당권이 동일인에게 귀속된 경우와 같이 **혼동**으로 근저당권이 소멸(그 근저당권이 제3자의 권리의 목적이 된 경우 제외)하는 경우에는 등기명의인이 **근저당권말소등기를 단독으로 신청**한다(**#** 등기관의 **직권말소**×). 다만, 그 근저당권설정등기가 말소되지 아니한 채 **제3자 앞으로 다시 소유권이전등기**가 경료된 경우에는 현 소유자와 근저당권자가 **공동**으로 **말소등기를 신청**하여야 한다(예규 제1656호, 6-③).

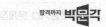

11 근저당권설정등기에 관한 다음 설명 중 가장 옳지 않은 것은? ▸ 2018년 등기서기보

① 같은 채권의 담보를 위하여 소유자가 다른 여러 개의 부동산에 대한 근저당권설정등기는 1건의 신청정보로 일괄하여 신청할 수 있다.

② 채권자는 동일한 채권의 담보로 갑 부동산에 관한 소유권과 을 부동산에 관한 지상권에 대하여 공동근저당권설정등기를 신청할 수 있으며, 이때 갑 부동산의 소유자와 을 부동산의 지상권자가 반드시 동일할 필요는 없다.

③ 추가근저당권설정등기신청을 하는 경우 신청서에 기재된 채무자의 주소와 종전의 근저당권설정등기에 기록되어 있는 채무자의 주소가 다른 경우에는 먼저 종전 근저당권설정등기의 채무자 주소를 변경하는 근저당권변경등기를 선행하여야 한다.

④ 추가근저당권설정등기신청을 하는 경우에는 종전 부동산의 등기필정보가 아니라 종전 부동산에 설정된 근저당권설정등기에 관한 등기필정보를 제공하여야 한다.

해설 ④ 1) 추가 근저당권설정등기 시에는 종전 부동산에 설정된 저당권등기에 관한 등기필정보나 종전 부동산의 (**⊞** 소유권 등)등기필정보를 제공할 필요는 없다(**⊞ 추가되는 부동산**의 권리에 대한 **등기필정보만** 제공하면 된다)(「부동산등기실무 Ⅱ」 p.499).

　2) 따라서 토지(공장용지)에 대하여 근저당설정등기가 경료되고 동일채권의 담보를 위하여 **건물에 대한 추가설정계약에** 의하여 추가근저당권설정등기를 신청할 경우 신청서에 첨부하여야 할 등기필증으로써는 **건물소유권에 관한 등기필증만** 제출하면 되고, 그 후 공장저당법 제7조 규정에 의하여 기계기구목록추가로 인한 근저당권변경등기를 신청할 경우에는 신청서에 근저당권설정 및 추가근저당권설정등기필증을 첨부할 필요가 없다(선례 제3-585호).

　① 법 제25조 단서에 따라 같은 채권의 담보를 위하여 **소유자가 다른 여러 개의 부동산**에 대한 (**⊞ 공동**)저당권설정등기를 신청하는 경우는 1건의 신청정보로 **일괄**하여 신청하거나 촉탁할 수 있다(규칙 제47조).

　② 채권자는 동일한 채권의 담보로 갑 부동산에 관한 **소유권**과 을 부동산에 관한 **지상권**에 대하여 **공동근저당권설정등기**를 신청할 수 있으며, 이때 갑 부동산의 **소유자**와 을 부동산의 **지상권자**가 반드시 **동일할 필요는 없다**(선례 제201009-4호).

　③ 1) 공동근저당이 성립하기 위해서는 설정행위에서 정한 **기본계약이** 동일(**⊞ 채권자·채무자·채권발생원인 등/근저당권 설정자×**)하여야 한다.

　　2) 따라서 추가근저당권설정등기신청을 하는 경우 신청서에 기재된 채무자의 주소와 종전의 근저당권설정등기에 기록되어 있는 채무자의 주소가 다른 경우에는 **먼저 종전 근저당권설정등기의 채무자 주소를 변경하는 근저당권변경등기를 선행**하여야 한다.

　　3) 다만, 추가되는 부동산과 종전 부동산의 근저당권설정자(소유자)는 동일할 필요가 없으므로, 설령 추가되는 부동산과 종전 부동산의 근저당권설정자의 주소가 다르다고 하더라도 종전 부동산의 **근저당권설정자의 등기명의인표시변경등기를 선행**하여야 하는 것은 **아니**다(선례 제201201-1호).

정답 ⊶ 11 ④

12 근저당권등기에 관한 다음 설명 중 가장 옳지 않은 것은? ▸ 2023년 등기서기보

① 어느 공유자의 지분 일부에 대하여 근저당권 등기를 한 후 그 공유자의 지분 일부에 대하여 권리 이전의 등기를 하거나 다시 근저당권의 등기를 하는 경우, 신청인은 그 등기의 목적이 선순위 근저당권이 설정된 부분인가 아닌가를 분명히 표시해 신청하여야 하고, 등기관은 등기기록의 목적란에 구체적으로 그 권리를 특정하여 기록하여야 한다.

② 채무자가 수인인 경우 그 수인의 채무자가 연대채무자라 하더라도 등기기록에는 단순히 채무자로 기록한다.

③ 근저당권의 피담보채권이 확정되기 전에도 그 피담보채권이 양도 또는 대위변제된 경우에는 이를 원인으로 하여 근저당권이전등기를 신청할 수 있다.

④ 근저당권 양도에 따른 근저당권 이전의 부기등기가 되어 있는 경우 근저당권 말소등기 신청의 등기의무자는 현재 등기명의인인 근저당권의 양수인이다.

> **해설** ③ 근저당권의 **피담보채권이 확정되기 전**에 그 피담보채권이 **양도 또는 대위변제**된 경우에는 **이를 원인**으로 하여 근저당권이전등기를 신청할 수는 **없다**(예규 제1656호, 3–①).
>
> ① 공유자의 지분 일부에 저당권(근저당권을 포함한다)등기를 한 후 그 공유자의 지분 일부에 대하여 다시 이전등기나 저당권등기를 신청하는 경우에도 그 **등기의 목적이 이미 저당권 등이 설정된 부분인지 여부 등을 명백히 할 필요가 있으므로** 신청인은 그 등기의 목적이 **선순위 근저당권이 설정된 부분인가 아닌가를 분명히 표시해 신청**하여야 하고, 등기관은 **등기기록의 목적란에 구체적으로 그 권리를 특정하여 기록**하여야 한다(「부동산등기실무 Ⅱ」 p.329).
>
> ② 채무자가 수인인 경우 그 수인의 채무자가 **연대채무자라 하더라도** 등기기록에는 **단순히 "채무자"로 기록**한다(예규 제1656호, 2–③).
>
> ④ **근저당권이 이전된 후** 근저당권설정등기의 **말소등기**를 신청하는 경우에는 근저당권의 **양수인**이 **근저당권설정자**(소유권이 제3자에게 이전된 경우에는 제3취득자)와 **공동**으로 그 **말소등기를 신청**할 수 있다(예규 제1656호, 6). (🌀 주등기말소 / 양수인 / 근저당권이전 등기필증)

13 근저당권에 관한 등기와 관련한 다음 설명 중 가장 옳지 않은 것은? ▸ 2022년 법원사무관

① 乙회사가 甲회사를 흡수합병하기 전에 甲회사 명의의 근저당권에 대한 설정계약이 해지된 경우 乙회사가 甲회사 명의 근저당권등기의 말소신청을 하기 위해서는 합병을 원인으로 한 근저당권이전등기를 선행하여야 한다.

② 乙회사가 甲회사를 흡수합병한 후 丙회사가 乙회사를 다시 흡수합병한 경우에는 甲회사 명의의 근저당권등기는 甲회사로부터 丙회사 앞으로 바로 근저당권이전등기를 할 수 있다.

③ 乙회사가 甲회사를 흡수합병하고 다시 丙회사가 乙회사를 흡수합병한 다음 丙회사가 그 일부를 분할하여 丁회사를 설립하고 이어 丁회사가 다시 그 일부를 분할하여 戊회사를 설립한 경우 甲회사 명의의 근저당권이 순차로 작성된 분할계획서에 丁회사를 거쳐 다시 戊회사에 이전될 재산으로 기재되어 있다면, 戊회사는 甲회사 명의의 근저당권에 대하여 자신 명의로의 이전등기를 곧바로 신청할 수 있다.

④ 위 ③의 경우 근저당권이전등기 신청을 1건만 하는 것이므로 등록면허세도 1건에 해당하는 금액만 납부하면 된다.

해설 ① 1. 등기원인이 발생한 후에 등기권리자 또는 등기의무자에 대하여 상속이나 그 밖의 포괄승계가 있는 경우에는 상속인이나 그 밖의 포괄승계인이 (⊕ 상대방과 공동으로)그 등기를 신청할 수 있다(법 제27조)(⊕ 상속등기×, 대위상속등기×).

2. 합병 후 존속하는 회사 또는 합병으로 인하여 설립된 회사는 합병으로 인하여 소멸된 회사의 권리의무를 포괄승계하므로(상법 제530조 제2항 , 제235조), 합병으로 인하여 소멸된 회사가 합병 전에 그 회사명의로 설정받은 근저당권에 관하여는 합병으로 인한 근저당권이전등기를 거치지 아니하고서도 합병 후 존속하는 회사 또는 합병으로 인하여 설립된 회사가 그 권리행사를 할 수 있을 것이다. 다만 그 근저당권등기의 말소등기는 그 등기원인이 합병등기 전에 발생한 것인 때에는 합병으로 인한 근저당권이전등기를 거치지 아니하고서도 합병 후 존속하는 회사 또는 합병으로 인하여 설립된 회사가 합병을 증명하는 서면을 첨부하여 신청할 수 있을 것이나, 그 등기원인이 합병등기후에 발생한 것인 때에는 먼저 합병으로 인한 근저당권이전등기를 거치지 않고서는 신청할 수 없을 것이다(선례 제2-385호).

② 1. 합병 후 존속한 회사 또는 합병으로 인하여 설립된 회사는 합병으로 인하여 소멸된 회사의 권리의무를 (⊕ 포괄)승계한다(상법 제235조).

2. 합병 후 존속하는 회사 또는 합병으로 인하여 설립된 회사는 합병으로 인하여 소멸한 회사의 권리의무를 포괄승계하므로, 乙 회사가 甲 회사를 흡수합병한 후 丙 회사가 乙 회사를 다시 흡수합병한 경우에는 甲 회사로부터 丙 회사 앞으로 바로 근저당권이전등기를 할 수 있다(선례 제1-439호).

③, ④ 1. 단순분할신설회사, 분할승계회사 또는 분할합병신설회사는 분할회사의 권리와 의무를 분할계획서 또는 분할합병계약서에서 정하는 바에 따라 승계한다(상법 제530조의 10).

2. 회사가 분할된 경우 분할에 의하여 설립되는 회사는 분할회사의 권리와 의무를 분할계획서에서 정하는 바에 따라 승계하므로, 회사가 수차 분할된 경우에도 순차로 작성된 각 분할계획서에 근저당권이 분할에 의하여 설립되는 회사에 이전될 재산임이 각각 기재되어 있다면 최초 분할회사로부터 최후 분할에 의하여 설립된 회사로 바로 근저당권이전등기를 신청할 수 있다(선례 제9-309호).

3-1. 을 회사가 갑 회사를 흡수합병하고 다시 병 회사가 을 회사를 흡수합병한 다음 병 회사가 그 일부를 분할하여 정 회사를 설립하고 이어 정 회사가 다시 그 일부를 분할하여 무 회사를 설립한 경우, 갑 회사 명의의 근저당권이 순차로 작성된 분할계획서에 정 회사를 거쳐 다시 무 회사에 이전될 재산으로 기재되어 있다면, 무 회사는 갑 회사 명의의 근저당권에 대하여 자신 명의로의 이전등기를 곧바로 신청할 수 있다.

3-2. 이 경우 근저당권이전등기 신청을 1건만 하는 것이므로 등록면허세도 1건에 해당하는 금액만 납부하면 된다(선례 제201910-3호).

4-1-1. 甲 회사가 乙 회사로 흡수합병된 후 乙 회사가 乙 회사의 일부를 분할하여 丙 회사를 설립한 경우, 분할 전 乙 회사는 존속하므로 「부동산등기규칙」 제42조 제1호의 '법인의 분할로 인하여 분할 전 법인이 소멸하는 경우'에 해당하지 않는다. 따라서 분할계획서에 분할로 인하여 丙 회사로 이전될 재산으로 기재된 甲

정답 ○─ 12 ③   13 ①

회사 명의의 소유권 또는 근저당권의 이전등기는 丙 회사가 등기권리자로서, 분할 전 乙 회사가 등기의무자로서 **공동**으로 신청하여야 한다.

4-1-2. 이 경우 甲 회사, 乙 회사, 丙 회사로의 합병·분할을 증명하는 서면(법인등기사항증명서 등), 분할계획서 및 등기의무자 乙 회사의 인감증명서(소유권이전등기의 경우)가 첨부정보로 제출되어야 하고, 등기필정보는 제출될 필요가 없다.

4-1-3. 또한 甲 회사와 乙 회사 사이의 합병으로 인한 소유권이전등기 또는 근저당권이전등기도 선행될 필요가 없다.

4-2. 분할로 인하여 분할 전 乙 회사가 **소멸**하는 경우에는 丙 회사가 회사분할을 원인으로 하여 **단독**으로 신청할 수 있다(선례 제202102-1호).

14 근저당권의 이전 및 변경등기에 관한 다음 설명 중 가장 옳지 않은 것은?

▸ 2018년 등기주사보

① 확정채권의 일부에 대한 양도로 근저당권의 일부이전등기를 할 때에는 양도액을 기록하여야 한다.

② 근저당권이전등기는 언제나 부기등기로 한다.

③ 채무자 변경으로 인한 근저당권변경등기는 근저당권자가 등기권리자, 근저당권설정자가 등기의무자로서 공동신청하여야 한다.

④ 근저당권의 변경등기는 언제나 부기등기로 한다.

해설 ④ 등기관이 **권리의 변경이나 경정의 등기**(예 전세권변경, 근저당권변경)를 할 때에는 **부기**로 하여야 한다. 다만, **등기상 이해관계 있는 제3자의 승낙이 없는 경우**에는 그러하지 아니하다 (예 **주등기, 부기요건**)(법 제52조 제5호).

① 법 제79조
② 법 제52조 제2호

15 다음 중 가장 옳지 않은 것은?

▸ 2017년 등기주사보

① 근저당권자인 금융기관의 취급지점이 변경된 때에는 등기명의인표시변경등기를 한 후에야 근저당권이전등기를 신청할 수 있다.

② 저당권의 이전등기 시 채권양도가 전제가 되므로 채권양도의 통지를 증명하는 서면 또는 채무자의 승낙서 등을 첨부하여야 한다.

③ 저당권이전의 등기는 언제나 부기등기에 의한다.

④ 채권일부의 양도 또는 대위변제로 저당권의 일부이전등기를 신청할 때에는 양도나 대위변제의 목적인 양도액 또는 변제액을 신청정보의 내용으로 제공하여야 한다.

해설 ② 1) 민법 제481조의 규정에 의하여 채무를 대위변제한 자가 채권자가 가진 채권 및 근저당권을 이전받아 근저당권이전등기를 신청함에 있어서 근저당권설정자가 **물상보증인**이거나 소유자가 **제3취득자**인 경우에도 그의 **승낙서**를 첨부할 필요가 **없다**(선례 제5-446호).

2) 지명채권의 양도는 양도인이 채무자에게 통지하거나 채무자가 승낙하지 아니하면 채무자 기타 제3자에게 대항하지 못하는 것이나, 근저당권이전등기를 신청함에 있어 **피담보채권 양도의 통지서**나 **승낙서를** 신청서에 첨부할 필요는 **없다**(선례 제5-104호).

① 1) 등기관은 **신청정보의 등기의무자의 표시가 등기기록과 일치하지 아니한 경우에** 이유를 적은 결정으로 신청을 **각하하여야** 한다. 다만, 제27조에 따라 포괄승계인이 등기신청을 하는 경우는 제외한다(법 제29조 제7호).

2) 신청서상 등기의무자의 표시와 등기기록상 등기의무자의 표시가 일치하지 아니한 경우에는 본 호에 의하여 각하하여야 한다. 이러한 때에는 과연 진정한 등기의무자의 신청이 있는 것인지 분명하지 않기 때문이다. 등기의무자의 표시가 등기기록과 일치하지 않는 경우란 신청서에 기재된 등기의무자의 **성명·명칭, 주소·사무소소재지,** 주민등록번호 등(법인의 취급지점, 법인 아닌 사단의 대표자 등)이 등기기록과 일치하지 않는 것을 말한다. 따라서 종전의 등기 후에 등기의무자의 표시가 변경되었거나 기존 등기에 착오 또는 누락이 있는 경우에는 등기명의인표시 변경등기 또는 경정등기를 하여 등기기록의 표시를 변경·경정한 후에 새로운 등기를 하여야 한다(「부동산등기실무1」 p.541).

3) 상사법인이 근저당권자인 경우 근저당권설정등기신청서에 취급지점의 표시가 있는 때에는 등기부에 그 **취급지점을** 기재하게 되므로 **근저당권자인** 상사법인의 **취급지점이** 변경된 때에는 **등기명의인표시변경(취급지점변경)등기를** 한 후(법 제29조 제7호)에야 **채무자변경으로** 인한 **근저당권변경등기신청을** 할 수 있는 것이나(근저당권이전등기신청 시에도 **마찬가지**이다), 근저당권말소등기를 신청할 경우에는 취급지점이 변경된 사실을 증명하는 서면을 첨부하여 취급지점의 변경등기 없이 근저당권말소등기를 신청할 수 있다(선례 제4-468호).

4) 그러나 **소유권** 이외의 권리에 관한 등기(근저당권, 전세권, 가등기 등)의 **말소를** 신청하는 경우에 있어서는 그 등기명의인의 표시에 변경 또는 경정의 사유가 있는 때라도 신청서에 그 변경 또는 경정을 증명하는 서면을 첨부함으로써 **등기명의인의 표시변경** 또는 **경정의** 등기를 **생략할** 수 있을 것이다(예규 제451호).

③ 법 제52조 제2호

④ 법 제79조, 규칙 제137조

---

16 저당권·근저당권의 이전등기 또는 변경등기에 관한 다음 설명 중 가장 옳지 않은 것은?

▸ 2016년 법원사무관

① 채권 일부의 양도나 대위변제로 인한 저당권의 이전등기를 신청하는 경우에는 양도나 대위변제의 목적인 채권액을 신청정보의 내용으로 등기소에 제공하여야 한다.

② 근저당권의 피담보채권이 확정되기 전에 근저당권의 기초가 되는 기본계약상의 채권자 지위가 제3자에게 양도된 경우 그 양도인 및 양수인은 '계약 양도', '계약의 일부 양도' 또는 '계약가입'을 등기원인으로 하여 근저당권이전등기를 신청할 수 있다.

정답 ☞ 14 ④ 15 ② 16 ④

③ 근저당권의 피담보채권이 확정된 후에 제3자가 그 피담보채무를 면책적 또는 중첩적으로 인수하고 근저당권변경등기를 신청하는 경우 등기원인은 '확정채무의 면책적 인수' 또는 '확정채무의 중첩적 인수' 등으로 기록한다.

④ 을구에 근저당권설정등기, 갑구에 체납처분에 의한 압류등기가 순차로 경료된 후에 근저당권의 채권최고액을 증액하는 경우 갑구의 체납처분에 의한 압류등기의 권리자(처분청)는 을구의 근저당권변경등기에 대하여 등기상 이해관계 있는 제3자로 볼 수 없다.

해설 ④ 1) 등기관이 **권리의 변경이나 경정의 등기**(⊞ 전세권변경, 근저당권변경)를 할 때에는 **부기**로 하여야 한다. 다만, **등기상 이해관계 있는 제3자의 승낙이 없는 경우**에는 그러하지 아니하다(⊞ **주등기**)(법 제52조 제5호).

2) 을구에 **근저당권설정등기**, 갑구에 **체납처분에 의한 압류등기**(⊞ 가압류·가처분·경매개시결정등기도 마찬가지)가 순차로 경료된 후에 근저당권의 **채권최고액을 증액**하는 경우, 그 **변경등기**를 부기등기로 실행하게 되면 을구의 근저당권변경등기가 갑구의 체납처분에 의한 압류등기보다 권리의 순위에 있어 우선하게 되므로, 갑구의 **체납처분에 의한 압류등기의 권리자(처분청)**는 을구의 근저당권변경등기에 대하여 **등기상 이해관계 있는 제3자에 해당**한다. 이 경우 갑구의 체납처분에 의한 압류등기의 권리자(처분청)의 **승낙서**나 그에게 대항할 수 있는 재판의 등본이 첨부정보로서 **제공된 경우**에는 을구의 근저당권변경등기를 **부기등기로 실행**할 수 있으나, 그와 같은 첨부정보가 제공되지 않은 경우에는 주등기로 실행하여야 한다. 이는 갑구의 주등기가 민사집행법에 따른 가압류·가처분등기나 경매개시결정등기인 경우에도 동일하다(선례 제201408-2호).

① 법 제79조, 규칙 제137조
② 예규 제1656호, 3-①
③ 예규 제1656호, 4-②

17 근저당권이전 또는 변경등기에 관한 다음 설명 중 가장 옳지 않은 것은?

▶ 2013년 법무사 변경

① 근저당권의 피담보채권이 확정되기 전에 근저당권의 기초가 되는 기본계약상의 채권자 지위가 제3자에게 일부 양도된 경우, 그 양도인 및 양수인은 "계약의 일부 양도"를 등기원인으로 하여 근저당권이전등기를 신청할 수 있다.

② 근저당권의 피담보채권이 확정되기 전에 그 피담보채권이 양도 또는 대위변제된 경우에는 이를 원인으로 하여 근저당권이전등기를 신청할 수 있다.

③ 근저당권의 피담보채권이 확정된 후에 그 피담보채권이 양도 또는 대위변제된 경우에는 근저당권자 및 그 채권양수인 또는 대위변제자는 채권양도에 의한 저당권이전등기에 준하여 근저당권이전등기를 신청할 수 있다.

④ 근저당권의 피담보채권이 확정된 후에 제3자가 그 피담보채무를 면책적 또는 중첩적으로 인수한 경우에는 채무인수로 인한 저당권변경등기에 준하여 채무자 변경의 근저당권변경등기를 신청할 수 있다.

⑤ 근저당권의 채무자가 사망한 후 공동상속인 중 1인만이 채무자가 되려는 경우에는 근저당권자 및 근저당권설정자 또는 소유자가 근저당권변경계약정보를 첨부하여 채무자 변경의 근저당권변경등기를 공동으로 신청할 수 있다.

> **해설** ② 근저당권의 피담보채권이 확정되기 전에 그 피담보**채권**이 양도 또는 대위변제된 경우에는 이를 원인으로 하여 근저당권이전등기를 신청할 수는 **없**다(예규 제1656호, 3-①-3).

① 예규 제1656호, 3-①
③ 예규 제1656호, 3-②
④ 예규 제1656호, 4-②
⑤ 예규 제1656호, 5

18 근저당권변경등기에 관한 다음 설명 중 가장 옳지 않은 것은?　　▶ 2019년 등기서기보

① 근저당권변경등기에 등기상 이해관계인이 존재하는데도 그의 승낙을 증명하는 정보 또는 그에 대항할 수 있는 재판이 있음을 증명하는 정보를 첨부하지 못한 경우에는 주등기로 변경등기를 한다.

② 채권최고액을 감액하는 근저당권변경등기는 근저당권설정자가 등기의무자가 되고 근저당권자가 등기권리자가 되어 공동으로 신청하여야 한다.

③ 채무자의 표시변경을 원인으로 근저당권변경등기를 신청하는 경우에는 등기의무자의 인감증명이나 등기필증(등기필정보)을 첨부할 필요가 없다.

④ 채무자를 변경하는 근저당권변경등기의 경우에는 후순위 근저당권자의 동의 없이 변경등기를 신청할 수 있다.

> **해설** ② 근저당권의 변경등기도 일반적인 경우와 같이 근저당권자와 근저당권설정자가 공동으로 신청하여야 한다. 근저당권자가 여러 명인 경우에는 전원이 신청하여야 한다. **채권최고액을 변경**하는 근저당권변경등기는 **증액**의 경우에는 근저당권설정자가 등기의무자, **근저당권자가 등기권리자**가 된다. 감액의 경우에는 반대이다(『부동산등기실무Ⅱ』 p.479).

① 법 제52조 제5호
④ (➕ **채무자가 변경**되더라도 후순위 저당권자 등은 등기상 이해관계인이 아니므로) 후순위 저당권자의 동의 없이 근저당권의 채무자의 변경등기를 할 수 있다(➕ 즉 **승낙서도 필요 없**고, **언제나 부기**등기로 실행한다)(선례 제1-437호).

정답 ○ㅓ　17 ②　18 ②

19 저당권변경등기에 관한 다음 설명 중 가장 옳지 않은 것은? ▶ 2015년 법무사

① 채무자변경으로 인한 저당권변경등기신청은 저당권자가 등기권리자, 저당권설정자가 등기의무자로서 공동으로 신청하나, 등기의무자가 소유권취득 당시 등기소로부터 통지받은 등기필정보를 등기소에 제공할 필요가 없다.

② 저당권변경의 등기는 원칙적으로 부기등기에 의하지만 등기상의 이해관계인이 있는 경우에 그의 승낙서 또는 대항할 수 있는 재판 등본의 제공이 없는 때에는 주등기에 의한다.

③ 甲 소유 부동산에 저당권설정등기를 하고 乙에게 지분이전을 한 경우에 저당권을 甲 지분에만 존속하게 하기 위해서는 乙 지분에 대한 저당권을 포기하면 되고 그 변경등기는 부기등기로 하여야 한다.

④ 공동저당권이 설정된 후에 그 담보 부동산의 일부를 취득한 제3자가 그 취득한 일부 부동산에 대한 피담보채무만을 인수하여 그 채무인수를 원인으로 하여 채무자를 변경하기 위한 저당권변경등기는 공동저당관계가 존속하는 한 할 수 없다.

⑤ 저당권변경등기를 신청할 때 동순위의 다른 담보권자는 등기상 이해관계 있는 제3자에 해당한다.

해설 ① 1) 근저당권의 확정 전후를 불문하고 **채무자변경**을 원인으로 한 근저당권변경등기는 근저당권자(등기권리자)와 근저당권설정자 또는 제3취득자(등기의무자)가 공동으로 신청하여야 한다. 채무자는 등기신청권이 없고 채무자의 동의를 얻어야 하는 것도 아니다. **등기의무자(근저당권설정자)가 소유자**인 경우 그의 **인감증명**과 **등기필정보**를 제공하여야 하지만, 등기의무자(근저당권설정자)가 **지상권자**나 **전세권자**인 경우에는 인감증명은 제공할 필요가 없고 **등기필정보만** 제공하면 된다(「부동산등기실무Ⅱ」 p.483).

2) **채무자 표시변경**을 원인으로 근저당권 변경등기를 신청하는 경우 그 실질은 등기명의인이 단독으로 등기명의인 표시변경등기를 신청하는 경우와 다를 바가 없기 때문에 등기의무자의 **인감증명**을 첨부할 필요가 없고, 또한 권리에 관한 등기가 아닌 표시변경등기에 불과하므로 **등기필증(등기필정보)**도 첨부할 필요가 **없다**(❖ 다만 등기신청은 권리의 내용인 채무자의 표시가 바뀌는 것이기 때문에 근저당권설정자와 근저당권자가 함께 공동으로 근저당권변경등기를 신청하여야 한다)(선례 제9-406호).

② 법 제52조 제5호

③ "갑"과 "을"이 공유하는 부동산에 저당권을 설정한 경우 또는 "갑"이 단독으로 소유하는 부동산에 저당권을 설정한 후 "을"에게 일부 지분을 이전한 경우에 "을" 지분에 관하여 저당권 포기를 원인으로 저당권이 "을" 지분에 대하여는 소멸하고 "갑" 지분에 대하여는 존속하게 되는 때에는 등기원인을 지분포기, 저당권의 목적을 "갑"과 "을" 지분에서 "갑" 지분으로 변경하는 방법에 의하여 부기등기로 기록하여야 한다(예규 제1580호).

④ 공동저당은 수개의 부동산 위에 동일한 채권을 담보하기 위한 저당권을 설정한 경우에 성립하게 되는데, 동일한 채권을 담보한다는 의미는 **채권자와 채무자**, 채권의 발생원인, **채권액 등이 동일한** 것을 의미하고, 또한 공동저당을 이루는 각 부동산에 대한 복수의 저당권은 그 **불가분성**에 의하여 서로 **연대관계**를 형성하고 있기 때문에, 공동저당권이 설정된 후에 그 담보 부동산의 일부를 취득한 제3자가 그 **취득한 일부 부동산에 대한 피담보채무만을 인수**하고

그 채무인수를 원인으로 하여 **채무자를 변경**하기 위한 저당권변경등기는 공동저당관계가 존속되는 한 이를 할 수 **없다**(선례 제5-450호).

20 근저당권의 말소등기에 관한 다음 설명 중 가장 옳지 않은 것은? ▸ 2018년 등기주사보

① 근저당권이전등기가 된 근저당권의 피담보채권이 소멸하여 그 등기를 말소하는 경우에 말소등기신청의 등기의무자는 근저당권의 현재 명의인인 근저당권의 양수인이다.

② 근저당권설정등기 후에 소유권이 제3자에게 이전된 경우에는 현재 소유권의 등기명의인만이 근저당권의 말소등기신청에 있어서의 등기권리자이다.

③ 근저당권을 이전받은 근저당권자가 근저당권등기의 말소를 신청하는 경우에 제공하여야 할 등기필정보는 근저당권이전등기를 마친 후 통지받은 것이어야 한다.

④ 甲 법인과 乙 법인을 합병하여 丙 법인을 신설한 경우에 말소 원인이 합병 등기 후에 발생하였으면 먼저 합병으로 인한 근저당권이전등기를 거친 후 말소등기를 신청하여야 한다.

해설 ② 근저당권설정등기의 말소등기를 함에 있어 근저당권 설정 후 **소유권이 제3자에게 이전**된 경우에는 **근저당권설정자(⇨ 종전 소유자)** 또는 **제3취득자(⇨ 현재 소유자)**가 근저당권자와 공동으로 그 말소등기를 신청할 수 있다(예규 제1656호, 6-①).

①, ③ 예규 제1656호, 6

④ 1) **등기원인이 발생한 후에 등기권리자** 또는 **등기의무자**에 대하여 상속이나 그 밖의 **포괄승계**가 있는 경우에는 상속인이나 그 밖의 포괄승계인이 (⇨ 상대방과 공동으로) 그 등기를 신청할 수 있다(법 제27조)(⇨ **상속등기×, 대위상속등기×**).

2) 합병 후 존속하는 회사가 합병으로 인하여 소멸한 회사 명의로 있는 근저당권등기의 말소신청을 하는 경우에 있어서는 그 등기원인이 합병등기 전에 발생한 것인 때에는 **합병으로 인한 근저당권이전등기를 생략**하고 합병을 증명하는 서면을 제출하면 될 것이나, 그 등기원인이 합병등기 후에 발생한 것인 때에는 그 전제로서 회사합병으로 인한 **근저당권이전등기를** (⇨ **먼저**)하여야 할 것이다(예규 제458호).

21 근저당권설정등기의 말소등기에 관한 다음 설명 중 가장 옳지 않은 것은?

▸ 2017년 법무사

① 수산업협동조합중앙회로부터 회사분할을 원인으로 근저당권을 이전받은 수협은행은 근저당권이전등기 절차를 거치지 않고 수협은행 자신의 명의로 위 근저당권의 말소등 기를 신청할 수 있다.

② 합병으로 인하여 소멸된 회사가 합병 전에 그 회사 명의로 설정받은 근저당권의 말소 등기는 그 등기원인이 합병등기 전에 발생한 것인 때에는 근저당권이전등기를 거치지 아니하고도 신청할 수 있다.

③ 근저당권이 이전된 후 근저당권설정등기의 말소등기를 신청하는 경우에는 근저당권의 양수인이 근저당권설정자(소유권이 제3자에게 이전된 경우에는 제3취득자)와 공동으 로 그 말소등기를 신청할 수 있다.

④ 근저당권 설정 후 소유권이 제3자에게 이전된 경우에는 그 제3취득자가 근저당권자와 공동으로 그 말소등기를 신청할 수 있을 뿐 근저당권설정자는 신청할 수 없다.

⑤ 소유자가 근저당권자의 소재불명으로 인하여 공동으로 근저당권설정등기의 말소등기 를 신청할 수 없을 때에는 민사소송법에 따라 공시최고를 신청할 수 있고, 이 경우 제 권판결이 있으면 소유자가 그 사실을 증명하여 단독으로 근저당권설정등기의 말소등기 를 신청할 수 있다.

해설 ④ 근저당권설정등기의 말소등기를 함에 있어 근저당권 설정 후 **소유권이 제3자에게 이전된** 경 우에는 **근저당권설정자(① 종전 소유자)** 또는 **제3취득자(① 현재 소유자)**가 근저당권자와 공 동으로 그 말소등기를 신청할 수 있다(예규 제1656호, 6-①).

① 「수산업협동조합법」(법률 제14242호, 2016.12.1. 시행) 부칙 제14조 제2항은 "이 법 시행 당시 중앙회의 재산 중 수협은행에 이관되는 재산에 관한 등기부와 그 밖의 공부에 표시된 중앙회의 명의는 각각 해당 자산을 이관 받은 **수협은행의 명의로 본다**"라고 규정하고 있으므 로, 수산업협동조합중앙회로부터 회사분할을 원인으로 근저당권을 이전 받은 수협은행은 **근 저당권이전등기절차를 거치지 않고** 수협은행 자신의 명의로 위 근저당권의 말소 또는 변경 등기를 신청할 수 있다(선례 제201612-1호).

③ 예규 제1656호, 6-①

⑤ 등기권리자가 **등기의무자의 소재불명**으로 인하여 공동으로 **등기의 말소**를 신청할 수 없을 때에는 「민사소송법」에 따라 **공시최고**를 신청할 수 있다. 이 경우에 **제권판결**이 있으면 **등기권리자**가 그 사실을 증명하여 **단독으로** 등기의 **말소**를 신청할 수 있다(법 제56조).

22 근저당권말소등기에 관한 다음 설명 중 가장 옳지 않은 것은?　　▸ 2016년 등기서기보

① 근저당권설정 후 소유권이 제3자에게 이전된 경우에는 근저당권설정자 또는 제3취득자가 근저당권자와 공동으로 그 말소등기를 신청할 수 있다.

② 근저당권은 피담보채권의 소멸에 의하여 당연히 소멸하므로 근저당권설정계약의 기초가 되는 기본적인 법률관계가 아직 존속하더라도 근저당채무가 소멸하였음을 이유로 근저당권설정등기의 말소등기를 신청할 수 있다.

③ 근저당권의 말소를 신청하는 경우에 그 말소에 대하여 등기상 이해관계 있는 제3자가 있을 때에는 제3자의 승낙이 있어야 한다.

④ 근저당권이 이전된 후 근저당권설정등기의 말소등기를 신청하는 경우에는 근저당권의 양수인이 등기의무자로서 등기권리자와 공동으로 그 말소등기를 신청할 수 있다.

> **해설** ② 근저당권은 피담보채권의 소멸에 의하여 당연히 소멸하는 것은 아니고(⚖ 부종성 완화) 근저당권설정계약의 기초가 되는 기본적인 법률관계가 종료될 때까지 계속 존속하므로, 근저당권설정등기의 말소등기를 신청할 때에는 등기원인을 증명하는 정보로서 근저당권이 소멸하였음을 증명하는 근저당권 해지증서 등을 제공하여야 하며, 단지 피담보채권이 소멸하였음을 증명하는 대출완납확인서 등을 제공할 수는 없다(선례 제201906-7호).

> ① 예규 제1656호, 6-①
> ③ 등기의 말소를 신청하는 경우에 그 말소에 대하여 등기상 이해관계 있는 제3자가 있을 때에는 제3자의 승낙이 있어야 한다. 등기를 말소할 때에는 등기상 이해관계 있는 제3자 명의의 등기는 등기관이 직권으로 말소한다(법 제57조).
> ④ 예규 제1656호, 6-②

정답 ┝ 21 ④　22 ②

02 특수

가. 공동저당

🔒 관련 조문

법 제78조[공동저당의 등기]
① 등기관이 **동일한 채권**에 관하여 **여러 개의 부동산**에 관한 권리를 목적으로 하는 **저당권설정**의 등기를 할 때에는 각 부동산의 등기기록에 그 부동산에 관한 권리가 다른 부동산에 관한 권리와 함께 저당권의 목적으로 제공된 뜻을 기록하여야 한다.
② 등기관은 제1항의 경우에 부동산이 5개 이상일 때에는 **공동담보목록**을 작성하여야 한다.
③ 제2항의 공동담보목록은 **등기기록**의 **일부**로 본다.
④ 등기관이 **1개 또는 여러 개의 부동산**에 관한 권리를 목적으로 하는 **저당권설정**의 등기를 한 **후** 동일한 채권에 대하여 다른 1개 또는 여러 개의 부동산에 관한 권리를 목적으로 하는 (⊞ **추가적**) 저당권설정의 등기를 할 때에는 그 등기와 종전의 등기에 각 부동산에 관한 권리가 함께 저당권의 목적으로 제공된 뜻을 기록하여야 한다. 이 경우 제2항 및 제3항을 준용한다.
⑤ 제4항의 경우 종전에 등기한 부동산이 다른 등기소의 관할에 속할 때에는 제71조 제2항 및 제3항을 준용한다.

규칙 제133조[공동담보]
① 여러 개의 부동산에 관한 권리를 목적으로 하는 **저당권설정**의 등기를 신청하는 경우에는 각 부동산에 관한 권리의 표시를 신청정보의 내용으로 등기소에 제공하여야 한다.
② 법 제78조 제2항의 공동담보목록은 전자적으로 작성하여야 하며, 1년마다 그 번호를 새로 부여하여야 한다.
③ 공동담보목록에는 신청정보의 접수연월일과 접수번호를 기록하여야 한다.

규칙 제134조[추가공동담보]
1개 또는 여러 개의 부동산에 관한 권리를 목적으로 하는 **저당권설정**의 등기를 한 **후** 같은 채권에 대하여 다른 1개 또는 여러 개의 부동산에 관한 권리를 목적으로 하는 (⊞ **추가적**) 저당권설정의 등기를 신청하는 경우에는 **종전의 등기를 표시하는 사항**으로서 공동담보목록의 번호 또는 부동산의 소재지번(건물에 번호가 있는 경우에는 그 번호도 포함한다)을 신청정보의 내용으로 등기소에 제공하여야 한다.

규칙 제135조[공동담보라는 뜻의 기록]
① 법 제78조 제1항에 따른 공동담보라는 뜻의 기록은 각 부동산의 등기기록 중 해당 등기의 끝부분에 하여야 한다.
② 법 제78조 제2항의 경우에는 각 부동산의 등기기록에 공동담보목록의 번호를 기록한다.
③ 법 제78조 제4항의 경우 공동담보 목적으로 새로 추가되는 부동산의 등기기록에는 그 등기의 끝부분에 공동담보라는 뜻을 기록하고 종전에 등기한 부동산의 등기기록에는 해당 등기에 부기등기로 그 뜻을 기록하여야 한다.

법 제80조(공동저당의 대위등기)

① 등기관이 「민법」 제368조 제2항 후단의 대위등기를 할 때에는 제48조에서 규정한 사항 외에 **다음 각 호의 사항을 기록하여야 한다.**

    필 ┌ 1. **매각 부동산**(소유권 외의 권리가 저당권의 목적일 때에는 그 권리를 말한다)
       ├ 2. **매각대금**
       └ 3. **선순위 저당권자가 변제받은 금액**

② 제1항의 등기에는 제75조를 준용한다.

규칙 제138조(공동저당 대위등기의 신청)

공동저당 대위등기를 신청하는 경우에는 **법 제80조의 등기사항**을 신청정보의 내용으로 등기소에 제공하고, **배당표 정보**를 첨부정보로서 등기소에 제공하여야 한다.

🔖 관련 예규

공동저당 대위등기에 관한 업무처리지침[예규 제1407호]

제1조(목적)

이 예규는 부동산등기법(이하 "법"이라 한다) 제80조 및 부동산등기규칙(이하 "규칙"이라 한다) 제138조에 따른 공동저당의 대위등기에 관한 사항을 규정함을 목적으로 한다.

제2조(신청인)

공동저당 대위등기는 **선순위저당권자**가 등기의무자로 되고 **대위자(차순위저당권자)**가 등기권리자로 되어 공동으로 신청하여야 한다.

제3조(신청정보)

① 공동저당의 대위등기를 신청할 때에는 규칙 제43조에서 정한 일반적인 신청정보 외에 **매각부동산, 매각대금, 선순위저당권자가 변제받은 금액** 및 매각 부동산 위에 존재하는 **차순위저당권자의 피담보채권에 관한 사항**을 신청정보의 내용으로 등기소에 제공하여야 한다.

② 등기의 목적은 **"○번 저당권 대위"**로, 등기원인은 **"「민법」 제368조 제2항에 의한 대위"**로, 그 연월일은 **"선순위저당권자에 대한 경매대가의 배당기일"**로 표시한다.

제4조(첨부정보)

공동저당의 대위등기를 신청하는 경우에는 규칙 제46조에서 정한 일반적인 첨부정보 외에 집행법원에서 작성한 **배당표 정보**를 첨부정보로서 등기소에 제공하여야 한다.

제5조(등록면허세 등)

① 공동저당의 대위등기를 신청할 때에는 매 1건당 3천 원에 해당하는 **등록면허세**를 납부하고, 매 부동산별로 3천 원에 해당하는 **등기신청수수료**를 납부하여야 한다.

② 공동저당의 대위등기를 신청하는 경우에는 **국민주택채권**을 매입하지 **아니**한다.

제6조(등기실행절차)
① 공동저당 대위등기는 대위등기의 목적이 된 저당권등기에 **부기등기**로 한다.
② 등기관이 공동저당 대위등기를 할 때에는 법 제48조의 일반적인 등기사항 외에 매각부동산 위에 존재하는 **차순위저당권자의 피담보채권에 관한 내용**과 **매각부동산, 매각대금, 선순위 저당권자가 변제받은 금액**을 기록하여야 한다.

---

01 공동(근)저당의 등기에 관한 다음 설명 중 가장 옳지 않은 것은? ▸ 2023년 법무사

① 임차권이 대지권인 경우에 임차권은 저당권의 목적으로 할 수 없는 권리이므로 건물소유권과 대지권(토지임차권)을 공동저당의 목적으로 할 수 없다.

② 채권자는 동일한 채권의 담보로 甲 부동산에 관한 소유권과 乙 부동산에 관한 지상권에 대하여 공동근저당권설정등기를 신청할 수 있으며, 이때 甲 부동산의 소유자와 乙 부동산의 지상권자는 동일인이어야 한다.

③ 공동저당권이 설정된 후에 그 담보 부동산의 일부를 취득한 제3자가 그 취득한 일부 부동산에 대한 피담보채무만을 인수하고 그 채무인수를 원인으로 하여 채무자를 변경하기 위한 저당권변경등기는 공동저당관계가 존속되는 한 이를 할 수 없다.

④ 집합건물의 대지에 관하여 이미 저당권이 설정되어 있는 상태에서 대지권의 등기를 하고, 그와 아울러 또는 그 후에 구분건물에 관하여 동일채권의 담보를 위한 저당권을 추가설정하려는 경우에는, 구분건물과 대지권을 일체로 하여 그에 관한 추가저당권설정등기의 신청을 할 수 있다.

⑤ 공동저당 대위등기는 선순위저당권자가 등기의무자로 되고 대위자(차순위저당권자)가 등기권리자로 되어 공동으로 신청하여야 하며, 이 경우 일반적인 첨부정보 외에 집행법원에서 작성한 배당표 정보를 첨부정보로 제공하여야 한다.

> **해설** ② 채권자는 동일한 채권의 담보로 갑 부동산에 관한 **소유권**과 을 부동산에 관한 **지상권**에 대하여 **공동근저당권설정등기**를 신청할 수 있으며, 이때 갑 부동산의 소유자와 을 부동산의 지상권자가 반드시 동일할 필요는 없다(선례 제201009-4호).
>
> ① 임차권이 대지권인 경우에 **임차권**은 저당권의 목적으로 할 수 없는 권리이므로 **건물 소유권**과 **대지권(토지임차권)을 공동저당**의 목적으로 할 수 **없고**, 대지권을 제외한 **건물만**에 관하여 **저당권**이 설정되어야 하며, 이 경우 건물만의 취지의 부기등기를 (🏢 직권으로)하여야 한다(선례 제201604-1호).
>
> ③ 공동저당은 수개의 부동산 위에 동일한 채권을 담보하기 위한 저당권을 설정한 경우에 성립하게 되는데, 동일한 채권을 담보한다는 의미는 **채권자와 채무자**, 채권의 발생원인, **채권액** 등이 동일한 것을 의미하고, 또한 공동저당을 이루는 각 부동산에 대한 복수의 저당권은 그 **불가분성**에 의하여 서로 **연대관계**를 형성하고 있기 때문에, 공동저당권이 설정된 후에 그 담보 부동산의 일부를 취득한 제3자가 그 **취득한 일부 부동산에 대한 피담보채무만을 인수**하고 그 채무인수를 원인으로 하여 **채무자를 변경**하기 위한 저당권변경등기는 **공동저당관계가 존속되는 한** 이를 할 수 **없다**(선례 제5-450호).

④ 대지에 관하여 **이미 저당권이 설정**되어 있는 상태에서 **대지권의 등기**를 하고, 그와 아울러 또는 그 후에 구분건물에 관하여 동일채권의 담보를 위한 저당권을 추가설정하려는 경우에는, **구분건물과 대지권을 일체로** 하여 그에 관한 **추가저당권설정등기의 신청**을 할 수 있다(예규 제1470호, 4-나-(1)).

⑤ 1. 공동저당 대위등기는 **선순위저당권자**가 등기의무자로 되고 **대위자(차순위저당권자)**가 등기권리자로 되어 **공동**으로 신청하여야 한다(예규 제1407호, 2).

　　2. 공동저당의 대위등기를 신청하는 경우에는 규칙 제46조에서 정한 일반적인 첨부정보 외에 집행법원에서 작성한 **배당표 정보**를 첨부정보로서 등기소에 제공하여야 한다(예규 제1407호, 4).

02 **공동저당에 관한 다음 설명 중 가장 옳지 않은 것은?**　　　▶ 2022년 등기서기보

① 등기관이 동일한 채권에 관하여 5개 이상의 부동산에 관한 권리를 목적으로 하는 저당권설정의 등기를 할 때에는 공동담보목록을 작성하여야 한다.

② 등기관이 1개 또는 여러 개의 부동산에 관한 권리를 목적으로 하는 저당권설정의 등기를 한 후 동일한 채권에 대하여 다른 1개 또는 여러 개의 부동산에 관한 권리를 목적으로 하는 저당권설정의 등기를 할 때에는 그 등기와 종전의 등기에 각 부동산에 관한 권리가 함께 저당권의 목적으로 제공된 뜻을 기록하여야 한다.

③ 관할이 서로 다른 수 개의 부동산에 관하여 공동근저당권 등기가 마쳐진 후에 공동담보인 부동산에 변경사항이 있으면 그 변경등기신청을 접수하여 처리한 등기소에서 타 관할 등기소에 그 내용을 통지하여야 하며, 통지받은 등기소는 이에 따라 변경등기를 실행한다.

④ 5개의 구분건물을 공동담보로 하여 채권최고액 5억원으로 설정된 근저당권을 각 건물별로 채권최고액 1억원으로 하는 근저당권변경등기를 신청할 수 있다.

해설 ④ 1. 동일한 피담보채권을 담보하기 위하여 수 개의 부동산에 공동근저당권을 설정한 경우에 공동근저당권의 채권최고액을 각 부동산별로 분할하여 각 별개의 근저당권등기가 되도록 함으로써 각 부동산 사이의 공동담보관계를 해소하는 내용의 근저당권변경등기는 현행 등기법제상 인정되지 아니하는바, **구분건물 100세대를 공동담보로 하여 설정된 근저당권의 채권최고액 5,200,000,000원을 각 구분건물별로 52,000,000원으로 분할하여 별개의 근저당권등기가 되도록** 하는 내용의 **근저당권변경등기를 신청할 수는 없다**(선례 제200412-2호).

　　2. 마찬가지로 10개의 구분건물을 공동담보로 하여 채권최고액 10억원으로 설정된 근저당권을 각 건물 별로 채권최고액 1억원으로 하는 근저당권변경등기를 할 수 없다. 공동담보에서 제외하고자 하는 구분건물에 대하여 일부포기를 원인으로 근저당권말소등기를 한 후 다시 근저당권설정등기를 할 수 밖에 없다.

① 등기관이 **동일한 채권**에 관하여 **여러 개의 부동산**에 관한 권리를 목적으로 하는 **저당권설정**의 등기를 할 때에는 각 부동산의 등기기록에 그 부동산에 관한 권리가 다른 부동산에 관한

권리와 함께 저당권의 목적으로 제공된 뜻을 기록하여야 한다(법 제78조 제1항). 이 경우에 **부동산이 5개 이상일 때에는 공동담보목록을** 작성하여야 한다(동조 제2항). 공동담보목록은 **등기기록의 일부로** 본다(동조 제3항).

② 등기관이 1개 또는 여러 개의 부동산에 관한 권리를 목적으로 하는 **저당권설정의 등기를 한 후** 동일한 채권에 대하여 다른 1개 또는 여러 개의 부동산에 관한 권리를 목적으로 하는 (⊕ 추가적) 저당권설정의 등기를 할 때에는 그 등기와 종전의 등기에 각 부동산에 관한 권리가 **함께 저당권의 목적으로 제공된 뜻을 기록**하여야 한다. 이 경우 **제2항** 및 **제3항을 준용**한다 (법 제78조 제1항, 제2항, 제4항).

③ 관할이 서로 다른 수 개의 부동산에 관하여 공동근저당권 등기가 마쳐진 후에 공동담보인 부동산에 변경사항이 있으면 그 변경등기신청을 접수하여 처리한 등기소에서 타관할 등기소에 그 내용을 통지하여야 하며, 통지받은 등기소는 이에 따라 변경등기를 실행한다(법 제78조 제5항, 제71조 제2항, 제3항).

03 공동근저당에 관한 등기와 관련한 다음 설명 중 가장 옳지 않은 것은? ▶ 2018년 법무사

① 토지와 공장건물의 소유자는 상이하고 공장건물의 소유자와 공장에 속하는 기계·기구의 소유자가 동일할 경우에는 공장건물만을 공장 및 광업재단 저당법 제6조에 의한 근저당으로 하고 토지에 대하여는 보통근저당으로 하여 공동담보로 근저당설정등기를 신청할 수 있다.

② 채권자는 동일한 채권의 담보로 甲 부동산에 관한 소유권과 乙 부동산에 관한 지상권에 대하여 공동근저당권설정등기를 신청할 수 있는데, 이때에는 甲 부동산의 소유자와 乙 부동산의 지상권자가 동일하여야 한다.

③ 이른바 창설적 공동근저당권설정등기에 있어서 각 근저당권설정자가 다른 경우에도 일괄신청이 가능하다.

④ 추가적 근저당권설정등기신청을 하는 경우에 신청서에 기재된 채무자의 주소와 종전의 근저당권설정등기에 기록되어 있는 채무자의 주소가 다른 경우에는 먼저 종전 근저당권설정등기의 채무자 주소를 변경하는 근저당권변경등기를 선행하여야 한다.

⑤ 추가적 근저당권설정등기신청을 하는 경우에 종전 부동산에 설정된 근저당권등기에 관한 등기필정보나 종전 부동산의 등기필정보를 제공할 필요는 없다.

해설 ② 채권자는 동일한 채권의 담보로 갑 부동산에 관한 **소유권**과 을 부동산에 관한 **지상권**에 대하여 **공동근저당권설정등기**를 신청할 수 있으며, 이때 갑 부동산의 **소유자**와 을 부동산의 **지상권자**가 반드시 **동일할 필요는 없**다(선례 제201009-4호).

① 토지와 공장건물의 소유자는 상이하고 공장건물의 소유자와 공장에 속하는 기계기구의 소유자가 동일할 경우에는 공장건물만을 **공장저당법** 제7조에 의한 근저당으로 하고 **토지에** 대하여는 **보통 근저당**으로 하여 **공동담보로** 근저당설정등기를 신청할 수 있다(선례 제8-269호).

③ 법 제25조 단서에 따라 같은 채권의 담보를 위하여 **소유자가 다른 여러 개의 부동산**에 대한 (⊕ 공동)저당권설정등기를 신청하는 경우는 1건의 신청정보로 **일괄**하여 신청하거나 **촉탁**할 수 있다(규칙 제47조).

④ 1) 공동근저당이 성립하기 위해서는 설정행위에서 정한 **기본계약이 동일**(🌐 **채권자·채무자 ·채권발생원인 등/근저당권 설정자×**)하여야 한다.

　 2) 따라서 추가근저당권설정등기신청을 하는 경우 신청서에 기재된 채무자의 주소와 종전의 근저당권설정등기에 기록되어 있는 채무자의 주소가 다른 경우에는 **먼저 종전 근저당권설 정등기의 채무자 주소를 변경하는 근저당권변경등기를 선행**하여야 한다.

　 3) 다만, 추가되는 부동산과 종전 부동산의 근저당권설정자(소유자)는 동일할 필요가 없으므 로, 설령 추가되는 부동산과 종전 부동산의 근저당권설정자의 주소가 다르다고 하더라도 **종전 부동산의 근저당권설정자의 등기명의인표시변경등기를 선행**하여야 하는 것은 **아니 다**(선례 제201201-1호).

⑤ 1) 추가 근저당권설정등기 시에는 종전 부동산에 설정된 저당권등기에 관한 등기필정보나 종전 부동산의 (🌐 소유권 등) 등기필정보를 제공할 필요는 없다(🌐 **추가되는 부동산의 권리에 대한 등기필정보만** 제공하면 된다)(「부동산등기실무Ⅱ」 p.499).

　 2) 따라서 토지(공장용지)에 대하여 근저당설정등기가 경료되고 동일채권의 담보를 위하여 **건물에 대한 추가설정계약**에 의하여 추가근저당권설정등기를 신청할 경우 신청서에 첨부 하여야 할 등기필증으로써는 **건물소유권에 관한 등기필증만** 제출하면 되고, 그 후 공장저 당법 제7조 규정에 의하여 기계기구목록추가로 인한 근저당권변경등기를 신청할 경우에 는 신청서에 근저당권설정 및 추가근저당권설정등기필증을 첨부할 필요가 없다(선례 제 3-585호).

04 **공동저당권 등기에 관한 다음 설명 중 가장 옳지 않은 것은?** ▶ 2017년 등기주사보

① 공동담보목록을 작성하는 경우에는 각 부동산의 등기기록에 공동담보목록 번호를 기록 한다.

② 추가저당권설정등기를 신청할 때에는 추가되는 부동산의 소유권에 관한 등기필정보와 전에 등기한 저당권의 등기필정보를 함께 제공하여야 한다.

③ 추가설정하는 부동산과 전에 등기한 부동산이 합하여 5개 이상일 때에는 창설적 공동 저당과 마찬가지로 등기관은 공동담보목록을 작성한다.

④ 구분건물과 그 대지권의 어느 일방에만 설정되어 있는 저당권의 추가담보로써 다른 일 방을 제공하려는 경우에는 구분건물과 대지권을 일체로 하여 추가저당권설정등기를 신 청할 수 있다.

해설 ② 1) 추가 근저당권설정등기시에는 종전 부동산에 설정된 저당권등기에 관한 등기필정보나 종 전 부동산의 (🌐 소유권 등)등기필정보를 제공할 필요는 없다(🌐 **추가되는 부동산**의 권리 에 대한 **등기필정보만** 제공하면 된다)(「부동산등기실무Ⅱ」 p.499).

　　 2) 따라서 토지(공장용지)에 대하여 근저당설정등기가 경료되고 동일채권의 담보를 위하여 **건물에 대한 추가설정계약**에 의하여 추가근저당권설정등기를 신청할 경우 신청서에 첨부 하여야 할 등기필증으로써는 **건물소유권에 관한 등기필증만** 제출하면 되고, 그 후 공장저 당법 제7조 규정에 의하여 기계기구목록추가로 인한 근저당권변경등기를 신청할 경우에

정답 ┅ 03 ②　04 ②

는 신청서에 근저당권설정 및 추가근저당권설정등기필증을 첨부할 필요가 없다(선례 제 3-585호).

① 규칙 제135조
③ 법 제78조 제2항
④ 대지에 관하여 이미 저당권이 설정되어 있는 상태에서 대지권의 등기를 하고, 그와 아울러 또는 그 후에 구분건물에 관하여 동일채권의 담보를 위한 저당권을 추가설정하려는 경우에 는, 구분건물과 대지권을 일체로 하여 그에 관한 추가저당권설정등기의 신청을 할 수 있다(예 규 제1470호, 4-나-(1)).

05 공동저당 또는 공동근저당의 등기에 관한 다음 설명 중 가장 옳지 않은 것은?

▸ 2017년 등기서기보

① 공동저당의 등기는 동일한 채권에 관하여 여러 개의 부동산에 관한 권리를 목적으로 하는 저당권설정의 등기를 말한다.
② 임차권이 대지권인 경우 건물소유권과 대지권(토지 임차권)을 공동저당의 목적으로 할 수 없다.
③ 공동근저당이 성립하기 위해서는 설정행위에서 정한 기본계약이 동일하여야 한다.
④ 공동저당의 대위등기를 신청하는 경우 등기관의 형식적 심사권한상 배당표 정보는 첨 부정보로서 제공할 필요가 없다.

해설 ④ 공동저당의 대위등기를 신청하는 경우에는 규칙 제46조에서 정한 일반적인 첨부정보 외에 집행법원에서 작성한 배당표 정보를 첨부정보로서 등기소에 제공하여야 한다(예규 제1407 호, 4).

① 법 제78조
② 임차권이 대지권인 경우에 임차권은 저당권의 목적으로 할 수 없는 권리이므로 건물소유권 과 대지권(토지임차권)을 공동저당의 목적으로 할 수 없고, 대지권을 제외한 건물만에 관하여 저당권이 설정되어야 하며, 이 경우 건물만의 취지의 부기등기를 (⊕ 직권으로)하여야 한다 (선례 제201604-1호).
③ 공동근저당이 성립하기 위해서는 설정행위에서 정한 기본계약이 동일(⊕ 채권자·채무자· 채권발생원인 등/근저당권설정자×)하여야 한다(선례 제201201-1호).

06 공동저당의 대위등기에 관한 다음 설명 중 가장 옳지 않은 것은? ▸2015년 법무사

① 선순위저당권자가 등기의무자가 되고, 차순위저당권자가 등기권리자가 되어 공동으로 신청하여야 한다.

② 공동저당 대위등기를 신청할 때에는 일반적인 첨부정보 외에 배당표 정보를 첨부정보로서 등기소에 제공하여야 한다.

③ 등기의 목적은 'ㅇ번 저당권 대위'로, 등기원인은 '민법 제368조 제2항에 의한 대위'로, 그 연월일은 '선순위저당권자에 대한 매각대금의 배당기일'로 표시한다.

④ 저당권이전등기에 해당하므로 등기신청수수료를 납부하고 국민주택채권도 매입하여야 한다.

⑤ 공동저당 대위등기는 부기등기의 방법으로 하고 일반적인 등기사항 외에 선순위저당권자가 변제받은 금액, 매각부동산, 매각대금을 기재한다.

해설 ④ 공동저당의 대위등기를 신청할 때에는 **등록면허세**를 납부하고, **등기신청수수료**를 납부하여야 한다. 그러나 **국민주택채권**을 매입하지 **아니**한다(예규 제1407호, 5).

① 예규 제1407호, 2
② 예규 제1407호, 4
③ 예규 제1407호, 3-②
⑤ 예규 제1407호, 6

나. 공장저당

🔖 관련 조문

공장 및 광업재단 저당법 제6조[저당권 목적물의 목록]
① 공장에 속하는 토지나 건물에 대한 저당권설정등기를 신청하려면 그 토지나 건물에 설치된 기계, 기구, 그 밖의 공장의 공용물로서 제3조 및 제4조에 따라 저당권의 목적이 되는 것의 목록을 제출하여야 한다.
② 제1항의 (🔘 기계·기구)목록에 관하여는 제36조, 제42조 및 제43조를 준용한다.

공장 및 광업재단 저당법 제36조[공장재단 목록의 효력]
공장재단의 소유권보존등기가 있는 경우 공장재단 목록은 등기부의 일부로 보고 기록된 내용은 등기된 것으로 본다.

공장 및 광업재단 저당법 제42조[변경등기의 신청]
① 공장재단 목록에 기록한 사항이 변경(🔘 기계·기구의 추가·일부멸실·분리)되면 소유자는 지체 없이 공장재단 목록의 변경등기를 (🔘 단독)신청하여야 한다.
② 제1항에 따라 (🔘 기계·기구의 일부멸실·분리)변경등기를 신청하는 경우에는 저당권자의 동의가 있어야 한다.

🔖 관련 예규

공장저당목록의 제출, 변경 및 보존 등에 관한 등기사무처리지침[예규 제1475호]
제1조(목적)
이 예규는 「공장 및 광업재단 저당법」(이하 "법"이라 한다) 제6조의 규정에 의하여 공장에 속하는 토지나 건물에 대한 저당권설정등기를 신청하기 위해 등기소에 제공하여야 할 첨부정보와 공장저당목록의 변경 및 목록보존 등에 관한 사항을 규정함을 목적으로 한다.

제2조(공장저당등기의 신청)
공장에 속하는 토지나 건물에 설치된 기계, 기구, 그 밖의 공장의 공용물(이하 "기계·기구"라 한다)에 효력을 미치게 하기 위해 그 토지나 건물에 대한 저당권설정등기를 신청하는 경우에는 「부동산등기규칙」 제46조의 일반적인 첨부정보 이외에 다음 각 호의 첨부정보를 제공하여야 한다.
1. 토지나 건물이 법 제2조의 공장에 속한 것임을 증명하는 정보(🔘 실무상 채권자인 저당권자가 작성한 공장증명서를 제출한다)
2. 법 제6조의 규정에 의한 공장소유자의 기계·기구 목록(이하 "목록"이라 한다)(🔘 공용물은 공장소유자의 것이어야 한다)

제3조(목록 변경등기의 신청)
① 종전 목록에 새로운 기계·기구를 추가하는 경우에는 신청인은 새로 추가된 목록에 관한 정보만을 제공하여야 한다.
② 종전 목록에 기록한 기계·기구의 일부가 멸실되거나 또는 기계·기구에 관하여 저당권이 일부 소멸한 경우에는 멸실 또는 분리된 목록에 관한 정보만을 제공하여야 한다.

③ 기계·기구의 <u>일부멸실 또는 분리</u>에 의한 변경등기신청의 경우에는 **저당권자의 동의가 있음을 증명**하는 정보(인감증명정보 첨부) 또는 이에 대항할 수 있는 재판이 있음을 증명하는 정보를 제공하여야 한다.

제4조(목록의 변경등기)

① 등기관은 종전 목록에 <u>새로운 목록추가의 신청</u>이 있는 경우 변경내역표에 신청정보의 접수연월일, 접수번호 및 종전 목록에 추가한다는 뜻을 기록하고, 전산정보처리조직을 이용하여 <u>추가목록을 종전 목록에 결합</u>한다.

② 등기관은 종전 목록에 <u>기계·기구의 분리 또는 일부 멸실의 신청</u>이 있는 경우 변경내역표에 신청정보의 접수연월일, 접수번호 및 종전 목록에서 분리하거나 멸실된 뜻을 기록하고, 전산정보처리조직을 이용하여 <u>분리 또는 멸실목록을 종전 목록에 결합</u>한다.

③ 목록의 변경등기를 함에 있어서는 목록을 <u>전부 폐지</u>하고 <u>일반저당권으로 변경등기를 하는 경우 외</u>에는 을구 사항란에 **부기에 의한 변경등기를 하지 아니한다**(🌐 목록을 **전부 폐지**하여 공장저당권을 일반저당권**으로 변경할 때에만 부기에 의한 등기를 한다**).

제5조(목록의 보존·관리)

① 전자문서로 작성된 목록은 보조기억장치에 저장하여 보존하고, 서면으로 제출된 목록은 전자적 이미지정보로 변환하여 그 정보를 보조기억장치에 저장하여 보존한다.

② 제1항 후단에 따라 전자적 이미지정보로 변환을 마친 목록은 신청서 기타부속서류 편철장으로 조제하여 5년간 이를 보존한다.

③ 종전 규정에 따라 종이형태로 작성된 공장저당목록은 영구보존한다. 다만, 이 예규 시행 전에 공장저당권의 말소 또는 일반저당권으로의 변경등기가 마쳐진 폐쇄목록은 전자적 이미지정보로 변환하여 그 정보를 보존하고, 전자적 이미지정보로 변환이 완료된 종이형태의 폐쇄목록은 30년간 이를 보존한다.

01 공장저당의 등기에 관한 다음 설명 중 가장 옳지 않은 것은?   ▸ 2023년 법무사

① 토지 또는 건물과 기계·기구의 소유자가 동일하지 않은 경우에 공장 및 광업재단 저당법에 따른 공장저당의 목적으로 하기 위해서는 그 목적물인 그 기계·기구의 소유자의 동의서를 첨부하여야 한다.

② 기계·기구의 목록은 등기부의 일부로 보고 그 기록된 내용은 등기된 것으로 본다.

③ 공장저당의 등기를 신청할 때에는 토지 또는 건물이 공장 및 광업재단 저당법의 공장에 속하는 것임을 증명하는 채권자 명의의 정보를 첨부정보로 제공하여야 한다.

④ 기계·기구의 일부 멸실 또는 분리에 의한 변경신청의 경우에는 저당권자의 동의가 있음을 증명하는 정보 또는 이에 대항할 수 있는 재판이 있음을 증명하는 정보를 제공하여야 한다.

정답 ⊶ 01 ①

⑤ 공장저당권의 목적으로 제공된 기계·기구를 전부 새로운 기계·기구로 교체하는 경우에는 목록폐지로 인한 저당권변경등기를 신청하여 공장저당권을 보통저당권으로 변경하고, 새로운 기계·기구에 관해 목록 제출로 인한 저당권변경등기신청을 하여 다시 보통저당권을 공장저당권으로 변경하는 절차를 거쳐야 한다.

해설 ① 공장저당법에 의하여 공장에 속하는 토지나 건물에 대한 저당권설정등기를 할 경우 그 토지나 건물에 설치한 **기계, 기구 기타의 공장 공용물의 소유자**는 그것이 설치된 **토지 또는 건물의 소유자와 동일**하여야 한다(❸ **소유자가 다른 경우에는 소유자의 동의서를 첨부하였다 하더라도** 공장저당권설정등기를 할 수 **없다**)(선례 제2–376호).

② **기계·기구의 목록**은 등기부의 **일부**로 보고 그 **기록된 내용**은 **등기된 것**으로 본다(「공장 및 광업재단 저당법」 제6조 제1항, 제36조).

③ 공장저당등기의 신청에는 **토지**나 **건물**이 공장저당법 제2조의 **공장에 속한 것임을 증명하는 정보**를 제공하여야 한다. 실무상 **채권자인 저당권자가 작성한 공장증명서**를 제출한다(예규 제1475호, 2).

④ (❸ 기계·기구의 **일부멸실·분리**)변경등기를 신청하는 경우에는 **저당권자의 동의**가 있어야 한다. 따라서 기계·기구의 **일부멸실 또는 분리**에 의한 변경등기신청의 경우에는 **저당권자의 동의가 있음을 증명**하는 정보(인감증명정보 첨부) 또는 이에 대항할 수 있는 재판이 있음을 증명하는 정보를 제공하여야 한다(예규 제1475호, 3–③).

⑤ 공장저당법 제7조의 규정에 의한 목록에 기재된 **기계·기구 전부**를 새로이 다른 기계·기구로 **교체**한 경우에는, 종전 목록에 관하여는 공장저당법 제7조 목록폐지로 인한 저당권변경등기를 신청하여 공장저당법에 의한 저당권을 **보통저당권으로 변경**하고, 새로운 기계·기구에 관하여는 공장저당법 제7조 목록 제출로 인한 저당권변경등기신청을 하여 다시 그 보통저당권을 **공장저당법에 의한 저당권으로 변경**하여야 할 것이다(선례 제5–430호).

02 **공장저당권의 등기에 관한 다음 설명 중 가장 옳지 않은 것은?** ▸ 2020년 등기서기보

① 공장 토지(건물)에 대하여 등기된 일반저당권을 「공장 및 광업재단 저당법」 제6조에 의한 목록을 제출하여 공장저당권으로 변경하는 등기를 등기권리자(저당권자)와 등기의무자(저당권설정자)가 공동으로 신청할 때에는 등기의무자(저당권설정자)가 소유자로서 통지받은 등기필정보를 제공하여야 한다.

② 기업들로부터 인터넷서비스 업무를 위탁받아 서버와 네트워크를 제공하고 콘텐츠를 대신 관리해 주는 사업을 하기 위하여 건물에 서버컴퓨터 및 관련시설을 설치하였다면 이를 그 건물과 함께 「공장 및 광업재단 저당법」 제6조의 근저당권의 목적으로 할 수 있다.

③ 공장저당의 목적으로 하기 위해서는 그 목적물인 토지 또는 건물과 기계·기구 그 밖의 공장의 공용물은 동일한 소유자에 속하는 것이어야 한다.

④ 「공장 및 광업재단 저당법」 제6조 목록에 기록된 물건의 일부 멸실 또는 분리에 의한 목록기록의 변경등기신청은 저당권자가 등기의무자가 되고 소유자가 등기권리자가 되어 공동으로 신청하여야 한다.

해설 ④ 공장재단 목록에 기록한 사항이 변경(⊕ 기계·기구의 추가·일부멸실·분리)되면 소유자는 지체 없이 공장재단 **목록의 변경등기를** (⊕ 단독)신청하여야 한다(공장 및 광업재단 저당법 제42조).

① 1) 일반저당권을 공장저당법 제7조에 의한 목록 제출의 저당권으로 변경하기 위하여는 그 **변경계약서와** (⊕ 공장저당)목록을 제출하여 근저당권설정자와 근저당권자가 **공동으로** 저당권변경등기신청을 하여야 한다(선례 제1–443호).

   2) 등기권리자와 등기의무자가 공동으로 권리에 관한 등기를 신청하는 경우에는 「부동산등기법」 제50조 제2항에 따라 등기의무자의 등기필정보를 등기소에 제공하여야 하는 바, 공장 토지(건물)에 대하여 등기된 일반저당권을 「공장 및 광업재단 저당법」 제6조에 의한 목록을 제출하여 공장저당권으로 변경하는 등기는 권리에 관한 등기로서 등기권리자(저당권자)와 등기의무자(저당권설정자)가 공동으로 신청하여야 하므로 그 등기를 신청할 때에는 **등기의무자(저당권설정자)가 소유자로서 통지받은 등기필정보를** 제공하여야 한다(선례 제201804–4호).

② 기업들로부터 인터넷서비스 업무를 위탁받아 서버와 네트워크를 제공하고 콘텐츠를 대신 관리해 주는 사업을 하기 위하여 건물에 **서버컴퓨터 및 관련시설을** 설치하였다면 이를 그 건물과 함께 「공장 및 광업재단저당법」 제6조의 근저당권의 목적으로 할 수 있다(선례 제201111–1호).

③ 공장저당법에 의하여 공장에 속하는 토지나 건물에 대한 저당권설정등기를 할 경우 그 토지나 건물에 설치한 **기계, 기구 기타의 공장 공용물의 소유자는** 그것이 설치된 **토지 또는 건물의 소유자와 동일하여야** 한다(⊕ 소유자가 다른 경우에는 소유자의 동의서를 첨부하였다 하더라도 공장저당권설정등기를 할 수 없다)(선례 제2–376호).

03 공장 및 광업재단 저당법(이하 '공장저당법'이라 함) 제6조에 의한 저당권(이하 '공장저당'이라 함)에 관한 다음 설명 중 가장 옳지 않은 것은? ▶ 2019년 법무사

① 공장저당등기의 신청에는 토지나 건물이 공장저당법 제2조의 공장에 속한 것임을 증명하는 정보를 제공하여야 한다.

② 공장저당등기의 신청에는 공장저당법 제6조의 규정에 의한 기계, 기구, 그 밖의 공장의 공용물의 목록 정보를 제공하여야 하는데, 이 목록에 기재된 기계, 기구, 그 밖의 공장의 공용물은 공장소유자의 것이어야 한다.

③ 공장저당법 제6조에 따라 제출된 목록에 새로운 기계·기구를 추가하는 경우에는 소유자가 목록기재변경등기를 단독으로 신청하여야 한다.

④ 공장저당법 제6조에 따른 목록의 변경이 기계·기구의 일부 멸실 또는 분리로 인한 경우에는 저당권자의 동의가 필요하므로 소유자와 저당권자가 공동으로 목록기재변경등기를 신청한다.

⑤ 공장저당법 제6조에 따른 목록의 변경등기를 함에 있어서는 목록을 전부 폐지하고 일반저당권으로 변경등기를 하는 경우 외에는 을구 사항란에 부기에 의한 변경등기를 하지 아니한다.

정답 ⊷ 02 ④ 03 ④

해설 ④ 1) (🏢 기계·기구의 **일부멸실·분리**)변경등기를 신청하는 경우에는 **저당권자의 동의**가 있어야 한다. 따라서 기계·기구의 **일부멸실** 또는 **분리**에 의한 변경등기신청의 경우에는 **저당권자의 동의가 있음을 증명**하는 정보(인감증명정보 첨부) 또는 이에 대항할 수 있는 재판이 있음을 증명하는 정보를 제공하여야 한다(예규 제1475호, 3–③).

2) 그러나 목록기재변경등기는 반드시 **소유자가 단독**으로 **신청**한다.

① 예규 제1475호, 2–1
② 예규 제1475호, 2–2
③ 공장 및 광업재단 저당법 제42조
⑤ 예규 제1475호, 4–③

04 공장저당권의 등기에 관한 다음 설명 중 가장 옳지 않은 것은? ▸2018년 등기주사보

① 기계·기구의 소유자와 토지 또는 건물의 소유자가 다르다면 공장저당권의 설정등기를 신청할 수 없다.

② 공장저당권의 설정등기를 신청할 때에는 토지 또는 건물이 공장에 속하는 것임을 증명하는 정보로서 채권자가 작성한 공장증명서를 첨부정보로서 제공하여야 한다.

③ 일반저당권을 공장저당권으로 변경하고자 할 때에는 변경계약서와 목록을 제공하여 저당권자가 단독으로 변경등기를 신청할 수 있다.

④ 주유기·석유저장탱크 등의 기계설비가 되어 있는 주유소에 속하는 부동산(토지·건물)에 동 시설상의 기계·기구 등의 목록을 제출하여 공장저당권을 설정할 수 있다.

해설 ③ 일반저당권을 공장저당법 제7조에 의한 목록 제출의 저당권으로 변경하기 위하여는 **그 변경계약서**와 (🏢 **공장저당**)목록을 제출하여 근저당권설정자와 근저당권자가 **공동**으로 저당권변경등기신청을 하여야 한다(선례 제1–443호).

① 공장저당법에 의하여 공장에 속하는 토지나 건물에 대한 저당권설정등기를 할 경우 그 토지나 건물에 설치한 **기계, 기구 기타의 공장 공용물의 소유자**는 그것이 설치된 **토지 또는 건물의 소유자와 동일**하여야 한다(🏢 **소유자가 다른 경우**에는 소유자의 동의서를 첨부하였다 하더라도 공장저당권설정등기를 할 수 **없다**)(선례 제2–376호).

② 예규 제1475호, 2

④ 주유소의 주유기 및 유류저장탱크는 그 토지 또는 건물과 함께 공장저당법 제7조에 의한 근저당권의 목적으로 할 수 있으나 위 기계기구의 소유자는 그 토지 또는 건물의 소유자이거나 공유자이어야 한다(선례 제3–6호).

05 공장 및 광업재단 저당법 제6조에 의한 저당권(이하 '공장저당'이라 함)에 관한 다음 설명 중 가장 옳지 않은 것은? ▶ 2017년 법무사

① 공장저당등기의 신청에는 토지나 건물이 위 법 제2조의 공장에 속한 것임을 증명하는 정보를 제공하여야 한다.

② 공장저당등기의 신청에는 위 법 제6조의 규정에 의한 기계, 기구, 그 밖의 공장의 공용물의 목록 정보를 제공하여야 한다.

③ 위 ②의 목록의 기계, 기구, 그 밖의 공장의 공용물은 공장소유자의 것이어야 한다.

④ 종전 목록에 기록한 사항이 변경되면 소유자가 목록기재변경등기를 신청하여야 한다.

⑤ 위 ④의 목록 변경이 기계·기구의 일부 멸실 또는 분리로 인한 경우에는 저당권자가 목록기재변경등기를 신청한다.

해설 ⑤ 1) (註 기계·기구의 **일부멸실·분리**)변경등기를 신청하는 경우에는 **저당권자의 동의**가 있어야 한다. 따라서 기계·기구의 **일부멸실 또는 분리**에 의한 변경등기신청의 경우에는 **저당권자의 동의가 있음을 증명**하는 정보(인감증명정보 첨부) 또는 이에 대항할 수 있는 재판이 있음을 증명하는 정보를 제공하여야 한다(예규 제1475호, 3-③).

2) 그러나 목록기재변경등기는 반드시 **소유자가 단독**으로 신청한다.

①②③ 예규 제1475호, 2
④ 공장 및 광업재단 저당법 제42조

06 공장저당의 등기에 관한 다음 설명 중 가장 옳지 않은 것은? ▶ 2017년 등기주사보

① 토지 또는 건물과 기계·기구의 소유자가 동일하지 않은 경우에 '공장 및 광업재단 저당법'에 따른 공장저당의 목적으로 하기 위해서는 그 목적물인 그 기계·기구의 소유자의 동의서를 첨부하여야 한다.

② 기계·기구의 목록은 등기기록의 일부로 보고 그 기록은 등기로 본다.

③ 공장저당의 등기를 신청할 때에는 토지 또는 건물이 '공장 및 광업재단 저당법'의 공장에 속하는 것임을 증명하는 정보를 첨부정보로 제공하여야 한다.

④ 기계기구의 추가로 인한 목록기록의 변경신청은 소유자가 단독으로 신청한다.

해설 ① 공장저당법에 의하여 공장에 속하는 토지나 건물에 대한 저당권설정등기를 할 경우 그 토지나 건물에 설치한 기계, 기구 기타의 공장 공용물의 소유자는 그것이 설치된 **토지 또는 건물의 소유자와 동일**하여야 한다(註 **소유자가 다른 경우**에는 소유자의 동의서를 첨부하였다 하더라도 공장저당권설정등기를 할 수 없다)(선례 제2-376호).

② 공장 및 광업재단 저당법 제6조, 제36조
③ 예규 제1475호, 2-1
④ 공장 및 광업재단 저당법 제42조

정답 ○━ 04 ③ 05 ⑤ 06 ①

07 공장저당의 등기에 관한 다음 설명 중 가장 옳지 않은 것은? ▸2016년 등기서기보

① 토지 또는 건물과 기계·기구의 소유자가 동일하지 않은 경우에 공장 및 광업재단 저당법에 따른 공장저당의 목적으로 하기 위해서는 그 목적물인 그 기계·기구의 소유자의 동의서를 첨부하여야 한다.

② 기계·기구의 목록은 등기기록의 일부로 보고 그 기록은 등기로 본다.

③ 공장저당의 등기를 신청할 때에는 토지 또는 건물이 공장 및 광업재단 저당법의 공장에 속하는 것임을 증명하는 정보(공장증명서)를 첨부정보로 제공하여야 한다.

④ 공장저당권의 목적으로 제공된 기계·기구를 전부 새로운 기계·기구로 교체하는 경우에는 공장저당권을 보통저당권으로 변경하는 절차를 거쳐야 한다.

> **해설** ① 공장저당법에 의하여 공장에 속하는 토지나 건물에 대한 <u>저당권설정등기</u>를 할 경우 그 토지나 건물에 설치한 **기계, 기구 기타의 공장 공용물의 소유자**는 그것이 설치된 **토지 또는 건물의 소유자와 동일**하여야 한다(❸ **소유자가 다른 경우**에는 소유자의 동의서를 첨부하였다 하더라도 공장저당권설정등기를 할 수 **없다**)(선례 제2-376호).
>
> ② 공장 및 광업재단 저당법 제6조, 제36조
> ③ 예규 제1475호, 2-1
> ④ 공장저당법 제7조의 규정에 의한 목록에 기재된 **기계·기구 전부를** 새로이 다른 기계·기구로 **교체**한 경우에는, 종전 목록에 관하여는 공장저당법 제7조 목록폐지로 인한 저당권변경등기를 신청하여 공장저당법에 의한 저당권을 **보통저당권으로 변경**하고, 새로운 기계·기구에 관하여는 공장저당법 제7조 목록 제출로 인한 저당권변경등기신청을 하여 다시 그 보통저당권을 **공장저당법에 의한 저당권으로 변경**하여야 할 것이다(선례 제5-430호).

08 공장 및 광업재단 저당법 제6조의 저당권등기에 관한 다음 설명 중 가장 옳지 않은 것은? ▸2015년 법원사무관

① 기업들로부터 인터넷서비스 업무를 위탁받아 서버와 네트워크를 제공하고 콘텐츠를 대신 관리해 주는 사업을 하기 위하여 건물에 서버컴퓨터 및 관련시설을 설치하였다면 이를 그 건물과 함께 공장 및 광업재단 저당법 제6조의 근저당권의 목적으로 할 수 있다.

② 공장저당권의 설정등기를 하기 위해서는 부동산과 기계·기구의 소유자가 동일하여야 한다.

③ 공장저당권의 설정등기를 한 후 목록에 기록한 사항에 변경이 발생하였을 때에는 저당권자와 저당권설정자가 공동으로 목록의 변경등기를 신청하여야 한다.

④ 상당한 기계설비가 되어 있는 양식시설도 그 토지 또는 건물과 함께 공장 및 광업재단 저당법 제6조에 의한 근저당권의 목적으로 할 수 있다.

해설 ③ 1) (ⓑ 기계·기구의 **일부멸실·분리**)변경등기를 신청하는 경우에는 **저당권자의 동의**가 있어야 한다. 따라서 기계·기구의 **일부멸실** 또는 **분리**에 의한 변경등기신청의 경우에는 **저당권자의 동의가 있음을 증명**하는 정보(인감증명정보 첨부) 또는 이에 대항할 수 있는 재판이 있음을 증명하는 정보를 제공하여야 한다(예규 제1475호, 3-③).

2) 그러나 목록기재변경등기는 반드시 **소유자가 단독**으로 신청한다.

④ 상당한 기계설비가 되어 있는 양식시설도 그 토지 또는 건물과 함께 공장저당법 제7조에 의한 근저당권의 목적으로 할 수 있다(선례 제6-327호).

09 「공장 및 광업재단 저당법」 제6조의 저당권등기(이하 '공장저당권'이라 한다)에 관한 다음 설명 중 가장 옳지 않은 것은? ▶ 2014년 법무사

① 토지나 건물이 「공장 및 광업재단 저당법」 제2조의 공장에 속한 것임을 증명하는 정보로는 저당권자 명의로 작성한 공장증명서를 첨부하는 것이 현행 실무이다.

② 종전 목록에 새로운 기계·기구를 추가하는 경우에는 신청인은 새로 추가된 목록에 관한 정보만을 제공하여야 한다.

③ 종전 목록에 기록한 기계·기구의 일부가 멸실되거나 또는 기계·기구에 관하여 저당권이 일부 소멸한 경우에는 멸실 또는 분리된 목록에 관한 정보만을 제공하여야 한다.

④ 새로운 기계·기구의 추가로 인하여 목록의 변경등기를 하는 경우에는 등기관은 직권으로 등기기록의 을구에 부기에 의한 변경등기를 한다.

⑤ 일반저당권을 공장저당권으로 변경하기 위해서는 그 변경계약서와 목록을 제출하여 저당권변경등기신청을 하여야 한다.

해설 ④ 목록의 변경등기를 함에 있어서는 목록을 **전부 폐지**하고 **일반저당권**으로 변경등기를 하는 경우 외에는 을구 사항란에 **부기**에 의한 변경등기를 하지 **아니한다**(ⓑ 목록을 **전부 폐지**하여 공장저당권을 **일반저당권**으로 변경할 때에만 **부기**에 의한 등기를 한다)(예규 제1475호, 4-③). 따라서 단순히 기계·기구를 추가하는 경우 부기에 의한 변경등기를 하지 않는다.

① 예규 제1475호, 2-1
② 예규 제1475호, 3-①
③ 예규 제1475호, 3-2
⑤ 일반저당권을 공장저당법 제7조에 의한 목록 제출의 저당권으로 변경하기 위하여는 **그 변경계약서**와 (ⓑ **공장저당**)**목록**을 제출하여 근저당권설정자와 근저당권자가 **공동**으로 저당권변경등기신청을 하여야 한다(선례 제1-443호).

정답 ⊶ 07 ① 08 ③ 09 ④

10 공장 및 광업재단 저당법 제6조에 의한 저당권(이하 "공장저당권"이라 한다)에 관한 다음 설명 중 가장 옳지 않은 것은? ▸ 2013년 법무사 변경

① 공장저당권 설정등기를 신청하기 위해서는 토지 또는 건물이 공장에 속한 것임을 증명하는 정보를 등기소에 제공하여야 한다.

② 공장저당권의 목적으로 제공되는 기계·기구의 소유자와 토지 또는 건물의 소유자가 같지 않은 경우에도 공장저당권 설정등기를 할 수 있다.

③ 보통저당권을 공장저당권으로 변경하는 등기를 신청할 경우 등기필정보를 제공하여야 한다.

④ 공장저당권의 목적으로 제공된 기계·기구를 전부 새로운 기계·기구로 교체하는 경우에는 공장저당권을 보통저당권으로 변경하는 절차를 거쳐야 한다.

⑤ 공장저당권의 목적으로 제공된 기계·기구의 일부 멸실 또는 분리에 의한 변경등기신청의 경우에는 저당권자의 동의가 있음을 증명하는 정보 또는 이에 대항할 수 있는 재판이 있음을 증명하는 정보를 등기소에 제공하여야 한다.

해설 ② 공장저당법에 의하여 공장에 속하는 토지나 건물에 대한 저당권설정등기를 할 경우 그 토지나 건물에 설치한 **기계, 기구 기타의 공장 공용물의 소유자**는 그것이 설치된 **토지 또는 건물의 소유자와 동일**하여야 한다(➕ **소유자가 다른 경우**에는 소유자의 동의서를 첨부하였다 하더라도 공장저당권설정등기를 할 수 **없다**)(선례 제2-376호).

정답 ○┤ 10 ②

02 권리질권 및 채권담보권

🔖 관련 조문

민법 제348조[저당채권에 대한 질권과 부기등기]

저당권으로 담보한 채권을 질권의 목적으로 한 때에는 그 저당권등기에 질권의 부기등기를 하여야 그 효력이 저당권에 미친다.

동산·채권 등의 담보에 관한 법률 제37조[준용규정]

채권담보권에 관하여는 그 성질에 반하지 아니하는 범위에서 동산담보권에 관한 제2장과 「민법」 제348조 및 제352조를 준용한다.

법 제76조[저당권부채권에 대한 질권 등의 등기사항]

① 등기관이 「민법」 제348조에 따라 **저당권부채권에 대한 질권**의 등기를 할 때에는 제48조에서 규정한 사항 외에 **다음 각 호**의 사항을 기록하여야 한다.

  1. **채권액 또는 채권최고액**
  2. **채무자**의 성명 또는 명칭과 주소 또는 사무소 소재지(🚫 번호✕)
  3. 변제기와 이자의 약정이 있는 경우에는 그 내용

② 등기관이 「동산·채권 등의 담보에 관한 법률」 제37조에서 준용하는 「민법」 제348조에 따른 **채권담보권**의 등기를 할 때에는 제48조에서 정한 사항 외에 **다음 각 호**의 사항을 기록하여야 한다.

  1. **채권액 또는 채권최고액**
  2. **채무자**의 성명 또는 명칭과 주소 또는 사무소 소재지(🚫 번호✕)
  3. 변제기와 이자의 약정이 있는 경우에는 그 내용

규칙 제132조[저당권에 대한 권리질권등기 등의 신청]

① 저당권에 대한 권리질권의 등기를 신청하는 경우에는 **질권의 목적인 채권을 담보하는 저당권의 표시에 관한 사항**과 법 제76조 제1항의 등기사항을 신청정보의 내용으로 등기소에 제공하여야 한다.

② 저당권에 대한 채권담보권의 등기를 신청하는 경우에는 **담보권의 목적인 채권을 담보하는 저당권의 표시에 관한 사항**과 법 제76조 제2항의 등기사항을 신청정보의 내용으로 등기소에 제공하여야 한다.

📋 관련 예규

저당권부채권에 대한 채권담보권의 부기등기에 관한 업무처리지침[예규 제1462호]

제1조(목적)

이 예규는 부동산등기법(이하 "법"이라 한다) 제76조 제2항 및 부동산등기규칙(이하 "규칙"이라 한다) 제132조 제2항에 따라 저당권부채권에 대한 채권담보권의 부기등기(이하 "채권담보권의 부기등기"라 한다)에 관한 사항을 규정함을 목적으로 한다.

제2조(신청인)

채권담보권의 부기등기는 저당권자가 등기의무자가 되고 채권담보권자가 등기권리자가 되어 공동으로 신청한다. 이 경우 저당권자는 법인 또는 상업등기법에 따라 상호등기를 한 사람이어야 한다.

제3조(신청정보)

① 채권담보권의 부기등기를 신청하는 경우에는 규칙 제43조에서 정한 일반적인 신청정보 외에 **담보권의 목적인 채권을 담보하는 저당권의 표시**, 채권액 또는 **채권최고액, 채무자의 표시** 및 **변제기와 이자의 약정**이 있는 경우에는 그 내용을 신청정보의 내용으로 등기소에 제공하여야 한다.

② 등기의 목적은 "**저당권부 채권담보권의 설정**"이라 하고, 채권담보권의 목적이 되는 저당권의 표시는 "**접수 ○○년 ○○월 ○○일 제○○○호 순위 제○번의 저당권**"과 같이 한다.

제4조(첨부정보)

채권담보권의 부기등기를 신청하는 경우에는 규칙 제46조에서 정한 일반적인 첨부정보 외에 등기원인을 증명하는 정보로 채권담보권설정계약서와 「동산·채권 등의 담보에 관한 법률」에 따라 채권담보권등기가 되었음을 증명하는 등기사항증명서를 첨부정보로서 등기소에 제공하여야 한다.

제5조(등록면허세 등)

① 채권담보권의 부기등기를 신청하는 경우에는 매 1건당 3천 원에 해당하는 **등록면허세**를 납부하고, 매 부동산별로 3,000원에 해당하는 **등기신청수수료**를 납부하여야 한다.

② 채권담보권의 부기등기를 신청하는 경우에 **국민주택채권**은 매입하지 **아니**한다.

제6조(등기실행절차)

① 채권담보권의 부기등기는 채권담보권의 목적이 된 저당권등기에 **부기등기**로 한다.

② 등기관이 채권담보권의 부기등기를 할 때에는 법 제48조의 일반적인 등기사항 외에 채권액 또는 채권최고액, 채무자의 표시, 변제기와 이자의 약정이 있는 경우에는 그 내용 및 저당권이 공동저당인 경우에는 공동담보인 뜻을 기록하여야 한다.

01 다음 설명 중 가장 옳지 않은 것은?

▶ 2022년 등기서기보

① 등기관이 저당권부채권에 대한 질권의 등기를 할 때에는 채권액 또는 채권최고액, 채무자의 성명 또는 명칭과 주소 또는 사무소 소재지 등을 기록하여야 한다.

② 근저당권부채권에 대한 질권의 부기등기를 신청하는 경우 국민주택채권을 매입하여야 한다.

③ 근저당권부채권의 질권자가 해당 질권을 제3자에게 전질한 경우 질권의 이전등기를 할 수 있다.

④ 근저당권부채권에 질권이 설정된 경우 질권자의 동의 없이는 근저당권의 채권최고액을 감액하는 근저당권변경등기를 할 수 없다.

> **해설** ② **근저당권부질권의 부기등기**에 대해서는 매 1건당 6,000원의 **등록면허세를 납부**하여야 하지만, 국민주택채권은 부동산등기 중 소유권의 보존 및 이전·저당권의 설정 및 이전의 경우에만 매입하도록 규정하고 있으므로, 근저당권부질권의 부기등기를 신청하는 경우에는 **국민주택채권의 매입의무가 없다**(선례 제6-348호).

① 법 제76조 제1항
③ 근저당권부 채권의 질권자가 해당 질권을 제3자에게 전질한 경우 「부동산등기법」 제2조에 의하여 **질권의 이전**등기를 할 수 있다(선례 제201105-1호).
④ **근저당권부** 채권에 **질권**이 설정된 경우 **질권자의 동의 없이**는 근저당권의 채권최고액을 감액하는 근저당권변경등기를 할 수 **없다**(선례 제201105-1호)(🏫 **수리요건**).

02 근저당권부 채권에 대한 질권의 등기에 관한 다음 설명 중 가장 옳지 않은 것은?

▶ 2021년 법무사

① 근저당권부 채권에 대한 질권의 등기는 근저당권등기에 부기등기로 한다.
② 근저당권부 채권에 대한 질권의 등기는 근저당권자가 등기의무자가 되고 질권자가 등기권리자가 되어 공동으로 신청함이 원칙이다.
③ 근저당권부 채권에 대한 질권의 등기를 신청하는 경우 국민주택채권을 매입하여야 한다.
④ 채권액 또는 채권최고액은 근저당권부 채권에 대한 질권의 등기사항 중 하나이다.
⑤ 근저당권부 채권의 질권자가 해당 질권을 제3자에게 전질한 경우 질권의 이전등기를 할 수 있다.

해설 ③ **근저당권부질권의 부기등기**에 대해서는 매 1건당 3,000원의 **등록면허세를 납부**하여야 하지만 국민주택채권은 부동산등기 중 소유권의 보존 및 이전 · 저당권의 설정 및 이전의 경우에만 매입하도록 규정하고 있으므로, 근저당권부질권의 부기등기를 신청하는 경우에는 **국민주택채권매입의무**가 **없다**(선례 제6-348호).

① 등기관이 **소유권 외의 권리**를 목적으로 하는 권리(🏫 전세권부 근저당권, **(근)저당권부 (근)질권**)에 관한 등기를 할 때에는 **부기**로 하여야 한다(법 제52조 제3호).
② 근저당권부 질권의 부기등기는 근저당권자가 등기의무자가 되고 질권자가 등기권리자가 되어 공동으로 신청한다(「부동산등기실무Ⅱ」 p.527).
④ 법 제76조 제1항
⑤ 근저당권부 채권의 질권자가 해당 질권을 제3자에게 전질한 경우 「부동산등기법」 제2조에 의하여 **질권의 이전**등기를 할 수 있다(선례 제201105-1호).

정답 ⊶ 01 ② 02 ③

03 질권등기에 관한 다음 설명 중 가장 옳지 않은 것은? ▸ 2019년 등기주사보

① 근저당권에 의하여 담보되는 채권을 질권의 목적으로 하는 경우에 근저당권부질권의 부기등기를 신청할 수 있는바, 이는 그 근저당권이 확정되기 전에도 마찬가지이다.

② 부동산등기법에 근저당권에 의하여 담보되는 채권에 대하여 근질권설정등기를 신청할 수 있다는 명문의 규정이 없으므로, 근저당권부채권에 대한 근질권설정등기는 신청할 수 없다.

③ 근저당권부채권에 질권이 설정된 경우, 질권자의 동의 없이는 근저당권의 채권최고액을 감액하는 근저당권변경등기를 할 수 없다.

④ 근저당권부질권의 부기등기를 신청하는 경우에는 국민주택채권매입의무가 없다.

> **해설** ② 개정법에서는 저당권부 채권에 대한 질권의 등기사항으로서 **채권최고액을 규정**함으로써 저당권부 채권에 대한 **근질권도 등기할 수 있음을 분명히** 하였다(법 제76조 제1항 제1호). 따라서 채권최고액을 등기할 수 있다(「부동산등기실무Ⅱ」 p.526).
>
> ① 근저당권으로 담보한 채권을 질권의 목적으로 하는 경우, 신청서에 부동산등기법 제76조 각 호의 사항을 기재하여 근저당권부질권의 부기등기를 신청할 수 있다(선례 제6-348호). 이는 그 근저당권이 확정되기 전에도 마찬가지이다.

04 근저당권부채권에 대한 질권의 등기에 관한 다음 설명 중 가장 옳지 않은 것은?

▸ 2017년 등기주사보

① 근저당권으로 담보한 채권을 질권의 목적으로 한 때에는 그 근저당권등기에 질권의 등기를 하여야 그 효력이 근저당권에 미친다.

② 등기관이 근저당권부채권에 대한 질권의 등기를 할 때에는 채권최고액을 등기할 수 없다.

③ 근저당권부채권에 대한 질권의 등기는 근저당권등기에 부기로 하여야 한다.

④ 근저당권부채권의 질권자가 해당 질권을 제3자에게 전질한 경우 질권의 이전등기를 할 수 있다.

> **해설** ② 개정법에서는 저당권부 채권에 대한 질권의 등기사항으로서 **채권최고액을 규정**함으로써 저당권부 채권에 대한 **근질권도 등기할 수 있음을 분명히** 하였다(법 제76조 제1항 제1호). 따라서 채권최고액을 등기할 수 있다(「부동산등기실무Ⅱ」 p.526).
>
> ① 민법 제348조
> ③ 법 제52조 제3호

05 다음은 근저당권부 채권에 대한 질권의 부기등기의 설명이다. 가장 옳지 않은 것은?

▸ 2017년 등기서기보

① 채권액 또는 채권최고액은 위 질권의 부기등기의 등기사항이다.

② 위 질권의 부기등기에 대하여는 등록면허세를 납부하여야 하지만, 국민주택채권 매입 의무는 없다.

③ 근저당권부 채권의 질권자가 해당 질권을 제3자에게 전질한 경우 등기사항 법정주의 상 질권의 이전등기를 할 수는 없다.

④ 위 질권의 부기등기는 근저당권자가 등기의무자가 되고 질권자가 등기권리자가 되어 공동으로 신청한다.

> **해설** ③ 근저당권부 채권의 질권자가 해당 질권을 제3자에게 전질한 경우 「부동산등기법」 제2조에 의하여 **질권의 이전등기를 할 수 있다**(선례 제201105-1호).
>
> ① 법 제76조 제1항
> ② **근저당권부질권의 부기등기**에 대해서는 매 1건당 3,000원의 **등록면허세를 납부**하여야 하지 만, 국민주택채권은 부동산등기 중 소유권의 보존 및 이전·저당권의 설정 및 이전의 경우에 만 매입하도록 규정하고 있으므로, 근저당권부질권의 부기등기를 신청하는 경우에는 **국민주 택채권매입의무가 없다**(선례 제6-348호).
> ④ 근저당권부 질권의 부기등기는 근저당권자가 등기의무자가 되고 질권자가 등기권리자가 되 어 공동으로 신청한다(「부동산등기실무Ⅱ」 p.527).

06 권리질권 또는 채권담보권 등기와 관련된 다음 설명 중 가장 옳지 않은 것은?

▸ 2015년 법무사

① 저당권으로 담보한 채권을 질권의 목적으로 한 때에는 그 저당권등기에 질권의 부기등 기를 하여야 그 효력이 저당권에 미친다.

② 저당권으로 담보한 채권을 채권담보권의 목적으로 한 때에는 그 저당권등기에 채권담 보권의 부기등기를 하여야 그 효력이 저당권에 미친다.

③ 저당권으로 담보한 채권에 대한 질권의 등기를 신청하는 경우에는 국민주택채권 매입 의무가 없으나, 저당권으로 담보한 채권에 대한 채권담보권의 등기를 신청하는 경우에 는 국민주택채권 매입의무가 있다.

④ 저당권으로 담보한 채권에 대한 질권의 등기를 한 경우 질권자의 동의 없이는 저당권 의 채권액을 감액하는 변경등기를 할 수 없다.

⑤ 저당권으로 담보한 채권에 대한 채권담보권의 등기를 신청하는 경우 등기의 목적은 '저 당권부 채권담보권의 설정'이라 하고, 채권담보권의 목적이 되는 저당권의 표시는 '접 수 ○○년 ○○월 ○○일 제○○○호 순위 제○번의 저당권'과 같이 하여 신청정보로 서 제공한다.

> 정답 ☞ 03 ② 04 ② 05 ③ 06 ③

해설 ③ 1) **근저당권부질권의 부기등기**에 대해서는 매 1건당 3,000원의 **등록면허세를 납부**하여야 하지만, 국민주택채권은 부동산등기 중 **소유권의 보존 및 이전·저당권의 설정 및 이전**의 경우에만 매입하도록 규정하고 있으므로, 근저당권부질권의 부기등기를 신청하는 경우에는 **국민주택채권매입의무가 없다**(선례 제6-348호).

2) **채권담보권의 부기등기**를 신청하는 경우에는 매 1건당 3천 원에 해당하는 **등록면허세를 납부**하고, 매 부동산별로 3,000원에 해당하는 등기신청수수료를 납부하여야 한다. 그러나 **국민주택채권**은 매입하지 **아니한다**(예규 제1462호, 5).

① 민법 제348조
② 동산·채권 등의 담보에 관한 법률 제37조
④ **근저당권부 채권**에 **질권**이 설정된 경우 **질권자의 동의 없이**는 근저당권의 채권최고액을 **감액**하는 근저당권변경등기를 할 수 **없다**(선례 제201105-1호)(⊕ **수리요건**).
⑤ 예규 제1462호, 3-②

기타등기

제1절 | 가등기 및 본등기

01 가등기

01 일반

관련 조문

법 제3조[등기할 수 있는 권리 등]

등기는 부동산의 표시와 다음 각 호의 어느 하나에 해당하는 **권리의** (보존 이전 설정 변경 처분의 제한 또는 소멸)에 대하여 한다.

1. 소유권 2. 지상권 3. 지역권 4. 전세권 5. 저당권 6. 권리질권 7. 채권담보권 8. 임차권

법 제88조[가등기의 대상]

가등기는 **제3조 각 호의 어느 하나에 해당하는 권리의** (⊞ 보존×) 설정, 이전, 변경 또는 소멸의 청구권을 보전하려는 때에 한다. 그 청구권이 시기부 또는 정지조건부일 경우나 그 밖에 장래에 확정될 것인 경우에도 같다.

법 제89조[가등기의 신청방법]

가등기권리자는 제23조 제1항(⊞ 원칙적 공동신청)에도 불구하고 가등기의무자의 승낙이 있거나 가등기를 명하는 법원의 가처분명령이 있을 때에는 **단독으로 가등기를 신청**할 수 있다.

법 제90조[가등기를 명하는 가처분명령]

① 제89조의 가등기를 명하는 가처분명령은 부동산의 소재지를 관할하는 지방법원이 가등기권리자의 신청으로 가등기 원인사실의 소명이 있는 경우에 할 수 있다.
② 제1항의 신청을 각하한 결정에 대하여는 즉시항고를 할 수 있다.
③ 제2항의 즉시항고에 관하여는 「비송사건절차법」을 준용한다.

법 제93조[가등기의 말소]

① **가등기명의인은** 제23조 제1항(⊞ 원칙적 공동신청)에도 불구하고 **단독으로 가등기의 말소를 신청**할 수 있다.
② **가등기의무자** 또는 가등기에 관하여 **등기상 이해관계 있는 자는** 제23조 제1항(⊞ 원칙적 공동신청)에도 불구하고 가등기명의인의 승낙을 받아 단독으로 가등기의 말소를 신청할 수 있다.

법 제91조(가등기에 의한 본등기의 순위)

가등기에 의한 본등기를 한 경우 본등기의 순위는 가등기의 순위에 따른다.

규칙 제146조(가등기에 의한 본등기)

가등기를 한 후 본등기의 신청이 있을 때에는 가등기의 순위번호를 사용하여 본등기를 하여야 한다(➡ 가등기 말소×).

법 제92조(가등기에 의하여 보전되는 권리를 침해하는 가등기 이후 등기의 직권말소)

① 등기관은 가등기에 의한 본등기를 하였을 때에는 대법원규칙으로 정하는 바에 따라 가등기 이후에 된 등기로서 가등기에 의하여 보전되는 권리를 침해하는 등기를 직권으로 말소하여야 한다.

② 등기관이 제1항에 따라 가등기 이후의 등기를 말소하였을 때에는 지체 없이 그 사실을 말소된 권리의 등기명의인에게 통지하여야 한다.

규칙 제147조(본등기와 직권말소)

① 등기관이 소유권이전등기청구권보전 가등기에 의하여 소유권이전의 본등기를 한 경우에는 법 제92조 제1항에 따라 가등기 후 본등기 전에 마쳐진 등기 중 다음 각 호의 등기를 제외하고는 모두 직권으로 말소한다.
  1. 해당 가등기상 권리를 목적으로 하는 가압류등기나 가처분등기
  2. 가등기 전에 마쳐진 가압류에 의한 강제경매개시결정등기
  3. 가등기 전 마쳐진 담보가등기, 전세권 및 저당권에 의한 임의경매개시결정등기
  4. 가등기권자에게 대항할 수 있는 주택임차권등기, 주택임차권설정등기, 상가건물임차권등기, 상가건물임차권설정등기(이하 "주택임차권등기 등"이라 한다)

② 등기관이 제1항과 같은 본등기를 한 경우 그 가등기 후 본등기 전에 마쳐진 체납처분으로 인한 압류등기에 대하여는 직권말소대상통지를 한 후 이의신청이 있으면 대법원예규로 정하는 바에 따라 직권말소 여부를 결정한다.

규칙 제148조(본등기와 직권말소)

① 등기관이 지상권, 전세권 또는 임차권의 설정등기청구권보전 가등기에 의하여 지상권, 전세권 또는 임차권의 설정의 본등기를 한 경우 가등기 후 본등기 전에 마쳐진 다음 각 호의 등기(동일한 부분에 마쳐진 등기로 한정한다)는 법 제92조 제1항에 따라 직권으로 말소한다.
  1. 지상권설정등기
  2. 지역권설정등기
  3. 전세권설정등기
  4. 임차권설정등기
  5. 주택임차권등기 등. 다만, 가등기권자에게 대항할 수 있는 임차인 명의의 등기는 그러하지 아니하다. 이 경우 가등기에 의한 본등기의 신청을 하려면 먼저 대항력 있는 주택임차권등기 등을 말소하여야 한다.

② 지상권, 전세권 또는 임차권의 설정등기청구권보전 가등기에 의하여 지상권, 전세권 또는 임차권의 설정의 본등기를 한 경우 가등기 후 본등기 전에 마쳐진 다음 각 호의 등기는 직권말소의 대상이 되지 아니한다.
  1. 소유권이전등기 및 소유권이전등기청구권보전 가등기
  2. 가압류 및 가처분 등 처분제한의 등기

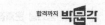

3. 체납처분으로 인한 압류등기
4. 저당권설정등기
5. 가등기가 되어 있지 않은 부분에 대한 <u>지상권, 지역권, 전세권 또는 임차권의</u> 설정등기와 <u>주택임차권등기</u> 등
③ <u>저당권설정등기청구권보전 가등기</u>에 의하여 저당권설정의 <u>본등기</u>를 한 경우 <u>가등기 후 본등기 전에 마쳐진 등기</u>는 직권말소의 대상이 되지 <u>아니한다.</u>

규칙 제149조[직권말소한 뜻의 등기]
가등기에 의한 본등기를 한 다음 가등기 후 본등기 전에 마쳐진 등기를 등기관이 **직권으로 말소할 때**에는 가등기에 의한 **본등기로 인하여 그 등기를 말소한다**는 뜻을 기록하여야 한다.

🔖 관련 예규

가등기에 관한 업무처리지침[예규 제1632호]

1. 목적

이 예규는 가등기의 신청, 이전, 본등기 및 본등기를 한 경우 직권말소 등에 관한 등기절차와 그 밖의 관련 사항에 관하여 규정함을 목적으로 한다.

2. 가등기의 신청

가. 가등기를 할 수 있는 권리

「부동산등기법」 제3조에서 규정하고 있는 물권 또는 부동산임차권의 변동을 목적으로 하는 청구권에 관해서만 가등기를 할 수 있다. 따라서 **물권적 청구권(🔲 원인무효로 인한 소유권말소등기청구권)**을 보전하기 위한 가등기나 <u>소유권보존등기의 가등기</u>는 할 수 없다.

나. 가등기를 명하는 법원의 가처분명령(이하 "가등기가처분명령"이라 한다)에 의한 신청

(1) 「부동산등기법」 제89조의 가등기가처분에 관해서는 「**민사집행법」의 가처분**에 관한 규정은 준용되지 <u>않는다.</u> 따라서 가등기가처분명령을 등기원인으로 하여 법원이 가등기촉탁을 하는 때에는 이를 <u>각하</u>한다.

(2) 가등기가처분명령에 의하여 가등기권리자가 **단독**으로 가등기신청을 할 경우에는 등기의무자의 권리에 관한 **등기필정보**를 신청정보의 내용으로 등기소에 제공할 필요가 **없다.**

다. 담보가등기의 신청

<u>대물반환의 예약</u>을 원인으로 한 가등기신청을 할 경우 등기신청서 기재사항 중 <u>등기의 목적은 본등기</u>될 권리의 이전담보가등기(🔲 소유권이전담보가등기, 저당권이전담보가등기 등)라고 기재한다. 「부동산등기법」 제89조의 가처분명령에 의하여 가등기신청을 할 때에도 등기원인이 대물반환의 예약인 경우에는 마찬가지이다.

라. 소유권이전청구권의 보전을 위한 가등기(이하 '소유권이전청구권가등기'라 한다)의 신청과 농지취득자격증명서 등의 첨부 요부

농지에 대한 소유권이전청구권<u>가등기</u>의 신청서에는 **농지취득자격증명**을 첨부할 필요가 없으나, 「부동산 거래신고 등에 관한 법률」에 의한 토지거래허가구역 내의 토지에 대한 소유권이전청구권가등기의 신청서에는 **토지거래허가서를 첨부**하여야 한다.

마. 가등기권리자가 여러 사람인 경우
(1) 여러 사람이 <u>가등기할 권리를 공유</u>하고 있는 때에는 신청서에 각자의 <u>지분을 기재</u>하여야 하고 등기기록에도 신청서에 기재된 **지분을 기록**하여야 한다.
(2) 여러 사람 공유의 부동산에 관하여 여러 사람 이름으로 가등기를 신청할 때에는 그 성질에 반하지 아니하는 한 '수인의 공유자가 수인에게 지분의 전부 또는 일부를 이전하는 경우의 등기신청방법 등에 관한 예규(등기예규 제1363호)'를 준용한다.

3. 가등기상 권리의 이전등기절차
(1) 가등기상 권리를 제3자에게 양도한 경우에 양도인과 양수인은 **공동신청**으로 **그 가등기상 권리의 이전 등기**를 신청할 수 있고, 그 이전등기는 가등기에 대한 **부기**등기의 형식으로 한다(법 제52조 제2호).
(2) 위 가등기상 권리의 이전등기신청은 가등기 된 권리 중 <u>일부지분</u>에 관해서도 할 수 있다. 이 경우 등기신청서에는 이전되는 지분을 기재하여야 하고 등기기록에도 그 **지분을 기록**하여야 한다.
(3) 여러 사람 이름으로 가등기가 되어 있으나 각자의 지분이 기록되지 아니한 경우, 그 가등기상 권리의 양도에 관하여는 <u>4. 마. (2)의 규정을 준용</u>한다.

4. 가등기에 의한 본등기
가. 본등기신청의 당사자
(1) **가등기 후 제3자에게 소유권이 이전된 경우(⊞ 특정승계)**
가등기에 의한 <u>본등기 신청의 등기의무자</u>는 **가등기를 할 때의 소유자**이며, 가등기 후에 제3자에게 소유권이 이전된 경우에도 가등기의무자는 변동되지 않는다.
(2) **가등기권자가 사망한 경우(⊞ 포괄승계)**
가등기를 마친 후에 가등기권자가 사망한 경우, 가등기권자의 상속인은 **상속등기를 할 필요 없이** 상속을 증명하는 서면을 첨부하여 가등기의무자와 공동으로 본등기를 신청할 수 있다.
(3) **가등기의무자가 사망한 경우(⊞ 포괄승계)**
가등기를 마친 후에 가등기의무자가 사망한 경우, 가등기의무자의 상속인은 **상속등기를 할 필요 없이** 상속을 증명하는 서면과 인감증명 등을 첨부하여 가등기권자와 공동으로 본등기를 신청할 수 있다.

나. 등기원인 및 서면
(1) 매매예약을 원인으로 한 가등기에 의한 본등기를 신청함에 있어서, 본등기의 원인일자는 **매매예약 완결의 의사표시를 한 날**로 기재하여야 하나, 등기원인을 증명하는 서면은 **매매계약서**를 제출하여야 한다.
(2) 그러나 형식상 매매예약을 등기원인으로 하여 가등기가 되어 있으나, 실제로는 매매예약완결권을 행사할 필요 없이 가등기권리자가 요구하면 언제든지 본등기를 하여 주기로 약정한 경우에는, 매매예약완결권을 행사하지 않고서도 본등기를 신청할 수 있으며, 이때에는 별도로 매매계약서를 제출할 필요가 없다.

다. 등기필정보
가등기에 의한 <u>본등기를 신청</u>할 때에는 <u>가등기의 등기필정보가 아닌</u> **등기의무자의 권리에 관한 등기필정보**를 신청정보의 내용으로 등기소에 제공하여야 한다.

라. 가등기된 권리 중 일부지분에 대한 본등기의 신청

가등기에 의한 **본등기** 신청은 가등기된 권리 중 일부**지분**에 관해서도 할 수 있다. 이 경우 등기신청서에는 본등기 될 지분을 기재하여야 하고 등기기록에도 그 지분을 기록하여야 한다.

마. 공동가등기권자가 있는 경우

(1) 하나의 가등기에 관하여 여러 사람의 가등기권자가 있는 경우에, 가등기권자 **모두가 공동의 이름**으로 본등기를 신청하거나, 그중 일부의 가등기권자가 **자기의 가등기지분**에 관하여 본등기를 신청할 수 있지만, **일부의 가등기권자가 공유물보존행위에 준하여 가등기 전부에 관한 본등기를 신청할 수는 없다.** 공동가등기권자 중 일부의 가등기권자가 자기의 지분만에 관하여 본등기를 신청할 때에는 신청서에 그 뜻을 기재하여야 하고 등기기록에도 그 뜻을 기록하여야 한다.

(2) 공동가등기권자의 지분이 기록되어 있지 아니한 때에는 그 지분은 균등한 것으로 보아 본등기를 허용하고, 일부의 가등기권자가 균등하게 산정한 지분과 다른 가등기지분을 주장하여 그 가등기에 의한 본등기를 신청하고자 할 경우에는 먼저 가등기지분을 기록하는 의미의 경정등기를 신청하여야 한다. 이 경우 그 경정등기신청은 가등기권자 전원이 공동으로 하여야 하고 등기신청서에는 가등기권자 전원 사이에 작성된 **실제의 지분비율을 증명하는 서면**과, 실제의 지분이 **균등하게 산정한 지분보다 적은 가등기권자의 인감증명**을 첨부하여야 한다.

(3) 두 사람의 가등기권자 중 한 사람이 가등기상 권리를 다른 가등기권자에게 양도한 경우, 양수한 가등기권자 한 사람의 이름으로 본등기를 신청하기 위해서는, **먼저 가등기상 권리의 양도를 원인으로 한 지분이전의 부기등기를** 마쳐야 한다.

바. 판결에 의한 본등기의 신청

(1) **등기원인일자**

가등기상 권리가 매매예약에 의한 소유권이전청구권일 경우, 판결주문에 매매예약 완결일자가 있으면 그 일자를 등기원인일자로 기재하여야 하고, 판결주문에 매매예약 완결일자가 기재되어 있지 아니한 때에는 등기원인은 **확정판결**로, 등기원인일자를 그 **확정판결의 선고연월일**로 기재하여야 한다.

(2) **등기부상의 가등기원인일자와 본등기를 명한 판결주문의 가등기원인일자가 서로 다른 경우**

매매를 원인으로 한 가등기가 되어 있는 경우, 그 가등기의 원인일자와 판결주문에 나타난 원인일자가 다르다 하더라도 판결이유에 의하여 매매의 **동일성이 인정**된다면 그 판결에 의하여 가등기에 의한 **본등기**를 신청할 수 있다.

(3) **판결주문에 가등기에 의한 본등기라는 취지의 기재가 없는 경우**

판결의 **주문**에 피고에게 소유권이전청구권가등기에 의한 본등기 절차의 이행을 명하지 않고 **매매로 인한 소유권이전등기절차의 이행**을 명한 경우라도, 판결이유에 의하여 피고의 소유권이전등기 절차의 이행이 가등기에 의한 **본등기** 절차의 이행임이 **명백**한 때에는, 그 판결을 원인증서로 하여 가등기에 의한 본등기를 신청할 수 있다.

사. 담보가등기에 의한 본등기

(1) **신청정보의 내용으로 등기소에 제공하여야 할 사항**

담보가등기에 의한 본등기를 신청할 경우 등기신청서에는 「부동산등기규칙」 제43조에서 신청정보의 내용으로 정하고 있는 사항 외에 본등기 할 담보가등기의 표시, 「가등기담보 등에 관한 법률」 제3조에서 정하고 있는 청산금 평가통지서가 채무자 등에게 도달한 날을 신청정보의 내용으로 등기소에 제공하여야 한다.

(2) **첨부정보**

「부동산등기규칙」 제46조에서 정하고 있는 첨부정보 외에 청산금 평가통지서 또는 청산금이 없다는 통지서가 도달하였음을 증명하는 정보와 「가등기담보 등에 관한 법률」 제3조에서 정하고 있는 청산기간이 경과한 후에 청산금을 채무자에게 지급(공탁)하였음을 증명하는 정보(청산금이 없는 경우는 제외한다)를 첨부정보로서 등기소에 제공하여야 한다. 다만 판결에 의하여 본등기를 신청하는 경우에는 그러하지 아니하다.

(3) **본등기신청의 각하**

위 (1), (2)에서 정한 요건을 갖추지 아니한 등기신청이나 청산금평가통지서가 채무자 등에게 도달한 날로부터 2월이 경과하지 아니한 등기신청은 이를 각하한다.

아. **다른 원인으로 소유권이전등기를 한 경우**

소유권이전청구권가등기권자가 가등기에 의한 본등기를 하지 않고 **다른 원인에 의한 소유권이전등기**를 한 후에는 다시 그 가등기에 의한 본등기를 할 수 없다. 다만 가등기 후 위 소유권이전등기 전에 제3자 앞으로 처분제한의 등기가 되어 있거나 중간처분의 등기가 된 경우에는 그러하지 아니하다.

5. 본등기와 직권말소

가. **소유권이전등기청구권보전가등기에 기하여 소유권이전의 본등기를 한 경우**

1) 가등기 후 본등기 전에 마쳐진 **다음 각 호의 등기와 체납처분에 의한 압류등기를 제외**하고는 모두 직권으로 말소한다(법 제147조 제1항).

(가) **해당 가등기상 권리를 목적**으로 하는 가압류등기나 가처분등기

(나) **가등기 전**에 마쳐진 가압류에 의한 강제경매개시결정등기

(다) **가등기 전**에 마쳐진 담보가등기, 전세권 및 저당권에 의한 임의경매개시결정등기

(라) 가등기권자에게 **대항할 수 있는** 주택임차권등기, 주택임차권설정등기, 상가건물임차권등기, 상가건물임차권설정등기(이하 "주택임차권등기 등"이라 한다)

(마) 해당 가등기 및 가등기전에 마쳐진 등기의 말소예고등기

2) **체납처분에 의한 압류등기**의 직권말소 여부

(가) 소유권이전등기청구권보전의 가등기에 기한 소유권이전의 본등기를 신청한 경우 등기관은 등기기록의 기록사항만으로는 위 가등기가 담보가등기인지 여부를 알 수 없을 뿐 아니라, 담보가등기라 하더라도 체납처분에 의한 압류등기가 말소의 대상인지 여부를 알 수 없으므로 일단 **직권말소대상통지**(등기예규 제1338호 별지 제31호 양식)를 한 후, 이의 신청이 있는 경우 제출된 소명자료에 의하여 말소 또는 인용여부를 결정한다(법 제147조 제2항).

(나) 담보가등기 또는 소유권이전등기청구권 가등기라 하더라도 사실상 담보가등기인 경우 다음 각 호에 해당하는 경우에는 직권으로 말소할 수 없다.

(1) 법정기일(「국세기본법」 제35조, 「지방세기본법」 제99조)이 담보가등기가 경료되기 전인 국세 및 지방세 채권에 의한 압류등기. 다만, 다음 경우의 담보가등기와 국세·지방세의 선·후의 비교는 아래 기준에 의한다.

가) 1991.1.1. 전의 국세 및 1992.1.1. 전의 지방세 채권에 의한 압류 등에 대하여는 법정기일과 가등기일의 선·후를 비교하는 대신 납부기한과 가등기일의 선·후를 비교한다.

나) 1992.1.1. 이후 1995.1.1. 전의 지방세에 의한 압류등기는 과세기준일 또는 납세의무성립일(이에 관한 규정이 없는 세목에 있어서는 납기개시일)과 가등기일의 선·후를 비교한다.

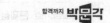

(2) 당해 재산에 부과된 국세(당해세)의 체납처분에 의한 압류등기

(3) 납부기한이 1991.12.31. 이전인 지방세(당해세) 체납처분에 의한 압류등기 또는 법정기일이 1996.1.1. 이후인 지방세(당해세) 체납처분에 의한 압류등기 [1992.1.1. 이후부터 1995.12.31. 이전에 담보가등기가 설정된 경우의 지방세(당해세) 체납처분에 의한 압류등기는 위 (1)의 예에 의한다]

(다) 본등기가 된 후 직권말소대상통지 중의 등기처리

가등기에 의한 본등기를 하고 가등기와 본등기 사이에 이루어진 체납처분에 의한 압류등기에 관하여 등기관이 직권말소대상통지를 한 경우에는 비록 이의신청기간이 지나지 않았다 하더라도 본등기에 기초한 등기의 신청이나 촉탁은 수리하며, 체납처분에 의한 압류등기에 기초한 등기의 촉탁은 각하한다.

3) 가등기에 기한 본등기를 하였으나 가등기 후에 마쳐진 소유권이전등기를 직권말소하지 아니한 상태에서 그 소유권이전등기를 기초로 하여 새로운 소유권이전등기 또는 제한물권설정등기나 임차권설정등기가 마쳐진 경우에는 위 등기는 모두 직권말소할 수 없다.

나. 제한물권 및 임차권설정등기청구권보전 가등기에 기하여 제한물권 및 임차권설정의 본등기를 한 경우

1) 등기관이 지상권, 전세권 또는 임차권의 설정등기청구권보전 가등기에 의하여 지상권, 전세권 또는 임차권의 설정의 본등기를 한 경우 가등기 후 본등기 전에 마쳐진 다음 각 호의 등기(**동일한 부분에** 마쳐진 등기로 **한정한다**)는 **직권**으로 **말소**한다(법 제148조 제1항).

(1) 지상권설정등기

(2) 지역권설정등기

(3) 전세권설정등기

(4) 임차권설정등기

(5) 주택임차권등기 등. 다만, 가등기권자에게 대항할 수 있는 임차인 명의의 등기는 그러하지 아니하다. 이 경우 가등기에 의한 본등기의 신청을 하려면 먼저 대항력 있는 주택임차권등기등을 말소하여야 한다.

2) 지상권, 전세권 또는 임차권의 설정등기청구권보전 가등기에 의하여 지상권, 전세권 또는 임차권의 설정의 본등기를 한 경우 가등기 후 본등기 전에 마쳐진 다음 각 호의 등기는 위 본등기와 양립할 수 있으므로 **직권말소할 수 없다**(법 제148조 제2항).

(1) 소유권이전등기 및 소유권이전등기청구권보전 가등기

(2) 가압류 및 가처분 등 처분제한의 등기

(3) 체납처분으로 인한 압류등기

(4) 저당권설정등기

(5) **가등기가 되어 있지 않은 부분**에 대한 지상권, 지역권, 전세권 또는 임차권설정등기와 주택임차권등기 등

3) **(근)저당권설정등기청구권보전가등기에 기하여 (근)저당권설정의 본등기를 한 경우**에는 가등기에 후에 경료된 제3자명의의 등기는 저당권설정의 본등기와 양립할 수 있으므로 **직권말소할 수 없다** (법 제148조 제3항).

다. 직권말소 통지

등기관이 가등기 이후의 등기를 직권말소한 경우에는 말소하는 이유 등을 명시하여 지체 없이 말소된 권리의 등기명의인에게 **통지**(등기예규 제1338호 별지 제9호 양식)하여야 한다.

6. 가등기의 말소

가. 등기권리자
가등기의무자나 가등기 후 소유권을 취득한 제3취득자는 가등기의 말소를 신청할 수 있다.

나. 가등기명의인 표시변경 등기의 생략
1) **가등기의 말소**를 신청하는 경우에는 가등기명의인의 표시에 변경 또는 경정의 사유가 있는 때라도 신청서에 그 변경 또는 경정을 증명하는 서면을 첨부함으로써 **가등기명의인표시의 변경등기** 또는 **경정등기를 생략**할 수 있다.
2) 또한 가등기명의인이 사망한 후에 상속인이 가등기의 말소를 신청하는 경우에도 **상속등기를 거칠 필요 없이** 신청서에 상속인임을 증명하는 서면과 인감증명서를 첨부하여 가등기의 말소를 신청할 수 있다.

> **[관련예규]**
> **소유권** 이외의 권리에 관한 등기(근저당권, 전세권, 가등기 등)의 **말소**를 신청하는 경우에 있어서는 그 등기명의인의 표시에 변경 또는 경정의 사유가 있는 때라도 신청서에 그 변경 또는 경정을 증명하는 서면을 첨부함으로써 **등기명의인의 표시변경** 또는 **경정의 등기를 생략**할 수 있을 것이다(예규 제451호).

다. 등기필정보
가등기명의인이 가등기의 말소를 신청하는 경우에는 가등기명의인의 권리에 관한 **등기필정보**(가등기에 관한 등기필정보)를 신청정보의 내용으로 등기소에 **제공**하여야 한다.

라. 가등기가처분명령에 의한 가등기의 말소절차
가등기가처분명령에 의하여 이루어진 가등기는 **통상의 가등기 말소절차**에 따라야 하며, 「민사집행법」에서 정한 **가처분 이의**의 방법으로 가등기의 말소를 구할 수 **없다**.

마. 가등기권자가 다른 원인으로 소유권이전등기를 한 경우
가등기권자가 가등기에 의하지 않고 **다른 원인으로 소유권이전등기**를 하였을 경우 그 부동산의 소유권이 제3자에게 이전되기 전에는 가등기권자의 **단독신청으로 혼동**을 등기원인으로 하여 가등기를 **말소**할 수 있으나, 그 부동산의 **소유권이 제3자에게 이전**된 후에는 통상의 가등기 말소절차(**공동신청**)에 따라 가등기를 말소한다.

01 가등기에 관한 다음 설명 중 가장 옳지 않은 것은?   ▶ 2023년 법무사

① 가등기는 권리의 설정이나 이전 등을 위한 청구권 보전을 위해서 하기 때문에 부동산 표시 또는 등기명의인표시의 변경등기를 위해서는 할 수 없다.

② 소유권이전등기청구권보전 가등기에 의하여 본등기를 한 경우 가등기 후 본등기 전에 마쳐진 등기 중 가등기 전에 마쳐진 가압류에 의한 강제경매개시결정등기는 직권말소 대상이 아니다.

③ 甲 명의 부동산에 대하여 乙 명의의 소유권이전청구권보전을 위한 가등기와 丙 명의의 가압류등기가 순차 경료된 후, 乙이 위 가등기에 기한 본등기절차에 의하지 아니하고 甲으로부터 별도의 소유권이전등기를 경료받은 경우 乙의 가등기는 혼동으로 소멸하기 때문에 가등기에 기한 본등기를 할 수 없다.

④ 가등기의 말소를 신청하는 경우에는 가등기명의인의 표시에 변경 또는 경정의 사유가 있는 때라도 변경 또는 경정을 증명하는 정보를 제공한 경우에는 가등기명의인표시의 변경등기 또는 경정등기를 생략할 수 있다.

⑤ 지상권설정등기청구권보전 가등기에 의하여 지상권설정의 본등기를 한 경우 가등기 후 본등기 전에 마쳐진 저당권설정등기는 직권말소의 대상이 되지 아니한다.

해설 ③ 1. 가등기와 별도의 원인으로 이루어진 소유권이전등기 사이에 제3자 명의의 처분제한 등기 등 중간등기가 있는 경우에는 그 가등기는 혼동으로 소멸하지 않고 유효하게 존속하게 되므로 이때 가등기권리자는 다시 가등기에 의한 본등기를 할 수 있다(대판 1988.9.27. 87다카1637).

　2. 이 경우 등기관은 가등기 후 본등기 전에 이루어진 제3자의 처분제한 등기 등과 함께 가등기권리자 앞으로 마쳐진 종전 소유권이전등기도 직권말소하여야 할 것이다(「부동산등기실무Ⅲ」 p.76 참조).

　3. 소유권이전청구권보전의 가등기권자가 가등기에 기한 본등기가 아닌 별도의 소유권이전등기를 경료하였다 하더라도 가등기 후 그 소유권이전등기 전에 중간처분에 따른 등기가 있다면, 그 가등기는 여전히 유효하게 존속된다 할 것이므로, 갑 명의의 부동산에 대하여 을 명의의 소유권이전청구권보전을 위한 가등기와 병 명의의 전세권설정등기, 무 명의의 근저당권설정등기가 순차 경료된 후, 을이 위 가등기에 기한 본등기절차에 의하지 아니하고 갑으로부터 별도의 소유권이전등기를 경료받은 다음에 다시 그 가등기에 기한 본등기를 경료받는 경우에는, 을의 가등기 후 본등기 전에 경료된 제3자 명의의 각 등기는 등기관이 직권으로 말소하여야 할 것이다(선례 제5-581호).

　① 1. 가등기는 제3조 각 호의 어느 하나에 해당하는 권리(⚖ 표시×)의 (⚖ 보존×) 설정 이전 변경 또는 소멸의 청구권을 보전하려는 때에 한다. 그 청구권이 시기부 또는 정지조건부 일 경우나 그 밖에 장래에 확정될 것인 경우에도 같다(법 제88조).

　2. 그러나 부동산표시 또는 등기명의인표시의 변경등기 등은 권리의 변경을 가져오는 것이 아니고 등기명의인의 단독신청으로 행해지는 것으로서 청구권의 개념이 있을 수 없으므로 가등기를 할 수 없다(「부동산등기실무Ⅲ」 p.47 참조).

정답 ● 01 ③

② 소유권이전등기청구권보전 가등기에 의하여 소유권이전의 본등기를 한 경우 **가등기 전**에 마쳐진 **가압류에 의한 강제경매개시결정등기**는 **직권으로 말소하지 않는다**(법 제147조 제1항, 예규 제1632호, 5-가-(1)).

④ **가등기의 말소**를 신청하는 경우에는 가등기명의인의 표시에 변경 또는 경정의 사유가 있는 때라도 신청서에 그 변경 또는 경정을 증명하는 서면을 첨부함으로써 **가등기명의인표시의 변경등기** 또는 **경정등기를 생략할 수 있다**(예규 제1632호, 6-나-1)).

⑤ **지상권, 전세권** 또는 **임차권**설정청구권 보전을 위한 **가등기**에 의하여 본등기를 한 경우에 본등기 전에 마쳐진 **다음의 등기**는 위 본등기와 **양립할 수 있으므로 직권말소**할 수 **없다**(법 제148조 제2항, 예규 제1632호, 5-나-2)).

---

1. **소유권에 관한 등기**
   (1) 소유권이전등기
   (2) 소유권이전청구권가등기
   (3) 가압류 및 가처분 등 처분제한의 등기
   (4) 체납처분으로 인한 압류등기
2. **저당권**설정등기
3. **가등기가 되어 있지 않은 부분**에 대한 지상권, 지역권, 전세권 또는 임차권의 설정등기 와 주택임차권등기 등

---

02. 가등기에 관한 다음 설명 중 가장 옳지 않은 것은?

▸ 2021년 법무사

① 소유권이전등기청구권의 효력이 시기부 또는 정지조건부일 경우나 그 밖에 장래에 확정될 것인 경우에도 가등기를 설정할 수 있다.

② 소유권이전등기청구권보전 가등기에 의하여 소유권이전의 본등기를 한 경우 가등기 후 본등기 전에 마쳐진 해당 가등기상 권리를 목적으로 하는 가압류등기는 등기관이 직권으로 말소하여야 한다.

③ 담보가등기에 기한 본등기를 신청할 때에는 통상적인 첨부정보 외에 청산금평가통지서 또는 청산금이 없다는 뜻의 통지서가 도달하였음을 증명하는 정보와 청산금이 있는 경우에는 청산기간경과 후에 청산금을 채무자에게 지급 또는 공탁하였음을 증명하는 정보를 제공하여야 한다.

④ 가등기 후 본등기 전에 제3자에게 소유권이 이전된 경우 본등기 신청의 등기의무자는 가등기를 할 때의 소유자이다.

⑤ 대법원 판례에 따르면 당해 가등기가 담보 가등기인지 여부는 당해 가등기가 실제상 채권담보를 목적으로 한 것인지 여부에 의하여 결정되는 것이지 당해 가등기의 등기부상 원인이 매매예약으로 기재되어 있는지 아니면 대물변제예약으로 기재되어 있는가 하는 형식적 기재에 의하여 결정되는 것은 아니라고 한다.

해설 ② 소유권이전등기청구권보전 가등기에 의하여 소유권이전의 본등기를 한 경우 가등기 후 본등기 전에 마쳐진 **해당 가등기상 권리를 목적**으로 하는 가압류등기나 가처분등기 등은 등기관이 직권으로 말소하지 않는다(법 제147조 제1항, 예규 제1632호, 5-가-1)).

① 법 제88조
③ **담보가등기에 의한 본등기**를 신청할 경우에는 판결에 의하여 본등기를 신청하는 경우를 제외하고는 **청산절차를 거쳤음을 증명**하기 위하여 청산금 평가통지서 또는 청산금이 없다는 통지서가 도달하였음을 증명하는 정보와 「가등기담보 등에 관한 법률」 제3조에서 정하고 있는 청산기간이 경과한 후에 청산금을 채무자에게 지급(공탁)하였음을 증명하는 정보(청산금이 없는 경우는 제외한다)를 첨부정보로서 등기소에 제공하여야 한다(선례 제201405-1호).
④ 예규 제1632호, 4-가-(1)
⑤ **당해 가등기가 담보 가등기인지 여부**는 당해 가등기가 실제상 채권담보를 목적으로 한 것인지 여부에 의하여 결정되는 것이지 당해 가등기의 등기부상 원인이 매매예약으로 기재되어 있는지 아니면 대물변제예약으로 기재되어 있는가 하는 형식적 기재에 의하여 결정되는 것이 아니다(대결 1998.10.7, 98마1333).

03 소유권이전청구권보전 가등기에 관한 다음 설명 중 가장 옳지 않은 것은?

▶ 2020년 법무사

① 매매예약을 원인으로 한 가등기에 의한 본등기를 신청함에 있어서, 형식상 매매예약을 등기원인으로 하여 가등기가 되어 있으나, 실제로는 매매예약완결권을 행사할 필요 없이 가등기권리자가 요구하면 언제든지 본등기를 하여 주기로 약정한 경우에는, 매매예약완결권을 행사하지 않고서도 본등기를 신청할 수 있으며, 이때에는 별도로 매매계약서를 제출할 필요가 없다.

② 등기관이 지상권설정등기청구권보전 가등기에 의하여 지상권 설정의 본등기를 한 경우 가등기 후 본등기 전에 마쳐진 저당권설정등기를 직권으로 말소하여야 한다.

③ 가등기 후 본등기 전에 마쳐진 등기가 체납처분으로 인한 압류등기인 경우 등기관은 직권말소대상통지를 한 후 이의신청이 있으면 이유 있는지 여부를 검토한 후 말소 여부를 결정한다.

④ 토지거래허가구역 내의 토지에 관하여 소유권이전청구권가등기를 신청하거나 지료에 관한 약정이 있는 지상권설정청구권가등기를 신청하는 경우에는 토지거래허가서를 첨부하여야 한다.

⑤ 소유권이전청구권가등기권자가 가등기에 의한 본등기를 하지 않고 다른 원인에 의한 소유권이전등기를 한 경우, 가등기 후 위 소유권이전등기 전에 제3자 앞으로 처분제한의 등기가 되어 있는 경우에는 다시 그 가등기에 의한 본등기를 할 수 있다.

정답 ⊶ 02 ② 03 ②

해설 ② 등기관이 지상권설정등기청구권보전 가등기에 의하여 지상권 설정의 본등기를 한 경우 가등기 후 본등기 전에 마쳐진 저당권설정등기를 직권으로 말소하여서는 아니 된다(예규 제1632호, 5-나-2), 법 제148조 제2항). 왜냐하면 해당 저당권등기와 지상권등기는 양립가능하며, 저당권등기가 지상권의 권리를 침해하지도 않기 때문이다.

① 예규 제1632호, 4-나-(2)
③ 예규 제1632호, 5-가-1)
④ 예규 제1632호, 2-라
⑤ 예규 제1632호, 4-아

04 가등기와 관련된 다음 설명 중 가장 옳지 않은 것은? ▸2020년 법원사무관

① 가등기에 의한 본등기를 한 경우 본등기의 순위는 가등기의 순위에 따른다.
② 가등기에 의한 본등기를 신청할 때에는 가등기의 등기필정보가 아닌 등기의무자의 권리에 관한 등기필정보를 신청정보의 내용으로 등기소에 제공하여야 한다.
③ 가등기에 의한 본등기 신청은 가등기된 권리 중 일부지분만에 대하여는 할 수 없다.
④ 가등기에 의한 본등기 시 대법원규칙으로 정하는 바에 따라 가등기 이후에 된 등기로서 가등기에 의하여 보전되는 권리를 침해하는 등기를 직권으로 말소하여야 한다.

해설 ③ 가등기에 의한 본등기 신청은 가등기된 권리 중 일부지분에 관해서도 할 수 있다. 이 경우 등기신청서에는 본등기 될 지분을 기재하여야 하고 등기기록에도 그 지분을 기록하여야 한다(예규 제1632호, 4-라).

① 법 제91조
② 예규 제1632호, 4-다
④ 법 제92조

05 가등기에 관한 다음 설명 중 가장 옳지 않은 것은? ▸2019년 등기주사보

① 물권적청구권을 보전하기 위한 가등기나 소유권보존등기를 위한 가등기는 신청할 수 없다.
② 가등기권리자는 법원에 가등기가처분명령을 신청할 수 있고, 이에 따라 가처분한 법원이 가등기촉탁을 한 경우에는 이를 수리한다.
③ 가등기에 의한 본등기를 신청할 때에는 등기의무자의 권리에 관한 등기필정보를 신청정보의 내용으로 등기소에 제공하여야 한다.
④ 농지에 대한 소유권이전청구권가등기의 신청에는 농지취득자격증명을 제공할 필요가 없으나, 토지거래계약허가구역 내의 토지에 대한 소유권이전청구권가등기의 신청에는 토지거래계약허가증을 제공하여야 한다.

해설 ② 1) **가등기를 명하는 가처분명령**은 부동산의 소재지를 관할하는 지방법원이 가등기권리자의 신청으로 가등기 원인사실의 소명이 있는 경우에 할 수 있다(법 제90조 제1항).

　　2) 「부동산등기법」 제89조의 가등기가처분에 관해서는 「**민사집행법**」의 **가처분**에 관한 규정은 준용되지 **않**는다. 따라서 가등기가처분명령을 등기원인으로 하여 법원이 가등기**촉탁**을 하는 때에는 이를 **각하**한다(예규 제1632호, 2–나).

① 예규 제1632호, 2–가
③ 예규 제1632호, 4–다
④ 예규 제1632호, 2–라

06 다음 권리 중 가등기할 수 없는 것은? ▸2017년 등기주사보

① 소유권이전청구권　　　　　　　　② 소유권보존청구권
③ 소유권말소청구권　　　　　　　　④ 지상권설정청구권

해설 ② **물권적 청구권**(**⊕** 원인무효로 인한 소유권말소등기청구권)을 보전하기 위한 가등기나 **소유권보존등기**의 가등기는 할 수 **없**다(예규 제1632호, 2–가).

07 가등기에 관한 다음 설명 중 가장 옳은 것은? ▸2017년 등기서기보

① 가등기는 순위보전적 효력만이 인정되므로 가등기의 이전등기는 할 수 없다.
② 가등기권리자는 법원에 가등기가처분명령을 신청할 수 있고, 이에 따라 가처분한 법원이 가등기촉탁을 한 경우에는 이를 수리한다.
③ 가등기에 의한 본등기를 신청할 때에는 가등기의 등기필정보를 제공하여야 한다.
④ 가등기권리자가 수인인 경우 그중 일부의 가등기권자가 자기의 가등기 지분만에 관하여 본등기를 신청할 수 있다.

해설 ④ 하나의 가등기에 관하여 **여러 사람의 가등기권자**가 있는 경우에, 가등기권자 **모두가 공동의 이름**으로 본등기를 신청하거나, 그중 일부의 가등기권자가 **자기의 가등기지분**에 관하여 **본등기**를 신청할 수 있지만, **일부의 가등기권자**가 공유물보존행위에 준하여 가등기 **전부에 관한 본등기를 신청할 수는 없**다(예규 제1632호, 4–마–(1)).

① 가등기상 권리를 제3자에게 양도한 경우에 양도인과 양수인은 **공동신청**으로 **그 가등기상 권리의 이전등기**를 신청할 수 있고, 그 이전등기는 가등기에 대한 **부기등기**의 형식으로 한다(법 제52조 제2호, 예규 제1632호, 3).

② 「부동산등기법」 제89조의 가등기가처분에 관해서는 「**민사집행법**」의 **가처분**에 관한 규정은 준용되지 **않**는다. 따라서 가등기가처분명령을 등기원인으로 하여 법원이 가등기**촉탁**을 하는 때에는 이를 **각하**한다(예규 제1632호, 2–나).

정답 ◦━ 04 ③　 05 ②　 06 ②　 07 ④

③ 가등기에 의한 본등기를 신청할 때에는 가등기의 등기필정보가 아닌 **등기의무자의 권리에 관한 등기필정보**를 신청정보의 내용으로 등기소에 제공하여야 한다(예규 제1632호, 4-나).

08 가등기에 관한 다음 설명 중 가장 옳지 않은 것은?
▸ 2016년 법원사무관

① 가등기권리자는 가등기의무자의 승낙이 있을 때에는 단독으로 가등기를 신청할 수 있으나, 가등기의무자는 가등기명의인의 승낙을 받더라도 단독으로 가등기의 말소를 신청할 수 없다.

② 가등기에 의한 본등기를 한 경우 본등기의 순위는 가등기의 순위에 따른다. 가등기를 한 후 본등기의 신청이 있을 때에는 가등기의 순위번호를 사용하여 본등기를 하여야 한다.

③ 대물반환의 예약을 원인으로 한 가등기신청을 할 경우 등기신청서 기재사항 중 등기의 목적은 본등기 될 권리의 이전담보가등기(예 소유권이전담보가등기, 저당권이전담보가등기 등)라고 기재한다.

④ 가등기는 소유권, 지상권, 지역권, 전세권, 저당권, 권리질권, 채권담보권, 임차권의 설정, 이전, 변경 또는 소멸의 청구권을 보전하려는 경우나 그 청구권이 시기부·정지조건부일 경우, 그 밖에 장래에 확정될 것인 경우에 한다.

해설 ① 1) **가등기권리자**는 제23조 제1항(➌ 원칙적 공동신청)에도 불구하고 가등기의무자의 승낙이 있거나 가등기를 명하는 법원의 가처분명령이 있을 때에는 **단독으로 가등기를 신청**할 수 있다(법 제89조).
2) **가등기명의인**은 제23조 제1항(➌ 원칙적 공동신청)에도 불구하고 단독으로 가등기의 말소를 신청할 수 있으며, **가등기의무자** 또는 가등기에 관하여 **등기상 이해관계 있는 자**도 가등기명의인의 승낙을 받아 **단독으로 가등기의 말소를 신청**할 수 있다(법 제93조).

② 법 제91조, 규칙 제146조
③ 예규 제1632호, 2-다
④ 법 제88조

09 가등기에 관한 다음 설명 중 가장 옳지 않은 것은?
▸ 2015년 등기서기보

① 물권적 청구권을 보전하기 위한 가등기나 소유권보존등기의 가등기는 할 수 없다.

② 가등기가처분명령에 의하여 가등기권리자가 단독으로 가등기신청을 할 경우에는 등기의무자의 등기필정보를 신청정보의 내용으로 등기소에 제공할 필요가 없다.

③ 농지에 대한 소유권이전청구권가등기의 신청서에는 농지취득자격증명을 첨부할 필요가 없다.

④ 가등기명의인이 사망한 후에 그 상속인이 가등기의 말소를 신청하는 경우에는 그 전제로서 먼저 상속인 앞으로 상속등기를 하여야 한다.

해설 ④ 가등기명의인이 사망한 후에 상속인이 가등기의 말소를 신청하는 경우에도 **상속등기를 거칠 필요 없이** 신청서에 상속인임을 증명하는 서면과 인감증명서를 첨부하여 가등기의 말소를 신청할 수 있다(예규 제1632호, 6-나-2)).

① 예규 제1632호, 2-가
② 예규 제1632호, 2-나-(2)
③ 예규 제1632호, 2-라

10 다음은 가등기와 관련한 설명이다. 가장 옳은 것은? ▶ 2012년 법무사

① 채권적 청구권뿐 아니라 물권적 청구권을 보전하기 위한 가등기나 소유권보존등기의 가등기도 가능하다.
② 등기상 이해관계인과 달리 가등기의무자는 가등기명의인의 승낙을 받더라도 단독으로 가등기의 말소를 신청할 수 없다.
③ 소유권이전청구권가등기 후 그 본등기 전에 제3자에게 소유권이 이전되었다면 가등기 당시 소유자 또는 제3취득자를 등기의무자로 하여 본등기를 신청할 수 있다.
④ 소유권이전등기청구권 가등기에 의한 본등기를 하는 경우 가등기 후의 모든 등기는 본등기와 동시에 등기관이 직권으로 말소하고 그 사실을 등기명의인에게 통지하여야 한다.
⑤ 가등기가처분명령을 등기원인으로 하여 법원이 가등기촉탁을 하는 때에는 이를 각하한다.

해설 ⑤ 예규 제1632호, 2-나-(1)

① 「부동산등기법」 제3조에서 규정하고 있는 물권 또는 부동산임차권의 변동을 목적으로 하는 청구권에 관해서만 가등기를 할 수 있다. 따라서 **물권적 청구권(❶** 원인무효로 인한 소유권 말소등기청구권)을 보전하기 위한 가등기나 소유권보존등기의 가등기는 할 수 **없다**(예규 제1632호, 2-가).
② **가등기의무자** 또는 가등기에 관하여 **등기상 이해관계 있는 자**는 제23조 제1항(❶ 원칙적 공동신청)에도 불구하고 가등기명의인의 승낙을 받아 **단독으로 가등기의 말소**를 신청할 수 있다(법 제93조 제2항).
③ 가등기에 의한 본등기 신청의 등기의무자는 **가등기를 할 때의 소유자**이며, 가등기 후에 제3자에게 소유권이 이전된 경우에도 가등기의무자는 변동되지 않는다(예규 제1632호, 4-가-(1)).
④ 소유권이전등기청구권보전 가등기에 의하여 소유권이전의 본등기를 한 경우 가등기 후 본등기 전에 마쳐진 **해당 가등기상 권리를 목적**으로 하는 **가압류등기**나 **가처분등기** 등은 등기관이 **직권으로 말소**하지 않는다(법 제147조 제1항, 예규 제1632호, 5-가-1)).

11 가등기된 권리의 이전등기에 관한 다음 설명 중 가장 옳지 않은 것은?

▶ 2020년 등기서기보, 2019년 법원사무관

① 가등기된 권리를 제3자에게 양도한 경우에 양도인과 양수인의 공동신청으로 가등기의 이전등기를 신청할 수 있으며, 그 등기는 가등기에 대한 부기등기로 한다.

② 매매로 인한 소유권이전등기청구권 가등기에 대한 이전등기는 특별한 사정이 없는 이상 매도인인 소유명의인의 승낙이 있음을 증명하는 정보와 인감증명을 첨부정보로서 제공하여야 한다.

③ 하나의 가등기에 대하여 수인의 가등기권리자가 있는 경우에 그 권리자 중 1인의 지분만에 대한 이전등기는 신청할 수 있으나, 가등기의 권리를 단독으로 가지고 있는 경우에는 그 권리의 일부 지분만에 대하여는 이전등기를 신청할 수 없다.

④ 수인의 가등기권자의 지분이 기록되지 아니한 경우에 일부 가등기권자가 균등하게 산정한 지분과 다른 지분으로 그 가등기에 대한 이전등기를 신청하고자 할 경우에는 먼저 가등기 지분을 기록하는 의미의 경정등기신청을 가등기권자 전원이 공동으로 하여야 한다.

> **해설** ③ 가등기상 권리의 이전등기신청은 가등기된 권리 중 일부지분에 관해서도 할 수 있다. 이 경우 등기신청서에는 이전되는 **지분을** 기재하여야 하고 등기기록에도 그 **지분을** 기록하여야 한다(예규 제1632호, 3-(2)).
>
> ① 예규 제1632호, 3-(1)
> ② **매매로 인한 소유권이전등기청구권**은 특별한 사정이 없는 이상 그 **권리의 성질상 양도가 제한**되고 그 양도에 (⊕ 소유권이전등기청구권의 채무자)**매도인의 승낙**이나 **동의**를 요한다고 할 것이므로(대판 2001.10.9, 2000다51216 참조), 위 가등기의 이전등기를 신청하는 경우에는 매도인인 소유명의인의 **승낙이 있음을 증명**하는 정보와 **인감증명**을 첨부정보로서 등기소에 제공하여야 한다(선례 제201803-1호).
> ④ 예규 제1632호, 3-(3)

12 가등기의 말소에 관한 다음 설명 중 가장 옳지 않은 것은?

▶ 2019년 법무사

① 가등기의무자나 가등기 후 소유권을 취득한 제3취득자는 가등기의 말소를 신청할 수 있는 등기권리자이다.

② 공유자 중 1인이 공유물의 보존행위로서 가등기명의인을 상대로 가등기말소를 명하는 확정판결을 받은 경우에 그 공유자는 단독으로 가등기 말소신청을 할 수 있다.

③ 가등기가처분명령에 의하여 마쳐진 가등기는 통상의 가등기 말소절차에 따라야 하며, 민사집행법에서 정한 가처분 이의의 방법으로 가등기의 말소를 구할 수는 없다.

④ 가등기명의인이 스스로 가등기의 말소를 단독으로 신청하는 경우에는 가등기명의인의 가등기에 관한 등기필정보를 제공하지 않아도 된다.

⑤ 가등기명의인이 사망한 후에 상속인이 가등기의 말소를 신청하는 경우에도 상속등기를 거칠 필요 없이 신청서에 상속인임을 증명하는 서면 등을 첨부하여 가등기의 말소를 신청할 수 있다.

해설 ④ **가등기명의인**이 가등기의 말소를 **신청**하는 경우에는 가등기명의인의 권리에 관한 **등기필정보**(가등기에 관한 등기필정보)를 신청정보의 내용으로 등기소에 **제공**하여야 한다(예규 제 1632호, 6─다).

① 예규 제1632호, 6─가
② 공유자 중 1인이 공유물의 보존행위로서 가등기명의인을 상대로 가등기말소를 명하는 확정 판결을 받은 경우 그 공유자는 위 판결을 첨부하여 **단독**으로 가등기 말소신청을 할 수 있다 (선례 제201009─3호).
③ 예규 제1632호, 6─라
⑤ 예규 제1632호, 6─나─2)

13 가등기의 말소절차에 관한 다음 설명 중 가장 옳지 않은 것은? ▸ 2018년 등기주사보

① 가등기에 의한 본등기가 마쳐진 상태에서는 가등기의 말소등기절차를 이행할 것을 명 하는 판결을 받아 그 가등기만의 말소등기를 신청할 수 없다.
② 소유권에 관한 가등기명의인이 단독으로 가등기의 말소를 신청할 수 있는데, 이 경우 가등기의 말소등기를 신청할 때에는 가등기명의인의 인감증명과 등기필정보를 제공하 여야 한다.
③ 가등기가처분명령에 의하여 이루어진 가등기는 민사집행법에서 정한 가처분 이의의 방 법으로 가등기말소를 하여야 한다.
④ 가등기의 말소를 신청하는 경우에는 가등기명의인의 표시에 변경 또는 경정 사유가 있 는 때라도 변경 또는 경정을 증명하는 정보를 제공한 경우에는 가등기명의인 표시의 변경등기 또는 경정등기를 생략할 수 있다.

해설 ③ **가등기가처분명령**에 의하여 이루어진 가등기는 **통상의 가등기 말소절차**에 따라야 하며, 「민사집행법」에서 정한 **가처분 이의**의 방법으로 가등기의 말소를 구할 수 **없다**(예규 제 1632호, 6─라).

① 갑명의의 소유권이전등기청구권가등기가 경료되고 그 후 소유자를 상대로 한 을명의의 처분 금지가처분등기가 경료된 다음, 갑이 위 가등기에 의하여 본등기를 한 상태에서 을이 위 가등 기의 말소등기절차를 이행할 것을 명하는 판결을 받아 위 판결에 의하여 가등기의 말소등기를 신청하였을 경우, **본등기가 경료된 이후**에는 그 **가등기만의 말소**등기를 신청할 수 **없을 것이** 며, 본등기의 말소등기절차를 이행할 것을 명하는 판결이 아닌 위 판결로서는 본등기의 말소등 기를 신청할 수 없다. 또한 본등기의 순위는 가등기의 순위에 의하므로 갑명의의 가등기보다

나중에 경료된 을명의의 처분금지가처분등기에 의하여 위 본등기가 말소될 수도 없다(선례 제4-586호).

② 1) **가등기명의인**이 가등기의 말소를 **신청**하는 경우에는 가등기명의인의 권리에 관한 **등기필 정보**(가등기에 관한 등기필정보)를 신청정보의 내용으로 등기소에 **제공**하여야 한다(예규 제1632호, 6-다).

　 2) **소유권**에 관한 가등기명의인이 **가등기의 말소등기**를 신청하는 경우 가등기명의인의 인감 증명을 제출하여야 한다(규칙 제60조 제1항 제2호).

④ 예규 제1632호, 6-나-1)

14 가등기 말소에 관한 다음 설명 중 가장 옳지 않은 것은?　▶ 2018년 등기서기보

① 가등기 후 소유권을 취득한 제3취득자는 등기권리자로서 가등기의 말소를 신청할 수 있다.

② 가등기가처분명령에 의하여 이루어진 가등기는 「민사집행법」에서 정한 가처분 이의의 방법으로 가등기의 말소를 구할 수 있다.

③ 가등기명의인의 상속인이 가등기의 말소를 신청하는 경우에 상속등기를 거칠 필요 없이 신청서에 상속인임을 증명하는 서면과 인감증명서를 첨부하여 가등기의 말소를 신청할 수 있다.

④ 가등기권자가 가등기에 의하지 않고 다른 원인으로 소유권이전등기를 하였을 경우 그 부동산의 소유권이 제3자에게 이전되기 전에는 가등기권자의 단독신청으로 혼동을 등기원인으로 한 가등기의 말소를 신청할 수 있다.

해설 ② **가등기가처분명령**에 의하여 이루어진 가등기는 **통상의 가등기 말소절차**에 따라야 하며, 「민사집행법」에서 정한 **가처분 이의**의 방법으로 가등기의 말소를 구할 수 **없**다(예규 제 1632호, 6-라).

① 예규 제1632호, 6-가
③ 예규 제1632호, 6-나-2)
④ 예규 제1632호, 6-마

15 가등기의 말소등기에 관한 다음 설명 중 가장 옳지 않은 것은? ▸2014년 법무사

① 가등기에 의한 본등기가 마쳐진 상태에서는 가등기의 말소등기절차를 이행할 것을 명하는 판결을 받아 그 가등기만의 말소등기를 신청할 수 없다.

② 가등기가처분명령에 의하여 이루어진 가등기는 민사집행법에서 정한 가처분 이의의 방법으로 가등기의 말소를 구하여야 한다.

③ 가등기 이후에 마쳐진 압류등기의 압류권자는 체납처분에 따른 공매로 인한 소유권이전등기를 촉탁할 때 가등기권자의 승낙서 또는 이에 대항할 수 있는 재판의 등본을 첨부하여 그 가등기의 말소등기촉탁을 할 수 있다.

④ 가등기의 말소를 신청하는 경우에는 가등기명의인의 표시에 변경 또는 경정의 사유가 있는 때라도 신청서에 그 변경 또는 경정을 증명하는 서면을 첨부함으로써 가등기명의인표시의 변경등기 또는 경정등기를 생략할 수 있다.

⑤ 소유권이전청구권가등기의 명의인이 소재불명이 된 경우 현 소유자는 부동산등기법 제56조에 따라 공시최고신청을 하여 제권판결을 받아 단독으로 그 가등기의 말소등기를 신청할 수 있다.

해설 ② 가등기가처분명령에 의하여 이루어진 가등기는 통상의 가등기 말소절차에 따라야 하며, 「민사집행법」에서 정한 가처분 이의의 방법으로 가등기의 말소를 구할 수 없다(예규 제1632호, 6-라).

③ 1) 공매처분으로 소유권이 이전된 경우에는 매각 부동산 위에 설정된 저당권이 소멸하는 바, 매각에 수반하여 소멸하는 근저당권의 등기보다 후순위인 가등기는 가등기권자의 동의 없이도 관할무서장의 촉탁에 의하여 말소된다(선례 제1-656호).

2) 체납처분에 의한 공매로 인한 권리이전등기를 할 때 압류등기 이전에 경료된 가등기가 등기부상 담보가등기인 취지가 기재되어 있지 않아 매각에 수반하여 소멸되는 권리로서 그 가등기의 말소촉탁을 할 수 없는 경우 그 가등기의 말소절차는 통상의 가등기말소의 경우와 다르지 아니하며, 이 경우 압류권자는 그 가등기의 말소에 관한 등기상 이해관계인이라 할 수 있을 것이므로 가등기말소등기신청서에 그 가등기명의인의 승낙서 또는 이에 대항할 수 있는 재판의 등본을 첨부하여 그 가등기의 말소를 신청할 수 있을 것이다(선례 제2-569호).

④ 예규 제1632호, 6-나-1)

⑤ 등기권리자가 등기의무자의 소재불명으로 인하여 공동으로 등기의 말소를 신청할 수 없을 때에는 「민사소송법」에 따라 공시최고를 신청할 수 있다. 이 경우에 제권판결이 있으면 등기권리자가 그 사실을 증명하여 단독으로 등기의 말소를 신청할 수 있다(법 제56조).

02 특수(가등기가처분)

01 가등기를 명하는 법원의 가처분명령(이 문제에서 "가등기가처분명령"이라 한다)에 따른 가등기에 관한 다음 설명 중 가장 옳지 않은 것은? ▶2021년 법무사

① 가등기가처분명령을 등기원인으로 하여 법원이 가등기촉탁을 한 경우 등기관은 다른 각하사유가 없는 한 이를 수리하여야 한다.

② 가등기가처분명령에 의하여 마쳐진 가등기의 효력은 일반적인 가등기의 효력과 아무런 차이가 없으므로, 이러한 명령에 의하여 마쳐진 근저당권설정등기청구권 보전 가등기의 경우에도 그 이전등기를 할 수 있다.

③ 가등기가처분명령에 의하여 이루어진 가등기는 통상의 가등기 말소절차에 따라야 하며, 민사집행법에서 정한 가처분 이의의 방법으로 가등기의 말소를 구할 수 없다.

④ 가등기가처분명령은 부동산의 소재지를 관할하는 지방법원이 가등기권리자의 신청으로 가등기 원인사실의 소명이 있는 경우에 할 수 있다.

⑤ 가등기가처분명령에 의한 가등기 후에 마쳐진 제3자 명의의 소유권이전등기는 위 가등기에 기한 본등기가 이루어지면 가등기의 순위보전의 효력과 물권의 배타성에 의하여 등기관이 직권으로 말소하여야 한다.

해설 ① 「부동산등기법」 제89조의 가등기가처분에 관해서는 「민사집행법」의 가처분에 관한 규정은 준용되지 않는다. 따라서 가등기가처분명령을 등기원인으로 하여 법원이 가등기촉탁을 하는 때에는 이를 각하한다(예규 제1632호, 2-나-(1)).

② 법원의 가등기가처분결정에 의하여 경료된 가등기의 효력은 일반적인 가등기의 효력과 아무런 차이가 없으므로, 법원의 가등기가처분결정에 의하여 경료된 근저당권설정등기청구권 가등기의 경우에도 부기등기의 형식으로 이전등기를 할 수 있으며, 그 가등기에 의하여 보전된 근저당권설정등기청구권의 일부 이전의 부기등기도 할 수 있을 것이다(선례 제5-574호).

③ 예규 제1632호, 6-라

④ 법 제90조 제1항

⑤ 법 제92조

02 다음은 가등기를 명하는 법원의 가처분명령에 의한 가등기의 설명이다. 가장 옳지 않은 것은?

▸ 2017년 법무사

① 가등기를 명하는 가처분명령은 부동산의 소재지를 관할하는 지방법원이 가등기권리자의 신청으로 가등기 원인사실의 소명이 있는 경우에 할 수 있다.

② 가등기를 명하는 법원의 가처분명령에 의하여 경료된 근저당권설정등기청구권 가등기의 경우에도 부기등기의 형식으로 이전등기를 할 수 있다.

③ 가등기를 명하는 법원의 가처분명령에 의하여 가등기를 하는 경우 등기의무자의 권리에 관한 등기필정보가 등기소에 제공될 필요가 없다.

④ 가등기를 명하는 가처분명령의 신청을 각하한 결정에 대하여는 즉시항고를 할 수 있다.

⑤ 가등기를 명하는 법원의 가처분명령을 등기원인으로 하여 법원이 가등기촉탁을 하는 때에는 다른 각하사유가 없는 한 이를 수리하여야 한다.

해설 ⑤ 「부동산등기법」 제89조의 가등기가처분에 관해서는 「민사집행법」의 가처분에 관한 규정은 준용되지 **않는다**. 따라서 가등기가처분명령을 등기원인으로 하여 법원이 가등기촉탁을 하는 때에는 이를 **각하한다**(예규 제1632호, 2-나-(1)).

①, ④ 법 제90조
③ 예규 제1632호, 2-나-(2)

정답 ↤ 01 ① 02 ⑤

02 본등기

01 가등기에 의한 본등기에 관한 다음 설명 중 가장 옳지 않은 것은? ▶ 2019년 등기서기보

① 소유권이전청구권가등기 후에 제3자에게 소유권이 이전되었다 하더라도 그 가등기에 의한 본등기의 등기의무자는 가등기를 할 때의 소유권의 등기명의인이다.

② 소유권이전청구권가등기에 의하여 소유권이전의 본등기를 한 경우라도 그 가등기 후에 마쳐진 해당 가등기상 권리를 목적으로 하는 가압류 또는 가처분 등기는 직권으로 말소할 수 없다.

③ 전세권설정등기청구권가등기에 의하여 전세권설정의 본등기를 한 경우에는 그 가등기 후에 동일한 범위에 마쳐진 임차권설정등기를 직권으로 말소하여야 한다.

④ 근저당권설정등기청구권가등기에 의하여 근저당권설정의 본등기를 한 경우에는 그 가등기 후에 마쳐진 저당권설정등기를 직권으로 말소하여야 한다.

> **해설** ④ (근)저당권설정등기청구권보전가등기에 기하여 (근)저당권설정의 본등기를 한 경우에는 가등기에 후에 경료된 제3자명의의 등기는 저당권설정의 본등기와 양립할 수 있으므로 **직권말소**할 수 **없다**(법 제148조 제3항, 예규 제1632호, 5-나-3)).
>
> ① 예규 제1632호, 4-가-(1)
> ② 예규 제1632호, 5-가-1)
> ③ 예규 제1632호, 5-나-1)

02 가등기에 의한 본등기에 관한 다음 설명 중 가장 옳지 않은 것은? ▶ 2018년 법무사

① 가등기를 마친 후에 가등기권자가 사망한 경우, 가등기권자의 상속인이 가등기의무자와 공동으로 본등기를 신청하기 위해서는 먼저 상속등기를 마쳐야 한다.

② 매매를 원인으로 한 가등기가 되어 있는 경우, 그 가등기의 원인일자와 판결주문에 나타난 원인일자가 다르다 하더라도 판결이유에 의하여 매매의 동일성이 인정된다면 그 판결에 의하여 가등기에 의한 본등기를 신청할 수 있다.

③ 담보가등기에 의한 본등기를 신청할 때에는 「부동산등기규칙」 제43조에서 신청정보의 내용으로 정하고 있는 사항 외에 본등기할 담보가등기의 표시, 「가등기담보 등에 관한 법률」 제3조에서 정하고 있는 청산금 평가통지서가 채무자 등에게 도달한 날을 신청정보의 내용으로 등기소에 제공하여야 한다.

④ 하나의 가등기에 관하여 여러 사람의 가등기권자가 있는 경우에, 그중 일부의 가등기권자가 자기의 가등기 지분에 관하여 본등기를 신청할 수 있다.

⑤ 저당권설정등기청구권보전가등기에 의하여 저당권설정의 본등기를 한 경우에 가등기 후에 마쳐진 제3자 명의의 등기는 저당권설정의 본등기와 양립할 수 있으므로 직권말소할 수 없다.

해설 ① 1) 가등기를 마친 후에 **가등기권자가 사망**한 경우, 가등기권자의 상속인은 **상속등기를 할 필요 없이** 상속을 증명하는 서면을 첨부하여 가등기의무자와 공동으로 본등기를 신청할 수 있다.

2) 가등기를 마친 후에 **가등기의무자가 사망**한 경우, 가등기의무자의 상속인은 **상속등기를 할 필요 없이** 상속을 증명하는 서면과 인감증명 등을 첨부하여 가등기권자와 공동으로 본등기를 신청할 수 있다(예규 제1632호, 4-가).

② 예규 제1632호, 4-바-(2)
③ 예규 제1632호, 4-사
④ 예규 제1632호, 4-마-(1)
⑤ 예규 제1632호, 5-나-3)

03 가등기에 의한 본등기에 관한 다음 설명 중 가장 옳지 않은 것은? ▸ 2018년 등기주사보

① 하나의 가등기에 관하여 여럿의 가등기권자가 있는 경우에 그중 일부의 가등기권자가 공유물 보존행위에 준하여 가등기 전부에 관한 본등기를 신청할 수 있다.

② 가등기를 마친 후 가등기당사자가 사망한 경우에는 사망한 사람이 가등기상의 권리자이든 의무자이든 관계없이 그 상속인은 상속등기를 거치지 않고 본등기를 신청할 수 있다.

③ 소유권이전청구권 보전 가등기 후 본등기 전에 제3자에게 소유권이 이전된 경우 본등기신청의 등기의무자는 가등기를 할 때의 소유자이다.

④ 가등기 후 본등기 전에 마쳐진 등기가 체납처분으로 인한 압류등기인 경우에는 직권말소 대상통지를 한 후 이의신청이 있으면 이유 있는지 여부를 검토한 후 말소여부를 결정한다.

해설 ① 하나의 가등기에 관하여 **여러 사람의 가등기권자**가 있는 경우에, 가등기권자 **모두가 공동의 이름**으로 본등기를 신청하거나, 그중 일부의 가등기권자가 **자기의 가등기지분에 관하여 본등기**를 신청할 수 있지만, **일부의 가등기권자가 공유물보존행위에 준하여 가등기 전부에 관한 본등기를 신청할 수는 없**다(예규 제1632호, 4-마-(1)).

② 예규 제1632호, 4-가-(2), (3)
③ 예규 제1632호, 4-가-(1)
④ 예규 제1632호, 5-가-2)

04 가등기에 의한 본등기와 관련한 다음 설명 중 가장 옳지 않은 것은? ▸ 2018년 법원사무관

① 소유권이전청구권보전가등기 후 본등기 전에 제3자에게 소유권이 이전된 경우 본등기 신청의 등기의무자는 가등기를 할 때의 소유자이다.

② 하나의 가등기에 관하여 여러 사람의 가등기권자가 있는 경우에는 가등기권자 모두가 공동의 이름으로 본등기를 신청하거나, 그중 일부의 가등기권자가 자기의 가등기 지분에 관하여 본등기를 신청할 수 있다.

③ 매매예약을 원인으로 한 가등기에 의한 본등기를 신청할 때에는 본등기의 원인일자는 매매예약완결의 의사표시를 한 날을 기재하며, 등기원인을 증명하는 서면으로 매매계약서와 가등기할 때 통지받은 가등기의 등기필정보를 제공하여야 한다.

④ 저당권설정등기청구권 보전을 위한 가등기에 기하여 저당권설정의 본등기를 한 경우에는 가등기 후에 마쳐진 제3자 명의의 등기는 직권으로 말소할 수 없다.

> **해설** ③ 매매예약을 원인으로 한 가등기에 의한 본등기를 신청함에 있어서, 본등기의 원인일자는 **매매예약완결의 의사표시를 한 날**로 기재하여야 하나, 등기원인을 증명하는 서면은 **매매계약서**를 제출하여야 한다(예규 제1632호, 4-나-(1)). 가등기에 의한 본등기를 신청할 때에는 가등기의 등기필정보가 아닌 **등기의무자의 권리에 관한 등기필정보**를 신청정보의 내용으로 등기소에 제공하여야 한다(예규 제1632호, 4-다).
>
> ① 예규 제1632호, 4-가-(1)
> ② 예규 제1632호, 4-마-(1)
> ④ 예규 제1632호, 5-나-3)

05 가등기에 의한 본등기를 하였을 때의 등기절차에 관한 다음 설명 중 가장 옳지 않은 것은?
▸ 2016년 법무사

① 소유권이전등기청구권 보전 가등기에 기하여 소유권이전의 본등기를 한 경우 가등기 후 본등기 전에 마쳐진, 해당 가등기상 권리를 목적으로 하는 가압류등기나 가처분등기는 등기관이 직권으로 말소하여서는 아니 된다.

② 위 ①의 경우 가등기 전에 마쳐진 근저당권에 의한 임의경매개시결정 등기(이 임의경매개시결정 등기는 가등기 후 본등기 전에 마쳐짐)는 등기관이 직권으로 말소하여서는 아니 된다.

③ 위 ①의 경우 가등기 후 본등기 전에 마쳐진 체납처분에 의한 압류등기는 등기관이 직권으로 말소한다.

④ 등기관이 전세권설정등기청구권 보전 가등기에 의하여 전세권 설정의 본등기를 한 경우 가등기 후 본등기 전에 마쳐진 전세권설정등기(동일한 부분에 마쳐진 등기로 한정한다)는 등기관이 직권으로 말소한다.

⑤ 위 ④의 경우 가등기 후 본등기 전에 마쳐진 소유권이전등기는 등기관이 직권으로 말소할 수 없다.

해설 ③ 등기관이 본등기를 한 경우 그 가등기 후 본등기 전에 마쳐진 **체납처분으로 인한 압류등기**에 대하여는 **직권말소대상통지**를 한 후 이의신청이 있으면 대법원예규로 정하는 바에 따라 직권말소 여부를 결정한다(규칙 제147조 제2항).

① 예규 제1632호, 5-가-1)
② 예규 제1632호, 5-가-1)
④ 예규 제1632호, 5-나-1)
⑤ 예규 제1632호, 5-나-2)

06 가등기에 의한 본등기에 관한 다음 설명 중 가장 옳지 않은 것은? ▸ 2014년 법무사

① 가등기를 마친 후에 가등기권자가 사망한 경우, 가등기권자의 상속인은 상속등기를 할 필요 없이 상속을 증명하는 정보를 첨부정보로 제공하여 가등기의무자와 공동으로 본등기를 신청할 수 있다.

② 가등기에 의한 본등기를 신청할 때에는 가등기의 등기필정보가 아닌 등기의무자의 권리에 관한 등기필정보를 신청정보의 내용으로 등기소에 제공하여야 한다.

③ 매매대금의 지급을 담보하기 위하여 마쳐진 가등기에 의한 본등기를 신청하는 경우에는 「가등기담보 등에 관한 법률」 소정의 청산절차가 필요하다.

④ 가등기에 의한 본등기 신청은 가등기된 권리 중 일부지분에 관해서도 할 수 있다.

⑤ 두 사람의 가등기권자 중 한 사람이 가등기상 권리를 다른 가등기권자에게 양도한 경우, 양수한 가등기권자 한 사람의 이름으로 본등기를 신청하기 위해서는, 먼저 가등기상 권리의 양도를 원인으로 한 지분이전의 부기등기를 마쳐야 한다.

해설 ③ 가등기담보 등에 관한 법률은 차용물의 반환에 관하여 다른 재산권을 이전할 것을 예약한 경우에 적용되므로 **금전소 비대차**나 **준소비대차**에 기한 차용금반환채무 이외의 채무(❀ 예컨대, **매매대금채무**)를 담보하기 위하여 경료된 가등기나 양도담보에는 위 법이 **적용되지 아**니하나, 금전소비대차나 준소비대차에 기한 차용금반환채무와 그 외의 원인으로 발생한 채무를 동시에 담보할 목적으로 경료된 가등기나 소유권이전등기라도 그 후 후자의 채무가 변제 기타의 사유로 소멸하고 금전소비대차나 준소비대차에 기한 차용금반환채무의 전부 또는 일부만이 남게 된 경우에는 그 가등기담보나 양도담보에 가등기담보 등에 관한 법률이 적용된다(대판 2004.4.27, 2003다29968).

① 예규 제1632호, 4-가-(2)
② 예규 제1632호, 4-다
④ 예규 제1632호, 4-라
⑤ 예규 제1632호, 4-마-(3)

07 가등기에 기한 본등기절차에 관한 설명이다. 가장 옳은 것은? ▸ 2013년 법무사

① 가등기를 마친 후에 가등기의무자가 사망한 경우, 가등기의무자의 상속인은 상속등기를 한 후에 가등기권자와 공동으로 본등기를 신청하여야 한다.

② 가등기에 의한 본등기를 신청할 때에는 등기의무자의 권리에 관한 등기필정보와 가등기의 등기필정보를 같이 등기소에 제공하여야 한다.

③ 가등기 후에 제3자에게 소유권이 이전된 경우에 가등기의무자는 현재의 소유권의 등기명의인이 된다.

④ 하나의 가등기에 관하여 여러 사람의 가등기권자가 있는 경우에 일부의 가등기권자가 가등기 전부에 관한 본등기를 신청할 수 없다.

⑤ 판결주문에서 피고에게 가등기에 의한 본등기절차의 이행을 명하지 않은 경우에는 그 판결로써 가등기에 의한 본등기를 신청할 수 없다.

해설 ④ 예규 제1632호, 4-마-(1)

① 1) 가등기를 마친 후에 **가등기권자**가 **사망**한 경우, 가등기권자의 상속인은 **상속등기를 할 필요 없이** 상속을 증명하는 서면을 첨부하여 가등기의무자와 공동으로 본등기를 신청할 수 있다.

　　2) 가등기를 마친 후에 **가등기의무자**가 **사망**한 경우, 가등기의무자의 상속인은 **상속등기를 할 필요 없이** 상속을 증명하는 서면과 인감증명 등을 첨부하여 가등기권자와 공동으로 본등기를 신청할 수 있다(예규 제1632호, 4-가).

② 가등기에 의한 본등기를 신청할 때에는 **가등기의 등기필정보가 아닌 등기의무자의 권리에 관한 등기필정보**를 신청정보의 내용으로 등기소에 제공하여야 한다(예규 제1632호, 4-다).

③ 가등기에 의한 본등기 신청의 등기의무자는 **가등기를 할 때의 소유자**이며, 가등기 후에 제3자에게 소유권이 이전된 경우에도 가등기의무자는 변동되지 않는다(예규 제1632호, 4-가-(1)).

⑤ 판결의 **주문**에 피고에게 소유권이전청구권가등기에 의한 본등기 절차의 이행을 명하지 않고 **매매로 인한 소유권이전등기절차의 이행을 명한 경우라도**, 판결**이유**에 의하여 피고의 소유권이전등기절차의 이행이 가등기에 의한 **본등기** 절차의 이행임이 **명백**한 때에는, 그 판결을 원인증서로 하여 가등기에 의한 본등기를 신청할 수 있다(예규 제1632호, 4-바-(3)).

08 가등기에 의하여 보전되는 권리를 침해하는 가등기 이후 등기의 직권말소에 관한 다음 설명 중 가장 옳지 않은 것은?

▶ 2017년 등기주사보

① 등기관이 소유권이전등기청구권 보전 가등기에 의하여 소유권이전의 본등기를 한 경우 가등기 전에 마쳐진 근저당권에 의한 임의경매개시결정등기는 말소하지 않는다.

② 등기관이 소유권이전등기청구권 보전 가등기에 의하여 소유권이전의 본등기를 한 경우 가등기 전에 마쳐진 가압류에 의한 강제경매개시결정등기는 직권으로 말소한다.

③ 저당권설정등기청구권 보전 가등기에 의하여 저당권 설정의 본등기를 한 경우 가등기 후 본등기 전에 마쳐진 등기는 직권말소의 대상이 되지 아니한다.

④ 등기관이 가등기 이후의 등기를 말소하였을 때에는 지체 없이 그 사실을 말소된 권리의 등기명의인에게 통지하여야 한다.

> **해설** ② 소유권이전등기청구권보전 가등기에 의하여 소유권이전의 본등기를 한 경우 **가등기 전**에 마쳐진 가압류에 의한 강제경매개시결정등기는 직권으로 말소하지 않는다(법 제147조 제1항, 예규 제1632호, 5-가-(1)).
>
> ① 예규 제1632호, 5-가-1)
> ③ 예규 제1632호, 5-나-3)
> ④ 예규 제1632호, 5-다

제2절 | 처분제한

✦ **종합문제**

01 처분제한 등기에 관한 다음 설명 중 가장 옳지 않은 것은? ▸ 2022년 법무사

① 건물을 증축하거나 부속건물을 신축하고 아직 그 표시변경등기를 하지 아니한 건물에 대하여 집행법원에서 처분제한의 등기를 촉탁하면서 건축물대장과 도면(증축 또는 신축된 것)을 첨부하여 표시변경등기 촉탁을 하였더라도 등기관은 이를 수리할 수 없다.

② 가처분의 피보전권리가 지상권설정등기청구권으로 소유명의인을 가처분채무자로 하는 경우에는 그 가처분등기를 등기기록 중 을구에 한다.

③ 미등기부동산에 대한 처분제한 등기의 촉탁에 의하여 등기관이 직권으로 소유권보존등기를 하는 경우에는 국민주택채권을 매입하지 않았다고 하여 그 촉탁을 각하할 수 없다.

④ 국세징수법에 따른 공매공고 등기는 공매를 집행하는 압류등기의 부기등기로 하고, 납세담보로 제공된 부동산에 대한 공매공고 등기는 갑구에 주등기로 실행한다.

⑤ 가처분권리자가 피상속인과의 원인행위에 의한 권리의 이전·설정의 등기청구권을 보전하기 위해 상속인들을 상대로 처분금지가처분신청을 하여 집행법원이 인용하고 피상속인 명의의 부동산에 대해 상속관계를 표시하여(등기의무자를 "망 ○○○의 상속인 ○○○" 등) 가처분등기 촉탁을 한 경우 상속등기를 거침이 없이 가처분등기를 할 수 있다.

해설 ② 등기관이 **가처분등기**를 할 때에는 가처분의 **피보전권리**와 **금지사항**을 **기록**하여야 한다. 가처분의 피보전권리가 소유권 이외의 권리설정등기청구권으로서 소유명의인을 가처분채무자로 하는 경우에는 그 가처분등기를 **등기기록 중 갑구**에 한다(규칙 제151조).

① 건물의 증축 또는 부속건물을 신축하고 아직 그 표시변경등기를 하지 아니한 건물에 대하여 집행법원에서 처분제한의 등기를 촉탁하면서 가옥대장과 도면(증축 또는 신축된 것)을 첨부하여 표시변경등기 촉탁을 하였더라도 건물표시변경은 촉탁으로 할 수 있는 것이 아니기 때문에 채권자가 미리 대위로 표시 변경을 아니하는 한 이를 수리할 수 없다 할 것이다(예규 제441호).

③ 1. 미등기부동산에 대한 처분제한 등기의 촉탁에 의하여 등기관이 **직권**으로 소유권보존등기를 완료한 때에는 납세지를 관할하는 지방자치단체 장에게 「지방세법」 제22조 제1항에 따른 **취득세 미납 통지** 또는 「지방세법」 제33조에 따른 **등록면허세 미납 통지**(「지방세법」 제23조 제1호 다목, 라목에 해당하는 등록에 대한 등록면허세를 말한다. 이하 6.에서 같다)를 하여야 하고, 이 경우 소유자가 보존등기를 신청하는 것이 아니므로(「주택도시기금법」 제8조 참조) **국민주택채권**도 매입할 필요가 **없다**(예규 제1744호, 6-가).

2. 채권자가 채무자를 **대위**하여 소유권보존등기를 **신청**하는 경우에는 본래의 신청인인 채무자가 신청하는 경우와 다르지 않으므로 **채권자가 등록면허세를 납부**하여야 하고, 등기하고자 하는 부동산이 토지인 경우에는 **국민주택채권**도 **매입**하여야 한다(예규 제1744호, 6-나).

④ 공매공고 등기는 공매를 집행하는 압류등기의 부기등기로 한다. 납세담보로 제공된 부동산에 대한 공매공고 등기는 갑구에 주등기로 실행한다(예규 제1500호, 제5조).

⑤ 가처분권리자가 **피상속인과의 원인행위**에 의한 **권리의 이전·설정의 등기청구권**을 보전하기 위하여 **상속인들을 상대**로 처분금지**가처분**신청을 하여 집행법원이 이를 인용하고, 피상속인 소유 명의의 부동산에 관하여 상속관계를 표시하여(등기의무자를 '망 000의 상속인 000' 등으로 표시함) **가처분기입등기를 촉탁**한 경우에는 **상속등기를 거침이 없이 가처분기입등기**를 할 수 있다(예규 제881호).
(🏛 **법 제27조 적용**○)

02 처분제한의 등기에 관한 다음 설명 중 가장 옳지 않은 것은?　▶ 2016년 법무사

① 가등기상의 권리 자체의 처분을 금지하는 가처분은 등기할 수 있으나, 가등기의 본등기를 금지하는 가처분의 등기는 할 수 없다.

② 법원의 촉탁에 의하여 가압류등기가 마쳐진 후 등기명의인의 주소변경으로 인한 등기명의인의 표시변경등기는 그 등기명의인이 신청할 수 있다.

③ 허무인명의의 등기가 마쳐진 경우 진정한 소유자는 실제 등기행위를 한 자를 상대로 처분금지가처분의 결정을 받았더라도 가처분의 채무자와 등기기록상의 등기의무자가 형식적으로 일치하지 않으므로 등기관은 그 가처분등기의 촉탁을 수리할 수 없다.

④ 처분제한의 등기를 촉탁하면서 상속등기를 대위로 촉탁하는 것은 법령상 근거가 없으므로 허용되지 않는다.

⑤ 가압류채권자가 선정당사자인 경우에 선정자목록에 의하여 채권자 전부를 등기기록에 채권자로 기록하여야 한다.

> **해설** ③ 가공인(🏛 **허무인)명의**의 소유권이전등기 등에 대하여 **실제 등기행위자를 상대로 한 말소소송**에서 말소절차의 이행을 명한 판결(가공인 명의의 등기가 실제 등기행위자를 표상하는 등기로서 원인무효의 등기임을 이유로 한 판결)이 확정된 경우에는 위 판결에 의하여 가공인명의 등기의 말소를 신청할 수 있다(🏛 이 경우 판결의 피고와 말소 대상 등기의 명의인이 다르지만 법 제29조 제7호의 각하사유에 해당하지 않는다. 이는 판결을 받기 전 **가처분등기**를 할 때에도 **마찬가지로** 적용되므로 허무인명의의 등기가 마쳐진 후 진정한 소유자가 실제 등기행위를 한 자를 상대로 처분금지가처분의 결정을 받은 경우 **가처분의 채무자와 등기기록상의 등기의무자가 형식적으로 일치하지 않더라도 등기관은 그 가처분등기의 촉탁을 수리할 수 있다**)(예규 제1380호).

> ① **가등기상의 권리 자체의 처분을 금지하는 가처분은 등기사항**이라고 할 것이나, 가등기에 기한 본등기를 금지하는 내용의 가처분은 가등기상의 권리 자체의 처분의 제한에 해당하지 아니하므로 그러한 (🏛 **가등기상 권리를 행사하는)본등기를 금지하는** 내용의 **가처분등기**는 수리하여서는 **아니** 된다(대결 1978.10.14, 78마282, 예규 제881호).

> ② 법원의 촉탁에 의하여 **가압류등기, 가처분등기, 주택임차권등기** 및 **상가건물임차권**등기가 경료된 후 등기명의인의 주소, 성명 및 주민등록번호의 변경으로 인한 **등기명의인표시변경등기**는 등기명의인이 **신청**할 수 있다(예규 제1064호).

　정답 ○━ 　01 ②　　02 ③

④ 가압류, 가처분, 경매개시결정 등의 처분제한에 관한 등기를 촉탁하는 경우에는 체납처분에 의한 압류등기 촉탁의 경우와는 달리 집행법원이 등기명의인 또는 상속인을 갈음하여 부동산 또는 등기명의인의 표시 변경·경정, 상속으로 인한 권리이전의 등기를 촉탁할 수 있는 법적 근거가 없다. 따라서 현행 실무는 가압류결정상의 부동산 또는 등기명의인의 표시가 등기기록과 다른 경우 가압류권자 등의 권리자로 하여금 그것을 일치시키는 등기를 대위신청하도록 하여 그 등기 후에 처분제한의 등기를 촉탁하고 있다(「부동산등기실무Ⅰ」 p.213).

⑤ **가압류·가처분등기** 또는 **경매개시결정등기**의 촉탁이 있는 경우 채권자가 **선정당사자**인 경우에도 선정자 목록에 의하여 채권자 **전부**를 등기기록에 채권자로 기록하여야 한다.

01 가처분

관련 조문

규칙 제151조(가처분등기)
① 등기관이 **가처분등기**를 할 때에는 가처분의 **피보전권리와 금지사항**을 기록하여야 한다.
② 가처분의 피보전권리가 소유권 이외의 권리설정등기청구권으로서 소유명의인을 가처분채무자로 하는 경우에는 그 가처분등기를 등기기록 중 **갑구**에 한다.

법 제94조(가처분등기 이후의 등기 등의 말소)
① 「민사집행법」 제305조 제3항에 따라 권리의 이전, 말소 또는 설정등기청구권을 보전하기 위한 **처분금지 가처분등기**가 된 후 **가처분채권자가** 가처분채무자를 등기의무자로 하여 권리의 이전, 말소 또는 설정의 **등기를 신청하는 경우**에는, 대법원규칙으로 정하는 바에 따라 **그 가처분등기 이후에 된 등기로서 가처분 채권자의 권리를 침해하는 등기의 말소를 단독으로 신청**할 수 있다.
② 등기관이 제1항의 신청에 따라 **가처분등기 이후의 등기를 말소할 때에는** 직권으로 그 **가처분등기도 말소**하여야 한다. **가처분등기 이후의 등기가 없는 경우**로서 가처분채무자를 등기의무자로 하는 권리의 이전, 말소 또는 설정의 등기만을 할 때에도 또한 같다(**⊕** 가처분등기 직권말소).
③ 등기관이 제1항의 신청에 따라 **가처분등기 이후의 등기를 말소하였을 때에는** 지체 없이 그 사실을 말소된 권리의 등기명의인에게 통지하여야 한다.

법 제95조(가처분에 따른 소유권 외의 권리 설정등기)
등기관이 제94조 제1항에 따라 가처분채권자 명의의 **소유권 외의 권리 설정등기**를 할 때에는 그 등기가 **가처분에 기초한 것이라는 뜻을** 기록하여야 한다.

규칙 제152조(가처분등기 이후의 등기의 말소)
① **소유권이전등기청구권** 또는 소유권이전등기말소등기(소유권보존등기말소등기를 포함한다. 이하 이 조에서 같다)청구권을 보전하기 위한 **가처분등기**가 마쳐진 **후** 그 **가처분채권자가** 가처분채무자를 등기의무자로 하여 소유권이전등기 또는 소유권말소등기를 신청하는 경우에는, 법 제94조 제1항에 따라 **가처분등기 이후에 마쳐진 제3자 명의의 등기의 말소를** 단독으로 **신청**할 수 있다. 다만, 다음 각 호의 등기는 그러하지 아니하다.
1. 가처분등기 전에 마쳐진 가압류에 의한 강제경매개시결정등기
2. 가처분등기 전에 마쳐진 담보가등기, 전세권 및 저당권에 의한 임의경매개시결정등기
3. 가처분채권자에게 대항할 수 있는 주택임차권등기 등
② 가처분채권자가 제1항에 따른 소유권이전등기말소등기를 신청하기 위하여는 제1항 단서 각 호의 권리자의 승낙이나 이에 대항할 수 있는 재판이 있음을 증명하는 정보를 첨부정보로서 등기소에 제공하여야 한다.

규칙 제153조(가처분등기 이후의 등기의 말소)
① 지상권, 전세권 또는 임차권의 설정등기청구권을 보전하기 위한 가처분등기가 마쳐진 후 그 가처분채권자가 가처분채무자를 등기의무자로 하여 지상권, 전세권 또는 임차권의 설정등기를 신청하는 경우에는, 그 **가처분등기 이후에 마쳐진 제3자 명의의** 지상권, 지역권, 전세권 또는 임차권의 설정등기(동일한 부분에

마쳐진 등기로 한정한다)의 **말소를 단독으로 신청**할 수 있다.
② 저당권설정등기청구권을 보전하기 위한 가처분등기가 마쳐진 후 그 **가처분채권자가 가처분채무자를 등기의무자로 하여 저당권설정등기를 신청**하는 경우에는 그 **가처분등기 이후에 마쳐진 제3자 명의의 등기**라 하더라도 그 **말소**를 신청할 수 **없다**.

규칙 제154조(가처분등기 이후의 등기의 말소신청)
제152조 및 제153조 제1항에 따라 가처분등기 이후의 등기의 말소를 신청하는 경우에는 등기원인을 "**가처분에 의한 실효**"라고 하여야 한다. 이 경우 제43조 제1항 제5호에도 불구하고 그 연월일은 신청정보의 내용으로 등기소에 제공할 필요가 없다.

🛡 관련 예규

처분금지가처분등기에 관한 예규(예규 제881호)
1. **처분금지가처분등기 시 피보전권리의 기록**
    가. 가처분집행법원의 가처분기입등기촉탁에 의하여 부동산의 처분금지가처분등기를 하는 경우에는 다음 예시와 같이 당해 **가처분의 피보전권리를 기록**한다.
    (예시)
    (1) 피보전권리가 소유권 또는 소유권 이외의 권리의 이전등기청구권인 경우
        "피보전권리 소유권이전등기청구권" 또는 "피보전권리 근저당권이전등기청구권" 등
    (2) 피보전권리가 소유권이전등기 또는 소유권 이외의 권리설정등기의 말소등기청구권인 경우
        "피보전권리 소유권말소등기청구권" 또는 "피보전권리 근저당권말소등기청구권" 등
    (3) 피보전권리가 소유권 이외의 권리의 설정등기청구권인 경우
        "피보전권리 근저당권설정등기청구권" 등
        {위 (1), (2), (3)의 경우 **등기청구권의 원인**은 기록하지 **아니**한다.}
    나. 등기기록례
        주 : 위 기록례는 부동산등기기재례집 제477항 참조

2. **피상속인 소유 명의의 부동산에 대하여 상속인을 등기의무자로 한 처분금지가처분등기의 촉탁에 기한 가처분기입등기의 가능 여부**
    가처분권리자가 **피상속인과의 원인행위**에 의한 권리의 이전·설정의 등기청구권을 보전하기 위하여 상속인들을 상대로 처분금지**가처분신청**을 하여 집행법원이 이를 인용하고, 피상속인 소유 명의의 부동산에 관하여 상속관계를 표시하여(등기의무자를 '망 ○○○의 상속인 ○○○' 등으로 표시함) 가처분기입등기를 촉탁한 경우에는 **상속등기를 거침이 없이**(🔵 법 제27조 법리 적용) 가처분기입등기를 할 수 있다(대판 1995.2.28, 94다23999).

3. **등기부상 1필지 내의 특정된 일부토지에 대한 소유권이전등기청구권을 보전하기 위한 처분금지가처분의 방법**
    등기부상 **1필지 토지의 특정된 일부분**에 대한 처분금지**가처분등기**는 할 수 없으므로, 1필지 토지의 특정 일부분에 관한 소유권이전등기청구권을 보전하기 위하여는 바로 **분할등기**가 될 수 있다는 등 특별한 사정이 없으면 그 1필지 토지 **전부**에 대한 처분금지가처분결정에 기한 등기촉탁에 의하여 그 1필지 토지 전부에 대한 처분금지**가처분등기**를 할 수 **밖에** 없다(대판 1975.5.27, 75다190).

4. 가등기에 기한 본등기를 금지하는 내용의 가처분등기가 가능한지 여부

가등기상의 권리 자체의 처분을 금지하는 가처분은 등기사항이라고 할 것이나, 가등기에 기한 본등기를 금지하는 내용의 가처분은 가등기상의 권리 자체의 처분의 제한에 해당하지 아니하므로 그러한 (⊞ 가등기상 권리를 행사하는)본등기를 금지하는 내용의 가처분등기는 수리하여서는 아니 된다(대결 1978.10.14, 78마282).

1. 가등기권리 처분금지 가처분○
2. 가등기권리 행사금지 가처분×
3. 본등기금지 가처분×

처분금지가처분채권자가 가처분채무자를 등기의무자로 하여 소유권이전등기 또는 소유권이전(보존)등기말소등기 신청 등을 하는 경우의 업무처리지침[예규 제1690호]

1. 처분금지가처분채권자가 본안사건에서 승소하여 그 승소판결에 의한 소유권이전등기를 신청하는 경우
    가. 당해 가처분등기 이후에 경료된 제3자 명의의 소유권이전등기의 말소
        (1) 부동산의 처분금지가처분채권자(이하 '가처분채권자'라 한다)가 본안사건에서 승소하여(재판상 화해 또는 인낙을 포함한다. 이하 같다) 그 확정판결의 정본을 첨부하여 소유권이전등기를 신청하는 경우, 그 가처분등기 이후에 제3자 명의의 소유권이전등기가 경료되어 있을 때에는 반드시 위 (⊞ 가처분에 기한) 소유권이전등기신청과 함께 단독으로 그 가처분등기 이후에 경료된 **제3자 명의의 소유권이전등기의 말소신청도 동시에** (⊞ 신청)하여 (⊞ 등기관은) 그 가처분등기 이후의 소유권이전등기를 말소하고 가처분채권자의 소유권이전등기를 하여야 한다(⊞ 제3자의 등기는 가처분권자에게 대항할 수 없으므로 말소의 대상이 된다).
        (2) 위 (1)의 경우, 가처분등기 이후에 경료된 제3자 명의의 소유권이전등기가 **가처분등기에 우선하는** 저당권 또는 압류에 기한 경매절차에 따른 **매각**을 원인으로 하여 **이루어진 것인 때**에는 가처분채권자의 말소신청이 있다 하더라도 이를 말소할 수 없는 것이므로, 그러한 말소신청이 있으면 경매개시결정의 원인이 가처분등기에 우선하는 권리에 기한 것인지 여부를 조사(새로운 등기기록에 이기된 경우에는 폐쇄등기기록 및 수작업 폐쇄등기부까지 조사)하여, 그 소유권이전등기가 가처분채권자에 우선하는 경우에는 가처분채권자의 등기신청(⊞ **제3자 명의 소유권이전등기의 말소신청과 가처분에 기한 소유권이전등기신청**)을 전부 수리하여서는 아니 된다(⊞ 소유권은 양립할 수 없으므로 가처분 후의 소유권이전등기를 말소할 수 없다면 가처분에 기한 소유권이전등기신청도 수리할 수 없다).

    나. 당해 가처분등기 이후에 경료된 제3자 명의의 소유권이전등기 이외의 등기의 말소
        (1) 가처분채권자가 본안사건에서 승소하여 그 확정판결의 정본을 첨부하여 소유권이전등기를 신청하는 경우, 그 가처분등기 이후에 제3자 명의의 소유권이전등기를 제외한 가등기, 소유권 이외의 권리에 관한 등기, 가압류등기, 국세체납에 의한 압류등기, 경매개시결정등기 및 처분금지가처분등기 등이 경료되어 있을 때에는 위 (⊞ **가처분에 기한**) 소유권이전등기신청과 함께 단독으로 그 **가처분등기 이후에 경료된 제3자 명의의 등기말소신청**(⊞ 소유권이전등기 이외의 등기)도 **동시에** (⊞ 신청)하여 (⊞ 등기관은) 그 가처분등기 이후의 등기를 **말소**하고 가처분채권자의 소유권이전등기를 하여야 한다(⊞ 제3자의 등기는 가처분권자에게 대항할 수 없으므로 말소의 대상이 된다).
        (2) 다만, **가처분등기 전**에 마쳐진 가압류에 의한 강제경매개시결정등기와 가처분등기 전에 마쳐진 담보가등기, 전세권 및 저당권에 의한 임의경매개시결정등기 및 **가처분채권자에 대항할 수 있는** 임차인 명의의 주택임차권등기, 주택임차권설정등기, 상가건물임차권등기 및 상가건물임차권설정등기

등이 있는 경우에는 이를 **말소하지 아니하고 가처분채권자의 소유권이전등기를** 하여야 한다(💡 소유권 외의 권리는 소유권과 양립할 수 있으므로 가처분 후의 말소할 수 없는 소유권 이외의 권리의 등기가 있다면 이를 인수하여 말소하지 않고 가처분에 기한 소유권이전등기신청을 수리할 수 있다).

(3) 위 (1)의 경우 가처분채권자가 그 가처분에 기한 소유권이전등기만 하고 가처분등기 이후에 경료된 제3자 명의의 소유권 이외의 등기의 말소를 동시에 신청하지 아니하였다면 그 소유권이전등기가 가처분에 기한 소유권이전등기였다는 소명자료를 첨부하여 다시 가처분등기 이후에 경료된 제3자 명의의 등기의 말소를 신청하여야 한다.

다. 삭제 (2011.10.12. 제1412호)

2. 가처분채권자가 본안사건에서 승소하여 그 승소판결에 의한 소유권이전등기말소등기(소유권보존등기말소등기를 포함한다. 이하 같다)를 신청하는 경우

가. 당해 가처분등기 이후에 경료된 제3자 명의의 소유권이전등기의 말소

가처분채권자가 본안사건에서 승소하여 그 확정판결의 정본을 첨부하여 소유권이전등기말소등기를 신청하는 경우, 그 가처분등기 이후에 제3자 명의의 소유권이전등기가 경료되어 있을 때에는 위 (💡 **가처분에 기한**) **소유권이전등기 말소등기신청과 동시에** 그 가처분등기 이후에 경료된 **제3자 명의의 소유권이전등기의 말소도** 단독으로 신청하여 (💡 등기관은) 그 가처분등기 이후의 소유권이전등기를 **말소하고 위 가처분에 기한 소유권이전등기 말소등기를 하여야 한다**(💡 제3자의 등기는 가처분권자에게 대항할 수 없으므로 말소의 대상이 된다).

나. 당해 가처분등기 이후에 경료된 제3자 명의의 소유권이전등기 이외의 등기의 말소

(1) 가처분채권자가 본안사건에서 승소하여 그 확정판결의 정본을 첨부하여 소유권이전등기말소등기를 신청하는 경우, 가처분등기 이후에 경료된 제3자 명의의 소유권이전등기를 제외한 가등기, 소유권 이외의 권리에 관한 등기, 가압류등기, 국세체납에 의한 압류등기, 경매신청등기와 처분금지가처분등기 등이 경료되어 있을 때에는 위 (💡 **가처분에 기한**) **소유권이전등기말소등기신청과 함께** 단독으로 그 **가처분등기 이후에 경료된 제3자 명의의 등기말소신청**(💡 소유권이전등기 이외의 등기)도 **동시에** (💡 신청)하여 (💡 등기관은) 그 가처분등기 이후의 등기를 **말소하고** 가처분채권자의 소유권이전등기의 말소등기를 하여야 한다.

(2) 다만, **가처분등기 전에 마쳐진 가압류에 의한 강제경매개시결정등기와** 가처분등기 전에 마쳐진 담보가등기, 전세권 및 저당권에 의한 임의경매개시결정등기 및 가처분채권자에 **대항할 수 있는 임차인 명의의 주택임차권등기, 주택임차권설정등기, 상가건물임차권등기 및 상가건물임차권설정등기** 등이 가처분등기 이후에 경료된 때에는 그러하지 아니하다(💡 가처분권자에게 대항할 수 있는 위 권리자들은 가처분에 기한 소유권이전(보존)등기의 **말소에** 대해서 **등기상 이해관계인이므로**). 이 경우 가처분채권자가 가처분채무자의 소유권이전등기의 말소등기를 신청하기 위해서는 위 권리자의 **승낙**이나 이에 대항할 수 있는 재판이 있음을 증명하는 정보를 제공하여야 한다.

3. 가처분채권자가 승소판결에 의하지 아니하고 가처분채무자와 공동으로 가처분에 기한 소유권이전등기 또는 소유권이전등기말소등기를 신청하는 경우

가처분채권자가 가처분에 기한 것이라는 소명자료를 첨부하여 가처분채무자와 공동으로 (💡 가처분에 기한) 소유권이전등기 또는 소유권말소등기를 신청하는 경우의 당해 가처분등기 및 그 가처분등기 이후에 경료된 제3자 명의의 등기의 말소에 관하여도 1. 및 2.의 절차(💡 가처분에 저촉되는 등기의 말소도 함께 신청할 수 있음)에 의한다.

4. 당해 가처분등기의 말소

등기관이 1.부터 3.까지의 규정에 따라 가처분채권자의 신청에 의하여 가처분등기 이후의 등기를 말소하였을 때에는 **직권으로 그 가처분등기도 말소**하여야 한다. 가처분등기 이후의 등기가 없는 경우로서 가처분채무자를 등기의무자로 하는 소유권이전등기 또는 소유권이전(보존)등기말소등기만을 할 때에도 또한 같다.

5. 가처분등기 등을 말소한 경우의 집행법원 등에의 통지

가. 등기관이 1.부터 3.까지의 규정에 따라 (⊞ **집행법원의 촉탁으로 이루어지는 등기인**) 가압류등기, 가처분등기, 경매개시결정등기, 주택임차권등기, 상가건물임차권등기를 말소한 경우와 4.에 따라 당해 가처분등기를 직권으로 말소한 때에는 「가압류등기 등이 말소된 경우의 집행법원에 통지」(등기예규 제1368호)에 의하여 지체 없이 그 뜻을 **집행법원에 통지**하여야 한다.
삭제(2011.10.12. 제1412호)

나. 등기관이 제1항부터 제3항까지의 규정에 따라 **가처분등기 이후의 등기를 말소**하였을 때에는 말소하는 이유 등을 명시하여 지체 없이 말소된 권리의 **등기명의인에게 통지**(등기예규 제1338호 제10호 양식)하여야 한다.

소유권 이외의 권리의 설정등기청구권을 보전하기 위한 처분금지가처분등기에 관한 사무처리(예규 제1691호)

1. 목적

이 예규는 제한물권 또는 임차권 등 소유권 이외의 권리의 설정등기청구권을 보전하기 위한 처분금지가처분채권자가 그 가처분에 기하여 보전하여야 할 소유권 이외의 권리의 설정등기를 신청하는 경우(가처분의 본안사건에서 승소하여 그 확정판결의 정본을 첨부하여 등기신청을 하거나, 가처분채무자와 공동으로 등기신청을 하는 경우 등을 모두 포함한다), 그 소유권 이외의 권리의 설정등기의 방법 및 당해 가처분등기 이후에 경료된 제3자 명의의 등기의 처리절차에 관한 사항을 규정함을 목적으로 한다.

2. 처분금지가처분에 기한 소유권 이외의 권리의 설정등기의 방법

소유권 이외의 권리의 설정등기청구권을 보전하기 위한 처분금지가처분에 기하여 그 보전하여야 할 소유권 이외의 권리의 설정등기를 하는 때에는 별지 1 등기기록례와 같이 그 등기의 목적 아래에 "**O년 O월 O일 접수 제OOO호 가처분에 기함**"이라고 기록하여 당해 설정등기가 가처분에 기한 것이라는 표시를 한다.

3. 가처분등기 이후에 경료된 제3자 명의의 등기의 처리

가. 가처분등기 이후에 경료된 제3자 명의의 등기를 말소하여야 하는 경우

(1) 처분금지가처분에 기하여 **부동산의 사용·수익을 목적**으로 하는 소유권 이외의 권리(**지상권, 전세권, 임차권, 주택임차권, 상가건물임차권**, 다만 지역권은 제외)의 설정등기를 신청하는 경우, 그 가처분등기 이후에 부동산의 사용·수익을 목적으로 하는 제3자 명의의 소유권 이외의 권리(지상권, 지역권, 전세권, 임차권, 주택임차권, 상가건물임차권)의 설정등기 또는 주택임차권등기나 상가건물임차권등기가 경료되어 있는 때에는, 그 가처분등기 이후에 경료된 **제3자 명의의 등기의 말소신청도 동시에** 하여 그 가처분등기 이후의 등기를 말소하고 가처분채권자의 등기를 하여야 한다.

(2) 다만 가처분채권자에게 **대항할 수 있는** 임차인 명의의 주택임차권등기, 주택임차권설정등기, 상가건물임차권등기, 상가건물임차권설정등기가 가처분등기 이후에 경료되어 있는 때에는 그러하지 아

니하다. 이 경우 가처분에 의한 설정등기를 신청하기 위해서는 먼저 위 대항력 있는 임차인 명의의 주택임차권등기, 주택임차권설정등기, 상가건물임차권등기, 상가건물임차권설정등기를 말소하여야 한다.

나. 가처분등기 이후에 경료된 제3자 명의의 등기를 말소하지 아니하는 경우

(1) 처분금지가처분에 기하여 부동산의 **사용·수익을 목적으로 하는 소유권 이외의 권리(지상권, 전세권, 임차권, 주택임차권, 상가건물임차권**, 다만 지역권은 제외)의 설정등기를 하는 경우, 그 설정등기와 양립할 수 있는 용익물권설정등기, 임차권설정등기, 주택임차권등기, 주택임차권설정등기, 상가건물임차권등기, 상가건물임차권설정등기와 부동산의 사용·수익을 목적으로 하는 소유권 이외의 권리(지상권, 지역권, 전세권, 임차권)가 아닌 제3자 명의의 등기(**소유권이전등기, 가등기, 가압류, 국세체납에 의한 압류등기, 처분금지가처분등기, 저당권 등**)는 가처분등기 이후에 경료된 것이라도 이를 **말소하지 아니한다**.

(2) 처분금지가처분에 기하여 지역권설정등기 또는 **저당권설정등기**를 하는 경우, 그 가처분등기 이후에 경료된 제3자 명의의 등기는 이를 **말소하지 아니한다**.

다. 그 등기기록례는 별지 2와 같다.

4. 당해 가처분등기의 말소

등기관이 3.에 따라 가처분채권자의 신청에 의하여 가처분등기 이후의 등기를 말소하였을 때에는 **직권으**로 그 **가처분등기도 말소**하여야 한다. 가처분등기 이후의 등기가 없는 경우로서 가처분채무자를 등기의무자로 하는 소유권 이외의 권리의 설정등기만을 할 때에도 또한 같다.

5. 가처분에 의해 실효된 권리의 등기명의인에 대한 통지

등기관이 3.에 따라 가처분등기 이후의 등기를 말소하였을 때에는 말소하는 이유 등을 명시하여 지체 없이 말소된 권리의 등기명의인에게 **통지**(등기예규 제1338호 제10호 양식)하여야 한다.

---

01 **가처분등기에 관한 다음 설명 중 가장 옳지 않은 것은?** ▶ 2023년 법무사

① 사해행위취소로 인한 원상회복청구권을 피보전권리로 하여 처분금지가처분등기가 되고 그 후 근저당권설정등기가 경료된 상태에서 가처분채권자가 본안사건에서 소유권이전등기나 소유권이전등기의 말소를 명하는 판결이 아닌 가액배상을 명하는 판결을 받았다면 그 판결로는 소유권이전등기나 소유권이전등기의 말소를 신청할 수 없으므로 가처분등기 이후에 경료된 근저당권설정등기의 말소도 신청할 수 없다.

② "피고가 원고를 상대로 한 가처분집행은 해제키로 한다."는 내용의 조정이 성립된 경우에는 가처분채무자인 원고는 위 조정조서에 의하여 직접 등기소에 가처분등기의 말소등기를 신청할 수는 없고 집행법원의 촉탁에 의하여 말소하여야 한다.

③ 1필지 토지의 특정된 일부분에 대한 가처분등기는 할 수 없으므로 바로 분할등기가 될 수 있다는 등 특별한 사정이 없으면 1필지 토지 전부에 대한 가처분등기를 할 수 밖에 없다.

④ 처분금지가처분에 기하여 전세권설정등기를 하는 경우 그 가처분등기 이후에 마쳐진 제3자 명의의 저당권등기는 말소하지 아니한다.

⑤ 선행 가처분과 후행 가처분의 피보전권리가 모두 소유권이전등기 말소등기청구권 및 근저당권설정등기 말소등기청구권인 경우, 확정판결을 받은 후행 가처분채권자가 말소등기신청을 할 때에 선행 가처분채권자의 승낙 또는 이에 대항할 수 있는 재판의 등본을 첨부정보로 제공할 필요는 없다.

해설 ⑤ 1. **선행 가처분과 후행 가처분의** 피보전권리가 모두 소유권이전등기 **말소등기청구권** 및 근저당권설정등기 말소등기청구권인 경우, 확정판결을 받은 **후행 가처분채권자의 말소등기신청**이 비록 선행 가처분채권자의 피보전권리를 침해하는 것이 아니라 오히려 그 피보전권리에 부합하는 것이라 하더라도 **선행 가처분채권자**는 권리의 목적인 등기가 말소됨에 따라 **손해를 입을 우려가 있는 등기상의 권리자**로서 그 손해를 입을 우려가 있다는 것이 등기부 기재에 의하여 형식적으로 인정되는 자이므로 말소등기신청서에 **선행 가처분채권자의 승낙서** 또는 이에 대항할 수 있는 **재판**의 등본을 **첨부하여야** 한다(선례 제201106-2호).

2. 동일한 근저당권의 **말소등기청구권**을 피보전권리로 한 처분금지**가처분등기**가 **여러 건** 경료된 경우 **선순위 가처분권리자**가 본안사건에서 승소하고 그 확정판결의 정본을 첨부하여 **근저당권말소등기를 신청**하면 등기관은 근저당권설정등기를 말소함과 동시에 당해 가처분등기 및 후순위 가처분등기를 직권으로 말소하는 바, 이때 **후순위 가처분권리자들**의 (🔵 선행가처분채권자에게 대항할 수 없으므로 말소될 운명이지 등기상 이해관계인이 아님) **승낙서**를 **첨부할 필요가 없다**(선례 제200808-1호).

① 1. 처분금지가처분등기가 경료된 후 가처분채권자가 본안사건에서 승소한 경우 그 승소판결에 의한 소유권이전등기(말소)신청과 동시에 가처분채권자에게 대항할 수 없는 등기의 말소도 단독으로 신청할 수 있으나, 이 경우의 **본안사건은 소유권이전등기나 그 등기의 말소를 명하는 판결**이어야 한다.

2. 따라서 사해행위취소로 인한 원상회복청구권을 피보전권리로 하여 처분금지가처분등기가 되고 그 후 근저당권설정등기가 경료된 상태에서 가처분채권자가 본안사건에서 소유권이전등기나 소유권이전등기의 말소를 명하는 판결이 아닌 **가액배상을 명하는 판결**을 받았다면 그 판결로는 소유권이전등기나 소유권이전등기의 말소를 신청할 수 없으므로 **가처분등기 이후**에 경료된 근저당권설정등기의 말소도 신청할 수 **없다**(선례 제201112-1호).

② '피고가 원고를 상대로 한 **가처분집행은 해제키로 한다**'는 내용의 **조정이 성립**되었으나 가처분채권자인 피고가 가처분집행을 해제하지 않는 경우에, 가처분채무자인 원고가 그 조정조서에 의하여 가처분등기 말소신청을 할 수는 없고, 집행법원에 가처분집행의 취소를 구하는 신청을 하여 집행법원의 촉탁에 의하여 가처분등기를 **말소할 수** 있을 것이다(선례 제6-491호).

③ 등기부상 1필지 토지의 **특정된 일부분**에 대한 처분금지가처분등기는 할 수 없으므로, 1필지 토지의 특정 일부분에 관한 소유권이전등기청구권을 보전하기 위하여는 바로 분할등기가 될 수 있다는 등 특별한 사정이 없으면 그 1필지 토지 **전부**에 대한 처분금지가처분결정에 기한 등기촉탁에 의하여 그 1필지 토지 전부에 대한 처분금지**가처분등기**를 **할 수 밖에** 없다(예규 제881호, 4. 대판 1975.5.27, 75다190).

정답 ➡ 01 ⑤

④ 처분금지가처분에 의하여 부동산의 **사용·수익**을 목적으로 하는 소유권 외의 권리(**지상권, 전세권, 임차권**, 주택임차권, 상가건물임차권, 다만 지역권은 제외)의 설정등기를 하는 경우 **다음의 등기**는 위 가처분권자의 등기와 **양립할 수 있으므로** **신청말소**할 수 **없다**(규칙 제153조 제1항, 예규 제1691호, 3-나-(1)).

> 1. **소유권에 관한 등기**
>   (1) 소유권이전등기
>   (2) 소유권이전청구권가등기
>   (3) 가압류 및 가처분 등 처분제한의 등기
>   (4) 체납처분으로 인한 압류등기
> 2. **저당권설정등기**
> 3. **가처분등기가 되어 있지 않은 부분**에 대한 지상권, 지역권, 전세권 또는 임차권의 설정등기와 주택임차권등기 등

02 가처분에 관한 등기에 대한 다음 설명 중 가장 옳지 않은 것은? ▸2022년 법원사무관

① 등기부상 1필지 토지의 특정된 일부분에 대한 처분금지가처분등기는 할 수 없으므로, 1필지 토지의 특정 일부분에 관한 소유권이전등기청구권을 보전하기 위하여는 바로 분할등기가 될 수 있다는 등 특별한 사정이 없으면 그 1필지 토지 전부에 대한 처분금지가처분결정에 기한 등기촉탁에 의하여 그 1필지 토지 전부에 대한 처분금지가처분등기를 할 수 밖에 없다.

② 가등기상 권리 자체의 처분을 금지하는 가처분은 등기할 수 있으나, 가등기에 의한 본등기를 금지하는 가처분은 가등기상 권리 자체의 처분 제한에 해당되지 아니하므로 등기할 수 없다.

③ 가처분채권자가 가처분에 의하여 소유권등기의 말소를 신청할 때 가처분등기 전에 마쳐진 가압류에 의한 강제경매개시 결정등기가 있는 경우에는 그 권리자의 승낙이나 이에 대항할 수 있는 재판 증명 정보를 제공하여야 하며 그러한 정보를 제공하지 않고는 소유권등기의 말소를 신청할 수 없다.

④ 등기관이 가처분채권자의 신청으로 가처분등기 이후의 등기를 말소할 때에는 직권으로 해당 가처분등기를 말소하지만, 가처분등기 이후의 등기가 없는 경우로서 가처분채무자를 등기의무자로 하는 소유권이전등기 또는 소유권이전(보존)등기말소등기만을 신청하는 경우에는 그러하지 아니하다.

해설 ④ 1. 「민사집행법」 제305조 제3항에 따라 권리의 이전, 말소 또는 설정등기청구권을 보전하기 위한 처분금지가처분등기가 된 후 **가처분채권자**가 가처분채무자를 등기의무자로 하여 권리의 이전, 말소 또는 설정의 **등기를 신청**하는 경우에는, 대법원규칙으로 정하는 바에 따라 그 가처분등기 이후에 된 등기로서 가처분채권자의 권리를 침해하는 등기의 말소를 단독으로 신청할 수 있다(법 제94조 제1항).

2. 등기관이 제1항의 신청에 따라 **가처분등기 이후의 등기를 말소**할 때에는 **직권**으로 그 **가처분등기도 말소**하여야 한다. 가처분등기 이후의 등기가 없는 경우로서 가처분채무자를

등기의무자로 하는 권리의 이전, 말소 또는 설정의 등기만을 할 때에도 또한 같다(🏷 가처분등기 직권말소)(법 제94조 제2항).

① 예규 제881호, 3
② 예규 제881호, 4
③ 예규 제1690호, 2-나-(2)

03 가처분등기에 관한 다음 설명 중 가장 옳지 않은 것은? ▶ 2022년 등기서기보

① 가처분의 피보전권리가 소유권 이외의 권리설정등기청구권으로서 소유명의인을 가처분채무자로 하는 경우에는 그 가처분등기를 등기기록 중 을구에 한다.

② 처분제한 등기를 촉탁하면서 상속등기를 대위로 촉탁하는 것은 근거가 없으므로 허용되지 않으며, 이때에는 처분제한 등기의 촉탁 전에 채권자가 먼저 대위에 의해 상속등기를 하여야 한다.

③ 처분금지가처분등기를 촉탁하는 때에는 "피보전권리 소유권이전등기청구권" 등과 같이 피보전권리를 기재하여야 하며 등기청구권의 원인은 기록하지 않는다.

④ 가처분채권자가 본안에서 승소하여 그 확정판결의 정본을 첨부하여 소유권이전등기말소등기를 신청하는 경우에는 그 가처분등기 이후에 마쳐진 제3자 명의의 소유권이전등기의 말소도 동시에 신청하여 그 가처분등기 이후의 소유권이전등기를 말소하고 위 가처분에 기한 소유권이전등기말소등기를 하여야 한다.

해설 ① 가처분의 피보전권리가 소유권 이외의 권리설정등기청구권으로서 소유명의인을 가처분채무자로 하는 경우에는 그 가처분등기를 등기기록 중 **갑구**에 한다(규칙 제151조 제2항).

② 1. **관공서가 체납처분으로 인한 압류등기를 촉탁**하는 경우에는 등기명의인 또는 상속인, 그 밖의 포괄승계인을 갈음(🏷 대위)하여 부동산의 표시, 등기명의인의 표시의 변경, 경정 또는 상속, 그 밖의 포괄승계로 인한 권리이전의 등기를 함께 **촉탁**할 수 있다(법 제96조).
2. **가압류, 가처분, 경매개시결정 등의 처분제한**에 관한 등기를 **촉탁**하는 경우에는 체납처분에 의한 압류등기 촉탁의 경우와는 달리 **집행법원이** 등기명의인 또는 상속인을 갈음하여 부동산 또는 등기명의인의 표시 변경·경정, 상속으로 인한 권리이전의 **등기를 대위촉탁할 수 있는 법적 근거가 없다.** 따라서 현행 실무는 가압류결정상의 부동산 또는 등기명의인의 표시가 등기기록과 다른 경우 가압류권자 등의 권리자(🏷 채권자)로 하여금 그것을 일치시키는 등기를 **대위신청하도록 하여 그 등기 후에 처분제한의 등기를 촉탁**하고 있다(「부동산등기실무 I」 p.213).

③ 예규 제881호, 1-가

④ 가처분채권자가 본안사건에서 승소하여 그 확정판결의 정본을 첨부하여 소유권이전등기말소등기를 신청하는 경우, 그 가처분등기 이후에 제3자 명의의 소유권이전등기가 경료되어 있을 때에는 위 (🏷 가처분에 기한) 소유권이전등기 말소등기신청과 동시에 그 가처분등기 이후에 경료된 **제3자 명의의 소유권이전등기의 말소**도 단독으로 신청하여 (🏷 등기관은) 그 가처분등기 이후의

정답 ○─ 02 ④   03 ①

소유권이전등기를 **말소**하고 위 가처분에 기한 소유권이전등기 **말소등기를 하여야** 한다(**⬛** 제3자의 등기는 가처분권자에게 대항할 수 없으므로 말소의 대상이 된다)(예규 제1690호, 2-가).

04 가처분등기에 관한 다음 설명 중 가장 옳지 않은 것은? ▶ 2021년 등기서기보

① 가처분권리자가 피상속인과의 원인행위에 의한 권리의 이전·설정의 등기청구권을 보전하기 위하여 상속인들을 상대로 처분금지가처분신청을 하여 법원이 이를 인용하고, 피상속인 소유 명의의 부동산에 관하여 상속관계를 표시하여(등기의무자를 '망 ○○○의 상속인 ○○○' 등으로 표시함) 가처분기입등기를 촉탁한 경우에는 상속등기를 거침이 없이 가처분기입등기를 할 수 있다.

② 가등기에 기한 본등기를 금지하는 내용의 가처분은 가등기상의 권리 자체의 처분의 제한에 해당하지 아니하므로 그러한 본등기를 금지하는 내용의 가처분등기는 수리하여서는 아니 된다.

③ 부동산의 처분금지가처분채권자가 본안사건에서 승소하여 그 확정판결의 정본을 첨부해 소유권이전등기를 신청하는 경우, 그 가처분등기 이후에 제3자 명의의 소유권이전등기가 마쳐져 있을 때에는 반드시 위 소유권이전등기신청과 함께 단독으로 그 가처분등기 이후에 마쳐진 제3자 명의의 소유권이전등기의 말소신청도 동시에 하여야 한다.

④ 처분금지가처분에 기하여 지상권, 전세권 또는 임차권의 설정등기를 신청하는 경우, 그 가처분등기 이후에 근저당권설정등기가 마쳐져 있는 때에는 그 근저당권설정등기의 말소신청도 동시에 하여 근저당권설정등기를 말소하고 가처분채권자의 등기를 하여야 한다.

해설 ④ 처분금지가처분에 기하여 부동산의 **사용·수익을 목적**으로 하는 소유권 이외의 권리(**지상권, 전세권, 임차권, 주택임차권, 상가건물임차권**, 다만 지역권은 제외)의 설정등기를 하는 경우, 그 설정등기와 양립할 수 있는 용익물권설정등기, 임차권설정등기, 주택임차권등기, 주택임차권설정등기, 상가건물임차권등기, 상가건물임차권설정등기와 부동산의 사용·수익을 목적으로 하는 소유권 이외의 권리(지상권, 지역권, 전세권, 임차권)가 아닌 제3자 명의의 등기(**소유권이전등기, 가등기, 가압류, 국세체납에 의한 압류등기, 처분금지가처분등기, 저당권 등**)는 가처분등기 이후에 경료된 것이라도 이를 **말소**하지 **아니한다**(예규 제1691호, 3-나-(1)).

① 예규 제881호, 2
② 예규 제881호, 4
③ 부동산의 처분금지가처분채권자(이하 '가처분채권자'라 한다)가 본안사건에서 승소하여(재판상 화해 또는 인낙을 포함한다. 이하 같다) 그 확정판결의 정본을 첨부하여 소유권이전등기를 신청하는 경우, 그 가처분등기 이후에 제3자 명의의 소유권이전등기가 경료되어 있을 때에는 반드시 위 (**⬛** 가처분에 기한) 소유권이전등기신청과 함께 단독으로 그 가처분등기 이후에 경료된 제3자 명의의 소유권이전등기의 말소신청도 동시에 (**⬛** 신청)하여야 하며, (**⬛** 등기관은) 그 가처분등기 이후의 소유권이전등기를 **말소**하고 가처분채권자의 소유권이전등기를 하여야 한다(예규 제1690호). 즉 제3자의 등기는 가처분권자에게 대항할 수 없으므로 말소의 대상이 된다.

05 가처분에 관한 등기와 관련한 다음 설명 중 가장 옳지 않은 것은?   ▸2018년 법무사

① 가처분의 피보전권리가 소유권 이외의 권리설정등기청구권으로서 소유명의인을 가처분채무자로 하는 경우에는 그 가처분등기를 등기기록 중 갑구에 한다.

② 소유권이전등기청구권을 보전하기 위한 가처분등기가 마쳐진 후 그 가처분채권자가 가처분채무자를 등기의무자로 하여 소유권이전등기를 신청하는 경우에는 가처분등기 이후에 마쳐진 가처분채권자의 권리를 침해하는 제3자 명의의 등기의 말소를 단독으로 신청할 수 있다.

③ 지상권의 설정등기청구권을 보전하기 위한 가처분등기가 마쳐진 후 그 가처분채권자가 가처분채무자를 등기의무자로 하여 지상권의 설정등기를 신청하는 경우에는 그 가처분등기 이후에 동일한 부분에 마쳐진 제3자 명의의 지상권, 지역권, 전세권 또는 임차권의 설정등기의 말소를 단독으로 신청할 수 있다.

④ 저당권설정등기청구권을 보전하기 위한 가처분등기가 마쳐진 후 그 가처분채권자가 가처분채무자를 등기의무자로 하여 저당권설정등기를 신청하는 경우에는 그 가처분등기 이후에 마쳐진 제3자 명의의 저당권설정등기의 말소를 단독으로 신청할 수 있다.

⑤ 등기관이 가처분채권자의 신청으로 가처분등기 이후의 등기를 말소할 때에는 직권으로 해당 가처분등기도 말소하여야 한다.

해설 ④ (근)저당권설정등기청구권을 보전하기 위한 가처분등기가 마쳐진 후 그 가처분채권자가 가처분채무자를 등기의무자로 하여 저당권설정등기를 신청하는 경우에는 그 가처분등기 이후에 마쳐진 제3자 명의의 등기라 하더라도 그 말소를 신청할 수 없다(규칙 제153조 제2항).

① 규칙 제151조 제2항
② 법 제94조 제1항
③ 규칙 제153조 제1항
⑤ 법 제94조 제2항

06 가처분등기에 관한 다음 설명 중 가장 옳지 않은 것은?   ▸2018년 등기주사보

① 부동산의 특정 일부에 대한 가처분결정이 있는 경우에는 채권자가 가처분결정을 대위원인으로 하여 분할등기를 한 후에 가처분등기를 할 수 있다.

② 부동산의 처분금지가처분등기를 하는 경우에는 가처분의 피보전권리를 기록하여야 하지만, 등기청구권의 원인은 기록하지 않아도 된다.

③ 가처분권리자가 피상속인과의 원인행위에 의한 권리의 이전등기청구권을 보전하기 위하여 상속인들을 상대로 가처분결정을 받았다면 채권자는 등기의 촉탁 전에 먼저 대위로 상속등기를 마침으로써 등기의무자의 표시를 등기기록과 일치하도록 하여야 한다.

정답 ○━ 04 ④   05 ④   06 ③

④ 가등기된 권리 자체의 처분을 금지하는 가처분은 등기할 수 있으나, 가등기에 기한 본등기를 금지하는 내용의 가처분 등기촉탁은 수리할 수 없다.

해설 ③ 가처분권리자가 **피상속인과의 원인행위**에 의한 권리의 이전·설정의 등기청구권을 보전하기 위하여 상속인들을 상대로 처분금지**가처분**신청을 하여 집행법원이 이를 인용하고, 피상속인 소유 명의의 부동산에 관하여 상속관계를 표시하여(등기의무자를 '망 000의 상속인 000' 등으로 표시함) 가처분기입등기를 촉탁한 경우에는 **상속등기를 거침이 없이**(🏛 법 제27조 법리 적용) 가처분기입등기를 할 수 있다(대판 1995.2.28, 94다23999, 예규 제881호, 2).

① 예규 제881호, 3
② 예규 제881호, 1-가
④ 예규 제881호, 4

07 가처분등기에 관한 다음 설명 중 가장 옳지 않은 것은? ▸ 2016년 법원사무관

① 토지거래허가절차이행청구권을 피보전권리로 하는 가처분등기가 마쳐지고, 가처분채권자가 승소확정판결을 받아 소유권이전등기를 신청하는 경우 그 가처분에 저촉되는 등기의 말소를 단독으로 신청할 수 있다.

② 사해행위취소로 인한 원상회복청구권을 피보전권리로 한 처분금지가처분등기가 된 후 가처분채권자가 본안사건에서 소유권이전등기의 말소를 명하는 판결이 아닌 가액배상을 명하는 판결을 받았다면 가처분등기 이후에 마쳐진 근저당권설정등기의 말소를 단독으로 신청할 수 없다.

③ 가처분권리자가 승소판결에 의하지 아니하고 가처분채무자와 공동으로 가처분에 기한 소유권이전등기를 신청할 때에 그 등기가 해당 가처분결정에 기한 것임을 확인하는 내용의 가처분채무자가 작성한 서면을 첨부정보로서 제공하였다면 가처분에 저촉되는 등기의 말소도 함께 신청할 수 있다.

④ 甲(매도인)과 매매계약을 체결한 乙(매수인)이 甲 소유의 부동산에 가처분을 한 후 그 지위를 반대급부의 이행 전에 丙에게 이전하고, 나중에 丙이 甲을 상대로 한 소유권이전등기소송에서 승소하였다면, 丙은 판결에 따른 소유권이전등기를 신청할 때에 가처분에 저촉되는 등기의 말소를 동시에 신청할 수 있다.

해설 ③ **가처분채권자**가 **가처분에 기한 것**이라는 **소명**자료를 첨부하여 **가처분채무자와 공동**으로 (🏛 가처분에 기한) 소유권이전등기 또는 소유권말소등기를 신청하는 경우의 당해 가처분등기 및 그 가처분등기 이후에 경료된 제3자 명의의 등기의 말소에 관하여도 **제1항 및 제2항의 절차**(🏛 가처분에 저촉되는 등기의 말소도 함께 신청할 수 있음)에 의한다(예규 제1690호, 3).

① 토지거래허가절차이행청구권을 피보전권리로 하는 가처분등기가 경료되고, 가처분채권자가 본안소송에서 승소확정판결(또는 이와 동일시할 청구의 인낙이나 조정, 화해)을 받아 소유권이전등기를 신청하는 경우 당해 가처분등기 이후에 경료된 (🏛 가처분에 저촉되는) 제3자 명의의 가등기, 소유권 이외의 권리에 관한 등기, 가압류등기, 경매개시결정등기, 처분금지가처

분등기 등의 말소등기도 위 (❸ 가처분에 기한) 소유권이전등기신청과 함께 신청할 수 있다 (선례 제9-369호).

② 1) 처분금지가처분등기가 경료된 후 가처분채권자가 본안사건에서 승소한 경우 그 승소판결에 의한 소유권이전등기(말소)신청과 동시에 가처분채권자에게 대항할 수 없는 등기의 말소도 단독으로 신청할 수 있으나, 이 경우의 **본안사건은 소유권이전등기나 그 등기의 말소를 명하는 판결**이어야 한다.

2) 따라서 사해행위취소로 인한 원상회복청구권을 피보전권리로 하여 처분금지가처분등기가 되고 그 후 근저당권설정등기가 경료된 상태에서 가처분채권자가 본안사건에서 소유권이전등기나 소유권이전등기의 말소를 명하는 판결이 아닌 **가액배상을 명하는 판결**을 받았다면 그 판결로는 소유권이전등기나 소유권이전등기의 말소를 신청할 수 없으므로 **가처분등기 이후에 경료된 근저당권설정등기의 말소**도 신청할 수 **없**다(선례 제201112-1호).

④ 1) 부동산이 **최초양도인(갑), 중간자(을), 최종양수인(병)**으로 **전전 양도**된 경우 소유권이전등기는 먼저 체결된 계약에 따라 순차적으로 이루어져야 하므로(부동산등기 특별조치법 제2조 제2항, 제3항), 위 계약을 토대로 소유권이전등기청구권을 피보전권리로 하는 을 명의의 가처분등기가 경료된 후 병이 그 피보전채권을 양수하였다 하더라도 갑으로부터 **바로 병 명의로 소유권이전등기를 신청할 수 없다.**

2) 다만, 갑과 소유권이전계약을 체결한 을이 반대급부의 이행이 완료되기 전에 병과 **계약당사자의 지위를 이전하는 계약**을 체결한 때에는 병은 갑과 공동신청 또는 갑을 상대로 소유권이전등기절차를 이행하라는 **승소확정판결**을 받아 단독으로 소유권이전등기를 신청할 수 있는 바, 이 경우 을 명의의 가처분등기가 경료되었다면 **병은 그 피보전권리의 승계인임을 소명하여 소유권이전등기신청과 함께 가처분등기 이후에 경료된 제3자 명의의 가등기, 가압류등기, 처분금지가처분등기 등에 대한 말소등기를 신청할 수 있다**(선례 제200912-3호).

08 가처분등기와 관련된 등기절차에 대한 다음 설명 중 가장 옳지 않은 것은? ▶ 2015년 법무사

① 동일한 근저당권의 말소등기청구권을 피보전권리로 한 처분금지가처분등기가 여러 건 경료된 경우, 선순위 가처분권리자가 본안사건에서 승소하고 그 확정판결의 정본을 첨부하여 근저당권말소등기를 신청할 때에 후순위 가처분권리자들의 승낙서는 첨부할 필요가 없다.

② 사해행위취소로 인한 원상회복청구권을 피보전권리로 하여 처분금지가처분등기가 되고 그 후 근저당권설정등기가 경료된 상태에서 가처분채권자가 본안사건에서 소유권이전등기나 소유권이전등기의 말소를 명하는 판결이 아닌 가액배상을 명하는 판결을 받았다면 가처분등기 이후에 경료된 근저당권설정등기의 말소도 신청할 수 없다.

③ 토지거래허가절차 이행청구권을 피보전권리로 하는 가처분등기가 경료되고, 가처분채권자가 본안소송에서 승소확정판결을 받아 소유권이전등기를 신청하는 경우 당해 가처분등기 이후에 경료된 제3자 명의의 가등기의 말소등기도 위 소유권이전등기신청과 함께 신청할 수 있다.

정답 ┍┥ 07 ③ 08 ⑤

④ 가처분등기가 마쳐진 후 등기명의인의 주소 변경으로 인한 등기명의인표시 변경등기는 등기명의인이 직접 등기소에 신청할 수 있다.

⑤ "피고가 원고를 상대로 한 가처분집행은 해제키로 한다."는 내용의 조정이 성립된 경우에 가처분채무자인 원고는 그 조정조서에 의하여 직접 등기소에 가처분등기의 말소등기를 신청할 수 있다.

> **해설** ⑤ '피고가 원고를 상대로 한 **가처분집행은 해제키로 한다**'는 내용의 **조정이 성립**되었으나 가처분채권자인 피고가 가처분집행을 해제하지 않는 경우에, 가처분채무자인 원고가 그 조정조서에 의하여 가처분등기 말소신청을 할 수는 없고, 집행법원에 가처분집행의 취소를 구하는 신청을 하여 집행법원의 **촉탁**에 의하여 **가처분등기를 말소**할 수 있을 것이다(선례 제6–491호).
>
> ① 1) **선행** 가처분과 **후행 가처분**의 피보전권리가 모두 소유권이전등기 **말소등기청구권** 및 근저당권설정등기 말소등기청구권인 경우, 확정판결을 받은 **후행 가처분채권자의 말소등기신청**이 비록 선행 가처분채권자의 피보전권리를 침해하는 것이 아니라 오히려 그 피보전권리에 부합하는 것이라 하더라도 **선행 가처분채권자**는 권리의 목적인 등기가 말소됨에 따라 **손해를 입을 우려가 있는 등기상의 권리자**로서 그 손해를 입을 우려가 있다는 것이 등기부 기재에 의하여 형식적으로 인정되는 자이므로 말소등기신청서에 선행 가처분채권자의 **승낙서** 또는 이에 대항할 수 있는 **재판**의 등본을 첨부하여야 한다(선례 제201106–2호).
>
> 2) 동일한 근저당권의 **말소등기청구권**을 피보전권리로 한 처분금지**가처분**등기가 **여러 건** 경료된 경우 **선순위 가처분권리자**가 본안사건에서 승소하고 그 확정판결의 정본을 첨부하여 **근저당권말소등기를 신청**하면 등기관은 근저당권설정등기를 말소함과 동시에 당해 가처분등기 및 후순위 가처분등기를 직권으로 말소하는 바, 이때 **후순위 가처분권리자들**은 (🔵 선행가처분채권자에게 대항할 수 없으므로 말소될 운명이지 등기상 이해관계인이 아님) **승낙서**를 첨부할 필요가 **없다**(선례 제200808–1호).
>
> ④ 법원의 촉탁에 의하여 **가압류**등기, **가처분**등기, **주택임차권**등기 및 **상가건물임차권**등기가 경료된 후 등기명의인의 주소, 성명 및 주민등록번호의 변경으로 인한 **등기명의인표시변경등기**는 등기명의인이 **신청**할 수 있다(예규 제1064호).

09 **가처분등기에 관한 다음 설명 중 가장 옳지 않은 것은?** ▶ 2015년 등기서기보

① 등기관이 가처분등기를 할 때에는 가처분의 피보전권리를 기록하여야 하는바, 피보전권리가 등기청구권인 경우에 그 등기청구권의 원인은 기록하지 아니한다.

② 가처분권리자가 피상속인과의 원인행위에 의한 권리의 이전등기청구권을 보전하기 위하여 상속인들을 상대로 처분금지가처분신청을 하여 집행법원이 이를 인용한 경우, 상속등기를 거침이 없이 가처분기입등기를 할 수 있다.

③ 가등기에 기한 본등기를 금지하는 내용의 가처분은 가등기상의 권리 자체의 처분의 제한에 해당하지 아니하므로 그러한 본등기를 금지하는 내용의 가처분등기는 할 수 없다.

④ 가처분의 피보전권리가 지상권설정등기청구권인 경우에는 그 가처분등기를 등기기록 중 을구에 한다.

> **해설** ④ 가처분의 피보전권리가 소유권 이외의 권리설정등기청구권으로서 소유명의인을 가처분채무자로 하는 경우에는 그 가처분등기를 등기기록 중 **갑구**에 한다(규칙 제151조 제2항).

① 예규 제881호, 1-가
② 예규 제881호, 2
③ 예규 제881호, 4

10 가처분에 저촉되는 등기의 말소에 관한 다음 설명 중 가장 옳지 않은 것은?

▶ 2018년 등기주사보

① 부동산의 가처분채권자가 본안사건에서 승소하여 그 확정판결을 첨부하여 소유권이전등기를 신청하는 경우에는 반드시 그 가처분등기 이후에 등기된 제3자 명의의 소유권이전등기를 말소하고 가처분채권자의 소유권이전등기를 하여야 한다.

② 가처분채권자가 가처분에 의하여 소유권등기의 말소를 신청하는 경우에 그 소유권등기에 기초하여 가처분등기 전에 가처분채권자에게 대항할 수 있는 주택임차권등기가 있으면 그 임차권자의 승낙이나 이에 대항할 수 있는 재판의 정보를 제공하여야 한다.

③ 가처분채권자가 가처분에 기한 것이라는 소명자료를 첨부하여 가처분채무자와 공동으로 소유권이전등기를 신청하는 경우에 그 가처분등기 이후에 마쳐진 제3자의 소유권등기의 말소는 가처분채권자가 단독으로 신청한다.

④ 근저당권설정등기청구권을 보전하기 위한 가처분등기가 마쳐진 후 가처분에 따른 근저당권설정등기를 신청하는 경우에 가처분등기 이후에 마쳐진 제3자의 근저당권설정등기의 말소를 가처분채권자가 단독으로 신청한다.

> **해설** ④ **(근)저당권설정등기청구권을 보전**하기 위한 **가처분**등기가 마쳐진 후 그 **가처분채권자가 가처분채무자를 등기의무자로 하여 저당권설정등기를 신청**하는 경우에는 그 **가처분등기 이후에 마쳐진 제3자 명의의 등기**라 하더라도 그 **말소**를 신청할 수 **없다**(규칙 제153조 제2항).

① 예규 제1690호, 1-가-(1)
② 예규 제1690호, 2-나-(2)
③ 예규 제1690호, 3

11

소유권이전등기청구권 보전을 위한 가처분등기가 마쳐진 후 그 가처분채권자가 가처분채무자를 등기의무자로 하여 소유권이전등기를 신청하는 경우에 관한 설명 중 가장 옳지 않은 것은? ▸2013년 법무사

① 가처분등기 이후에 된 등기로서 가처분채권자에게 대항할 수 없는 권리에 관한 등기의 말소는 가처분채권자가 단독으로 신청할 수 있다.

② 등기관이 위 ①의 신청에 따라 가처분등기 이후의 등기를 말소할 때에는 직권으로 그 가처분등기도 말소하여야 한다.

③ 가처분등기 이후에 된 등기로서 가처분채권자에 대항할 수 있는 임차인 명의의 주택임차권등기, 주택임차권설정등기의 말소는 가처분채권자가 단독으로 신청할 수 없다.

④ 가처분등기 이후에 된 국세체납에 의한 압류등기의 말소는 가처분채권자가 단독으로 신청할 수 없다.

⑤ 가처분등기 전에 마쳐진 가압류에 의한 강제경매개시결정등기의 말소는 가처분채권자가 단독으로 신청할 수 없다.

해설 ④ 가처분채권자가 본안사건에서 승소하여 그 확정판결의 정본을 첨부하여 소유권이전등기를 신청하는 경우, 그 가처분등기 이후에 제3자 명의의 소유권이전등기를 제외한 가등기, 소유권 이외의 권리에 관한 등기, 가압류등기, **국세체납에 의한 압류**등기, 경매개시결정등기 및 처분금지가처분등기 등이 경료되어 있을 때에는 위 (⊞ 가처분에 기한) 소유권이전등기신청과 함께 단독으로 그 가처분등기 이후에 경료된 제3자 명의의 등기말소신청(⊞ 소유권이전등기 이외의 등기)도 **동시에** (⊞ 신청)하여 (⊞ 등기관은) 그 가처분등기 이후의 등기를 **말소**하고 가처분채권자의 소유권이전등기를 하여야 한다(⊞ 제3자의 등기는 가처분권자에게 대항할 수 없으므로 말소의 대상이 된다)(예규 제1690호, 1—나—(1)).

① 법 제94조 제1항
② 법 제94조 제2항
③, ⑤ 예규 제1690호, 1—나—(2)

12 부동산의 처분금지가처분채권자(甲)가 본안사건에서 승소하여 그 확정판결의 정본을 첨부하여 소유권이전등기를 신청하는 경우에 관한 설명이다. 틀린 것은? ▸ 2012년 법무사

① 위 가처분등기 이후에 제3자명의의 소유권이전등기가 되어 있을 때에는 甲으로의 소유권이전등기신청과 함께 단독으로 제3자명의의 소유권이전등기의 말소신청도 동시에 하여야 한다.

② 위 가처분등기 이후에 제3자명의의 소유권이전등기가 되어 있고 그 제3자명의의 등기가 위 가처분등기에 우선하는 저당권에 기한 경매절차에 따른 매각을 원인으로 하여 이루어진 때에는 위 제3자명의의 소유권이전등기는 말소하지 아니하고 가처분채권자의 소유권이전등기를 하여야 한다.

③ 위 가처분등기 이후에 국세체납에 의한 압류등기가 되어 있는 경우에는 甲으로의 소유권이전등기신청과 함께 단독으로 위 압류등기의 말소신청도 동시에 하여야 한다.

④ 위 가처분등기 이후에 임의경매개시결정등기가 되어 있고 그 임의경매개시결정등기가 위 가처분등기 전에 마쳐진 저당권에 기한 것일 경우에는 임의경매개시결정등기는 말소하지 아니하고 가처분채권자의 소유권이전등기를 하여야 한다.

⑤ 등기관이 위 가처분채권자의 신청으로 위 가처분등기 이후의 등기를 말소한 때에는 위 가처분등기도 직권으로 말소하여야 한다.

해설 ② 가처분등기 이후에 경료된 제3자 명의의 소유권이전등기가 **가처분등기에 우선하는 저당권 또는 압류에 기한 경매절차에 따른 매각**을 원인으로 하여 **이루어진 것인 때**에는 가처분채권자의 말소신청이 있다 하더라도 이를 말소할 수 없는 것이므로, 그러한 말소신청이 있으면 경매개시결정의 원인이 가처분등기에 우선하는 권리에 기한 것인지 여부를 조사(새로운 등기기록에 이기된 경우에는 폐쇄등기기록 및 수작업 폐쇄등기부까지 조사)하여, 그 소유권이전등기가 가처분채권자에 우선하는 경우에는 가처분채권자의 등기신청(**⊞ 제3자 명의 소유권이전등기의 말소신청과 가처분에 기한 소유권이전등기신청**)을 **전부 수리**하여서는 **아니** 된다(예규 제1690호, 1-가-(2)). 소유권은 양립할 수 없으므로 가처분 후의 소유권이전등기를 말소할 수 없다면 가처분에 기한 소유권이전등기신청도 수리할 수 없다.

① 예규 제1690호, 1-가-(1)
③ 예규 제1690호, 1-나-(1)
④ 예규 제1690호, 1-나-(2)
⑤ 예규 제1690호, 4

정답 ❍━ 11 ④   12 ②

02 가압류

01 가압류등기

관련 예규

채권자가 다수인 가압류·가처분등기 및 경매개시결정등기 또는 그 등기의 변경등기 촉탁이 있는 경우의 처리지침(예규 제1358호)

채권자가 다수인 가압류·가처분등기 및 경매개시결정등기의 촉탁이나 다수 채권자 중 일부 채권자의 해제신청에 의한 그 등기의 변경등기촉탁이 있는 경우에는 다음과 같이 처리한다.

1. 채권자가 다수라는 것은 1개의 촉탁사건에 채권자가 2인 이상인 경우를 말한다.

2. 가압류·가처분등기 또는 경매개시결정등기의 촉탁이 있는 경우

   가. 등기관은 촉탁에 의하여 위 가압류등기 등을 하는 경우 다수의 채권자 전부를 등기기록에 채권자로 기록하여야 하며, 채권자 ○○○ 외 ○○인과 같이 채권자 일부만을 기록하여서는 아니 된다.

   나. 채권자가 선정당사자인 경우에도 선정자 목록에 의하여 채권자 전부를 등기기록에 채권자로 기록하여야 한다.

   다. 등기촉탁서에 채권자로 선정당사자만 기재되어 있고 선정자 목록이 없는 경우에는 결정서에 첨부되어 있는 선정자 목록의 사본을 만들어 이를 등기촉탁서에 첨부하여 등기촉탁서와 함께 보존하도록 한다.

3. 착오로 잘못 경료된 가압류·가처분 등기 또는 경매개시결정등기를 발견한 경우

   가. 등기관은 가압류·가처분등기 또는 경매개시결정등기에 채권자 ○○○ 외 ○○인으로 기록되어 있는 등기를 발견한 경우에는 「부동산등기법」 제32조의 규정에 의한 (🅑 직권)경정등기를 하여야 한다.

   나. 위 가.의 경정등기를 함에 있어 그 등기촉탁서가 보존기간의 경과로 폐기되어 다수의 채권자를 알 수 없게 된 경우에는 촉탁법원에 등기촉탁서 및 결정서 사본을 모사전송 등의 방법으로 송부받은 다음 위 경정등기를 하여야 한다.

4. 일부 채권자의 해제신청에 의한 변경등기 촉탁이 있는 경우

   가. 다수의 채권자 중 일부 채권자의 해제신청에 의한 변경등기 촉탁이 있는 경우에는 ○번 ○○변경, 접수 ○○○○년 ○월 ○일 제○○○호, 원인 ○○○○년 ○월 ○일 일부채권자 해제로 한 변경등기를 하고, 이 경우 등기촉탁서에 가압류의 청구금액이나 가처분할 지분의 변경이 포함되어 있을 때에는 청구금액 또는 가처분할 지분의 변경등기도 하여야 하는바, 그 등기기록례는 별지주)와 같다.

   나. 채권자 ○○○ 외 ○○인으로 (🅑 잘못)등기된 가압류·가처분등기 또는 경매개시결정등기에 대하여 일부 채권자의 해제신청에 의한 변경등기 촉탁이 있는 경우에는 위 3.에 의한 (🅑 직권)경정등기를 한 다음 촉탁에 의한 변경등기를 하여야 한다(🅑 즉 이러한 경우라도 변경등기 촉탁을 수리할 수 있다).

   다. 권리자 ○○○ 외 ○○인으로 되어 있는 (🅑 잘못)등기에 대한 전부말소 촉탁이 있는 경우에는 위 3.에 의한 (🅑 직권)경정등기 절차를 거치지 않고 촉탁에 의한 말소등기를 할 수 있다.

5. 채권자가 다수인 가압류·가처분등기 또는 경매개시결정등기에 대하여 「해제신청을 한 채권자」를 등기의무자로 하고, 등기원인 「일부해제」, 등기목적 「○○○○년 ○월 ○일 접수 제○○호로 등기된 ○○○말소」로 기재한 등기촉탁이 있는 경우, 비록 그 등기촉탁이 일부 채권자의 해제신청에 의한 채권자변경등기 촉탁의 취지라 하더라도 그 촉탁서에 기재된 등기목적에 따라 이를 당해 등기촉탁서에 기재된 등기 전부의 말소를 촉탁한 것으로 보아야 할 것이므로, 등기관은 위 등기촉탁이 「부동산등기법」 제29조 제7호 소정의 신청정보의 등기의무자의 표시가 등기기록과 일치하지 아니한 경우에 해당함을 이유로 이를 각하하여야

하고, 이를 간과하여 말소되어서는 아니 될 등기가 말소되는 사례가 없도록 등기촉탁서에 기재된 등기의무자가 그 등기기록상의 채권자 전부인지 또는 그 일부인지 여부를 면밀히 검토하여야 한다.

가압류기입등기 시 청구금액 기재에 관한 사무처리지침(예규 제1023호)
1. 가압류 집행법원의 가압류기입등기촉탁으로 그 등기를 하는 경우에는 **가압류 청구금액**을 기재한다.
2. 가압류 촉탁서에 청구금액과 관련한 **이자** 또는 **다른 조건** 등이 있다 하더라도 이는 기재하지 **아니**한다.
3. 위 청구금액은 민원인 편의와 관련 업무의 신속한 처리를 위하여 참고적으로 기재한 사항으로서 **등기실행과정의 착오(❶ 등기관의 잘못)로 청구금액을 잘못 기재**하여 이를 (❶ **직권**)경정하는 경우 가압류 후 다른 등기권리자가 있더라도 **승낙서** 또는 이에 대항할 수 있는 재판의 등본을 첨부할 필요는 **없**으며, 위 등기의 경정은 **언제나 부기등기방법**에 의한다.

01 가압류 등기에 관한 다음 설명 중 가장 옳지 않은 것은? ▸ 2022년 법무사

① 합유자 중 1인의 지분에 대한 가압류등기는 할 수 없으므로 위 촉탁이 있는 경우 이를 각하하여야 하나 합유지분에 대하여 가압류등기가 이미 마쳐져 있다면 등기관은 위 등기를 직권말소할 수 없다.

② 등기관은 촉탁에 의하여 가압류등기를 하는 경우 다수의 채권자 전부를 등기기록에 채권자로 기록하여야 하며, 채권자 ○○○ 외 ○○인과 같이 채권자 일부만을 기록하여서는 아니 되며, 채권자가 선정당사자인 경우에도 선정자 목록에 의하여 채권자 전부를 등기기록에 채권자로 기록하여야 한다.

③ 다수의 채권자 중 일부 채권자의 해제신청에 의한 변경등기 촉탁이 있는 경우에는 ○번 ○○변경, 접수 ○○○○년 ○월 ○일 제○○○호, 원인 ○○○○년 ○월 ○일 일부채권자 해제로 한 변경등기를 하고, 이 경우 등기촉탁서에 가압류의 청구금액의 변경이 포함되어 있을 때에는 청구금액의 변경등기도 하여야 한다.

④ 가압류등기가 가압류법원의 말소촉탁 외의 사유로 말소된 경우 등기관은 지체 없이 그 뜻을 집행법원에 통지하여야 한다.

⑤ 소유권이전등기청구권에 대한 가압류등기는 그 청구권이 가등기된 때에 한하여 부기등기의 방법으로 할 수 있다.

해설 ① 1. **합유지분의 처분**은 등기기록상으로 **지분의 이전등기하는 모습으로 구현되는 것이 아니라 합유명의인변경등기의 형식**으로 구현된다.
2. 따라서 합유관계가 존속하는 한 합유지분의 이전등기는 **허용되지 않는다**.
3. 마찬가지로 합유**지분의 이전**을 초래하는 소유권이전청구권**가등기**, **가압류등기**, **압류등기**, **경매개시결정등기**, 근저당권설정 등은 할 수 **없다**(법 제29조 제2호, 규칙 제52조 제10호, 선례 제6-436호, 제7-243호, 제3-560호, 제6-497호, 제6-498호). 이는 다른 합유자의 동의를 받은 경우에도 마찬가지이다.

정답 ━ 01 ①

4. 따라서 **합유자 중 1인의 지분**에 대한 **가압류등기**는 **사건이 등기할 것이 아닌 경우**에 해당하므로 법 **제29조 제2호**에 따라 **각하**하여야 한다.

5. 만약 합유지분에 대하여 가압류등기가 **이미 마쳐져 있다면** 등기관은 법 **제58조**에 따라 **직권말소**한다.

② **가압류·가처분등기** 또는 **경매개시결정등기**의 촉탁이 있는 경우 등기관은 촉탁에 의하여 위 가압류등기 등을 하는 경우 **다수의 채권자 전부**를 등기기록에 채권자로 **기록**하여야 하며, 채권자 ㅇㅇㅇ 외 ㅇㅇ인과 같이 채권자 일부만을 기록하여서는 **아니** 된다. **채권자가 선정당사자인 경우에도** 선정자 목록에 의하여 **채권자 전부**를 등기기록에 채권자로 **기록**하여야 한다(예규 제1358호, 2).

③ 다수의 채권자 중 **일부 채권자의 해제신청**에 의한 변경등기 촉탁이 있는 경우에는 ㅇ번 ㅇㅇ변경, 접수 ㅇㅇㅇㅇ년 ㅇ월 ㅇ일 제ㅇㅇㅇ호, 원인 ㅇㅇㅇㅇ년 ㅇ월 ㅇ일 **일부채권자 해제로 한 변경등기**를 하고, 이 경우 등기촉탁서에 가압류의 청구금액이나 가처분할 지분의 변경이 포함되어 있을 때에는 청구금액 또는 가처분할 지분의 변경등기도 하여야 한다(예규 제1358호, 4-가).

④ **가압류등기, 가처분등기, 경매개시결정등기, 주택임차권등기 및 상가건물임차권등기**가 **집행법원의 말소촉탁 이외의 사유(본등기, 매각, 공매 등)**로 말소된 경우 등기관은 지체 없이 그 뜻을 아래 양식에 의하여 **집행법원에 통지**하여야 한다(예규 제1368호).

⑤ **등기이전청구권**은 등기된 때(부동산등기법 제3조의 규정에 의하여 그 청구권이 **가등기된 때**)에 한하여 부기등기의 방법에 의하여 **가압류**의 등기를 할 수 있으므로, 가처분등기의 피보전권리가 소유권이전등기청구권이라고 하더라도 '**가처분소유권이전등기청구권가압류등기**'는 등기할 것이 **아니다**(선례 제200610-10호).

02 **처분제한등기촉탁 등에 관한 다음 설명 중 가장 옳지 않은 것은?** ▶ 2021년 법원사무관

① 가압류 촉탁서에 청구금액과 관련한 이자 또는 다른 조건 등이 있다 하더라도 이는 기재하지 아니한다.

② 상속등기를 하지 아니한 부동산에 대하여 가압류결정이 있을 때 가압류채권자는 그 기입등기촉탁 이전에 먼저 대위에 의한 상속등기를 하여 등기의무자의 표시가 등기기록과 부합하도록 하여야 한다.

③ 가압류등기 등을 하는 경우에 채권자가 다수인 경우 채권자 전부를 등기기록에 채권자로 기록하여야 하며, 다만 채권자가 선정당사자인 경우에는 선정당사자만을 등기기록에 채권자로 기록한다.

④ 가압류등기 후 소유권이전등기가 된 경우 강제경매개시결정등기의 촉탁정보에 등기의무자를 가압류 당시의 소유명의인으로 표시하여도 그 촉탁을 수리하여야 한다.

해설 ③ **가압류·가처분등기** 또는 **경매개시결정등기**의 촉탁이 있는 경우 등기관은 촉탁에 의하여 위 가압류등기 등을 하는 경우 **다수의 채권자 전부**를 등기기록에 채권자로 **기록**하여야 하며, 채권자 ㅇㅇㅇ 외 ㅇㅇ인과 같이 채권자 일부만을 기록하여서는 **아니** 된다. **채권자가 선정당사자인 경우에도** 선정자 목록에 의하여 **채권자 전부**를 등기기록에 채권자로 **기록**하여야 한다(예규 제1358호, 2).

① 예규 제1023호, 2
② 가압류등기촉탁과 채권자의 대위에 의한 상속등기(예규 제1432호)
  (1) 상속등기를 하지 아니한 부동산에 대하여 가압류결정이 있을 때 가압류채권자는 그 기입등기촉탁 이전에 먼저 대위에 의하여 상속등기를 함으로써 등기의무자의 표시가 등기기록과 부합하도록 하여야 한다(🌐 법 제29조 제7호).
  (2) 대위원인 : "ㅇ년 ㅇ월 ㅇ일 ㅇㅇ지방법원의 가압류 결정"이라고 기재한다.
  (3) 대위원인증서 : 가압류결정의 정본 또는 그 등본을 첨부한다.
④ 강제경매에서 등기의무자는 부동산소유자, 즉 채무자를 기재한다. 가압류등기 후에 제3자에게 소유권이 이전된 후 가압류채권자가 집행권원을 얻어 경매신청을 하여 그 등기의 촉탁을 하는 경우에는, 가압류당시의 소유권의 등기명의인이 등기의무자가 된다(예규 제1352호). 이는 가압류된 부동산을 취득한 제3자는 가압류채권자에게 대항할 수 없기 때문이다(「부동산등기실무Ⅲ」 p.121). 가압류집행이 있은 후 그 가압류가 강제경매개시결정으로 인하여 본압류로 이행된 경우에 가압류집행이 본집행에 포섭됨으로써 가압류 당초부터 본집행이 있었던 것과 같은 효력이 있어 가압류 당시부터 처분을 금지하는 효력이 생기므로, 가압류 후에 소유권을 취득한 자는 가압류권자에게 대항할 수 없으므로 말소촉탁의 대상이 된다.

03 가압류에 관한 등기에 대한 다음 설명 중 가장 옳지 않은 것은? ▶ 2020년 법원사무관

① 가압류가 본압류로 이행되어 강제경매절차가 진행 중인 상태에서 가압류등기만에 관하여 말소촉탁이 있는 경우 등기관은 부동산등기법 제29조 제2호에 의해 그 촉탁을 각하하여야 한다.
② 근저당권설정등기에 부기등기의 방법으로 피담보채권의 가압류등기가 집행된 경우 담보물권의 수반성에 의해 종된 권리인 근저당권에도 가압류의 효력이 미친다.
③ 가압류의 본집행인 강제경매개시결정등기가 마쳐진 후 가압류등기에만 말소등기가 실행된 이후 말소된 가압류등기 이후의 매수인이 인수하지 않은 부담에 관한 등기에 대하여 매각을 원인으로 한 말소등기의 촉탁이 있는 경우, 위 촉탁에 따른 등기를 실행하기 위해 등기관은 가압류등기를 직권으로 회복하는 절차를 선행하여야 한다.
④ 채권자가 다수인 경우 다수의 채권자 전부를 등기기록에 채권자로 기록하여야 하며, 채권자 ㅇㅇㅇ 외 ㅇ인과 같이 채권자 일부만 기록하여서는 안 되고, 채권자가 선정당사자인 경우에도 선정자 목록에 의하여 채권자 전부를 등기기록에 채권자로 기록하여야 한다.

🔖해설 ③ 법 제29조 제2호, 규칙 제52조 제10호
부동산에 대한 가압류가 본압류로 이행되어 강제경매개시결정등기가 마쳐지고 강제집행절차가 진행 중이라면 그 본집행의 효력이 유효하게 존속하는 한 가압류등기만을 말소할 수 없는 것이므로, 그 가압류등기에 대한 집행법원의 말소촉탁은 그 취지 자체로 보아 법률상 허용될 수 없음이 명백한 경우에 해당하여 등기관은 「부동산등기법」 제29조 제2호에 의하여 촉탁을

각하하여야 한다. 이 경우 등기관이 **각하사유를 간과**하고 집행법원의 촉탁에 의하여 그 **가압류등기를 말소**하였더라도 본집행이 취소·실효되지 않는 이상, **본집행에 아무런 영향을 미치지 아니**하므로 말소된 해당 **가압류 이후의 가처분, 가압류, 소유권이전등기**에 대하여 **매각을 원인으로 한 말소등기의 촉탁**이 있을 경우 등기관은 이를 **수리할 수 있다**(선례 제9-372호). **가압류등기**를 직권으로 **회복**하는 절차를 선행할 필요는 **없다.**

① 위 선례
② 근저당권이 있는 채권이 가압류되는 경우, 근저당권설정등기에 부기등기의 방법으로 그 피담보채권의 가압류사실을 기입등기하는 목적은 근저당권의 피담보채권이 가압류되면 담보물권의 수반성에 의하여 종된 권리인 근저당권에도 가압류의 효력이 미치게 되어 피담보채권의 가압류를 공시하기 위한 것이므로, 만일 근저당권의 피담보채권이 존재하지 않는다면 그 가압류명령은 무효라고 할 것이고, 근저당권을 말소하는 경우에 가압류권자는 등기상 이해관계 있는 제3자로서 근저당권의 말소에 대한 승낙의 의사표시를 하여야 할 의무가 있다(대판 2004.5.28, 2003다70041).
④ 예규 제1358호, 2

04 가압류등기에 관한 다음 설명 중 가장 옳지 않은 것은? ▶ 2019년 등기주사보

① 가압류채권자가 다수인 경우에는 그 다수의 채권자 전부를 등기기록에 채권자로 기재하여야 하지만, 채권자가 선정당사자인 경우에는 그 선정당사자만 기록할 수 있다.
② 가압류 청구금액을 잘못 기재하여 이를 경정하는 경우에 가압류 후 다른 등기권리자가 있더라도 그 권리자의 승낙서 또는 이에 대항할 수 있는 재판이 있음을 증명하는 정보를 첨부할 필요가 없으며 언제나 부기등기의 방법에 의한다.
③ 등기이전청구권에 대한 가압류등기는 그 청구권이 가등기된 때에 한하여 부기등기의 방법으로 할 수 있다.
④ 가압류가 본압류로 이행되어 강제경매절차가 유효하게 진행 중이라면 집행법원의 그 가압류등기만의 말소촉탁은 수리하여서는 안 된다.

해설 ① **가압류·가처분**등기 또는 **경매개시결정등기**의 촉탁이 있는 경우 등기관은 촉탁에 의하여 위 가압류등기 등을 하는 경우 다수의 **채권자 전부**를 등기기록에 채권자로 **기록**하여야 하며, 채권자 ○○○ 외 ○○인과 같이 채권자 일부만을 기록하여서는 아니 된다. 채권자가 **선정당사자**인 경우에도 선정자 목록에 의하여 **채권자 전부**를 등기기록에 채권자로 **기록**하여야 한다(예규 제1358호, 2).

② 예규 제1023호, 3
③ 등기이전청구권은 (**⊕ 가**)등기된 때(부동산등기법 제3조의 규정에 의하여 그 청구권이 가등기된 때)에 **한하여 부기**등기의 방법에 의하여 **가압류**의 등기를 할 수 있으므로, 가처분등기의 피보전권리가 소유권이전등기청구권이라고 하더라도 '**가처분소유권이전등기청구권가압류등기**'는 등기할 것이 **아니다**(선례 제200610-10호).

05 가압류등기에 관한 다음 설명 중 가장 옳지 않은 것은? ▶ 2019년 등기서기보

① 가압류채권자가 다수인 경우에는 그 다수의 채권자 전부를 등기기록에 채권자로 기재하여야 하며, 채권자가 선정당사자인 경우에도 채권자 전부를 기록하여야 한다.

② 가압류가 본압류로 이행되어 강제경매절차가 유효하게 진행 중이라면 집행법원의 그 가압류등기만의 말소촉탁은 수리하여서는 안 된다.

③ 이전등기청구권에 대한 가압류등기는 그 청구권이 가등기된 때에 한하여 부기등기의 방법으로 할 수 있다.

④ 가압류 청구금액을 잘못 기재하여 이를 경정하는 경우 가압류 후 다른 등기권리자가 있다면 그 권리자의 승낙서 또는 이에 대항할 수 있는 재판이 있음을 증명하는 정보를 첨부하여야 한다.

해설 ④ 가압류 집행법원의 가압류기입등기촉탁으로 그 등기를 하는 경우에는 **가압류 청구금액**을 기재한다. 가압류 촉탁서에 청구금액과 관련한 이자 또는 다른 조건 등이 있다 하더라도 이는 기재하지 아니한다. 위 청구금액은 민원인 편의와 관련 업무의 신속한 처리를 위하여 **참고적으로 기재한 사항**으로서 **등기실행과정의 착오**(🖽 등기관 잘못)로 청구금액을 잘못 기재하여 이를 (🖽 직권)경정하는 경우 가압류 후 다른 등기권리자가 있더라도 **승낙서** 또는 이에 대항할 수 있는 재판의 등본을 첨부할 필요는 없으며, 위 등기의 경정은 **언제나 부기**등기방법에 의한다(예규 제1023호).

06 가압류등기에 관한 다음 설명 중 가장 옳지 않은 것은? ▶ 2018년 법무사

① 채권자가 선정당사자인 경우에도 선정자 목록에 의하여 채권자 전부를 등기기록에 채권자로 기록하여야 한다.

② 다수의 채권자 중 일부 채권자의 해제신청에 의한 변경등기 촉탁이 있는 경우에는 일부채권자 해제를 원인으로 한 가압류등기의 변경등기를 하되, 가압류 청구금액의 변경이 포함되어 있을 때에는 청구금액 변경등기도 하여야 한다.

③ 채권자 ○○○ 외 ○인으로 등기된 가압류등기에 대하여 일부 채권자의 해제로 인한 변경등기 촉탁이 있는 경우에는 신청정보와 등기기록상의 등기의무자가 일치하지 아니한 경우에 해당하므로 그 촉탁을 각하하여야 한다.

④ 채권자 ○○○ 외 ○인으로 되어 있는 가압류등기의 전부에 대하여 말소 촉탁이 있는 경우에는 그 촉탁에 의한 말소등기를 할 수 있다.

⑤ 부동산에 대한 가압류가 본압류로 이행되어 강제경매개시결정등기가 마쳐지고 강제집행절차가 진행 중이라면 그 본집행의 효력이 유효하게 존속하는 한 그 가압류등기만의 말소 촉탁은 각하하여야 한다.

정답 ━ 04 ① 05 ④ 06 ③

> 해설 ③ 채권자 ○○○ 외 ○○인으로 (🖐 잘못)등기된 가압류·가처분등기 또는 경매개시결정등기에 대하여 **일부 채권자의 해제신청에 의한 변경등기 촉탁**이 있는 경우에는 위 제3항에 의한 (🖐 직권)경정등기를 한 다음 촉탁에 의한 **변경등기를 하여야** 한다(예규 제1358호, 4-나). 즉 이러한 경우라도 변경등기 촉탁을 수리할 수 있다.

① 예규 제1358호, 2
② 예규 제1358호, 4-가
④ 예규 제1358호, 다

07 가압류·가처분 등기에 관한 다음 설명 중 가장 옳지 않은 것은? ▶ 2018년 법원사무관

① 등기이전청구권에 대한 가압류등기는 그 청구권이 가등기된 때에 한하여 부기등기의 방법으로 할 수 있다.
② 가처분의 피보전권리가 소유권 이외의 권리설정등기청구권으로서 소유명의인을 가처분채무자로 하는 경우에는 그 가처분등기를 등기기록 중 갑구에 한다.
③ 저당권설정등기청구권을 보전하기 위한 가처분등기가 마쳐진 후 가처분채권자가 가처분채무자를 등기의무자로 하여 저당권설정등기를 신청하는 경우에는 가처분등기 이후에 마쳐진 제3자 명의의 저당권설정등기의 말소를 신청할 수 있다.
④ 등기관이 가처분채권자의 신청으로 가처분등기 이후의 등기를 말소할 때에는 직권으로 해당 가처분등기를 말소한다.

> 해설 ③ (근)저당권설정등기청구권을 보전하기 위한 **가처분등기가 마쳐진 후 그 가처분채권자가** 가처분채무자를 등기의무자로 하여 저당권설정등기를 신청하는 경우에는 그 **가처분등기 이후에 마쳐진 제3자 명의의 등기**라 하더라도 그 **말소를 신청할 수 없다**(규칙 제153조 제2항).

② 가처분의 피보전권리가 소유권 이외의 권리설정등기청구권으로서 소유명의인을 가처분채무자로 하는 경우에는 그 가처분등기를 등기기록 중 **갑구**에 한다(규칙 제151조 제2항).
④ 등기관이 제1항의 신청에 따라 **가처분등기 이후의 등기를 말소할 때에는 직권으로** 그 가처분등기도 말소하여야 한다. 가처분등기 이후의 등기가 없는 경우로서 가처분채무자를 등기의무자로 하는 권리의 이전, 말소 또는 설정의 등기만을 할 때에도 또한 같다(법 제94조 제2항).

08 가압류에 관한 등기와 관련한 다음 설명 중 가장 옳은 것은? ▸2017년 등기주사보

① 이전등기청구권에 대한 가압류등기는 그 청구권이 가등기된 때에 한하여 부기등기의 방법으로 할 수 있다.

② 가압류등기에는 가압류 청구금액과 그 이자를 기록한다.

③ 가압류채권자가 다수인 경우에는 채권자 1인과 그 외 채권자의 수를 기록할 수 있다.

④ 가압류가 본압류로 이행되어 강제경매절차가 진행 중이라도 집행법원의 그 가압류등기만에 대한 말소촉탁은 이를 수리하여야 한다.

해설 ① 등기이전청구권은 (🔵 **가**)등기된 때(부동산등기법 제3조의 규정에 의하여 그 청구권이 가등기된 때)에 **한하여 부기등기**의 방법에 의하여 가압류의 등기를 할 수 있으므로, 가처분등기의 피보전권리가 소유권이전등기청구권이라고 하더라도 '**가처분소유권이전등기청구권가압류등기**'는 등기할 것이 **아니다**(선례 제200610–10호).

② 가압류 집행법원의 가압류기입등기촉탁으로 그 등기를 하는 경우에는 **가압류 청구금액**을 기재한다. 가압류 촉탁서에 청구금액과 관련한 **이자** 또는 **다른 조건** 등이 있다 하더라도 이는 기재하지 **아니한다**(예규 제1023호).

③ **가압류·가처분등기** 또는 **경매개시결정등기**의 촉탁이 있는 경우 등기관은 촉탁에 의하여 위 가압류등기 등을 하는 경우 다수의 채권자 **전부**를 등기기록에 채권자로 기록하여야 하며, 채권자 ○○○ 외 ○○인과 같이 채권자 일부만을 기록하여서는 아니 된다(예규 제1358호, 2).

④ 법 제29조 제2호, 규칙 제52조 제10호
부동산에 대한 **가압류가 본압류**로 이행되어 강제경매개시결정등기가 마쳐지고 강제집행절차가 진행 중이라면 그 본집행의 효력이 유효하게 존속하는 한 가압류등기만을 말소할 수 없는 것이므로, 그 **가압류등기**에 대한 집행법원의 **말소촉탁**은 그 취지 자체로 보아 법률상 허용될 수 없음이 명백한 경우에 해당하여 등기관은 「부동산등기법」 제29조 제2호에 의하여 촉탁을 **각하**하여야 한다. 이 경우 등기관이 **각하사유**를 간과하고 집행법원의 촉탁에 의하여 그 **가압류등기를 말소**하였더라도 본집행이 취소·실효되지 않는 이상 **본집행에 아무런 영향을 미치지 아니하므로** 말소된 해당 **가압류 이후의 가처분, 가압류, 소유권이전등기**에 대하여 **매각을 원인으로 한 말소등기**의 촉탁이 있을 경우 등기관은 이를 **수리할 수 있다**(🔵 가압류등기를 직권으로 **회복**하는 절차를 선행할 필요는 **없다**)(선례 제9–372호).

09 **가압류등기에 관한 다음 설명 중 가장 옳지 않은 것은?** ▸2014년 법무사

① 신탁등기가 마쳐진 부동산에 대하여 위탁자를 등기의무자로 하는 가압류등기촉탁이 있는 경우, 등기관은 이를 각하하여야 한다.

② 소유권이전등기청구권에 대한 가압류는 그 청구권이 가등기되지 않으면 등기를 할 수 없다.

③ 가압류가 본압류로 이행되어 강제경매절차가 진행 중인 상태에서 가압류등기만에 관하여 말소촉탁이 있는 경우 등기관은 그 촉탁을 각하하여야 한다.

④ 채권자가 선정당사자인 경우 선정자목록에 의하여 채권자 전부를 등기기록에 채권자로 기록하여야 한다.

⑤ 가압류등기는 법원의 말소촉탁에 의하여서만 말소할 수 있으므로 등기관이 직권으로 가압류말소등기를 할 수 있는 경우는 없다.

해설 ⑤ **가처분**이 **직권**으로 **말소**되는 경우로는 수용으로 인한 소유권이전등기 시 직권말소(🔢 법 제99조 제4항), 가등기에 기한 본등기 시 직권말소(🔢 법 제92조 제1항, 규칙 제147조 제1항)의 예가 있으며 직권말소되는 경우 집행법원에 **통지**하여야 한다.

① 등기관은 **수탁자를 등기의무자**로 하는 처분제한의 등기, 강제경매등기, 임의경매등기 등의 촉탁이 있는 경우에는 이를 수리하고, **위탁자를 등기의무자**로 하는 위 등기의 촉탁이 있는 경우에는 이를 수리하여서는 아니 된다. 다만 신탁 전에 설정된 담보물권에 기한 임의경매등기 또는 신탁 전의 가압류등기에 기한 강제경매등기의 촉탁이 있는 경우에는 위탁자를 등기의무자로 한 경우에도 이를 수리하여야 한다(예규 제1694호).

② 등기이전청구권은 (🔢 **가**)**등기된 때**(부동산등기법 제3조의 규정에 의하여 그 청구권이 가등기된 때)에 **한하여 부기**등기의 방법에 의하여 **가압류**의 등기를 할 수 **있으**므로, 가처분등기의 피보전권리가 소유권이전등기청구권이라고 하더라도 '**가처분소유권이전등기청구권가압류등기**'는 등기할 것이 **아니**다(선례 제200610-10호).

④ 예규 제1358호, 2-나

◀02 경매개시결정등기

01 경매개시결정의 등기에 관한 다음 설명 중 가장 옳지 않은 것은? ▶ 2016년 법무사

① 법원이 경매개시결정을 하면 법원사무관 등은 즉시 그 사유를 등기기록에 기록하도록 등기관에게 촉탁하여야 한다.

② 甲 명의의 부동산을 채권자 乙이 가압류한 후 소유권이 丙에게 이전된 경우 乙이 집행 권원을 받아 강제경매를 신청한 때에는 강제경매개시결정 등기촉탁서상의 등기의무자 를 甲으로 표시하여도 그 촉탁을 수리하여야 한다.

③ 임의경매개시결정 등기촉탁이 있는 경우 등기기록에 위 개시결정에 기재된 소유자로부 터 제3자로의 소유권이전등기의 변동사항이 발생하였다면 등기관은 그 등기촉탁을 각 하하여야 한다.

④ 등기관은 촉탁에 의하여 채권자가 2인 이상인 경매개시결정의 등기를 하는 경우 다수 의 채권자 전부를 등기기록에 채권자로 기록하여야 하며, 채권자 ○○○ 외 ○○인과 같이 채권자 일부만을 기록하여서는 아니 된다.

⑤ 강제경매개시결정 등기촉탁서의 등기목적란에 그 등기권리자가 가압류의 피보전채권 자라는 취지의 기재(○번 가압류의 본압류로의 이행)가 있는 때에는 등기기록의 등기 목적란에 '강제경매개시결정(○번 가압류의 본압류로의 이행)'이라고 기록한다.

해설 ③ 부동산 임의경매 사건에 있어 법원으로부터 경매개시결정 등기촉탁이 있는 경우, 등기기록에 위 개시결정에 기재된 소유자로부터 제3자에게 소유권이전등기의 변동 사항이 발생한 경우 라 하더라도 등기관은 (⊞ 촉탁등기를 수리하여) 그 촉탁에 따른 (⊞ 임의)경매개시결정등기 를 하고, 이러한 경우는 등기사항증명서발급일(촉탁서에 기재된 등기사항증명서발급 연월일) 이후의 변동사항이 있는 것에 해당되므로(민사집행법 제95조 참조) 법원에 등기사항증명서를 송부하여야 한다(예규 제1342호).

① 법원이 경매개시결정을 하면 법원사무관 등은 즉시 그 사유를 등기부에 기입하도록 등기관 에게 촉탁하여야 한다. 등기관은 촉탁에 따라 경매개시결정사유를 기입하여야 한다(민사집행 법 제94조).

② 1) 강제경매에서 등기의무자는 부동산소유자, 즉 채무자를 기재한다. 가압류등기 후에 제3자 에게 소유권이 이전된 후 가압류채권자가 집행권원을 얻어 **경매신청을 하여 그 등기의 촉탁**을 하는 경우에는, **가압류당시의 소유권의 등기명의인**이 등기의무자가 된다(예규 제 1352호). 이는 가압류된 부동산을 취득한 제3자는 가압류채권자에게 대항할 수 없기 때문 이다(「부동산등기실무Ⅲ」 p.121). 가압류집행이 있은 후 그 가압류가 강제경매개시결정으 로 인하여 본압류로 이행된 경우에 가압류집행이 본집행에 포섭됨으로써 가압류 당초부터 본집행이 있었던 것과 같은 효력이 있어 가압류 당시부터 처분을 금지하는 효력이 생기므 로, 가압류 후에 소유권을 취득한 자는 가압류권자에게 대항할 수 없으므로 말소촉탁의 대상이 된다.

정답 ☞ 09 ⑤ / 01 ③

    2) "갑" 명의의 부동산을 채권자 "을"이 가압류한 후 소유권이 "병"에게 이전된 경우에 "을"이 채무명의를 받아 강제경매를 신청한 경우에는 강제경매개시결정등기촉탁서상의 등기의무자를 "갑"으로 표시하여도 그 등기를 수리하여야 한다. 따라서 "병" 명의의 소유권이전등기가 등기사항증명서 발급 후의 변동사항에 해당하지 아니하는 경우에는 예규 제1373호의 취지에 따른 통지로서 등기사항증명서 송부에 갈음할 수 있다(예규 제1352호).

④ 예규 제1358호, 2-가

⑤ 강제경매개시결정의 등기촉탁서 등기목적란에 그 등기권리자가 가압류의 피보전채권자라는 취지의 기재(○번 가압류의 본압류로의 이행)가 있는 때에는, 별지 제1호의 등기기록례와 같이 그 등기의 목적 아래에 **"○번 가압류의 본압류로의 이행"**이라고 기재하여, 당해 경매개시결정의 등기가 가압류채권자의 경매신청에 의한 그 기입등기의 촉탁에 따른 것임을 표시하여야 한다(예규 제1160호).

03 매각에 따른 등기절차

🔖 관련 조문

민법 제187조(등기를 요하지 아니하는 부동산물권취득)
상속, 공용징수, 판결, 경매 기타 법률의 규정에 의한 부동산에 관한 물권의 취득은 등기를 요하지 아니한다. 그러나 등기를 하지 아니하면 이를 처분하지 못한다.

법 제25조(신청정보의 제공방법)
등기의 신청은 1건당 1개의 부동산에 관한 신청정보를 제공하는 방법으로 하여야 한다. 다만, 등기목적과 등기원인이 동일하거나 그 밖에 대법원규칙으로 정하는 경우에는 같은 등기소의 관할 내에 있는 여러 개의 부동산에 관한 신청정보를 일괄하여 제공하는 방법으로 할 수 있다.

규칙 제47조(일괄신청과 동시신청)
① 법 제25조 단서에 따라 다음 각 호의 경우에는 1건의 신청정보로 일괄하여 신청하거나 촉탁할 수 있다.
  1. 같은 채권의 담보를 위하여 소유자가 다른 여러 개의 부동산에 대한 (🎯 공동)저당권설정등기를 신청하는 경우
  2. 법 제97조(🎯 공매) 각 호의 등기를 촉탁하는 경우
  3. 「민사집행법」 제144조 제1항 각 호(🎯 매각)의 등기를 촉탁하는 경우

민사집행법 제144조(매각대금 지급 뒤의 조치)
① 매각대금이 지급되면 법원사무관 등은 매각허가결정의 등본을 붙여 다음 각 호의 등기를 (🎯 일괄)촉탁하여야 한다.
  1. 매수인 앞으로 소유권을 이전하는 등기
  2. 매수인이 인수하지 아니한 부동산의 부담에 관한 기입을 말소하는 등기
  3. 제94조 및 제139조 제1항의 규정에 따른 경매개시결정등기를 말소하는 등기

민사집행법 제91조(인수주의와 잉여주의의 선택 등)
② 매각부동산 위의 모든 저당권(🎯 담보가등기 포함)은 매각으로 소멸된다.
③ 지상권·지역권·전세권 및 등기된 임차권은 저당권·압류채권·가압류채권에 대항할 수 없는 경우에는 매각으로 소멸된다.
④ 제3항의 경우 외의 지상권·지역권·전세권 및 등기된 임차권은 매수인이 인수한다. 다만, 그중 전세권의 경우에는 전세권자가 제88조에 따라 배당요구를 하면 매각으로 소멸된다.

📱 관련 예규

제3취득자가 매수인이 된 경우의 소유권이전등기 촉탁에 관한 업무처리지침(예규 제1378호)
1. 경매개시결정등기 전에 소유권이전등기를 받은 제3취득자가 매수인이 된 경우에는,
  ① 경매개시결정등기의 말소촉탁 및
  ② 매수인이 인수하지 않는 부담기입의 말소촉탁 외에
  ③ 소유권이전등기촉탁은 하지 않는다.

2. **공유부동산**에 대한 경매개시결정등기가 경료되고, 경매절차에서 **일부 공유자가 매수인**이 된 경우에는,
   ① 경매개시결정등기의 말소촉탁 및
   ② 매수인이 인수하지 않는 부담기입의 말소촉탁을 하되
   ③ 소유권이전등기촉탁은 위 매수인의 지분을 제외한 나머지 지분에 대한 공유지분이전등기 촉탁을 한다.

3. **경매개시결정등기**(국세체납처분에 의한 압류등기, 매각에 의하여 소멸되는 가압류등기도 같다) **후**에 소유권이전등기를 받은 **제3취득자가 매수인**이 된 경우에는,
   ① 경매개시결정등기(🏦 말소촉탁)와
   ② 제3취득자 명의의 소유권등기의 말소촉탁과 동시에
   ③ **매각을 원인으로 한 소유권이전등기 촉탁을 하여야** 한다.

4. **매수인이 등기의무자**로서 **등기신청**할 때에는,
   1의 경우에는 **종전** 소유권이전등기 시 등기소로부터 통지받은 등기필정보를,
   2의 경우에는 **종전** 등기필정보와 **공유지분이전등기 후 통지받은** 등기필정보를 등기의무자의 등기필정보로 각 제공한다.

---

01 경매촉탁등기에 관한 다음 설명 중 가장 옳지 않은 것은? ▸2022년 등기서기보

① 경매개시결정등기 전에 소유권이전등기를 받은 제3취득자가 매수인이 된 경우에는, 경매개시결정등기의 말소촉탁 및 매수인이 인수하지 않는 부담기입의 말소촉탁 외에 소유권이전등기촉탁은 하지 않는다.

② 경매개시결정등기 후에 소유권이전등기를 받은 제3취득자가 매수인이 된 경우에는, 경매개시결정등기와 제3취득자 명의의 소유권등기의 말소촉탁과 동시에 매각을 원인으로 한 소유권이전등기 촉탁을 하여야 한다.

③ 매각허가 결정에 대지에 대한 표시가 있고 전유부분 소유자와 토지의 소유자가 일치하나 대지권등기가 경료되지 않은 경우, 등기의무자가 토지등기기록의 소유자와 동일하더라도 토지에 대하여 경매개시결정등기가 경료되지 않았다면 토지부분에 대한 소유권이전등기 촉탁은 이를 각하한다.

④ 매각허가 결정에 대지에 대한 표시가 없고 전유부분만 기재되어 있으며 대지권등기가 경료되지 않은 경우, 형식적심사권밖에 없는 등기관은 토지까지 매각되었는지 여부를 판단할 수 없으므로 전유부분에 대하여는 통상의 절차에 의하여 이를 수리하고 토지부분에 대한 등기 촉탁은 각하한다.

> **해설** ③ **매각허가 결정**(경정결정 포함)에 **대지에 대한 표시가 있고 대지권등기가 경료되지 않은 경우**로서 등기촉탁서 및 매각허가 결정의 토지의 표시가 등기기록과 동일하고, 등기의무자가 토지등기기록의 **소유자와 동일**한 경우에는 토지에 대하여 경매개시결정등기가 경료되지 않았다 하더라도 (🏦 **전유부분**에 대하여도 **수리하고**) **토지 부분**에 대한 소유권이전등기촉탁은 **수리한다**(예규 제1367호, 1-가).

① **경매개시결정등기** 전에 소유권이전등기를 받은 **제3취득자가 매수인**이 된 경우에는,
   1. 경매개시결정등기의 말소촉탁 및
   2. 매수인이 인수하지 않는 부담기입의 말소촉탁 외에
   3. **소유권이전등기촉탁**은 하지 **않**는다(예규 제1378호, 1).

② **경매개시결정등기** 후에 소유권이전등기를 받은 **제3취득자가 매수인**이 된 경우에는(국세체납 처분에 의한 압류등기, 매각에 의하여 소멸되는 가압류등기도 같다),
   1. 경매개시결정등기(🏛 말소촉탁)와
   2. 매수인이 인수하지 않는 부담기입의 말소촉탁 외에
   3. 제3취득자 명의의 소유권등기의 말소촉탁과 동시에
   4. **매각을 원인으로 한 소유권이전등기 촉탁을 하여야** 한다(예규 제1378호, 3).

④ 예규 제1367호, 2-가

02 경매에 관한 등기에 대한 다음 설명 중 가장 옳지 않은 것은? ▸ 2021년 법무사

① 매각으로 인한 소유권이전등기 촉탁과 관련하여, 매수인이 여러 사람인 경우 등기필정보통지서의 우편송부 또는 교부는 등기필정보통지서를 송부 또는 교부받을 자로 촉탁서에 지정되어 있는 자에게 하여야 한다.

② 농지에 대하여는 농지취득자격증명에 관한 사항을 집행법원이 매각허부 재판 시에 조사하므로 농지에 대한 매각으로 인한 소유권이전등기를 촉탁할 때에는 농지취득자격증명을 첨부할 필요가 없다.

③ 공유부동산에 대한 경매개시결정등기가 경료되고, 경매절차에서 일부 공유자가 매수인이 된 경우에는, 경매개시결정등기의 말소촉탁 및 매수인이 인수하지 않는 부담기입의 말소촉탁을 하되 소유권이전등기촉탁은 위 매수인의 지분을 제외한 나머지 지분에 대한 공유지분이전등기 촉탁을 한다.

④ 토지거래허가구역 내의 민사집행법에 따른 경매의 경우에도 토지거래허가에 관한 규정이 적용되므로 토지거래허가증명을 첨부하여야 한다.

⑤ 매각으로 인한 소유권이전등기촉탁을 할 때에, 매수인이 인수하지 아니하는 부담의 기입이 부기등기로 되어 있는 경우 집행법원은 주등기의 말소만 촉탁하면 되고 부기등기에 관하여는 별도로 말소촉탁을 할 필요가 없다.

해설 ④ 「민사집행법」에 따른 **경매**의 경우에는 토지거래허가에 관한 규정이 적용되지 않는다(부동산 거래신고 등에 관한 법률 제14조 제2항). 따라서 **토지거래허가증명**을 제공할 필요가 없다.

① 매수인이 여러 사람인 경우 등기필정보통지서의 우편송부 또는 교부는 등기필정보통지서를 송부 또는 교부받을 자로 촉탁서에 지정되어 있는 자(이하에서 '지정매수인'이라 칭함)에게 하여야 한다. 다만, 다른 매수인이 등기소에 출석하여 지정매수인의 인감이 첨부된 위임장을 제출하며 교부를 청구한 경우에는 그 매수인에게 교부한다. 등기소는 위 영수증과 위임장을 집행법원에 송부하여야 한다(예규 제1625호, 7-다).

정답 ☞ **01 ③**   **02 ④**

② 민사소송법에 의한 **경매절차**(폐지된 경매법에 의한 경매절차포함)에서 농지에 대하여는 농지 매매의 증명에 관한 사항을 집행법원이 **경락허부재판 시에 직권**으로 조사하게 되어 있으므로, 농지에 대하여 경락에 인한 **소유권이전등기를 촉탁**함에 있어서는 농지매매증명을 첨부할 필요가 **없**다(선례 제3-865호).

③ 예규 제1378호, 2

⑤ 매각으로 인한 소유권이전등기촉탁을 할 때에, 매수인이 인수하지 아니하는 부담의 기입이 부기등기로 되어 있는 경우, ① 저당권, 전세권 등 소유권 이외의 권리의 전부 또는 일부이전으로 인한 부기등기가 마쳐진 경우 또는 ② 저당권부채권가압류등기, 전세권저당 권설정등기 등과 같이 매수인이 인수하지 아니하는 등기의 말소에 관하여 이해관계 있는 제3자 명의의 부기등기가 마쳐진 경우에, 집행법원은 **주등기의 말소만 촉탁**하면 되고 부기 등기에 관하여는 별도로 말소촉탁을 할 필요가 없으며 등록세는 주등기의 말소에 대한 것만 납부하면 된다(선례 제7-436호).

03 경매 절차와 관련된 등기의 설명 중 가장 옳지 않은 것은? ▸ 2021년 등기서기보

① 법원이 경매개시결정을 하면 법원사무관 등은 즉시 그 사유를 등기부에 기입하도록 등기관에게 촉탁하여야 한다.

② 부동산 임의경매 사건에 있어 법원으로부터 경매개시결정 등기촉탁이 있는 경우, 등기 기록에 위 개시결정에 기재된 소유자로부터 제3자에게 소유권이전등기가 되어 있다면 등기관은 그 촉탁에 따른 임의경매개시결정등기를 할 수 없다.

③ 매각대금이 지급되면 법원사무관 등은 매각을 원인으로 하여 매수인 앞으로 소유권을 이전하는 등기를 등기관에게 촉탁하여야 한다.

④ 이미 경매개시결정 등기가 이루어진 부동산에 대하여 다른 채권자의 경매신청이 있을 때에도 법원은 경매개시결정 및 그 등기를 촉탁한다.

해설 ② 부동산 임의경매 사건에 있어 법원으로부터 경매개시결정 등기촉탁이 있는 경우, 등기기록에 위 개시결정에 기재된 소유자로부터 제3자에게 소유권이전등기의 변동 사항이 발생한 경우 라 하더라도 등기관은 (촉탁등기를 수리하여) 그 촉탁에 따른 (임의)경매개시결정등기 를 하고, 이러한 경우는 등기사항증명서발급일(촉탁서에 기재된 등기사항증명서발급 연월일) 이후의 변동사항이 있는 것에 해당되므로(민사집행법 제95조 참조) 법원에 등기사항증명서 를 송부하여야 한다(예규 제1342호).

① 법원이 경매개시결정을 하면 법원사무관 등은 즉시 그 사유를 등기부에 기입하도록 등기관 에게 촉탁하여야 한다. 등기관은 촉탁에 따라 경매개시결정사유를 기입하여야 한다(민사집행 법 제94조).

③ 민사집행법 제144조

④ 강제경매절차 또는 담보권 실행을 위한 경매절차를 개시하는 결정을 한 부동산에 대하여 다 른 강제경매의 신청이 있는 때에는 법원은 다시 경매개시결정을 하고, 먼저 경매개시결정을 한 집행절차에 따라 경매한다(민사집행법 제87조 제1항). 따라서 이미 경매개시결정 등기가 이루어진 부동산에 대하여 다른 채권자의 경매신청이 있을 때에도 법원은 경매개시결정 및 그 등기를 촉탁한다.

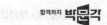

04 경매에 관한 등기와 관련한 다음 설명 중 가장 옳지 않은 것은? ▸ 2019년 등기주사보

① 임의경매개시결정등기의 촉탁은 경매개시결정에 기재된 소유자로부터 제3자에게로 소유권이전등기가 이루어져 변동사항이 생겼더라도 이를 수리하여야 한다.

② 경매개시결정등기 후에 소유권이전등기를 받은 자가 매수인이 된 경우에는 경매개시결정등기와 매수인이 인수하지 않은 부담기입의 말소촉탁 외에 매각을 원인으로 한 소유권이전등기를 하지 않는다.

③ 근저당권설정등기 후 임의경매개시결정등기 전에 등기된 소유권이전청구권가등기는 매각으로 인하여 말소해야 할 등기이다.

④ 주택임차권은 그 주택에 대하여 경매가 행하여진 경우에는 매각에 의하여 소멸하므로 원칙적으로 말소 대상이 되나, 보증금이 전액 변제되지 아니한 대항력 있는 임차권은 말소 대상이 되지 않는다.

해설 ② **경매개시결정등기**(국세체납처분에 의한 압류등기, 매각에 의하여 소멸되는 가압류등기도 같다) **후**에 소유권이전등기를 받은 **제3취득자가 매수인**이 된 경우에는, ① 경매개시결정등기(➊ 말소촉탁)와 ② 제3취득자 명의의 소유권등기의 말소촉탁과 동시에 ③ **매각을 원인으로 한 소유권이전등기 촉탁을 하여야** 한다(예규 제1378호, 3).

④ 임차권은 임차주택에 대하여 「민사집행법」에 따른 경매가 행하여진 경우에는 그 임차주택의 경락에 따라 소멸한다. 다만, **보증금이 모두 변제되지 아니한 대항력이 있는 임차권은** 그러하지 아니하다(➊ 소멸되지 않는다)(주택임대차보호법 제3조의5).

05 경매에 관한 등기와 관련한 다음 설명 중 가장 옳지 않은 것은? ▸ 2019년 법원사무관

① 임의경매개시결정등기의 촉탁은 경매개시결정에 기재된 소유자로부터 제3자에게로 소유권이전등기가 이루어져 변동사항이 생겼더라도 이를 수리하여야 한다.

② 경매개시결정등기 전에 소유권을 취득한 자가 매수인이 된 경우에는 경매개시결정등기의 말소촉탁 및 매수인이 인수하지 않는 부담기입의 말소촉탁 외에 매각을 원인으로 하는 소유권이전등기촉탁은 하지 않는다.

③ 주택임차권은 그 주택에 대하여 민사집행법에 따른 경매가 행하여진 경우에는 매각에 의하여 소멸하므로 원칙적으로 말소대상이 되나, 보증금이 전액 변제되지 아니한 대항력 있는 임차권은 말소대상이 되지 않는다.

④ 근저당권설정등기 후 강제경매개시결정등기 전에 등기된 소유권이전청구권가등기는 매각으로 인한 말소대상 등기가 아니다.

해설 ④ 1) 매각부동산 위의 **모든 저당권**(➊ 담보가등기 포함)은 매각으로 **소멸**된다. 지상권·지역권·전세권 및 등기된 임차권은 저당권·압류채권·가압류채권에 대항할 수 없는 경우에는

정답 ☞ 03 ② 04 ② 05 ④

매각으로 소멸된다(민사집행법 제91조 제1항, 제2항).

2) 소유권이전등기청구권보전의 가등기가 있는 부동산에 대하여 그 가등기 후에 등기된 강제경매신청에 의하여 강제경매가 실시된 경우에도 그 **가등기보다 선순위**로서, 강제경매에 의한 경락 당시 유효히 존재하고 그 **경락에 의하여 소멸되는 저당권설정등기가 존재하는 경우**에는 그 가등기는 저당권에 대항할 수 없고 또 그 저당권이 강제경매에 의하여 소멸하는 한 그보다 후순위로 가등기된 권리도 소멸하는 것이므로 이 가등기는 민사소송법 제661조 제1항 제2호 소정의 "경락인이 인수하지 아니한 부동산상 부담의 기입"으로서 **말소촉탁의 대상**이 된다(대결 1980.12.30. 80마491) 할 것이고 이는 강제경매개시 후 가등기에 우선하는 저당권자가 임의경매신청을 하여 기록 첨부된 경우뿐만 아니라 선순위저당권자가 임의경매신청을 하지 아니한 경우에도 마찬가지로 모두 말소대상이 된다.

06 매각을 원인으로 한 등기에 관한 다음 설명 중 가장 옳지 않은 것은? ▶ 2018년 등기주사보

① 매각을 원인으로 한 등기는 등기목적이 다르더라도 1개의 촉탁으로 일괄하여 할 수 있으나, 촉탁수수료 및 등록면허세 등을 산정할 때에는 등기의 목적에 따라 건수를 계산한다.

② 경매절차 진행 중에 토지가 분할된 후 분필등기를 하지 않아 등기부상의 토지의 표시와 토지대장상의 표시가 일치하지 않더라도 소유권이전등기촉탁을 수리하여야 한다.

③ 매각대금이 지급된 경우에는 매각 부동산 위의 모든 저당권 및 담보가등기는 선후를 불문하고 소멸되므로 이에 대한 말소촉탁은 수리하여야 한다.

④ 전유부분에만 설정된 근저당권의 실행으로 매각된 경우에 촉탁서에 제공된 매각허가결정에는 대지에 대한 표시가 없으나 이미 대지권등기가 마쳐졌다면 근저당권의 효력은 대지사용권에 미치므로 그 건물과 대지에 대한 이전촉탁은 수리하여야 한다.

해설 ④ 전유부분에만 설정된 근저당권의 실행으로 매각된 경우에 촉탁서에 제공된 매각허가결정에는 대지에 대한 표시가 없으나 이미 대지권등기가 마쳐진 경우, 대지권등기가 경료된 후에는 전유부분만에 대한 소유권이전등기 촉탁은 불가하므로 전유부분만에 대하여 매수인 앞으로 소유권이전등기를 실행하기 위하여는 대지권변경(대지권말소)등기 절차를 선행하여야 한다. 따라서 위 절차가 선행되지 않은 상태에서 매수인 앞으로 소유권이전등기 촉탁이 있는 경우에는 이를 **전부 각하**한다(예규 제1367호, 2-나).

① 일괄신청의 경우, 접수번호는 등기신청서(또는 촉탁서)를 기준으로 부여되고, 등기사건 통계에서도 1건으로 계산하지만, 이와는 별개로 등기신청수수료나 등록면허세 산정에 있어서는 실제 등기관이 처리하는 등기의 건수를 기준으로 한다. 등록면허세 부과의 근거가 되는 「지방세법」 제28조 제1항 제1호 마목의 "그 밖의 등기: 건당 3천원"에서 '건당'의 의미는 '신청서 1건당'이 아니라 '등기관이 처리하는 등기 1건당'으로 해석된다. 따라서 일괄신청의 경우에 통계상 신청은 1건이지만 등기관이 처리하는 등기는 여러 건이 되고 그 건수마다 신청수수료와 등록면허세가 부과된다. 예를 들면, 1건의 촉탁서로 매각(경락)을 원인으로 하여 하나의 부동산에 등기된 **2건의 가압류의 말소**를 촉탁하는 경우에는 2건의 신청에 대한 수수료와 등록면허세를 납부하여야 한다(선례 제201212-3호).

② 1) **등기관은 신청정보 또는 등기기록의 부동산의 표시가 토지대장·임야대장** 또는 건축물대
장과 일치하지 아니한 경우에 이유를 적은 결정으로 신청을 **각하**하여야 한다(법 제29조
제11호).

2) **「부동산등기법」 제29조 제11호는** 그 등기명의인이 등기신청을 하는 경우에 **적용되는** 규
정이므로, **관공서가 등기촉탁을 하는 경우에는** 등기기록과 대장상의 **부동산의 표시가 부
합하지 아니**하더라도 그 등기촉탁을 수리하여야 한다(예규 제1625호).

3) 토지대장상 갑·을 토지가 **지적법에 의하여** 합병이 되었으나 **합필등기를 경료하지 아니한**
채 갑 토지에 대하여 국가기관인 법원이 매각으로 인한 **소유권이전등기촉탁**을 하는 경우,
등기관은 등기부상 부동산의 표시가 토지대장과 부합하지 않더라도 그 등기촉탁을 수리하
여야 할 것이다(🔒 **분할 및 분필의 경우도 마찬가지)**(선례 제200701-4호).

③ 민사집행법 제91조 제1항

07 경매에 관한 등기와 관련된 다음 설명 중 가장 옳지 않은 것은? ▶ 2017년 법무사

① 가압류등기 후에 제3자에게 소유권이 이전된 후 가압류채권자가 집행권원을 얻어 경매
신청을 하여 그 등기의 촉탁을 하는 경우에는 가압류 당시의 소유권의 등기명의인이
등기의무자가 된다.

② 임의경매개시결정등기의 촉탁은 경매개시결정 당시의 소유자로부터 제3자에게로 소유
권이전등기가 이루어져 변동사항이 생겼더라도 이를 수리하여야 한다.

③ 경매개시결정등기 전 또는 후에 소유권을 취득한 자가 매수인이 된 경우에는 매각을
원인으로 하는 소유권이전등기를 하지 않는다.

④ 근저당권설정등기 후 강제경매개시결정등기 전에 등기된 소유권이전청구권 가등기는
매각으로 인한 말소대상 등기이다.

⑤ 주택임차권은 그 주택에 대하여 경매가 행하여진 경우에는 매각에 의하여 소멸하므로
원칙적으로 말소 대상이 되나, 보증금이 전액 변제되지 아니한 대항력 있는 임차권은
말소 대상이 되지 않는다.

해설 ③ **경매개시결정등기 전**에 소유권이전등기를 받은 **제3취득자가 매수인**이 된 경우에는 **소유권이
전등기촉탁**은 하지 않지만, **경매개시결정등기 후**에 소유권이전등기를 받은 **제3취득자가 매수
인**이 된 경우에는 **매각을 원인으로 한 소유권이전등기 촉탁을 하여야** 한다(예규 제1378호).

① 강제경매에서 등기의무자는 부동산소유자, 즉 채무자를 기재한다. 가압류등기 후에 제3자에
게 소유권이 이전된 후 가압류채권자가 집행권원을 얻어 **경매신청을 하여 그 등기의 촉탁을**
하는 경우에는, **가압류당시의 소유권의 등기명의인이** 등기의무자가 된다(예규 제1352호). 이
는 가압류된 부동산을 취득한 제3자는 가압류채권자에게 대항할 수 없기 때문이다(「부동산
등기실무 Ⅲ」 p.121). 가압류집행이 있은 후 그 가압류가 강제경매개시결정으로 인하여 본압
류로 이행된 경우에 가압류집행이 본 집행에 포섭됨으로써 가압류 당초부터 본집행이 있었
던 것과 같은 효력이 있어 가압류 당시부터 처분을 금지하는 효력이 생기므로, 가압류 후에
소유권을 취득한 자는 가압류권자에게 대항할 수 없으므로 말소촉탁의 대상이 된다.

정답 ━ 06 ④ 07 ③

② 부동산 임의경매 사건에 있어 법원으로부터 경매개시결정 등기촉탁이 있는 경우, 등기기록에 위 개시결정에 기재된 소유자로부터 제3자에게 소유권이전등기의 변동 사항이 발생한 경우라 하더라도 등기관은 (🔢 촉탁등기를 수리하여) 그 촉탁에 따른 (🔢 임의) 경매개시결정등기를 하고, 이러한 경우는 등기사항증명서발급일(촉탁서에 기재된 등기사항증명서발급 연월일) 이후의 변동사항이 있는 것에 해당되므로(민사집행법 제95조 참조) 법원에 등기사항증명서를 송부하여야 한다(예규 제1342호).

08 경매에 관한 등기와 관련한 다음 설명 중 가장 옳지 않은 것은?(다툼이 있는 경우 등기예규 및 선례에 의함) ▸2017년 등기주사보

① 담보권 실행을 위한 경매의 개시결정등기는 결정 당시의 소유자로부터 제3자에게로 이전등기가 이루어져 변동사항이 생겼더라도 할 수 있다.

② 매각대금이 완납된 경우, 매각을 원인으로 한 소유권이전등기를 하지 않고서는 매각을 원인으로 경매개시결정등기만을 말소할 수는 없다.

③ 경매개시결정등기 전에 소유권을 취득한 자가 매수인이 된 경우에는 매수인 명의의 소유권이전등기 촉탁은 하지 않는다.

④ 주택임차권은 보증금이 전액 변제되지 아니한 대항력 있는 임차권이라도 그 주택에 대하여 민사집행법상의 경매가 행하여진 경우 말소의 대상이 된다.

해설 ④ 임차권은 임차주택에 대하여 「민사집행법」에 따른 경매가 행하여진 경우에는 그 임차주택의 경락에 따라 소멸한다. 다만, **보증금이 모두 변제되지 아니한 대항력이 있는 임차권**은 그러하지 아니하다(🔢 소멸되지 않는다)(주택임대차보호법 제3조의5).

② 경매절차에서 경락대금이 완납된 경우 경매신청기입등기의 말소등기는 집행법원의 촉탁에 의하여 경락을 원인으로 한 소유권이전등기와 함께 이루어져야 하는 것이므로, 임의경매절차에서 경락대금이 납부된 후 경료된 소유권이전등기를 말소함과 동시에 **경락이전등기를 하지 아니하고서는 임의경매신청기입등기만을 말소**할 방법은 없다(선례 제3-637호).

③ 예규 제1378호, 1

09 경매의 등기에 관한 다음 설명 중 가장 옳지 않은 것은? ▸2017년 등기서기보

① 임의경매는 경매개시결정 후 그 등기 전에 소유권이 이전되어 현재 소유명의인과 촉탁서상의 등기의무자가 일치하지 않는 경우에도 촉탁을 수리한다.

② 강제경매개시결정의 등기촉탁서에 등기권리자가 가압류의 피보전채권자임이 표시된 경우에는 등기기록의 등기의 목적 아래에 'ㅇ번 가압류의 본압류로의 이행'이라고 기재한다.

③ 강제경매의 매각으로 인한 소유권이전등기의 등기원인은 '강제경매로 인한 매각'이고 등기원인 연월일은 매각허가결정일을 기재한다.

④ 가압류등기 후 가압류부동산의 소유권이 제3자에게 이전된 경우, 제3취득자의 채권자가 신청한 경매절차에서 전 소유자에 대한 가압류등기는 말소촉탁의 대상이 된다.

해설 ③ 매각을 원인으로 한 소유권이전등기의 등기원인은 **"강제경매(임의경매)로 인한 매각"**이고, 등기원인인 일자는 **매각대금 지급일**을 기재한다. 예컨대 "2014.12.1.자 강제(임의)경매로 인한 매각"이라고 표시한다(「부동산등기실무 Ⅲ」 p.135).

④ **가압류등기 후** 가압류부동산의 **소유권이 제3자에게 이전된** 경우, 제3취득자의 채권자가 신청한 경매절차에서 전 소유자에 대한 가압류채권자는 배당에 가입할 수 있으므로 그 **가압류등기는 말소촉탁**의 대상이 될 것이다(선례 제8-299호).

10 경매에 관한 등기에 관련된 다음 설명 중 가장 옳지 않은 것은? ▸ 2016년 등기서기보

① 가압류등기 후에 소유권이전등기가 된 경우 강제경매개시결정 등기촉탁정보에 등기의무자를 가압류 당시의 소유명의인으로 표시하여도 그 등기를 수리하여야 한다.

② 매각으로 인한 소유권이전등기를 촉탁하는 경우, 경매 진행 중에 토지가 분할된 후 분필등기를 하지 않아 매각으로 인한 등기기록상의 토지표시가 토지대장상의 표시와 일치하지 않으면 등기관은 그 등기촉탁을 수리해서는 안 된다.

③ 경매개시결정등기 후에 소유권이전등기를 받은 제3취득자가 매수인이 된 경우에는, 경매개시결정등기와 제3취득자 명의의 소유권등기의 말소촉탁과 동시에 매각을 원인으로 한 소유권이전등기 촉탁을 하여야 한다.

④ 가압류등기 후 가압류부동산의 소유권이 제3자에게 이전된 경우, 제3취득자의 채권자가 신청한 경매절차에서 전 소유자에 대한 가압류등기는 말소촉탁의 대상이 된다.

해설 ② 1) **등기관은** 신청정보 또는 등기기록의 부동산의 표시가 토지대장·임야대장 또는 건축물대장과 일치하지 아니한 경우에 이유를 적은 결정으로 신청을 **각하**하여야 한다(법 제29조 제11호).

2) 「**부동산등기법**」 제29조 제11호는 그 등기명의인이 **등기신청**을 하는 경우에 **적용**되는 규정이므로, 관공서가 등기촉탁을 하는 경우에는 등기기록과 대장상의 **부동산의 표시가 부합하지 아니하더라도** 그 등기촉탁을 **수리하여야 한다**(예규 제1625호).

3) 토지대장상 갑·을 토지가 **지적법에 의하여 합병**이 되었으나 **합필등기를 경료하지 아니한** 채 갑 토지에 대하여 국가기관인 법원이 **매각으로 인한 소유권이전등기촉탁**을 하는 경우, 등기관은 등기부상 부동산의 표시가 토지대장과 부합하지 않더라도 그 등기촉탁을 수리하여야 할 것이다(🈁 **분할 및 분필의 경우도 마찬가지**)(선례 제200701-4호).

③ 예규 제1378호, 3

11 경매절차에 따라 매각된 경우의 등기와 관련된 다음 설명 중 가장 옳지 않은 것은?

▸ 2015년 법원사무관

① 매각대금이 지급되면 법원사무관 등은 매수인 앞으로의 소유권이전등기, 매수인이 인수하지 아니한 부동산의 부담에 관한 등기의 말소등기, 경매개시결정등기의 말소등기를 1건의 신청정보로 일괄하여 촉탁할 수 있다.

② 경매개시결정등기 전에 소유권이전등기를 받은 제3취득자가 매수인이 된 경우에도 등기관은 촉탁에 따라 매수인 앞으로의 소유권이전등기, 매수인이 인수하지 아니한 부동산의 부담에 관한 등기의 말소등기, 경매개시결정등기의 말소등기를 하여야 한다.

③ 매각을 원인으로 하여 법원사무관 등이 소유권이전등기 등의 촉탁을 하는 경우에는 등기기록과 대장상의 부동산의 표시가 부합하지 아니하더라도 그 등기촉탁을 수리하여야 한다.

④ 농지에 대하여 매각을 원인으로 하여 소유권이전등기 등을 촉탁함에 있어서는 농지취득자격증명을 첨부할 필요가 없다.

해설 ② **경매개시결정등기 전**에 소유권이전등기를 받은 **제3취득자가** 매수인이 된 경우에는 ① 경매개시결정등기의 말소촉탁 및 ② 매수인이 인수하지 않는 부담기입의 말소촉탁 외에 ③ **소유권이전등기촉탁**은 하지 **않는다**(예규 제1378호, 1).

① 규칙 제47조 제3호, 민사집행법 제144조 제1항
④ 상속 및 포괄유증, 상속인에 대한 특정적 유증, 취득시효완성, 공유물분할, **매각(⊞ 매각허가결정 시 필요 단, 등기신청 시 불요)**, 진정한 등기명의 회복, 농업법인의 합병을 원인으로 하여 소유권이전등기를 신청하는 경우에는 **농지취득자격증명**을 첨부하지 **아니하고** 소유권이전등기를 신청할 수 있다(예규 제1635호).

12 제3취득자가 매수인이 된 경우의 소유권이전등기 촉탁에 관한 다음 설명 중 가장 옳지 않은 것은?

▸ 2014년 법무사

① 경매개시결정등기 전에 소유권이전등기를 받은 제3취득자가 매수인이 된 경우에는, 경매개시결정등기의 말소촉탁 및 매수인이 인수하지 않는 부담기입의 말소촉탁 외에 소유권이전등기촉탁은 하지 않는다.

② 위 ①의 경우 매수인이 등기의무자로서 등기신청할 때에는, 종전 소유권이전등기 시 등기소로부터 통지받은 등기필정보를 등기의무자의 등기필정보로 제공한다.

③ 공유부동산에 대한 경매개시결정등기가 마쳐지고, 경매절차에서 일부 공유자가 매수인이 된 경우에는, 경매개시결정등기의 말소촉탁과 동시에 공유자전원의 지분 전부에 대하여 매수인인 일부 공유자 앞으로 각 매각지분에 관하여 매각을 원인으로 한 소유권이전등기 촉탁을 하여야 한다.

④ 경매개시결정등기 후에 소유권이전등기를 받은 제3취득자가 매수인이 된 경우에는, 경매개시결정등기와 제3취득자 명의의 소유권등기의 말소촉탁과 동시에 매각을 원인으로 한 소유권이전등기 촉탁을 하여야 한다.

⑤ 공유부동산에 대한 경매개시결정등기가 마쳐지고, 경매절차에서 일부 공유자가 매수인이 된 경우에는, 종전 등기필정보와 공유지분이전등기 후 통지받은 등기필정보를 등기의무자의 등기필정보로 제공한다.

> **해설** ③ **공유부동산**에 대한 경매개시결정등기가 경료되고, 경매절차에서 **일부 공유자가 매수인**이 된 경우에는 ① 경매개시결정등기의 말소촉탁 및 ② 매수인이 인수하지 않는 부담기입의 말소촉탁을 하되 ③ 소유권이전등기촉탁은 위 매수인의 지분을 제외한 나머지 지분에 대한 공유지분이전등기 촉탁을 한다(예규 제1378호, 2).
>
> ① 예규 제1378호, 1
> ② 예규 제1378호, 4
> ④ 예규 제1378호, 3
> ⑤ 예규 제1378호, 4

13 매각으로 인한 등기와 관련한 다음 설명 중 가장 옳은 것은? ▸ 2013년 법무사

① 매각허가결정 확정 후에 매수인이 그 매수인의 지위를 제3자에게 양도하고 그 제3자가 매각대금을 지급한 경우, 집행법원은 제3자를 등기권리자로 하여 소유권이전등기 촉탁을 할 수 있다.

② 매각허가결정 확정 후 대금지급 전에 매수인이 사망하고 그 상속인이 매수인의 지위를 승계하여 매각대금을 지급한 경우, 집행법원은 상속인이 아닌 매수인(피상속인)을 등기권리자로 하여 소유권이전등기 촉탁을 하여야 한다.

③ 가압류된 부동산의 소유권이 제3자에게 이전된 후 제3자의 채권자의 신청으로 경매가 진행되어 해당 부동산이 매각된 경우 종전 소유자에 대한 가압류등기는 말소촉탁의 대상이 되지 않는다.

④ 경매개시결정등기 후 소유권이 제3자에게 이전되고 그 제3취득자가 매수인이 된 경우에는 경매개시결정등기의 말소 및 매수인이 인수하지 않는 부담기입의 말소만 하면 되고 소유권이전등기는 촉탁할 필요가 없다.

⑤ 집행법원에서 매각으로 인한 소유권이전등기는 촉탁하지 않고 매각으로 인한 경매개시결정등기의 말소만을 촉탁한 경우 등기관은 그 촉탁을 수리할 수 없다.

> **해설** ⑤ 경매절차에서 경락대금이 완납된 경우 경매신청기입등기의 말소등기는 집행법원의 촉탁에 의하여 경락을 원인으로 한 소유권이전등기와 함께 이루어져야 하는 것이므로, 임의경매절차에서 경락대금이 납부된 후 경료된 소유권이전등기를 말소함과 동시에 **경락이전등기를 하지 아니하고서는 임의경매신청기입등기만을 말소할 방법은 없다**(선례 제3-637호).
>
> ① 매각허가결정 확정 후에 매수인이 그 매수인의 지위를 제3자에게 양도(⊕ 특정승계)하고 그 제3자가 매각대금을 지급한 경우라 하더라도, 법원은 **매수인(⊕ 경락인)**을 위하여 이전등기

촉탁을 하여야 할 것이며 제3자를 등기권리자로 하여 이전등기촉탁을 하여서는 안 된다(「부동산등기실무Ⅲ」 p.125).

② 매각허가결정 확정 후 대금지급 전에 매수인이 사망(⊞ 포괄승계)함으로써 그 상속인이 매수인의 지위를 승계하여 매각대금을 지급한 경우에는, **상속인명의**로 소유권이전등기를 촉탁한다(「부동산등기실무Ⅲ」 p.125).

③ 1. 부동산에 대한 **가압류집행 후** 가압류목적물의 **소유권이 제3자에게 이전**된 경우 **가압류의 처분금지적 효력이 미치는 것은 가압류결정 당시의 청구금액의 한도 안에서 가압류목적물의 교환가치**이고, 위와 같은 처분금지적 효력은 가압류채권자와 제3취득자 사이에서만 있는 것이므로 제3취득자의 채권자가 신청한 경매절차에서 매각 및 경락인이 취득하게 되는 대상은 가압류목적물 전체라고 할 것이지만, **가압류의 처분금지적 효력이 미치는 매각대금 부분은 가압류채권자가 우선적인 권리를 행사할 수 있고** 제3취득자의 채권자들은 이를 수인하여야 하므로, 가압류채권자는 그 매각절차에서 당해 가압류목적물의 매각대금에서 **가압류결정 당시의 청구금액을 한도로 하여 배당을 받을 수 있고**, 제3취득자의 채권자는 위 매각대금 중 가압류의 처분금지적 효력이 미치는 범위의 금액에 대하여는 배당을 받을 수 없다(대판 2006.7.28, 2006다19986).

2. 가압류등기 후 가압류부동산의 **소유권이 제3자에게 이전**된 경우, **제3취득자의 채권자가 신청한 경매절차에서 전 소유자에 대한 가압류채권자는 배당에 가입할 수 있으므로** 그 **가압류등기는 말소촉탁**의 대상이 될 것이다(선례 제8–299호).

④ **경매개시결정등기**(국세체납처분에 의한 압류등기, 매각에 의하여 소멸되는 가압류등기도 같다) **후**에 소유권이전등기를 받은 **제3취득자가 매수인**이 된 경우에는 ① 경매개시결정등기 (⊞ 말소촉탁)와 ② 제3취득자 명의의 소유권등기의 말소촉탁과 동시에 ③ **매각을 원인으로 한 소유권이전등기 촉탁을 하여야** 한다(예규 제1378호, 3).

14 경매 및 공매등기와 관련한 설명이다. 가장 잘못된 것은? ▸ 2012년 법무사

① 국세징수법에 따른 공매공고의 등기는 공매를 집행하는 압류등기에 부기등기로 한다.

② 공매공고 등기 및 공매공고 등기의 말소등기를 촉탁하는 때에는 등록면허세 및 등기신청수수료를 납부하지 아니한다.

③ 경매개시결정등기 전에 소유권이전등기를 받은 제3취득자가 매수인이 된 경우에는 경매개시결정등기의 말소촉탁 및 매수인이 인수하지 않는 부담기입의 말소촉탁만 하고 소유권이전등기촉탁은 하지 않는다.

④ 가압류등기 후에 소유권이 이전되었더라도 가압류 당시의 소유명의인을 등기의무자로 한 강제경매기입등기촉탁이 있으면 수리하여야 한다.

⑤ 구분건물의 전유부분에 설정된 근저당권의 실행으로 매각된 경우, 매각허가결정의 토지의 표시가 등기기록과 일치하고 토지 소유자와 등기의무자가 일치하더라도 경매개시결정등기가 마쳐지지 않았다면 소유권이전등기촉탁은 수리할 수 없다.

해설 ⑤ 구분건물의 전유부분에 설정된 근저당권의 실행으로 매각된 경우, 등기촉탁서 및 매각허가결정의 토지의 표시가 등기기록과 동일하고, 등기의무자가 토지등기기록의 소유자와 동일한 경우에는 토지에 대하여 경매개시결정등기가 경료되지 않았다 하더라도 (🌐 전유부분에 대하여는 등기하고) 토지 부분에 대한 소유권이전등기촉탁은 이를 수리한다(예규 제1367호, 1-가).

① **공매공고 등기**는 공매를 집행하는 **압류등기의 부기등기**로 한다. **납**세담보로 제공된 부동산에 대한 **공매공고 등기**는 **갑**구에 **주**등기로 실행한다(예규 제1500호, 제5조).
② 공매공고 등기 및 공매공고 등기의 말소등기를 촉탁하는 때에는 **등록면허세**를 납부하지 **아니**한다. 또한 **등기신청수수료**를 납부하지 **아니**한다(예규 제1500호, 제6조).
③ 예규 제1378호, 1

15 구분건물의 전유부분에 설정된 근저당권의 실행으로 매각된 경우 건물대지에 대한 소유권이전등기와 관련된 다음 설명 중 가장 옳지 않은 것은? ▸ 2015년 법무사

① 매각허가 결정(경정결정 포함)에 대지에 대한 표시가 있고 대지권등기가 경료되지 않은 경우, 등기촉탁서 및 매각허가결정의 토지의 표시가 등기기록과 동일하고 등기의무자가 토지등기기록의 소유자와 동일한 때에는 토지에 대하여 경매개시결정등기가 경료되지 않았다 하더라도 토지 부분에 대한 소유권이전등기촉탁은 이를 수리한다.
② 위 ①의 경우 전유부분과 토지부분에 대하여 동시에 소유권이전등기를 촉탁하였으나 등기촉탁서의 등기의무자와 토지등기기록의 소유자가 다를 때에는 전유부분과 토지부분에 대한 촉탁을 모두 각하한다.
③ 매각허가 결정(경정결정 포함)에 대지에 대한 표시가 있고 경매절차 진행 중 또는 대금납부 후에 대지권등기가 경료된 경우, 경매법원으로부터 대지권까지 포함한 소유권이전등기촉탁이 있으면 이를 수리한다. 이 경우 등기촉탁서와 매각허가결정(경정결정)의 부동산 표시는 등기기록과 일치하여야 하는데, 토지의 이전할 지분이 대지권 비율과 같으면 이는 동일한 것으로 본다.
④ 매각허가 결정에 대지에 대한 표시가 없고(전유부분만 기재됨) 대지권등기가 경료되지 않은 경우 토지부분에 대한 등기촉탁은 각하한다.
⑤ 매각허가 결정에 대지에 대한 표시가 없는 경우 대지권등기가 경료된 후에는 전유부분만에 대한 소유권이전등기 촉탁은 불가하다.

해설 ②

> **구분건물의 전유부분에 설정된 근저당권의 실행으로 매각된 경우 건물대지에 대한 소유권이전등기 등에 대한 사무처리지침(예규 제1367호)**
> 구분건물의 전유부분에만 설정된 근저당권의 실행으로 매각된 경우 건물대지에 대한 매수인 앞으로의 소유권이전등기 등은 다음 절차에 의한다.

정답 ⊶ 14 ⑤ 15 ②

1. 매각허가 결정(경정결정 포함)에 대지에 대한 표시가 있는 경우
　가. 대지권등기가 경료되지 않은 경우
　　(1) 전유부분에 대한 등기
　　　전유부분만에 대하여 매각을 원인으로 한 소유권이전등기 촉탁이 있는 경우에는 통상의 절차에 따른다.
　　(2) 대지부분에 대한 등기
　　　(가) 전유부분 소유자와 토지의 소유자가 일치한 경우
　　　　1) 등기촉탁서 및 매각허가 결정의 토지의 표시가 등기기록과 동일하고, 등기의무자가 토지등기기록의 소유자와 동일한 경우에는 토지에 대하여 경매개시결정등기가 경료되지 않았다 하더라도 (🏧 전유부분에 대하여는 등기하고) 토지 부분에 대한 소유권이전등기촉탁은 이를 수리한다.
　　　　2) 위 1)의 경우 토지 부분에 경료된 부담기입등기 또한 경매법원의 말소등기 촉탁이 있으면 이를 수리한다.
　　　　3) 등기실행과 관련하여 등기원인은 전유부분의 등기와 동일하게 "○○년 ○○월 ○○일 매각"으로 기록한다.
　　　(나) 전유부분 소유자와 토지의 소유자가 다른 경우
　　　　1) 전유부분과 토지부분에 대하여 동시에 소유권이전등기를 촉탁하였으나 등기촉탁서의 등기의무자와 토지등기기록의 소유자가 다를 경우에는 전유부분에 대하여는 등기하고 토지부분에 대한 촉탁은 이를 각하한다(「부동산등기법」 제29조 제7호).
　　　　2) 토지부분에 대하여는 순차이전등기를 통하여 등기의무자가 일치된 후, 경매법원의 소유권이전등기 촉탁이 있으면 이를 수리한다.
　　　　3) 이 경우 등기실행절차는 위 (가)와 같이 처리한다.
　나. 대지권등기가 경료된 경우
　　(1) 경매절차 진행 중 또는 대금납부 후에 대지권등기가 경료된 경우, 경매법원으로부터 대지권까지 포함한 소유권이전등기촉탁이 있으면 이를 수리한다.
　　(2) 등기촉탁서와 매각허가결정(경정결정)의 부동산 표시는 등기기록과 일치하여야 한다. 단, 토지의 이전할 지분이 대지권 비율과 같으면 이는 동일한 것으로 본다.
　　(3) 등기실행과 관련하여 등기원인은 "○○년 ○○월 ○○일 매각(대지권 포함)"으로 기록한다.
　　(4) 토지 부분에 경료된 부담기입등기에 대한 경매법원의 말소등기 촉탁은 이를 수리한다.

2. 매각허가 결정에 대지에 대한 표시가 없는 경우
　가. 대지권등기가 경료되지 않은 경우
　　매각허가 결정에 전유부분만 기재된 경우 형식적 심사권밖에 없는 등기관은 토지까지 매각되었는지 여부를 판단할 수 없으므로 전유부분에 대하여는 통상의 절차에 의하여 이를 수리하고 토지부분에 대한 등기촉탁은 각하한다(「부동산등기법」 제29조 제8호).

나. 대지권등기가 경료된 경우

　(1) 대지권등기가 경료된 후에는 전유부분만에 대한 소유권이전등기 촉탁은 불가하므로 전유부분만에 대하여 매수인 앞으로 소유권이전등기를 실행하기 위하여는 대지권변경(대지권말소)등기 절차를 선행하여야 한다.

　(2) 따라서 위 절차가 선행되지 않은 상태에서 매수인 앞으로 소유권이전등기 촉탁이 있는 경우에는 이를 전부 각하한다(「부동산등기법」 제29조 제2호, 제61조 제3항).

　(3) 위 (1)의 경우 매수인의 대위 신청에 의한 대지권변경등기(대지권말소)는 「부동산등기규칙」 제86조 제2항 및 제91조부터 제94조까지 정한 절차에 따라 처리하고, 이후 전유부분만에 대하여 매각을 원인으로 한 소유권이전등기 촉탁이 있으면 이를 수리한다.

다. 토지 소유권이전등기

　(1) 이후 토지 부분에 대한 소유권이전등기는 경매법원의 촉탁에 의할 수 없고 통상의 절차에 의하여야 한다. 이 경우 전유부분 취득을 원인으로 한 소유권이전등기신청(공동신청)이 있는 경우의 등기는 "○○년 ○○월 ○○일 건물 O동 ○○호 전유부분 취득"으로 기록한다.

　(2) 토지등기 위에 등기된 부담에 관한 등기는 경매법원의 촉탁에 의할 수 없고 통상의 절차에 의하여 말소하여야 한다.

제3절 | 신탁등기

01 신탁설정등기

01 일반론

관련 조문

법 제23조[등기신청인]

⑦ 신탁재산에 속하는 부동산의 **신탁등기는 수탁자가 단독**으로 신청한다.

⑧ 수탁자가 「신탁법」 제3조 제5항(⊕ **재신탁**)에 따라 타인에게 신탁재산에 대하여 신탁을 설정하는 경우 해당 신탁재산에 속하는 부동산에 관한 권리이전등기에 대하여는 새로운 신탁의 수탁자를 등기권리자로 하고 원래 신탁의 수탁자를 등기의무자로 한다. 이 경우 해당 신탁재산에 속하는 부동산의 신탁등기는 제7항에 따라 **새로운 신탁의 수탁자가 단독**으로 신청한다.

신탁법 제3조[신탁의 설정]

⑤ 수탁자는 신탁행위로 달리 정한 바가 없으면 신탁 목적의 달성을 위하여 필요한 경우에는 **수익자의 동의**를 받아 타인에게 신탁재산에 대하여 (⊕ **재)신탁**을 설정할 수 있다.

법 제81조[신탁등기의 등기사항]

① 등기관이 신탁등기를 할 때에는 다음 각 호의 사항을 기록한 **신탁원부를 작성**하고, 등기기록에는 제48조에서 규정한 사항 외에 그 **신탁원부의 번호를 기록**하여야 한다.

1. **위탁자, 수탁자 및 수익자**의 성명 및 주소(법인인 경우에는 그 명칭 및 사무소 소재지를 말한다)
2. 수익자를 지정하거나 변경할 수 있는 권한을 갖는 자를 정한 경우에는 그 자의 성명 및 주소(법인인 경우에는 그 명칭 및 사무소 소재지를 말한다)
3. 수익자를 지정하거나 변경할 방법을 정한 경우에는 그 방법
4. 수익권의 발생 또는 소멸에 관한 조건이 있는 경우에는 그 조건
5. 신탁관리인이 선임된 경우에는 신탁관리인의 성명 및 주소(법인인 경우에는 그 명칭 및 사무소 소재지를 말한다)
6. 수익자가 없는 특정의 목적을 위한 신탁인 경우에는 그 뜻
7. 「신탁법」 제3조 제5항에 따라 수탁자가 타인에게 신탁을 설정하는 경우에는 그 뜻
8. 「신탁법」 제59조 제1항에 따른 유언대용신탁인 경우에는 그 뜻
9. 「신탁법」 제60조에 따른 수익자연속신탁인 경우에는 그 뜻
10. 「신탁법」 제78조에 따른 수익증권발행신탁인 경우에는 그 뜻
11. 「공익신탁법」에 따른 공익신탁인 경우에는 그 뜻
12. 「신탁법」 제114조 제1항에 따른 유한책임신탁인 경우에는 그 뜻
13. **신탁의 목적**
14. **신탁재산의 관리, 처분, 운용, 개발, 그 밖에 신탁 목적의 달성을 위하여 필요한 방법**

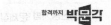

15. 신탁종료의 사유
16. 그 밖의 신탁 조항

② 제1항 제5호, 제6호, 제10호 및 제11호의 사항에 관하여 등기를 할 때에는 수익자의 성명 및 주소를 기재하지 아니할 수 있다.

③ 제1항의 신탁원부는 등기기록의 일부로 본다.

법 제82조[신탁등기의 신청방법]

① 신탁등기의 신청은 해당 부동산에 관한 권리의 설정등기, 보존등기, 이전등기 또는 변경등기의 신청과 동시에 하여야 한다(🔢 if.not - 법 제29조 제5호).

② 수익자나 위탁자는 수탁자를 대위하여 신탁등기를 신청할 수 있다. 이 경우 제1항은 적용하지 아니(🔢 일괄신청×)한다.

③ 제2항에 따른 대위등기의 신청에 관하여는 제28조 제2항을 준용한다.

규칙 제139조[신탁등기]

① 신탁등기의 신청은 해당 신탁으로 인한 권리의 이전 또는 보존이나 설정등기의 신청과 함께 1건의 신청정보로 일괄하여 하여야 한다.

② 「신탁법」 제27조에 따라 신탁재산에 속하는 부동산 또는 같은 법 제43조에 따라 신탁재산으로 회복 또는 반환되는 부동산의 취득등기와 신탁등기를 동시에 신청하는 경우에는 제1항을 준용한다.

③ 신탁등기를 신청하는 경우에는 법 제81조 제1항 각 호의 사항(🔢 신탁원부작성을 위한 정보)을 첨부정보로서 등기소에 제공하여야 한다.

⑦ 등기관이 제1항 및 제2항에 따라 권리의 이전 또는 보존이나 설정등기와 함께 신탁등기를 할 때에는 하나의 순위번호를 사용하여야 한다(🔢 즉 신탁으로 인한 권리이전등기를 한 다음 등기목적란에 신탁등기의 등기목적을 기재하고 권리자 및 기타사항란에 신탁원부번호를 기록한다).

법 제84조[수탁자가 여러 명인 경우]

① 수탁자가 여러 명인 경우 등기관은 신탁재산이 합유인 뜻을 기록하여야 한다.

② 여러 명의 수탁자 중 1인이 제83조 각 호의 어느 하나의 사유로 그 임무가 종료된 경우 다른 수탁자는 단독으로 권리변경등기를 신청할 수 있다. 이 경우 다른 수탁자가 여러 명일 때에는 그 전원이 공동으로 신청하여야 한다.

법 제87조[신탁등기의 말소]

① 신탁재산에 속한 권리가 이전, 변경 또는 소멸됨에 따라 신탁재산에 속하지 아니하게 된 경우 신탁등기의 말소신청은 신탁된 권리의 이전등기, 변경등기 또는 말소등기의 신청과 동시에 하여야 한다.

② 신탁종료로 인하여 신탁재산에 속한 권리가 이전 또는 소멸된 경우에는 제1항을 준용한다.

③ 신탁등기의 말소등기는 수탁자가 단독으로 신청할 수 있다.

④ 신탁등기의 말소등기의 신청에 관하여는 제82조 제2항 및 제3항을 준용한다.

규칙 제144조[신탁등기의 말소]

① 신탁등기의 말소등기신청은 권리의 이전 또는 말소등기나 수탁자의 고유재산으로 된 뜻의 등기신청과 함께 1건의 신청정보로 일괄하여 하여야 한다.

② 등기관이 제1항에 따라 권리의 이전 또는 말소등기나 수탁자의 고유재산으로 된 뜻의 등기와 함께 신탁등기의 말소등기를 할 때에는 **하나의 순위번호**를 사용하고, **종전의 신탁등기를 말소하는 표시**를 하여야 한다.

법 제87조의2[담보권신탁에 관한 특례]

① 위탁자가 자기 또는 제3자 소유의 부동산에 채권자가 아닌 수탁자를 저당권자로 하여 설정한 저당권을 신탁재산으로 하고 채권자를 수익자로 지정한 신탁의 경우 등기관은 그 저당권에 의하여 담보되는 피담보채권이 여럿이고 각 피담보채권별로 제75조에 따른 등기사항이 다를 때에는 제75조에 따른 등기사항을 각 채권별로 구분하여 기록하여야 한다.

② 제1항에 따른 신탁의 신탁재산에 속하는 저당권에 의하여 **담보되는 피담보채권이 이전**되는 경우 수탁자는 **신탁원부 기록의 변경등기**를 신청하여야 한다(**저당권 이전등기×**).

③ 제1항에 따른 신탁의 신탁재산에 속하는 저당권의 이전등기를 하는 경우에는 **제79조를 적용하지 아니**한다.

관련 예규

신탁등기사무처리에 관한 예규[예규 제1694호]

1. 신탁등기

  가. 신청인

    (1) 신탁재산에 속하는 부동산의 **신탁등기는 수탁자가 단독**으로 신청한다.

    (2) 수탁자가 「신탁법」 제3조 제5항에 따라 타인에게 신탁재산에 대하여 신탁(**재신탁**)을 설정하는 경우에는 해당 신탁재산에 속하는 부동산의 신탁등기는 **새로운 신탁의 수탁자가 단독**으로 신청한다.

    (3) **수익자나 위탁자**는 수탁자를 **대위**하여 신탁등기를 단독으로 신청할 수 있다.

  나. 신청방법

    (1) **신탁등기의 신청**은 해당 신탁으로 인한 **권리의 이전 또는 보존이나 설정등기의 신청**과 함께 1건의 신청정보로 일괄하여 하여야 한다. 다만 **수익자나 위탁자가 수탁자를 대위**하여 신탁등기를 신청하는 경우에는 그러하지 아니(**일괄신청×**)하다.

    (2) **신탁행위에 의한 신탁등기**

      신탁행위에 의하여 소유권을 이전하는 경우에는 신탁등기의 신청은 신탁을 원인으로 하는 소유권이전등기의 신청과 함께 1건의 신청정보로 **일괄**하여 하여야 한다. 등기원인이 신탁임에도 신탁등기만을 신청하거나 소유권이전등기만을 신청하는 경우에는 「부동산등기법」 제29조 제5호에 의하여 신청을 각하하여야 한다. 등기의 목적은 "**소유권이전 및 신탁**", 등기원인과 그 연월일은 "○년 ○월 ○일 신탁"으로 하여 신청정보의 내용으로 제공한다.

    (3) 「신탁법」 제3조 제1항 제3호의 위탁자의 선언에 의한 신탁등기 (**자기신탁 / 위탁자 = 수탁자**)

      (가) 「신탁법」 제3조 제1항 제3호에 따라 신탁의 목적, 신탁재산, 수익자 등을 특정하고 자신을 수탁자로 정한 위탁자의 선언에 의한 신탁의 경우에는 신탁등기와 신탁재산으로 된 뜻의 권리변경등기를 1건의 신청정보로 **일괄**하여 수탁자가 단독으로 신청한다. 등기의 목적은 "**신탁재산으로 된 뜻의 등기 및 신탁**", 등기원인과 그 연월일은 "○년 ○월 ○일 신탁"으로 하여 신청정보의 내용으로 제공한다.

      (나) 위탁자의 선언에 의한 신탁등기의 기록례는 별지 등기기록례 1과 같다.

(4) 「신탁법」 제3조 제5항의 재신탁등기

(가) 「신탁법」 제3조 제5항에 따라 타인에게 신탁재산에 대하여 설정하는 신탁(이하 '재신탁'이라 한다)에 의한 신탁등기는 재신탁을 원인으로 하는 <u>소유권이전등기와 함께 1건의 신청정보로 일괄하여 신청</u>하여야 한다. 등기의 목적은 "**소유권이전 및 신탁**", 등기원인과 그 연월일은 "**○ 년 ○월 ○일 재신탁**"으로 하여 신청정보의 내용으로 제공한다.

(나) 재신탁등기의 기록례는 별지 등기기록례 2와 같다.

(5) 「신탁법」 제27조에 따라 신탁재산에 속하게 되는 경우

(가) 「신탁법」 제27조에 따라 신탁재산에 속하게 되는 경우, 예컨대 신탁재산(금전 등)의 처분에 의하여 제3자로부터 부동산에 관한 소유권을 취득하는 경우에는 신탁등기의 신청은 해당 부동 산에 관한 <u>소유권이전등기의 신청과 함께 1건의 신청정보로 일괄</u>하여 하여야 한다. 등기의 목 적은 "**소유권이전 및 신탁재산처분에 의한 신탁**"으로, 등기권리자란은 "**등기권리자 및 수탁자**" 로 표시하여 신청정보의 내용으로 제공한다.

(나) 다만 위 제3자와 공동으로 <u>소유권이전등기만을 먼저 신청</u>하여 수탁자 앞으로 소유권이전등기 가 이미 마쳐진 경우에는 수탁자는 그 후 단독으로 <u>신탁등기만을 신청할 수 있고,</u> 수익자나 위탁자도 수탁자를 <u>대위하여 단독으로 신탁등기만을 신청</u>할 수 있다. 이 경우 등기의 목적은 "<u>신탁재산처분에 의한 신탁</u>"으로 하여 신청정보의 내용으로 제공한다.

(6) 「신탁법」 제43조에 따라 신탁재산으로 회복 또는 반환되는 경우

위 (5)에 준하여 신청하되, 소유권이전등기와 함께 1건의 신청정보로 일괄하여 신청하는 경우에는 등기의 목적을 "소유권이전 및 신탁재산회복(반환)으로 인한 신탁"으로 하고, 소유권이전등기가 이 미 마쳐진 후 신탁등기만을 신청하는 경우에는 등기의 목적을 "신탁재산회복(반환)으로 인한 신탁" 으로 하여 신청정보의 내용으로 제공한다.

(7) 담보권신탁등기

(가) 수탁자는 위탁자가 자기 또는 제3자 소유의 부동산에 채권자가 아닌 수탁자를 (근)저당권자로 하여 설정한 (근)저당권을 신탁재산으로 하고 채권자를 수익자로 지정한 담보권신탁등기를 신 청할 수 있다.

(나) 담보권신탁등기는 신탁을 원인으로 하는 근저당권설정등기와 함께 1건의 신청정보로 **일괄**하여 신청한다. 등기의 목적은 "**(근)저당권설정 및 신탁**", 등기원인과 그 연월일은 "**○년 ○월 ○일 신탁**"으로 하여 신청정보의 내용으로 제공한다.

(다) 신탁재산에 속하는 (근)저당권에 의하여 담보되는 **피담보채권이 여럿**이고 각 피담보채권별로 「부동산등기법」 제75조에 따른 등기사항이 다른 경우에는 동조에 따른 등기사항을 **각 채권별 로 구분**하여 신청정보의 내용으로 제공하여야 한다.

(라) 신탁재산에 속하는 (근)저당권에 의하여 담보되는 **피담보채권이 이전**되는 경우에는 수탁자는 **신탁원부 기록의 변경등기**를 신청하여야 하고, 이 경우 부동산등기법 제79조(🔵 **근저당권이전 등기**)는 적용하지 **아니한다**.

(마) 담보권신탁등기의 기록례는 별지 등기기록례 3과 같다.

다. 첨부정보

(1) 신탁원부 작성을 위한 정보

신탁등기를 신청하는 경우에는 부동산등기법 제81조 제1항 각 호의 사항을 신탁원부 작성을 위한 정보로서 제공하여야 한다. 여러 개의 부동산에 관하여 1건의 신청정보로 일괄하여 신탁등기를 신 청하는 경우에는 <u>각 부동산별로 신탁원부 작성을 위한 정보</u>를 제공하여야 한다.

> **[관련선례]**
> 여러 개의 부동산에 관하여 1건의 신청정보로 일괄하여 신탁등기를 신청하는 경우에는 각 부동산별로 신탁원부 작성을 위한 정보를 제공하여야 하며, **부동산의 표시에 관한 사항**은 신탁원부 작성을 위한 정보의 내용으로 제공할 사항이 **아니다**(선례 제201912-4호).

(2) 등기원인을 증명하는 정보

(가) 신탁행위에 의한 신탁등기를 신청하는 경우에는 당해 부동산에 대하여 신탁행위가 있었음을 증명하는 정보(**신탁계약서 등**)를 등기원인을 증명하는 정보로서 제공하여야 하고, 특히 신탁계약에 의하여 소유권을 이전하는 경우에는 등기원인을 증명하는 정보에 **검인**을 받아 제공하여야 한다.

(나) 신탁법 제27조에 따라 신탁재산에 속하게 되는 경우 및 동법 제43조에 따라 신탁재산으로 회복 또는 반환되는 경우에 대하여 신탁등기를 신청하는 경우에도 신탁행위가 있었음을 증명하는 정보를 첨부정보로서 제공하여야 한다.

(3) 법무부장관의 인가를 증명하는 정보

「공익신탁법」에 따른 **공익신탁**에 대하여 신탁등기를 신청하는 경우에는 법무부장관의 인가를 증명하는 정보를 첨부정보로서 제공하여야 한다.

(4) 대위원인을 증명하는 정보 및 신탁재산임을 증명하는 정보

위탁자 또는 수익자가 신탁등기를 대위신청하는 경우에는 대위원인을 증명하는 정보 및 해당 부동산이 신탁재산임을 증명하는 정보를 첨부정보로서 제공하여야 한다.

(5) 신탁설정에 관한 공정증서

「신탁법」제3조 제1항 제3호에 따라 신탁의 목적, 신탁재산, 수익자 등을 특정하고 자신을 수탁자로 정한 위탁자의 선언에 의한 신탁등기를 신청하는 경우에는 「공익신탁법」에 따른 공익신탁을 제외하고는 신탁설정에 관한 공정증서를 첨부정보로서 제공하여야 한다(**공익신탁 : 공정증서 × / 사익신탁 : 공정증서 ○**).

(6) 수익자의 동의가 있음을 증명하는 정보

「신탁법」제3조 제5항에 따른 재신탁등기를 신청하는 경우에는 **수익자의 동의**가 있음을 증명하는 정보(인감증명 포함)를 첨부정보로서 제공하여야 한다.

(7) 유한책임신탁 등 등기사항증명서

「신탁법」제114조 제1항에 따른 유한책임신탁 또는 「공익신탁법」에 따른 공익유한책임신탁의 목적인 부동산에 대하여 신탁등기를 신청하는 경우에는 유한책임신탁 또는 공익유한책임신탁의 등기가 되었음을 증명하는 등기사항증명서를 첨부정보로서 제공하여야 한다.

(8) 지방세 납세증명서

「신탁법」제3조 제1항 제1호(위탁자와 수탁자 간의 계약) 및 제2호(위탁자의 유언)에 따라 신탁을 원인으로 **소유권이전**(**지상권이전×**)등기 및 신탁등기를 신청하는 경우와 「신탁법」제3조 제5항(수탁자가 타인에게 신탁재산에 대하여 설정하는 신탁)에 따라 재신탁을 원인으로 소유권이전등기 및 신탁등기를 신청하는 경우에는 「지방세징수법」제5조 제1항 제4호에 따라 **지방세 납세증명서**를 첨부정보로서 제공하여야 한다.

다만, 등기원인을 증명하는 정보로서 **확정판결** 그 밖에 이에 준하는 집행권원(집행권원)을 제공하는 경우에는 **지방세 납세증명서를** 제공할 필요가 **없다**.

라. 수탁자가 여러 명인 경우 등
- (1) **수탁자가 여러 명**인 경우에는 그 공동수탁자가 **합유**(❶ 공유 ✕)관계라는 뜻을 신청정보의 내용으로 제공하여야 한다.
- (2) **위탁자가 여러 명**이라 하더라도 수탁자와 신탁재산인 부동산 및 신탁목적이 동일한 경우에는 1건의 신청정보로 **일괄**하여 신탁등기를 신청할 수 있다.

마. 신탁가등기
신탁가등기는 소유권이전청구권보전을 위한 가등기와 동일한 방식으로 신청하되, 신탁원부 작성을 위한 정보도 첨부정보로서 제공하여야 한다. 신탁가등기의 기록례는 별지 등기기록례 4와 같다.

바. 영리회사가 수탁자인 경우
신탁업의 인가를 받은 신탁회사 이외의 영리회사를 수탁자로 하는 신탁등기의 신청은 이를 수리하여서는 **아니** 된다.

사. 신탁등기의 등기명의인의 표시방법
- (1) **신탁행위에 의하여** 신탁재산에 속하게 되는 부동산에 대하여 수탁자가 소유권이전등기와 함께 신탁등기를 1건의 신청정보로 일괄하여 신청하는 경우에는 소유권이전등기의 등기명의인은 "**수탁자 또는 수탁자(합유)**"로 표시하여 등기기록에 기록한다.
- (2) 「신탁법」 제27조에 따라 신탁재산에 속하게 되거나 「신탁법」 제43조에 따라 **신탁재산으로 회복 또는 반환**되는 부동산에 대하여 수탁자가 소유권이전등기와 함께 신탁등기를 1건의 신청정보로 일괄하여 신청하는 경우에는 소유권이전등기의 등기명의인은 "**소유자 또는 공유자**"로 표시하여 등기기록에 기록하고, 공유자인 경우에는 그 공유지분도 등기기록에 기록한다.
- (3) 「신탁법」 제27조에 따라 신탁재산에 속하게 되거나 「신탁법」 제43조에 따라 신탁재산으로 회복 또는 반환되는 부동산에 대하여 수탁자가 소유권이전등기만을 먼저 신청하여 소유권이전등기의 등기명의인이 "소유자 또는 공유자"로 표시된 후 수탁자가 단독으로 또는 위탁자나 수익자가 수탁자를 대위하여 단독으로 신탁등기를 신청하는 경우에는 이미 마쳐진 소유권이전등기의 등기명의인의 표시는 이를 변경하지 아니하고 그대로 둔다.
- (4) 위 (2), (3)의 경우 등기명의인으로 표시된 "소유자 또는 공유자"는 신탁관계에서는 수탁자의 지위를 겸하게 되므로, 그 "소유자 또는 공유자"의 등기신청이 신탁목적에 반하는 것이면 이를 수리하여서는 아니 된다.

2. 신탁의 합병·분할 등에 따른 신탁등기

가. 신청인
신탁의 합병·분할('분할합병'을 포함한다. 이하 같다)에 따른 신탁등기는 수탁자가 같은 경우에만 신청할 수 있으며, **수탁자**는 해당 신탁재산에 속하는 부동산에 관한 권리변경등기를 **단독으로 신청**한다.

나. 신청방법
- (1) 신탁의 합병·분할로 인하여 하나의 신탁재산에 속하는 부동산에 관한 권리가 다른 신탁의 신탁재산에 귀속되는 경우에는 신탁등기의 말소등기 및 새로운 신탁등기의 신청은 신탁의 합병·분할로 인한 권리변경등기의 신청과 함께 1건의 신청정보로 일괄하여 하여야 한다.
- (2) 「신탁법」 제34조 제1항 제3호 및 동조 제2항에 따라 여러 개의 신탁을 인수한 수탁자가 하나의 신탁재산에 속하는 부동산에 관한 권리를 다른 신탁의 신탁재산에 귀속시키는 경우 그 신탁등기의 신청방법에 관하여는 위 (1)을 준용한다.

다. 첨부정보

(1) 신탁의 합병등기를 신청하는 경우에는 위탁자와 수익자로부터 합병계획서의 승인을 받았음을 증명하는 정보(인감증명 포함), 합병계획서의 공고 및 채권자보호절차를 거쳤음을 증명하는 정보를 첨부정보로서 제공하여야 한다.

(2) 신탁의 분할등기를 신청하는 경우에는 위탁자와 수익자로부터 분할계획서의 승인을 받았음을 증명하는 정보(인감증명 포함), 분할계획서의 공고 및 채권자보호절차를 거쳤음을 증명하는 정보를 첨부정보로서 제공하여야 한다.

(3) 「공익신탁법」 제20조 제1항에 따른 공익신탁 합병의 경우 법무부장관의 인가를 증명하는 정보를 첨부정보로 제공하여야 한다.

(4) 등기기록례

신탁의 합병・분할등기의 기록례는 별지 등기기록례 5와 같다.

라. 「공익신탁법」에 따른 공익신탁의 경우

등기관은 공익신탁에 대한 분할 또는 분할합병의 등기신청이 있는 경우에는 「공익신탁법」 제21조에 따라 이를 수리하여서는 아니 된다.

3. 수탁자의 변경

가. 수탁자의 경질로 인한 권리이전등기

(1) 신청인

(가) 공동신청

신탁행위로 정한 바에 의하여 **수탁자의 임무가 종료**하고 새로운 수탁자가 취임한 경우 및 **수탁자가 사임, 자격상실**로 임무가 종료되고 새로운 수탁자가 선임된 경우에는 **새로운 수탁자와 종전 수탁자가 공동**으로 권리이전등기를 신청한다.

(나) 단독신청

① **사망, 금치산, 한정치산, 파산, 해산**의 사유로 수탁자의 임무가 종료되고 새로운 수탁자가 선임된 경우에는 **새로운 수탁자가 단독**으로 권리이전등기를 신청한다.

② 수탁자인 **신탁회사가 합병**으로 소멸되고 합병 후 존속 또는 설립되는 회사가 신탁회사인 경우에는 **그 존속 또는 설립된 신탁회사가 단독**으로 권리이전등기를 신청한다.

③ 수탁자가 법원 또는 법무부장관(「공익신탁법」에 따른 공익신탁)에 의하여 **해임**된 경우에는 등기관은 법원 **또는** 법무부장관의 **촉탁**에 의하여 **신탁원부 기록을 변경**한 후 **직권**으로 등기기록에 **해임의 뜻**을 기록하여야 하고(이 경우 수탁자를 말소하는 표시를 하지 아니한다), 권리이전등기는 나중에 **새로운 수탁자가 선임**되면 그 수탁자가 **단독**으로 신청하여야 한다.

(2) 등기원인일자 및 등기원인

위의 경우 등기원인일자는 "**새로운 수탁자가 취임 또는 선임된 일자**", 등기원인은 "**수탁자 경질**"로 하여 신청정보의 내용으로 제공한다.

(3) 첨부정보

① 등기신청인은 종전 수탁자의 임무종료 및 새로운 수탁자의 선임을 증명하는 정보를 첨부정보로서 제공하여야 하고, 위 (1) (가)의 경우에는 종전 수탁자의 인감증명도 함께 제공하여야 한다.

② 「공익신탁법」에 따른 공익신탁의 경우 수탁자가 변경된 경우에는 **법무부장관의 인가를 증명하는 정보**를 첨부정보로 제공하여야 한다.

나. 여러 명의 수탁자 중 1인의 임무종료로 인한 합유명의인 변경등기
  (1) 신청인
    (가) 공동신청
        여러 명의 수탁자 중 1인이 **신탁행위로 정한 임무종료사유, 사임, 자격상실**의 사유로 임무가 종료된 경우에는 **나머지 수탁자와 임무가 종료된 수탁자가 공동으로 합유명의인 변경등기**를 신청한다. 수탁자 중 1인인 신탁회사가 합병으로 인하여 소멸되고 신설 또는 존속하는 회사가 신탁회사인 경우에는 **나머지 수탁자와 합병 후 신설 또는 존속하는 신탁회사가 공동으로 합유명의인 변경등기**를 신청한다.
    (나) 단독신청
        여러 명의 수탁자 중 1인이 **사망, 금치산, 한정치산, 파산, 해산**의 사유로 임무가 종료된 경우에는 **나머지 수탁자가 단독으로 합유명의인 변경등기**를 신청한다. 이 경우 나머지 수탁자가 여러 명이면 그 전원이 공동으로 신청하여야 한다.
    (다) 법원 또는 법무부장관의 촉탁
        여러 명의 수탁자 중 1인이 **법원 또는 법무부장관에 의하여 해임**된 경우에는 등기관은 법원 또는 법무부장관의 촉탁에 의하여 신탁원부 기록을 변경한 후 직권으로 등기기록에 해임의 뜻을 기록하여야 한다. 이 경우 종전 수탁자를 모두 말소하고 해임된 수탁자를 제외한 나머지 수탁자만을 다시 기록하는 합유명의인 변경등기를 하여야 한다.
  (2) 등기원인일자 및 등기원인
      위의 경우 등기원인일자는 "수탁자의 임무종료일", 등기원인은 "임무가 종료된 수탁자의 임무종료 원인"으로 하여 신청정보의 내용으로 제공한다("○년 ○월 ○일 수탁자 ○○○ 사망" 등).
  (3) 첨부정보
    ① 등기신청인은 임무가 종료된 수탁자의 임무종료를 증명하는 정보를 첨부정보로서 제공하여야 하고, 위 (1) (가)의 전단부의 경우에는 임무가 종료된 수탁자의 인감증명도 함께 제공하여야 한다.
    ② 「공익신탁법」에 따른 공익신탁의 경우 수탁자가 변경된 경우에는 법무부장관의 인가를 증명하는 정보를 첨부정보로 제공하여야 한다.

4. 신탁원부 기록의 변경
  가. 수탁자의 신청에 의한 경우
    (1) **수익자 또는 신탁관리인이 변경(🏛 주체)된** 경우나 위탁자, 수익자 및 신탁관리인의 성명(명칭), 주소(사무소 소재지)가 **변경(🏛 표시사항)된** 경우에는 **수탁자는** 지체 없이 **신탁원부 기록의 변경등기를 신청**하여야 한다.
    (2) 수익자를 지정하거나 변경할 수 있는 권한을 갖는 자의 성명(명칭) 및 주소(사무소 소재지), 수익자를 지정하거나 변경할 방법, 수익권의 발생 또는 소멸에 관한 조건, 「부동산등기법」 제81조 제1항 제6호에서 제12호까지의 신탁인 뜻, 신탁의 목적, 신탁재산의 관리방법, 신탁종료의 사유, 그 밖의 신탁조항을 변경한 경우에도 위 (1)과 같다.
    (3) 위탁자 지위의 이전에 따른 신탁원부 기록의 변경
      (가) 「신탁법」 제10조에 따라 **위탁자 지위의 이전**이 있는 경우에는 수탁자는 **신탁원부 기록의 변경등기**를 신청하여야 한다.
      (나) 이 경우 등기원인은 "**위탁자 지위의 이전**"으로 하여 신청정보의 내용으로 제공한다.

(다) 위탁자 지위의 이전이 신탁행위로 정한 방법에 의한 경우에는 이를 증명하는 정보를 첨부정보로서 제공하여야 하고, 신탁행위로 그 방법이 정하여지지 아니한 경우에는 수탁자와 수익자의 동의가 있음을 증명하는 정보(인감증명 포함)를 첨부정보로서 제공하여야 한다. 이 경우 위탁자가 여러 명일 때에는 다른 위탁자의 동의를 증명하는 정보(인감증명 포함)도 함께 제공하여야 한다.

(라) 위탁자 지위의 이전에 따른 등기의 기록례는 별지 등기기록례 6과 같다.

(4) 「공익신탁법」에 따른 신탁원부 기록의 변경

(가) 유한책임신탁을 공익유한책임신탁으로 변경하거나 공익유한책임신탁을 유한책임신탁으로 변경하는 경우에는 변경이 되었음을 증명하는 등기사항증명서를 첨부정보로 제공하여야 한다.

(나) 공익신탁을 유한책임신탁으로 변경하는 경우에는 법무부장관의 인가를 증명하는 정보 및 변경이 되었음을 증명하는 등기사항증명서를 첨부정보로 제공하여야 한다.

(다) 신탁관리인의 변경이 있는 경우(법원 또는 법무부장관의 촉탁에 의한 경우는 제외)에는 법무부장관의 인가를 증명하는 정보를 첨부정보로 제공하여야 한다.

나. 법원 또는 법무부장관의 촉탁에 의한 경우

(1) 법원의 촉탁에 의한 경우

(가) 법원이 **수탁자를 해임하는 재판**을 한 경우, 신탁관리인을 선임하거나 해임하는 재판을 한 경우, **신탁 변경의 재판**을 한 경우에는 등기관은 **법원의 촉탁에 의하여 신탁원부 기록을 변경**하여야 한다.

(나) 법원이 「신탁법」 제20조 제1항에 따라 신탁재산관리인을 선임하거나 그 밖의 필요한 처분을 명한 경우, 신탁재산관리인의 사임결정 또는 해임결정을 한 경우, 신탁재산관리인의 임무가 동조 제2항에 따라 종료된 경우에도 위 (가)와 같다.

(2) 법무부장관의 촉탁에 의한 경우

「공익신탁법」에 따른 **공익신탁**에 대하여 법무부장관이 **수탁자를 직권으로 해임**한 경우, 신탁관리인을 직권으로 선임하거나 해임한 경우, **신탁내용의 변경을 명한** 경우에는 등기관은 **법무부장관의 촉탁에 의하여 신탁원부 기록을 변경**하여야 한다.

(3) 등기기록의 직권 기록

수탁자를 해임한 법원 또는 법무부장관의 **촉탁**에 의하여 **신탁원부 기록을 변경**한 경우에는 등기관은 직권으로 **등기기록에 그 뜻을 기록**하여야 한다.

(4) 첨부정보

법원 또는 법무부장관의 촉탁에 의한 해임 등의 경우 **법원의 재판서 또는 법무부장관의 해임 등을 증명하는 정보**를 첨부정보로 제공하여야 한다.

다. 직권에 의한 경우

수탁자의 경질로 인한 권리이전등기 또는 여러 명의 수탁자 중 1인의 임무종료로 인한 합유명의인 변경등기를 한 경우에는 등기관은 **직권으로 신탁원부 기록을 변경**하여야 한다.

5. 신탁등기의 말소

가. 신탁재산의 처분 또는 귀속

(1) 수탁자가 신탁재산을 제3자에게 처분하거나 신탁이 종료되어(「공익신탁법」에 따른 공익신탁의 인가가 취소되어 종료된 경우 포함) 신탁재산이 위탁자 또는 수익자(「공익신탁법」에 따른 공익신탁의 경우 다른 공익신탁 등이나 국가 또는 지방자치단체)에게 귀속되는 경우에는 그에 따른 **권리이**

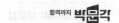

전등기와 신탁등기의 말소등기는 <u>1건의 신청정보로</u> **일괄하여 신청**하여야 한다. 등기원인이 신탁재산의 처분 또는 신탁재산의 귀속임에도 신탁등기의 말소등기 또는 권리이전등기 중 어느 하나만을 신청하는 경우에는 등기관은 이를 수리하여서는 아니 된다.

(2) 신탁재산의 일부를 처분하거나 신탁의 일부가 종료되는 경우에는 <u>권리이전등기와 신탁등기의 변경등기</u>를 <u>1건의 신청정보로</u> **일괄**하여 신청하여야 한다. 이 경우의 기록례는 별지 등기기록례 7과 같다.

나. 신탁재산이 수탁자의 고유재산으로 되는 경우

「신탁법」 제34조 제2항에 따라 신탁재산이 수탁자의 고유재산으로 되는 경우에는 **신탁행위로 이를 허용**하였거나 **수익자의 승인을 받았음을 증명**하는 정보(인감증명 포함) 또는 **법원의 허가 및 수익자에게 통지한 사실을 증명**하는 정보를 첨부정보로서 제공하여 "수탁자의 고유재산으로 된 뜻의 등기 및 신탁등기의 말소등기"를 신청할 수 있다. 이 경우의 기록례는 별지 등기기록례 8과 같다.

다. 「공익신탁법」에 따른 공익신탁의 경우

(1) 「공익신탁법」 제24조 제3항에 따라 선임된 보관수탁관리인이 신탁재산을 증여하거나 무상 대부하는 경우에는 위 가.의 예에 의한다. 이 경우 보관수탁관리인의 선임을 증명하는 정보 및 법무부장관의 승인을 증명하는 정보를 첨부정보로 제공하여야 한다.

(2) 「공익신탁법」 제11조 제6항에 따라 신탁재산을 처분하는 경우에는 법무부장관의 승인을 증명하는 정보를 첨부정보로 제공하여야 한다. 다만, 공익사업 수행을 위한 필수적인 재산이 아님을 소명한 경우에는 그러하지 아니하다.

6. 신탁등기와 타등기와의 관계

가. 신탁목적에 반하는 등기의 신청

신탁등기가 경료된 부동산에 대하여 **수탁자를 등기의무자**로 하는 (🔘 일반적인) 등기의 신청이 있을 경우에는 등기관은 그 등기신청이 신탁목적에 반하지 아니하는가를 심사하여 **신탁목적에 반하는 등기신청은 이를 수리하여서는 아니** 된다(🔘 **위탁자의 승낙서를 제공하더라도 수리불가**).

나. 처분제한의 등기 등

등기관은 **수탁자를 등기의무자**로 하는 처분제한의 등기, 강제경매등기, 임의경매등기 등의 촉탁이 있는 경우에는 이를 **수리**하고, **위탁자를 등기의무자**로 하는 위 등기의 촉탁이 있는 경우에는 이를 **수리하여서는 아니** 된다. 다만 **신탁 전에 설정**된 담보물권에 기한 임의경매등기 또는 신탁 전의 가압류등기에 기한 강제경매등기의 촉탁이 있는 경우에는 위탁자를 등기의무자로 한 경우에도 이를 **수리**하여야 한다.

다. 합필등기

(1) 신탁등기가 마쳐진 토지에 대하여는 「부동산등기법」 제37조 제1항 제3호의 경우 외에는 합필등기를 할 수 없다. 다만 다음 각 호에 해당하는 경우로서 신탁목적이 동일한 경우에는 신탁토지 상호 간의 합필등기를 할 수 있다. 합필등기가 허용되는 경우로서 위탁자가 상이한 경우의 등기절차는 아래 (2)에 따른다.

(가) 「주택법」 제15조에 따라 주택건설사업계획의 승인을 얻어 공동주택을 건설하는 경우(2003년 7월 1일 이전에 구 「주택건설촉진법」에 따라 승인을 받은 주택재건축사업을 포함한다.)

(나) 「건축법」 제11조에 따른 건축허가를 받아 주택 외의 시설과 주택을 동일 건축물로 하여 「주택법」 제15조 제1항에서 정한 호수(공동주택 30세대, 같은 법 시행령 제27조 제1항 제2호 각

　　　　목의 어느 하나에 해당하는 경우에는 50세대) 이상을 건설·공급하는 경우로서 같은 법 제54
　　　　조 제1항 제1호에 따른 입주자모집공고의 승인을 받은 경우
　　(2) 위탁자가 상이한 경우의 합필등기
　　　(가) 첨부정보
　　　　① 토지대장등본
　　　　② 위탁자의 합필승낙서 및 인감증명
　　　　　합필승낙서에는 위탁자 전원이 성명, 주민등록번호, 주소, 신탁원부번호, 합필 전 토지의 소
　　　　　재지번, 지목 및 면적(또는 지분), 합필 후의 지분을 표시하고 그 인감을 날인하여야 한다.
　　　　　법무사나 변호사가 위탁자 전원이 합필승낙서에 직접 서명 또는 날인하였다는 것을 확인한
　　　　　경우에는 인감증명 대신에 법무사나 변호사의 확인서를 첨부정보로서 제공할 수 있다.
　　　　③ 2003년 7월 1일 이전에 구 「주택건설촉진법」에 따라 주택건설사업계획의 승인을 받았음을
　　　　　소명하는 자료(주택재건축사업인 경우에 한한다)
　　　(나) 합필등기절차
　　　　① 수탁자는 단독으로 합필등기를 신청할 수 있다. 이 경우 신청정보에는 합필 후의 지분을
　　　　　표시하여야 하고, 위 (가)의 각 정보를 첨부정보로서 제공하여야 한다.
　　　　② 등기관은 신청정보에 표시된 합필 후의 공유지분에 따라 별지 등기기록례 9와 같이 변경등
　　　　　기를 하여야 한다.

라. 분필등기

신탁등기가 마쳐진 토지가 분할되어 그에 따른 **분필등기의 신청**이 있는 경우에는 등기관은 **분필된 토
지에** 대하여 분필 전 토지의 신탁원부와 같은 내용의 **신탁원부를 작성**하여야 한다. 다만 분필된 토지
에 대하여 신탁등기의 말소등기가 동시에 신청되는 경우에는 신탁원부를 따로 작성하지 아니하여도
무방하다.

01 신탁등기에 관한 다음 설명 중 가장 옳지 않은 것은? ▸ 2023년 등기서기보

① 여러 개의 부동산에 관하여 1건의 신청정보로 일괄하여 신탁등기를 신청하는 경우에는
　 그 여러 개의 부동산에 대한 1건의 신탁원부 작성을 위한 정보를 제공할 수 있다.
② 신탁등기의 신청은 해당 신탁으로 인한 권리의 이전 또는 보존이나 설정등기의 신청과
　 함께 1건의 신청정보로 일괄하여 하여야 한다.
③ 수탁자는 신탁행위로 달리 정한 바가 없으면 신탁 목적의 달성을 위하여 필요한 경우
　 에는 수익자의 동의를 받아 타인에게 신탁재산에 대하여 신탁을 설정할 수 있다.
④ X 부동산에 대하여 신탁을 원인으로 甲 명의의 소유권이전등기 및 신탁등기(원신탁)가
　 마쳐지고 다시 재신탁을 원인으로 乙 명의의 소유권이전등기 및 신탁등기가 마쳐진 상
　 태에서, 원신탁의 신탁원부에 기록된 사항이 변경된 경우에 원신탁의 수탁자인 甲은
　 신탁원부 기록의 변경등기를 신청할 수 있다.

해설 ① **여러 개의 부동산**에 관하여 1건의 신청정보로 **일괄**하여 **신탁등기를 신청**하는 경우에는 **각
　　　 부동산별로 신탁원부** 작성을 위한 정보를 제공하여야 하며, **부동산의 표시에 관한 사항**은 신
　　　 탁원부 작성을 위한 정보의 내용으로 제공할 사항이 **아니다**(선례 제201912-4호).

② 1. **신탁등기의 신청**은 해당 신탁으로 인한 **권리의 이전 또는 보존이나 설정등기의 신청**과 함께 1건의 신청정보로 **일괄**하여 **하여야** 한다. 다만 수익자나 위탁자가 수탁자를 대위하여 신탁등기를 신청하는 경우에는 그러하지 아니하다(예규 제1726호, 1-나-(1)).
 2. **신탁행위(® 신탁계약)에 의하여 소유권을 이전하는 경우**에는 신탁등기의 신청은 신탁을 원인으로 하는 소유권이전등기의 신청과 함께 1건의 신청정보로 **일괄**하여 **하여야 한다**(예규 제1726호, 1-나-(2)).
 3. **등기원인이 신탁임에도 신탁등기만을** 신청하거나 **소유권이전등기만을** 신청하는 경우에는 「부동산등기법」 **제29조 제5호**에 의하여 신청을 **각하**하여야 한다(법 제29조 제5호).
③ 1. 수탁자는 신탁행위로 달리 정한 바가 없으면 신탁 목적의 달성을 위하여 필요한 경우에는 **수익자의 동의**를 받아 타인에게 신탁재산에 대하여 (® 재)신탁을 설정할 수 있다(신탁법 제3조).
 2. 「신탁법」 제3조 제5항에 따른 **재신탁등기**를 신청하는 경우에는 **수익자의 동의**가 있음을 증명하는 정보(인감증명 포함)를 첨부정보로서 제공하여야 한다(예규 제1694호, 1-다-(6)).
④ A 부동산에 대하여 **신탁을 원인**으로 갑 명의의 소유권이전등기 및 **신탁등기**가 마쳐지고 다시 **재신탁을 원인**으로 을 명의의 소유권이전등기 및 **신탁등기**가 마쳐진 상태에서 **원신탁의 신탁원부에 기록된 사항**이 **변경**된 경우에 **원신탁의 수탁자인 갑**은 **신탁원부 기록의 변경등기**를 신청할 수 있다(선례 제201901-1호).

02 **신탁등기에 관한 다음 설명 중 가장 옳지 않은 것은?** ▶ 2022년 법무사

① 신탁가등기는 소유권이전청구권보전을 위한 가등기와 동일한 방식으로 신청하되, 신탁원부 작성을 위한 정보도 첨부정보로서 제공하여야 한다.
② 여러 명의 수탁자 중 1인이 신탁행위로 정한 임무종료사유, 사임, 자격상실의 사유로 임무가 종료된 경우에는 나머지 수탁자가 합유명의인 변경등기를 신청하는바, 나머지 수탁자가 1인이면 단독으로, 나머지 수탁자가 여러 명이면 그 전원이 공동으로 합유명의인 변경등기를 신청한다.
③ 위탁자가 여러 명이라 하더라도 수탁자와 신탁재산인 부동산 및 신탁목적이 동일한 경우에는 1건의 신청정보로 일괄하여 신탁등기를 신청할 수 있다.
④ 신탁원부상 신탁조항에 수익자변경권이 위탁자 및 수탁자에게 유보되어 있다는 취지가 기록되어 있다면 수탁자가 수익자의 변경으로 신탁원부 기록의 변경등기를 신청하는 경우, 수익자변경을 증명하는 정보 이외에 종전 수익자의 승낙을 증명하는 정보를 첨부할 필요는 없다.
⑤ 공익신탁법에 따른 공익신탁의 경우 수탁자가 변경된 경우에는 법무부장관의 인가를 증명하는 정보를 첨부정보로 제공하여야 한다.

정답 ━ 01 ① 02 ②

해설 ② 1. **수탁자가 여러 명**인 경우 등기관은 신탁재산이 **합유인 뜻**을 기록하여야 한다(법 제84조).

2. **합유자 중 일부가 탈퇴**하고 **잔존 합유자가 1인**만 남은 경우에는 **탈퇴**한 합유자와 **잔존 합유자**의 **공동신청**으로 「○년 ○월 ○일 합유자 ○○○ 탈퇴」를 원인으로 한 잔존 합유자의 단독소유로 하는 **합유명의인 변경등기**신청을 하여야 한다(예규 제911호, 2─나).

3. **합유자 중 일부가 탈퇴**한 경우 **잔존 합유자가 수인**인 때에는 **탈퇴**한 합유자와 **잔존 합유자**의 **공동**신청으로 「○년 ○월 ○일 합유자 ○○○ 탈퇴」를 원인으로 한 잔존 합유자의 합유로 하는 **합유명의인 변경등기**신청을 하여야 한다(예규 제911호, 2─나).

4. **여러 명의 수탁자 중 1인**이 신탁행위로 정한 임무종료사유, 사임, 자격상실의 사유로 임무가 종료된 경우에는 **나머지 수탁자**와 **임무가 종료된 수탁자**가 **공동**으로 **합유명의인 변경등기**를 신청한다(예규 제1726호, 3─나).

① **신탁가등기**는 소유권이전청구권보전을 위한 가등기와 동일한 방식으로 신청하되, **신탁원부 작성을 위한 정보**도 첨부정보로서 제공하여야 한다(예규 제1726호, 1─마).

③ 1. **수탁자가 여러 명**인 경우에는 그 공동수탁자가 **합유(🜂 공유×)**관계라는 뜻을 신청정보의 내용으로 제공하여야 한다.

2. **위탁자가 여러 명**이라 하더라도 **수탁자와 신탁재산인 부동산 및 신탁목적이 동일**한 경우에는 1건의 신청정보로 **일괄**하여 신탁등기를 신청할 수 있다(예규 제1694호, 1─라).

④ 1. **신탁원부상** 신탁조항에 **수익자변경권이 위탁자 및 수탁자에게 유보**되어 있다는 취지가 기재되어 있다면 **수탁자**가 수익자의 변경으로 **신탁원부기재변경등기**를 신청하는 경우 수익자변경을 증명하는 서면 이외에 **종전 수익자의 승낙서**를 첨부할 필요는 없다.

2. 수탁자 경질로 인하여 구 수탁자가 등기의무자, 신 수탁자가 등기권리자로서 소유권이전등기를 공동신청할 때 구 수탁자의 인감증명·등기필증·신 수탁자의 주소증명서면·수탁자 경질을 증명하는 서면 등을 첨부하여야 하는바, 이 경우 수탁자의 임무종료원인이 신탁행위에서 특별히 정한 사유가 아니라 구 수탁자가 위탁자 및 수익자의 승낙을 얻어 사임한 것이라면 수익자 및 위탁자의 승낙서(인감증명 포함)도 첨부하여야 한다(선례 제7─401호).

⑤ 1. **공익신탁법**에 따른 공익신탁에 대하여 **신탁등기**를 신청하는 경우에는 **법무부장관의 인가**를 증명하는 정보를 첨부정보로서 제공하여야 한다(예규 제1694호, 1─다─(3)).

2. **공익신탁법**에 따른 공익신탁의 경우 **수탁자가 변경**된 경우에는 **법무부장관의 인가**를 증명하는 정보를 첨부정보로 제공하여야 한다(예규 제1694호, 3─가─(3)─②).

03 신탁등기에 관한 다음 설명 중 가장 옳지 않은 것은? ▶ 2021년 법원사무관

① 수탁자는 신탁행위로 달리 정한 바가 없으면 신탁 목적의 달성을 위하여 필요한 경우에는 수익자의 동의를 받아 타인에게 신탁재산에 대하여 신탁을 설정할 수가 있다.

② A 부동산에 대하여 신탁을 원인으로 갑 명의의 소유권이전등기 및 신탁등기(원신탁)가 마쳐지고 다시 재신탁을 원인으로 을 명의의 소유권이전등기 및 신탁등기가 마쳐진 경우, 원신탁의 신탁원부에 기록된 사항이 변경된 경우에도 원신탁의 수탁자인 갑은 신탁원부 기록의 변경등기를 신청할 수 있다.

③ 위탁자가 신탁 대상인 재산을 취득함으로써 발생한 조세채권인 경우에는 신탁법상 신탁이 이루어지기 전에 압류를 하지 않더라도 그 조세채권이 신탁법 제22조 제1항 소정의 "신탁 전의 원인으로 발생한 권리"에 해당된다고 볼 수 있으므로, 양수인이 수탁자 명의로 소유권이전등기를 마친 후에는 양수인에 대한 조세채권에 의하여 압류등기를 촉탁할 수는 있다.

④ 위탁자와 수탁자가 신탁계약을 중도 해지한 경우에는 수익자의 서면동의가 있어야 한다는 내용이 신탁원부에 기록되어 있다면 신탁해지를 원인으로 소유권이전등기 및 신탁등기의 말소등기를 신청하는 때에는 일반적인 첨부정보 외에 신탁계약의 중도해지에 대한 수익자의 동의가 있음을 증명하는 정보와 그의 인감증명을 제공하여야 한다.

해설 ③ 위탁자가 신탁대상인 재산을 취득함으로써 발생한 조세(취득세)채권이라고 하더라도 신탁법상의 신탁이 이루어지기 전에 압류를 하지 않은 이상, 그 조세채권이 신탁법 제21조 제1항 소정의 "신탁 전의 원인으로 발생한 권리"에 해당된다고 볼 수 없으므로, 부동산의 양수인이 수탁자 명의로 신탁을 등기원인으로 한 소유권이전등기를 마친 후에는 양수인에 대한 조세채권(취득세)에 기하여 수탁자 명의로 신탁등기가 경료된 부동산에 대한 압류등기를 촉탁할 수는 없을 것이다(선례 제5-684호).

① 신탁법 제3조 제5항

② A 부동산에 대하여 신탁을 원인으로 갑 명의의 소유권이전등기 및 신탁등기가 마쳐지고 다시 재신탁을 원인으로 을 명의의 소유권이전등기 및 신탁등기가 마쳐진 상태에서 원신탁의 신탁원부에 기록된 사항이 변경된 경우에 원신탁의 수탁자인 갑은 신탁원부 기록의 변경등기를 신청할 수 있다(선례 제201901-1호).

④ 등기관은 등기기록과 신청정보 및 첨부정보만에 의하여 등기신청의 수리 여부를 결정하여야 하는 바, 신탁원부는 등기기록의 일부로 보게 되므로 "위탁자와 수탁자가 신탁계약을 중도해지할 경우에는 우선수익자의 서면동의가 있어야 한다"는 내용이 신탁원부에 기록되어 있다면 신탁해지를 원인으로 소유권이전등기 및 신탁등기의 말소등기를 신청할 때에는 일반적인 첨부정보 외에 신탁계약의 중도해지에 대한 우선수익자의 동의가 있었음을 증명하는 정보(동의서)와 그의 인감증명을 첨부정보로서 제공하여야 한다(선례 제201805-3호).

정답 ☞ 03 ③

04 신탁등기와 다른 등기와의 관계에 관한 다음 설명 중 가장 옳지 않은 것은?

▶ 2019년 법무사

① 신탁등기가 마쳐진 부동산에 대하여 수탁자를 등기의무자로 하는 등기의 신청이 있을 경우에는 그 등기신청이 신탁목적에 부합하는지 여부를 심사하여 신탁목적에 반하는 등기신청은 이를 각하하여야 한다.

② 신탁등기가 마쳐진 부동산에 대하여 수탁자를 등기의무자로 하는 등기의 신청이 신탁목적에 부합하지 않더라도 위탁자의 승낙서를 제공하여 신청한 것이라면 이를 수리하여야 한다.

③ 수탁자를 등기의무자로 하는 처분제한의 등기, 강제경매등기, 임의경매등기 등의 촉탁이 있는 경우에는 이를 수리하여야 한다.

④ 신탁 전에 설정된 담보물권에 기한 임의경매등기 또는 신탁 전의 가압류등기에 기한 강제경매등기의 촉탁이 있는 경우에는 위탁자를 등기의무자로 한 경우에도 이를 수리하여야 한다.

⑤ 신탁등기가 마쳐진 토지가 분할되어 그에 따른 분필등기의 신청이 있는 경우에는 등기관은 분필된 토지에 대하여 분필 전 토지의 신탁원부와 같은 내용의 신탁원부를 작성하여야 한다.

해설 ② 신탁등기가 경료된 부동산에 대하여 **수탁자를 등기의무자**로 하는 (⊞ 일반적인) 등기의 신청이 있을 경우에는 등기관은 그 등기신청이 신탁목적에 반하지 아니하는가를 심사하여 **신탁목적에 반하는 등기신청은 이를 수리하여서는 아니 된다**(⊞ **위탁자의 승낙서를 제공하더라도 수리불가**)(예규 제1694호, 6-가).

① 예규 제1694호, 6-가
③ 예규 제1694호, 6-나
④ 예규 제1694호, 6-나
⑤ 예규 제1694호, 6-라

02 등기신청방법

01 **신탁등기에 관한 다음 설명 중 가장 옳지 않은 것은?** ▸ 2021년 등기서기보

① 수익자나 위탁자는 수탁자를 대위하여 신탁등기를 신청할 수 있다.

② 수탁자가 여러 명인 경우 등기관은 신탁재산이 공유인 뜻을 기록하여야 한다.

③ 등기관이 신탁등기를 할 때 작성한 신탁원부는 등기기록의 일부로 본다.

④ 등기관은 수탁자를 등기의무자로 하는 처분제한의 등기촉탁이 있는 경우에는 이를 수리하고, 위탁자를 등기의무자로 하는 위 등기의 촉탁이 있는 경우에는 이를 수리하여서는 아니 된다. 다만 신탁 전에 설정된 담보물권에 기한 임의경매등기 촉탁이 있는 경우에는 위탁자를 등기의무자로 한 경우에도 이를 수리하여야 한다.

해설 ② 수탁자가 여러 명인 경우 등기관은 신탁재산이 **합유인 뜻**을 기록하여야 한다(법 제84조).

① 예규 제1694호, 1-가-(3)
③ 법 제81조 제3항
④ 예규 제1694호, 6-나

02 **신탁등기에 관한 다음 설명 중 가장 옳지 않은 것은?** ▸ 2020년 법무사

① 근저당권자가 여러 명인 근저당권설정등기와 함께 근저당권자 중 1인의 지분만에 대한 신탁재산처분에 의한 신탁등기를 신청할 때에는 1건의 신청정보로 일괄하여 신청할 수 없고, 각각 별개의 신청정보로 신청하여야 한다.

② 신탁법 제3조 제5항에 따른 재신탁등기를 신청하는 경우에는 위탁자의 동의가 있음을 증명하는 정보(인감증명 포함)를 첨부정보로서 제공하여야 한다.

③ 수탁자의 특정한 자격 상실에 따라 새로운 수탁자가 선임된 경우에는 새로운 수탁자와 종전 수탁자가 공동으로 권리이전등기를 신청하여야 하지만, 수탁자의 파산으로 새로운 수탁자가 선임된 경우에는 새로운 수탁자가 단독으로 권리이전등기를 신청할 수 있다.

④ 여러 개의 부동산에 관하여 1건의 신청정보로 일괄하여 신탁등기를 신청하는 경우에는 각 부동산별로 신탁원부 작성을 위한 정보를 제공하여야 하며, 부동산의 표시에 관한 사항은 신탁원부 작성을 위한 정보의 내용으로 제공할 사항이 아니다.

⑤ 신탁의 종료사유는 신탁행위로 자유롭게 정할 수 있고, 신탁이 종료된 경우 신탁재산의 잔여재산이 귀속될 자 또한 신탁행위로 자유롭게 정할 수 있으므로, '위탁자의 사망'을 신탁의 종료사유로 하고, 신탁이 종료된 경우 신탁재산의 잔여재산이 귀속될 자를 '수탁자'로 하는 내용의 신탁등기도 신청할 수 있다.

정답 ┍ 04 ② / 01 ② 02 ②

해설 ② 「신탁법」 제3조 제5항에 따른 재신탁등기를 신청하는 경우에는 **수익자의 동의**가 있음을 증명하는 정보(인감증명 포함)를 첨부정보로서 제공하여야 한다(예규 제1694호, 1-다-(6)).

① 근저당권자가 여러 명인 근저당권설정등기와 함께 근저당권자 중 1인의 지분만에 대한 신탁재산처분에 의한 신탁등기를 신청할 때에는 1건의 신청정보로 **일괄**하여 신청할 수 **없고**, 각각 **별개의 신청정보**로 신청하여야 한다. 등기관이 위 신청에 따른 등기를 실행할 때에는 하나의 순위번호를 사용할 수 없고, 신탁재산처분에 의한 신탁등기는 부기등기로 실행하여야 하며, 이 경우 등기의 목적은 "○번 근저당권 ○○○지분전부신탁재산처분에 의한 신탁"으로 기록하여야 한다(아래 등기기록례 참조)(선례 제201912-10호).

③ 예규 제1694호, 3-가-(1)-(나)

④ 여러 개의 부동산에 관하여 1건의 신청정보로 일괄하여 신탁등기를 신청하는 경우에는 **각 부동산별로 신탁원부 작성을 위한 정보**를 제공하여야 하며, **부동산의 표시에 관한 사항**은 신탁원부 작성을 위한 정보의 내용으로 제공할 사항이 **아니다**(선례 제201912-4호).

⑤ 1) 위탁자가 수익자의 지위를 겸하는 자익신탁은 일반적으로 허용되므로, 유언대용신탁의 경우에도 위탁자가 생전수익자의 지위를 겸하는 것은 **가능하다**(신탁법 제3조 제1항 참조). 그러나 「신탁법」은 **수탁자**가 공동수익자 중 1인인 경우를 제외하고는 수탁자로 하여금 신탁의 이익을 누리는 것을 (⊕ **수익자 지위)금지**하고 있는 바(신탁법 제36조), 유언대용신탁에서 생전수익자와 사후수익자가 별도로 존재하는 경우라도 위탁자의 사망을 기준으로 생전수익자와 사후수익자가 시간적으로 분리되는 결과 생전수익자와 사후수익자가 동시에 공동수익자로서 권리행사를 할 수는 없으므로(신탁법 제59조), 위탁자의 사망 이후에 수탁자만이 단독 사후수익자가 되는 신탁은 「신탁법」 제36조를 위반하게 되는 것이어서 **생전수익자를 위탁자와 동일인**으로 하고, **사후수익자를 수탁자와 동일인**으로 하는 신탁등기는 신청할 수 **없다**(선례 제201808-4호).

2) **신탁의 종료사유**는 신탁행위로 자유롭게 정할 수 있으며(신탁법 제98조 제6호), 신탁이 종료된 경우 **신탁재산의 잔여재산이 귀속될 자** 또한 신탁행위로 **자유롭게 정할 수 있는** 것이므로(신탁법 제101조 제1항 단서), '**위탁자의 사망**'을 신탁의 종료사유로 하고, 신탁이 종료된 경우 신탁재산의 **잔여재산이 귀속될 자를 '수탁자**'로 하는 내용의 신탁등기도 신청할 수 있다(선례 제201911-2호).

03 신탁등기에 관한 다음 설명 중 가장 옳지 않은 것은?

▶ 2019년 등기주사보

① 신탁종료에 따른 신탁재산의 귀속권리자가 수익자인 경우로서 법원의 수익권 양도명령에 따라 수익자가 변경되었다면 신탁종료를 원인으로 신탁부동산에 대하여 새로운 수익자 앞으로 소유권이전등기를 신청하기 위해서는 먼저 신탁원부상의 종전 수익자를 새로운 수익자로 변경하는 신탁원부 기록의 변경등기를 신청하여야 한다.

② 생전수익자를 위탁자와 동일인으로 하고, 사후수익자를 수탁자와 동일인으로 하는 신탁등기는 신청할 수 없다.

③ 신탁을 원인으로 갑 명의의 소유권이전등기 및 신탁등기가 마쳐지고 다시 재신탁을 원인으로 을 명의의 소유권이전등기 및 신탁등기가 마쳐진 상태에서 원신탁의 신탁원부에 기록된 사항이 변경된 경우라도 원신탁의 수탁자인 갑은 현재 유효한 소유명의인이 아니므로 원신탁의 신탁원부 기록에 대한 변경등기를 신청할 수 없다.

④ 신탁을 원인으로 소유권이전등기를 신청하는 경우에는 지방세 납세증명서를 제공하여야 하는바, 다만 수탁자가 판결 등 집행권원에 의하여 단독으로 신청하는 경우에는 이를 제공할 필요가 없다.

> **해설** ③ A 부동산에 대하여 신탁을 원인으로 갑 명의의 소유권이전등기 및 신탁등기가 마쳐지고 다시 재신탁을 원인으로 을 명의의 소유권이전등기 및 신탁등기가 마쳐진 상태에서 원신탁의 신탁원부에 기록된 사항이 변경된 경우에 원신탁의 수탁자인 갑은 신탁원부 기록의 변경등기를 신청할 수 있다(선례 제201901-1호).
>
> ① 신탁종료에 따른 신탁재산의 귀속권리자가 수익자인 경우로서 법원의 수익권 양도명령에 따라 수익자가 변경되었다면 신탁종료를 원인으로 신탁부동산에 대하여 새로운 수익자 앞으로 소유권이전등기를 신청하기 위해서는 먼저 신탁원부상의 종전 수익자를 새로운 수익자로 변경하는 신탁원부 기록의 변경등기를 신청하여야 한다(선례 제201811-5호).
>
> ④ 예규 제1694호, 1-다-(8)

---

04 신탁에 관한 등기와 관련된 다음 설명 중 가장 옳은 것은? ▸ 2019년 법원사무관

① 법인은 그 목적 범위 내에서 수탁자가 될 수 있지만, 권리능력 없는 사단이나 재단은 단체의 실체를 갖추어 등기당사자능력이 인정되는 경우에도 수탁자가 될 수 없다.

② 甲이 乙에게 신탁한 부동산에 대하여 丙이 乙을 상대로 취득시효 완성을 원인으로 한 소유권이전등기절차의 이행을 명하는 확정판결을 받은 경우에는 丙은 이 확정판결을 첨부하여 단독으로 소유권이전등기와 신탁등기의 말소를 동일한 신청으로 일괄하여 할 수 있다.

③ 위탁자가 채권자가 아닌 수탁자를 저당권자로 하여 설정한 저당권을 신탁재산으로 하고 채권자를 수익자로 지정한 신탁의 경우 그 저당권에 의하여 담보되는 피담보채권이 이전되는 때에는 수탁자는 그 저당권의 이전등기를 신청하여야 한다.

④ 위탁자가 여러 명인 경우 수탁자와 신탁재산인 부동산 및 신탁목적이 동일한 경우라도 1건의 신청정보로 일괄하여 신탁등기를 신청할 수 없다.

> **해설** ② 갑이 을에게 신탁한 부동산에 대하여 병이 을을 상대로 취득시효 완성을 원인으로 한 소유권이전등기절차의 이행을 명하는 확정판결을 받은 경우, 병은 이 확정판결을 첨부하여 단독으로 소유권이전등기와 신탁등기의 말소를 동일한 신청서에 의하여 (⊕ 일괄)신청할 수 있다(선례 제7-408호).
>
> ① 1) **수탁자**란 위탁자로부터 재산의 이전, 담보권의 설정 또는 그 밖의 처분을 받아 특정한 신탁목적에 따라 신탁재산의 관리·처분 등을 하는 자를 말한다.
> 2) 수탁자는 (⊕ 자연인)행위능력자이어야 한다. 따라서 제한능력자와 파산선고를 받은 자는 법정대리인이나 파산관재인의 동의가 있어도 수탁자가 될 수 없다(신탁법 제11조)
> 3) 수탁자가 법인인 경우, 법인의 목적 범위 내에서 수탁자로 될 수 있다.

정답 ⊶ 03 ③ 04 ②

4) 다만, **신탁업의 인가를 받지 않은 영리회사**가 신탁을 업으로 하는 경우, 그 회사를 수탁자로 하는 신탁의 등기는 허용되지 않는다. 따라서 등기절차에 있어서 영리회사(주로 상법상의 회사가 이에 해당한다)가 수탁자가 되기 위해서는 자본시장법상의 인가를 받은 회사임을 소명하여야 한다.

5) **권리능력 없는 사단 또는 재단**의 경우에도 단체로서의 실체를 갖추어 등기능력이 인정되는 경우에는 수탁자로 될 수 있다고 본다. 따라서 사단법인이 아닌 직장주택조합(등기선례 2-586)을 수탁자로 하는 신탁등기를 할 수 있다(「부동산등기실무Ⅲ」 p.6).

③ 신탁재산에 속하는 (근)저당권에 의하여 담보되는 **피담보채권이 이전**되는 경우에는 수탁자는 **신탁원부 기록의 변경등기**를 신청하여야 하고, 이 경우 부동산등기법 제79조(⊕ **근저당권이전등기**)는 적용하지 **아니한다**(예규 제1694호, 1-나-(7)).

④ 1) **수탁자가 여러 명**인 경우에는 그 공동수탁자가 **합유**(⊕ 공유×)관계라는 뜻을 신청정보의 내용으로 제공하여야 한다.

2) **위탁자가 여러 명**이라 하더라도 수탁자와 신탁재산인 부동산 및 신탁목적이 동일한 경우에는 1건의 신청정보로 **일괄**하여 신탁등기를 신청할 수 있다(예규 제1694호, 1-라).

05 신탁등기에 관한 다음 설명 중 가장 옳지 않은 것은? ▸ 2019년 등기서기보

① "위탁자와 수탁자가 신탁계약을 중도해지할 경우에는 우선수익자의 서면동의가 있어야 한다"는 내용이 신탁원부에 기록되어 있다면 신탁해지를 원인으로 소유권이전등기 및 신탁등기의 말소등기를 신청할 때에는 신탁계약의 중도해지에 대한 우선수익자의 동의서와 인감증명을 첨부정보로서 제공하여야 한다.

② 위탁자의 사망 이후에 수탁자만이 단독 사후수익자가 되는 신탁은 「신탁법」 제36조를 위반하게 되는 것이어서 생전수익자를 위탁자와 동일인으로 하고, 사후수익자를 수탁자와 동일인으로 하는 신탁등기는 신청할 수 없다.

③ 신탁부동산에 대하여 전 소유명의인 乙이 수탁자 甲을 상대로 제기한 소송에서, "피고(甲)는 원고(乙)에게 소유권이전등기의 말소등기절차를 이행하라"는 판결이 확정된 경우, 乙이 이 판결에 의하여 단독으로 소유권이전등기의 말소등기를 신청할 때에 이와 함께 1건의 신청정보로 일괄하여 신청하여야 하는 신탁등기의 말소등기는 乙이 甲을 대위하여 신청할 수 있다.

④ 부동산에 관하여 신탁을 원인으로 소유권이전등기를 신청할 때에는 지방세 납세증명서를 제공하여야 하므로, 수탁자가 판결 등 집행권원에 의하여 단독으로 신청하는 경우에도 이를 제공하여야 한다.

해설 ④ 「신탁법」 제3조 제1항 제1호(위탁자와 수탁자 간의 계약) 및 제2호(위탁자의 유언)에 따라 신탁을 원인으로 **소유권이전**(⊕지상권이전×)등기 및 신탁등기를 신청하는 경우와 「신탁법」 제3조 제5항(수탁자가 타인에게 신탁재산에 대하여 설정하는 신탁)에 따라 재신탁을 원인으로 소유권이전등기 및 신탁등기를 신청하는 경우에는 「지방세징수법」 제5조 제1항 제4호에 따라 **지방세 납세증명서**를 첨부정보로서 제공하여야 한다.

다만, 등기원인을 증명하는 정보로서 **확정판결**, 그 밖에 이에 준하는 집행권원(집행권원)을 제공하는 경우에는 **지방세 납세증명서**를 제공할 필요가 **없다**(예규 제1694호, 1-다-(8)).

③ 수탁자 갑 소유명의의 부동산에 대하여 전 소유명의인 을이 (⊞ 수탁자)갑을 상대로 제기한 소송에서, "피고(갑)는 원고(을)에게 ○○지방법원 등기국 2017. ○○. ○○. 접수 제○○○ ○호로 마친 소유권이전등기의 말소등기절차를 이행하라."는 판결이 확정된 경우, 을이 이 판결에 의하여 단독으로 소유권이전등기의 말소등기를 신청할 때에 이와 함께 1건의 신청정보로 일괄하여 신청하여야 하는 신탁등기의 말소등기는 을이 갑을 대위하여 신청할 수 있다(선례 제201806-2호).

06 신탁등기에 관한 다음 설명 중 가장 옳지 않은 것은? ▶ 2018년 등기주사보

① 신탁업 인가를 받지 아니한 영리회사를 수탁자로 하는 신탁등기의 신청은 수리할 수 없다.

② 신탁등기는 수익자나 위탁자가 수탁자를 대위하여 신청할 수도 있는데, 이 경우에는 권리의 이전등기 등의 신청과 동시에 하여야 하는 것은 아니다.

③ 법인은 그 목적 범위 내에서 수탁자가 될 수 있고, 권리능력 없는 사단이나 재단도 단체의 실체를 갖추어 등기당사자능력이 인정되는 경우에는 수탁자가 될 수 있다.

④ 동일한 위탁자 및 수탁자가 수개의 부동산에 대하여 같은 신탁목적으로 신탁계약을 체결한 경우 한 개의 신청정보로써 신탁등기를 신청할 수 있는데, 이 경우 신탁원부가 될 서면은 한 개만 첨부하면 되고 매 부동산마다 별개로 등기소에 제공할 필요는 없다.

해설 ④ 신탁등기를 신청하는 경우에는 부동산등기법 제81조 제1항 각 호의 사항을 신탁원부 작성을 위한 정보로서 제공하여야 한다. 여러 개의 부동산에 관하여 1건의 신청정보로 일괄하여 신탁등기를 신청하는 경우에는 **각 부동산별로 신탁원부 작성을 위한 정보**를 제공하여야 한다(예규 제1694호, 1-다-(1)).

07 신탁등기에 관한 다음 설명 중 가장 옳지 않은 것은? ▶ 2018년 법원사무관

① 부동산의 신탁등기는 위탁자와 수탁자가 공동으로 신청하되, 해당 부동산에 관한 권리의 설정등기, 보존등기, 이전등기 또는 변경등기의 신청과 일괄하여 1건의 신청정보로 하여야 한다.

② 신탁재산의 관리·처분 등으로 수탁자가 새로이 부동산의 소유권을 취득하였다면 그 부동산도 신탁재산에 속하게 되는데, 이에 따른 등기신청의 목적은 '소유권이전 및 신탁재산처분에 의한 신탁'이다.

정답 ○━ 05 ④ 06 ④ 07 ①

③ 토지거래계약허가구역 내의 토지에 대해 신탁종료로 인하여 소유권이전 및 신탁등기의 말소등기를 신청하는 경우 등기권리자가 위탁자 외의 수익자나 제3자이고 신탁재산 귀속이 대가에 의한 것이면 토지거래계약허가증을 제공하여야 한다.

④ 신탁등기가 마쳐진 부동산에 대하여 수탁자를 등기의무자로 하는 등기의 신청이 있는 경우 등기관은 그 등기목적이 신탁목적에 반하지 아니하는가를 심사하여 신탁목적에 반하는 등기신청은 수리하여서는 안 되며, 위탁자의 동의가 있더라도 마찬가지이다.

> **해설** ① 신탁재산에 속하는 부동산의 **신탁등기는 수탁자가 단독**으로 신청한다(예규 제1694호, 1–가–(1)).
>
> ② 예규 제1694호, 1–나–(5)
>
> ③ 「국토의 계획 및 이용에 관한 법률」 제117조(삭제 2016.1.19)(ⓘ 현행 부동산 거래신고 등에 관한 법률 제10조, 제11조)에 의하여 **토지거래허가구역**으로 지정된 토지에 대하여 신탁등기를 경료한 이후 **신탁이 종료**함에 따라 '신탁재산귀속'을 원인으로 위탁자 이외의 **수익자나 제3자 명의**로의 소유권이전 및 신탁등기말소를 신청하는 경우 **신탁재산의 귀속이 대가**에 의한 것인 때에는 **토지거래계약허가증을 첨부**하여야 한다(선례 제201101–1호).
>
> ④ 예규 제1694호, 6–가

08 신탁등기에 관한 다음 설명 중 가장 옳지 않은 것은? ▸ 2017년 법무사

① 수탁자는 신탁행위로 달리 정한 바가 없으면 신탁 목적의 달성을 위하여 필요한 경우에는 위탁자의 동의를 받아 신탁재산을 재신탁할 수 있다.

② 담보권신탁의 경우에 신탁재산에 속하는 저당권에 의하여 담보되는 피담보채권이 이전되는 경우에는 수탁자는 신탁원부기록의 변경등기를 신청하여야 한다.

③ 신탁법 제27조에 따라 신탁재산에 속하게 되는 경우에 하는 소유권이전등기 및 신탁등기의 목적은 '소유권이전 및 신탁재산처분에 의한 신탁'이다.

④ 수탁자가 신탁재산을 제3자에게 처분하거나 신탁이 종료되어 신탁재산이 위탁자 또는 수익자에게 귀속되는 경우에는 그에 따른 권리이전등기와 신탁등기의 말소등기는 1건의 신청정보로 일괄하여 신청하여야 한다.

⑤ 신탁법 제34조 제2항에 따라 신탁재산이 수탁자 고유재산으로 되는 경우에는 신탁행위로 이를 허용하였음을 증명하는 정보를 첨부정보로 제공하여 '수탁자의 고유재산으로 된 뜻의 등기 및 신탁등기의 말소등기'를 수탁자가 신청할 수 있다.

> **해설** ① 「신탁법」 제3조 제5항에 따른 **재신탁등기**를 신청하는 경우에는 **수익자의 동의**가 있음을 증명하는 정보(인감증명 포함)를 첨부정보로서 제공하여야 한다(예규 제1694호, 1–다–(6)).
>
> ② 예규 제1694호, 1–나–(7)
>
> ③ 예규 제1694호, 1–나–(5)

④ 신탁재산에 속한 권리가 이전 변경 또는 소멸됨에 따라 신탁재산에 속하지 아니하게 된 경우, 신탁종료로 인하여 신탁재산에 속한 권리가 이전 또는 소멸된 경우 **신탁등기의 말소신청**은 신탁된 권리의 이전등기, 변경등기 또는 말소등기의 신청과 **동시에** 하여야 한다(법 제87조 제1항, 제2항). **신탁등기의 말소등기신청**은 권리의 이전 또는 말소등기나 수탁자의 고유재산으로 된 뜻의 등기신청과 함께 1건의 신청정보로 **일괄**하여 하여야 한다(규칙 제144조 제1항). **신탁등기의 말소등기**는 **수탁자**가 **단독**으로 신청할 수 있다(법 제87조 제3항). **수익자나 위탁자**는 수탁자를 **대위**하여 신탁등기의 말소등기를 신청할 수 있다(법 제87조 제4항).

⑤ 예규 제1694호, 5-나

09 신탁등기에 관한 다음 설명 중 가장 옳지 않은 것은?(다툼이 있는 경우 등기예규에 의함)

▸ 2017년 등기주사보

① 신탁재산에 속하는 부동산의 신탁등기는 수탁자가 단독으로 신청한다. 수익자나 위탁자는 수탁자를 대위하여 신탁등기를 신청할 수 있다.

② 신탁등기의 신청은 해당 신탁으로 인한 권리의 이전 또는 보존이나 설정등기의 신청과 함께 1건의 신청정보로 일괄하여 하여야 한다.

③ 신탁등기가 경료된 부동산에 대하여 수탁자를 등기의무자로 하는 등기의 신청이 있을 경우 등기관은 그 등기신청이 신탁목적에 반하지 아니하는가를 심사할 권한이 없다.

④ 등기관이 권리의 이전 또는 보존이나 설정등기와 함께 신탁등기를 할 때에는 하나의 순위번호를 사용하여야 한다.

해설 ③ 신탁등기가 경료된 부동산에 대하여 **수탁자를 등기의무자로** 하는 (⁂ 일반적인) 등기의 신청이 있을 경우에는 등기관은 그 등기신청이 신탁목적에 반하지 아니하는가를 심사하여 **신탁목적에 반하는** 등기신청은 이를 수리하여서는 **아니** 된다(⁂ 위탁자의 승낙서를 제공하더라도 수리불가) (예규 제1694호, 6-가).

① 예규 제1694호, 1-가

② 예규 제1694호, 1-나-(1)

④ **신탁등기의 신청**은 해당 신탁으로 인한 **권리의 이전 또는 보존이나 설정등기의 신청**과 함께 1건의 신청정보로 **일괄**하여 하여야 한다. 등기관이 권리의 이전 또는 보존이나 설정등기와 함께 신탁등기를 할 때에는 **하나의 순위번호**를 사용하여야 한다(규칙 제139조 제1항, 제7항). 즉 신탁으로 인한 권리이전등기를 한 다음 **등기목적란**에 신탁등기의 등기목적을 기재하고 **권리자 및 기타사항란**에 신탁원부번호를 기록한다.

10 **신탁등기에 관한 다음 설명 중 가장 옳지 않은 것은?** ▸ 2016년 법무사

① 수인의 조합원으로부터 각각 신탁을 설정받은 주택재건축조합이 신탁재산을 재신탁하는 경우에는 신탁행위로 달리 정한 바가 없다면 각 신탁계약의 수익자 즉, 조합원 전원의 동의서를 첨부정보로서 제공하여야 하고, 신탁법 제71조에 따른 수익자집회의 결의로써 수익자의 동의를 갈음할 수 없다.

② 신탁행위에 의하여 소유권을 이전하는 경우에 신탁등기의 신청은 신탁을 원인으로 하는 소유권이전등기의 신청과 함께 1건의 신청정보로 일괄하여 하여야 한다.

③ 신탁법 제3조 제1항 제3호에 따라 신탁의 목적, 신탁재산, 수익자 등을 특정하고 자신을 수탁자로 정한 위탁자의 선언에 의한 신탁등기를 신청하는 경우에는 사익신탁이나 공익신탁을 불문하고 신탁설정에 관한 공정증서를 첨부정보로서 제공하여야 한다.

④ 신탁업의 인가를 받은 신탁회사 이외의 영리회사를 수탁자로 하는 신탁등기의 신청은 이를 수리하여서는 아니 된다.

⑤ 신탁법 제27조에 따라 신탁재산에 속하게 되는 부동산에 대하여 수탁자가 소유권이전등기와 함께 신탁등기를 1건의 신청정보로 일괄하여 신청하는 경우에는 소유권이전등기의 등기명의인은 '소유자 또는 공유자'로 표시하여 등기기록에 기록하고, 공유자인 경우에는 그 공유지분도 등기기록에 기록한다.

해설 ③ 「신탁법」 제3조 제1항 제3호에 따라 신탁의 목적, 신탁재산, 수익자 등을 특정하고 자신을 수탁자로 정한 위탁자의 선언에 의한 신탁등기를 신청하는 경우에는 「공익신탁법」에 따른 공익신탁을 제외하고는 신탁설정에 관한 공정증서를 첨부정보로서 제공하여야 한다(예규 제 1694호, 1-다-(5))(❶ **공익신탁 : 공정증서✕ / 사익신탁 : 공정증서⭕**).

① 1) 재신탁이란 수탁자가 스스로 위탁자가 되어 신탁재산에 대하여 다른 자에게 다시 신탁을 설정하는 것으로서, 신탁행위로 달리 정한 바가 없다면 수탁자는 신탁 목적의 달성을 위하여 필요한 경우 **수익자의 동의**를 받아 신탁재산을 재신탁할 수 있다.

　　2) **수인의 조합원**으로부터 **각각 신탁**을 설정받은 주택재건축조합이 신탁재산을 재신탁하는 경우에는 신탁행위로 달리 정한 바가 없다면 각 신탁계약의 수익자 즉, **조합원 전원의 동의서**(인감증명 첨부)를 첨부정보로서 제공하여야 하고, 「신탁법」 제71조에 따른 **수익자집회의 결의**로써 수익자의 동의를 갈음할 수 **없**다(선례 제201403-4호).

② 예규 제1694호, 1-나-(1)

④ 예규 제1694호, 1-바

⑤ 예규 제1694호, 1-사-(2)

11 신탁등기에 관한 다음 설명 중 가장 옳지 않은 것은? ▸ 2016년 등기서기보

① 신탁행위에 의하여 소유권을 이전하는 경우에 신탁등기의 신청은 신탁을 원인으로 하는 소유권이전등기의 신청과 함께 1건의 신청정보로 일괄하여 하여야 한다.

② 공익신탁법에 따른 공익신탁에 대하여 신탁등기를 신청하는 경우에는 법무부장관의 인가를 증명하는 정보를 첨부정보로서 제공하여야 한다.

③ 신탁을 원인으로 지상권이전등기 및 신탁등기를 신청하는 경우에는 지방세 체납액이 없음을 증명하는 납세증명서를 첨부정보로서 등기소에 제공하여야 한다.

④ 권리의 이전 또는 보존이나 설정등기와 함께 동시에 신탁등기를 할 때에는 하나의 순위번호를 사용하여야 한다.

> **해설** ③ 「신탁법」 제3조 제1항 제1호(위탁자와 수탁자 간의 계약) 및 제2호(위탁자의 유언)에 따라 신탁을 원인으로 **소유권이전**(❶ 지상권이전×)등기 및 신탁등기를 신청하는 경우와 「신탁법」 제3조 제5항(수탁자가 타인에게 신탁재산에 대하여 설정하는 신탁)에 따라 재신탁을 원인으로 소유권이전등기 및 신탁등기를 신청하는 경우에는 「지방세징수법」 제5조 제1항 제4호에 따라 **지방세 납세증명서**를 첨부정보로서 제공하여야 한다.
> 다만, 등기원인을 증명하는 정보로서 **확정판결**, 그 밖에 이에 준하는 **집행권원(집행권원)**을 제공하는 경우에는 **지방세 납세증명서**를 제공할 필요가 **없다**(예규 제1694호, 1-다-(8)).

① 예규 제1694호, 1-나-(1)
② 예규 제1694호, 1-다-(3)
④ 규칙 제139조 제7항

12 신탁에 관한 등기와 관련된 다음 설명 중 가장 옳지 않은 것은? ▸ 2015년 법무사

① 신탁등기의 신청은 해당 신탁으로 인한 권리의 이전 또는 보존이나 설정등기의 신청과 함께 1건의 신청정보로 일괄하여 하여야 한다. 다만 수익자나 위탁자가 수탁자를 대위하여 신탁등기를 신청하는 경우에는 그러하지 아니하다.

② 수탁자가 수익자의 동의를 받아 타인에게 신탁재산에 대하여 신탁을 설정하고 소유권이전등기를 신청하는 경우 등기의 목적은 '소유권이전 및 신탁', 등기원인과 그 연월일은 'O년 O월 O일 재신탁'으로 하여 신청정보의 내용으로 제공한다.

③ 위탁자가 채권자가 아닌 수탁자를 저당권자로 하여 설정한 저당권을 신탁재산으로 하고 채권자를 수익자로 지정한 신탁의 경우 그 저당권에 의하여 담보되는 피담보채권이 이전되는 때에는 수탁자는 그 저당권의 이전등기를 신청하여야 한다.

정답 ☞ 10 ③ 11 ③ 12 ③

④ 수탁자가 신탁재산(금전 등)의 처분에 의하여 제3자로부터 부동산을 매수하고 그 소유권이전등기만을 먼저 신청하여 수탁자 앞으로 소유권이전등기가 이미 마쳐진 경우 수탁자는 그 후 단독으로 신탁등기만을 신청할 수 있고, 수익자나 위탁자도 수탁자를 대위하여 신탁등기만을 신청할 수 있다.

⑤ 위탁자의 지위가 신탁행위로 정한 방법에 따라 제3자에게 이전된 경우 수탁자는 신탁원부 기록의 변경등기를 신청하여야 하는데, 이 경우 등기원인은 '위탁자 지위의 이전'으로 하여 신청정보의 내용으로 제공한다.

해설 ③ 신탁재산에 속하는 (근)저당권에 의하여 담보되는 **피담보채권이 이전**되는 경우에는 수탁자는 **신탁원부 기록의 변경등기를** 신청하여야 하고, 이 경우 부동산등기법 제79조(**⊞ 근저당권이전등기**)는 적용하지 **아니한다**(예규 제1694호, 1-나-(7)).

① 예규 제1694호, 1-나-(1)
② 예규 제1694호, 1-나-(4)
④ 예규 제1694호, 1-나-(5)
⑤ 예규 제1694호, 4-가-(3)

13 신탁등기에 관한 다음 설명 중 가장 옳은 것은?　▶ 2015년 법원사무관

① 수탁자가 신탁행위로 정한 특정한 자격을 상실하여 수탁자의 임무가 종료되고 새로운 수탁자가 선임된 경우에는 새로운 수탁자가 단독으로 권리이전등기를 신청할 수 있다.

② 신탁등기를 권리의 설정, 보존 또는 이전등기와 함께 동시에 할 때에는 권리의 설정, 보존 또는 이전등기에 부기등기로 하여야 한다.

③ 신탁법 제27조에 따라 신탁재산에 속하게 되는 부동산에 대하여 소유권이전등기와 함께 동시에 신탁등기를 할 때에는 소유권이전등기의 등기명의인은 '소유자 또는 공유자'로 표시하고, 공유자인 경우에는 그 공유지분도 기록한다.

④ 신탁을 원인으로 지상권이전등기 및 신탁등기를 신청하는 경우에는 지방세 체납액이 없음을 증명하는 납세증명서를 첨부정보로서 등기소에 제공하여야 한다.

해설 ③ 예규 제1694호, 1-사-(2)

① **신탁행위로 정한 바에** 의하여 수탁자의 **임무가 종료**하고 새로운 수탁자가 취임한 경우 및 수탁자가 **사임, 자격상실**로 임무가 종료되고 새로운 수탁자가 선임된 경우에는 **새로운 수탁자와 종전 수탁자가 공동으로** 권리이전등기를 신청한다(예규 제1694호, 3-가-(1)-(가)).

② **신탁등기의 신청**은 해당 신탁으로 인한 **권리의 이전 또는 보존이나 설정등기의 신청**과 함께 1건의 신청정보로 **일괄**하여 하여야 한다. 등기관이 권리의 이전 또는 보존이나 설정등기와 함께 신탁등기를 할 때에는 **하나의 순위번호를** 사용하여야 한다(규칙 제139조 제1항, 제7항). 즉 신탁으로 인한 권리이전등기를 한 다음 **등기목적란에 신탁등기의 등기목적을** 기재하고 **권리자 및 기타사항란에** 신탁원부번호를 기록한다.

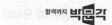

④ 「신탁법」 제3조 제1항 제1호(위탁자와 수탁자 간의 계약) 및 제2호(위탁자의 유언)에 따라 신탁을 원인으로 **소유권이전**(⊕지상권이전 ✕) 등기 및 신탁등기를 신청하는 경우와 「신탁법」 제3조 제5항(수탁자가 타인에게 신탁재산에 대하여 설정하는 신탁)에 따라 재신탁을 원인으로 소유권이전등기 및 신탁등기를 신청하는 경우에는 「지방세징수법」 제5조 제1항 제4호에 따라 **지방세 납세증명서**를 첨부정보로서 제공하여야 한다.

다만, 등기원인을 증명하는 정보로서 **확정판결**, 그 밖에 이에 준하는 집행권원(집행권원)을 제공하는 경우에는 **지방세 납세증명서**를 제공할 필요가 **없다**(예규 제1694호, 1-다-(8)).

정답 ○┤ 13 ③

02   수탁자의 변경등기

03   신탁원부기록의 변경등기

01   **신탁원부 기록의 변경등기에 관한 다음 설명 중 가장 옳지 않은 것은?** ▸ 2022년 등기서기보

① 등기관이 신탁재산에 속하는 부동산에 관한 권리에 대하여 수탁자의 변경으로 인한 이전등기를 할 경우 직권으로 그 부동산에 관한 신탁원부 기록의 변경등기를 하여야 한다.

② 수익자 또는 신탁관리인이 변경된 경우나 위탁자, 수익자 및 신탁관리인의 성명(명칭), 주소(사무소 소재지)가 변경된 경우에는 수탁자는 지체 없이 신탁원부 기록의 변경등기를 신청하여야 한다.

③ 수탁자를 해임한 법원 또는 법무부장관의 촉탁에 의하여 신탁원부 기록을 변경한 경우 등기관은 직권으로 등기기록에 그 뜻을 기록하여서는 아니 된다.

④ 「신탁법」에 따라 위탁자 지위의 이전이 있는 경우에는 수탁자는 신탁원부 기록의 변경등기를 신청하여야 하는바, 이 경우 등기원인은 "위탁자 지위의 이전"으로 하여 신청정보의 내용으로 제공한다.

해설 ③ 수탁자를 해임한 법원 또는 법무부장관의 촉탁에 의하여 신탁원부 기록을 변경한 경우에는 등기관은 직권으로 등기기록에 그 뜻을 기록하여야 한다(예규 제1694호, 4-나-(3)).

① 등기관이 신탁재산에 속하는 부동산에 관한 권리에 대하여 다음 각 호의 어느 하나에 해당하는 등기를 할 경우 직권으로 그 부동산에 관한 신탁원부 기록의 변경등기를 하여야 한다(법 제85조의2).
  1. 수탁자의 변경으로 인한 이전등기(🏛 신청)
  2. 여러 명의 수탁자 중 1인의 임무 종료로 인한 (🏛 합유명의인)변경등기
  3. 수탁자인 등기명의인의 성명 및 주소(법인인 경우에는 그 명칭 및 사무소 소재지를 말한다)에 관한 변경등기 또는 경정등기
② 수익자 또는 신탁관리인이 변경(🏛 주체)된 경우나 위탁자, 수익자 및 신탁관리인의 성명(명칭), 주소(사무소 소재지)가 변경(🏛 표시사항)된 경우에는 수탁자는 지체 없이 신탁원부 기록의 변경등기를 신청하여야 한다(예규 제1694호, 4-가-(1)).
④ 「신탁법」 제10조에 따라 위탁자 지위의 이전이 있는 경우에는 수탁자는 신탁원부 기록의 변경등기를 신청하여야 한다. 이 경우 등기원인은 "위탁자 지위의 이전"으로 하여 신청정보의 내용으로 제공한다(예규 제1694호, 4-가-(3)).

02 신탁원부 기록의 변경등기에 관한 다음 설명 중 가장 옳지 않은 것은?

▸ 2017년 등기서기보

① 등기관이 신탁재산에 속하는 부동산에 관한 권리에 대하여 수탁자의 변경으로 인한 이전등기를 할 경우 직권으로 그 부동산에 관한 신탁원부 기록의 변경등기를 하여야 한다.

② 위탁자의 지위가 신탁행위로 정한 방법에 따라 제3자에게 이전된 경우 수탁자는 신탁원부 기록의 변경등기를 신청하여야 한다.

③ 법원은 신탁 변경의 재판을 한 경우 지체 없이 신탁원부 기록의 변경등기를 등기소에 촉탁하여야 한다.

④ 등기관이 법원 또는 주무관청의 촉탁에 의하여 등기기록에 수탁자 해임의 등기를 하였을 때에는 신탁원부에 직권으로 그 뜻을 기록하여야 한다.

해설 ④ **수탁자를 해임**한 법원 또는 법무부장관의 **촉탁**에 의하여 **신탁원부 기록을 변경**한 경우에는 등기관은 **직권으로 등기기록에 그 뜻을 기록**하여야 한다(예규 제1694호, 4-나-(3)).

① **등기관**이 신탁재산에 속하는 부동산에 관한 권리에 대하여 다음 각 호의 어느 하나에 해당하는 등기를 할 경우 **직권으로 그 부동산에 관한 신탁원부 기록의 변경등기**를 하여야 한다(법 제85조의2).
  1. **수탁자의 변경**으로 인한 (🏛 **권리**)이전등기
  2. **여러 명의 수탁자 중 1인의 임무 종료**로 인한 (🏛 **합유명의인**)변경등기
  3. **수탁자인 등기명의인의 성명 및 주소**(법인인 경우에는 그 명칭 및 사무소 소재지를 말한다)에 관한 **변경등기 또는 경정등기**

② 예규 제1694호, 4-가-(3)

③ 예규 제1694호, 4-나-(1)

04 신탁등기의 말소

01 다음 중 신탁등기를 말소할 경우가 아닌 것은? ▸ 2017년 등기주사보

① 신탁재산을 제3자에게 처분한 경우

② 신탁이 종료되어 신탁재산이 귀속된 경우

③ 신탁재산을 재신탁하는 경우

④ 신탁재산이 수탁자의 고유재산으로 된 경우

> **해설** ③ 재신탁등기는 신탁등기를 말소하는 것이 아니라 새로이 신탁등기를 하게 된다(법 제23조 제8항).

정답 ━ 01 ③

05 명의신탁

01 명의신탁등기에 관한 다음 설명 중 가장 옳지 않은 것은? ▶ 2017년 등기주사보

① 배우자의 명의로 된 부동산에 관하여 명의신탁 해지를 원인으로 한 소유권이전등기를 하기 위해서는 조세포탈, 강제집행의 면탈 또는 법령상 제한의 회피를 목적으로 하지 아니하는 경우에 해당함을 증명하는 서면을 첨부정보로 제공하여야 한다.

② 배우자 명의로 된 부동산에 관하여 명의신탁해지약정 예약을 등기원인으로 한 소유권이전청구권 가등기도 할 수 있다.

③ 채무의 변제를 담보하기 위하여 채권자가 부동산에 관한 물권을 이전받는 경우에는 채무자, 채권금액 및 채무변제를 위한 담보라는 것을 증명하는 정보를 등기관에게 제출하여야 한다.

④ 부동산 실권리자명의 등기에 관한 법률상 유예기간이 경과한 후 명의신탁약정의 해지를 원인으로 한 명의신탁자의 소유권이전등기신청은 특례에 해당하지 않는 한 부동산등기법 제29조 제2호의 '사건이 등기할 것이 아닌 때'에 해당하므로 등기관은 이를 각하하여야 한다.

> **해설** ① 배우자 명의로 부동산에 관한 소유권이전등기를 한 경우에는 "조세포탈, 강제집행의 면탈 또는 법령상 제한의 회피를 목적으로 하는 경우"가 아닌 한 「부동산 실권리자명의 등기에 관한 법률」상의 유예기간과 관계없이 명의신탁해지를 원인으로 하는 소유권이전등기를 신청할 수 있으며, 이 경우 「부동산 실권리자명의 등기에 관한 법률」 제8조의 규정에 의한 "조세포탈, 강제집행의 면탈 또는 법령상 제한의 회피를 목적으로 하지 아니하는 경우"에 해당함을 증명하는 서면을 첨부정보로 제공할 필요는 없다(선례 제201211-6호).
>
> ② 배우자 명의로 명의신탁한 부동산에 대하여 명의신탁 해지 후의 소유권이전청구권을 보전하기 위한 가등기를 할 수 있으며, 이 경우 등기원인은 '명의신탁해지'가 된다. 나아가 당사자는 명의신탁계약의 해지약정에 대한 예약을 하고 장차 명의신탁해지약정의 효력이 발생한 경우 생기는 소유권이전청구권을 보전하기 위한 가등기를 할 수도 있는데, 이 경우 등기원인은 '명의신탁해지약정 예약'이 될 것이다(선례 제201211-6호).
>
> ③ 채무의 변제를 담보하기 위하여 채권을 양도하는 경우이므로 「부동산 실권리자명의 등기에 관한 법률」 제3조 제2항을 유추적용하여 채무자, 채권금액 및 채무변제를 위한 담보라는 뜻의 정보도 첨부정보로서 등기소에 제공하여야 한다(선례 제201803-1호).
>
> ④ 법 제29조 제2호, 규칙 제52조 제10호
> 부동산 실권리자명의 등기에 관한 법률 제11조 제1항 본문, 제12조 제1항, 제4조의 각 규정에 따르면, 부동산 실권리자명의 등기에 관한 법률 시행 전에 명의신탁 약정에 의하여 부동산에 관한 물권을 명의수탁자 명의로 등기한 명의신탁자는 유예기간 이내에 실명등기 등을 하여야 하고, 유예기간 이내에 실명등기 등을 하지 아니한 경우에는 유예기간이 경과한 날 이후부터 명의신탁 약정은 무효가 되고, 명의신탁 약정에 따라 행하여진 등기에 의한 부동산

정답 ○─ 01 ①

에 관한 물권변동도 무효가 되므로, 유예기간이 경과한 후 명의신탁 약정의 **해지를 원인으로 한 명의신탁자의 소유권이전등기신청**은 그 신청취지 자체에 의하여 **법률상 허용될 수 없음**이 명백한 경우로서 부동산등기법 제29조 제2호의 '사건이 등기할 것이 아닌 때'에 해당하여 등기공무원은 이를 **각하**하여야 한다(대결 1997.5.1. 97마384).

02 부동산 실권리자명의의 등기와 관련된 다음 설명 중 가장 옳은 것은? ▸2015년 등기서기보

① 부동산의 위치와 면적을 특정하여 2인 이상이 구분소유하기로 하는 약정을 하고 그 구분소유자의 공유로 등기하는 경우도 부동산 실권리자명의 등기에 관한 법률에서 금지하는 명의신탁약정에 해당한다.

② 채무의 변제를 담보하기 위하여 채권자가 부동산에 관한 물권을 이전받거나 가등기하는 경우는 부동산 실권리자명의 등기에 관한 법률에서 금지하는 명의신탁약정에 해당하지 않으나, 채무의 변제를 담보하기 위하여 채권자가 부동산에 관한 물권을 이전받는 경우에는 채무자, 채권금액 및 채무변제를 위한 담보라는 뜻이 적힌 서면을 등기신청서와 함께 등기관에게 제출하여야 한다.

③ 배우자 명의로 명의신탁한 부동산에 대하여 명의신탁 해지 후의 소유권이전청구권을 보전하기 위한 가등기를 할 수 있으며, 이 경우 등기원인은 '명의신탁해지'가 된다. 그러나 명의신탁계약의 해지약정에 대한 예약을 하고 장차 명의신탁해지약정의 효력이 발생한 경우 생기는 소유권이전청구권을 보전하기 위한 가등기는 할 수 없다.

④ 판결에 의한 등기를 하는 경우 등기관은 판결 주문만을 심사하여야 하므로, 명의신탁해지를 원인으로 소유권이전등기절차를 명한 판결의 경우 그 명의신탁이 부동산 실권리자명의 등기에 관한 법률에서 예외적으로 유효하다고 보는 상호명의신탁, 배우자 또는 종중에 의한 명의신탁인지 여부를 가리기 위해 판결이유를 고려하여서는 아니 된다.

> **해설** ② 채무의 변제를 담보하기 위하여 채권을 양도하는 경우이므로 「부동산 실권리자명의 등기에 관한 법률」 제3조 제2항을 유추적용하여 채무자, 채권금액 및 채무변제를 위한 담보라는 뜻의 정보도 첨부정보로서 등기소에 제공하여야 한다(선례 제201803-1호).
>
> ① 부동산의 위치와 면적을 특정하여 2인 이상이 구분소유하기로 하는 약정을 하고 그 구분소유자의 공유로 등기한 이른바 상호명의신탁등기는 부동산 실권자명의 등기에 관한 법률이 금지하는 명의신탁등기가 아니므로, "원고(반소피고)는 피고(반소원고)에게 ⋯⋯지분에 관하여 명의신탁해지를 원인으로 한 소유권이전등기절차를 이행하라"는 확정판결을 받은 경우, 그 판결의 이유 중에 구분소유자들 간에 상호명의신탁등기를 한 사실을 인정한 이유설시가 있는 판결에 의한 등기는 부동산 실권리자명의 등기에 관한 법률 소정의 실명등기에 해당하지 않으므로, 같은 법 제11조가 정하는 유예기간에 상관없이 상호명의신탁해지를 원인으로 하여 공유지분에 대한 소유권이전등기를 신청할 수 있다(선례 제7-414호).

③ 배우자 명의로 명의신탁한 부동산에 대하여 **명의신탁 해지** 후의 소유권이전청구권을 보전하기 위한 가등기를 할 수 있으며, 이 경우 등기원인은 '명의신탁해지'가 된다. 나아가 당사자는 **명의신탁계약의 해지약정에 대한 예약**을 하고 **장차 명의신탁해지약정의 효력이 발생한 경우 생기는 소유권이전청구권을 보전하기 위한 가등기**를 할 수도 있는데, 이 경우 등기원인은 '명의신탁해지약정 예약'이 될 것이다(선례 제201211-6호).

④ **명의신탁해지를 원인으로 소유권이전등기절차를 명한 판결**의 경우 그 명의신탁이 「부동산 실권리자명의 등기에 관한 법률」에서 예외적으로 유효하다고 보는 **상호명의신탁, 배우자 또는 종중에 의한 명의신탁인지 여부**를 가리기 위한 경우 등에는 예외적으로 등기관이 판결 **이유**를 고려하여 신청에 대한 심사를 하여야 한다(예규 제1692호).

정답 ┑ 02 ②

특별법에 의한 등기

제1절 │ 환지 및 도정법

01 환지

🚩 **관련 예규**

환지등기절차 등에 관한 업무처리지침[예규 제1588호]

1. 목적

이 예규는 농어촌정비법에 의한 환지와 도시개발법에 의한 환지 및 기타 관련 사항에 관하여 규정함을 목적으로 한다.

2. 사업시행을 위한 대위등기의 촉탁

가. 대위등기를 할 수 있는 사항

「농어촌정비법」 제25조 제1항의 사업시행자나 「도시개발법」 제28조 제1항의 도시개발사업의 시행자 (이하 모두 "시행자"라 한다)는 **사업시행인가 후**에 사업시행을 위하여 「농어촌정비법」 제37조의 환지 계획인가의 고시 또는 「도시개발법」 제42조의 환지처분의 공고(이하 모두 "**환지계획인가의 고시 등**" 이라 한다) **전**이라도 종전 토지에 관한 아래의 등기를 각 해당등기의 신청권자를 **대위**하여 촉탁할 수 있다(🈲 법 제29조 제6호, 제7호로 각하되지 않도록).

(1) **토지 표시의 변경 및 경정 등기**

(2) **등기명의인 표시의 변경 및 경정 등기**

(3) **상속을 원인으로 한 소유권이전등기**

나. 일괄촉탁

위 가.의 대위등기를 촉탁하는 경우에는 등기원인 또는 등기의 목적이 동일하지 아니한 경우라도 하나 의 촉탁서로 **일괄**하여 촉탁할 수 있다.

다. 제출서면

시행자가 위 가.의 대위등기를 촉탁할 때에는 등기촉탁서, 등기원인을 증명하는 서면, **사업시행인가가 있었음을 증명**하는 서면을 제출하여야 한다.

3. 환지계획인가의 고시 등을 통지받은 경우의 처리

가. 기타 문서 접수장에 기재

등기관이 환지계획인가의 고시 등의 통지를 받은 때에는 기타 문서 접수장에 기재하고 통지서의 여백 에 도달 연·월·일·시 및 문서 접수번호를 기재하여야 한다.

나. 환지계획인가의 고시 등의 기록

(1) 등기관은 위 가.의 절차를 마친 후 지체 없이 해당 사업지역 내의 토지의 등기기록에 아래 예시와 같은 내용을 표제부 상단에 기록하고 등기사항증명서 발급 시 그 내용이 표시되도록 한다.

― 아 래 ―

부전지 : 2005년 7월 1일 환지계획인가고시
주 : 도시개발법에 의한 환지처분의 공고를 통지받은 때에는 '환지계획인가고시' 대신 '환지처분공고'라고 기록한다.

(2) (1)의 기록은 환지등기 완료 후 즉시 삭제하여야 한다.

다. 다른 등기의 정지

(1) 다른 등기가 정지되는 시점
환지계획인가의 고시 등이 있은 후에는 종전 토지에 관한 등기를 할 수 없다(🌐 법 제29조 제2호).

(2) 정지되는 다른 등기
소유권이전등기, 근저당권설정등기, 가압류등기, 경매개시결정등기(정지되는 시점 이전에 설정된 근저당권에 기한 경우도 마찬가지임) 등 권리에 관한 등기뿐만 아니라 표시에 관한 등기도 할 수 없다.

(3) 다른 등기가 마쳐진 경우환지계획인가의 고시 등이 있었음에도 불구하고, 종전 토지에 관한 등기가 마쳐진 경우
등기관은 그 등기를 「부동산등기법」 제58조를 적용하여 직권으로 말소한다.

4. 환지처분의 공고 등에 따른 등기의 촉탁

시행자는 아래의 절차에 따라 「농어촌정비법」 제42조 제1항 또는 「도시개발법」 제43조 제1항에 따른 환지등기를 촉탁하여야 한다.

가. 촉탁서에 기재하여야 할 사항

(1) 일반적인 기재사항

(가) 종전 토지 및 환지의 표시(입체환지의 경우에는 건물의 표시도 하여야 함)와 환지를 교부받은 자의 성명, 주민등록번호 및 주소(법인의 경우에는 그 명칭, 부동산등기용등록번호 및 주사무소의 소재지)

(나) 농업기반등정비사업 또는 도시개발사업으로 인하여 등기를 촉탁한다는 취지

(다) 촉탁의 연월일

(2) 특별기재사항
아래의 사항에 해당하는 경우에는 촉탁서에 그 취지를 기재하여야 한다.

(가) 종전 토지 수개에 대하여 1개 또는 수개의 환지를 교부한 경우 그 수개의 종전 토지 중 미등기인 것이 있는 때

(나) 「농어촌정비법」 제34조 제1항에 의한 창설환지를 교부한 때 또는 「도시개발법」 제34조 제1항에 의한 체비지 또는 보류지를 정한 때

(다) 종전 토지에 환지를 교부하지 아니한 때

나. 환지등기 촉탁서의 첨부서면 등

(1) 첨부서면

(가) 환지계획서 및 환지계획서 인가서 등본

　　　(나) 환지계획인가의 고시 등이 있었음을 증명하는 서면
　　　(다) 농업기반등정비확정도
　　　　　주 : 도시개발법에 의한 환지등기 촉탁의 경우에는 '농업기반등정비확정도' 대신 '도시개발정비도'를 첨부하여야 함.
　　(2) 환지등기 촉탁서의 첨부서면이 아닌 토지대장만을 첨부하여 환지등기촉탁을 한 경우
　　　　환지등기 촉탁서에 위 (1)의 서면이 아닌 토지대장만을 첨부하여 환지등기 촉탁을 한 경우, 등기관은 그 토지대장에 '환지' 또는 '구획정리 완료' 등의 사실이 기재되어 있다 하더라도 그 등기촉탁을 수리하여서는 안 된다.
　　(3) 첨부서면의 생략
　　　　시행자가 환지계획인가의 고시 등의 사실을 등기소에 통지하면서 위 (1)의 서면을 첨부한 때에는 등기촉탁서에 그 서면을 첨부할 필요가 없다.

　다. 환지등기의 동시촉탁
　　(1) 동시촉탁의 원칙
　　　　환지에 대하여 권리의 설정 또는 이전 등의 등기를 하여야 하는 때 기타 특별한 사유가 있는 때를 제외하고는 환지등기 촉탁은 사업지역 내의 토지 전부에 관하여 동시에 하여야 한다. 단, 사업지역을 수 개의 구로 나눈 경우에는 각 구마다 등기촉탁을 할 수 있다.
　　(2) 촉탁이 누락된 경우
　　　　환지 토지에 관한 등기촉탁이 누락된 경우, 사업시행자는 누락된 환지에 대하여 다시 환지등기를 촉탁할 수 있다.

5. 환지등기를 할 수 없는 경우
　가. 소유자가 동일 또는 중복되는 여러 필지의 종전 토지에 대하여 여러 필지의 환지를 교부한 경우
　나. 공유토지에 관하여 각 단독소유로 환지를 교부한 경우
　다. 종전 토지 중 일부를 다른 토지에 합쳐서 환지를 교부한 경우

6. 합필환지와 합동환지의 경우의 처리
　가. 합필환지
　　(1) 합필환지의 정의
　　　　이 예규에서 말하는 합필환지라 함은 소유자가 동일한 여러 필지의 토지에 관하여 1필지의 환지를 교부한 경우를 말한다.
　　(2) 종전 토지 중 일부의 토지에 소유권 이외의 권리가 등기되어 있는 경우
　　　(가) 종전 토지의 등기가 근저당권설정등기나 가압류등기 등과 같이 지분 위에 존속할 수 있는 등기인 경우, 시행자는 촉탁서에 환지 중 얼마의 지분이 그 등기의 목적이라는 것을 구체적으로 기재하여야 하고, 등기관은 이를 환지의 등기기록에 기록하여야 한다. 예컨대, 근저당권설정등기가 되어 있는 종전 토지 1토지와 소유권 이외의 권리가 등기되어 있지 않은 2토지에 대하여 1필지를 환지로 지정한 경우, 시행자는 환지등기 촉탁서에 위 1토지의 근저당권이 환지의 몇 분의 몇 지분 위에 존속한다는 취지를 기재하여야 하고, 등기관은 환지등기를 실행하면서 당해 근저당권설정등기를 위 몇 분의 몇 지분에 대한 근저당권설정등기로 변경하여야 한다.
　　　(나) 종전 토지의 등기가 지상권설정등기나 전세권설정등기 등과 같이 토지의 특정 부분에 존속할 수 있는 경우, 시행자는 환지의 어느 부분에 그 권리가 존속한다는 것을 촉탁서에 기재하여야 하고, 등기관은 이를 환지의 등기기록에 기록하여야 한다.

나. 합동환지
(1) 합동환지의 정의
이 예규에서 말하는 합동환지라 함은 **소유자가 각각 다른 여러** 필지의 종전 토지에 관하여 1필지 또는 여러 필지의 환지를 교부한 경우를 말한다.
(2) 공유지분의 기재
합동환지의 경우 (❹ 시행자는) 등기촉탁서에 종전 토지 소유자들의 환지에 관한 공유관계의 지분비율을 기재하여야 하고, 등기관은 환지등기를 완료한 후 그 지분비율을 공유자 지분으로 하는 변경등기를 하여야 한다.

> **[관련판례]**
> 여러 필지의 토지의 일부 또는 전부를 수인이 특정부분을 나누어 단독으로 소유하였다 하더라도 그것이 1개의 토지로 **합동환지**된 경우에는 **특별한 사정이 없는 한** 그 수인은 **종전토지에 상응하는 비율**에 따라 환지된 토지를 **공유**하게 되고, 1필지의 토지를 공유하는 자는 그중 일부토지를 배타적으로 사용할 수는 없는 것이므로, 결국 종전토지의 특정부분 소유자는 그 토지가 합동환지된 후에는 공유지분권만을 주장할 수 있을 뿐 일부를 배타적으로 점유 사용할 수 없다(대판 1993.2.23. 92다38904).

(3) 종전 토지에 소유권 이외의 권리가 등기되어 있는 경우
종전 토지의 소유권 이외의 권리에 관한 등기는 위 (2)의 등기에 따른 환지의 공유자 지분에 존속하는 것으로 변경등기를 하여야 한다. 단, 그 등기가 표창하고 있는 권리가 지상권이나 전세권 등과 같이 토지의 지분에 존속할 수 없는 등기인 경우, 시행자는 촉탁서에 환지의 어느 부분에 그 권리가 존속한다는 것을 기재하여야 하고, 등기관은 이를 환지의 등기기록에 기록하여야 한다.

7. 창설환지에 관한 등기절차 등
가. 창설환지, 체비지, 보류지에 관한 소유권보존등기절차
「농어촌정비법」제34조에 의한 **창설환지의 소유권보존등기** 또는 「도시개발법」제34조 제1항의 체비지나 보류지에 관한 소유권보존등기도 환지등기 절차에 의하여야 하고, 이 경우 등기관은 등기기록의 표제부에 농어촌정비법에 의한 환지 또는 도시개발법에 의한 체비지나 보류지임을 표시하여야 한다. 다만, 보류지 중 그에 대응하는 종전 토지가 있고 나중에 환지계획의 변경 등을 통하여 환지를 교부받을 자가 정해지는 경우(당해 토지에 분쟁이 발생하여 시행자가 환지를 교부받을 자를 정하지 못하고 우선 보류지로 정하고 있는 경우 등)에는 통상의 환지등기절차에 의하여 처리하여야 한다.

나. 미등기토지에 관하여 환지를 교부한 경우
미등기 상태의 종전 토지에 관하여 **환지를 교부**한 경우, 시행자는 환지등기절차에 의하여 그 환지에 관한 **소유권보존등기를 촉탁**할 수 있다.

8. 국공유지인 토지의 폐지 또는 보존등기의 경우

9. 등기완료 또는 등기필정보의 통지와 환지에 관한 등기신청 시 제공하여야 할 등기필정보
가. 등기완료 또는 등기필정보의 통지
환지등기를 마친 **등기관**은 **시행자에게 등기완료의 통지**를 하여야 하고, 환지절차에 의해 **소유권보존등기를 하는 경우**에는 **시행자에게 등기필정보통지서도** 함께 내어주고 시행자는 그 등기필정보통지서를 환지 소유자에게 **교부**하여야 한다.

> 나. 환지에 관한 등기신청 시 제공하여야 할 등기필정보
>
> 환지를 교부받은 자가 등기의무자로서 등기신청을 할 때에는 **종전 토지**에 관하여 소유자로서 통지받은 **등기필정보**를 신청정보로 제공하여야 한다(⊞ 종전의 등기기록 그대로 사용). 다만, **창설환지나 체비지** 등 환지등기절차에 의하여 <u>소유권보존등기</u>가 이루어진 경우에는 <u>그 등기</u>에 관한 **등기필정보**를 제공하여야 한다.

10. 종전 토지에 관하여 원인증서를 작성한 경우

종전 토지에 관하여 매매 등 계약을 체결하고 아직 그 계약에 따른 등기 전에 환지등기가 마쳐진 경우에는, 신청인이 환지에 관한 등기신청을 하면서 **종전 토지에 관한 계약서**를 등기원인증서로 신청서에 첨부하였다 하더라도 등기관은 그 등기신청을 <u>수리</u>하여야 한다.

01 농어촌정비법에 따른 환지등기에 관한 다음 설명 중 가장 옳지 않은 것은?

▶ 2023년 법무사

① 사업시행자는 사업시행인가 후에 사업시행을 위하여 환지계획인가의 고시 전이라도 종전 토지에 관한 토지 표시나 등기명의인 표시의 변경 및 경정등기를 대위하여 촉탁할 수 있으나, 대위등기를 촉탁하는 경우 등기원인 또는 등기목적이 동일하지 아니한 경우에는 하나의 촉탁정보로 일괄하여 촉탁할 수 없다.

② 환지계획인가의 고시가 있은 후에는 종전 토지에 대한 소유권이전등기를 할 수 없으며 등기가 마쳐진 경우에는 등기관은 그 등기를 부동산등기법 제58조를 적용하여 직권으로 말소한다.

③ 사업시행자가 환지등기를 촉탁할 때에는 일반적인 촉탁정보 외에도 종전 토지 수개에 대하여 1개 또는 수개의 환지를 교부한 경우 그 수개의 종전 토지 중 미등기인 것이 있는 때에는 그 취지를 촉탁정보로 제공하여야 한다.

④ 환지등기를 촉탁할 때에 필요한 첨부정보가 아닌 토지대장만을 제공한 경우, 등기관은 그 토지대장에 '환지' 또는 '구획정리 완료' 등의 사실이 기재되어 있다 하더라도 그 등기촉탁을 수리하여서는 안 된다.

⑤ 환지에 대하여 권리의 설정 또는 이전 등의 등기를 하여야 하는 때 기타 특별한 사유가 있는 때를 제외하고는 환지등기 촉탁은 사업지역 내의 토지 전부에 관하여 동시에 하여야 한다.

해설 ① 1. 「농어촌정비법」 제25조 제1항의 사업시행자나 「도시개발법」 제28조 제1항의 도시개발사업의 시행자(이하 모두 "시행자"라 한다)는 **사업시행인가 후**에 사업시행을 위하여 「농어촌정비법」 제37조의 환지계획인가의 고시 또는 「도시개발법」 제42조의 환지처분의 공고(이하 모두 "**환지계획인가의 고시 등**"이라 한다) 전이라도 종전 토지에 관한 아래의 등기를 각 해당등기의 신청권자를 **대위**하여 촉탁할 수 있다(예규 제1588호, 2)(⊞ 법 제29조 제6호, 제7호로 각하되지 않도록).

> (1) 토지 표시의 변경 및 경정 등기
> (2) 등기명의인 표시의 변경 및 경정 등기
> (3) 상속을 원인으로 한 소유권이전등기

2. 위의 대위등기를 촉탁하는 경우에는 **등기원인 또는 등기의 목적이 동일하지 아니한 경우라도** 하나의 촉탁서로 **일괄**하여 **촉탁**할 수 있다.

3. 시행자가 위의 대위등기를 촉탁할 때에는 등기촉탁서, 등기원인을 증명하는 서면, **사업시행인가가 있었음을 증명**하는 서면을 제출하여야 한다.

② 1. **환지계획인가의 고시 등**이 있은 후에는 종전 토지에 관하여 **소유권이전등기, 근저당권설정등기, 가압류등기, 경매개시결정등기**(정지되는 시점 이전에 설정된 근저당권에 기한 경우도 마찬가지임) 등 권리에 관한 등기뿐만 아니라 **표시에 관한 등기도 할 수 없다**(예규 제1588호, 3—다—(1),(2)).

2. 다른 등기가 마쳐진 경우환지계획인가의 고시 등이 있었음에도 불구하고, 종전 토지에 관한 등기가 마쳐진 경우 등기관은 그 등기를 「부동산등기법」 제58조를 적용하여 **직권**으로 **말소**한다(예규 제1588호, 3—다—(3)).

③ 사업시행자가 환지등기를 촉탁할 때에는 일반적인 촉탁정보 외에도 종전 토지 수개에 대하여 1개 또는 수개의 환지를 교부한 경우 그 수개의 종전 토지 중 **미등기인 것이 있는** 때에는 그 **취지를 촉탁정보로 제공하여야** 한다(예규 제1588호, 4—가—(2)—(가)).

④ 1. 환지등기를 촉탁하는 경우에는 **환지계획서 및 환지계획서 인가서 등본, 환지계획인가의 고시가 있었음을 증명하는 서면, 농업기반등정비확정도**를 첨부정보로 제공하여야 한다(예규 제1588호, 4—나—(1)).

2. 환지등기 촉탁서에 토지대장만을 첨부하여 환지등기 촉탁을 한 경우, 등기관은 그 토지대장에 '환지' 또는 '구획정리 완료' 등의 사실이 기재되어 있다 하더라도 그 등기촉탁을 수리하여서는 **안 된다**(예규 제1588호, 4—나—(2)).

⑤ 환지에 대하여 권리의 설정 또는 이전 등의 등기를 하여야 하는 때 기타 **특별한 사유가 있는 때**를 제외하고는 환지등기 촉탁은 **사업지역 내의 토지 전부**에 관하여 **동시에** 하여야 한다. 단, **사업지역을 수 개의 구로 나눈** 경우에는 **각 구마다 등기촉탁**을 할 수 있다(예규 제1588호, 4—다—(1)).

---

02 **도시개발법에 따른 환지등기에 관한 다음 설명 중 가장 옳지 않은 것은?**

▸ 2019년 등기주사보

① 사업시행자는 사업시행인가 후에 사업시행을 위하여 환지처분공고 전이라도 종전 토지에 관한 토지 및 등기명의인의 표시의 변경·경정 등기나 상속을 원인으로 한 소유권이전등기를 신청권자를 대위하여 촉탁할 수 있다.

② 사업시행자가 신청권자를 대위하여 등기를 촉탁하는 경우에는 등기원인 또는 등기의 목적이 동일하지 아니한 경우라도 하나의 촉탁서로 일괄하여 촉탁할 수 있다.

정답 ↤   01 ①   02 ③

③ 환지처분공고가 있은 후에는 권리에 관한 등기뿐만 아니라 표시에 관한 등기도 할 수 없지만, 등기가 정지되는 시점 이전에 등기된 가압류나 근저당권에 기한 경매개시결정 등기의 촉탁은 수리하여야 한다.

④ 환지에 대하여 권리의 설정 또는 이전 등의 등기를 하여야 하는 때에 원칙적으로 환지 등기 촉탁은 사업지역 내의 토지 전부에 관하여 동시에 하여야 하나, 사업지역을 수개 의 구로 나눈 경우에는 각 구마다 등기촉탁을 할 수 있다.

해설 ③ 환지계획인가의 고시 등이 있은 후에는 종전 토지에 관하여 소유권이전등기, 근저당권설정등 기, 가압류등기, 경매개시결정등기(정지되는 시점 이전에 설정된 근저당권에 기한 경우도 마찬가지임) 등 권리에 관한 등기뿐만 아니라 표시에 관한 등기도 할 수 없다(예규 제1588호, 3-다).

① 예규 제1588호, 2-가
② 예규 제1588호, 2-나
④ 예규 제1588호, 4-다-(1)

03 「농어촌정비법」에 따른 환지등기에 관한 다음 설명 중 가장 옳지 않은 것은?

▶ 2019년 등기서기보

① 농업생산기반 정비사업 시행자는 사업시행인가 후에 사업시행을 위하여 환지계획인가 의 고시 전이라도 종전 토지에 관한 상속을 원인으로 한 소유권이전등기를 상속인을 대위하여 촉탁할 수 있다.

② 농업생산기반 정비사업 시행자가 일정한 등기의 신청권자를 대위하여 등기를 촉탁하는 경우에는 등기원인 또는 등기의 목적이 동일하지 아니한 경우라도 하나의 촉탁서로 일 괄하여 촉탁할 수 있다.

③ 환지계획인가의 고시가 있은 후에는 종전 토지에 대한 소유권이전등기, 근저당권등기 등 권리에 관한 등기의 신청은 정지되지만, 종전 토지의 표시에 관한 등기는 신청할 수 있다.

④ 환지등기를 촉탁하는 경우에는 환지계획서 및 환지계획서 인가서 등본, 환지계획인가 의 고시가 있었음을 증명하는 서면, 농업기반등정비확정도를 첨부정보로 제공하여야 한다.

해설 ③ 환지계획인가의 고시 등이 있은 후에는 종전 토지에 관하여 소유권이전등기, 근저당권설정 등기, 가압류등기, 경매개시결정등기(정지되는 시점 이전에 설정된 근저당권에 기한 경우도 마찬가지임) 등 권리에 관한 등기뿐만 아니라 표시에 관한 등기도 할 수 없다(예규 제1588 호, 3-다).

① 예규 제1588호, 2-가
② 예규 제1588호, 2-나
④ 예규 제1588호, 2-다

04 환지등기절차에 관한 다음 설명 중 가장 옳지 않은 것은? ▸ 2018년 등기주사보

① 미등기 상태의 종전 토지에 대하여 환지를 교부하는 경우로서 환지계획서에 종전 토지대장에 최초의 소유자로 등록되어 있는 자로부터 이전등록을 받은 자가 환지의 소유자로 기재되어 있다면 사업시행자는 해당 환지에 대하여 소유권보존등기를 촉탁할 수 없다.

② 환지계획인가의 고시가 있은 후에는 종전 토지에 관하여 소유권이전등기, 근저당권설정등기, 가압류등기, 경매개시결정등기 등 권리에 관한 등기는 할 수 없으나, 표시에 관한 등기는 할 수 있다.

③ 환지를 교부받은 자가 나중에 등기의무자로서 권리에 관한 등기를 신청할 때에는 종전 토지에 관하여 소유자로서 통지받은 등기필정보를 제공하면 된다.

④ 종전 토지에 관하여 매매계약을 체결하고 아직 그 계약에 따른 등기 전에 환지등기가 마쳐진 경우에는 신청인이 환지에 관한 등기신청을 하면서 종전 토지에 관한 계약서를 등기원인을 증명하는 정보로서 제공하였더라도 등기관은 그 등기신청을 수리한다.

> **해설** ② 환지계획인가의 고시 등이 있은 후에는 종전 토지에 관하여 소유권이전등기, 근저당권설정등기, 가압류등기, 경매개시결정등기(정지되는 시점 이전에 설정된 근저당권에 기한 경우도 마찬가지임) 등 권리에 관한 등기뿐만 아니라 표시에 관한 등기도 할 수 없다(예규 제1588호, 3-다).
>
> ① 미등기 상태의 종전 토지에 대하여 환지를 교부하는 경우에 환지를 받을 수 있는 자는 「부동산등기법」에 따라 소유권보존등기를 신청할 수 있는 자이므로 환지계획서에는 종전 토지대장에 최초의 소유자로 등록되어 있는 자가 환지의 소유자로 기재되어 있어야 하는 데 이와 달리 최초의 소유자로부터 이전등록을 받은 자가 환지의 소유자로 기재되어 있다면 사업시행자는 해당 환지에 대하여 소유권보존등기를 촉탁할 수 없다. 이 경우에는 해당 환지에 대한 환지계획의 정정 절차에 따라 환지의 소유자를 종전 토지대장에 최초의 소유자로 등록되어 있는 자로 정정하여 사업시행자가 소유권보존등기를 촉탁하거나, 통상의 절차에 따라 종전 토지대장에 최초의 소유자로 등록되어 있는 자가 해당 환지에 대한 소유권보존등기를 신청한 다음 최초의 소유자로부터 이전등록을 받은 자와 공동으로 소유권이전등기를 순차로 신청하여야 할 것이다(선례 제201803-2호).
>
> ③ 예규 제1588호, 9-나
>
> ④ 예규 제1588호, 10

정답 ┣ 03 ③ 04 ②

05 환지에 관한 등기와 관련된 다음 설명 중 가장 옳지 않은 것은?

▸ 2017년 법무사, 2017년 등기주사보

① 도시개발법에 의한 도시개발사업은 환지계획의 작성, 환지계획의 인가, 공사의 완료 및 환지처분의 공고, 환지처분에 관한 등기의 촉탁 순서로 진행된다.

② 도시개발사업의 시행자는 사업시행인가 후에 사업시행을 위하여 환지처분의 공고전이라도 종전 토지에 관하여 상속을 원인으로 한 소유권이전등기를 대위하여 촉탁할 수 있다.

③ 도시개발법에 의한 환지처분의 공고가 있으면 종전 토지에 대한 다른 등기를 할 수 없다. 다만 다른 등기가 정지된 시점 이전에 설정된 근저당권에 기한 경매개시결정등기는 가능하다.

④ 환지 토지에 관한 등기촉탁이 누락된 경우, 사업시행자는 누락된 환지에 대하여 다시 환지등기를 촉탁할 수 있다.

⑤ 환지를 교부받은 자가 등기의무자로서 등기신청을 할 때에는 종전 토지에 관하여 소유자로서 통지받은 등기필정보를 신청정보로 제공하여야 한다.

해설 ③ 환지계획인가의 고시 등이 있은 후에는 종전 토지에 관하여 소유권이전등기, 근저당권설정등기, 가압류등기, 경매개시결정등기(정지되는 시점 이전에 설정된 근저당권에 기한 경우도 마찬가지임) 등 권리에 관한 등기뿐만 아니라 표시에 관한 등기도 할 수 없다(예규 제1588호, 3-다).

① 1) 「농어촌정비법」에 의한 농업생산기반정비사업은 환지계획의 수립(같은 법 제25조) → 공사의 준공 → 환지계획의 인가 및 고시(같은 법 제26조) → 환지처분에 의한 등기의 촉탁(같은 법 제42조) 등의 순서로 진행된다.

2) 「도시개발법」에 의한 도시개발사업은 환지계획의 작성(같은 법 제28조) → 환지계획의 인가(같은 법 제29조) → 공사의 완료 및 환지처분의 공고(같은 법 제40조) → 환지처분에 관한 등기의 촉탁(같은 법 제43조)의 순서로 진행된다.

② 예규 제1588호, 2-가

④ 예규 제1588호, 4-다-(2)

⑤ 예규 제1588호, 9-나

06 「농어촌정비법」상 환지계획인가의 고시에 따른 등기와 관련한 다음 설명 중 옳은 것은?

▸ 2012년 법무사

① 등기관이 사업시행자로부터 환지계획인가고시의 통지를 받아 해당 토지의 등기기록에 그 뜻이 표시된 경우에는 그 등기기록에 권리에 관한 등기는 할 수 없으나 표시변경등기는 할 수 있다.

② 환지 토지에 관한 등기촉탁이 누락된 경우 사업시행자가 누락된 토지에 대하여 다시 환지등기를 촉탁할 수는 없다.

③ 소유자가 각각 다른 여러 필지에 대하여 1필지의 환지를 교부한 합동환지의 경우 촉탁서에 기재된 환지의 공유지분은 종전 토지의 면적비율과 일치하여야 하므로 이와 다를 경우 등기관은 그 등기촉탁을 각하하여야 한다.

④ 환지를 교부받은 자가 등기의무자로서 등기신청을 할 때에는 종전 토지에 관하여 소유자로서 통지받은 등기필정보를 신청정보로 등기소에 제공하여야 한다.

⑤ 환지등기를 마친 경우 등기관은 환지를 교부받은 자에게 등기완료의 통지를 하여야 한다.

해설 ④ 예규 제1588호, 9-나

① 환지계획인가의 고시 등이 있은 후에는 종전 토지에 관하여 소유권이전등기, 근저당권설정등기, 가압류등기, 경매개시결정등기(정지되는 시점 이전에 설정된 근저당권에 기한 경우도 마찬가지임) 등 권리에 관한 등기뿐만 아니라 표시에 관한 등기도 할 수 없다(예규 제1588호, 3-다).

② 환지 토지에 관한 등기촉탁이 누락된 경우, 사업시행자는 누락된 환지에 대하여 다시 환지등기를 촉탁할 수 있다(예규 제1588호, 4-다-(2)).

③ 여러 필지의 토지의 일부 또는 전부를 수인이 특정부분을 나누어 단독으로 소유하였다 하더라도 그것이 1개의 토지로 합동환지된 경우에는 특별한 사정이 없는 한 그 수인은 종전토지에 상응하는 비율에 따라 환지된 토지를 공유하게 된다(대판 1993.2.23, 92다38904). 특별한 사정이 있는 경우에는 촉탁서에 기재된 환지의 공유지분과 종전 토지의 면적비율과 일치하지 않더라도 등기촉탁을 수리하여야 한다.

⑤ 환지등기를 마친 등기관은 시행자에게 등기완료의 통지를 하여야 하고, 환지절차에 의해 소유권보존등기를 하는 경우에는 시행자에게 등기필정보통지서도 함께 내어주고 시행자는 그 등기필정보통지서를 환지 소유자에게 교부하여야 한다(예규 제1588호, 9-가).

정답 ┗┥ 05 ③ 06 ④

02　도시 및 주거환경정비법

🔖 관련 조문

도시 및 주거환경정비 등기규칙

제1조(목적)

이 규칙은 「도시 및 주거환경정비법」(이하 "「법」"이라 한다) 제88조 제2항의 규정에 의하여 부동산등기에 관한 필요한 사항을 규정함을 목적으로 한다.

제2조(대위등기신청)

① 정비사업시행자(이하 "시행자"라 한다)는 그 사업시행을 위하여 필요한 때에는(⊕ **사업시행인가 후 이전고시가 있기 전이라도**) 다음의 각 호에 규정한 등기를 각 해당 등기의 신청권자를 **대위**하여 신청할 수 있다.

　1. **부동산의 표시변경 및 경정등기**

　2. **등기명의인의 표시변경 및 경정등기**

　3. **소유권보존등기**

　4. **상속에 의한 소유권이전등기**

② 제1항의 등기를 신청하는 때에는 신청서에 **사업시행인가가 있었음을 증명하는 서면**을 첨부하여야 한다.

제3조(대위등기의 일괄신청)

제2조 제1항 제1호 및 제2호의 규정에 의하여 등기를 신청하는 경우에는 등기원인 또는 등기의 목적이 동일하지 아니한 경우라도 동일한 신청서로 등기를 신청할 수 있다.

제4조(대위등기절차)

① 제2조 제1항의 등기에는 「부동산등기법」 제28조 제2항·제32조 제4항 및 「부동산등기규칙」 제50조를 준용한다.

② 등기관이 제2조 제3호 및 제4호의 등기를 마쳤을 때에는 <u>등기필정보통지서를 (⊕ 사업시행자)신청인에게 교부하고 (⊕ 사업시행자)신청인은 지체없이 이를 해당 부동산의 등기권리자에게 넘겨주어야</u> 한다.

제5조(이전고시에 따른 등기신청)

① 시행자는 「법」 제86조 제2항의 규정에 의한 이전고시를 한 때에는 지체 없이 그 사실을 관할 등기소에 통지하고 다음의 등기를 신청하여야 한다.

　1. 정비사업시행에 의한 **종전 토지에 관한 등기의 말소등기**

　2. 정비사업시행으로 **축조된 건축시설과 조성된 대지에 관한 소유권보존등기**

　3. 종전 건물과 토지에 관한 <u>지상권, 전세권, 임차권, 저당권, 가등기, 환매특약이나 권리소멸의 약정, 처분제한의 등기</u>(이하 "**담보권 등에 관한 권리의 등기**"라 한다)로서 <u>분양받은 건축시설과 대지에 존속하게 되는 등기</u>

② 제1항의 등기를 신청함에 있어서는 1개의 건축시설 및 그 대지인 토지를 1개의 단위로 하여, 1필의 토지 위에 수개의 건축시설이 있는 경우에는 그 건축시설 전부와 그 대지를 1개의 단위로 하여, 수필의 토지를 공동대지로 하여 그 위에 수개의 건축시설이 있는 경우에는 그 건축시설 및 대지전부를 1개 단위로 하여 **동시에** 하여야 한다. 다만, 「법」 제86조 제1항 단서의 규정에 의하여 시행자가 사업에 관한 공사의 완공

부분만에 관하여 이전고시를 한 때에는 제1항의 등기 중 건물에 관한 등기신청은 그 부분만에 관하여 할 수 있다.

③ 제1항의 등기를 신청하는 경우에는 관리처분계획 및 그 인가를 증명하는 서면과 이전고시를 증명하는 서면을 첨부하여야 한다.

제6조(종전 건물에 관한 등기신청)

① 제5조 제2항의 규정에 의한 1개의 단위를 이루는 토지 위에 있던 종전 건물에 관한 등기의 말소등기를 신청하는 때에는 동일한 신청서로 하여야 한다.

② 제1항의 신청서에는 정비사업시행으로 인하여 등기를 신청한다는 취지를 기재하여야 한다.

제7조(종전 건물에 관한 등기)

등기관은 제6조의 신청에 의하여 등기를 하는 때에는 종전 건물의 등기부 중 표제부에 정비사업시행으로 인하여 말소한 취지를 기록하고 부동산의 표시를 말소하는 기호를 기록하고 그 등기부를 폐쇄하여야 한다.

제8조(종전 토지에 관한 등기신청)

① 제5조 제2항의 규정에 의한 1개의 단위를 이루는 토지에 포함되는 종전 토지에 관한 등기의 말소등기를 신청하는 때에는 동일한 신청서로 하여야 한다.

② 제1항의 신청서에는 정비사업시행으로 인하여 등기를 신청한다는 취지를 기재하여야 한다.

제9조(종전 토지에 관한 등기)

등기관은 제8조의 신청에 의하여 등기를 하는 때에는 종전 토지의 등기부 중 표제부에 정비사업시행으로 인하여 말소한 취지를 기록하고 부동산의 표시를 말소하는 기호를 기록하고 그 등기부를 폐쇄하여야 한다.

제10조(건축시설에 관한 등기신청)

① 건축시설에 관한 소유권보존등기 및 담보권 등에 관한 권리의 등기의 신청을 하는 때에는 건축시설(구분건물인 경우에는 1동의 건물에 속하는 구분건물 전부)에 관하여 동일한 신청서로 (⊕ 일괄신청)하여야 한다.

② 제1항의 신청서에는 건축시설별로 소유권보존등기, 담보권 등에 관한 권리의 등기의 순서로 등기사항을 기재하여야 하며, 동일한 건축시설에 관한 권리를 목적으로 하는 2개 이상의 담보권 등에 관한 권리의 등기에 있어서는 등기할 순서에 따라 등기사항을 기재하여야 한다.

③ 제1항의 신청서에는 다음 각 호의 사항을 적어야 한다.

1. 구분소유자의 대지소유권에 대한 공유지분 비율
2. 담보권 등에 관한 권리와 그 목적인 권리의 표시, 구분건물의 경우에는 담보권 등에 관한 권리가 해당 구분소유자의 대지소유권에 대한 공유지분에도 존속하는지 여부의 표시
3. 정비사업시행으로 인하여 등기를 신청한다는 취지

④ 제2항의 경우 건축시설에 이전고시를 받은 자보다 선순위의 가등기 또는 처분제한의 등기가 존속하는 때에는 신청서에 그 선순위의 가등기 또는 처분제한의 목적이 된 소유권등기 명의인의 소유권보존등기, 그 선순위의 가등기 또는 처분제한의 등기, 이전고시를 받은 자 명의의 소유권이전등기의 순서로 등기사항을 기재하여야 한다.

제11조(건축시설에 관한 등기)

제10조의 신청에 의하여 등기를 하는 때에는 등기관은 등기부 중 표제부(구분건물의 경우에는 1동의 건물의 표제부)에 한 등기의 말미에 정비사업시행으로 인하여 등기하였다는 취지를 기록하여야 한다.

제12조(대지에 관한 등기신청)

① 대지에 관한 소유권보존등기 및 담보권 등에 관한 권리의 등기를 신청하는 때에는 1필의 토지에 관하여 동일한 신청서로 하여야 한다.
② 제1항의 신청서에는 소유권보존등기, 담보권 등에 관한 권리의 등기의 순서로 등기사항을 기재하여야 하며, 동일한 토지에 관한 권리를 목적으로 하는 2개 이상의 담보권 등에 관한 권리의 등기에 있어서는 등기할 순서에 따라 등기사항을 기재하여야 한다.
③ 제1항의 신청서에는 다음 각 호의 사항을 적어야 한다.
   1. 담보권 등에 관한 권리와 그 목적인 권리의 표시
   2. 정비사업시행으로 인하여 등기를 신청한다는 취지
④ 제10조 제4항의 규정은 제2항의 경우에 이를 준용한다.

제16조(담보권 등에 관한 권리의 등기원인)

담보권 등에 관한 권리의 등기를 신청하는 경우에는 신청서에 등기원인 및 그 연월일로서 이전고시전의 그 담보권 등에 관한 권리의 등기원인 및 그 연월일을 기재하여야 한다. 이 경우 정비사업으로 인한 이전고시가 있었다는 취지 및 그 연월일을 함께 기재하여야 한다.

제17조(접수번호)

제10조 및 제12조의 신청서에 접수번호를 부여함에 있어서는 **등기사항마다 신청서에 기재한 순서**에 따라 **별개의 번호**를 부여하여야 한다. 그러나 구분건물의 소유권보존등기신청의 경우에는 **모든 구분건물**에 대하여 **1개의 번호**를 부여하여야 한다.

제18조(등기필정보통지서의 교부)

등기관이 제10조 및 제12조의 등기를 마쳤을 때에는 등기필정보통지서를 신청인에게 교부하고 신청인은 지체 없이 이를 각 등기권리자에게 넘겨주어야 한다.

제19조(시행자의 촉탁)

시행자가 지방자치단체인 경우에는 이 규칙의 규정 중 「신청」, 「신청인」 및 「신청서」는 각 「촉탁」, 「촉탁인」 및 「촉탁서」로 본다.

📌 관련 예규

도시 및 주거환경정비 등기에 관한 업무처리지침[예규 제1590호]

1. 목적
   이 예규는 「도시 및 주거환경정비법」 제54조에 따른 이전의 고시가 있은 때의 등기업무 처리절차에 관하여 규정함을 목적으로 한다.

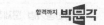

2. 이전고시의 통지를 받은 경우

가. 기타 문서 접수장에 기재

등기관이 정비사업시행자(이하 "시행자"라 한다)로부터 이전고시의 통지를 받은 때에는 기타 문서 접수장에 기재하고 통지서의 여백에 도달 연월일시 및 문서 접수번호를 기재하여야 한다.

나. 이전고시의 기록

(1) 등기관은 위 가.의 절차를 마친 후 지체 없이 해당 사업지역 내의 토지의 등기기록에 아래 예시와 같은 내용을 표제부 상단에 기록하고 등기사항증명서 발급 시 그 내용이 표시되도록 한다.

– 아 래 –

부전지 : 2007년 2월 9일 이전고시

(2) (1)의 기록은 도시 및 주거환경정비 등기를 완료한 후 즉시 삭제하여야 한다.

다. 다른 등기의 정지

(1) 다른 등기가 정지되는 시점

이전고시가 있은 후에는 종전 토지에 관한 등기를 할 수 없다(🏛 법 제29조 제2호).

(2) 정지되는 다른 등기

소유권이전등기, 근저당권설정등기, 가압류등기, 경매개시결정등기(정지되는 시점 이전에 설정된 근저당권에 기한 경우도 마찬가지임) 등 권리에 관한 등기뿐만 아니라 표시에 관한 등기도 할 수 없다.

(3) 다른 등기가 마쳐진 경우 이전고시가 있었음에도 불구하고 종전 토지에 관한 등기가 마쳐진 경우 등기관은 그 등기를 「부동산등기법」 제58조를 적용하여 직권으로 말소한다.

3. 등기신청서 양식

4. 도시 및 주거환경정비 등기의 기록

01 도시 및 주거환경정비법에 따른 등기에 관한 다음 설명 중 가장 옳지 않은 것은?

▶ 2023년 등기서기보

① 정비사업시행자는 사업시행 인가 후 그 사업시행을 위하여 필요한 때에는 등기명의인의 표시변경 및 경정등기 또는 상속에 의한 소유권이전등기 등을 각 해당 등기의 신청권자를 대위하여 신청할 수 있다.

② 이전고시에 따른 새로운 건축시설에 관한 소유권보존등기 및 담보권등에 관한 권리의 등기의 신청을 하는 때에는 건축시설(구분건물인 경우에는 1동의 건물에 속하는 구분건물 전부)에 관하여 동일한 신청서로 하여야 한다.

정답 ⊶ 01 ④

③ 건축시설에 이전고시를 받은 자보다 선순위의 가등기가 있는 경우 이전고시를 받는 자만을 위한 보존등기는 할 수 없고, 신청정보에는 그 선순위의 가등기의 목적이 된 소유권등기 명의인의 소유권보존등기, 그 선순위의 가등기, 이전고시를 받은 자 명의의 소유권이전등기의 순서로 등기사항을 표시하여야 한다.

④ 이전고시의 통지에 따른 부전지 표시가 된 후에는 종전 토지에 대한 소유권이전등기, 근저당권설정등기, 가압류등기, 경매개시결정등기 등 권리에 관한 등기는 할 수 없으나 표시에 관한 등기는 할 수 있다.

해설 ④ 1. **이전고시가 있은 후에는** 종전 토지에 관한 **등기**를 할 수 **없다**(🔰 법 제29조 제2호).

2. 따라서 **소유권이전등기, 근저당권설정등기, 가압류등기, 경매개시결정등기(정지되는 시점 이전에 설정된 근저당권에 기한 경우도 마찬가지임)** 등 권리에 관한 등기뿐만 아니라 **표시에 관한 등기도 할 수 없다**(예규 제1590호, 다–(2)).

① 정비사업시행자(이하 "시행자"라 한다)는 그 사업시행을 위하여 필요한 때에는(🔰 **사업시행인가 후 이전고시가 있기 전이라도**) 다음의 각 호에 규정한 등기를 각 해당 등기의 신청권자를 **대위하여 신청할 수** 있다. 이 경우에는 신청서에 **사업시행인가가 있었음을 증명하는 서면**을 첨부하여야 한다(도시 및 주거환경정비 등기규칙 제2조).

1. **부동산의 표시변경 및 경정등기**
2. **등기명의인의 표시변경 및 경정등기**
3. **소유권보존등기**
4. **상속에 의한 소유권이전등기**

② 정비사업의 시행으로 축조된 건축시설에 관한 소유권보존등기는 도시 및 주거환경정비법 제54조 제2항, 제55조 및 제56조의 규정에 의한 소유권이전고시에 따른 등기로서, 도시 및 주거환경정비 등기처리규칙 제5조 및 제10조의 규정에 의하여 **건축시설**(구분건물인 경우에는 **1동의 건물에 속하는 구분건물 전부**)에 관하여 **동일한 신청서**로 동시에 신청하여야 하므로, 부동산등기법 제46조가 적용되는 1동의 건물에 속하는 **구분건물 중의 일부만**에 관하여 소유권보존등기를 신청할 수 있는 경우에 해당하지 **않는다**(선례 제7–459호).

③ 건축시설에 **이전고시를 받은 자보다 선순위의 가등기 또는 처분제한의 등기가 존속하는 때**에는 신청서에 그 선순위의 가등기 또는 처분제한의 목적이 된 소유권등기 명의인의 소유권보존등기, 그 선순위의 가등기 또는 처분제한의 등기, 이전고시를 받은 자 명의의 소유권이전등기의 순서로 **등기사항을 기재**하여야 한다(도시 및 주거환경정비 등기규칙 제10조 제4항).

02 도시 및 주거환경정비와 관련된 등기에 관한 다음 설명 중 가장 옳지 않은 것은?

▶ 2020년 법무사

① 등기관이 새로 조성된 대지와 축조된 건축물에 대하여 소유권보존등기 및 담보권 등에 관한 권리의 등기를 실행할 때에 신청정보의 내용으로 제공된 사항이 첨부정보로 제공된 관리처분계획 및 그 인가를 증명하는 서면과 이전고시를 증명하는 서면의 내용과 일치하는지 여부와 함께 종전 토지 및 건물의 등기기록상 등기사항과 일치하는지 여부도 심사하여야 한다.

② 주택재건축 사업시행자가 구 주택건설촉진법 제33조에 따라 사업계획승인을 받았으나, 도시 및 주거환경정비법 시행 후에 그 사업의 후속 절차를 이 법에 따라 진행하였다면 새로이 건설되는 주택이나 그 대지에 대한 등기절차는 같은 법 제88조 및 도시 및 주거환경정비 등기규칙에 따르게 된다.

③ 종전 토지에 마쳐진 근저당권설정등기가 채무상환으로 소멸되었다고 하더라도 아직 말소등기가 되지 아니한 상태에서 관리처분계획서에 이 근저당권설정등기가 분양대상자의 종전 토지에 관한 소유권 외의 권리명세로서 기재되었다면, 이전고시 후 사업시행자가 새로 조성된 대지에 관한 소유권보존등기를 신청할 때에 이 근저당권설정등기도 함께 신청하여야 한다.

④ 사업시행자는 도시 및 주거환경정비법 제86조 제2항에 따른 이전고시를 한 때에는 지체 없이 그 사실을 관할 등기소에 통지하여야 하는바, 이 통지 후에는 조합명의로 신탁된 부동산에 관하여 신탁해지나 신탁종료원인이 발생하였다 하더라도 이에 따른 소유권이전 및 신탁말소등기를 신청할 수는 없다.

⑤ 도시 및 주거환경정비법에 따라 정비사업의 시행인가를 받아 축조된 건축물에 대하여 아직 등기가 이루어지지 아니한 상태에서 집행법원으로부터 처분제한의 등기촉탁이 있는 경우, 등기관은 이 처분제한의 등기를 하기 위한 전제로써 해당 건축물에 관한 소유권보존등기를 직권으로 실행할 수 없다.

해설 ① 1) 「도시 및 주거환경정비법」에 따른 정비사업시행자는 같은 법 제86조 제2항에 따른 이전고시가 있은 후 **종전** 토지에 관한 **말소등기, 새로** 조성된 대지 및 축조된 건축물에 관한 소유권보존등기, 새로 조성된 대지 및 축조된 건축물에 **존속**하게 되는 **담보권 등**에 관한 권리의 등기를 신청하여야 하는 바, 이때 첨부정보로서 **관리처분계획 및 그 인가를 증명하는 서면과 이전고시를 증명하는 서면**을 제공하여야 한다(도시 및 주거환경정비 등기규칙 제5조 제3항).

2) 위의 신청에 따라 등기관이 새로 조성된 대지와 축조된 건축물에 대하여 소유권보존등기 및 담보권 등에 관한 권리의 등기를 실행할 때에 **신청정보**의 내용으로 제공된 사항(예 등기명의인)이 **첨부정보**로 제공된 관리처분계획 및 그 인가를 증명하는 서면, 이전고시를 증명하는 서면의 내용(예 등기권리자)과 일치하는지 여부를 **심사**하는 것으로 충분하고, (틀 **폐쇄된**) 종전 토지 및 건물의 **등기기록상 등기사항**(예 등기명의인)과 일치하는지 여부는 **심사**하지 **아니한다**(선례 제202001-4호).

정답 ㅇ **02** ①

② 1) 주택재건축 사업시행자가 구「주택건설촉진법」제33조에 따라 사업계획승인을 받은 상태에서 「도시 및 주거환경정비법」시행(2003.7.1.) 후에도 그 사업의 후속절차를 구「주택건설촉진법」에 따라 진행하였다면 새로이 건설되는 주택이나 그 대지에 대한 등기절차는 「부동산등기법」의 일반적인 절차에 따르게 된다. 다만, 재건축사업을 구「주택건설촉진법」에 따라 진행하면서 같은 법 제44조의3 제5항에 따라 특별히 구「도시재개발법」제33조부터 제45조까지에서 정한 절차를 거친 경우라면 새로이 건설되는 주택이나 그 대지에 관한 등기절차는 구「도시재개발등기처리규칙」에 따르게 된다.

2) 반면 주택재건축 사업시행자가 구「주택건설촉진법」제33조에 따라 사업계획승인을 받았으나, 「도시 및 주거환경정비법」시행 후에 그 사업의 후속 절차를 이 법에 따라 진행하였다면 새로이 건설되는 주택이나 그 대지에 대한 등기절차는 같은 법 제88조 및 「도시 및 주거환경정비 등기규칙」에 따르게 된다(선례 제201911-3호).

③ 「도시 및 주거환경정비법」제87조 제1항에 따르면 종전의 토지 또는 건축물에 설정된 지상권·전세권·저당권·임차권·가등기담보권·가압류 등 등기된 권리 및 「주택임대차보호법」제3조 제1항의 요건을 갖춘 임차권은 이전고시가 있게 되면 그 다음 날에 새로 축조된 건축물과 조성된 대지에 설정된 것으로 보게 되므로, 비록 종전 토지 또는 건축물에 마쳐진 근저당권설정등기가 채무상환으로 소멸되었다고 하더라도 아직 말소등기가 되지 아니한 상태에서 관리처분계획서에 이 근저당권설정등기가 분양대상자의 종전 토지 또는 건축물에 관한 소유권 외의 권리명세로서 기재되었다면(도시 및 주거환경정비법 제74조 제1항 제7호), 이전고시 후 사업시행자가 새로 축조된 건축물과 조성된 대지에 관한 소유권보존등기를 신청할 때에 이 근저당권설정등기도 함께 신청하여야 한다(선례 제201909-3호).

④ 조합 명의로 신탁된 부동산에 관하여 신탁해지나 신탁종료원인이 발생한 경우, 이전고시 전에는 이에 따른 소유권이전등기 및 신탁말소등기를 신청할 수 있지만, 이전고시 후에는 종전 토지에 대한 권리에 관한 등기와 표시에 관한 등기가 모두 정지되므로 이에 따른 소유권이전등기 및 신탁말소등기를 신청할 수 없다(선례 제201909-3호).

03 **도시 및 주거환경정비 등기에 관한 다음 설명 중 가장 옳지 않은 것은?** ▸2019년 등기주사보

① 이전고시가 있었음에도 불구하고 종전 토지에 관한 등기가 마쳐진 경우 등기관은 그 등기를 법 제58조에 따라 직권으로 말소한다.

② 새로이 축조된 건축물에 대하여 아직 등기가 이루어지지 아니한 상태에서 처분제한의 등기촉탁이 있는 경우 등기관은 이 처분제한의 등기를 하기 위하여 해당 건축물의 소유권보존등기를 직권으로 하여야 한다.

③ 근저당권이 새로운 건물과 토지에 존속하게 되는 때에는 사업시행자가 종전 건물과 토지에 대한 말소등기 및 새로운 대지와 건축물에 대한 소유권보존등기와 그 근저당권설정등기를 함께 신청하여야 하므로 시행자가 이를 신청하지 않은 경우에는 등기되지 않는다.

④ 건축물에 이전고시를 받은 자보다 선순위의 처분제한의 등기가 존속하는 때에는 신청서에 그 선순위의 처분제한의 목적이 된 소유권등기 명의인의 소유권보존등기, 그 선순위의 처분제한의 등기, 이전고시를 받은 자 명의의 소유권이전등기의 순서로 등기사항을 기재하여야 한다.

해설 ② 1) 1동의 건물에 속하는 **구분건물 중 일부만**에 관하여 소유권보존등기를 신청하는 경우에는 **나머지 구분건물의 표시에 관한 등기를 동시에 신청하여야** 한다(법 제46조 제1항).

2) 그러나 정비사업의 시행으로 축조된 건축시설에 관한 소유권보존등기는 도시 및 주거환경정비법 제54조 제2항, 제55조 및 제56조의 규정에 의한 소유권이전고시에 따른 등기로서, 도시 및 주거환경정비 등기처리규칙 제5조 및 제10조의 규정에 의하여 건축시설(구분건물인 경우에는 **1동의 건물에 속하는 구분건물 전부**)에 관하여 **동일한 신청서**로 동시에 신청하여야 하므로, 부동산등기법 제46조가 적용되는 1동의 건물에 속하는 **구분건물 중의 일부만**에 관하여 소유권보존등기를 신청할 수 있는 경우에 해당하지 **않는다**(선례 제7-459호).

3) 「도시 및 주거환경정비법」에 의하여 **정비사업의 시행인가를 받아 축조된 건축물에 관한 등기**는 사업시행자가 동법 제54조 제2항의 규정에 의한 이전의 고시가 있은 때에 **동일한 신청서로 동시에 신청(촉탁)**하여야 하므로, 위와 같이 축조된 건축물에 대하여 아직 등기가 이루어지지 아니한 상태에서 집행법원으로부터 처분제한의 등기촉탁이 있는 경우 등기관은 이 처분제한의 등기를 하기 위한 전제로서 당해 건축물에 관한 소유권보존등기를 **직권**으로 경료할 수 **없다**(선례 제8-291호).

① 예규 제1590호, 다-(3)

③ 재개발사업의 대상이 된 주택에 설정된 근저당권이 재개발사업으로 축조된 건물 등에 존속하게 되는 때에는 사업시행자가 **종전 건물에 대한 말소등기**, 재개발사업으로 **축조된 건물에 대한 소유권보존등기** 등과 더불어 그 (◉ **존속하게 되는 권리**)근저당권등기를 신청(또는 촉탁)하여야 하며, 사업시행자가 이를 **신청하지 않은 경우**에는 그 근저당권등기는 재개발사업으로 축조된 건물 등의 **등기부에 등재되지 않는다**(◉ **자동적으로 이기×**)(선례 제6-527호).

④ 건축시설에 이전고시를 받은 자보다 선순위의 가등기 또는 처분제한의 등기가 존속하는 때에는 신청서에 그 선순위의 가등기 또는 처분제한의 목적이 된 소유권등기 명의인의 소유권보존등기, 그 선순위의 가등기 또는 처분제한의 등기, 이전고시를 받은 자 명의의 소유권이전등기의 순서로 등기사항을 기재하여야 한다(도시 및 주거환경정비 등기규칙 제10조 제4항).

04 도시 및 주거환경정비법에 따른 등기와 관련한 다음 설명 중 가장 옳지 않은 것은?

▶ 2018년 법무사

① 정비사업시행자는 그 사업시행을 위하여 필요한 때에는 소유권보존등기 또는 상속에 의한 소유권이전등기 등을 각 해당 등기의 신청권자를 대위하여 신청할 수 있는데, 이 때에는 관리처분계획 및 그 인가를 증명하는 서면을 첨부하여야 한다.

② 이전고시가 있은 후에는 종전 토지에 대하여 소유권이전등기, 근저당권설정등기, 가압류등기, 경매개시결정등기 등 권리에 관한 등기뿐만 아니라 표시에 관한 등기도 할 수 없다.

③ 새로이 축조된 건축시설에 관한 소유권보존등기를 신청하는 때에 건축시설이 구분건물인 경우에는 1동의 건물에 속하는 구분건물 전부에 관하여 동일한 신청서로 하여야 하므로, 1동 건물에 속하는 구분건물 중 일부만에 관한 소유권보존등기는 허용되지 않는다.

정답 ○━ 03 ② 04 ①

④ 새로이 조성된 대지 또는 축조된 건축시설에 존속하게 되는 저당권의 등기를 신청하는 경우에는 신청서에 이전고시 전의 저당권설정등기의 등기원인 및 그 연월일과 함께 정비사업으로 인한 이전고시가 있었다는 취지 및 그 연월일을 기재하여야 한다.

⑤ 새로이 조성된 대지 및 축조된 건축시설에 관하여 이전고시에 따른 등기신청이 있는 경우에는 그 신청서의 등기사항마다 신청서에 기재한 순서에 따라 별개의 접수번호를 부여하여야 한다.

해설 ① 정비사업시행자는 그 사업시행을 위하여 필요한 때에는 소유권보존등기 또는 상속에 의한 소유권이전등기 등을 각 해당 등기의 신청권자를 대위하여 신청할 수 있는데, 이 경우에는 신청서에 **사업시행인가가 있었음을 증명하는 서면**을 첨부하여야 한다(도시 및 주거환경정비 등기규칙 제2조).

② 예규 제1590호, 다-(2)
④ 도시 및 주거환경정비 등기규칙 제16조
⑤ 도시 및 주거환경정비 등기규칙 제17조

05 도시 및 주거환경정비법상 등기에 관한 다음 설명 중 가장 옳지 않은 것은?

▶ 2018년 등기주사보

① 정비사업시행자는 그 사업시행을 위하여 필요한 때에는 부동산 또는 등기명의인의 표시변경·경정등기, 소유권보존등기, 상속을 원인으로 한 소유권이전등기를 각 해당 등기의 신청권자를 대위하여 신청할 수 있다.

② 이전고시에 따른 등기는 정비사업시행자 또는 정비사업시행자의 위임을 받은 대리인에 한하여 이를 신청할 수 있으며, 조합원 개인이나 기타 시행자가 아닌 다른 자로부터 위임을 받은 대리인 등은 그 등기를 신청할 수 없다.

③ 새로 조성된 대지와 건축시설에 관한 등기를 할 때에 등기관은 신청서에 기재된 등기명의인과 관리처분계획 등에 나타난 권리자가 일치하는지 여부와 폐쇄된 종전 토지 및 건물의 등기기록상 명의인과 일치하는지 여부를 심사하여야 한다.

④ 이전고시에 따른 등기를 신청하는 경우에는 관리처분계획 및 그 인가를 증명하는 서면과 이전고시를 증명하는 서면을 제공하여야 한다.

해설 ③ 1) 「도시 및 주거환경정비법」에 따른 정비사업시행자는 같은 법 제86조 제2항에 따른 이전고시가 있은 후 **종전 토지에 관한 말소등기, 새로 조성된 대지 및 축조된 건축물에 관한 소유권보존등기**, 새로 조성된 대지 및 축조된 건축물에 **존속하게 되는 담보권 등에 관한 권리의 등기**를 신청하여야 하는 바, 이때 첨부정보로서 **관리처분계획 및 그 인가를 증명하는 서면**과 **이전고시를 증명하는 서면**을 제공하여야 한다(도시 및 주거환경정비 등기규칙 제5조 제3항).

2) 위의 신청에 따라 등기관이 새로 조성된 대지와 축조된 건축물에 대하여 소유권보존등기 및 담보권 등에 관한 권리의 등기를 실행할 때에 **신청정보의 내용으로 제공된 사항**(예 등기명의인)이 **첨부정보**로 제공된 관리처분계획 및 그 인가를 증명하는 서면, 이전고시를 증

명하는 서면의 내용(예 등기권리자)과 일치하는지 여부를 **심사**하는 것으로 충분하고, 종전 토지 및 건물의(🏢 **폐쇄된)등기기록상** 등기사항(예 등기명의인)과 일치하는지 여부는 **심사하지 아니한다**(선례 제202001-4호).

① 도시 및 주거환경정비 등기규칙 제2조
② 도시재개발사업은 재개발구역 내의 토지 건물에 대하여 합리적이고 효율적인 고도이용과 도시기능의 회복을 위하여 행하는 공권적 처분인 공용환권(분양처분)에 의하여 이루어지는 것으로서, 이에 따른 도시재개발사업의 분양처분에 따른 등기는 공권력의 주체로서의 **시행자** 또는 **시행자의 위임을 받은 대리인**에 한하여 이를 신청할 수 있으며, 조합원 개인이나 기타 시행자가 아닌 다른 자로부터 위임을 받은 대리인 등은 그 등기를 신청할 수 없다(선례 제6-532호).
④ 도시 및 주거환경정비 등기규칙 제5조 제3항

---

06 도시 및 주거환경정비법에 의한 주택재건축정비사업의 등기절차에 관한 다음 설명 중 옳은 것은?

▸ 2016년 법원사무관

① 조합에 토지 등을 신탁한 조합원이 분양신청을 하지 않아 현금청산대상자가 된 경우에는 신탁등기의 말소등기와 신탁재산의 귀속을 원인으로 한 소유권이전등기를 한 뒤 다시 조합 앞으로 청산을 원인으로 하는 소유권이전등기를 하여야만 이전고시에 따른 등기를 할 수 있다.
② 새로 조성된 대지와 건축시설에 대한 소유권보존 및 근저당권 등 소유권 이외의 권리에 관한 등기 신청의 경우, 등기관은 신청정보상의 등기명의인과 관리처분계획 등에 나타난 권리자의 일치 여부를 심사하면 충분하고, 폐쇄된 종전 토지 및 건물의 등기기록상 명의인과의 일치 여부는 심사할 필요가 없다.
③ 종전 건물에 설정된 저당권이 새로 축조된 건물에 존속하게 되는 경우에는 새로 축조된 건물에 대하여 그 저당권등기를 신청하여야 하는바, 이 경우 저당권등기에 대한 등기신청수수료는 일반적인 저당권설정등기와 같다.
④ 도시 및 주거환경정비법에 따라 정비사업의 시행인가를 받아 축조된 건축물에 대하여 아직 등기가 이루어지지 아니한 상태에서 집행법원으로부터 처분제한의 등기촉탁이 있는 경우 등기관은 이 처분제한의 등기를 하기 위한 전제로써 해당 건축물에 관한 소유권보존등기를 직권으로 실행할 수 있다.

해설 ② 등기관이 새로 조성된 대지와 축조된 건축물에 대하여 소유권보존등기 및 담보권 등에 관한 권리의 등기를 실행할 때에 **신청정보**의 내용으로 제공된 사항(예 등기명의인)이 **첨부정보**로 제공된 관리처분계획 및 그 인가를 증명하는 서면 이전고시를 증명하는 서면의 내용(예 등기권리자)과 일치하는지 여부를 **심사**하는 것으로 충분하고, 종전 토지 및 건물의 (🏢 **폐쇄된)등기기록상** 등기사항(예 등기명의인)과 일치하는지 여부는 **심사하지 아니한다**(선례 제202001-4호).

정답 ↝ 05 ③ 06 ②

① 「도시 및 주거환경정비법」 제47조에서 재건축조합이 분양신청을 하지 아니하거나 철회한 조합원이 출자한 토지 등에 대하여 현금으로 청산하도록 규정한 취지는, 조합원이 조합 정관에 따라 현물출자의무를 이행한 후 조합원의 지위를 상실함으로써 청산을 하여야 하는 경우에 조합원이 출자한 현물의 반환을 인정하지 아니하고 현금으로 지급하도록 정한 것으로 보아야 하고, 이 경우 신탁재산이었던 부동산은 당연히 재건축조합에 귀속되므로, 재건축조합이 먼저 토지 등 소유자에게 신탁등기의 말소등기와 신탁재산의 귀속을 원인으로 한 소유권이전등기를 한 뒤 다시 토지 등 소유자가 재건축조합 앞으로 청산을 원인으로 하는 소유권이전등기를 하는 절차를 밟을 필요는 없다.
따라서 재건축사업의 위탁자인 조합원이 분양계약 등을 하지 않아 현금청산대상자가 된 경우에는 종전 토지등기기록에 재건축조합을 수탁자로 하는 신탁등기가 있는 경우에도 위탁자의 동의 없이 종전 토지의 말소등기 및 「도시 및 주거환경정비법」 제54조(이전고시 등)에 따른 조합 명의로의 소유권보존등기를 할 수 있다(선례 제201509-1호).

③ 1) 「도시 및 주거환경정비법」(이하 "도정법"이라 한다) 제56조에 따라 정비사업시행자가 조성된 대지에 관한 소유권보존등기를 신청하는 경우 등기신청수수료는 보존되는 필지수를 기준으로 납부하여야 한다.
2) 종전 토지에 관한 지상권, 전세권, 임차권, 저당권, 가등기, 환매특약이나 권리소멸의 약정, 처분제한의 등기(이하 "담보권 등에 관한 권리의 등기"라 한다)로서 분양받은 대지에 존속하게 되는 등기는 종전 토지의 등기부로부터 이기되는 등기가 아니라 도정법에 따라 정비사업시행자의 신청에 의하여 이루어지는 등기이고, 또한 등기신청서에 소유권보존등기와 함께 종전 토지에 있던 권리내용을 그대로 기재하며 등기원인도 이전고시전의 등기원인 및 그 연월일과 정비사업으로 인한 이전고시가 있었다는 취지를 기재하는 점 등을 볼 때 이는 일반적인 담보권 등에 관한 권리의 등기신청과 다르다고 볼 수 있으므로 기타등기에 해당하는 등기신청수수료를 납부하여야 한다.
3) 또한 동일한 토지에 관한 권리를 목적으로 2개 이상의 담보권 등에 관한 권리의 등기를 신청하는 경우에는 등기사항마다 별개의 접수번호를 부여하므로 등기사항마다 등기신청수수료를 납부하여야 한다(선례 제9-416호).

④ 「도시 및 주거환경정비법」에 의하여 정비사업의 시행인가를 받아 축조된 건축물에 관한 등기는 사업시행자가 동법 제54조 제2항의 규정에 의한 이전의 고시가 있은 때에 동일한 신청서로 동시에 신청(촉탁)하여야 하므로, 위와 같이 축조된 건축물에 대하여 아직 등기가 이루어지지 아니한 상태에서 집행법원으로부터 처분제한의 등기촉탁이 있는 경우 등기관은 이 처분제한의 등기를 하기 위한 전제로써 당해 건축물에 관한 소유권보존등기를 직권으로 경료할 수 없다(선례 제8-291호).

07 도시 및 주거환경정비법상의 주택재개발사업 또는 주택재건축사업에 따른 등기와 관련된 다음 설명 중 가장 옳지 않은 것은? ▸ 2016년 등기서기보

① 이전고시에 따른 등기를 신청하는 경우 정비사업시행자는 관리처분계획을 증명하는 서면이나 이전고시를 증명하는 서면 중 어느 하나를 첨부하면 된다.

② 건축시설에 관한 소유권보존등기 및 담보권 등에 관한 권리의 등기의 신청을 하는 때에는 건축시설(구분건물인 경우에는 1동의 건물에 속하는 구분건물 전부)에 관하여 동일한 신청서로 하여야 한다.

③ 이전고시가 있은 후에는 종전 토지에 관하여 권리에 관한 등기뿐만 아니라 표시에 관한 등기도 할 수 없다.

④ 정비사업시행자는 그 사업시행을 위하여 필요한 때에는 부동산의 표시변경 및 경정등기, 등기명의인의 표시변경 및 경정등기, 상속에 의한 소유권이전등기 등을 각 해당 등기의 신청권자를 대위하여 신청할 수 있다.

해설 ① 「도시 및 주거환경정비법」에 따른 정비사업시행자는 같은 법 제86조 제2항에 따른 이전고시가 있은 후 종전 토지에 관한 **말소등기**, **새로 조성된 대지 및 축조된 건축물에 관한 소유권보존등기**, 새로 조성된 대지 및 축조된 건축물에 **존속하게 되는 담보권 등에 관한 권리의 등기**를 신청하여야 하는 바, 이 때 첨부정보로서 **관리처분계획 및 그 인가를 증명하는 서면**과 **이전고시를 증명하는 서면**을 제공하여야 한다(도시 및 주거환경정비 등기규칙 제5조 제3항).

② 도시 및 주거환경정비 등기규칙 제10조 제1항
③ 예규 제1590호, 2-다-(2)
④ 도시 및 주거환경정비 등기규칙 제2조

---

08 도시 및 주거환경정비법에 따른 등기와 관련된 다음 설명 중 가장 옳지 않은 것은?

▶ 2015년 법무사

① 사업시행자는 그 사업시행을 위하여 필요한 때에는 부동산표시의 변경·경정등기, 등기명의인표시의 변경·경정등기, 소유권보존등기, 상속에 의한 소유권이전등기 등을 각 해당 등기의 신청권자를 대위하여 신청할 수 있다.

② 이전고시가 있은 후에는 종전 토지에 관한 등기를 할 수 없는데, 권리에 관한 등기뿐만 아니라 표시에 관한 등기도 할 수 없다.

③ 건축시설에 관한 소유권보존등기 및 담보권 등에 관한 권리의 등기의 신청서에 접수번호를 부여함에 있어서는 등기사항마다 신청서에 기재한 순서에 따라 별개의 번호를 부여하여야 한다. 그러나 구분건물의 소유권보존등기신청의 경우에는 모든 구분건물에 대하여 1개의 번호를 부여하여야 한다.

④ 종전 토지에 관한 지상권, 전세권, 임차권, 저당권, 가등기, 환매특약이나 권리소멸의 약정, 처분제한의 등기로서 분양받은 대지에 존속하게 되는 등기는 종전 토지의 등기부로부터 이기되는 등기이다.

⑤ 도시 및 주거환경정비법의 적용을 받아 축조된 건축시설에 대한 소유권보존등기는 정비사업조합의 조합원이 개별적으로 신청할 수 없다.

해설 ④ 재개발사업의 대상이 된 주택에 설정된 근저당권이 재개발사업으로 축조된 건물 등에 존속
하게 되는 때에는 사업시행자가 **종전** 건물에 대한 **말소등기**, 재개발사업으로 **축조된** 건물에
대한 소유권보존등기 등과 더불어 그 (🔴 **존속하게 되는 권리**)**근저당권등기를 신청**(또는 촉
탁)하여야 하며, 사업시행자가 이를 **신청하지 않은 경우**에는 그 근저당권등기는 재개발사업
으로 축조된 건물 등의 **등기부에 등재**되지 **않는다**(🔴 **자동적으로 이기✕**)(선례 제6–527호).

① 도시 및 주거환경정비 등기규칙 제2조
② 예규 제1590호, 2–다–(2)
③ 도시 및 주거환경정비 등기규칙 제17조
⑤ 도시재개발사업은 재개발구역 내의 토지 건물에 대하여 합리적이고 효율적인 고도이용과 도
시기능의 회복을 위하여 행하는 공권적 처분인 공용환권(분양처분)에 의하여 이루어지는 것
으로서, 이에 따른 도시재개발사업의 분양처분에 따른 등기는 공권력의 주체로서의 **시행자**
또는 **시행자의 위임을 받은 대리인**에 한하여 이를 신청할 수 있으며, 조합원 개인이나 기타
시행자가 아닌 다른 자로부터 위임을 받은 대리인 등은 그 등기를 신청할 수 없다(선례 제
6–532호).

09 도시 및 주거환경정비법(이하 '도정법'이라 한다)에 따른 등기절차에 관한 기술이다. 가장
옳지 않은 것은? ▸ 2013년 법무사

① 사업시행자는 도정법에 의한 사업시행 인가 후에 그 사업시행을 위하여 이전고시가 있
기 전이라도 종전 토지에 대한 부동산의 표시변경(경정)등기를 대위신청할 수 있다.
② 조합원 개인으로부터 위임을 받은 대리인은 이전고시에 따른 등기를 신청할 수 없다.
③ 이전고시에 따라 새로 조성된 대지와 건축시설에 관한 등기를 할 때 등기관은 신청서
에 기재된 등기권리자와 관리처분계획서 등에 나타난 권리자가 일치하는지 여부를 심
사하면 충분하다.
④ 종전 토지 또는 건물에 있던 담보권 등에 관한 권리의 등기는 새로운 토지와 건물에
존속하게 되므로 신청하지 않아도 자동으로 이기된다.
⑤ 이전고시의 통지가 있었음에도 불구하고 이를 간과하고 종전 토지에 관한 등기가 마쳐
진 경우에는 그 등기는 직권말소의 대상이 된다.

해설 ④ 재개발사업의 대상이 된 주택에 설정된 근저당권이 재개발사업으로 축조된 건물 등에 존속
하게 되는 때에는 사업시행자가 **종전** 건물에 대한 **말소등기**, 재개발사업으로 **축조된** 건물에
대한 소유권보존등기 등과 더불어 그 (🔴 **존속하게 되는 권리**)**근저당권등기를 신청**(또는 촉
탁)하여야 하며, 사업시행자가 이를 **신청하지 않은 경우**에는 그 근저당권등기는 재개발사업
으로 축조된 건물 등의 **등기부에 등재**되지 **않는다**(🔴 **자동적으로 이기✕**)(선례 제6–527호).

정답 ❍━ 09 ④

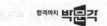

제2절 | 채무자 회생파산

📙 관련 예규

「채무자 회생 및 파산에 관한 법률」에 따른 부동산 등의 등기 사무처리지침[예규 제1516호]
제1편 총칙
제1장 통칙
제1조(목적)
이 예규는 「채무자 회생 및 파산에 관한 법률」(이하 "법"이라 한다) 및 「채무자 회생 및 파산에 관한 규칙」(이하 "규칙"이라 한다)에 따른 부동산 등의 등기절차를 규정함을 목적으로 한다.

제2조(촉탁에 의한 등기 및 그 방법)
① 회생절차, 파산절차, 개인회생절차, 국제도산절차와 관련하여, 법 제24조 및 규칙 제10조의 규정에 의한 **법원 또는 법원사무관 등의 촉탁**이 있는 때에는 관할등기소의 등기관은 이를 수리하여 그에 따른 등기를 하여야 하고, **당사자**가 이러한 등기를 **신청**한 경우 이를 수리하여서는 **아니** 된다.
② 제1항에 따른 등기촉탁의 절차 및 방법에 대하여는 「집행법원의 등기촉탁에 관한 업무처리지침」을 준용하고, 전자촉탁의 대상과 전자촉탁서 양식은 [별표 1]과 같이 한다.

제4조(등록면허세 등)
① 법원사무관 등이 회생절차, 파산절차, 개인회생절차, 국제도산절차와 관련하여 법 제24조(⊞ **회생절차 개시·간이회생절차개시·보전처분의 등기**), 제25조 제2항(⊞ **회생계획인가 등기**), 제3항(⊞ **회생계획인가취소 등기**) 및 규칙 제10조 제1항에 의한 등기를 촉탁하는 경우 **등록면허세** 및 **등기신청수수료**가 면제된다.
② 법 제26조의 규정에 의한 **부인의 등기**는 당사자의 신청에 의한 것이라도 **등록면허세**가 **면제**된다(⊞ **등기신청수수료 납부○**).
③ 제1항, 제2항의 규정에 의한 등기를 제외하고는 촉탁에 의한 등기라고 하더라도 다른 법령에 특별한 규정이 없으면 등록면허세는 면제되지 아니한다.

제5조(미등기부동산에 대한 보존등기 등)
법원사무관 등이 회생절차, 파산절차, 개인회생절차, 국제도산절차와 관련하여 **미등기부동산**에 대하여 법 제24조의 등기를 촉탁하는 경우 등기관은 이를 수리하여 **직권**으로 소유권보존등기를 한 다음 촉탁에 따른 등기를 하여야 한다(「부동산등기법」 제66조 참조).

제2장 보전처분
제8조(보전처분 등의 등기촉탁)
① 법 제43조 제1항, 제114조 제1항, 제323조, 제351조에 의하여 **채무자**(⊞ **개인**) 또는 **채무자**(⊞ **법인**)의 발기인·이사(상법 제401조의2 제1항의 규정에 의하여 이사로 보는 자를 포함한다)·감사·검사인 또는 청산인(이하 "이사 등"이라 한다)의 **부동산 등의 권리**(부동산, 선박, 입목, 공장재단, 광업재단 등에 대한 소유권과 담보물권, 용익물권, 임차권 등 소유권 이외의 권리 및 가등기상의 권리와 환매권을 포함한다. 이하 같다)에 관한 **보전처분의 등기**는 **법원사무관 등**(⊞ 법원×)의 **촉탁**으로 한다.

② 보전처분의 등기 등의 촉탁서에는 등기의 목적을 "보전처분"으로, 등기의 원인을 "○○지방법원의 재산보전처분" 또는 "○○지방법원의 임원재산보전처분"으로, 그 일자는 "보전처분 등의 결정을 한 연월일"로, 보전처분 등의 결정을 한 법원을 각 기재하고, 결정서의 등본 또는 초본을 첨부하여야 한다.

③ 보전처분에 따른 금지사항이 지정되어 촉탁된 경우에는 등기관은 해당 금지사항(예를 들어, 양도, 저당권 또는 임차권의 설정 기타 일체의 처분행위의 금지)을 기록하여야 한다.

제9조(다른 등기와의 관계)

① **보전처분의 등기**는 그 등기 이전에 가압류, 가처분, 강제집행 또는 담보권실행을 위한 경매, 체납처분에 의한 압류등기 등 처분제한등기 및 가등기(이하 "**가압류 등**"이라 한다)가 되어 **있는 경우에도 할 수 있다**.

② 보전처분은 채무자 등에 대하여 일정한 행위의 제한을 가하는 것이고 제3자의 권리행사를 금지하는 것은 아니므로, **보전처분등기가 경료된 채무자의 부동산 등**에 대하여 가압류, 가처분 등 보전처분, 강제집행 또는 담보권실행을 위한 경매, 체납처분에 의한 압류 등(🌐 **가압류 등**)의 등기촉탁이 있는 경우에도 이를 **수리하여야** 한다.

제10조(보전처분 등의 등기의 말소)

① **보전처분이 변경 또는 취소**되거나, 보전처분 이후 회생절차개시신청, 파산신청 또는 개인회생절차개시신청의 기각결정, 취하 또는 취하허가 기타 사유로 **보전처분이 그 효력을 상실**한 경우, **법원사무관 등의 촉탁으로 보전처분** 등기 등을 **변경 또는 말소**한다.

② 보전처분 변경이나 말소등기의 촉탁서에는 결정문의 등본(또는 초본)이나 취하서 등의 소명자료를 첨부하여야 한다.

③ 법원사무관 등이 회생절차개시취소, 회생계획불인가, 회생절차폐지, 회생절차종결, 파산취소, 파산폐지 및 파산종결의 등기를 촉탁하거나 파산관재인의 권리포기에 따른 파산등기의 말소등기를 촉탁하면서 동시에 당해 사건의 보전처분등기의 말소등기를 촉탁하면 등기관은 이를 수리하여야 한다.

④ 제3항의 경우 법원사무관 등이 당해 사건의 보전처분등기의 말소등기에 대한 촉탁을 동시에 하지 아니하고 그 이후에 한 경우라도 등기관은 이를 수리하여야 한다.

제11조(부인의 등기신청)

① 등기의 원인인 행위가 부인되거나 등기가 부인된 때에는 **관리인, 파산관재인** 또는 개인회생절차에서의 **부인권자**(법 제584조)는 단독으로 부인의 등기를 **신청**하여야 한다.

② 부인의 등기의 신청서에는 등기원인을 증명하는 서면으로 부인소송과 관련된 청구를 인용하는 판결 또는 부인의 청구를 인용하는 결정을 인가하는 판결의 판결서 등본 및 그 확정증명서 또는 부인의 청구를 인용하는 결정서 등본 및 그 확정증명서를 첨부하여야 한다.

③ 부인의 등기의 신청은 부인권자가 단독으로 행하는 것이므로, 신청인이 관리인, 파산관재인, 개인회생절차에서의 부인권자라는 사실을 소명하는 자료를 함께 제출하여야 한다.

④ 등기원인 행위의 부인등기는, **등기목적**을 "○번 등기원인의 채무자 회생 및 파산에 관한 법률에 의한 부인"으로, **등기원인**을 "○년 ○월 ○일 판결 (또는 결정)"으로 각 기록하되, **그 일자는** 판결 또는 결정의 확정일로 한다.

⑤ 등기의 부인등기는, **등기목적**을 "○번 등기의 채무자 회생 및 파산에 관한 법률에 의한 부인"으로, **등기원인**을 "○년 ○월 ○일 판결 (또는 결정)"으로 각 기록하되, 그 **일자**는 판결 또는 결정의 확정일로 한다.

제12조(다른 등기와의 관계)

① 삭제(2011.10.11. 제1386호)

② **부인등기**가 마쳐진 이후에는 당해 부동산 또는 당해 부동산 위의 권리는 채무자의 재산, 개인회생재단 또는 파산재단에 속하고, 등기부상 명의인이 그 부동산 또는 그 부동산 위의 권리를 관리, 처분할 수 있는 권리를 상실하였다는 사실이 공시되었으므로, **부인된 등기의 명의인을 등기의무자로** 하는 등기신청이 있는 경우, 등기관은 이를 **각하**하여야 한다.

③ 부인등기가 마쳐진 이후에는 당해 부동산 또는 당해 부동산 위의 권리는 채무자의 재산, 개인회생재단 또는 파산재단에 속한다는 사실이 공시되었으므로, 법원사무관 등은 법 제26조 제3항, 제23조 제1항 제1호 내지 제3호, 제5호의 규정에 의하여 회생절차개시, 회생절차개시결정 취소, 회생절차폐지, 또는 회생계획불인가, 회생계획의 인가, 회생절차의 종결결정, 파산선고, 파산취소, 파산폐지, 파산종결의 등기를 촉탁하여야 하고, 등기관은 이를 수리하여야 한다.

제13조(부인등기 등의 말소)

부인등기가 마쳐진 이후에는 당해 부동산 또는 당해 부동산 위의 권리는 채무자의 재산 또는 파산재단에 속한다는 사실이 공시되었으므로, **관리인** 또는 **파산관재인이** 부인의 등기가 된 재산을 **임의매각**하거나 **민사집행법**에 의하여 **매각**하고 제3자에게 **이전등기**를 한 때에는, **법원**은 법 제26조 제4항에 의하여 **부인의 등기, 부인된 행위를 원인으로 하는 등기, 부인된 등기 및 위 각 등기의 뒤에 되어 있는 등기로서 회생채권자 또는 파산채권자에게 대항할 수 없는 것의 **말소**를 **촉탁**(ⓐ 신청×)하여야 하고, 등기관은 이를 수리하여야 한다.

제2편 회생절차

제14조(회생절차개시결정 등의 등기)

① **회생절차개시결정의 등기**는 **법원사무관 등**이 촉탁서에 등기의 목적, 등기의 원인 및 그 일자, 결정을 한 법원을 기재하고, 결정서의 등본 또는 초본을 첨부하여 **촉탁**하여야 한다.

② **회생절차개시결정의 등기**는 그 등기 이전에 가압류, 가처분, 강제집행 또는 담보권실행을 위한 경매, 체납처분에 의한 압류등기, 가등기, 파산선고의 등기 등(ⓐ **가압류 등**)이 되어 있는 **경우에도 할 수 있다.**

③ **회생절차개시결정의 등기**가 된 채무자의 부동산 등의 권리에 관하여 **파산선고의 등기,** (ⓐ 또 다른) **회생절차개시의 등기**의 촉탁이 있는 경우 등기관은 이를 **각하**하여야 한다.

④ 회생절차개시결정의 등기가 된 채무자의 부동산 등의 권리에 관하여 강제집행, 가압류, 가처분 또는 담보권실행을 위한 경매에 관한 등기촉탁이 있는 경우에 등기관은 이를 수리하여야 한다.

⑤ **회생절차개시결정**이 있는 때에는 채무자의 업무의 수행과 재산의 관리 및 처분을 하는 권한은 관리인에게 전속하고(법 제56조 제1항), 관리인이 선임되지 아니한 경우에는 채무자의 대표자가 관리인으로 간주되므로(법 제74조 제4항), 등기신청권자는 관리인 또는 법 제74조 제4항에 의하여 관리인으로 간주되는 자이지만(표시방법 : ○○○ 관리인○○○), 권리의무의 귀속주체는 채무자 본인이다.

⑥ **관리인**이 **회생계획에 따라** 채무자 명의의 부동산 등을 처분하고 그에 따른 등기를 신청하는 경우에는 회생계획인가결정의 등본 또는 **회생계획에 의하지 아니하고** 처분한 경우에는 법원의 허가서 또는 법원의 허가를 요하지 아니한다는 뜻의 증명서를 그 신청서에 첨부하여야 한다. 이 경우 **관리인**은 당해 부동산 등의 권리에 관한 **보전처분의 등기 이후에** 그 보전처분에 **저촉되는 등기**가 경료된 경우에는 그 등기의 **말소등기도 동시에 신청**하여야 한다.

⑦ 채무자 명의의 부동산 등을 처분하고 **제3자 명의의 소유권이전등기를 경료**한 경우에는, **법원사무관 등**은 직권으로 관할등기소 등기관에게 "매각"을 원인으로 하여 **보전처분등기, 회생절차개시등기, 회생계획인가의 등기**의 각 **말소**를 **촉탁**하여야 하고, 등기관은 이를 수리하여야 한다.

제15조(회생계획인가의 등기)

① 회생계획인가의 등기는 법원사무관 등이 촉탁서에 등기의 목적, 등기의 원인 및 그 일자, 결정을 한 법원을 기재하고, 결정서의 등본 또는 초본을 첨부하여 촉탁하여야 한다.

② 회생절차개시결정의 등기가 되어 있지 아니한 부동산에 관하여 회생계획인가의 등기촉탁이 있는 경우, 부인의 등기가 된 경우를 제외하고는 등기관은 이를 각하하여야 한다.

③ 회생계획인가의 등기 전에 같은 부동산에 파산등기가 되어 있는 경우(⊞ 파산등기가 되어 있는 부동산에 관하여 회생계획인가의 등기촉탁이 있는 경우) 등기관은 회생계획인가등기를 한 후 파산등기를 직권으로 말소하여야 하고, 그 인가취소의 등기를 하는 경우 직권으로 말소한 파산등기를 회복하여야 한다.
　제18조 제4항 내지 제7항의 규정은 회생계획불인가등기 및 회생절차폐지등기에 대하여 준용한다.

제19조(채무자가 법인인 경우의 특례)

법인인 채무자 명의의 부동산 등의 권리에 대해서 회생절차개시결정, 회생계획인가, 회생절차종결의 등기촉탁이 있는 경우, 등기관은 「부동산등기법」 제29조 제2호를 의하여 이를 각하하여야 한다(법 제24조 제1항 제1호).

제3편 파산절차

제22조(임의매각에 따른 등기신청)

① 파산관재인이 법 제492조에 따라 부동산에 관한 물권이나 등기하여야 하는 국내선박 및 외국선박을 매각하고, 이에 대한 등기를 신청하기 위하여는 법원의 허가서 등본 또는 감사위원의 동의서 등본을 첨부하여야 한다. 이 경우 당해 부동산 등의 권리에 관한 보전처분의 등기 이후에 그 보전처분에 저촉되는 등기가 경료된 경우에는 그 등기의 말소등기도 동시에 신청하여야 한다.

② 파산선고의 등기가 되어 있는 부동산 등의 권리의 일부지분이 임의매각된 경우에 등기관은 보전처분등기 및 파산선고등기가 나머지 지분에 관하여 존속하는 것으로 직권으로 변경하여야 한다(등기목적 : "○번 보전처분" 또는 "○번 파산선고"를 "○번 ○○○지분 보전처분" 또는 "○번 ○○○지분 파산선고"로 하는 변경).

③ 파산관재인이 제1항의 규정에 의하여 파산선고를 받은 채무자명의의 부동산 등을 처분하고 제3자 명의의 소유권이전등기를 경료한 경우에는, 법원사무관 등은 파산관재인의 신청에 의하여 관할등기소 등기관에게 "매각"을 원인으로 하여 보전처분등기 및 파산선고등기의 각 말소를 촉탁하여야 하고, 등기관은 이를 수리하여야 한다.

④ 파산관재인이 제1항 내지 제3항(⊞ 채무자명의 부동산 처분)에 의해 소유권이전등기를 신청하는 경우에는 등기필정보는 제공할 필요가 없다.

제27조(기타)

파산등기가 되어 있지 아니한 부동산 등의 권리에 파산취소, 파산폐지, 파산종결 등의 등기촉탁이 있는 경우 등기관은 「부동산등기법」 제29조 제6호에 의하여 이를 각하하여야 한다.

제28조(채무자가 법인인 경우의 특례)

법인인 채무자 명의의 부동산 등의 권리에 대해서 파산선고의 등기 등의 촉탁이 있는 경우, 등기관은 「부동산등기법」 제29조 제2호를 적용하여 이를 각하하여야 한다(법 제24조 제3항).

제4편 개인회생절차

제29조(보전처분 및 부인의 등기촉탁)

① 개인회생절차에서 채무자 명의의 부동산 등의 권리에 대해서 법원사무관 등으로부터 법 제24조 제6항에 의한 **보전처분** 및 그 취소 또는 변경의 등기의 촉탁이 있는 경우에는 등기관은 이를 수리하여야 한다.

② 개인회생절차에서 채무자 명의의 부동산 등의 권리에 대해서 법 제26조 제1항, 제584조에 의한 **부인등기**의 신청 및 그 말소 촉탁이 있는 경우 등기관은 이를 **수리**하여야 한다.

제30조(개인회생절차개시결정 등의 등기촉탁의 각하)

개인회생절차에서 (🎯 절차의 간이화를 위해) **개인회생절차개시결정**, 변제계획의 인가결정, 개인회생절차폐지결정 등은 등기할 사항이 아니므로, 법원사무관 등으로부터 이러한 등기촉탁이 있는 경우, 등기관은 「부동산등기법」 제29조 제2호에 의하여 이를 **각하**하여야 한다(🎯 보전처분·부인등기는 등기사항이다).

---

01 채무자회생 및 파산에 관한 법률에 따른 부동산등기절차에 관한 다음 설명 중 가장 옳지 않은 것은?

▶ 2022년 법무사

① 개인회생절차에서는 회생절차개시결정, 변제계획인가결정은 등기할 사항이 아니나 보전처분등기와 부인등기는 할 수 있다.

② 파산선고를 받은 채무자가 법인이 아닌 개인인 경우 파산관재인이 파산재단에 속한 부동산을 임의매각하여 매수인과 공동으로 소유권이전등기신청을 하는 경우에 파산법원으로부터 발급받은 파산관재인의 사용인감으로 인감증명법에 따른 인감증명을 대신할 수는 없다.

③ 회생절차개시결정의 등기가 된 채무자의 부동산 등의 권리에 관하여 파산선고의 등기촉탁이 있는 경우 등기관은 이를 수리하여야 한다.

④ 회생절차개시결정의 등기는 그 등기 이전에 가압류, 가처분, 강제집행 또는 담보권실행을 위한 경매, 체납처분에 의한 압류등기, 가등기, 파산선고의 등기 등이 되어 있는 경우에도 할 수 있다.

⑤ 회생절차개시결정의 등기가 된 채무자의 부동산 등의 권리에 관하여 강제집행, 가압류, 가처분 또는 담보권실행을 위한 경매에 관한 등기촉탁이 있는 경우에 등기관은 이를 수리하여야 한다

해설 ③ 회생절차개시결정의 등기가 된 채무자의 부동산 등의 권리에 관하여 **파산선고의 등기**, (🎯 또 다른)회생절차개시의 등기의 촉탁이 있는 경우 등기관은 이를 **각하**하여야 한다(예규 제1516호, 14-③).

① **개인회생절차**에서 (🎯 절차의 간이화를 위해) **개인회생절차개시** 결정, **변제계획의 인가결정**, **개인회생절차폐지결정** 등은 등기할 사항이 아니므로, 법원사무관 등으로부터 이러한 등기촉

정답 ━ 01 ③

탁이 있는 경우, 등기관은 「부동산등기법」 제29조 제2호에 의하여 이를 **각하하여야 한다**(예 규 제1516호, 30).

(🎓 **보전처분·부인등기**는 등기사항이다)

② 1. **파산관재인**이 파산재단에 속한 **부동산을 제3자에게 임의매각**하고 이를 원인으로 파산관 재인과 매수인이 공동으로 **소유권이전등기를** 신청할 때에

　　1) 파산선고를 받은 **채무자가 법인**인 경우에는 **등기소로부터 발급받은 파산관재인의** (🎓 **법인)인감증명을** 제공하여야 하고,

　　2) 파산선고를 받은 **채무자가 개인**인 경우에는 「**인감증명법**」에 따라 발급받은 **파산관재 인 개인인감증명을** 제공하여야 하는바,

　　3) 파산법원으로부터 발급받은 **파산관재인의 사용인감에 대한 인감증명으로 이를 대신할 수는 없다.**

　2. 이 경우 **등기원인이 "매매"**이므로 파산관재인의 인감증명은 **매도용 인감증명**이어야 한다 (선례 제201812-6호).

④ **회생절차개시결정의 등기는** 그 등기 이전에 가압류, 가처분, 강제집행 또는 담보권실행을 위 한 경매, 체납처분에 의한 압류등기, 가등기, 파산선고의 등기 등이 되어 있는 경우에도 할 수 있다(예규 제1516호, 14-②).

⑤ **회생절차개시결정의 등기가 된 채무자의 부동산 등의 권리에 관하여 강제집행, 가압류, 가처 분 또는 담보권실행을 위한 경매에 관한 등기촉탁이 있는 경우에 등기관은 이를 수리하여야 한다**(예규 제1516호, 14-④).

02 채무자회생 및 파산에 관한 법률에 따른 부동산등기절차에 관한 다음 설명 중 가장 옳지 않은 것은?
▶ 2021년 법원사무관

① 개인회생절차에서는 회생절차개시결정, 변제계획인가결정은 등기할 사항이 아니나 보 전처분등기 및 부인등기는 할 수 있다.

② 파산관재인이 채무자 명의의 부동산을 임의매각하고 그에 따른 소유권이전등기를 상대 방과 공동신청하는 경우 등기의무자의 등기필정보는 제출할 필요가 없으나 파산관재인 의 인감증명은 제공하여야 한다.

③ 회생절차개시결정의 등기가 된 채무자의 부동산의 권리에 관하여 파산선고의 등기의 촉탁이 있는 경우 등기관은 이를 수리하여야 한다.

④ 부인등기가 마쳐진 이후에는 부인된 등기의 명의인을 등기의무자로 하는 등기신청이 있는 경우, 등기관은 이를 각하하여야 한다.

해설 ③ **회생절차개시결정의 등기가 된 채무자의 부동산 등의 권리에 관하여 파산선고의 등기, (🎓 또 다른) 회생절차개시의 등기의 촉탁이 있는 경우 등기관은 이를 각하**하여야 한다(예규 제 1516호, 14).

① 예규 제1516호, 29, 30

② 파산관재인이 파산재단에 속한 **부동산을 제3자에게 임의매각**하고 이를 원인으로 파산관재인 과 매수인이 공동으로 **소유권이전등기를** 신청할 때에 파산선고를 받은 **채무자가 법인**인 경우

에는 **등기소로부터** 발급받은 파산관재인의 인감증명을 제공하여야 하고, 파산선고를 받은 **채무자가 개인**인 경우에는 「**인감증명법**」에 따라 발급받은 **파산관재인 개인의 인감증명**을 제공하여야 하는바, 파산법원으로부터 발급받은 파산관재인의 사용인감에 대한 인감증명으로 이를 대신할 수는 없다. 이 경우 등기원인이 "매매"이므로 파산관재인의 인감증명은 **매도용** 인감증명이어야 한다(선례 제201812−6호).

④ 예규 제1516호, 12

03 채무자 회생 및 파산 등기에 관한 다음 설명 중 가장 옳지 않은 것은? ▸ 2018년 등기주사보

① 채무자가 법인인 경우에는 법인의 부동산에 관한 권리에 대하여 회생절차의 개시·폐지·인가·종결의 등기를 하지 않는다.

② 보전처분 및 부인의 등기는 법인 또는 법인이 아닌 채무자의 부동산의 권리에 대하여 한다.

③ 회생 및 파산 절차의 각 진행 경과에 따른 등기는 원칙적으로 회생법원의 법원사무관 등이 촉탁하지만, 부인등기의 말소와 같이 예외적으로 회생법원이 촉탁하는 경우도 있다.

④ 개인회생절차에서는 절차의 간이화를 위하여 보전처분, 부인의 등기, 개인회생절차개시결정, 변제계획인가결정 등의 절차에 따른 등기는 하지 않는다.

> **해설** ④ 개인회생절차에서 (🏛 절차의 간이화를 위해) 개인회생절차개시 결정, 변제계획의 인가결정, 개인회생절차폐지결정 등은 등기할 사항이 아니므로, 법원사무관 등으로부터 이러한 등기촉탁이 있는 경우, 등기관은 「부동산등기법」 제29조 제2호에 의하여 이를 각하하여야 한다 (🏛 보전처분·부인등기는 등기사항이다)(예규 제1516호, 30).

04 채무자 회생 및 파산에 관한 등기와 관련한 다음 설명 중 가장 옳지 않은 것은?

▸ 2017년 법무사

① 등기의 원인인 행위가 부인되거나 등기가 부인된 때에는 부인권자가 부인의 등기를 신청하는데, 이때에 등록면허세가 면제된다.

② 미등기부동산에 대하여 회생절차개시등기의 촉탁이 있는 경우에 등기관은 이를 수리하여 직권으로 소유권보존등기를 한 다음 촉탁에 따른 등기를 하여야 한다.

③ 회생절차개시결정의 등기는 그 등기 이전에 가압류, 가처분, 강제집행 또는 담보권실행을 위한 경매, 체납처분에 의한 압류등기, 가등기, 파산선고의 등기 등이 되어 있는 경우에도 할 수 있다.

④ 파산관재인이 파산선고를 받은 채무자 명의의 부동산을 처분하고 제3자 명의로 소유권이전등기를 신청하는 경우에 등기필정보는 제공할 필요가 없다.

> **정답 ○━** 02 ③ 03 ④ 04 ⑤

⑤ 관리인이 회생계획에 따라 채무자 명의의 부동산을 처분하고 그에 따른 등기를 신청하는 경우에는 법원의 허가서 또는 법원의 허가를 요하지 아니한다는 뜻의 증명서를 그 신청서에 첨부하여야 한다.

해설 ⑤ 관리인이 **회생계획에 따라** 채무자 명의의 부동산 등을 처분하고 그에 따른 등기를 신청하는 경우에는 회생계획인가결정의 등본 또는 **회생계획에 의하지 아니하고** 처분한 경우에는 법원의 허가서 또는 법원의 허가를 요하지 아니한다는 뜻의 증명서를 그 신청서에 첨부하여야 한다. 이 경우 **관리인**은 당해 부동산 등의 권리에 관한 **보전처분의 등기** 이후에 그 보전처분에 **저촉되는 등기**가 경료된 경우에는 그 등기의 **말소등기도 동시에 신청**하여야 한다 (예규 제1516호, 14-⑥).

① 예규 제1516호, 4-②
② 예규 제1516호, 5
③ 예규 제1516호, 14-②
④ 예규 제1516호, 22

05 채무자 회생 및 파산에 관한 등기와 관련한 다음 설명 중 가장 옳지 않은 것은?

▸ 2017년 법원사무관

① 회생절차개시 또는 파산선고의 등기촉탁은 법인 또는 법인이 아닌 채무자의 부동산에 대하여 기록할 수 있다.
② 보전처분 등기가 마쳐진 후 가압류등기의 촉탁이 있는 경우 등기관은 이를 수리한다.
③ 부인등기가 마쳐진 후 부인된 등기의 명의인을 등기의무자로 하는 등기신청이 있는 경우에 등기관은 이를 각하하여야 한다.
④ 부인등기의 말소는 회생법원의 촉탁에 의한다.

해설 ① 1) **법인인 채무자** 명의의 부동산 등의 권리에 대해서 **회생절차개시결정, 회생계획인가, 회생절차종결**의 등기촉탁이 있는 경우, 등기관은 「부동산등기법」 제29조 제2호를 의하여 이를 **각하**하여야 한다(예규 제1516호, 19).
　　2) **법인인 채무자** 명의의 부동산 등의 권리에 대해서 **파산선고의 등기** 등의 촉탁이 있는 경우, 등기관은 「부동산등기법」 **제29조 제2호를** 적용하여 이를 **각하**하여야 한다(예규 제1516호, 28).

② 예규 제1516호, 9-②
③ 예규 제1516호, 12-②
④ 예규 제1516호, 13

06 채무자 회생 및 파산에 관한 법률에 따른 등기에 관한 다음 설명 중 가장 옳지 않은 것은?

▶ 2017년 등기서기보

① 채무자의 부동산에 관한 보전처분의 등기는 법원사무관 등의 촉탁으로 한다.

② 보전처분등기가 마쳐진 채무자의 부동산에 대하여 강제집행 또는 담보권실행을 위한 경매의 촉탁이 있는 경우에는 이를 각하하여야 한다.

③ 등기의 원인인 행위가 부인되거나 등기가 부인된 때에는 관리인, 파산관재인 또는 개인회생절차에서의 부인권자는 단독으로 부인의 등기를 신청하여야 한다.

④ 부인등기가 마쳐지면 부인된 등기의 명의인을 등기의무자로 하는 등기신청은 이를 각하하여야 한다.

해설 ② 보전처분은 채무자 등에 대하여 일정한 행위의 제한을 가하는 것이고 제3자의 권리행사를 금지하는 것은 아니므로, **보전처분등기가 경료된 채무자의 부동산** 등에 대하여 가압류, 가처분 등 보전처분, 강제집행 또는 담보권실행을 위한 경매, 체납처분에 의한 압류 등(**■ 가압류 등**)의 등기촉탁이 있는 경우에도 이를 **수리하여야** 한다(예규 제1516호, 9-②).

① 예규 제1516호, 8-①
③ 예규 제1516호, 11-①
④ 예규 제1516호, 12-②

07 채무자 회생 및 파산에 관한 법률에 따른 부동산등기에 관한 다음 설명 중 가장 옳지 않은 것은?

▶ 2016년 법무사

① 보전처분 등기가 마쳐진 채무자의 부동산에 대하여 가압류, 가처분 등 보전처분, 강제집행 또는 담보권 실행을 위한 경매, 체납처분에 의한 압류 등의 등기촉탁이 있는 경우 등기관은 이를 수리하여서는 아니 된다.

② 등기의 원인인 행위가 부인되거나 등기가 부인된 때에는 관리인, 파산관재인 또는 개인회생절차에서의 부인권자는 단독으로 부인의 등기를 신청하여야 한다.

③ 부인등기가 마쳐진 이후 부인된 등기의 명의인을 등기의무자로 하는 등기신청이 있는 경우 등기관은 이를 각하하여야 한다.

④ 회생절차개시결정의 등기가 된 채무자의 부동산에 관하여 파산선고의 등기, 회생절차개시의 등기의 촉탁이 있는 경우 등기관은 이를 각하하여야 한다.

⑤ 회생절차개시결정의 등기가 되어 있지 아니한 부동산에 관하여 회생계획인가의 등기촉탁이 있는 경우, 부인의 등기가 된 경우를 제외하고는 등기관은 이를 각하하여야 한다.

정답 → 05 ① 06 ② 07 ①

해설 ① 보전처분은 채무자 등에 대하여 일정한 행위의 제한을 가하는 것이고 제3자의 권리행사를 금지하는 것은 아니므로, **보전처분등기가 경료된 채무자의 부동산 등**에 대하여 가압류, 가처분 등 보전처분, 강제집행 또는 담보권실행을 위한 경매, 체납처분에 의한 압류 등(**註 가압류 등**)의 등기촉탁이 있는 경우에도 이를 **수리하여야** 한다(예규 제1516호, 9–②).

② 예규 제1516호, 11
③ 예규 제1516호, 12–②
④ 예규 제1516호, 14–③
⑤ 예규 제1516호, 15–②

08 채무자 회생 및 파산에 관한 등기에 관한 다음 설명 중 가장 옳지 않은 것은?

▶ 2014년 법무사

① 회생절차와 관련한 대부분의 등기는 법원사무관 등의 명의로 촉탁하지만 부인등기의 말소등기 등은 회생법원의 명의로 촉탁한다.
② 채무자가 법인인 경우 그 소유 부동산에 대하여 보전처분의 등기를 촉탁한다.
③ 채무자가 법인이 아닌 경우에는 보전처분 및 회생절차의 각 단계에 따른 기입등기가 촉탁의 대상이 된다.
④ 보전처분의 등기가 마쳐진 이후에 그 보전처분에 저촉되는 근저당권설정등기의 신청이 있는 경우 등기관은 그 신청을 각하하여야 한다.
⑤ 회생절차개시결정의 등기가 마쳐진 후에 파산선고의 등기촉탁이 있는 경우 등기관은 그 촉탁을 각하하여야 한다.

해설 ④ 보전처분은 채무자 등에 대하여 일정한 행위의 제한을 가하는 것이고 제3자의 권리행사를 금지하는 것은 아니므로, **보전처분등기가 경료된 채무자의 부동산 등**에 대하여 가압류, 가처분 등 보전처분, 강제집행 또는 담보권실행을 위한 경매, 체납처분에 의한 압류 등(**註 가압류 등**)의 등기촉탁이 있는 경우에도 이를 **수리하여야** 한다(예규 제1516호, 9–②).

① 예규 제1516호, 2, 13
② 예규 제1516호, 8
③ **법인인 채무자 명의의 부동산 등의 권리에 대해서 회생절차개시결정, 회생계획인가, 회생절차종결**의 등기촉탁이 있는 경우, 등기관은 「부동산등기법」 제29조 제2호를 의하여 이를 **각하하여야** 한다(예규 제1516호, 19). 그러나 채무자가 법인이 아닌 경우에는 보전처분 및 회생절차의 각 단계에 따른 기입등기가 촉탁의 대상이 된다.
⑤ 예규 제1516호, 14–③

09 「채무자 회생 및 파산에 관한 법률」상 회생절차에 따른 등기신청에 관한 다음 설명 중 옳은 것은?

▶ 2012년 법무사

① 회생절차상 보전처분의 기입등기는 법원의 촉탁으로 하여야 한다.

② 회생절차상 보전처분의 기입등기는 그 등기 이전에 가압류등기나 경매개시결정등기가 되어 있는 경우에는 할 수 없다.

③ 회생절차상 부인의 등기가 마쳐져 있는 경우라 하더라도 부인된 등기의 명의인을 등기의무자로 한 등기신청은 수리하여야 한다.

④ 회생절차개시결정의 등기가 된 채무자의 부동산에 관하여 파산선고의 등기촉탁이 있는 경우에는 각하하여야 하지만 또 다른 회생절차개시의 등기의 촉탁이 있는 경우에는 그 촉탁을 수리하여야 한다.

⑤ 파산등기가 되어 있는 부동산에 관하여 회생계획인가의 등기촉탁이 있는 경우 등기관은 회생계획인가의 등기를 한 후 파산등기를 직권으로 말소하여야 한다.

해설 ⑤ 회생계획인가의 등기 전에 같은 부동산에 파산등기가 되어 있는 경우(⊞ 파산등기가 되어 있는 부동산에 관하여 회생계획인가의 등기촉탁이 있는 경우) 등기관은 회생계획인가등기를 한 후 파산등기를 직권으로 말소하여야 하고, 그 인가취소의 등기를 하는 경우 직권으로 말소한 파산등기를 회복하여야 한다(예규 제1516호, 15-③).

① 채무자(⊞ 개인) 또는 채무자(⊞ 법인)의 발기인·이사·감사·검사인 또는 청산인(이하 "이사 등"이라 한다)의 부동산 등의 권리(부동산, 선박, 입목, 공장재단, 광업재단 등에 대한 소유권과 담보물권, 용익물권, 임차권 등 소유권 이외의 권리 및 가등기상의 권리와 환매권을 포함한다. 이하 같다)에 관한 보전처분의 등기는 법원사무관 등(⊞ 법원×)의 촉탁으로 한다(예규 제1516호, 8-①).

② 보전처분의 등기는 그 등기 이전에 가압류, 가처분, 강제집행 또는 담보권실행을 위한 경매, 체납처분에 의한 압류등기 등 처분제한등기 및 가등기(이하 "가압류 등"이라 한다)가 되어 있는 경우에도 할 수 있다(예규 제1516호, 9-①).

③ 부인등기가 마쳐진 이후에는 당해 부동산 또는 당해 부동산 위의 권리는 채무자의 재산, 개인회생재단 또는 파산재단에 속하고, 이 그 부동산 또는 그 부동산 위의 권리를 관리, 처분할 수 있는 권리를 상실하였다는 사실이 공시되었으므로, 부인된 등기의 명의인을 등기의무자로 하는 등기신청이 있는 경우, 등기관은 이를 각하하여야 한다(예규 제1516호, 12-②).

④ 회생절차개시결정의 등기가 된 채무자의 부동산 등의 권리에 관하여 파산선고의 등기, (⊞ 또 다른)회생절차개시의 등기의 촉탁이 있는 경우 등기관은 이를 각하하여야 한다(예규 제1516호, 14-③).

정답 ━ 08 ④ 09 ⑤

10 채무자 회생 및 파산에 관한 법률에 따른 보전처분의 등기와 관련한 다음 설명 중 가장 옳지 않은 것은? ▸ 2019년 법무사

① 채무자 또는 채무자의 발기인·이사·감사·검사인 또는 청산인의 부동산의 권리에 관한 보전처분의 등기는 법원사무관 등이 촉탁한다.

② 보전처분 등기의 촉탁서에는 등기의 목적을 '보전처분'으로, 등기의 원인을 '○○지방법원의 재산보전처분'으로, 그 일자는 '보전처분의 결정을 한 연월일'을 각 기재하고, 결정서의 등본 또는 초본을 첨부하여야 한다.

③ 보전처분의 등기는 그 등기 이전에 가압류, 가처분, 강제집행 또는 담보권실행을 위한 경매, 체납처분에 의한 압류등기 등 처분제한등기 및 가등기가 되어 있는 경우에도 할 수 있다.

④ 보전처분등기가 마쳐진 후에 회생절차개시신청·파산신청·개인회생절차개시신청의 기각결정으로 보전처분이 그 효력을 상실한 경우에는 법원사무관 등의 촉탁으로 보전처분의 등기를 말소한다.

⑤ 관리인이 채무자 명의의 부동산을 처분하여 제3자 명의로의 소유권이전등기를 신청하는 때에는 보전처분의 등기 이후에 마쳐진 보전처분에 저촉되는 등기의 말소를 동시에 신청하여야 하고, 이를 말소한 때에는 해당 보전처분의 등기는 등기관이 직권으로 말소한다.

해설 ⑤ 채무자 명의의 부동산 등을 처분하고 제3자 명의의 소유권이전등기를 경료한 경우에는, 법원사무관 등은 직권으로 관할등기소 등기관에게 "매각"을 원인으로 하여 보전처분등기, 회생절차개시등기, 회생계획인가의 등기의 각 말소를 촉탁하여야 하고, 등기관은 이를 수리하여야 한다(예규 제1516호, 14-⑦).

① 예규 제1516호, 8-①
② 예규 제1516호, 8-②
③ 예규 제1516호, 9-①
④ 예규 제1516호, 10

11 채무자회생 및 파산에 관한 법률에 따른 부인등기에 관한 설명 중 가장 옳지 않은 것은?

▶ 2019년 등기주사보

① 부인판결에 의한 등기를 신청할 경우 등기원인일자는 판결확정일로 한다.

② 부인등기가 마쳐진 경우라 하더라도 부인된 등기의 명의인을 등기의무자로 한 등기신청은 각하할 수 없다.

③ 회생절차상 부인등기는 관리인이 단독으로 신청한다.

④ 관리인이 부인의 등기가 된 재산을 임의매각하고 제3자에게 이전등기를 한 경우 회생법원은 부인등기의 말소를 촉탁하여야 한다.

> **해설** ② **부인등기**가 마쳐진 이후에는 당해 부동산 또는 당해 부동산 위의 권리는 채무자의 재산, 개인회생재단 또는 파산재단에 속하고, 등기부상 명의인이 그 부동산 또는 그 부동산 위의 권리를 관리, 처분할 수 있는 권리를 상실하였다는 사실이 공시되었으므로, **부인된 등기의 명의인을 등기의무자**로 하는 등기신청이 있는 경우, 등기관은 이를 **각하**하여야 한다(예규 제1516호, 12-②).
>
> ① 예규 제1516호, 11-④, ⑤
> ③ 예규 제1516호, 11-①
> ④ 예규 제1516호, 13

제3절 | 공무원범죄 몰수 특례법

🖊 **관련 예규**

공무원범죄에 관한 몰수특례법 등의 시행에 따른 등기사무처리지침[예규 제1375호]

1. 몰수보전등기

   가. 부동산에 대한 몰수보전등기

   (1) 부동산에 관한 몰수보전등기는 검사가 몰수보전명령의 등본을 첨부하여 이를 촉탁한다.

   (2) 위 촉탁서에는 등기목적으로서 "몰수보전"을, 등기원인으로서 몰수보전명령을 발한 법원, 사건번호 및 그 연월일을, 등기권리자로서 "국"을 각 기재하여야 한다.

   (3) 등기관은 몰수보전등기를 한 후 그 등기사항증명서를 당해 몰수보전등기를 촉탁한 검사에게 송부하여야 한다. 이 경우 등기예규 제1373호에 따라 이를 처리할 수 있다.

   (4) 몰수보전등기가 경료된 후에 몰수보전의 대상이 된 권리에 대한 이전등기 등의 신청이 있는 경우 등기관은 이를 수리하여야 한다.

   (5) 몰수보전명령이 취소되었을 경우 검사는 취소결정의 등본을 첨부하여 "취소결정"을 등기원인으로 하여 몰수보전등기의 말소등기를 촉탁하여야 한다.

   (6) 검사는 공무원범죄에 관한 몰수특례법(이하 "법"이라 한다) 제33조 제1항에 의하여 몰수보전명령이 실효된 경우 그 재판의 등본 및 확정증명을 첨부하여 몰수보전등기의 말소등기를 촉탁하여야 하고, 법 제33조 제2항에 의하여 몰수보전명령이 실효된 경우에는 그 재판이 확정된 날로부터 30일 후에 그 재판의 등본, 확정증명 및 공소를 제기하지 아니한 사실을 증명하는 서면을 첨부하여 몰수보전등기의 말소등기를 촉탁하여야 한다. 이 경우 등기원인 "○년 ○월 ○일 실효"로 하되 그 일자는 전자의 경우는 재판이 확정된 날, 후자의 경우에는 확정된 날로부터 30일이 경과한 다음 날로 한다.

   나. 채권에 대한 몰수보전등기

   (1) 저당권부채권에 대한 몰수보전명령이 있으면 검사는 몰수보전명령을 발한 법원에 그 등기를 신청할 수 있고, 법원은 저당권부채권의 압류등기촉탁의 예에 의하여 그 등기를 촉탁한다. 가등기에 의하여 담보되는 채권에 대하여 몰수보전명령이 발하여진 경우도 이와 같다.

   (2) 생략

   다. 등기된 임차권, 환매권, 가등기된 소유권이전청구권 등에 대한 몰수보전등기는 부동산에 대한 몰수보전등기의 예에 따라 이를 처리한다.

   라. 강제집행 등과의 관계

   (1) 몰수보전등기보다 강제경매개시결정등기, 근저당권 등 담보물권의 설정등기, 압류등기, 가압류등기 등이 먼저 경료되고 그 후 집행법원으로부터 매각으로 인한 이전등기 및 몰수보전등기의 말소등기 촉탁이 있는 경우 등기관은 그 등기를 한 후 몰수보전등기가 말소되었다는 뜻을 등기예규 제1368호의 규정에 준하여 몰수보전등기를 촉탁한 법원 또는 검사에게 통지하여야 한다. 몰수보전등기보다 체납처분에 의한 압류등기가 먼저 경료되고 그 후 공매된 경우도 이와 같다.

   (2) 몰수보전등기가 경료된 후에 강제경매개시결정등기, 근저당권 등 담보물권의 설정등기, 압류등기, 가압류등기, 체납처분에 의한 압류등기 등이 경료된 경우에는 법 제35조에 의하여 그로 인한 경매

또는 공매절차가 진행될 수 없으므로, 그와 달리 경매 또는 공매절차가 진행되어 경락 또는 공매로 인한 이전등기의 촉탁이 있더라도 이를 수리하여서는 아니 된다.

마. 삭제(2005.08.19. 제1108호)

바. 처분금지가처분등기와의 관계

처분금지가처분등기 후에 몰수보전등기가 경료되고 가처분권리자가 본안에서 승소하여 그 승소판결에 의한 등기를 신청하는 경우 몰수보전등기는 등기관이 직권으로 또는 가처분권리자의 신청에 의하여 말소하여서는 아니 된다.

2. 부대보전등기

가. 부대보전등기는 검사가 부대보전명령의 등본을 첨부하여 이를 촉탁하되, 몰수보전등기의 촉탁과 동시에 또는 몰수보전등기가 경료된 후에 하여야 한다.

나. 부대보전등기가 경료된 후에 부대보전의 대상이 된 권리의 이전등기 등의 신청이 있는 경우 등기관은 이를 수리하여야 한다.

다. 부대보전명령이 취소되었을 경우에는 몰수보전명령이 취소되었을 경우에 준하여 그 말소등기를 하되, 몰수보전명령이 취소되거나 실효되어 몰수보전등기를 말소한 경우에는 등기관이 직권으로 부대보전등 기를 말소하여야 하며 그 등기원인은 "○년 ○월 ○일 실효"로 하되 그 일자는 몰수보전명령이 효력을 잃은 때로 한다.

라. 부대보전등기는 특별한 규정이 있거나 그 성질에 반하지 않는 한 몰수보전등기의 예에 따라 이를 처리한다.

3. 추징보전등기

가. 추징보전등기는 법원이 검사의 신청에 의하여 등기목적을 "가압류"로 하여 촉탁하되, 검사의 집행명령 등본을 첨부하여야 하며, 등기원인으로서는 "○년 ○월 ○일 ○○지방법원의 추징보전명령에 기한 검사의 명령"으로 한다.

나. 등기관은 추징보전등기를 한 후 그 등기사항증명서를 당해 추징보전등기를 촉탁한 법원에게 송부하여야 한다. 이 경우 등기예규 제1373호에 따라 이를 처리할 수 있다.

다. 추징보전에 대한 여러 가지 등기는 특별한 규정이 없는 한 가압류등기의 예에 따라 이를 처리한다.

4. 몰수

가. 몰수의 등기는 검사가 몰수재판의 등본을 첨부하여 **이전등기의 형식**으로 촉탁한다.

나. 몰수보전의 등기가 경료된 권리에 대하여 몰수의 등기촉탁이 있는 경우 등기관은 몰수보전등기에 저촉되는 등기를 직권으로 말소한다.

다. 몰수한 재산에 지상권 등의 권리의 등기가 있는 경우 몰수재판에서 그 권리를 존속시킨다는 취지의 선고가 없는 때에는 등기관은 그 등기를 **직권으로 말소**한다. 처분제한등기, 가등기 등도 이와 같다.

라. 몰수보전 부대보전의 등기가 있는 부동산에 대하여 몰수의 등기를 한 경우 등기관은 그 몰수보전 부대보전의 각 등기를 직권으로 말소한다.

01 공무원범죄에 관한 몰수 특례법에 따른 등기에 관한 다음 설명 중 가장 옳지 않은 것은?

▶ 2023년 법무사

① 부동산에 대한 몰수보전등기는 검사가 등기목적을 "몰수보전", 등기권리자를 "국"으로 하여 촉탁한다.

② 추징보전등기는 "가압류"를 등기목적으로, "○○년 ○월 ○일 ○○지방법원의 추징보전명령에 기한 검사의 명령"을 등기원인으로 하여 검사의 집행명령 등본을 첨부하여 검사의 신청으로 법원이 촉탁한다.

③ 저당권부 채권에 대한 몰수보전명령이 있으면 검사의 신청에 의하여 그 명령을 발한 법원이 저당권부채권의 압류등기 촉탁의 예에 의하여 촉탁한다.

④ 처분금지가처분등기 후에 몰수보전등기가 이루어지고 가처분권리자가 본안에서 승소한 경우 가처분권리자는 그 승소판결에 의한 등기를 신청할 수 있으나, 몰수보전등기는 가처분권리자의 신청에 의하여 말소할 수 없다.

⑤ 부동산에 대한 몰수보전등기가 마쳐진 후에 그 대상이 된 권리에 대한 이전등기 등의 신청이 있는 경우에는 등기관은 이를 각하하여야 한다.

해설 ⑤ 몰수보전등기가 경료된 후에 **몰수보전의 대상이 된 권리**에 대한 **이전등기 등의 신청**이 있는 경우 등기관은 이를 **수리**하여야 한다(예규 제1375호, 1-가-(4)).

① 부동산에 관한 **몰수보전등기**는 **검사**가 몰수보전명령의 등본을 첨부하여 이를 **촉탁**한다. 촉탁서에는 등기목적으로서 "**몰수보전**"을, 등기원인으로서 몰수보전명령을 발한 법원, 사건번호 및 그 연월일을, 등기권리자로서 "**국**"을 각 기재하여야 한다(예규 제1375호, 1-가-(1),(2)).

② **추징보전등기**는 법원이 검사의 신청에 의하여 등기목적을 "**가압류**"로 하여 촉탁하되, 검사의 집행명령등본을 첨부하여야 하며, 등기원인으로서는 "○년 ○월 ○일 ○○지방법원의 추징보전명령에 기한 검사의 명령"으로 한다(예규 제1375호, 3).

③ 저당권부채권에 대한 몰수보전명령이 있으면 검사는 몰수보전명령을 발한 법원에 그 등기를 신청할 수 있고, 법원은 저당권부채권의 압류등기촉탁의 예에 의하여 그 등기를 촉탁한다. 가등기에 의하여 담보되는 채권에 대하여 몰수보전명령이 발하여진 경우도 이와 같다(예규 제1375호, 1-나-(1)).

④ 처분금지가처분등기 후에 몰수보전등기가 경료되고 가처분권리자가 본안에서 승소하여 그 승소판결에 의한 등기를 신청하는 경우 몰수보전등기는 등기관이 직권으로 또는 가처분권리자의 신청에 의하여 말소하여서는 아니 된다(예규 제1375호, 1-바).

02 공무원범죄에 관한 몰수특례법 등에 따른 등기와 관련한 다음 설명 중 가장 옳지 않은 것은?

▸2019년 등기주사보

① 부동산에 관한 몰수보전등기는 검사가 몰수보전명령의 등본을 첨부하여 이를 촉탁하는데, 등기목적은 '몰수보전', 등기원인으로는 몰수보전명령을 발한 법원, 사건번호 및 그 연월일을, 등기권리자로는 '국'을 각 기재하여야 한다.

② 몰수보전등기가 마쳐진 후에 몰수보전의 대상이 된 권리에 대한 이전등기의 신청이 있는 경우 등기관은 이를 각하하여야 한다.

③ 추징보전등기는 법원이 검사의 신청에 의하여 등기목적을 '가압류'로 하여 촉탁하되, 검사의 집행명령등본을 첨부하여야 하며, 등기원인은 'ㅇ년 ㅇㅇ지방법원의 추징보전명령에 기한 검사의 명령'으로 기재한다.

④ 몰수의 등기는 검사가 이전등기의 형식으로 촉탁하는데, 몰수보전의 등기가 마쳐진 권리에 대하여 몰수의 등기촉탁이 있는 경우 등기관은 몰수보전등기에 저촉되는 등기를 직권으로 말소한다.

> **해설** ② 몰수보전등기가 경료된 후에 **몰수보전의 대상이 된 권리에 대한 이전등기** 등의 신청이 있는 경우 등기관은 이를 **수리**하여야 한다(예규 제1375호, 1-가-(4)).
>
> ① 예규 제1375호, 1-가-(1), (2)
> ③ 예규 제1375호, 3
> ④ 예규 제1375호, 4

03 공무원범죄에 관한 몰수 특례법에 따른 등기에 대한 다음 설명 중 가장 옳지 않은 것은?

▸2017년 법무사

① 부동산에 대한 몰수보전등기는 검사가 등기목적을 '몰수보전', 등기권리자를 '국'으로 하여 촉탁한다.

② 부동산에 대한 몰수보전등기가 마쳐진 후에 그 대상이 된 권리에 대한 이전등기 등의 신청이 있는 경우에는 등기관은 이를 각하하여야 한다.

③ 저당권부채권에 대한 몰수보전명령이 있으면 검사의 신청에 의하여 그 명령을 발한 법원이 그 등기를 촉탁한다.

④ 처분금지가처분등기 후에 몰수보전등기가 이루어지고 가처분권리자가 본안에서 승소한 경우 가처분권리자는 그 승소판결에 의한 등기를 신청할 수 있으나, 몰수보전등기는 등기관이 직권으로 또는 가처분권리자의 신청에 의하여 말소할 수 없다.

⑤ 추징보전등기는 '가압류'를 등기목적으로, 'ㅇㅇ년 ㅇ월 ㅇ일 ㅇㅇ지방법원의 추징보전명령에 기한 검사의 명령'을 등기원인으로 하여 검사의 집행명령 등본을 첨부하여 검사의 신청으로 법원이 촉탁한다.

정답 ☞ 01 ⑤ 02 ② 03 ②

> **해설** ② 몰수보전등기가 경료된 후에 **몰수보전의 대상이 된 권리**에 대한 **이전등기 등의 신청**이 있는 경우 등기관은 이를 **수리**하여야 한다(예규 제1375호, 1-가-(4)).

① 예규 제1375호, 1-가-(2)
③ 예규 제1375호, 1-나-(1)
④ 예규 제1375호, 1-바
⑤ 예규 제1375호, 3-가

04 공무원범죄에 관한 몰수 특례법 등에 따른 등기에 관한 다음 설명 중 가장 옳지 않은 것은?

▸ 2017년 등기주사보

① 부동산에 관한 몰수보전등기는 검사가 몰수보전명령의 등본을 첨부하여 이를 촉탁한다.
② 처분금지가처분등기 후에 몰수보전등기가 이루어지고 가처분권리자가 본안에서 승소하여 그 승소판결에 의한 등기를 신청하면 등기관은 직권으로 몰수보전등기를 말소하여야 한다.
③ 추징보전등기는 '가압류'를 등기목적으로, 'ㅇㅇ년 ㅇ월 ㅇ일 ㅇㅇ지방법원의 추징보전명령에 기한 검사의 명령'을 등기원인으로 하여 검사의 집행명령 등본을 첨부하여 검사의 신청으로 법원이 촉탁한다.
④ 부동산에 대한 몰수보전등기가 마쳐진 후에 그 대상이 된 권리에 대한 이전등기 등의 신청이 있는 경우 등기관은 다른 사유가 없다면 이를 수리하여야 한다.

> **해설** ② 처분금지가처분등기 후에 몰수보전등기가 경료되고 가처분권리자가 본안에서 승소하여 그 승소판결에 의한 등기를 신청하는 경우 몰수보전등기는 등기관이 직권으로 또는 가처분권리자의 신청에 의하여 말소하여서는 아니 된다(예규 제1375호, 1-바).

① 예규 제1375호, 1-가-(1)
③ 예규 제1375호, 3-가
④ 예규 제1375호, 1-가-(4)

정답 ○┤ 04 ②

최신 조문·예규·선례 예상문제

01 법인 아닌 사단의 등기신청에 관한 다음 설명 중 가장 옳은 것은? ▶ 2022년 선례 1

① 법인 아닌 사단이 등기신청을 하는 경우에는 대표자 또는 관리인임을 증명하는 서면을 반드시 등기신청서에 첨부하여야 한다.

② 법인 아닌 사단이 등기의무자로서 등기신청을 할 경우에는 민법 제276조 제1항의 규정에 의한 결의서를 반드시 등기신청서에 첨부하여야 한다.

③ 법인 아닌 사단이 등기의무자로서 전세권설정등기의 말소등기 등을 신청하는 경우에는 민법 제276조 제1항의 결의가 있음을 증명하는 정보를 첨부정보로서 등기소에 제공할 필요가 없다.

④ 법인 아닌 사단이 등기신청을 하는 경우에는 정관 기타의 규약을 반드시 등기신청서에 첨부하여야 한다.

⑤ 법인 아닌 사단이 (근)저당권설정등기신청서에 채무자로 기재되어 있는 경우, 등기부에 그 사단의 대표자에 관한 사항도 기록하여야 한다.

해설 ④ 정관 기타의 규약(⬚ 반드시 첨부○)

정관 기타의 규약에는 단체의 목적, 명칭, 사무소의 소재지, 자산에 관한 규정, 대표자 또는 관리인의 임면에 관한 규정, 사원자격의 득실에 관한 규정이 기재되어야 한다.

① 대표자 또는 관리인을 증명하는 서면(⬚ 반드시 첨부×)

대표자 또는 관리인을 증명하는 서면의 경우 등기되어 있는 대표자나 관리인이 등기를 신청하는 때에는 제공하지 않는다.

② 사원총회의 결의서(⬚ 반드시 첨부×)

법인 아닌 사단이 등기의무자(⬚ 소유권보존×)로서 등기신청을 할 경우에는 민법 제276조 제1항의 규정에 의한 (⬚ 총유물 처분행위에 따른)결의서를 등기신청서에 첨부하여야 한다(규칙 제48조 제3호). 다만, 정관 기타의 규약으로 그 소유 부동산을 처분하는 데 있어서 위 결의를 필요로 하지 않는다고 정하고 있을 경우에는 그러하지 아니하다.

③ 1. 법인이 아닌 사단의 사원이 집합체로서 물건을 소유할 때에는 총유로 한다. 총유에 관하여는 사단의 정관 기타 계약에 의하는 외에 다음 제2조의 규정에 의한다(민법 제275조). 총유물의 관리 및 처분은 사원총회의 결의에 의한다(민법 제276조 제1항).

2. 법인 아닌 사단이 등기의무자(⬚ 소유권보존×)로서 등기신청을 할 경우에는 민법 제276조 제1항의 규정에 의한 (⬚ 총유물 처분행위에 따른)결의서를 등기신청서에 첨부하여야 한다(규칙 제48조 제3호).

3. 다만, 정관 기타의 규약으로 그 소유 부동산을 처분하는 데 있어서 위 결의를 필요로 하지 않는다고 정하고 있을 경우에는 위 결의서를 첨부할 필요가 없다(⬚ 사원총회 결의는 임의규정임).

정답 ❯ 01 ④

4. 법인 아닌 사단이 **등기의무자**로서 **전세권설정등기의 말소등기 등**을 신청하는 경우에는 **정관이나 그 밖의 규약으로 달리 정하지 않는** 한 민법 제276조 제1항의 **결의가 있음을 증명하는 정보**를 첨부정보로서 등기소에 제공하여야 한다(부동산등기규칙 제48조 제3호, 등기예규 제1621호 3. 다. 참조)(선례 제202206-3호).

⑤ **법인 아닌 사단이나 재단**이 **(근)저당권설정등기신청서**에 **채무자**로 기재되어 있는 경우, 등기부에 그 사단 또는 재단의 부동산등기용등록번호나 **대표자**에 관한 사항은 기록할 필요가 **없다**(예규 제1621호, 6-(1)). (⊕ 비법인 명칭ㅇ / 비법인 사무소ㅇ / 비법인 번호✕ / 대표자✕)

02 농지에 대한 등기신청에 관한 다음 설명 중 가장 옳지 않은 것은? ▸ 2022년 선례 2

① 농지에 대한 소유권이전등기를 신청할 때에 부동산 거래신고 등에 관한 법률 제11조에 따른 토지거래계약허가증을 첨부정보로서 제공한 경우에는 별도로 농지취득자격증명을 제공할 필요가 없다.

② 종중도 농지전용허가를 받으면 해당 농지에 대하여 농지취득자격증명을 첨부정보로서 제공하여 종중 명의로 소유권이전등기를 신청할 수 있다.

③ 법원이 농지에 대하여 매각을 원인으로 소유권이전등기를 촉탁할 때에는 농지취득자격증명을 첨부정보로서 제공할 필요가 없다.

④ 합유자의 교체·추가·임의탈퇴 등에 따라 농지에 대한 합유명의인 변경등기를 신청하는 경우 변경원인에 따라 합유지분이 증가하는 경우라도 이는 소유권이전등기신청이 아니므로, 농지취득자격증명을 첨부정보로서 등기소에 제공할 필요가 없다.

⑤ 농지에 대하여 매매계약의 합의해제를 등기원인으로 하여 소유권이전등기의 말소등기를 신청하는 경우에는 농지취득자격증명을 첨부정보로서 등기소에 제공할 필요가 없다.

해설 ④ 1. 농지에 대하여 매매로 인한 소유권이전등기가 마쳐진 후 **매매계약의 합의해제**를 등기원인으로 하여 **소유권이전등기의 말소등기**를 신청하는 경우에는 **농지취득자격증명**을 첨부정보로서 등기소에 제공할 필요가 **없다**(등기선례 3-862 참조)(선례 제202204-1호).

2. **합유자의 교체·추가·임의탈퇴** 등에 따라 농지에 대한 **합유명의인 변경등기**를 신청하는 경우 합유지분을 **취득하는 새로운 합유자**나 종전 합유자라도 변경원인에 따라 **합유지분이 증가하는 경우**에는 **농지취득자격증명**을 첨부정보로서 등기소에 **제공하여야** 한다(등기선례 9-263, 7-524 참조)(선례 제202204-1호).

① **토지거래계약허가증**을 등기신청서에 첨부한 때에는, 등기원인증서에 **검인**을 받을 필요가 없으며 **농지취득자격증명**과 (외국인의) **토지취득허가증** 또한 제출할 필요가 **없다**(부동산 거래신고 등에 관한 법률 제20조, 예규 제1634호, 4). 이는 등기신청인이 **농업법인이 아닌 법인**이거나 **법인이 아닌 사단(교회)**인 경우에도 동일하다(선례 제201008-1호). 즉 토지거래계약허가증을 받은 경우 농업인 등이 아니라도 농지취득자격증명이 없이 농지를 취득할 수 있다.

② **종중**이 **농지취득**을 위하여 「농지법」 제6조 제2항 제7호에 따른 **농지전용허가**를 받았다면, 「농지법」 제8조에 따라 **농지취득자격증명**을 **첨부**하여 종중 명의로 소유권이전등기를 할 수 있다(선례 제201304-4호).

③ 예규 제1635호, 3-나
⑤ 위 ④ 해설 참조

03 국민주택채권과 관련된 다음 설명 중 가장 옳지 않은 것은? ▶ 2022년 선례 1

① 농민이 영농을 목적으로 농지를 취득하여 소유권이전등기를 신청하는 경우 국민주택채권의 매입의무를 면제받기 위하여는 등기신청서에 농업인임을 증명하는 정보를 첨부정보로서 등기소에 제공하여야 하는바, 농업인 확인서 및 농업경영체 등록확인서 또는 농업경영체 증명서도 위 농업인임을 증명하는 정보에 해당한다.

② 취득세 및 등록면허세가 면제되는 경우라 하더라도 국민주택채권은 주택법 및 같은 법 시행령 등의 규정에 의하여 그 매입의무가 면제되지 않는 한 매입하여야 한다.

③ 취득시효 완성을 원인으로 한 소유권이전등기, 진정명의회복을 원인으로 한 소유권이전등기, 공유자가 다른 공유자를 상대로 하여 명의신탁해지를 원인으로 한 소유권이전등기절차를 명하는 판결에 의하여 등기를 신청하는 경우에는 국민주택채권을 매입하여야 한다.

④ 소유권이전등기, 저당권설정등기, 저당권이전등기를 신청하는 자는 국민주택채권을 매입하여야 하나, 소유권보존등기를 신청하는 자는 이미 지적공부나 건축물대장 등록 시 국민주택채권을 매입하였으므로 소유권보존등기를 신청할 때에는 매입할 필요가 없다.

⑤ 채권최고액의 증액에 따른 근저당변경등기를 신청하는 경우 증액된 금액에 대해서는 국민주택채권(증액된 금액이 2,000만원 이상인 경우)을 매입하여야 한다.

해설 ④ 소유권보존과 관련하여 **건축물**에 대하여는 **건축허가 시**에 주거전용면적 혹은 연면적을 기준으로 제1종국민주택채권을 매입하므로 건축허가를 신청할 때에 국민주택채권을 매입한 자가 사용승인을 마친 건축물에 대하여 **소유권보존등기**를 할 때에는 **국민주택채권**을 매입하지 **아니한다**(주택도시기금법 시행령 제8조 제2항). 그러나 **토지**의 경우 건축허가와 같은 절차가 없으므로 **소유권보존등기**를 할 때에 국민주택채권을 **매입**하여야 한다.

① 농민이 **영농**을 목적으로 **농지를 취득**하여 **소유권이전등기를 신청**하는 경우 「주택도시기금법 시행령」 제8조 제2항에 따라 **국민주택채권의 매입의무를 면제**받기 위하여는 등기신청서에 **농업인임을 증명하는 정보를 첨부정보로서 등기소에 제공**하여야 하는바, 「농업·농촌 및 식품산업 기본법 시행령」 제3조에 의한 **농업인 확인서** 및 「농어업경영체 육성 및 지원에 관한 법률 시행규칙」 제3조 제5항의 **농업경영체 등록확인서**(별지 제2호의4 서식) 또는 **농업경영체 증명서**(별지 제2호의5 서식)도 위 **농업인임을 증명하는 정보에 해당한다**고 할 것이다(선례 제202212-1호).

② **취득세 및 등록면허세가 면제되는 경우**라 하더라도 국민주택채권은 「주택도시기금법」 및 같은 법 시행령 등의 규정에 의하여 그 매입의무가 면제되지 않는 한 **매입하여야 한다**.

③ 1) 제1종국민주택채권을 매입하여야 하는 자는 다음 각 호와 같다(주택도시기금법 시행규칙 제7조 제2항).

정답 ❶ 02 ④ 03 ④

1. **소유권보존등기** 또는 **소유권이전등기** : 소유권보존등기 또는 소유권이전등기의 등기 명의자(등기원인이 상속인 경우에는 상속인을 말한다)
2. **저당권의 설정** : 저당권 설정자
3. **저당권의 이전** : 저당권을 이전받는 자

2) 소유권이전등기 시에 국민주택채권을 매입하여야 하므로 **취득시효 완성**을 원인으로 한 소유권이전등기, **진정명의회복**을 원인으로 한 소유권이전등기, 공유자가 다른 공유자를 상대로 하여 **명의신탁해지**를 원인으로 한 소유권이전등기절차를 명하는 **판결**에 의하여 등기를 신청하는 경우에도 국민주택채권을 매입하여야 한다.

⑤ 채권최고액의 증액에 따른 근저당변경등기를 신청하는 경우 증액된 금액에 대해서는 지방세법 제131조 제1항 제6호 (2)의 규정에 의한 등록세를 납부하여야 하고 **국민주택채권(증액된 금액이 2,000만원 이상인 경우)**을 매입하여야 한다(선례 제7-526호).

04 등기신청수수료와 관련된 다음 설명 중 가장 옳지 않은 것은? ▸2022년 선례 1

① 공매공고 등기를 촉탁하는 경우 등기신청수수료를 납부하지 아니한다.
② 지방자치단체가 지방세를 징수하기 위하여 납세의무자에게 납세담보를 위한 근저당권 설정등기를 촉탁하는 경우라도 근저당권설정등기에 대한 등기신청수수료를 납부하여 야 한다.
③ 건물의 분할, 구분, 합병이 있어 표시변경등기를 신청하는 경우에는 등기신청수수료를 납부하지 아니한다.
④ 등기신청이 각하된 경우에는 이미 납부된 등기신청수수료를 반환하지 아니하고, 등기 신청이 취하된 경우에는 납부된 등기신청수수료를 환급한다.
⑤ 등기명의인이 지번 주소를 도로명 주소로 고치는 등기명의인표시변경등기를 신청할 경 우 등기신청수수료가 면제된다.

해설 ② **지방자치단체**가 지방세를 징수하기 위하여 납세의무자에게 **납세담보를 위한 근저당권설정등 기를 촉탁**하는 경우, 이는 지방자치단체가 지방세를 징수하기 위한 보전절차의 일환으로 등 기권리자로서 부동산에 대한 등기를 촉탁하는 것이므로 **등기신청수수료가 면제**된다(선례 제 202212-3호).

① **공매공고 등기** 및 공매공고 등기의 말소등기를 촉탁하는 때에는 **등록면허세**를 납부하지 **아 니**한다. 또한 **등기신청수수료**를 납부하지 **아니**한다(예규 제1500호, 제6조).
③ 다음 각 호의 1에 해당하는 등기는 그 신청수수료를 받지 아니한다(등기사항증명서 등 수수 료규칙 제5조의2 제2항).
  1. **예고등기의 말소등기**
  2. 멸실회복등기
  3. 회생, 파산, 개인회생, 국제도산에 관하여 법원의 촉탁으로 인한 등기
  4. **부동산표시의 변경 및 경정 등기**
  5. 부동산에 관한 **분할·구분·합병 및 멸실**등기(대지권에 관한 등기 제외)

6. **행정구역 · 지번의 변경** 주민등록번호(또는 부동산등기용등록번호)의 정정을 원인으로 한 등기명의인표시변경 및 경정등기
7. **등기관의 과오**로 인한 등기의 착오 또는 유루를 원인으로 하는 경정등기
8. 「**공유토지분할**에 관한 특례법」에 의한 등기
9. **신탁등기** 및 신탁등기의 말소등기

④ 서면에 의한 등기신청이 **취하**되면 등기신청서와 그 부속서류인 첨부서면(📑 **등기신청수수료환급** 포함)을 모두 신청인에게 반환하여야 한다. 그러나 **각하**의 경우 부속서류는 반환하지만 등기신청서나 **등기신청수수료는 반환**하지 **않는**다(예규 제1643호, 5-나, 예규 제1703호, 3-다).

⑤ 도로명주소법에 의한 건물표시변경 또는 등기명의인표시변경 등기신청에는 **등록면허세** 및 등기신청수수료를 납부하지 아니한다(예규 제1436호).

05 자격자대리인의 사무원에 관한 다음 설명 중 가장 옳지 않은 것은?

▶ 2018/2019/2022 선례 3

① 등기신청서를 제출할 수 있는 자격자대리인의 사무원은 자격자대리인의 사무소 소재지를 관할하는 지방법원장이 허가하는 1명으로 한다.
② 등기신청서를 제출할 수 있도록 허가받은 변호사나 법무사의 사무원은 등기신청서의 제출뿐 아니라 보정도 할 수 있다.
③ '지방법원장의 허가를 받은 자격자대리인의 사무원'은 등기신청 취하서를 제출할 수는 없다.
④ 법무사 사무원은 법무사의 업무를 보조하는 자에 해당하므로, 등기신청을 위임받은 법무사가 다른 법무사의 사무원에게 직접 등기필정보 수령 권한을 다시 위임할 수는 없다.
⑤ 법무사법인이 대리인인 경우에 등기신청서에 기재된 담당 법무사가 누구인지 관계없이 그 법무사법인 소속으로 허가 받은 사무원은 누구나 등기신청서의 제출 · 등기신청의 보정 및 등기필정보의 수령을 할 수 있다.

해설 ③ 서면에 의한 등기신청 취하와 관련하여 「부동산등기규칙」 제51조 제2항 제1호의 "대리인"에 같은 규칙 제58조의 자격자대리인의 사무원이 포함된다는 「부동산등기법」이나 「부동산등기규칙」 등 명문의 규정은 없으나, ㉠ 「부동산등기법」 제24조 제1항 제1호 및 「부동산등기규칙」 제58조 제1항의 해석상 **제출 사무원**은 등기신청서 제출 및 보정, 취하서 제출, 등기필정보 수령 등에 관한 모든 행위를 할 수 있다고 해석하는 것이 상당하다는 점, ㉡ 지방법원장의 허가를 받은 사무원은 그 신분이 보장된 사람이라는 점, ㉢ 원고 소송대리인으로부터 소송대리인 사임신고서 제출을 지시받은 사무원은 원고 소송대리인의 표시기관에 해당된다고 하는 점(대판 1997.10.24. 95다11740 참조) 등을 고려할 때 '**지방법원장의 허가를 받은 자격자대리인의 사무원**'도 등기신청 **취하서**를 제출할 수 있다(선례 제202202-4호).

① **법 제24조 제1항 제1호 단서**에 따라 등기소에 출석하여 등기신청서를 제출할 수 있는 변호사나 법무사[법무법인 · 법무법인(유한) · 법무조합 또는 법무사법인 · 법무사법인(유한)을 포

정답 ○ㅣ 04 ② 05 ③

함한다. 이하 "**자격자대리인**"이라 한다]의 (🏛 출입)사무원은 자격자대리인의 사무소 소재지를 관할하는 **지방법원장이 허가하는 1명**으로 한다. 다만, 법무법인·법무법인(유한)·법무조합 또는 **법무사법인**·법무사법인(유한)의 경우에는 그 구성원 및 구성원이 아닌 변호사나 **법무사 수만큼의 사무원을 허가할 수 있다**(규칙 제58조 제1항).

② 1. **방문신청**의 방법으로 등기신청을 할 때에는 **당사자 본인이나 그 대리인**(대리인이 **자격자대리인인 경우에는 대리인 본인 또는 그 출입사무원을 말한다**. 이하 같다)이 직접 등기과·소에 출석하여 등기신청서를 접수담당자에게 제출하여야 한다.

2. **보정(이행)**은 당사자 본인이나 그 대리인(🏛 출입사무원 포함)이 등기소에 출석하여 한다(예규 제1718호).

④ 법무사 사무원은 법무사의 업무를 보조하는 자에 불과하므로 **등기신청을 위임받은 법무사가 다른 법무사의 사무원에게** 직접 등기필정보 수령 권한을 다시 위임할 수는 없다(선례 제201808-1호).

⑤ 법무**사법인**이 대리인인 경우에 등기신청서에 기재된 담당 법무사가 누구인지 관계없이 「부동산등기규칙」 제58조 제1항에 따라 그 법무**사법인** 소속으로 허가 받은 사무원은 **누구나** 등기신청서의 제출·등기신청의 보정 및 등기필정보의 수령을 할 수 있다(선례 제202001-6호).

06 경정등기에 관한 다음 설명 중 가장 옳지 않은 것은?　▸2022년 선례 1

① 부책식등기부에서 카드식등기부로 이기되는 과정에서 착오로 잘못 이기되고 그 등기사항이 전산등기부에 그대로 이기된 경우에는 착오의 사유가 부책식등기부에서 카드식등기부에 이기 시에 발생하였으므로, 전산등기부에 이기된 사항을 경정의 대상으로 삼을 수는 없다.

② 이미 사망한 등기명의인에 대한 등기명의인표시경정등기신청은 수리할 수 없다.

③ 갑과 을의 공유 부동산에 관하여 갑 단독소유로 소유권보존등기가 되어 있는 경우에는 갑 단독소유를 갑과 을의 공유로 하는 소유권경정등기가 가능하다.

④ 갑과 을의 공유로 소유권보존등기가 이루어진 후 을의 지분이 가압류된 경우에는 그 가압류권자의 승낙이 없으면 갑과 을의 공유를 갑의 단독소유로 하는 소유권경정등기를 할 수 없다.

⑤ 당사자의 신청착오로 저당권설정등기로 하여야 할 등기를 전세권설정등기로 한 경우에는 그 착오가 명백하다 하더라도 전세권설정등기를 저당권설정등기로 경정할 수 없다.

해설 ① 부책식등기부에서 **카드식등기부**로 이기되는 과정에서 착오로 **잘못 이기**되고 그 등기사항이 **전산등기부에 그대로 이기된 경우**에는 **현재 효력 있는 전산등기부**에 이기된 사항을 **경정**의 대상으로 삼을 수 **있을** 것이다(선례 제202209-1호).

② 예규 제1564호, 2-다-(2)

③ 소유권보존등기의 경정 즉, 등기명의인의 인감증명이나 소유권확인판결서 등을 첨부하여 **단독소유의 소유권보존등기를 공동소유로 경정하거나 공동소유를 단독소유로 경정하는 경우**(🏛 **일부말소 의미의 경정**)에는 소유권경정등기를 할 수 있다. 이 경우 **등기상 이해관계 있는 제3자**가 있는 경우 그의 **승낙서** 등을 첨부한 경우에는 부기등기로 하고, 이를 첨부하지 아니

한 경우 등기관은 그 등기신청을 수리하여서는 아니 된다(➡ **수리요건**)(예규 제1564호, 2-나-(4)). 따라서 **가압류권자의 승낙이 없으면** 갑과 을의 공유를 갑의 단독소유로 하는 **소유권경정등기를 할 수 없다.**

④ 위 ③ 해설 참조

⑤ 예규 제1564호, 2-나-(1)

07 **상속등기에 관한 다음 설명 중 가장 옳지 않은 것은?**　▶ 2022년 선례 3

① 공동상속의 경우 상속인 중 1인이 법정상속분에 의하여 나머지 상속인들의 상속등기까지 신청할 수 있는데, 이 경우 등기신청인은 등기원인을 증명하는 정보(제적 등·초본, 가족관계 등록사항별 증명서)와 주소 및 주민등록번호를 증명하는 정보를 첨부정보로서 등기소에 제공하여야 한다.

② 제적 등·초본, 가족관계 등록사항별 증명서는 본인 또는 배우자, 직계혈족에 한하여 교부 청구가 가능하고 본인 등이 아닌 경우에는 반드시 본인 등의 위임을 받아야 하므로, 등기관의 보정명령서를 제출하는 경우라도 위 서류들의 교부를 청구할 수 없다.

③ 주민등록 등·초본의 교부신청은 관계 법령에 따른 소송·비송사건·경매목적 수행상 필요한 경우에는 본인 등의 위임이 없더라도 주민등록 등·초본의 교부를 신청할 수 있다. 이 경우 신청자는 증명자료로 주소보정명령서, 주소보정권고 등 사건관계인의 주소를 알기 위해 법원(등기관 등 포함)에서 발행한 문서를 제출하여야 한다.

④ 공동상속인 중 1인이 공유물의 보존행위로서 공동상속인 전원 명의의 상속등기를 신청할 때에 재외국민인 다른 공동상속인들이 상속등기에 협력하지 아니하여 그들의 현 주소를 알 수 없는 경우에는 그들이 주민등록을 한 사실이 없다면 가족관계등록부상의 등록기준지를 주소로 제공할 수 있다.

⑤ 공동상속인 중 1인이 공유물의 보존행위로서 공동상속인 전원 명의의 상속등기를 신청할 때에 재외국민인 다른 공동상속인들이 주민등록번호를 부여받은 적이 없고, 또한 「부동산등기법」 제49조 제1항 제2호에 따른 부동산등기용등록번호를 부여받을 수도 없다면 이를 소명하여 그들의 주민등록번호나 부동산등기용등록번호를 제공하지 않고서도 상속등기를 신청할 수 있다.

해설 ② 1. 공동상속의 경우 **상속인 중 1인**이 법정상속분에 의하여 **나머지 상속인들의 상속등기까지 신청할 수 있는데**(등기선례 5-276), 이 경우 등기신청인은 **등기원인을 증명하는 정보**(제적 등·초본, 가족관계 등록사항별 증명서)와 **주소 및 주민등록번호를 증명하는 정보**를 첨부정보로서 등기소에 **제공하여야 한다**(「부동산등기규칙」 제46조 제1항 제6호)(선례 제202202-1호).

2. **제적 등·초본, 가족관계 등록사항별 증명서**는 **본인** 또는 **배우자, 직계혈족**(이하 "본인 등"이라 한다)에 **한하여** 교부 청구가 가능하고 **본인 등이 아닌 경우**에는 원칙적으로 본인 등

의 위임을 받아야 하지만, 소송, 비송, 민사집행·보전의 각 절차에서 필요한 경우로서 신청서에 청구사유를 기재하고 소명자료로 신청대상자의 등록사항별 증명서를 제출할 것을 요구하는 **법원(등기관 등 포함)의 보정명령서, 재판서, 사실조회서, 촉탁서 등**을 제출하는 경우에는 본인 등의 위임이 없더라도 위 서류들의 교부를 청구할 수 있다(「가족관계의 등록 등에 관한 법률」 제14조 제1항 제2호, 부칙 제4조, 「가족관계의 등록 등에 관한 규칙」 제19조, 가족관계등록예규 제578호 제2조 제5항 제2호, 제14조)(선례 제202202-1호).

3. **주민등록 등·초본의 교부신청은 본인이나 세대원**이 할 수 있다. 다만, 본인이나 세대원의 위임이 있거나 관계 법령에 따른 **소송·비송사건·경매목적 수행상 필요한 경우**에는 본인 등의 위임이 없더라도 주민등록 등·초본의 교부를 신청할 수 있다(「주민등록법」 제29조 제2항). 이 경우 신청자는 증명자료로 **주소보정명령서, 주소보정권고 등** 사건관계인의 주소를 알기 위해 **법원(등기관 등 포함)에서 발행한 문서**를 제출하여야 한다(「주민등록법 시행규칙」 제13조 제1항)(선례 제202202-1호).

①③ 위 ④ 해설 참조

④⑤ 1. 공동상속인 중 1인이 공유물의 보존행위(🌐 민법 제265조 단서)로서 **공동상속인 전원 명의의 상속등기를 신청**할 때에 재외국민인 다른 공동상속인 갑, 을 및 병이 상속등기에 협력하지 아니하여 그들의 현 주소를 알 수 없는 경우에는 그들이 **주민등록을 한 사실이 있다면** 말소된 주민등록표상의 **최후 주소**를 주소로 제공하고, 이를 증명하는 정보로서 말소된 주민등록표의 등본을 첨부정보로서 제공할 수 있으며, 그들이 **주민등록을 한 사실이 없다면** 가족관계등록부상의 **등록기준지를 주소**로 제공하고, 이를 증명하는 정보로서 기본증명서를 첨부정보로서 제공할 수 있다(선례 제201809-4호).

2. 그리고 갑, 을 및 병이 **주민등록번호를 부여받은 적이 없고**, 또한 「부동산등기법」 제49조 제1항 제2호에 따른 부동산등기용등록번호를 부여받을 수도 없다면 이를 소명하여 그들의 주민등록번호나 부동산등기용등록번호를 제공하지 않고서도 상속등기를 신청할 수 있다(선례 제201809-4호).

08 상속에 따른 이전등기에 관한 다음 설명 중 가장 옳은 것은? ▶ 2022년 선례 1

① 이혼하여 상속권이 없는 피상속인의 전처가 자기가 낳은 미성년자 1인을 대리하여 상속재산분할협의를 하는 경우도 그 미성년자를 위한 특별대리인을 선임하여야 한다.

② 피상속인의 사망일자가 호적부에 "특정일자"가 아닌 "기간(00년 00월 상순경)"으로 기재되어 있다면 당해 상속등기신청을 수리할 수 없다.

③ 대습상속은 상속인이 될 직계비속 또는 형제자매가 상속개시 전에 사망하거나 결격자가 된 경우에 그 직계비속 또는 배우자가 있는 때에는 그 직계비속 또는 배우자가 사망하거나 결격된 자의 순위에 갈음하여 상속인이 된다.

④ 수인의 공동상속인 중 일부가 상속을 포기한 경우에 포기한 상속인의 직계비속 또는 형제자매가 있는 경우에는 이들이 그 상속재산을 대습상속한다.

⑤ 피상속인의 배우자는 피상속인의 직계비속이 있으면 그들과 동순위로 공동상속인이 되고, 피상속인의 직계비속이 없고 직계존속이 있는 경우에는 직계존속보다 우선하여 상속인이 된다.

해설 ③ 전조 제1항 제1호와 제3호의 규정에 의하여 상속인이 될 직계비속 또는 형제자매가 상속개시 전에 사망하거나 결격자가 된 경우에 그 직계비속이 있는 때에는 그 직계비속이 사망하거나 결격된 자의 순위에 갈음하여 상속인이 된다(민법 제1001조). 제1001조의 경우에 상속개시 전에 사망 또는 결격된 자의 배우자는 동조의 규정에 의한 상속인과 동순위로 공동상속인이 되고 그 상속인이 없는 때에는 단독상속인이 된다(민법 제1003조).

① **이혼하여 상속권이 없는** 피상속인의 전처가 자기가 낳은 미성년자 1인을 대리하여 상속재산분할협의를 하는 경우에는 친권자와 미성년자의 이해가 상반되지 않으므로 미성년자의 **특별대리인을 선임할 필요가 없다**(예규 제1088호).

② 피상속인의 사망일자가 호적부에 "특정일자"가 아닌 "**기간(00년 00월 상순경)**"으로 기재되어 있다고 하더라도, **그 기간 중에 어떠한 일자로 특정하여도 상속인의 범위 및 상속지분 등이 달라지지 아니한다면**, 등기관은 다른 각하사유가 없는 한 당해 상속등기신청을 **수리할 수 있**을 것이나, 구체적인 사건에서 그러한 등기신청을 수리할지 여부는 해당 사건을 심사하는 등기관이 구체적·개별적으로 판단할 사항이다(선례 제202207-1호).

④ **상속인이 수인인** 경우에 어느 상속인이 **상속을 포기**한 때에는 그 상속분은 **다른 공동상속인**의 상속분의 비율로 그 **상속인에게 귀속한다**(민법 제1043조). 따라서 수인의 공동상속인 중 일부가 상속을 포기한 경우에 포기한 상속인의 직계비속 또는 형제자매가 그 상속재산을 **대습상속하는 것이 아니다**(선례 제201211-4호).

⑤ 1. 민법 제1000조부터 제1043조까지 각각의 조문에서 규정하는 '상속인'은 모두 동일한 의미임이 명백하다. 따라서 민법 제1043조의 '상속인이 수인인 경우' 역시 민법 제1000조 제2항의 '상속인이 수인인 때'와 동일한 의미로서 같은 항의 '공동상속인이 되는' 경우에 해당하므로 그 공동상속인에 배우자도 당연히 포함되며, 민법 제1043조에 따라 상속포기자의 상속분이 귀속되는 '다른 상속인'에도 배우자가 포함된다(대결(전) 2023.3.23, 2020그42).

2. 이에 따라 공동상속인인 배우자와 여러 명의 자녀들 중 일부 또는 전부가 상속을 포기한 경우의 법률효과를 본다. **공동상속인인 배우자와 자녀들 중 자녀 일부만 상속을 포기**한 경우에는 민법 제1043조에 따라 상속포기자인 자녀의 상속분이 **배우자와 상속을 포기하지 않은 다른 자녀**에게 **귀속**된다. 이와 동일하게 공동상속인인 배우자와 자녀들 중 **자녀 전부가 상속을 포기**한 경우 민법 제1043조에 따라 상속을 포기한 자녀의 상속분은 남아 있는 '다른 상속인'인 **배우자에게 귀속**되고, 따라서 **배우자가 단독상속인이 된다**. 이에 비하여 피상속인의 배우자와 자녀 모두 상속을 포기한 경우 민법 제1043조는 적용되지 않는다. 민법 제1043조는 공동상속인 중 일부가 상속을 포기한 경우만 규율하고 있음이 문언상 명백하기 때문이다(대결(전) 2023.3.23, 2020그42).

정답 ━ **08 ③**

09 다음 〈보기〉에서 옳은 것은 모두 몇 개인가?　　　　　　▸2022년 선례 4

┤ 보기 ├

ⓐ 유증을 등기원인으로 하여 소유권이전등기를 신청하는 경우, 유언집행자가 여럿인 경우에는 그 과반수 이상이 수증자 명의의 소유권이전등기절차에 동의하면 그 등기를 신청할 수 있으며, 이 경우 유언집행자의 등기필정보를 신청정보의 내용으로 등기소에 제공하여야 한다.

ⓑ 유증을 등기원인으로 하여 소유권이전등기를 신청하면서 멸실 등의 사유로 등기필정보를 제공할 수 없는 경우, 그 등기신청을 위임받은 자격자 대리인은 신청서에 등기의무자로 기재된 유언집행자로부터 등기신청을 위임받았음을 확인하고 그 확인한 사실을 증명하는 정보(확인서면 등의 확인정보)를 첨부정보로서 등기소에 제공할 수 있다.

ⓒ 위 ⓑ의 경우 만일 유언집행자 전원(A, B, C, D, E) 중 과반수인 3인(A, B, C)이 소유권이전등기를 신청하는 경우라 하더라도 확인정보는 반드시 유언집행자 전원(A, B, C, D, E)의 것이 첨부되어야 한다.

ⓓ 망 갑의 채권자인 A의 대위신청에 의하여 을, 병, 정을 등기명의인으로 하는 상속으로 인한 소유권이전등기가 마쳐진 경우 과반수 이상(을, 병)이 수증자 명의의 소유권이전등기절차에 동의하는 경우에는 등기신청서의 등기의무자란에는 "을, 병, 유증자 망 갑의 유언집행자 을, 병"을 표시하고 각 그들의 주소 등을 기재하면 될 것이다.

ⓔ 수증자가 여럿인 포괄유증의 경우에는 수증자 중 일부가 자기 지분만에 대하여 소유권이전등기를 신청할 수 있지만, 수증자가 여럿인 특정유증의 경우에는 수증자 중 일부가 자기 지분만에 대하여 소유권이전등기를 신청할 수 없다.

ⓕ 수 개의 부동산을 유증하기로 하는 유언증서를 작성한 후 그 부동산 중 일부를 유증자가 생전에 처분한 경우라면 나머지 부동산에 대하여는 유증을 원인으로 수증자 앞으로 소유권이전등기를 신청할 수 없다.

ⓖ 갑이 을에게 A부동산 전체를 유증하기로 하는 공정증서를 작성한 후, 유증한 A부동산의 지분 2분의 1을 병에게 증여하고 증여로 인한 소유권이전등기를 마친 경우라면 위 공정증서 자체를 첨부정보로서 등기소에 제공하여 A부동산 갑 지분 2분의 1에 대하여 을을 등기권리자로 하는 소유권이전등기를 신청할 수 없다.

① 1개　　　　　　② 2개
③ 3개　　　　　　④ 4개
⑤ 5개

해설 ⓐ (×), ⓑ (○), ⓒ (×)

1. 유증을 등기원인으로 하여 소유권이전등기를 신청하는 경우, **유언집행자**(지정되지 않은 경우에는 상속인이 유언집행자)가 여럿인 경우에는 그 **과반수 이상**이 수증자 명의의 소유권이전등기절차에 **동의**하면 그 등기를 신청할 수 있으며(「민법」 제1102조, 등기예규 제1512호 2. 나. 등기선례 5-329), 이 경우 **유증자의 등기필정보**를 신청정보의 내용으로 등기소에 **제공**하여야 한다(「부동산등기법」 제50조 제2항, 등기예규 제1512호 4. 나.)(선례 제202202-3호).

2. 멸실 등의 사유로 이러한 등기필정보를 제공할 수 없는 경우, 그 등기신청을 위임받은 **자격자대리인**은 신청서에 등기의무자로 기재된 **유언집행자**로부터 등기신청을 위임받았음을 확인하고 그 확인한 사실을 증명하는 정보(확인서면 등의 확인정보)를 첨부정보로서 등기소에 제공할 수 있으며(「부동산등기법」 제51조, 「부동산등기규칙」 제111조).

3. 만일 유언집행자 전원(A, B, C, D, E) 중 과반수인 3인(A, B, C)이 소유권이전등기를 신청하는 경우 신청서에 첨부된 확인정보는 유언집행자의 과반수 이상(A, B, C)의 것이면 충분하고 **반드시 유언집행자 전원(A, B, C, D, E)의 것이 첨부될 필요는 없다**(등기선례 5-334 참고)(선례 제202202-3호).

ⓓ (×)

1. **유언집행자가 여럿인 경우**(유언집행자의 지정이 없어서 여러 명의 상속인들이 유언집행자가 된 경우를 포함한다)에는 그 **과반수 이상**이 수증자 명의의 소유권이전등기절차에 **동의**하면 그 등기를 신청할 수 있으며(등기예규 제1512호 2. 나. (2)), 유증을 원인으로 한 소유권이전등기 전에 **상속등기가 이미 마쳐진 경우에도 상속등기를 말소하지 않고** 상속인으로부터 수증자에게로 **유증을 원인**으로 한 소유권이전등기를 신청할 수 있다(등기예규 제1512호 3. (1))(선례 제202203-1호).

2. 따라서, 망 갑의 **채권자인 A**의 대위신청에 의하여 을, 병, 정을 등기명의인으로 하는 **상속**으로 인한 소유권이전등기가 마쳐진 경우에는 **상속등기를 말소하지 않은 채로** 상속인으로부터 수증자에게로 유증을 원인으로 한 소유권이전등기를 신청할 수 있고, 만일 과반수 **이상(을, 병)**이 수증자 명의의 소유권이전등기절차에 **동의**하는 경우에는 등기신청서의 등기의무자란에는 "을, 병, 정, 유증자 망 갑의 유언집행자 을, 병"을 표시하고 각 그들의 주소 등을 기재하면 될 것이다(선례 제202203-1호).

ⓔ (×)

1. **수증자가 여럿인 포괄유증**의 경우에는 수증자 전원이 공동으로 신청하거나 **각자가 자기 지분만**에 대하여 소유권이전등기를 신청할 수 있다(예규 제1512호, 2-나-(3)).

2. **수증자가 여럿인 특정유증**의 경우, 수증자 중 일부는 유언집행자와 공동으로 **자기 지분만**에 대하여 소유권이전등기를 신청할 수 있다(선례 제202205-1호).

ⓕ (×)

수 개의 부동산을 **유증**하기로 하는 유언증서를 작성한 후 그 부동산 중 **일부**를 유증자가 **생전에 처분**한 경우라도, 유증하기로 한 재산의 일부를 처분한 사실만으로 다른 재산에 대한 유언을 철회한 것으로 볼 수는 없으므로, **나머지 부동산**에 대하여는 유증을 원인으로 **수증자 앞으로 소유권이전등기**를 신청할 수 있다(선례 제8-204호).

ⓖ (×)

갑이 을에게 A부동산 전체를 유증하기로 하는 공정증서를 작성한 후, 유증한 A부동산의 **지분 2분의 1을 병**에게 증여하고 증여로 인한 소유권이전등기를 마침으로써 A부동산의 소유권을 갑과 병이 2분의 1씩 공유하고 있는 경우, A부동산 **전체를 을에게 유증**하기로 한 공정증서 자체를 첨부정보로서 등기소에 제공하여 A부동산 **갑 지분 2분의 1에 대하여 을을** 등기권리자로 하는 **소유권이전등기를 신청할 수 있을 것**이다(선례 제202212-2호).

정답 09 ①

10 전세권등기에 관한 다음 설명 중 가장 옳지 않은 것은? ▸ 2022년 선례 1

① 농지에 대하여는 원칙적으로 전세권설정등기를 신청할 수 없으나, 국토의 계획 및 이용에 관한 법률 제36조의 용도지역 중 도시지역(녹지지역의 농지에 대하여는 도시·군계획시설사업에 필요한 농지에 한함) 내의 농지에 대하여는 전세권설정등기를 신청할 수 있다.

② 건축물대장에 등재된 건축물에 대하여 건물로서 등기능력이 인정되어 소유권보존등기를 마친 경우라면 그 건물의 일부인 옥상에 대하여 그 전부 또는 일부를 사용하기 위한 전세권설정등기를 신청할 수 있다.

③ 부동산의 일부에 대한 전세권설정등기를 신청할 때에는 그 도면을 첨부정보로서 제공하여야 하는바, 다만 전세권의 목적인 범위가 건물의 일부로서 특정층 전부인 때에는 그 도면을 제공할 필요가 없다.

④ 건물과 그 대지에 공동으로 전세권등기가 마쳐지고 그 존속기간이 만료된 경우 그 건물에 대한 전세권은 「민법」 제312조 제4항에 따라 법정갱신될 수 있으며, 이 경우 전세금 감액을 위한 전세권변경등기를 신청하기 위해서는 존속기간을 연장하는 전세권변경등기와 전세금 감액을 위한 전세권변경등기를 한장의 신청서로 일괄신청하여야 한다.

⑤ 건물전세권이 법정갱신된 경우, 갱신된 전세권을 다른 사람에게 이전하기 위해서는 먼저 전세권의 존속기간을 변경하는 등기를 하여야 한다.

> **해설** ④ 건물과 그 대지에 공동으로 전세권등기가 마쳐지고 그 **존속기간이** 만료된 경우 그 **건물에** 대한 전세권은 「민법」 제312조 제4항에 따라 **법정갱신**될 수 있으며, 이 경우 **전세금 감액을 위한 전세권변경등기를 신청하기 위해서는** 존속기간을 연장하는 전세권변경등기를 **먼저 신청**하거나, **별개의 신청서**로 위 **전세금 감액**을 위한 전세권변경등기와 **동시에 신청**하여야 한다(2013.02.01. 부동산등기과-246 질의회답 참조)(선례 제202203-2호).
>
> ① 1. **농지**를 지상권설정의 목적으로 하는 등기를 신청하는 것은 가능하다. 분배받은 농지에 대하여 상환완료 후에는 **저당권, 지상권, 기타 담보권**의 설정을 할 수 있으므로 타인의 농지에 건물 기타의 공작물이나 수목을 소유하기 위하여 지상권설정등기를 할 수 있다(예규 제555호).
>
> 2. 다만, **농지**에 대하여는 **원칙적**으로 **전세권**설정등기를 신청할 수 **없으나**, 「국토의 계획 및 이용에 관한 법률」 제36조의 용도지역 중 **도시지역**(녹지지역의 농지에 대하여는 도시·군계획시설사업에 필요한 농지에 한함) 내의 농지에 대하여는 전세권설정등기를 신청할 수 **있다**. 다만, 이 경우 도시지역 내의 농지임을 소명하기 위한 토지이용계획확인서를 첨부정보로서 제공하여야 한다(선례 제201811-9호).
>
> ② 1. 건축물대장에 등재된 건축물에 대하여 건물로서 등기능력이 인정되어 **소유권보존등기를** 마친 경우라면 그 (⊞ **일반)건물의 일부인 옥상**에 대하여 그 전부 또는 일부를 사용하기 위한 **전세권설정등기를** 신청할 수 있다. 마찬가지로 건물의 일부에 해당하는 지붕이나 옥상에 대하여도 **임차권**설정등기를 신청할 수 있다. 이 경우 지붕이나 옥상의 **일부**라면 그 부분을 표시한 **도면**을 첨부정보로서 제공하여야 한다(선례 제201812-8호).

2. 다만, **집합건물의 옥상**은 구조상 공용부분으로서 등기능력이 없어 이에 대한 등기기록이 개설될 수는 없으므로 이를 사용하기 위한 **전세권설정등기는 신청할 수 없다.**

3. 기존 **건물의 옥상에 건물이나 기타 공작물을 소유**하기 위한 경우 그 대지에 대하여 **통상의 지상권설정등기를 신청할 수 있지만, 구분지상권설정등기는 신청할 수 없다**(선례 제201812-1호).

③ **부동산의 (⊕ 물리적) 일부에 대한 전세권(임차권)**설정등기 신청서에는 그 **도면을 첨부하여야 할 것인바,** 다만 전세권(임차권)의 목적인 범위가 건물의 일부로서 **특정층 전부**인 때에는 그 **도면을 첨부할 필요가 없다**(선례 제8-246호).

⑤ 1. **건물의 전세권설정자가 전세권의 존속기간 만료전 6월부터 1월까지 사이에 전세권자에 대하여 갱신거절의 통지 또는 조건을 변경하지 아니하면 갱신하지 아니한다는 뜻의 통지를 하지 아니한 경우에는 그 기간이 만료된 때에 전전세권과 동일한 조건으로 다시 전세권을 설정한 것으로 본다.** 이 경우 전세권의 **존속기간은 그 정함이 없는 것으로 본다**(민법 제312조 제4항).

2. 건물전세권이 법정갱신된 경우 이는 법률규정에 의한 물권변동에 해당하여 전세권갱신에 관한 **등기를 하지 아니**하고도 전세권 설정자나 그 목적물을 취득한 제3자에 대하여 그 권리를 주장할 수 있으나, **등기를 하지 아니**하면 이를 처분하지 못하므로(⊕ 민법 제187조), **갱신된 전세권을 다른 사람에게 이전하기 위해서는 먼저 전세권의 존속기간을 변경하는 등기를 하여야 한다.**

11 임차권등기에 관한 다음 설명 중 가장 옳은 것은? ▸2022년 선례 1 + 2023년 선례 1

① 이미 전세권설정등기가 경료된 주택에 대하여 법원이 임차권등기명령에 의하여 주택임차권등기를 촉탁하는 경우 전세권자와 동일인을 권리자로 하는 때에만 수리하며, 동일인이 아닌 경우에는 각하하여야 한다.

② 주택임차권등기명령의 결정 후 주택의 소유권이 이전된 경우에 전 소유자를 등기의무자로 기재하여 등기를 촉탁한 때에는 촉탁서상의 등기의무자 표시가 등기부와 부합하지 아니하므로 그 등기촉탁을 각하하여야 한다.

③ 갑과 을 사이에 주택임대차계약이 체결된 후 임대인 갑이 사망함에 따라, 임차인 을이 당해 주택임대차계약에 기하여 망 갑의 상속인(들)을 피신청인으로 임차권등기명령신청을 하여 집행법원이 이를 인용하고, 피상속인 갑소유 명의의 부동산에 관하여 상속관계를 표시하여 임차권등기의 기입을 촉탁한 경우라 하더라도 등기관은 상속등기가 마쳐지지 않은 이상 그 등기촉탁을 수리할 수 없다.

④ 건물의 일부에 해당하는 지붕이나 옥상에 대하여는 임차권설정등기를 신청할 수 없다.

⑤ 부동산의 일부에 대한 임차권설정등기를 신청할 때에는 그 도면을 첨부정보로서 제공하여야 하는바, 임차권의 목적인 범위가 건물의 일부로서 특정층 전부인 경우에도 그 도면을 제공하여야 한다.

정답 ✎ 10 ④   11 ②

해설 ② 주택임차권등기명령의 결정 후 주택의 소유권이 이전된 경우, 등기촉탁서에 전소유자를 등기의무자로 기재하여 임차권등기의 기입을 촉탁한 때에는 촉탁서에 기재된 등기의무자의 표시가 등기부와 부합하지 아니하므로 등기관은 그 등기촉탁을 각하하여야 한다(법 제29조 제7호, 선례 제7-285호).

① 이미 전세권설정등기가 마쳐진 주택에 대하여 전세권자와 동일인이 아닌 자를 등기명의인으로 하는 주택임차권등기명령에 따른 등기의 촉탁이 있는 경우 등기관이 당해 등기촉탁을 수리할 수 있는지 여부와 관련하여, ㉠ 임대차는 그 등기가 없는 경우에도 임차인이 주택의 인도와 주민등록을 마친 때에는 그 다음 날부터 제3자에 대하여 효력이 생기고(「주택임대차보호법」 제3조 제1항), 그 주택에 임차권등기명령의 집행에 따라 임차권등기가 마쳐지면 그 대항력이나 우선변제권은 그대로 유지된다는 점(같은 법 제3조의3 제5항), ㉡ 위 임차권등기는 이러한 대항력이나 우선변제권을 유지하도록 해 주는 담보적 기능만을 주목적으로 하는 점(대판 2005.6.9. 2005다4529) 및 ㉢ 임차인의 권익보호에 충실을 기하기 위하여 도입된 임차권등기명령제도의 취지 등을 볼 때, 주택임차인이 대항력을 취득한 날이 전세권설정등기의 접수일자보다 선일이라면, 기존 전세권의 등기명의인과 임차권의 등기명의인으로 되려는 자가 동일한지 여부와는 상관없이 주택임차권등기명령에 따른 등기의 촉탁이 있는 경우 등기관은 그 촉탁에 따른 등기를 수리할 수 있을 것이다(선례 제202210-2호).

③ 갑과 을 사이에 주택임대차계약이 체결된 후 임대인 갑이 사망함에 따라, 임차인 을이 당해 주택임대차계약에 기하여 망 갑의 상속인(들)을 피신청인으로 「주택임대차보호법」 제3조의3에 따른 임차권등기명령신청을 하여 집행법원이 이를 인용하고, 피상속인 갑소유 명의의 부동산에 관하여 상속관계를 표시하여(등기의무자를 '망 ○○○의 상속인 ○○○' 등으로 표시함) 임차권등기의 기입을 촉탁한 경우, 등기관은 상속등기가 마쳐지지 않았더라도 그 등기촉탁을 수리할 수 있을 것이다(선례 제202301-1호, 직권선례).

④ 1. 건축물대장에 등재된 건축물에 대하여 건물로서 등기능력이 인정되어 소유권보존등기를 마친 경우라면 그 (⊞ 일반)건물의 일부인 옥상에 대하여 그 전부 또는 일부를 사용하기 위한 전세권설정등기를 신청할 수 있다. 마찬가지로 건물의 일부에 해당하는 지붕이나 옥상에 대하여도 임차권설정등기를 신청할 수 있다. 이 경우 지붕이나 옥상의 일부라면 그 부분을 표시한 도면을 첨부정보로서 제공하여야 한다(선례 제201812-8호).

   2. 다만, 집합건물의 옥상은 구조상 공용부분으로서 등기능력이 없어 이에 대한 등기기록이 개설될 수는 없으므로 이를 사용하기 위한 전세권설정등기는 신청할 수 없다.

   3. 기존 건물의 옥상에 건물이나 기타 공작물을 소유하기 위한 경우 그 대지에 대하여 통상의 지상권설정등기를 신청할 수 있지만, 구분지상권설정등기는 신청할 수 없다(선례 제201812-1호).

⑤ 부동산의 (⊞ 물리적) 일부에 대한 전세권(임차권)설정등기 신청서에는 그 도면을 첨부하여야 할 것인바, 다만 전세권(임차권)의 목적인 범위가 건물의 일부로서 특정층 전부인 때에는 그 도면을 첨부할 필요가 없다(선례 제8-246호).

12 근저당권변경등기에 관한 다음 설명 중 가장 옳지 않은 것은? ▶ 2022년 선례 1

① 공동근저당권이 설정된 후에 비록 등기상 이해관계인이 없다고 하더라도 위 공동근저당권의 채권최고액을 각 부동산별로 분할하여 각 별개의 근저당권등기가 되도록 하는 내용의 근저당권변경등기를 신청할 수는 없다.

② 「민간임대주택에 관한 특별법」에 따라 근저당권의 공동담보를 해제하면서 채권최고액을 감액하는 내용의 근저당권변경등기신청은 수리할 수 없다.

③ 근저당권의 채무자가 사망하고 그 공동상속인 중 1인만이 채무자가 되려는 경우에 근저당권자와 근저당권설정자 또는 소유자는 '계약인수' 또는 '확정채무의 면책적 인수'를 등기원인으로 하는 근저당권변경등기를 공동으로 신청할 수 있다.

④ 근저당권의 피담보채권이 확정된 후에 제3자가 그 피담보채무를 면책적으로 인수한 경우에는 '확정채무의 면책적 인수'를 원인으로 한 근저당권변경등기를 근저당권자 및 근저당권설정자 또는 소유자가 공동으로 신청할 수 있다.

⑤ 을구에 근저당권설정등기, 갑구에 체납처분에 의한 압류등기가 순차로 마쳐진 후에 근저당권의 채권최고액을 증액하는 변경등기의 신청이 있는 경우에 등기관은 체납처분에 의한 압류등기 권리자의 승낙이 있음을 증명하는 정보가 첨부정보로서 제공되지 않았다면 근저당권변경등기를 주등기로 실행하여야 한다.

> **해설** ② 1. 원칙적으로 **공동근저당권의 채권최고액**을 각 **부동산별로 분할**하여 각 별개의 근저당권설정등기가 되도록 하는 내용의 **근저당권변경등기신청**은 수리될 수 **없을** 것이나(등기선례 6-342 참조), 「**민간임대주택에 관한 특별법**」 제49조 제3항 제1호에 근거하여, 근저당권의 **공동담보를** 해제하면서 **채권최고액을 감액**하는 내용의 근저당권변경등기신청은 **수리**될 수 있을 것이다(선례 제202208-1호).
> 2. 위와 같은 내용의 근저당권변경등기를 신청함에 있어서 등기상 이해관계 있는 제3자가 존재하여 그 자의 승낙이 필요한 경우에는 이를 증명하는 정보 또는 이에 대항할 수 있는 재판이 있음을 증명하는 정보를 첨부정보로서 등기소에 제공하여야 한다(「부동산등기규칙」 제46조 제1항 제3호, 선례 제202208-1호).
> 3. 근저당권변경등기는 부기등기로 실행하여야 하며, 이 경우 등기의 목적은 "○번 근저당권변경"으로 기록하여야 한다(아래 등기기록례 참조)(선례 제202208-1호).

【 을구 】	(소유권 이외의 권리에 관한 사항)			
순위번호	등기목적	접수	등기원인	권리자 및 기타사항
3	근저당권설정	2019년 11월 5일 제1108호	2019년 10월 5일 설정계약	채권최고액 금600,000,000원 채무자 김○동 전라남도 여수시 고소길 (고소동) 근저당권자 주식회사○○은행 ******-*******

정답 **⟶** 12 ②

				서울특별시 종로구 창덕궁길 100 (계동) 공동담보목록 제2019-13호
3-1	3번근저당권 변경	2021년 1월 15일 제163호	2021년 1월 1일 근저당권변경 계약	채권최고액 금100,000,000원 공동담보 해제 2021년1월15일 부기

㈜ 부동산이 5개 이상인 경우임

① 현행 등기법제하에서는 공동근저당권의 채권최고액을 각 부동산별로 분할하여 각 별개의 근저당권등기가 되도록 하는 내용으로 근저당권을 변경하는 제도가 없으므로, 공동근저당권이 설정된 후에 비록 등기상 이해관계인이 없다고 하더라도 위 **공동근저당권의 채권최고액**을 각 부동산별로 분할하여 각 별개의 근저당권등기가 되도록 하는 내용의 **근저당권변경등기**를 신청할 수는 **없다**(선례 제6-342호).

③ 예규 제1656호, 5

④ 예규 제1656호, 4-②

⑤ 1. 등기관이 **권리의 변경이나 경정의 등기**(⊕ 전세권변경, 근저당권변경)를 할 때에는 **부기**로 하여야 한다. 다만, **등기상 이해관계 있는 제3자의 승낙이 없는 경우에는** 그러하지 아니하다(⊕ 주등기)(법 제52조 제5호).

2. 을구에 **근저당권설정등기**, 갑구에 **체납처분에 의한 압류등기**(⊕ 가압류·가처분·경매개시결정등기도 마찬가지)가 순차로 경료된 후에 근저당권의 **채권최고액을 증액**하는 경우, 그 변경등기를 부기등기로 실행하게 되면 을구의 근저당권변경등기가 갑구의 체납처분에 의한 압류등기보다 권리의 순위에 있어 우선하게 되므로, 갑구의 **체납처분에 의한 압류등기의 권리자(처분청)**는 을구의 근저당권변경등기에 대하여 **등기상 이해관계 있는 제3자에 해당**한다. 이 경우 갑구의 체납처분에 의한 압류등기의 권리자(처분청)의 **승낙서**나 그에게 대항할 수 있는 재판의 등본이 첨부정보로서 **제공된 경우**에는 을구의 근저당권변경등기를 **부기**등기로 실행할 수 있으나, 그와 같은 첨부정보가 제공되지 않은 경우에는 주등기로 실행하여야 한다. 이는 갑구의 주등기가 민사집행법에 따른 가압류·가처분등기나 경매개시결정등기인 경우에도 동일하다(선례 제201408-2호).

13 신탁등기에 관한 다음 설명 중 가장 옳지 않은 것은? ▶ 2022년 선례 1

① 수탁자는 신탁행위로 달리 정한 바가 없으면 신탁 목적의 달성을 위하여 필요한 경우에는 수익자의 동의를 받아 신탁재산을 재신탁할 수 있다.

② 수인의 조합원으로부터 각각 신탁을 설정받은 주택재건축조합이 신탁재산을 재신탁하는 경우에는 신탁행위로 달리 정한 바가 없다면 각 신탁계약의 수익자 즉, 조합원 전원의 동의서를 첨부정보로서 제공하여야 하고, 신탁법 제71조에 따른 수익자집회의 결의로써 수익자의 동의를 갈음할 수 없다.

③ 신탁의 성질상 위탁자가 수탁자의 지위를 겸할 수 없으므로 공동위탁자 중 1인을 수탁자로 신탁등기를 신청할 수 없다.

④ 생전수익자를 위탁자와 동일인으로 하고, 사후수익자를 수탁자와 동일인으로 하는 신탁등기는 신청할 수 없다.

⑤ 신탁의 종료사유는 신탁행위로 자유롭게 정할 수 있고, 신탁이 종료된 경우 신탁재산의 잔여재산이 귀속될 자 또한 신탁행위로 자유롭게 정할 수 있으므로, '위탁자의 사망'을 신탁의 종료사유로 하고, 신탁이 종료된 경우 신탁재산의 잔여재산이 귀속될 자를 '수탁자'로 하는 내용의 신탁등기도 신청할 수 있다.

해설 ③ **공동위탁자(甲, 乙)** 중 **1인(乙)을 단독수탁자**, 甲과 乙을 **공동수익자**로 하는 신탁설정 시, 등기신청은 **甲지분에 대하여는** "甲지분전부이전 및 신탁"을 등기목적으로, **乙지분에 대하여는** "乙지분 전부 신탁재산으로 된 뜻의 등기 및 신탁"을 등기목적으로 하는 **별개의 등기신청서**를 제출하는 방법에 의한다(등기예규 제1726호 1. 나. (2), (3) 참조)(선례 제202206-2호).

①② 1. 재신탁이란 수탁자가 스스로 위탁자가 되어 신탁재산에 대하여 다른 자에게 다시 신탁을 설정하는 것으로서, 신탁행위로 달리 정한 바가 없다면 수탁자는 신탁 목적의 달성을 위하여 필요한 경우 **수익자의 동의**를 받아 신탁재산을 재신탁할 수 있다.

2. **수인의 조합원으로부터 각각 신탁을 설정받은 주택재건축조합**이 신탁재산을 **재신탁하는** 경우에는 신탁행위로 달리 정한 바가 없다면 **각 신탁계약의 수익자** 즉, **조합원 전원의 동의서(인감증명 첨부)를** 첨부정보로서 제공하여야 하고, 「신탁법」 제71조에 따른 **수익자집회의 결의로써 수익자의 동의를 갈음할 수 없다**(선례 제201403-4호).

④⑤ 1. **위탁자가 수익자의 지위를 겸하는 자익신탁**은 일반적으로 **허용**되므로, 유언대용신탁의 경우에도 위탁자가 생전수익자의 지위를 겸하는 것은 가능하다(신탁법 제3조 제1항 참조). 그러나 「신탁법」은 **수탁자가 공동수익자 중 1인인 경우를 제외**하고는 **수탁자로 하여금 신탁의 이익**을 누리는 것을 **금지**하고 있는 바(신탁법 제36조), 유언대용신탁에서 생전수익자와 사후수익자가 별도로 존재하는 경우라도 위탁자의 사망을 기준으로 생전수익자와 사후수익자가 시간적으로 분리되는 결과 생전수익자와 사후수익자가 동시에 공동수익자로서 권리행사를 할 수는 없으므로(신탁법 제59조), 위탁자의 사망 이후에 수탁자만이 단독 사후수익자가 되는 신탁은 「신탁법」 제36조를 위반하게 되는 것이어서 **생전수익자를 위탁자와 동일인으로** 하고, **사후수익자를 수탁자와 동일인으로** 하는 신탁등기는 신청할 수 **없다**(선례 제201808-4호).

2. **신탁의 종료사유**는 신탁행위로 자유롭게 정할 수 있으며(신탁법 제98조 제6호), **신탁이 종료된 경우 신탁재산의 잔여재산이 귀속될 자** 또한 신탁행위로 자유롭게 정할 수 있는 것이므로(신탁법 제101조 제1항 단서), '위탁자의 사망'을 **신탁의 종료사유로** 하고, 신탁이 종료된 경우 **신탁재산의 잔여재산이 귀속될 자를** '수탁자'로 하는 내용의 신탁등기도 신청할 수 있다(선례 제201911-2호).

정답 ☞ 13 ③

14 환지에 관한 등기와 관련된 다음 설명 중 가장 옳지 않은 것은? ▸2022년 선례 1

① 도시개발법에 의한 도시개발사업은 환지계획의 작성, 환지계획의 인가, 공사의 완료 및 환지처분의 공고, 환지처분에 관한 등기의 촉탁 순서로 진행된다.

② 도시개발사업의 시행자는 사업시행인가 후에 사업시행을 위하여 환지처분의 공고전이라도 종전 토지에 관하여 상속을 원인으로 한 소유권이전등기를 대위하여 촉탁할 수 있다.

③ 「도시개발법」에 따른 "환지를 교부받은 자가 청산금을 납부하지 않는 경우"에 환지등기 촉탁은 그 사업지역 내의 토지 전부에 관하여 동시에 할 필요가 없다.

④ 환지 토지에 관한 등기촉탁이 누락된 경우, 사업시행자는 누락된 환지에 대하여 다시 환지등기를 촉탁할 수 있다.

⑤ 환지를 교부받은 자가 등기의무자로서 등기신청을 할 때에는 종전 토지에 관하여 소유자로서 통지받은 등기필정보를 신청정보로 제공하여야 한다.

해설 ③ 환지에 대하여 권리의 설정 또는 이전 등의 등기를 하여야 하는 때 **기타 특별한 사유가 있는 때**를 제외하고는 **환지등기 촉탁**은 사업지역 내의 **토지 전부**에 관하여 **동시에** 하여야 하는바 (등기예규 제1588호 4. 다. (1)), 「도시개발법」에 따른 **"환지를 교부받은 자가 청산금을 납부하지 않는 경우"**를 여기서의 **기타 특별한 사유가 있는 때**로 볼 수는 **없을** 것이므로, 이 경우에도 환지등기 촉탁은 그 사업지역 내의 **토지 전부**에 관하여 **동시에** 하여야 한다(선례 제202202–2호).

① 1. 「농어촌정비법」에 의한 **농업생산기본정비사업**은 환지계획의 수립(같은 법 제25조) → 공사의 준공 → 환지계획의 인가 및 고시(같은 법 제26조) → 환지처분에 의한 등기의 촉탁(같은 법 제42조) 등의 순서로 진행된다.
　2. 「도시개발법」에 의한 **도시개발사업**은 환지계획의 작성(같은 법 제28조) → 환지계획의 인가(같은 법 제29조) → 공사의 완료 및 환지처분의 공고(같은 법 제40조) → 환지처분에 관한 등기의 촉탁(같은 법 제43조)의 순서로 진행된다.

② 예규 제1588호, 2–가

④ 예규 제1588호, 4–다–(2)

⑤ 예규 제1588호, 9–나

15 현재 부동산등기법 및 부동산등기규칙에 관한 다음 설명 중 가장 옳지 않은 것은?

▸ 2022년 개정 조문 3

① 등기권리자와 등기의무자가 공동으로 권리에 관한 등기를 신청하는 경우에 신청인은 등기의무자의 등기필정보를 등기소에 제공하여야 한다.

② 승소한 등기의무자가 단독으로 권리에 관한 등기를 신청하는 경우에 신청인은 등기의무자의 등기필정보를 등기소에 제공하여야 한다.

③ 자격자대리인이 공동으로 신청하는 권리에 관한 등기를 신청하는 경우에 주민등록증·인감증명서·본인서명사실확인서 등 법령에 따라 작성된 증명서의 제출이나 제시, 그 밖에 이에 준하는 확실한 방법으로 위임인이 등기의무자인지 여부를 확인하고 자필서명한 정보를 등기소에 제공하여야 한다.

④ 자격자대리인이 승소한 등기의무자가 단독으로 신청하는 권리에 관한 등기를 신청하는 경우에는 자필서명한 정보를 등기소에 제공할 필요가 없다.

⑤ 등기소에 출석하여 등기신청서를 제출할 수 있는 자격자대리인의 사무원은 자격자대리인의 사무소 소재지를 관할하는 지방법원장이 허가하는 1명으로 한다.

해설 ④ 등기를 신청하는 경우에는 다음 각 호의 정보를 그 신청정보와 함께 첨부정보로서 등기소에 제공하여야 한다(규칙 제46조 제1항).

8. 변호사나 법무사[법무법인·법무법인(유한)·법무조합 또는 법무사법인·법무사법인(유한)을 포함한다. 이하 "자격자대리인"이라 한다]가 다음 각 목의 등기를 신청하는 경우, **자격자대리인**(법인의 경우에는 담당 변호사·법무사를 의미한다)이 주민등록증·인감증명서·본인서명사실확인서 등 법령에 따라 작성된 증명서의 제출이나 제시, 그 밖에 이에 준하는 확실한 방법으로 **위임인이 등기의무자인지** 여부를 확인하고 **자필서명한 정보**

가. **공동**으로 신청하는 **권리**에 관한 등기

나. **승소**한 등기의무자가 단독으로 신청하는 **권리**에 관한 등기

① 법 제50조 제2항 본문

② 법 제50조 제2항 단서

③ 위 ④ 해설 참조

⑤ 규칙 제58조

정답 ❑ 14 ③ 15 ④

16 다음 〈보기〉에서 개정된 부동산등기규칙 및 등기선례에 따라 첨부서면의 원본환부 청구의 대상이 되는 것은 모두 몇 개인가? ▸ 2021년 선례 1

─┤ 보기 ├─
ⓐ 등기신청위임장
ⓑ 재외국민 또는 외국인이 작성한 처분위임장과 인감증명서
ⓒ 자격자대리인의 자필서명정보
ⓓ 등기필정보의 멸실시 자격자대리인이 확인하고 작성한 확인정보(확인서면)
ⓔ 인감증명
ⓕ 주민등록표등본・초본
ⓖ 상속재산분할협의서
ⓗ 가족관계등록사항별증명서
ⓘ 법인등기사항증명서
ⓙ 유언증서
ⓚ 농지취득자격증명서
ⓛ 건축물대장・토지대장・임야대장 등본

① 2개   ② 4개
③ 6개   ④ 8개
⑤ 10개

해설 ⓐⓒⓓⓔⓕⓗⓘⓛ 모두 (×)

신청서에 첨부한 서류의 원본의 환부를 청구하는 경우에 신청인은 그 원본과 같다는 뜻을 적은 사본을 첨부하여야 하고, 등기관이 서류의 원본을 환부할 때에는 그 사본에 원본 환부의 뜻을 적고 기명날인하여야 한다. 다만, 다음 각 호의 서류에 대하여는 **환부를 청구할 수 없다.**

1. 등기신청위임장, **제46조 제1항 제8호(법무사의 자필서명정보),** 제111조 제2항의 확인정보를 담고 있는 서면 등 해당 등기신청만을 위하여 작성한 서류
2. 인감증명, 법인등기사항증명서, 주민등록표등본・초본, 가족관계등록사항별증명서 및 건축물 대장・토지대장・임야대장 등본 등 별도의 방법으로 다시 취득할 수 있는 서류

ⓑ (○) : 신청인으로부터 등기신청서의 첨부서면 중 **재외국민이 작성한 처분위임장**과 처분위임 장에 날인된 인영을 확인하기 위해 제출한 등기명의인의 **인감증명**에 대한 **환부신청**이 있다면 등기관은 **제출받은 등본에 환부의 취지를 기재**하고 **원본을 환부**하여야 할 것이나, 신청인이 당사자가 아닌 **대리인(법무사 등)이** 신청할 경우에는 당사자로부터 **원본환부신청에 대해서** **별도의 수권이 있어야 할 것이다**(선례 제8−108호). 이러한 규정은 **외국인이 작성한 처분위임** 장에도 **마찬가지로** 적용된다.

ⓖ (○) : 협의분할에 의한 상속을 원인으로 한 소유권이전등기를 신청할 때에 등기소에 첨부서 면으로서 제출한 **상속재산분할협의서**는 「부동산등기규칙」 제66조 제1항에 따라 등기관이 등기를 마친 후에 신청인에게 **돌려주어야 하는 서면**에 해당하지 **않는다.** 다만, 신청인은 이 서면에 대하여 같은 규칙 제59조에 따라 **원본 환부의 청구**를 할 수 있으며, 이 경우에는 그 원본과 같다는 뜻을 적은 **사본을 제출**하여야 한다(선례 제201912−2호).

ⓙ (○) : 등기신청서에 첨부한 **유언증서**의 **원본의 환부**를 청구할 수 있으며, 이때에 신청인은 그 원본과 같다는 취지를 기재한 등본을 첨부하여야 한다(선례 제3-45호).

ⓚ (○) : 농지의 매매로 인한 소유권이전등기를 신청할 때 첨부하여야 할 농지 매매증명은 그 증명의 성질상 원본을 첨부하여야 하는 것은 농지개혁법 시행 당시부터 현재에 이르기까지 변함이 없지만, 등기신청인은 원본과 같다는 취지를 기재한 **농지매매증명(🄰 농지취득자격증명)**의 등본을 첨부하여 신청서에 첨부된 원본의 환부를 청구할 수 있고, 이 경우 등기공무원은 그 등본에 원본환부의 취지를 기재하고 날인하여야 한다(선례 제2-641호).

17 자격자대리인의 등기의무자 확인 및 자필서명 정보 제공 및 검인에 관한 다음 설명 중 가장 옳은 것은?

▸ 2022년 예규 4

① 신청서와 자격자대리인의 자필서명 정보의 부동산표시는 일치하여야 하므로 자격자대리인의 자필서명 정보의 부동산표시가 신청정보와 일치하지 아니한 경우라면 양자 사이에 동일성을 인정할 수 있더라도 그 등기신청을 수리할 수 없다.

② 신청서와 자격자대리인의 자필서명 정보의 부동산표시는 일치하여야 하므로 구분건물과 대지권이 함께 등기신청의 목적인 경우 그 자필서명 정보에는 반드시 대지권의 구체적인 표시가 기재되어 있어야 한다.

③ 신청서와 검인계약서의 부동산표시는 일치하여야 하므로 구분건물과 대지권이 함께 등기신청의 목적인 경우 그 검인계약서에는 반드시 대지권의 구체적인 표시가 기재되어 있어야 한다.

④ 외국인으로부터 처분위임을 받은 자가 등기신청을 위임한 경우에는 자격자대리인의 자필서명 정보의 등기의무자란에 등기기록상 명의인인 외국인을 기재하여야 한다.

⑤ 미성년자의 법정대리인이 등기신청을 위임한 경우에는 자격자대리인의 자필서명 정보의 등기의무자란에 법정대리인을 기재하여야 한다.

해설 ④ 외국인으로부터 처분위임을 받은 자가 등기신청을 위임한 경우에는 **등기기록상 명의인인 외국인을** 기재하여야 한다(예규 제1745호, 3-나-2).

① 자필서명 정보의 **부동산표시**가 신청정보와 엄격히 일치하지 아니하더라도 양자 사이에 **동일성을 인정**할 수 있으면 그 등기신청을 **수리**하여도 무방하다(예규 제1745호, 3-가-(1)).

② 구분건물과 대지권이 함께 등기신청의 목적인 경우에는 그 자필서명 정보에 **대지권의 구체적인 표시가 없더라도 대지권이 포함된 취지의 표시는** 되어 있어야 한다(예규 제1745호, 3-가-(2)).

③ 검인계약서의 **부동산표시**가 신청서의 그것과 엄격히 일치하지 아니하더라도 양자 사이에 **동일성을 인정**할 수 있으면 그 등기신청을 수리하여도 무방하다. **구분건물과 대지권이 함께 등기신청의 목적인 경우에는 그 검인계약서에 대지권의 구체적인 표시가 없더라도 대지권이 포함된 취지의 표시는** 되어 있어야 한다(예규 제1419호, 1-다).

정답 16 ② 17 ④

⑤ 미성년자의 법정대리인이 등기신청을 위임한 경우에는 **등기기록상 명의인인 미성년자를** 기재하여야 한다(예규 제1745호, 3–나–1).

18 자격자대리인의 등기의무자 확인 및 자필서명 정보 제공에 관한 다음 설명 중 가장 옳지 않은 것은?
▸ 2022년 예규 5

① 자격자대리인의 자필서명 정보의 서명은 자격자대리인이 본인 고유의 필체로 직접 기재하는 방법으로 하여야 하고, 자필서명 이미지를 복사하여 제공하는 방식은 허용되지 아니한다.

② 자격자대리인의 자필서명 정보가 2장 이상일 때에는 자격자대리인이 앞장의 뒷면과 뒷장의 앞면을 만나게 하여 그 사이에 자필서명을 하거나 자필서명 정보에 페이지를 표시하고 각 장마다 자필서명을 하여야 한다.

③ 자격자대리인의 자필서명 정보와 관련하여 하나의 등기신청에서 등기의무자가 수인인 경우(예 공유의 부동산을 처분하는 경우)에는 등기의무자란에 등기의무자를 추가하여 한 개의 첨부정보로 제공할 수 있다.

④ 같은 등기소에 등기의무자와 등기의 목적이 동일한 여러 건의 등기신청을 동시에 하는 경우라도 자격자대리인의 자필서명정보는 등기신청서마다 각각 제출하여야 한다.

⑤ 법인의 지배인이 등기신청을 위임한 경우에는 자격자대리인의 자필서명 정보의 등기의무자란에 등기기록상 명의인인 법인을 기재하여야 한다.

해설 ④ 같은 등기소에 등기의무자와 등기의 목적이 동일한 여러 건의 등기신청을 동시에 하는 경우에는 **먼저 접수되는 신청에만** 자필서명 정보(이 경우 별지 제1호 양식의 등기할 부동산의 표시란에는 신청하는 부동산 전부를 기재하여야 한다)를 첨부정보로 **제공**하고, **다른 신청에**서는 **먼저 접수된 신청에 자필서명 정보를 제공하였다는 뜻**을 신청정보의 내용으로 등기소에 제공함으로써 자필서명 정보의 제공을 갈음할 수 있다(예규 제1745호, 4–나).

① 자필서명은 **자격자대리인**이 별지 제1호 양식(⊞ 자격자대리인의 등기의무자 확인 및 자필서명 정보) 하단에 **본인** 고유의 **필체로 직접 기재**하는 방법으로 하여야 하고, 자필서명 이미지를 복사하여 제공하는 방식은 허용되지 아니한다(예규 제1745호, 3–다–(1)). 등기의무자의 자필서명을 요구하지는 않는다.

② 자필서명 정보가 2장 이상일 때에는 자격자대리인이 앞장의 뒷면과 뒷장의 앞면을 **만나게 하여 그 사이에 자필서명**을 하거나 자필서명 정보에 페이지를 표시하고 각 **장마다** 자필서명을 하여야 한다(예규 제1745호, 3–다–(2)).

③ 하나의 등기신청에서 등기의무자가 수인인 경우(예 공유의 부동산을 처분하는 경우)에는 별지 제1호 양식(⊞ 자격자대리인의 등기의무자 확인 및 자필서명 정보)의 등기의무자란에 등기의무자를 추가하여 한 개의 첨부정보로 제공할 수 있다(예규 제1745호, 4–가).

⑤ 법인의 지배인이 등기신청을 위임한 경우에는 **등기기록상 명의인인 법인을** 기재하여야 한다(예규 제1745호, 3–나–3).

19 다음 〈보기〉에서 자격자대리인의 확인서면과 자필서명 정보 제공에 관한 다음 설명 중 옳지 않은 것은 모두 몇 개인가?

▶ 2022년 예규 4

┤ 보기 ├

가. 관공서가 등기의무자로서 등기권리자의 청구에 의하여 등기를 촉탁하거나 부동산에 관한 권리를 취득하여 등기권리자로서 그 등기를 촉탁하는 경우에는 등기의무자의 권리에 관한 등기필정보를 등기소에 제공할 필요가 없다.

나. 관공서가 등기의무자 또는 등기권리자인 경우 자격자대리인의 자필서명 정보를 제공할 필요가 없다.

다. 법무사 본인이 해당 등기신청의 등기의무자인 경우에는 자기에 대한 확인서면을 스스로 작성할 수 없다.

라. 등기권리자가 등기의무자인 자격자대리인에게 등기신청을 위임하는 경우 자격자대리인은 자기에 대한 자필서명 정보를 작성하여 제공하여야 한다.

마. 자격자대리인의 자필서명 정보의 서명은 자격자대리인이 본인 고유의 필체로 직접 기재하는 방법으로 하며, 등기의무자도 본인 고유의 필체로 직접 자필서명을 하여야 한다.

바. 전자신청 시 자격자대리인이 일정한 첨부서면을 전자적 이미지 정보로 변환(스캐닝)하여 송신할 수 있다 하더라도 인감증명서와 그 인감을 날인한 서면은 스캐닝 송신할 수 없는바, 이와 마찬가지로 자격자대리인의 자필서명 정보도 스캐닝 송신할 수 없다.

① 1개   ② 2개
③ 3개   ④ 4개
⑤ 5개

해설 ④

가. (○) : 관공서가 **등기의무자**로서 등기권리자의 청구에 의하여 등기를 촉탁하거나 부동산에 관한 권리를 취득하여 **등기권리자**로서 그 등기를 촉탁하는 경우에는 등기의무자의 권리에 관한 **등기필정보**를 제공할 필요가 없다. 이 경우 관공서가 촉탁에 의하지 아니하고 **법무사 또는 변호사에게 위임**하여 등기를 신청하는 경우에도 **같다**(예규 제1625호, 4).

나. (✕) : **관공서가 등기의무자 또는 등기권리자인 경우**에도 자격자대리인이 「부동산등기규칙」 제46조 제1항 제8호 각 목의 등기를 신청하는 때에는 **자필서명 정보를 제공하여야** 한다(예규 제1745호, 5-가).

다. (○) : 「**부동산등기법**」 제51조에 따라 변호사나 **법무사가 확인서면을 작성**하는 것은 **준공증적 성격의 업무**이므로 공증인의 제척에 관한 사항을 규정하고 있는 「**공증인법**」 제21조의 취지에 비추어 볼 때, **자기 소유의 부동산을 매도한 법무사가 매수인으로부터 그 소유권이전 등기신청을 위임받았으나 등기필정보가 없는 경우**에 등기의무자인 **자기에 대한 확인서면을 스스로 작성할 수 없다**(선례 제201112-4호).

정답 ┅ 18 ④ 19 ④

라. (×) : 등기권리자가 **등기의무자인 자격자대리인**에게 등기신청을 위임하는 경우 자격자대리인은 별도로 자기에 대한 자필서명 정보를 **제공할 필요가 없다**(예규 제1745호, 5-나).

마. (×) : 자필서명은 **자격자대리인**이 별지 제1호 양식(⊞ 자격자대리인의 등기의무자 확인 및 자필서명 정보) 하단에 **본인 고유의 필체로 직접 기재**하는 방법으로 하여야 하고, 자필서명 이미지를 복사하여 제공하는 방식은 허용되지 아니한다(예규 제1745호, 3-다-(1)). 등기의무자의 자필서명을 요구하지는 않는다.

바. (×) : **전자신청**의 경우 별지 제1호 양식에 따라 작성한 서면(⊞ 자격자대리인의 등기의무자 확인 및 자필서명 정보)을 전자적 이미지 정보로 변환(**스캐닝**)하여 원본과 상위 없다는 취지의 부가정보와 「부동산등기규칙」 제67조 제4항 제1호에 따른 자격자대리인의 개인인증서 정보를 덧붙여 등기소에 송신하여야 한다.

20 등기신청과 관련하여 부과된 의무에 관한 다음 설명 중 가장 옳지 않은 것은?

▸ 2022년 예규 5

① 근저당권설정등기를 신청하는 경우에는 채권최고액을 과세표준으로 하여 등록면허세를 납부하여야 한다.

② 신탁을 원인으로 한 소유권이전등기에 대하여는 취득세를 납부할 필요가 없지만, 신탁등기에 대하여는 등록면허세를 납부하여야 한다.

③ 신탁재산의 위탁자 지위의 이전을 등기원인으로 하는 신탁원부 기록의 변경등기에 대하여는 반드시 취득세를 납부하여야 한다.

④ 미등기 부동산에 대한 처분제한 등기의 촉탁에 의하여 등기관이 직권으로 소유권보존등기를 완료한 때에는 납세지를 관할하는 지방자치단체 장에게 취득세 미납 통지 또는 등록면허세 미납 통지를 하여야 하고, 국민주택채권도 매입할 필요가 없다.

⑤ 채권자가 채무자를 대위하여 소유권보존등기를 신청하는 경우에는 채권자가 등록면허세를 납부하여야 하고, 등기하고자 하는 부동산이 토지인 경우에는 국민주택채권도 매입하여야 한다.

해설 ③ 1. 신탁재산의 **위탁자 지위의 이전**을 등기원인으로 하는 **신탁원부 기록의 변경등기**에 대하여는 「지방세법」 제7조 제15항 본문에 따라 **취득세를 납부**하여야 한다.
다만, 위탁자 지위의 이전으로 신탁재산에 대한 **실질적인 소유권 변동**이 있더라도 관련 법령이 정하는 바에 따라 취득세 **비과세·면제 사유**가 있는 경우에는 **그러하지 아니하다.**

2. 해당 등기신청의 등기원인인 위탁자 지위의 이전이 신탁재산에 대한 **실질적인 소유권 변동이 있다고 보기 어려운 경우**로서 「지방세법」 제7조 제15항 단서 및 「지방세법 시행령」 제11조의3(대통령령 제32293호로 개정되기 전의 「지방세법 시행령」 제11조의2를 포함한다. 이하 같다)으로 정하는 경우에 해당됨을 소명하는 첨부정보(예 과세권자인 지방자치단체의 장이 등기원인인 위탁자 지위의 이전이 「지방세법」 제7조 제15항 단서 및 「지방세법 시행령」 제11조의3으로 정하는 경우에 해당되는지에 대한 질의민원을 심사하여 그에 해당된다는 내용의 처리결과를 통지한 문서 등)가 제공되는 신탁원부 기록의 변경등기에 대하여는 「지방세법」 제28조 제1항 제1호 마목에 따른 **등록면허세를 납부**하여야 한다(예규 제1744호, 5의2).

① 근저당권설정등기를 신청하는 경우에는「부동산등기법」제75조 제2항 제1호의 채권의 최고액을 과세표준으로 하여 등록면허세를 납부하여야 한다(예규 제1744호, 4).

② 신탁을 원인으로 한 소유권이전등기와 신탁의 등기는 동시에 신청(♨ 일괄신청)하여야 하나 이들은 각 별개의 등기이므로, ① 신탁을 원인으로 한 소유권이전등기에 대하여는「지방세법」제9조 제3항 제1호에 따라 취득세를 납부할 필요가 없지만, ② 신탁등기에 대하여는「지방세법」제28조 제1항 제1호마목에 따른 등록면허세를 납부하여야 한다(예규 제1744호, 5).

④ 미등기부동산에 대한 처분제한 등기의 촉탁에 의하여 등기관이 직권으로 소유권보존등기를 완료한 때에는 납세지를 관할하는 지방자치단체 장에게「지방세법」제22조 제1항에 따른 취득세 미납 통지 또는「지방세법」제33조에 따른 등록면허세 미납 통지(「지방세법」제23조 제1호 다목, 라목에 해당하는 등록에 대한 등록면허세를 말한다. 이하 6.에서 같다)를 하여야 하고, 이 경우 소유자가 보존등기를 신청하는 것이 아니므로(「주택도시기금법」제8조 참조) 국민주택채권도 매입할 필요가 없다(예규 제1744호, 6-가).

⑤ 채권자가 채무자를 대위하여 소유권보존등기를 신청하는 경우에는 본래의 신청인인 채무자가 신청하는 경우와 다르지 않으므로 채권자가 등록면허세를 납부하여야 하고, 등기하고자 하는 부동산이 토지인 경우에는 국민주택채권도 매입하여야 한다(예규 제1744호, 6-나).

21 건물의 등기능력에 관한 다음 설명 중 가장 옳은 것은? ▶ 2021년 선례 1

① 건축물대장에 등록된 건축물은 모두 등기능력이 있다.

② 현행「부동산등기법」은 건물의 등기능력에 관하여 정착성, 외기분단성, 용도성을 그 요건으로 규정하고 있다.

③ 가설건축물대장에 등록된 "농업용 고정식 비닐온실"이 철근콘크리트 기초 위에 설치됨으로써 토지에 견고하게 정착되어 있고, 경량철골구조 및 내구성 10년 이상의 내재해형 장기성 필름(비닐)에 의하여 벽면과 지붕을 구성하고 있다면 독립된 건물로 볼 수 있지만, "내구성 10년 이상"의 기준을 충족하지 못한다면 수리할 수 없다.

④ 1동의 건물에 속하는 구분건물 중 일부만에 관하여 소유권보존등기를 하기 위해서는 그 일부 구분건물뿐만 아니라 나머지 구분건물도 등기능력이 있어야 한다.

⑤ 폐유조선 및 플로팅 도크(물 위에 떠 있는 건조용 도크)를 호텔 및 상업시설로 수선하고 해안가의 해저지면에 있는 암반에 앵커로 고정하였다면 건물소유권보존등기의 대상이 된다는 것이 실무이다.

해설 ④ 1동의 건물에 속하는 구분건물 중 일부만에 관하여 소유권보존등기를 신청하는 경우에는 나머지 구분건물의 표시에 관한 등기를 동시에 신청하여야 한다. 이 경우에 구분건물의 소유자는 1동에 속하는 다른 구분건물의 소유자를 대위하여 그 건물의 표시에 관한 등기를 신청할 수 있다(법 제46조 제1항, 제2항). 집합건물은 1동의 건물을 기준으로 하나의 등기기록을 사용하므로 구분건물 중 일부만에 관하여 소유권보존등기를 하기 위해서는 나머지 구분건물부분도 등기능력이 있어야 한다.

정답 ◑ 20 ③ 21 ④

① 건축법상의 '건축물'은 등기능력이 있는 '건물'보다 넓은 개념으로서 **건축물대장에 등재**되었다고 해서 **모두 등기능력**이 있는 것은 **아니다**(「부동산등기실무Ⅰ」 p.37).

② 우리 법제상 건물은 그 대지인 토지와는 별개의 독립한 부동산으로 취급하고 있으나(민법 제99조 제1항, 법 제14조 제1항), 구체적으로 **무엇을 등기할 수 있는 건물로 볼 것인가**에 대하여는 **명문의 규정**이 없다. 판례는 등기능력 있는 건물에 대하여 "독립된 건물로 보기 위해서는 그 설치된 장소에서 손쉽게 이동시킬 수 있는 구조물이 아니고 그 토지에 견고하게 부착시켜 그 상태로 계속 사용할 목적으로 축조된 것으로 비바람 등 자연력으로부터 보호하기 위하여 벽면과 지붕을 갖추고 있어야 한다."는 기준을 제시하였다(대판 1990.7.27, 90다카6160). 이후 **등기예규**에서는 보다 구체적으로 "건축법상 건축물에 관하여 건물로서 소유권보존등기를 신청한 경우, 등기관은 그 건축물이 토지에 견고하게 정착되어 있는지(**정착성**), 지붕 및 주벽 또는 그에 유사한 설비를 갖추고 있는지(**외기분단성**), 일정한 용도로 계속 사용할 수 있는 것인지(**용도성**) 여부를 당사자가 신청서에 첨부한 건축물대장등본 등에 의하여 종합적으로 심사하여야 한다."는 **기준을 제시**하였다(등기능력 있는 물건 여부의 판단에 관한 업무처리지침 제정 2004.10.1. 등기예규 제1086호).

③ 가설건축물대장에 등록된 "농업용 고정식 비닐온실"이 철근콘크리트 기초 위에 설치됨으로써 토지에 견고하게 정착되어 있고, 경량철골구조 및 내구성 10년 이상의 내재해형 장기성 필름(비닐)에 의하여 벽면과 지붕을 구성하고 있다면 독립된 건물로 볼 수 있으므로 이 건축물에 대하여 소유권보존등기를 신청할 수 있을 것이나(등기선례 9-6), "**내구성 10년 이상**"의 기준은 **예시적인 것**이므로, 비록 "**내구성 10년 이상**"의 기준을 충족하지 않더라도 담당 등기관은 가설건축물축조 신고필증에 기재된 존치기간, 구조, 용도 및 존치기간의 연장에 관한 법령(건축법 시행령 제15조, 제15조의2, 제15조의3 등 참조) 등을 종합적으로 심사하여 당해 건축물이 등기능력 있는 물건에 해당하는지 여부를 판단할 수 있을 것이다(선례 제202111-1호).

⑤ **폐유조선 및 플로팅 도크(물 위에 떠 있는 건조용 도크)**는 호텔 및 상업시설로 수선하고 해안가의 해저지면에 있는 암반에 앵커로 고정하여도 건물소유권보존등기의 대상이 될 수 **없을** 것이다(선례 제200607-8호).

22 비법인 사단 또는 재단의 등기신청에 관한 다음 설명 중 가장 옳지 않은 것은?

▶ 2021년 선례 1

① 법인 아닌 사단이나 재단에 속하는 부동산에 관한 등기는 그 사단이나 재단의 명의로 그 대표자나 관리인이 신청한다.

② 종중 명의로 된 부동산의 등기부상 주소인 종중의 사무소 소재지가 수차 이전되어 그에 따른 등기명의인표시변경등기를 신청할 경우에는, 주소변경을 증명하는 서면으로 주소변동 경과를 알 수 있는 신·구 종중 규약을 첨부하면 될 것이고, 그 변경등기는 등기부상의 주소로부터 막바로 최후의 주소로 할 수 있다.

③ 'ㅇㅇ계' 명의의 등기신청이 있는 경우, 같은 계의 규약에 의하여 그 실체가 법인 아닌 사단으로서 성격을 갖춘 경우에는 그 등기신청을 수리하여야 할 것이나, 각 계원의 개성이 개별적으로 뚜렷하게 계의 운영에 반영되게끔 되어 있고 계원의 지위가 상속되는 것으로 규정되어 있는 등 단체로서의 성격을 갖는다고 볼 수 없는 경우에는 그 등기신청을 각하하여야 한다.

④ 대표자 또는 관리인을 증명하는 서면 및 사원총회 결의서에는 그 사실을 확인하는데 상당하다고 인정되는 2인 이상의 성년자가 사실과 상위 없다는 취지와 성명을 기재하고 인감을 날인하여야 하며, 날인한 인감에 관한 인감증명을 제출하여야 하는바, 여기서의 2인 이상의 성년자는 반드시 결의서 작성 당시에 날인한 자와 동일하여야 한다.

⑤ 대표자나 관리인이 있는 법인 아닌 사단이나 재단에 속하는 부동산의 등기에 관하여는 그 사단 또는 재단이 등기권리자 또는 등기의무자로서 등기신청적격이 있으므로 아파트입주자대표회의의 명의로 그 대표자 또는 관리인이 등기를 신청할 수 있다.

해설 ④ 1. 법인 아닌 사단이 등기를 신청하는 경우 그 대표자 또는 관리인을 증명하는 서면 등에 **성년자 2인 이상의 인감을 날인하도록 한 취지**는, 그 서면에 기재된 내용이 사실이며 등기신청을 하는 현재 시점에도 여전히 유효하다는 점을 보증하도록 하고자 하는 것인바, **비록 그 서면이 결의서로써 결의서 작성 당시 인감이 날인되어 있다고 하더라도** 이는 그 결의 당시의 사실을 확인하는 의미만 있을 뿐, 그러한 사실이 현재 등기신청하는 시점까지 유효하다는 의미까지 포함될 수는 없는 것이다. 따라서 비록 대표자 또는 관리인을 증명하는 서면 등이 결의서로써 그 결의서 작성 당시에 인감이 날인되어 있다고 하더라도, 이와는 **별도로 2인 이상의 성년자**(결의서 작성 당시에 날인한 자와 동일이더라도 무방함)가 사실과 상위함이 없다는 취지와 성명을 기재하고 **인감을 날인하여야** 할 것이다(선례 제200709-3호).

2. **대표자 또는 관리인을 증명하는 서면** 및 **사원총회 결의서**에는 그 사실을 확인하는데 상당하다고 인정되는 **2인 이상의 성년자**가 사실과 상위 없다는 취지와 성명을 기재하고 **인감을 날인**하여야 하며, 날인한 인감에 관한 **인감증명을 제출**하여야 하는바, 여기서의 2인 이상의 성년자는 **반드시 결의서 작성 당시에 날인한 자와 동일할 필요는 없다**(선례 제202108-3호).

① 1. 법인의 산하단체로서 법인의 업무상 지도감독을 받는다고 하더라도, 규약에 근거하여 의사결정기관과 집행기관 등의 조직을 갖추고 있고, 기관의 의결이나 업무집행방법이 **다수결의 원칙**에 의하여 행하여지며, 구성원의 가입·탈퇴 등으로 인한 변경에 관계없이 **단체 그 자체가 존속**된다면, 그 산하단체는 법인과는 별개의 독립된 **비법인 사단**이라고 볼 수 있으며, 사단의 실질을 구비한 이상 그 조직과 활동을 규율하는 규범이 상부 단체인 법인의 것이라 하여 사단성을 상실하는 것도 아니다(대판 2008.10.23, 2007다7973).

2. 종중, 문중, 그 밖에 대표자나 관리인이 있는 법인 아닌 사단이나 재단에 속하는 부동산의 등기에 관하여는 **그 사단이나 재단을 등기권리자 또 등기의무자**로 한다. 이러한 등기는 그 **사단이나 재단의 명의로 그 대표자나 관리인이** 신청한다(법 제26조).

3. 법 제26조 제1항은 "종중, 문중, 그 밖에 대표자나 관리인이 있는 법인 아닌 사단이나 재단에 속하는 부동산의 등기에 관하여는 그 사단이나 재단을 등기권리자 또는 등기의무자로 한다."고 하여 **법인 아닌 사단**이나 **재단**에 대하여 **등기당사자능력을 인정**하고 있다(「부동산등기실무Ⅰ」p.176).

② 종중 명의로 된 부동산의 등기부상 주소인 종중의 사무소소재지가 수차 이전되어 그에 따른 **등기명의인표시 변경등기**를 신청할 경우에는, 주소변경을 증명하는 서면으로 주소변동경과를 알 수 있는 신·구종중 규약을 첨부하면 될 것이고, 그 변경등기는 등기부상의 주소로부터 막바로 **최후의 주소로** 할 수 있다(선례 제2-498호).

정답 ↦ 22 ④

③ 예규 제1621호, 4-가
⑤ 대표자나 관리인이 있는 법인 아닌 사단이나 재단에 속하는 부동산의 등기에 관하여는 그 사단 또는 재단이 등기권리자 또는 등기의무자로서 등기신청적격이 있으므로 **아파트입주자대표회의의 명의**로 그 대표자 또는 관리인이 등기를 신청할 수 있다(선례 제4-24호).

23 등기신청서 또는 부속서류의 작성방법에 관한 다음 설명 중 가장 옳은 것은?

▶ 2021년 선례 1

① 법인이 소유권이전등기를 신청할 경우, 법인의 인장(印章)으로 간인되거나 각 장의 연결성을 확인할 수 있도록 천공된 부동산매매계약서를 등기원인을 증명하는 정보로서 등기소에 제공할 수 없다.
② 매매계약서가 여러 장인 경우 그 간인은 작성자 전원이 하여야 한다.
③ 신청서가 여러 장이어서 간인을 할 경우 등기권리자 또는 등기의무자가 다수인 경우 반드시 전원이 간인하여야 한다.
④ 대리인이 법무사인 경우 신청서의 대리인란에 하는 날인은 반드시 신고한 직인과 법무사의 사인을 같이 날인하여야 한다.
⑤ 신청인이 다수인 경우에 신청서를 정정할 때에는 신청인 중 한 사람이 정정인을 날인하여도 무방하다.

해설 ② 「부동산등기규칙」 제56조 제2항은 등기신청서의 **간인** 의무와 간인 방법에 관한 규정이므로 등기신청서의 **첨부서면**에 직접 **적용되는 것은 아니지만**, **첨부서면인 등기원인증서(계약서 등)**의 경우에도 그 서면이 **여러 장**일 때에는 그 **연속성을 보장**하고 또한 그 **진정성립을 확인**하기 위하여 작성명의인의 **간인**이 있어야 할 것이다. 따라서 방문신청의 방법으로 근저당권설정등기를 신청할 때에 등기원인을 증명하는 서면으로 첨부하는 **근저당권설정계약서(⊞ 매매계약서, 상속재산 협의분할 계약서, 등기신청위임장)**가 여러 장일 때에는 계약당사자의 **간인**이 있어야 한다. 다만 「부동산등기규칙」 제56조 2항은 첨부서면에 적용되는 것은 아니므로, **계약당사자가 여러 명일 때에는 그 전원이 간인**을 하여야 한다(선례 제201809-3호).

① 법인이 소유권이전등기를 신청할 경우, 법인의 인장(印章)으로 **간인**되거나 각 장의 연결성을 확인할 수 있도록 **천공된 부동산매매계약서**를 등기원인을 증명하는 정보로서 등기소에 제공할 수 있을 것이나, 구체적인 사건에서 그러한 등기신청을 수리할지 여부는 담당 등기관이 판단할 사항이다(선례 제202112-2호).

③ **방문신청**을 하는 경우에는 등기신청서에 제43조 및 그 밖의 법령에 따라 **신청정보의 내용**으로 등기소에 제공하여야 하는 정보를 적고 **신청인 또는 그 대리인이 기명날인하거나 서명**하여야 한다. 신청서가 **여러 장**일 때에는 **신청인 또는 그 대리인**이 간인을 하여야 하고, 등기권리자 또는 등기의무자가 **여러 명**일 때에는 그 중 1명(⊞ 의무자 및 권리자 각 1인으로 해석)이 **간인**하는 방법으로 한다. 다만, 신청서에 **서명**을 하였을 때에는 **각 장마다 연결되는 서명**을 함으로써 **간인을 대신한다**(규칙 제56조).

④ **법무사가 등기사건을 위임받아 신청서를 작성**하는 경우에 신청서의 끝부분에 있는 **대리인란에 하는 날인**은 반드시 **신고한 직인으로 하여야 하며**, 신청서의 **간인도 직인으로 하여야 할** 것이다. 다만 **법무사의 실인을 직인과 함께 날인**하는 것도 무방할 것이며, 이 경우에는 실인

으로 간인할 수도 있다. 신청서의 끝부분에 있는 대리인란의 법무사 성명 다음에 직인을 날인한 이상 기명날인은 한 곳에 하면 족하므로 기재란 밖에 또다시 직인을 날인할 필요는 없다(선례 제201301-5호).

⑤ 날인하지 아니한 신청인과 이해상반되는 경우가 있을 수 있으므로 **신청인 전원**이 정정인을 날인한다(예규 제585호).

24 협의분할(심판분할)에 의한 상속등기에 관한 다음 설명 중 가장 옳지 않은 것은?

▶ 2021년 선례 1

① 상속재산분할심판에 따른 소유권이전등기는 법정상속분에 따른 상속등기를 거치지 않고 막바로 할 수 있다.

② 법원이 상속재산의 경매분할을 명한 경우에는 분할심판에 따른 경매신청을 하기 위해서는 법정상속등기를 먼저 해야 한다.

③ 공동상속인(A, B, C, D, E)의 명의로 법정상속등기가 마쳐진 이후 경매절차에 의하여 공동상속인 중 1인(A)의 지분이 나머지 공동상속인 중 1인(B)에게 이전된 후 종전 공동상속인 전원(또는 A를 제외한 상속인들 전원)이 협의분할을 등기원인으로 하여 소유권경정등기를 신청하면 등기관은 이를 수리하여야 한다.

④ 상속이 개시된 후 상속등기를 하지 아니한 상태에서 공동상속인 중 1인이 사망한 경우에는 나머지 상속인들과 사망한 공동상속인의 상속인들이 피상속인의 재산에 대하여 협의분할을 할 수 있다.

⑤ 상속이 개시된 후 법정상속등기가 경료된 후 공동상속인 중 1인이 사망한 경우에는 그 공동상속등기에 대해서는 상속재산분할협의서에 의한 소유권경정등기를 할 수 없다.

해설 ③ 공동상속인(A, B, C, D, E)의 명의로 **법정상속등기**가 마쳐진 이후 **경매**절차에 의하여 공동상속인 중 1인(A)의 **지분이** 나머지 공동상속인 중 1인(B)에게 **이전**되었다면, 종전 공동상속인 전원(또는 A를 제외한 상속인들 전원)이 **협의분할**을 등기원인으로 하여 **소유권경정**등기를 신청하더라도 등기관은 이를 수리할 수 **없다**(선례 제202108-2호).

①② 1. 상속재산의 **협의분할**은 상속개시된 때에 **소급**하여 그 효력이 미치므로, 민법 제1013조 제2항 규정의 상속재산분할심판에 따른 소유권이전등기는 **법정상속분에 따른 상속등기를 거치지 않고** 막바로 할 수 있다(선례 제5-288호).

2. 그러나 상속인 간에 상속재산협의분할이 이루어지지 않아 법원이 상속재산의 **경매분할**을 명한 경우, 동 심판은 상속재산의 현물분할을 명한 것이 아니므로 동 심판에 따른 협의분할 상속등기를 할 수 없고, 동 심판에 따른 경매신청을 하기 위하여서는 **법정상속등기가 선행**되어야 하며, 법정상속등기가 이미 경료된 등기를 동 심판서의 주문에 기재된 상속비율로 경정등기신청을 할 수 없다(선례 제200612-4호).

④⑤ 1. 피상속인(X)의 사망으로 상속이 개시된 후 **상속등기를 경료하지 아니한** 상태에서 공동상속인 중 1인(A)이 사망한 경우, 나머지 상속인들과 사망한 공동상속인(A)의 상속인들이 피상속인(X)의 재산에 대한 **협의분할**을 할 수 있다(선례 제7-178호).

정답 23 ② 24 ③

2. 피상속인의 사망으로 그 소유 부동산에 관하여 **재산상속(법정상속분) 등기가 경료된 후**, 공동상속인(갑, 을, 병) 중 어느 1인(갑)이 사망하였다면 그 공동상속등기에 대해서는 **상속재산분할협의서에 의한 소유권경정등기를 할 수 없는바**, 이는 위 을, 병과 갑의 상속인 사이에 상속재산협의분할을 원인으로 한 지분이전등기절차의 이행을 명하는 조정에 갈음하는 결정이 확정된 경우에도 마찬가지이다(선례 제8-197호).

25 유증으로 인한 등기에 관한 다음 설명 중 가장 옳지 않은 것은? ▶ 2021년 선례 2

① 피상속인 '甲'이 사망하고 상속등기를 경료하지 아니한 상태에서 공동상속인 중 '乙'이 다른 공동상속인 '丙'에게 상속받은 지분을 유증한 후 사망한 경우에는, 먼저 사망한 '乙'을 제외한 '甲'의 상속인과 '乙'의 상속인 명의로 상속등기를 경료한 후 '乙'의 상속인 또는 유언집행자와 수증자가 공동으로 유증으로 인한 소유권이전등기를 신청할 수 있다.

② 수증자가 여럿인 포괄유증의 경우에는 수증자 전원이 공동으로 신청하거나 각자가 자기 지분만에 대하여 소유권이전등기를 신청할 수 있다. 그러나 포괄적 수증자 이외에 유언자의 다른 상속인이 있는 경우에는 유증을 원인으로 한 소유권이전등기와 상속을 원인으로 한 소유권이전등기를 각각 신청하여야 한다.

③ 유증을 등기원인으로 하는 소유권이전등기는 수증자를 등기권리자, 유언집행자를 등기의무자로 하여 공동으로 신청하여야 하므로, 비록 공정증서에 의한 유언인 경우에도 등기의무자인 유언집행자가 유증을 등기원인으로 하는 소유권이전등기를 단독으로 신청할 수는 없다.

④ 사인증여를 원인으로 한 소유권이전등기를 신청할 때 첨부정보로서 제공하여야 할 등기원인서면(사인증여계약서 등)에는 「민법」 제1065조 내지 제1072조를 준용할 수 없으므로, 당사자가 유언집행자를 지정한 경우 유언집행자의 자격을 증명하는 서면으로 제출하는 유언증서에도 「민법」 제1068조에 다른 요건이나 그 밖의 가정법원의 검인 등 필요한 요건(민법 제1065조 내지 제1072조, 제1091조 등)을 갖출 필요가 없다.

⑤ 사인증여를 원인으로 한 소유권이전등기를 신청할 때 첨부정보로서 제공하여야 할 등기원인서면(사인증여계약서)에 유언집행자가 지정되어 있고 그 유언집행자 부분이 「민법」 제1068조의 요건을 갖춘 공정증서인 경우에는 가정법원의 검인이나 상속인들의 동의서를 제공할 필요 없이 소유권이전등기를 신청할 수 있다.

> **해설** ④ 사인증여를 원인으로 한 소유권이전등기신청은 등기의무자인 유언집행자(지정되지 않은 경우에는 상속인이 유언집행자)와 등기권리자인 수증자가 공동으로 신청하게 되는바, 이러한 등기를 신청할 때 첨부정보로서 제공하여야 할 등기원인서면(**사인증여계약서 등**)에는 「민법」 제1065조 내지 제1072조를 준용할 수 없으나, 당사자가 유언집행자를 지정한 경우 **유언집행자의 자격을 증명**하는 서면으로 제출하는 **유언증서**에는 「민법」 제1068조에 다른 **요건**이나 그 밖의 가정법원의 검인 등 필요한 요건(민법 제1065조 내지 제1072조, 제1091조 등)을 **갖추어야** 한다(선례 제202104-2호).

① 피상속인 '갑'이 사망하고 상속등기를 경료하지 아니한 상태에서 공동상속인 중 '을'이 다른 공동상속인 '병'에게 상속받은 지분을 유증한 후 사망한 경우에는, 먼저 사망한 '을'을 제외한 '갑'의 상속인과 '을'의 상속인 명의로 상속등기를 경료한 후 '을'의 상속인 또는 유언집행자와 수증자가 공동으로 유증으로 인한 소유권이전등기를 신청할 수 있다(선례 제8-210호).

② 예규 제1512호, 2-나-(3)

③ **유증을 등기원인으로 하는 소유권이전등기**는 수증자를 등기권리자, 유언집행자를 등기의무자로 하여 **공동**으로 신청하여야 하므로(법 제28조 참조), **비록 공정증서에 의한 유언인 경우에도** 등기의무자인 유언집행자가 유증을 등기원인으로 하는 소유권이전등기를 **단독으로 신청할 수는 없다**(선례 제6-249호).

⑤ 사인증여를 원인으로 한 소유권이전등기신청은 등기의무자인 유언집행자(지정되지 않은 경우에는 상속인이 유언집행자)와 등기권리자인 수증자가 공동으로 신청하게 되는바, 이러한 등기를 신청할 때 첨부정보로서 제공하여야 할 등기원인서면(**사인증여계약서**)에 **유언집행자가 지정**되어 있고 **그 유언집행자 부분**이 「**민법**」 제1068조의 요건을 갖춘 **공정증서**인 경우에는 가정법원의 검인이나 상속인들의 동의서를 제공할 필요 없이 소유권이전등기를 신청할 수 있다(선례 제202104-1호).

26 다음 〈보기〉에서 부동산소유권 이전등기 등에 관한 특별조치법(이 문제에서 "특조법"이라 한다)에 의한 등기에 관한 다음 설명 중 옳지 않은 것은 모두 몇 개인가? ▸ 2021년 예규

┤ 보기 ├

가. 「부동산등기법」 제65조 제1호에 따라 미등기의 토지에 대하여 소유권보존등기를 신청하려면 토지대장, 임야대장에 최초의 소유자로 등록되어 있는 자 또는 그 상속인, 그 밖의 포괄승계인에 해당하여야 하며, 만일 대장상 소유권이전등록을 받은 소유명의인 또는 그 상속인, 그 밖의 포괄승계인은 원칙적으로 자기 명의로 직접 소유권보존등기를 신청할 수 없다.

나. 대장에 소유명의인이 등록되어 있지 아니한 미등기부동산의 사실상의 소유자는 특조법에 따라 복구등록된 사실이 기록된 대장정보를 제공하여 자기 명의로 소유권보존등기를 신청할 수 있다.

다. 미등기된 토지의 토지대장상의 소유자가 갑, 을, 병이며, 그 중 을과 병만이 「부동산소유권 이전등기 등에 관한 특별조치법」에 따라 확인서를 발급받아 대장상 소유명의인의 변경등록을 마친 자인 경우, 을, 병 지분만의 소유권보존등기신청을 할 수 있다.

라. 따라서 위와 같은 소유권보존등기신청은 갑과 을, 병에 대한 소유권보존등기를 각각 별개의 신청서로 성하여야 한다.

마. 등기관이 위 신청에 따른 등기를 실행할 때에는 「부동산등기법」 제65조상의 소유권보존등기와 「부동산소유권 이전등기 등에 관한 특별조치법」상의 소유권보존등기를 구별하여 공시하여야 한다.

정답 ○┥ 25 ④ 26 ③

> 바. 소유권의 귀속에 관하여 소송이 계속 중인 부동산에 관하여는 특조법이 적용되지
> 않으므로 등기관은 소송이 계속 중인 부동산인지 여부에 대하여 조사한 후 특조법
> 에 의한 등기신청의 수리 여부를 결정하여야 한다.

① 1개   ② 2개
③ 3개   ④ 4개
⑤ 5개

해설 ③

가. (○) / 다. (×) / 라. (×) / 마. (○)

1. 「부동산등기법」 제65조 제1호에 따라 미등기의 토지에 대하여 소유권보존등기를 신청하려면 토지대장, 임야대장에 최초의 소유자로 등록되어 있는 자 또는 그 상속인, 그 밖의 포괄승계인에 해당하여야 하며, 만일 대장상 소유권이전등록을 받은 소유명의인 또는 그 상속인, 그 밖의 포괄승계인은 원칙적으로 자기 명의로 직접 소유권보존등기를 신청할 수 없고, 대장상 최초의 소유자 명의로 소유권보존등기를 한 다음 자기 명의로 소유권이전등기를 신청하여야 한다(등기예규 제1483호 2. 가. (3)).

2. 미등기된 토지의 토지대장상의 소유자가 **갑, 을, 병(지분동일)**이며, 그 중 **을과 병만이** 「부동산소유권 이전등기 등에 관한 **특별조치법**」에 따라 **확인서를 발급받아 대장상 소유명의인의 변경등록을** 마친 자인 경우, 을, 병 지분만의 소유권보존등기신청은 각하사유에 해당하므로(부동산등기법 제29조 제2호, 부동산등기규칙 제52조 제6호), 갑, 을, 병 전부의 소유권보존등기가 **신청되어야** 한다(선례 제202112-3호).

3. 위와 같은 소유권보존등기신청은 **하나의 신청서**로 작성하되 '신청서의 제목'과 '신청 근거 규정'은 「**부동산등기법**」 제65조 제○호와 **법률 제16913호 제7조**를 병기하여야 하며, 각 근거 규정에 해당하는 공유자가 누구인지를 명확하게 하기 위해 근거 규정 우측에 해당 신청인의 성명을 기재하여야 한다(선례 제202112-3호).

4. 등기관이 위 신청에 따른 등기를 실행할 때에는 「부동산등기법」 제65조상의 소유권보존등기와 「부동산소유권 이전등기 등에 관한 특별조치법」상의 소유권보존등기를 **구별하여 공시하여야** 한다(아래 등기기록례 참조)(선례 제202112-3호).

나. (○) 예규 제1695호, 3-가-1)

바. (×)

1. 부동산소유권 이전등기 등에 관한 특별조치법은 부동산으로서 1995년 6월 30일 이전에 매매증여·교환 등 법률행위로 인하여 사실상 양도된 부동산, 상속받은 부동산과 소유권보존등기가 되어 있지 아니한 부동산에 대하여 이를 적용한다. 그러나 **소유권의 귀속에** 관하여 **소송이 계속 중**인 부동산에 관하여는 이 법을 적용하지 아니한다(부동산소유권 이전등기 등에 관한 특별조치법 제4조).

2. 등기관은 법 제4조 제2항에도 불구하고 **소송이 계속 중인 부동산인지 여부**에 대하여는 **조사할 필요 없이** 법에 따른 등기신청을 수리한다(예규 제1695호).

【 갑구 】				(소유권에 관한 사항)
순위 번호	등기 목적	접수	등기 원인	권리자 및 기타사항
1	소유권보존	2020년 8월 5일 제3005호	×	공유자 지분 3분의 1 김갑동 600707–******* 서울특별시 서초구 서초대로 *** 지분 3분의 1 김을동 740427–******* 서울특별시 관악구 신림동 *** 지분 3분의 1 김병동 760329–******* 서울특별시 광진구 자양동 *** **공유자 김을동, 김병동 법률 제16913호에 의하여 등기**

27 **가처분등기에 관한 다음 설명 중 가장 옳지 않은 것은?** ▸ 2021년 선례 1

① 가처분권리자가 피상속인과의 원인행위에 의한 권리의 이전·설정의 등기청구권을 보전하기 위하여 상속인들을 상대로 처분금지가처분신청을 하여 법원이 이를 인용하고, 피상속인 소유 명의의 부동산에 관하여 상속관계를 표시하여(등기의무자를 '망 ○○○의 상속인 ○○○' 등으로 표시함) 가처분기입등기를 촉탁한 경우에는 상속등기를 거침이 없이 가처분기입등기를 할 수 있다.

② 소유권이전등기청구권을 보전하기 위한 가처분등기가 마쳐진 후 그 가처분채권자가 가처분채무자를 등기의무자로 하여 소유권이전등기를 신청하는 경우에는 가처분등기 이후에 마쳐진 가처분채권자의 권리를 침해하는 제3자 명의의 등기의 말소를 단독으로 신청할 수 있다.

③ 가처분채권자가 가처분에 기한 것이라는 소명자료를 첨부하여 가처분채무자와 공동으로 소유권이전등기를 신청하는 경우에 그 가처분등기 이후에 마쳐진 제3자의 소유권등기의 말소는 가처분채권자가 단독으로 신청한다.

④ 「민사집행법」 제305조 제3항에 따라 처분금지가처분등기가 된 후 가처분채권자가 가처분채무자를 등기의무자로 하여 권리의 이전, 말소 또는 설정의 등기를 신청하는 경우, 가처분등기 이후의 등기가 없는 경우에도 등기관은 직권으로 당해 가처분등기를 말소하여야 하는데, 이러한 규정은 「부동산등기법」(법률 제16912호)이 시행(2020.8.5.)되기 전에 이미 마쳐진 가처분등기에 대하여는 적용되지 않는다.

정답 ⊶ 27 ④

⑤ 사해행위취소로 인한 원상회복청구권을 피보전권리로 한 처분금지가처분등기가 된 후 가처분채권자가 본안사건에서 소유권이전등기의 말소를 명하는 판결이 아닌 가액배상을 명하는 판결을 받았다면 가처분등기 이후에 마쳐진 근저당권설정등기의 말소를 단독으로 신청할 수 없다.

해설 ④ 「민사집행법」 제305조 제3항에 따라 권리의 이전, 말소 또는 설정등기청구권을 보전하기 위한 처분금지가처분등기가 된 후 가처분채권자가 가처분채무자를 등기의무자로 하여 권리의 이전, 말소 또는 설정의 등기를 신청하는 경우, 가처분등기 이후의 등기가 없는 경우로서 가처분채무자를 등기의무자로 하는 권리의 이전, 말소 또는 설정의 등기만을 할 때에도 등기관은 직권으로 당해 가처분등기를 말소하여야 하며(부동산등기법 제94조), 이러한 규정은 「부동산등기법」(법률 제16912호)이 시행(2020.8.5.)되기 전에 이미 마쳐진 가처분등기에 대하여도 동일하게 적용될 수 있을 것이다(선례 제202112–4호).

① 가처분권리자가 피상속인과의 원인행위에 의한 권리의 이전·설정의 등기청구권을 보전하기 위하여 상속인들을 상대로 처분금지가처분신청을 하여 집행법원이 이를 인용하고, 피상속인 소유 명의의 부동산에 관하여 상속관계를 표시하여(등기의무자를 '망 000의 상속인 000' 등으로 표시함) 가처분기입등기를 촉탁한 경우에는 상속등기를 거침이 없이 (🔵 법 제27조 적용○) 가처분기입등기를 할 수 있다(예규 제881호). 따라서 병 앞으로의 상속등기를 선행할 필요가 없다.

② 법 제94조 제1항

③ 예규 제1690호, 3

⑤ 1. 처분금지가처분등기가 경료된 후 가처분채권자가 본안사건에서 승소한 경우 그 승소판결에 의한 소유권이전등기(말소)신청과 동시에 가처분채권자에게 대항할 수 없는 등기의 말소도 단독으로 신청할 수 있으나, 이 경우의 본안사건은 소유권이전등기나 그 등기의 말소를 명하는 판결이어야 한다.

2. 따라서 사해행위취소로 인한 원상회복청구권을 피보전권리로 하여 처분금지가처분등기가 되고 그 후 근저당권설정등기가 경료된 상태에서 가처분채권자가 본안사건에서 소유권이전등기나 소유권이전등기의 말소를 명하는 판결이 아닌 가액배상을 명하는 판결을 받았다면 그 판결로는 소유권이전등기나 소유권이전등기의 말소를 신청할 수 없으므로 가처분등기 이후에 경료된 근저당권설정등기의 말소도 신청할 수 없다(선례 제201112–1호).

28 지상권 등기와 관련된 다음 설명 중 가장 옳지 않은 것은? ▶ 2021년 조문·선례 5

① 도시철도법의 도시철도건설자가 수용의 재결에 의해 취득한 구분지상권설정등기는 그보다 먼저 등기된 강제경매에 기하여 매각으로 인한 소유권이전등기의 촉탁이 있는 경우에도 이를 말소하여서는 안 된다.

② 한국전력공사가 전기사업자로서 전기사업의 시행을 위하여 「전기사업법」을 근거로 하여 구분지상권의 설정을 내용으로 하는 사용재결을 받은 경우에는 단독으로 구분지상권설정등기를 신청할 수 있다.

③ 한국전력공사가 전원개발사업자로서 전원개발사업의 시행을 위하여 「전원개발촉진법」을 근거로 하여 구분지상권의 설정을 내용으로 하는 사용재결을 받은 경우에는 단독으로 구분지상권설정등기를 신청할 수 있다.

④ 사회기반시설에 대하여 사업시행자가 「사회기반시설에 대한 민간투자법」 및 「공익사업을 위한 토지 등의 취득 및 보상에 관한 법률」에 따라 중앙토지수용위원회의 사용재결을 받은 경우에는 단독으로 구분지상권설정등기를 신청할 수 있다.

⑤ 전기사업자가 토지의 지상 또는 지하 공간의 사용에 관한 구분지상권의 설정을 내용으로 하는 사용재결을 받은 경우 단독으로 토지사용을 원인으로 한 구분지상권설정등기를 신청할 수 있으나, 지상권의 설정을 내용으로 하는 사용재결을 받은 경우에는 토지사용을 원인으로 한 지상권설정등기를 단독으로는 물론 소유명의인(등기의무자)과 공동으로도 신청할 수 없다. 다만 전기사업자와 소유명의인(등기의무자)은 지상권설정계약서를 등기원인을 증명하는 정보로서 제공하여 공동으로 지상권설정등기를 신청할 수 있다.

해설 ④ 사회기반시설에 대하여 사업시행자가 「사회기반시설에 대한 민간투자법」 및 「공익사업을 위한 토지 등의 취득 및 보상에 관한 법률」에 따라 중앙토지수용위원회의 사용재결을 받았다고 하더라도 「사회기반시설에 대한 민간투자법」에 "사업시행자가 사용재결을 받으면 단독으로 구분지상권설정등기를 신청할 수 있다"는 취지의 규정이 없는 이상 그 사용재결에 의해서는 단독으로 구분지상권설정등기를 신청할 수 없다(선례 제202104-4호).

① 도시철도법 등에 의한 구분지상권 등기규칙 제4조 제1호

②③ 「도시철도법」, 「도로법」, 「전기사업법」, 「전원개발촉진법」, 「하수도법」, 「수도법」, 「농어촌정비법」, 「철도의 건설 및 철도시설 유지관리에 관한 법률」에 따라 구분지상권의 설정을 내용으로 하는 수용·사용의 재결을 받은 경우 그 재결서와 보상 또는 공탁을 증명하는 정보를 첨부정보로서 제공하여 단독으로 권리수용이나 토지사용을 원인으로 하는 구분지상권설정등기를 신청할 수 있다(도시철도법 등에 의한 구분지상권 등기규칙 제2조).

⑤ 1. 전기사업자가 토지의 지상 또는 지하 공간의 사용에 관한 구분지상권의 설정을 내용으로 하는 사용재결을 받은 경우 「전기사업법」 제89조의2 제2항에 따라 단독으로 토지사용을 원인으로 한 구분지상권설정등기를 신청할 수 있으나,

2. 전기사업자가 토지의 사용에 관한 지상권의 설정을 내용으로 하는 사용재결을 받은 경우에는 이에 관한 법령상의 근거규정이 없으므로, 토지사용을 원인으로 한 지상권설정등기를 단독으로는 물론 소유명의인(등기의무자)과 공동으로도 신청할 수 없다(선례 제202104-3호).

3. 다만 전기사업자와 소유명의인(등기의무자)은 지상권설정계약서를 등기원인을 증명하는 정보로서 제공하여 공동으로 지상권설정등기를 신청할 수 있다(선례 제202104-3호).

정답 ○─┤ 28 ④

29 인감증명의 제출에 관한 다음 설명 중 가장 옳지 않은 것은? ▸ 2020년 선례 2

① 협의분할에 의한 상속등기를 신청하는 경우, 상속재산인 해당 부동산을 취득하는 상속인도 포함하여 상속인 전원의 인감증명을 제출하여야 한다.

② 소유권의 등기명의인이 등기의무자로서 등기를 신청하는 경우 등기의무자의 인감증명을 제출한다.

③ 규칙 제60조 제1항 제4호부터 제7호까지의 규정에 해당하는 서면이 공정증서이거나 당사자가 서명 또는 날인하였다는 뜻의 공증인의 인증을 받은 서면인 경우에는 인감증명을 제출할 필요가 없다.

④ 상속인인 내국인이 상속재산분할협의에 관한 권한을 대리인에게 수여하는 경우에는 상속재산분할협의 위임장을 등기소에 첨부정보로서 제공하여야 하며, 이러한 상속재산분할협의 위임장이 공정증서이거나 당사자가 서명 또는 날인하였다는 뜻의 공증인 인증을 받은 서면인 경우에도 인감을 날인하고 그 인감증명을 첨부하여야 한다.

⑤ 내국인 부동산의 처분을 위임하여 「부동산등기규칙」 제60조 제1항 제1호에 해당하는 등기를 신청하는 경우 그 처분위임장에는 위임인이 인감을 날인하고 그 인감증명을 첨부해야 하며, 위 처분위임장이 공정증서이거나 당사자가 서명 또는 날인하였다는 뜻의 공증인의 인증을 받은 서면인 경우에도 같다.

> **해설** ④ 1. **내국인**(대한민국 국민으로서 재외국민이 아닌 자를 말한다. 이하 같다)이 **부동산의 처분을 위임**하여 「**부동산등기규칙**」 **제60조 제1항 제1호**에 해당하는 등기를 신청하는 경우 그 **처분위임장**에는 위임인 내국인이 「인감증명법」에 따라 신고한 인감을 날인하고 그 **인감증명을 첨부**해야 하며, 위 처분위임장이 **공정증서**이거나 당사자가 서명 또는 날인하였다는 뜻의 **공증인의 인증**을 받은 서면인 경우에도 **같다**(🔁 공증으로 갈음✕ → **인감증명 필요**)(선례 제202012-1호).
>
> 2. 위와 달리 상속인인 **내국인**이 **상속재산분할협의에 관한 권한**을 대리인에게 수여하는 경우에는 분할의 대상이 되는 부동산과 대리인의 인적사항을 구체적으로 특정하여 작성한 **상속재산분할협의 위임장**을 등기소에 첨부정보로서 제공하여야 하며, 이러한 상속재산분할협의 위임장이 **공정증서**이거나 당사자가 서명 또는 날인하였다는 뜻의 **공증인 인증**을 받은 서면인 경우에는 「인감증명법」에 따라 신고한 인감을 날인하거나 그 **인감증명**을 첨부할 필요가 **없다**(선례 제202012-1호).

① 규칙 제60조 제1항 제6호
② 규칙 제60조 제1항 제1호
③ 규칙 제60조 제4항
⑤ 위 ⑤ 해설 참조

30 재외국민의 등기신청에 관한 다음 설명 중 가장 옳지 않은 것은?

▶ 2019 선례 1 + 2020년 선례 3

① 인감증명을 제출하여야 하는 자가 재외국민인 경우에는 「재외공관 공증법」에 따라 체류국을 관할하는 대한민국 재외공관에서 인감을 날인해야 하는 서면에 공증을 받았다면 인감증명을 제출할 필요가 없다.

② 위 ①의 경우 "체류국" 이란 계속적으로 거주하는 국가뿐만 아니라 출장 등으로 일시 체류하는 국가도 포함된다.

③ 위 ①의 경우 거주국 공증인의 인증을 받음으로써 인감증명의 제출을 갈음할 수도 있다.

④ 재외공관 공증의 촉탁은 본인이 직접 재외공관에 출석하지 않고 대리인을 통하여 할 수 있으므로, 재외공관을 방문하는 것이 불가능하거나 현저히 곤란한 재외국민 등은 대리인을 통하여 공증사무를 처리할 수 있다.

⑤ 등기의무자의 등기필정보가 없는 경우에 등기의무자 또는 그 법정대리인의 등기소 출석의무를 갈음하는 「부동산등기법」 제51조 단서의 '공증'은 등기의무자 등의 위임을 받은 대리인이 출석하여 받을 수 없다.

> **해설** ③ 서면으로 부동산등기를 신청(부동산등기법 제24조 제1항 제1호)할 때에 「부동산등기규칙」 제60조에 따라 인감증명을 제출하여야 하는 자가 **재외국민**인 경우에는 위임장이나 첨부서면에 본인이 서명 또는 날인하였다는 뜻의 「**재외공관 공증법**」에 따른 **인증**을 받음으로써 인감증명의 제출을 **갈음할 수 있으나**(부동산등기규칙 제61조 제3항), **거주국 공증인**의 **인증**을 받음으로써 인감증명의 제출을 갈음할 수는 **없다**(부동산등기규칙 제61조 제4항 참고)(선례 제202004-1호).
>
> ① 예규 제1686호, 9-①
> ② 재외국민은 인감을 날인하여야 하는 서면에 체류국을 관할하는 대한민국 재외공관에서 공증을 받음으로써 인감증명의 제출을 갈음할 수 있는바, 여기에서 "**체류국**" 이란 **계속적으로 거주하는 국가**뿐만 아니라 출장 등으로 **일시 체류하는 국가**도 포함되므로, 피상속인 명의의 부동산에 대한 분할협의를 함에 있어 공동상속인 중 1인이 **영주자격을 얻어 일본**에 거주하고 있는데 출장으로 **미국에 일시 체류 중**에 있다면 이 상속인은 상속재산분할협의서에 그가 일시 체류하고 있는 **미국에 설치된 대한민국 재외공관에서 공증**을 받을 수도 **있다**(선례 제201907-12호).
> ④⑤ 1. 재외공관 공증의 촉탁은 본인이 직접 재외공관에 출석하지 않고 대리인을 통하여 할 수 있으므로(재외공관 공증법 제17조), 재외공관을 방문하는 것이 불가능하거나 현저히 곤란한 재외국민 등은 (🔑 인감증명 갈음하여 받는 인증)대리인을 통하여 공증사무를 처리할 수 있다(선례 제202004-1호).
> 　2. 다만, 등기의무자의 **등기필정보가 없는 경우**에 등기의무자 또는 그 법정대리인의 등기소 출석의무를 갈음하는 「**부동산등기법**」 **제51조 단서의 '공증'**은 등기의무자 등의 **위임을 받은 대리인**이 출석하여 받을 수 **없다**(대판 2012.9.13, 2012다47098)(선례 제202004-1호).

정답 ☛ 29 ④ 30 ③

CHAPTER 06 최신 조문·예규·선례 예상문제 **967**

31 농지 취득과 관련된 등기절차에 대한 설명 중 가장 옳지 않은 것은?

▶ 2020년 선례 1 + 2021년 선례 1

① 시·구·읍·면장으로부터 지목이 농지인 토지에 대하여 "신청대상 토지가 「농지법」에 의한 농지에 해당되지 아니함"이라는 내용이 기재된 농지취득자격증명 미발급 사유 통지를 받은 경우라 하더라도 농지는 농업인 또는 농업법인만 취득할 수 있으므로, 농업법인이 아닌 일반법인은 이 토지에 대하여 자신의 명의로 소유권이전등기를 신청할 수 없다.

② 농지는 전·답, 과수원, 그 밖에 법적 지목을 불문하고 실제 토지현상이 농작물의 경작지로 이용되고 있는지 여부로 판단하는 현황주의가 일반적이다.

③ 도시지역 내의 농지의 경우 농지취득자격증명이 필요 없다. 다만 도시지역 중 녹지지역의 농지는 도시·군계획시설에 필요한 경우에 한하여 농지취득자격증명이 필요 없다.

④ 종중은 원칙적으로 농지를 취득할 수 없으나 해당 농지가 영농여건불리농지(농지법 제6조 제2항 제9호의2)라면 예외적으로 이를 취득할 수 있으므로, 종중이 그 농지에 대하여 농지취득자격증명을 발급받았다면 이를 첨부정보로서 제공하여 종중 앞으로 소유권이전등기를 신청할 수 있다.

⑤ 도시계획시설사업 예정지로 실시계획 인가된 대상 농지는 농지전용협의가 완료된 것으로 의제되므로, 도시·군계획사업시행자가 또다시 신탁회사에게 소유권을 이전하는 (담보신탁 또는 관리신탁) 경우에도 신탁회사는 소유권이전등기신청서에 대상 농지에 대하여 농지전용협의가 완료되었음을 증명하는 서면(도시계획시설사업 실시계획 인가를 증명하는 서면 등)을 제출하면 충분하고 농지취득자격증명서를 첨부서면으로 등기소에 제공할 필요는 없다.

해설 ① 시·구·읍·면장으로부터 지목이 농지인 토지에 대하여 "신청대상 토지가 **「농지법」에 의한 농지에 해당되지 아니함**"이라는 내용이 기재된 농지취득자격증명 미발급 사유 통지를 받은 경우에는(농림축산식품부예규 제39호 제9조 제3항 제1호), 농업법인이 아닌 **일반법인**도 이 토지에 대하여 자신의 명의로 소유권이전등기를 신청할 수 있을 것이다(선례 제202004-3호).

② "**농지**"란 전·답, 과수원, 그 밖에 **법적 지목을 불문**하고 **실제로 농작물 경작지 또는 대통령령으로 정하는 다년생식물 재배지로 이용되는 토지** 등을 말한다(농지법 제2조 제1호)(➡ **현황주의**).

③ 예규 제1635호, 3-바

④ **종중**은 원칙적으로 **농지**를 취득할 수 없으나 해당 농지가 **영농여건불리농지**(농지법 제6조 제2항 제9호의2)라면 예외적으로 이를 **취득할 수 있으므로**, 종중이 그 농지에 대하여 **농지취득자격증명을 발급**받았다면 이를 첨부정보로서 제공하여 종중 앞으로 소유권이전등기를 신청할 수 있다(선례 제201905-3호).

⑤ **도시계획시설사업 예정지로 실시계획 인가된 대상 농지**는 「국토의 계획 및 이용에 관한 법률」 제92조 제1항 제8호에 의해 **농지전용협의**(「농지법」 제34조 제2항)가 **완료된 것으로 의제**되므로, 도시·군계획사업시행자가 또다시 **신탁회사에게 소유권을 이전**하는(담보신탁 또는 관리신탁) 경우에도 신탁회사는 소유권이전등기신청서에 대상 농지에 대하여 **농지전용협의가 완료되었음을 증명하는 서면**(도시계획시설사업 실시계획 인가를 증명하는 서면 등)을 제출하

면 충분하고 **농지취득자격증명서**를 첨부서면으로 등기소에 제공할 필요는 **없다**(등기선례 9-100 참조, 선례 제202112-1호).

32 부동산등기신청 시 등기필정보(등기필증) 제공에 관한 다음 설명 중 가장 옳은 것은?

▸ 2020년 선례 1

① 등기관은 등기신청 없이 단지 확인조서만을 작성할 수 있다.

② 자격자대리인(변호사, 법무사)이 확인서면을 작성하는 데 있어서 확인서면에는 신체적 특징을 기재하고 우무인을 날인하여야 한다.

③ 관공서가 등기의무자로서 등기권리자의 청구에 의하여 등기를 촉탁하거나 부동산에 관한 권리를 취득하여 등기권리자로서 그 등기를 촉탁하는 경우에는 등기의무자의 권리에 관한 등기필정보를 등기소에 제공할 필요가 없다.

④ 소유권 외의 권리의 등기명의인이 등기의무자로서 등기필정보가 없어 등기소에 출석하여 등기관으로부터 등기의무자임을 확인받은 후 등기관이 확인조서를 작성하는 경우에는 등기의무자의 인감증명을 제출하지 않아도 된다.

⑤ 채무자변경으로 인한 저당권변경등기신청은 저당권자가 등기권리자, 저당권설정자가 등기의무자로서 공동으로 신청하나, 등기의무자가 소유권취득 당시 등기소로부터 통지받은 등기필정보를 등기소에 제공할 필요가 없다.

해설 ③ 관공서가 **등기의무자**로서 등기권리자의 청구에 의하여 등기를 촉탁하거나 부동산에 관한 권리를 취득하여 **등기권리자**로서 그 등기를 촉탁하는 경우에는 등기의무자의 권리에 관한 **등기필정보**를 제공할 필요가 없다. 이 경우 관공서가 촉탁에 의하지 아니하고 **법무사** 또는 변호사에게 **위임**하여 등기를 신청하는 경우에도 **같다**(예규 제1625호, 4).

① 「부동산등기법」 제51조의 규정에 따른 **확인조서**는 등기필정보가 없는 등기의무자가 등기소에 출석하여 **등기신청을 한 경우**에 담당 등기관이 그 등기의무자를 직접 확인하고 작성하는 것이므로, 등기관이 **등기신청 없이** 단지 **확인조서만을 작성**할 수는 **없다**(선례 제202005-2호).

② [특기사항]란에는 등기의무자등을 면담한 일시, 장소, 당시의 상황 그 밖의 특수한 사정(**❗** 신체적 특징×)을 기재한다(예규 제1664호, 3-나).

④ 소유권 외의 권리의 등기명의인이 등기의무자로서 **법 제51조**(**❗** 확인조서·확인서면·공증)에 따라 등기를 신청하는 경우 **등기의무자의 인감증명**을 제출하여야 한다. 이 경우 해당 신청서(위임에 의한 대리인이 신청하는 경우에는 위임장을 말한다)나 첨부서면에는 그 **인감을 날인**하여야 한다.

⑤ 1. 근저당권의 확정 전후를 불문하고 **채무자변경을 원인으로 한 근저당권변경**등기는 근저당권자(등기권리자)와 근저당권설정자 또는 제3취득자(등기의무자)가 **공동**으로 신청하여야 한다. 채무자는 등기신청권이 없고 채무자의 동의를 얻어야 하는 것도 아니다. **등기의무자**(근저당권설정자)가 소유자인 경우 그의 **인감증명**과 **등기필정보**를 제공하여야 하지만, 등기의무자(근저당권설정자)가 지상권자나 전세권자인 경우에는 인감증명은 제공할 필요가 없고 **등기필정보**만 제공하면 된다(「부동산등기실무Ⅱ」 p.483).

정답 ○┤ 31 ① 32 ③

2. **채무자 표시변경**을 원인으로 근저당권 변경등기를 신청하는 경우 그 실질은 **등기명의인이 단독으로 등기명의인 표시변경등기를 신청하는 경우와 다를 바가 없기 때문에** 등기의무자의 **인감증명**을 첨부할 필요가 없고, 또한 권리에 관한 등기가 아닌 표시변경등기에 불과하므로 **등기필증(등기필정보)**도 첨부할 필요가 **없다**(❶ 다만 등기신청은 권리의 내용인 채무자의 표시가 바뀌는 것이기 때문에 근저당권설정자와 근저당권자가 함께 공동으로 근저당권변경등기를 신청하여야 한다)(선례 제9-406호).

33 등기신청에 관한 다음 설명 중 가장 옳지 않은 것은? ▶ 2020년 선례 3

① 수인의 공유자가 수인에게 지분의 일부 또는 전부를 이전하는 등기를 신청하는 경우에는 등기권리자별로 또는 등기의무자별로 별도의 등기신청서를 작성하여 신청하여야 한다.

② 3명의 매도인과 2명의 매수인이 매매계약을 체결하고 이를 원인으로 등기권리자별로 신청정보를 작성하여 소유권이전등기를 신청하는 경우에는 먼저 접수되는 신청에만 그 인감증명서를 제공하고, 다른 신청에는 인감증명서를 제공하는 대신 먼저 접수된 신청에 그 첨부정보를 제공하였다는 뜻을 신청정보의 내용으로 제공할 수 있다.

③ 등기의무자가 동일한 2건의 근저당권설정등기를 동시에 신청하는 경우에 먼저 접수되는 신청에만 등기의무자의 인감증명서를 제공하고, 다른 신청에는 인감증명서를 제공하는 대신 먼저 접수된 신청에 그 첨부정보를 제공하였다는 뜻을 신청정보의 내용으로 제공할 수 있다.

④ 「부동산등기법」 제46조 제1항에서 '1동의 건물에 속하는 구분건물 중 일부만에 관하여 소유권보존등기를 신청하는 경우에는 나머지 구분건물의 표시에 관한 등기를 동시에 신청하여야 한다.'고 규정하고 있는바, '동시에 신청하여야 한다.'의 의미는 '동시에 신청하되 별개의 신청정보로 하여야 한다.'라고 보는 것이 합리적이다.

⑤ 환매특약의 등기신청은 매매로 인한 권리이전등기신청과는 별개로 하여야 하지만, 반드시 매매로 인한 권리이전등기신청과 동시에 하여야 한다.

해설 ④ 「부동산등기법」 제46조 제1항에서 '1동의 건물에 속하는 구분건물 중 **일부**만에 관하여 소유권**보존**등기를 신청하는 경우에는 나머지 구분건물의 **표시**에 관한 등기를 **동시에 신청**하여야 한다.'고 규정하고 있는바, 이 규정의 취지는 1동 건물과 그에 속하는 전체 구분건물과의 관계 등을 정확히 공시하기 위한 것이므로 **'동시에 신청하여야 한다.'의 의미**는 '동시에 신청하되 **하나의 신청정보**로 **일괄**하여 신청하여야 한다.'라고 보는 것이 합리적이다. 나아가 같은 법 제46조 제2항에 따라 구분건물의 소유자가 1동에 속하는 다른 구분건물의 소유자를 **대위**하여 그 건물의 표시에 관한 등기를 신청하는 경우에도 **마찬가지**이다(선례 제202008-1호).

① **수인**의 공유자가 **수인**에게 지분의 전부 또는 일부를 이전하려고 하는 경우 등기신청인은 등기신청서에 등기의무자들의 각 지분 중 각 ○분의 ○ 지분이 등기권리자 중 1인에게 이전되었는지를 기재하고 신청서는 **등기권리자별로 신청서를 작성하여 제출**하거나 또는 등기의무자 1인의 지분이 등기권리자들에게 각 ○분의 ○ 지분씩 이전되었는지를 기재하고 **등기의무자별로 신청서를 작성하여 제출**하여야 한다. **한 장의 신청서(❶ 일괄신청)**에 함께 기재한 경우 등기관은 이를 **수리**해서는 **아니** 된다(예규 제1363호).

②③ 1. **3명의 매도인과 2명의 매수인**이 매매계약을 체결하고 이를 원인으로 등기권리자별로 신청정보를 작성(**❶** 일괄신청× / 매매목록○)하여 소유권이전등기를 신청하는 경우에 각 등기의무자의 부동산매도용인감증명서에 2명의 매수인이 모두 기재되어 있다면 **먼저 접수되는 신청**에만 그 인감증명서를 제공하고, **다른 신청**에는 인감증명서를 제공하는 대신 먼저 접수된 신청에 그 첨부정보를 제공하였다는 뜻을 신청정보의 내용으로 제공할 수 있다(선례 제202005-1호).

2. 등기의무자가 동일한 2건의 근저당권설정등기를 동시에 신청하는 경우에 **먼저 접수되는 신청**에만 등기의무자의 인감증명서를 제공하고, **다른 신청**에는 인감증명서를 제공하는 대신 먼저 접수된 신청에 그 첨부정보를 제공하였다는 뜻을 신청정보의 내용으로 제공할 수 있다(선례 제202005-1호).

⑤ 환매특약등기는 매매로 인한 소유권이전등기와 동시에 신청하여야 하나, 환매특약등기신청서는 소유권이전등기신청서와는 별개의 신청서로 작성하여야 한다(「부동산등기실무 II」 p.36). 이 경우 소유권이전등기와 환매특약등기는 같은 접수번호를 부여한다.

34 부동산등기법 제60조의 규정에 의한 대지사용권의 취득 및 대지권변경등기에 관한 다음 설명 중 가장 옳지 않은 것은?
▶ 2020년 선례 2

① 구분건물을 신축한 자가 대지사용권을 가지고 있는 경우에 대지권에 관한 등기를 하지 아니하고 구분건물에 관하여만 소유권이전등기를 마쳤을 때에는 현재의 구분건물의 소유명의인과 공동으로 대지사용권에 관한 이전등기를 신청할 수 있다.

② 대지권의 표시등기는 구분건물의 현 소유자가 단독으로 신청하되 대지사용권의 이전등기와 동시에 신청하여야 한다.

③ 대지사용권에 관한 이전등기의 등기원인은 건물 ○동 ○호 전유부분 취득으로 기록하고, 등기연월일은 구분건물을 신축한 자가 대지사용권을 취득한 날을 기록한다.

④ 갑이 단독으로 소유하는 토지 위에 갑과 을이 구분건물을 신축하여 대지권에 관한 등기를 하지 아니하고 갑과 을의 합유로 소유권보존등기만을 마친 후 수분양자 병에게 구분건물에 관하여 소유권이전등기를 마친 상태에서 구분건물의 현재 소유명의인인 병이 대지권등기를 신청하기 위해서는, 갑과 병의 공동신청에 의해 일반적인 권리이전절차에 따라 병 앞으로 대지 지분 취득의 등기를 마친 후 병 단독으로 대지권등기를 신청할 수 있다.

⑤ 위 ④의 신청방법과 달리, 「부동산등기법」 제60조 제2항 및 제3항의 절차에 따라 구분건물의 현재 소유명의인인 병 앞으로의 대지사용권(소유권)에 관한 이전등기와 대지권등기를 신청하기 위해서는 먼저 갑과 을은 그들의 합유로 대지사용권을 취득하는 등기를 마쳐야 한다.

해설 ③ 등기원인은 건물 ○동 ○호 **전유부분 취득**으로 기록하고, 등기연월일은 전유부분에 관한 소유권이전등기를 마친 날을 기록한다.

정답 ⊶ 33 ④   34 ③

① 법 제60조 제1항

② 법 제60조 제3항

④⑤ 1. 갑이 단독으로 소유하는 토지 위에 갑과 을이 구분건물을 신축하여 대지권에 관한 등기를 하지 아니하고 갑과 을의 합유로 소유권보존등기만을 마친 후 수분양자 병에게 구분건물에 관하여 소유권이전등기를 마친 상태에서 구분건물의 현재 소유명의인인 병이 대지권등기를 신청하기 위해서는, **갑과 병의 공동신청**에 의해 **일반적인 권리이전절차**에 따라 **병 앞으로 대지 지분 취득의 등기를 마친 후** 병 단독으로 대지권등기를 신청할 수 있다. 이때 대지 지분 이전등기의 신청정보와 등기원인을 증명하는 정보의 내용이 일치하여야 하는바, 이에 관하여는 구체적인 등기사건에서 담당등기관이 판단할 사항이다(선례 제202009-2호).

2. 위 1항의 신청방법과 달리, 「부동산등기법」 제60조 제2항 및 제3항의 절차에 따라 구분건물의 현재 소유명의인 병 앞으로의 대지사용권(소유권)에 관한 이전등기와 대지권등기를 신청하기 위해서는 **먼저 갑과 을은 그들의 합유로 대지사용권을 취득하는 등기를 마쳐야** 한다(선례 제202009-2호).

🔒 대지사용권이전등기 관련 쟁점

1. 등기원인 및 연월일	: ○년 ○월 ○일 (전유부분에 관한 소유권이전등기를 마친 날) : 건물 ○동 ○호 전유부분 취득
2. 등기원인증서	×
3. 등기의무자의 등기필정보	×
4. 등기의무자의 인감증명서	○ (단, 매도용×)
5. 등기권리자의 주소증명정보	×

35 상속등기신청과 관련한 첨부정보에 관한 다음 설명 중 가장 옳지 않은 것은?

▶ 2020년 선례 3

① 상속을 원인으로 소유권이전등기를 신청할 때에 피상속인이 외국인인 경우에 피상속인의 사망사실을 증명하는 정보로 본국(피상속인) 관공서에서 발행한 사망증명서를 제공하여야 하고, 의료기관이 발행한 사망진단서를 제공할 수 없다.

② 피상속인이 외국인인 경우 상속을 원인으로 소유권이전등기를 신청할 때에 상속인 전원을 확인할 수 있는 정보로 본국(피상속인)에 이에 관한 증명제도가 있다면 그 증명서를 제공하여야 하지만, 본국(피상속인)에 이에 관한 증명제도가 없다면 각 상속인의 상속인임을 증명하는 정보(출생증명서, 혼인증명서 등)와 함께 "등기신청인 외에 다른 상속인은 없다"는 내용의 본국(상속인) 공증인[대한민국에 주재하는 본국(상속인) 공증담당영사 포함]의 인증을 받은 상속인 전원의 선서진술서를 제공할 수 있다.

③ 협의분할에 의한 상속을 등기원인으로 하여 소유권이전등기를 신청할 때에 공동상속인 중 상속을 포기한 자가 있는 경우 상속을 포기한 자까지 참여한 상속재산분할협의서 및 상속을 포기한 자의 인감증명을 첨부정보로서 등기소에 제공할 필요는 없으나, 상속포기신고를 수리하는 뜻의 심판정본을 제출하여야 한다.

④ 공동상속인 중 일부가 행방불명되어 주민등록이 말소된 경우에는 그 말소된 주민등록표 등·초본을 첨부하여 상속등기를 신청할 수 있다.

⑤ 피상속인의 주소를 증명하는 정보는 피상속인과 등기기록상의 등기명의인이 동일인인지 여부를 확인하기 위하여 제출하여야 하는 경우가 있다.

해설 ① 상속을 원인으로 소유권이전등기를 신청할 때에는 등기원인을 증명하는 정보로서 피상속인의 사망사실과 상속인 전원을 확인할 수 있는 정보를 제공하여야 하는바, 피상속인이 **외국인**인 경우에 **피상속인의 사망사실을 증명하는** 정보로는 본국(피상속인) 관공서에서 발행한 사망증명서나 의료기관이 발행한 사망진단서를 제공할 수 있으며, **상속인 전원을 확인할 수 있는 정보**로는 본국(피상속인)에 이에 관한 증명제도가 있다면 그 증명서를 제공하여야 하지만, 본국(피상속인)에 이에 관한 증명제도가 없다면 각 상속인의 상속인임을 증명하는 정보(출생증명서, 혼인증명서 등)와 함께 "등기신청인 외에 다른 상속인은 없다"는 내용의 본국(상속인) 공증인[대한민국에 주재하는 본국(상속인) 공증담당영사 포함]의 인증을 받은 상속인 전원의 선서진술서를 제공할 수 있다[이 선서진술서의 경우, 본국(상속인) 공증인 제도 또는 본국(상속인) 영사 제도상으로 선서진술서 제공의 업무가 가능한 경우에 한함]. 다만, 구체적인 사건에서 피상속인의 사망사실과 상속인 전원을 확인할 수 있는 정보가 제공되었는지 여부는 담당 등기관이 판단할 사항이다(선례 제202006-2호).

② 위 ① 해설 참조

③ 1. 협의분할에 의한 상속을 등기원인으로 하여 소유권이전등기를 신청할 때에는 상속을 증명하는 정보(⊞ 피상속인의 사망사실과 상속인 전원을 확인할 수 있는 정보) 외에 그 협의가 성립하였음을 증명하는 정보로서 **상속재산 협의분할서** 및 협의분할서에 날인한 **상속인 전원의 인감증명**을 제출하여야 하는바(부동산등기규칙 제60조 제1항 제6호), 공동상속인 중 상속을 포기한 자가 있는 경우 그러한 자는 상속포기의 소급효로 처음부터 상속인이 아니었던 것으로 되므로 **상속을 포기한 자까지 참여**한 상속재산분할협의서 및 상속을 포기한 자의 인감증명을 첨부정보로서 등기소에 제공할 필요는 **없으나**, 상속을 포기한 자에 대하여는 법원으로부터 교부받은 **상속포기신고를 수리하는 뜻의 심판정본**(⊞ 접수증명×)을 제출하여야 한다(선례 제202006-1호).

2. **상속포기신고로써 재산상속포기의 효력이 발생하는 것이 아니고 법원의 수리심판이 있는 경우 상속개시 시에 소급하여 그 효력이 발생하는** 것이므로, 상속등기신청 시, **상속포기신고접수증명이 아니라 수리증명을** 제출하여야 한다. 따라서 이 경우 상속포기신고접수증명의 사본에 대하여 원본과 대조하여 그와 부합함을 인증한 인증서로는 이에 갈음할 수 없다(선례 제7-200호).

④ 공동상속인 중 일부가 행방불명되어 주민등록법 제17조의 제3항의 규정에 의하여 **그 주민등록이 말소된 경우에는 그 최후 주소를 주소지로 하고, 그 주민등록표등본을 주소를 증명하는** 서면으로 하여 상속등기를 신청할 수 있고, **위 주민등록표등본을 제출할 수 없을 때에는 이**

정답 ↵ 35 ①

를 소명하는 한편 호적등본상 본적지를 그 주소지로 하고 그 호적등본을 주소를 증명하는 서면으로 하여 상속등기를 신청할 수 있다(선례 제2-94호).

⑤ 1. 상속으로 인한 소유권이전등기를 신청함에 있어 피상속인의 주소를 증명하는 서면은 등기명의인이 피상속인임을 증명하기 위하여 요구되는 경우 외에는 첨부할 필요가 없다(선례 제3-672호). 즉 피상속인의 주소증명서면은 법률에서 요구되는 첨부서면은 아니다.

2. 상속으로 인한 소유권이전등기를 신청함에 있어 등기부상 등기명의인(피상속인)의 주소가 호적 또는 제적부상의 기재와 다른 경우에는 동일인임을 증명할 수 있는 자료로서 피상속인의 주소를 증명하는 서면(주민등록등·초본 등) 등을 제출하여야 하는 바, 이러한 증명서면을 발급받을 수 없는 때에는 동일인이라는 사실을 확인하는 데 상당하다고 인정되는 자의 보증서면과 그 인감증명서 및 기타 보증인의 자격을 인정할 만한 서면(예컨대 공무원재직증명서, 변호사등록증서사본, 법무사자격증사본 등)을 제출할 수도 있을 것이나, 구체적인 등기신청에 있어서 그러한 서면에 의하여 동일인임이 인정된다고 보아 그 등기신청을 수리할 것인지 여부는 등기신청을 심사하는 등기관이 판단할 사항이다(선례 제7-169호).

36 등기할 수 있는 건물에 관한 다음 설명 중 가장 옳지 않은 것은? ▶ 2020년 선례 3

① 두 동의 건물 사이에 연결통로로 사용하기 위하여 증축된 부분이 단지 두 동 건물 간의 이동원활이라는 기존 건물의 사용편의에 제공된 것이라면 독립된 건물로서 소유권보존등기를 신청할 수 없다.

② 가설건축물대장에 등록된 '농업용 고정식 비닐온실'이 철근콘크리트 기초 위에 설치됨으로써 토지에 견고하게 정착되어 있고, 경량철골구조 및 내구성 10년 이상의 내재해형 장기성 필름(비닐)에 의하여 벽면과 지붕을 구성하고 있다면 이 건축물에 대하여 소유권보존등기를 신청할 수 있다.

③ 건축물대장에 '경량철골구조 기타지붕 1층 숙박시설 38.7㎡'로 기재되어 있는 건축물(캐빈하우스)이 공장에서 완제품 또는 부분제품을 제작하여 건축현장으로 운송한 후 조립하는 방법으로 건축된 것으로서 콘크리트 기초 위에 상·하수도 및 전선관 설비와 함께 토지에 견고하게 정착되어 쉽게 해체·이동할 수 없으며, 내구성 있는 재료를 사용한 벽면과 지붕을 갖추고 있는 건축물이라면 이 건축물에 대하여 소유권보존등기를 신청할 수 있다.

④ 건축물대장에 "경량철골구조 패널지붕 1층 동·식물관련시설(버섯재배사)"로 기재되어 있는 건축물은 둘레에 벽이 없더라도 「축사의 부동산등기에 관한 특례법」을 준용하여 이 특례법에 따라 소유권보존등기를 신청할 수 있다.

⑤ 「축사의 부동산등기에 관한 특례법」에 따라 소유권보존등기를 신청할 때에 첨부정보로 제공한 건축물대장정보만으로는 소를 사육할 용도로 계속 사용할 수 있는 건축물임을 확인할 수 없다면 이를 확인할 수 있는 건축허가신청서나 건축신고서 사본 또는 건축물대장소관청이 작성한 서면을 추가로 제공하여야 한다.

해설 ④ 1. 건축물대장에 "경량철골구조 패널지붕 1층 동·식물관련시설(버섯재배사)"로 기재되어 있는 건축물이 콘크리트 기초 위에 설치되어 토지에 견고하게 정착되어 있고, 둘레에 패널로 벽을 설치하여 외부와 차단되어 있다면 이를 독립한 건물로 볼 수 있으므로 이 건축물에 대하여 소유권보존등기를 신청할 수 있을 것이나, 그 동·식물관련시설(버섯재배사)이 콘크리트 기초 위에 설치되어 토지에 견고하게 정착되어 있더라도 둘레에 벽이 없어 외부와 차단되어 있지 않다면 이를 독립한 건물로 볼 수 없으므로 이 건축물에 대하여는 소유권보존등기를 신청할 수 없을 것인바, 구체적인 사건에서 해당 건축물이 소유권보존등기를 신청할 수 있는 건물에 해당하는지 여부는 담당 등기관이 판단할 사항이다(선례 제202003-1호).

2. 한편 「축사의 부동산등기에 관한 특례법」은 둘레에 벽이 없는 건축물로서 "소"를 사육할 용도로 계속 사용할 수 있는 건축물에 대하여만 적용되는 것이므로(같은 법 제3조 제2호), 이 외의 둘레에 벽이 없는 건축물은 이 특례법에 따라 소유권보존등기를 신청할 수 없다(선례 제202003-1호).

① 두 동의 건물 사이에 연결통로로 사용하기 위하여 증축된 부분이 단지 두 동 건물 간의 이동 원활이라는 기존 건물의 사용편의에 제공된 것일 뿐 분리하여서는 독립된 건물로서의 가치와 기능이 없는 것으로서 부합으로 인하여 기존 건물의 구성부분이 되었다면 증축된 연결통로를 독립된 건물로서 소유권보존등기를 신청할 수 없을 것인바, 구체적인 사건에서 건축물대장에 등록된 건축물인 연결통로가 건물로서 등기능력이 있는지 여부는 담당 등기관이 판단할 사항이다(선례 제202002-2호).

② 가설건축물대장에 등록된 "농업용 고정식 비닐온실"이 철근콘크리트 기초 위에 설치됨으로써 토지에 견고하게 정착되어 있고, 경량철골구조 및 내구성 10년 이상의 내재해형 장기성 필름(비닐)에 의하여 벽면과 지붕을 구성하고 있다면 독립된 건물로 볼 수 있으므로 이 건축물에 대하여 소유권보존등기를 신청할 수 있을 것이나(등기선례 9-6), "내구성 10년 이상"의 기준은 예시적인 것이므로, 비록 "내구성 10년 이상"의 기준을 충족하지 않더라도 담당 등기관은 가설건축물축조 신고필증에 기재된 존치기간, 구조, 용도 및 존치기간의 연장에 관한 법령(건축법 시행령 제15조, 제15조의2, 제15조의3 등 참조) 등을 종합적으로 심사하여 당해 건축물이 등기능력 있는 물건에 해당하는지 여부를 판단할 수 있을 것이다(선례 제202111-1호).

③ 건축물대장에 "경량철골구조 기타지붕 1층 숙박시설 38.7㎡"로 기재되어 있는 건축물(캐빈하우스)이 공장에서 완제품 또는 부분제품을 제작하여 건축현장으로 운송한 후 조립하는 방법으로 건축된 것으로서 콘크리트 기초 위에 상·하수도 및 전선관 설비와 함께 토지에 견고하게 정착되어 쉽게 해체·이동할 수 없으며, 내구성 있는 재료를 사용한 벽면과 지붕을 갖추고 있는 건축물이라면 독립된 건물로 볼 수 있으므로 이 건축물에 대하여 소유권보존등기를 신청할 수 있을 것이나, 구체적인 사건에서 등기할 수 있는 건물인지 여부는 담당 등기관이 판단할 사항이다(선례 제201903-5호).

⑤ 「축사의 부동산등기에 관한 특례법」은 둘레에 벽이 없는 건축물로서 소를 사육할 용도로 계속 사용할 수 있는 건축물에 대하여만 적용되는 것이므로(같은 법 제3조 제2호), 이 특례법에 따라 소유권보존등기를 신청할 때에 첨부정보로 제공한 건축물대장정보만으로는 소를 사육할 용도로 계속 사용할 수 있는 건축물임을 확인할 수 없다면 이를 확인할 수 있는 건축허가신청서나 건축신고서 사본 또는 건축물대장소관청이 작성한 서면을 추가로 제공하여야 한다(축사의 부동산등기에 관한 특례규칙 제3조 제2항)(선례 제202003-3호).

정답 ○━ 36 ④

37 판결 등 집행권원에 의한 등기신청에 관한 다음 설명 중 가장 옳지 않은 것은?

▶ 2019년 선례 1

① 공유물분할의 판결이 확정되면 공유자는 각자 분할된 부분에 대한 단독소유권을 취득하게 되는 것이므로, 그 소송의 당사자는 그 확정판결을 첨부하여 등기권리자 단독으로 공유물 분할을 원인으로 한 지분이전등기를 신청할 수 있다.

② 근저당권설정등기를 명하는 판결주문에 필수적 기재사항인 채권최고액이나 채무자가 명시되지 아니한 경우에는 이에 따른 등기신청을 할 수 없다.

③ 갑 소유명의의 토지에 대하여 원고 을이 "피고 병은 피고 갑이 원고로부터 ○○○원을 지급받음과 동시에 원고에게 △△토지에 대하여 ○○○○년○월○일 매매를 원인으로 하는 소유권이전등기절차를 이행하라" 는 판결을 받은 경우, 원고 을은 이 판결에 의하여 단독으로 소유권이전등기를 신청할 수 있다.

④ 화해조서 등에 등기신청에 관한 의사표시의 기재가 있으나 그 내용에 등기원인과 그 연월일의 기재가 없는 경우 등기신청서에는 등기원인은 "화해", "인낙", "화해권고결정", "조정" 또는 "조정에 갈음하는 결정" 등으로, 그 연월일은 "조서기재일" 또는 "결정확정일"을 기재한다.

⑤ 甲 소유의 부동산이 乙에게 매매를 원인으로 이전된 후, 乙이 사망하여 협의분할에 의한 상속을 원인으로 丙 명의의 소유권이전등기가 마쳐진 상태에서, 甲이 丙을 상대로 매매가 무효임을 원인으로 한 소유권이전등기말소소송을 제기하여 "丙은 甲에게 소유권이전등기(협의분할에 의한 상속등기)의 말소등기절차를 이행한다."는 강제조정이 확정된 경우, 甲은 위 강제조정에 따라 丙 명의의 소유권이전등기를 말소할 수 있을 뿐이고, 이 말소등기에 따라 회복되는 피상속인인 乙 명의의 소유권이전등기는 말소할 수 없다.

해설 ③ **갑 소유명의의 토지**에 대하여 원고 을이 "피고 병은 피고 갑이 원고로부터 ○○○원을 지급받음과 동시에 **원고에게** △△토지에 대하여 ○○○○년○월○일 매매를 원인으로 하는 <u>소유권이전등기절차를 이행하라</u>" 는 판결을 받은 경우, <u>판결문상의 소유권이전등기절차 이행 의무를 부담하는 피고(병)</u>와 <u>등기기록상의 등기의무인 소유명의인(갑)</u>이 다르므로, 원고 을은 이 판결에 의하여 단독으로 소유권이전등기를 신청할 수 없다(선례 제201908-1호).

① 공유물분할 판결이 확정되면 공유자는 각자의 취득 부분에 대하여 <u>소유권을 취득하게 되는</u> 것이므로 그 소송의 당사자는 원·피고에 관계없이 각각 공유물분할절차에 따른 등기신청을 할 수 있다(선례 제3-556호).

② 예규 제1692호, 2-가-3)-다)

④ 예규 제1692호, 4-다

⑤ 갑 소유의 부동산이 을에게 매매를 원인으로 이전된 후에 을이 사망하여 협의분할에 의한 상속을 원인으로 병 명의의 소유권이전등기가 마쳐진 상태에서, 갑이 병을 상대로 매매가 무효임을 원인으로 한 소유권이전등기말소소송을 제기하여 "병은 갑에게 □□지방법원 △△등기소 ○○○○년 ○월 ○일 접수 제○○호로 마친 소유권이전등기(<u>협의분할에 의한 상속등기</u>)의 말소등기절차를 이행한다."는 강제조정이 확정된 경우에 갑은 위 강제조정의 결정사항에 따라 병 명의의 (⑪ 협의분할에 의한 상속에 따른)소유권이전등기를 말소할 수 있을 뿐

이고, 이 말소등기에 따라 회복되는 **피상속인인 을 명의의 (⬛ 매매로 인한)소유권이전등기**는 말소할 수 **없다**(선례 제201312-3호).

38 관공서의 촉탁등기에 관한 다음 설명 중 가장 옳지 않은 것은? ▸ 2019년 선례 1

① 국가 또는 지방자치단체가 아닌 공사 등은 등기촉탁에 관한 특별규정이 있는 경우에 한하여 등기촉탁을 할 수 있는데, 이 경우 우편에 의해서도 등기촉탁을 할 수 있다.

② 관공서가 부동산에 관한 거래의 주체로서 등기를 촉탁할 수 있는 경우라 하더라도 촉탁에 의하지 아니하고 등기권리자와 등기의무자가 공동으로 등기를 신청할 수도 있다.

③ 매각 또는 공매처분 등을 원인으로 관공서가 소유권이전등기를 촉탁하는 경우에는 등기의무자의 주소를 증명하는 정보를 제공할 필요가 없다.

④ 가처분 대상 부동산이 여러 개이고 부동산별로 피보전권리의 채권자가 다르다고 하더라도 1개의 부동산처분금지가처분 결정이 있는 경우에는 1개의 촉탁서로 일괄하여 가처분등기를 촉탁할 수 있다.

⑤ 관공서가 등기촉탁을 하는 경우에는 등기기록과 대장상의 부동산의 표시가 부합하지 아니하더라도 그 등기촉탁을 수리하여야 한다.

> **해설** ④ 등기의 신청은 1건당 1개의 부동산에 관한 신청정보를 제공하는 방법으로 하여야 하고(⬛ 법 제25조 본문), 다만 등기목적과 등기원인이 동일한 경우 등 예외적인 경우에만 일괄신청이 허용되는바(⬛ 법 제25조 단서), 촉탁에 따른 등기절차는 원칙적으로 신청에 따른 등기절차에 관한 규정을 준용(⬛ 법 제22조 제2항)하므로 일괄촉탁도 법령이 정한 예외적인 경우에만 허용된다. **1개의 부동산처분금지가처분 결정**(⬛ **등기목적**)이 있더라도 그 목적물인 부동산이 여러 개이고 부동산별로 **피보전권리의 채권자**(⬛ **등기원인**)가 다르다면 가처분등기의 **등기목적**은 같으나 **등기원인이 동일한** 경우에 해당하지 아니하므로 일괄촉탁을 할 수 없고 부동산마다 **각각 별건으로** 촉탁을 하여야 한다(선례 제201906-14호).

① 예규 제1625호, 1-나. 2
② 예규 제1625호, 3
③ 예규 제1625호, 4-2
⑤ 예규 제1625호, 5

정답 ↪ 37 ③   38 ④

39 관공서의 촉탁에 의한 등기에 관련된 다음 설명 중 가장 옳지 않은 것은? ▶ 2019년 선례 1

① 관공서가 서면으로 등기촉탁을 할 때에 그 촉탁서의 제출을 법무사에게 위임할 수도 있다. 이 경우에는 촉탁서에 촉탁서 제출을 위임받았음을 증명하는 서면을 첨부하여야 한다.

② 국가 또는 지방자치단체가 등기권리자가 된 때에는 등기의무자의 승낙을 얻어 해당 등 기를 등기소에 촉탁하여야 한다.

③ 국가 또는 지방자치단체가 등기권리자 또는 등기의무자로서 등기를 촉탁하는 경우에는 등기의무자의 등기필정보를 제공할 필요가 없다.

④ 관공서가 등기권리자로서 촉탁하는 수용을 원인으로 한 소유권이전등기에 대하여는 변 호사나 법무사가 이를 대리하여 신청할 수 없다.

⑤ 교육비특별회계소관의 공유재산에 관하여 조례에 의하여 그 재산의 취득·처분의 권한 이 소관청인 교육감으로부터 해당 교육장에 위임되었다면 해당 교육장은 그 권한위임 의 근거규정을 명시하여 부동산의 소유권변동에 관한 등기촉탁을 할 수 있다.

해설 ④ 관공서가 권리관계의 당사자로서 등기를 촉탁하는 경우에는 사인이 등기를 신청하는 경우와 실질적으로 아무런 차이가 없으므로, 관공서가 등기권리자로서 촉탁하는 **수용을 원인으로 한 소유권이전등기**에 대하여는 변호사나 **법무사**가 이를 **대리하여** 신청할 수 있다(선례 제 201908-5호).

① 규칙 제155조 제2항, 선례 제201908-5호
② 법 제98조 제1항
③ 예규 제1625호, 4
⑤ 국공유부동산의 등기촉탁에 관한 법률 제3조는 **지방자치단체의 소유에 속하는 부동산에 관한 등기의 촉탁**은 **당해 지방자치단체의 장**이 행하도록 규정하고 있지만, 한편 지방재정법 제 76조 제2항 및 지방교육자치에 관한 법률 부칙 제12조의 규정에 의하면 **교육비특별회계소 관의 공유재산**에 관하여는 **교육감이 소관청**이 되므로 위 촉탁관서 지정의 규정에 불구하고 그 등기촉탁은 소관청인 교육감이 할 것이다. 나아가 **조례의 규정**에 의하여 위 재산의 취득 ·처분의 권한이 소관청으로부터 해당 교육장에게 위임되었다면 그 위임된 권한에는 등기촉 탁의 권한도 포함되었다고 보아야 할 것이므로, 위와같은 **권한위임 사실**을 소명하는 서면을 제출하고 그 **권한위임의 근거규정을 명시**하여 해당 교육장이 부동산의 **소유권변동에 관한 등기촉탁**을 할 수 있다(선례 제4-18호).

40 재외국민의 등기신청에 관한 다음 설명 중 가장 옳지 않은 것은?　▶ 2019년 선례 2

① 처분위임장에 찍힌 인영이 위임인의 것임을 증명하기 위한 인감증명은 반드시 인감증명법에 의한 우리나라 인감증명을 제출하여야 한다.

② 재외국민이 등기의무자로서 방문신청의 방법으로 소유권이전등기를 신청하는 경우, 위임장에 본인이 서명 또는 날인하였다는 뜻의 「재외공관 공증법」에 따른 인증을 받음으로써 인감증명의 제출을 갈음할 수 있다.

③ 재외국민인 상속인의 채권자가 상속인을 대위하여 상속등기를 신청할 때에 상속인의 주소를 증명하는 정보로서 재외국민등록부등본을 제공할 수 없는 경우에는 그가 주민등록을 한 사실이 있더라도 주민등록표등본·초본을 주소를 증명하는 정보로서 제공할 수 없다.

④ 재외국민은 인감을 날인하여야 하는 서면에 체류국을 관할하는 대한민국 재외공관에서 공증을 받음으로써 인감증명의 제출을 갈음할 수 있는바, 여기에서 "체류국"이란 계속적으로 거주하는 국가뿐만 아니라 출장 등으로 일시 체류하는 국가도 포함된다

⑤ 피상속인 명의의 부동산에 대한 분할협의를 함에 있어 공동상속인 중 1인이 영주자격을 얻어 일본에 거주하고 있는데 출장으로 미국에 일시 체류 중에 있다면 이 상속인은 상속재산분할협의서에 그가 일시 체류하고 있는 미국에 설치된 대한민국 재외공관에서 공증을 받을 수도 있다.

해설 ③ 1. **상속인**의 **채권자**가 상속인을 대위하여 상속등기를 신청할 때에 그 상속인이 거주불명자로서 그의 주민등록표에 「주민등록법」 제20조 제6항 단서에 따른 **행정상 관리주소가 등록**된 경우에는 **그 행정상 관리주소를 상속인의 주소로** 제공하여야 한다(선례 제201906-11호).

　　2. **재외국민인 상속인의 채권자**가 상속인을 대위하여 상속등기를 신청할 때에 상속인의 주소를 증명하는 정보로서 **재외국민등록부등본을 제공할 수 없는 경우**에는 그가 주민등록을 한 사실이 있다면 **주민등록표등본·초본을** 주소를 증명하는 정보로서 **제공할 수 있는**바, 이 경우 상속인의 주소는 **주민등록표상의 최후 주소를** 제공하여야 하므로 「주민등록법」 제19조 제3항에 따라 **행정상 관리주소가 최종적인 주소로 등록**되어 있다면 **이 주소를 상속인의 주소로** 제공하여야 한다(선례 제201906-11호).

① **재외국민이** 부동산등기신청 시 **인감증명을 제출할 경우**에는 **인감증명법에 의한 우리나라의 인감증명을** 제출하여야 하며, 재일동포인 재외국민이 부동산등기를 신청할 경우라도 **일본국 관공서가 발행한 인감증명을 제출할 수 없다.** 다만, 재외국민의 상속재산의 협의분할 시 인감증명은 상속재산 협의분할서상의 서명 또는 날인의 본인의 것임을 증명하는 재외공관의 확인서 또는 이에 관한 공정증서로 대신할 수 있다. 협의분할에 의하여 상속재산을 취득한 상속인이 상속재산 협의분할에 의한 소유권이전등기신청을 법무사에게 위임한 경우 그 등기신청서에 첨부하는 위임장에는 인감증명법에 의한 인감을 날인할 필요가 없다(선례 제7-87호).

② 예규 제1686호, 9-①

④⑤ 재외국민은 인감을 날인하여야 하는 서면에 체류국을 관할하는 대한민국 재외공관에서 공증을 받음으로써 인감증명의 제출을 갈음할 수 있는바, 여기에서 "**체류국**" 이란 **계속적으로 거주하는 국가**뿐만 아니라 **출장 등으로 일시 체류하는 국가**도 포함되므로, 피상속인 명의의 부동산에 대한 분할협의를 함에 있어 공동상속인 중 1인이 **영주자격을 얻어 일본**에 거주하고 있는데 출장으로 **미국에 일시 체류 중**에 있다면 이 상속인은 상속재산분할협의서에 그가 일시 체류하고 있는 **미국에 설치된 대한민국 재외공관에서 공증**을 받을 수도 **있다**(선례 제201907-12호).

41 방문신청을 하는 경우 제출하는 인감증명에 관한 다음 설명 중 가장 옳지 않은 것은?

▶ 2019년 선례 2

① 소유권의 등기명의인이 등기의무자로서 등기를 신청하는 경우 등기의무자의 인감증명을 제출한다.
② 매매를 원인으로 한 소유권이전등기신청의 경우 반드시 부동산매도용 인감증명서를 첨부하여야 하지만 매매 이외의 경우에는 등기신청서에 첨부된 인감증명서상의 사용용도와 그 등기의 목적이 다르더라도 그 등기신청은 이를 수리하여야 한다.
③ 등기신청서에 제3자의 동의 또는 승낙을 증명하는 서면을 첨부하는 경우 그 제3자의 인감증명을 제출한다.
④ 등기원인을 증명하는 정보로서 제공하는 계약서에는 원칙적으로 인감을 날인하여야 한다.
⑤ 인감을 날인하여야 하는 서류가 여러 장일 때에는 그 서류의 연속성을 보장하고 그 진정성을 확인할 수 있도록 각 장마다 간인을 하여야 하는바, 간인을 할 때에도 그 인감으로 하여야 한다.

해설 ④ 부동산등기를 신청할 때에 등기원인을 증명하는 정보로서 제공하는 **계약서**에는 원칙적으로 **인감을 날인**할 필요는 **없다**. 따라서 계약서의 작성명의인이 법인인 경우 계약서에는 반드시 등기소에 신고한 법인인감을 날인하여야 하는 것은 아니며, 사용인감을 날인하여도 무방하다(선례 제201907-2호).

① 규칙 제60조 제1항 제1호
② 예규 제1308호, 5
③ 규칙 제60조 제1항 제7호
⑤ 인감을 날인하여야 하는 **서류가 여러 장**일 때에는 그 서류의 연속성을 보장하고 그 진정성을 확인할 수 있도록 각 장마다 **간인**을 하여야 하는바, 간인을 할 때에도 **그 인감으로** 하여야 한다(선례 제201907-2호).

42 등기신청의 대리에 관한 다음 설명 중 가장 옳지 않은 것은?

▶ 2017년 선례 2 + 2020년 선례 3

① 등기신청 대리권한에는 등기필정보 수령권한이 포함된다.

② 등기필정보 수령행위만을 위임받은 경우에는 그 위임사실을 증명하기 위하여 위임인의 인감증명 또는 신분증 사본을 첨부한 위임장을 제출할 수 있으며, 가족관계증명서도 위임사실을 증명하는 서면이 될 수 있다.

③ 합동사무소를 구성하는 법무사 전원이 등기신청을 위임받은 경우 등기신청서를 제출한 법무사뿐만 아니라 위임장에 기재된 다른 법무사도 해당 등기신청에 대한 보정 및 취하를 할 수 있다.

④ 합동사무소를 구성하는 법무사 전원이 등기신청을 위임받은 경우로서 등기신청위임장에 대리인으로 그 법무사 전원이 기재되어 있으면 원칙적으로 그 중 어느 한 법무사만이 등기소에 출석하여 등기신청서를 제출할 수 있다. 이 경우 등기신청서에는 등기소에 출석한 법무사의 기명날인만이 있어야 한다.

⑤ 법무사법인이 등기신청을 대리할 때에는 지정받은 법무사만이 그 업무에 관하여 법인을 대표하게 되므로, 그 법인 소속 법무사라 하더라도 지정받은 법무사가 아닌 다른 법무사는 해당 등기신청에 관한 행위(신청서 제출, 신청의 보정 및 등기필정보의 수령 등)를 할 수 없다.

[해설] ② 1. 등기신청 대리권한에는 등기필정보 수령권한이 포함된다고 볼 것이고, 한편 등기를 신청함에 있어서 임의대리인이 될 수 있는 자격에는 제한이 없으므로, 등기의무자라고 하더라도 등기권리자로부터 ㉠ 등기신청에 대한 대리권을 수여받아 등기를 신청한 경우나 등기권리자로부터 ㉡ 등기필정보 수령행위에 대한 위임을 받은 경우에는 등기필정보를 교부받을 수 있다(선례 제201705-2호).

   2. 다만, 등기필정보 수령행위만을 위임받은 경우에는 그 위임사실을 증명하기 위하여 위임인의 인감증명 또는 신분증 사본을 첨부한 위임장을 제출하여야 하고, 가족관계증명서는 위임사실을 증명하는 서면이라고 볼 수 없다(선례 제201705-2호).

① 위 ② 해설 참조

③④ 1. 합동사무소를 구성하는 법무사 전원이 등기신청을 위임받은 경우로서 등기신청위임장에 대리인으로 그 법무사 전원이 기재되어 있고 특별히 해당 등기신청을 대리인 전원이 함께 하여야 한다는 내용의 기재가 없다면 그 중 어느 한 법무사만이 등기소에 출석하여 등기신청서를 제출할 수 있는바, 이 경우 등기신청서에는 등기소에 출석한 법무사의 기명날인만이 있어야 한다(선례 제202001-2호).

   2. 한편 위의 경우 등기신청서를 제출한 법무사뿐만 아니라 위임장에 기재된 다른 법무사도 해당 등기신청에 대한 보정 및 취하를 할 수 있다. 다만, 취하의 경우에는 등기신청위임장에 취하에 관한 행위도 위임한다는 내용의 기재가 있어야 한다(선례 제202001-2호).

⑤ 법무사법인이 등기신청을 대리할 때에는 그 업무를 담당할 법무사를 지정하여야 하며, 이렇게 지정받은 법무사만이 그 업무에 관하여 법인을 대표하게 되므로(법무사법 제41조), 그 법

정답 ○┤ 41 ④   42 ②

인 소속 법무사라 하더라도 **지정받은 법무사가 아닌 다른 법무사는** 해당 등기신청에 관한 행위(신청서 제출, 신청의 보정 및 등기필정보의 수령 등)를 할 수 **없다**(선례 제202001-6호).

43 자격자대리인 및 그 사무원에 관한 다음 설명 중 가장 옳지 않은 것은?

▶ 2018년 선례 2 + 2020년 선례 2

① 등기신청을 위임받은 법무사는 그가 속한 법무사합동사무소의 대표 법무사 또는 다른 구성원 법무사에게 등기필정보 수령 권한만을 다시 위임할 수 있고, 이 경우 그 위임사실을 증명하는 위임장과 위임인의 인감증명서 또는 신분증 사본을 제시하여야 하지만, 본인(등기권리자)의 허락이 있음을 증명하는 서면은 제시할 필요가 없다.

② 법무사 사무원은 법무사의 업무를 보조하는 자에 해당하므로, 등기신청을 위임받은 법무사가 다른 법무사의 사무원에게 직접 등기필정보 수령 권한을 다시 위임할 수 있다.

③ 법무사법인이 등기신청을 대리할 때에 해당 등기신청 업무에 관하여 지정받은 법무사가 등기신청서를 제출한 후에 등기신청서를 제출하지 아니한 그 법인 소속 다른 법무사가 등기필정보의 수령 업무만에 관하여 별도로 지정을 받았다면 그 법무사는 이를 소명하는 자료(지정서)를 제시하고 등기필정보를 수령할 수 있다.

④ 법무사법인이 대리인인 경우에 등기신청서에 기재된 담당 법무사가 누구인지 관계없이 그 법무사법인 소속으로 허가 받은 사무원은 누구나 등기신청서의 제출·등기신청의 보정 및 등기필정보의 수령을 할 수 있다.

⑤ 등기신청서를 제출할 수 있도록 허가받은 변호사나 법무사의 사무원은 등기신청서의 제출뿐 아니라 보정도 할 수 있다.

해설 ② 1. **등기신청을 위임받은 법무사는** 복대리인 선임에 관한 **본인의 허락이 있는 경우에 한하여** 다른 사람에게 **그 등기신청을 다시 위임할 수 있으나**, 등기신청 대리 권한에 포함되어 있는 **등기필정보 수령 권한만을 다른 사람에게 위임할 때에는** 복대리인 선임에 관한 **본인의 명시적인 허락이 있어야 할 필요는 없다.** 따라서 등기신청을 위임받은 법무사는 그가 속한 법무사합동사무소의 대표 법무사 또는 **다른 구성원 법무사에게 등기필정보 수령 권한만을 다시 위임할 수 있고,** 이렇게 등기필정보 수령 권한만을 위임받은 자가 등기소에 출석하여 등기필정보를 수령할 때에는 그 위임사실을 증명하는 **위임장과 위임인의 인감증명서 또는 신분증 사본을** 제시하여야 하지만, **본인(등기권리자)의 허락이 있음을 증명하는** 서면은 제시할 필요가 없다(선례 제201808-1호).

2. **법무사 사무원은** 법무사의 업무를 보조하는 자에 불과하므로 **등기신청을 위임받은 법무사가 다른 법무사의 사무원에게** 직접 등기필정보 수령 권한을 다시 위임할 수는 **없다**(선례 제201808-1호).

3. 한편 **등기필정보 수령 권한을 위임받은 법무사는 자신이 직접 등기소에** 출석하여 등기필정보를 수령하거나 **그 소속 사무원을 등기소에 출석하게 하여 등기필정보를 수령할 수도 있다**(선례 제201808-1호).

① 위 ① 해설 참조

③ 해당 등기신청 업무에 관하여 지정받은 법무사가 등기신청서를 제출한 후에 등기신청서를 제출하지 아니한 그 **법인 소속** 다른 법무사가 **등기필정보의 수령 업무만에 관하여 별도로 지정**을 받았다면 그 법무사는 이를 소명하는 자료(**지정서**)를 제시하고 **등기필정보를 수령할 수 있다**(선례 제202001-6호).

④ 법무사**법인**이 대리인인 경우에 등기신청서에 기재된 담당 법무사가 누구인지 관계없이 「부동산등기규칙」 제58조 제1항에 따라 그 법무사**법인 소속**으로 **허가 받은 사무원**은 **누구나** 등기신청서의 제출·등기신청의 보정 및 등기필정보의 수령을 할 수 있다(선례 제202001-6호).

⑤ 방문신청의 방법으로 등기신청을 할 때에는 당사자 본인이나 그 대리인(대리인이 자격자대리인인 경우에는 대리인 본인 또는 그 출입사무원을 말한다. 이하 같다)이 직접 등기과·소에 출석하여 등기신청서를 접수담당자에게 제출하여야 한다. **보정(이행)**은 **당사자 본인**이나 그 **대리인**(🏢 **출입사무원** 포함)이 등기소에 출석하여 한다(예규 제1718호).

44 부동산등기신청 시 계약서검인에 관한 다음 설명 중 가장 옳지 않은 것은?

▸ 2019년 선례 2

① 계약을 원인으로 소유권이전등기를 신청할 때에 등기원인을 증명하는 정보로서 제공하는 계약서에는 시장 등의 검인을 받아야 하므로, 사전절차인 "지역주택조합 가입계약서"에도 검인을 받아야 한다.

② 공유물분할 또는 재산분할에 관한 판결(심판)서·조정조서·화해조서·조정을 갈음하는 결정서·화해권고결정서를 등기원인을 증명하는 정보로서 제공하여 소유권이전등기를 신청할 때에는 그 판결서 등에 검인을 받아야 한다.

③ 소유권이전등기청구권 보전의 가등기는 계약을 원인으로 소유권이전등기를 신청하는 것이 아니므로 검인을 요하지 아니하나, 그 가등기에 터잡은 본등기를 신청할 때 제출하는 원인증서에는 검인이 되어 있어야 한다.

④ 소유권이전등기청구권 보전을 위한 매매예약의 가등기에 의한 본등기를 신청함에 있어서, 매매예약서에 일정한 시기에 매매예약완결권 행사의 의사표시 간주 약정이 있는 때에는 그 예약서는 그대로 다시 가등기에 의한 본등기의 원인증서로 될 수 있는 것이므로 그 예약서에 검인을 받아 제출하면 된다.

⑤ 신탁계약에 의하여 소유권을 이전하는 경우나 신탁해지약정서를 원인서면으로 첨부하여 소유권이전등기를 신청하는 경우, 등기원인을 증명하는 정보에 검인을 받아 제공하여야 한다.

해설 ① 「부동산등기 특별조치법」 제3조 제1항에 따르면 **계약을 원인으로 소유권이전등기**를 신청할 때에 등기원인을 증명하는 정보로서 제공하는 계약서에는 시장 등의 **검인**을 받아야 하는바, **"지역주택조합 가입계약서"**는 이러한 서면이라고 볼 수 없어 위 규정에 따른 **검인을 받아야 하는 것은 아니다**(선례 제201912-6호).

정답 🔑 43 ② 44 ①

② 공유물분할계약서나 재산분할협의서를 등기원인을 증명하는 정보로서 제공하여 소유권이전 등기를 신청할 때에는 그 협의서나 계약서에 부동산 소재지를 관할하는 시장 등의 검인을 받아야 하는바(부동산등기특별조치법 제3조 제1항), 이러한 계약서나 협의서를 대신하여 공 유물분할 또는 재산분할에 관한 판결(심판)서·조정조서·화해조서·조정을 갈음하는 결정 서·화해권고결정서를 등기원인을 증명하는 정보로서 제공하여 소유권이전등기를 신청할 때에도 그 판결서 등에 검인을 받아야 한다(같은 법 제3조 제2항)(선례 제201907–11호).

③ 예규 제1419호, 1–마

④ 소유권이전등기청구권 보전을 위한 매매예약의 가등기에 기한본등기를 신청함에 있어서, 당해 매매예약서상에 일정한 시기에 매매예약완결권 행사의 의사표시간주 약정이 있는 때에는 그 예 약서는 그대로 다시 가등기에 기한 본등기의 원인증서로도 될 수 있는 것이므로 그 예약서에 시 장 등의 검인을 받아 제출하면 족하며, 위 예약서상의 예약완결권행사의 의사표시의 간주시기가 당해 토지에 대한 토지거래규제구역 또는 신고구역으로 지정되기 전의 일자인 경우에는 가등기 에 기한 본등기신청시에 토지거래허가증 또는 신고필증을 제출할 필요가 없다(선례 제3–727호).

⑤ 신탁계약에 의하여 소유권을 이전하는 경우에는 등기원인을 증명하는 정보(신탁계약서 등)에 검인을 받아 제공하여야 한다(예규 제1694호). 또한 신탁해지를 원인으로 하여 위탁자 명의 로의 소유권이전등기를 신청하는 경우에는 국민주택채권매입필증을 첨부할 필요가 없으며, 신탁해지약정서를 원인서면으로 첨부하여 소유권이전등기를 신청하는 경우, 그 약정서에는 부동산등기특별조치법이 정하는 바에 따라 검인을 받아야 한다(선례 제5–895호).

45 농지취득자격증명에 관한 다음 설명 중 가장 옳지 않은 것은? ▶ 2019년 선례 1

① 농지의 매매예약에 의한 소유권이전청구권 보전 가등기신청의 경우에는 농지취득자격 증명을 첨부할 필요가 없다.

② 농지에 대하여 부동산 거래신고 등에 관한 법률 제11조의 토지거래계약허가를 받아 소 유권이전등기를 신청하는 경우 별도로 농지취득자격증명을 첨부할 필요는 없으며, 이 는 등기신청인이 농업법인이 아닌 법인이거나 법인이 아닌 사단(교회)인 경우에도 동 일하다.

③ 농지에 대하여 포괄유증을 원인으로 한 소유권이전등기를 신청하는 경우에는 농지취득 자격증명을 첨부할 필요가 없다.

④ 종중이 농지취득을 위하여 농지법 제6조 제2항 제7호에 따른 농지전용허가를 받았다 면, 종중 명의로 소유권이전등기를 할 수 있다.

⑤ 농지전용허가 또는 농지전용협의가 완료된 농지에 대하여 소유권이전등기를 신청할 때 에는 농지취득자격증명을 첨부정보로서 제공할 필요가 없다.

해설 ⑤ 1. 농지전용허가를 받은 농지에 대하여 소유권이전등기를 신청할 때에는 원칙적으로 등기권 리자 명의의 농지취득자격증명을 첨부정보로서 제공하여야 한다. 반면, 농지전용협의가 완료된 농지에 대하여 소유권이전등기를 신청할 때에는 농지취득자격증명을 첨부정보로 서 제공할 필요가 없으나, 그러한 농지임을 확인할 수 있는 자료를 첨부정보로서 제공하 여야 한다(선례 제201912–12호).

2. 즉 ① 해당 농지가 도시지역 중 주거지역·상업지역·공업지역 안의 농지임을 확인할 수 있는 **토지이용계획확인서**, ② 해당 농지가 도시지역 중 녹지지역 안의 농지이지만 도시·군계획시설에 필요한 농지임을 확인할 수 있는 **토지이용계획확인서**, ③ 해당 농지가 계획관리지역의 지구단위계획구역 안의 농지임을 확인할 수 있는 **토지이용계획확인서** 또는 ④ 해당 농지가 도시지역 중 녹지지역 안의 농지이거나 개발제한구역 안의 농지임을 확인할 수 있는 **토지이용계획확인서와 개발행위허가**나 **토지형질변경허가를 증명하는 정보**(등기권리자가 허가받은 것이어야 함)를 첨부정보로서 제공한 경우에는 농지취득자격증명을 제공할 필요가 없다(선례 제201912-12호).

① 농지에 대한 소유권이전청구권**가등기**의 신청서에는 **농지취득자격증명**을 첨부할 필요가 **없**다(예규 제1632호, 2-라).

② **토지거래계약허가증**을 등기신청서에 첨부한 때에는, 등기원인증서에 검인을 받을 필요가 없으며 **농지취득자격증명**과 (외국인의) **토지취득허가증** 또한 제출할 필요가 없다(부동산 거래 신고 등에 관한 법률 제20조, 예규 제1634호, 4). 이는 등기신청인이 **농업법인이 아닌 법인**이거나 **법인이 아닌 사단**(교회)인 경우에도 동일하다(선례 제201008-1호). 즉 토지거래계약 허가증을 받은 경우 농업인 등이 아니라도 농지취득자격증명이 없이 농지를 취득할 수 있다.

③ 예규 제1635호, 3-나

④ **종중**이 농지취득을 위하여 「농지법」 제6조 제2항 제7호에 따른 **농지전용허가**를 받았다면, 「농지법」 제8조에 따라 **농지취득자격증명**을 첨부하여 종중 명의로 소유권이전등기를 할 수 있다(선례 제201304-4호).

---

46 부동산등기신청 시 주소를 증명하는 정보에 관한 다음 설명 중 가장 옳지 않은 것은?

▶ 2020년 선례 1

① 등기관이 소유권이전등기를 할 경우 주소를 증명하는 정보에 의해 등기의무자의 등기 기록상 주소가 신청정보상 주소로 변경된 사실이 명백히 나타나면 직권으로 등기명의 인 표시변경등기를 하여야 한다.

② 소유권이전등기의 말소등기 신청의 경우에는 등기권리자 또는 등기의무자의 주소증명 정보를 제공할 필요가 없고, 소유권이전청구권가등기는 소유권이전등기가 아니므로 그 신청 시 등기의무자의 주소증명정보를 제공할 필요가 없다.

③ 소유권이전등기신청서에 첨부된 인감증명서에 주민등록표 초본의 내용과 동일한 인적 사항(성명·주소·주민등록번호)이 기재되어 있는 경우에도 주소증명정보의 제공을 생략할 수 없고, 매수인의 주민등록증 대조로써 주소증명정보의 제공을 갈음할 수 없다.

④ 공유자 중 1인이 행방불명되어 주소를 증명하는 서면을 발급받을 수 없는 경우 그 자의 주소가 토지대장에 기재되어 있는 때에는 주소를 증명하는 서면을 제출할 수 없는 사 유를 소명하여 그 대장상의 주소를 행방불명된 자의 주소지로 하여 소유권보존등기를 신청할 수 없다.

정답 ┍━ 45 ⑤ 46 ④

⑤ 매매를 원인으로 소유권이전등기를 신청할 때 등기권리자가 거주불명자로서 그의 주민 등록표에 「주민등록법」 제20조 제6항에 따라 행정상 관리주소가 현재 주소로 등록되어 있는 경우, 그 행정상 관리주소를 등기권리자의 주소로 제공하고, 위 주민등록표의 등본을 주소를 증명하는 정보로서 제공할 수 있다.

해설 ④ **공유로 등록된 미등기토지**에 대하여 그 **공유자 중 1인**이 토지 대장상으로는 주소와 주민등록번호가 기재되어 있으나 **행방불명**되어 그의 **주민등록표등본을 제출할 수 없는 경우**에는 다른 공유자는 **주민등록표등본을 제출할 수 없는 사유**를 소명하여 **위 대장상의 주소**를 그 행방불명된 자의 주소지로 하여 공유로 소유권보존등기를 신청할 수 있다(선례 제3-353호).

① 등기관이 **소유권이전등기**를 할 때에 **등기명의인의 주소변경**(📧 도로명주소×)으로 **신청정보 상의 등기의무자의 표시가 등기기록과 일치하지 아니하는 경우라도 첨부정보로서 제공된 주소를 증명하는 정보**(📧 주민등록등·초본)에 등기의무자의 등기기록 상의 주소가 신청정보 상의 주소로 변경된 사실이 명백히 나타나면 **직권으로 등기명의인표시의 변경등기**를 하여야 한다(규칙 제122조).

② 1. 등기를 신청하는 경우에는 **등기권리자**(새로 등기명의인이 되는 경우로 한정한다)의 주소(또는 사무소 소재지) 및 주민등록번호(또는 부동산등기용등록번호)를 증명하는 정보를 그 신청정보와 함께 **첨부정보**로서 등기소에 **제공하여야 한다.** 다만, **소유권이전등기를 신청하는 경우에는 등기의무자의 주소**(📧 번호×)(또는 사무소 소재지)를 증명하는 정보도 제공하여야 한다(규칙 제46조 제1항 제6호).

2. **소유권이전등기의 말소등기**를 하는 경우는 새로이 등기권리자가 **기입되는 경우가 아니므**로 등기의무자나 등기권리자의 **주소**를 증명하는 정보를 제공할 필요가 없고, **소유권이전청구권가등기**는 등기권리자의 주소증명정보를 제공하여야 하나 소유권이전등기가 아니므로 등기**의무자의 주소**증명정보를 제공할 필요가 **없다.**

③ 소유권의 보존 또는 이전에 관한 등기를 신청하는 경우에는 신청인의 주소를 증명하는 서면을 첨부하여야 하고(법 제40조 제1항 제6호), 소유권의 등기명의인이 등기의무자로서 등기를 신청하는 경우에는 등기의무자의 인감증명을 제출하여야 하는바(규칙 제53조 제1호), **인감증명서**에는 **등기부상의 주소인 종전 주소가 기재되지 않는 경우가 많으며**, 원칙적으로 인감증명은 **등기의무자의 인감을 증명하기 위한 것**이지 본인의 **주소를 증명하는 서면이라고 볼 수는 없으므로**, 소유권이전등기를 신청하는 경우에는 **신청인의 주소를 증명하는 서면과 등기의무자의 인감증명을 각각 첨부하여야** 한다(선례 제6-76호). 또한 **매도인의 인감증명이나 매수인의 주민등록증 대조로써 위 주소를 증명하는 서면의 제출에 갈음할 수는 없다**(선례 제2-91호).

⑤ 매매를 원인으로 소유권이전등기를 신청할 때 **등기권리자가 거주불명자로서 그의 주민등록표에 「주민등록법」 제20조 제6항에 따라 행정상 관리주소가 현재 주소로 등록되어 있는 경우, 그 행정상 관리주소를 등기권리자의 주소로 제공하고, 위 주민등록표의 등본을 주소를 증명하는 정보로서 제공할 수 있다**(선례 제202001-5호).

47 등기원인증서의 반환 및 첨부서면의 원본 환부와 관련된 다음 설명 중 가장 옳은 것은?

▸ 2019년 선례 1

① 등기신청인이 소유권이전등기 신청서에 첨부된 매매계약서원본의 환부를 청구하는 경우 등기관은 그 사본을 작성하여 등기신청서에 첨부하고 매매계약서 원본에는 환부의 뜻을 적은 후 기명날인하여야 한다.

② 인감증명, 법인등기사항증명서, 주민등록표 등본·초본, 가족관계등록사항별증명서, 유언증서 및 건축물대장·토지대장·임야대장 등본 등에 대하여서는 원본의 환부를 청구할 수 없다.

③ 근저당권변경등기 신청서에 첨부된 근저당권변경계약서, 근저당권말소등기 신청서에 첨부된 해지(해제)증서는 등기관이 해당 등기를 마친 후 신청인에게 돌려주어야 하는 등기원인증서에 해당하지 않는다.

④ 규약상 공용부분이라는 뜻의 등기의 경우 규약 또는 공정증서, 이혼 당사자 사이의 재산분할협의서는 등기관이 해당 등기를 마친 후 신청인에게 돌려주어야 하는 등기원인증서에 해당한다.

⑤ 상속재산분할협의서는 등기관이 등기를 마친 후에 신청인에게 돌려주어야 하는 서면에 해당하므로, 신청인은 원본 환부의 청구를 할 수 없다.

해설 ④ 예규 제1514호, 3–③

① 본 지문은 규칙 제59조에서 규정하는 첨부서면의 원본 환부의 청구에 대한 내용이다. 따라서 매매계약서와 같이 등기관이 등기를 마친 후 당연히 환부해야 되는 서면에는 별도로 환부의 뜻을 적는 등의 절차는 필요가 없다.

② 인감증명, 법인등기사항증명서, 주민등록표등본·초본, 가족관계등록사항별증명서 및 건축물대장·토지대장·임야대장 등본 등 별도의 방법으로 다시 취득할 수 있는 서류에 대하여는 환부를 청구할 수 없다(규칙 제59조). 그러나 유언증서는 원본환부를 청구할 수 있다.

③ 신청서에 첨부된 제46조 제1항 제1호의 정보를 담고 있는 서면이 **법률행위의 성립을 증명하는 서면**이거나 그 밖에 **대법원예규로 정하는 서면**일 때에는 등기관이 등기를 마친 후에 이를 신청인에게 **돌려주어야** 한다(규칙 제66조 제1항). 법률행위의 성립을 증명하는 서면 즉 말소등기의 경우에는 **해지(해제)증서** 등의 서류는 등기관이 등기를 마친 후 신청인에게 **돌려주어야** 한다(예규 제1514호, 3–①).

⑤ 협의분할에 의한 상속을 원인으로 한 소유권이전등기를 신청할 때에 등기소에 첨부서면으로서 제출한 **상속재산분할협의서**는 「부동산등기규칙」 제66조 제1항에 따라 등기관이 등기를 마친 후에 신청인에게 **돌려주어야 하는 서면에 해당하지 않는다.** 다만, 신청인은 이 서면에 대하여 같은 규칙 제59조에 따라 **원본 환부의 청구를 할 수 있으며,** 이 경우에는 그 원본과 같다는 뜻을 적은 사본을 제출하여야 한다(선례 제201912-2호).

정답 ↦ 47 ④

48 등기신청의 각하에 관한 다음 설명 중 가장 옳은 것은?

▶ 2019년 선례 1

① 등기할 것이 아닌 사건의 등기신청은 각하하여야 하지만 이미 등기가 마쳐졌다면 그 등기는 당연무효이므로 등기관은 발견 즉시 직권으로 말소하여야 한다.

② 여러 사람이 함께 신축한 건물에 대하여 「부동산등기법」 제65조 제1호에 따라 소유권보존등기를 신청할 때에 신청정보의 내용 중 각 공유자의 지분을 건축물대장의 기재 내용과 다르게 제공하면 같은 법 제29조 제5호에 따라 각하된다.

③ 각하결정으로 등본을 교부하거나 송달할 때에는 등기신청서와 그 첨부서류도 함께 교부하거나 송달하여야 한다.

④ 등기신청이 각하된 경우에는 이미 납부된 등기신청수수료를 반환하지 아니하고, 등기신청이 취하된 경우에는 납부된 등기신청수수료를 환급한다.

⑤ 등기원인증서에 신청서의 임의적 기재사항에 해당하는 약정이 있다 하더라도 이를 반드시 등기하여야 하는 것은 아니므로 신청서에 그 약정을 기재하지 아니하였다 하여 각하하여서는 안 된다.

해설 ④ 서면에 의한 등기신청이 **취하**되면 등기신청서와 그 부속서류인 첨부서면(⊞ **등기신청수수료 환급** 포함)을 모두 신청인에게 반환하여야 한다. 그러나 **각하**의 경우 부속서류는 반환하지만 등기신청서나 **등기신청수수료**는 **반환**하지 않는다(예규 제1643호, 5–나, 예규 제1703호, 3–다).

① 등기관이 등기를 마친 후 그 등기가 **제29조 제1호**(사건이 그 등기소의 관할이 아닌 경우) **또는 제2호**(사건이 등기할 것이 아닌 경우)에 해당된 것임을 발견하였을 때에는 등기권리자, 등기의무자와 등기상 이해관계 있는 **제3자**에게 **1개월 이내의 기간을 정하여** 그 기간에 **이의를 진술하지 아니하면** 등기를 **말소한다는 뜻을 통지**(⊞ **사전통지**)하여야 한다. 등기관은 위의 기간 이내에 **이의를 진술한 자가 없거나 이의를 각하**한 경우에는 제1항의 등기를 **직권으로 말소**하여야 한다(법 제58조 제1항, 제2항).

② 여러 사람이 함께 신축한 건물에 대하여 「부동산등기법」 제65조 제1호에 따라 소유권보존등기를 신청할 때에 신청정보의 내용 중 각 공유자의 지분을 건축물대장의 기재 내용과 **다르게 제공**하면 같은 법 제29조 **제8호**에 따라 각하된다(선례 제201907–9호).

③ 각하결정등본을 교부하거나 송달할 때에는 **등기신청서 이외의 첨부서류(취득세·등록면허세 영수필확인서 및 국민주택채권매입필증 포함)**도 함께 교부하거나 송달하여야 한다. 다만, 첨부서류 중 **각하사유를 증명할 서류**는 이를 **복사하여 당해 등기신청서에 편철**한다(예규 제1703호, 3–다).

⑤ 등기원인증서에 신청서의 **임의적 기재사항**에 해당하는 약정이 있는 경우 이를 반드시 신청서에 기재하여 등기를 신청하여야 하는지가 문제된다. 등기원인증서에 그러한 약정이 있는 경우에는 **신청정보의 내용으로 등기소에 제공하여야** 하므로(규칙 제126조 제1항, 제127조 제1항, 제128조 제1항, 제130조 제1항, 제131조 제1항 등) **반드시 신청서에 기재하여야** 한다. 따라서 등기관은 등기원인증서에 기재된 임의적 사항이 신청서에 **기재되어 있지 않은 경우**에는 **보정**을 명하고, 이에 응하지 않으면 신청을 **각하**하여야 한다(「부동산등기실무Ⅰ」 p.540).

49 등기명의인표시 변경등기에 관한 다음 설명 중 가장 옳지 않은 것은? ▸2019년 선례 3

① 특별법에 의하여 신설법인이 해산법인의 재산과 권리·의무를 포괄승계하는 경우, 그 법에 해산법인의 등기명의는 신설법인의 등기명의로 본다는 특별규정이 있는 때에는 등기명의인표시 변경등기를 한다.

② 법률에 의하여 법인의 포괄승계가 있고 해당 법률에 등기기록상 종전 법인의 명의를 승계 법인의 명의로 본다는 뜻의 간주규정이 있는 경우에는 승계 법인이 등기명의인표시변경등기를 하지 않고서도 다른 등기를 신청할 수 있다.

③ 국 명의의 소유권이전(보존)등기에 첨기된 관리청의 명칭이 「정부조직법」 개정으로 다르게 변경되었음에도 여전히 종전 명칭(예 재무부)으로 기록되어 있는 경우 이 부동산에 대한 소유권이전등기를 신청하기 위해서 먼저 그 관리청의 명칭을 변경하는 등기명의인표시 변경등기를 신청하여야 할 필요는 없다.

④ 특별법에 의하여 법인이 해산됨과 동시에 설립되는 법인이 해산되는 법인의 재산과 권리·의무를 포괄승계하는 경우, 그 법에 "해산법인의 등기명의는 신설법인의 등기명의로 본다."는 특별규정이 있는 때에는 새로운 법인은 자신 명의로의 등기절차를 밟지 않고 직접 제3자 명의로 소유권이전등기를 신청할 수 있다.

⑤ "농어촌진흥공사", "농업기반공사" 또는 "한국농촌공사" 소유명의의 부동산에 대하여 매매를 원인으로 소유권이전등기를 신청할 때에 소유명의인의 명칭을 "한국농어촌공사"로 변경하는 등기명의인표시 변경등기를 선행할 필요는 없다.

> **해설** ③ 국 명의의 소유권이전(보존)등기에 첨기된 관리청의 명칭이 「정부조직법」 개정으로 다르게 변경되었음에도 여전히 종전 명칭(예 재무부)으로 기록되어 있다면, 이 부동산에 대한 소유권이전등기를 신청하기 위해서는 먼저 그 관리청의 명칭을 변경하는 등기명의인표시 변경등기를 신청하여야 한다(선례 제201908-3호).
>
> ① 법률에 의하여 법인의 포괄승계가 있고 종전 법인의 명의를 승계하는 법인의 명의로 본다는 뜻의 간주규정이 있는 경우에는 양 법인의 동일성이 인정되므로 해당 부동산을 등기부상으로 승계되는 법인의 명의로 하기 위해서는 등기명의인표시변경등기를 할 수 있다.
>
> ② 그러나, 법률에서 포괄승계의 간주규정이 있으므로 승계법인은 등기 없이도 당연히 부동산에 대한 권리를 취득하므로 이후 다른 등기신청을 위하여서 반드시 등기명의인표시변경등기를 선행할 필요는 없다.
>
> ④⑤ 특별법에 의하여 법인이 해산됨과 동시에 설립되는 법인이 해산되는 법인의 재산과 권리·의무를 포괄승계하는 경우, 그 법에 "해산법인의 등기명의는 신설법인의 등기명의로 본다."는 특별규정이 있는 때에는 새로운 법인은 자신 명의로의 등기절차를 밟지 않고 직접 제3자 명의로 소유권이전등기를 신청할 수 있으므로 "농어촌진흥공사", "농업기반공사" 또는 "한국농촌공사" 소유명의의 부동산에 대하여 매매를 원인으로 소유권이전등기를 신청할 때에 소유명의인의 명칭을 "한국농어촌공사"로 변경하는 등기명의인표시 변경등기를 선행할 필요는 없다(선례 제201908-3호).

정답 ┍ 48 ④ 49 ③

50

등기명의인의 표시변경등기에 관한 다음 설명 중 가장 옳지 않은 것은? ▸ 2019년 선례 1

① 등기명의인의 주소가 수차에 걸쳐서 변경되었을 경우 중간의 변경사항을 생략하고 최종 주소지로 변경등기를 할 수 있다.

② 법원의 촉탁에 의하여 가압류등기가 마쳐진 후 등기명의인의 주소, 성명 및 주민등록번호의 변경으로 인한 등기명의인표시변경등기는 등기명의인이 신청할 수 있다.

③ 등기명의인이 지번 주소를 도로명 주소로 고치는 등기명의인표시변경등기를 신청할 경우 등록면허세와 등기신청수수료가 면제된다.

④ 이미 사망한 등기명의인에 대하여 등기기록상의 표시와 현재의 인적사항이 일치하지 않는 경우라면, 등기명의인표시경정등기를 선행한 후 상속등기를 신청하여야 한다.

⑤ 저당권말소등기를 신청하는 경우 그 등기명의인의 표시에 변경사유가 있어도 등기신청서에 그 변경사실을 증명하는 서면을 첨부하면 등기명의인표시변경등기를 생략할 수 있다.

해설 ④ **경정등기**는 현재 효력 있는 등기에 대하여 착오 또는 유루가 있는 경우에 허용되는 것이므로, **이미 사망한 등기명의인**에 대하여는 **등기명의인표시의 경정등기가** 허용되지 **않는**다. 따라서 등기명의인의 표시에 착오가 있는 경우라도 그 등기명의인이 이미 사망하였다면 등기명의인표시의 경정등기를 신청할 수는 없으며, 이러한 경우에는 피상속인이 등기명의인과 동일인임을 인정할 수 있는 정보를 첨부정보로서 제공하여 경정등기 없이 곧바로 상속등기를 신청할 수 있다. 다만, 구체적인 사건에서 어떠한 서면이 피상속인과 등기명의인이 동일인임을 인정할 수 있는 서면에 해당하는지는 그 등기신청사건을 심사하는 담당 등기관이 판단할 사항이다(선례 제201907-6호).

① 1. 부동산을 취득한 후 주소가 여러 번 바뀌었다 하더라도 중간의 변동사항을 생략하고 **현주소지로** 직접 등기명의인의 표시변경등기신청을 할 수 있을 것이다(선례 제1-570호).

 2. 근저당권자인 회사의 본점이 여러 번 이전되었을 때에는 중간의 변경사항을 생략하고 **최종 본점소재지로** 등기명의인의 표시변경등기를 할 수 있을 것이다(예규 제428호).

 3. 종중 명의로 된 부동산의 등기부상 주소인 종중의 사무소소재지가 수차 이전되어 그에 따른 **등기명의인표시 변경등기를** 신청할 경우에는, 주소변경을 증명하는 서면으로 주소변동경과를 알 수 있는 신·구종중 규약을 첨부하면 될 것이고, 그 변경등기는 등기부상의 주소로부터 막바로 **최후의 주소로** 할 수 있다(선례 제2-498호).

② 법원의 **촉탁**에 의하여 **가압류등기, 가처분등기, 주택임차권등기** 및 **상가건물임차권**등기가 경료된 후 등기명의인의 주소, 성명 및 주민등록번호의 변경으로 인한 **등기명의인표시변경등기**는 등기명의인이 **신청**할 수 있다(예규 제1064호).

③ **도로명주소법**에 의한 건물표시변경 또는 등기명의인표시변경 등기신청에는 **등록면허세** 및 **등기신청수수료**를 납부하지 **아니**한다(예규 제1436호).

⑤ **소유권 이외**의 권리에 관한 등기(근저당권, 전세권, 가등기 등)의 **말소**를 신청하는 경우에 있어서는 그 등기명의인의 표시에 변경 또는 경정의 사유가 있는 때라도 신청서에 그 변경 또는 경정을 증명하는 서면을 첨부함으로써 **등기명의인의 표시변경** 또는 경정의 등기를 **생략**할 수 있을 것이다(예규 제451호).

51 토지의 합필등기에 관한 다음 설명 중 가장 옳지 않은 것은? ▸ 2019년 선례 3

① 「건축법」 제11조에 따른 건축허가를 받아 건설하는 건축물로서 「건축물의 분양에 관한 법률」에 따라 공급하는 경우에는 그 건설 대지에 신탁등기가 마쳐진 경우라도 신탁목적이 동일하고 다른 합필제한사유가 없다면 그 토지에 대한 합필등기를 신청할 수 있다.

② 토지 등기기록에 요역지지역권의 등기가 있다면 그 토지에 대한 합필의 등기를 신청할 수 없는 바, 이는 요역지지역권의 등기가 모든 토지의 등기기록에 있고 그 등기사항이 모두 동일하더라도 마찬가지이다.

③ 소유권의 등기명의인이 동일한 甲 토지와 乙 토지의 등기기록 모두에 소유권의 등기 외에 등기원인 및 그 연월일과 접수번호가 동일한 저당권에 관한 등기만 있는 경우라도 甲 토지의 저당권은 토지 전부를 목적으로 하고 있으나, 乙 토지의 저당권은 소유권의 일부 지분만을 목적으로 하고 있다면 甲 토지를 乙 토지에 합병하는 합필등기를 신청할 수 없다.

④ 甲 토지에 저당권설정등기가 마쳐지고 후에 동일한 채권에 대하여 乙 토지에 추가로 저당권설정등기가 마쳐져 있을 뿐 甲 토지와 乙 토지 모두에 소유권등기 외의 다른 권리에 관한 등기가 없다면 甲 토지를 乙 토지에 합병하는 합필등기를 신청할 수 있다.

⑤ 합필 전 어느 1필의 토지를 목적으로 하였던 저당권설정등기가 합필 후 토지의 특정일부에 존속하는 것으로 등기된 상태에서, 그 저당권의 실행을 위한 임의경매신청의 기입등기를 하려면, 먼저 합필 후 토지 중 그 저당권의 목적인 토지부분을 특정하여 다시 분필등기를 하여야 한다.

해설 ④ 갑 토지에 저당권설정등기를 한 후 동일한 채권에 대하여 을 토지에 추가로 저당권설정등기를 한 경우에 위 두 저당권설정등기는 등기원인 및 그 연월일과 접수번호가 동일한 저당권등기가 아니다(선례 제3-654호). 즉 법 제37조 제1항 제2호에 해당하지 않으므로 합필등기를 할 수 없다(법 제37조 제1항 제2호 반대해석).

① 「건축법」 제11조에 따른 건축허가를 받아 건설하는 건축물로서 「건축물의 분양에 관한 법률」에 따라 공급하는 경우에는 그 건설 대지에 신탁등기가 마쳐진 경우라도 신탁목적이 동일하고 다른 합필제한사유가 없다면 그 토지에 대한 합필등기를 신청할 수 있다. 이 경우에는 이러한 사실을 소명하는 정보로서 「건축물의 분양에 관한 법률」 제5조에 따라 허가권자로부터 발급받은 분양신고확인증을 등기소에 제공하여야 한다(선례 제201908-2호).

② 토지 등기기록에 요역지지역권의 등기가 있다면 그 토지에 대한 합필의 등기를 신청할 수 없는 바, 이는 요역지지역권의 등기가 모든 토지의 등기기록에 있고 그 등기사항이 모두 동일하더라도 마찬가지이다(선례 제201907-4호).

③ 소유권의 등기명의인이 동일한 갑 토지와 을 토지의 등기기록 모두에 소유권의 등기 외에 등기원인 및 그 연월일과 접수번호가 동일한 저당권에 관한 등기만 있는 경우라도 갑 토지의 저당권은 토지 전부를 목적으로 하고 있으나, 을 토지의 저당권은 소유권의 일부 지분만을 목적으로 하고 있다면 갑 토지를 을 토지에 합병하는 합필등기를 신청할 수는 없다(선례 제201904-1호).

정답 ➔ 50 ④ 51 ④

⑤ 합필 전 어느 1필의 토지를 목적으로 하였던 **저당권설정등기**가 합필 후 토지의 **특정일부에 존속하는 것으로(⊕ 잘못) 등기**된 상태에서, 그 저당권의 실행을 위한 임의경매신청의 기입등기를 하기 위하여는, 먼저 합필 후 토지 중 그 저당권의 목적인 토지부분을 특정하여 다시 **분필등기를 하여야 한다**(선례 제2-604호).

52 건물 소유권보존등기에 관한 다음 설명 중 가장 옳지 않은 것은? ▸ 2019년 선례 3

① 건축물대장에 지분의 표시 없이 수인이 공유로 등재되어 있는 경우에는 실제의 지분비율을 증명하는 서면을 제공하여 실제 지분에 따라 소유권보존등기를 신청할 수 있다.

② 신축한 구분건물에 대하여 갑(1/2)과 을(1/2)이 공유자로 등록된 건축물대장정보를 첨부정보로서 제공하여 갑과 을을 공유자로 하는 소유권보존등기를 마쳤다면 실제 이 구분건물이 갑 단독소유인 경우라도 건축물대장이 갑 단독소유로 정정되지 않은 상태에서 단지 갑과 을이 작성한 확인서를 첨부정보로서 제공하여 갑 및 을 공유를 갑 단독소유로 경정하는 등기를 신청할 수는 없다.

③ 위 ②의 경우에는 갑이 을을 상대로 갑의 단독소유임을 이유로 을 지분에 대하여 말소등기절차를 이행하라는 판결을 받아 갑 및 을 공유를 갑 단독소유로 하는 소유권경정등기를 신청할 수 있다.

④ 건물 대지에 이미 제3자 명의의 지상권설정등기가 마쳐져 있는 경우에는 그 등기를 말소하거나 지상권자의 승낙을 받아야 소유권보존등기를 신청할 수 있다.

⑤ 하나의 대지에 두 동의 건축물이 있고, 이 건축물에 대하여 건축물대장이 각각 별도로 작성되었는데, 착오로 이를 1개의 건물로 하여 하나의 등기기록에 소유권보존등기가 마쳐졌다면 신청착오를 원인으로 이를 소명하는 자료로서 각각 별개로 작성되어 있는 건축물대장정보를 제공하여 경정등기의 의미로서 건물분할등기를 신청할 수 있다.

해설 ④ **지상권이 설정되어 있는 토지** 위에 **지상권자 아닌 제3자가 건물을 신축**한 후 동건물에 대한 **소유권보존등기**를 신청함에 있어서, 사전에 그 **지상권을 말소**하여야 하거나 소유권보존등기 신청서에 **지상권자의 승낙서**를 첨부할 필요는 **없다**(선례 제2-238호).

① 1. 소유권보존등기의 경우에는 **원칙적으로 인감증명을** 제공할 필요는 **없다.**
2. 등기권리자가 2인 이상인 때에는 **등기신청서에 그 지분을 기재하여야** 하는 데 이는 통상 **대장상의 지분을 기준으로 판단**한다. 그러나 **대장상 소유명의인이 수인의 공유로 등재**되어 있으나 그 **공유지분의 표시가 없는 경우**가 문제되는데 "**물건이 지분에 의하여 수인의 소유로 된 때에는 공유**로 하고, 공유자의 지분은 균등한 것으로 추정한다(「민법」 제262조)"는 민법에 따라 **신청서에 갑과 을의 공유지분이 각 1/2인 것으로 기재**하여 소유권보**존등기를 신청할 수 있다.**

3. 그러나 만약 갑과 을의 실제 공유지분이 균등하지 않다면 ㉠ 공유자 전원이 작성한 실제 공유지분을 증명하는 서면(갑과 을이 공동으로 작성한 실제 공유지분을 증명하는 서면)과 ㉡ 실제의 지분이 균등하게 산정한 지분보다 적은 자의 인감증명을 첨부하여 실제의 지분에 따른 소유권보존등기를 신청할 수 있다(선례 제5-260호).

4. 이러한 규정은 대장상 지분이 기재되어 있지 않을 시에만 적용되는 것이고 **대장상에 지분이 기재되어 있는 경우에는 이와 같이 등기할 수는 없다**. 즉 여러 사람이 함께 신축한 건물에 대하여 「부동산등기법」 제65조 제1호에 따라 소유권보존등기를 신청할 때에 **신청정보의 내용 중 각 공유자의 지분을 건축물대장의 기재 내용과 다르게 제공하면 같은 법 제29조 제8호에 따라 각하된다**(선례 제201907-9호).

②③ 1. 신축한 구분건물에 대하여 「부동산등기법」 제65조 제1호에 따라 갑(1/2)과 을(1/2)이 공유자로 등록된 건축물대장정보를 첨부정보로서 제공하여 갑과 을을 공유자로 하는 소유권보존등기를 마쳤다면 실제 이 구분건물이 갑 단독소유인 경우라도 건축물대장이 **갑 단독소유로 정정되지 않은 상태**에서 단지 갑과 을이 작성한 확인서를 첨부정보로서 제공하여 갑 및 을 공유를 갑 단독소유로 경정하는 등기를 신청할 수는 **없다**. 다만, 이 경우에는 **갑이 을을 상대로 갑의 단독소유임을 이유로 을 지분에 대하여 말소등기절차를 이행하라는 판결을 받아** 갑 및 을 공유를 갑 단독소유로 하는 **소유권경정등기를 신청할 수 있다**(선례 제201909-2호).

2. 위의 경우 갑 및 을 공유를 갑 단독소유로 하는 소유권경정등기를 신청할 때에 이미 을구에 **병 명의의 근저당권설정등기**가 마쳐졌다면 병은 **등기상 이해관계 있는 제3자**에 해당하므로, **병의 승낙이 있음을 증명하는** 정보를 첨부정보로서 제공하여야 하며, 이러한 신청에 따라 등기관이 갑 및 을 공유를 갑 단독소유로 하는 소유권경정등기를 실행할 때에 직권으로 병 명의의 근저당권설정등기에 대하여 **일부지분(1/2)에만 존속하는 것으로 경정등기를** 실행하여야 한다(선례 제201909-2호).

⑤ 1. 건물의 소유권보존등기를 신청할 때에 제공하는 건축물대장은 **1동의 건물을 단위로 하여** 각 건축물마다 작성된 것이어야 하는바, 다만 물리적으로 두 동의 건물이라 하더라도 다른 한 동의 건물이 주된 건물의 사용에 제공되는 부속건물로서 **주된 건물의 건축물대장에 함께 등재**된 경우라면 이를 **1개의 건물로 하여** 소유권보존등기를 신청할 수 있다. 따라서 하나의 대지에 두 동의 건축물이 있고, 이 건축물에 대하여 건축물대장이 **각각 별도로 작**성되었다면 이 건물에 대한 소유권보존등기 또한 건물마다 **각각 별개로 하여야** 한다. 그런데 착오로 이를 **1개의 건물**로 하여 하나의 등기기록에 소유권보존등기가 마쳐졌다면 신청 착오를 원인으로 이를 소명하는 자료로서 각각 별개로 작성되어 있는 건축물대장정보를 제공하여 경정등기의 의미로서 건물분할등기를 신청할 수 있다(선례 제201912-1호).

2. 한편 부동산의 특정 일부에 대한 소유권이전등기는 허용되지 아니하므로, 두 동의 건물이 1개의 건물로서 하나의 등기기록에 소유권보존등기가 마쳐져 있는 상태에서는 두 동의 건물 중 어느 한 동의 건물만에 대한 소유권이전등기를 신청할 수 없으며, 이러한 등기를 신청하기 위해서는 먼저 건물분할등기를 신청하여야 한다(선례 제201912-1호).

정답 ○― 52 ④

53 미등기 건물의 보존등기에 관한 다음 설명 중 가장 옳지 않은 것은? ▸ 2019년 선례 2

① 부속건물을 독립건물로 소유권보존등기를 신청하기 위해서는 주된 건물과 부속건물의 건축물대장이 별도로 작성되어 있어야 한다.

② 하나의 대지에 두 동의 건축물이 있고, 이 건축물에 대하여 건축물대장이 각각 별도로 작성되었는데, 착오로 이를 1개의 건물로 하여 하나의 등기기록에 소유권보존등기가 마쳐졌다면 신청착오를 원인으로 이를 소명하는 자료로서 각각 별개로 작성되어 있는 건축물대장정보를 제공하여 경정등기의 의미로서 건물분할등기를 신청할 수 있다.

③ 두 동의 건물이 1개의 건물로서 하나의 등기기록에 소유권보존등기가 마쳐져 있는 경우라도 실제로 두 동이 외관상 따로 존재한다면 두 동의 건물 중 어느 한 동의 건물만에 대한 소유권이전등기를 신청할 수 있다.

④ 1개의 건축물대장에 주된 건물인 축사와 그 축사의 사용에 제공하기 위해 부속하게 한 퇴비사, 착유사 등이 등록되어 있는 경우에도 축사와 부속건물의 연면적이 100㎡를 초과한다면 축사의 소유권보존등기를 신청할 수 있다.

⑤ 하나의 대지 위에 2개 이상의 축사가 건축되어 총괄표제부가 작성되고 건축물대장도 각각 별개로 작성된 경우에는 각각의 건축물대장별로 축사의 소유권보존등기를 신청하여야 한다.

해설 ③ 부동산의 특정 일부에 대한 소유권이전등기는 허용되지 아니하므로, 두 동의 건물이 1개의 건물로서 하나의 등기기록에 소유권보존등기가 마쳐져 있는 상태에서는 두 동의 건물 중 어느 한 동의 건물만에 대한 소유권이전등기를 신청할 수 없으며, 이러한 등기를 신청하기 위해서는 먼저 건물분할등기를 신청하여야 한다(선례 제201912-1호).

① 주된 건물의 사용에 제공되는 부속건물은 주된 건물의 건축물대장에 부속건물로 등재하여 1개의 건물로 소유권보존등기를 함이 원칙이나, 소유자가 주된 건물과 분리하여 별도의 독립 건물로 소유권보존등기를 신청할 수도 있다. 다만 부속건물을 독립건물로 소유권보존등기를 신청하기 위해서는 주된 건물과 부속건물의 건축물대장이 각각 별도로 작성되어 있어야 한다(예규 제902호).

② 건물의 소유권보존등기를 신청할 때에 제공하는 건축물대장은 1동의 건물을 단위로 하여 각 건축물마다 작성된 것이어야 하는바, 다만 물리적으로 두 동의 건물이라 하더라도 다른 한 동의 건물이 주된 건물의 사용에 제공되는 부속건물로서 주된 건물의 건축물대장에 함께 등재된 경우라면 이를 1개의 건물로 하여 소유권보존등기를 신청할 수 있다. 따라서 하나의 대지에 두 동의 건축물이 있고, 이 건축물에 대하여 건축물대장이 각각 별도로 작성되었다면 이 건물에 대한 소유권보존등기 또한 건물마다 각각 별개로 하여야 한다. 그런데 착오로 이를 1개의 건물로 하여 하나의 등기기록에 소유권보존등기가 마쳐졌다면 신청착오를 원인으로 이를 소명하는 자료로서 각각 별개로 작성되어 있는 건축물대장정보를 제공하여 경정등기의 의미로서 건물분할등기를 신청할 수 있다(선례 제201912-1호).

④ 1. 1개의 건물로서 건축물대장의 건축물현황에 일부 용도는 축사로, 일부는 퇴비사 또는 착유사 등으로 등록되어 있는 경우에도 그 건물의 연면적이 「축사의 부동산등기에 관한 특례법」상 요건인 100제곱미터를 초과한다면 축사의 소유권보존등기를 신청할 수 있다.

2. 또한 1개의 건축물대장에 주된 건물인 축사와 그 축사의 사용에 제공하기 위해 **부속하게 한 퇴비사**, 착유사 등이 등록되어 있는 경우에도 축사와 부속건물의 연면적이 100제곱미 터를 초과한다면 축사의 소유권보존등기를 신청할 수 있다.

3. 다만, 하나의 대지 위에 2개 이상의 축사가 건축되어 총괄표제부가 작성되고 **건축물대장 도 각각 별개로 작성**된 경우에는 각각의 건축물대장별로축사의 소유권보존등기를 신청하 여야 하며, 위 특례법상 **연면적 기준**도 각각의 건축물대장별로 개별적으로 판단하여야 하 므로, 개별 건축물대장에 등록된 축사의 연면적이 100제곱미터를 초과하지 못한다면 위 특례법에 의한 축사의 소유권보존등기를 신청할 수 **없다**(선례 제201011-1호).

⑤ 위 ④ 해설 참조

54

미등기 건물에 대한 처분제한의 등기촉탁에 따라 등기관이 직권으로 하는 소유권보존등기 에 관한 다음 설명 중 가장 옳은 것은? ▸ 2020년 선례 3

① 미등기건물에 대하여 집행법원이 처분제한의 등기를 촉탁할 때에는 건물의 소재와 지 번·구조·면적을 증명하는 정보를 첨부정보로서 제공하여야 하는바 건축사, 측량기 술자 또는 감정평가사가 작성한 서면은 이에 해당한다.

② 부동산등기법 제66조의 직권에 따른 소유권보존등기는 건축물대장이 생성되어 있지 아니한 건물도 허용되므로 건축허가나 건축신고를 하지 않는 건물도 직권보존등기의 대상이 된다.

③ 집행법원이 미등기 건물에 대한 처분제한의 등기를 촉탁할 때에 채무자의 소유임을 증 명하는 정보와 채무자의 주소 및 주민등록번호(부동산등기용등록번호)를 증명하는 정 보를 제공하여야 한다.

④ 등기관이 미등기부동산에 대하여 법원의 촉탁에 따라 소유권의 처분제한의 등기를 할 때에는 직권으로 소유권보존등기를 하여야 한다.

⑤ 처분제한의 촉탁에 따라 직권으로 한 소유권보존등기는 보존등기 명의인의 말소신청, 그 말소등기의 이행을 명하는 확정판결 또는 처분제한을 발한 법원의 말소촉탁에 의하 여 말소할 수 있다.

해설 ④ 법 제66조 제1항

①②③ 1. 미등기건물에 대하여 집행법원이 처분제한의 등기를 촉탁할 때에는 법원에서 인정한 건물의 소재와 지번·구조·면적을 증명하는 정보를 첨부정보로서 제공하여야 하는 바, ㉠ **건축물대장정보**나 ㉡ **특별자치시장, 특별자치도지사, 시장, 군수 또는 구청장** (자치구의 구청장을 말한다)이 **발급한 확인서**와 ㉢ 「민사집행법」 제81조 제4항에 따라 작성된 **집행관의 조사서면**은 이에 해당하지만, ㉣ 「건축사법」에 따라 업무를 수행하는 **건축사**, ㉤ 「공간정보의 구축 및 관리 등에 관한 법률」에 따라 업무를 수행

정답 ○ 53 ③ 54 ④

하는 **측량기술자** 또는 ⓒ「감정평가 및 감정평가사에 관한 법률」에 따라 업무를 수행하는 **감정평가사**가 작성한 서면은 이에 해당되지 아니한다(선례 제202001-3호).

2. 한편 위의 경우 **건축물대장이 생성되어 있지 아니한 건물도 허용**되지만 모든 미등기 건물이 허용되는 것은 아니며, 적법하게 **건축허가나 건축신고를 마쳤으나 사용승인이 나지 않은 건물로 한정**되는바(민사집행법 제81조 제1항 제2호 단서), 촉탁대상 건물이 **이러한 건물에 해당되는지 여부** 및 **채무자의 소유에 속하는지 여부**는 그 **집행법원에서 판단할 사항**이다. 이에 따라 집행법원이 이러한 건물에 대한 **처분제한의 등기를 촉탁**할 때에 건축허가나 건축신고를 증명하는 정보 및 채무자의 소유임을 증명하는 정보는 첨부정보로서 **제공할 필요가 없다**(선례 제202001-3호).

3. 다만, **채무자의 주소 및 주민등록번호(부동산등기용등록번호)를 증명하는 정보는 제공하여야 한다**(선례 제202001-3호).

⑤ 1. 미등기 건물에 관하여 법원의 가처분등기촉탁에 의한 가처분등기를 함에 있어서 등기관이 「부동산등기법」 제66조의 규정에 의하여 **직권으로 한 소유권보존등기**는 보존등기 명의인의 **말소신청** 또는 그 **말소등기의 이행을 명하는 확정판결**에 의하여서만 말소될 수 **있고**

2. 가처분법원의 말소촉탁에 의하여 말소될 수는 **없는** 것이며, 가령 「부동산등기법」 제29조 제11호의 규정에 위반된 등기신청에 의하여 등기가 경료되었다 하더라도 그 등기는 동법 제29조 제1호 및 제2호에 해당하는 당연 무효의 등기는 아니므로 등기관이 **직권**으로 그 등기를 말소할 수는 **없다**(예규 제1353호).

55 상속재산분할협의에 관한 다음 설명 중 가장 옳지 않은 것은? ▸ 2020년 선례 2

① 협의분할에 의한 상속을 원인으로 소유권이전등기를 신청할 때에 공동상속인 전원이 인감을 날인한 상속재산분할협의서와 인감증명서를 제공하는 대신 공증인의 공증을 받은 상속재산분할협의서를 첨부정보로서 제공할 수 있다.

② 상속재산분할협의서에 공증을 받을 때에는 상속인이 날인(또는 서명)을 하고 본인의 의사에 따라 작성되었음을 확인하는 뜻의 공증은 상속재산분할협의서와 별도의 서면으로 하여야 한다.

③ 친권자가 상속포기를 하지 아니한 이상 상속재산을 전혀 취득하지 아니한 경우에도 친권자와 미성년자가 공동상속인인 경우에는 미성년자를 위한 특별대리인을 선임하여야 한다.

④ 공동상속인인 친권자와 미성년인 수인의 자 사이에 상속재산분할협의를 하는 경우에는 미성년자 각자마다 특별대리인을 선임하여야 한다.

⑤ 상속재산분할협의서를 작성함에 있어 공동상속인의 주소가 상이하여 동일한 분할협의서(복사본이나 프린트 출력물 등)를 수통 작성하여 각각 날인하였더라도 그 소유권이전등기신청을 수리할 수 있다.

해설 ② 1. 협의분할에 의한 상속을 원인으로 소유권이전등기를 신청할 때에 공동상속인 전원이 인감을 날인한 상속재산분할협의서와 인감증명서를 제공하는 대신 공증인의 **공증을 받은 상속재산분할협의서**를 첨부정보로서 제공할 수 **있다**(선례 제202001-1호).

2. **상속재산분할협의**서에 **공증을 받을 때**에는 상속인이 날인(또는 서명)을 하고 본인의 의사에 따라 작성되었음을 확인하는 뜻의 공증을 **해당 서면 그 자체**에 받아야 하며, 상속재산분할협의서가 **여러 장인 경우**에는 **상속인 전원이 간인**(또는 연결되는 서명)을 하고, 공증인 또한 **각 장에 걸쳐 직인으로 간인**을 하여야 한다(공증인법 제38조 제5항)(선례 제202001-1호).

① 위 ② 해설 참조
③ **상속재산협의분할서**를 작성하는 데 있어서 **친권자와 미성년자인 자 1인이 공동상속인**인 경우(친권자가 당해 부동산에 관하여 **권리를 취득하지 않는 경우를 포함**한다)에는 친권자와 미성년자의 이해가 상반되므로 **특별대리인을 선임**하여야 한다(예규 제1088호, 2-나-(2)).
④ **피상속인의 처와 그 친권에 복종하는 미성년자 2인을 포함**한 수인의 상속인이 협의분할에 **의한 상속등기**를 신청하는 경우 재산협의분할행위 자체는 언제나 이해상반 행위이므로 친권자인 모가 재산분할의 당사자인 한(즉 **상속포기를 하지 않아 상속인인 한**) 분할계약서상 **상속재산을 전혀 취득하지 아니하더라도** 미성년자를 대리할 수 없으므로 **미성년자마다** 특별대리인을 선임하여야 할 것이다(선례 제3-416호).
⑤ **상속재산의 협의분할**은 공동상속인 간의 일종의 계약이므로 **상속재산분할협의서를** 작성함에 있어 상속인 **전원이 참석**하여 그 협의서에 연명으로 날인하는 것이 바람직하나, 공동상속인의 주소가 상이하여 **동일한 분할협의서(복사본이나 프린트 출력물 등)를 수통 작성**하여 각각 **날인**하였더라도 **결과적으로 공동상속인 전원이 분할협의에 참가하여 합의한 것으로 볼 수 있다면**, 그 소유권이전등기신청을 **수리**하여도 무방하다(선례 제200612-5호).

56 **상속으로 인한 등기신청과 관련한 다음 설명 중 가장 옳지 않은 것은?** ▶ 2019년 선례 1
① 수인의 공동상속인 중 일부가 상속을 포기한 경우에 그 상속분은 다른 공동상속인에게 상속분의 비율대로 귀속한다.
② 공동상속인 중 일부 상속인이 상속을 포기하는 경우에는 상속포기신고를 수리하는 뜻의 심판서 정본을 첨부하여야 한다.
③ 근저당자인 채권자가 사망한 채무자 명의의 부동산에 대하여 상속등기를 대위로 신청하여 공동상속인 전원의 명의로 그 등기를 마쳤으나, 이후 공동상속인 중 일부가 상속을 포기한 사실을 알게 되었다면 이 상속등기를 신청한 채권자는 이러한 사실을 증명하는 정보를 첨부정보로서 제공하여 그 상속등기를 말소하고 새로운 상속등기를 단독으로 대위신청하여야 한다.
④ 법정상속등기가 마쳐진 후에도 협의분할이 가능하며, 이때에는 소유권경정등기를 신청하여야 한다.
⑤ 협의분할에 따른 상속등기를 한 후에도 재협의를 통하여 소유권을 경정할 수 있는 경우가 있다.

정답 ○ 55 ② 56 ③

해설 ③ 저당자인 채권자가 사망한 채무자 명의의 부동산에 대하여 상속등기를 대위로 신청하여 공동상속인 전원의 명의로 그 등기를 마쳤으나, 이후 공동상속인 중 일부가 상속을 포기한 사실을 알게 되었다면 이 상속등기를 신청한 채권자는 이러한 사실을 증명하는 정보를 첨부정보로서 제공하여 그 상속등기에 대한 경정등기 또한 단독으로 대위신청할 수 있다(선례 제201907-10호).

① 상속인이 수인인 경우에 어느 상속인이 상속을 포기한 때에는 그 상속분은 다른 공동상속인의 상속분의 비율로 그 상속인에게 귀속한다(민법 제1043조). 따라서 수인의 공동상속인 중 일부가 상속을 포기한 경우에 포기한 상속인의 직계비속 또는 형제자매가 그 상속재산을 대습상속하는 것이 아니다(선례 제201211-4호).

② 일부 상속인이 상속재산 전부를 상속하고 나머지 상속인들은 그들의 상속지분을 포기하는 내용의 상속등기를 신청하는 경우에는, 상속등기신청 시 통상 제출할 서면 외에 상속지분을 포기하는 상속인들이 관할법원에 상속포기신고를 하여 그 법원으로부터 교부받은 상속포기신고를 수리하는 뜻의 심판의 정본을 제출하여야 한다. 또한, 구 가사심판법(1990.12.31. 법률 제4300호로 폐지되기 전의 것) 제2조 제1항 제1호 서목, 제28조 제1항 및 구 가사심판규칙(1990.12.31. 대법원규칙 제1139호로 폐지되기 전의 것) 제20조, 제91조, 제93조에 의하더라도, 상속포기신고로써 재산상속포기의 효력이 발생하는 것이 아니고 법원의 수리심판이 있는 경우 상속개시 시에 소급하여 그 효력이 발생하는 것이므로, 상속등기신청 시, 상속포기신고접수증명이 아니라 수리증명을 제출하여야 한다. 따라서 이 경우 상속포기신고접수증명의 사본에 대하여 원본과 대조하여 그와 부합함을 인증한 인증서로는 이에 갈음할 수 없다(선례 제7-200호).

④ 예규 제1675호

⑤ 협의분할을 한 후에도 재협의를 통하여 상속인 중 일부만 바뀌는 경우라면 소유권경정등기가 가능하다(예규 제1675호, 3).

57 수용으로 인한 소유권이전등기에 관한 다음 설명 중 가장 옳은 것은? ▶ 2019년 선례 3

① 토지수용으로 인한 소유권이전등기를 신청할 때에 등기원인은 "토지수용"으로, 원인일자는 "재결일"로 한다.

② 토지수용위원회의 수용재결이 있은 후 사업시행자가 변경되어 새로운 사업시행자가 수용의 개시일까지 보상금을 공탁소에 공탁하거나 소유자에게 직접 지급하였다면 그 사업시행자는 일반적인 첨부정보 외에 새로운 사업시행자로 경정된 재결서 등본 및 보상금을 지급하였음을 증명하는 정보를 첨부정보로서 제공하여 수용을 원인으로 한 소유권이전등기를 단독으로 신청할 수 있다.

③ ○○시장이 △△△도지사로부터 위임을 받아 생태하천 복원사업을 시행하는 경우라면 이 사업과 관련한 수용재결서에 사업시행자가 "○○시"로 기재되어 있더라도 , 수용을 원인으로 한 소유권이전등기를 신청할 때에 등기권리자의 명의를 "△△△도"로 하여야 한다.

④ 환매특약등기가 토지수용위원회의 재결로 존속이 인정된 권리에 해당하지 않는다면 등기관이 토지수용으로 인한 소유권이전등기를 할 때에 이를 직권으로 말소하여야 한다.

⑤ 사업인정 고시 전 이미 등기기록상 소유명의인이 사망하였다면 재결서등본에는 상속인이 피수용자로 기재되어 있어야 하므로 사망자가 피수용자로 기재된 재결서등본을 제공할 수는 없다.

│해설│ ④ **토지수용**으로 인한 소유권취득은 법률의 규정에 따른 원시취득으로 사업시행자는 수용의 개시일에 토지의 소유권을 취득함과 동시에 그 토지에 관한 다른 권리는 소멸(단, 토지수용위원회의 재결로 인정된 권리는 제외)하므로, **환매특약등기** 또한 토지수용위원회의 재결로 존속이 인정된 권리에 해당하지 않는다면 등기관이 토지수용으로 인한 소유권이전등기를 할 때에 이를 **직권**으로 **말소**하여야 한다(선례 제201912-7호).

① 등기원인은 "**토지수용**"으로, 원인일자는 "**수용의 개시일**"을 각 기재한다(예규 제1388호, 3-가-(2)).

② 토지수용위원회의 수용재결이 있은 **후 사업시행자가 변경**되어 새로운 사업시행자가 수용의 개시일까지 보상금을 공탁소에 공탁하거나 소유자에게 직접 지급하였다면 그 사업시행자는 일반적인 첨부정보 외에 **재결서 등본, 보상금을 지급하였음을 증명하는 정보** 및 **사업시행자의 변경을 증명하는 정보**를 첨부정보로서 제공하여 수용을 원인으로 한 소유권이전등기를 단독으로 신청할 수 있다. 수용재결 후 사업시행자의 변경은 재결의 경정사유에 해당하지 않으므로 **경정된 재결서 등본**을 첨부정보로 제공할 필요는 **없**다(선례 제201803-7호).

③ ○○시장이 비록 △△△도지사로부터 **위임**을 받아 생태하천 복원사업을 시행하는 경우라도 이 사업과 관련한 **수용재결서**에 사업시행자가 "**○○시**"로 **기재**되어 있다면 그 사업시행자가 수용의 개시일에 토지의 소유권을 취득하는 것이므로(공익사업을 위한 토지 등의 취득 및 보상에 관한 법률 제45조 제1항), 수용을 원인으로 한 소유권이전등기를 신청할 때에 **등기권리자의 명의**를 "△△△도"로 할 수는 없으며, "**○○시**"로 하여야 한다(선례 제201907-3호).

⑤ 1. 토지의 등기기록상 소유명의인이 사망하였다면 상속인 명의로의 등기 여부와 관계없이 피상속인이 사망한 때에 상속인이 그 토지에 대한 소유권을 취득하는 것이므로(민법 제1005조), **사업인정 고시 전**에 소유명의인이 **사망**한 경우라면 사업시행자는 토지조서의 토지소유자란에 상속인을 기재하고 수용을 위한 협의단계에서 그 상속인과 협의해야 하며, 협의가 성립되지 아니하거나 협의를 할 수 없을 때에는 그 상속인을 그 토지의 소유자로 기재하여 재결을 신청하여야 한다(선례 제201910-1호).

2. 그러므로 사업인정 고시 후 재결절차 진행 중에 등기기록상 소유명의인이 사망한 경우와는 달리, 사업인정 고시 전 이미 등기기록상 소유명의인이 사망하였다면 사업시행자가 수용을 원인으로 소유권이전등기를 신청할 때에 등기원인을 증명하는 정보로서 제공하는 **재결서등본**에는 원칙적으로 그 **상속인이 피수용자로 기재**되어 있어야 한다. 다만 **상속인의 존부가 분명하지 아니한 경우**에는 이를 소명하는 자료를 첨부정보로서 제공하였다면 **사망자가 피수용자로 기재된 재결서등본**을 제공할 수 있으며, 이 경우 그 피수용자가 사망한 사실은 표시 **예 홍길동(망)** 되어 있어야 한다(선례 제201910-1호).

정답 ○ 57 ④

58 합유에 관한 등기에 대한 다음 설명 중 가장 옳지 않은 것은?

▶ 2019년 선례 1

① 갑과 을이 합유하는 부동산에 대하여 갑의 상속인 병이 상속을 원인으로 갑 지분 전부에 대한 이전등기를 신청하고 수리되어 병을 공유자로 표시한 지분이전등기가 마쳐진 경우라도 을의 상속인 정이 상속을 원인으로 을 지분 전부에 대한 이전등기를 신청한 경우에는 그 등기신청을 각하하여야 한다.

② 합유물 전체에 대하여 경매개시결정이 있는 경우에는 그에 따른 경매개시결정의 기입등기를 할 수 있다.

③ 합유자 중 일부가 그 합유지분을 잔존 합유자에게 처분하고 합유자의 지위에서 탈퇴한 경우 잔존 합유자가 여러 명인 때에는 탈퇴한 합유자와 잔존 합유자의 공동신청으로 잔존 합유자의 합유로 하는 합유명의인 변경등기신청을 하여야 한다.

④ 공유자 전부 또는 일부가 그 소유관계를 합유로 변경하는 경우, 합유로 변경하려고 하는 공유자들의 공동신청으로 합유로의 변경등기신청을 하여야 한다.

⑤ 합유자가 2명인 경우로서 그중 1명이 사망한 때에는 합유자 사이에 특별한 약정이 없는 한 잔존 합유자는 사망한 합유자의 사망사실을 증명하는 정보를 첨부정보로서 제공하여 해당 부동산을 잔존 합유자의 단독소유로 하는 합유명의인 변경등기신청을 할 수 있다.

해설 ① 갑과 을이 합유하는 부동산에 대하여 **갑의 상속인 병**이 상속을 원인으로 **갑 지분 전부에 대한 이전등기**를 신청한 경우, 등기관은 「부동산등기법」 제29조 제5호에 따라 이를 각하하여야 할 것이나, 이러한 등기신청이 수리되어 병을 공유자로 표시한 지분이전등기가 이미 마쳐졌고 이 상태에서 **을의 상속인 정** 또한 상속을 원인으로 **을 지분 전부에 대한 이전등기**를 신청하였다면 형식적 심사권밖에 없는 등기관으로서는 이 등기신청을 수리하여 **정을 공유자로 표시한 지분이전등기**를 실행할 수밖에 없다(선례 제201906-10호).

② 1. 부동산에 합유등기가 경료된 경우에 각 합유지의 **지분**에 대한 소유권이전청구권**가등기**, **가압류등기**, **압류등기**, **경매개시결정등기**, **근저당권설정** 등은 할 수 **없다**(법 제29조 제2호, 규칙 제52조 제10호, 선례 제6-436호, 제7-243호, 제3-560호, 제6-497호, 제6-498호).

   2. 그러나 **합유물 전체**에 대하여 **경매개시결정**이 있는 경우에는 그에 따른 경매신청의 기입등기를 할 수 있다(선례 제6-498호).

   3. 마찬가지로, 지방자치단체의 장은 합유나 총유로 등기된 부동산에 관하여 **합유자 중의 1인**이나 종중원 개인에 대한 **지방세 체납처분**에 의하여는 합유자 중 1인의 **지분**이나 종중 명의로 총유등기가 경료된 부동산에 대하여 **압류등기촉탁**을 할 수 없으나, **조합이나 종중의 사업으로 발생한 지방세의 체납처분**에 의하여는 **합유재산**이나 총유재산에 대하여 **압류등기촉탁**을 할 수 있다(선례 제7-441호).

③ 예규 제911호, 2-나

④ 예규 제911호, 3

⑤ 예규 제911호, 2-라-(2)

59 근저당권등기에 관한 다음 설명 중 가장 옳지 않은 것은? ▸ 2019년 선례 4

① 사회복지법인이 기본재산인 부동산에 대하여 근저당권설정등기를 신청할 때에는 시·도지사의 허가가 있음을 증명하는 정보를 첨부정보로서 제공하여야 하는바, 이러한 허가를 증명하기 위한 정보에는 원칙적으로 근저당권의 채권최고액이 명시되어 있어야 한다.

② 시·도시사의 허가가 있음을 증명하는 정보로서 제공된 "기본재산 처분 및 장기차입 허가서"에 근저당권의 채권최고액이 명시되어 있지 않지만, '기본재산의 담보제공은 ○○은행 대출금 ○○○원의 약정에 따른 근저당권 설정에만 제공하도록 함'이라는 내용의 장기차입 허가조건이 기재되어 있다면 이러한 허가서를 제공하여 근저당권설정등기를 신청할 수 있다.

③ 위 ②의 경우 대출금을 초과하는 금액을 채권최고액으로 하는 근저당권설정등기를 신청할 수도 있다.

④ 공동근저당권이 설정된 후에 비록 등기상 이해관계인이 없다고 하더라도 위 공동근저당권의 채권최고액을 각 부동산별로 분할하여 각 별개의 근저당권등기가 되도록 하는 내용의 근저당권변경등기를 신청할 수는 없다.

⑤ 근저당권설정등기의 말소등기를 신청할 때에는 등기원인을 증명하는 정보로서 근저당권이 소멸하였음을 증명하는 근저당권 해지증서 등을 제공하여야 하며, 단지 피담보채권이 소멸하였음을 증명하는 대출완납확인서 등을 제공할 수는 없다.

해설 ③ 1. **사회복지법인이 기본재산인 부동산**에 대하여 **근저당권설정등기**를 신청할 때에는 **시·도지사의 허가가 있음을 증명하는 정보**를 첨부정보로서 제공하여야 하는바(사회복지사업법 제23조 제3항 제1호), 이러한 허가를 증명하기 위한 정보에는 원칙적으로 근저당권의 채권최고액이 명시되어 있어야 한다. 다만 시·도시사의 허가가 있음을 증명하는 정보로서 제공된 **"기본재산 처분 및 장기차입 허가서"**에 근저당권의 **채권최고액**이 명시되어 있지 않지만, **'기본재산의 담보제공은 ○○은행 대출금 ○○○원의 약정에 따른 근저당권 설정에만 제공하도록 함'**이라는 내용의 장기차입 허가조건이 기재되어 있다면 이러한 허가서를 제공하여 근저당권설정등기를 신청할 수 있다(선례 제201912-8호).

　2. 이 경우 위 **대출금을 초과하는 금액을 채권최고액으로 하는 근저당권설정등기를 신청할 수는 없고**, 이를 **초과하지 않는 범위 내의 금액을 채권최고액으로 하는 근저당권설정등기**만을 신청할 수 있다(선례 제201912-8호).

① 위 ③ 해설 참조

② 위 ③ 해설 참조

④ 현행 등기법제하에서는 공동근저당권의 채권최고액을 각 부동산별로 분할하여 각 별개의 근저당권등기가 되도록 하는 내용으로 근저당권을 변경하는 제도가 없으므로, 공동근저당권이 설정된 후에 비록 등기상 이해관계인이 없다고 하더라도 위 **공동근저당권의 채권최고액을** 각 부동산별로 분할하여 각 별개의 근저당권등기가 되도록 하는 내용의 **근저당권변경등기**를 신청할 수는 **없다**(선례 제6-342호).

정답 ☞ 58 ① 59 ③

⑤ 근저당권은 피담보채권의 소멸에 의하여 당연히 소멸하는 것은 아니고 근저당권설정계약의 기초가 되는 기본적인 법률관계가 종료될 때까지 계속 존속하므로, **근저당권설정등기의 말소등기를 신청할 때에는** 등기원인을 증명하는 정보로서 근저당권이 소멸하였음을 증명하는 근저당권 해지증서 등을 제공하여야 하며, 단지 피담보채권이 소멸하였음을 증명하는 **대출완납확인서 등을** 제공할 수는 **없**다(선례 제201906-7호).

60 근저당권이전등기에 관한 다음 설명 중 가장 옳지 않은 것은? ▸ 2019년 선례 2

① 근저당권의 피담보채권이 확정되기 전에 근저당권의 기초가 되는 기본계약상의 채권자 지위가 제3자에게 일부 양도된 경우, 그 양도인 및 양수인은 "계약의 일부 양도"를 등기원인으로 하여 근저당권이전등기를 신청할 수 있다.

② 근저당권의 피담보채권이 확정된 후에 그 피담보채권이 양도 또는 대위변제된 경우에는 근저당권자 및 그 채권양수인 또는 대위변제자는 채권양도에 의한 저당권이전등기에 준하여 근저당권이전등기를 신청할 수 있다.

③ 을 회사가 갑 회사를 흡수합병하고 다시 병 회사가 을 회사를 흡수합병한 다음 병 회사가 그 일부를 분할하여 정 회사를 설립하고 이어 정 회사가 다시 그 일부를 분할하여 무 회사를 설립한 경우, 갑 회사 명의의 근저당권이 순차로 작성된 분할계획서에 정 회사를 거쳐 다시 무 회사에 이전될 재산으로 기재되어 있다면, 무 회사는 갑 회사 명의의 근저당권에 대하여 자신 명의로의 이전등기를 곧바로 신청할 수 있다.

④ 위의 경우 근저당권이전등기 신청에 대한 등록면허세는 4건에 해당하는 금액을 납부하여야 한다.

⑤ 근저당권이전등기는 언제나 부기등기로 한다.

해설 ④ 1. 단순분할신설회사, 분할승계회사 또는 분할합병신설회사는 분할회사의 권리와 의무를 **분할계획서 또는 분할합병계약서에서** 정하는 바에 따라 승계한다(상법 제530조의10).

2. 회사가 분할된 경우 분할에 의하여 설립되는 회사는 분할회사의 권리와 의무를 분할계획서에서 정하는 바에 따라 승계하므로, **회사가 수차 분할**된 경우에도 순차로 작성된 **각 분할계획서에** 근저당권이 분할에 의하여 설립되는 회사에 **이전될 재산임이 각각 기재**되어 있다면 **최초 분할회사**로부터 **최후 분할에 의하여 설립된 회사로 바로 근저당권이전등기**를 신청할 수 있다(선례 제9-309호).

3-1. 을 회사가 갑 회사를 흡수합병하고 다시 병 회사가 을 회사를 **흡수합병**한 다음 병 회사가 그 **일부를 분할**하여 정 회사를 설립하고 이어 정 회사가 다시 그 **일부를 분할**하여 무 회사를 설립한 경우, 갑 회사 명의의 근저당권이 순차로 작성된 분할계획서에 정 회사를 거쳐 다시 무 회사에 **이전될 재산으로 기재**되어 있다면, **무 회사는** 갑 회사 명의의 근저당권에 대하여 **자신 명의로의 이전등기를 곧바로** 신청할 수 있다.

3-2. 이 경우 **근저당권이전등기 신청을 1건만** 하는 것이므로 **등록면허세도 1건에** 해당하는 금액만 납부하면 된다(선례 제201910-3호).

4-1-1. **甲 회사가 乙 회사로 흡수합병**된 후 乙 회사가 乙 회사의 **일부를 분할**하여 **丙 회사를 설립**한 경우, 분할 전 乙 **회사는 존속**하므로 「부동산등기규칙」 제42조 제1호의

'법인의 분할로 인하여 분할 전 법인이 소멸하는 경우'에 해당하지 않는다. 따라서 분할계획서에 분할로 인하여 丙 회사로 이전될 재산으로 기재된 甲 회사 명의의 소유권 또는 근저당권의 이전등기는 丙 회사가 등기권리자로서, 분할 전 乙 회사가 등기의무자로서 共同으로 신청하여야 한다.

4-1-2. 이 경우 甲 회사, 乙 회사, 丙 회사로의 합병·분할을 증명하는 서면(법인등기사항증명서 등), 분할계획서 및 등기의무자 乙 회사의 인감증명서(소유권이전등기의 경우)가 첨부정보로 제출되어야 하고, 등기필정보는 제출될 필요가 없다.

4-1-3. 또한 甲 회사와 乙 회사 사이의 합병으로 인한 소유권이전등기 또는 근저당권이전등기도 선행될 필요가 없다.

4-2. 분할로 인하여 분할 전 乙 회사가 소멸하는 경우에는 丙 회사가 회사분할을 원인으로 하여 單獨으로 신청할 수 있다(선례 제202102-1호).

① 예규 제1656호, 3-①
② 예규 제1656호, 3-②
③ 위 ④ 해설 참조
⑤ 법 제52조 제2호

61 **부기등기에 관한 다음 설명 중 가장 옳지 않은 것은?** ▶ 2019년 선례 1

① 등기관이 부기등기를 할 때에는 그 부기등기가 어느 등기에 기초한 것인지 알 수 있도록 주등기 또는 부기등기의 순위번호에 가지번호를 붙여서 하여야 한다.

② '부기등기의 순위는 주등기의 순위에 따른다.'라는 규정은 부기등기가 그 순위번호뿐만 아니라 접수번호에 있어서도 그 기초가 되는 주등기에 따른다는 뜻으로 새겨야 한다.

③ 소유권 외의 권리의 이전등기, 소유권 외의 권리를 목적으로 하는 권리에 관한 등기, 소유권 외의 권리에 대한 처분제한 등기는 부기로 하여야 한다.

④ 'ㅇ번 갑지분전부, ㅇ번 을지분전부 이전청구권가등기'가 마쳐지고, 후에 이 가등기의 목적이 부기등기로 'ㅇ번 을지분전부 이전청구권가등기'로 변경된 상태에서 이 가등기에 대한 말소등기를 신청할 때에는 주등기와 부기등기를 각각 말소신청하여야 한다.

⑤ 을구에 근저당권설정등기, 갑구에 체납처분에 의한 압류등기가 순차로 마쳐진 후에 근저당권의 채권최고액을 증액하는 경우 체납처분에 의한 압류등기의 권리자(처분청)의 승낙서가 제공된 경우에는 을구의 근저당권변경등기를 부기등기로 실행할 수 있다.

해설 ④ 'ㅇ번 갑지분전부, ㅇ번 을지분전부 이전청구권**가등기**'가 마쳐지고, 후에 이 가등기의 목적이 **부기등기**로 'ㅇ번 을지분전부 이전청구권가등기'로 **변경된 상태**에서 이 **가등기에 대한 말소등기를 신청**할 때에는 신청정보 중 말소할 사항에 대하여 **주등기만을 표시**하여 제공하면 되고, 이 신청에 따라 등기관이 가등기의 말소등기를 할 때에 주등기에 대하여 말소하는 표시를 하면서 **부기등기**로 마쳐진 변경등기에 대하여도 **직권으로 말소**하는 표시를 하게 된다(선례 제201912-3호).

정답 ➡ 60 ④   61 ④

① 등기관이 **부기등기를 할 때에는** 그 부기등기가 **어느 등기에 기초한 것인지 알 수 있도록** 주등기 또는 부기등기의 순위번호에 **가지번호를** 붙여서 하여야 한다(규칙 제2조).

② 같은 부동산에 관하여 등기된 권리의 순위는 법률에 다른 규정이 없으면 등기한 순서에 따르고, 등기의 순서는 등기기록 중 같은 구에서는 순위번호, 다른 구에서는 접수번호의 전후에 따르는 것이므로, 부동산등기법 제5조 본문의 "**부기등기의 순위는 주등기의 순위에 따른다.**"라는 규정은 부기등기가 그 **순위번호**뿐만 아니라 **접수번호**에 있어서도 그 기초가 되는 **주등기에 따른다**는 뜻으로 새겨야 한다(선례 제201408-2호).

③ 등기관이 **소유권 외의 권리의 이전등기**(⊞ 전세권이전, 근저당권이전, 가등기상의 권리의 이전), **소유권 외의 권리를 목적으로** 하는 권리에 관한 등기(⊞ 전세권부 근저당권), **소유권 외의 권리에 대한 처분제한** 등기(⊞ 전세권부 가압류)를 할 때에는 **부기로** 하여야 한다(법 제52조, 제2호, 제3호, 제4호).

⑤ 1. 등기관이 **권리의 변경이나 경정의 등기**(⊞ 전세권변경, 근저당권변경)를 할 때에는 **부기로** 하여야 한다. 다만, **등기상 이해관계 있는 제3자의 승낙이 없는 경우**에는 **그러하지 아니하다**(⊞ **주등기**)(법 제52조 제5호).

2. 을구에 **근저당권설정등기**, 갑구에 **체납처분에 의한 압류등기**(⊞ 가압류·가처분·경매개시결정등기도 마찬가지가) **순차로 경료**된 후에 근저당권의 **채권최고액을 증액**하는 경우, 그 **변경등기**를 부기등기로 실행하게 되면 을구의 근저당권변경등기가 갑구의 체납처분에 의한 압류등기보다 권리의 순위에 있어 우선하게 되므로, 갑구의 **체납처분에 의한 압류등기의 권리자(처분청)**는 을구의 근저당권변경등기에 대하여 **등기상 이해관계 있는 제3자**에 해당한다. 이 경우 갑구의 체납처분에 의한 압류등기의 권리자(처분청)의 **승낙서**나 그에게 대항할 수 있는 **재판의 등본**이 첨부정보로서 **제공된 경우**에는 을구의 근저당권변경등기를 부기등기로 실행할 수 있으나, 그와 같은 첨부정보가 **제공되지 않은 경우**에는 **주등기**로 실행하여야 한다. 이는 갑구의 주등기가 민사집행법에 따른 **가압류·가처분**등기나 **경매개시결정등기**인 경우에도 **동일하다**(선례 제201408-2호).

62 신탁등기에 관한 다음 설명 중 가장 옳지 않은 것은?

▶ 2019년 선례 4

① 근저당권자가 여러 명인 근저당권설정등기와 함께 근저당권자 중 1인의 지분만에 대한 신탁재산처분에 의한 신탁등기를 신청할 때에는 1건의 신청정보로 일괄하여 신청할 수 없고, 각각 별개의 신청정보로 신청하여야 한다. 이 경우 등기관이 위 신청에 따른 등기를 실행할 때에는 하나의 순위번호를 사용할 수 없고, 신탁재산처분에 의한 신탁등기는 부기등기로 실행하여야 한다.

② 신탁등기를 신청할 때에는 "수익자의 성명과 주소"를 신탁원부 작성을 위한 정보로서 제공하여야 하므로, "수익자의 성명과 주소"를 신탁원부 작성을 위한 정보로서 제공하지 아니하고 신탁등기를 신청할 수 있는 경우는 없다.

③ 수탁자의 특정한 자격 상실에 따라 새로운 수탁자가 선임된 경우에는 새로운 수탁자와 종전 수탁자가 공동으로 권리이전등기를 신청하여야 하지만, 수탁자의 파산으로 새로운 수탁자가 선임된 경우에는 새로운 수탁자가 단독으로 권리이전등기를 신청할 수 있다.

④ 여러 개의 부동산에 관하여 1건의 신청정보로 일괄하여 신탁등기를 신청하는 경우에는 각 부동산별로 신탁원부 작성을 위한 정보를 제공하여야 하며, 부동산의 표시에 관한 사항은 신탁원부 작성을 위한 정보의 내용으로 제공할 사항이 아니다.

⑤ 신탁의 종료사유는 신탁행위로 자유롭게 정할 수 있고, 신탁이 종료된 경우 신탁재산의 잔여재산이 귀속될 자 또한 신탁행위로 자유롭게 정할 수 있으므로, '위탁자의 사망'을 신탁의 종료사유로 하고, 신탁이 종료된 경우 신탁재산의 잔여재산이 귀속될 자를 '수탁자'로 하는 내용의 신탁등기도 신청할 수 있다.

해설 ② 신탁등기를 신청할 때에는 **원칙적으로 "수익자의 성명(명칭)과 주소(사무소 소재지)"를** 신탁원부 작성을 위한 정보로서 제공하여야 하지만, 「부동산등기법」 제81조 제2항에 따른 경우에는 이를 제공할 필요가 없는바, 이 외에도 신탁을 설정할 때에 수익자를 지정할 권한을 갖는 자를 정한 경우나 수익자를 지정할 방법을 정한 경우로서 **아직 수익자가 특정되어 있지 않은 경우**라면 "수익자의 성명과 주소"를 신탁원부 작성을 위한 정보로서 **제공하지 아니하고** 신탁등기를 신청할 수 있다(선례 제201906-9호).

① **근저당권자가 여러 명인 근저당권설정**등기와 함께 근저당권자 중 **1인의 지분만에 대한 신탁재산처분에 의한 신탁등기**를 신청할 때에는 1건의 신청정보로 **일괄**하여 신청할 수 없고, 각각 별개의 신청정보로 신청하여야 한다. 등기관이 위 신청에 따른 등기를 실행할 때에는 하나의 순위번호를 사용할 수 없고, 신탁재산처분에 의한 신탁등기는 부기등기로 실행하여야 하며, 이 경우 등기의 목적은 "○번 근저당권 ○○○지분전부신탁재산처분에 의한 신탁"으로 기록하여야 한다(아래 등기기록례 참조)(선례 제201912-10호).

【 을구 】		(소유권 외의 권리에 관한 사항)		
순위 번호	등기목적	접수	등기원인	권리자 및 기타사항
1	근저당권 설정	2019년 3월 5일 제3005호	2019년 3월 4일 설정계약	채권최고액 금250,000,000원 채무자 김우리 　서울특별시 서초구 서초대로46길 60, 　101동 201호(서초동, 서초아파트) **근저당권자** 　**박나라** 620201-2024425 　서울특별시 서초구 서초대로62길 31, 　102동 103호(서초동, 한양아파트) 　**김예린** 790521-2035332 　서울특별시 서초구 서초대로62길 31, 　101동 202호(서초동, 한양아파트)
1-1	1번 근저당권 박나라지분 전 부신탁 재산처 분에 의한 신탁	2019년 3월 5일 제3006호		**신탁원부　제2019-5호**

정답 ⊶ 62 ②

③ 예규 제1694호, 3-가-(1)-(나)

④ **여러 개의 부동산**에 관하여 1건의 신청정보로 일괄하여 신탁등기를 신청하는 경우에는 각 **부동산별로 신탁원부 작성을 위한 정보**를 제공하여야 하며, **부동산의 표시에 관한 사항**은 신탁원부 작성을 위한 정보의 내용으로 **제공할 사항이 아니다**(선례 제201912-4호).

⑤ 1. **위탁자가 수익자의 지위를 겸하는 자익신탁**은 일반적으로 **허용**되므로, 유언대용신탁의 경우에도 위탁자가 생전수익자의 지위를 겸하는 것은 가능하다(신탁법 제3조 제1항 참조). 그러나 「신탁법」은 수탁자가 공동수익자 중 1인인 경우를 제외하고는 **수탁자로 하여금 신탁의 이익**을 누리는 것을 **금지**하고 있는 바(신탁법 제36조), 유언대용신탁에서 생전수익자와 사후수익자가 별도로 존재하는 경우라도 위탁자의 사망을 기준으로 생전수익자와 사후수익자가 시간적으로 분리되는 결과 생전수익자와 사후수익자가 동시에 공동수익자로서 권리행사를 할 수는 없으므로(신탁법 제59조), 위탁자의 사망 이후에 수탁자만이 단독 사후수익자가 되는 신탁은 「신탁법」 제36조를 위반하게 되는 것이어서 **생전수익자를 위탁자와 동일인**으로 하고, **사후수익자를 수탁자와 동일인**으로 하는 신탁등기는 신청할 수 **없다**(선례 제201808-4호).

2. **신탁의 종료사유**는 신탁행위로 자유롭게 정할 수 있으며(신탁법 제98조 제6호), **신탁이 종료된 경우 신탁재산의 잔여재산이 귀속될 자** 또한 신탁행위로 자유롭게 정할 수 있는 것이므로(신탁법 제101조 제1항 단서), '위탁자의 사망'을 **신탁의 종료사유**로 하고, 신탁이 종료된 경우 **신탁재산의 잔여재산이 귀속될 자**를 '수탁자'로 하는 내용의 신탁등기도 신청할 수 있다(선례 제201911-2호).

63 도시 및 주거환경정비와 관련된 등기에 관한 다음 설명 중 가장 옳지 않은 것은?

▶ 2019년 선례 2 + 2020년 선례 2

① 이전고시가 있었음에도 불구하고 종전 토지에 관한 등기가 마쳐진 경우 등기관은 그 등기를 법 제58조에 따라 직권으로 말소한다.

② 「도시 및 주거환경정비법」에 따른 등기에 있어서 종전 토지에 마쳐진 근저당권설정등기가 채무상환으로 소멸되었다고 하더라도 아직 말소등기가 되지 아니한 상태에서 관리처분계획서에 이 근저당권설정등기가 분양대상자의 종전 토지에 관한 소유권 외의 권리명세로서 기재되었다면, 이전고시 후 사업시행자가 새로 조성된 대지에 관한 소유권보존등기를 신청할 때에 이 근저당권설정등기도 함께 신청하여야 한다.

③ 「도시 및 주거환경정비법」에 따른 등기에 있어서 조합 명의로 신탁된 부동산에 관하여 신탁해지나 신탁종료원인이 발생한 경우에는 이전고시 이후라도 이에 따른 소유권이전등기 및 신탁말소등기를 신청할 수 있다.

④ 「도시 및 주거환경정비법」에 따른 등기를 신청할 때에는 첨부정보로서 관리처분계획 및 그 인가를 증명하는 서면과 이전고시를 증명하는 서면을 제공하여야 한다

⑤ 「도시 및 주거환경정비법」에 따라 등기관이 새로 조성된 대지와 축조된 건축물에 대하여 소유권보존등기 및 담보권 등에 관한 권리의 등기를 실행할 때에 신청정보의 내용으로 제공된 사항이 첨부정보로 제공된 관리처분계획 및 그 인가를 증명하는 서면, 이전고시를 증명하는 서면의 내용과 일치하는지 여부를 심사하는 것으로 충분하고, 종전 토지 및 건물의 등기기록상 등기사항과 일치하는지 여부는 심사하지 아니한다.

해설 ③ 조합 명의로 신탁된 부동산에 관하여 신탁해지나 신탁종료원인이 발생한 경우, **이전고시 전**에는 이에 따른 **소유권이전등기 및 신탁말소등기**를 신청할 수 있지만 **이전고시 후**에는 종전 토지에 대한 권리에 관한 등기와 표시에 관한 등기가 모두 저지되므로 이에 따른 **소유권이전 등기 및 신탁말소등기**를 신청할 수 **없다**(선례 제201909-3호).

① 예규 제1590호, 다-(3)

② 「도시 및 주거환경정비법」 제87조 제1항에 따르면 종전의 토지 또는 건축물에 설정된 지상 권·전세권·저당권·임차권·가등기담보권·가압류 등 등기된 권리 및 「주택임대차보호 법」 제3조 제1항의 요건을 갖춘 임차권은 이전고시가 있게 되면 그 다음 날에 새로 축조된 건축물과 조성된 대지에 설정된 것으로 보게 되므로, 비록 종전 토지 또는 건축물에 마쳐진 근저당권설정등기가 채무상환으로 소멸되었다고 하더라도 아직 말소등기가 되지 아니한 상 태에서 관리처분계획서에 이 근저당권설정등기가 분양대상자의 종전 토지 또는 건축물에 관 한 소유권 외의 권리명세로서 기재되었다면(도시 및 주거환경정비법 제74조 제1항 제7호), 이전고시 후 사업시행자가 새로 축조된 건축물과 조성된 대지에 관한 **소유권보존등기를 신 청**할 때에 이 **근저당권설정등기**도 함께 신청하여야 한다(선례 제201909-3호).

④⑤ 1. 「도시 및 주거환경정비법」에 따른 정비사업시행자는 같은 법 제86조 제2항에 따른 **이 전고시가 있은 후** 종전 토지에 관한 말소등기, 새로 조성된 대지 및 축조된 건축물에 관한 소유권보존등기, 새로 조성된 대지 및 축조된 건축물에 존속하게 되는 담보권 등 에 관한 권리의 등기를 **신청**하여야 하는 바, 이 때 첨부정보로서 **관리처분계획 및 그 인가를 증명**하는 서면과 **이전고시를 증명**하는 서면을 제공하여야 한다(도시 및 주거환 경정비 등기규칙 제5조 제3항)(선례 제202001-4호).

2. 위의 신청에 따라 등기관이 새로 조성된 대지와 축조된 건축물에 대하여 소유권보존등 기 및 담보권 등에 관한 권리의 등기를 실행할 때에 **신청정보**의 내용으로 제공된 사항 이 **첨부정보**로 제공된 관리처분계획 및 그 인가를 증명하는 서면, 이전고시를 증명하는 서면의 내용과 일치하는지 여부를 **심사**하는 것으로 **충분**하고, 종전 토지 및 건물의 **등 기기록상** 등기사항과 일치하는지 여부는 **심사하지 아니한다**(선례 제202001-4호).

정답 ↦ 63 ③

박문각
법무사

김기찬
부동산등기법

1차 | 문제집

제2판 인쇄 2024. 5. 16. | 제2판 발행 2024. 5. 20. | 편저자 김기찬
발행인 박 용 | 발행처 (주)박문각출판 | 등록 2015년 4월 29일 제2015-000104호
주소 06654 서울시 서초구 효령로 283 서경 B/D 4층 | 팩스 (02)584-2927
전화 교재 문의 (02)6466-7202

저자와의
협의하에
인지생략

정가 58,000원
ISBN 979-11-6987-229-4